今日北大

邓小平

1987年10月，邓小平同志为《北京大学年鉴》的前身《今日北大》题写书名。

北京大学年鉴 2019

PEKING UNIVERSITY YEARBOOK

《北京大学年鉴》编委会 编

商务印书馆
The Commercial Press

2019年·北京

图书在版编目(CIP)数据

北京大学年鉴.2019/《北京大学年鉴》编委会编.—北京:商务印书馆,2019
ISBN 978-7-100-17907-2

Ⅰ.①北… Ⅱ.①北… Ⅲ.①北京大学—2019—年鉴 Ⅳ.①G649.281-54

中国版本图书馆CIP数据核字(2019)第234644号

权利保留,侵权必究。

北京大学年鉴(2019)
《北京大学年鉴》编委会 编

商 务 印 书 馆 出 版
(北京王府井大街36号 邮政编码100710)
商 务 印 书 馆 发 行
北京虎彩文化传播有限公司印刷
ISBN 978-7-100-17907-2

2019年11月第1版	开本 889×1194 1/16
2019年11月北京第1次印刷	印张 51½ 插页 15

定价:500.00元

1月10日,国务院副总理刘延东考察北京大学。(宣传部供)

5月4日,由北京大学、北京市教育委员会和韩国高等教育财团主办的"双一流"建设国际研讨会在钓鱼台国宾馆开幕,国务院副总理孙春兰出席开幕式。(宣传部供)

5月4日,北京大学举行建校120周年纪念大会。(宣传部供)

5月5日,第二届世界马克思主义大会在北京大学开幕。(马克思主义学院 供)

8月13日,国际哲学团体联合会、北京大学联合主办的第二十四届世界哲学大会在北京开幕。(宣传部 供)

1月23日,北京大学成立习近平新时代中国特色社会主义思想研究院。(习研院 供)

4月15日至19日,第42届国际大学生程序设计竞赛全球总决赛在北京大学举行。(宣传部 供)

5月15日,北京大学登山队成功登顶珠穆朗玛峰。(宣传部 供)

12月11日,北京大学召开庆祝改革开放40周年座谈会。(宣传部 供)

1月11日，北京大学举行蔡元培诞辰150周年纪念活动。（宣传部 供）

10月24日，由北京大学牵头组建的医学"双一流"建设联盟在京成立。（贾金忠 摄）

4月，中国高校人工智能人才国际培养计划在北京大学正式启动。（教务部 供）

8月,北京大学数学科学学院2名教师和6名校友在巴西国际数学家大会(ICM2018)上作邀请报告。(陈大岳 摄)

10月12日,2018年诺贝尔物理学奖获得者杰哈·莫罗(Gérard Mourou)教授访问北京大学并发表演讲。(物理学院 供)

11月4日,历史学系召开翦伯赞同志诞辰120周年暨《中国史纲要》出版55周年纪念座谈会。(侯亚杰 摄)

5月4日，汉语国际教育云平台开通仪式举行。（对外汉语学院 供）

10月，法学院举办首届"国际周"活动，12位"全球教席"学者参加。（法学院 供）

9月16日，挪威著名经济学家、2004年诺贝尔经济学奖得主、美国加州大学圣芭芭拉分校Henley讲席教授芬恩·基德兰德（Finn Kydland）教授访问北京大学并发表演讲。（经济学院 供）

7月27日,图灵奖获得者、中国科学院外籍院士约翰·霍普克罗夫特教授为学生讲授暑期课程。(曹倩倩 摄)

7月7日,北京大学深圳研究生院举行2018年毕业典礼。(姚大伟 摄)

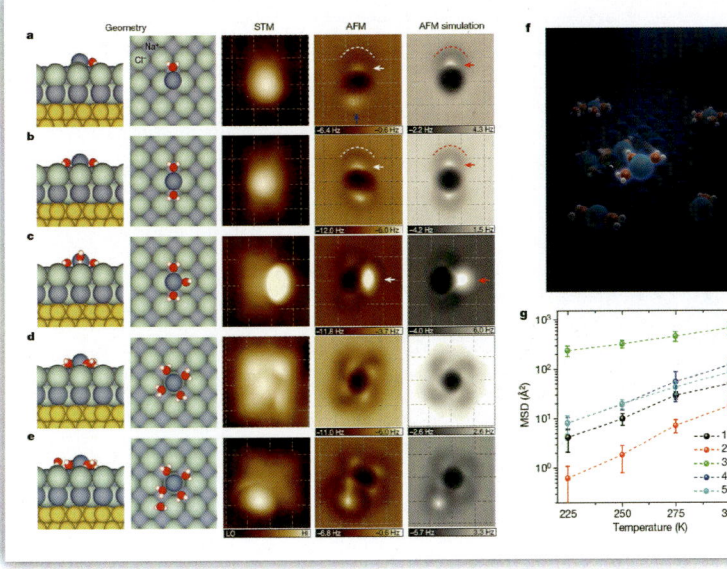

北京大学量子材料科学中心江颖教授和王恩哥院士领导的研究团队首次揭示水合离子微观结构。(物理学院 供)

北京大学科维理天文与天体物理研究所江林华领衔的国际团队发现宇宙早期一个超大质量的原初星系团。图为127亿光年外的巨型原初星系团想象图。(科维理所 供)

3月25日,北京大学120周年校庆海外庆典暨北京大学英国校区启动仪式举行。(绳晓春 摄)

4月12日,区域与国别研究院揭牌仪式暨学术研讨会在英杰交流中心举行。(宣传部 供)

4月20日,北京大学"一带一路"书院启动。(李珅 摄)

11月23日,北京大学新农村发展研究院成立。(王莉 摄)

12月14日,北京大学新结构经济学研究院成立。(新结构经济学研究院 供)

5月16日,新时代医学教育改革发展暨全国医学教育发展中心成立大会在北京大学召开。(黄大无 摄)

1月16日,口腔医院召开国家口腔疾病临床医学研究中心启动会。(口腔医院 供)

1月31日,由北京大学深圳研究生院与清华大学深圳研究生院合建的"省部共建肿瘤化学基因组学国家重点实验室"获国家科技部批复正式建立。(姚大伟 摄)

12月,北京大学与四川省签订战略合作协议。(国内合作办 供)

7月12日,医学部举行"组团式"援藏第四批医疗队员欢送会。(黄大无 摄)

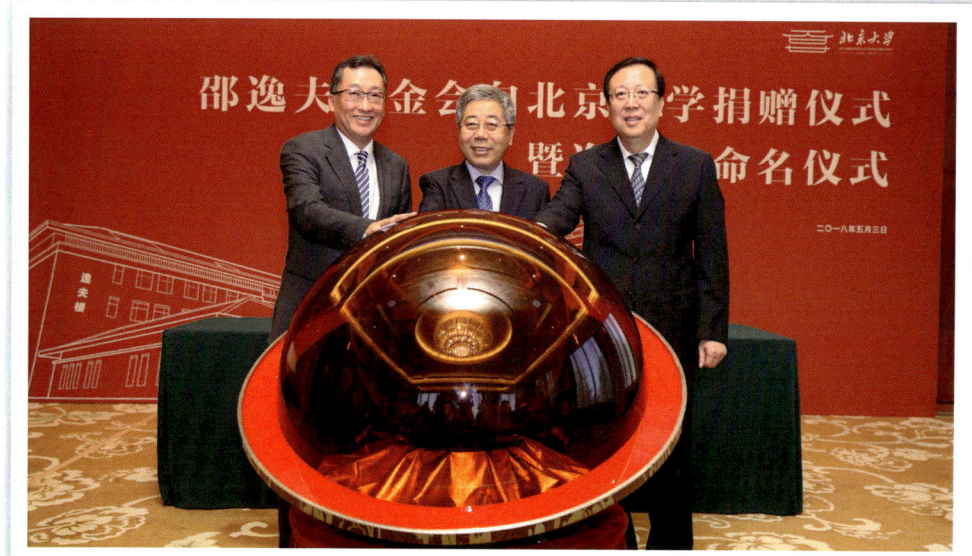

5月3日，香港邵氏基金会向北京大学捐赠仪式暨逸夫楼命名仪式在钓鱼台国宾馆举行。教育部部长陈宝生、邵氏基金会主席陈伟文与北京大学党委书记郝平共同启动水晶球。（教育基金会 供）

5月3日，"守正创新，引领未来"北京大学发展与公益论坛暨120周年校庆交流会在钓鱼台国宾馆举行，泰国公主诗琳通、全国政协副主席董建华等出席。（教育基金会 供）

4月28日，李彦宏校友向北京大学捐赠仪式举行。（教育基金会 供）

4月2日,北京大学医学部与中国科学报社举行签约仪式。(黄大无 摄)

8月29日,"纪念中日和平友好条约缔结40周年·中日大学生千人交流大会"在北京大学举行。(宣传部 供)

10月26日,日本首相安倍晋三访问北京大学并与学生座谈。(宣传部 供)

11月8日,美国前国务卿基辛格访问北京大学并与师生座谈。(宣传部供)

12月14日,欧盟驻华大使Nicolas Chapuis来访与燕京学堂学生交流。(燕京学堂供)

5月13日,"Beyond Music:北京大学校庆纽约音乐会"在纽约林肯中心举行。(基金会供)

11月9日,公共卫生学院全球卫生实践基地在缅甸仰光成立。(公共卫生学院 供)

5月4日,北京大学举行建校120周年庆祝晚会。(宣传部 供)

10月21日,北京大学第十五届国际文化节开幕,校长林建华为学生代表授旗。

4月24日,"四海一家"外国留学生和校友庆祝北京大学建校120周年献礼演出在百周年纪念讲堂举行。(国际合作部 供)

9月20日,北京大学举办"百年辉煌"纪念新诗百年诗歌朗诵会。(宣传部 供)

7月16日至22日,北京大学医学部主办的第八届海峡两岸医学生交流活动在京举行。(医学部国际合作处 供)

5月1日,北京大学举办湖畔艺术节。(李尽沙 摄)

5月20日,2018年"北大杯"足球赛决赛举行,光华管理学院夺得冠军。(李伟 摄)

5月11日,护理学院举行学生授帽仪式。(护理学院 供)

10月21日下午,万柳学区举行口腔义诊活动。(郭舒娅 摄)

4月,北京大学附属中学初中部举办第三届科技节。(附中 供)

7月,北京大学党委书记郝平访问吉林并召开选调生座谈会。(国内合作办 供)

12月,北京大学党委书记邱水平深入云南弥渡调研脱贫攻坚工作。(国内合作办 供)

12月19日,北京大学医学部第七届教职工代表大会暨第十二次工会会员代表大会召开。(胡畔 摄)

4月,"纪念李大钊先生出任图书馆主任100周年展"在北京大学图书馆开展。(宋庆生 摄)

3月26日,医学部党委举办"两会"代表委员一席谈活动。(黄大无 摄)

6月8日至10日,第一医院开展"重走一大会址"党支部书记培训。(徐健 摄)

6月24日,科技开发部与北京市科技创新基金管理机构签署战略合作协议。(程吉 摄)

8月23日,2018级博士生住宿申请制抽签现场。(贾爱英 摄)

3月8日,"迎校庆 庆三八"女教职工环湖接力跑在未名湖畔举行。(顾晓光 摄)

9月19日,北京大学举行首届离退休教职工金婚庆典。(宣传部 供)

8月27日,中关园食堂开业。(卢玲山 摄)

10月,燕园街道承泽园社区举办重阳游艺会活动。(魏燕 摄)

4月26日,"新奥工学大楼"开工。(张羽佳 摄)

5月5日,新药学楼启用。(药学院 供)

11月21日,生命科学科研大楼工程竣工。(刘金成 摄)

12月21日,化学与分子工程学院"E区大楼"奠基。(宣传部、化学与分子工程学院 供)

《北京大学年鉴（2019）》编辑委员会

主　　任：邱水平　郝　平
副 主 任：于鸿君　安钰峰　詹启敏　叶静漪　刘玉村　王仰麟
　　　　　田　刚　王　博　龚旗煌　陈宝剑　柴　真　蒋朗朗
委　　员：肖　渊　龚文东　陈斌斌　余　浚　蒋广学　李　航
　　　　　魏　姝　刘　鹏　张　娟

《北京大学年鉴（2019）》编辑部

主　　编：安钰峰
副 主 编：龚文东　陈斌斌　刘　鹏　张　娟
执行主编：孙启明　徐聪颖
编　　辑（按姓氏笔画为序）：
　　　　　马　麟　王天天　王　浩　方晓晖　龙　昊　田祎娴
　　　　　冯　路　任嘉庆　刘凡子　刘　钊　刘语潇　汤继强
　　　　　杜婉莹　李天鹏　李　彤　杨凌春　杨　超　杨颖晨
　　　　　余侨林　张子瑞　张昕扬　张　荷　邵琳琳　段陶然
　　　　　贺俊峰　黄宇蓝　韩　耕　傅翰文　谢蒙恩　魏　巍

编辑说明

《北京大学年鉴》是全面、客观、系统记述北京大学发展基本情况的大型专业性工具书，汇辑了北京大学一年内各方面、各层次的重要信息、资料和数据。

《北京大学年鉴（2019）》是北京大学建校以来的第二十一本年鉴，反映了北京大学2018年度在教学改革、学科建设、科学研究、社会服务、对外交流等方面的发展进程和最新成就。

本年鉴以文章和条目为基本体裁，以条目为主，文字力求客观准确、简明扼要。全书共分特载，专文，120周年校庆专栏，北大概况，机构与干部，学部、院系及实体研究机构，教育教学，科研管理，党政管理与群团工作，后勤管理与保障，社会服务与联络，医院，其他直属附属单位，人物，党发、校发文件目录，表彰与奖励，毕业生名单，附录等基本栏目。

本年鉴主要收录各单位2018年1月1日至12月31日期间发生的重大事件，部分内容依据实际情况，在时限上略有延伸。统计图表附在相关内容之后。本年鉴所刊内容由各单位确定专人负责提供，并经本单位领导审定。读者可以通过书前目录、书口梯标检索相关资料。

2018年是北京大学建校120周年，为此《北京大学年鉴（2019）》设置"120周年校庆专栏"类目，刊载校庆重要文件、活动日程、新闻报道等。

《北京大学年鉴（2019）》由北京大学党委办公室校长办公室组织编写，在编写过程中，得到了各有关单位和部门的大力支持，在此表示衷心感谢。由于年鉴内容繁杂、众手成书，难免存在错漏之处，欢迎读者批评指正。

《北京大学年鉴》编辑部
2019年6月

目 录

特 载

习近平在北京大学考察时强调：抓住培养社会主义建设者和接班人根本任务 努力建设中国特色世界一流大学 ……002

在北京大学师生座谈会上的讲话 ……004

邱水平任北京大学党委书记 郝平任北京大学校长 ……006

专 文

深入学习贯彻习近平总书记重要讲话精神，加快创建中国特色世界一流大学 ……010

勇敢担当，学在路上——在北京大学2018年毕业典礼上的讲话 ……012

在北京大学2018珠峰攀登活动报告会上的讲话 ……013

在北京大学庆祝改革开放40周年座谈会上的讲话 ……015

"第四次工业革命"与研究型大学的转型 ……017

120周年校庆专栏

概述 ……020

校庆公告 ……021
  归来！——致全球北大校友的一封家书 ……021
  百廿北大：新时代 新使命 新征程 校庆120周年倒计时120天号召书 ……021

纪念大会 ……023
  守正创新 引领未来——北京大学召开建校120周年纪念大会 ……023
  李克强同志贺信 ……025
  大学是通向未来的桥——在北京大学建校120周年纪念大会的讲话 ……025
  "双一流"建设国际研讨会暨北京论坛（2018）……027

媒体评述 ……029
  奋进新时代 做出新贡献——写在北京大学建校120周年之际 ……029
  眼底未名水 胸中黄河月——写在北京大学120周年华诞之际 ……031
  百廿星辰 巍巍北大——写在北京大学120周年校庆之际 ……035
  北大，永远的先锋者——写在北京大学120周年校庆之际 ……038

校庆大事记 ……042

校庆活动 ……044
  120周年校庆主要活动 ……044
  校庆周其他活动 ……045

校庆工作制度 ·········· 048
　北京大学 120 周年校庆筹备委员会工作规则 ······ 048
　关于调整北京大学 120 周年校庆筹备工作机构组成人员及成立各专项工作组的通知 ·········· 050
校庆标志 ·········· 055

北大概况

2018 年发展概况 ·········· 058
2018 年大事记 ·········· 063
2018 年基本数据 ·········· 075

机构与干部

学校领导机构 ·········· 080
校务委员会 ·········· 080
学术委员会 ·········· 081
学科建设委员会 ·········· 082
专业技术职务评审委员会 ·········· 082
学位评定委员会 ·········· 082
教职工代表大会执行委员会 ·········· 083
学部负责人 ·········· 083
各院、系、所、中心负责人 ·········· 084
机关各部门、工会、团委负责人 ·········· 086
直属、附属单位负责人 ·········· 089
各民主党派和归国华侨联合会负责人 ·········· 090

学部、院系及实体研究机构

理学部 ·········· 094
　数学科学学院 ·········· 095
　物理学院 ·········· 096
　化学与分子工程学院 ·········· 099
　生命科学学院 ·········· 104
　城市与环境学院 ·········· 109
　地球与空间科学学院 ·········· 111
　心理与认知科学学院 ·········· 112
　建筑与景观设计学院 ·········· 114
　生物医学前沿创新中心 ·········· 115
　生态研究中心 ·········· 117
信息与工程科学部 ·········· 119
　信息科学技术学院 ·········· 120
　工学院 ·········· 122
　计算机科学技术研究所 ·········· 124
　软件与微电子学院 ·········· 126
　环境科学与工程学院 ·········· 127
　软件工程国家工程研究中心 ·········· 129
　高能效计算与应用中心 ·········· 130
　前沿计算研究中心 ·········· 131
人文学部 ·········· 131
　中国语言文学系 ·········· 133
　历史学系 ·········· 134
　考古文博学院 ·········· 135
　哲学系（宗教学系） ·········· 138
　外国语学院 ·········· 141
　对外汉语教育学院 ·········· 145
　艺术学院 ·········· 146
　歌剧研究院 ·········· 148
　儒藏编纂与研究中心 ·········· 149
社会科学学部 ·········· 150
　国际关系学院 ·········· 150
　法学院 ·········· 154
　信息管理系 ·········· 157
　社会学系 ·········· 158
　政府管理学院 ·········· 160
　马克思主义学院 ·········· 164
　教育学院 ·········· 166
　新闻与传播学院 ·········· 168
　体育教研部 ·········· 169

新媒体研究院	171	健康医疗大数据研究中心	204
中国政治学研究中心	172	精准医疗多组学研究中心	204
中国社会科学调查中心	174	全国医学教育发展中心	205
中国教育财政科学研究所	175	**跨学科类及其他**	208
国际战略研究院	177	元培学院	208
习近平新时代中国特色社会主义思想研究院	177	燕京学堂	209
		前沿交叉学科研究院	211
经济与管理学部	178	分子医学研究所	213
经济学院	179	科维理天文与天体物理研究所	214
光华管理学院	182	北京国际数学研究中心	215
人口研究所	184	海洋研究院	216
国家发展研究院	185	现代农学院	217
新结构经济学研究院	188	人文社会科学研究院	218
医学部	189	跨学部生物医学工程系	223
基础医学院	189	中国画法研究院	223
药学院	191	**深圳研究生院**	224
公共卫生学院	193	信息工程学院	227
护理学院	195	化学生物学与生物技术学院	229
医学人文学院	197	环境与能源学院	231
医药卫生分析中心	199	城市规划与设计学院	232
中国药物依赖性研究所	200	新材料学院	233
实验动物科学部	201	汇丰商学院	234
中国卫生发展研究中心	202	国际法学院	236
医学信息学中心	202	人文社会科学学院	237

教育教学

本科生教育	240	医学继续教育	344
医学本科生教育	241	医学部继续教育学院	356
研究生教育	326	**留学生与港澳台学生教育**	357
医学研究生教育	328	医学部留学生与港澳台学生教育	357
继续教育	342	**教师教学发展**	357
继续教育学院	343		

科研管理

理工医科科研管理	362	**人文社科科研管理**	394
《北京大学学报（自然科学版）》	364	《北京大学学报（哲学社会科学版）》	396
《北京大学学报（医学版）》	364		

党政管理与群团工作

- 党政综合管理 ········· 404
  - 督查与信访 ········· 405
  - 标识管理 ········· 406
  - 法律事务 ········· 406
  - 校园卡管理和结算 ········· 407
  - 怀柔科学城有关工作 ········· 407
  - 医学部党政综合管理 ········· 408
- 纪检监察工作 ········· 409
  - 医学部纪检监察工作 ········· 410
- 组织工作 ········· 412
  - 医学部组织工作 ········· 413
- 宣传工作 ········· 415
  - 医学部宣传工作 ········· 417
- 统战工作 ········· 419
  - 医学部统战工作 ········· 421
- 学生工作 ········· 423
  - 学生就业指导服务中心 ········· 425
  - 青年研究中心 ········· 426
  - 学生资助中心 ········· 428
  - 学生心理健康教育与咨询中心 ········· 430
  - 医学部学生工作 ········· 431
- 保卫工作 ········· 432
  - 医学部保卫工作 ········· 434
- 保密工作 ········· 436
- 政策法规研究 ········· 437
- 学科建设 ········· 438
- 对外交流 ········· 439
  - 汉语国际推广 ········· 441
  - 医学部对外交流 ········· 442
- 人事管理 ········· 443
  - 医学部人事管理 ········· 449
- 离退休工作 ········· 454
  - 医学部离退休工作 ········· 456
- 财务工作 ········· 456
  - 医学部财务工作 ········· 457
- 实验室与设备管理 ········· 458
  - 医学部实验室与设备管理 ········· 477
- 审计工作 ········· 478
  - 医学部审计工作 ········· 480
- 网络安全与信息化管理 ········· 481
  - 计算中心 ········· 481
  - 医学部信息通讯中心 ········· 485
- 工会与教代会工作 ········· 486
  - 医学部工会工作 ········· 487
- 共青团工作 ········· 489
  - 医学部共青团工作 ········· 491
- 机关党建 ········· 493
- 后勤党建 ········· 494
- 直属单位党建 ········· 495
- 产业系统党建 ········· 496

后勤管理与保障

- 总务工作 ········· 500
  - 会议中心 ········· 502
  - 餐饮中心 ········· 504
  - 动力中心 ········· 505
  - 公寓服务中心 ········· 507
  - 校园服务中心 ········· 511
  - 医学部总务工作 ········· 512
- 房地产管理 ········· 513
- 基建工作 ········· 518
  - 肖家河项目建设 ········· 520
  - 医学部基建工作 ········· 522
- 昌平校区管理 ········· 522

社会服务与联络

- 国内合作 ················· 526
- 科技开发 ················· 527
- 校办产业管理 ············· 536
  - 北大科技园 ············ 536
  - 北大方正集团有限公司 ··· 538
  - 北京北大英华科技有限公司 ··· 540
- 北京北大维信生物科技有限公司 ··· 541
- 北京北大未名生物工程集团有限公司 ··· 542
- 医学部产业管理 ············ 543
- 筹资与基金管理 ············ 544
- 校友工作 ················· 547
  - 医学部校友工作暨基金管理 ··· 550

医　院

- 医院管理 ················· 552
  - 第一医院 ·············· 554
  - 人民医院 ·············· 556
  - 第三医院 ·············· 558
  - 口腔医院 ·············· 559
  - 肿瘤医院 ·············· 563
- 第六医院 ················· 564
- 深圳医院 ················· 566
- 首钢医院 ················· 567
- 国际医院 ················· 569
- 滨海医院 ················· 571
- 校医院 ··················· 573

其他单位

- 图书馆 ··················· 576
- 医学图书馆 ··············· 579
- 档案馆 ··················· 580
- 医学档案馆 ··············· 581
- 校史馆 ··················· 581
- 出版社 ··················· 583
- 燕园街道办事处 ············ 584
  - 燕园社区服务中心 ······· 585
- 附属中学 ················· 586
- 附属小学 ················· 588
- 附属幼儿园 ··············· 589

人　物

- 在校院士名录 ············· 594
- 哲学社会科学资深教授名录 ··· 595
- 长江学者名录 ············· 595
- 国家杰出青年基金获得者名录 ··· 602
- 百千万人才名录 ··········· 605
- 万人计划名录 ············· 606
- 教授名录 ················· 608
- 2018年在教育战线工作满三十年教职工名单 ··· 632
- 2018年逝世人员名单 ······· 637
- 2018年授予的名誉博士名单 ··· 643
- 2018年聘请的客座教授名单 ··· 643

党发、校发文件目录

- 2018年部分党发文件目录 ··· 646
- 2018年部分校发文件目录 ··· 647

表彰与奖励

党建与思想政治工作奖励 ………………… 652
集体和教师奖励 …………………………… 662
教师奖教金 ………………………………… 693
学生奖励 …………………………………… 698
学生奖学金 ………………………………… 740

毕业生名单

本科毕业生名单 …………………………… 764
研究生毕业生名单 ………………………… 782

附 录

2018年部分媒体报道索引 ………………… 804
校历 ………………………………………… 817

习近平在北京大学考察时强调：抓住培养社会主义建设者和接班人根本任务　努力建设中国特色世界一流大学

2018年5月2日，在五四青年节和北京大学建校120周年校庆日即将来临之际，中共中央总书记、国家主席、中央军委主席习近平来到北京大学考察。习近平代表党中央，向北京大学全体师生员工和海内外校友、向全国各族青年、向全国青年工作者致以节日的问候。他强调，坚持好、发展好中国特色社会主义，把我国建设成为社会主义现代化强国，是一项长期任务，需要一代又一代人接续奋斗。广大青年要成为实现中华民族伟大复兴的生力军，肩负起国家和民族的希望。高校要牢牢抓住培养社会主义建设者和接班人这个根本任务，坚持办学正确政治方向，建设高素质教师队伍，形成高水平人才培养体系，努力建设中国特色世界一流大学。

季春时节，北大校园鲜花盛开，草木葱茏，生机盎然。上午9时许，习近平在中共中央政治局常委、中央书记处书记王沪宁，北京大学党委书记郝平、校长林建华陪同下，首先来到临湖轩，参观"新时代——北京大学近五年成就展"。古色古香的临湖轩里，一块块展板图文并茂，一组组数据清晰直观。习近平认真听取情况介绍，仔细察看北大在文理科学科成就、人才培养、队伍建设、国际交流、社会服务等方面重要成果展示，对北大取得的成绩给予充分肯定。他表示，党的十八大以来，北大继承光荣传统，坚持社会主义办学方向，立德树人成果丰硕，"双一流"建设成效显著，服务经济社会发展成绩突出，学校发展思路清晰，办学实力和影响力显著增强，看了令人欣慰。他强调，国家发展同大学发展相辅相成。我们要在国家发展进程中办好高等教育，办出世界一流大学，首先要在体现中国特色上下功夫。

临湖轩北侧的小庭院，紧邻未名湖，景色宜人。习近平来到庭院，看望部分资深教授和中青年教师代表，并同他们亲切交谈。他们当中既有邓小南、王缉思、林毅夫、钱乘旦、申丹、杜维明、安乐哲等资深老教授，也有彭锋、渠敬东、余淼杰、蒋朗朗等优秀中青年教师。习近平对他们说，看到各位老教授身体健康、精神矍铄，非常高兴，你们几十年如一日笔耕不辍、悉心育人，为培养党和人民需要的优秀人才作出了积极贡献，我向你们表示敬意。美国籍的汉学大师安乐哲先生，翻译过《论语》《孙子兵法》等中国传统经典，2013年荣获第六届世界儒学大会颁发的"孔子文化奖"。习近平亲切问他来自哪所大学、来中国多长时间、是否适应这里的生活，并希望他更多向国外介绍中国优秀传统文化。总书记还勉励中青年教师向老一辈专家学者学习，继续在教学和科研上用心耕耘。

近年来，北京大学培养和汇聚了一批具有世界领先水平的科学家、科技领军人才和创新团队，科研综合实力、原始创新能力显著增强。在金光生命科学大楼一层大厅，展示了近年来北京大学在理科、工科、医科等领域的科研成果。习近平认真听取关于学校学科建设、人才队伍建设、科研创新能力提升等情况介绍，并仔细察看新一代干细胞技术、碳芯片技术、微型双光子显微成像系统等科研装置和实物模型。习近平对大家说，看了你们的成果展示，我为你们感到骄傲。创新是引领发展的第一动力，是国家综合国力和核心竞争力的最关键因素。重大科技创新成果是国之重器、国之利器，必须牢牢掌握在自己手上，必须依靠自力更生、自主创新。在这个问题上，我们一定要保持清醒。要继续深化科技体制改革，把人、财、物更多向科技创新一线倾斜，努力在关键共性技术、前沿引领技术、现代工程技术、颠覆性技术创新上取得更大突破，抢占科技创新制高点。高校是科技创新体系的重要组成部分，高校科研人员是我国科技创新的重要队伍。要加强学科之间的协同创新，加强对交叉学科群和科技攻关团队的支持，培养造就更多具有国际水平的科技人才和创新团队。

北京大学是马克思主义在中国传播的发源地，近年来成立了全国第一家马克思主义学院，并于今年1月成立了习近平新时代中国特色社会主义思想研究院。习近平来到这里参观"北京大学与马克思主义主题展览"。习近平认真看展览，深入了解学校开展马克思主义和新时代中国特色社会主义思想教学、研究情况。他强调，高校马克思主义学院就是要坚持"马院姓马，在马言马"的鲜明导向和办学原则，为巩固马克思主义在意识形态领域的指导地位，推动马克思主义进校园、进课堂、进学生头脑，发挥应有作用。

随后，习近平走进国际马克思主义文献中心，察看馆藏马克思主义典籍，询问"马藏工程"进展情况，称赞他们的工作非常有意义。阅览室里，一些中外学生正在就"解读新时代"进行座谈交流。习近平走到他们中间，认真倾听讨论，并同大家互动交流。总书记问大家为什么选择马克思主义专业、学习这个专业有什么体会，同学们兴奋地一一回答。同学们问总书记"您是一个坚定的马克思主义者，您学习马克思主义有什么好的方法"，总书记热情同大家分享了自己的学习经验。他对在场的外国留学生说，要了解中国，就要了解中国的历史、文化、人文思想和发展阶段，特别是要了解当代中国的马克思主义。习近平强调，北京大学是中国最早传播和研究马克思主义的地方，为马克思主义在中国的传播和中国共产党的成立作出了重要贡献。今年是马克思诞辰200周年，也是《共产党宣言》诞生170周年。我们对马克思和《共产党宣言》的最好纪念，就是把党的十九大精神和新时代中国特色社会主义思想这一当代中国马克思主义研究好、宣传好、贯彻好。他勉励大家紧密联系世情国情党情的变化，认真开展新时代中国特色社会主义思想研究，拿出更多有分量有说服力的研究成果。

11时许，习近平来到北京大学英杰交流中心，参加师生座谈会。北京大学党委书记郝平、哲学系教授王博、心理与认知科学学院本科四年级学生宋玺分别发言。习近平认真听取他们的发言，不时插话，现场气氛热烈。

最后，习近平发表了重要讲话。他指出，实现中华民族伟大复兴的中国梦，广大青年生逢其时，也重任在肩。广大青年既是追梦者，也是圆梦人。追梦需要激情和理想，圆梦需要奋斗和奉献。广大青年应该在奋斗中释放青春激情、追逐青春理想，以青春之我、奋斗之我，为民族复兴铺路架桥，为祖国建设添砖加瓦。

习近平强调，坚持好、发展好中国特色社会主义，把我国建设成为社会主义现代化强国，是一项长期任务，需要一代又一代人接续奋斗。教育兴则国家兴，教育强则国家强。今天，党和国家事业发展对高等教育的需要，对科学知识和优秀人才的需要，比以往任何时候都更为迫切。培养社会主义建设者和接班人，是我们党的教育方针，是我国各级各类学校的共同使命。高校只有抓住培养社会主义建设者和接班人这个根本任务才能办好，才能办出中国特色世界一流大学。

习近平提出，办出中国特色世界一流大学、培养社会主义合格建设者和接班人，要抓好三项基础性工作。

第一，坚持办学正确政治方向。我国社会主义教育就是要培养社会主义建设者和接班人。马克思主义是我们立党立国的根本指导思想，也是我国大学最鲜亮的底色。要抓好马克思主义理论教育，深化学生对马克思主义历史必然性和科学真理性、理论意义和现实意义的认识，教育他们学会运用马克思主义立场观点方法观察世界、分析世界，真正搞懂面临的时代课题，深刻把握世界发展走向，认清中国和世界发展大势，让学生深刻感悟马克思主义真理力量，为学生成长成才打下科学思想基础。要坚持不懈培育和弘扬社会主义核心价值观，引导广大师生做社会主义核心价值观的坚定信仰者、积极传播者、模范践行者。要把中国特色社会主义道路自信、理论自信、制度自信、文化自信转化为办好中国特色世界一流大学的自信。

第二，建设高素质教师队伍。建设政治素质过硬、业务能力精湛、育人水平高超的高素质教师队伍是大学建设的基础性工作。要从培养社会主义建设者和接班人的高度，考虑大学师资队伍的素质要求、人员构成、培训体系等。要坚持教育者先受教育，让教师更好担当起学生健康成长指导者和引路人的责任。要抓好师德师风建设，引导教师把教书育人和自我修养结合起来，做到以德立身、以德立学、以德施教。

第三，形成高水平人才培养体系。人才培养体系涉及学科体系、教学体系、教材体系、管理体系等，而贯通其中的是思想政治工作体系。加强党的领导和党的建设，加强思想政治工作体系建设，是形成高水平人才培养体系的重要内容。要坚持党对高校的领导，坚持社会主义办学方向，把我们的特色和优势有效转化为培养社会主义建设者和接班人的能力。要下大气力组建交叉学科群和强有力的科技攻关团队，加强学科之间协同创新，加强对原创性、系统性、引领性研究的支持。要培养造就一大批具有国际水平的战略科技人才、科技领军人才、青年科技人才和高水平创新团队，力争实现前瞻性基础研究、引领性原创成果的重大突破。

习近平强调，当代青年是同新时代共同前进的一代。广大青年既拥有广阔发展空间，也承载着伟大时代使命。每一个青年都应该成为社会主义建设者和接班人，不辱时代使命，不负人民期望。广大青年要忠于祖国、忠于人民，了解中华民族历史，秉承中华文化基因，有民族自豪感和文化自信心，把自己的理想同祖国的前途、把自己的人生同民族的命运紧密联系在一起，扎根人民，奉献国家。要立鸿鹄志、做奋斗者，培养奋斗精神，做到理想坚定，信念执着，不怕困难，勇于开拓，顽强拼搏，永不气馁。要求真学问、练真本领，通过学习知识，掌握事物发展规律，通晓天下道理，丰富学识，增长见识，更好为国争光、为民造福。要知行合一、做实干家，面向实际、深入实践，严谨务实、苦干实干，在新时代干出一番事业。要以社会主义建设者和接班人的使命担当，为全面建成小康社会、全面建设社会主义现代化强国而努力奋斗，让中华民族伟大复兴在我们的奋斗中梦想成真。

习近平离开学校时，道路两旁挤满了师生，大家纷纷向总书记问好，争相同总书记握手，齐声高喊"团结起来、振兴中华"，齐声高唱《歌唱祖国》。习近平满怀深情同大家挥手告别，掌声、问候声和歌声、口号声在校园里久久回荡。

丁薛祥、孙春兰、蔡奇、何立峰及中央和国家机关有关部门负责同志参加有关活动。

（新华社北京5月2日电）

在北京大学师生座谈会上的讲话

（2018年5月2日）

习近平

各位同学，各位老师，同志们：

今天，有机会同大家一起座谈，感到非常高兴。再过两天，就是五四青年节，也是北大建校120周年校庆日。首先，我代表党中央，向北大全体师生员工和海内外校友，向全国各族青年，向全国青年工作者，致以节日的问候！

近年来，北大继承光荣传统，坚持社会主义办学方向，立德树人成果丰硕，双一流建设成效显著，服务经济社会发展成绩突出，学校发展思路清晰，办学实力和影响力显著增强，令人欣慰。

五四运动源于北大，爱国、进步、民主、科学的五四精神始终激励着北大师生同人民一起开拓、同祖国一起奋进。青春理想，青春活力，青春奋斗，是中国精神和中国力量的生命力所在。今天，在实现中华民族伟大复兴新征程上，北大师生应该继续发扬五四精神，为民族、为国家、为人民作出新的更大的贡献。

从五四运动到中国特色社会主义进入新时代，中华民族迎来了从站起来、富起来到强起来的伟大飞跃。这在中华民族发展史上、在人类社会发展史上都是划时代的。

我在党的十九大报告中提出了我国发展的战略安排，这就是：到2020年全面建成小康社会，到2035年基本实现社会主义现代化，到本世纪中叶把我国建成富强民主文明和谐美丽的社会主义现代化强国。广大青年生逢其时，也重任在肩。我说过，中华民族伟大复兴，绝不是轻轻松松、敲锣打鼓就能实现的，我们必须准备付出更为艰巨、更为艰苦的努力。广大青年要成为实现中华民族伟大复兴的生力军，肩负起国家和民族的希望。

每一代青年都有自己的际遇和机缘。我记得，1981年北大学子在燕园一起喊出"团结起来，振兴中华"的响亮口号，今天我们仍然要叫响这个口号，万众一心为实现中国梦而奋斗。广大青年既是追梦者，也是圆梦人。追梦需要激情和理想，圆梦需要奋斗和奉献。广大青年应该在奋斗中释放青春激情、追逐青春理想，以青春之我、奋斗之我，为民族复兴铺路架桥，为祖国建设添砖加瓦。

同学们、老师们！

近代以来我国历史告诉我们，只有社会主义才能救中国，只有中国特色社会主义才能发展中国，才能实现中华民族伟大复兴。坚持好、发展好中国特色社会主义，把我国建设成为社会主义现代化强国，是一项长期任务，需要一代又一代人接续奋斗。我们的今天就是这样走过来的，我们的明天需要青年人接着奋斗下去，一代接着一代不断前进。

教育兴则国家兴，教育强则国家强。高等教育是一个国家发展水平和发展潜力的重要标志。今天，党和国家事业发展对高等教育的需要，对科学知识和优秀人才的需要，比以往任何时候都更为迫切。我在党的十九大报告中提出要"加快一流大学和一流学科建设，实现高等教育内涵式发展"。当前，我国高等教育办学规模和年毕业人数已居世界首位，但规模扩张并不意味着质量和效益增长，走内涵式发展道路是我国高等教育发展的必由之路。

大学是立德树人、培养人才的地方，是青年人学习知识、增长才干、放飞梦想的地方。借此机会，我想就学校培养什么样的人、怎样培养人，同各位同学和老师交流一下看法。

我先给一个明确答案，就是我们的教育要培养德智体美全面发展的社会主义建设者和接班人。前不久，我在十三届全国人大第一次会议上向全体代表讲过："中国人民的特质、禀赋不仅铸就了绵延几千年发展至今的中华文明，而且深刻影响着当代中国发展进步，深刻影响着当代中国人的精神世界。"我讲到中国人民的伟大创造精神、伟大奋斗精神、伟大团结精神、伟大梦想精神。这种伟大精神是一代一代中华儿女创造和积淀出来的，也需要一代一代传承下去。

"国势之强由于人，人材之成出于学。"培养社会主义建设者和接班人，是我们党的教育方针，是我国各级各类学校的共同使命。大学对青年成长成才发挥着重要作用。高校只有抓住培养社会主义建设者和接班人这个根本才能办好，才能办出中国特色世界一流大学。为此，有3项基础性工作要抓好。

第一，坚持办学正确政治方向。《礼记·大学》说："大学之道，在明明德，在亲民，在止于至善。"古今中外，关于教育和办学,思想流派繁多,理论观点各异,但在教育必须培养社会发展所需要的人这一点上是有共识的。培养社会发展所需要的人,说具体了,就是培养社会发展、知识积累、文化传承、国家存续、制度运行所要求的人。所以,古今中外,每个国家都是按照自己的政治要求来培养人的,世界一流大学都是在服务自己国家发展中成长起来的。我国社会主义教育就是要培养社会主义建设者和接班人。

马克思主义是我们立党立国的根本指导思想,也是我国大学最鲜亮的底色。今年是马克思诞辰200周年,在世界人民心目中马克思至今依然是最伟大的思想家。中国共产党的主要创始人和一些早期著名活动家,正是在北大工作或学习期间开始阅读马克思主义著作、传播马克思主义的,并推动了中国共产党的建立。这是北大的骄傲,也是北大的光荣。要抓好马克思主义理论教育,深化学生对马克思主义历史必然性和科学真理性、理论意义和现实意义的认识,教育他们学会运用马克思主义立场观点方法观察世界、分析世界,真正搞懂面临的时代课题,深刻把握世界发展走向,认清中国和世界发展大势,让学生深刻感悟马克思主义真理力量,为学生成长成才打下科学思想基础。要坚持不懈培育和弘扬社会主义核心价值观,引导广大师生做社会主义核心价值观的坚定信仰者、积极传播者、模范践行者。要把中国特色社会主义道路自信、理论自信、制度自信、文化自信转化为办好中国特色世界一流大学的自信。只要我们在培养社会主义建设者和接班人上有作为、有成效,我们的大学就能在世界上有地位、有话语权。

"才者,德之资也;德者,才之帅也。"人才培养一定是育人和育才相统一的过程,而育人是本。人无德不立,育人的根本在于立德。这是人才培养的辩证法。办学就要尊重这个规律,否则就办不好学。要把立德树人的成效作为检验学校一切工作的根本标准,真正做到以文化人、以德育人,不断提高学生思想水平、政治觉悟、道德品质、文化素养,做到明大德、守公德、严私德。要把立德树人内化到大学建设和管理各领域、各方面、各环节,做到以树人为核心,以立德为根本。

第二,建设高素质教师队伍。人才培养,关键在教师。教师队伍素质直接决定着大学办学能力和水平。建设社会主义现代化强国,需要一大批各方面各领域的优秀人才。这对我们教师队伍能力和水平提出了新的更高的要求。同样,随着信息化不断发展,知识获取方式和传授方式、教和学关系都发生了革命性变化。这也对教师队伍能力和水平提出了新的更高的要求。

建设政治素质过硬、业务能力精湛、育人水平高超的高素质教师队伍是大学建设的基础性工作。要从培养社会主义建设者和接班人的高度,考虑大学师资队伍的素质要求、人员构成、培训体系等。高素质教师队伍是由一个一个好老师组成的,也是由一个一个好老师带出来的。2014年教师节时我同北京师范大学的师生代表座谈时就如何做一名好老师提出了4点要求,即:要有理想信念、有道德情操、有扎实学识、有仁爱之心。我今天再强调一下。

古人说:"师者,人之模范也。"在学生眼里,老师是"吐辞为经、举足为法",一言一行都给学生以极大影响。教师思想政治状况具有很强的示范性。要坚持教育者先受教育,让教师更好担当起学生健康成长指导者和引路人的责任。

评价教师队伍素质的第一标准应该是师德师风。师德师风建设应该是每一所学校常抓不懈的工作,既要有严格制度规定,也要有日常教育督导。我们的教师队伍师德师风总体是好的,绝大多数老师都敬重学问、关爱学生、严于律己、为人师表,受到学生尊敬和爱戴。同时,也要看到教师队伍中存在的一些问题。对出现的问题,我们要高度重视,认真解决。要引导教师把教书育人和自我修养结合起来,做到以德立身、以德立学、以德施教。

第三,形成高水平人才培养体系。"凿井者,起于三寸之坎,以就万仞之深。"社会主义建设者和接班人,既要有高尚品德,又要有真才实学。学生在大学里学什么、能学到什么、学得怎么样,同大学人才培养体系密切相关。目前,我国大学硬件条件都有很大改善,有的学校的硬件同世界一流大学比没有太大差别了,关键是要形成更高水平的人才培养体系。人才培养体系必须立足于培养什么人、怎样培养人这个根本问题来建设,可以借鉴国外有益做法,但必须扎根中国大地办大学。

人才培养体系涉及学科体系、教学体系、教材体系、管理体系等,而贯通其中的是思想政治工作体系。加强党的领导和党的建设,加强思想政治工作体系建设,是形成高水平人才培养体系的重要内容。要坚持党对高校的领导,坚持社会主义办学方向,把我们的特色和优势有效转化为培养社会主义建设者和接班人的能力。

当今世界,科学技术迅猛发展。大学要瞄准世界科技前沿,加强对关键共性技术、前沿引领技术、现代工程技术、颠覆性技术的攻关创新。要下大气力组建交叉学科群和强有力的科技攻关团队,加强学科之间协同创新,加强对原创性、系统性、引领性研究的支持。要培养造就一大批具有国际水平的战略科技人才、科技领军人才、青年科技人才和高水平创新团队,力争实现前瞻性基础研究、引领性原创成果的重大突破。

同学们、老师们!

当代青年是同新时代共同前进的一代。我们面临的新时代,既是近代以来中华民族发展的最好时代,也是实现中华民族伟大复兴的最关键时代。广大青年既拥有广阔发展空间,也承载着伟大时代使命。青年是国家的希望、民族的未来。我衷心希望每一个青年都成为社会主义建设者和接班人,不辱时代使命,不负人民期望。对广大青年来说,这是最大的人生际遇,也是最大的人生考验。

2014年我来北大同师生代表座谈时对广大青年提出了具有执着的信念、优良的品德、丰富的知识、过硬的本领这4点要求。借此机会，我再给广大青年提几点希望。

一是要爱国，忠于祖国，忠于人民。爱国，是人世间最深层、最持久的情感，是一个人立德之源、立功之本。孙中山先生说，做人最大的事情，"就是要知道怎么样爱国"。我们常讲，做人要有气节、要有人格。气节也好，人格也好，爱国是第一位的。我们是中华儿女，要了解中华民族历史，秉承中华文化基因，有民族自豪感和文化自信心。要时时想到国家，处处想到人民，做到"利于国者爱之，害于国者恶之"。爱国，不能停留在口号上，而是要把自己的理想同祖国的前途、把自己的人生同民族的命运紧密联系在一起，扎根人民，奉献国家。

二是要励志，立鸿鹄志，做奋斗者。苏轼说："古之立大事者，不惟有超世之才，亦必有坚忍不拔之志。"王守仁说："志不立，天下无可成之事。"可见，立志对一个人的一生具有多么重要的意义。广大青年要培养奋斗精神，做到理想坚定，信念执着，不怕困难，勇于开拓，顽强拼搏，永不气馁。幸福都是奋斗出来的，奋斗本身就是一种幸福。1939年5月，毛泽东同志在延安庆贺模范青年大会上说："中国的青年运动有很好的革命传统，这个传统就是'永久奋斗'。我们共产党是继承这个传统的，现在传下来了，以后更要继续传下去。"为实现中华民族伟大复兴的中国梦而奋斗，是我们人生难得的际遇。每个青年都应该珍惜这个伟大时代，做新时代的奋斗者。

三是要求真，求真学问，练真本领。"玉不琢，不成器；人不学，不知道。"知识是每个人成才的基石，在学习阶段一定要把基石打深、打牢。学习就必须求真学问，求真理、悟道理、明事理，不能满足于碎片化的信息、快餐化的知识。要通过学习知识，掌握事物发展规律，通晓天下道理，丰富学识，增长见识。人的潜力是无限的，只有在不断学习、不断实践中才能充分发掘出来。建设社会主义现代化强国，发展是第一要务，创新是第一动力，人才是第一资源。希望广大青年珍惜大好学习时光，求真学问，练真本领，更好为国争光、为民造福。

四是要力行，知行合一，做实干家。"纸上得来终觉浅，绝知此事要躬行。"学到的东西，不能停留在书本上，不能只装在脑袋里，而应该落实到行动上，做到知行合一、以知促行、以行求知，正所谓"知者行之始，行者知之成"。每一项事业，不论大小，都是靠脚踏实地、一点一滴干出来的。"道虽迩，不行不至；事虽小，不为不成。"这是永恒的道理。做人做事，最怕的就是只说不做，眼高手低。不论学习还是工作，都要面向实际、深入实践，实践出真知；都要严谨务实，一分耕耘一分收获，苦干实干。广大青年要努力成为有理想、有学问、有才干的实干家，在新时代干出一番事业。我在长期工作中最深切的体会就是：社会主义是干出来的。

同学们、老师们！

辛弃疾在一首词中写道："乘风好去，长空万里，直下看山河。"我说过："中国梦是历史的、现实的，也是未来的；是我们这一代的，更是青年一代的。中华民族伟大复兴的中国梦终将在一代代青年的接力奋斗中变为现实。"新时代青年要乘新时代春风，在祖国的万里长空放飞青春梦想，以社会主义建设者和接班人的使命担当，为全面建成小康社会、全面建设社会主义现代化强国而努力奋斗，让中华民族伟大复兴在我们的奋斗中梦想成真！

（新华社北京5月2日电）

邱水平任北京大学党委书记　郝平任北京大学校长

2018年10月23日下午，北京大学在英杰交流中心阳光大厅举行全校教师干部大会，宣布中央关于北京大学党委书记、校长职务的任免决定：邱水平同志任北京大学党委书记，郝平同志任北京大学校长、不再担任北京大学党委书记职务，林建华同志不再担任北京大学校长职务。中组部副部长周祖翼，教育部党组书记、部长陈宝生，北京市委常委、组织部部长魏小东出席大会并讲话。在京的校党政领导班子成员，学校老领导代表，各院系及附属医院党政班子成员，职能部门、直属附属单位副职以上干部，院士、资深教授和中青年教师代表，各民主党派负责人，离退休老同志代表，教代会代表，校办产业负责人等近600人参加了会议。会议由郝平同志主持。

受中央领导同志委托，周祖翼宣布了中央关于北京大学党委书记、校长调整的决定。周祖翼说，林建华同志已过任职年龄界限，中央从中管高校党委书记、校长队伍建设全局和北京大学实际出发，经过反复酝酿、通盘考虑做出上述决定。周祖翼介绍了邱水平同志的情况。

周祖翼说，北京大学是高校的标杆，应为培养社会主义建设者和接班人作出更大贡献。要认真学习贯彻习近平总书记在全国教育大会上的重要讲话和两次在北京大学考察时的重要讲话精神，始终坚持正确政治方向，始终坚持立德树人根本任务，不断加强和改进思想政治工作，坚持党委领导下的校长负责制，加强领导班子思想建设，做好做强马克思主义宣传教育工作，切实加强基层党组织建设，努力建设一支政治素质过硬、业务能力精湛、育人水平高超的高素质教师队伍，以永远在路上的执着把全面从严治党引向深入。他希望大家牢记总书记殷殷教导，在新时代中国特色社会主义伟大事业建设中再立新功。

陈宝生代表教育部党组表示完全拥护党中央的决定，赞同周祖翼同志的讲话。他说，近年来，北京大学高举中国特色社会主义伟大旗帜，深入学习贯彻习近平新时代中国特色社会主义思想，坚持扎根中国大地办大学，坚持埋头苦干和改革创新，不断加强党的全面建设，深入推进中国特色世界一流大学建设，形成了蓬勃发展的大好局面，为开启学校在新时代的新征程，奠定了扎实基础。习近平总书记对北京大学高度重视，寄予厚望，对学校改革发展提出殷切希望。北京大学要牢记总书记的嘱托，始终坚持用习近平新时代中国特色社会主义思想武装头脑、指导实践、推动工作。陈宝生强调，要不断坚持理论武装，深入学习贯彻习近平总书记关于教育的重要论述，立足新时代谋划新发展；坚持政治方向，坚定不移走中国特色社会主义教育发展道路，全面落实立德树人根本任务；坚持改革创新，加快一流大学和一流学科建设；坚持政治统领，全面加强党的建设，为学校事业发展提供坚强组织保证。他希望北京大学领导班子团结带领广大师生员工，继续振奋精神，不断开拓创新，在建设中国特色世界一流大学的征程上，续写新的更大的辉煌。

魏小东说，北京市委、市政府坚决拥护中央决定，完全同意周祖翼同志、陈宝生同志的讲话。北京大学坚持立足北京、服务北京、融入北京，充分发挥人才智力优势，为首都经济社会发展作出重要贡献，也为北京市输送了一大批优秀的干部和人才。希望学校领导班子和广大师生员工把思想统一到中央决定和要求上来，将学校各级党组织建设得更加坚强有力，凝聚起建设世界一流大学的强大动力。希望学校能把北大办学优势和首都发展的需求进一步结合起来。北京市委市政府将一如既往地关心支持北京大学的建设和发展，努力为北京大学进入世界一流大学的宏伟目标建设提供保障。

林建华表示完全拥护并坚决服从中央的决定。他回顾了改革开放以来北大在人才培养、人事体系、学科体系、治理体系等方面的显著发展，对广大师生员工的辛勤工作表示感谢。林建华表示，生命和奉献是有限的，而北大是永远的；我们每一个人今天所经历的，只能是她历史长河中的小小的涟漪，今天做的事情也许微不足道，很快被人们忘记，但正是这日日年年、点点滴滴，才汇聚成了北大的不朽之魂。他相信在学校党委的领导下，在全校师生员工的共同努力下，北京大学一定会越来越好，持续推进"双一流"建设，实现几代北大人的梦想。

邱水平说，中央的决定体现了中央对北京大学的高度重视与关怀，他坚决拥护，坚决服从，深感责任重大；能够重新回母校工作，倍感荣幸。在党中央和国务院的领导下，北京大学发扬光荣传统，坚持社会主义办学方向，团结全校师生员工开拓奋进，立德树人、成果丰硕，"双一流"建设成效斐然，办学实力和影响力显著增强，各项事业取得了长足进步。邱水平表示，在今后的工作中，将坚决担当政治责任、切实履行主体责任、积极推动改革创新、自觉加强学习研究、始终坚持民主团结、努力做好服务保障、严格执行廉政要求。他说，新时代为北京大学的发展建设提供了重大机遇，希望大家共同努力，加快建设中国特色世界一流大学的步伐，为中华民族伟大复兴作出应有的贡献。

郝平表示，坚决拥护中央决定、服从中央安排。当前国家发展面临内外形势的一系列新变化，高等教育发展与改革的重要性与迫切性更加凸显。北大必须始终坚持正确的办学方向，保持战略定力和清醒头脑，直面改革，挺立潮头，迎接新的机遇与挑战。要高度重视人才对"双一流"建设的重要意义，努力构建和谐密切的师生关系，坚持服务国家战略，切实增强文化自信和教育自信，保持"脚踏实地、同舟共济、奋发有为"的奋斗精神。郝平号召全校师生干部紧密团结在以习近平同志为核心的党中央周围，发扬爱国、进步、民主、科学的传统，为实现中华民族伟大复兴"中国梦"作出新的历史性贡献。

专 文

深入学习贯彻习近平总书记重要讲话精神，加快创建中国特色世界一流大学

《中国高等教育》（2018 年第 10 期）

郝 平

在迎接北京大学建校 120 周年和五四青年节之际，习近平总书记莅临北京大学调研指导工作，亲自主持师生座谈会并发表重要讲话。这是党的十九大以来，总书记面向高等教育乃至整个教育战线发表的首次重要讲话，对新时代的高等教育工作作出了系统论述，具有很强的战略性、政治性、思想性和针对性，是习近平新时代中国特色社会主义思想的重要内容，是深化教育综合改革、办好社会主义大学的根本遵循，也是青年学生成长成才的行动指南。

习近平总书记一直关心北大的发展。2007 年以来，习近平同志先后六次莅临北大，两次给北大师生回信。2014 年 5 月 4 日，总书记在北大考察时，提出了"扣好人生第一粒扣子""扎根中国大地办大学"等重要思想。

时隔四年，总书记再一次在北大师生座谈会上发表重要讲话，强调高等教育要围绕"一个根本任务"，明确"两个标准"，着力抓好"三项基础性工作"，并对青年学子提出了"四点希望"。

第一次明确了社会主义大学的"一个根本任务"，即培养德智体美全面发展的社会主义建设者和接班人

教育兴则国家兴，教育强则国家强，国家发展同大学发展相辅相成。我国大学要培养什么样的人、怎样培养人，总书记给出了明确的答案，就是我们的教育要培养德智体美全面发展的社会主义建设者和接班人。

培养社会主义建设者和接班人，是我们党的教育方针，是我国各级各类学校的共同使命。高校只有抓住培养社会主义建设者和接班人这个根本才能办好，才能建成中国特色世界一流大学。总书记这一论断更加丰富和完善了"扎根中国大地办大学"的思想和理论。

旗帜鲜明地坚持党对高校的领导，是确保高等教育事业始终沿着正确方向健康发展的前提和基础，是发挥我们的特色和优势、有效培养社会主义建设者和接班人的前提。

党的十八大以来，以习近平同志为核心的党中央高度重视高等教育事业和青年成长，勉励广大青年不仅要做追梦者、更要做圆梦人，以奋斗融入民族复兴和祖国建设，"团结起来，振兴中华"。我国高等教育的重要使命，就是要引领广大青年成为实现中华民族伟大复兴的主力军，使他们把自己的理想、人生和祖国的前途、命运紧密联系起来，肩负起国家和民族的希望。青年奋斗成才、报效祖国，国家富强和繁荣又进一步为青年成长创造更优质的教育环境，一代又一代人接续奋斗，才能早日圆梦。

第一次提出了"两个标准"的概念，明确了高校工作的"根本标准"和"第一标准"，即把立德树人作为检验学校一切工作的根本标准，把师德师风作为教师评价的第一标准

"根本标准"指的是把立德树人作为检验学校一切工作的根本标准。总书记指出，古今中外，关于教育和办学，思想流派繁多，理论观点各异，但在教育必须培养社会发展所需要的人这一点上是有共识的。培养社会发展所需要的人，即培养社会发展、知识积累、文化传承、国家存续、制度运行所要求的人。高校存在的最大价值就是立德树人，这是首要以及最根本的考量。

针对如何把握这一标准，总书记提出了人才培养的辩证法。"才者，德之资也；德者，才之帅也。"人才培养一定是育人和育才相统一的过程，而育人是本。人无德不立，育人的根本在于立德。办学就要尊重这个规律，否则就办不好学。

高校在具体实践中必须真正做到以文化人、以德育人，不断提高学生思想水平、政治觉悟、道德品质、文化素养，做到明大德、守公德、严私德。要把立德树人内化到大学建设和管理各领域、各方面、各环节，做到以树人为核心，以立德为根本。

"第一标准"指的是师德师风是评价教师队伍素质的第一标准。总书记对高校教师队伍现状给出了高度评价，认为教师

队伍师德师风总体是好的，绝大多数老师都敬重学问、关爱学生、严于律己、为人师表，受到学生尊敬和爱戴。同时，也要看到教师队伍中存在的一些问题。对出现的问题，要高度重视，认真解决。

总书记强调，人才培养，关键在教师。教师队伍素质直接决定着大学办学能力和水平。老师的一言一行都给学生以极大影响。所以要把师德师风作为评价教师队伍素质的第一标准。

教师思想政治状况具有很强的示范性。要坚持教育者先受教育，让教师更好担当起学生健康成长指导者和引路人的责任。在具体落实中，既要有严格制度规定，又要有日常教育督导，引导教师把教书育人和自我修养结合起来，做到以德立身、以德立学、以德施教。

第一次明确了高校的"三项基础性工作"，即坚持办学正确政治方向，建设高素质教师队伍，形成高水平人才培养体系

总书记从高校办学的本质逻辑和内在规律出发，强调建设中国特色世界一流大学、培养社会主义建设者和接班人，要做好三项基本工作。

第一项基础性工作，是要坚持办学的正确政治方向。一是明确教育必须培养社会发展所需要的人才，古今中外每个国家都是按照自己的政治要求来培养人的，世界一流大学都是在服务自己国家发展中成长起来的，作为社会主义国家的大学，我们的任务就是要培养社会主义建设者和接班人。二是要保持马克思主义这一我国大学最鲜亮的底色。在思想上，要充分认识马克思主义教育对学生成长的重要性，要抓好马克思主义理论教育，深化学生对马克思主义的四个认识，即历史必然性、科学真理性、理论意义和现实意义的认识。在实践中，要教育学生学会运用马克思主义立场观点方法观察世界、分析世界，真正搞懂面临的时代课题，深刻把握世界发展走向，认清中国和世界发展大势。三是要坚持不懈培育和弘扬社会主义核心价值观。总书记指出，广大师生要做社会主义核心价值观的坚定信仰者、积极传播者、模范践行者。四是要把中国特色社会主义道路自信、理论自信、制度自信、文化自信转化为办好中国特色世界一流大学的自信。

第二项基础性工作，是要建立高素质的教师队伍。总书记将高素质的教师队伍概括为三大特征，即"政治素质过硬""业务能力精湛""育人水平高超"，强调建设这样一支教师队伍是大学建设的基础性工作。

要从培养社会主义建设者和接班人的高度，考虑大学师资队伍的素质要求、人员构成、培训体系等。要牢记2014年教师节时总书记在北京师范大学的师生代表座谈时对广大教师提出的4点要求，培养有理想信念、有道德情操、有扎实学识、有仁爱之心的"四有好老师"。要坚持教育者先受教育，强化教师思想政治工作，让教师更好担当起学生健康成长指导者和引路人的责任。

第三项基础性工作，是要形成高水平的人才培养体系。总书记指出，人才培养体系涉及学科体系、教学体系、教材体系、管理体系等，而贯通其中的是思想政治工作体系。他强调人才培养体系的重要作用，认为学生在大学里学什么、能学到什么、学得怎么样，同大学人才培养体系密切相关。

要形成高水平的人才培养体系，一是加强党的领导和党的建设，加强思想政治工作体系建设。二是坚持党对高校的领导，坚持社会主义办学方向，把特色和优势有效转化为培养社会主义建设者和接班人的能力。三是瞄准世界科技前沿，加强对关键共性技术、前沿引领技术、现代工程技术、颠覆性技术的攻关创新，要在关键领域掌握核心技术。

这三项基础性工作，构成了一个完整的理论与实践体系——坚持办学正确政治方向回答了"为谁培养人"的问题，建设高素质教师队伍回答了"谁来培养人"的问题，形成高水平人才培养体系回答了"怎样培养人"的问题。

第一次对青年提出了爱国、励志、求真、力行的"四点希望"，勉励青年既要做追梦者，更要做圆梦人，要为全面建成小康社会、全面建设社会主义现代化强国而努力奋斗

总书记一直以来十分关心青年学生的成长成才问题，每次到高校视察指导工作，都与青年学生面对面交流，对他们成长成才提出殷切期望。2014年5月4日总书记考察北大时，向青年学生提出了"勤学、修德、明辨、笃实"的要求，在此基础上，这一次总书记又提出了"爱国、励志、求真、力行"的八字要求，其中蕴含的人生哲理、价值导向和精神追求是一以贯之的，对青年一代寄予了厚望。

一是爱国。要了解中华民族历史，秉承中华文化基因，有民族自豪感和文化自信心，只有这样，才能时时想到国家，处处想到人民。要把爱国落实到实践中，要把自己的理想同祖国的前途、把自己的人生同民族的命运紧密联系在一起，扎根人民，奉献国家。

二是励志。总书记引用了苏轼和王阳明的话，阐释了立志对人的一生的重要意义，强调了"奋斗"的重要性。他引用毛泽东同志在延安庆贺模范青年大会上的话，认为永久奋斗是中国青年运动的革命传统，鼓励大家继承传统，在这个伟大的时代里，做新时代的奋斗者。

三是求真。总书记指出，青年人必须求真学问，求真理、悟道理、明事理，要求大家在学习阶段一定要把基石打深、打牢，勉励大家在不断学习、不断实践中充分发掘人的潜能。

四是力行。总书记与师生分享了他在长期工作中最深切的体会,强调社会主义是干出来的。做人做事,最怕的就是只说不做、眼高手低。不论学习还是工作,都要面向实际、深入实践,实践出真知。都要严谨务实,一分耕耘一分收获,苦干实干。学到的东西,不能停留在书本上,不能只装在脑袋里,而应该落实到行动上,做到知行合一、以知促行、以行求知。

我们要充分认识深入学习贯彻习近平总书记重要讲话精神的重大意义,切实增强学习贯彻的自觉性、主动性。要把学习总书记讲话精神与落实立德树人根本任务紧密结合,把思想政治工作贯穿办学育人全过程。要把学习总书记讲话精神与"双一流"建设紧密结合,不断提高内涵式发展质量,扎根中国大地办大学,加快创建中国特色世界一流大学。

勇敢担当,学在路上
——在北京大学2018年毕业典礼上的讲话

(2018年7月)

林建华

尊敬的各位老师、各位嘉宾,亲爱的同学们:

大家上午好!

又是一个离别的季节,这也是收获与感恩的时刻。祝贺大家顺利毕业!让我们把最美好的祝福送给每一位同学!

从今天开始,大家将开启一段新的人生旅程。这将会是一个漫长的旅程,有鲜花也有荆棘,有欣喜也会有艰辛。人的一生中会遇到很多事情,需要做出判断和选择。有的选择让你幸运和自豪,比如说,你选择了北大,选择了刻苦学习,才有了今天的收获;有的选择可能使你纠结、甚至煎熬;其实不要紧,我们都是凡人,都难免犹豫、寂寞和焦虑,只要我们确信、确信良知、确信美好、确信未来,就会坚守正确的价值判断。纠结和艰辛都会成为财富,成为岁月长河中最宝贵的礼物。

在这里,我想与大家分享一个小故事。几周前我去了弥渡,这是云南大理的一个县,北大的对口扶贫县。进入弥渡,映入眼帘的首先是郁郁葱葱的山川和一片片梯田,山上散布着星星点点的居屋,景色别有一番诗意,让人心生陶醉。第二天,我们开始走访山上的贫困家庭。经过几年的扶贫攻坚,山区的道路、住房、通讯条件都有了改善。但那里的生存条件很差,缺地少水,靠天吃饭,即使是好年景,也仅够填饱肚子。我们看到的一些家庭几乎是家徒四壁,吃用的水全靠水窖收集,甚至连灶台都是用石头临时搭成的。政府希望大家搬到山下,但都不愿意。

我很理解他们。半辈子都没有离开过大山,对他们而言,外面的世界充满了未知的恐惧和不安,当然可能还有对儿时记忆的眷恋。学校的房子是村里最好的。天真稚气的孩子们,眼中充满了渴望,他们渴望学习,渴望走出大山,渴望改变自己和家人的命运,孩子们质朴的愿望和纯真的言语让人心碎。看到苦苦支撑的教师和闭塞险恶的环境,我的内心充满了深深的忧虑。我真心希望孩子们梦想成真。

在大山深处的牛街乡,我们也看到了另一番景象。村子内外有很多古茶树,有的已经存活了近千年了。建立不久的茶场虽然还没有盈利,但充满喜悦的村民,让我们体会了大山的慈祥和恩惠,感受到了人与自然的和谐与力量。

在这里,我要特别感谢光华、经院、国发院、法学院、国关、艺术学院、信息学院和工学院等8个院系。他们参与了对口扶贫弥渡的8个乡镇。我们的很多老师都多次深入偏远的乡村,出谋划策、寻找资源、筹措资金,帮助兴修水利、发展产业、改善教育和人们的生活。

我还要感谢在弥渡挂职和支教的师生,感谢所有参与对口扶贫的老师和同学们,感谢他们辛勤的付出和深厚的情谊。

走在崎岖的山路上,我一直在想一个问题:什么是北大?什么是北大人?北大是一所伟大的学校,她的伟大不仅体现在卓越的教育和学术上,体现在追求真理的科学精神上,还体现在对社会正义的不懈追求和深深的人文情怀上。

早在一百年前,蔡元培就提出"劳工神圣,人人平等",并倡导创办了"校役夜班",傅斯年、罗家伦等一批学术大家亲自授课。邓中夏、廖书仓等人还组建了"平民学校""平民教育讲演团",传播知识、唤起民众的自觉。直到今天,北大仍然保持着"平民学校"的传统,很多在工勤服务岗位上的工友,白天工作,夜间学习,在这里追寻着自己的人生梦想。你们中也有很多同学,担任了这个学校的志愿者工作。北大永远要追求卓越,但我们的精神应当是平等的,我们的心胸是开放的，我们的爱是没有疆界的。

北大人满怀着一腔的青春热血。在艰难险阻的中国第一次西部科学考察中、在千里跋涉的西南联大路上、在祖国的西北边陲、在荒漠深处原子弹的实验现场，到处都可以看到北大人坚定的足迹。

今天，有更多的北大人选择去西部、去部队、去基层，去开创不同的人生。"只要天下还有贫穷的人，就是我们自己在贫穷中；只要天下还有苦难的人，就是我们自己在苦难中。"林毅夫老师的这段话道出了北大人的心声和胸怀。

同学们，我们国家的发展仍然不平衡、不充分，消除贫困是一场实现全面小康的攻坚战，也是一代代北大人的追求和理想。我们要感恩弥渡。作为一所学校，我们能为弥渡人民做的事情并不多，对弥渡脱贫的贡献可能真的微不足道。但弥渡人民却给予我们极大的信任和关照，使我们能够亲身体会消除贫困的艰辛，使我们能够在实践中磨练意志、践行理想。我们从弥渡人民身上学到的、体会到的精神营养和力量，远远超过了我们能够给予他们的帮助。谢谢他们！

两个月前，习近平总书记来到北大考察，希望青年人要"爱国、励志、求真、力行"。人生就像是一部书，每个字、每一行、每一页都是用我们的行动书写的。责任并不是一个甜美的、轻盈的词汇，而是一副沉甸甸的担子。负重前行正是一代又一代中流砥柱最美的英姿。

当你帮助山区孩子实现梦想的时候，当你用智慧和勇气帮助人们摆脱贫困的时候，当你的科研成果造福社会的时候，当你竭尽全力使无助的人重燃生命之火的时候，你是在用爱书写着自己的人生。帮助别人就是在塑造一个更好的自己。感恩与珍惜会使你的心胸更宽，奉献与付出会使你的视野更广。在未来的人生路上，我们要思考和探索大道理，更要从身边的事情做起，"勿以善小而不为，勿以恶小而为之"。

最后，再次感谢大山和弥渡人民给予我们的爱和包容，让我们谨记为国家、为民族复兴奉献与奋斗的誓言，也让我们为身边认识或不认识的每个人绽开我们的笑脸。

从此后，无论披星戴月、跋山涉水，无论身在何方、从事什么职业，愿北大人远离平庸、勇敢担当、学在路上！

祝大家一路平安！谢谢！

在北京大学 2018 珠峰攀登活动报告会上的讲话

（2018 年 10 月 26 日）

邱水平

尊敬的各位来宾，老师们、同学们：

大家晚上好！

三天前，我第三次到北大报到。我说，再回燕园，倍感激动、亲切和温暖。今天，是我回来后第一次参加学生活动，听了你们的精彩故事，我的这种情感更加强烈。因为 28 年前，我就与山鹰社结下了不解之缘，故事后面再表。

首先，我要表达欢迎与感谢，代表北京大学的全体师生员工，向各位来宾表示热烈的欢迎！对长期以来关心、帮助山鹰社成长，支持北大发展建设的社会各界人士表示衷心的感谢！向珠峰登山队的老师、同学和校友们致以崇高的敬意！

经过两年多的精心筹备与艰苦训练，北大山鹰社珠峰登山队在 120 周年校庆之际向世界之巅发起了冲击。今年 5 月 2 日，习近平总书记莅临北京大学考察，亲切询问了山鹰社的珠峰攀登行动，他关心大家的安全，极大地鼓舞了队员们的士气。5 月 15 日上午 8 时许，包括 7 名山鹰社成员在内的北大珠峰登山队成功登顶世界之巅——珠穆朗玛峰。这是北大登山史上的重要一刻，也是载入北大史册的光辉一刻。大家创造了业余登山队的世界纪录！这份荣耀背后，凝聚了多年来成百上千师生、校友为北大登山运动所流过的汗水、泪水，也体现了"北大精神，永在巅峰"的那种精气神！在此，我向大家致以最崇高的敬意！

在大家登顶之前，习近平总书记在北大勉励当代青年要"爱国、励志、求真、力行"，强调广大青年既是追梦人，也是圆梦人。30 多年前，我们这一代北大青年在燕园喊响了"团结起来，振兴中华"的时代强音，今天，你们再一次在世界之巅喊出了"团结起来，振兴中华"的口号，这正是对总书记亲切关怀和殷切期待的最好回应。我为你们而骄傲！谢谢同学们！

老师们、同学们，

北大的校园，永远洋溢着青春的活力。学生社团是北大校园文化的重要组成部分，是学生发展自我、展现自我的大舞台，在立德树人工作中发挥着积极的、不可替代的作用。

上个世纪90年代初，我曾担任过北大团委书记和学工部部长。那时候，学生社团正处于蓬勃生长的阶段，"百团大战"方兴未艾，大家充满了激情，因为共同的爱好、志趣走到了一起，又团结，又活泼，真正体现了"聚是一团火、散是满天星"的精神。

学生社团工作也是我当时投入精力最多、最关注最重视的领域之一。我至今还清晰记得，当年我把校团委的办公用房挤出来，给山鹰社存放器材和办公使用，并给予各方面支持。我觉得，这是我作为团委书记最"英明"的决策之一！

山鹰社是全国首家学生登山社团，以"存鹰之心于高远，取鹰之志而凌云，习鹰之性以涉险，融鹰之神在山巅"为社训，开辟了中国民间高山登山探险活动的新纪元，培养了大批青年登山爱好者和国家级运动员，也为中国高山科考事业作出了重要贡献。我本人是山鹰社起步与发展的见证人，也是山鹰社最早的"粉丝"，我以他们为骄傲！

今天，我们在这里隆重集会，回顾山鹰勇攀高峰的经典瞬间，重温山鹰精彩呐喊的激情时刻，就是希望同学们能学习山鹰精神，勇于向人生的高峰、向科学的高峰、向"中国梦"的高峰发起冲锋。

我认为，山鹰的精神包括了以下几个方面：

一是要艰苦奋斗、吃苦耐劳。刚才的宣传片里提到，未名湖到珠峰有多远？不止是四千公里的距离，更是一千天的紧张准备、十万米的攀登训练。登山、登世界最高峰，靠的是奋斗和吃苦。

习近平总书记讲，只有奋斗的人生才称得上幸福的人生。但奋斗是艰辛的。艰难困苦、玉汝于成，没有艰辛就不是真正的奋斗。现在，中国已经是世界第二大经济体，同学们的物质生活条件都不差，但奋斗和吃苦的精神决不能丢。当年可没有这个条件，吃饱饭都有点困难，没有这么多供消耗的能量，没有这么好的装备。未来的路，决不是吹吹打打、轻轻松松的，一定要奋斗、奋斗、再奋斗！

新时代是属于奋斗者的时代。同学们的人生黄金期，与党和国家"两个一百年"的奋斗期交织相汇。能亲历这个伟大的历史进程，实现几代中国人的夙愿，是你们人生之大幸。人间万事出艰辛，越是美好的未来，越需要大家付出艰辛努力。希望大家净化灵魂、磨砺意志、坚定信念，用青春汗水来浇灌未来。

二是要奋发向上、挑战极限。山鹰登山，要证明的是人比山高、脚比路长，展现的是不断向上攀登、勇于超越自我的成长姿态。

作为北大青年，大家都有很高的心气，都有远大的志向。"少年心事当拏云"，北大人就是要志存高远、敢想敢拼、敢做敢成！

哪里有高山，心就应该向哪里。北大培养的人才，要攀登科技的高峰、要攀登事业的高峰，就必须矢志不渝、不畏艰险、永不停步！

鲁迅先生讲，北大人是常为新的，要使中国向着好的，往上的道路走。我认为，这就是山鹰社不断挑战高峰的精神实质。我们热爱国家、热爱人民，我们的奋斗永无止境！我们的奉献也永无止境！

三是要脚踏实地，励志力行。同学们的人生目标可以定在世界之巅，可以有自己的"珠峰目标"、"珠峰计划"，但要实现目标，靠的是一步一个脚印，扎扎实实往前进。

同学们要成大器，就必须脚踏实地，来不得半点浮躁、浮夸。尤其是大家都处在人生积累的关键阶段，要像海绵汲水一样汲取知识，把学习作为首要任务，作为一种责任、一种精神追求、一种生活方式，打好基础、厚植根基，踏踏实实做事、做人。

北大是包容的，北大这个环境是很特殊的。但希望大家牢牢记住：校园生活很短暂，社会才是大浪淘沙、披沙拣金的大熔炉。我们都会离开北大、走向社会，都必须主动适应这个社会，融入社会发展的主流。必须当老实人、下苦功夫，必须手脚磨出血泡、内心无比坚强。

四是要团结协作，无私奉献。要攀登珠峰，绝不是单枪匹马就能干出来的事业，整个团队必须团结一心、共同努力。在艰险的环境中，靠的就是你为我搭栈道、我为你递缆绳的友谊，在攀登的路上，你我生死相依。

到了最关键的时刻，谁上、谁不上，那必须有奉献、有牺牲，有大局意识、全局观念。要是有私心杂念，打自己的小算盘，那可能就全盘皆输。

同学们最需要的就是团队精神，最需要的就是互相理解、互相尊重、互相支持。任何宏大的事业，都需要一代甚至几代人的共同努力、接力奋斗，都离不开集体主义精神。所以，我们学习山鹰精神，就应该把个人的奋斗融入国家和民族的事业，就应该团结协作、甘于奉献，要分得清"大我"与"小我"，只有先成就"大我"，才能真正成就自我；只有写好了团队的"大文章"，才能写好我们每个人自己的青春华章。

大家可以有更多的总结和提炼。山鹰精神是北大所需要的，它应是北大精神的一部分。感谢历届山鹰社的同学们为北大精神作出新的精彩诠释。

老师们，同学们：

北大山鹰社在120周年校庆之际登顶珠峰，既是队员们终身难忘的美好回忆，也是我们这一代北大人共同的集体记忆。今天我们在这里，既是为大家庆功，更是弘扬山鹰精神、激发青年斗志，鼓励全体北大学生一起向上攀登！

希望同学们能够铭记这个夜晚！让我们一起牢记习近平总书记的教导，永葆朝气、勇于担当，脚踏实地、艰苦奋斗，团结协作、迎难而上，为实现中华民族伟大复兴"中国梦"贡献北大青年的智慧和力量！

谢谢大家！

在北京大学庆祝改革开放40周年座谈会上的讲话

（2018年12月19日）

邱水平

尊敬的各位嘉宾，老师们、同学们：

今天，我们在这里举行座谈会，学习传达习近平总书记在庆祝改革开放40周年大会上的重要讲话精神。刚才，郝平校长传达了大会精神，各位都作了很好的发言。特别是各位获奖老师、校友的讲话，让我们深受教育、深受感动、倍受鼓舞。

在昨天的大会上，习近平总书记回顾了改革开放40年的光辉历程，总结了改革开放的伟大成就，阐述了改革开放40年积累的9条宝贵经验，动员全党全国各族人民在新时代继续把改革开放推向前进，为实现"两个一百年"奋斗目标，实现中华民族伟大复兴的中国梦不懈奋斗。

习近平总书记的重要讲话，进一步丰富了习近平新时代中国特色社会主义思想，是指导推进改革开放伟大事业的纲领性文献。我们一定要认真学习、深刻领会，切实把讲话精神全面贯彻到创建中国特色世界一流大学的各项工作中。

习近平总书记深刻指出：改革开放是我们党的一次伟大觉醒，正是这个伟大觉醒孕育了我们党从理论到实践的伟大创造。改革开放是中国人民和中华民族发展史上一次伟大革命，正是这个伟大革命推动了中国特色社会主义事业的伟大飞跃。在过去40年里，北京大学始终与改革开放的历史进程同心、同向、同行。从"团结起来、振兴中华"的响亮口号，到"小平您好"的亲切问候，都成为了改革开放时代的标志性话语，是时代的最强音。北大人那种敢为天下先、不断开拓创新的创业激情，那种挺立时代潮头、为国家和人民奉献一切的责任担当，那种既胸怀远大、又脚踏实地埋头苦干的奋斗精神，在改革开放时代焕发出了无穷力量。

昨天的大会上，党中央、国务院决定，授予于敏等100名同志改革先锋称号。其中，共有11名北大教师和校友获奖。这样高的比例，充分证明了北大人在改革开放这场伟大征程中所作出的卓越贡献，体现了党和国家对北大的高度重视与充分肯定。这11位北大人中，有铸造了"国之重器"的"中国氢弹之父"于敏，有汉字激光照排技术的发明人王选，有推动依法治国的法学理论家王家福，有经济体制改革的积极倡导者厉以宁，有海归创业报国推动科技创新的优秀代表李彦宏，有司法体制改革的"燃灯者"邹碧华，有提出"新结构经济学"的林毅夫，有真理标准大讨论的代表人物胡福明，有公共卫生事件应急体系建设的重要推动者钟南山，有诺贝尔奖得主、青蒿素的发现人屠呦呦，还有"敦煌的女儿"、守护中华文明遗产的樊锦诗。他们是北大的光荣、北大人的骄傲，是投身民族复兴伟业的时代楷模，是北大120年发展史上的璀璨明星，他们所建立的功勋、他们所体现的精神，是北大世代相传的宝贵财富。在这里，我提议，让我们再一次用最热烈的掌声，向他们致以最崇高的敬意！

同志们：

改革开放已走过千山万水，但仍需跋山涉水。世界一流大学不是等来的、喊来的，而是拼出来、干出来的。我们必须在新的历史起点上振奋精神、接力奋斗，全面开启新征程。在这里，我代表学校党委讲几点意见：

一、改革开放40年是北大历史上发展最好最快的时期，在40年飞跃的基础上，我们比历史上任何时期都更有信心、更有能力实现几代北大人的梦想。

北大的先贤们都有建设世界一流大学的梦想。《钦定大学堂章程》中提出，京师大学堂为"各省之表率、万国所瞻仰""规模当极宏远，条理当极详密"，就是要办成世界上最好的大学。但由于历史局限、国势衰微，这个目标只能是梦想。

40年的改革开放，极大改变了北大的面貌。这40年的奋斗历程，占了北大校史三分之一的篇幅，也是最辉煌、最绚丽的篇章。

1978年，加上恢复高考后入校的77、78级学生，全校只有6500名在校生，而今天我们有40,000多名学生，增长了6倍。40年来，北大为国家和社会培养了一大批栋梁之材，这是北大作出的最大贡献。

在科研产出方面，1978年我们全校总共才发表了166篇论文，而到2017年，国内论文发表了12,568篇，翻了75倍。ESI统计的国际论文数，我们从零起步，到现在平均每年产出近7000篇，在全球所有大学和科研机构中进入了前50名。

在学科建设方面，北大进入全球前百分之一的学科有21个，在第四次全国学科评估中获得"A+"的学科也有21个，进入国家"双一流"名单的学科有41个，都居中国高校之首。

从国际影响力来看，40年前我们"榜上无名"，现在已经稳居全球前40名，在反映基础前沿学科研究实力的自然指数排名中，北大已进入全球前十。

北大的这些辉煌成就，从一个侧面证明：改革开放所开辟的中国特色社会主义道路、理论、制度、文化是完全正确的，形成的党的基本理论、基本路线、基本方略是完全正确的。改革开放也是北大大踏步赶上世界高等教育发展潮流的重要法宝，是创建世界一流大学的必由之路和关键一招，我们要倍加珍惜40年所积累的宝贵经验，并在实践中不断丰富和发展。

二、发扬北大"常为新"的优良传统，挺立时代潮头，争当教育改革排头兵，通过全面深化改革，为持续加快"双一流"建设提供强大动力。

40年来，我们不断深化对"什么是世界一流大学、如何创建中国特色世界一流大学"的认识和理解。1986年8月，丁石孙校长作了《瞄准世界一流水平，加快北大前进步伐》的报告，发出改革开放新时期中国高校向全球顶尖水平进军的宣言。此后，学校第九、十、十一、十二、十三次党代会都坚持一张蓝图绘到底。创建世界一流大学和改革开放一样，也是一场接力跑。我们要一棒接着一棒跑下去，每一代人都要为下一代人跑出一个好成绩。

加快"双一流"建设的重要抓手是改革，根本动力也是改革。高等教育改革的根本方针，是习近平总书记2014年5月4日在北大最早提出来的。总书记要求，北大要"走在教育改革前列，紧紧围绕立德树人的根本任务，加快构建充满活力、富有效率、更加开放、有利于学校科学发展的体制机制，当好教育改革排头兵"。

2014年12月1日，中央教育体制改革领导小组正式批复北大综合改革方案。北大的改革试点工作是中央的重大部署，是总书记和党中央、国务院亲自关心的。几年来，我们以党的十九大精神为指引，深化综合改革，在一些重要领域和关键环节取得了突破性进展，成效显著。

当然，高等教育综合改革是一项系统工程，只有进行时、没有完成时。改革已进入"深水区"，难啃的都是"硬骨头"，我们面临着很多复杂的问题，必须更加坚定改革决心，在增强改革的系统性、整体性、协同性上下狠功夫，在拓展改革的广度、深度、力度上做真文章。要从广大师生最关心的事做起，从让师生满意的事做起，始终与师生站在一起、想在一起、干在一起，充分激发办学活力，调动师生员工的积极性、主动性、创造性。

三、更加自觉地肩负起服务国家战略的历史责任，在深化改革开放的进程中回答和解决新的时代课题，勇担使命、再立新功。

当前，国际国内形势正在发生深刻变化，国家之间的竞争更多地体现为人才和科技的竞争。知识已经成为经济增长的引擎，创新成为时代发展的动力，教育成为国家繁荣、人民幸福的关键。党和国家事业发展对高等教育的需要，对科学知识和优秀人才的需要，比以往任何时候都更为迫切。而所有的世界一流大学，都是在服务自己国家发展中成长起来的。党和国家对北大寄予厚望，我们必须以实际行动肩负起时代赋予的新使命。

我们要在学习借鉴世界各国先进经验的基础上，坚定不移走中国特色高等教育发展道路，始终坚持社会主义办学方向不动摇。过去40年的实践充分证明，我们的道路和方向是正确的，应该有充分的自信与定力，遵循教育规律，一步一个脚印继续向前迈进。

我们要向着世界上最顶尖大学的水平去奋斗拼搏，让更多的学科进入全球前千分之一、前万分之一。要打造更具有全球竞争力的师资人才队伍，营造"近者悦、远者来"的好生态，培养和吸引世界上最好的学者，让我们的学校大师云集、名家汇聚。

我们要专注未来、长远规划、重点突破，下大力气组建交叉学科群与强有力的科技攻关团队，加强对原创性、系统性、引领性研究的支持。针对国家迫切需要以及关系国家中长远经济发展的领域进行集中攻关，努力掌握关键核心技术。继续紧盯科学最前沿和技术发展新方向，在世界科技的最高领奖台上，应该有北大的一席之地。

我们还要当好中华优秀传统文化的守望者、担当者，通古今之变化、发思想之先声，推动传统文化的创造性转化与创新性发展。要在对照、比较、批判、吸收、升华的基础上，把中华文明诠释好，把中国实践总结好，构建中国自己的话语体系、学术体系，为世界贡献中国智慧。

改革未有穷期，开放不会止步。未来，我们还将创造中华民族新的更大奇迹，创造让世界刮目相看的新的更大奇迹。而在创造新奇迹的宏伟事业中，北大应该有更大的作为、更大的贡献。到2035年国家基本实现社会主义现代化时，我们相信，北大的办学实力和国际影响力将大幅跃升，进入世界一流大学前列；到本世纪中叶我国建成富强民主文明和谐美丽的社会主义现代化强国时，我们的国家将居于世界舞台的中心，北大也将与国家一起，稳立于世界高等教育的中心，真正为"各省之表率，万国所瞻仰"——这是我们为之奋斗的梦想，也是我们对国家和人民所担当的责任！

谢谢大家！

"第四次工业革命"与研究型大学的转型

《学习时报》（2018年12月19日06版）

郝 平

近年来，人工智能、大数据、互联网、量子科学、结构生物学、脑科学方面的研究成果已经深刻地改变了很多行业的业态，从德国提出"工业4.0"概念以来，关于"第四次工业革命"的论断层出不穷，人们把这次变革看成继蒸汽机、电力、计算机之后又一轮生产力的飞跃。甚至可以说，自计算机发明以来，这次以数字和计算能力驱动的革命，可能已经将从农耕时代、工业时代走来的人类推向了新的数字时代（或称作信息时代）。根据国家信息中心今年发布的《2017全球、中国信息社会发展报告》，全球126个样本国家中的57个国家已经进入信息社会，到2020年，我国将整体进入信息社会的初级阶段。信息的数字化已经给人类的生产力和生产关系都带来了并将持续带来根本性的变化，不仅将改变工业生产的形态和商业运行的模式，更可能对人类社会生活的方方面面产生深刻的变革。

教育行业的历史样态也在不断变迁。农耕文明时期，教育是存在于统治阶级精英阶层的古典人文教育，古希腊的苏格拉底和中国的孔子都是这种教育样态的典型代表；随着工业文明的到来，现代教育开始出现，大学成为批量化产出高水平专业型人才的培养基地，而技术革新对知识更新的需求又催生了研究型大学这样一种典型的现代大学样态，使得研究型大学不仅成为知识精英的培养场所，也成为知识创新的基地；而随着数字时代的来临，计算能力的大幅提升使得工业生产进入云端定制化阶段，人类的知识更新进入快速迭代时代，人工智能的出现让人们进一步反思人类的独特价值，基于这些背景，教育、特别是研究型大学的高水平行业精英教育，也将在可预见的未来进入到一种全新的状态。

信息资料的开放性和易触达使得高校和知识精英阶层对信息资料的占有和垄断不再成为优势，信息的爆炸、碎片化和快速迭代使得基于现有固定知识架构的传统教育模式不再能够满足社会需求。数字时代需求的人才是终身学习的学习型人才。

随着人工智能技术的日益精进，越来越多可以被数字化的重复性劳动将被更高速、更低廉、更耐久的人工智能替代，而传统教育通过对知识与技能不断的重复和记忆批量化培养的同质性专业技术人才缺乏成本优势。数字时代需求的人才是个性化和凸显人类自身独特价值的创造型人才。

云计算与云分包带来的分工进一步细化和大数据、人工智能、量子科学、生物学碰撞所产生出来的巨大创造力将使得知识融合和跨界合作成为更常见的业态。数字时代需求的人才是开放、包容、合作的复合型人才。

与此相对，我们可以预见在工业时代承担了专业精英人才培养和知识创新的研究型大学需要完成什么样的转型。

数字时代的研究型大学将成为"开源"的平台。与数字时代的企业、工厂、医院一样，数字时代的大学与人的关系不再是一对一的隶属关系，而更多是多对多的开源平台。教师（研究人员）将可以实现"多点执业"，通过将教育资源和研究信息接入平台，去跨越时空、专业地开展知识传授和创新研究；学生的学习资源也来自更广阔的平台，他们和知识、教师、校园都更可能进行多元的接触，开展"定制化"的、"个性化"的教育。而大学作为一个优质平台，不仅应当充当优质知识资源的提供者，也要使师生可以通过平台实现点对点的连接，而不是固化在传统的院系、专业或师承脉络中。

数字时代的研究型大学要"回归"人文价值。人类区别于数据驱动的人工智能的宝贵价值就在于独特的人文精神，从这一意义上说，这是经历工业革命专业技能人才培养时代后大学对人文价值的一次回归。而数字技术也将为研究型大学人才培养的个性化提供充分的可能性。当然，数字时代面临的新的伦理和价值困境也为大学的研究和人才培养提供了新的、重要议题。同时，这种开源也意味着时间、空间的开放性和对传统知识壁垒的跨越性。与此同时，应用驱动型的产业界创新模式更能够与快速迭代的数字时代创新节奏相匹配，与之相对，大学在创新体系中的角色更体现在基础性的、人类大脑深处的根本性问题，并作为一个开源平台，为业界创新提供更加坚实的基础和力量。

数字时代知识的开放性和易获取性并不会彻底消解大学的存在价值。但是，研究型大学必须正视时代变革，重新认识自身的定位和使命，着眼长远，积极投身一场"开源"与"回归"的自我革命。

120周年校庆专栏

概　　述

作为近代中国第一所国立综合性大学，北大走过了风雨兼程的两个甲子。120年来，北大坚守着"爱国、进步、民主、科学"的光荣传统，始终以"常为新"的进取精神，努力探索中国道路，努力创造和发展中国的新文化，成为中国走向现代化的重要先锋力量。回望过去，我们始终与国家和民族的命运紧密相连，与中华民族伟大复兴的历史进程同向同行；站在新的历史节点上，我们以庆祝建校120周年为契机，回顾走过的路，对办学的理念、模式进行深刻总结与反思，更是登高望远，团结一致向前看，在新时代明确新使命、开启新征程。

120周年校庆是北京大学发展史上具有特殊意义的历史节点，其重点不仅是对百年校庆以来20年发展成果经验的总结和回顾，更是细化落实"双一流"建设和综合改革，形成"世界一流、中国特色"的北大模式的重要时间节点；是凝聚人心、凝聚力量，深化改革、依法治校，实现人才培养、科学研究、社会服务、文化传承创新的新发展、新跨越，乃至引领中国高等教育发展的重要契机。

2018年是实现"两个一百年"奋斗目标、实现中华民族伟大复兴的"中国梦"的关键阶段，是落实实现《国家中长期教育改革和发展规划纲要》（2010—2020）的冲刺时期。作为党的十九大之后全国高等教育界的一次重要盛会，120周年校庆是检验落实习近平总书记系列讲话精神、全国高校思想政治工作会议精神和中央31号文件精神的重要机会，也是学校展现"立德树人"成果的重要平台。

120周年校庆筹备和开展周期也恰逢蔡元培就任北京大学校长实施教育改革100周年、北大成为新文化运动中心100周年、五四运动100周年、组建北京共产主义小组和北京社会主义青年团组织100周年、中国共产党成立100周年等与北大密切相连的重大历史事件百年庆典。

因此，120周年校庆不是短时间的庆祝活动，而是凝心聚力的过程，以北大的精神、价值和贡献为中心，从回顾历史、立足现在、面向未来三个维度来思考和开展校庆工作。

回顾历史，在中国革命、建设和改革开放的伟大征程中，北京大学留下了光辉足迹，作出了重要贡献，这些都是北大人永远的骄傲，也是北大人报效国家、奋斗不息的精神动力。北大在一个多世纪的办学历程中形成了优良的传统和特色。以120周年校庆为契机，总结凝练120年来，尤其是1998年百年校庆以来北大在教学科研、人才培养、社会服务、文化传承创新等方面的各项建设成果，做好展示和宣传，让教育界、学界充分了解北大的重要历史地位，让社会各界和人民群众充分感受到北大的重要贡献。

立足现在，以120周年校庆为契机，推动内涵发展、提升公信与尊严。校庆不是短时间的庆祝活动，而是通过推动北大发展、展示北大贡献、讲好北大故事、塑造好北大形象的过程。通过这几年扎扎实实的努力，为北大未来的发展建设打下坚实基础。同时，校庆也是从里到外，提升北大形象的良好机会。

面向未来，校庆不仅回顾过去，更要放眼未来。2018年是承前启后、继往开来的一年。120周年校庆应该为北大下一步发展明确方向、责任与使命。在知识经济、全球化和信息高度发达的今天，北大的首要使命是培养能够引领国家和民族发展、引领未来的人。作为思想最为活跃的大学，北大应当在新思想新理论，以及在推进中国政治、社会和经济思想进步上有所作为，在拓展人类知识、解决人类面临重大问题上有贡献。

120周年校庆紧密围绕"立德树人"核心使命，以"守正创新、引领未来"为主题，围绕"学术"和"校友"两条主线，以"成就、反思、未来"为纬度，将"学术、学者、学生"作为重点，紧密依靠院系和校友、"北大之友"，厉行节约，以庆促建，激发和调动师生校友的主人翁意识和积极性、创造性，举办一系列形式简朴但内涵丰富的纪念活动和学术活动。

北京大学2014年6月成立了120周年校庆筹备工作领导小组和工作小组，2015年5月正式宣布启动筹备校庆，之后陆续正式成立和完善筹备工作机构和机制，2017年5月举办了"讲述"和校庆年启动仪式，2018年校庆年期间陆续组织了若干场重要活动。

中共中央总书记、国家主席、中央军委主席习近平5月2日莅临北京大学考察，与师生座谈并发表重要讲话，强调广大青年要成为实现中华民族伟大复兴的生力军，肩负起国家和民族的希望；高校要牢牢抓住培养社会主义建设者和接班人这个根本任务，坚持办学正确政治方向，建设高素质教师队伍，形成高水平人才培养体系，努力建设中国特色世界一流大学。国务院总理李克强在 5 月 3 日校庆日前夕发来贺信，表达对北京大学的问候。国务院副总理孙春兰出席"双一流"建设国际研讨会暨北京论坛（2018）并发表讲话。

今天，北大已经迈入新时代。站在新的历史起点上，北大要当好中国高等教育的标杆，扎根中国大地，在实现内涵式发展、建设世界一流大学和一流学科征程上迈出更加坚实的步伐；要保持战略定力，增强办学自信，坚定不移走自己的路，提出和建立中国特色社会主义的高等教育理论体系和大学理念，在世界高等教育大变革的时代发出中国声音、贡献中国智慧。

校庆公告

归来！
——致全球北大校友的一封家书

亲爱的校友们：

百廿载初心不改，双甲子砥砺前行！母校即将在 2018 年迎来建校 120 周年！

从一个多世纪以前苍黄风雨中先驱志士点燃的火苗，到新中国建立之初百废待兴中高扬的旗帜；从四十年前吹遍华夏大地改革春风中的焕然生机，到上世纪末引领中国高等教育迈向世界一流的坚定信念，历史见证着北大与国家民族的命运始终紧密相连，为人民谋幸福、为民族谋复兴，这是北大不变的初心。

"得天下英才而育之"，是学校的使命，更是学校的幸运，北京大学没有辜负一代代淑质英才的青春岁月。培养引领未来的人才、孕育影响国家发展和人类进步的新思想、为国家和世界发展提供人才和学术支撑，是我们共同的使命！大学的成就可以用排名、数据来量化呈现，但大学的价值更体现在这里生长过的每一个鲜活的个体，体现在这里培养输送的一批批人才。所幸，这使命因你、因你们、因万千北大人而圆满；这幸运因我们伟大的新时代而与有荣焉！

2018 年 5 月，学校将举办校庆纪念大会、纪念晚会、校友返校等活动，母校期盼着大家的归来。校庆系列活动不仅能让校友们回忆青春、再叙情愫，更是北大人共话发展、谋划未来的契机。

指标与数字的进步是北大，几十年如一日的坚守是北大，踏实工作中的平凡点滴更是北大。无论身在何方，请你们深深地记下：你们就是北大！即使校庆期间无法回到校园，你们永远是母校的欣慰和骄傲。你们在各自的岗位上努力工作、奉献社会，就是对母校最好的祝福与回报。奋斗的路上，母校永远是你们坚实温暖的后盾与港湾！

今朝校庆集结，银杏金黄吹响归家的号角；明年桃李盈门，繁花盛开静候儿女的归来！

母校，等你回家！

北京大学 120 周年校庆筹备委员会

2017 年 11 月

百廿北大：新时代 新使命 新征程
校庆 120 周年倒计时 120 天号召书

今天是 2018 年 1 月 4 日，北京大学 120 周年校庆筹备委员会向师生校友和社会各界发出校庆 120 周年倒计时 120 天的号召书。

2018年5月4日，北京大学将迎来建校120周年纪念日。向前看，距离北京大学120周年校庆日还有120天；回头看，1898年大学堂敲响的钟声，回响了近120年。钟声犹在耳畔，北大蓬勃生长。她正从深厚的历史积淀中奋勇崛起，和国家一起走进新时代，思考自己从何处来，往何处去。

以下，为号召书全文。

今天是2018年1月4日，距离北京大学120周年校庆日还有整整120天。

作为近代中国第一所国立综合性大学，北大走过了风雨兼程的两个甲子。回望过去，我们始终与国家和民族的命运紧密相连，与中华民族伟大复兴的历史进程同向同行；站在新的历史节点上，我们将以庆祝建校120周年为契机，回顾走过的路，对办学的理念、模式进行深刻总结与反思，更要登高望远，团结一致向前看，在新时代明确新使命、开启新征程。

120年来，北大坚守着"爱国、进步、民主、科学"的光荣传统，始终以"常为新"的进取精神，努力探索中国道路，努力创造和发展中国的新文化，成为中国走向现代化的重要先锋力量。在1998年北大百年校庆之际，国家启动了"985工程"，拉开了我国高校建设世界一流大学的序幕。今天的北大，又以最多的学科数入选国家"双一流"建设名单，是中国大学的"标杆"。北大培养的学生在国家各行各业和国际舞台上发挥着越来越重要的作用；北大的学术研究不断对国家思想文化建设和经济社会发展做出新贡献。

2014年5月4日，习近平总书记在视察北大时指出，"长期以来，北京大学广大师生始终与祖国和人民共命运、与时代和社会同前进，在各条战线上为我国革命、建设、改革事业作出了重要贡献。"总书记还强调，"办好中国的世界一流大学，必须有中国特色"，"要遵循教育规律，扎根中国大地办大学"，并特别希望北京大学通过埋头苦干和改革创新，早日实现几代北大人创建世界一流大学的梦想。总书记的肯定和勉励，为北大提供了根本遵循和强大动力。

再过一周，2018年1月11日是老校长蔡元培先生诞辰150周年的日子。一个世纪前，在1918年北大建校20周年之际，蔡元培先生在校庆纪念会上发表演讲，他说："本校二十年之历史，仅及柏林大学五分之一，莱比锡大学二十五分之一，苟能急起直追，未尝不可与为平行之发展。"虽然当时中国积贫积弱，大学没有好的历史机遇和发展条件，但蔡元培先生提出的"进化之例，愈后而速率愈增"的重要观点，充分表达了推动大学实现跨越发展的雄心壮志。

百年后的今天，北大与我们一起步入新时代。北大人应当比历史上任何时期都更有信心、更有能力实现自己的梦想。站在新的历史起点上，北大要当好中国高等教育的标杆，扎根中国大地，在实现内涵式发展、建设世界一流大学和一流学科征程上迈出更加坚实的步伐，让前辈先贤的宏伟志向在我们这一代人手中早日实现。

李大钊先生曾提出："只有学术上的发展，值得做大学的纪念。只有学术上的成就，值得'北京大学万万岁'的欢呼。"未来，我们仍然要虚心向所有的世界一流大学学习，借鉴先进经验，瞄准和抢占世界科技前沿；同时，北大就要有北大的样子，要保持战略定力，增强办学自信，坚定不移走自己的路，提出和建立中国特色社会主义的高等教育理论体系和大学理念，在世界高等教育大变革的时代发出中国声音、贡献中国智慧。

北大的120周年校庆，不仅是一所大学的校庆，更是对中国新思想、新文化、新教育的历史性纪念。从现在开始，学校将以"守正创新 引领未来"为主题，从"成就、反思、未来"三个维度，举办一系列形式简朴但内涵丰富的纪念活动和学术活动。

5月4日校庆日当天，学校将举办纪念大会、世界大学校长论坛、发展成就展览、纪念晚会等。学校还将推出一系列学术和纪念出版物。校庆日前后，学校将举办纪念改革开放40周年暨1977、1978级入学40周年纪念活动、纪念马克思诞辰200周年暨第二届世界马克思主义大会。8月还将举办"学以成人"为主题的世界哲学大会，这是大会1900年创办以来首次在中国举办。

校庆是鉴往知来的关键之时，我们期盼与广大师生、校友以及社会各界有识之士相聚在5月的燕园，为中国科学教育和文化的繁荣而欢呼，为中华民族伟大复兴、为人类文明的发展进步贡献新的智慧和力量！

北京大学120周年校庆筹备委员会
2018年1月4日

纪念大会

守正创新 引领未来
——北京大学召开建校 120 周年纪念大会

2018年5月4日上午，北京大学在邱德拔体育馆召开建校120周年纪念大会。各级领导、国内外嘉宾、长期关心支持北大的社会各界代表、国内外高校代表、海内外校友代表和在校师生隆重集会，庆祝北京大学建校120周年。

上午9时，北京大学邱德拔体育馆早已成为欢乐和喜庆的海洋。音乐环绕，灯光闪耀，校庆版《牡丹亭》、中外留学生合唱《四海一家》、在校生和老教授同唱《青春大概》等节目点燃了燕园生日的喜庆氛围。

全国政协副主席董建华、泰国公主玛哈·扎克里·诗琳通、意大利前总理罗马诺·普罗迪应邀出席大会。

全国人大常务委员会原副委员长王汉斌，全国人大常务委员会原副委员长彭珮云，全国人大常务委员会原副委员长何鲁丽，原国务委员、全国人大常务委员会原副委员长陈至立，全国人大常务委员会原副委员长、全国政协原副主席韩启德，全国人大常务委员会原副委员长周铁农，全国政协原副主席张梅颖，全国政协原副主席王家瑞等领导和嘉宾出席大会。

剑桥大学、牛津大学、耶鲁大学、芝加哥大学、莫斯科国立大学、加州伯克利大学、东京大学、早稻田大学等来自44个国家和地区的116所国际著名大学的校长，130多所中国大学的校长，中央和国家机关、北京市委市政府领导，社会各界人士和机构代表，学校老领导，各地校友代表，师生员工代表共同出席会议。

纪念大会由北京大学党委书记郝平主持。

在雄壮的乐曲声中，全场起立，高唱《中华人民共和国国歌》。

上午10时，浑厚响亮的钟声里，郝平宣布大会正式开幕。

郝平介绍了中共中央总书记、国家主席习近平考察北大的情况。5月2日，在校庆日即将来临之际，习近平莅临北大考察，与师生座谈并发表重要讲话，祝贺北京大学120周年校庆，并向全体师生员工和海内外校友表示节日的问候。习近平充分肯定了北大近年来改革发展的成就。习近平指出，北大继承光荣传统，坚持社会主义办学方向，立德树人成果丰硕，"双一流"建设成效显著，服务经济社会发展成绩突出，学校发展思路清晰，办学实力和影响力显著增强，令人欣慰。习近平对一代代北大人的家国情怀、奉献精神和奋斗品格给予高度评价。习近平深情地谈道，1981年，北大学子在燕园喊出了"团结起来、振兴中华"的响亮口号。今天我们仍要喊响这个口号，为实现中华民族伟大复兴的中国梦而奋斗。在场外欢送的青年学生再次高喊"团结起来、振兴中华"，表达了新的北大青年争做圆梦人的信心和决心，这也是几代北大人的心声。

郝平强调，习近平的莅临和重要讲话，为北京大学开启中国特色世界一流大学发展征程指明了方向。全体北大师生员工将继承"爱国、进步、民主、科学"的光荣传统，以更加坚定的信心、更加饱满的热情、更加执着的努力，力争早日跻身世界一流大学前列。

郝平宣读了北大校友、国务院总理李克强同志给母校的贺信。

教育部副部长林蕙青指出，5月2日上午，习近平总书记莅临北京大学考察。习近平充分肯定了北大为国家和民族作出的卓越贡献，近年来创建世界一流大学取得的突出成绩。李克强总理发来贺信，饱含对母校的深厚感情。这充分体现了党中央、国务院对北京大学的关心关怀，体现了对高等教育改革的高度重视。她代表教育部提出五点希望：要深刻学习领会习近平总书记5月2日重要讲话精神的丰富内涵和重大意义，把120周年校庆系列活动同贯彻落实总书记重要讲话精神结合起来，写好学校改革发展奋进之笔；要高举旗帜、把准航向，坚定不移走中国特色社会主义高等教育发展道路；要牢记根本、立德树人，坚定不移培养担当民族复兴的时代新人；要不拘一格、汇聚英才，坚定不移地建设一流教师队伍；要强化治理、重心下移，坚定不移增强学校发展的内生动力。

北京市委常委、市委教育工委书记林克庆表示，近年来，北京大学立足北京、服务北京、融入北京，积极参与"三城一区"建设，参与北京"四个中心"功能建设，参与京津冀协同发展战略，为首都经济建设发展作出了重要贡献。林克庆希望，北大站在120周年校庆的全新起点上，坚持办学正确政治方向，深入学习贯彻习近平总书记在北大考察时的重要讲话精神，扎根中国大地办大学，把习近平新时代中国特色社会主义思想和党的十九大精神全面融入办学思想中，建设高素质教师队伍，完善师德师风的建设机制，推动首都高等教育高质量发展，担负起引领中国高等教育发展的重大责任，形成高水平人才培养体系，培养挺立时代潮头的奋斗者、开拓者、奉献者，培养德智体美全面发展的社会主义建设者和接班人。他表示，北京市委将一如既往全力支持北京大学的发展。

北京大学校长林建华以"大学是通向未来的桥"为题发表演讲。他回顾了习近平总书记视察北大的情况。他表示，总书记明确提出对中国大学发展的三点期望，也对北大未来的改革发展提出了新的更高要求。林建华强调，我们的新时代青年，一定要牢记总书记的嘱托，真正成为合格的社会主义建设者和可靠接班人。

林建华指出，北京大学自成立以来，一直以探求民族的未来为己任。120年来，北京大学始终坚守着建校时的初心和办学的使命，坚守着对国家、民族和社会的庄严承诺，为国家富强、民族振兴和人民福祉，不避艰险、披荆斩棘、勇往直前。尤其是改革开放以来，北京大学虚心学习和借鉴世界一流大学的成功经验，结合中国和北大实际，全力推进学校的改革发展，取得了举世瞩目的进步和成就。

林建华表示，北大把培养能够引领未来的人作为核心使命，积极推进通识教育与专业教育相结合；把学术队伍作为核心，积极营造"近者悦，远者来"的良好氛围，着力聚集最有潜力的学者，努力产生更多能够推动国家发展和人类进步的新思想、前沿科学和未来技术；以体制机制创新为动力，不断增强院系自主权和发展活力。今天的北大，已经聚集和培育了一支具有世界影响力的教师队伍，已经成为一所在很多学术领域处于国际前沿、具有世界影响力的一流研究型大学，已经成为一所对未来更有信心、充满生机与活力的学校。

林建华表示，120年光阴，转瞬即逝，一直以来，北大从未忘怀肩上担负的家国责任，始终坚守着"爱国、进步、民主、科学"的优良传统和"思想自由，兼容并包"的学术精神，以敢为天下先和大无畏的反思与批判精神，激励自己不惧艰险、砥砺前行。这种精神和价值理念，已深深根植在北大人的灵魂深处，时刻影响着我们的价值判断、思维方式和举止言行。

林建华指出，北京大学现在处于第二个甲子的终点上，也处在实现中华民族伟大复兴中国梦的新起点上。北大人前面还有漫长而艰辛的征程，还需要厚植学术积淀，累积对人类文明的贡献。在这样一个"以未来决定现在"的时代背景下，北京大学要面向未来，在价值层面建立共识与确信，锐意进取、与时俱进，勇敢地去迎接未来的挑战；要建构多样化教育体系，为学生提供非凡的学习和成长体验；要以更宽的视野，与全球学者合作，让世界读懂中国，让中国读懂世界；要向世界其他优秀大学学习，更要扎根中国大地，建设中国特色的世界一流大学，探寻中国大学面向未来的发展道路。

林建华说，今天的北大就像是一座桥，连接着民族的过去与未来。作为"常为新的、改进的运动的先锋"的北大，作为"要使中国向着好的，往上的道路走"的北大，一定能够担负起时代重任，迎接挑战，迈向更加美好的未来。

林建华向伴随北大成长的一代代教职员工，成就北大辉煌的千千万万北大校友，一直关心和支持北大的各界朋友，在校的4万多北大学生等表示感谢。林建华号召，向用心血铸就今日之北大的先贤们致以最崇高的敬意！林建华强调，北京大学有决心和信心在党的领导下，坚持社会主义办学方向，守正创新，把北大建设好、发展好，真正使北大成为世人向往和敬仰的伟大学术殿堂。

耶鲁大学校长苏必德（Peter Salovey）高度评价了北京大学在过去的两个甲子中取得的成绩，以及对中国和世界高等教育事业作出的巨大贡献。他表示，耶鲁大学和北大渊源颇深，北大原校长马寅初曾在耶鲁游学并取得学位，两校有相似的历史，在多个领域保持着密切的合作。耶鲁和北大都致力于培养关注社会、解决全人类问题的未来领袖，他们将在解决全球性问题中发挥非常大的作用。他强调，北京大学为人类福祉做出的努力有目共睹，相信北大人未来将在国际舞台上承担更重要的角色。

清华大学校长邱勇回顾了北大与祖国和人民共命运、与时代和社会同前进的历史，与清华志同道合、砥砺同行的岁月。他表示，100多年来，北大为推动国家富强、社会进步和学术发展作出了卓越贡献，发挥了不可替代的作用，北大的"思想自由、兼容并包"与清华的"自强不息、厚德载物"交相辉映、相得益彰，两校师生在学习和工作中紧密交流，结下深厚情谊。他指出，大学的发展关乎历史，关乎现在，更关乎未来，在当今这个创新变革加速、经济全球化、文化多元化深入发展的时代，我们需要更加认真地思考人类将心安何处，需要思考如何构建人类共同的家园。育人弘道双甲子，牢记使命，其命维新。他表示，相信"常为新"的北大一定会在中华民族伟大复兴的历史进程中取得更加辉煌的成就。

大会还举行了北京大学第十一届"学生五·四奖章"颁奖仪式。城市与环境学院王恩涌教授、医学部韩济生教授、光华管理学院厉以宁教授、化学与分子工程学院刘元方教授、信息科学技术学院杨芙清教授、物理学院陈佳洱教授、信息科学技术学院王阳元教授、数学科学学院张恭庆教授、国家发展研究院林毅夫教授等往届"蔡元培奖"获得者为信息科学技术学院2014级本科生朱嘉迪、基础医学院2016级博士研究生王麟、物理学院2015级博士研究生韩猛、教育学院2016级硕士研究生李晓丹、化学与分子工程学院2014级本科生柳晗宇、第四临床医学院长学制博士阶段研究生郑汉龙、前沿交叉学科研究院2013级博士研究生李梓维、第三临床医学院2015级博士研究生史尉利、生命科学学院2014级本科生魏静怡等获奖学生颁奖。"学生五·四奖章"是北大学生的个人最高荣誉，设立于1997年6月，每两年评选一次，迄今为止共有103位北大学子获得这一荣誉。

在随后的"校友心语"环节中，1953级校友陈堃銶、1962级校友塔希尔·埃莱兹、1978级校友张益唐、1987级校友李彦宏、1995级校友刘正琛、2004级校友李金柏、2014级校友王亚平等回顾了自己在北大求学的经历，向母校表达了最深沉的热爱和祝愿，他们祝福北大不断创新、引领未来，培养出更多的领军人物。"我爱北大，生日快乐！"是他们的共同心语。

在全体合唱《燕园情》的歌声中，北京大学建校120周年纪念大会胜利落幕。

李克强同志贺信

值此北京大学建校120周年之际，谨致问候。北京大学是我的母校，作为北大七七级学生，我曾在这里学习多年，可谓终生受益。请转达我对母校师生的问候。

李克强
2018年5月3日

大学是通向未来的桥
——在北京大学建校120周年纪念大会的讲话

林建华
2018年5月4日

尊敬的各位领导、各位来宾、各位校友，
老师们、同学们、朋友们：

今天，我们在这里隆重集会，庆祝北京大学建校120周年。首先，我代表学校、并以个人名义，感谢大家的到来。

就在前天，习近平总书记来学校视察，高度评价了北京大学对民族解放和国家建设做出的卓越贡献，对学校的改革发展和所取得的成就和进步，给予了充分肯定。总书记明确提出对中国大学发展的三点期望，也对北大未来的改革发展提出了新的更高要求。总书记还在讲话中特别强调青年一代的极端重要性。认为青年是国家的希望、民族的未来。希望新时代的青年人要爱国，忠于祖国，忠于人民；要励志，立鸿鹄志，做奋斗者；要求真，求真学问，练真本领；要力行，知行合一，做实干家。我们的新时代青年，一定要牢记总书记的嘱托，不辱时代使命，不负人民期望，真正成为合格的社会主义建设者和可靠接班人。

寻求民族的未来路

120年前，甲午战败，维新变法运动兴起。"变法之本，在育人才；人才之本，在开学校。"改革旧教育、建立新学堂，成为了变法的第一要务，北京大学也由此而生，并从一开始，就以探求民族的未来为己任。

戊戌变法迄今的120年，中国的变化可谓波澜壮阔。当时的中国危难深重，维新变法、兴办新学是为了救亡图存。自那时起，北京大学就始终与国家民族的命运紧密相连。从引领中国近代思想解放运动，促进新文化运动发展，到点燃"五四爱国运动"的火炬；从率先研究和传播马克思主义，创建中国北方最早的共产主义小组，到"南陈北李，相约建党"；从开创中国的现代大学学制，开研究生教育先河，到在战火的硝烟中，千里跋涉，与清华和南开一起创建西南联大；从改革开放，喊出"团结起来，振兴中华"的时代强音，到百年校庆，推动创建世界一流大学。120年来，北京大学始终坚守着建校的初心和使命，坚守对国家、民族和社会的庄严承诺，为国家富强、民族振兴和人民福祉，不避艰险、披荆斩棘、勇往直前。

改革开放的伟大时代

改革开放，中国进入了国家和民族振兴的伟大时代，这也是北大发展最好最快的40年。创建世界一流大学，促使我们以更广阔的胸怀和更大的信心，重新审视自己、审视世界。我们虚心学习和借鉴世界一流大学的成功经验，结合中国和北大实际，全力推进学校的改革发展，取得了举世瞩目的进步和成就。

北大的核心使命是培养能够引领未来的人。我们积极推进通识教育与专业教育相结合，建设多样化的专业教育体系，激发兴趣，调动学生主动性、创造性；我们立德树人，构建通识教育体系，推进思想政治教育改革，培养学生的独立思考和思辨能力，努力使学生懂自己、懂社会、懂中国、懂世界。

学术队伍是大学的核心。优秀大学最重要特征就是能够聚集最有潜力的学者，为他们提供最好的学术发展环境，使他们成为杰出学者和"学高为师、身正为范"的优秀教师。我们积极推进人事体系改革，完善教师学术道德和职业规范，营造良好制度和文化氛围，使"近者悦，远者来"；我们全面实施新的更有竞争力的教师聘任、评价和薪酬体系，大力引进优秀人才，帮助青年教师更好成长。今天的北京大学已经聚集和培育了一支具有世界影响力的教师队伍。

产生推动国家发展和人类进步的新思想、前沿科学和未来技术，是北大学术发展的核心任务。我们面向学科前沿，组建跨学科研究机构，鼓励跨学科合作；我们推进院系综合改革，促进学科调整，增强院系活力；我们结合国家和地方需求，合作共建应用研究机构，推动产学研合作，聚集社会资源，增强学校核心竞争力。今天的北京大学已经成为装备精良、在许多领域处于国际前沿、具有世界影响力的一流研究型大学。

大学是高度依赖个人创造力的学术机构，大学管理的真谛就是使每个基层组织、每个人的创造潜力都充分释放出来。大学的治理体系改革应当着眼于院系、教师和学生的发展。我们坚持体制机制创新为动力，推进学部建设、权力和资源配置重心下移，增强院系自主权和发展活力。今天的北京大学是一所对未来更有信心、充满了生机与活力的学校。

120年光阴，转瞬即逝。北京大学从一个旧体制脱胎出来的婴儿，已经成长为屹立于世界的现代大学。先贤们的渴望、追求和对未来期许，很多已经成为今天的现实；那些已经淡出人们记忆纷争、质疑、疑惑和彷徨，都使我们变得更加成熟、更加坚定。北大从未忘怀肩上担负的家国责任，始终坚守着"爱国、进步、民主、科学"的优良传统和"思想自由，兼容并包"的学术精神，以敢为天下先和大无畏的反思与批判精神，激励自己不惧艰险、砥砺前行。这种精神和价值理念，已深深根植在北大人的灵魂深处，时刻影响着我们的价值判断、思维方式和举止言行。

迎接未来挑战

老师们、同学们、朋友们！

120年并不短，但与世界上动辄数百年乃至近千年的著名学府相比，北大仍是很年轻的，我们还需要在未来时光的流淌中，增进学术积淀，累积对人类文明的贡献。

今天，北京大学正处在第二个甲子的终点上，也处在实现中华民族伟大复兴中国梦的新起点上。李大钊先生曾说过："黄金时代，不在我们背后，乃在我们面前；不在过去，乃在将来。"在一百多年前，蔡元培先生也曾讲道："教育者，非为已往，非为现在，而专为将来"。在一个新的甲子，北京大学如何能够不辱使命，续写新的绚丽篇章？这是北大和北大人必须要面对和回答的问题。

新时代，新的技术、新的中国、新的世界、新的未知，所有这些正以前所未有的速度和气势向我们涌来。我们将面临两方面的机遇和挑战。一是信息和智能科学引发的新技术革命，改变了知识的传播方式和学习方式，大学对知识垄断地位已不复存在，这一场新技术革命还将从根本上改变我们的生存和生产方式。二是国际化和中国的兴起。中国变化太快了，短短几十年，就从基础薄弱发展成为世界第二大经济体，这不仅让世界错愕，就连我们自己的很多人也还没有完全适应。世界的变化也太快了，全球化改变了世界的政治和经济格局，也诱发了各种各样的思想和政治思潮。

技术革命和全球化的影响触及到了人们的观念和灵魂。历史的沉积与未来挑战、传统观念与新技术、平静的校园与喧嚣的社会，过去的、今天的和未来的，都在校园中相互撞击和博弈；技术至上、功利主义开始蔓延，鱼龙混杂的各类信息削弱了信仰和确信的力量。人们前行的脚步如此之快，已经把自己的观念和灵魂抛在了后面。一些人变得焦躁不安，于是开始质疑新技术、质疑全球化、质疑一切，甚至质疑人类的未来。

面对未来的挑战，我们需要哲学家的思辨，更需要所有人共同的行动。这个时代并不缺旁观者，更需要的是责任与担当。不同观点的碰撞、辩论、质疑甚至批判是有益的，但我们更需要在价值层面建立共识与确信。共同价值、共同愿景是社会的、也是大学的基石。这个时代更需要我们继承和发扬"爱国、进步、民主、科学"的优良传统，弘扬社会主义核心价值观，以科学与人文精神唤醒人们的良知。引领社会风尚，将成为大学的重要职责。

在这样一个新技术革命和全球化的时代，大学和大学教育也需要改变。大学不再只是学习知识、研究学术那么简单了。研究与教育、学习与创造、知识与素养、理论与实践、学校与社会等各种要素都将融合在一起，将使大学成为一个孕育着远见、创造、善良和责任的海洋。人们在其中浸润成长，去打造更美好的世界。多样化教育体系、个性化因材施教、实践中的学习、师生共同的探索和创造、跨文化体验，启迪智慧，陶冶情操，北大的教育正在努力为学生提供非凡的学习和成长体验。

在这样一个变革的时代，新思想、新技术、新事物大量涌现，已大大超出了传统思想理论体系的范畴，探索、创新和实践成为了时代主题。"泰山不让土壤，故能成其大；河海不择细流，故能就其深"，只有海纳百川、兼容并包，才能激活思想，涵育出真正的学术；才能让学问更有思想的锋芒，让思想更有学问的根底。要打破固有思维模式和学科界限，既要学习和借鉴成熟的理论体系，更应当从中国自己的实践中总结规律、形成新的理论。

知识是人类共同财富，一所真正的大学，莫不将自己置身于璀璨的世界大学星群之中，思想和心灵的交流是没有国界的，大学是世界的！同时，任何一所优秀大学都要根植于深厚的国家和民族土壤，大学又是国家的、民族的！我们创建世界一流大学，既要向世界其他优秀大学学习，携手并进，更要扎根中国大地、融入中国发展、弘扬中华文化，探寻中国大学面向未来的发展道路。

今天的北大像是一座桥，连接着民族的过去与未来。在这里，人们可以静下心来，反思过去，眺望未来。应对新技术时代，需要我们创造更多的新思想、新文化、前沿科学和未来技术。面对国际化挑战，需要我们以更宽广的胸怀和视野，使世界读懂中国，让中国读懂世界，共同维护世界和平，建立人类共同体。焦虑与质疑并不能创造价值，反而会阻碍我们迈向未来的脚步。能够让我们走向未来的，是坚定的信心、直面现实的勇气和直面未来的行动。请相信，作为"常为新的、改进的运动的先锋"的北大，作为"要使中国向着好的，往上的道路走"的北大，一定能够担负起时代重任，守正创新，迎接挑战，迈向更加美好的未来。

今天，我们处在实现中华民族伟大复兴中国梦的新时代。党的十九大，为中国的未来描绘了宏伟蓝图，"双一流"建设规划为学校的发展注入了新的强大动力。展望未来，我们有决心、也有信心，在党的领导下，坚持社会主义办学方向，守正创新，把北大建设好、发展好，真正使她成为世人向往和景仰的伟大学术殿堂。

感恩与祝福

老师们、同学们、朋友们！

过去的120年，是北大发展的一个璀璨的篇章，其中的每一页、每个字都承载了北大人对国家民族的情感与奉献，这让我们万分珍惜、无比自豪。

我们庆祝北大建校120年，特别要感谢伴随北大成长的一代代教职员工，他们深厚的学术造诣和远见卓识，以及深深的家国情怀滋养了北大，培育了北大的菁菁学子。我们要感谢千千万万的北大校友，他们在各行各业的卓越成就和巨大贡献，成就了北大的辉煌。我们还要感谢一直关心和支持北大的各界朋友，无论在战争和艰难岁月，还是快速发展的今天，他们始终与我们站在在一起。我还要感谢在校的4万多北大学生，你们的青春、独立、敢为和梦想，让我们对未来充满了信心和希望。

先贤们用他们的心血，铸就了今日的北大，在这个庄严的时刻，让我们对他们再次表示最崇高的敬意！

谢谢大家！

"双一流"建设国际研讨会暨北京论坛（2018）

2018年5月4日下午，由中华人民共和国教育部指导，北京大学、北京市教育委员会和韩国高等教育财团主办的"双一流"建设国际研讨会暨北京论坛（2018）于钓鱼台国宾馆隆重开幕。本次研讨会以北京大学120周年校庆为契机，来自44个国家和地区的261所高校代表出席，包括剑桥大学、牛津大学、莫斯科国立大学、柏林自由大学、哈佛大学、耶鲁大学、斯坦福大学、芝加哥大学、澳大利亚国立大学、新加坡国立大学、东京大学、北京大学、清华大学、复旦大学、上海交通大学等多所海内外知名大学校长及世界知名学者，近800人齐聚一堂，以"变与不变——120年来全球大学与世界文明"为题，携手共议当代高等教育改革与世界文明发展的未来趋向。中国国务院副总理孙春兰，教育部部长陈宝生，北京市市长陈吉宁，北京大学党委书记郝平、校长林建华等出席开幕式。开幕式由林建华主持。

本次研讨会的举办，恰逢北京大学建校120周年，更具特别意义。120年前，作为中国首个国立综合性大学，北京大学的建立标志着中国现代高等教育事业的伟大起步。120年后，北大41个学科入选国家"双一流"建设，成为入选学科数最多的高校，继续发挥中国高等教育"排头兵"的作用，在新时代迈上新征程。在当今世界多极化、经济全球化、信息网络化、文明多元化的背景下，全球高等教育正在发生深刻变化，"变与不变"成为了120年来世界大学和文明发展的重要命题。本次研讨会以此为题，汇聚来自世界各地的大学校长与著名学者，聚焦当今世界面临的共同议题，展开学术交流，共同探寻大学与世界文明携手并进的新路径。

孙春兰出席开幕式并致辞。她指出，改革开放40年来，中国高等教育实现跨越式发展，对经济社会发展发挥了重要的支撑引领作用。进入新时代，中国对科学知识和优秀人才的需要比以往任何时候都更为迫切，对大学办学质量提出了更高要求。我国统筹推进"双一流"建设，就是要促进高等教育内涵式发展，坚持扎根中国大地办大学，坚持特色办学、协调发展，坚持面向世界、融通中外，办出中国特色世界一流大学，提升高等教育整体水平，更好服务于国家现代化建设，更好服务于人类文明进步。

孙春兰强调，当今世界正在经历新一轮大发展大变革大调整，面对和平、发展、合作、共赢的大势，大学应进一步发挥优势，为构建人类命运共同体贡献智慧和力量。她希望中外高校深化务实合作，密切师生交流互访，联合培养更多具备全球视野、担负社会责任、秉持科学精神的优秀人才，携手创造更多引领未来、造福世界的科研成果，共同提高高等教育治理水平，搭建深化人文交流、促进多样文明互学互鉴的桥梁纽带。

开幕式前，孙春兰还专门会见了牛津大学校长路易斯·理查森、莫斯科国立大学校长维克多·萨多夫尼奇（Viktor Sadovnichy）等23位世界一流大学校长，陈宝生、郝平、林建华等陪同会见。

陈吉宁代表中共北京市委、北京市人民政府也对研讨会的召开表示热烈祝贺，对北京大学迎来建校120周年表示问候和祝愿，诚邀各地人才来京发展。

维克多·萨多夫尼奇（Viktor Sadovnichy）表示，北京大学在中俄教育交流历史中始终发挥重要作用，期待北京大学为世界高等教育交流与发展作出新的贡献。

英国剑桥大学校长斯蒂芬·杜思齐（Stephen Toope）分享了自己对于高等教育"变与不变"的体会与思考，提出大学应该开放办学、注重协作，在过去与未来、传统与创新之间谋求平衡。

韩国SK集团全球董事长、韩国高等教育财团理事长崔泰源表示，实现企业社会价值的关键在于人才的培养，未来应该加强企业与大学的合作，培育更多创造社会效益的人才。

研讨会之后由北京大学副校长王博主持进入主旨报告环节。

主旨发言开始前，联合国秘书长安东尼奥·古特雷斯（Antonio Guterres）通过视频方式发表了致辞。古特雷斯热烈祝贺北京大学建校120周年，并非常赞赏"双一流"建设国际研讨会及国际学术界对联合国工作的推进。他表示，人类世界适逢非凡的发展机遇，谋求共同进步，但同时也面临诸多挑战。古特雷斯希望与大家一同努力，实现全人类共享的和平与繁荣。

林建华发表题为"面向未来的中国大学"的主旨发言，以北京大学为例介绍中国大学、中国高等教育近年来的巨大变化及北京大学学术队伍的变化，讲解中国的"双一流"计划。他还结合中国大学面临的时代挑战，阐述了北京大学的守正创新、教育改革、发展道路和不懈追求。

美国芝加哥大学校长罗伯特·季默（Robert Zimmer）发表题为"持久的价值观与伙伴关系：大学的延续与变革"的主旨发言，讨论世界领先大学的持久价值观、这些价值如何随着时间推移以新的方式得以实现，以及芝加哥大学与北京大学的伙伴关系。

日本东京大学校长五神真（Gonokami Makoto）发表题为"大学在'变革时代'下的角色"的主旨发言，提出"社会5.0"的未来设想，阐述"科学、社会与经济"协同与创新的理念。

英国牛津大学教授杰西卡·罗森（Jessica Rawson）发表题为"变化与常态：过去120年的大学与文明"的主旨发言，通过对比牛津大学和北京大学，讲述过去与现在中英大学高等教育变迁，讨论所有研究型大学的环境变化、雄心与成就，以及在"一带一路"倡议下中国高校的国际合作。

本次研讨会为期两天，设置了三个主题板块，分别为"文明的生态""全球治理"和"大学的使命"。每个板块下各设三场平行分论坛，与会校长与学者们就九个分论坛的主题内涵，展开深入讨论。

媒体评述

奋进新时代　做出新贡献
——写在北京大学建校 120 周年之际

《人民日报》（2018 年 5 月 1 日 01 版）

北大燕园，绿树成荫，春和景明。

5 月的燕园是安宁、沉静的。蔡元培先生在花丛中微笑，身上洒满花朵般的阳光；李大钊先生坐拥俄文楼前一片绿荫，与他永久的青春作伴；还有未名湖、博雅塔，映照出的，是百年来无数大师曾在此处凝神、伫立、静思的身影，是思想潮汐的绵绵不歇。

5 月的燕园是昂扬、蓬勃的。原创音乐剧《大钊先生》正在上演，"试看将来的环球，必是赤旗的世界"的呐喊响彻百年讲堂。北大山鹰社登山队员在珠峰北坳向更高海拔攀登的消息，正牵动着每一位燕园学子的心。

一静一动间，恰是迈入 120 年的北京大学之精神气质的最好写照。

120 年，漫漫求索，中流击水。

两个甲子的峥嵘岁月，放在世界高等教育的长河中打量，并不算长，但聚焦于中国的发展来看，却已是中国近代史的凝练与概括。

120 年，峥嵘岁月，风雨华章。

站在新起点上的北大，要留给世人的，不仅是一所大学对往昔的回望，更是对中国高等教育发展的瞩望，是对中国新思想、新文化、新教育的历史性纪念和对未来大学发展的系统筹划，对一流大学建设的时代宣言。

守正创新，引领未来。中国特色，世界一流。北京大学，新起点上再出发。

回望历史：弦歌不断　风雨兼程

"北京大学是新文化运动的中心和五四运动的策源地，是这段光荣历史的见证者。长期以来，北京大学广大师生始终与祖国和人民共命运、与时代和社会同前进，在各条战线上为我国革命、建设、改革事业作出了重要贡献。"

习近平总书记 2014 年 5 月 4 日在北京大学师生座谈会上的讲话，是对北大百年历史的最好概括。

120 年，前后跨越三个世纪，很难用简短的语言精准概括，这既是中国现代大学制度风雨兼程、漫漫求索的发展史，也是几代中国学子精勤学业、求知进取的成才史，更是一部北大人为人类进步、国家富强、民族复兴不懈努力的奋斗史。

北大有着注定被民族所选择的使命，注定以"敢为天下先"和"舍我其谁也"的精神气度来开拓创新的使命。"红楼飞雪，一时英杰，先哲曾书写，爱国进步民主科学；忆昔长别，阳关千叠，狂歌曾竞夜，收拾山河待百年约。"一曲《燕园情》道出了北大的胸襟与气质。

作为中国第一所国立综合性大学，北京大学怀着"各省之表率，万国所瞻仰"的胸怀和理想，秉持着"爱国、进步、民主、科学"的精神，为民族的复兴、文明的进步铺就基石。

新中国诞生后，北京大学继续承担新的历史使命。自主创新，传承文明，顶天立地，勇于担当，不断创造着新知识、新思想与新技术。在"两弹一星"研制、百万次电子计算机问世、人工合成牛胰岛素等国家重大战略工程中，在青蒿素研发、汉字激光照排技术、稀土分离理论及其应用、股份制与产权制度改革等重大科技和思想理论成果中，北大人作出了自己的贡献。一代代北大人以强烈的使命担当和爱国情怀，唱响了"团结起来，振兴中华"的最强音。

从一个多世纪以前苍黄风雨中先驱志士点燃的火苗，到新中国成立之初百废待兴中高扬的旗帜；从 40 年前吹遍华夏大地改革春风中的焕然生机，到上世纪末确立迈向世界一流的坚定信念；从本世纪初高等教育振兴号角的吹响，到党的十八大以来推动高等教育内涵式发展，历史见证着北大与国家民族的命运始终相连。

"为人民谋幸福，为民族谋复兴，这是中国共产党人的初心，是全体北大共产党人的庄严使命。"北京大学党委书记郝平说，"中国共产党人的初心，早已融入北大的精神，成为我们办学的灵魂。"

立足当下：肩负使命 创建一流

"在世界大学之林中，北京大学是重要的一分子，不仅在中国的现代化进程中发挥着重要作用，也代表着中国高等教育为人类文明构筑通向未来的桥梁。"北京大学校长林建华如是说。

上个世纪末，北大百年校庆之际，中国向世界发出宣言，"为了实现现代化，我国要有若干所具有世界先进水平的一流大学。"在中国高等教育由大向强迈进的历史时刻，在中国高等教育发展的关键节点，北大再一次被选择，伫立时代潮头。

20年来，本着对世界一流的矢志不移的追求，北大迎来了一座座活力迸发的发展高峰：

始终把立德树人作为根本使命，形成了"德才均备、体魄健全、守正创新、引领未来"的育人方针，不断探索培养引领未来的人的教育模式。鼓励创新创业、推出小班授课、探索博士生"申请—考核制"、推进学生就业"家·国战略"……学校涌现出全国基层就业宣传典型夏海亮、第一届大学生村官陈丽娟等一批扎根基层、服务群众的优秀毕业生代表，一批又一批的北大学生在各领域肩负起引领未来的重任；

广纳贤才，人才队伍日趋合理。"近者悦，远者来"是北京大学秉承的人才队伍建设理念，既能把一流人才"引进来"，还要让人才特别是年轻人才更好发展。目前北大已形成以两院院士、哲学社会科学资深教授、"千人计划"学者为主体的国际一流学者队伍，以教育部"长江学者"、国家杰出青年基金获得者为主体的中青年杰出学者队伍和以校内外各类青年人才支持计划入选者为主体的优秀青年人才队伍等组成的三个层次的核心人才队伍。截至2017年底，北京大学共有中国科学院院士76人（其中双聘27人），中国工程院院士19人（其中双聘10人）；此外，北大还有25位教师获得发展中国家科学院院士，多位教师获美国艺术与科学院院士、法兰西道德与政治科学院院士等荣誉；

科研全面迸发活力，优秀成果不断呈现，突破学科、院系壁垒，学科交叉融合协同创新的制度环境正在形成：邓宏魁团队及其合作者近年来在《细胞》杂志发表多篇文章，生物动态光学成像中心谢晓亮团队、汤富酬团队和北京大学第三医院乔杰教授团队第一次向世界展示MALBAC技术在试管婴儿临床应用的可能性。理学、信息与工程、人文、社会科学、经济与管理、医学等6个综合交叉学科群致力于推动战略性、全局性、前瞻性问题研究，提升解决重大问题能力和原始创新能力；

发扬人文社会学科传统优势，构建中国特色社会科学理论体系，包括《儒藏》工程、《中华文明史》多语种版本在内的一系列扎根中国本土的社会科学研究蓬勃发展。响应国家"一带一路"倡议，推进区域与国别研究，努力成为这方面的研究重镇；

不断拓宽国际化的发展道路，积极推动世界高等教育和人类文明的发展。与"一带一路"沿线及周边国家开展教育合作，打造燕京学堂、南南合作与发展学院、孔子学院等重要平台，举办北京论坛、世界马克思主义大会等学术会议等，促进中外文明的和谐与共同繁荣。

特别是这五年来，北大迎来了历史上发展最好最快的时期。

习近平总书记在北大考察时提出的"人生的扣子从一开始就要扣好""扎根中国大地办大学"等重要思想，为学校指明了前进方向，为高等教育发展提供了根本遵循和强大动力。学校整体上达到了世界一流水平，部分基础前沿学科进入世界顶尖行列，核心竞争力和国际影响力有了大幅提升。

五年来，教学模式从以"教"为中心向以"学"为中心转变，学生获得了更多的选择机会、更大的发展空间和更好的成长体验；

五年来，老师静心治学、学生专心求学，人才队伍建设进一步加强；

五年来，全面深化综合改革，推进内涵式发展，构建起了更有活力、更高效率、更加开放、更有利于科学发展的体制机制；

五年来，主动对接雄安新区，全力服务京津冀协同发展和北京"四个中心"功能建设，打造新型智库，服务国家重大战略需求；

五年来，全面加强党的建设，完善党委领导下的校长负责制，将全面从严治党不断引向深入。

……

"世界上不会有第二个哈佛、牛津、斯坦福、麻省理工、剑桥，但会有第一个北大、清华、浙大、复旦、南大等中国著名学府。我们要认真吸收世界上先进的办学治学经验，更要遵循教育规律，扎根中国大地办大学。"五年多的发展历程，让北大人进一步深刻地领会到，习近平总书记在北大提出的新期待和新要求的高度与深意。

瞩目明天：守正创新 引领未来

2018年是不寻常的：

这一年是贯彻党的十九大精神的开局之年，是改革开放 40 周年，是决胜全面建成小康社会、实施"十三五"规划承上启下的关键一年。

2018 年，对于北大来说，更具特殊意义：

这一年是马克思诞辰 200 周年，蔡元培先生诞辰 150 周年，即将迎来纪念五四运动 100 周年。

站在 120 年历史节点上的北大，面临着新时代的考题：

当以怎样的精神面貌和文化气象，来纪念先贤，传承北大精神？

如何更好落实党的十九大报告提出的要求，"加快一流大学和一流学科建设，实现高等教育内涵式发展""培养担当民族复兴大任的时代新人"？

如何更好地进行人才培养和科学研究，为实现"两个一百年"奋斗目标和中华民族伟大复兴的中国梦提供人才支撑与智力支撑？

……

"未来，我们仍然要虚心向所有的世界一流大学学习，借鉴先进经验，瞄准和抢占世界科技前沿；同时，北大就要有北大的样子，要保持战略定力，增强办学自信，坚定不移走自己的路，提出和建立中国特色社会主义的高等教育理论体系和大学理念，在世界高等教育大变革的时代发出中国声音、贡献中国智慧。"郝平认为。

"在这个日新月异、不断变化的时代，大学应该寻求变革，落后于时代可能会被社会抛弃；但在寻求变革的时候，大学必须辨明本末，不能一味地做时代的追赶者，而是必须明白我们要坚守什么，什么是我们的发展根基。"在林建华看来，北大要成为一所面向未来的大学，一方面，要以师生为本，平静如水，在流淌的光阴中恬淡地培育引领未来的英才；一方面，要投身国家发展进程，激情似火，在热火朝天的奉献中不断夯实未来之塔的基座。

这就需要北大在开启新征程之后，面向未来，守住根本、把准航向，遵循教育规律，一步一个脚印，埋头苦干，扎实前进。

这就需要北大继续在实施一流大学建设的过程中，抓好党建工作，确保"党建"和"创建"一起部署、一起考核、一起落实。强化责任，牢牢掌握意识形态主导权和话语权；继续实施好"扣好人生第一粒扣子"教育计划，努力培养能够担当民族复兴大任的时代新人，引导青年将人生奋斗汇入民族复兴的伟业之中；继续立足中国国情、彰显中国特色，继续探索完善中国特色世界一流大学创建道路；继续落实面向重大前沿问题、重大国家需求、重大学科交叉和重大仪器研发的科学研究导向，更加深入地融入科教兴国、人才强国和健康中国战略……

1898 到 2018，大学堂敲响的钟声，回响了整整 120 年。

钟声犹在耳畔，燕园生机盎然。北大正从深厚的历史积淀中奋勇崛起，和国家一起奋进在新时代。

百廿载初心不改，双甲子砥砺前行。

我们相信，在实现中华民族伟大复兴的征程上，在世界文明交汇交流交融的进程中，北大必将不忘初心，保持精神品格，必将凝心聚力，做出无愧于新时代的新贡献！（赵婀娜）

眼底未名水　胸中黄河月
——写在北京大学 120 周年华诞之际

《人民日报（海外版）》（2018 年 5 月 3 日 05 版）

5 月 2 日上午，在五四青年节和北京大学建校 120 周年校庆日即将来临之际，中共中央总书记、国家主席、中央军委主席习近平来到北京大学考察。习近平代表党中央，向北京大学全体师生员工和海内外校友、向全国各族青年、向全国青年工作者致以节日的问候。他强调，坚持好、发展好中国特色社会主义，把我国建设成为社会主义现代化强国，是一项长期任务，需要一代又一代人接续奋斗。

2018 年 5 月 4 日，是北京大学 120 周年校庆日。120 年前 1898 年，戊戌维新时期，北京大学的前身京师大学堂成立，"以期人才辈出，共济时艰"。作为中国近代史上第一所国立综合性大学，北京大学从此与中国的前途命运紧密相连。正如《燕园情》歌词中所唱到的："红楼飞雪，一时英杰，先哲曾书写，爱国进步民主科学。忆昔长别，阳关千叠，狂歌曾竟夜，收拾山河待百年约。我们来自江南塞北，情系着城镇乡野；我们走向海角天涯，指点着三山五岳。我们今天东风桃李，用青春完成作业；我们明天巨木成林，让中华震惊世界。燕园情，千千结，问少年心事，眼底未名水，胸中黄河月。"

燕园情，千千结

季春时节，北大校园鲜花盛开，草木葱茏，生机盎然。

习近平总书记在讲话中强调，广大青年要成为实现中华民族伟大复兴的生力军，肩负起国家和民族的希望。

在与总书记座谈中作为学生代表发言的心理与认知科学学院的本科生宋玺，对总书记扎根基层的人民情怀印象尤深。之前，她就读过《习近平的七年知青岁月》，了解了总书记以人民为中心的思想源泉。通过总书记的讲话，她深刻地感受到："大学生不能脱离群众，不能架空自己，否则，就没办法理解什么是马克思主义，什么是社会主义。"

来自北大医学部基础医学院的王麟回忆起当时的情景，语气中难掩激动："这是我第一次这么近距离见到总书记！一开始内心很紧张，但总书记一直带着笑容，和老师同学们亲切握手，整个氛围特别轻松。"

"这是我第二次握到总书记的手！"新媒体研究院2016级研究生邓筱激动地告诉记者，"仿佛见到了久违的长辈一样。"2014年5月4日，还在北大读本科的邓筱就参加了习近平总书记与北大师生座谈活动，第一次近距离聆听总书记的讲话。"总书记一直鼓励青年去基层，希望我们能走在时代前列，与国家的脉搏同跳动。"从那时起，总书记的话一直萦绕在她心头，激励她将社会责任与人生选择紧密相连。如今的她即将成为一名基层选调生。"对我来说，参加基层工作能最直接、最深入地了解国家基层治理。"邓筱说道，"要让自己的才干用到国家最需要的地方。"

时间之河川流不息，每一代青年都有自己的际遇和梦想，每一代北大人都有自己的责任与使命。北大校庆前夕，记者寻访不同历史时期毕业的多位北大学子，回望一段段与北大有关的峥嵘岁月，去了解一个民族的信念、精神、梦想，去汲取千千万万中国青年前行的力量。

红楼飞雪，一时英杰

北大红楼，新文化运动纪念馆。

淡红色的墙体历经风雨沧桑，透出一种厚重而深邃的力量。2018年，红楼建成100周年；北京大学建校120周年。

"百年红楼，堪称半部中国近代史。"纪念馆陈列展览部主任陈翔介绍，在蔡元培校长"思想自由，兼容并包"方针的指导下，新文化运动蓬勃发展，包括马克思主义在内的各种新思想传入北大。

1918年，位于沙滩的北京大学建起了一座新楼。四层，工字形，通体红砖。这座被称为"红楼"的建筑是当时北京大学的校部，并作图书馆和文科教室使用。这一年，年轻的毛泽东来到北大，担任图书馆助理员；图书馆主任李大钊在《新青年》杂志发表了《庶民的胜利》和《布尔什维主义的胜利》；校长蔡元培履新满一年。

这是北大历史上值得铭记的一年。随后百年，风云激荡，英杰辈出。这几位与红楼有关的名人，都成为中国近代史上引领风潮的重要人物。

东方与西方的文明、传统与现代的智慧在这里交汇、碰撞，许多脍炙人口的情景流传至今：西装革履、风度翩翩的胡适在台上讲授中国哲学；长袍马褂、瓜皮小帽的辜鸿铭慢悠悠地踱进教室，用力把辫子从后一甩，开始上英国诗歌课；邓中夏、高君宇等成立"马克思学说研究会"，探索拯救中国的道路……

思想自由、兼容并包的风气大兴于校，直到一百多年后的今天，仍是北大宝贵的精神财富。

1919年5月，巴黎和会中国外交失败的消息如同晴天霹雳，炸醒了象牙塔里的北大师生。得知消息的那个夜晚，大家齐聚北大法科大礼堂。北大新闻研究会讲师、《京报》社长邵飘萍慷慨激昂地说道："如果我们再缄默等待，民族就无从挽救而只有沦亡了。北大是最高学府，应当挺身而出。"法科学生谢绍敏当场咬破中指，撕下衣襟，蘸血写下"还我青岛"。

一场举世罕见的爱国学生运动，轰轰烈烈地从北大开始了。

5月4日下午，以北大学生为首的北京高校游行队伍，浩浩荡荡向天安门进发。学生们高呼"打倒卖国贼""外争主权，内除国贼""誓死力争，还我青岛"等口号。游行队伍沿街散发着《北京全体学界通告》：

"中国的土地可以征服而不可以断送！

中国的人民可以杀戮而不可以低头！"

北京学生的义举点燃了全国人民的爱国之情。北大人向世间发出的第一声呼喊，被历史永远铭记。

在2014年纪念五四运动95周年之际，习近平总书记指出："广大青年对五四运动的最好纪念，就是在党的领导下，勇做走在时代前列的奋进者、开拓者、奉献者，以执着的信念、优良的品德、丰富的知识、过硬的本领，同全国各族人民一道，担负起历史重任，让五四精神放射出更加夺目的时代光芒。"

少年心事，狂歌竞夜

北京大学教授、"北极光"杰出文学翻译奖亚洲首位获得者许渊冲先生今年已97岁高龄。虽然行动不便，但思维清晰、声音洪亮，饱含激情的动作、手势，瘦削的躯干迸发出旺盛的生命力。

北大畅春园内，碧绿的爬山虎攀满红墙。在一间简陋陈旧、堆满书籍的屋子里，记者见到了这位从西南联大走出的翻译大家。"我们校歌怎么写的？'千秋耻，终当雪。中兴业，须人杰'。"80年后，回忆起在西南联大求学的岁月，许渊冲依然激情澎湃。讲到激动处，他从摇椅上坐起来，青筋凸起的大手"啪"地拍在扶手上，"我们是救国不忘读书，读书不忘救国！"

1937年7月7日，卢沟桥事变爆发。次年春天，北大、清华、南开三校南迁，于昆明组建西南联合大学。那一年，16岁的许渊冲以总分第7名的成绩考入联大外文系。

2002年，西南联大65周年校庆。81岁的许渊冲回到云南母校，站在"国立西南联合大学纪念碑"前，细细寻找自己的名字。在碑阴面，刻着西南联大抗战以来832名从军学生的名字，他是其中之一。1941年，美国志愿空军第一大队入驻昆明。当时大三的许渊冲与吴琼、万兆凤等30多位外文系男生纷纷报名入伍，成为第一批志愿军翻译。

"我们这一代人真是苦难深重！"许渊冲眉头紧锁，双手在空中挥动，难以平息心中愤慨，"我们联大挨日本人炸……晚上出去一条路都是火焰。"

"一寸河山一寸血，十万青年十万军。"虽然学校不建议学生直接冲锋陷阵，但难以抵挡的爱国热情促使一批批联大学子奔赴战场。一些联大学子参加八路军，用所学特长，制造出大批急需的炸药、地雷；另一些学生毅然报考在当时死亡率极高的飞行员。最终有12人被录取，其中5人在战斗中壮烈牺牲。

更多师生选择坚守在校园里，弦歌不辍，赓续中华文化命脉。

"我们那个时候吃的是八宝饭，所谓'八宝饭'就是由老鼠屎、稻糠、砂石等混合而成。"2017年11月1日，天南海北的联大人齐聚北京大学，纪念西南联大建校80周年。许渊冲先生的校友，西南联大化学系1946届毕业生关英回忆道，每次吃饭，她们都要拿饭盆不停抖，把砂石抖出来才能吃。

艰苦环境培养出的联大学子刚毅坚卓，取得了惊人成就。3882位学生中，走出了2位诺贝尔奖获得者、4位国家最高科学技术奖获得者、8位"两弹一星"功勋奖章获得者、171位两院院士及100多位人文大师。

几十年之后，其中许多人早已功成名就，但勤俭朴素、夕寐宵兴的习惯保留至今。在许渊冲先生的家，地面和墙面清一色是未经粉刷的水泥。不满15平方米的书房兼卧室里，一排从二手市场花15元钱淘回来的架子上塞满了书，靠窗是一张破旧的书桌。在这样简陋的环境中，许渊冲每天工作到凌晨一两点。一如80年前，在更简陋的西南联大校园中，在土夯墙的教室里，他和同学们听着铁皮屋顶上劈劈啪啪的雨声，奋发学习、一刻不停。

东风桃李，青春作业

1981年3月20日晚，香港伊丽莎白体育馆内，中国男排正与韩国男排争夺参加当年世界杯排球赛的入场券。

在中国排球的辉煌历史上，这不过是一场普通的比赛。但由此引发的一句口号，让它注定载入史册。

"第五局15比9，中国队赢了！"消息传来，北大校园一片沸腾。宿舍楼上，一个个身体从窗户里探出来，高声喊叫、欢呼。正是在这场胜利的庆祝中，北大学子喊出了"团结起来，振兴中华"的口号。

很快，这个口号就通过广播、电视、报纸传遍全国，成为引领时代的最强音。

"现在回想起来，这个口号喊出来是必然的。"回忆起"3·20"之夜，口号提出者之一、北大中文系77级校友、《光明日报》高级编辑刘志达感慨道。他反复向记者强调："这不是我一个人的功劳，是所有北大学子的心声。"

这其中，有压抑已久的民族自豪感、有精神枷锁解除后的自由酣畅、有准备大干一场的豪情壮志。它精确勾画了整个时代的精神面貌，给人以振奋、鼓舞。

奋发图强、思想开放，是刘志达那个时代北大学子的共同特质。1977年考上大学的他，是恢复高考后的第一批幸运儿。

1977年9月，中国教育部在北京召开全国高等学校招生工作会议，决定恢复已经停止10年的高考。那年冬天，570多万人涌入考场。虽然最终只录取了不到30万人，但是它却激励了成千上万人重新拿起书本，加入到求学大军中去。

得知自己被录取时，刘志达正在北京永定机械厂里陪护一位受伤的师傅。当时，他已经快30岁了。机械厂的工人们揶揄道，"刘志达心气高，难怪给他介绍对象都相不中，原来是要到大学里去找。"

与刘志达同年入校的哲学系学生俞晓阳，当时是首都钢铁公司的一名起重工。那天他上完夜班，从炼钢厂高炉上下来，满身黑灰地接过录取通知书。"一看，北京大学！"年逾花甲的俞晓阳回忆至此，爽朗地笑起来。

入校后，忙碌的课程和丰富的校园活动很快充满了他们的生活。"所有人都在匆匆地赶往教室，匆匆地赶往图书馆，排着长长的队伍买中外名著……"忆起北大的校园生活时，刘志达曾经的老班长岑献青说："就像海绵吸水似的，人们拼命地读书，如饥似渴。"

当时担任学生会学习部部长的俞晓阳负责组织讲座，"容纳400人的办公楼礼堂，常常来600人都不止。有的同学干脆跑到讲台上，坐在讲演者脚边听。"

1982年，77、78级3000多名同学离校之际，自发捐款6000余元，在燕园里塑起了李大钊和蔡元培先生的铜像，以报答母校的培育之恩，表达振兴中华的决心。

如今，64岁的俞晓阳已经是多家上市公司董事。他仍然记得刚入校参加文化复查时写的那篇作文，题目是"当我接到录取通知书的时候"。"作文的结尾我记得很清楚。"他说，"'通知书贴在胸口，步出首钢大东门，正是早上八九点钟的时候！'从那时起，我迎着太阳迈向了新的人生。"

巨木成林，震惊世界

进入新世纪以来，北京大学积极响应党的号召，加快建设世界一流大学和一流学科。在新时代呼唤新使命，以新使命激发新作为。

"我的梦想是，让我们的《儒藏》成为全世界最权威的范本。我编了《儒藏》之后一百年不会有人来超过我。"2003年，76岁高龄的国学大师汤一介发起了卷帙浩繁的儒藏编纂工程。这部《儒藏》囊括古今中外的儒家典籍，可谓集中华文化精髓之大成。十多年来，汤老废寝忘食，亲力亲为，与400多人的编撰队伍一起，完成了近3000万字的编纂工作。

近年来，一系列扎根本土的重大人文社科研究在北大开花结果。除《儒藏》工程外，《中华文明史》多语种版本、《北京大学藏西汉竹书》（全七卷）、《北京历史地图集》等都是北大浓厚的人文积淀在新时代吐露出的馥郁芬芳。

拼搏的精神迸发科研的活力，大量基础性学科研究成果在北大涌现。2013年北大取得干细胞技术重大突破，美国权威期刊纷纷报道，掀起国际学术界的"中国风"；2014年全球首例运用MALBAC（单细胞基因组扩增）技术的试管婴儿在北大诞生；2017年北大3项成果入选中国科学十大进展……北大协同创新的文化氛围已经形成。

作为中国最早传播马克思主义的阵地，北京大学马克思主义研究继承传统、发扬创新，取得了丰硕成果。

2018年恰逢马克思诞辰200周年、北京大学建校120周年。5月5日，来自世界各国的马克思主义理论研究者将齐聚北大，参加第二届世界马克思主义大会。本次大会以"马克思主义与人类命运共同体"为主题，广聚全球学者，传播中国声音，共话人类命运。"世界马克思主义大会由北京大学举办，既是我们的荣耀，也是我们的责任。"北京大学党委常务副书记、马克思主义学院院长于鸿君说道，"这是我们在新时代传承践行北大担当精神的形式之一。"

自1992年成立以来，北京大学马克思主义学院朝着建设具有北大气派、中国特色、世界一流的马克思主义学院不断迈进。

2011年，黄枬森、张世英、杜维明等蜚声海内外的著名学者相聚北大，以"文化选择与文化发展"为题进行"中西马高端对话"；2015年，首届世界马克思主义大会在北京大学举行；同年启动的马克思主义研究重大基础性工程——《马藏》编纂工程顺利推进，预计今年首次出版10卷，共计500万字。

2018年3月25日，中国高等教育史上诞生了一个新的里程碑——北京大学汇丰商学院英国校区在英国牛津郡成立，这是中国高等学府第一次以独立运营的形式走出国门。汇丰商学院院长海闻表示，120年前，中国人向英美等国学习，创办了北京大学的前身"京师大学堂"。两个甲子后，当年的"京师大学堂"来到英国高等教育的发源地，创办了自己的校区，这背后显示了中华民族的崛起。

2017年11月18日，深秋的燕园掩映在金黄的银杏和青翠的松柏间，分外美丽。在这一天，中国共产党北京大学第十三次党员代表大会召开。

在这次会议上，北大未来的征程被清晰地描画：到2035年基本实现社会主义现代化时，北大的办学实力和国际影响力将大幅跃升，居于世界一流大学前列；到本世纪中叶我国建成富强民主文明和谐美丽的社会主义现代化强国时，北大将稳稳立于世界高等教育的中心，引领世界高等教育的发展。（严冰、吕安琪、原洋）

百廿星辰　巍巍北大
——写在北京大学 120 周年校庆之际

《光明日报》（2018 年 5 月 1 日 01 版）

1898 年 6 月 11 日，一份诏书留下百日维新的历史叹息，而它留给历史的，还有终结开科取士、开启现代教育的惊天之举。仿佛树起一座灯塔，它点亮了多少中华民族仁人志士的期许与信念。而这部在风雨飘摇中起笔的"史书"，也注定了日后的万千气象、波澜壮阔。

这一天，光绪皇帝下《明定国是诏》，宣布维新变法，明确当年 7 月 3 日"诏立京师大学堂"。废除八股，改试策论，革黜科举，代之以现代综合性教育——建立新型大学的理想就这样萌发了。

这一年的 12 月 17 日上午，第一任管学大臣孙家鼐乘坐八抬大轿来到京师大学堂——北京景山东街马神庙路北的公主府。公主府外，爆竹阵阵，锣鼓喧天，中国近代第一所国立综合性大学、当时中国最高教育行政机关由此诞生。

这一年，中华民族危机四伏，政治风向波诡云谲。救亡图存，维新百日，终告失败。但或许是命运使然，抑或是"以萌芽早，得不废"，京师大学堂得以保留。

她同时保留的是中华民族伟大复兴的火种。

120 年，此后整整 120 年，这里，成为与国运、与民族交织最紧密的阵地。从京师大学堂到北京大学，这里是推动社会进步、思想解放的先锋，是民族振兴、国家富强的中流砥柱；无数灿若星辰的名字在民族进步与复兴的历史上留下深深的印记——毛泽东、李大钊、陈独秀、鲁迅、胡适、蔡元培、蒋梦麟、汤用彤、傅斯年、马寅初、冯友兰、沈从文、王力、吴组缃、朱光潜、宗白华、邓稼先、钱三强、黄昆、王选、宿白、屠呦呦……这里，涌现了一批批引领中国社会风气之先的人物，更造就了一代又一代中国各领域的开创者、奠基人。

从来没有哪一所大学，能和一个国家、一个民族的命运如此息息相关。今天，这个在历史转折的节点上诞生，浓缩了中国近代以来全部的忧患、苦难与追求，又时刻为民族复兴大业振臂高呼的殿堂，走过了两个甲子。她，依然卓尔不群，清新夺目；她，依然海纳百川，挺立潮头……

百廿载悠长学府，双甲子薪火相传，她，一直是中国高等教育的一面旗帜。

"北大总都是站在最前列"

跨越三个世纪，从诞生的那一刻起，北京大学就被赋予了深重的历史使命感。爱国，与国家同呼吸、与民族共命运，成为北大永恒的精神底色。

1912 年，千年帝制在辛亥革命的枪炮声中土崩瓦解，中华民国应运而生。那一年的 5 月 3 日，京师大学堂改名北京大学，严复出任北大首任校长。在短短 8 个月的校长生涯中，严复将北大教学推向正轨，英国教育学会承认北大学生的学历与成绩，成功接轨现代意义的大学。

120 年，一代代北大师生以行动挥洒爱国情怀、报国之志，在国家历史的每一个关键节点，冲在最前方的，永远有北大人的身影。

1917 年，胡适发表《文学改良刍议》；1918 年，鲁迅发表白话小说《狂人日记》，陈独秀和李大钊创办《每周评论》；1919 年，北大学生创办《心潮》《国民》……北京大学，成为新文化运动的中心。

1919 年 5 月 3 日晚，北大全体学生大会上，法科学生谢绍敏义愤填膺，当场将中指啮破，裂断衣襟，血书"还我青岛"四字。4 日，以北大为主力的各校学生 3000 多人到天安门举行集会、示威游行。当天，被抓走的 32 名学生中，北大占 20 人……北大，成为五四运动的策源地。

五四运动促进了马克思主义在中国的广泛传播，北大教授李大钊在中国第一个举起马克思主义的旗帜——发表《Bolshevism 的胜利》《我的马克思主义观》，把马克思主义理论正式列入课程，组织指导"马克思学说研究会"等进步社团……中共一大前，在全国 8 个地区建立的党组织中，有 6 个地区的党组织负责人是北大师生和校友，全国 53 名党员中，北大师生和校友 21 人，1921 年 7 月出席中共一大的 13 名代表有北大师生和校友 5 人。北大，成为马克思主义在中国的发祥地，共和国先驱从这里迈出了走向社会主义的第一步。

巍巍上庠，国运所系。从沙滩红楼到未名湖畔，从北京大学到西南联大，从改革开放到新时代，北大师生"眼底未名水，胸中黄河月"的家国情怀生生不息。

因为爱国，1945年初，日夜期盼抗战胜利的马裕藻在病榻上还喃喃自语："天快亮了，天快亮了。"

因为爱国，82岁的诗人冯至写下《独白与对话》十首诗，在以"我和祖国"为题的三篇中，"祖国，我爱你""只有一句话——我离不开你"……朴素的情感，溢满书卷。

马寅初提出"牺牲主义"、北大师生真情呼出的"团结起来，振兴中华""小平您好"……时代使命，被一代代北大学子赋予了鲜活的内涵。

2014年5月4日，习近平总书记来到北大，在与北大师生座谈时寄语莘莘学子，青年要自觉践行社会主义核心价值观，"人生的扣子从一开始就要扣好"。

时代标杆，国之栋梁，北大涌现出了一批又一批。林巧稚一生献身医疗事业，被誉为"万婴之母"；全国模范教师孟二冬赴疆支教呕心沥血，49岁倒在三尺讲台，感动中国；24岁的北大学生宋玺尚未毕业，即成为中国人民解放军第二十五批赴亚丁湾护航编队里唯一一名女陆战队员……

新时代，北大在全国高校中率先成立了"党委教师工作部"，党建引领，常抓不懈；成立习近平新时代中国特色社会主义思想研究院，高起点、多学科、多角度研究和阐释习近平新时代中国特色社会主义思想的丰富内涵、精神实质与科学体系，不断推动新时代马克思主义中国化、大众化和时代化。

……

季羡林说，所有的抨击邪恶、伸张正义的大举动，北大总都是站在最前列，发出第一声反抗的狮子吼。北大教授袁行霈说，更能代表北大的，乃是120年凝聚起来的精神，即心系国家、愿以自己一生换来民族的繁荣昌盛。

"繁荣学术、追求真理"

"德先生（民主）""赛先生（科学）"，挥动于百年前的两面旗帜，成为无数热血青年推动中国社会发展与进步的利器。北大教授谢冕曾经说，科学与民主是未经确认却是事实上的北大校训，二者作为刚柔结合的象征，构成了北大的精神支柱。

时代演进，世事更迭，但北大师生高举科学大旗的情怀从未改变，他们在追求真理的道路上从未止步。2017年11月，北京大学党委书记郝平在学校第十三次党代会明确提出："北大必须把繁荣学术、追求真理作为根本追求。"

这里，涌现了一代代为真理而生的人。李大钊为他所坚定的主义慷慨就义；马寅初"单枪匹马"坚持"新人口论"风采永存；"敦煌的女儿"樊锦诗，守护宝窟五十余载，青丝换成了白发……

这里，催生了众多影响社会进程的思想成果。厉以宁的股份制理论，肖蔚云的香港和澳门特别行政区基本法起草和实践，王铁崖的国际法理论与实践，林毅夫的新结构经济学理论……

这里，创造了数不胜数冲在世界前沿的科研硕果。具有世界先进水平的人工全合成牛胰岛素的重大科研项目研究在1965年通过国家鉴定委员会鉴定，题为《结晶牛胰岛素的全合成》的文章署名21人，其中北大7人。2015年，北大校友屠呦呦因在疟疾治疗研究中的突出贡献荣获诺贝尔生理学或医学奖，也是第一位获得诺贝尔科学奖项的中国本土科学家、第一位获得诺贝尔生理医学奖的华人科学家。

这里，产生了一大批改变中国的创新创造。"汉字激光照排系统之父"王选，在大多数人对中国的系统能超过外国产品、淘汰铅字的历史变革能由中国人独立完成的质疑中，深耕激光照排系统领域18年，终让出版印刷"告别铅与火，迎来光与电"。世界首例经MALBAC基因组扩增高通量测序进行单基因遗传病筛查的试管婴儿，在北大第三医院诞生。

一份份耀眼的成绩单，就是流淌在北大血脉中的"繁荣学术、追求真理"的真实写照。

——1999年，23位功勋卓著的科学家被授予"两弹一星功勋奖章"，赵九章、郭永怀、钱三强、彭桓武、陈芳允、屠守锷、杨嘉墀、王希季、邓稼先、朱光亚、于敏、周光召，北大校友有12位。

——目前，全国共有29位杰出科技工作者获得国家最高科学技术奖。其中，吴文俊、王选、黄昆、刘东生、叶笃正、吴征镒、王忠诚、徐光宪、谢家麟、于敏、屠呦呦11位为北大校友，居中国高校之首。

——目前，北大共有中国科学院院士76人，中国工程院院士19人。还有25位教师获得发展中国家科学院院士，多位教师获美国艺术与科学院院士、法兰西道德与政治科学院院士等国家相关科学院院士荣誉。

——2017年，国家"双一流"建设学科名单中，北大有41个学科入选，位居全国高校榜首。

——2017年，全国第四轮学科评估结果显示，北大被评为A+的一级学科数量为21个，评为A类的一级学科达到学校一级学科总数的70%，均领跑全国高校。

"思想自由，兼容并包"

1916年12月22日，北京大学迎来了一位新校长——蔡元培。他带来的，不仅是焕然一新的校风，不仅是陈独秀、胡适、李大钊、钱玄同等一大批良师益友，更重要的是，他带来了北大传承至今的精神特质——"循思想自由原则，取兼容并包主义"。

北大中文系教授陈平原认为，"兼容并包"是北大最值得一提的性格特征。"北大的'兼容并包'在鼓励各种学术思想平等竞争的同时，也逐渐形成了其'有容乃大'的性格。这一点是最难能可贵的，也完全可以看成是中国大学所应该追求的基本品格。"

北大之大，在于广阔胸襟、高远器识、宏远气度。北大之大，在于学术的不懈求真、学人的海纳百川，学理的兼容并蓄……

这一切，要从蔡元培入主北大后推行的一系列举措说起。当时，蔡元培改革旧制、扶植社团、延聘名师，不但聘请了陈独秀、胡适、李大钊等一批新派人物，对确有真才实学的旧派人物，如辜鸿铭、刘师培、黄侃等也予以聘任。当然，他也把"思想自由、兼容并包"的范围限定在"与政治无涉"的学术领域。正如当时北大学生所说，蔡先生请刘师培讲六朝文学但决不允许刘提倡帝制，请辜鸿铭讲英国文学但决不允许辜提倡复辟、反对共和。

正因为"兼容并包、思想自由"，北大成为新文化运动的堡垒，科学民主的思想得以传播；五四运动因此有了策源之所，马克思主义在中国扎下了根……

北大校长林建华说："抗战时期北大、清华、南开三校组建的西南联大云集四方名师，他们有着不同的风格、气象，形成了众多学术流派，这也是北大思想自由、兼容并包的传承与体现。"

其实，相比其他众多高校，北大的显著特点体现在"无"上：无校歌，无校训，无校旗。"三无"，不代表北大没有文化、没有精神，而这恰恰体现了北大"思想自由，兼容并包"的特质。

它体现在北大的一草一物、一人一事上。

比如教师。2007年，从美国斯坦福大学回到北大，生命科学学院研究员魏文胜曾遭遇科研的低谷期，但学院领导只支持、"不过问"。正是在这种其他学校少见的"放养"，给了研究者充分的学术自由，也成就了他科研的成功转型。

比如学生。北大毕业生陆步轩"出人意料"地选择了卖猪肉，并且与校友陈生联合创业，在全国开了1000多家店，真的把猪肉卖出了"北大水平"。

甚至在北大，保安也卓尔不群。甘相伟、张国强等北大保安在燕园文化的浸润下，成功考上大学。甘相伟更将自身经历著书《站着上北大》，成为一时美谈。北大法学院教授白建军记得一个细节："一天我去农园吃饭，路边俩执勤的保安在聊天。一个说，'你那论文怎么样了？'另一个说，'嗯，资料收集得差不多了，正在构思。'"

"思想自由，兼容并包"的风气和精神，让每一位北大人找到了合适的位置，有了成为更好的自己的机会。

"北大是常为新的"

"世界上不会有第二个哈佛、牛津、斯坦福、麻省理工、剑桥，但会有第一个北大、清华、浙大、复旦、南大等中国著名学府。我们要认真吸收世界上先进的办学治学经验，更要遵循教育规律，扎根中国大地办大学。"2014年5月4日，习近平总书记在北大师生座谈会上强调。

扎根中国大地办大学，北大自诞生起，就有着自己的方向。在不同时期，北大会有不同的传统被挖掘、激发出来，但"敢为天下先"的胆魄，勇于突破创新的自信与信念始终如一。

鲁迅在《我观北大》一文中写道，"北大是常为新的，改进的运动的先锋，要使中国向着好的，往上的道路走。"

"但开风气不为师。"

突破、创新，再突破、再创新……北大一次次成为中国高等教育发展史上的先锋和示范。

1918年，北大校役夜班正式开办。为全校工友办夜校，开创了中国高校之先例；

1919年，北大首先将改年级制为选科制，以利于因材施教。3年后，全国其他大学陆续开始采用；

1920年，春天开始招收女生入学，开创了我国大学教育男女生同校之先河；

…………

1988年，北大首先提出"加强基础，淡化专业，因材施教，分流培养"，拉开了北大本科教育教学改革的大幕；

1994年，北大在全国率先提出把北大建设成世界一流的社会主义大学；

1998年，助推中国大学迈向世界一流的"985工程"在北大百年校庆之时启动，中国高等教育走进跨步前行的时代；

2014年，北京大学9院系试行"申请-考核制"招收博士研究生；3年后，该模式推至北京大学所有院系。

2017年底，北大公布《北京大学一流大学建设高校建设方案》，提出到2035年，北大居于世界一流大学前列；到本世纪中叶，北大将立于世界高等教育中心，引领世界高等教育发展。

今年3月，中国高等学府第一次以独资经营、独立管理形式走出国门开办的实体办学机构——北京大学汇丰商学院英国校区启幕。

"在北大新的发展历史节点上，沿着旧地图绝对是找不到新大陆的，必须自己不断探索、不断前进。"林建华语意坚定，"求新"依然是不变的核心。

在全面深化综合改革、加快"双一流"建设的今天，北大提出"守正创新，引领未来"的使命，今天的"新"超越过往，赋予更新的内涵。

北大，意味着什么？

李大钊说，"我个人心中没有一切，所有者唯北大耳"。谢冕说："这小小校园却让所有在这里住过的人终生梦绕魂牵。"南方科大校长陈十一说，"北大，我的精神源泉，我永远的学堂"。新东方创始人俞敏洪说，北大一直是我的心灵家园。经济学院教授平新乔说，"在燕园，做片红叶也幸福"。

陈平原说，"记得王国维的《人间词话》是这样开篇的：'词以境界为最上。有境界，则自成高格，自有名句。'请允许我套用：大学以精神为最上。有精神，则自成气象，自有人才。"

北大，恰如此。（晋浩天）

北大，永远的先锋者
——写在北京大学120周年校庆之际

《中国教育报》（2018年5月2日01版）

五月，鲜花盛开的季节，北京大学即将迎来120岁的生日。

当一所大学的120年历程与民族的奋争和复兴紧紧联系在一起，当一段跨越世纪的追寻与求索见证并推动着国家的发展进步，我们从这120年风雨兼程中汲取的，便不只是一所大学的成长史，更是一部百年中国的觉醒史。

"世界上不会有第二个哈佛、牛津、斯坦福、麻省理工、剑桥，但会有第一个北大、清华、浙大、复旦、南大等中国著名学府。我们要认真吸收世界上先进的办学治学经验，更要遵循教育规律，扎根中国大地办大学。"2014年5月4日，习近平总书记在北京大学师生座谈会上的话语穿过历史的尘埃，响彻神州大地。

穿越三个世纪、两个甲子的风雨坎坷，进入新时代，北京大学早已深深融入民族复兴、国家发展和社会进步的宏伟事业中，中国共产党人的初心，也早已融入北京大学的精神内核，120岁的北京大学比历史上任何时期都有信心和能力去实现自己的梦想！

民族复兴的世代求索

时光老人，转身之际，120年光阴，倏忽而逝。

"北京大学是新文化运动的中心和五四运动的策源地，是这段光荣历史的见证者。长期以来，北京大学广大师生始终与祖国和人民共命运、与时代和社会同前进，在各条战线上为我国革命、建设、改革事业作出了重要贡献。"2014年5月4日，习近平总书记在北京大学师生座谈会上的讲话，一语凝聚了北大的百年历史。

从1916年蔡元培就任北京大学校长并提出"循思想自由原则，取兼容并包之义"之时起，"囊括大典，网罗众生，兼容并包，思想自由"便伴随着这所大学走过一百多年的变革求索。

"爱国、进步、民主、科学"，简简单单的八字校训，是蔡元培时期留给北大的遗产。"爱国"蕴含着"为民"，"进步"昭示着"改革"，"民主"包含着"闯放"，"科学"意味着"求真"，于是乎，"爱国为民，闯放求真，民主科学，改革进步"开启的不只是北大百年的爱国主义史，更是一部为国家和民族振兴、朝着国家和民族梦想的方向永不停歇的奋斗史。

"这真是一块圣地。近百年来，这里成长着中国数代最优秀的学者。丰博的学识，闪光的才智，庄严无畏的独立思想，这一切又与耿介不阿的人格操守以及勇锐的抗争精神相结合，构成了一种特殊的精神魅力。"北大教授、文艺评论家谢冕这段话，清晰地镌刻在北大90年校庆纪念文集的扉页上。

一个国家处于上升期的一个重要标志，就是这个国家开始拥有她的"造梦"能力，她的国民尤其是青年，始终怀有"愿你出走半生、归来仍是少年"之心，自信地谈论梦想，并为之付诸行动。

120年前，在大清帝国危如累卵的变局中孕育着一个关键性的选择。1898年6月11日，清光绪帝下《明定国是诏》，正式宣布变法，诏书中强调："京师大学堂为各行省之倡，尤应首先举办……以期人才辈出，共济时艰。"京师大学堂的设立，是中国近代第一所以"大学"之名创办的学校。

京师大学堂的设立，开启了近代中国新式学堂的一个创办高潮。作为中国高等教育近代化的标志，新生的京师大学堂在继承中国古代文明的基础上，引进西方资本主义文明和近代科学文化，为失落的近代中国寻找世界坐标、提振民族精神，以及推进中国的近现代化进程，起到了重要的牵引作用。

1920年，英国著名哲学家罗素访华时，惊异于北大学生思想的自由，由衷感叹，五四时期的北大学生，不仅自己富有公共精神，而且还具有唤起全民公共精神的强大力量。

在"思想自由，兼容并包"的影响之下，改革一触即发。

"我素信学术上的派别，是相对的，不是绝对。所以每一种学科的教员，即使主张不同，若都是'言之成理、持之有故'的，就让他们并存，令学生有自由选择的余地。"在蔡元培的力主之下，彼时的北京大学讲台风光一时无两。拖着长辫的辜鸿铭不买胡适的账，坚持旧文学的黄侃在课堂上大骂倡导新文学的师弟钱玄同有辱师门。正式生、旁听生和偷听生共处一堂亦为当年一大盛景，毛泽东在北大图书馆当助理员时就常跑去听陈独秀、李大钊等人讲马克思主义。

五四运动爆发之时，还是一名中学生的著名社会学家、中国民主促进会创始人雷洁琼，虽远在南国，仍深深被北大师生的革新精神所鼓舞。直到1971年她进入北京大学，从事科学研究、指导研究生，更是时时感到北京大学那追求科学、提倡学术民主、把学术同社会的发展和进步联系起来的精神。

"从我受北京大学的影响到加入北京大学成为为其使命奋斗之一员的实践中，我认为它为民族昌盛而奋斗的社会责任感以及为发展学术而孜孜以求的精神是值得发扬的。"雷洁琼曾在纪念文章中这样写道。

从诞生之日起，京师大学堂就与国家民族的命运紧密相连。然而在当时国运式微之下，北大真正发生根本性的变化，真正找到解决中国问题的出路，则是与中国共产党的诞生紧紧联系在一起的。辛亥革命推翻了两千多年的封建帝制，京师大学堂改名为北京大学，蔡元培等先贤改造了北京大学，使之成为新文化运动的中心和五四运动的策源地，也成为中国最早介绍、研究、传播马克思主义的发祥地和中国共产党最早的活动基地。北大成立了中国北方的第一个共产主义小组，并向全国输送核心骨干……

历史的选择总是有着如此强烈的使命色彩。当时钟运转到1949年，新中国诞生后，北京大学历史性地承担起新中国文化传承和自主创新的使命，顶天立地，勇于担当，不断创造着新知识、新思想与新技术。

在"两弹一星"研制、百万次电子计算机问世、人工合成牛胰岛素等国家重大战略工程中，在青蒿素研发、汉字激光照排技术、稀土分离理论及其应用、股份制与产权制度改革等重大科技和思想理论成果中，北大人作出了自己的贡献。一代代北大人以强烈的使命担当和爱国情怀，唱响了"团结起来，振兴中华"的最强音。

"为人民谋幸福，为民族谋复兴，这是中国共产党人的初心，是全体北大共产党人的庄严使命。中国共产党人的初心，早已融入北大的精神，成为我们办学的灵魂。"北京大学党委书记郝平说。

进入新世纪，全国基层就业宣传典型夏海亮、第一届大学生村官陈丽娟等一批扎根基层、服务群众的优秀毕业生代表，一批又一批的北大学生在各领域肩负起引领未来的重任；1998年，助推中国大学迈向世界一流的"985工程"在北大百年校庆之时启动，中国高等教育走进跨步前行的时代。

进入新时代，2017年底，北大公布《北京大学一流大学建设高校建设方案》，提出到本世纪中叶，北大将在全球高等教育体系中居于领导地位，成为世界著名的学术殿堂；对接雄安新区，全力服务京津冀协同发展和北京"四个中心"功能建设；打造新型智库，服务国家重大战略需求……

鲁迅先生在纪念北京大学建校27周年的文章《我观北大》中提及："北大是常为新的，改进的运动的先锋，要使中国向着好的，往上的道路走。"

73年之后，谢冕在纪念北大百年华诞纪念文章中，穿过历史的云雾与鲁迅先生遥相呼应："北大人是入世的，他们读书思考，却始终不曾须臾脱离中国的历史和现实。他们坚定地站在自己的位置上，作为知识者，他们有一种能力，可以把现世关怀和焦虑转化为文化与学术的革新与建设。"

"我们现在讲守正创新，实际上与维新图强的北大精神一脉相承，在不同的发展时期，北大既要遵循规律办事，更要为国家发展、人类进步贡献力量，并且一定是改革运动的先锋。"北京大学校长林建华说。

中国文化的历史之镜

"进入世界一流大学前列是一项艰巨的任务，对我们现在的办学理念、教育模式、发展质量都是挑战。从学习到超越、从跟踪到引领，不仅是量的变化，更是质的飞跃。要进入世界一流大学前列，决不是重复人家已经走过的道路，而是要走自己的路，发挥引领作用。这不仅需要资源上的持续投入，更要求思想观念的转变、体制机制的变革和发展模式的创新。"在林建华和北大人面前，是120岁的北京大学重新面临的一场大考。

北大在方案中如此绘就一流大学建设蓝图：到2020年，将北大整体建成世界一流大学，若干学科处于世界一流大学前列；到2030年，学校整体水平处于世界一流大学前列，一批学科处于世界一流大学前列；到2048年，学校成为顶尖的世界一流大学，主流学科全面位于世界一流大学前列。

一旦戴上北大校徽，每个人顿时便具有被选择的庄严感，为一种深沉的使命感所笼罩。今日之精英与明日之栋梁，今日的思考与明日的奉献，被无形的力量维系在一起。

谢冕说，从上个世纪末到如今，近百年间中国社会的痛苦和追求，都在这里得到集聚和呈现。沉沉暗夜中的古大陆，这校园中青春的精魂曾为之点燃昭示理想的火炬。一代又一代的中国学者，从这里眺望世界，用批判的目光审度漫漫的封建社会长夜，以坚毅的、顽强的、几乎是前仆后继的精神，播撒文明的种子。

变革的基因早早在北大的文化中撒下了执着的种子。

1917年1月4日，隆冬季节，大雪纷飞。一辆四轮马车驶进北京大学的校门，徐徐穿过校园内的马路，停了下来。这时，伫立着的两排工友恭恭敬敬向马车鞠躬致敬。不承想，新校长竟然走下马车，摘下礼帽，向工友们鞠躬回礼。蔡元培向"短衣帮"的工友们回礼，这在当时无疑是开风气之先。

作为新任校长，蔡元培漫步在旭日晨光里，决心在这里发动一场革命。"延揽人才、清除积弊"，是首要的事。"大学为囊括大典，网罗众家之学府。"蔡元培选聘教师，只有一个标准，那就是学术造诣，在这个神圣的标准之外，不曾有第二个标准。在蔡元培治下的北大，新人旧人，各安其位，传为佳话。

蔡元培、胡适、陈独秀、傅斯年、章士钊、鲁迅、钱玄同、刘半农……这些名字属于那个群星闪烁、交相辉映的时代，他们照亮了中国近现代思想史的天空，而群星围绕着北大这条灿烂的"星轨"。各派人物异彩纷呈，各种思想火花迸溅，各类角色各得其所。

一百多年前，蔡元培不拘一格纳人才。一百多年后，"近者悦，远者来"是北京大学秉承的人才队伍建设理念，既能把一流人才"引进来"，还要让人才特别是年轻人才更好发展。截至2017年底，北大共有中国科学院院士76人、中国工程院院士19人，还有25位教师获得发展中国家科学院院士，多位教师获美国艺术与科学院院士、法兰西道德与政治科学院院士等国家相关科学院院士荣誉。

1917年，景山附近落成了一座新的西洋式建筑，这便是新的北大校舍"沙滩红楼"。这里变成一所"人人都可以进去的"大学。蔡元培在改革原有的招生制度之余，更向社会开放大学之门，鼓励非北大生前来旁听。当时在京津一带居住的中小学教师、政府公务员、报社从业者乃至失业青年，都慕名前来听课，他们可以堂堂正正坐在课堂上，若是教室满员，就站在窗下或门口。

百余年前的北大人，在他们所处的时代变幻中，给出了自己坚定的回答，也由此亮出了维新、图强这两种北大精神的鲜明底色。

彼时的北大，几乎成为中国新的民族文化和民族命运的滥觞。曾以其博大的胸怀和高远的眼光，最先接纳了当时被视为洪水猛兽的各种先进思潮，为中华民族历史命运的转折培育了深厚根基。

上世纪90年代，有几位国外学成的经济学家，立志要用现代经济学方法，揭示中国社会经济发展规律，建立起中国的经济学理论体系。

秉着这股子劲头，这批志同道合的同行在北大创建了中国经济研究中心。从老地学楼的破旧房间起家，到重新设计和建设了朗润园，他们建设了可能是具有最优雅环境的经济研究机构。后来，经济研究中心更名为国家发展研究院，研究领域拓宽到了国家发展的方方面面，并做出了引领性的研究成果，成为具有世界影响力的中国经济学教育和研究的重镇。

"我们开展学术研究的目的是拓展人类的认识边界，是要培养人，以保持人类文明不断发展进步。基础研究拓展了人类的知识边界，应用研究拓展了人类的能力边界。"在林建华的视野中，卓越的学术机构要有明确的使命，要担负国家和社会责任，不断产生能够促进国家发展和人类进步的新思想、前沿科学或未来技术，还要不忘初心，始终坚守。

历史与现实的相似经历中，往往蕴含着相似的文化传承。

1917年，邓中夏从湖南考入北大。自幼对古典文学兴趣浓厚的邓中夏一进北大，就在传统学问方面狠下功夫，希望将来有所成就。然而，时局的动荡容不得他只做一个在故纸堆里寻求出路的学者。受当时思想自由氛围的影响，邓中夏开始发奋阅读各种新出版的书籍和报刊，并在新思潮的指引下积极关注时局，介入社会的改革大潮。

数年后，邓中夏和他曾经的湖南师范同窗蔡和森，以及蔡和森的至交毛泽东，共同走上了中国道路崭新的探索之旅。

人们不会忘记，那个春寒料峭的时节。

1919年，北京大学的学生蘸着启蒙的"印台"，写下"五四运动"四个大字。以北大学生为主体的中国青年知识分子第一次集体登上政治舞台，中国历史掀开新的一页。

正如谢冕所言，这所大学，它诞生在灾难深重的年代，它承袭了这片土地上的全部忧患，而后生发为抗争和奋斗、追求和梦想。在"广育人才，讲求时务"的召唤中，走来的一代又一代学人，万家的忧乐、社会的盛衰，充盈着这批最先觉醒的中国精英的心灵。

维新图强的先锋行者

今天，在北大未名湖畔，圆明园遗物——乾隆诗碑和翻尾石鱼雕塑，静默矗立，仿佛在诉说一个多世纪以来燕园的逝水流光。

"北大就要有北大的样子，要保持战略定力，增强办学自信，坚定不移走自己的路，提出和建立中国特色社会主义的高等教育理论体系和大学理念，在世界高等教育大变革的时代发出中国声音、贡献中国智慧。"郝平如是说。

2018年，北大重新站上起跑线。

这一年是马克思诞辰200周年，蔡元培先生诞辰150周年，即将迎来纪念五四运动100周年。在通向民族复兴的道路上，以常为新的运动先锋姿态挺立于世，北大笃定于等待一次次的新生。

2015年，站在"北京大学通识教育大讲堂"首期讲台上的林建华，不讲成果，不给结论，而是现场抛出了几个问题，"北大教育发展之路到底应该是怎样的？""我们的大学教育到底是为了什么？"

北大的诞生、变革与发展，自有其鲜明使命特点和历史轨迹。"北大诞生于救亡图存之中，是维新变革的产物，天然具有维新、图强的基因，这是北大精神的重要源泉。"站在2018，回望120载斗转星移，林建华坚信，面对120年北京大学伟大精神的凝聚传承，更需要从历史中汲取力量，去思考新时期北大精神的时代价值。

岁月变迁，精神不灭。2017年4月的一天，借着"蔡元培与北大"专题展览在北京大学赛克勒考古与艺术博物馆开幕的机会，郝平深情地说，"蔡元培先生的背影从未远去。他的办学思想，迄今仍然是我们北大的精神传统，一直在指引着北京大学教育改革发展的前进方向"。

在林建华的视野中，百年校庆是北大发展史上的一个重要时间节点和起点。从那时起，伴随着"985"工程的启动实施，彻底改变的是中国高校发展的眼界和姿态。"将这种变迁放眼于新时代，就是要像习近平总书记讲的那样，扎根中国大地办大学，建设中国特色、世界一流大学。"

在多年的"985工程"建设中，在"以队伍建设为核心，以交叉学科为重点，以体制机制创新为动力"的思路引领下，北大的研究机构面貌一新。国际数学研究中心的学者可以心无旁骛地潜心研究，一批青年学者很快成长起来；生物动态光学成像中心形成了很好的合作和协同文化，鼓励与不同专长的学者合作，在生物医学基础和应用领域都取得了一些重大成就；新建的人文社科研究院则致力于在人文社科领域"涵育学术，激活思想"。

其实，改革开放以后，特别是进入新世纪以来，北大的学术空气相当活跃，越来越多的师生力图深入认识中国所面临的这场史无前例的社会变迁，试图提出更好地推进我国改革和社会进步的建议。林建华始终觉得，开展"双一流"建设，最根本的是要营造良好的学术氛围，释放大家的创造潜力。

新世纪以来，特别是近5年来，本着对世界一流的矢志不移的追求，北大的发展活力辉映苍穹：学校整体上达到了世界一流水平，部分基础前沿学科进入世界顶尖行列，核心竞争力和国际影响力有了大幅提升；全国29位获得国家最高科学技术奖的杰出科技工作者中，11位为北大校友，居全国高校之首；2017年，国家"双一流"建设学科名单中，北大有41个学科入选，位居全国高校榜首；2017年，全国第四轮学科评估结果显示，北大被评为A+的一级学科数量为21个，评为A的一级学科达到学校一级学科总数的70%，均领跑全国高校；理学、信息与工程、人文、社会科学、经济与管理、医学等6个综合交叉学科群致力于推动战略性、全局性、前瞻性问题研究，提升解决重大问题能力和原始创新能力；今年3月，中国高等学府第一次以独资经营、独立管理形式走出国门开办的实体办学机构——北京大学汇丰商学院英国校区启幕……

习近平总书记在北大考察时提出的"人生的扣子从一开始就要扣好""扎根中国大地办大学"等重要思想，为学校指明了前进方向，为高等教育发展提供了根本遵循和强大动力。

"在党的引领下，北大的历史翻开了新的一页，有了实现使命与梦想的光明前景，成为中国走向现代化的重要先锋力量。一代又一代北大的马克思主义者，努力探索民族复兴的中国道路、中国理论和中国制度，努力创造和发展中国的新文化，为实现中华民族伟大复兴的梦想作出了不可磨灭的贡献。"2017年11月18日，北京大学第十三次党代会开幕式上，面对台下1200余名参会者，郝平语气坚定。

历史的长河中，百年只是转身一瞬。120 年的风雨兼程，进入新时代，迈向新征程，开启新一个甲子的北京大学，将在创建世界一流大学的征程中有怎样的新作为？将为实现中华民族伟大复兴中国梦作出怎样的新的历史性贡献？

"一所伟大的学校，从来都是与国家和民族的命运休戚相关的，北大就是这样一所学校，北大人就是这样一群有担当的人。改革开放四十年，北大的发展举世瞩目。北大的未来，基于历史的积淀，更取决于我们今天的选择。"林建华说，在北大新的发展历史节点上，沿着旧地图绝对是找不到新大陆的，必须自己不断探索、不断前进。（柴葳、柯进、刘博智）

校庆大事记

2014 年 6 月 6 日，北京大学建校 120 周年庆祝活动筹备工作领导小组和工作小组成立。经过多轮调研和座谈，逐步形成了筹备工作方案。

2014 年 12 月，北京大学名誉校董陈国钜先生及其夫人、北京大学教育基金会名誉理事陈伍玉华女士慷慨捐资，提供 120 周年校庆年启动经费。

2015 年 5 月 3 日，"北京大学 117 周年校庆纪念交流会"在百周年纪念讲堂举行，120 周年校庆筹备工作正式启动。

2015 年 5 月，《世界之眼看北大》采访工作启动，先后采访多位海内外大学校长、著名学者及社会有识之士。

2015 年 5 月 4 日，120 周年校庆网站上线。在此前后，校庆官方微信公众号、官方微博陆续开通。

2015 年 7 月，北京大学正式组建 120 周年校庆筹备工作机构，包括 120 周年校庆顾问委员会，120 周年校庆筹备领导小组，120 周年校庆筹备委员会及秘书处。

2015 年 10 月，"北京大学新中国留华校友口述实录丛书"出版首批图书。

2016 年 1 月 11 日，《中国新诗百年纪念书系》和《"一带一路"沿线国家经典诗歌文库》项目正式启动。

2016 年 4 月 28 日，新诗百年诗歌朗诵会在百周年纪念讲堂举行。

2016 年 5 月 4 日上午，北京大学在百周年纪念讲堂举行珠峰攀登活动启动仪式。

2016 年 5 月 6 日，"光阴与眷恋"：北大老照片征集项目启动。

2016 年 6 月 5 日，美籍华裔企业家、北京大学名誉校董方李邦琴女士慷慨捐资设立"方李邦琴北京大学人文学科文库出版基金"，支持《北京大学人文学科文库》建设。

2016 年 7 月 11 日，"中国美声·世界之旅"伦敦音乐会举行。

2016 年 7 月 13 日，李永新校友慷慨捐资设立"北京大学未名校庆启动基金"。

2016 年 7 月 26 日，"一带一路"国家诗歌经典翻译研讨会在北京大学中国诗歌研究院召开。

2016 年 9 月 16 日至 20 日，第 34 届世界艺术史大会在京举行。

2016 年 11 月 4 日，"我与北大的故事"征集活动正式启动。

2016 年 11 月 19 日，120 周年校庆筹备委员会秘书处学生执行团正式成立。

2016 年 11 月 23 日至 24 日，120 周年校庆标志和口号征集活动正式启动。校庆标志征集活动得到"万石·饰界发展基金"的大力支持。

2017 年 2 月 22 日，大型系列人文纪录片《与北大同行》开机仪式在英杰交流中心举行。

2017 年 4 月 20 日，120 周年校庆标志和主题正式确认。

2017 年 4 月 29 日，120 周年校庆系列预热片之《我们的北大故事》全球首发。

2017 年 5 月 4 日，守正创新，引领未来：讲述——北京大学建校 119 周年"双一流"建设推进会在百周年纪念讲堂举行。

2017 年 5 月 4 日，120 周年校庆年启动仪式在邱德拔体育馆举行。

2017 年 4 月 26 日至 5 月 19 日，"蔡元培与北大"专题展览举行。

2017 年 8 月 13 日至 14 日，第 24 届世界哲学大会启动仪式暨"学以成人"国际学术研讨会在英杰交流中心举行。

2017 年 9 月 19 日，北大 120 周年校庆"守正创新，引领未来"讲述系列活动之国家发展研究院专场在英杰交流中心阳光厅举行。

2017年11月1日，西南联合大学建校80周年纪念大会在英杰交流中心举行。

2017年11月16日，"校庆阅读年计划"暨阅读马拉松活动第一期线下读书沙龙举行。

2017年11月25日至26日，北京大学校友会第九届会员代表大会暨第十一次校友工作研讨会在新疆乌鲁木齐隆重召开。120周年校庆筹备委员会代表学校发出《归来——致全球北大校友的一封家书》，与会全体代表共同发起《回家——致全球北大校友的倡议书》。

2017年12月12日，北大与中国研究生教育同行100年庆祝大会暨国际论坛在百周年纪念讲堂举行。

2017年12月12日，原创音乐剧《大钊先生》成功试演。

2018年1月4日，距120周年校庆日还有120天之际，校庆筹备委员会发布《新时代 新使命 新征程》号召书。

2018年1月4日，120周年校庆工作推进会在英杰交流中心举行。

2018年1月4日，"母校的味道"活动和"北大生活"陈列展征集工作正式启动。

2018年1月10日，国务院副总理刘延东到北京大学考察，提前向120周年校庆致以祝福，衷心祝愿北京大学以双甲子为新的起点，扎根中国大地创建世界一流大学，为国家、民族、人类和世界作出新的贡献。

2018年1月27日，人民医院百周年纪念暨2017年度表彰大会在百周年纪念讲堂举行。

2018年3月5日，120周年校庆志愿服务工作启动。

2018年3月23日至25日，120周年校庆海外庆典暨英国校区启动仪式在英国举行。

2018年3月26日，2018北京大学师生校友珠峰攀登活动出发仪式举行。

2018年4月4日，学校各主要宣传平台发出《还有30天！北京大学120周年校庆主要活动发布》。

2018年4月13日，第11届北京大学"学生五·四奖章"终评展示暨"班级五·四奖杯"颁奖仪式在英杰交流中心举行。

2018年4月16日至19日，第42届国际大学生程序设计竞赛全球总决赛在北京大学举行。北京大学代表队获得金牌。

2018年4月20日，校庆纪念文集《精神的魅力2018》正式出版。

2018年4月24日，全校中层正职干部情况通报会在英杰交流中心举行。

2018年4月24日，"四海一家"——留学生和校友校庆献礼演出在百周年纪念讲堂举行。

2018年4月27日，北京大学120周年校庆志愿者动员大会暨工作培训会在邱德拔体育馆举行。

2018年4月28日、29日，原创音乐剧《大钊先生》在百周年纪念讲堂举行。

2018年5月1日至7日，北京大学向学生发放校庆专供喜饼。

2018年5月2日，中共中央总书记、国家主席、中央军委主席习近平莅临北京大学考察，与师生座谈并发表重要讲话，强调广大青年要成为实现中华民族伟大复兴的生力军，肩负起国家和民族的希望；高校要牢牢抓住培养社会主义建设者和接班人这个根本任务，坚持办学正确政治方向，建设高素质教师队伍，形成高水平人才培养体系，努力建设中国特色世界一流大学。

2018年5月3日，中共中央政治局常委、国务院总理李克强在校庆日前夕发来贺信，表达对北京大学的问候。

2018年5月3日，北京大学发展与公益论坛暨120周年校庆交流会在钓鱼台国宾馆举行。

2018年5月3日，北京大学120周年校庆捐赠仪式在钓鱼台国宾馆芳华苑举行。

2018年5月3日，《北京大学校报》推出80版《历史的节点》校庆专刊，并向校内师生发放。

2018年5月4日，北京大学建校120周年纪念大会在邱德拔体育馆举行。

2018年5月4日，"双一流"建设国际研讨会暨北京论坛（2018）在钓鱼台国宾馆开幕，中共中央政治局委员、国务院副总理孙春兰出席并讲话。国际研究型大学联盟2018校长年会同期举行。

2018年5月4日，北京大学建校120周年庆祝晚会在百周年纪念讲堂举行。

2018年5月5日至6日，第二届世界马克思主义大会在北京大学举行。

2018年5月6日，2018北京大学全球金融论坛在百周年纪念讲堂举行

2018年5月6日，北京大学后校园原创音乐盛典在邱德拔体育馆举行。

2018年5月7日，北京大学五四交响音乐会在百周年纪念讲堂举行。

2018年4月底5月初，北京大学举办校史展和发展成就展，举办多项"家·年华"及值年校友返校活动。

2018年5月13日，北京大学校庆纽约音乐会在美国举办。

2018年5月15日，北大人珠峰登山队成功登顶珠穆朗玛峰。

2018年8月13日，第24届世界哲学大会在人民大会堂开幕。

2018年9月19日，北京大学首届离退休教职工金婚庆典在英杰交流中心举行。
2018年10月9日至10日，2018中国医院创新发展峰会暨北医三院建院60周年学术研讨会在北京国际会议中心举行。
2018年10月14日，百年中国新闻教育：传承与发展暨北京大学新闻学研究会成立100周年学术论坛在英杰交流中心举行。
2018年10月14日，第八届北京大学北美校友大会在洛杉矶举行。
2018年10月21日，北京大学第十五届国际文化节在百周年纪念讲堂开幕。
2018年10月23日，北京大学2018年老年艺术作品展在百周年纪念讲堂开幕。
2018年10月24日，纪念北京大学图书馆建馆120周年用户导向的信息服务国际学术研讨会在英杰交流中心举行。
2018年10月26日，2018珠峰攀登报告会在英杰交流中心举行。
2018年10月28日，北京大学开办继续教育100周年纪念座谈会在英杰交流中心举办。
2018年11月8日至9日，北京大学首届世界汉语研讨会暨第十三届国际汉语教学研讨会在英杰交流中心举行。
2018年11月23日，第二届百年大学·百年体育校长论坛在五四体育中心举行。
2018年12月8日，经济学院纪念改革开放40年学术论坛在东旭学术报告厅举行。
2018年12月12日、13日，舞台剧《北大1918》在百周年纪念讲堂首演。

校庆活动

120周年校庆主要活动

4月16—19日
第四十二届国际大学生程序设计竞赛全球总决赛

4月24日晚
"四海一家"外国留学生庆祝北京大学建校120周年演出

4月28日、29日晚
原创音乐剧《大钊先生》

4月底—5月初
北京大学校史展及"今日北大"发展成就展
北京大学建校120周年纪念邮品发布仪式

4月30日—5月6日
校友返校"家·年华"及值年校友返校活动

5月3日晚
北京大学发展与公益论坛暨120周年校庆交流会

5月4日上午
北京大学建校120周年纪念大会

5月4日晚
北京大学建校120周年文艺晚会

5月4—5日
"双一流"建设国际论坛暨北京论坛（2018）
国际研究型大学联盟2018校长年会

5月5—7日
第二届世界马克思主义大会

5月6日晚
北京大学后校园原创音乐盛典

5月7日晚
纪念北京大学建校120周年中国国家交响乐团音乐会

校庆周其他活动

守正创新　引领未来

日期	名称	主办单位
4月22日—5月7日	第二届化石文化周	地球与空间科学学院
4月23—27日	迎校庆文学周	中国语言文学系
4月26日 11:00	新奥工学大楼开工典礼	工学院
5月2日 16:00	黄廷方楼揭幕仪式	教育基金会
5月3日 8:30	百廿北大·物理学院格致论坛	物理学院
5月3日 8:30	生命科学学院"科学·教育·未来"校庆论坛	生命科学学院
5月3日 9:00	计算机科学技术研究所35周年庆祝活动	计算机科学技术研究所
5月3日 9:00	中国古生物研究前沿论坛学术报告会	地球与空间科学学院
5月3日 10:00	才斋讲堂教学研讨暨新书出版发布会	研究生院
5月3日 13:30	"新时代—心时代"——北大心理人"连心筑梦"论坛	心理与认知科学学院
5月3日 13:30	电子学系建系六十周年庆祝大会	信息科学技术学院
5月3日 14:00	北京大学智能控制与机器人创新论坛	信息科学技术学院
5月3日 16:00	邵逸夫基金会向北京大学捐赠仪式暨逸夫楼揭幕仪式	教育基金会
5月3日 19:00	国家发展研究院改革开放40周年特别课：回顾与展望	国家发展研究院
5月4日 8:00	俄语系五四科学研讨会	外国语学院
5月4日 10:00	《钦定二十四史》暨《十一朝东华录》捐赠仪式	历史学系
5月4日 14:00	百廿北大·物理学院报告会	物理学院
5月4日 14:00	全国中学校长论坛	招生办公室
5月4日 15:30	汉语国际教育资源平台开通仪式	对外汉语教育学院

（续表）

日期	名称	主办单位
5月5日10:00	计算机系成立四十周年庆祝大会	信息科学技术学院
5月5日10:00	国家发展研究院BiMBA20周年庆	国家发展研究院
5月5日	对外汉语教学研究生学术论坛	对外汉语教育学院

卅万栋梁同庆　家国情怀永在

日期	名称	主办单位
4月29日—5月5日	重启西南联大新长征——北大校友长沙至昆明1500公里拉力跑	校友工作办公室
4月30日10:00	1984级校友毕业三十周年纪念活动	校友工作办公室
5月2日11:00	国际校友组织交流会	国际合作部
5月2日14:00	国际校友交流分享会	国际合作部
5月2日14:00	"百廿 E 心 共创未来"北京大学科技创新校友高峰论坛	信息科学技术学院
5月3日	1977、1978级校友入学四十周年纪念活动	校友工作办公室
5月3日	经济学院"归来，似少年"校友返校活动	经济学院
5月3日9:00	分子医学研究所校友论坛	分子医学研究所
5月3日10:00	《北大人在深圳》新书发布会	深圳研究生院
5月3日16:00	北大120周年校庆校友交流座谈会	校友工作办公室
5月3日晚	心理与认知科学学院院友理事会	心理与认知科学学院
5月4日	"北大情 环保梦"校友返校活动	环境科学与工程学院
5月4日9:00	软件工程国家中心校友座谈会	软件工程国家工程研究中心
5月4日9:30	"我与力学系"主题座谈会	工学院
5月4日10:00	历史学系系友返校庆典	历史学系
5月4日14:00	环境校友联合会换届大会	环境科学与工程学院
5月4日14:00	"面向国家重大需求的北京大学应用物理与技术研究中心"座谈会	工学院
5月4日14:30	对外汉语教育学院院友会成立大会	对外汉语教育学院
5月4日15:00	百廿北大·物理学院校友报告会	物理学院
5月4—6日	国际关系学院院友会第五届会员代表大会	国际关系学院
5月5日	光华管理学院"燕归来"校友返校活动	光华管理学院
5月5日9:00	"百廿北大 聚力人口"校友座谈会	人口研究所
5月6日9:00	2018北京大学全球金融论坛	校友工作办公室
5月6日下午	前沿交叉学科研究院校友返校活动	前沿交叉学科研究院

讲述历史点滴　追寻深厚底蕴

日期	名称	主办单位
4月30日—5月6日	守正——北大医学成就展	医学部
4月30日—5月6日	老校长与北京大学——北京大学一百二十周年校庆纪念展	人文社科研究院
4月30日—5月6日	校友书法作品邀请展	校友工作办公室
4月30日—5月6日	校友北大历史人物美术作品展	校友工作办公室
4月30日—5月6日	考古教学与科研成果展	考古文博学院
4月30日—5月6日	"未名·遇见"首届北京大学学生生涯绘画展	学生就业指导服务中心

（续表）

日期	名称	主办单位
4月30日—5月6日	数学科学学院四十年成就展	数学科学学院
4月30日—5月6日	化学与分子工程学院近十年发展成就展	化学与分子工程学院
4月30日—5月6日	"城环的那些人、那些事儿"主题展览	城市与环境学院
4月30日—5月6日	工学院海陆空项目系列展示	工学院
4月30日—5月6日	哲学系宣传图片展	哲学系（宗教学系）
4月30日—5月6日	法学院发展建设成果展	法学院
4月30日—5月6日	法学院"怀旧时光展"、"最美时光展"	法学院
4月30日—5月6日	经世济民 砥砺前行——经济学院发展成就展	经济学院
4月30日—5月6日	北大商学展	光华管理学院
4月30日—5月6日	前沿交叉学科研究院院史展	前沿交叉学科研究院
5月1—6日	"今日生科"风貌展	生命科学学院
5月1—6日	西葡语系师生译著成果展	外国语学院
5月2—6日	标本馆开馆仪式暨展出	生命科学学院
5月3—6日	北京大学发展成就展（深圳分展）	深圳研究生院
5月4日 9:00—11:30，13:00—16:00	古籍图书馆正式运营暨馆藏珍善本展览（校友专场）	图书馆
5月4—6日	历届体育舞蹈活动展	体育教研部
5月4日	外国语学院学术成果展	外国语学院
5月5—15日	许文融美术作品展	艺术学院
4月底—5月初	北大生活陈列展	校史馆

德才均备　体魄健全

日期	名称	主办单位
4月1日—6月30日	宿舍文化节	公寓服务中心
4月23—27日	校园美食节	餐饮中心
4月26日—5月7日	校庆涂鸦墙	学生心理健康教育与咨询中心
4月30日 12:00	教工健美操团、舞蹈团和体育舞蹈团"快闪"	工会
5月1日 7:30	百贰载初心依"燃"，新时代"南燕"悦步向前——庆祝北京大学建校120周年"欢乐跑"活动	深圳研究生院
5月1日 9:30	湖畔艺术节	艺术学院
5月2日 12:00	"润物有声"教工合唱团校庆献礼	工会
5月4日 9:00	首届中华太极嘉年华活动	体育教研部
5月4日 10:00	社团文化节	团委
5月4日 13:00	弘扬五四精神120圈（校庆接力）跑步活动	体育教研部
5月5—6日	校友羽毛球联谊赛	体育教研部
5月5—6日	足球嘉年华活动	体育教研部
5月5—6日	篮球嘉年华活动	体育教研部
5月5日 9:30	棋类校友联谊活动	校友工作办公室
5月5日晚	体育舞蹈专场晚会	体育教研部

校庆工作制度

北京大学 120 周年校庆筹备委员会工作规则

（2017 年 6 月 13 日第 923 次校长办公会审议通过）

第一章 总则

第一条 根据《关于组建北京大学 120 周年校庆筹备工作机构的通知》（校发〔2015〕131 号）和《关于调整北京大学 120 周年校庆筹备工机构组成人员的通知》（校发〔2017〕72 号），学校 120 周年校庆筹备工作机构包括 120 周年校庆顾问委员会、120 周年校庆筹备领导小组、120 周年校庆筹备委员会及其秘书处。

第二条 为充分动员全校各单位、调动师生校友积极投入到筹备校庆工作中来，统筹协调好 120 周年校庆各项工作，根据《北京大学章程》《北京大学党政领导班子落实"三重一大"决策制度施办法》《北京大学关于加强经费使用和管理的规定》《北京大学贯彻落实改进工作作风、密切联系群众八项规定的实施办法》以及《关于做好 120 周年校庆筹备工作的通知》（校发〔2017〕73 号），确保 120 周年校庆筹备委员会及其秘书处切实履行职责，制定本工作规则。

第二章 工作机构和职责

第三条 120 周年校庆筹备委员会（以下简称筹委会）在 120 周年校庆筹备领导小组的领导下全面开展校庆筹备工作，对校庆筹备工作提供具体指导和作出决策，并领导 120 周年校庆筹备委员会秘书处（以下简称秘书处）开展工作。

第四条 筹委会不定期向 120 周年校庆顾问委员会，120 周年校庆筹备领导小组、校内师生代表通报有关的决议、校庆项目的进展情况及其他重要情况。通报可采取印发情况通报、简报、工作通讯等方式。

第五条 筹委会设主任 1 名、副主任和委员若干名。主任由分管 120 周年校庆工作的校领导担任，副主任和委员由相关职能部门、教学科研单位负责人和师生校友代表担任。

第六条 委员应在 120 周年校庆的筹备组织中、在本单位的校庆项目中发挥表率作用，认真行使职权。委员在筹委会会议召开期间，听取和审议校庆筹备情况、校庆项目申报和进展情况，对有关重大问题进行讨论，在筹委会会议上行使表决权；在日常工作中，密切联系师生校友，听取各方面的意见，就筹委会工作范围内的各项事务提出意见和建议。

第七条 筹委会可根据需要设立专项小组或委员会，授权其行使相关职责。

第八条 秘书处是 120 周年校庆筹备工作日常协调和办事的临时机构，负责校庆筹备工作的具体策划、联络、协调、推进与实施。

第九条 秘书处设秘书长一名，副秘书长若干名。秘书处在秘书长主持下开展工作，副秘书长协助秘书长工作。秘书处工作人员由秘书长工作会议聘任。

第三章 会议制度

第十条 筹委会会议是学校校庆筹备工作的决策机构，坚持"三重一大"制度。筹委会会议主要职责是：

（一）具体部署落实校党委常委会、校长办公会以及 120 周年校庆筹备领导小组决议的有关事项；

（二）对制定和修改筹委会工作规则提出建议；

（三）研究制定和调整校庆活动总体方案；

（四）研究决定和协调、调整各校庆项目，以及校庆项目在实施过程中的重要事项；

（五）听取校内各单位的校庆项目工作汇报，答复其请求事项；

（六）审议校庆资金使用事宜；

（七）讨论决定其他需要由筹委会讨论决定的事项。

第十一条 筹委会会议包括筹委会全体会议和筹委会工作会议。全体会议出席人员为筹委会主任、副主任及全体委员。工作会议出席人员为筹委会主任、副主任。筹委会法律顾问一般应列席会议，对有关事项提出法律意见和风险警示。必要时可邀请议题有关人士列席。特殊情况下，可召开通讯会议。

第十二条 筹委会会议由主任根据工作需要召集并主持。如筹委会主任因故不能出席会议，可委托副主任或秘书长负责召集并主持会议。主持人负责掌握会议进度，主持会议决策，高质量地完成会议议程。

第十三条 筹委会会议议题原则上由秘书长工作会议提出，筹委会主任确定。确定会议议题应该符合必要的程序：

（一）在调查研究的基础上，根据实际工作需要，校庆项目及相关工作的牵头单位向秘书处提出议题建议，并提供相关文字材料；

（二）秘书处对议题进行初步筛选、归类，定期向筹委会主任报告；

（三）由筹委会主任对议题建议进行预审，重大事项听取学校主要领导意见，最后确定会议议程。

第十四条 筹委会会议召开和审议事项须遵循以下原则：

（一）会议必须有半数以上委员到会方能召开；

（二）会议审议议题，校庆项目的牵头单位应作充分准备并在会上汇报，以超过应到会委员人数的半数同意为通过；审议性议题，如已经形成明确、具体的建议方案可列入议程；

（三）建议方案应经过周详的调研和论证，通过校庆项目牵头单位领导班子会议讨论，提交筹委会会议前原则上应先以书面方式报主管领导审定；涉及其他单位和主管领导的内容，原则上应与相关单位和主管领导协商，取得一致意见；

（四）涉及学校名誉、有形及无形资产的重大政策、重大项目等以及专业性、技术性较强的重要事项，应经过专家评估及技术、政策、法律咨询，特别是合法性、合理性、可行性和可控性评估，及校内和社会影响方面的风险评估后，方可上会议决；

（五）会议议决事项，一般应坚持少数服从多数的原则。对重要问题有重大意见分歧的，一般应暂缓决定，重新调整方案，取得各方面共识后，再提交会议审议；如遇有时限要求的有争议事项，筹委会主任与副主任、项目牵头单位主要领导协商一致，可以作最后决定。经协商仍无法取得一致的，应向学校筹备领导小组报告；

（六）对议题中的审议事项，经会议充分讨论后，主持人应做出明确的结论。

第十五条 秘书处负责会议的具体组织工作，负责对会议的全过程进行记录。一般应在会后三天内整理完会议纪要，并送会议主持人审定签发。

第十六条 秘书长工作会议是秘书处就统筹校庆项目、队伍建设、财务管理等事项进行议事决策的基本制度和主要形式。

第十七条 秘书长工作会议由秘书长召集并主持。参加人员包括秘书长、副秘书长和秘书处工作人员，必要时可邀请筹委会委员或有关人士列席。特殊情况下，可召开通讯会议。

第十八条 秘书长工作会议主要职责包括：

（一）部署并组织实施筹委会会议决定的有关事项；

（二）讨论全校各单位提交的校庆项目建议方案，决定是否提交筹委会会议审议或提出其他意见；

（三）督促各校庆项目的开展；

（四）审议校庆经费、审议秘书处大额资金使用事宜；

（五）讨论决定其他需要由秘书长会议讨论决定的事项。

第十九条 秘书长工作会议召开和审议事项须遵循以下原则：

（一）坚持民主集中制原则，认真听取与会人员意见，确保决策的民主化、科学化、制度化；

（二）会议必须有半数以上成员到会方能召开；

（三）会议审议事项，由校庆项目牵头单位或秘书处汇报，以超过应到会人数的半数同意为通过；

（四）审议性议题，应做好下列准备工作方可列入议程：

1.已经形成比较明确、具体的建议方案；

2.建议方案应通过项目牵头单位的领导班子会集体讨论，由牵头单位报主管领导审定；涉及其他单位和主管领导的内容，原则上应与相关单位和主管领导协商，初步取得一致意见；

3.涉及学校名誉、有形及无形资产的重大政策、重大项目等以及专业性、技术性较强的重要事项，应经过专家评估及技术、政策、法律咨询，进行了合法性、合理性、可行性和可控性评估，特别是进行了校内和社会影响方面的风险评估；

（五）会议议决事项，一般应坚持少数服从多数的原则；对重要问题有重大意见分歧的，一般应暂缓决定，由校庆项目牵头单位重新调整方案，取得共识后，再提交会议审议。如遇有时限要求的有争议事项，由秘书长与校庆牵头单位主要领导

协商一致,可以作最后决定。经协商仍无法取得一致的,应向筹委会主任报告;

(六)对议题中的审议事项,经会议充分讨论后,主持人应做出明确的结论;

(七)秘书处负责对会议的全过程进行记录。一般应在会后三天内整理完会议纪要,并送会议主持人审定签发。

第四章　财务制度

第二十条　校庆筹备工作经费主要来自于社会捐赠,在教育基金会设立校庆筹备基金。该基金由学校和教育基金会授权筹委会管理,筹委会主任(或委托秘书长)担任项目管理人,履行"一支笔"职责,严格执行学校和教育基金会财务管理规定。

第二十一条　全校各单位工作凡需要列为校庆项目以及各校庆项目凡需要校庆筹备基金提供经费支持的,原则上由各单位领导班子会议集体讨论,经分管校领导和校庆筹备工作分管校领导同意后,根据校领导指示研究后提交筹委会会议审议。

第二十二条　根据各校庆项目筹备情况和经费需求,经筹委会会议、秘书长会议审议通过并报教育基金会同意,可在校庆筹备基金中分别设立专项,由各项目牵头单位各自负责管理。各牵头单位须认真负责,履行财务管理职责。

第二十三条　从校庆筹备基金支出经费,须符合以下规则:

(一)单笔在5万元以下的资金款项的支出,由校庆项目牵头单位报秘书处,再由秘书处报校庆筹备基金负责人审批;

(二)单笔在5万元以上(含5万元)、20万元以下的资金款项的支出,由该校庆项目牵头单位报秘书处,经秘书长工作会议审议,最后由校庆筹备基金负责人根据秘书长工作会议决定进行审批;

(三)单笔在20万元以上(含20万元)的资金款项的支出,由校庆项目牵头单位报秘书处,经筹委会会议审议,最后由校庆筹备基金负责人根据筹委会会议决定进行审批。

第五章　附　则

第二十四条　本规则经2017年6月13日第923次校长办公会审议通过,自发布之日起实施。

第二十五条　本规则由筹委会负责解释。

关于调整北京大学120周年校庆筹备工作机构组成人员及成立各专项工作组的通知

全校各单位:

学校研究决定,调整北京大学120周年校庆筹备工作机构组织人员并成立各专项工作组,现通知如下:

一、调整120周年校庆筹备领导小组成人员,调整后的领导小组成人员如下:

组　　长:郝　平　林建华

成　　员:于鸿君　安钰峰　叶静漪　刘玉村　高　松
　　　　　王仰麟　田　刚　詹启敏　王　博　龚旗煌
　　　　　陈宝剑　柴　真　蒋朗朗

二、调整120周年校庆筹备委员会组成人员,调整后的筹备委员会组成人员如下:

主　　任:王　博

副 主 任(以姓氏笔画为序):

　　　　　马建钧　冯支越　李文胜　李宇宁　任羽中
　　　　　孙　丽　肖　渊　张平文　张西峰　张东晓
　　　　　张庆东　陈永利　周　辉　胡新龙　夏红卫
　　　　　柴　真　龚文东　蒋朗朗　傅绥燕

成　　员(以姓氏笔画为序):

　　　　　马春英　王　磊　王一川　王圣博　王明舟
　　　　　云　虹　尹玉新　厉　伟　白利明　宁　琦

　　　　　　李　航　朱青生　乔　杰　刘　波　孙祁祥
　　　　　　吴云东　陈　刚　陈建龙　陈晓宇　张　兴
　　　　　　张　蓓　张胜群　张晓黎　张新祥　邹　惠
　　　　　　余　浚　殷雪松　黄　如　黄桂田　谢心澄
　　　　　　雷　虹
法律顾问：陆忠行

筹备委员会下设秘书处，作为120周年校庆筹备工作日常协调和办事的临时机构，贯彻落实校庆筹备工作委员会交办的工作任务，协调、协助各单位、各专项工作组工作。组成人员如下：

秘 书 长：胡新龙
副秘书长（兼职）：
　　　　　　郭俊玲　樊　志　王　勇　王逸鸣　张向英
　　　　　　耿　姝　张　娟　黄宇蓝
成　　员：许　凝　张　静

三、2018年5月4日前后部分重要项目

1. 领导视察和校庆纪念大会
牵头领导：安钰峰
负 责 人：龚文东

2. 世界大学校长论坛
国际研究型大学联盟2018校长年会
牵头领导：田　刚
负 责 人：夏红卫

3. 校庆纪念晚会及相关文艺活动
牵头领导：陈宝剑
负 责 人：陈永利

4. 国家博物馆北大发展成就展览
牵头领导：于鸿君
负 责 人：蒋朗朗　马建钧

5. 恢复高考、改革开放暨77、78级入学四十周年纪念活动
牵头领导：叶静漪
负 责 人：李文胜

6. 纪念马克思诞辰200周年暨第二届世界马克思主义大会
牵头领导：于鸿君
负 责 人：孙熙国

四、为全面推进校庆筹备工作，成立各专项工作组：

1. 综合协调组
牵头领导：安钰峰　王　博
主责单位：党委办公室　校长办公室　校庆筹备委员会秘书处
参与单位：党委统战部　校友工作办公室　离退休工作部
国内合作委员会办公室　教育基金会
工作职责：
（1）统筹推进全校校庆筹备工作，牵头做好领导视察、校庆纪念大会等重要项目的组织协调工作；
（2）向上级汇报、请示校庆筹备的重要事项；
（3）做好校级重要校庆项目之间时间、场地、资源等要素的统筹协调工作；
（4）做好上级领导、国内重要嘉宾、兄弟高校来访接待工作；

（5）做好老同志、老先生、部分校友和社会人士的走访联络工作；

（6）收集统计、整理发布全校各单位校庆项目信息；

（7）其他需要统筹协调的事项。

2. 政策研究组

牵头领导：于鸿君

主责单位：政策法规研究室　党委政策研究室

参与单位：党委宣传部　党委办公室校长办公室　校庆筹备委员会秘书处

工作职责：

（1）总结凝练120年来尤其是百年校庆以来的发展理念与经验；

（2）统筹领导视察、校庆纪念大会、世界著名大学校长论坛等重要活动中的文稿（中文）工作。

3. 教育科研组

牵头领导：高　松　王　博　龚旗煌

主责单位：科学研究部　社会科学部

参与单位：教务部　招生办公室　教务长办公室　研究生院　继续教育部　实验室与设备管理部　科技开发部　学科建设办公室　教师教学发展中心　出版社　各学部　各院系

工作职责：

（1）负责教育教学、学术科研类校庆项目的总体策划、组织与实施；

（2）以校庆为契机，推进"双一流"建设，梳理总结教育改革、师资队伍、学术环境、科学研究等方面的探索和成果；对外多做宣传，以适当的方式（如在有较大国际影响力的学术平台、论坛、刊物上）展示以北大为代表的中国学术界成就；对内要有清醒认识和冷静的分析，勇于反思，努力找准问题、克服缺点、突破瓶颈；

（3）引导各学部、各院系回顾总结办学育人、学术研究、学科发展经验，鼓励交流探讨，启迪未来；

（4）做好各学部、各院系学术、育人工作相关的校庆项目信息采集工作；争取出版一批有分量的学术丛书；

（5）鼓励支持已出版的经典学术著作的多语言翻译及联合出版工作；

（6）策划组织并实施"未名科普"系列活动等学术类公益项目，适时策划组织实验室开放日活动及相关科普工作。

4. 宣传工作组

牵头领导：于鸿君

主责单位：党委宣传部

参与单位：政策法规研究室　党委政策研究室　出版社　档案馆　校史馆　图书馆　国际合作部　校友工作办公室　各院系

工作职责：

（1）制定并实施校庆整体宣传方案，做好舆情监测与危机应对，营造积极的舆论氛围；

（2）做好校庆期间内外宣传工作，负责校庆相关活动的新闻发布、宣传报道、媒体联络、记者接待工作；

（3）负责国家博物馆等国内外系列宣传展览、《与北大同行》系列人文纪录片、校庆纪念特刊、学校宣传片、邮票邮折邮册等工作；

（4）对校庆文化宣传类出版物进行统筹规划，出版《画品北大》《精神的魅力（2018）》等；

（5）做好重要宣传材料的把关审定工作；

（6）动员引导各部门、各院系梳理发展成就，为宣传工作提供素材。

5. 师生工作组

牵头领导：陈宝剑

主责单位：学生工作部　工会　团委

参与单位：党委教师工作部　离退休工作部　学生就业指导服务中心　青年研究中心　学生资助中心　学生心理健康教育与咨询中心　体育教研部　各院系

工作职责：

（1）把参与校庆筹备工作作为加强和改进思想政治工作的契机，把育人育才工作贯穿于校庆筹备的全过程，通过实践育人、文化育人，创新工作方式，增强师生对党史校史、世情国情民情的认识，提升爱党爱国、爱校荣校意识；

（2）发挥师生主人翁意识，鼓励引导师生把爱校热情转化为参与校庆、支持学校发展的实际行动；

（3）做好校庆纪念大会、世界大学校长论坛、校庆纪念晚会等活动及校庆期间学生志愿者的组织、培训、管理工作；

（4）做好校庆纪念晚会等重要文体活动的组织工作；

（5）统筹协调好学生社团、教师社团校庆项目，配合校庆日开展好"社团文化节"活动，做好"2018年师生校友共同攀登珠峰活动"等校庆项目；

（6）组织校庆相关主题的社会实践，鼓励支持与西部、基层、重点领域校友毕业生联系，力争为地方实实在在地解决一些问题。

6. 校友联络组

牵头领导：王　博

主责单位：校友工作办公室

参与单位：国内合作委员会办公室　学生就业指导服务中心　各院系

工作职责：

（1）发动全球校友，为母校发展出谋划策，组织并实施校友相关校庆项目；

（2）做好1977级、1978级等各届校友值年返校工作；

（3）统筹协调各院系校友会做好校友返校接待工作；

（4）在国内外校友较为集中的城市、地区组织校友活动；组织分会场观看校庆纪念大会等校庆活动；

（5）做好新疆全球校友大会、北大人·全球跑等项目。

7. 外事工作组

牵头领导：田　刚

主责单位：国际合作部

参与单位：汉语国际推广工作办公室　外国语学院　对外汉语教育学院　会议中心　各院系

工作职责：

（1）做好世界大学校长论坛、国际研究型大学联盟2018校长年会等校级国际会议的组织工作；

（2）组织动员在校留学生、留学生校友全面参与校庆活动，2018年5月校庆期间做好国际文化节组织工作，出版《留学生口述史》系列丛书；

（3）以校庆为契机加强与各国家（地区）合作伙伴联系交往，配合宣传工作组做好海外宣传工作；

（4）负责校庆纪念大会、世界大学校长论坛等重要活动中的英文文稿，以及校庆期间其他翻译工作。

8. 北大医学组

牵头领导：刘玉村　詹启敏

主责单位：医学部

参与单位：医学部各院（部、处）　各附属医院　校医院

工作职责：

（1）负责医学类校庆项目和校庆期间相关活动的总体策划、筹备与落实；

（2）策划组织并实施附属医院相关活动、普惠医疗志愿服务项目等以医学部和附属医院教职工、学生、校友为主体的校庆项目；

（3）负责校庆期间的医疗保障工作。

9. 校史档案组

牵头领导：王　博

主责单位：档案馆　校史馆

参与单位：图书馆　各院系

工作职责：

（1）推进党史校史的研究和出版工作；

（2）做好校史馆的改造工作；

（3）做好校史展的策展和组织实施工作；

（4）做好校史文物、档案材料的征集、收集和整理工作；

（5）负责接收、登记、保管各种实物捐赠。

10. 筹资共建组

牵头领导：王　博

主责单位：教育基金会

参与单位：财务部　校友工作办公室　校办产业管理委员会办公室　各院系

工作职责：

（1）凝聚多方力量，筹集资金支持学校建设发展；

（2）联合校友联络组策划设计校庆专项捐赠项目，接收管理校友以及社会各界的捐赠资金，负责编印、发放捐赠证书；

（3）负责校庆筹备工作资金管理、拨付及审核；

（4）动员各院系以校庆为契机多渠道、多层次筹措资金，用于校庆项目及院系长远发展建设。

11. 校园环境组

牵头领导：王仰麟

主责单位：总务部　房地产管理部　基建工程部

参与单位：会议中心　燕园社区服务中心　燕园街道办事处　校园服务中心　餐饮中心　公寓服务中心　特殊用房管理中心　动力中心　体育馆　标识管理办公室　校园卡管理与结算中心

工作职责：

（1）做好校庆期间校园基础设施的修缮改善及工期统筹工作，做好校园与周边（包括在建工地）环境的整治、美化、绿化工作；

（2）做好校庆期间餐饮、水电、公共卫生、车辆保障、临时饭卡等服务工作；

（3）协助其他各组做好会议会场统筹协调和布置等工作；

（4）做好校庆期间校园景观、道路指引、氛围营造等设计布置工作；

（5）探索以餐饮、宿舍等为载体做好校园文化建设工作。

12. 校园秩序组

牵头领导：安钰峰

主责单位：保卫部

参与单位：燕园街道办事处　各院系

工作职责：

（1）负责校庆期间安全保卫和维稳工作；

（2）负责校庆期间校园秩序的管理与维护，人员与车辆的引导、疏导；

（3）研究优化进出校门管理模式，提升人性化、科学化体验；

（4）做好校园秩序预案，与北京市、海淀区相关委办局做好沟通联络工作。

13. 信息技术组

牵头领导：安钰峰

主责单位：计算中心

参与单位：信息化建设办公室

工作职责：

（1）负责校庆期间网络保障工作；

（2）为其他各组工作提供必要的信息技术支持。

14. 文创产品组

牵头领导：安钰峰

主责单位：标识管理办公室

参与单位：校庆筹备委员会秘书处

工作职责：

（1）管理120周年校庆标识，监督并纠正校内外非法使用120周年校庆标识的行为；

（2）做好设计开发校庆纪念品等文化创意产品工作；

（3）探索将校庆文化创意产品收入投入公益用途。

15. 队伍建设组

牵头领导：于鸿君　田　刚

主责单位：党委组织部　人事部

工作职责：做好校庆筹备队伍、人员的选配和管理工作。

16. 廉政风险防控组

牵头领导：叶静漪

主责单位：纪委办公室　监察室　审计室

参与单位：各专项工作组　各院系

工作职责：

（1）对校庆筹备工作和各项项目、活动提出纪律要求；

（2）监督各单位和项目主要负责人执行廉洁自律各项规定，确保校庆活动规范有序健康开展；

（3）对校庆过程中可能出现的违规违纪问题进行提醒、监督。

17. 法律事务组

牵头领导：王仰麟

主责单位：校长法律顾问办公室

工作职责：

（1）解答校庆筹备工作日常法律咨询，协助审查各类法律文件；

（2）处理校庆过程中出现的各类法律纠纷。

18. 信访督查组

牵头领导：安钰峰

主责单位：督查室　信访办公室

参与单位：各专项工作组　各院系

工作职责：负责师生校友及社会各界人士对校庆筹备工作有关问题的信访接待和督查督办。

北京大学

2017年12月29日

校庆标志

北京大学120周年校庆标志形态来自对北大建筑群的印象，其中"百廿"字样与建筑相结合，圆融与刚健相佐的形态如北大人的价值追求和精神气度，内敛而充满力量。同时，标志线条形似阶梯，寓意通往求知殿堂的阶梯，是建设世界一流大学的扎实而稳健的根基，承载了北大120年的历史和故事。

北大概况

2018年发展概况

北京大学创办于1898年，初名京师大学堂，是我国第一所国立综合性大学，也是当时中国最高教育行政机关。辛亥革命后，于1912年改为现名。

作为新文化运动的中心和五四运动的策源地，作为中国最早传播马克思主义和民主科学思想的发祥地，作为中国共产党最早的活动基地，北京大学为民族的振兴和解放、国家的建设和发展、社会的文明和进步做出了不可替代的贡献，在中国走向现代化的进程中起到了重要的先锋作用。爱国、进步、民主、科学的传统精神和勤奋、严谨、求实、创新的学风在这里生生不息、代代相传。

1917年，著名教育家蔡元培出任北京大学校长，他"循思想自由原则，取兼容并包主义"，对北京大学进行了卓有成效的改革，促进了思想解放和学术繁荣。陈独秀、李大钊、毛泽东以及鲁迅、胡适等一批杰出人才都曾在北京大学任职或任教。

1937年卢沟桥事变后，北京大学与清华大学、南开大学南迁长沙，共同组成长沙临时大学。不久，临时大学又迁到昆明，改称国立西南联合大学。抗日战争胜利后，北京大学于1946年10月在北平复学。

中华人民共和国成立后，全国高校于1952年进行院系调整，北京大学成为一所以文理基础教学和研究为主的综合性大学，为国家培养了大批人才。据不完全统计，北京大学的校友和教师有400多位两院院士，中国人文社科界有影响的人士也相当多出自北京大学。

改革开放以来，北京大学进入了一个前所未有的大发展、大建设的新时期，并成为国家"211工程"重点建设的大学之一。1998年5月4日，在北京大学百年校庆之际，国家主席江泽民题词："发扬北京大学爱国进步民主科学的优良传统为振兴中华做出更大贡献"，并在庆祝大会上发出了"为了实现现代化，我国要有若干所具有世界先进水平的一流大学"的号召。北京大学积极响应号召，适时启动"创建世界一流大学计划"（"985计划"），自此开启了北京大学建设发展的新篇章。

2000年4月3日，原北京大学与原北京医科大学合并，组建了新的北京大学。原北京医科大学的前身是国立北京医学专门学校，创建于1912年10月26日，并于1946年7月并入北京大学。1952年在全国高校院系调整中，北京大学医学院脱离北京大学，独立为北京医学院。1985年更名为北京医科大学，1996年成为国家首批"211工程"重点支持的医科大学。两校合并进一步拓宽了北京大学的学科结构，为促进医学与人文社会科学及理科的结合，改革医学教育奠定了基础。

近年来，在"211工程""985工程"和"双一流"建设的支持下，北京大学进入了一个新的历史发展阶段，在学科建设、人才培养、师资队伍建设、教学科研等各方面都取得了显著成绩，为将北大建设成为世界一流大学奠定了坚实的基础。今天的北京大学已经成为国家培养高素质、创造性人才的摇篮、科学研究的前沿和知识创新的重要基地和国际交流的重要桥梁和窗口。

2018年，北京大学设49个院系，44个实体研究机构。全校有49个博士学位授权点一级学科点、51个硕士学位授权点一级学科点、258个博士点、282个硕士点、125个本科专业、18个国家重点学科（一级）、25个国家重点学科（二级）、3个国家重点（培育）学科，以及47个博士后流动站。全年博士后研究人员在站1896人，累计进站8756人。有1个国家研究中心、9个国家重点实验室、3个国家工程实验室、2个国家工程研究中心、126个省部级研究院（所、中心、重点实验室）。有5家附属医院（第一医院、人民医院、第三医院、口腔医院、第六医院），1家与北京市双重管理医院（肿瘤医院），4家共建医院（首钢医院、深圳医院、滨海医院、国际医院）。在职教职工11,337人，其中专任教师3358人。附属医院在职教职工10,279人，其中临床教师4232人。中国科学院院士78人，中国工程院院士18人，"长江学者奖励计划"特聘教授和讲座教授207人，国家杰出青年科学基金获得者254人。毕业生20,894人，其中研究生7111人（博士生2052人，硕士生5059人），普通本专科生3464人（本科生3443人，专科生21人），成人教育本科生1903人，网络教育本专科生8416人（本科生6039人，专科生2377人）。招生23,873人，其中研究生9513人（博士生2801人，硕士生6712人），普通教育本科生4050人，成人教育本科生2376人，网络教育本科生7934人。在校生90,703人，其中研究生28,671人（博士生11,268人，硕士生17,403人），普通教育本科生16,058人，成人教育本科生8284人，网络教育本专科生37,690人（本科生31,507人，专科生6183人）。本科毕业生就业率94.26%。留学生毕业4136人，招生4915人，在校6712人。图书馆建筑面积80,359平方米，图书馆藏书750.0532万册。校园占地面积为2,741,118平方米，校舍建筑面积为308.2480万平方米，固定资产总额150.0318亿元，其中教学科研仪器设备资产为66.2703亿元。

2018年是北京大学"双一流"建设的关键之年，也是北大建校120周年。一年来，学校坚持以习近平新时代中国特色社会主义思想为指导，全面贯彻习近平总书记在北大师生座谈会上的重要讲话和全国教育大会精神，围绕学校第十三次党代会作出的战略部署，持续深化综合改革，不断探索和完善具有中国特色、世界水平和北大风格的世界一流大学发展路径和模式。

一、人才培养

贯彻落实新时代全国高等学校本科教育工作会议精神，坚持"以本为本"，推进"四个回归"。制定专业核心课程建设指导意见，出台通识教育核心课程建设指南，严格课程准入和退出机制，落实教师教学责任制，加强教学督导组织建设，依托信息化手段完善课程教学质量监测与反馈。制定和修订教学奖励评审办法、教学管理奖励评审办法，加大经费投入，构建教学成就奖、教学卓越奖、优秀教学团队等教学奖励体系，引导激励广大教师热爱教学、倾心教学、研究教学。对理教、二教公共空间和教员休息室进行建设与改造，开放49间预约研讨教室，举办教学名师图片展，营造舒适现代的教学环境和尊师重教的良好氛围。

加强和改进学生思想政治教育，提升思想政治理论课教学水平。开设"习近平新时代中国特色社会主义思想概论"课程，校领导、知名学者带头讲授，赴梁家河村等地开展实践教学。邀请校内外专家讲授社会主义核心价值观"名师大讲堂"，开设"马克思主义理论"本科项目（大钊班）。强化研究生指导教师的立德树人职责，鼓励院系开设与本学科相结合的研究生思政课。组织2017、2018两级共7000余名本科生顺利完成军训，首次将新生军训时间调整为入学前。开展"扣好第一粒扣子"专项教育计划，加强毕业生教育，672名毕业生赴基层和西部地区工作，创历史新高。

以"引领未来"为目标，创新教育模式，持续推进跨学科和拔尖创新人才培养。完善大班授课与小班研讨相结合的教学模式，激励教师为学生设计个性化培养方案，加强"慕课"建设，开展混合式教学。制定拔尖计划2.0版实施方案，首次招收数学英才班，扩大图灵班规模，新增亚非古典学、国际政治（国际组织与国际公共政策方向）、经济学（国家发展方向）、政治法律与社会、社会科学基础人才（严复班）、马克思主义理论（大钊班）等跨学科本科培养项目。加大跨学科研究生培养力度，新增目录外二级学科博士点11个、二级学科硕士点3个，组织实施"研究生教育创新计划"，首次举办跨学科、跨领域的国际组织人才培养项目。主办"中国高校人工智能人才国际培养计划"暨2018年高校教师人工智能培训班，提升人工智能师资与人才培养水平。成功举办创新创业教育成果交流展示会，顺利通过国家双创示范基地评估，入选全国首批中美青年创客交流中心。

坚持走内涵式发展道路，深化博士研究生和专业学位研究生教育综合改革。以资助体系改革为牵引，树立成本分担意识，调动院系和导师积极性，形成招生资源与培养需求自洽的名额分配机制。试行博士新生住宿申请制，优化资源配置。改革研究生导师遴选办法，直接确认新体制聘任教师博士生导师资格。试点博士论文实名制评阅，探索博士生培养分流机制。完善符合专业学位特点的培养模式，建设专业学位教学案例库，探索专业学位论文评价标准多元化。在全国首次专业学位水平评估中，参评的6个专业学位类别获得5个A+和1个A。制定学位授权自主审核实施办法，首次自主增设材料科学与工程、农林经济与管理等一级学科和体育硕士专业学位，撤销部分建设水平不高的学科。

深化医学教育教学改革，做大做强北大医学教育品牌。成立全国医学教育发展中心和医学"双一流"建设联盟，引领全国医学教育发展，多名专家学者受聘担任临床医学等各类专业教学指导委员会主任、委员，新增国际医院为第八临床医学院、第三医院海淀院区为教学医院。医学部本科招生与校本部深度融合，执行统一自主招生章程和考核标准。医学部公共教学部更名为医学人文学院，突出医学教育人文关怀。组建医学部学生工作部，将立德树人根本任务内化到学生管理服务的各个环节。

二、学科建设与科学研究

优化学科布局，推动学科交叉融合发展，加强实体研究机构管理，完善学术治理体系。制定实施实体研究机构管理办法，组建生物医学前沿创新中心、健康医疗大数据国家研究院、跨学部生物统计系、跨学部生物医学工程系、科学技术史与医学史系、博古睿研究中心等一批跨学科学术机构。对药学、经济与管理、物理等学科进行国际同行评议，适当调整信息科学技术学院学术治理架构。发挥学部统筹协调职能，理学部推动成立资源环境生态委员会，信息与工程科学部研究起草人工智能学科规划，人文学部建立古典学、现当代中国、现当代外国等三大跨学科研究平台，社会科学学部编辑出版《改革开放四十年与中国社会科学》丛书，经济与管理学部积极开展跨院所、跨学科学术交流活动。继续推进校本部与医学部深度融合，实施临床科学家计划、青年专项、医学交叉种子基金等临床医学＋X系列基金项目，促进以问题为导向的交叉合作研究。

积极争取、合理安排学科与科研经费，支持传统和基础学科。2018年，学校"双一流""引导专项"经费额度16.2亿元，中央高校基本科研业务费额度1.19亿元。新获批国家自然科学基金各类项目总计653项，经费达7.5亿元，居全国首位。国家重点研发计划新获批20个项目，经费超过4亿元；承担60个课题，经费2.99亿元。国防科研项目合同额比上年翻一番。加强与北京市共建，2018年获北京市央属高校"双一流"建设专项经费2.13亿元，北京市首批杰出青年科学基金800万元。加大对基础学科和传统学科的支持力度，使其回归主责主业，集中精力培养高水平学术人才，首批资助27个基础研究专项，经费达3570万元。

坚持面向重大科学问题、重大国家需求、重大学科交叉和重大仪器研制，增强原始创新能力。在继续营造宽松氛围、鼓励前沿创新的同时，加强高水平团队建设，培育重大原创成果。多模态跨尺度生物医学成像大科学设施获国家发展改革委正式批复，积极酝酿培育下一阶段大科学设施。制定工科专职研究队伍建设方案，在大科学设施和交叉平台、国家级科研基地进行试点。完善现代学术支撑保障体系，加强学术辅助人员队伍建设，推出优化科研管理、提升科研绩效的一系列举措。医学部启动教学科研单位发展状况绩效评估工作，激发科研机构创新活力。2018年，全校发表SCI论文9099篇，其中以第一作者或通讯作者在《自然》《科学》期刊上发表论文15篇。获得国家科技奖2项（其中发明一等奖1项）、教育部科技奖11项、北京市科技奖12项，3人获"何梁何利奖"。在ESI全部22个学科中，北大21个学科进入全球前1%，自然指数排名全球大学第8位，居国内高校之首。2项成果分别入选中国高校十大年度科技进展和中国十大科技进展。

拓展国际视野，聚焦中国问题，强化理论创新，建设中国特色、北大风格、世界一流的人文社会科学。对人文社科3个学部、21个院系、13个教育部重点基地、15个实体研究机构进行集中调研，召开人文社会科学发展工作会议，总结经验、研究问题、明确思路，筹集设立文科发展专项基金。建设好习近平新时代中国特色社会主义思想研究院、人文社会科学研究院、区域与国别研究院、中国社会科学调查中心等高水平跨学科研究平台。加强《马藏》建设，编译《马克思主义历史考证大辞典》（第一卷）。2018年，立项国家社科基金重大项目9项、国家社科基金重大专项9项、艺术科学重大项目2项、年度项目40项，教育部重大项目2项、年度项目15项，其他纵向项目20余项。

建立健全科技成果转化体制机制，提升科技成果转化能力。加强顶层设计，成立科技成果转化工作领导小组，制定职务科技成果转化现金奖励管理办法。与北京市科技创新基金管理机构共同设立科技成果转移转化子基金，支持原始创新、技术创新和成果转化。与多家企业建立研发合作平台，与德国默克公司、美国辉瑞公司签署合作框架协议。入选首批中关村自主创新示范区高校技术转移办公室，牵头组建北京高校技术转移联盟。2018年科技开发横向到款2.91亿元，比上年增长29%，其中技术转让合同到款同比增长两倍多。

三、人才队伍建设

稳步推进人事综合改革，完善人才管理、评价与晋升体系。批复31个教学科研单位的人事综合改革方案和师资人员规模，完成本轮人事综合改革。制定教学科研人员聘任教研系列、教学系列和研究技术系列职位实施细则，根据岗位特点设立不同的晋升体系，采取与岗位相适应的考核评价机制。做好二级单位绩效评估工作，首次对单位发展状况进行绩效评估。

加强高层次人才队伍建设。2018年，32人入选第14批国家"千人计划"，20人入选2017年度长江学者奖励计划，16人入选2018年国家"杰青"，13人入选国家"优青"，22人入选第三批国家"万人计划"。袁行霈当选美国人文与科学院外籍院士，龚旗煌、谢心澄、曾毅当选发展中国家科学院院士，陈波当选国际哲学学院院士，陈松蹊当选美国科学促进会会士，邓小铁、张大庆、宋令阳当选电气电子工程师学会会士。

推动学校养老保险改革，完善劳动合同制职工管理制度。完成养老保险征缴确认工作，开展事业编制在职人员养老保险实际征缴工作。起草劳动合同制职工管理办法、劳动合同制岗位设置及管理实施细则等文件，梳理优化劳动合同制职工管理工作流程。

努力提升教职工幸福感与获得感。关注教职工诉求，落实教职工福利，坚持开展慰问和送温暖活动，丰富教职工文化生活。完善离退休教职工的三重保障体系，创新工作形式，弘扬老同志正能量，开展"老有所为"先进个人荣誉称号评选工作，成功举办离退休教职工金婚庆典等活动。

四、治理体系改革

以落实党委领导下的校长负责制为核心，加强学校行政领导班子建设。制定《北京大学党委领导下的校长负责制实施办法》，建立健全学校党委统一领导、党政分工合作、协调运行的工作机制。党委书记和校长经常沟通，及时交流工作情况。根据实际情况调整学校领导班子成员分工，明确工作职责。行政领导班子旗帜鲜明讲政治，牢固树立"四个意识"，坚定"四个自信"，做到"两个维护"，认真履行"一岗双责"。

加强执行力建设，提升学校治理体系和治理能力现代化水平。改进校长办公会组织方式，加强对校党委常委会决议的落实，增加部分列席职能部门，提高议事决策的参与度和科学性，及时对决策事项进行部署和督办。修订学术委员会章程，健全以学术委员会为核心的学术管理体系与组织架构，发挥教务长办公会、学务系统办公会、总务长办公会及各类专门委员会的议事协调作用。在《北京大学章程》总体框架下建立和完善各类规章制度，构建用制度管权管事管人的长效机制。健全师生员工参与学校民主管理和监督的工作机制，做好信访工作，及时回应师生关切。

聚焦影响学校发展的突出矛盾和问题，加强战略谋划和顶层设计，深化综合改革。开好校领导班子寒、暑期战略研讨会，针对学校资源与发展规模之间的矛盾进行深刻反思和集中探讨，形成内涵式发展的高度共识。校长办公会在审议日常事项的同时，加强对重点问题和瓶颈问题的研究，及时寻求发展之策、破解之道。一年来，在教育教学、人事管理、学科布局、治理体系、资源配置等各方面持续深化综合改革，推出一系列改革举措。

五、服务国家社会

结合新时代国家发展战略布局，明确学校国内合作发展思路。京内突出"履行核心使命，解决瓶颈问题"，对接北京市"三城一区"和全国科技创新中心建设；京外突出"服务国家战略，反哺学校发展"，积极融入京津冀、雄安新区、长江经济带、粤港澳大湾区等重要区域发展。以多模态生物医学成像大设施为主体，筹建北大怀柔科学城校区，与北京市共建多个交叉研究平台，与吉林、山西、四川等省签署战略合作协议，理清与广东省、深圳市合作思路和对接机制。开展二级单位与校外单位合作情况调查，出台国内合作管理办法，探索由注重立项审批到全过程监管转型，全校对外合作急剧扩张的态势得到有效控制。

群策群力帮助云南省弥渡县脱贫攻坚，做好对口支援和部省合建工作。校领导多次深入弥渡调研，慰问贫困户，实地检查脱贫攻坚工作，督促相关院系和职能部门落实好帮扶举措。完善"1+8"工作模式，学校层面加强统筹协调，8家对口学院尽心尽力、各展所长，挂职干部深入基层、兢兢业业，通过扶知识、扶技术、扶思路，提升当地干部群众脱贫致富的综合素质，以乡村振兴为主要抓手巩固脱贫攻坚成果，坚决阻断贫困代际传递。落实"部省合建"中西部高校建设总体部署，全面启动对山西大学的帮扶，持续做好对石河子大学、西藏大学等高校的帮扶工作。

突出北大医学特色，提升医疗服务水平。积极筹建怀柔科学城（东区）医学中心，打破制约事业发展的空间瓶颈。与北京市卫健委共建首都卫生与健康发展高端智库，举办首都健康发展研讨会，合作谋划家庭医生发展战略。拓展附属医院对外合作，出色完成医疗人才"组团式"援藏任务，优质医疗服务惠及京城乃至全国更广泛的患者。举办首届健康产业论坛，搭建医学科研及成果转化交流平台。

发展高质量继续教育，提升继续教育核心竞争力。积极建设以高端非学历培训为主的继续教育体系，稳妥推进学历继续教育收尾工作，自2018年起全面停止网络学历教育、夜大学和自学考试招生。制定继续教育表彰奖励办法和督导工作办法，支持各办学单位自主开展"高层次、高水平、高质量"项目，促进可持续发展。打造管理服务云平台，提升继续教育管理信息化水平。召开纪念北京大学继续教育100周年座谈会，研究推进继续教育制度化、规范化、精细化管理。

六、国际合作与交流

开展深层次学术交流与合作，推进全球发展战略。与60余个国家（地区）、380余所著名大学和研究机构建立广泛的校际交流关系，与德国慕尼黑大学、柏林自由大学、马普所、英国剑桥大学等国外知名学术机构签署战略合作伙伴协议，成立梅里安国际人文和社会科学高等研究中心、北京大学博古睿研究中心。设立北京大学汇丰商学院英国校区，这是学校首个海外校区。

加强国际高层次人才培养和师资建设。国际学生规模稳步提升，学位生招生规模增长8%，留学生生源结构持续优化，本科新生单一国家比例同比减少10%；进一步打造南南学院、燕京学堂、"一带一路书院"等国际化品牌培养项目；做好暑期学校、论道中国、领赢中国等短期人才培养项目。发布博雅海外人才培养计划，开展"大学堂"顶尖学者讲学计划，邀请近500位海外学者来校交流，开设500多场讲座、40多门课程及20多项合作研究。

国际学术影响力持续增强，打造中国外交的靓丽名片。成功举办第二届世界马克思主义大会、第二十四届世界哲学大会、"双一流"建设国际研讨会暨北京论坛（2018），纪念《中日和平友好条约》缔结40周年中日大学生千人交流大会等。日本首相安倍晋三、美国前国务卿基辛格、俄罗斯副总理戈利科娃等政要先后访问北京大学。

七、校园建设与资源保障

拓展办学空间，加大基础设施建设投入，改善教职工居住条件。推动吉利学院、硅谷电脑城和挂甲屯地区的规划与利用。新建生命科学科研大楼，启用新药学楼、医学部国际合作交流中心、中关园食堂等，完成老地学楼、俄文楼、医学部综合体育馆等的改造工程，稳步推进餐饮综合楼、图书馆东楼、医药科技园区综合楼等的建设与修缮工程。顺利完成肖家河教工住宅项目1区、2区、3区的入住准备工作，4区拆迁工作取得重要进展。

提升安全管理实效和服务水平，提供持续有力的校园秩序保障。强化一线处置能力，稳妥处置各类突发事件。严格交通管理，调整第二教学楼地库周边、东南门沿线教学区的机动车管理方案。提高交通举报响应能力，加强校园交通违规处理，对重点区域乱停车现象开展专项整治。启用个人参观预约和校门人脸识别系统，优化车辆因公预约入校系统。

构建国内领先、国际先进的科研公共服务体系，支撑学科建设与发展。加强大型科学仪器公共平台建设，电子显微镜实验室、高性能计算机公共服务平台等投入使用，凤凰工程北京大学核磁平台通过国家验收。优化图书馆文献信息服务和馆藏空间布局，加强区域与国别研究等重点学科文献资源建设，推进资源共享，总馆、分馆协同发展。

加强校园环境整治，做好后勤和医疗保障工作。构建未名湖区水体循环系统，完善蔚秀园湖区及周边绿地美化，推动节能减排工作。确保供水、供电、供热系统安全运行和餐饮、宿舍、教室、浴室、运输、通讯、会议接待等服务保障。加强校医院建设，选派附属医院优势学科专家开设门诊，保障师生健康。

贯彻落实简政放权、放管结合、优化服务和全面预算绩效管理要求。制定关于深化"放管服"改革、完善支出管理的规定，保障经费使用简单清晰、透明高效。制定预算管理暂行办法，强化预算绩效管理，提高财政资金使用效益。积极争取财政资金，做好资金统筹与预算评审，启动全校范围的预算调剂工作，顺利推进财政专项资金预算执行。积极开展政策宣传，保障个税"红包"充分兑现。通过多种加强财务信息公开，方便师生监督与查询。

以120周年校庆为契机，开拓筹资发展工作新局面。2018年，接收社会捐赠到账金额12.75亿元人民币；签署捐赠（框架）协议、捐赠备忘录、捐赠意向书等505份，达成捐赠承诺总额约人民币41.53亿元人民币；实现投资收益1.83亿元；国家财政配比资金申报金额8.84亿元。加强基金会项目管理、财务管理、投资运营、信息公开等各项工作。

（傅翰文、孙启明）

2018年大事记

1月

1月3日 下午，北京大学高性能计算校级公共平台启用揭牌仪式在英杰交流中心月光厅举行。揭牌仪式前，北京大学校长林建华与联想集团董事长兼CEO杨元庆、联想集团高级副总裁、数据中心业务集团中国区总裁童夫尧等举行了会晤。双方就未来AI发展趋势、探索产学研微循环模式、打造世界一流学科、吸引优秀科学家、培养适应未来发展需求的新型人才等话题进行了深入交流。

1月4日 校长林建华与学校青年干部在静园二院座谈。林建华指出，北京大学的愿景是在2035年跻身世界一流大学前列，实现从跟随到引领的转变。这种转变要求学校在观念体系上发生深刻变化，要求打破不合理的制度惯性，要求不忘初心。大学的初心就是培养人才，这需要充分发挥师生的主动性和创造性。

1月10日 下午，国务院副总理刘延东来到北京大学，考察指导学校工作，向广大师生员工致以新年的祝福，并在英杰交流中心和北大师生座谈。党委书记郝平、校长林建华分别就学校党建和思想政治工作、学校综合改革工作进展作了汇报。李晓丹代表全体学生向刘延东赠送了10年来她到访北大的相册。刘延东强调，青年兴则国家兴，青年强则国家强，希望同学们珍惜时代，坚定信念，胸怀祖国，脚踏实地，在实现中国梦的征程上谱写辉煌的青春乐章，希望北京大学以双甲子为新的起点，扎根中国大地创建世界一流大学，为国家、民族、人类和世界作出新的贡献。

1月11日 北京大学举办蔡元培诞辰150周年纪念活动，以缅怀和纪念老校长蔡元培先生。上午9时，北京大学师生、蔡元培先生后人，以及来自绍兴市、北京出版社、北大蔡元培研究会的嘉宾齐聚未名湖畔，向蔡元培先生的雕像敬献鲜花，鞠躬致意。随后，专家学者和嘉宾们在临湖轩西厅举行了纪念和专题座谈研讨会，就蔡元培先生的教育思想和历史地位、蔡元培思想对现代教育的意义等话题进行了交流。

1月14日至20日 校长林建华一行赴德国马普学会参加北京大学-马普学会联合研讨会、访问慕尼黑大学，随后赴奥地利维也纳访问国际应用系统分析研究所（International Institute for Applied Systems Analysis, IIASA）。北大代表团此次访问与欧洲相关高校与研究机构进行深入、实质的交流，并取得了进一步深化合作的进展。

1月15日 北京大学2017年度理工科科研情况通报会在金光生命科学大楼邓祐才报告厅召开。校党委书记郝平、副校长龚旗煌出席会议并讲话。理工科各单位主管科研负责人、相关职能部门负责人、科研秘书等80余人参加会议。

1月16日 下午，《北京大学校报》创刊100周年座谈会在英杰交流中心月光厅举行。北大原常务副校长王义遒，教育部社科司出版处调研员田敬诚，中国高校报协副理事长兼秘书长、《新清华》主编卢小兵等莅会致辞，对《北京大学校报》创刊100周年致以热烈的祝贺，并阐发了对高校校报工作的认识。北大党委宣传部部长、校报主编蒋朗朗作了题为"北大校报100年的历史与使命"的主旨报告。他介绍了《北京大学校报》的百年发展历程，并指出，北大校报从其前身——1917年诞生的《北京大学日刊》，发展到今天的《北京大学校报》，见证了北大和国家前行的历史进程，一直践行和传递着北大精神。

1月21日 北京大学2018年中层干部大会在英杰交流中心月光厅举行。党委书记郝平、校长林建华分别代表学校党委和行政全面总结了2017年的各项工作，并对下一阶段学校的重点工作任务进行了部署。会上，郝平首先传达了习近平总书记1月5日在学习贯彻党的十九大精神研讨班开班式上的讲话精神、党的十九届二中全会精神和中央纪委二次全会精神，并就学习贯彻讲话精神提出五点要求。校领导班子成员、学校中层干部及师生代表出席。会议由林建华主持。

1月23日 下午，北京大学习近平新时代中国特色社会主义思想研究院成立大会暨学术研讨会在北京大学英杰交流中心举行。该研究院是经党中央批准的10家习近平新时代中国特色社会主义思想研究中心（院）之一，是北京大学实体研究机构，挂靠马克思主义学院。研究院将聚焦当代中国面临的重大理论和现实问题，高起点、多学科、多角度研究和阐释习近平新时代中国特色社会主义思想的丰富内涵、精神实质与科学体系，不断推动新时代马克思主义中国化、大众化和时代化。为加强和推动研究院建设和发展，北京大学成立了习近平新时代中国特色社会主义思想研究院领导小组，校党委书记郝平、校长林建华担任组长，党委常务副书记、马克思主义学院院长于鸿君担任研究院首任院长。

1月27日 北京大学人民医院迎来建院100周年华诞，并在北大百周年纪念讲堂举行纪念大会。全国政协副主席韩启德，北大校长林建华等领导嘉宾，30余家媒体代表，以及人民医院老领导、老专家及现任各级领导、患者朋友、医院职工近两千人欢聚一堂，共庆医院百年华诞。1918年1月27日，由中国人自己筹建和管理的第一家综合性西医医院——北京中央医院正式启用，北京大学人民医院的历史从这里开篇。

2月

2月1日 著名考古学家、北京大学资深教授宿白先生，因病于2018年2月1日6时5分在北京逝世，享年96岁。宿白先生是北京大学考古学科的主要创始人，是中国考古学的奠基人之一，是杰出的考古学教育家。宿白先生领导创办了北大的考古学专业，规划了中国考古学科的教学体系，在学校任教逾70载，为新中国的文物考古事业培养了大量优秀人才。

2月2日 中美青年创客交流中心揭牌仪式在北京大学举行。中国教育部副部长田学军、美国驻中国大使泰里·布兰斯塔德、北大校长林建华、北大创新创业机构筹备组组长陈东敏、微软亚洲研究院副院长潘天佑等出席仪式。北大副校长高松主持仪式。

2月23日至24日 北京大学2018年领导班子寒假战略研讨会在中关新园1号楼科学报告厅召开。学校领导班子成员出席研讨会，各学部、院系和党政职能部门负责人列席研讨会。23日上午，会议重点研讨了党建和思想政治工作；23日下午和24日全天，研讨会立足2035年北大奋斗目标，对"双一流"建设各项工作进行了研讨。校党委书记郝平、校长林建华分别作了讲话，校领导班子成员和部分职能部门负责人作了专题报告。

2月12日 著名归侨、法学家、教育家和社会活动家，北京大学法律系原副主任，北京大学原副校长罗豪才，因病于2018年2月12日9时2分在北京逝世，享年83岁。罗豪才教授是我国现代行政法学的开拓者和奠基人，在北大任教数十载，为国家培养了大量法学优秀人才；作为著名归侨，罗豪才教授具有开阔的国际视野，在侨界享有崇高声望；作为具有广泛影响的社会活动家，罗豪才教授领导中国致公党参政议政，为我国的政协事业作出了杰出贡献。

2月28日 英国QS全球教育集团发布新一年度"QS世界大学学科排名"，北京大学现代语言学、语言学等10个学科进入全球前20，其中现代语言学位列全球第6，语言学位列全球第10；29个学科进入全球前50，38个学科进入前100，数量均居全国高校之首。

3月

3月2日 元宵佳节之际，国务院副总理刘延东到北京大学第一医院考察，看望慰问一线妇产科和儿科医务人员，并向全国医务工作者致以节日问候和良好祝愿。刘延东实地考察了儿科门诊和产科病房，同医务人员、孕产妇和家属进行了亲切交流，详细询问了有关情况。她勉励广大医务工作者再接再厉，以高尚的医德、精湛的技术为群众提供优质的医疗保健服务。国务院副秘书长江小涓、卫生计生委副主任马晓伟、北大校长林建华陪同考察。

3月3日、5日 全国政协十三届一次会议和十三届全国人大一次会议先后在北京开幕。北京大学共有5位全国人大代表和18位全国政协委员出席新一届全国两会。

3月3日 晚，北京大学学生舞蹈团成立30周年专场演出在百周年纪念讲堂观众厅举行。演出分为"一路走来""而立之年""始于足下"三个篇章，分别聚焦"成就""反思""未来"三个维度，充分体现了120周年校庆主题和舞团特色。经典复排节目和新创原创优秀节目同台呈现，在校团员和老团员携手献艺，致敬北大舞团"永远年轻，永远鲜活"的精神。

3月8日 由布里斯托大学物理系量子光学中心、北大"极端光学创新研究团队"等单位组成的国际合作团队在《科学》(Science)上发文，利用大规模集成硅基纳米光量子芯片技术，实现了对高维度光量子纠缠体系的高精度和普适化量子调控和量子测量。

3月8日 "迎校庆、庆三八"女教职工环湖接力跑于未名湖畔举行，来自全校61个单位的1320名女教职工参加活动，人数再创历史新高。

3月9日 由北京大学外国语学院法语系、国际合作部共同主办的"同文之后：法语文化在中国——法语文化日"举行。此次法语文化日由"对话""展览""讲座""歌曲鉴赏"四场活动组成，为北大师生呈现了一场集文学、语言、历史、音乐于一体的中法文化盛宴。

3月14日 北京大学北京未来基因诊断高精尖创新中心、生物动态光学成像中心汤富酬研究组与中国科学院生物物理研究所王晓群研究组，携手北大第三医院乔杰研究组和首都医科大学附属安贞医院张军研究组联合在《自然》(Nature)上在线发表最新研究成果。研究人员利用单细胞转录组测序手段，绘制了人脑前额叶胚胎发育过程的单细胞转录组图谱，解析了人类胚胎大脑前额叶发育的细胞类型多样性及不同细胞类型之间的发育关系，揭示了神经元产生和环路形成的分子调控机制，并对其中关键的细胞类型进行了系统的功能研究，为最终绘制完整的人脑细胞图谱奠定了重要基础。

3月15日 上午，北京大学在英杰交流中心召开全校中层干部大会，校党委书记郝平和校长林建华代表党委和行政领导班子进行上一年度工作述职和本年度工作部署。校领导班子成员和全体中层干部参会，党委常务副书记于鸿君主持会议。

3月16日 上午，北京市委常委、统战部部长齐静，市委副秘书长赵玉金，市委统战部副部长张洋一行来校调研统战工作。校党委副书记、医学部党委书记刘玉村汇报了学校的统战工作，20位北京大学党外知识分子代表介绍了各自的工作及参政议政、建言献策的体会和感受。

3月16日 北京大学副校长、医学部主任詹启敏在临湖轩会见美国麻省总医院研究所所长苏珊·斯洛根赫珀特(Susan A. Slaugenhaupt)一行。双方签署了合作谅解备忘录。

3月25日 北大汇丰商学院英国校区正式启动，这是北大首次在海外设立校区。中国驻英国大使刘晓明，北京大学校长林建华，英国谢菲尔德大学校长伯内特爵士，北京大学校务委员会副主任、汇丰商学院院长海闻，汇丰集团常务总监奎因，前伦敦金融城市长白乐威爵士，伦敦大学学院教育学院孔子学院院长杜可歆以及英国高校、地方政府、企业代表、北大校友400多人参加。

3月26日 下午，科技部党组书记、部长王志刚，党组成员、副部长黄卫一行来校调研。校党委书记郝平等领导班子成员及相关职能部门负责人陪同调研。

3月27日 国务院学位办正式发布消息，北大成为首批获新增医学技术一级学科博士点授权的5所高校之一。

3月29日 于越校友北京大学名誉校董授予仪式在北京大学教育基金会北大之友报告厅举行。校党委书记、教育基金会理事长郝平代表学校向于越校友颁发北京大学名誉校董铜牌。于越校友捐资设立北京大学基础教育研究中心，建设开放的、跨学科、跨界的研究平台，助力国家基础教育的改革和发展，为北大120周年校庆献礼。

3月29日 下午，美国西点军校教务长辛迪·杰布（Cindy Jebb）准将访问北大，并在燕京学堂报告厅作了题为《西点军校学员的学术发展》的演讲。演讲会后，副校长田刚会见了辛迪·杰布一行。

3月29日 上午，北大中青年骨干教师学习全国高校思政工作会精神专题研修班结业座谈会在英杰交流中心月光厅召开。校党委常务副书记于鸿君出席座谈会并讲话，本期研修班31名学员参加座谈会。

3月30日 上午，美国驻华大使泰里·布兰斯塔德（Terry Branstad）先生一行访问北京大学。校党委书记、校务委员会主任郝平等校领导及院系代表会见来宾一行。郝平指出，在中美两国积极开展社会与人文交流的大背景下，作为两国教育交流的一面旗帜，北大会继续保持与美国的各项合作，推进双方的互通互信。布兰斯塔德大使表示，作为美国驻华大使，有责任继续支持和推动双方教育文化领域的交流，为两国社会与人文交流做出更大贡献。

3月30日 下午，北京大学女教授协会成立暨第一次会员代表大会在经济学院东旭学术报告厅召开。北京市妇联副主席赵海英，北大原常务副校长柯杨，校党委副书记安钰峰，首都女教授协会会长、北大经济学院院长孙祁祥等出席会议。外国语学院院长宁琦当选会长，杨芙清、乐黛云、柯杨担任名誉会长。

3月31日 山鹰社7名学生队员与带队老师启程前往西藏开展珠峰攀登活动。校长林建华、副校长陈宝剑等师生代表到学校南门为队员们送行。

4月

4月1日 下午，北京高校科技成果转移转化工作研讨会暨北京高校技术转移联盟第一次会员大会在理工国际教育交流大厦举行。会上，北京大学科技开发部当选为首届理事长单位。

4月13日 上午，第11届北京大学"学生五·四奖章"终评展示暨"班级五·四奖杯"颁奖仪式在英杰交流中心阳光厅举行。校党委书记郝平，校长林建华，各院系学生工作负责人、教师、班主任、辅导员、学生等近300人参加大会。

4月13日 国家发展改革委批复多模态跨尺度生物医学成像国家重大科技基础设施项目建议书，项目法人单位为北京大学，项目总投资17.5亿元，建筑面积72,000平方米，建设周期5年。

4月15日至19日 第42届国际大学生程序设计竞赛全球总决赛在北大举行。19日，经过5个小时的激烈角逐，4支参赛队荣获金牌，4支队伍荣获银牌，5支队伍荣获铜牌。其中，由北大信息科学技术学院2016级本科生吉如一、2017级本科生洪华敦和数学科学学院2017级本科生丁力煌组成的北大代表队，在信息学院特聘研究员罗国杰教练的带领下奋力拼搏，于全场比赛倒计时30秒时绝杀G题，共破解8题，排名世界第三、亚洲第一，荣获金牌，追平了北大在2014年获得的历史最佳成绩。

4月18日 美国人文与科学院正式公布了2018年当选的院士名单，共有177位院士和36位外籍院士当选。其中，北京大学中国语言文学系资深教授袁行霈当选为该院外籍院士。

4月20日 下午，北京大学"一带一路"书院启动仪式在英杰交流中心举行。全国政协副主席郑建邦，北京大学光华管理学院名誉院长厉以宁，推进"一带一路"建设工作领导小组办公室综合组组长、国家发展改革委西部开发司司长赵艾，教育部教师工作司司长王定华出席并致辞。校党委书记郝平到会祝贺，区域与国别研究院院长钱乘旦以及学校相关职能部门领导出席了本次大会。

4月23日 北京大学新东方教育基金捐赠仪式在北大教育基金会北大之友报告厅举行。新东方教育科技集团董事长俞敏洪、校长林建华以及外国语学院、教育基金会负责人等共同出席仪式。副校长王博主持仪式。

4月24日 晚，"四海一家"外国留学生和校友庆祝北京大学建校120周年献礼演出在百周年纪念讲堂举行，孔子学院总部副总干事、国家汉办副主任赵国成，教育部留学服务中心主任程家财，国家留学基金管理委员会副秘书长张宁，校领导叶静漪、王博、龚旗煌和吉米、卡林通·卡、鲍德松、塔希尔、赖贞煌、罗梅君等海外知名校友观看了演出。

4月28日 北京大学健康医疗大数据国家研究院成立仪式在北京大学医学部国际合作交流中心报告厅举行。国家卫生计生委原副主任、中国卫生信息与健康医疗大数据学会会长金小桃，北京大学校长林建华、北京大学有关职能部门负责人，国内知名高校、科研院所、医疗机构的领导和专家，企业界的精英和媒体等百余名嘉宾共同见证了国家研究院的启动。研究院旨在充分利用北京大学健康医疗大数据相关领域学科齐全、人才聚集、基础雄厚等综合优势，助力"健康中国"建设。

5月

5月2日 上午，在五四青年节和北京大学建校120周年校庆日来临之际，中共中央总书记、国家主席、中央军委主席习近平来到北京大学考察。习近平代表党中央，向北京大学全体师生员工和海内外校友、向全国各族青年、向全国青年工作者致以节日的问候。他强调，坚持好、发展好中国特色社会主义，把我国建设成为社会主义现代化强国，是一项长期任务，需要一代又一代人接续奋斗。广大青年要成为实现中华民族伟大复兴的生力军，肩负起国家和民族的希望。高校要牢牢抓住培养社会主义建设者和接班人这个根本任务，坚持办学正确政治方向，建设高素质教师队伍，形成高水平人才培养体系，努力建设中国特色世界一流大学。

下午，北京大学在英杰交流中心召开学校党委理论学习中心组扩大会议和学习习近平总书记重要讲话精神师生座谈会。校领导班子成员和师生代表出席会议。

5月3日 "宣纸上的北大精神-戊戌校庆书法众人行"在图书馆开幕。今年展出100多幅作品，主题是"北大的学科发展"。此次书法展由北大蔡元培研究会、北大图书馆、北大校史馆联合主办。北大原校长许智宏、周其凤，原副校长郝斌、林均敬、张国有等提交了书法作品并出席开幕式，分享了书法创作感悟，并充分肯定书法众人行活动对弘扬北大精神的意义。

5月3日 下午，北京大学计算机科学技术研究所成立35周年庆典在方正大厦举行。第十二届全国政协副主席韩启德院士、北大计算机所教授、王选院士夫人陈堃銶，副校长龚旗煌院士，计算机软件和人工智能专家何新贵院士等出席活动。校党委书记郝平、校长林建华、信息与工程科学部主任高文院士通过视频寄予祝福。

5月3日 下午，"守正创新，引领未来"北京大学发展与公益论坛暨120周年校庆交流会在钓鱼台国宾馆举行。泰国公主诗琳通、全国政协副主席董建华等400余位长期以来关爱支持北大的校友和嘉宾，校党委书记、教育基金会理事长郝平，校长林建华，原党委书记闵维方，原校长许智宏等出席活动。

5月4日 上午，北京大学在邱德拔体育馆召开建校120周年纪念大会。

全国政协副主席董建华，泰国公主玛哈·扎克里·诗琳通，意大利前总理罗马诺·普罗迪，全国人大常务委员会原副委员长王汉斌，全国人大常务委员会原副委员长彭珮云，全国人大常务委员会原副委员长何鲁丽，原国务委员、全国人大常务委员会原副委员长陈至立，全国人大常务委员会原副委员长、全国政协原副主席韩启德，全国人大常务委员会原副委员长周铁农，全国政协原副主席张梅颖，全国政协原副主席王家瑞等领导和嘉宾出席大会。

来自44个国家和地区的116所国际著名大学的校长，130多所中国大学的校长，中央和国家机关、北京市委市政府领导，社会各界人士和机构代表，学校老领导，各地校友代表，师生员工代表共同出席会议。

纪念大会由北京大学党委书记郝平主持，他介绍了中共中央总书记、国家主席习近平考察北大的情况，并宣读了北大校友、国务院总理李克强给母校的贺信。教育部副部长林蕙青，北京市委常委、市委教育工委书记林克庆，耶鲁大学校长苏必德（Peter Salovey），清华大学校长邱勇分别致辞。北京大学校长林建华以"大学是通向未来的桥"为题发表演讲。大会举行了北京大学第十一届"学生五·四奖章"颁奖仪式。在"校友心语"环节，1953级校友陈堃銶、1962级校友塔希尔·埃莱兹、1978级校友张益唐、1987级校友李彦宏、1995级校友刘正琛、2004级校友李金柏、2014级校友王亚平等回顾了自己在北大求学的经历，向母校表达了深切祝福。

5月4日 下午，由教育部指导，北京大学、北京市教育委员会和韩国高等教育财团主办的"双一流"建设国际研讨会暨北京论坛（2018）于钓鱼台国宾馆隆重开幕。来自44个国家和地区的261所高校代表齐聚一堂，以"变与不变——120年来全球大学与世界文明"为题，携手共议当代高等教育改革与世界文明发展的未来趋向。中国国务院副总理孙春兰，教育部部长陈宝生，北京市市长陈吉宁，北京大学党委书记郝平、校长林建华等出席开幕式。开幕式前，孙春兰会见了牛津大学校长路易斯·理查森、莫斯科国立大学校长维克多·萨多夫尼奇等23位世界一流大学校长，陈宝生、郝平、林建华等陪同会见。

5月4日 晚，北京大学建校120周年庆祝晚会在百周年纪念讲堂隆重举行。北京大学校长林建华等校领导出席晚会，各院系师生、海内外校友以及各界嘉宾到场观看晚会。同时，全球北大人还通过视频直播平台同步观看晚会，共襄百廿校庆盛举。晚会以"百廿常新"为主题，分"革故鼎新""与古为新""守正创新"三大篇章，展现北大"常新"的思想、风格、气魄与行动，传递"常新"之于北大人的精神价值。所有节目均由北大校友、师生参与创作和演绎。

5月14日 下午，学校党委在英杰交流中心阳光厅召开机关、后勤和直属单位负责人和党支部书记座谈会。部署学习宣传习近平在北京大学师生座谈会上的讲话精神。校党委书记郝平、校长林建华等学校领导，以及各院系党政负责人，全校机关、后勤和直属单位负责人和党支部书记参加会议。

5月15日 10时23分，北京大学珠峰登山队成功登顶世界第一高峰——珠穆朗玛峰。成功登顶的人员有12人，其中包括北大学生赵万荣、郭佳明、魏伟、李进学、夏凡等5人，教师钱俊伟，以及校友庄方东、陈晨、次仁旦塔、德庆欧珠、梁梁、庄方东（待核）。此处原文为：校友邱小斌、李伟、杨东杰、方翔等4人。登顶队员们展示了国旗、校旗和山鹰社的社旗，同时在珠峰顶峰高呼口号："北大精神，永在巅峰""团结起来、振兴中华""百廿华诞，再创辉煌""2018北京大学珠峰登山队祝亲爱的母校120周岁生日快乐！"

5月16日 北大分子医学研究所、北大-清华生命科学联合中心刘颖课题组在《自然》（Nature）杂志发表论文，研究发现E3泛素连接酶KLHL22对氨基酸依赖的哺乳动物雷帕霉素靶蛋白（mTORC1）的调控具有重要作用，同时证明KLHL22能够影响乳腺癌发生和机体衰老进程。该研究具有潜在的临床应用价值，KLHL22可能成为乳腺癌治疗和机体衰老干预的新靶点。

5月16日 新时代医学教育改革发展：北大医学·教育论坛（2018）暨全国医学教育发展中心成立大会在北京大学英杰交流中心召开。全国人大常务委员会原副委员长、全国政协原副主席韩启德，教育部副部长林蕙青，国家卫生健康委员会副主任曾益新等领导出席会议并发表讲话。来自全国107家院校的校长、医学院院长和教育工作者，以及300余位医学教育领域专家出席本次会议。本次大会以建设全国医学教育发展中心为契机，邀请全国著名医学教育专家学者齐聚燕园，为中国医学教育发展凝聚共识、汇聚力量，为中国教育、医疗、卫生事业的长远发展提供战略支撑和保障。

5月16日至20日 北京大学校长林建华率队赴云南省昆明市、大理白族自治州弥渡县调研，研究推进省校合作、定点帮扶等工作。参与定点帮扶的8个院系和医学部、党委组织部、国内合作办公室、出版社、方正集团等单位的负责同志陪同调研。

5月18日 晚，由校学生会主办的2017—2018年度北京大学"拉卡拉杯"剧星风采大赛决赛在百周年纪念讲堂观众厅落下帷幕。经过激烈角逐，"说不准明天就解散了"剧组凭借作品《初赛剧本》获得冠军，"阿耨多罗三藐三菩提"剧组凭借作品《杀僧记》获得亚军，大赛还评选出了最佳男女主角、最佳男女配角、最佳原创编剧、最佳导演和最佳舞台效果等奖项。

5月19日 北京大学2018年校园开放日暨本科生招生信息发布会在邱德拔体育馆及其北广场举行。开放日活动分为三个部分：北大2018年招生信息发布会、开放日集中咨询、校园参观和院系实验室及图书馆等深度体验。发布会上，副校长王博以《百廿北大，相约未来》为主题发表致辞。

5月20日 晚，2017—2018年度北京大学十佳歌手大赛决赛在邱德拔体育馆举行。经过三轮比赛，光华管理学院MBA学生马晓琳夺冠，光华管理学院2014级本科生路易与心理与认知科学学院2012级本科生宋玺分获亚军和季军。YCA-TRIO、宋玺、路易、马晓琳、扎布哈、Wake-Up人声乐团、王依林、王博浩、赵胜利、庞湃等成为北京大学2017—2018年度十佳歌手。

5月25日 上午，第二届"中国传统出版文化的传承与弘扬"研讨会在北大新闻与传播学院举行。来自全国各地的出版文化研究专家学者、雕版技艺非物质文化遗产传承人与出版相关文化产业从业人员齐聚一堂，共同探讨"传承与弘扬中国传统出版文化"这一主题。

5月 北京大学物理学院量子材料科学中心江颖课题组、徐莉梅课题组、北京大学化学与分子工程学院高毅勤课题组与中国科学院/北京大学王恩哥课题组合作，继2014年获得世界首张亚分子级分辨的水分子图像后，再次取得突破，首次得到了水合钠离子的原子级分辨图像，并发现了一种水合离子输运的幻数效应。该项研究成果于5月14日发表在国际顶级学术期刊《自然》上。

6月

6月7日 下午，北京大学党委理论中心组召开扩大会议，会议主题为"学习领会监察法精神，推进全面从严治党"。中国政法大学副校长马怀德教授作辅导报告。

6月7日 下午，北京大学与国家外国专家局《关于加快"双一流"建设战略合作框架协议书》签约仪式在临湖轩举行。北京大学校长林建华与科学技术部副部长、国家外国专家局局长张建国签署协议。双方将在引进"高精尖缺"人才服务国家重大战略、搭建重大引智专项平台、创新高端国际人才培养、积极实践具有国际竞争力的人才引进政策、开展人才引进工作实践研究等方面开展全方位合作。

6月9日 北京大学医学部儿科学系主任、第一医院儿科主任姜玉武教授带领医疗、教学、科研、管理、护理团队一行12位专家赶赴拉萨，与西藏自治区人民医院儿科联合举办第二届学术交流暨大型巡诊活动。

6月9日 第二十届中国大学生篮球联赛（CUBA）男篮总决赛在中国民航大学举行。经过激烈角逐，北京大学男子篮球队以94:61战胜中南大学获得CUBA总冠军，成功卫冕。中国篮协主席姚明到现场观看比赛，并为北京大学队颁发总冠军奖牌；中国大学生体育协会秘书长薛彦青为北京大学队颁发金篮板。

6月10日 上午，由北京大学艺术学院主办、特想光影（北京）影像有限公司和天乐泰力科技发展有限公司特别支持的"生命的沉潜——北大老教授肖像摄影展"开幕式在百周年纪念讲堂举行。

6月11日 李革、赵宁校友伉俪向北京大学捐赠仪式暨名誉校董授予仪式在化学与分子工程学院举行。李革、赵宁校友伉俪宣布捐资1亿元，用于设立北京大学李革赵宁教育基金，回馈母校并支持化学学院教育及科研事业发展，助力北大创办中国特色世界一流大学，开展前沿尖端科学研究，解决重大化学与分子工程科学问题，增进人类福祉。校长林建华，副校长、教育基金会副理事长王博出席仪式。

6月15日 北京大学现代农业研究院在山东潍坊峡山区开工建设。北京大学原校长、北京大学现代农学院院长许智宏，潍坊市委书记刘曙光出席开工仪式并讲话。

6月15日 下午，北京大学召开庆祝中国共产党成立

97周年暨表彰大会。大会对293位优秀共产党员及11位优秀共产党员标兵、学生十佳党支部书记、102个先进党支部进行表彰。学校领导班子成员，学校党委委员、纪委委员，各民主党派负责人，学校党代会代表，各单位党政负责人以及参加宣誓的新党员近1500人参加大会。会议由校党委常务副书记于鸿君主持。

6月22日 北京大学校长林建华教授为诺贝尔经济学奖得主托马斯·萨金特（Thomas J. Sargent）教授颁发"名誉教授"证书和奖章。萨金特是经济学理性预期学派的领袖人物，为新古典宏观经济学体系的建立和发展作出了杰出贡献，2011年被授予诺贝尔经济学奖，他于2017年6月加盟北大汇丰商学院，并担任萨金特数量经济与金融研究所所长。

6月22日 习近平新时代中国特色社会主义思想研究院举办"新时代学习大家谈"首场学术讲座，中国人民大学学术委员会副主任温铁军教授以"全球危机与中国的乡村振兴战略"为题发表学术演讲。同时，宣布成立习研院乡村振兴中心，温铁军任中心主任。校党委常委、宣传部部长蒋朗朗代表学校向温铁军颁发聘书。

6月23日 "摹仿"与新世纪文学及文化学术研讨会在北京大学召开，会议由中国现代文学馆、北京大学国际批评理论中心联合举办，来自国内外高校、研究机构、学术期刊的资深学者、青年教师与博士生济济一堂，在"新世纪小说之先锋作家的转向""新世纪小说之现实主义的复兴""非虚构写作""科幻、网络、电视、动漫"四个讨论单元中就相关论题展开广泛而深入的探讨。

6月25日 北京大学人文社会科学发展工作会议在英杰交流中心举行。本次会议的主题是落实习近平总书记5月2日在北大师生座谈会上的讲话以及历次讲话精神，并以此为契机，全面分析当前学校文科工作的形势与挑战，总结经验、研究问题，明确未来发展的任务和目标，共同探讨如何继承和发扬北大文科的光荣传统，构建有中国特色、北大风格、世界一流的哲学社会科学学科体系、话语体系。校党委书记郝平发表主旨讲话，提出文科下一步发展的六点思路。

7月

7月7日 上午，北京大学深圳研究生院举行2018年毕业典礼。常务副校长高松、深圳研究生院院长吴云东、校友代表厉伟等领导嘉宾出席典礼，共同见证2018届南燕学子完成学业、开启人生新征程的重要时刻。

7月7日 第六届中法血液学高峰论坛和首届中法泌尿外科学高峰论坛同时在江苏苏州开幕。会上，北大人民医院血液科荣获"2018年度法国圣安东尼-EBMT杰出护理团队"称号。

7月9日 北京大学医学部毕业典礼暨学位授予仪式在医学部运动场举行。全国人大常委会原副委员长、全国政协原副主席、北京大学医学部原主任韩启德，常务副校长、医学部主任詹启敏，校党委副书记、医学部党委书记刘玉村等领导和各学院、医院主要负责人出席典礼。

7月10日 上午，北京大学2018年本科生毕业典礼暨学位授予仪式在邱德拔体育馆隆重举行，校党委书记郝平、校长林建华等在校领导班子成员，校友代表，学部、院系、相关职能部门负责人，学校教职工代表出席典礼。奖助学金捐赠方代表、合作高校代表、全国百余所重点中学校长、老师代表、毕业生亲友受邀参加毕业典礼。典礼由常务副校长詹启敏主持。

7月11日 上午，北京大学2018年研究生毕业典礼暨学位授予仪式在邱德拔体育馆举行。校党委书记郝平、校长林建华等校领导班子成员、校务委员会副主任、学部负责人、学位评定委员会学科分会主席和相关职能部门负责人，学校教职工代表以及毕业研究生等参加了毕业典礼。典礼由常务副校长高松主持。

7月11日 下午，国防科技大学政委刘念光中将、副校长兼教育长王怀民少将一行访问北京大学，校长林建华、副校长龚旗煌及相关职能部门负责人在临湖轩会见了来宾。双方围绕产学研合作、联合培养、行政治理、人员引进、"双一流"建设等议题进行了座谈交流。

7月12日 北京大学第四批"组团式"援藏医疗队员欢送会在医学部逸夫楼209报告厅举行。国家卫健委医政医管局副局长周长强，北京大学常务副校长、医学部主任詹启敏，校党委副书记、医学部党委书记刘玉村等领导，第四批援藏队员和家属等参加欢送会。

7月14日 北京大学党委书记郝平率队赴吉林长春，与吉林省签署战略合作协议，并召开选调生座谈会。校常务副书记于鸿君、常务副校长高松、张平文院士、刘忠范院士、陆林院士，以及医学部、党委组织部、科研部、国内合作办、学生就业指导服务中心负责同志陪同前往。

7月14日 北京国际数学研究中心首场"怀新讲座"在怀新园举行，国际著名雕塑家、中国美术馆馆长吴为山教授为北大师生带来了一场以"雕塑的温度"为主题的演讲。讲座由副校长、北京国际数学研究中心主任田刚院士主持。

7月17日 上午，由北京大学医学部主办的"推动临床医学+X，共创健康美好未来"——第八届海峡两岸医学生交流活动暨两岸医学生创新论坛开幕式在医学部国际交流与合作中心举行。国务院台湾事务办公室交流局局长黄文涛，北京大学常务副校长、医学部主任詹启敏等领导和来自北京大学、台湾大学、阳明大学、中国医药大学和高雄医学大学五所学校的150余名师生参加活动。海峡两岸医学生交流活动始于2010年，本次活动持续到22日。

7月18日 上午，北京高校学科共建签约仪式在北京会议中心举行，在京12所部属高校与20所市属高校首批签约共建28个学科。市委常委、教工委书记林克庆出席会议并讲话，北京大学校长林建华参加会议并代表在京共建一流大学高校作交流发言。

7月26日 由国务院教育督导委员会办公室统一组织、教育部学位与研究生教育发展中心具体实施的全国首次专业学位水平评估结果正式发布。北京大学在此次评估中斩获佳绩。在参评的6个专业学位类别中，法律硕士、工商管理硕士、会计硕士、临床医学和口腔医学等5个专业学位获A+，公共管理硕士专业学位获A，总成绩位居全国高校之首。

8月

8月1日至9日 第28届国际数学家大会在巴西里约热内卢举行，来自全球五大洲的数学家们齐聚一堂、共襄盛举，分享他们在各自领域中取得的成果与进展。12名华人数学家在本届大会上作邀请报告，其中8名为北京大学数学学科教师和校友，他们分别是数论方向的张伟，代数几何方向的许晨阳和恽之玮，李群方向的何旭华，动力系统方向的尤建功，数值分析和科学计算方向的张平文、汤涛和金石。

8月2日至4日 "贝立凯杯"2018年全国大学生国际象棋锦标赛在沈阳师范大学举行。经过3天9轮慢棋的激烈争夺，北大国际象棋队发挥出色，荣获总团体冠军和棋士组团体亚军。

8月6日至10日 在国务院台湾事务办公室的支持下，北京大学台湾研究院与全球华人政治学家论坛联合主办的第十二届华人学者台湾问题研讨会在北京深圳大厦举行。本届研讨会的主题为"台海外部环境新变化及对策"。会议期间，国台办副主任陈元丰会见与会学者并发表重要讲话。国台办港澳局局长顿世新、北京大学党委副书记叶静漪、北京大学台湾研究院院长李义虎和全球华人政治学家论坛召集人赵全胜出席活动。

8月13日 第二十四届世界哲学大会开幕式在人民大会堂开幕。此次大会由国际哲学团体联合会和北京大学共同主办，主题是"学以成人"（Learning to Be Human），来自121个国家和地区的超过6000名哲学学者带来了全球不同地域文化和思想传统的哲学思考。教育部部长陈宝生，北京市委常委、教育工委书记林克庆，国际哲学团体联合会（FISP）主席Dermot Moran教授、秘书长Luca M. Scarantino教授，北京大学党委书记郝平、校长林建华等嘉宾出席开幕式。大会注册人数超过7000人，实际参会人数近5000人，规模为历史之最。这是拥有118年传统的全球最大规模的哲学会议第一次在中国举办，并且是首次由高校作为主要承办角色。大会第一次以中国传统哲学思想的学术框架为基础设定主题，体现了全球哲学界对中国哲学及其文化价值的重视，更凸显了中国在全球人文研究领域中日益提高的影响力。会议为期一周，于20日在国家会议中心闭幕。

8月15日至20日 第九届中国大学生物理学术竞赛在山西大学举行。北京大学物理学院2017级本科生黄励勤、刘雨轩、李亦璠、毛子涵、于明鑫等5位同学组成的北大代表队以总分201分获得竞赛一等奖。刘雨轩荣获"最佳反方"单项奖。

8月17日 上午，中共中央政治局委员、国务院副总理孙春兰到北京大学第三医院海淀院区（北京市海淀医院），传达了习近平总书记对全国卫生健康工作者的节日祝贺和亲切关怀，看望慰问一线医务人员并与大家座谈。她指出，设立"中国医师节"是党和人民给予医务人员的特殊荣耀，希望大家以此为新起点，深入贯彻习近平总书记重要指示精神，修医德、行仁术，用优质的服务增进人民健康福祉，并强调要认真落实党中央、国务院决策部署，让医务人员的劳动得到尊重、价值得到体现。

8月19日至21日 2018年C9高校"双一流"建设研讨会在山西太原举行。本次会议以"一流大学建设成效评价"为主题，由北京大学承办，太原理工大学协办。北京大学校长林建华等C9高校领导，以及山西大学、太原理工大学等山西高校领导出席会议，北京大学常务副校长高松主持会议。期间，还召开了山西省与C9高校战略合作座谈会，林建华与山西省委副书记、省长楼阳生签署了《山西省人民政府—北京大学战略合作协议》，北京大学副校长龚旗煌与山西大学副校长张天才签署了《北京大学支持山西大学建设与发展实施方案》。会议期间，林建华等校领导还会见了部分在山西发展的北大校友。

8月23日 上午，北京大学2018级博士生住宿抽签仪式在计算中心7号机房举行。常务副校长高松，研究生院、总务部、公寓服务中心等相关职能部门代表，各院系教师代表以及研究生会代表、各院系学生代表等近百人参加了抽签仪式。

8月28日 国家主席习近平给参加"一带一路"青年创意与遗产论坛的青年代表回信，强调青年是国家的未来，勉励他们为构建人类命运共同体作出自己的努力。"一带一路"青年创意与遗产论坛于2018年5月在长沙和南京举办，来自51个国家的73名青年代表参加了论坛。北京大学留学生、来自埃塞俄比亚的汉娜·格塔丘等同学在来信中向习近平主席汇报了自己参加论坛的感悟，并就"一带一路"建设、中非合作、中非青年交流等提出了看法和建议。29日，北大部分在校非洲学生、从事非洲研究相关工作的师生聚在一起，围绕习近平主席回信精神，结合自己的学习工作经历展开热烈讨论。

8月29日 下午，"纪念中日和平友好条约缔结40周年·中日大学生千人交流大会"在北京大学百周年纪念讲堂举行。中国国务院总理李克强、日本首相安倍晋三分别向大会致贺信，中国教育部部长陈宝生、中国驻日大使程永华、外交部副部长孔铉佑、北京大学党委书记郝平、北京大学校长林建华；日本文部科学大臣林芳正、日本驻华大使横井裕、庆应义塾大学总长长谷山彰等中日双方嘉宾，以及中日友好协会、中国教育国际交流协会、北京市友协等中方合作单位代表出席活动，来自日本全国各大学的500余名学生和北京大学等6所高校的500余名中国大学生共同出席大会。北京大学副校长龚旗煌主持大会。

8月30日 校党委书记郝平、校长林建华等校领导来到迎新现场，看望新生，了解报到情况，慰问工作人员和志愿者。

9月

9月3日至4日 北京大学2018年领导班子暑期战略研讨会在中关新园1号楼科学报告厅召开。研讨会围绕立德树人、党的建设、资源配置、"双一流"建设等议题进行，旨在深入学习贯彻落实习近平总书记重要讲话精神，传达学习全国宣传思想工作会议精神，围绕学校十三次党代会确定的目标，聚焦立德树人，深化综合改革，全面深入推进"双一流"建设。学校领导班子成员，各学部、院系、党政职能部门负责人出席研讨会。

9月3日至4日 中非合作论坛北京峰会隆重举行，69名北京大学志愿者参与并圆满完成各项志愿服务工作。

9月7日 上午，斯坦福大学校长马克·特榭-勒温（Marc Tessier-Lavigne）一行到访北京大学，随行人员包括斯坦福大学医学院院长罗伊德·米诺（Lloyd Minor）、商学院院长乔纳森·莱文（Jonathan Levin）、工学院院长珍妮弗·维多姆（Jennifer Widom）、法学院副院长长罗伯特·戴恩斯（Robert Daines）等。北京大学党委书记、校务委员会主任郝平在临湖轩会见来宾。

9月10日 下午，北京大学在英杰交流中心月光厅召开主题为"以四个相统一为引领，建设高素质教师队伍"的教师节座谈会。校长林建华等校领导与2017—2018年度获得各项奖项的教师代表、部分职能部门负责人、工会代表、学生代表参加座谈会。会议由常务副校长高松主持。

9月11日 上午，台湾地区工商协进会荣誉理事长、台湾"十大杰出青年基金会"副董事长黄茂雄率高阶团一行13人访问北大。校长林建华在临湖轩会见来宾，副校长王博等陪同会见。

9月13日 "博雅视界"北京大学外事大讲坛2018年秋季第一讲暨《我的对面是你：新闻发布会背后的故事》——傅莹大使新书首发分享会在英杰交流中心阳光厅举行。第十二届全国人大发言人、外交部原副部长、原驻英国大使傅莹作题为"世界需要更多地听到中国人的声音"的主旨发言。北京大学校长林建华出席活动并致辞。

9月13日 下午，北京大学在办公楼召开党委常委会，学习贯彻全国教育大会精神，会上党委书记郝平传达了全国教育大会的情况以及习近平总书记的重要讲话精神，学校党政领导班子全体成员参加会议。

9月14日 下午，学校在英杰交流中心召开全校中层干部大会，党委书记郝平和校长林建华分别代表党政就深入学习贯彻全国教育大会和习近平重要讲话精神以及新学期工作进行部署动员。

9月15日 上午，北京大学2018年开学典礼在邱德拔体育馆举行。校党委书记郝平、校长林建华等校领导，北大对口扶贫县云南省弥渡县县委副书记、县长张世伟，以及北大各学部、院系和相关职能部门的负责人出席典礼。典礼由常务副校长、教务长高松主持。

9月18日 上午，黎巴嫩贝鲁特美国大学校长法德洛·库里一行来访北京大学。北京大学校长林建华、区域与国别研究院院长钱乘旦等在临湖轩会见了来宾。

9月19日 上午，北京大学首届离退休教职工金婚庆典在英杰交流中心阳光厅举行。校党委书记郝平、党委副书记安钰峰、原副校长岳素兰出席庆典。金婚伉俪及原单位领导、学生代表、家属代表，校离退休工作委员会、关工委部分成员等参加庆典，一起贺金婚、庆中秋、迎国庆、话重阳。

9月21日 上午，中国新诗百年纪念大会在北京大学英杰交流中心阳光大厅举行。会议由北京大学中文系、北京大学中国诗歌研究院、首都师范大学中国诗歌研究中心与中国诗歌学会联合主办。北京大学校长林建华、北京大学中国诗歌研究院院长谢冕等出席大会，300余名来自国内外的诗人、学者、出版界、传媒界代表以及北大师生参加大会。会议由北京大学党委常委、党委宣传部部长、诗歌研究院常务副院长蒋朗朗主持。

9月22日 由北京大学、国家林业和草原局共同主办，北京大学国家治理研究院、国家林业和草原局经济发展研究中心、集体林业改革发展研究中心承办的"绿水青山就是金山银山有效实现途径"研讨会在北京大学英杰交流中心举行。国家林业和草原局局长张建龙、副局长刘东生，北京大学党委副书记、秘书长安钰峰和30个典型单位、国家林业和草原局各司局及直属单位负责人参加了研讨会。

9月25日至28日 应朝鲜金日成综合大学邀请，北京大学党委副书记叶静漪教授率代表团对朝鲜进行友好访问。

9月26日 北京大学校长林建华出席在新加坡举行的"2018年泰晤士世界学术高峰论坛"，并在第一专题讨论中发言。

10月

10月11日 上午，巴西坎皮纳斯州立大学校长马赛洛·诺贝尔（Marcelo Knobel）率团访问北大。北京大学校长林建华在临湖轩接待了来宾一行。

10月12日 北京大学百年物理讲坛第21讲暨北京大学诺贝尔奖获得者校园行活动在北京大学举行。2018年诺贝尔物理学奖获得者法国科学家Gérard Mourou教授发表题为"ELI极端光学研究及未来发展：高能量单周期激光科学"的学术演讲。Mourou教授介绍了啁啾脉冲放大技术在科学上的应用，对超强激光物理领域进行了总结性的展望。来自北京大学及兄弟院校的700余位师生到场聆听。

10月13日至18日 北京大学校长林建华率代表团赴美国访问，其间访问了博古睿研究院、洛杉矶加州大学、北京协同创新研究院美国分院，并参加了北京大学第八届全美校友大会活动。

10月14日 晚，"爱国、励志、求真、力行"北京大学2018级新生心教育晚会在北京大学百周年纪念讲堂举行。中国残联副主席吕世明，校党委副书记、纪委书记叶静漪，新东方教育集团董事长俞敏洪，以及中央国家机关青联委员代表、共青团中央代表，北京大学2018级新生代表近2000人参加了活动。

10月15日 由北京大学科维理天文与天体物理研究所江林华领衔的国际团队发现了宇宙早期一个超大质量的原初星系团。该原初星系团最终会塌缩为质量约$3.6×10^{15}$太阳质量的星系团，使之成为目前已知宇宙早期最大的原初星系团。该发现以 "A giant protocluster of galaxies at redshift 5.7" 为题在线发表在《自然-天文》（*Nature Astronomy*, 2018, DOI:10.1038/s41550-018-0587-9），并被 *Nature* 选为当天唯一的高亮（highlight）文章。

10月20日至21日 纪念张芝联先生百年诞辰暨法国史国际研讨会在李兆基人文学苑1号楼108报告厅举行。校党委书记郝平出席活动。来自法国国家科学研究院、巴黎第一大学、鲁昂大学、法国教育部、英国布里斯托大学，以及北京大学、清华大学、中国社会科学院、中国科学院等国内外知名高校和科研机构的60余名专家学者与会。会议期间，张芝联先生家属向北大历史学系捐赠了张芝联先生的部分著作合集。

10月20日至21日 2018首都高校第十届秋季田径运动会在北京工商大学体育场（良乡）举行，来自北京地区50余所高校的1500余名师生参加运动会。北京大学代表队取得蝉联男、女团体总分第一名（260分），蝉联男子团体第一名（146分）、女子团体第二名（114分）的喜人成绩，共获冠军9项，其中个人冠军7项、团体冠军2项，亚军7项，季军7项。

10月22日 北京大学与澳大利亚悉尼大学2018年度论坛在临湖轩举行，主题为"中国与澳大利亚的关系：构建共享的未来"。两校约20位专家和学者与会，进行了热烈而富有成果的对话，取得了预期研讨成果。

10月23日 下午，北京大学在英杰交流中心阳光厅举行全校教师干部大会，宣布中央关于北京大学党委书记、校长职务的任免决定：邱水平同志任北京大学党委书记，郝平同志任北京大学校长、不再担任北京大学党委书记职务，林建华同志不再担任北京大学校长职务。中组部副部长周祖翼，教育部党组书记、部长陈宝生，北京市委常委、组织部部长魏小东出席大会并讲话。在京的校党政领导班子成员，学校老领导代表，各院系及附属医院党政班子成员，职能部门、直属附属单位副职以上干部，院士、资深教授和中青年教师代表，各民主党派负责人，离退休老同志代表，教代会代表，校办产业负责人等近600人参加了会议。会议由郝平同志主持。

10月24日 上午，"纪念北京大学图书馆建馆120周年·用户导向的信息服务国际学术研讨会"开幕式在北京大学英杰交流中心举行。校长郝平、副校长陈宝剑、国家图书馆副馆长张志清等出席开幕式。来自海内外100多所高校图书馆、部分公共图书馆的馆长，北京大学知名专家学者代表、相关职能部门负责人、学生代表及图书馆新老馆员等参加了活动。开幕式由校党委副书记、秘书长安钰峰主持。

10月24日 由北京大学牵头组建的医学"双一流"建设联盟在京召开成立大会。全国人大常务委员会原副委员长、全国政协原副主席、"双一流"建设专家委员会主任委员韩启德，教育部副部长林蕙青，国家卫生健康委员会科技教育司副司长陈昕煜等领导出席并讲话。中国医师协会会长张雁灵、中华口腔医学会会长俞光岩、中华护理学会会长吴欣娟、中华医学会医学教育分会主任委员李立明等学会领导，以及包括联盟成员单位理事、专家在内的全国近70所院校领导、医院院长和教育工作者250余人出席会议。大会由联盟副理事长兼秘书长、北大医学部副主任段丽萍主持。

10月25日 北京石墨烯论坛2018暨北京石墨烯研究院揭牌仪式在京举行。第十二届全国政协副主席韩启德院士，北京市委常委、统战部部长齐静，北京大学校长郝平，北京市政协副主席、北京石墨烯研究院院长刘忠范院士等共同为北京石墨烯研究院揭牌。

10月26日 下午，日本首相安倍晋三访问北京大学，与北大学子座谈。中国驻日本特命全权大使程永华，日本驻华大使横井裕，外交部亚洲司参赞薛剑，教育部副部长孙尧，北京大学党委书记、校务委员会主任邱水平，校长郝平，副校长陈宝剑出席座谈会。

10月26日 晚，"'北大精神 永在巅峰'——2018珠峰攀登报告会"在英杰交流中心阳光厅举行。教育部体育卫生与艺术教育司司长王登峰，共青团中央学校部副部长石新明，北京市委教育工委副书记狄涛，北京团市委书记熊卓，中国登山协会副主席、中国登山队队长王勇峰，西藏自治区体育局巡视员旺青格烈，中国科协创新战略研究院党委副书记、副院长阮草等领导嘉宾与北京大学党委书记邱水平，党委副书记、纪委书记叶静漪，副校长陈宝剑等学校领导，珠峰攀登活动总指挥黄怒波，珠峰登山队队员，相关职能部门负责人，校友、学生代表参加活动。

10月27日 第三届北京大学秋季运动会暨新生趣味运动会在五四体育中心举行。来自32个院系的2553位运动员参加了54个比赛项目的角逐。

10月28日 上午，北京大学继续教育100周年纪念座谈会在英杰交流中心月光厅举行。全国人大常委会委员、全国人大教育科学文化卫生委员会副主任委员、民进中央专职副主席王佐书，北京大学校长郝平、副校长龚旗煌，教育部职业教育与成人教育司高等继续教育处处长高阳等领导出席会议。国家教育咨询委员会委员季明明、全国高校现代远程教育协作组秘书长严继昌、中国成人教育协会人力资源教育专业委员会理事长吴峰等50多位专家学者、院系负责人和职能部门领导、教师代表出席会议，共同探讨百年来北京大学和我国高校继续教育的重要意义、使命责任和新时代继续教育的发展趋势。

10月30日 俄罗斯联邦政府副总理戈利科娃访问北京大学，俄罗斯科学和高等教育部副部长博罗弗斯卡娅、俄罗斯联邦驻华特命全权大使杰尼索夫、中国驻俄罗斯大使馆公使衔参赞于继海等陪同访问。北京大学党委书记、校务委员会主任邱水平，校长郝平，副校长田刚等在临湖轩接待了戈利科娃一行。

10月30日 上午，国家自然科学基金委主任、党组书记李静海一行来北大调研学科交叉研究相关情况。校党委书记邱水平，校长郝平，常务副校长、医学部主任詹启敏，副校长龚旗煌及部分交叉研究领域学科带头人、职能部门负责人等参加调研座谈会。

10月30日 中公教育集团向北京大学捐赠暨李永新校友北京大学名誉校董授予仪式在教育基金会北大之友报告厅举行。中公教育集团董事长李永新，副总裁吴敏娜、张红军等校友和校党委书记邱水平，校长郝平，校友会执行副会长邓娅以及相关部门、院系负责人共同出席捐赠仪式。仪式由副校长王仰麟主持。

10月31日 下午，校党委书记邱水平到医学部调研座谈，了解医学部人才培养、学科发展、队伍建设、科学研究、医疗工作和附属医院等相关情况。

11月

11月1日 上午，北京大学党委书记邱水平来到肖家河教师住宅项目工地进行调研，了解北大教师住宅的施工情况。副校长、总务长王仰麟，以及党办校办、督查室、房地产管理部、肖家河项目建设办公室等相关部门负责人陪同调研。

11月4日 翦伯赞同志诞辰120周年暨《中国史纲要》出版55周年纪念座谈会在人文学苑1号楼108报告厅举行。北京大学校长郝平，原翦伯赞同志秘书、原国家教委社科研究中心研究员田珏，中国社会科学院民族学与人类学研究所研究员刘凤翥，来自社科院、兄弟单位的领导和嘉宾，以及学校相关院系部门负责人和教师代表出席会议。会议由历史学系党委书记徐健主持。

11月8日 晚，美国前国务卿基辛格（Henry Kissinger）博士访问北京大学。校长郝平会见基辛格一行，副校长田刚等陪同会见，恒隆集团主席陈启宗受邀一同会见。会见结束后，基辛格与北大学生座谈。

11月19日 上午，改革开放40周年与语言服务创新发展论坛暨2018中国翻译协会年会在北京举行。北京大学教授仲跻昆获得代表我国翻译界最高荣誉的"翻译文化终身成就奖"。仲跻昆先生一生致力于教授阿拉伯语、翻译阿拉伯文学作品、撰写阿拉伯文学史，现为阿拉伯文学研究会名誉会长。

11月22日 伦敦大学学院校长麦克·阿瑟一行访问北京大学。北京大学校长郝平、副校长龚旗煌等在临湖轩会见了来宾。

11月25日 由国务院新闻办主办、北京大学国家战略传播研究院承办的"2018中国新闻发言人论坛"在北京大学英杰交流中心举行。中宣部副部长、国务院新闻办主任徐麟，北京大学党委书记邱水平出席论坛，百余名来自中央部门、地方党委政府和中央企业的新闻发言人、专家学者、媒体负责人参加论坛。

11月26日 下午，韩国首尔市市长朴元淳到访北京大学，并在第二体育馆发表演讲。北京大学党委书记、校务委员会主任邱水平，副校长田刚等在临湖轩中厅会见了朴元淳一行。

11月28日 上午，北京市委副书记、市长陈吉宁到北京大学医学部调研并走上讲台，与师生代表就首都发展、人才培养、创新成果转化等话题进行了深入交流。他勉励青年学子要自觉树立和践行社会主义核心价值观，胸怀理想、志存高远，投身中国特色社会主义伟大实践，勇攀世界科技高峰。北京大学校长郝平出席相关活动。

11月29日 英国泰晤士高等教育编辑部首席信息总监Phil Baty一行到访北京大学。校长郝平、党委副书记兼秘书长安钰峰等在临湖轩会见来宾。

11月30日 后勤系统与学生代表在43楼会议室召开"我的校园我做主"餐饮专题座谈会，就近期学生关注的热点问题展开交流，听取学生代表的建议。经线上自愿报名的学生代表同总务部、餐饮中心、青年研究中心相关负责人参加会议。本次座谈会全程在北大未名BBS进行文字直播。

12月

12月2日 2018年中国罗德学者名单正式揭晓，北京大学元培学院2015级本科生付紫璇成功入选。

12月5至8日 北京大学校长郝平率团访问香港，同香港友好合作高校展开会晤，拜会香港特区行政长官林郑月娥女士、中联办主任王志民，并看望若干长期以来对北京大学发展建设给予宝贵支持的香港企业家及友好人士。副校长王博参加活动。

12月8日 下午，"'围炉'讲堂：唱响新时代 启航新征程——庆祝改革开放40周年对话会"在北大全球大学生创新创业中心大讲堂举行。中国工程院院士、原铁道部部长傅志寰，航天英雄杨利伟，北大原常务副校长王义遒，中国国际经济交流中心总经济师陈文玲，金紫荆星章获得者、香港立法会前议员陈鉴林，中国网总编辑王晓辉等嘉宾出席。北大学生、社会各界人士350余人参加。

12月9日 北京大学2018年新生"爱乐传习"项目暨纪念"一二·九"运动83周年师生歌会在百周年纪念讲堂观众厅举行，校党委书记邱水平、校长郝平等学校领导莅临现场，与师生共同放歌，纪念光荣革命历史，展现新时代北大风采。

12月9日 北京大学经济学院主办的"中国百所大学经济学院院长论坛"在学院东旭学术报告厅举行。圆桌论坛设"新时代经济学教学育人与学科发展""新时代中国特色社会主义经济学的理论构建与发展""新时代经济学科学研究与发展"3个专题。论坛还以"新时代经济学教学、科研和服务国家社会发展"为主题，设置了8个平行的分论坛。新结构经济学研究院院长林毅夫发表了闭幕式主旨演讲。

12月10日 上午，北京大学生物医学前沿创新中心（BIOPIC）揭牌仪式暨2018年度中心学术研讨会在中关新园举行。北京大学校长郝平，南开大学校长曹雪涛，北京大学副校长、教务长龚旗煌，学校相关职能部门负责人以及中心主任谢晓亮、中心师生和媒体代表等200余人共同见证揭牌仪式。

12月12日 下午，北京大学党委理论中心组组织专题学习，前往国家博物馆参观"伟大的变革——庆祝改革开放40周年大型展览"。校党委书记邱水平、校长郝平等领导班子成员参加活动。

12月13日 浙江省委常委、杭州市委书记周江勇率团访问北京大学，校长郝平、副校长龚旗煌会见周江勇一行。双方就深化浙江省、杭州市与北京大学的合作以及北京大学信息技术高等研究院建设发展等事宜进行座谈。

12月13日 上午，北京大学医学部与佳木斯大学战略合作框架协议签约仪式在佳木斯大学举行。佳木斯市委书记徐建国，市委副书记、市长邵国强等，北京大学常务副校长、医学部主任詹启敏及佳木斯大学党委书记邱洪斌、校长孟上九等领导出席签约仪式。

12月14日 上午，北京大学新结构经济学研究院成立大会在英杰交流中心阳光厅举行。北京大学校长郝平、教育部社科司司长刘贵芹、国家国际发展合作署国际合作司负责人田林、埃塞俄比亚总理特别顾问阿尔卡贝·奥克贝（Arkebe Oqubay）、诺贝尔经济学奖得主罗杰·梅森（Roger Myerson）和埃德蒙·费尔普斯（Edmund Phelps），以及来自清华大学、复旦大学、普林斯顿大学、斯坦福大学、剑桥大学等国内外兄弟院校和有关政府部门、国际机构、企业和媒体的400多名代表出席会议。贝宁总统帕特里斯·塔隆（Patrice Talon）、波兰总理马蒂乌斯茨·莫拉维茨基（Mateusz Morawiecki）、塞内加尔总统马基·萨勒（Macky Sall）发来贺信。

12月14日 上午，北大女教授首次学术论坛在外国语学院新楼召开，论坛主题为"中国高校学科发展的回顾与前瞻"。校党委副书记、纪委书记叶静漪，北京市妇联副主席赵海英，首都女教授协会会长孙祁祥等出席论坛并致辞。北大女教授协会理事、首都女教授协会代表，以及北大中外妇女问题研究中心和各院系工会女工委员代表等80余人参加论坛。原常务副校长、肿瘤医院教授柯杨，化学与分子工程学院教授李彦，经济学院教授孙祁祥分别作主旨报告。

12月15日 下午，"燕行西部二十载，青春放歌新时代"北京大学研究生支教团20周年座谈分享会在新太阳学生中心报告厅举行。团中央青年志愿者行动指导中心党委书记张朝晖、副校长陈宝剑，青海省大通县朔山中学校长陈生祥，以及校内有关部门负责人与历届北大研究生支教团志愿者代表参加会议。

12月15日 纪念北大画法研究会100周年座谈会在人文社会科学研究院会议室举行。校内外知名学者和画家参加座谈会，并一同挥毫，合作完成一幅国画作品《燕园秋色图》。

12月16日至17日 校党委书记邱水平率队赴云南省昆明市、大理白族自治州弥渡县调研，研究推进省校合作、定点扶贫等工作。校党委副书记、医学部党委书记刘玉村，副校长兼教务长龚旗煌及相关院系、部门、校办企业负责同志陪同调研。

12月18日 中国科协-北京大学科学文化研究院成立大会暨揭牌仪式在北大英杰交流中心阳光厅举行。中国科协名誉主席、北京大学教授韩启德，中国科协党组书记、常务副主席、书记处第一书记怀进鹏，校党委书记邱水平、校长郝平等出席。

12月18日 上午，庆祝改革开放40周年大会在人民大会堂隆重召开，中共中央总书记、国家主席、中央军委主席习近平发表重要讲话。党中央、国务院决定授予100名同志改革先锋称号，颁授改革先锋奖章。于敏、王选、王家福、厉以宁、李彦宏、邹碧华、林毅夫、胡福明、钟南山、屠呦呦、樊锦诗等11位北大教师、校友入选。

12月19日 上午，北京大学庆祝改革开放40周年座谈会在英杰交流中心阳光厅举行。改革先锋称号获得者及其家属厉以宁教授、胡福明校友、钟南山校友、樊锦诗校友、林毅夫教授和王选教授的夫人陈堃銶老师、邹碧华校友的夫人唐海琳校友回到燕园，亲临现场，与北大师生分享了他们参加大会的感受和学习总书记讲话的体会，以及自己在改革开放40年伟大历史征程中的感悟。校党委书记邱水平、校长郝平等领导班子成员出席会议。各基层党委、院系和职能部门等相关负责人，师生代表参加会议。

12月19日 下午，北京大学博古睿研究中心成立仪式在北京大学教育基金会北大之友报告厅举行。该中心由北京大学与美国博古睿研究院（Berggruen Institute）共同发起成立，旨在汲取现代文明的积极成果，关注东方的声音，发现和寻找开启新文明类型的思想。博古睿研究院主席、创始人尼古拉斯·博古睿（Nicolas Berggruen），21世纪理事会成员、巴基斯坦前总理肖卡特·阿齐兹（Shaukat Aziz），北京大学校长郝平，北京大学前校长林建华等嘉宾出席仪式。

12月20日 下午，北京大学教育基金会第六届理事会第六次会议在基金会北大之友报告厅举行。校党委书记邱水平出席会议，副校长、基金会副理事长王博主持会议。

12月21日 晚，北京大学第十五届学生"演讲十佳"大赛决赛在英杰交流中心阳光厅举行。经过主题演讲和即兴演讲两轮比拼，法学院2018级硕士研究生刘继、国际关系学院2018级本科生郑方一和口腔医学院2013级本科生陈浩天从15位决赛选手中脱颖而出，分获本届"演讲十佳"大赛冠、亚、季军，总分排名前10位的选手荣获"演讲十佳"称号。

12月21日 下午，北京大学国际组织与全球治理高端系列讲座启动仪式暨首场讲座在燕京学堂报告厅举行。校长郝平作题为"联合国教科文组织与国际组织人才培养"的讲座。副校长王博、燕京学堂院长袁明以及国际关系学院党政领导班子成员和师生代表共170余人参加讲座。

12月21日 化学与分子工程学院E区大楼奠基仪式在新楼建设工地举行。1981级校友、松禾创业投资公司董事长厉伟，深圳市蓝凌软件股份有限公司总裁徐霞，深圳市金凤凰装饰工程有限公司董事长刘宏洲，深圳市宏禧聚信传媒股份有限公司董事长张朔，筑博设计集团股份有限公司设计师张晓奕等捐赠人出席仪式。校长郝平在奠基仪式前与新楼捐赠人座谈。

12月21日 下午，北京市副市长隋振江率团调研怀柔科学城，了解北大怀柔科学城项目的建设情况。校党委书记邱水平，党委副书记、医学部党委书记刘玉村，副校长、教务长龚旗煌等陪同考察调研，并参加了在密云区委举行的座谈会。

12月21日 下午，北京大学推进教职工便捷医疗工作协调会在临湖轩东厅举行。校长郝平主持会议，副校长、总务长王仰麟及相关部门负责人参加会议。下一阶段，学校将以需求为导向，按照"量力而行、分步推进"的工作原则，分阶段推进教职工便捷医疗工作落地，实现公费医疗转诊多家附属医院。

12月23日 第20届北大光华新年论坛在北京举行。本届论坛以"美好中国：敢当与前行"为主题，致敬改革开放40年，展望发展新愿景。全国政协副主席、民革中央常务副主席郑建邦，"改革先锋"称号获得者、北京大学光华管理学院名誉院长厉以宁分别作主旨演讲。北京大学党委书记邱水平，党委常委、副校长王博出席论坛。

12月24日 海军航空大学政治委员王军东一行来北京大学调研，看望"双学籍"联合培养飞行学员。北京大学党委书记邱水平会见来宾，副校长兼教务长龚旗煌参加会见并与来宾进行座谈。

12月24日至26日 校长郝平率团访问日本，拜会中国驻日本大使馆程永华大使，访问东京大学、早稻田大学、大阪大学和京都大学。

12月26日 2018年度"中国高等学校十大科技进展"项目评选结果揭晓。北京大学申报的视频编码国家标准AVS2支撑中央电视台播出超高清电视项目入选。该项目由高文院士牵头，针对超高清视频高效编码问题，以数字音视频编解码技术标准工作组为依托，通过产学研用深度协作，组织制定了第二代视频编码标准AVS2，2016年颁布为广播电视行业标准和国家标准，2018年颁布为IEEE国际标准，并被全球超高清联盟采纳。

12月27日 晚，北京大学与中国银行《银校战略合作协议》签约仪式在中国银行举行。北京大学校长郝平，副校长、教务长龚旗煌，中国银行董事长陈四清，副行长林景臻等出席仪式。仪式由中国银行党委委员孙煜主持。

12月28日 下午3点，北京大学马克思主义学会首场"求真明理"读书会在马克思主义学院国际马克思主义文献中心举行。这是北京大学马克思主义学会改组后的首次活动，也是北大马会的一次全新亮相。马克思主义学院执行院长孙熙国教授和哲学系杨立华教授进行讲授并与学会会员互动交流。

12月31日 晚，北京大学2019年新年联欢晚会在百周年纪念讲堂举行。学校领导来到晚会现场观看演出，与全校师生欢聚一堂，共同迎接新年的到来。校党委书记邱水平为"十佳教师"获奖教师颁奖，校长郝平发表新年致辞。

（刘津汀、孙启明）

2018 年基本数据

（2018 年 12 月）

一、总体数据

		其中，医学部
（一）校园面积	2,741,118 平方米（约 4112 亩）	392,305 平方米（约 588 亩）
其中，绿化用地面积	1,233,576 平方米（约 1850 亩）	114,703 平方米（约 172 亩）
运动场地面积	153,389 平方米（约 230 亩）	27,300 平方米（约 41 亩）
（二）校舍建筑面积	3,082,480 平方米	618,767 平方米
（三）固定资产总额	1500,318 万元	264,674.87 万元
其中，教学科研仪器设备资产值	662,703 万元	156,948.78 万元
（四）图书馆藏书：	750.0532 万册	50.9647 万册
（五）电子图书（含期刊、论文）：	694.3917 万册	3.3615 万册
（六）设立奖学金项数	115 项	32 项
奖学金总额	4584.28 万元	455.5 万元

二、教职工情况（单位：人）

		其中，医学部
（一）教职工数（不包含博士后）	11,337[1]	1695
专任教师数	3358	717
其中，按职称划分：		
正高级	1486	187
副高级	1451	287
其中，按学历划分：		
博士学历	2904	522
其中：		
中国科学院院士	78[2]	7
中国工程院院士	18[3]	7
发展中国家科学院院士	30	1
北大哲学社会科学资深教授	11	0
北大博雅讲席教授	77	11
北大博雅特聘教授	271	15
北大博雅青年学者	266	26
北大人文讲席教授	7	0
"千人计划"入选者	64	7
"青年千人计划"入选者	169	16
"万人计划"入选者	42	6
"青年拔尖人才计划"入选者	41	5
"长江学者奖励计划"	250[4]	24
特聘教授、讲座教授、青年学者		
百千万人才国家级人选	68	11
国家重点研发计划首席科学家	74	32
国家杰出青年基金获得者	254	33
国家基金委创新群体	40	8

			其中，医学部
	国家基金委优秀青年基金获得者	140	25
	当代教育名家	4	0
	国家级教学名师	17	2
	博士生导师	2582	522
	行政人员	1827	372
	其中：专职辅导员人数	197	64
	教辅人员	2134	382
	工勤人员	1987	71
	科研机构人员	1485	133
	校办企业职工	133	20
	附属医院教职工	—	10,279
	临床教师	—	4232
（二）其他人员			
	离退休人员	5640	1587

三、学生情况（单位：人）

			其中，医学部
（一）在校学生[5]		44,729	8990
	其中：共产党员	13,822	1826
	少数民族	3552	871
	华侨港澳台	1138	168
	本科生	16,058	3879
	一年级	4165	869
	二年级	3941	883
	三年级	3837	807
	四年级	3558	798
	五年级及以上	557	522
	硕士研究生	17,403	2571
	一年级	6713	912
	二年级	6598	904
	三年级及以上	4092	755
	博士研究生	11,268	2540
	一年级	2801	914
	二年级	2509	728
	三年级	2351	683
	四年级	2246	78
	五年级及以上	1361	137
（二）成人教育学生		8284	864
（三）网络本专科学生		37,690	17,697
（四）外国留学生		6712	413
	其中：本科生	1463	338
	硕士研究生	914	11
	博士研究生	365	0
	培训	3970	64
（五）普通本专科毕业生一次就业率		94.26%	91.90%

四、博士后人数（单位：人）

在站人数	1896	240
累计进站人数	8756	970

五、学科情况（单位：个）

		其中，医学部
本科专业[6]	125	10
博士学位授权一级学科点	49	
博士学位点（含一级学科覆盖）	258	
硕士学位授权一级学科点	51	
硕士学位点（含一级学科覆盖）	282	

		其中，医学部
国家重点学科（一级）	18	3
国家重点学科（二级）	25	12
国家重点（培育）学科	3	1
省部级重点学科（一级）	5	1
省部级重点学科（二级）	12	5
博士后流动站[7]	47	8
全球前 1% 的学科（美国"基本科学指标数据库"ESI 的统计）[8]	21	

六、教学科研（单位：个）

		其中，医学部
院系[9]	49	5
实体研究机构[10]	44	9
国家研究中心[11]	1	0
国家重点实验室[12]	9	1
国家工程实验室[13]	3	1
国家工程研究中心[14]	2	0
省部级设置的研究（院、所、中心）、实验室	126	58
定期出版的专业刊物[15]	46	12
医院[16]	10	10

1. 教职工总数包括专任教师、教辅人员、行政人员、工勤人员、科研机构人员、校办企业职工、其他附设机构人员，不包含离退休人员和博士后。
2. 其中人事关系在本校的中国科学院院士 49 人。
3. 其中人事关系在本校的中国工程院院士 9 人。
4. 其中长江学者特聘教授 170 人，长江学者讲座教授 37 人，长江学者青年学者 43 人。
5. 包括：普通本专科学生、硕士研究生、博士研究生，不包含在职研究生、成人教育、网络教育及外国留学生（单列）。
6. 本科专业名录：（其中本部 116 个，医学部 10 个，1 个共有）
哲学、逻辑学、宗教学、经济学、经济统计学、资源与环境经济学、财政学、金融学、保险学、国际经济与贸易、法学、知识产权、政治学与行政学、国际政治、外交学、国际事务与国际关系、政治学、经济学与哲学、社会学、社会工作、科学社会主义、汉语言文学、汉语言、古典文献学、应用语言学、英语（生物医学英语）/英语（医学英语）、俄语、德语、法语、西班牙语、阿拉伯语、日语、波斯语、朝鲜语、菲律宾语、梵语巴利语、印度尼西亚语、印地语、缅甸语、蒙古语、泰语、乌尔都语、希伯来语、越南语、葡萄牙语、新闻学、广播电视学、广告学、编辑出版学、历史学、世界史、考古学、文物与博物馆学、外国语言与外国历史、数学与应用数学、信息与计算科学物理学、应用物理学、核物理、化学、应用化学、化学生物学、天文学、地理科学、自然地理与资源环境、人文地理与城乡规划、地理信息科学、大气科学、地球物理学、空间科学与技术、地质学、地球化学、古生物学、生物科学、生物技术、生态学、心理学、应用心理学、统计学、应用统计学、理论与应用力学、工程力学、材料科学与工程、材料化学、能源与动力工程、微电子科学与工程、集成电路设计与集成系统、电子信息科学与技术、计算机科学与技术、软件工程、智能科学与技术、勘查技术与工程、航空航天工程、核工程与核技术、核化工与核燃料工程、环境工程、环境科学、生物医学工程、城乡规划、临床医学（八年制；六年制；五年制）、口腔医学（八年制；六年制；五年制）、基础医学（八年制）、医学实验技术、医学检验技术、口腔医学技术、药学、预防医学、护理学、信息管理与信息系统、工商管理、市场营销、会计学、财务管理、人力资源管理、公共事业管理、行政管理、城市管理、图书馆学、艺术史论、广播电视编导、文物保护技术、通信工程、数据科学与大数据技术、能源与环境系统工程、整合科学、人类学。
7. 博士后流动站名录：
校本部（39 个）：数学、统计学、物理学、化学、天文学、地理学、地质学、大气科学、地球物理学、生物学、力学、电子科学与技术、信息与通信工程、计算机科学与技术、软件工程、生态学、环境科学与工程、核科学与技术、心理学、中国语言文学、中国史、世界史、考古学、哲学、理论经济学、应用经济学、工商管理、法学、社会学、外国语言文学、政治学、教育学、公共管理、图书情报与档案管理、马克思主义理论、测绘科学与技术、新闻传播学、艺术学、生物医学工程。
医学部（8 个）：口腔医学、公共卫生与预防医学、药学、基础医学、临床医学、生物学、中西医结合、护理学。
8. 进入 ESI 前 1% 的学科名录（21 个）：化学、物理、临床医学、地球科学、材料科学、分子生物学与遗传学、生物学与生物化学、环境科学/生态学、工程科学、神经科学与行为学、药学与毒理学、动物和植物学、社会科学、数学、精神病学/心理学、免疫学、经济学/商学、计算机科学、微生物学、农学、多学科。
9. 院系名录（49 个）：

数学科学学院、物理学院、化学与分子工程学院、生命科学学院、城市与环境科学学院、地球与空间科学学院、心理与认知科学学院、建筑与景观设计学院、信息科学技术学院、工学院、环境科学与工程学院、计算机科学技术研究所、软件与微电子学院、中国语言文学系、历史学系、考古文博学院、哲学系（宗教学系）、外国语学院、艺术学院、对外汉语教育学院、国际关系学院、法学院、信息管理系、社会学系、政府管理学院、马克思主义学院、教育学院、新闻与传播学院、体育教研部、经济学院、光华管理学院、国家发展研究院、人口研究所、元培学院、燕京学堂、现代农学院、基础医学院、药学院、公共卫生学院、护理学院、医学人文研究院、信息工程学院、化学生物学与生物技术学院、环境与能源学院、城市规划与设计学院、新材料学院、汇丰商学院、国际法学院、人文社会科学学院。

10　实体机构（44个）：

核磁共振中心、分子医学研究所、北京国际数学研究中心、前沿交叉学科研究院、科维理天文与天体物理研究所、量子材料科学中心、生物动态光学成像中心、高能效计算与应用中心、景观设计学研究院、统计科学中心、定量生物学中心、合成与功能生物学中心、麦戈文脑科学研究所、崔琦实验室、软物质科学与工程中心、海洋研究院、应用物理与技术研究中心、前沿计算研究中心、生态研究中心、天然气水合物研究中心、儒藏编纂与研究中心、中国教育财政科学研究所、中国社会科学调查中心、歌剧研究院、中国画法研究院、西方古典学中心、高等人文研究院、社会研究中心、国际战略研究院、新媒体研究院、国家竞争力研究院、新结构经济学研究院、中国政治学研究中心、人文社科研究院、习近平中国特色社会主义思想研究院、医药卫生分析中心、中国卫生发展研究中心、中国药物依赖性研究所、医学信息学中心、医学教育研究所、临床研究所、北京大学全国医学教育发展中心、健康医疗大数据研究中心、北京大学医学部精准医疗多组学研究中心。

11　国家实验室（1个）：北京分子科学国家实验室（筹）。

12　国家重点实验室（9个）：人工微结构和介观物理国家重点实验室、湍流与复杂系统研究国家重点实验室、核物理与核技术国家重点实验室、蛋白质与植物基因研究国家重点实验室、膜生物学国家重点实验室（北大分室）、天然药物及仿生药物国家重点实验室、环境模拟与污染控制国家重点实验室（北大分室）、区域光纤通信网与新型光纤通信系统国家重点实验室（北大实验区）、微米/纳米加工技术国家级重点实验室（北大分室）。

13　国家工程实验室（3个）：数字视频编解码技术国家工程实验室、口腔数字化医疗技术和材料国家工程实验室、大数据分析与应用技术国家工程实验室。

14　国家工程研究中心（2个）：电子出版新技术国家工程研究中心、软件工程国家工程研究中心。

15　定期出版的专业刊物（46个）：

《物理化学学报》《大学化学》《数学进展》《北京大学学报（自然科学）》《北京大学学报（医学版）》《中国妇产科临床杂志》《口腔正畸学》《中国介入心脏病学杂志》《中国新生儿科杂志》《中国生育健康杂志》《中国糖尿病杂志》《中国疼痛医学杂志》《中国微创外科杂志》《中国药物依赖性杂志》《中国斜视与小儿眼科杂志》《医院管理论坛》《中国生物化学与分子生物学报》《生理科学进展》《景观设计学》《北京大学学报（哲学社会科学版）》《中外法学》《经济科学》《国外文学》《国际政治研究》《大学图书馆学报》《人口与发展》《北京大学教育评论》《Peking University Law Journal》《经济学（季刊）》《金融法苑》《北大法律评论》《刑事法评论》《法律和社会科学》《行政法论丛》《营销科学学报》《中国会计评论》《国际政治研究》《Journal of Chinese Literature and Culture》《国际汉学研究通讯》《中西文化比较与翻译研究（英文版）》《语言学研究》《北大艺术评论》《哲学门》《道家文化研究》《语言学论丛》《新诗评论》。

16　医院：包括5家附属医院（第一医院、人民医院、第三医院、口腔医院、第六医院），1家与北京市双重管理医院（肿瘤医院），4家共建医院（首钢医院、深圳医院、滨海医院、国际医院）。

（傅翰文）

机构与干部

学校领导机构

中共北京大学第十三届委员会
书　　　记　邱水平（10月任）　郝　平（10月免）
副 书 记　郝　平（10月任）　林建华（10月免）
常务副书记　于鸿君
副 书 记　安钰峰（正局级）　叶静漪　刘玉村
常　　　委　邱水平（10月任）　郝　平　林建华（10月免）　于鸿君　安钰峰　高　松（9月免）　詹启敏　叶静漪
　　　　　　刘玉村　王　博　龚旗煌　陈宝剑　柴　真　蒋朗朗
委　　　员（按姓氏笔画为序）
　　　　　　于鸿君　万　有　马化祥　王　博　王仰麟　王维民　叶静漪　宁　琦　乔　杰　任羽中　刘玉村　刘晓光
　　　　　　安钰峰　邱水平（10月任）　张平文　张晓黎　陈宝剑　林建华　赵　越　郝　平　柴　真　徐善东
　　　　　　高　松（9月免）　龚文东　龚旗煌　蒋朗朗　傅绥燕　詹启敏　谭文长　潘义生

北京大学
校　　　长　郝　平（10月任）　林建华（10月免）
常务副校长　高　松（4月任，11月免）　詹启敏（4月任）
副 校 长　高　松（4月任常务副校长）　王仰麟　詹启敏（4月任常务副校长）　田　刚　王　博　龚旗煌　陈宝剑
秘 书 长　安钰峰（兼）
教 务 长　龚旗煌（兼）（10月任）　高　松（兼）（10月免）
总 务 长　王仰麟（兼）

中共北京大学第十三届纪律检查委员会
书　　　记　叶静漪（兼）
副 书 记　王　雷　邹　惠　范春梅
委　员（按姓氏笔画为序）
　　　　　　王　雷　叶静漪　付　卫　刘　波　刘江平　刘新民　苏　茵　余　浚　邹　惠　张庆东　张宝岭　张新祥
　　　　　　范春梅　周有光　隗铁夫

校务委员会

主　任　邱水平
副主任　林毅夫　田　刚　海　闻　饶　毅　李　鸣　王　杰　敖英芳　陈建龙
委　员（以姓氏笔画为序）
　　　　王　杉　王　博　王缉思　甘子钊　厉以宁　叶　朗　朱卫国　乔　杰　任庆鹏　刘玉村　刘俊义　阮　草
　　　　孙　丽　孙祁祥　李　强　杨芙清　吴　明　吴　凯　张东晓　张守文　张颐武　陈跃红　季加孚　周晓林
　　　　袁行霈　高　毅　郭建宁　唐晓峰　涂　平　陶　澍　黄　如　鄂维南　程朝翔　鲁安怀　谢心澄　蔡洪滨

学术委员会

校学术委员会
主　任　郝　平
副主任　詹启敏　王　博　龚旗煌　方精云
委　员（以姓氏笔画为序）
　　　　于鸿君　王子寒（学生）　申　丹　田　刚　朱苏力　朱良志　刘玉村　刘国恩　汤　超　杨　河　吴云东
　　　　张平文　张远航　张宏权　张国有　赵　辉　饶　毅　俞可平　夏定国　高　文　席振峰　黄晓军　曹文轩
　　　　屠鹏飞　彭小瑜　彭练矛　韩　猛（学生）　韩鸿宾　谢　宇　詹思延

理学部学术委员会
主　任　饶　毅
副主任　方精云　吴　凯　沈　波
委　员（以姓氏笔画为序）
　　　　王世强　王学军　文　兰　朱作言　刘　瑜　刘小博　刘忠范　严纯华　周　专　周晓林　宗秋刚　胡永云
　　　　俞大鹏　耿　直　席振峰　龚旗煌　鄂维南　韩宝福　颜学庆

信息与工程科学部学术委员会
主　任　高　文
副主任　张远航　任秋实
委　员（以姓氏笔画为序）
　　　　汤　帜　杨　槐　吴中海　张世秋　陈章渊　郝一龙　查红彬　段慧玲　夏定国　倪晋仁　彭练矛　程　旭

人文学部学术委员会
主　任　申　丹
副主任　阎步克　张旭东　李四龙
委　员（以姓氏笔画为序）
　　　　丁宏为　王一丹　王中江　付志明　孙　华　刘元满　李道新　陈建立　荣新江　秦海鹰　袁毓林　曹文轩
　　　　彭　锋　彭小瑜　韩水法　褚　敏　漆永祥

社会科学学部学术委员会
主　任　杨　河
副主任　关海庭　汪建成　文东茅
委　员（以姓氏笔画为序）
　　　　王子舟　王丽萍　王继民　叶自成　朱苏力　孙代尧　杨开忠　吴　靖　沈　岿　张小明　陈向明　周飞舟
　　　　俞　虹　郭志刚　唐士其　董进霞　魏　波

经济与管理学部学术委员会
主　任　张国有
副主任　平新乔　刘国恩　张志学
委　员（以姓氏笔画为序）
　　　　马　浩　王汉生　王跃生　刘　怡　刘晓蕾　余淼杰　陈　功　周黎安　郑　伟

医学部学术委员会
主　任　詹启敏
副主任　刘玉村　张　强　孔　炜
委　员（以姓氏笔画为序）
　　　　于　欣　王　俊　王　辉　王建六　方伟岗　邓旭亮　叶新山　司天梅　刘忠军　李若瑜　李明子　李铁军
　　　　沈　琳　张大庆　张宏权　周利群　赵明辉　段丽萍　修典荣　姜玉武　郭　军　郭　岩　黄晓军　韩晶岩
　　　　韩鸿宾　詹思延　霍　勇

深圳研究生院学术委员会
主　任　吴云东
成　员（以姓氏笔画为序）
　　　　叶嘉安　杨　震　张　彤　贾建民　徐信忠　高　文　海　闻　谭文长　潘　锋　Mark Feldman

学科建设委员会

主　任　郝　平
副主任　龚旗煌
委　员（以姓氏笔画为序）
　　　　王　博　王仰麟　申　丹　田　刚　刘玉村　杨　河　张平文　张国有　饶　毅　高　文　詹启敏

专业技术职务评审委员会

主　任　郝　平
副主任　邱水平　詹启敏　田　刚
委　员（以姓氏笔画为序）
　　　　于鸿君　王仰麟　王明舟　王　博　云　虹　叶静漪　刘克新　刘　波　张平文　张　宁　张新祥　陈建龙
　　　　林久祥　柴　真　龚旗煌

学位评定委员会

第十一届校学位评定委员会
主　席　郝　平
副主席　詹启敏　王　博　龚旗煌
委　员（以姓氏笔画为序）
　　　　王建祥　宁　琦　刘　俏　张　帆　张　静　张东晓　张平文　张立飞　陈　兴　陈晓明　周德敏　孟庆跃
　　　　段丽萍　贺灿飞　顾红雅　郭传瑸　黄铁军　董志勇　鲁凤民　潘剑锋　燕继荣

教职工代表大会执行委员会

第六届教职工代表大会执行委员会
主任委员　高　松
副主任委员　孙　丽　姜保国　张宝岭　王　磊
委　　　员（以姓氏笔画为序）
　　　　　　王　磊　王一川　朱卫国　刘　力　刘穗燕　孙　丽　苏都莫日根　李淑静　宋春伟　张大成　张汉平
　　　　　　张庆东　张宝岭　陈　红　郝卫东　姜保国　聂　华　高　松　韩毓海

学部负责人

理学部
主　任　饶　毅
副主任　方精云　吴　凯　沈　波

信息与工程科学部
主　任　高　文
副主任　张远航　任秋实

人文学部
主　任　申　丹
副主任　李四龙　王奇生　廖可斌

社会科学学部
主　任　杨　河
副主任　关海庭　汪建成　文东茅

经济与管理学部
主　任　张国有
副主任　平新乔　刘国恩　张志学

医学部
主　　任　詹启敏
党委书记　刘玉村
副 主 任　段丽萍　宝海荣　王维民　肖　渊　刘晓光　张新祥（兼）　张　宁
党委副书记　李文胜　徐善东　朱树梅（9月任）
纪委书记　范春梅
主任助理　吴　明　朱树梅（9月免）

各院、系、所、中心负责人

数学科学学院	党委书记	胡　俊
	院长	陈大岳
物理学院	党委书记	陈晓林
	院长	高原宁（11月任）
		谢心澄（11月免）
化学与分子工程学院	党委书记	马玉国
	院长	高毅勤
生命科学学院	党委书记	刘德英
	院长	吴　虹
城市与环境学院	党委书记	刘耕年
	院长	贺灿飞
地球与空间科学学院	党委书记	李培军
	院长	张立飞
心理与认知科学学院	党委书记	谢晓非
	院长	方　方
建筑与景观设计学院	院长	（空　缺）
信息科学技术学院	党委书记	魏中鹏
	院长	黄　如
工学院	党委书记	孙智利
	院长	张东晓
计算机科学技术研究所	直属党支部书记	叶志远
	所长	郭宗明
软件与微电子学院	党委书记	陈向群
	院长	张　兴
	常务副院长	吴中海
环境科学与工程学院	党委书记	李振山
	院长	朱　彤
中国语言文学系	党委书记	金永兵
	主任	陈晓明
历史学系	党委书记	徐　健（4月任）
		王元周（4月免）
	主任	张　帆
考古文博学院	党委书记	雷兴山
	院长	孙庆伟（6月任）
		杭　侃（6月免）
哲学系（宗教学系）	党委书记	束鸿俊
	主任	仰海峰
外国语学院	党委书记	李淑静
	院长	宁　琦
艺术学院	党委书记	雷　虹（1月任）
		邹　惠（1月免）

	院长	彭　锋（12月任）
		王一川（12月免）
对外汉语教育学院	党委书记	汲传波
	院长	赵　杨
歌剧研究院	院长	金　曼
国际关系学院	党委书记	虎翼雄
	院长	唐士其（11月任）
		贾庆国（11月免）
经济学院	党委书记	董志勇
	院长	董志勇（6月任）
		孙祁祥（6月免）
光华管理学院	党委书记	马化祥（3月任）
		冒大卫（3月免）
	院长	刘　俏
法学院	党委书记	郭　雳（12月任）
		潘剑锋（12月免）
	院长	潘剑锋（7月任）
		张守文（7月免）
信息管理系	党委书记	张久珍
	主任	李广建
社会学系	党委书记	查　晶
社会学系/社会学人类学研究所	主任/所长	张　静
政府管理学院	党委书记	李海燕
	院长	俞可平
	常务副院长	燕继荣
马克思主义学院	党委书记	孙蚌珠
	院长	于鸿君（兼）
	执行院长	孙熙国
教育学院	党委书记	阎凤桥
	院长	阎凤桥（12月任）
		陈晓宇（12月免）
新闻与传播学院	党委书记	陈　刚
	院长	陆绍阳
人口研究所	所长	郑晓瑛
国家发展研究院	党委书记	余淼杰（12月任）
		胡大源（12月免）
	院长	姚　洋
体育教研部	直属党支部书记	张　锐
	主任	李　宁
元培学院	党委书记	吴艳红（6月任）
		孙　华（6月免）
	院长	李　猛（10月任）
		鄂维南（10月免）
先进技术研究院	院长	程　旭
深圳研究生院	党委书记	谭文长
	院长	吴云东

	常务副院长	白志强（1月免）
分子医学研究所	所长	肖瑞平
科维理天文与天体物理研究所	所长	Luis Chi Ho
北京国际数学研究中心	主任	田　刚
软件工程国家工程研究中心	主任	张世琨
前沿交叉学科研究院	院长	韩启德
	执行院长	汤　超
燕京学堂	院长	袁　明
海洋研究院	院长	张东晓
现代农学院	院长	许智宏（1月任）
人文社会科学研究院	院长	邓小南
	常务副院长	渠敬东
基础医学院	党委书记	万　有
	院长	尹玉新（5月免）
		万　有（5月任）
药学院	党委书记	徐　萍
	院长	周德敏
公共卫生学院	党委书记	郝卫东
	院长	孟庆跃
护理学院	党委书记	陆　虹
	院长	尚少梅
医学部公共教学部（2018年11月21日更名为医学人文学院）		
	党委书记	王　玥
	主任	周　程
医学人文学院	党委书记	王　玥（12月任）
	院长	周　程（12月任）
第一医院	党委书记	潘义生
	院长	刘新民
人民医院	党委书记	赵　越
	院长	姜保国
第三医院	党委书记	金昌晓
	院长	乔　杰
口腔医院	党委书记	周永胜
	院长	郭传瑸
肿瘤医院	党委书记	朱　军
	院长	季加孚
第六医院（精神卫生研究所）	党委书记	王向群
	院长（所长）	陆　林

机关各部门、工会、团委负责人

党委办公室校长办公室	主任	龚文东
国内合作委员会办公室	主任	陈永利（6月任）
		雷　虹（1月免）

机构	职务	姓名
督查室（信访办公室）	主任	余　浚
网络安全和信息化委员会办公室	主任	蒋广学（12月任，5月机构成立）
政策法规研究室	主任	任羽中
党委政策研究室	主任	任羽中（兼）
纪委办公室	主任	邹　惠（兼）
监察室	主任	王　雷
党委巡察办公室	主任	王　雷（兼）（10月任，9月机构成立）
内部控制管理办公室	主任	王　雷（兼）（10月任，9月机构成立）
党委组织部	部长	柴　真
	常务副部长	霍晓丹（6月任）
党委宣传部	部长	蒋朗朗
	常务副部长	胡少诚（4月任）
党委统战部	部长	张晓黎
学生工作部、人民武装部	部长	张庆东
保卫部	部长	卢向红（7月任，挂职）
		冯支越（7月免）
保密委员会办公室	主任	冯支越（7月任）
		刘旭东（7月免）
党委教师工作部	部长	刘　波（兼）
教务部	部长	傅绥燕
教师教学发展中心	主任	孙　华（6月任）
		傅绥燕（6月免）
科学研究部	部长	周　辉
学科建设办公室	主任	张平文
社会科学部	部长	龚六堂（1月任）
		王　博（兼）（1月免）
研究生院	院长	郝　平（兼）（12月任）
		林建华（兼）（12月免）
	常务副院长	张东晓
继续教育部	部长	刘力平
人事部	部长	刘　波
师资人才办公室	主任	刘　波（兼）
	常务副主任	戴长亮
离退休工作部	部长	马春英
财务部	部长	张新祥
国有资产管理委员会办公室	主任	张新祥（兼）
后勤财务核算中心	主任	张新祥（兼）
国际合作部	部长	夏红卫
总务部	部长	张西峰
房地产管理部	部长	殷雪松
实验室与设备管理部	部长	刘克新
基建工程部	部长	白利明
审计室	主任	周有光
校办产业管理委员会办公室	主任	萧　群（兼）（10月任）
		黄桂田（10月免）
产业技术研究院/科技开发部	院长/部长	姚卫浩（11月由常务副职提任）

工会	主席	孙　丽（6月免）
	常务副主席	张宝岭
团委	书记	王逸鸣（9月任）
		陈永利（9月免）
校友工作办公室	校友会执行副会长	邓　娅
	主任	李文胜
机关党委	书记	刘旭东（6月任）
		霍晓丹（6月免）
后勤党委	书记	胡新龙（6月任）
		马化祥（3月免）
校办产业党工委	书记	萧　群

医学部

主任办公室党委办公室	主任	陈斌斌
纪委、监察室	主任	刘江平（纪委副书记）
党委组织部	部长	孙晓华
党委宣传部	部长	焦　岩
党委统战部	部长	王军为
学生工作部、武装部（2018年5月新组建）		
	部长	丁　磊（6月任）
研究生院	常务副院长	徐　明
研究生工作部	部长	段丽萍（兼）(6月免)
教育处（学生工作部、武装部）	处长	王维民（兼）
	部长	王维民（兼）（6月免）
人事处/人才服务与培训中心	处长	戴　清
离退休工作处	处长	丁　磊（6月免）
		李　红（6月任）
科学研究处/学科建设办公室	处长	韩鸿宾
国际合作处	处长	孙秋丹
医院管理处	处长	张　骞
继续教育处	处长	姜　辉
设备与实验室管理处	处长	沈如群
保卫处	处长	沈　鹏
审计室	主任	安　宇
计划财务处	处长	冯丹妹
总务处	处长	王运生
基建工程处	处长	余　也
产业管理办公室/技术转移办公室	主任	吕廷煜
工会	主席	朱树梅（12月任）
	常务副主席	刘穗燕
团委	书记	陈　磊
机关党委	书记	郭艾花
后勤党委	书记	赵成知
产业党总支	书记	陈　娟

直属、附属单位负责人

直属单位党委	副书记	刘晋伟（主持工作）
图书馆	党委书记	郑清文
	馆长	陈建龙
档案馆、校史馆	馆长	马建钧
计算中心	主任	张 蓓
教师教学发展中心	主任	傅绥燕
教育基金会	秘书长	李宇宁
出版社	党委书记	金娟萍
	社长	王明舟
	总编辑	张黎明
校医院	党委书记	朱建华
	院长	云 虹
首都发展研究院	院长	李国平
燕园街道党工委	书记	杨学祥（10月任）
		严敏杰（10月免）
燕园街道办事处	主任	严敏杰
附属中学	党委书记	王亚章
	校长	王 铮
附属小学	党委书记	尹 超（兼）
	校长	尹 超
体育馆	馆长	李 宁（兼）
	常务副馆长	李 杰
昌平校区管理办公室	主任	张新祥
会议中心	主任	张胜群
餐饮中心	主任	陈 杰
动力中心	主任	李 钟
公寓服务中心	主任	姜晓刚
校园服务中心	主任	张丽娜
燕园社区服务中心	主任	严敏杰
特殊用房管理中心	主任	姜晓刚（兼）
继续教育学院	党总支书记	李 胜
	院长	章 政

医学部

图书馆	馆长	张大庆
信息通讯中心	主任	种连荣
医药卫生分析中心	主任	吴 明
	常务副主任	孙 崎
学报（医学版）编辑部	主任	曾桂芳
医学教育研究所	所长	王维民
	名誉所长	柯 杨
中国药物依赖性研究所	所长	陆 林

实验动物科学部	主任	郑振辉
北京大学中国卫生发展研究中心	常务副主任	孟庆跃
北京大学医学信息学中心	常务副主任	胡永华
医学继续教育学院	院长	张海澄
北京大学健康医疗大数据研究中心	主任	李全政
精准医疗多组学研究中心	主任	黄超兰
心血管研究所（挂靠基础医学院）	所长	董尔丹
全国医学教育发展中心	主任	詹启敏（5月任，5月机构成立）
	常务副主任	王维民（5月任）
	名誉主任	林蕙青（5月任）
	名誉主任	曾益新（5月任）
档案馆（2018年12月4日按直属单位管理）		
	副馆长	董惠华
生物医学工程系	常务副主任	邓旭亮（11月任，9月机构成立）

各民主党派和归国华侨联合会负责人

中国国民党革命委员会北京大学支部委员会
主 任 委 员　关　平
副主任委员　丁　昱　李美仙

中国国民党革命委员会北大医院支部
主 任 委 员　张诗杰

中国民主同盟北京大学委员会
主 任 委 员　李玮
副主任委员　宋春伟　楼建波　苏　剑　李少华　刘岳峰

中国民主同盟北京大学医学部委员会
主 任 委 员　季加孚
副主任委员　卫　燕　叶颖江　田　华

中国民主建国会北京大学委员会
主 任 委 员　陈效逑
副主任委员　李　虹　陈少峰　孙卫玲

中国民主促进会北京大学委员会
主 任 委 员　佟　新
副主任委员　肖鸣政　陈旭光　龚六堂

中国民主促进会北京大学人民医院支部（2018年12月成立）
主 任 委 员　高承志

中国农工民主党北京大学委员会
主 任 委 员　顾　晋
副主任委员　熊　辉　吴晓英　李　东　邓旭亮　沈如群　刘富坤

中国农工民主党北京大学支部委员会
主 任 委 员　刘富坤
副主任委员　陈变珍　裴剑峰

中国致公党北京大学支部委员会
主 任 委 员　王若鹏

副主任委员　刘阳生　张向英

中国致公党北京大学医学部支部
主 任 委 员　陈仲强

中国致公党北大医院支部
主 任 委 员　胡　晓
副主任委员　周常青

中国致公党北大人民医院支部
主 任 委 员　黄　磊
副主任委员　李剑峰

九三学社北京大学委员会
主 任 委 员　沈兴海
副主任委员　夏壁灿　郭召杰　张　研　王　旭

九三学社北京大学第二委员会
主 任 委 员　吴　明
副主任委员　屠鹏飞　昌晓红　阚呈立　崔　涛　李子健

北京大学归国华侨联合会
主　　　席　周力平
副　主　席　龚旗煌　曲振卿　吴　跃

北京大学医学部归国华侨联合会
主　　　席　周德敏
副　主　席　黄河清　王培玉　林剑浩　鲁凤民

（组织部、学科办、人事部、工会、统战部、研究生院、医学部）

学部、院系及实体研究机构

理学部

【发展概况】 组织机构。理学部设部务会、学术委员会、教学指导委员会，理学部办公室为学部日常运行提供行政支撑与服务。

2018年，根据学校对理学部所属院系领导班子调整情况，理学部部务会名单相应调整为：饶毅、方精云、吴凯、沈波、陈大岳、高原宁、陈兴、吴虹、贺灿飞、张立飞、方方、李迪华。

理学部学术委员会名单如下：主任饶毅，副主任方精云、吴凯、沈波，委员包括王世强、王学军、文兰、朱作言、刘瑜、刘小博、刘忠范、严纯华、周专、周晓林、宗秋刚、胡永云、俞大鹏、耿直、席振峰、龚旗煌、鄂维南、韩宝福、颜学庆。

根据理学部所属院系行政领导班子的换届情况，理学部教学指导委员会相应调整为：主任吴凯，委员包括甘良兵、何建森、蒋争凡、李本纲、李迪华、李若、李双成、王世强、王颖霞、王宇钢、姚翔、张进江、章志飞、朱守华。

教育教学改革。1.《科学与社会》课程建设。2018年，理学部与燕京学堂继续联合开设《科学与社会》课程，邀请理科各学院教授讲授社会热点关注的科学问题；以科学家的视角，用浅显易懂的语言为学生讲授数学、物理、生命、环境、心理等相关学科领域的前沿科学问题及其与中国乃至世界范围内社会热点相关的问题。课程采取课堂讲授、学生讨论和课外实践相结合的方式，全英文授课。2018年，生命科学学院李磊、建筑与景观设计学院王志芳、城市与环境学院卢晓霞、心理与认知科学学院张昕、地球与空间科学学院洪阳、化学与分子工程学院陈兴、物理学院叶沿林、科维理天文与天体物理研究所Gregory J. Herczeg、数学科学学院鄂维南等9位教师进行授课。

2.申请教改专项，重点支持新设计的本科教学实验。2018年理学部本科教改工作重点支持"实验教学提升计划"，旨在提高理科学生的人机接口基本技能训练和科研动手能力，开拓创新思维。经过院系申报、学部遴选，在物理学院、化学与分子工程学院和生命科学学院开展实验教学的创新实践，如物理学院的综合物理实验、化学与分子工程学院的教学型化学实验、生命科学学院的现代生命科学基础实验等，在提升学生实践动手能力和开拓创新思维方面取得一定成效。

3.组织遴选教学成就奖和卓越奖。经过院系提名，5月30日，理学部召开教学指导委员会第三次会议，会议通过无记名投票方式，最终推荐城市与环境学院陶澍为教学成就奖候选人，地球与空间科学学院陈斌和化学与分子工程学院赵达慧为教学卓越奖的候选人。

学术评价与评估。1.配合院系人才引进和届满评估工作。2018年理学部组织专家对39名引进人才、30名教师届满评估、1名教师晋升教授的评审材料进行会前审议。理学部学术委员会召开会议审议2018年度研究技术系列职位晋升聘任、通用岗位专业技术岗位聘任以及长江学者届满评估事宜，以通讯评议方式对成立天然气水合物中心、跨学部共建化学生物系、BIOPIC成立独立实体研究机构等7项议案提出审议意见；参与并协助物理领域国际同行评估工作。

2.开展教学科研单位发展绩效评估工作。9月下旬，根据人事部文件及学科办牵头制定的教学科研单位发展状况绩效评估方案，理学部主任办公会经过讨论，形成学部层面的发展绩效评估实施方案。10月31日上午，理学部副主任方精云主持召开2018年度教学科研单位发展状况绩效评估会。8个学院的负责人，以及由理学部副主任、学者代表和职能部门负责人组成的评估工作组成员参加会议。评估工作组认真听取各学院汇报后，对照发展绩效考核要点，对各单位2018年度任务目标及完成情况进行评议和交流。会议采取无记名投票方式，选出在任务设置、完成情况和完成效果方面较好的三个单位，根据得票数排序，评出物理学院和化学与分子工程学院为A，生命科学学院为推优候选单位。

3.组织校内单位评估。2018年，理学部牵头组织对核磁共振中心进行评估，并依据专家评估意见撰写建议方案。10月9日下午，北京核磁共振中心评估会议在核磁楼106会议室召开。会议由理学部副主任吴凯主持，中国科学技术大学施蕴渝院士等10位校内外专家参加会议，学科建设办公室主任张平文出席会议并讲话。会议听取北京核磁共振中心的自评报告，与教师、工作人员和学生进行座谈，并围绕核磁共振中心的业绩、管理和发展规划展开讨论。

学科建设。1.成立生态研究中心。在前期深入调研和广泛听取国内外同行意见的基础上，理学部副主任方精云牵头，联合城市与环境学院、生命科学学院等相关院系，提出筹建北京大学生态研究中心的学科发展战略和具体建设方案。经学科建设委员会、机构编制委员会和党委常委会先后审议，北京大学于2017年12月13日正式发文，成立生态研究中心。2018年6月，北京大学生态研究中心成立大会暨生态学科发展论坛、生态学前沿论坛在英杰交流中心阳光厅举行，林建华校长出席会议并讲话，国家科学技术部、林业局、国家自然科学基金委员会等部委领导以及中国科学院、北京师范大学等校外嘉宾和兄弟院校师生约350人参加会议。2018年下半年，理学部协助推进北京大学生态研究中心的学科建设经费落实、中心负责人遴选等建设事宜。

2.成立资源环境生态委员会。2018年7月，经北京大学学科建设委员会审议，面向国家战略需求，学校正式成立北京大学资源环境生态委员会。该委员会是北京大学学科建设委员会下设的专门委员会；是协助学校和院系开展资源、环境、生态领域的学科建设与发展规划工作，研究相关事项议案并提供决策支持的议事咨询机构；旨在国家重大科技任务和重大项目组织、相关学科布局调整等方面做出努力。委员会名单如下：主任方精云，副主任张远航，委员包括（按姓氏笔画排序）王习东、王学军、刘瑜、周力平、郑永飞、胡永云、胡敏、顾红雅、倪晋仁。

此外，理学部配合推进先进光谱中心实体研究机构建设、人工智能与大数据规划、现代农学院去筹及二期建设等学科规划工作。

校级公共平台建设。2018年，理学部重点协助推进实验动物中心昌平校区临时设施、A区改造、D区建设、猴房维修等项目，并协助实验动物中心改组专家委员会。

（原 帅）

【支持北京建设全国科技创新中心】 以国家科技创新2030重大项目为依托，支持北京建设全国科技创新中心。2018年，理学部主任饶毅作为科学顾问全程参与"北京脑科学与类脑研究中心"（简称北京中心）的筹建工作，特别是体制机制的设计，并在北京中心成立后担任法人代表和联合主任，大力推动北京中心及其共建单位与北京大学在人才招聘、研究生联合招生与培养、科研成果转化、共性技术平台建设等方面开展深入的实质合作。2018年9月，北京中心的第一批研究生（9名）已在北京大学入学，化学连接组和信号转导动物平台共建、脑科学领域人才招聘、相关科研成果转化等事宜也在洽谈和稳步推进过程中。理学部办公室具体参与北京中心建设方案起草、人才库情况梳理、空间规划、预算编制等一系列工作。

（原 帅）

数学科学学院

【发展概况】 组织结构。数学科学学院下设五个系：数学系、概率统计系、科学与工程计算系、信息科学系和金融数学系。北京大学数学研究所是教育部批准成立的研究单位，与数学科学学院紧密结合，形成院所结合的体制；数学科学学院还拥有数学及其应用教育部重点实验室等多个研究机构，大数据分析与应用技术国家工程实验室、教育部"高校数学研究与高等人才培养中心"、北京大学统计科学中心、北京大学网络空间安全研究院也挂靠在数学科学学院。2018年12月11日，学校任命孙赵君为副院长（兼），免去刘雨龙副院长职务。

学科建设。学院现有两个一级学科：数学、统计学。五个本科专业：数学与应用数学、信息与计算科学、统计学、应用统计学（生物统计方向）以及数据科学与大数据技术专业。四个博士专业：基础数学、应用数学、计算数学、概率统计，四个博士专业都设有博士后流动站并全部被评为重点学科。

队伍建设。2018年，学院共有教学科研人员127人，其中事业编制教授34人、副教授25人、讲师4人，新体制教授25人、长聘副教授1人、助理教授7人、博士后31人。另有非全职聘用2人，其中海外高层次人才引进计划过渡期1人、长江学者讲座教授1人。2018年入职24人，其中教师5人、博士后19人；退休6人；减员离职9人，其中教师3人、博士后6人。数学科学学院现有院士7人、长江特聘教授7人、国家杰出青年科学基金项目获得者23人、优秀青年科学基金项目获得者7人、青年长江学者3人、中央组织部国家高层次人才特殊支持计划百千万工程领军人才3人。

教学工作。截至2018年底，学院共有学生1346人，其中本科生767人，硕士研究生275人，博士研究生304人。2018年招收本科新生197人，其中英才班20人；保送34人，自主招生108人，普通入学30人，留学生5人；国际奥赛金牌获得者2人，省状元1人。普通本科毕业生总计177人，双学位毕业104人，辅修毕业17人。2018年共招收研究生185人，其中硕士119人，博士66人；毕业154人，其中硕士99人，博士55人。2017—2018学年第二学期开设本科生课程83门，双学位课程2门，研究生课程42门。2018—2019学年第一学期开设本科生课程88门，双学位课程2门，研究生课程43门。

拔尖人才培养。应用数学拔尖计划2018年新开设4门交叉学科课程，涉及统计、计算等若干交叉学科领域。同时，继续深化国际交流，全年资助53名学生赴海外学习。学院进一步优化完善博士生资格考试制度和博士生奖助体系。

科研工作。2018年，在研项目总数为106项，新获批纵向项目11项。共有SCI收录的第一作者和通信作者110篇论文，SCI收录的非第一作者和通讯作者65篇论文，42篇非SCI论文。出版专著8部。获授权专利3项。科研拨款总计5153.49万元，其中引导专项经费1430.64万元，国家自然科学基金1661.24万元，校外转入国家自然科学基金168.72万元，科技部重点研发计划208.94万元，国家高层次人才特殊支持计划80.39万元，北京市科学技术委员会科研经费50万元，博士后科研经费44.12万元，横向经费613.83万元，中央高校教育教学改革经费552.28万，基本科研业务费84.79万元，其他经费258.54万元。

交流合作。2018年，学院接待学校主请的国外访问学者16人次，使用校拨经费33万元。同时学院接待96位顺访访问学者，"数学及其应用"教育部重点实验室接待18位国内访问学者。学院访问学者计划共接待18位访问学者，使用院经费553,552.63元。

2018年，学院共举办周五学术报告共计34次；各系列报告141次，其中，科学与工程计算系列20场，动力系统系列17场，信息系列13场，概率系列20场，分析和PDE系列21场，几何分析系列22场，几何分析和数学广义相对论13场，其他15场。共计使用院经费62,4567.69元。其他学术报告102次，包括老师个人举办、学术午餐会、金融数学系及统计中心报告。

2018年，学院共主办9次学术会议/学术研讨会。

2018年，学院教师共出访110人次，其中出访港澳地区18人次，台湾3人次，其他国家（地区）89人次。

党建工作。2018年4月，中共北京大学数学科学学院党员选举大会召开，选举产生新一届党委委员。同日，在新一届委员会第一次全体会议上，选举胡俊为书记，孙赵君、董子静为副书记。数学科学学院党委现有书记1人、副书记2人，党委委员10名。共有教职工党员125人，其中在职教职工54人，离退休教师39人，博士后27人，劳动合同制5人。设教工党支部6个。共有在校学生党员191人，其中本科生9人，硕士生89人，博士生93人。设学生党支部13个。2018年10月，成立离退休党支部；合并函数论高等数学党支部和几何代数微分方程党支部为数学系党支部；博士生党支部由原有按照年级横向划分的方式改为按系别纵向划分；学院19个到届党支部顺利完成换届工作。2018年学院共发展党员27人（6名本科，14名硕士，5名博士，2名教工），共有19名预备党员转为正式党员（3名本科，8名硕士，8名博士），1名预备党员申请延期转正。学院组织党员积极参加第9期中青年骨干研修班、北京大学第45期干部研讨班等各类专题学习培训。各党支部围绕学习贯彻党的十九大精神、"两学一做"学习教育制度化常态化、习近平总书记在北京大学师生座谈会上重要讲话精神、全国教育大会精神、改革开放40周年等主题，开展形式多样的活动。

宣传工作。2018年3月至5月，"北大数学改革开放40周年成就展"在理科一号楼展出；5月，学院新版中文官方网站上线使用；7月，学院开设官方微信平台"北京大学数学科学学院"。

行政队伍。2018年，学院行政教辅人员共计36人，其中事业编制15人，合同制人员21人。2018年，学院行政教辅人员新入职15人，其中事业编制2人，劳动合同制13人。减离6人，其中事业编制1人，劳动合同制5人。

工会工作。2018年，学院工会共计拥有会员205人，其中事业编制会员182人，劳动合同制会员23人。学院工会组织全体工会会员开展包括赴清凉谷春游、黄花城水长城秋游、三八妇女节花艺讲座、六一儿童节科技馆参观在内的一系列活动，并积极组织教职员工参加校运动会、游泳比赛、毽球比赛等活动。学院工会获2017年北京市教育工会"先进教职工之家"。

学生活动。2018年1月，组织开展寒假社会调研与实践（7支队伍），组织参加美国大学生数学建模竞赛。3月，院学生会和研究生会换届，院团委学生骨干换届，举办"π DAY"活动，组织"挑战杯"竞赛院内初评。4月，组织开展困难生认定会、燕园领航见面会，并组织北京大学"江泽涵杯"数学建模竞赛。5月，学院开展优秀毕业生评选和毕业季活动。6月，学院团校第10期培训班结业，组织参加全国大学生数学建模竞赛。7月，组织开展学院毕业典礼、学生暑期社会实践（6支团队）。8月，开展2017级本科生军训。9月，组织开展2018级新生军训、新生入学教育、全国大学生数学建模竞赛、困难生认定会、燕园领航见面会。10月，学院团校第11期培训班开学，组织参加全国大学生数学竞赛，举办第21届数学文化节，进行奖励奖学金评选。12月，组织参加"一二·九"合唱比赛斩获甲组亚军，召开院级奖学金颁奖会。2018年，青年志愿者协会开展高数辅导16场，为300人次提供辅导，院刊《心桥》编印第52期，院报《数学风采》增设"人物"专版，两期阅读量累计11,361人次。韩京俊获北京大学学生五四奖章；赵朝熠获北京市三好学生、北京大学学生年度人物、首都高校"先锋杯"优秀基层团干部；王钰铭获北京大学十佳学生党支部书记。2018年5月15日，陶炳学随北京大学珠峰登山队成功登顶珠穆朗玛峰。

毕业生去向。2018届本科毕业生177人，其中，就业创业13人，占比7.34%；出国出境深造72人，占比40.68%；境内深造66人，占比37.29%，本科生大部分选择继续读研深造。2018届研究生毕业生154人，其中，就业创业113人，占比73.38%；出国出境深造16人，占比10.39%；境内深造10人，占比6.49%。

【2018年巴西国际数学家大会】 2018年8月，在巴西举行的国际数学家大会（ICM2018）上，田刚当选为新一届国际数学联盟执委会委员；张平文、许晨阳和校友张伟、恽之玮、何旭华、尤建功、汤涛和金石作邀请报告。

【首批英才班学生入校】 经学校研究并报教育部批准，2018年3月，北京大学设立"数学英才班"，招收有志于数学研究的优秀高二学生；9月，首批英才班20名学生入校。

【首届国际本科生数学暑期学校】 2018年7月，北京大学与首尔大学、莫斯科大学、东京大学联合举办首届国际本科生数学暑期学校。共有12位来自不同国家的专家学者，15名国外学生及113名国内高校学生参加。

【闵嗣鹤数论研究中心成立】 2018年7月13日上午，北京大学举行闵嗣鹤数论研究中心揭牌仪式，张益唐教授任中心名誉主任，并讲授暑期课程。

（任　燃、梁　岚、牛　贺、钮凯福、徐　婷、
杨　扬、袁　燕、张　婧）

物理学院

【发展概况】 中国物理学本科教育始于1913年在北京大学设立的物理学门。1919年更名为物理系。2001年5月，在

原物理系、原地球物理系的大气科学专业、原技术物理系的核物理专业及辅助机构、原天文学系、原重离子物理研究所的基础上成立北京大学物理学院。2009年12月，依托物理学院成立北京大学国际量子材料科学中心。2010年4月，为加强北京大学在海-气相互作用以及全球气候变化研究中的研究力量，创建海洋科学教育平台，北京大学决定在物理学院原大气科学系的基础上，增设物理海洋专业，并将"大气科学系"更名为"大气与海洋科学系"，同时成立"气候与海-气实验室"。

2018年，学院有10个实体单位：普通物理教学中心、基础物理实验教学中心、理论物理研究所、凝聚态物理与材料物理研究所、现代光学研究所、重离子物理研究所、技术物理系、天文学系、大气与海洋科学系、电子显微镜专业实验室；1个2011协同创新中心；3个挂靠研究机构：李政道高能物理中心、国际量子材料研究中心、科维理天文与天体物理研究所。

学院有4个一级学科：物理学、大气科学、天文学、核科学与技术，14个二级学科：理论物理、粒子物理与原子核物理、凝聚态物理、光学、原子分子物理、天体物理、大气物理学及大气环境、气象学、物理海洋学、气候学、核技术及其应用、等离子体物理、医学物理和工程、高能量密度物理；2个国家重点实验室：人工微结构和介观物理国家重点实验室、核物理与核技术国家重点实验室；1个教育部重点实验室：北京现代物理中心教育部重点实验室；1个北京市重点实验室：医学物理和工程北京市重点实验室；3个理科基地：物理学、核物理学和大气科学国家基础研究和教学人才培养基地。

人事工作。截至2018年12月31日，学院在职教职工298人，其中教授82人，长聘副教授25人，助理教授34人，助理研究员1人，百人计划研究员4人，事业编制副教授53人、副研究员5人、讲师3人、助理研究员12人、研究实习员3人，副研究馆员1人，馆员1人，正高级工程师7人，高级工程师34人，工程师29人，实验师1人，工人3人。

中国科学院院士19人（含双聘院士），海外高层次人才引进计划入选者11人，海外高层次人才引进计划（青年项目）入选者44人，长江特聘教授13人，青年长江学者5人，国家杰出青年科学基金项目获得者38人，优秀青年科学基金项目获得者20人。

2018年全年引进教职工11人。其中教授2人，助理教授6人，工程师1人，助教1人，研究实习员1人；调离6人。

2018年获聘长聘副教授6人，国家杰出青年科学基金项目聘任教授1人，讲师1人，高级工程师3人，启动新体制长聘职位1人。

2018年度获年度奖教金14人。

2018年进站博士后37人。在站博士后76人，其中博士后创新人才支持计划8人，博雅博士后项目15人，国际交流引进计划3人，科研博士后46人，工作站联合4人。

龚旗煌、谢心澄当选为发展中国家科学院院士。孟杰当选欧洲科学院物理与工程学部外籍院士。龚旗煌当选为国际光学工程学会（SPIE）2018年学会会士。

高原宁被任命为物理学院院长，谢心澄任国家自然科学基金委副主任，不再任物理学院院长职务。

科研工作。物理学院沈波团队"氮化物半导体大失配异质外延技术"获2018年国家技术发明二等奖。王楠林课题组获国家自然科学基金委基础科学中心项目，胡永云参与中国科学院地质所牵头的基础科学中心项目。王新强、颜学庆通过北京高等学校卓越青年科学家项目评审。廖志敏、全海涛、刘雄军、乔宾、肖云峰获得国家杰出青年科学基金项目资助。轻元素量子材料交叉平台、北京激光加速创新中心平台被列为北京市第二批交叉研究平台重点推进项目。

王恩哥获国际先进材料终身成就奖。江颖获2018年度陈嘉庚青年科学奖。刘永岗获"施雅风冰冻圈与环境基金2018年度青年科学家奖"。肖云峰获2018年度高等学校科学研究优秀成果奖（科学技术）青年科学奖。

2018年，学院在研项目403项。主持和参与科学技术部重点研发计划68项、国家重点基础研究发展计划（973计划）和重大科学研究计划项目30项、科学技术部其他专项6项。其中获批重点研发专项课题10人；获批重点研发专项首席科学家3人，获批课题9项。

主持国家自然科学基金委杰出青年科学基金项目、优秀青年科学基金项目、创新群体项目17项，重大、重点仪器研制项目33项，重大研究计划项目、面上项目及青年基金项目117项。国际合作项目等专项43项。其中获基金重点项目1人，获联合基金重点资助项目2人。教育部项目6项，北京市科技项目6项，其他部门、协作委托及海外合作77项。

2018年度物理学院发表SCI论文559篇。在 *PRL*、*PNAS*、*Nature*、*Nature Physics*、*Nature Communications*、*Science* 等顶级杂志发表28篇文章。

2018年12月物理学院各专业国际同行评议现场评估顺利举行，评估专家对物理学院各专业的教学、科研等给予肯定。

对外交流。2018年物理学院申报外专项目包括"111计划"培育1项、海外名家1项、外国青年人才引进项目3项、诺贝尔奖获得者中国校园行1项、海外学者计划58项；聘请长期外籍专家6人次，短期外籍专家60余人次。申报国际/港澳台学术会议约3次。

2018年，举办北京大学百年物理系列讲坛第19讲至21讲，邀请多伦多大学副校长、著名材料学家Edward Sargent教授，美国科学院院士、美国加州大学欧文分校Wilson Ho教授和2018年诺贝尔物理学奖获得者Gérard Mourou教授来校作报告并与师生交流。

2018年5月组织格致中青年校友论坛1次，邀请十余位中青年校友代表分享交流。接待高等院校校级代表团来访5次；接待外籍和港澳台短期系际交流学生6人；因公派出教职工约422人次。

2018年度物理学院校友当选美国物理学会会士5人；当选发展中国家科学院院士1人；获粒子物理国际权威奖1人；博士论文获2017年国际天文学联合会优秀博士论文奖1人；博士论文获Springer Thesis Award奖1人，并入选施普林格·自然出版集团Springer Theses the "best of the best" 系列丛书并正式出版。

2018年校庆期间，学院共有53个年级或班级、1600余位校友返校聚会。在此期间，学院举办校友论坛，邀请3位校友分享他们的工作成果。

2018年度新增校友捐赠项目2项，共使用校友捐赠基金20项，总金额78万元，金额包括支付基建项目2项，支出金额43万余元；奖励、资助学生203人，支出金额27万元；奖励教师8人，支出金额7.5万元。

人才培养。本科招生与培养。2018年，学院招收本科生169人，其中九院定向生6人，留学生2人；国际物理奥赛金牌得主5人，亚洲物理奥赛金牌得主6人；举办北京大学2018年物理科学营和物理金秋营，参营人数分别为299人和289人。2018届本科毕/结业214人，其中授予理学学士学位208人、暂结业5人、大专4人，被授予"未名物理学子"荣誉学位77人，获双学位4人。

2018年，学院教师获北京大学教学优秀奖3人，获北京大学优秀管理奖1人，获北京大学第十八届青年教师教学基本功比赛理工组一等奖和优秀教案奖1人，获理工组二等奖1人，获优秀指导教师奖2人，物理学院荣获优秀组织奖。《电磁学》等5项教材入选2018年北京大学优秀教材。

2018年获批通识教育核心课程1门；被认定为2018年国家精品在线开放课程2门。新申报慕课4门。新开设公选课1门、专业选修3门。2018年，举办"凝聚态物理"优秀大学生暑期学校，首次面向港澳台地区招收学员。北京大学首个院系级别的"主动学习实验室"建成并面向本科生开放。物理英才班计划开始实施。

2017年立项、由学校各项基金资助的本科生科研项目中，2015级学生共有57人参与54个项目，该批项目于2018年11月结题，所有学生获得研究型学习的学分。2018年立项参加学校本科生科研项目的2018级同学共98人，92个项目。2018年在国际国内重要学术刊物发表论文及专利共计81篇（项），其中以第一作者发表论文29篇。

2018年物理学院代表北京大学参加第九届中国大学生物理学术竞赛获一等奖6人。举办第五届本科生兴诚学术论坛，获奖13人。举办第七届本科生小型科研项目训练与成果展示（CUPT），全校共有10支队伍、77名学生参与。2018年，学院本科生101人次出国交流。获批国家留学基金委优秀本科生国际交流项目4项，本科生出访交流6人。物理学院本科生代表北京大学赴印度尼西亚参加第十二届"亚洲科学夏令营"5人，其中获一等奖1人。

刘玉鑫、朱守华等完成的教学研究与实践项目获高等教育国家级教学成果二等奖、北京市教学成果一等奖、北京大学教学成果特等奖。

研究生招生和培养。2018年，学院招收研究生246人，其中博士研究生192人，硕士研究生54人；2018年被授予博士学位154人，被授予硕士学位43人；获北京大学优秀博士学位论文奖8人。

2018年6月和7月，分别举办"2018年北京大学物理学院优秀大学生暑期夏令营"，来自全国70所重点高校共计648名大学生申请报名，413名学生通过审核并参加该活动。

2018年，学院研究生出国交流335人次，其中由研究生院出资国际学术交流基金共资助博士生63人参加本专业的重点国际会议、资助博士生出国进行3个月的短期学术交流6人；由留学基金委出资的"国家建设高水平大学公派研究生项目"选派27名在读博士到国外大学或研究所联合培养。

2018年，举办第十六届"钟盛标教育基金"研究生学术论坛。本届论坛报名人数124人，创历史新高。共评出一等奖6人、二等奖10人、三等奖30人、最佳报告奖3人、最佳POSTER奖3人、优秀奖78人。

2018年，申报并成功举办或开展4项"北京大学2018年研究生创新计划"活动，即全国研究生电子结构与分子动力学前沿方法研究生暑期学校、先进加速器与激光技术研究生暑期学校、钟盛标研究生学术论坛及一项研究生教育专题研究。

2018年由张维岩院士牵头主办的北京大学黉门对话"Dream Light Source——超强超短脉冲正在引领的科学与技术变革"于5月12日至13日成功举行，活动邀请龚旗煌院士、Vladimir Tikhonchuk教授、孙承纬院士、李儒新院士等开展专题对话，并与学生交流。

2018年获"北京大学教学优秀奖（研究生部分）"奖励3人，获教学管理奖2人。

2018年，学院物理学、天文学、大气科学、核科学与技术4个一级学科同时开展教育部合格评估，均顺利通过。

行政后勤。1.实验室建设。截至2018年12月31日，学院现有仪器设备总计20,250台，总价104,994万元。2018年1月1日—2018年12月31日，新购置仪器设备1807台，总价15,813万元；其中大于40万的大型仪器38台，总计10,877万元；大于100万23台，总价9965万元。2018年度被评为北京大学实验室工作先进集体2个，实验室工作先进个人3人。

2. 图书馆和信息化建设。2018年订购期刊131种，图书323册，接受捐赠100余册；编目书刊、学位论文共10,846册；引进图书馆员工作站，增添自助服务设备。完成图书的复合磁条更换4万册；完成校学科建设办公室委托的《物理学国际评估第三方报告》及促进学科建设的《北京大学学科竞争力分析报告2018年版-物理学》。

3. 后勤工作。物理大楼中212阶梯教室装修改造及新桌椅安装工程于2018年5月结束并投入使用；加速器楼于2018年4月开始重新改造装修，12月竣工；物理楼监控改造工程项目于2017年12月开始安装，2018年2月完成调试工作；物理学院荣获2018年度安全管理标准化建设先进单位。2018年，学院到账科研经费3.13亿元。

党建工作。学院现有党员总数862人，其中在职教工党员157人（含博士后党员、合同制职工党员）、离退休教工党员147人、研究生党员483人、本科生党员32人。

在职教工支部11个、离退休教工支部9个和学生党支部20个（本科生党支部1个、研究生党支部19个），其中正式党员827人，预备党员35人。2018年物理学院共发展入党积极分子为预备党员32人，预备党员按期转为正式党员55人，被评为2018年北京大学优秀共产党员10人。

统战工作。2018年，学院有包括九三学社、中国民主同盟、中国民主促进会、中国农工民主党、中国致公党在内的民主党派人士50人，加上归侨、台湾同胞、少数民族教职工，总人数80人。

工会与离退休工作。截至2018年12月31日，学院共有离退休人员402人，其中90岁以上6人；80岁以上191人，占离退休总人数的48%；70岁以上309人，占离退休总人数的77%。2018年度离退休10人，离世5人。刘国超获院系模范工会主席称号。

学生工作。2018年，学院2015级研究生韩猛获北京大学学生个人最高荣誉"五·四奖章"，本科生2015级4班获集体最高荣誉"五·四奖杯"。本科生4个班、研究生1个班获"北京大学2017—2018学年先进班集体"称号，1个班在2017—2018年度首都大学、中职院校"先锋杯"竞赛评选活动中获得"优秀团支部"称号；学生个人奖励方面，学院学生获个人奖励469人，其中本科生189人，研究生280人。物理学院在北京大学2018年发布的2017年北京大学院系体育积分排名榜上以892分的好成绩位列本部第一名。

2018年暑期，学院组织六支实践团，按照"改革前沿""科研探路""乡土国情"等主题分赴广东深圳、四川绵阳、甘肃兰州、广西上思、四川甘孜州及云南弥渡开展实践调研活动，该活动获得"2017—2018学年度学生寒假社会实践活动优秀支队""北京大学2018年研究生暑期专项实践一等奖""北京大学2018年研究生暑期专项实践优秀院系组织奖"等荣誉。

2018年10月成功举办第二期"青藤计划"校友企业专场招聘会，12家校友企业、200多名师生校友参会。组织学生到京内科研机构、科技公司、金融机构、教育企业等类型单位参访7次；学生会、研究生会分别参与"主动学习实验室"筹备和运行，"钟盛标教育基金"第十六届研究生学术论坛举办等工作。

2018年物理学院共有105位教师在综合指导课选课平台上开设课程，开设课程总数达1030节，开课时长累计达515小时；学生选课人数546人，选课总数为1342节，实际辅导时长达671小时。

2018年国家奖学金物理学院本科生获奖10人，研究生获奖30人，总金额95万元；校级奖学金本科生获奖90人，总金额38.4万元，研究生获奖86人，总金额47.95万元；院级奖学金本科生获奖53人，总金额为24.1万元，研究生获奖12人，获奖总金额5.7万元。

化学与分子工程学院

【发展概况】基本情况。北京大学化学系始建于1910年，是中国高等院校中成立最早的化学系之一，1994年发展成为化学与分子工程学院（简称化学学院），2001年原北京大学技术物理系应用化学专业并入学院。北京核磁共振中心2001年1月成立并挂靠在学院。100余年来，学院培养本科生12,000多名、研究生约3000名，其中博士生1100多名。学院设有化学系、材料化学系、高分子科学与工程系、应用化学系、化学生物学系，以及无机化学研究所、分析化学研究所、有机化学研究所、物理化学研究所和理论与计算化学研究所，北京大学合成与功能生物分子中心、北京大学软物质科学与工程中心、北京大学分析测试中心和化学基础教学实验中心，并有2个国家重点实验室和2个教育部重点实验室，1个国防重点学科实验室。分别受中国化学会和高等学校化学教育研究中心委托，负责编辑出版《物理化学学报》和《大学化学》两种刊物。2003年底，国家科学技术部批准北京大学化学与分子工程学院与中国科学院化学研究所联合筹建"北京分子科学国家实验室"，2017年11月获批组建北京分子科学国家研究中心。

截至2018年底，学院共有教职工190人，其中中国科学院院士10人，教授61人，副教授53人，有12人入选海外高层次人才引进计划（青年项目），21人被教育部聘为"长江特聘教授"。

教学工作。学院重视教学、注重学生素质的培养，注重扎实系统的基础理论教学和严格系统的实验训练。有2门课程（分析化学、无机化学）被评为国家级精品课，1门课程（有机化学）被评为北京市精品课。现有无机化学、有机化学、分析化学、物理化学、综合化学五大基础课实验室，总面积为4000平方米。2006年，化学基础实验教学中心被评为第一批国家级实验教学示范中心。学院拥有总价值3.25亿元的各种仪器设备。学院自1986年起建立博士后流动站，共进站博士后723人（截至2018年底）。学院有7个二级学科（无机化学、有机化学、分析化学、物理化学、高分子化学与物理、应用化学、化学生物学），其中5个二级学科（无机化学、有机化学、分析化学、物理化学、高分子化学与物理）为教育部重点学科。自2002年开始化学一级学科下学校自设博士点两个：化学生物学、应用化学。5个重点学科均设有硕士点、博士点。

科研工作。学院注重基础理论与应用基础研究。2018年从国家和省部委获得纵向科研经费1.79亿元。主持和参加43项科技部重点研发计划、基础研究发展规划项目（973项目）和重大科学研究计划，以及156项国家自然科学基金项目和省部级项目。2018年新增国家自然科学基金委创新群体项目1项（表面纳米工程学和分子固体的磁性及相关物理，吴凯），新增国家自然科学基金委优秀青年科学基金项目资助3项（罗佗平、贾桂芳、蒋尚达）；2018年共发表论文656篇，其中第一作者/通讯作者481篇，平均影响因子（IF）7.72；2018年度，USNEWS全球大学排名中，化学学科综合排名第16位；QS全球大学排名中，排名第14位。2018年学院共承担纵向科研项目269项，其中国家科学技术部重点研发计划、重大基础研究发展规划项目（973项目）和重大科学研究计划42项，国际合作专项1项；国家自然科学基金委重大、重点项目20项、国家自然科学基金委杰出青年科学基金项目6项、基金委创新群体项目2项，国家重大仪器研制专项4项，国家自然科学基金委面上基金项目（含青年基金和优秀青年科学基金）91项。申请专利50项，获授权专利30项。2018年度学院横向合作到校经费1233万，签订横向合作合同31项；北京大学分子工程苏南研究院1.2万平方米研发大楼于5月18日正式投入使用，已有12个应用项目获得立项支持进行技术开发与产业化转化，到位项目经费3000万元，首批大型设备正在招标采购，预算经费2800万元，已衍生孵化创业企业8个，入选苏州市新型研发机构；北大明德科技发展有限公司继续完善结构布局调整，根据学校要求，优选项目进行孵化，积极参与苏南研究院和北京市政府科创基金，搭建集成果孵化、基金投资、校地合作三位一体的综合平台；北大先锋科技有限公司实现销售收入3.5亿元，税前利润约6千万元；北大先行科技产业有限公司销售收入23亿元，毛利润2.6亿元。

党建工作。2018年度学院高度重视党建工作，具体开展如下工作：

1. 加强制度建设。修订学院党政办公会工作规则、学院党委会工作规则，制定学院内设机构议事规则，认真落实会议记录与通报制度。

2. 加强党的组织建设，设置学院专职组织员；按期完成党支部换届。

3. 充分发挥党委的政治引领作用。在学院人才引进、人才项目申报、职称晋升等工作中，党委严格审查程序，进行思想政治和师德师风考察，并出具书面考察报告。

4. 多渠道开展"双带头人培育"教育活动。组织教工党支部书记赴常熟开展"学习先进，强化责任，做好双带头人"的主题教育活动；推荐1位支部书记参加北京大学首期党支部书记"双带头人"培训示范班；组织全体党支部书记参加北京大学"两学一做"学习教育专题培训班和学习贯彻全国教育大会精神专题培训等。

5. 推进"两学一做"学习教育常态化制度化，落实"两学一做"学习教育常态化制度化任务清单。在荣获全国文明村、全国民主法治示范村、全国新农村建设科技示范村的江苏省常熟市支塘镇蒋巷村设立"北京大学化学与分子工程学院党员教育基地"；各党支部组织开展实地参观学习、理论学习、党的知识竞赛等多种形式的教育活动。

6. 发展党员工作：2018年度组织43人参加北京大学第31期党的知识培训班；20人参加北京大学第30期党性教育读书班；共发展党员36人，转正29人，其中发展青年骨干教师党员1人。

7. 完成2018年度党支部和党员评议工作；开展党内评优工作，2个党支部被评为北京大学先进党支部，8人被评为北京大学优秀党员。3个学生党支部获得学校党团日一、二、三等奖各一次，学院荣获"优秀组织奖"。

8. 申报全国党建标杆院系，并获批立项；完成北京大学党建创新立项15项；学生党支部积极参与北京市"红色1+1"活动，和三井社区、门头沟政府文明办实现共建。

9. 完成全院600多名党员"双报到"（到所在地社区报到、到居住地社区报到）工作，实现"双报到"率达100%。

10. 加强党风廉政建设。组织党政班子成员召开民主生活会；党政班子成员参加上级多次培训教育活动；组织党政班子成员参加2018年廉洁教育宣传月党风廉政专题网络培训自主选学活动。

招生培养。2018年，学院共录取统招本科生151人，留学生2人，港澳台学生1人。实际入学统招本科生151人。离校本科生148人（含留学生1人），其中133人获毕业证书和学士学位证书（含留学生1人），14人暂结业，1人获大专毕业证书。共录取博士研究生115人，含港澳台学生1人。毕业研究生共128人，其中6人获得硕士学位，120人获得博士学位。

学生工作。1. 学生党建：2018年，学院发展学生党员35名，另有28人转正；累计完成389名党员评议工作，21名同学获"北京大学化学与分子工程学院优秀共产党员"称号，有4名学生党员获得"北京大学优秀共产党员"称号。在学院党委的指导下，学生党支部联合团支部、班级，开展一系列党团日活动，累计开展参访实践调研活动42次，理论学习活动46次，党支部参与率达100%；在"贯彻落实十九大，不忘初心共奋进"学生党团日活动中，分析学生党支部获得三等奖；在"不忘初心跟党走，争做圆梦新一代"

学生党团日活动中，2016级研究生第一党支部、2017级研究生党支部分别获得一、二等奖，学院荣获"优秀组织奖"。

2. 毕业生：2018届毕业生中共有本科生148人，研究生124人，除完成离校、归档、派遣等常规性管理服务工作，学院还开展毕业生座谈、毕业典礼、就业经验分享、"最暖就业季"等内容丰富，意义深刻的特色活动。2018届本科毕业生148人，其中，就业创业23人，占比15.5%；出国深造56人，占比37.8%；本国深造52人，占比35.1%，本科生大部分选择继续读研深造。2018届研究生毕业128人，其中，就业创业94人，占比75.8%；出国深造17人，占比13.7%；本国深造13人，占比10.5%。

3. 学生资助：2018年组织春季和秋季两次助学金评审工作，为48名本科生和46名研究生进行家庭经济情况认定，协助学校评选发放助学金571,800元，发放院级助学金87,500元，本科家庭经济困难学生实现资助全覆盖，并完成8位学生家庭寻访工作。在日常工作中，学院教师也及时对受资助同学进行回访和深度辅导，特别是帮助新生度过不适应期，起到资助育人的效果。

4. 新生教育暨新生引航工程：2018级新生共有本科生151人，研究生114人。学院先后开展新生家长会、开学典礼、趣味运动会、新生适应性心理测评、国防安全教育讲座、实验室安全讲座等活动。结合新生引航工程组织智力运动会、定向越野、化学知识竞赛、"写给四年后的自己"等创意活动，开展谈心谈话工作。集体参观"庆祝改革开放40周年大型展览"。组织新生班会、破冰游戏、集体生日会，创办年级公众号等促进班团建设，营造暖心氛围。

5. 奖励评优：通过素质测评和1场国家奖学金答辩、2场单项奖答辩、1场先进班集体答辩，共评选出272人获得奖学金，299人获得校级奖励，4个班级获得集体奖励。在奖学金评审方面，选出本科生校设奖学金75项共418,000元，院设奖学金21项共92,000元；研究生校设奖学金80项共921,000元，院设奖学金96项共472,000元。2018年度，学院共有124名本科生、175名研究生获评校级奖励，10人获学术创新奖。此外，学院还评选出"化学之星"、本科生学术honors奖、社会工作奖、学习进步奖等一系列院级奖励，并向获奖的学生寄送喜报，增强学生们的荣誉感和获得感。

6. 校园文化建设：2018年暑期，学院有3个实践团分赴如东、上海、常熟、铜陵等地开展暑期社会实践活动；7月21日，成功举办第八届"化学之星"评选活动；11月16日，首期"兴大学生邀请报告"邀请到哈佛大学George M. Whitesides教授和斯坦福大学鲍哲南教授与同学近距离交流，全程由学生主导和组织；11月16日至18日，成功举办2018化学发展前沿研究生论坛，来自全国20所高校和科研院所的30余名获得国家奖学金的化学学子，在4个分会场进行口头报告交流，另有72名同学参与墙报交流；12月14日，第一届"化院人故事——身边的榜样"邀请到5位各具风采的化院人分享他们的榜样事迹；"chemical bonding"系列活动，逐步成为学院品牌项目。学院团委通过事先收集问题、事后反馈情况的方式，结合学院学生的实际情况，共开展"师生面对面"4期、"心理工作坊"2期、"学生咨询室"14期、"校友沙龙"4期、"Happy hour"9期。系列活动采用"一对一""一对多""多对多"等多种形式，有针对性地指导同学们发现并解决问题，为师生交流提供有效的平台。

教学获奖情况。1. 有机化学实验室获2018年度北京大学实验室工作先进集体。李梦圆、童廉明、鞠晶、徐烜峰、章斐等5人获2018年度北京大学实验室工作先进个人。

2. 张奇涵、杨娟获2017—2018年度北京大学教学优秀奖（本科生课程），梁德海、阎云获2017—2018年度北京大学教学优秀奖（研究生课程）。

3. 赵达慧获北京大学2018年度教学卓越奖。

4. 裴坚获北京大学"我爱我师——最受学生爱戴的老师"暨"十佳教师"称号。

5. 《化学实验室安全知识教程》《辐射化学基础教程》获北京大学2018年优秀教材。

6. "充分发挥学科优势促进拔尖人才全方位成长——北京大学化学实验实践教学体系建设"获得2017年北京市教学成果二等奖；"构建化学实验课程助教培训体系，助力学生全方位成长"获北京大学2017年教学成果奖特等奖；"普通化学英文班课程建设"获北京大学2017年教学成果奖二等奖。

7. 张文彬、卞祖强、席振峰、何川、张锦、陈继涛、郭雪峰等七位老师被评为北京大学优秀博士学位论文指导教师。

8. 陈鹏、蒋尚达、刘志博、张文彬等4人获北京大学2018年绿叶生物医药杰出青年学者奖。李维红获北京大学2018年杨芙清-王阳元院士教师奖。吕明泉获北京大学2018年正大教师奖。关妍、余志祥获北京大学2018年北京银行教师奖。赵美萍获北京大学2018年宝钢教师奖。蒋鸿获北京大学2018年宝洁教师奖。

（戚 莉）

人才发展及科研成果。马丁入选第3批国家高层次人才特殊支持计划领军人才；陈鹏入选教育部长江特聘教授；罗佗平、贾桂芳、蒋尚达获国家自然科学基金委优秀青年基金资助。

2018年科研获奖情况：严纯华获2018度何梁何利基金科学与技术进步奖；余志祥获药明康德生命化学研究奖学者奖、北京大学"拜尔研究者奖"；刘剑获国际QSCP组织的Promising Scientist Prize of CMOA、2019年度亚太理论与计算化学家协会"Pople Medal"奖；王初获国际化学生物学学会"ICBS Young Chemical Biologist Award"；刘志博获国际中子俘获治疗学会"Fairchild Award"。

（李 玲）

行政管理与安全管理。1.E区大楼建设完成可行性评估、方案复函、人防设计及施工图，预计2019年初开始施工。同时为配合新楼建设，2018年度完成B、D楼的强弱电、上下水、燃气、暖气和消防线路的改造，并拆除C楼，实现新楼建设场地的"三通一平"。

2.安全规章制度的修订与补充完成定稿，涉及实验室管理、消防安全、试剂管理等50项规章制度，印制800册，发放给学院70个课题组与实验室主任以及学校相关部门。

3.为消除消防隐患，2018年度完成B级彩钢板整治工作。为解决实验室尾气排放问题，对化学楼251台风机加装尾气吸收装置。根据公安部最新的行业标准，对剧毒、易制爆、同位素库房进行升级改造。

4.为增强师生安全意识，提高师生在遭遇危险化学品泄漏后的应急处理和疏散能力，10月29日，学院在院内举行危险化学品泄漏应急处置和人员疏散演习，共计929名楼内师生参加演习。

5.为解决门窗漏风、电路装修严重老化等问题，对B区一层大厅进行修缮改造，提升学院形象。为解决楼顶局部漏雨问题，进行化学楼A、B、D区屋面防水的全面改造。

6.2018年度再次获得"北京大学二级单位安全管理标准化建设先进单位"称号。

校友、筹款、信息化建设。1.编辑刊发两期《北大花园》；组织120周年校庆相关活动，如"致敬百廿华诞——化学学院十年发展成就展"、1955级校友周世光教授"致敬百廿华诞——大国兴盛，必有强军"专题报告等；帮助20余个年级组织120周年年值年返校活动。

2.新设立1977级教育发展资助项目、1994级秋实奖教基金、药明康德讲席教授基金、王胜地日化奖学金／奖教金、博大格林奖励基金、汪凤华助学金、学而思奖学金／奖教金项目、康科德分析化学报告会项目等8项基金项目；续签Horiba无机化学、物理化学奖学金项目；新注资分子科学奖教金、北大先锋奖学金、康科德奖教金、烟台万华奖学金、兴大教育基金等5项基金项目。组织李革赵宁夫妇捐赠仪式、1994级秋实奖教金捐赠、兴大教育基金捐赠、"百廿纪念报告厅"揭牌仪式、钟陈玉蘭基金颁奖会等活动。

3.完成学院中文版网站的改版工作，英文版网站的改版2018年底完成并上线；协助学校将院内的62个网站迁移到计算中心的站群管理平台，增加信息安全保障；完善院内多媒体通告系统；进行网站及域名备案，进一步加强网络信息安全的监督和管理。

工会工作。1.组织教师参加"北京大学第十八届青年教师教学基本功比赛"，分别获得理工组一等奖1名，三等奖1名，优秀指导教师奖1名，并获得优秀组织奖。

2.组织全院教职工参加体检，完成女职工安康互助保险的续保和参保；组织"爱心基金"募捐，101位教职工捐款16,160元。对生病、生育教职工和节假日加班的教职工等开展慰问活动，举办2次（心理）健康讲座。

3.组织教职工参加校工会的各项文体活动。2018年校运动会获团体总分第三名（连续六年各院系中排名第一），教职工参与率达60%以上。2018年校教职工游泳比赛获得团体总分冠军，实现六连冠。组织丰富多彩的特色活动，如羽毛球、乒乓球、毽球、瑜伽、足球、户外徒步等。组织"六一"亲子特色活动和"三八"做健康幸福好女人主题活动。2018年初的"迎新年"系列文体活动，参与者达到450人次。

4.2018年度被评为"北京市教育工会先进职工之家"。

5.2018年9月正式完成工会的换届。

（徐一方）

学术交流。1.2018年4月1日至6月30日，美国科罗拉多州立大学Eugene Chen教授对学院进行为期3个月的访问交流。Eugene Chen教授与两个课题组（李子臣、吕华）建立实质性的科研合作，研究内容涉及可降解塑料的设计合成。

2.3月10日至6月9日，台湾大学金必耀教授来访进行为期3个月的交流，4月9日至5月14日期间面向学生开设"数字串珠与分子几何"的选修课程（1学分），课程主题：串珠分子模型的奇妙世界—从立体几何到缤纷多彩的纳米结构。该课程中的很多独特方法已经被多位教师运用到教学之中，同时金必耀教授与学院相关教师进行学术交流并合作开展沸石结构的分析研究。

3.7月25日至8月2日高分子表征技术暑期学校在北京大学顺利举行。该课程为北京大学"研究生教育创新计划"系列课程之一，为期8天，共175人参加，分别来自北京大学、清华大学、中国科学院等国内40余所高校和科研院所。本次暑期学校以"高分子表征技术"为主题，以专题课程的形式授课，共分为5个专题（高分子散射技术、高分子电镜衍射与结构解析、高分子质谱表征技术、高分子光化学及光刻技术、高分子电镜形貌与三维重建），分别由英国谢菲尔德大学Oleksandr Mykhaylyk教授、法国科学院Bernard Lotz教授、美国图灵大学Scott Grayson、美国华盛顿大学Cole A. DeForest教授和美国北卡罗来纳州立大学Richard Spontak教授授课。

（李玲）

国际及双边学术研讨会。1.10月17日至19日，中日燃料电池催化体系研讨会召开。本次会议由化学与分子工程学院和日本横滨国立大学共同主办。会议主题为促进燃料电池电极和清洁燃料合成催化体系的发展，Akimitsu Ishihara教授等17位该领域专家出席本次会议。与会代表一致认为，中日两国在燃料电池催化体系技术研发与应用领域具有广阔的合作发展前景。

2.6月6日至9日，2018北京论坛：金属卡宾化学（暨第二届金属卡宾国际学术研讨会）在北京大学举办。包括中国科学院支志明院士、周其林院士、冯小明院士，法国科学院 Guy Bertrand 院士、Janine Cossy 院士，瑞典皇家科学院 Kalman J. Szabo 院士，以及俄罗斯科学院外籍院士 Michael P. Doyle 教授等来自 14 个国家和地区的 70 余名金属卡宾领域专家以及国内 17 所高校和科研机构的青年学者参加会议。会议共计有 6 个大会报告，34 个邀请报告以及 23 个口头报告。与会学者们围绕金属卡宾的结构、反应性以及在催化反应等领域中的应用展开广泛深入的讨论。

3.5 月 13 日至 15 日，第 9 届中美 10+10 双边研讨会举行。"10+10 联盟"是北京大学和美国加州大学戴维斯分校之间建立的长期战略合作关系的具体体现，为推进双边合作，增进两校友谊，加强合作，不断发扬两校交流互访的优良传统，每隔两年都会举办合作项目年度研讨会。本届研讨会主题为 "Global Frontiers in Chemistry and Chemical Biology"。中美双边各有数十位学者参加。化学与分子工程学院院长高毅勤出席开幕式并致欢迎辞。加州大学戴维斯分校 Alex Navrotsky 院士也发表讲话，对 "10+10" 的传统予以肯定。

（李　玲）

表 6-1　化学与分子工程学院 2018 年度新增主要科研项目列表

项目名称	起止时间	负责人	总经费（万元）	类别
北京大学分子工程苏南研究院创新基金	2018.10—2023.10	张　锦	10,000	横向课题
蛋白质糖基化的化学标记与功能调控	2018.7—2022.12	陈　兴	2671	科技部重点研发计划
聚集体激发态可调控的新颖杂稠环功能分子体系的精准构建	2018.1—2022.12	裴　坚	1695	基金委重大项目
蛋白质糖基化的正交标记	2018.7—2022.12	陈　兴	889	科技部重点研发计划
超高时空分辨率的光电联用生物检测一体化装置	2018.1—2022.12	郭雪峰	735	基金委国家重大科研仪器研制项目
高品质石墨炔的控制制备及其基本物性研究	2018.1—2022.12	张　锦	573	基金委重大项目
催化化学	2018.1—2022.12	马　丁	350	基金委国家杰出青年基金
基于液晶高分子的功能材料	2018.1—2022.12	沈志豪	350	基金委国家杰出青年基金
金属有机化学	2018.1—2022.12	张文雄	350	基金委国家杰出青年基金
新型超高迁移率二维半导体的制备与器件研究	2018.1—2022.12	彭海琳	301	基金委重点项目
蛋白质 O-GlcNAc 糖基化修饰在胚胎干细胞中的功能研究	2018.1—2021.12	陈　兴	300	基金委重大研究计划
费托催化基础研究	2018.3—2020.12	马　丁	300	横向课题
"一种人血清白蛋白-阿霉素交联物纳米颗粒及其应用"的专利申请权转让	2018.7—2019.7	林　坚	300	专利权转让（技术转让）
扫描近场光谱新技术及其在纳米碳材料结构与性能表征中的应用	2018.1—2022.12	张　锦	229	基金委国际（地区）合作与交流项目
基于非天然氨基酸编码的 Cas9 基因编辑系统的调控与再造	2018.1—2020.12	陈　鹏	180	基金委应急管理项目
聚氨基酸与蛋白质偶联物	2018.1—2020.12	吕　华	130	基金委优秀青年科学基金项目
有机 π 共轭功能材料化学	2018.1—2020.12	王婕妤	130	基金委优秀青年科学基金项目
吡啶衍生物用于新结构分子筛合成的基础研究	2018.6—2028.5	孙俊良	100	横向课题

（李　玲）

【北京分子科学国家研究中心顺利通过建设运行实施方案论证】 2018 年 2 月 2 日，科学技术部基础司在北京组织召开北京分子科学国家研究中心（以下简称"研究中心"）建设运行实施方案论证会。陈宜瑜院士等 9 名专家受邀参加论证会。科学技术部基础司郭志伟副司长到会并对论证工作提出要求。中国科学院前沿局王颖副局长，研究中心组建单位北京大学林建华校长、中国科学院化学研究所张德清所长，以及来自教育部科学技术司、北京市科学技术委员会等单位的领导和代表参加会议。

与会专家对研究中心进行实地考察，听取研究中心主任席振峰院士的汇报，经过质询和讨论，一致同意研究中心建设运行实施方案通过论证，并提出意见和建议。论证会上，研究中心、组建单位和相关管理部门的代表分别作表态发言，表示将在研究中心的建设中吸收专家的意见建议，共同努力把研究中心建设成为中国分子科学研究重大成果的发源地和国际一流的分子科学研究中心。北京分子科学国家研究中心通过建设运行实施方案论证标志着中心正式开始建设运行。

（李玲）

【李革、赵宁校友伉俪捐资1亿元支持学院教学科研事业发展】 2018年6月11日，李革、赵宁校友伉俪向北京大学捐赠仪式暨李革博士、赵宁博士北京大学名誉校董授予仪式在化学与分子工程学院举行。李革、赵宁校友伉俪宣布捐资1亿元，用于设立北京大学李革赵宁教育基金，回馈母校并支持学院教育及科研事业发展。此次捐赠将用于支持北京大学李革赵宁化学讲席教授基金和生命科学青年研究基金，由北京大学招募全球顶尖学者、教授、科学家来推动该计划的发展，从而提供达到世界水平的科学集群研究，并更好地促进其教学科研和师资队伍建设。

药明康德集团创始人、董事长、北京大学化学系1985级校友李革博士，药明康德集团董事、运营高级副总裁、全球人力资源负责人、北京大学化学系1985级校友赵宁博士，李革、赵宁校友的亲友赵钧和黎健校友，与北京大学校长林建华，副校长王博，化学与分子工程学院党委书记马玉国，教授彭崇慧，副院长裴坚、陈兴、周江，党委副书记王菲，教育基金会秘书长李宇宁等共同出席，仪式由学院党委副书记赵美萍主持。

（徐一方）

【化学学院"E区大楼"奠基仪式举行】 2018年12月21日，化学与分子工程学院"E区大楼"奠基仪式在学院新楼建设工地举行。北京大学原校长周其凤、林建华，副校长王博，"E区大楼"捐赠人、1981级校友、松禾创业投资公司董事长厉伟，深圳市蓝凌软件股份有限公司总裁徐霞，深圳市金凤凰装饰工程有限公司董事长刘宏洲，深圳市宏禧聚信传媒股份有限公司董事长张朔，筑博设计集团股份有限公司设计师张晓奕，北京大学校友会执行副会长邓娅及学校财务部、房地产管理部、基建工程部、燕园街道办事处、会议中心等职能部门的负责人同学院师生一起参加奠基仪式。奠基仪式前，北京大学校长郝平与新楼捐赠人座谈交流。"E区大楼"计划2019年开工，主体工程预计2020年竣工。

（徐一方）

生命科学学院

【发展概况】 生命科学学院的前身是创办于1925年的北京大学生物学系，是中国高等学校中最早建立的生物学系之一。1952年，全国高等学校院系调整，北京大学、燕京大学和清华大学三校的生物学系合并至北大。1993年，成立北京大学生命科学学院。学院现有2个国家重点实验室（蛋白质与植物基因研究国家重点实验室、膜生物学国家重点实验室），1个教育部重点实验室（细胞增殖与分化教育部重点实验室），2个国家人才培养基地（国家理科生物学研究与教学人才培养基地、国家生命科学与技术人才基地），1个国家实验教学示范中心（生物基础实验教学中心），5个国家重点学科（植物学、动物学、细胞生物学、生理学、生物化学与分子生物学），8个博士学科点（植物学、动物学、生理学、生物化学与分子生物学、生物物理学、生物技术、生物信息和细胞生物学）。

2018年4月，生命科学学院党委完成换届工作，刘德英、孙育杰、苏都莫日根、范六民、郑晓峰、郝雪梅、唐平、蒋争凡、瞿礼嘉等9人当选为新一届党委委员。在新一届党委会第一次会议上，刘德英当选为党委书记，郑晓峰和唐平当选为党委副书记。

6月，学院召开全院教职工大会，学校党委组织部宣读关于生命科学学院新一届行政领导班子的任命决定：院长吴虹，副院长王世强、高宁、蒋争凡；原班子成员自然免职。

队伍建设。截至2018年12月31日，学院共有中国科学院院士5人，国家海外高层次人才引进计划6人，海外高层次人才引进计划（青年项目）16人，长江特聘教授10人，"国家杰出青年科学基金"项目获得者23人，"优秀青年科学基金"项目获得者11人。国家级教学名师1人、全国模范教师1人。2018年，学院新入职教职工11人，实验动物中心的挂靠单位由实验室与设备管理部变更为生命科学学院，实验动物中心3位教职工的人事关系转入生命科学学院，退休2人，离职或调出4人，去世3人。2018年新入职的教职工中，教研系列研究员3人，分别为动物学、植物学和细胞生物学专业，研究技术系列副研究员/助理研究员4人，工程技术系列3人，行政系列1人。截至2018年底，学院在职教职工172人，其中教授和研究员74人，副教授和副研究员32人，讲师和助理研究员12人，工程技术系列和行政人员共54人；离退休教职工186人。

2018年，蔡宏获北京银行教师奖，汤富酬获嘉里集团郭氏基金树人奖教金，胡家志、钱伟强和李晟获绿叶生物医药杰出青年学者奖，朱健获唐立新奖教金教学名师奖，张博获杨芙清-王阳元院士教师奖优秀奖，王青松获正大教师奖。顾红雅被聘为北京大学博雅特聘教授。

2018年，学院新入职合同制职工65人，离职52人；4月生命联合中心合同制职工5人转出，6月实验动物中心合同制职工21人转入。截至2018年底，学院劳动合同制职工共计174人，较2017年同比增长20%。

2018年，学院共有40名博士后进站，33名博士后出站，3名博士后退站。截至2018年底，在站博士后共计94人。王晨光、王奕蓉获2018年度博士后创新人才支持计划资助；刘蓓、葛增祥、徐毅曦、程斯进、王颖、方润、谭泽民、邵世鹏、索元霞、王崭等10人获第五批博雅博士后项目资助；朱秦毓、郑正高、原荣荣、田永路、冯素敏等5人获第六批博雅博士后项目资助；李笑雨、范小英等2人获得京大学2018年优秀博士后奖。

本科生教学工作。2018年学院招收本科生106人（含留学生4人），本科毕业105人，暂结业3人，转大专毕业1人，暂结业换毕业证7人。截至2018年底，学院在校本科生387人，其中留学生14人，少数民族学生14人。7月，学院本科生自主招生夏令营从340名报名者中选拔出176名参加选拔考试，最终核定将在2018年招生录取中给予加分者96人。学院在2018年全国生物奥林匹克竞赛中招收保送生21人，自主招生拟招收28人。9月完成"生命科学强化挑战班暨拔尖人才培养计划"年度审核工作，8人退出，24人毕业，生命科学学院挑战班共有学生78人。2018年挑战班已毕业学生中19人出国出境读研，3人保送国内高校读研。截至2018年底，生命科学学院共开设慕课7门，其中，高歌、魏丽萍申报的"基于慕课的生物信息学混合式教学实践"项目获2017年北京市教学成果一等奖。饶毅主讲的《生物学概念与途径》被教育部认定为2018国家精品在线开放课程。《生理学》于2018年申请学校2019年慕课立项。魏文胜、肖俊宇、辛广伟荣获2018年度北京大学教学优秀奖。在2018年北京大学第十八届青年教职工教学基本功大赛中，李晟荣获一等奖和优秀教案奖，杨竞、季雄荣获三等奖，王戎疆荣获优秀指导教师奖。

研究生教学工作。2018年共招收博士研究生137人，硕士毕业生10人，博士毕业生74人。截至2018年底，在校博士研究生637人。在校研究生中，留学生2人，港澳台学生2人。2月，学院组织2014级博士生统一中期考核，共有55名博士生参加、54人通过考核。在7月举办的"全国优秀大学生暑期夏令营"活动中，评选出优秀营员92名。8月，组织2016级研究生统一资格考核，共有55名学生参加，53人通过考核。葛增祥、郭心怡、魏梦萍和李莉获"2018年北京大学优秀博士学位论文"奖。饶广远和冯仁青获2018年度"北京大学教学优秀奖"。

科研工作。2018年，学院科研经费到账总数约1.49亿元，其中纵向科研经费约1.34亿元，横向科研经费约0.15亿元。学院在研科研项目214项，申请获批国家级项目38项；国家自然科学基金结题项目29项。在新获批项目中，孙育杰、伊成器获国家杰出青年科学基金项目资助，肖俊宇、钟上威获优秀青年科学基金项目资助，陈建国、蒋争凡、李晴、瞿礼嘉、朱健获批国家自然科学基金重点项目，王世强、张传茂获批重大研究计划/重点支持项目。2018年度国家重点研发计划申请中，汤富酬获批项目首席科学家，文路获批课题负责人。李毓龙、汤富酬、魏文胜获北京市科学技术委员会生命科学前沿创新培育项目支持。2018年，学院新增横向项目情况见附表，出版专著情况见附表。以生命科学学院为第一作者或通讯作者单位发表的论文被SCI收录195篇，平均影响因子9.5，最高影响因子41.577。其中的突出成果见附表。

高宁、伊成器入选科学技术部2018年创新人才推进计划中青年科技创新领军人才；高宁荣获2018年度高等学校科学研究优秀成果奖（科学技术）青年科学奖；汤富酬荣获第十九届吴阶平-保罗·杨森医学药学奖，胡家志荣获2018年求是杰出青年学者奖；李毓龙获得2018第三届中源协和生命医学奖创新突破奖，其研究成果"新型可遗传编码神经递质荧光探针的开发"入选中国科协2018年度中国生命科学十大进展，"新型'多巴胺荧光探针'助力精准医疗"入选2018年度中国十大医学科技新闻；瞿礼嘉荣获2018年度北京大学生命科学学院未名杰出科研奖。2018年学院共举办26场系列学术讲座，包含多名诺贝尔奖得主、美国科学院院士和中国科学院院士。公共仪器中心荣获"2018年度北京大学实验室工作先进集体"，并圆满完成国家蛋白质科学研究（北京）设施（简称"凤凰工程"）的主管部门验收及国家验收工作。

科技开发与合作。学院继续深化与拜耳等知名医药企业和启东市等地方政府的合作。2018年，"生科-启东创新基金"共支持专利培育基金项目7项，支持金额560万元；专利转化基金项目1项，支持金额490万元。6月，"2018拜耳讲席教授、研究员和博士后奖授奖仪式"在学院举行，谢晓亮获评"拜耳讲席教授"，胡家志、季雄、李湘盈、伊成器获评"拜耳学者奖"，范小英获评"拜耳博士后"奖。9月，第二届北大-德国勃林格殷格翰公司（BI）转化研究论坛举行，李毓龙获2018年度BI讲席研究员奖。

党建工作。学院有党支部24个，其中在校学生党支部15个，在职教工党支部7个，离退休党支部1个，另有出国就读就业临时党支部1个；共有党员718名，其中在职党员177名，离退休党员78名，学生党员463名。2018年，学院共发展党员31人，其中教职工党员2人，学生党员29人；预备党员按期转正14人。制定出台《党支部党建工作目标管理考核办法》及《党委班子成员联系师生党支部制度》，为支部建设提供制度保障。年内制定出台《党委会议事规则》和《党政联席会议事规则》，为规范和强化党的领导提供制度保障。学院党委组织党支部党建工作考核及支部书记工作经验交流会，对于工作动力不足的党支部进行整改指导。

信息化工作。学院办公系统功能持续创新升级，创新基金申请系统、活动报名系统投入使用，校友成长汇实现对校友信息的电子化管理，完成楼宇信息化建设工作及收费管理平台建设，实现全院楼宇空间信息实时检索。学院官方网站界面及内容完成升级优化，突出学科特色，在保证网络安全的前提下功能持续创新、内容日趋完善。

宣传工作。2018年，"北大生科"微信公众号发表图文推送200余篇，订阅量由6000人增长到9200人。"北京大学生命科学学院校友会"微信公众号订阅量达到4600余人。

校友期刊《叶脉》进行电子化升级，每季度向校友和师生发送。百廿校庆之际，生命科学学院制作"今日生科风貌展"，向广大校友集中展示学院近年来取得的发展和成就。

楼宇建设和管理。2018年，吕志和楼正式交付使用。连楼建设启动，学院成立建设委员会，吴虹任组长，完成设计规划和功能布局，各项工作稳步推进。2018年，学院安全管理委员会完成换届选举，每季度组织安全巡检、进行全院消防疏散演习，进入15个实验室开展"安全知识进组会"活动；由于吕志和楼和理科四号楼共用消防设施，为保证两楼的顺利运行，提前一年对理科四号楼进行配电室检测，将两楼的消防设施和中控设施进行协调对接；提升安防系统监控等级，全面更换理科四号楼摄像头，排查改造不符合消防要求的彩钢房，并完成多项修缮改造。

实验室设备与安全管理。2018年，学院新购置仪器登记建卡1573台，价值83,546,249.23元。其中大型仪器43台，价值63,524,885.83元；报废仪器893台，账面价值9,050,434.35元。完成压力容器操作资质培训，建立高压灭菌柜预约登记系统，制定《生科院灭菌设施管理办法（草案）》等多项指导性文件。完成生科院危险品试剂审批6531件，其中易制毒试剂401件，易制爆试剂119件。组织各类实验室安全培训5次，培训人员150余人次。配备消防沙桶15个，制作安全教育展板10块，完成冰箱防爆改造3台。为研究生开设16学时的《实验室安全》课程，同时开放给本科生选修。

工会工作。为丰富学院教职工的业余生活，学院工会开展"黍稷方华"诗词创作大赛活动、首届趣味拔河比赛、艺术压花体验活动等多项兴趣小组活动。院工会还积极组织教职工参加学校各项体育活动，包括校运动会、教职工足球赛、教职工羽毛球锦标赛、教职工游泳比赛等，并取得不错的成绩。生命科学学院-分子医学研究所联队入选并参加"庆百廿"北京大学教职工羽毛球交流赛，获得最佳团队奖。

校友工作。2018年，学院校友会共举办各类校友聚会46场，接待返校校友1700余人。新推出校友海外资讯平台、校友生日祝福、校友视频连线等服务举措并升级改造校友墙。已经连续执行五季的"校友国际旅行团"项目，正式获得北大校友会的官方支持；"校友子女暑期营"项目在2018年正式拓展至"北大营""王朗科考营""海外校友子女营"3个子项目；"校友医师健康咨询"在第三季成功携手爱康集团，并获得专业技术设备与专业护理团队的双重支持。2018年，组织开展第九届北大生科北美校友年会（美国·旧金山）和第四届北大全球生命科学产业论坛（中国·启东）；先后走访北京、吉林、安徽、广东、四川多地校友和校友单位；1991医预马超校友当选北京大学校友会第九届理事会理事；与吉林通化东宝药业、安徽华信药业等多单位达成捐赠意向；全年吸纳全球校友捐赠款总计328笔，共1452.35万元人民币。2018年，学院社会培训工作实现跨越式增长。以"北京大学生物经济骨干培训班（第一期）"为龙头，全年实现培训收入56.16万元人民币，同时为广东省东源县培训干部95人。

学生工作。积极开展迎新工作和新生教育工作，为新生适应学校生活和学业规划提供辅导和快速指南。建立学业辅导体系，继续开展"学·乐·家"本科生学业促进计划。2018学年共设课程15门，实行小班辅导制度；将奖励奖学金评审作为育人的重要环节，加强评审工作的教育性、科学性、规范性、公平性和可持续性，2018年共计251名学生获得奖励，209名学生获得奖学金，4个班级获得"先进班集体"称号；关注学生生涯发展，开展"北大生科人"新生教育讲座，向新生介绍毕业生的发展方向；开展《事业与人生》课程，为学生学业规划、情感规划以及事业规划提供有益帮扶；举办"展望事业，探讨人生"系列讲座，邀请潘文石、李恩、朱叶青等知名学者、企业家，与学生分享成长故事和人生感悟；开展"生科一席谈"活动，邀请14位优秀校友与在校生互动交流，覆盖学生150余人次；开展"Happy hour"、与年轻PI面对面等活动，为学生提供与年轻教师近距离交流的平台；举办第九届"校友杯"暑期社会实践，鼓励学生参与社会调研，增强学生关注社会、勇担责任的意识；举办第四届生命科学产业工作坊系列课程，拓展学生生物产业视野。该课程吸引15个院系学生报名，最终有30名学员获得学习机会；举办第四届"i创达人"创业计划大赛，利用真实项目进行实践，并挑选优秀团队项目进行孵化；针对毕业年级进行就业辅导咨询，学院2018年毕业生就业率较2017年有所提高；坚持覆盖全员的新生访谈，全面了解学生，建立情感联系；在研究生访谈中创新使用预约方法，学生可自行选择时间，提高访谈积极性；坚持实验室安全员制度，以实验室为单位开展心理教育；坚持心理排查制度，多渠道了解学生心理情况；探索夏令营招生综合素质测评工作；举办第八届北京大学生物交叉学科学术论坛等活动，提升学生与公众科学素养；开展"青丝"行动，帮助因癌症而脱发的患者；开展"同心捐衣箱"募捐活动，关爱农民工；开展Interesting科普征文、"模式生物密话"画稿评比等活动；2014级本科生魏静怡同学获得北京大学"学生五·四奖章"；2014级本科生艾宇熙获得第二十六届北京大学"挑战杯"五四青年科学竞赛一等奖；2014级研究生3班获得北京大学"班级五·四奖杯"；学生社团生命科学产业协会"三明医改暑期调研团"获得北京大学2018年研究生暑期专项实践一等奖。

（杨泉、刘天舒、许海芬、赵珏、高音、葛丽丽、林芳芳、彭宜本、朱小健、韩启飞、张湘波、阮小娟、谢夏青、卜思涵、刘超、郝雪梅）

表 6-2　2018 年生命科学学院科研项目（包括子课题）一览表

项目分类	2018 年在研项目	获批 2019 年项目
国家重点研发计划	36	3
国家"973"计划和重大科学研究计划	16	
国家"863"计划	1	
其他重大项目	17	
国家自然科学基金	110	34
教育部各类项目		1
北京市及其他部门项目	2	5
海外合作	2	
企事业单位委托项目	30	9
总计	214	52

（韩启飞、朱小健）

表 6-3　2018 年生命科学学院新增横向科研项目明细表

项目名称	被委托人	委托方
Targeting PTEN-null Prostate Cancer with Darolutamide, Copanlisib and BAY4010 Alone or in Combination	吴虹	拜耳医药保健有限公司
建立多能干细胞向胰岛 β 细胞体外分化的实验方法	邓宏魁	杭州瑞普晨创科技有限公司
利用基于 CRISPR/Cas9 的 CRISTMAS 方法对潜在抗癌药物靶点的关键氨基酸进行鉴定	魏文胜	拜耳医药保健有限公司
"基因敲除方法"等三项专利申请权转让	魏文胜	博雅缉因（北京）生物科技有限公司
基于 CRISPR/Cas9 技术 Smarca4 基因条件型敲除小鼠模型的开发	李军	北京济世金编科技有限公司；北京北达燕园微构分析测试中心有限公司
验证 TrpA1 拮抗剂和 ATX 抑制剂对大鼠瘙痒模型的药理作用的研究	李毓龙	Boehringer Ingelheim International GmbH
【补充协议】Research on Infiltrating Immune Cells in Hepatocellular Carcinoma by Single Cell RNA Sequencing_ 单细胞 RNA 测序技术在肝癌细胞浸润中的研究	张泽民	Boehringer Ingelheim International GmbH
体外抗肿瘤细胞活性筛选测试服务	魏文胜	中国科学院化学研究所
Developing an Interactive Analysis and Visualization Platform for Large Single-cell Datasets	张泽民	拜耳医药保健有限公司

（朱小健）

表 6-4　2018 年生命科学学院专著一览表

著作名称	作者	作者排序	出版单位	出版日期
Guide to the Widlife of Southwest China	李晟	2	Smithsonian Institution Scholarly Press	2018.4
动物生物学实验	王戎疆	1	北京大学出版社	2018.5

（韩启飞）

表 6-5　2018 年生命科学学院突出科研成果统计表

发表时间	课题组负责人	杂志名称	影响因子	文章题目
2018.1	汤富酬	Nature Genetics	27.125	Single-cell DNA methylome sequencing of human preimplantation embryos
2018.3	汤富酬	Nature	41.577	A single-cell RNA-seq survey of the developmental landscape of the human prefrontal cortex

（续表）

发表时间	课题组负责人	杂志名称	影响因子	文章题目
2018.4	蒋争凡	Immunity	19.734	Manganese Increases the Sensitivity of the cGAS-STING Pathway for Double-Stranded DNA and Is Required for the Host Defense against DNA Viruses
2018.6	朱玉贤	Nature Genetics	27.125	Resequencing of 243 diploid cotton accessions based on an updated A genome identifies the genetic basis of key agronomic traits
2018.6	汤富酬	Nature Cell Biology	19.064	Tracing the temporal-spatial transcriptome landscapes of the human fetal digestive tract using single-cell RNA-sequencing
2018.7	高宁	Nature	41.577	Structure of the origin recognition complex bound to DNA replication origin
2018.7	张泽民	Nature Medicine	32.621	Global characterization of T cells in non-small-cell lung cancer by single-cell sequencing
2018.7	李毓龙	Cell	31.398	A Genetically Encoded Fluorescent Sensor Enables Rapid and Specific Detection of Dopamine in Flies, Fish, and Mice
2018.7	邓宏魁 李程	Cell Stem Cell	23.29	Single-Cell RNA-Seq Reveals Dynamic Early Embryonic-like Programs during Chemical Reprogramming
2018.7	汤富酬	Nature Cell Biology	19.054	Single-cell multi-omics sequencing of human early embryos
2018.8	李毓龙	Nature Biotechnology	35.724	A genetically encoded fluorescent acetylcholine indicator for in vitro and in vivo studies
2018.10	汤富酬	Cell Stem Cell	23.29	Single-Cell RNA Sequencing Analysis Reveals Sequential Cell Fate Transition during Human Spermatogenesis
2018.11	汤富酬	Science	41.058	Single-cell multiomics sequencing and analyses of human colorectal cancer
2018.12	张泽民	Nature	41.577	Lineage tracking reveals dynamic relationships of T cells in colorectal cancer
2018.12	魏文胜	Nature Biotechnology	35.724	Genome-wide screening for functional long noncoding RNAs in human cells by Cas9 targeting of splice sites

（韩启飞）

【邵逸夫基金会捐资5亿元助力北大生命科学发展】 2018年，邵逸夫基金会捐资5亿元设立"生物动态光学成像中心逸夫创新基金"和"生命科学学院逸夫发展基金"，北京大学生物动态光学成像中心大楼亦命名为"逸夫楼"。

（朱小健）

【李毓龙"新型可遗传编码神经递质荧光探针"成果入选2018年度中国生命科学十大进展】 2018年7月，北京大学生命科学学院、北大-清华生命科学联合中心、PKU-IDG/麦戈文脑科学研究所李毓龙研究组及其合作者，在 Nature Biotechnology 杂志在线发表题为"A genetically encoded fluorescent acetylcholine indicator for in vitro and in vivo studies"的研究论文，首次成功开发灵敏、特异、可遗传编码的乙酰胆碱荧光探针，并成功地在不同生物体系中实时检测内源乙酰胆碱信号，为理解乙酰胆碱在生理和病理条件下的功能提供重要的工具。同月，在学术期刊 Cell 在线发表题为"A genetically-encoded fluorescent sensor enables rapid and specific detection of dopamine in flies, fish, and mice"的研究论文，开发新型、可基因编码的多巴胺荧光探针，并将其应用在果蝇、斑马鱼和小鼠中检测内源多巴胺动态变化。该探针将成为研究多巴胺相关神经环路的重要工具。

李毓龙获得2018第三届中源协和生命医学奖创新突破奖，其研究成果"新型可遗传编码神经递质荧光探针的开发"入选中国科学技术协会2018年度中国生命科学十大进展，"新型'多巴胺荧光探针'助力精准医疗"入选2018年度中国十大医学科技新闻。

（韩启飞、刘天舒）

【吕志和楼正式交付使用】 2018年11月22日，吕志和楼正式交付使用。学院随即完成吕志和楼物业公司招标入驻，增设大楼门禁系统，消除监控盲点，启动消防维保，严管楼内施工改造，协助各实验室搬家入驻。

（林芳芳）

城市与环境学院

【发展概况】 城市与环境学院拥有地理学、生态学2个国家一级重点学科，自然地理和人文地理2个国家二级重点学科，设有环境科学、生态学、自然地理与资源环境、人文地理与城乡规划、城乡规划（五年制工科）等5个本科生专业，具有理、工、文多学科交叉的综合优势。学院下设5个系和1个研究所。建有地理科学研究中心、中法地球系统科学中心、气候变化研究中心、城市规划设计中心等十多个研究中心；拥有地理学国家理科基础科学人才培养基地、地表过程分析与模拟教育部重点实验室和国土规划与开发国土资源部重点实验室；另有北京大学生态学研究中心以及美国林肯基金会支持的北京大学-林肯研究院城市发展与土地政策研究中心挂靠城市与环境学院。

队伍建设。学院现有教学科研系列教师76人，其中教授40人（含研究员），长聘副教授5人，副教授21人，助理教授8人，讲师2人。有中国科学院院士2名；海外高层次人才引进计划2名；长江特聘教授8名，长江讲座教授1名，国家杰出青年基金项目获得者14名；国家高层次人才特殊支持计划（青年拔尖人才）入选者2名；青年长江学者1名；海外高层次人才引进计划（青年项目）入选者5名；优秀青年科学基金项目获得者8名。

2018年，学院以"双一流"学科建设规划为指导，进一步推动国际化人才招聘工作，积极从海内外引进优秀青年人才和学科带头人。2018年度，有7人通过学校人才引进小组审核，2人通过国家海外高层次人才引进计划（青年项目）审核，其中3人已到校报到，在提升强势学科的同时，扶持历史地理学、城乡规划等学科。同时加强对专业优秀人才的支持和培养力度，1位长聘副教授晋升为教授；2位老体制教授被聘为北京大学博雅特聘教授。

科研工作。2018年度国家自然科学基金各类新批项目总计14项，获批直接经费总额达到1780万元，其中重点项目1项，创新研究群体项目1项，面上项目3项，青年科学基金项目9项。2018年度在研项目共计158项（经费额在200万人民币以上的有42项），科研经费超过2.8亿元。其中，胡建英团队获批创新研究群体项目（区域环境污染的生态健康风险），直接经费额度1050万；曹广忠、王学军分别获批国家重点研发计划重点专项，金额总计达6000万元。学院致力于解决社会主义现阶段面临的实际问题，为国家相关发展战略提供理论和技术支持，2018年共发表SCI/SSCI论文224篇，教师出版著作4部，发表中文核心期刊论文123篇。其中，陶澍、方精云、唐志尧、朴世龙、张家富等老师在Science、Science Advances、Nature Energy、Nature Communications、Nature Climate Change、PNAS等高水平国际学术期刊发表论文。

2018年12月，学院陆续推出"北京大学生态讲坛""北京大学地理·环境讲坛""北京大学规划讲坛"三大品牌学术讲坛，促进学院学科建设，巩固北京大学在相应学科的学术领袖地位，推动国内生态学、地理学、环境科学、城乡规划等领域的发展与合作。

教学工作。学院高度重视课程建设，2018年共计开设127门课程，教学科研系列教师上课率达到97%，3位院士（含双聘院士）也为本科生开设课程。2018年面向2016级本科生提供24项科研资助。学院共有58名本科生参加"拔尖人才培养计划"，共发表学生为第一作者的SCI论文12篇，包括 PNAS 和 Nature Communications 各一篇。2018年公布多项教学成果奖项，其中陈效逑、蔡运龙、赵昕奕、蒙吉军获得北京市2017年教学成果二等奖、北京大学2017年教学成果奖一等奖。邓辉获得北京大学2017年教学成果奖一等奖。教材方面，启动"21世纪地理科学规划教材"的编写和出版工作。蒙吉军主编的《综合自然地理学（第2版）》获得2018年北京大学优秀教材奖。

2018年，学院加大招生工作的投入，开展"北京大学2018年城市与环境暑期课堂"，2018级新生中有12位是2017年城市与环境暑期课堂学员。学院积极动员19位教师加入各省份招生组，其中12位老师以及40位同学前往13个省份开展一线工作，成效显著。

2018年，学院首次为本科生开设《"一带一路"综合实习》课程，30位本科生前往日本开展实习。国际实习对开阔学生国际视野、激发学生专业兴趣、增强学生学术能力和提高学生综合素养等多方面产生积极影响。

为响应学校博士研究生教育综合改革工作，建立全新的博士生培养机制，学院积极配合学校开展奖助体系改革，通过国家级重大研究项目，带动研究生的高水平科研训练。努力为学生提供更多元化的国际交流平台，2018年派出研究生参加国际学术交流106余人次。举办交流读书活动，增加留学生交流沟通；开展北京大学全国研究生暑期学校、"地理学前沿2018：地理学视角下的城乡发展"全国研究生暑期学校，为师生提供学习与交流平台，促进各地高校研究生间的学术交流与合作。博士后培养方面，截至2019年1月10日，博士后在站共57人，2018年总计出站11人。

学生工作。学院依托学生工作办公室、团委、中国大学生环境教育基地等载体，进一步完善全方位工作体系。在思想政治教育方面，制定实施"知行·同行"计划，将教学实习课程与思政教育融合；紧密依托基层组织，建立党支部-团支部-班级活动联合创新培养模式，制定和实施党-团-班"活力提升"计划，共计开展团队建设、主题教育、实习实践等活动101次。在发展辅导方面，建立以年级为分层，以专业为模块的双线贯穿学术引导体系。2018年，学院204位毕业生就业率达到96.6%。全年共评出奖学金251项，奖励203项，认定困难生71人，资助72.1万元。

交流合作与社会服务。2018年，学院共举办5次大型国际学术会议，国际学术合作交流效果显著。其中2018年区域研究协会全球年会吸引包括美国、英国、德国、荷兰、法国、日本、俄罗斯等30个国家和地区的国际顶尖大学的学者。学院教师与各地政府开展项目合作研究，通过环境保护部（生态环境部）、中国环境科学研究院、中国城市规划设计研究院、中国土地勘测规划院、北京市规划委员会、北京市国土资源部以及其他企事业单位委托的技术服务及技术咨询合同共计55项，合同总金额超4200万元，为国家相关发展战略提供理论和技术支持，金额比2017年提升一倍。2018年，学院协助完成全国高等院校城乡规划专业教育评估委员会专家组对学院城乡规划专业本科（五年制）的教育质量督察工作。

校友工作。学院协助组织10个不同年级的校友返校聚会，共庆母校120周年华诞。院友会组织校友羽毛球、足球联赛、缘于城环520校友纪念活动、北大城环亲子独木舟体验活动、城环"青椒"发展交流、2期缘于燕园单身联谊等系列活动，密切校友与学院之间的联系。走访山西、四川、深圳，举办三地校友交流研讨会，完善地方校友服务体系。

党建与工会工作。学院党委多次组织活动，带领全院党员认真学习领会全国高校思想政治工作会议、全国组织工作会议、全国教育大会以及习近平总书记在北京大学师生座谈会上重要讲话精神。为提高党建工作规范化水平，制定并完善学院党政联席会议制度和议事规则的实施细则、学院党委会会议制度和议事规则的实施细则、学院关于内设学术机构职责及工作规则的暂行规定等；组织编写支部版和个人版学院党员发展流程，提高发展党员工作的规范化水平和学生支部工作效率；加强对党员的教育与管理工作，学院党委邀请北京大学地理学博士、中国人民解放军军事科学院研究员姜春良少将，为学院200多名党员作报告；举行"最后一堂党课"毕业生党员教育大会，邀请学院退休老党员崔海亭教授给毕业生党员赠言并带领大家重温入党誓词，提高党性意识和组织观念；组织党员到国家博物馆参观"伟大的变革——庆祝改革开放40周年大型展览"。学院工会于2018年9月召开换届大会。积极组织学院师生参加北京大学第二十四届运动会的各项比赛，并在教工团体跳绳比赛中获全校第一；足球联赛进入学校四强；毽球队、羽毛球队进入学校八强；组织30多名女教师参加接力跑，组织热爱长跑的教师参加改革开放40周年健步跑等活动。学院教工运动队的参与人数逐年增加，已经超过学院教师总数的60%。

新楼基础建设工作。2018年，城市与环境学院新楼建设取得积极进展。协调解决诸多方面的具体工作，主要涉及大楼精装修范围、实验室通风柜、电梯、房间功能调整和公共区域规划等内容。同时组织高校调研8次，相关公司调研4次。就实验室装饰装修、建筑材料、实验室设计与管理、公共区域建设、行政办公区域等方面进行考察学习。2018年，工地地下施工已经基本完成。

（张璐瑶、李越）

【"中国发现新型古人类化石"评为"2017年度中国科学十大进展"】 2018年2月27日，科技部基础研究管理中心公布的2017年度"中国科学十大进展"中，周力平教授参与的中国科学院古脊椎动物和古人类研究所主持的河南许昌灵井古人类化石遗址的多学科研究入选。周力平教授负责这项研究中的年代测定工作，确定古人类化石的埋藏年代为10.5—12.5万年前的晚更新世。

（唐琳）

【区域研究协会全球年会】 2018年6月29日至7月1日，由北京大学城市与环境学院、区域研究协会、区域研究协会中国分会和北京大学林肯研究院城市发展与土地政策研究中心主办的2018年区域研究协会全球年会在北京大学英杰交流中心召开。大会主题为"区域治理、产业重构和可持续发展"。本次会议吸引包括美国、英国、德国、荷兰、法国、日本、俄罗斯、韩国等30个国家和地区，包括麻省理工学院、加州大学洛杉矶分校、乌特勒支大学、北京大学、香港大学等大学在内的170余名学者注册参加，学者们围绕产业集群和外部性、企业家精神和企业生态系统、区域一体化、创造性产业集群、全球地方化和发展、演化经济地理的中国案例、城市治理和政治、交通和区域发展、城乡一体化、创新和产业集群、城市和区域发展等40个主题进行汇报讨论。

（唐琳）

【第三届时间地理学国际会议】 2018年9月21日至23日，第三届时间地理学国际会议在北京大学成功召开。该会议是时间地理学国际会议首次在发源地瑞典以外的国家举办，且首次在中国举办。会议响应学院"推动学科建设国际化"的号召，以"时间地理学理论创新与全球交流"为主题，吸引来自瑞典、日本、美国、荷兰等国的100余名代表参会，参会人数达历届之最。本次会议组织形式新颖，不设开闭幕式及平行会场，两天的会议均为全体会议，并且在每个主题报告后都设置集中对话与讨论环节，加强互动。期间，大会还设置墙报汇报环节，21位青年学者展示了时间地理学相关研究，学者间互动气氛热烈。

（唐琳）

【第五届亚太地区释光与电子自旋共振测年大会】 2018年10月15日至17日，第五届亚太地区释光与电子自旋共振测年大会在北京大学英杰交流中心月光厅举行。会议由北京大学城市与环境学院教授周力平担任召集人。来自13个国家和地区的百余位专家学者与会，包括印度国家科学院副院长Ashok Singhvi院士、澳大利亚人类进化研究中心主任Rainer Grün教授和英国杜伦大学考古系Ian Bailiff教授等测年领域的著名学者。3年一次的亚太系列会议是本地区释光与电子自旋共振测年领域最重要的专业学术会议，具有广泛的国际影响，这是首次在中国大陆举行，由地表过程分析与模拟教育部重点实验室和中国第四纪科学研究会地层与年代学专业委员会主办。

(唐 琳)

【第一届北京大学规划论坛暨第十二期UP论坛】 2018年12月28日下午，展望2050国土空间发展战略研讨会暨第一届北京大学规划论坛、第十二期UP(United Planning)论坛在北京大学英杰交流中心阳光厅举行。此次规划论坛由北京大学城市与环境学院、自然资源部国土空间规划局联合主办，由北京大学城市规划设计中心、未来城市研究中心、国土规划与开发国土资源部重点实验室承办。来自自然资源部、国家林业和草原局的多个司局和直属事业单位，国务院发展研究中心，北京、天津等13个省区市、新疆生产建设兵团的自然资源和规划主管部门及下属规划机构，清华大学、同济大学、浙江大学、南京大学等兄弟高校、科研院所、各地有关规划设计机构的知名专家、业内人士，以及北京大学城市与环境学院老教授代表胡兆量、董黎明、周一星和校内相关院系的师生，共300多人汇聚一堂，就国土空间规划的战略性问题展开研讨。

(唐 琳)

地球与空间科学学院

【发展概况】 组织结构。北京大学地球与空间科学学院成立于2001年10月26日，由北京大学原地质学系、地球物理学系的固体地球物理专业和空间物理专业、遥感所和城市与环境学系地理信息系统专业组成。学院有7个研究所：大陆动力学与资源工程研究所、史前生命与环境研究所、矿物、岩石、矿床学研究所、地球化学研究所、理论与应用地球物理研究所、空间物理应用技术研究所、遥感与地理信息系统研究所；1个教育部重点实验室：造山带与地壳演化教育部重点实验室；2个北京市重点实验室：矿物环境功能北京市重点实验室、空间信息集成与3S工程应用北京市重点实验室。2018年6月，学院行政领导班子换届，新一届班子成员：院长张立飞，副院长张进江、刘瑜、何建森、宁杰远。

学科建设。学院现设有5个本科生专业：地质学、地球化学、地球物理学、空间科学与技术和地理信息科学；10个硕士研究生专业和10个博士研究生专业：构造地质学、矿物学岩石学矿床学、材料与环境矿物学、古生物学与地层学、地球化学、固体地球物理学、空间物理学、地图学与地理信息系统、石油地质学、摄影测量与遥感；并设有地质学、地球物理学、测绘学和地理学4个博士后流动站，国家理科基础科学人才培养基地1个（地质学），国家基金委创新群体2个（日地空间高能带电粒子的加速、传输及效应研究，变质作用与造山带演化），国家级重点学科3个（构造地质学、固体地球物理学、地图学与地理信息系统），国家级重点培育学科1个（矿物学、岩石学、矿床学），北京市重点学科1个（空间物理学）。以学院为主建设的"地球与海洋科学"学科在2018年QS学科排名中位列全球第28，亚洲地区第3；"地学"学科在2018年《美国新闻与世界报道》大学排名中位列全球第15。2018年，学院获教育部高等学校科学研究优秀成果奖2项，各类专业学会奖项8项；兼职教授张弥曼院士获2018年度"世界杰出女科学家成就奖"。

队伍建设。截至2018年12月，学院共有教职员工157人，其中全职教研系列106人（其中院士1人，教授52人，特聘研究员17人，副教授40人），研究技术系列7人，海外高层次人才引进计划（青年项目）入选者11人，兼职11人。2018年，引进海外高层次人才引进计划入选者3人，引进海外高层次人才引进计划（青年项目）入选者1位，获批国家杰出青年科学基金项目2项，优秀青年科学基金项目1项。通过海外高层次人才引进计划（青年项目）答辩3人（预计2019年6月入职）。

科研工作。2018年，学校科研部管理的在研科研项目196项，科技开发部管理的2016年以后批准的科研项目165项。2018年度到账的科研经费总数为8982万元。申请专利12项，授权专利6项。主要科研成果为：1. 张立飞课题组在俯冲带深部碳循环方面取得重要进展：在榴辉岩中发现非生物成因的CH_4，为"俯冲带加工厂"生成碳氢化合物提供关键性证据；2. 常燎研究员与合作者在过去全球变暖期海洋演化研究中取得重要进展；3. 许成、张立飞和费英伟联合团队合作发现古元古代现今板块构造的岩石学证据；4. 何建森团队及其合作者实现对加热太阳大气激波的综合定量诊断；5. 宗秋刚、邹鸿团队研究成果"成像电子谱仪"被选为《中国科学：技术科学》英文版封面文章；6. 刘曦课题组成果颠覆地幔转换带主要矿物林伍德石有序结构传统观点；7. 沈冰课题组在成冰纪全球冰期事件研究中取得重要进展。

教学工作。2018年学院在校本科生359人，其中本科新生113人（含留学生2人）。2018年硕士新生103人，博士新生94人。2018年1门国家精品在线课程通过审批，2门课程获北京市高等教育教学成果二等奖，4名教师获北京大学教学优秀奖，1人获北京大学教学卓越奖，1人获北京大学教学成果特等奖，1人获北京大学本科教学改革结题优秀项目，1人获北京大学优秀博士学位论文指导教师，秦善、王长秋著《矿物学基础》和朱永峰著《矿床地球化学导论》被评为北京大学优秀教材。

党建工作。学院现有党员484名，党支部32个。制定学院党委会议制度和议事规则实施细则和学院党政联席会议制度和事规则细则，制定学院教职员工思想政治和师德师风评估工作细则（初稿）。对全院所有支部书记进行年度述职考核，23个党支部顺利完成换届。2018年度共发展本科生党员10人，研究生党员7人。持续举办"关爱老教师，共书燕园魂"活动，组织学生党员定期探望离退休教师；教辅支部利用虚拟仿真实验室开展地球与空间科学知识的科普工作；研究生支部多次探访北京智光特殊教育助学培训学校，帮助服务残智儿童。

学生工作。2018年1月，开展寒假社会调研与实践。4月，联合国土资源部共同主办第49个世界地球日全国主会场活动。5月，参加习近平总书记视察北京大学的部分组织接待工作，并于下旬组织学生骨干实践团赴中共一大、二大纪念馆参观学习，开展"学总书记讲话，重温建党之路"主题学习实践活动。6月，召开学生代表大会、研究生会换届、团委学生骨干换届。7月，2017级本科生军训。8月，2018级本科生军训。9月，2018级新生入学教育，开展"我与社会主义核心价值观"主题班会；协助开展本科生出国交流活动。10月，组织全院神堂峪大出行活动；组织全院学生骨干赴陶然亭公园高君宇烈士墓开展主题纪念活动；举办新一期团校；组织新生参观沙滩红楼和中国美术馆。11月，组织开展本科生学术希望之星活动。12月，组织参加"一二·九"合唱比赛。2018年，以百廿校庆为契机，学院学工办、团委开展学习习近平总书记在北京大学师生座谈会上的讲话精神、学习全国教育大会精神、学生党团日联合主题教育等各类思政活动。开创"天地人访谈"宣传品牌，采访涂传诒、吴泰然、吴红红等师生，发布人物报道10余篇，网上点击单篇阅读过千次。李四光讲师团继续奔赴全国各地开展宣讲活动。组织学生积极参加北大杯、新生杯、lab杯等各项体育活动。

2018年，学院本科生79人毕业，其中，49人国内深造，19人出国留学，11人就业；研究生135人毕业，108人就业，14人国内深造，8人出国深造。

行政及工会工作。行政在编人数12人，返聘3人；工会会员人数187人（含10名合同制人员）。

地质博物馆社会服务。2018年，地质博物馆完成接待参观约2万余人次，其中散客参观约15,000人次，团体参观、活动举办、学生教学约12,000人次。主办大型活动1次，配合学校学院活动接待参观和讲座十余次，并不定期举办科普讲座。国内外学者访问交流3人次，分别来自美国加州大学戴维斯分校、意大利米兰大学、瑞士苏黎世大学。博物馆相关人员赴国内外相关科研单位交流及参加学术会议，包括赴柏林洪堡大学交流，参加第五届国际古生物学大会（IPC5）（法国巴黎）、第78届北美古脊椎动物学会年会，以及德国古生物学会年会、中国古生物学会年会、第16届中国古脊椎动物学会年会，总计23人次。

（孙荣双、赵 欣）

【北京大学化石文化周】 2018年4月22日至5月7日，在世界地球日和北京大学120周年校庆期间，"2018·北京大学化石文化周"活动在北京大学举行。本届化石文化周由北京大学、国家古生物化石专家委员会、中国古生物学会共同主办，旨在促进古生物学科发展，弘扬化石文化自信，助力"一带一路"倡议。

活动第一阶段为4月22日至5月2日，开展砥砺奋进的中国化石保护暨特色化石主题展，展示生命演化史上的五大重要演化事件，宣传中国在化石保护和研究方面的最新进展；第二阶段自5月3日至7日，为五大重点化石产地文化日，展示各地特色古生物化石及民俗风情，并邀请来自科研、科普、化石保护等领域的全国各地专家学者举办特色科普讲座和对话等活动。

（周 敏）

心理与认知科学学院

【发展概况】 北京大学心理与认知科学学院是国内第一个进入ESI世界排名前1%的心理学院（系），现有认知神经科学、工业与经济心理学、发展与教育心理学、临床心理学4个研究方向。2018年，学院党政领导班子：院长方方，副院长吴艳红、谢晓非、李晟，院长助理姚翔；党委书记谢晓非，党委副书记邵枫、李晓鹏，党委委员吴艳红、王垒、周晓林、韩世辉、钱铭怡、苏彦捷。学院内设委员会主要负责人：学术委员会主任周晓林，学位委员会韩世辉，伦理及身体保护委员会王垒，教学委员会吴艳红，博士后委员会李晟。

教学工作。2018年，学院毕业并获学位的心理学专业本科生33人（含留学生1人）。获心理学双学位63人，心理学辅修毕业14人；硕士研究生毕业62人（含留学生2人）；博士研究生毕业13人（含留学生1人）；同等学力获硕士学位47人；夜大毕业134人。2018年，学院新入学学术型硕士研究生28人（含留学生4人），专业硕士40人；博士研究生26人；本科生52人（含留学生3人），双学位学生99人，夜大共招生454人。在北京开设的应用心理学研修班共招收学员28人。截至2018年底，学院在校学生共计467人，其中本科生159人，硕士研究生172人，博士研究生136人。另有国内进修教师、访问学者19人，双学位/辅修343人。王垒主编的《人力资源管理》和侯玉波编著的《社会心理学（第三版）》被评为2018年北京大学优秀教材；苏彦捷、孟祥芝、张昕荣获北京市教学成果一等奖；苏彦捷荣获北京大学教学成果一等奖。

科研工作。2018年，学院在国内外期刊共发表科研论文119篇，其中以学院为第一单位或通讯单位发表的SCI和

SSCI 收录期刊论文 82 篇，在 SCI 一区期刊和 SSCI 高水平期刊上发表文章 9 篇。学院多项国家自然科学基金项目申请获得批准。共 11 位教师获得面上项目基金支持，包括纳家勇治（63万）、何淑嫄（56万）、李健（62万）、毛利华（77.5万）、苏彦捷（60万）、易莉（62万）、张航（60万）、张昕（60万）、张燕（46万）、韩世辉（60万）以及魏坤琳（70万）。周晓林获国家自然科学基金委国际合作项目支持（133万）。方方获国家自然科学基金委生命科学学部应急项目的支持（20万）以及北京脑计划专向支持（100万）。学院新获得的科研项目经费为1339.5万元人民币。刘玲、孙美荣、陆灵犀获得第64批中国博士后科学基金二等资助金，每人5万元。在重点实验室建设上，行为与心理健康北京市重点实验室聚焦大众认识行为与心理健康、提升行为与健康心理、消除心理疾病与恢复心理机能的社会实践服务。2018年，实验室顺利通过三年绩效考评。

交流合作。2018年度，学院共有117人次出访，其中教师及博士后出访53人次，本科生、研究生出访64人次；共举行公开科研讨论会58次，学术讲座49场；共邀请国外专家16人，执行外事项目经费共25.7万元。4月，学院与厄瓜多尔瓜亚基尔大学心理科学学院签署合作框架协议；5月，"两岸三地心理学系学术交流"活动在香港中文大学成功举办；6月，加州大学欧文分校Nancy Guerra教授、Chuansheng Chen教授、Craig Stark教授、Michael Lee教授等9人组成的代表团到访心理学院，表达开展科学研究合作等事宜的愿望。

党建工作。2018年，学院有党支部7个，其中学生党支部5个，离退休党支部1个，教工党支部1个。截至2018年12月，共有党员185人。其中学生党员136人，教工党员35人，离退休党员14人。新发展党员12人，预备党员转为正式党员15人，19名发展对象完成党性教育读书班学习，14名入党积极分子开始参加党的知识培训班课程。2018年，学院党委坚持立德树人，秉持"全心"育人理念和"正心·知行"工作思路，创建"向心学习"品牌，多次组织党员深入学习习近平新时代中国特色社会主义思想。5月，举办学习总书记5.2重要讲话专题座谈会和党课，邀请国防大学李浩教授来院讲授国防教育主题党课，组织师生参观校内外纪念马克思展览，观看主题电影；11月至12月，分3次组织50余位师生参观改革开放40周年展览；组织百余名师生党员收看庆祝改革开放40周年大会直播。8月，组织21名教工党员和3名积极分子赴遵义开展"不忘初心，重走长征路"党性教育特色活动，通过专题教学辅导、实地参观考察、情景体验讲解、重温入党誓词等多种形式，让党员进一步坚定理想信念。学院连续两学期获评"学生党团日活动优秀组织奖"，两个硕士生支部先后获评一等奖。党委书记谢晓非、副书记李晓鹏为党的知识培训班学员讲授"初心今谈"系列党课。学术硕士生支部被教育部评为全国百个"研究生样板支部"，是北京大学唯一入选支部；专业学位硕士生支部获评北京大学先进党支部。硕士生宋玺在5.2师生座谈会上向习近平总书记汇报在军营和学校的成长感悟，得到总书记亲切互动和勉励。学院建立"北大心理人"微信号，举办心理文化节，开展各类心理学科普活动，打造"知心圆桌""爱心志愿""暖心家园""鸿雁传心"等品牌，做好家庭经济困难学生精准贴心帮扶，修订《学生素质综合测评办法》，创办"暖心知业"系列活动。学院获评2018年度心理工作先进单位奖。

人事工作。截至2018年12月31日，学院在职教职工53人，其中，科研人员43人，行政教辅人员10人。教员系列中，包括教授13人，研究员8人（其中外籍1人），副教授17人，讲师5人。2018年，学院共有8名博士后进站。截至2018年12月31日，在站博士后共15名（其中外籍1名）。学院突出专家、学科带头人情况：万人计划领军人才1人，国家杰出青年基金获得者3人，长江学者特聘教授5人，中国青年科技奖获得者3人，百千万工程国家级人选2人，政府特殊津贴获得者4人，科技部中青年科技创新领军人才1人，优秀青年基金获得者4人，青年长江学者3人，海外高层次人才引进计划（青年项目）2人，教育部新世纪人才4人，北京市教学名师2人，北京大学博雅特聘教授1人，博雅青年学者1人。

2018年11月，学院聘考核委员在听取在岗职工述职的基础上进行2018年度考核，其中甘怡群、李芳敏、李晟、李晓鹏和易莉年度考核结果为优秀。2018年，王垒荣获唐立新优秀学者奖；苏彦捷获曾宪梓优秀教学奖；韩世辉获正大教师奖；甘怡群获北京银行教师奖；姚翔、张昕获本科生教学优秀奖；陆昌勤获研究生教学优秀奖；罗欢获优秀班主任称号；邵枫获优秀德育奖；李晓鹏获北京大学优秀共产党员称号并获评心理工作优秀新人；赵心获北京大学毕业生就业育人贡献奖；许人杰获学生资助工作新人奖；刘玲获评北京大学优秀博士后。

行政工会工作。2018年，学院完成资源西楼（含儿童心理学实验室）大约300平方米空间改造；哲学楼229改造成为儿童脑电实验室，配有EGI128脑导电系统；哲学楼机房120/122改造成为多功能实验室，可用于行为实验、小班教学和组会讨论；10月，学院工会顺利完成换届选举，新一届工会继续为教职工谋福利、送温暖。在12月举行的北京大学第十八届青年教师教学基本功比赛中，朱露莎荣获理工组二等奖，陈立翰荣获理工组优秀奖，心理与认知科学学院工会荣获优秀组织奖。

社会服务。4月，甘怡群任国际应用心理学会理事；5月，方方当选美国心理科学学会会士；11月，钱铭怡当选中国心理学会会士，苏彦捷当选中国心理学会副理事长，周晓林当选中国心理学会党委书记；11月，周晓林和苏彦捷分别再次当选为教育部高等学校心理学教学指导委员会主任委员和秘书长；12月，苏彦捷任国际应用心理学会理事。

（蔡　鹏、段　妍、韩　颖、李芳敏、李晓鹏、王　淼、张　昕、赵　心）

【"脑与认知科学"论坛】　2018年3月，由心理与认知科学学院和麦戈文脑科学研究所联合举办的北京大学120周年校庆"脑与认知科学"论坛在英杰交流中心阳光大厅成功举行，高松院士致辞，郭爱克院士、赵继宗院士、陆林院士以及何生教授分别作学术报告，校内外约400名师生参加此次论坛活动。

（李晓鹏）

【"连心筑梦"论坛】　2018年5月，学院以庆祝母校双甲子华诞和恢复建系40周年为主题，举办"新时代 心时代——北大心理人'连心筑梦'论坛"。会上，来自学院不同研究方向和年龄层的4位老师分别做精彩的报告，海内外的200余名校友和师生一起畅谈中国心理学发展，欣赏节目，留下祝福。

（李晓鹏）

【"北京大学全球精英人才A计划"正式启动】　2018年5月，"北京大学全球精英人才A计划"青少年拔尖创新人才培养项目正式启动，首次全国海选共收到2000多份报名申请，其中1500人通过材料审核，最终来自20多个省市的50位拔尖创新青少年脱颖而出，正式入选培养计划。2018年7月，首届"北大A计划"夏令营成功举办，主题围绕心理学与脑科学，构建全域学科认知，系统提升思维能力，培养学生独立思考、逻辑推理、信息加工、创新能力和家国情怀，激发学生想象力、创造力和责任担当等。

"北京大学全球精英人才A计划"是由北京大学心理与认知科学学院和教育基金会联合发起的青少年拔尖创新人才选拔与培养公益计划，旨在识别并培养全国范围内的青少年拔尖创新人才。每年面向全国海选青少年拔尖创新人才作为营员，进行长期培养和追踪，包括第一阶段夏令营，第二阶段为期两年的导师组会，和第三阶段长达五到十年的长期追踪和个性化指导。

（王小恺）

【以心理学研究方法助力国有企业党建工作】　学院与中国航空集团有限公司组成项目课题组，以"两学一做"学习教育常态化制度化为切入点，运用心理学理论和研究方法，探索在国有企业的党建和思想政治工作中，做合格党员的有效方法和科学途径。课题依据心理学现场研究的方法范式开展现场工作；坚持以党员需要和国有企业特色为导向。课题通过质性与量化相结合的方法收集信息（100人次的访谈和超1000人次问卷调查）；确定合格党员的行为标准并建立党员行为要素模型；结合"三会一课"制度，从党员个人、党小组会和支部会等三个层面设计主题党建活动。2018年，中国航空集团有限公司参研单位的130名党员开展"责任""信任""正直""奉献"4个主题的党建活动，活动过程中共组织北京大学教授讲座8场，支部专题学习12次，党小组学习讨论800余次，党员学习心得超200万字。结合现场实验研究的方法对各主题学习活动的评估表明，主题学习取得预期效果。课题工作促进党建工作、企业发展与党员成长，探索在国有企业"健心房"体系下做合格党员训练模块的可持续性和可推广性。

（姚　翔）

【心理与认知科学学院正念训练助力中国射击队冬训】　项目主要向国家射击队、飞碟队和射箭队提供正念训练的保障服务。心理与认知科学学院正念团队从8月起启动前期调研、训练方案制定和入队实施等工作，深入了解各队需求，依据队伍实际情况制定针对性的6周正念训练方案，并在正念训练过程中提供每天15分钟的每日正念练习。正念训练过程中，射击队共有72人参与6周正念训练，9个班组共组织72人次的每日练习45场；飞碟队共有35人参与6周正念训练，组织45人次的每日练习18场。截至2018年底，项目已收到阶段性的成效，运动员和教练员对于正念训练的反馈都很积极。国家射击队冬训考核决赛的"双枪王"惠子程表示，通过训练，个人在注意力集中和快速回归方面确实比训练前更好。

（刘兴华）

【国际知名学者来访】　2018年9月，应学院韩世辉教授的邀请，受"北京大学海外名家讲学计划"支持，世界认知神经科学领域著名研究者、马普-伦敦大学学院Wellcome神经影像研究所的创始人、计算精神病学研究所所长、欧洲科学院院士、爱尔兰皇家科学院院士Ray Dolan教授来访并开设系列讲座，系统介绍发展趋势，生动呈现研究成果，校内外140余名师生到场聆听。同月，应学院陈立翰副教授邀请，受"北京大学高端学术讲学计划"支持，德国乌尔姆大学应用认知心理学系主任、前马克斯-普朗克人类多感知和运动研究小组的首席科学家、IEEE触觉学会副主席、人类多感觉通道研究的著名专家Marc Ernst教授来校开展系列讲座。

（赵　心、陈立翰）

建筑与景观设计学院

【发展概况】　组织结构。建筑与景观设计学院设北京大学-哈佛大学生态城市联合实验室，城市过程模拟应用实验室、中德城镇化与地方性研究实验室、生态水系与绿地系统研究所、土地研究所和地理设计实验室等多个教学科研组织，致力于北京大学风景园林（景观设计学）学科的发展建设。

队伍建设。学院有专职教师8人，其中新体制教授2人，新体制助理教授1人，老体制教授1人，副教授4人。俞孔坚为教育部长江学者；John Zacharias为海外高层次人才引进计划（外国专家项目）入选者。学院还聘有双聘院士1人。

教学工作。2018年12月，学院在校硕士研究生196人，其中全日制风景园林硕士研究生78人，在职风景园林硕士118人。2014级1人，2015级2人，2016级20人，2017级26人，2018级29人。新生中港澳台生1人。2018年，毕业19人。

学院开设近30门研究生课程，并从其他学院聘请教师开设"景观系统与文化评价"等课程。同时，承担城市与环境学院"城市生态与环境规划""中外城市建设史"等本科生课程的教学工作。

为促进学术交流、提高研究生科研水平、拓宽学生视野，2018年，学院邀请中国工程院院士谢礼立、王小东等举办"韧性城市——从工程抗震到城市抗震""科学·哲学·艺术·建筑·园林"等多场主题讲座。

科研工作。2018年，学院教研人员承担国家自然科学基金"城市水适应性景观的水文调控机制及其效绩评估"、国家重点研发计划"国家重要生态保护地生态功能协同提升与综合管控技术研究与示范"、自然资源部土地整治中心"长江经济带乡村发展与文化景观保护研究"委托项目等40余项各类科研项目。完成学术专著1部（俞孔坚等著：《海绵城市十讲》）。学院教师发表SSCI、SCI论文9篇，汪芳团队获专利3项。俞孔坚设计的宿迁市三台山森林公园项目及金华市燕尾洲公园景观工程获中国建筑学会年度设计·园林景观专业一等奖。汪芳团队"建成环境地方性的规划理论和方法"获住建部华夏建设科学技术一等奖。《景观设计学》编辑部出版中英双语学术期刊《景观设计学》6期。

社会服务。2018年，俞孔坚在西安市政府、海口市政府等多个单位面向城市规划领域的公务员，举办生态文明与美丽中国建设辅导报告10余场。学院协助中国城市科学研究会举办2018第五届中国（国际）水生态安全战略论坛、第十三届城市发展与规划大会及专委会工作会议、第三届中国（国际）生态文明城市建设论坛等学术会议。组织30余场高水平的景观生态学术讲座。

学术交流。2018年，学院邀请海外知名学者包括美国国家工程院院士、马里兰大学教授吉拉德·盖洛威、加州大学景观设计学系主任路易斯·墨祖等举办主题为"美国可持续城市水管理的经验与挑战""塑造未来大型都市景观"的学术报告会。作为2018年北京国际设计周系列展览之一，2018年9月，俞孔坚学术性展览"生态都市主义"在北京塞万提斯学院开幕。

党建工作。在城市与环境学院党委的统一领导下，学院加强党风廉政建设，认真执行党中央、学校党委的各项相关规定，及时进行党风廉政建设及"三重一大"政策执行情况的自查和总结。利用现代信息手段，组织党员通过"党员E先锋"等平台进行学习。2018年，探索基层党组织书记抓基层党建工作的具体实施途径。

学生工作。学院指导的学生社团校园公益营建社参与学院万柳公寓、中关村学生食堂等多个校园营建项目。为培养学生创新创业能力，学院与企业合作设立北京大学建筑与景观设计学院中交咨询集团研究生实习基地。

（刘钿、朱亮亮）

【俞孔坚两个设计项目获年度建筑设计·园林景观专业最高奖】 2018年11月，中国建筑学会公布2017—2018年度建筑设计奖评审最终结果，北京大学建筑与景观设计学院俞孔坚主持及参与设计的宿迁市三台山森林公园景区设计、金华市燕尾洲公园景观工程获园林景观专业一等奖。该奖项是全国建筑设计领域最高荣誉奖，每两年举办一次。2018年度的建筑设计奖园林景观专业奖共评选出8个一等奖项目、10个二等奖项目和14个三等奖项目。

（朱亮亮）

【中德科学中心"城镇化与地方性"合作小组正式启动】 中德科学中心（中国国家自然科学基金委员会和德国研究联合会共同设立）批准资助北京大学建筑与景观设计学院汪芳教授、德国莱布尼兹汉诺威大学Martin Prominski教授共同建立"城镇化与地方性"合作小组。2018年6月22日上午，"城镇化与地方性"中德合作小组启动仪式在国家自然科学基金委中德科学中心会场举行。该合作小组是中德两国规划设计领域获批的第一项，也是中德科学中心资助力度最大的一个项目，支持中德科学家在明确的主题领域（可跨学科）内进行深入合作，并搭建为此所必须的合作基础平台。这是北京大学汪芳教授团队-德国莱布尼兹汉诺威大学Martin Prominski教授团队第4次获得中德科学中心NSFC-DFG项目的支持。

（朱亮亮）

生物医学前沿创新中心

【发展概况】 2018年11月6日，北京大学正式发文成立生物医学前沿创新中心（Biomedical Pioneering Innovation Center, BIOPIC）。12月10日，中心举行成立仪式。中心前身是2010年成立的生物动态光学成像中心（Biodynamic Optical Imaging Center）。北京未来基因诊断高精尖创新中心（Beijing Advanced Innovation Center for Genomics, ICG）挂靠在BIOPIC。中心主任谢晓亮，常务副主任苏晓东，副主任张泽民。

2018年7月，谢晓亮正式全职受聘北京大学，担任李兆基讲席教授。截至2018年底，中心已经建成12个实验室，1个公共服务平台。全体教职工、工作人员、学生及博士后等共约250人。BIOPIC聘用教学科研人员11人：谢晓亮、汤富酬、张泽民、孙育杰、白凡、苏晓东、魏文胜、黄岩谊、赵新生、葛颢、高毅勤；研究技术人员8人：高歌、张韵、庞玉宏、胡学达、任仙文、文路、周卓、杨立江。合同制职工32人。

BIOPIC主要研究方向包括：1. 基础研究：基因组学，分子生物学，遗传学，发育生物学，肿瘤免疫，生物化学，生物信息学，生物物理化学，计算系统生物学；2. 技术开发：单细胞基因组学技术，高通量测序，基因编辑技术，微流控技术，单分子成像技术，超高分辨率成像技术，无标记成像技术，生物大数据分析挖掘与可视化技术；3. 临床转化：与生育相关的基因检查，植入前胚胎基因筛选，癌症免疫疗法，癌症早期检查，基因编辑技术介入治疗。

教学工作。2018年，教师总授课量约876学时。截至2018年底，BIOPIC累计培养博士后人员28人，出站10人；培养博士169人，已毕业33人；本科生37人，已毕业12人。2018年，邢栋、普颖颖和高帅分别得北京大学BIOPIC、武汉大学医学研究院和中国农业大学动物科技学院独立PI教职。高歌获评北京市高等教育教学成果一等奖（第一完成人）、北京大学教学成果一等奖（第一完成人）；魏文胜教授荣获2018年北京大学教学优秀奖。自2015年起，BIOPIC与锐驰科技有限公司达成捐助协议，设立"锐驰奖学金"，每年5万元，用于支持BIOPIC品学兼优的一年级博士生。

科研工作。BIOPIC有教学科研系列人员12人，其中美国科学院院士1人（谢晓亮），中国科学院外籍院士1人（谢晓亮），长江学者5人（高毅勤、苏晓东、谢晓亮、赵新生、高歌，其中高歌为青年长江学者），国家杰出青年科学基金项目获得者6人（高毅勤、苏晓东、黄岩谊、汤富酬、孙育杰、赵新生），优秀青年科学基金项目获得者4人（黄岩谊、汤富酬、葛颢、白凡），国家高层次人才特殊支持计划（青年拔尖人才）入选者1人（高歌），海外高层次人才引进计划（青年项目）入选者3人。

在研国家自然科学基金、科技部、北京市基金等各类科研项目40余项，总承担经费3.2亿元。2018年获批国家自然科学基金委杰出青年科学基金项目1项（孙育杰），面上项目2项（杨立江、文路），北京市青年拔尖团队1项（孙育杰），北京市生命科学前沿创新项目2项（汤富酬、魏文胜）。北京未来基因诊断高精尖创新中心2018年底到款1.2亿元。2018年，授权美国专利1项，授权中国专利2项，新申请中国专利2项。

2018年共有68篇发表论文收录于SCI，其中4篇分别刊登于 *Nature* 和 *Science*。

2018年谢晓亮、汤富酬、乔杰、高歌、高毅勤共同发起GeACT计划（Genome Architecture of Correlated-Transcription in Tissues），利用全新的单细胞组学技术，包括基因组的三维结构，揭示基因间相互作用的精准转录组和超高分辨甲基化组。GeACT将避免"人类细胞图谱"计划中细胞分型的局限性，从而真正理解人体细胞的功能和机制。

科研成果。1. 谢晓亮课题组建立新的单细胞染色体构象捕获技术。2018年谢晓亮团队基于已获得专利的高覆盖率全基因组扩增方法META，进一步建立新的单细胞染色体构象捕获技术（Dip-C）。结合可以甄别更多染色质间联结位点以及区分两条染色体不同单体型（haplotype）的新算法，该工作首次重构出高分辨率的人体二倍体细胞的三维基因组结构，并首次证明不同的细胞三维基因组结构可以为细胞类型的划分提供重要依据（成果发表于 *Science*，下同）。

2. 汤富酬课题组取得单细胞表观基因组学系列进展。采用单细胞表观基因多组学测序，解析人类着床前胚胎发育过程中DNA甲基化组和染色质状态组的重编程过程（*Nature Cell Biology*）。利用单细胞DNA甲基化组测序，揭示人类着床前胚胎DNA去甲基化和从头加甲基化的动态变化及父母本基因组差异甲基化（*Nature Genetics*）。利用单细胞转录组测序，绘制人脑前额叶胚胎发育单细胞转录组图谱，揭示细胞类型多样性及区域异质性（*Nature*、*Cell Research*），并揭示人类与小鼠精子发生过程（*Cell Stem Cell*、*Cell Research*）、人类胚胎消化道（食道、胃、小肠、大肠）、肾脏发育与小鼠器官发生过程（*Nature Cell Biology*、*Cell Reports*、*Genome Biology*）。利用单细胞表观多组学测序，解析人类结直肠癌在发生和转移过程中，基因组拷贝数变异、DNA甲基化异常及基因表达改变的特点及相互关系（*Science*）。

3. 张泽民课题组完成肺癌和结肠癌的T细胞单细胞转录组研究。完成肺癌和结肠癌的T细胞单细胞转录组研究。在肺癌浸润的CD8+T细胞中观察到大量的克隆扩增，并检测到可能导致耗竭性T细胞的前期细胞亚群，同时发现不同种类的T细胞亚群的相对比例明显影响癌患预后，也对影响CD4+T细胞功能状态的TNFRSF9和IL1R2做深度分析，为肺腺癌的免疫治疗带来新的思路（*Nature Medicine*）。开发STARTRAC系统性的生物信息定量分析方法，发现结肠癌基因组微卫星不稳定（MSI）和微卫星稳定（MSS）病人间差异的CD4阳性T细胞新类群，并对结肠癌中T细胞新类群特异表达的协同刺激因子进行功能阐释（*Nature*）。

4. BIOPIC各研究组2018年取得系列研究进展。黄岩谊课题组就超高通量单细胞RNA测序系统进行比较开发（*Molecular Cell*）；孙育杰课题组在发展和应用超分辨荧光成像技术方面取得一系列较大进展（*Nanoscale*, *ACS Nano*, *Journal of Biological Chemistry*）；白凡课题组解释持留菌耐药新机制（*Molecular Cell*）；高毅勤课题组提出导致细胞特异性的染色质三维结构形成的可能驱动力（*Nuclear Acid Research*）；葛颢课题组在"随机过程与物理、化学、生物的交叉"等方向发表一系列研究成果。此外、苏晓东组、赵新生组以及高歌组都有新的研究进展。

交流合作。谢晓亮先后在多个国际知名的学术会议上作为特邀嘉宾做主题演讲，包括陈-扎克伯格基金会组织的

"超越人类细胞基因图谱:细胞生物学领域的新技术驱动的前沿课题"(Beyond the Cell Atlas)(2018年9月);受密西根大学、美国亚利桑那州立大学等高校邀请做冠名讲座;受林建华校长委托代表北京大学出席哈佛大学新任校长就职仪式(2018年10月)。

魏文胜作为主要组织者参与举办冷泉港亚洲"Genome Editing: All Things Considered"会议(2018年4月23日至27日,苏州)。

汤富酬作为主要组织者举办冷泉港亚洲"Frontiers in Single Cell Genomics"会议(2018年11月5日至9日,苏州)。

2018年11月6日,美国国家科学院院士、国家医学院院士、斯坦福大学生物工程系主任、BioHub研究中心联席总裁斯蒂芬·奎克(Stephen Quake)受BIOPIC邀请,参加北京大学"大学堂顶尖学者讲学计划",以"细胞是一袋子RNA"(The cell is a bag of RNA)为题发表演讲。

行政工作及其他工作。BIOPIC现有行政人员4人,其中1人为兼职,3人为合同制。拟招聘2019届应届毕业生1名。

【谢晓亮全职回到北京大学工作】 2018年7月1日,谢晓亮全职回到北京大学工作,任李兆基讲席教授。谢晓亮是单分子酶学的创始人、单分子生物物理化学的奠基人之一、相干拉曼散射显微成像技术和单细胞基因组学的开拓者,是生物物理化学基础科学研究的国际领军人物,近年来大力推动无标记光学成像技术和新型单细胞基因组测序技术在医学中的应用。2012年,谢晓亮在单细胞全基因组学研究有突破性进展,开发单细胞全基因组均匀扩增的新方法——多重退火循环扩增法(MALBAC)。2014年9月19日,世界上第一例"MALBAC婴儿"在北京大学第三医院诞生,标志着中国胚胎植入前遗传诊断技术处于世界领先水平。迄今为止,MALBAC技术为数千位孕妇避免染色体异常胚胎的移植,减少流产和唐氏综合征等染色体异常疾病的发生。

(生物医学前沿创新中心)

生态研究中心

【发展概况】 发展历程。2017年12月,北京大学正式发文成立生态研究中心。2018年6月5日,生态研究中心成立大会在北京大学英杰交流中心举行。生态研究中心是拥有编制和独立预算的新体制机构,整合全校生态学科现有的人力、物力资源,是北京大学生态学科"双一流"建设的实施单位,其发展理念为"学术为先、育人为本、服务社会、守护自然"。

组织机构。中心实行管理委员会领导下的主任负责制,管理委员会由方精云院士和赵进东院士担任主任,另设顾问委员会(主任:许智宏院士)、学术委员会(主任:陈宜瑜院士)、教学委员会(主任:吕植教授)。中心主任为唐艳鸿教授,主要负责学科建设;副主任为吕植教授和王志恒研究员,分别负责人才引进和教学改革。

生态研究中心设8个教研室:植物生态学教研室、动物生态学教研室、微生物生态学教研室、生态系统生态学教研室、景观生态学教研室、修复生态学教研室、可持续生态学教研室、台站与野外观测平台教研室。

中心与城市与环境学院、生命科学学院、环境科学与工程学院等紧密结合,并拥有北京大学气候变化中心、中科院学部-北京大学气候变化及生态影响中心、塞罕坝生态实验站、三江源国家生态保护综合试验区、大老岭生态定位站等研究平台和野外台站等机构,是地表过程分析与模拟教育部重点实验室的生态格局与过程分室和地表过程与全球变化分室。

学科建设。2018年9月20日,国家"双一流"建设名单公布,北京大学生态学入选一流学科建设名单。12月28日,全国第四轮学科评估结果发布,北京大学生态学获评为A。方精云被国务院学位委员会任命为生态学科评议组召集人,2018年6月4日,作为召集人单位,生态研究中心召开生态学二级学科发布会。

队伍建设。生态研究中心教学科研人员共63人,其中PI(Principal Investigator)25人,教授12人,副教授6人,长聘副教授1人,助理教授6人,副研究员2人,讲师2人,高级工程师2人,工程师2人,劳动合同制1人,博士后28人。共有中国科学院院士2人(另有双聘院士1人)、海外高层次人才引进计划1人、长江特聘教授3人、国家杰出青年科学基金项目获得者5人、优秀青年科学基金项目获得者3人、年海外高层次人才引进计划(青年项目)入选者4人、国家高层次人才特殊支持计划(青年拔尖人才)入选者1人。另有双聘及兼职教授5人,其中外籍教授4人。2018年,中心1人入选年海外高层次人才引进计划(青年项目)。入职3人,王愔、姚蒙分别获聘教学科研系列助理教授和研究系列副研究员,劳动合同制1人。博士后进站9人,博士后出站11人。

教学工作。截至2018年底,生态研究中心共有硕士研究生54人,博士研究生91人。2018年新招收硕士研究生18人,博士研究生22人,毕业硕士研究生49人,毕业博士研究生16人。

科研工作。2018年,生态研究中心在研项目总数为67项。新获批项目25项。其中重点基础研究发展专项(973项目)3项、科技基础性工作专项1项、创新研究群体项目1项(连续资助3期)、国家杰出青年科学基金项目3项、优秀青年科学基金项目3项、重点基金项目6项,科研总经费超过1亿元,人均每年约80万元。中心2018年共发表学术论文151篇,提交国务院咨询报告一份,SCI期刊论文121篇(其中第一或通讯作者81篇),包括 Nature 及其子刊(7篇)、Science Advances(1篇)、PNAS(5篇)等。

交流合作。2018年，生态研究中心主办学术会议3次，即生态学科发展论坛、"生态系统生态学"科学与技术前沿论坛和第十五届"生态讲坛"。

行政队伍。生态研究中心党务、人事、财务、工会等挂靠城市与环境学院，由学院统一管理。中心入职1名劳动合同制行政人员负责日常行政工作。

学生活动。2018年5月，34名选修全校通选课《生态学与环境变化》的本科生在授课老师王志恒、朱彪的带领下，参加中国科学院植物研究所为期半天的实习。7月，唐志尧、朱彪带领学生赴塞罕坝进行野外生态学、植物土壤实习。多名研究生参加北京生态论坛研究生分场，并作报告。

（路　婧、朱江玲）

【北京大学生态研究中心揭牌仪式暨生态学科发展论坛】2018年6月5日，北京大学生态研究中心揭牌仪式暨生态学科发展论坛在英杰交流中心阳光厅举行。北京大学校长林建华、科学技术部前部长徐冠华院士、中国科学院前副院长孙鸿烈院士、国家自然科学基金委前主任陈宜瑜院士、北京大学原校长许智宏院士、前林业部副部长李育才、国家林业和草原局副局长彭有冬、生态环境部自然保护司副司长（主持工作）柏成寿、科学技术部基础研究司副司长周文能、中国科学院地理资源研究所郑度和李文华院士、林业科学研究院蒋有绪和唐守正院士、北京师范大学郑光美院士、复旦大学李博教授和国务院学位委员会生态学科评议组11位专家成员出席大会。林建华、徐冠华、孙鸿烈、陈宜瑜、许智宏、北京大学理学部副主任方精云和中国科学院院士赵进东共同为中心揭牌。

揭牌仪式结束后，国务院学位委员会生态学科评议组专门召开生态学二级学科方向发布会。方精云代表评议组介绍生态学二级学科方向的设置原则与思路，正式发布生态学的7个二级学科方向，包括动物生态学、植物生态学、微生物生态学、生态系统生态学、景观生态学、修复生态学和可持续生态学，同时对各二级学科的内涵和研究范畴进行剖析，并对各二级学科方向的课程体系建设和人才培养方案等进行说明。会后生态研究中心与国务院学位委员会联合举行"生态学科发展论坛"。

（王志恒）

【发表PNAS碳循环专题系列论文】北京大学城市与环境学院、北京大学生态研究中心方精云院士组织并带领科研人员，在国际著名学术期刊——美国科学院院刊（Proceedings of the National Academy of Sciences of the United States of America, PNAS）上，以"Climate change, policy, and carbon sequestration in China"为专题（special feature）发表7篇系列论文，全面、系统地报道中国陆地生态系统结构和功能特征及气候变化和人类活动的影响，量化中国陆地生态系统固碳能力的强度和空间分布，阐明生物多样性和大尺度养分条件对生态系统生产力的影响，其中4篇第一作者或通讯作者单位为北京大学。这是中国乃至亚洲首次在PNAS上以专题形式，系统、集中地发表系列研究成果。

（朱江玲）

【生态研究中心发展战略研讨会】2018年10月19日至21日，生态研究中心发展战略研讨会在中国科学院大学怀柔校区举行，方精云、唐艳鸿、吕植等共22位中心教师参加。会议围绕中心成员介绍，中心筹备过程，生态学学科建设以及生态学教学计划等方面展开讨论。

（路　婧）

【北京大学第十五届"生态讲坛"】2018年12月22日至23日，北京大学"生态讲坛2018"（暨第十五届"生态讲坛"）在北京大学秋林报告厅和逸夫贰楼3459会议室举行。会议由生态研究中心、城市与环境学院和地表过程分析与模拟教育部重点实验室共同主办。共有来自国内近40多所高校以及科研院所的近800名师生参会，为历年参会人数最高，并且首次开设直播分会场。22日举行"前沿论坛"，唐艳鸿首先作《北京大学生态研究中心2018年工作总结报告》，介绍生态研究中心概况，总结中心在人才培养、学科建设、科研教学以及学术与社会服务等方面取得的代表性进展。北京师范大学张大勇、中国科学院南京土壤研究所褚海燕、中国农业大学周欣、中国科学院植物研究所冯晓娟、中国农业大学王钢等5位特邀报告人，和生态研究中心方精云、贺金生等介绍最新研究进展。23日举行"青年论坛"，生态研究中心19名博士后和研究生作报告。

（王　娓、唐志尧）

【《野外生态学实习指导》教材出版】由刘鸿雁、唐志尧、朱彪编著的《野外生态学实习指导》教材由北京大学出版社出版。该教材是21世纪资源环境生态规划教材基础课系列第一本，得到北京大学教务部和城市与环境学院教材建设经费资助。该教材基于北京大学塞罕坝实习基地，根据北京大学野外生态学和植物地理土壤地理实习课程多年的积累，详细阐述生态学野外调查、监测和实验的内容和方法，可以作为高校生态学以及自然地理与资源环境等专业相关实习课程的教材，也可以作为野外生态爱好者的工具书，同时可以作为公众认识生态文明建设的样板——塞罕坝的参考书。

（刘鸿雁）

【"王朗25ha亚高山针叶林森林动态监测样地"正式建成】2018年11月，王朗25ha亚高山针叶林森林动态监测样地（简称王朗样地）正式建成。王朗样地位于四川省平武县王朗国家级自然保护区，地处岷山北部野生大熊猫核心栖息地。王朗样地依照全球ForestGEO（The Forest Global Earth Observatory）样地网络共用的CTFS（Center for Tropical Forest Science）大样地标准建设规程建立，共划分为630个20 m × 20 m的样方，对每株胸径大于1 cm的木本植物均进行挂牌、测量、定位与物种鉴定。

王朗样地为北京大学生态研究中心在植被群落结构、生物多样性、森林更新动态、碳循环等方面长期监测的野外平台之一，中心李晟研究员、中国科学院植物研究所申小莉副研究员、中国科学院成都山地研究所张远彬研究员为王朗样地的共同PI。

（李　晟）

【三江源野外研究与教学基地】 2018年，北京大学生态研究中心在原有生命科学学院在青海省玉树州州府结古市（海拔3700米）、杂多县昂赛乡（海拔4300米）设立的野外工作站基础上，加强和完善三江源野外研究与教学工作站。

玉树工作站承担三江源一切野外研究点人员与野外物资的统筹周转，总面积144平方米。工作站已配备抽水泵、雨水收集过滤系统、小型卫星收发系统、小型气象自动记录仪、卫星电话等设施设备，具备开展长期工作的基础。同时承担本科生暑期实习、公众教育、研究成果的展示与政策推广、社区保护与社区发展模式研究等多种功能。

工作站是北京大学生态研究中心在青藏高原三江源地区野外研究工作的枢纽，两站带多点，其功能主要包括：生态学长期监测与基础研究、可持续生态学与政策研究、教学实习以及社区保护模式探索，为三江源国家公园的保护管理提供科学依据和技术支持。

（吕　植）

信息与工程科学部

【发展概况】 组织机构。信息与工程科学部包括信息科学技术学院、工学院、环境科学与工程学院、计算机科学技术研究所、软件与微电子学院、软件工程国家工程研究中心等6个实体机构，依托相关院系建设力学、电子科学与技术、信息与通信工程、计算机科学与技术、环境科学与工程、生物医学工程、软件工程、材料科学与工程等一级学科。2018年，学部主任为高文，学部副主任为张远航、任秋实。

学部办公室工作。2018年度先后组织4次学部部务会、1次学部学术委员会会议、1次学部教学指导委员会会议和1次学部主任办公会。编辑整理4期学部工作简报，设计印制学部宣传册。协助学科建设办公室等职能部门参与北京大学120周年校庆学术宣传项目、学科建设管理信息系统开发、北京大学与北京市共建一流大学项目计划书起草、组织临床医学+X集群聘任和青年专项等工作。

学部学术委员会。2018年，学部学术委员会对成立北京天然气水合物国际研究中心、碳基电子学研究中心等事项组织论证。11月19日召开的学部学术委员会会议审议2018年度研究技术系列专业技术职位晋升、通用岗位专业技术岗位聘任及长江学者届满评估工作，各单位推荐的3位研究员候选人、4位副研究员候选人全部通过学部学术委员会审议。

学部教学指导委员会。根据学校《2018年北京大学教学奖励工作通知》相关要求，学部制定《信息与工程科学部教学奖励评审推荐程序》，作为学部推荐奖励人选的依据；召开教学指导委员会会议，推荐相关教师为学校教学卓越奖、教学成就奖候选人；在学校评审前，学部组织候选人进行预答辩，邀请相关专家把关。计算机科学技术研究所刘家瑛获2018年北京大学教学卓越奖。

教学改革。2018年，信息科学技术学院申请增设"电子信息工程""集成电路设计与集成系统"两个本科专业，工学院申请增设"机器人工程"本科专业。学部教学指导委员会采取通信评议的方式，对相关申请进行审议，并将学部意见及时反馈给学校。第一届图灵班发展良好，完成教学计划制定，开展学生科研轮转等特色活动。2018年起，图灵班在原有计算机科学方向基础上，将增设人工智能方向，招生人数由原有30人增至60人。

实体研究机构建设。信息与工程科学部配合党委组织部、学科建设办公室组织北京天然气水合物国际研究中心、前沿计算研究中心、应用物理与技术研究中心等实体研究机构负责人遴选工作。

（刘小鹏）

【高校计算机专业优秀教师奖励计划】 信息与工程科学部2018年协助教育部高等教育教学评估中心、中国教师发展基金会等单位实施"高校计算机专业优秀教师奖励计划"。上半年，奖励计划在北京大学等9所高校试点，组织38位同行专家对计算机专业相关的本科生基础课程课堂教学进行评价，对教学优秀的教师给予奖励。经过评审委员会认定，从106位参评教师中遴选出26位作为首批获奖教师。11月6日上午，首届颁奖典礼在北京大学隆重举行。

（刘小鹏）

【单位绩效评估】 根据学校统一部署，信息与工程科学部2018年启动教学科研单位发展状况绩效评估工作，召开年度任务目标论证会，制定学部绩效评估实施方案，并于10月16日组织召开发展状况绩效评估会。2018年，学部各学院、研究所结合学科特点，主动思考并聚焦于学科布局和单位发展中的关键问题，根据学校"双一流"建设方案、年度重点工作和单位实际，设定数量和难度适当、可执行、能核查的年度任务目标。部分单位面向国家重大战略，确定未来若干年的长远目标，分年度逐步完成。经过讨论和无记名投票，确定信息科学技术学院的发展状况绩效评估结果为A，工学院作为评优候选单位，提交学校学科建设委员会审议。

（刘小鹏）

【申报高精尖学科】 在学校支持下，由黄铁军教授牵头申报北京高校"人工智能"高精尖学科建设项目。学部于8月26日组织召开项目论证会，邀请赵沁平院士等校内外专家进行论证。11月4日，该项目参加北京市教委组织的答辩会。通过评审后，将获得每年800—1000万元的学科建设经费支持。

（刘小鹏）

【人工智能学科建设规划】 信息与工程科学部一直积极参与国家新一代人工智能发展规划、深圳鹏城实验室、北京智源人工智能研究院等建设。2018年下半年，学部开始和学科建设办公室共同研究起草全校的人工智能学科规划。先后访谈黄铁军、王立威、高文、查红彬、饶毅等相关领域专家学者，听取专家对规划的意见与建议。结合北大基础研究的特点和优势，把增强原创能力作为重点，紧紧围绕经济社会发展需求，逐步确定机器学习、机器智能、自然语言处理、类脑智能、智能系统5大方向作为学科建设的重点。

（刘小鹏）

信息科学技术学院

【发展概况】 组织结构。信息科学技术学院包含基础教育部、研究生教育部和继续教育部等3个教学管理单位，电子学系、微电子学系、计算机科学技术系和智能科学系等4个学科建设单位，基础实验教学研究所、物理电子学研究所、量子电子学研究所、应用电子学研究所、现代通信研究所、微电子学研究院、系统结构研究所、网络与信息系统研究所、软件研究所、计算语言学研究所、数字媒体研究所、高能效计算与应用中心、信息科学中心和信息技术创新研究院等14个教学科研实体单位，以及北京大学（天津滨海）新一代信息技术研究院，北京大学（杭州萧山）信息技术高等研究院。2018年，学院加强交叉学科合作研究，发起成立信息科学技术学院医信交叉研究中心、北京大学计算社会科学研究中心等。学院院长黄如，副院长查红彬、候士敏、李文新、谢冰、蒋云，党委书记魏中鹏，副书记冯梅萍、卢亮。学院学术委员会主任何新贵，副主任迟惠生、梅宏，委员陈徐宗、程旭、高文、胡又一龙、黄如、焦秉立、李红滨、李晓明、彭练矛、魏中鹏、杨芙清、吴文刚、查红彬、张兴。学院学位评定委员会主席杨芙清，副主席黄如、彭练矛，委员陈向群、陈章渊、代亚非、郭弘、郭宗明、候士敏、刘晓彦、吴文刚、谢昆青、查红彬、张盛东、金芝。计算机科学技术系学科发展委员会主任黄铁军、电子学系学科发展委员会主任彭练矛、微纳电子学系学科发展委员会主任吴文刚、智能科学系学科发展委员会主任谢昆青。

学科建设。涵盖计算机科学与技术、电子科学与技术、信息与通信工程及软件工程4个一级学科及其相关的计算机软件与理论、计算机系统结构、计算机应用技术、计算机科学与技术（智能科学与技术）、信号与信息处理、通信与信息系统、微电子学与固体电子学、物理电子学、电磁场与微波技术、电路与系统和电子科学与技术（量子电子学）等11个二级学科。其中计算机科学与技术获评2017年教育部第四轮学科评估一级学科A+，电子科学与技术和软件工程获评一级学科A，均进入教育部双一流建设学科名单。学院设计算机科学与技术、电子信息科学与技术、微电子科学与工程、智能科学与技术和通信工程5个本科生专业，实行按学院统一招生。学院拥有2个国家级重点实验室、1个国家级工程实验室，12个省部级重点实验室（或工程研究中心），并与多家知名中心组建联合研究机构。其中区域光纤通信网与新型光通信系统国家重点实验室在2017年信息领域国家重点实验室评估中被评为良好；高可信软件技术教育部重点实验室、机器感知与智能教育部重点实验室在同年信息领域教育部重点实验室评估中获优评。纳米器件物理与化学教育部重点实验室在2018年工程和材料领域教育部重点实验室评估中获优评（通过公示）；微米/纳米加工技术国家级重点实验室、微电子器件与电路教育部重点实验室通过评估。"后摩尔时代微纳电子"学科创新引智基地获批高等学校学科创新引智计划新建项目。

队伍建设。2017年海外高层次人才引进计划（青年项目）入选者1名完成报到。2018年引进教授2名，其中海外高层次人才引进计划（青年项目）入选者1名。获国家杰出青年科学基金项目资助2名，获优秀青年科学基金项目资助1名，获教育部长江学者奖励计划青年学者项目2名。

学院2018年在职教学科研人员287人，其中中国科学院外籍院士2人，美国国家工程院院士1人，欧洲科学院外籍院士1人，两院院士13人（含双聘院士7人），正高级职称121人，副高级职称129人，中级及以下职称41人，新体制教研及新体制研究技术人员44人。

教学工作。截至2018年底，学院共有在读全日制学生2883人，其中本科生1454人，硕士研究生758人，博士研究生671人。2018年招收本科生381名（含5名留学生），毕业本科生304名。2018年招收硕士研究生283人、博士研究生145名，毕业硕士研究生243名、博士研究生115名。2017—2018学年第二学期开设本科生课程234门次，研究生课程81门；2018—2019学年第一学期开设本科生课程240门次，研究生课程82门；2018年本科生国际暑期课堂，聘请19名外籍知名院士及教授开设19门暑期课程，同时开设暑期研究生课程3门。本科图灵班增设人工智能专业方向。

2018年，本科生发表国际期刊论文14篇，国际会议论文78篇、国内期刊论文7篇、申请受理专利3项。本科生竞赛方面，学院获得2018年4月在北京大学举办的第42届ACM-ICPC世界总决赛金奖。承办第43届ICPC国际大学生程序设计竞赛亚洲区北京站预选赛；在第43届ACM亚洲预选赛各赛区获得冠军1项、金奖9项、银奖3项、季军2项。此外，获得第3届中国高校计算机大赛团体程序设计天梯赛全国高校一等奖，并取得全国团队一等奖3项；吉如一同学获个人特等奖。获国际机器学习比赛三等奖、国际通信学会学生竞赛一等奖、全球任务导向多轮人机对话挑战赛（JDDC）自动评测冠军、手动评测第二名、优秀导师奖、架构创新奖、北京市2018年第八届"华为杯"中国大学生智能设计竞赛一等奖、第11届"中国大学生计算机设计大赛北京市级赛"二等奖、2018北京高校继续教育大学生计算机设计应用竞赛二等奖、2018年英特尔杯大学生电子设计竞赛一、二、三等奖各1项。

教学成果方面，获北京市教学成果奖一等奖4项、二等奖5项，学院1人被评为2018年北京市师德榜样（先锋）；2018年度"高校计算机专业优秀教师奖励计划"获奖教师2人。2018年国家精品在线开放课程7门。

科研工作。2018年共承担国家级、省部级、科技开发等各类科研项目498项，签署技术服务、技术咨询、技术转让合同177项。获批国家重点研发计划重点专项项目（牵头）1个，国家自然科学基金重点/联合基金（重点支持）/应急管理项目4个，某国防重点项目2个。2018年共获纵向经费约3.60亿元，横向经费约5575万元，科研经费总计约4.16亿元。2018年发表SCI论文389篇，其中2个课题组在《科学》发表论文，1个课题组发表北京大学为第一作者单位的首篇SIGCOMM论文，1篇论文入选2017年度中国百篇最具影响国际学术论文，1篇论文入选《自然·方法》2018年度方法，1篇论文获SCIENCE CHINA Information Science 2017年五年持续影响力论文奖；出版教材3种、专著8种、译著1种。1个项目获2018年度国家技术发明一等奖（北京大学首个）；1个项目入选2018年度中国高度学校十大科技进展；作为牵头单位，获中国计算机学会科学技术奖（技术发明）一等奖1项、吴文俊人工智能技术发明二等奖1项；作为参与单位，获军队科技进步一等奖1项、国防技术发明一等奖1项、中国电子学会科学技术奖（科技进步类）一等奖2项、中国通信学会科学技术一等奖1项、中国电子学会科学技术奖（自然科学类）二等奖1项；1个项目获日内瓦国际发明展览会特别嘉许金奖；4个项目入选北京大学理工医科五年科研成就展。3人当选电气电子工程师学会会士（IEEE fellow），1人获何梁何利科学与技术进步奖（电子信息技术），1人获日本大川研究助成奖，1人获中国计算机学会青年科学家奖（信息学院首位）；1人担任JWKJW重点项目专家组首席科学家。

交流合作。"后摩尔时代微纳电子"学科创新引智基地获批2018年度高等学校学科创新引智计划新建项目；"临床微纳系统研究"获批2018年度高端外国专家项目（文教类）；3人次随学校代表团访问新加坡、马来西亚、泰国、中国澳门、日本；接待包括图灵奖获得者、美国国家科学院院士等10余位，以及来自洛杉矶加州大学、麻省理工学院、法国国家科学研究中心、南洋理工大学、日本文部科学省、三菱研究院、雅虎研究院等高校和政企机构的学术来访逾百人；主办国际会议19次，以及第五届台湾大学-北京大学信息科学技术论坛、信息学院第一届青年论坛、信息学院-美国高通公司合作项目中期交流会等其他学术交流；执行北京大学高端学术讲学计划1个和海外学者讲学计划项目15个。

党建工作。学院现有党员人数1192人，党支部40个。2018年发展党员63名（其中教职工1人）、转正党员46名、青年骨干培训2人。29个学生党支部完成换届。2018年，在学院党委领导下，围绕学习贯彻党的十九大精神、十九大一中、二中全会精神，开展专题学习报告会、主题党团日等一系列活动，开展"两学一做"主题教育，进行党委书记讲党课、领导班子专题学习研讨等活动。组织学习改革开放四十周年活动。全年完成党建立项43项。13名党员获得北京大学优秀共产党员荣誉称号，4个党支部获得北京大学先进党支部荣誉称号。

行政队伍。行政在编人员30人（含专职辅导员和选留学生工作干部）。合同制员工7人，返聘退休2人。

工会工作。学院工会现有会员456人，其中事业编制会员408人，合同制会员48人。2018年，学院工会积极支持学校青年教师基本功大赛，3位参赛教师全部获奖，其中孙伟获理工组一等奖，杨玉超获理工组二等奖，孔雨晴获理工组优秀奖，胡薇薇获优秀指导教师奖，信息科学技术学院获优秀组织奖。在文体活动方面，学院获得2018年度北京大学体育文化节团体总分第五名；2018年度教职工羽毛球比赛，甲组第五名，乙组第五名；2018年度教职工乒乓球比赛，女子组团体第一名，男子组团体第二名；2018年度教职工游泳比赛，团体总分第五名。

离退休工作。学院现有离退休人员225位（含离休4位），年龄80岁以上74人，70—80岁80人，70岁以下71人，空巢、长居国外、独居、孤寡老师40余人，95%离退休人员与在职职工同步参加查体，过半人数参加"共享幸福时光"南海子湿地郊游和参观三元牛奶生产线活动。召开老同志新年茶话会，发放教师节、中秋节和国庆节节日慰问费、慰问品。离退休党支部组织老党员参观"伟大变革，庆祝改革开放40周年大型展"。全年共计31人次获得学校党委系统、学校离退休工作部以及学院慰问，14位80岁以上老师领取红围巾。全年学院离退休工作投入经费超过90万元。

学生工作。2018年1月，开展寒假社会调研与实践，组织博士生调研团赴张家港调研实践。3月，党的知识培训班组织34名积极分子赴雄安新区革命文化教育基地开展"弘扬革命精神，重温红色之旅"主题党日活动。4月，与体教部合作组织举办学院春季趣味运动会。5月，参与组织举办第42届国际大学生程序设计竞赛全球总决赛。举办北京大学黑客马拉松程序大赛。完成120周年校庆相关工作。6月，举办北京大学程序设计竞赛。完成学生会、研究生会换届选举工作。7月，组织6支队伍完成学生暑期实践。8月，组织2017级本科生军训。9月，完成2018级本科新生入学教育。10月，与体教部合作组织举办学院秋季趣味运动会。11月，举办信科程序员节、男生节、lab杯体育联赛等学院品牌学生活动。12月，组织学生参与"一二·九"合唱比赛。举办2019年"星光E彩"新年晚会。2018年，学院青年志愿者协会参与120周年校庆及42届国际大学生程序设计竞赛全球总决赛等大型活动，坚持开展计算概论辅导、每月一次的"电脑小队"等品牌服务活动。2018年"大信科"微信公众平台完成推送269天，共推送文章652篇，总用户量接近1万人，总阅读量接近75万次。学院积极组织学生参与学校北大杯、新生杯等体育赛事，并获得新生杯篮球比赛冠军及其他7项亚军。

毕业生去向。2018年，本科生303人毕业，其中145人国内升学，97人出境留学，55人直接就业。硕士研究生毕业255人，其中就业231人，出国留学15人，国内升学4人。博士研究生毕业116人，其中就业83人，博士后31人。本科毕业生就业率为98.02%，研究生总就业率98.11%，硕士生就业率98.04%，博士生就业率98.28%。

（邓　斌、孙　琰、杨朝晖、刘旭东、丁雪芹、李　钊、杨　琦）

工学院

【发展概况】组织结构。工学院下设6个系：力学与工程科学系、生物医学工程系、能源与资源工程系、材料科学与工程系、航空航天工程系、工业工程与管理系。学院有1个国家重点实验室：湍流与复杂系统国家重点实验室。挂靠在工学院的单位：北京大学应用物理与技术研究中心、北京大学工程科学与新兴技术高精尖创新中心、北京天然气水合物国际研究中心。

学科建设。工学院有3个一级学科：力学、生物医学工程、管理科学与工程。在全国第四轮学科评估中，北京大学力学学科被评为A+，并入选国家"双一流"建设学科。现有博士招生专业11个，硕士招生专业14个。2018年启动并通过材料工程专业硕士（全日制）、生物与医药专业博士（非全日制）2019年的招生计划。

队伍建设。截至2018年底，学院全职教研系列教师109人，其中院士4人、海外高层次人才引进计划9人、长江学者14人、国家杰出青年科学基金项目获得者25人、海外高层次人才引进计划（青年项目）17人、青年长江6人。研究技术系列14人；实验技术系列14人；行政人员33人（含辅导员、合同制人员）。拥有国家自然科学基金委创新研究群体3个，教育部创新团队2个。

工学院教师实行国际通行的聘任制度（Tenure-Track），面向全世界公开招聘优秀人才。2018年工学院完成《工学院人事体制综合改革报告》修订，进一步完善《工学院教职工离职程序》。引进教研系列3人已到岗，其中1人为国家杰出青年科学基金项目获得者、博雅特聘教授，1人为海外高层次人才引进计划（青年项目）。引进研究技术系列4人。

2018年，康炜获宝钢教师奖优秀奖，张信荣获宝洁教师奖，楚天广获北京银行教师奖，魏悦广获方正教师奖特等奖，郭少军获黄廷方/信和青年杰出学者奖，方竞嘉获嘉里集团郭氏基金树人奖教金，周欢萍获绿叶生物医药杰出青年学者奖，史一蓬获曾宪梓优秀教学奖，席建忠获正大教师奖，董蜀湘获中国工商银行奖教金优秀教师奖。

教学工作。2018年底，工学院在校生共1380人，其中本科生427人，硕士生295人，博士生658人。2018年招收新生373人，其中本科生120人（含留学生3人，港澳台学生1人）；硕士生116人（含留学生2人，港澳台学生10人）；博士生137人（含留学生7人）。2018年开设本科课程154门，研究生课程105门。2018年共9册境外教材经本科课程任课教师推荐和学院审核，通过教材建设委员会的审定。

24名来自北京工业大学和北京建筑大学的大二本科生于2018年9月开始在工学院进行"双培计划"交流学习。2017年来校交流的刘子祎和杨雪彤获北京大学2017—2018学年"双培计划"学习优秀奖。

2016级本科生科研立项共计16项，共有17名学生参与课题研究。2015级21个项目顺利结题。2014级2人获得优秀论文奖：龚盛获"国家创新训练项目"优秀论文奖，熊睿获"华宝基金"优秀论文奖。

7月13日至15日举办工学院全国优秀大学生夏令营，350余名来自全国40余所高校的学生参加。7月23日至26日举办北京大学2018年中学生暑期课堂（工学），345人通过选拔获得学员资格。

2018年中国力学学会全国徐芝纶力学优秀学生奖：章盛祺（优秀奖）。

2018年北京大学优秀博士学位论文：王林娟、杨艳、赵天山、瞿冲、邓亚峻、姚松柏、刘俊义、赵亚萍。

北京大学2018年度优秀教学奖：曹安源、朱怀球（本科部分）；莫凡洋、宋洁（研究生部分）。

科研工作。2018年，工学院共举办各类学术报告会180场，其中123场报告人来自境外；新获批科研项目190项，获批经费2亿元，其中国家自然科学基金重大项目1项及各类重点项目3项，国家重点研发计划项目3项及课题7项，到校科研经费2.22亿元；发表SCI检索论文970篇，其中538篇第一作者或最末通讯作者的第一署名单位为工学院。

2018年工学院SCI文章（第一作者或最末通讯作者）的平均影响因子为6.03（2012年至2017年分别为2.74、3.08、3.26、3.72、4.39、4.92）。高水平论文不断涌现，影响因子超过5的文章有194篇，其中75篇超过10，38篇超过20。

科研荣誉奖项。周欢萍入选2017年《麻省理工科技评论》中国区"35岁以下科技创新35人"之一；史建军当选美国国家工程院院士；郭少军获"中国青年分析化学家奖"；侯仰龙和郭少军当选英国皇家化学学会会士；郑玉峰入选2017年中青年科技创新领军人才；工学院8人入选科睿唯安2018年全球高被引科学家名单；占肖卫课题组3篇论文入选2017年度"中国百篇最具影响国际学术论文"；邹如强获国家杰出青年科学基金项目资助；程承旗课题组项目获2018年度海洋科学技术二等奖；侯仰龙课题组项目荣获中国材料研究学会科学技术一等奖；刘谋斌荣获国际华人计算力学学会计算力学奖。2018年8月，袁明武教授荣获中国计算力学终身成就奖。

学术会议。2018年，工学院主办或协办北京大学"黉门对话"系列活动"Dream Light Source——超强超短脉冲激光正在引领的科学和技术变革"、"湍流结构的生成演化与作用机理"暨"湍流结构与气动热／力"专题研讨会、第七届"湍流模拟高级讲习班"暨"湍流结构的生成、演化及作用机理研讨会"、IUTAM电磁功能材料与结构力学研讨会、第四届高能量密度物理国际会议、中美多功能复合材料前沿科学和技术合作讨论会、国际多体动力学学术研讨会和2018年北京大学工程科学优秀青年人才国际论坛等。

交流合作。2018年教职工出国（境）共500人次，赴港澳人数36人次，赴台人数8人次。本科生赴境外出访或交流37人，研究生申请出访或交流149人次。2018年共接待来世界知名高校来宾200余人次，利用"国际化示范学院推进计划"、"海外学者讲学计划"和"海外学者研究计划"等项目先后聘请外国专家50人到工学院讲课、讲座及科研合作，其中院士11人。2018年招收英文培养博士留学生5人，分别来自美国、巴基斯坦、埃及。

2018年的Globex Julmester国际暑期项目共有来自澳大利亚、加拿大、美国等8个国家（地区）22所高校345名学生参与。该项目邀请到国际知名高校的13名教授，共开设12门全英文授课课程。

党建工作。截至2018年底，工学院有党员1173人，其中学生党员974人，教职工党员156人，离退休党员42人。新发展党员55人，20名预备党员按期转正。有党支部54个，其中教工党支部9个（包括前沿交叉研究院教工党支部1个、离退休教工党支部1个）、学生党支部45个（包括前沿交叉研究院学生党支部24个）。2018年，工学院9位党员被评为"北京大学优秀共产党员"，4个支部被评为"北京大学先进党支部"。5个党支部获得建团日活动奖项、9个党支部获得组织部创新立项。2018级博士生陈善恩获评全国高校百名研究生党员标兵和北京大学十佳党支部书记。

工会工作。工会组织儿童节亲子活动-校园游及参观标本馆；在雾霾天为全院教职工发放防霾口罩；为教职工办理公园年卡、京卡、女职工专项保险、发放大讲堂兑换券等。每周固定时间在学校体育馆进行游泳、羽毛球、毽球、乒乓球等活动，并与学生一起进行乒乓球、lab杯乒乓球球赛、师生乒乓球挑战赛、清华大学乒乓球友谊赛等。组织教职工参加学校的运动会、团体操表演、游泳比赛、足球赛、羽毛球赛、乒乓球赛、毽球赛等。2018年工学院教职工获得游泳比赛团体第三名、足球赛第四名、乒乓球女子团体第四名。

工学院工会获得先进工会委员会、运动会精神文明奖、第十八届青年教师教学基本功比赛优秀组织奖、群众性运动一等奖等荣誉。张青获"北京大学第十八届青年教师教学基本功比赛"理工组二等奖和优秀教案奖，崔悦获理工组优秀奖。

院友工作。工学院迎校庆120周年接待数千人次返校；完成北平大学北京大学工学院校友会的换届选举工作；成功举办数场奖学金颁奖、校友联谊、汇报交流会、主题讲座、专题座谈、返校赛事、校际互助活动、捐赠仪式、校企指导培训等。截至2018年，工学院到账资金突破1亿元，近120个基金项目。

产学研工作。2018年工学院科技成果汇编手册出版；启动微信功能推送产学研项目信息；新奥能源研究院的7个项目结题；北京大学-京东方联合研究院理事会召开，落实第一批合作项目；接待宣城、徐州等8家政府来访，建立与维护20余家企业关系；工学院2018年横向课题经费合同款4581.94万元，其中到账经费2273.519万元。

创新创业教育。创新教育中心作为工学院的创新人才培养平台，负责3个专业学位硕士和1个工程博士的招生、培养和教学等工作，以及高端培训继续教育工作。2018年工业设计工程专业首次招生，开设三个研究方向：智能机器与产品交互设计、创新设计管理、基于新材料技术的创新设计；《机器人工程创新实践》课程首次与中央美术学院合作，改进课程内容和形式，学生们相互启发交出有创意的作品；《教育创新：深度成长的模式》新书于2018年8月在知识产权出版社出版。

宣传工作。工学院利用多种渠道、多种形式向校内外和国内外进行宣传，如中英文网站、《工学快讯》期刊、中英文电子报和微信平台等；中文网站2018年发布新闻共350余篇。英文网站发布英文新闻和讲座信息近百条；《工学快讯》发布4期，每期发放300份；电子报发行4期，中文每期共发送11,000余人；微信平台推送新闻和通知消息，关注人数3800余人。

毕业生去向。2018年毕业本科生91人，11人就业，75人升学，5人待确定；69名硕士毕业生中，55人就业，6人出国留学，2人升学，6人待确定；72名博士毕业生中，43人就业，10人出国留学，16人在国内做博士后，3人待确定。

（张清平、闫　静、刘　文、朱若珊、
陈　斌、张珊珊、李咏梅、林　达）

【**新奥工学大楼开工典礼**】 2018年4月26日上午，北京大学工学院"新奥工学大楼"开工典礼隆重举行。新奥集团董事局主席王玉锁、新奥公益慈善基金会理事长韩瑞改、首席品牌官陈丹青、智数资本创始合伙人朱海、北京大学党委书记郝平、副校长王仰麟、北京大学教育基金会秘书长李宇宁、北京大学工学院院长张东晓等领导嘉宾以及工学院师生代表出席典礼,并共同为新奥工学大楼奠基石培土。北京大学相关职能部门和兄弟院系负责人与工学院师生一起到场观礼。典礼由工学院党委书记孙智利主持。

新奥集团和北京大学于2015年7月签署战略合作协议。新奥集团向北京大学进行公益性捐赠,总额共3亿元人民币,用于基础设施建设、重点课题研究、人才培养和技术产业化等。其中,2亿元人民币用于新奥工学大楼建设。这是双方努力改善工学院教学科研基础环境的重要举措。开工典礼上,北京大学党委书记郝平与新奥集团董事局主席王玉锁代表双方进行大楼建设款项的交接。

（张羽佳）

【《师道心语》出版】 值北京大学力学专业建立65周年之际,为展现北京大学力学系和力学专业发展,并向为北京大学力学专业发展做出贡献的同仁致敬,向北京大学120周年校庆献礼,自2015年起,北京大学工学院力学与工程科学系着手组织出版回忆文集以兹纪念,该文集于2018年在北京出版。

《师道心语》的筹备、编纂历时两年多,通过对23位力学系退休教授、在职教师,以及对北京大学力学专业发展、力学发展有影响的人士进行访谈,采访对象有百岁老人,也有年轻一代的新生力量,年龄跨度超过半个世纪。他们中有周光坰、陈耀松、吴鸿庆、魏中磊、杜珣、武际可、王大钧、黄琳、颜大椿、陈滨、魏庆鼎、黄筑平、邹光远、王敏中、袁明武、余同希、于年才等老师。通过那些激情、创新、奋进、值得记忆的片段,配以丰富的文字、图片资料,分享他们的故事和燕园回忆以及与北京大学力学共同成长的奋斗历程,书写"北大力学人"的故事,传播北大力学人的精神与情怀。同时,也为北大力学学科未来发展提供思考与建议。本书由北京大学出版社出版,北京大学力学专业建立65周年采访文集编委会编。

（葛书闻）

【授予丹尼尔·牟德名誉博士学位】 2018年12月15日上午,美国国家工程院院长丹尼尔·牟德（Daniel Mote, Jr.）北京大学名誉博士学位授予仪式在英杰交流中心月光厅举行。北京大学校长郝平、副校长龚旗煌,教育部国际合作与交流司副司长徐永吉,国家汉办副主任静炜,德稻集团董事局主席李卓智等一同出席活动。北京大学信息与工程科学部主任高文,研究生院常务副院长、工学院院长张东晓,工学院党委书记孙智利,国际合作部部长夏红卫,教育基金会秘书长李宇宁,工学院学术委员会成员以及百余位师生代表参加授予仪式。郝平为牟德教授拨穗并颁发北京大学名誉博士学位证书,学生代表为其佩戴校徽。牟德教授对于北京大学给予的荣誉表示感谢,并作题为"二十一世纪工学愿景及重大挑战"的演讲,深入阐述现代工学发展及工科教育面临的问题与机遇。

牟德教授在美国伯克利加州大学机械工程学院从教31年,因在陀螺系统动力学和滑雪生物力学方面的研究而备受国际认可,1988年当选美国国家工程院院士。他长期支持中美科教交流。2004年任马里兰大学校长时积极推动美国第一所孔子学院落户马里兰大学,揭开全美兴办孔子学院的序幕。2014年荣获"中国政府友谊奖",2015年当选中国工程院外籍院士。自2013年任美国国家工程院院长以来,已经三次联合中国工程院和英国工程院召开"全球重大挑战峰会"。2016年与2017年,牟德教授先后访问北京大学工学院和全球大学生创新创业中心。他积极在全球推进"重大挑战学者计划"这一培养工程学科拔尖人才的新战略,北京大学于2017年加入该计划。

（张羽佳）

计算机科学技术研究所

【发展概况】 组织结构。北京大学计算机科学技术研究所（以下简称计算机所）是北京大学的二级科研教学机构,建有电子出版新技术国家工程研究中心、中国文字字体设计与研究中心、新闻出版智能媒体技术重点实验室、网络与信息安全中关村开放实验室等科研基地。2018年学术委员会成员调整,新一届名单:主任汤帜;委员万小军、马少平、王厚峰、叶志远、肖建国、赵东岩、郭宗明、彭宇新。

学科建设。计算机所现有一级学科为计算机科学与技术,专业为计算机应用技术。研究方向主要包括图形图像处理技术与数字出版应用、数字内容计算与知识服务技术研究、网络视音频处理与检索技术、数字文档处理技术、信息安全技术,建有硕士、博士培养点及博士后流动站。

2017年11月8日至10日,北京大学信息领域国际同行评议现场评估顺利举行,此次国际同行评议专家委员会由来自美国、加拿大、英国、意大利、中国等国家的10位专家组成。组长由美国耶鲁大学教授、美国国家工程院院士马佐平担任,美国纽约州立大学布法罗分校教授陈长汶担任副组长,负责计算机所的评议。2018年1月,专家组返回评议报告,认为计算机所研究重点的转变与全球技术发展趋势相吻合,成果丰硕,有大量的优秀学术论文产出,科研人员的平均专利数量是北京大学其他机构的5倍。

队伍建设。截至2018年底,计算机所共有教学科研人员37人;事业编制人员36人、劳动合同制13人,事业编制人员中有正高职称10人、副高职称18人、新体制助理教授3人、博士后1人。计算机所现有海外高层次人才引进计划（青年项目）1人，优秀青年科学基金项目获得者1人，教育部新世纪优秀人才3人。

教学工作。截至2018年底，计算机所共有学生101人，其中硕士研究生67人，博士研究生34人。2018年毕业硕士23人，博士6人。2018年新入学硕士研究生25人，博士研究生9人。2017—2018学年第二学期开设本科生课程3门，研究生课程4门。2018—2019学年第一学期开设本科生课程6门，研究生课程6门。

教学获奖。刘家瑛获北京大学首届教学卓越奖。彭宇新指导的2014级博士生何相腾获第六届百度奖学金。郭宗明指导的2012级博士生杨文瀚同学的论文《基于学习的低质图像重建研究》被评为2018年北京大学优秀博士学位论文。博士生何相腾、硕士生厉扬豪获北京大学信息科学技术学院"学术十杰"称号。万小军指导的本科实习生魏巍获北京大学信息科学技术学院2014级本科生"十佳"优秀毕业论文。计算机所教师指导的本科实习生吴庭熙、叶钊达、胡越予、刘春晖、符尧、付振新、魏巍获"北京大学信息科学技术学院2014级本科生优秀毕业论文作者"称号。

科研获奖。2018年12月18日，"庆祝改革开放40周年大会"在人民大会堂隆重召开，王选院士被党中央、国务院授予"改革先锋"称号，并获得"科技体制改革的实践探索者"的高度评价。在庆祝改革开放40周年之际，王选院士入选国资委相关媒体面向社会公众发起的"40年40企40人"；获评中关村创新发展40年杰出贡献（个人）奖。"汉字信息处理与激光照排系统"入选国家博物馆"伟大的变革——庆祝改革开放40周年大型展览"、中国科技馆"创新决胜未来"科普展以及中国印刷博物馆"新时代 新印刷——改革开放40周年印刷成就展"。"汉字信息处理与激光照排系统"获"2018北京国际设计周"经典设计奖。"大规模图结构数据管理"获2017年度教育部自然科学奖二等奖。肖建国获2018年"CCF杰出贡献奖"。

在AI顶级国际会议IJCAI 2018上独立发表的长文（Ke Wang and Xiaojun Wan, "SentiGAN: Generating Sentimental Texts via Mixture Adversarial Networks"）荣获会议Distinguished Paper Award，这是北京大学在此会议上首次获奖。信息安全方向在漏洞挖掘方面陆续发现和提交报送安全漏洞数十项，获得蚂蚁金服AFSRC额外大奖、GeekPwn 2018国际安全极客大赛优胜奖和最佳展示奖等。参加国内外多项CTF安全攻防大赛，取得2018 XCTF国际联赛总决赛年度总冠军、DoraHack区块链Hackthon冠军等好成绩。

科研工作。2018年，在研项目总数为79项，同年新获批的横向项目24项，纵向项目10项。科研拨款总计4129.05万元，其中纵向经费1263.69万元，国家自然科学基金305.52万元，重点研发计划245.05万元，北京市科技计划240万元，国防项目308.31万元，海外高层次人才引进计划（青年项目）经费70万元，教育部及其他部委专项69.82万元；横向经费2865.36万元，包含一笔1998.21万元的技术成果转让收入。

2018年，发表学术论文142篇，其中会议论文111篇，期刊论文31篇，影响因子最高的为8.803，SCI论文22篇，CCF A类论文57篇。博士生发表期刊论文14篇，会议论文28篇；硕士生发表期刊论文7篇，会议论文60篇；本科实习生发表期刊论文1篇，本科实习生发表会议论文15篇。获得国内发明专利授权28项，申请并被受理的国内发明专利39项。

科研基地。电子出版新技术国家工程研究中心2018年围绕媒体大数据开展研究。在自然语言理解与生成方面，独立提出基于同步超边替换文法和基于图自动机的分析与生成模型、基于混合对抗生成网络的情感文本生成模型、基于联合解码的双关语生成模型、基于图片集的古诗生成模型等多类创新技术。

在跨媒体分析与检索方面，提出多种关联学习方法和模型，建立多级对齐网络，实现图像细粒度辨识与分类及图像数据的多样性扩增，提出时空注意力协同方法和一种新颖的跨模态注意力模型，提高跨媒体检索、视频分类和概念识别的准确率。

中国文字字体设计与研究中心开发手写体矢量计算机字库快速制作网络系统（FlexiFont）、中文字库自动生成与智能化辅助设计系统、手写体中文字库自动生成系统、个性化字体分享使用平台（爱字体），提供多种不同方案来实现个性化中文字库的快速制作与自动生成。2018年实现与方正手迹公司总值1998.21万元人民币的技术转让，相关产品在腾讯、华为等主流IT企业的产品中得到广泛使用，产生良好的社会影响和显著的经济效益。

新闻出版智能媒体技术重点实验室被原新闻出版广电总局评为"2017年度优秀新闻出版业科技与标准重点实验室"。在自然场景文字检测方向的通用目标检测问题上提出两种单步检测器，在国际权威公开评测数据集上取得当前最佳结果，并在多个国际和国内特定应用场景目标检测竞赛上获得冠亚军（包括ECCV2018无人机航拍视频目标检测冠军和CVPR 2018无人驾驶场景道路目标检测亚军）。

交流合作。2018年，计算机所师生出国参加国际学术会议78余人次，邀请校外专家来所做学术交流报告30场，承办或协办学术会议3次，举办国际标准组织表意文字工作组（ISO/IEC JTC1/SC2/WG2/IRG）第50次会议、2018年CCF优博年会，协办第七届CCF国际自然语言处理与中文计算会议（NLPCC 2018）。

党建工作。认真组织学习、贯彻习近平新时代中国特色社会主义思想，以及党的十九大、习近平总书记在北京大学师生座谈会上的讲话、高校思政工作会议、全国教育大会、学校第十三次党代会等精神。严格执行民主集中制、"三重一大"、所务公开等相关规章制度，设立意见箱主动接受全体师生员工的监督。严格执行"八项规定"，坚决杜绝"四风"问题，将党风廉政建设融进日常工作。计算机所直属支部被评选为北京大学2018年度先进党支部，叶志远被评为优秀共产党员。

行政队伍。2018年，计算机所行政教辅人员共计11人，其中事业编制2人，合同制人员9人。2018年行政教辅人员中新入职2人，退休1人，返聘退休人员2人。

工会工作。2018年，计算机所工会拥有会员共计49人，其中事业编制会员36人，劳动合同制会员13人。与继续教育学院合作对教职员工开展培训，提高大家的政治、文化素养。组织师生常年坚持开展户外徒步、羽毛球、乒乓球、游泳等体育活动。组织开展春秋季拓展活动，积极参与学校工会组织的各项活动。

毕业生去向。2018年，计算机所共有6名博士生、25名硕士生（含3名工程硕士生）毕业。博士毕业生中有4人就职于国内外知名互联网企业，1人前往新加坡国立大学做博士后，1人进入国内互联网创新企业。硕士毕业生中有11人就职于国内外知名互联网企业，4人就业于国企、军队及事业单位，10人选择国内互联网创新企业。

王选纪念陈列室。2018年，王选纪念陈列室年内共接待参观人员1700余人，应邀作"王选的世界"主题报告十余场。12月19日，北京大学召开庆祝改革开放40周年座谈会，陈堃銶教授受邀与北大师生分享参加庆祝改革开放40周年大会的感受，以及亲历改革开放的感悟。为纪念改革开放40周年拍摄的大型人文纪录片《中关村》《中关村——四十年的足迹》，在重要章节讲述王选院士和陈堃銶教授带领团队研发汉字激光照排系统的历程以及与中关村变迁发展息息相关的故事，分别在中央电视台科教频道和北京卫视播出。2018年，无锡王选事迹陈列馆和安阳中国文字博物馆设立王选先生铜像。上海出版印刷高等专科学校举行王选创新精神研讨会和王选雕像落成安放仪式。

（鞠 莉）

【计算机所成立35周年庆祝活动】 2018年5月3日，计算机所举行以"初心、发展、未来"为主题的建所35周年庆典活动，邀请韩启德院士、何新贵院士、沈生康等关心、见证计算机所发展的老朋友，学校领导和兄弟院系代表，以及在计算机所工作、学习过的校友们。陈堃銶教授为庆典活动题词："忆往昔，王选领军，攻坚克难，引领汉字印刷革命。看今朝，星火传承，发奋图强，开启智能媒体征程。"韩启德院士发表致辞，郝平书记和林建华校长发来祝福视频，龚旗煌副校长出席活动并致辞；高文院士发来祝福视频。

庆典活动分"初心、发展、未来"三个篇章进行，"初心"篇回顾汉字激光照排系统的研制过程和计算机所的成立历史，讲述研制汉字激光照排系统过程中的艰难困苦和坚强信心；"发展"篇回顾计算机所35年来走过的历程，介绍计算机所围绕计算机技术在印刷、新闻出版领域的核心应用开展的研究开发工作，以及取得的多项创新性成果；"未来"篇介绍计算机所取得的科研成果以及长远发展规划。

所庆期间，《人民日报》《光明日报》《科技日报》、新浪网等多家报纸和媒体从计算机所的历史、发展、现状和未来等多个角度进行报道，其中，《人民日报》在头版的"在习近平新时代中国特色社会主义思想指引下——新时代新气象新作为"栏目，发表"一直做面向应用的世界级研究，北大计算机研究所——科技顶天 市场立地"的文章。

（鞠 莉）

软件与微电子学院

【发展概况】 学科建设。2018年，软件与微电子学院设软件工程与数据技术系、集成电路与智能系统系、金融信息与工程管理系、数字艺术与技术传播系、网络软件与系统安全系等5个系，以及电子与信息领域工程博士教育中心、工程管理硕士教育中心、国际与港澳台学术交流与教育中心等3个教育中心。

截至2018年底，学院已荣获国家级教学成果一等奖1项，北京市教学成果一等奖2项，北京大学教学成果奖3项。建设教育部特色专业6个，教育部精品课程10多门、校级精品课程6门、院级精品课程8门；出版各类教材、教学参考书50册。其中，《操作系统与虚拟化安全》课程入选国家精品在线开放课程和中国高校计算机教育MOOC联盟优秀课程。

学院设有电子与信息领域工程博士点、工程管理硕士点、艺术硕士点以及软件工程、集成电路工程、计算机技术、电子与通信工程、项目管理、工业设计工程等6个专业的工程硕士点，并且与软件工程国家工程研究中心、信息科学技术学院软件研究所合作建设软件工程一级学科博士点。

教学工作。2017—2018学年，共录取全日制研究生876名，非全日制研究生168名（含12名工程博士）。2018级统考生报名人数2288人，位列全日制专硕第一志愿统考报名人数全校第一。

工程博士培养。2018年，学院共招录工程博士研究生12人，其中软件工程专业方向5人，集成电路工程专业方向5人，交叉工程专业方向2人。截至2018年底，已累计招收66名工程博士研究生。在工程博士研究生培养工作中，学院发挥北京大学综合学科优势，同时依托企业重大工程项目平台，与企业深度融合、协同创新，为工程博士培养构建开放式、国际化的环境。目前已在IBM、中芯国际等国内外知名企业建设工程博士研究生工作站37个。

就业情况。学院2018届全日制硕士毕业生552人，就业率100%。其中，43.9%的毕业生选择三资企业、民营企业；28.8%的毕业生选择金融、电子信息、石油化工等领域大型国企；27.3%的毕业生进入国家机关、科研单位、大专院校及一些事业单位。地域方面，76%的毕业生留在北上广深一线城市。薪酬方面，年薪20—30万的占毕业生的37%，14%的毕业生年薪30万以上。

队伍建设。学院通过聘请国际知名专家学者担任学术带头人、全球招聘教师、聘请企业专家担任兼职教师等多种措施，加强师资建设，构建双师型师资队伍，促进课程体系与国际接轨，与产业对接。现有专职教师55名，校外兼职教师33名，校内双聘教师36名。其中专职教师中，兼具学术背景和工业界经验的占70%。学院有正高职称教师24名、副高21名，中级职称10名。在2018年北京大学第十七届青年教师教学基本功比赛中，学院获优秀组织奖，学院教师莫同荣获理工组一等奖。2018年学院制定人才计划遴选和聘任办法，实施人才计划专项。

素质教育。学院坚持探索"学苑式"素质教育方式，不同专业背景的同学组合成立"学苑"，共同组成知识交叉和融合的优良学习环境。2018年，学院严格落实中央各项工作要求，积极推进"两学一做"教育常态化、制度化，多次集体学习习近平总书记在北京大学师生座谈会上的讲话精神，并开展专题研讨，举办"走进京津冀"主题参访调研活动，组织学生参观"伟大的变革——庆祝改革开放40周年大型展览"、中国航天员中心等。

校友工作。学院已经累计培养一万余名毕业生，涌现出一大批优秀的工程科技人才、创新创业人才和青年学者。据不完全统计，目前学院毕业校友已有创业团队200多个。5月13日，学院举行校友返校活动，百余名校友重返学院，追忆师生同窗情谊，了解学院发展动态。校友会运动俱乐部还举行首次活动。

行政队伍。截至2018年底，学院教辅人员共计37人。2018年，行政教辅人员新入职3人，退休2人，减离3人。

（倪际航）

环境科学与工程学院

【发展概况】 组织结构。环境科学与工程学院设环境科学系、环境工程系、环境管理系3个教学实体单位，是环境模拟与污染控制国家重点实验室联合分室（北京大学分室）、水沙科学教育部重点实验室和北京市新型污水深度处理工程技术研究中心3个科研平台的依托单位。设环境科学和环境工程2个本科专业，环境科学、环境工程、大气物理与大气环境、环境健康等4个硕士专业，以及环境科学、环境工程、环境健康3个博士专业，1个博士后流动站。

学科建设。2018年，学院细化学科发展近期重点任务，完成研究生培养体系优化、引智基地申请、启动昌平大气环境研究基地（BASE）建设3项任务目标。

2018年，学院获"双一流"学科建设经费支持965万，主要用于支持人才团队建设、国际合作交流和公共支撑平台建设。

环境科学与工程学院在国内环境学科领域居于整体优势地位，正跻身世界环境学科前沿。据2018年ESI统计，北京大学的环境/生态学科已成为全球前0.1%的学科；在2018年US News和QS国际学科评估中，北京大学环境学科分列全球位58和26位。

队伍建设。2018年，学院共有教学科研人员57人，其中事业编制教授19人、副教授14人、讲师1人，新体制教授6人、长聘副教授6人、助理教授及研究员11人，在站博士后29人。2018年，学院新入职30人，包括事业编制1人、博士后14人、劳动合同制24人，另有2人退休。目前，学院有中国科学院院士1人、中国工程院院士2人、海外高层次人才引进计划2人、长江学者4人、国家杰出青年科学基金项目获得者5人、优秀青年科学基金项目获得者4人、海外高层次人才引进计划（青年项目）7人、国家高层次人才特殊支持计划（青年拔尖人才）2人、教育部跨（新）世纪优秀人才7人。

教学工作。截至2018年底，学院共有学生437人，其中本科生145人（留学生6人），硕士生113人，博士生179人（留学生1人）。2018年招收本科生40人（留学生3人），硕士生39人，博士生40人。2018年毕业本科生28人，硕士生47人，博士生27人。2018年度学院共开设本科生课程59门，包括专业必修课14门、专业选修课35门、校通选课5门、校公选课5门，暑期课4门；开设研究生课程56门，其中必修课21门，选修课35门。

学院按照"Double 12"体系继续完善环境学科的核心课程，加强学院通识核心课程建设，2018年开始推进核心课程配套教材建设。完善全程本科生导师制度，持续改善并优化本科生实验条件、与课程教学相融合的递进式的实习实践体系。2018年，获批设置环境管理二级自主学科，完善环境科学与工程一级学科体系；修订研究生培养方案。继续推进国际化人才培养模式，开展多项国际交流项目，包括3项暑期交流项目、1项交换学习项目，启动3+1+1本硕联合培养计划。2018年，本科生29人次出国出境交流，研究生107人次出国出境交流访学。

为吸引优秀生源和扩大学院学术影响力，学院举办第二届北京大学全国优秀中学生环境暑期课堂、第五届"北京大学环境科学与工程学院全国优秀大学生夏令营活动"和第六届"生态文明与环境管理"暑期学校。

唐孝炎、张远航、邵敏主编的《大气环境化学（第二版）》，以及郭怀成主编的《环境规划学（第二版）》获评

2018年北京大学优秀教材；孙卫玲、王雪松荣获北京大学2018年度教学优秀奖。王奇等"构建'D12'教学体系，全方位培养环境专业复合型领军人才"获评校级一等奖。

科研工作。2018年，各类在研项目240余项，新增牵头国家重点研发计划项目1项、基金委重大研究计划2项、面上项目9项、国际（地区）合作与交流项目2项；到校科研经费1.14亿元。发表SCI收录论文159篇，中文核心期刊论文57篇，赵华章团队在絮凝水处理技术研究领域取得进展，研究成果在 Nature Nanotechnology 上发表；获授权专利9项，出版专著2部。

2018年，水沙科学教育部重点实验室评估获"优秀"，张远航团队获"全国高校黄大年式教师团队"，宋宇牵头的"大气污染的环境与气候效应"团队入选科技部重点领域创新团队，童美萍获首批北京市杰出青年科学基金资助。学院牵头完成的"大气复合污染条件下新粒子生成与增长及其致霾机制"项目获教育部自然科学奖一等奖；倪晋仁获"北京大学2018年国华杰出学者"；吴志军获中国环境学会首届青年科学奖；晏明全获第46届日内瓦国际发明展金奖；胡敏获"中日韩环境合作20周年特别贡献奖"。

交流合作。2018年，学院教职工因公出访20多个国家（地区）参加学术会议、项目研讨、校际交流等实质性国际交流活动，共180余人次。2018年"杰出学者系列讲座"邀请10余名环境领域国际知名学者短期来学院开展实质性的交流和合作。2018年，学院接待国外访问学者100余人次，其中包括诺贝尔化学奖获得者 Mario Molina 教授，美国加州大学圣地亚哥分校副校长、Scripps 海洋研究所所长 Margaret Leinen 教授等。

学院进一步推动搭建具有国际水准的联合研究平台。2018年，学院依托"111引智计划"申请"城市大气化学与健康效应"环境研究合作基地，已完成校内申请和答辩环节。MAIRS 国际项目已于2018年正式获得学校国际合作部立项支持，今后学院将以 MARIS 项目为依托，推动、创建和管理的国际学术交流和高端人才培养平台。学院与意大利卡塔尼亚大学化学科学系签署为期五年的合作协议。学院有30余人次在国际学术组织、国际机构任重要职务，40余人次在国际学术期刊中担任副主编或编委职位。

党建工作。截至2018年底，学院有教职工党员85人，其中在职教职工44人，离退休教师18人，博士后19人，劳动合同制4人，设教工党支部4个。学院有在校学生党员178人（本科生15人，硕士生52人，博士生111人），设学生党支部9个。2018年学院共发展党员16人（本科7人，硕士7人，博士2人），共有11名预备党员转为正式党员（本科6人，硕士2人，博士3人）。组织学生参加北京大学第28期、第29期党性教育读书和第30期、第31期党的知识培训班。11月，5个到届党支部顺利完成换届工作。

2018年，举办"共建共享发展、共绘美丽燕园"燕园街道共建、"两只大手拉小手，你我相伴共成长"——河北雾灵山留守儿童帮扶、"培育青年环境素养、携手共建美丽中国"——翔宇教育集团共建、"青山绿水共为邻，美丽中国环院行"——学院与川渝地区多所中学共建等党建活动。与福建长泰县、周宁县、北京平谷区等政府和企业签订共建协议，积极推进干部培训、学术交流、实践调研、学生见习就业等共建事务。

学院组织离退休教师专题组织生活会、集体生日会等。学院党委指导关心下一代工作委员会开展采访老党员系列活动获北京市教工委"读懂中国"征文比赛二等奖。

行政队伍。2018年，学院行政教辅人员共计11人，其中事业编制6人，合同制人员5人。2018年行政教辅人员中新入职3人，其中事业编制2人，合同制1人。2018年行政教辅人员退休1人，减离2人。

工会工作。2018年，学院共计拥有会员109人，其中事业编制会员95人，劳动合同制会员14人。2018年组织会员参加的主要活动包括：校运动会、妇女节环湖跑、辉煌40年马拉松、教工杯足球赛羽毛球赛、北大杯羽毛球赛，女工活动、春游、秋游、慰问活动、师生交流、退休人员荣休欢送会、教职工集体生日交流会、雾灵山留守儿童帮扶活动等。设立工会之家茶话室和健身房。

学生活动。学院修订学生素质综合测评办法实施细则（试行），完善团系统学生干部考核聘用办法（试行）。重点关注经济困难学生，扩大助学金来源；打造"环心工作坊"，开展学业辅导、心理咨询、就业指导、骨干培养等学生深度辅导活动200余次。学院形成党建带动团建和班建的协同机制，深入推进持续7年的燕园街道生态文明基地共建，共举办近30场活动，参与居民高达1000人次。与东城区西花市南里南区社区开展"五大青年行动"共建活动，共举办10余场活动，参与居民约500人次，项目获评北京市"红色1+1"二等奖、三等奖。2016级硕士班党支部案例入选中组部、教育部合编教材《基层党组织书记工作案例选编》，团支部获评北京市"先锋杯"优秀团支部，班级获得北京市优秀班集体、北京大学班级五四奖杯。组织学术文化节、学术圆桌和杏坛讲学，举办"北大情，环保梦"北大120周年校庆系列活动。牵头与北京6家高校联合成立北京高校环境联盟。组织"智慧生态环保建设"研究生实践活动，在北京大学2018年研究生暑期专项实践评优中获得院系组织奖。

校友工作。2018年，继续借助新媒体开展院友宣传工作，院友会公众号推送22期，累计阅读量达3400人次；对院友数据库进行更新，截至2018年，校友信息已达3021条。策划北大120周年校庆的院系系列活动：邀请78级、85级、88级等班级校友返校并组织庆祝活动，举行"百廿北大，环聚未名"竞赛活动和校友子女运动会，筹办北京大学环境校友联合会第二届校友代表大会、中日环保行业学术交流会、北京大学-铁汉生态环境与生态联合研发中心年会，开展优秀校友"足迹与风采"深度访谈项目等。

毕业生去向。2018年本科生26人毕业，1人就业，8人出国留学，13人本国深造。研究生78人毕业，59人就业，6人出国留学，11人国内深造。

（刘卉、江颖、王荣婧、康雅凝、占子玉、季秀华）

【水沙科学教育部重点实验室评估成绩优秀】2018年，评估专家组对水沙科学教育部重点实验室进行评估考察。该实验室为北京大学和北京师范大学联合实验室。此次评估期为2013年1月1日至2017年12月31日。实验室在评估期内取得显著成绩，被评为优秀。

在科学研究方面，实验室围绕水资源、水环境、水生态领域前沿问题开展研究，取得一批原创性研究成果，其中"流域水沙条件对水质的影响过程及机理"获得国家自然科学奖二等奖，"高效微生物及其固定化脱氮技术"获得国家技术发明奖二等奖。发表SCI收录期刊论文527篇，其中在Nature Index期刊上发表54篇；入选Elsevier中国高被引作者9人次。

在人才队伍建设方面，实验室主任和副主任分别被增选为中国科学院院士和中国工程院院士，新增长江学者特聘教授2人、国家杰出青年科学基金项目获得者2人、优秀青年科学基金项目获得者3人、青年长江学者1人等。获批国家基金委创新研究群体新项目1个，延续项目1个。

在学科建设方面，形成"河流全物质通量"和"流域水生态综合管理"两个新型学科分支，成为"双一流学科"建设的重要组成部分，推动学科交叉和新型学科方向发展。

在开放交流管理方面，实验室以计量认证为抓手，全面规范实验室管理与运行。大型仪器设备充分共享，为校内30余个课题组提供服务，涵盖5个一级学科；为校外20余家大型企事业单位提供服务。实验室先后主办50余场国内外著名专家学术报告。

（李振山、王荣华、张菲菲）

【环境科学与工程教师团队入选黄大年式教学团队】2018年1月，教育部公布首批全国高校黄大年式教师团队，张远航领衔的北京大学环境科学与工程教师团队入选。学院环境科学专业在长期发展过程中形成一支年龄梯度合理、学术方向高效协作的教师队伍，包括中国工程院院士2名、长江学者3名、国家杰出青年科学基金项目获得者4名、优秀青年科学基金项目获得者2名、"海外高层次人才引进计划（青年项目）"5名等。

在科学研究方面，团队在国际上率先提出"大气复合污染"的科学思想，并在大气氧化性、新粒子爆发增长、环境健康、国际环境履约机制等方面取得理论创新。近五年累计承担国内外重大科技任务超过110余项，总经费逾3亿元，相关研究成果在 Science（2篇）、Nature GeoScience（2篇）、PNAS（3篇）、Chemical Review（2篇）等国际一流学术期刊上发表数百篇高水平论文，获得教育部自然科学一等奖2项。

在人才培养方面，团队根据环境问题的特征与复合型领军人才的培养目标，设计从通识到专业的双层递阶知识学习的"Double 12"教学体系，走在学校教学改革的前列，并作为全国高校环境科学专业规范加以推广，推动中国环境科学专业教学改革及人才培养模式的创新。

在开放管理方面，团队注重理论与实践相结合，通过构建集区域监测网络、污染源清单、预报预警模型和区域综合决策等在内的技术体系，为国家和重点区域空气质量改善提供支撑和服务。尤其是团队在珠三角坚持开展20多年的区域研究，构建"科学与决策"良性互动的机制和支撑体系，成为中国大气污染防治工作的"标杆"。

（陆克定、刘禹含）

软件工程国家工程研究中心

【发展概况】截至2018年底，软件工程国家工程研究中心（以下简称"中心"）现有专职教师17人，其中教授/研究员7人，副教授/副研究员7人，助理研究员3人，博士后3人。中心聘有合同制员工9人。

科研应用与成果转化。1.软件安全与知识计算领域。中心开发的自主智能源代码自动漏洞扫描工具是中国首家通过美国CWE认证的产品，获得2018年日内瓦国际发明展金奖，打破国外工具在软件检测分析领域的垄断。研究支持国产密码算法及协议的GmSSL开源密码库，在国际知名开源社区受到重点关注，并在国家电网获得实际应用，未来可望广泛应用于航空航天、船舶、核电等多个重要领域。

2.大数据技术领域。"云-端融合的资源反射机制与互操作技术及其平台应用"应用于北上广深等数百个大数据与云计算平台建设，获2017年度中国电子学会技术发明特等奖。"面向大数据与云计算平台的轻量级访问控制框架"被GitHub开源社区评为A+，并应用于360、思科、英特尔等公司。"基于互联网日志数据的软件缺陷故障识别方法和系统"已在IBM、腾讯、深圳超算等单位得到实际应用，显著提高缺陷故障识别率。面向司法领域的"法智"知识图谱平台已经在国家司法部、北京市司法局、贵州省法制办等单位得到实际应用。

3.智能计算与感知领域。"匿名多因素身份认证理论与方法"研究达到国际先进水平，获2017年度教育部自然科学奖一等奖；面向社交媒体的多源位置感知技术，在艾滋病防控和国家安全领域获得应用，并取得显著效果；面向智慧城市的群智感知技术在国际顶级刊物和学术会议连续发表论文，与神州数码公司合作并应用到国内十余个城市。

2018年度，中心总到款科研经费2298.7万元，人均135.22万元；获得发明专利授权9项，申请16项，登记软件著作权7项；中心作为第三完成人参与研发的项目"云-端融合的资源反射机制及高效互操作技术"荣获2018年度国家技术发明一等奖。

教育改革与发展。中心作为软件工程"双一流"学科建设承担单位，开展MOOC、案例分析、专题研讨等多种形式的教育教学改革，发展物联网、大数据、网络空间安全等新兴学科方向，构建知识、能力和素质综合提高的研究生人才培养体系，组织开设《物联网和大数据计算》《大数据分析技术与实践》等多门新课。指导多名博士生获得CCF优博、CCF科技进步卓越奖、IBM全球博士生奖等荣誉。

人才队伍建设。2018年，中心制定人才队伍建设方案，引进青年专职科研人员3人、博士后3人。推进"教师联合聘任"改革，和软件与微电子学院、信息科学技术学院联合聘任教师，支撑软件工程"双一流"学科建设。

党建工作。2018年度，中心党支部开展系列学习和党员培训活动。3月7日，作为以大数据研究为主要方向之一的科研单位，中心全体党员对习近平总书记提出的大数据战略进行深入学习，特邀王亚沙老师结合项目申报对2030大数据战略进行解读。3月15日，值全国两会召开之际，特邀十九大报告起草人之一、国家发展改革委原副秘书长任珑来校为中心全体党员解读党的十九大精神。5月3日，中心召开关于传达学习习近平重要讲话精神的支部专题学习会，全体党员集体学习习近平总书记的重要讲话精神，并结合自身情况和岗位职责，畅谈学习总书记讲话精神的心得体会。5月31日，中心召开习近平总书记在北大师生座谈会上的重要讲话精神专题学习交流会，全体教职员工及学生共90多人参会学习。10月13日，值《共产党宣言》发表170周年之际，邀请中央党校王海滨副教授对中心全体党员就《共产党宣言》进行深入讲解。12月22日，改革开放40周年之际，中心党支部举行党员集体政治学习会，邀请中央党校政法部教授兼中国领导科学研究中心研究员舒绍福教授为全体党员讲解科学决策与领导艺术。

高能效计算与应用中心

【发展概况】 组织结构。北京大学高能效计算与应用中心为学校试题研究机构，挂靠信息科学技术学院，实行主任负责制。中心下设学术委员会，主要职责为讨论、决定中心教科研人员聘任。委员会成员：丛京生、黄骏、梁云、罗国杰、吕松武、孙广宇、王韬、谢源、许辰人。

队伍建设。截至2018年底，中心共有教学科研人员7人，行政辅助3人。另聘请1名国际著名科学家任中心荣誉客座教授、2名国际一流大学教授任中心兼职教授，主要参与中心新体制教科研人员聘任工作、中心青年教师年度工作考核，以及负责指导青年教师及研究生科研、教学等工作。

科研工作。2018年，中心教师参与项目共11项，青年科学基金项目1项，国家重点研发计划1项，国家自然科学基金重点项目4项。此外，中心与百度、华为等知名企业开展合作，项目总金额1000余万元。

梁云研究员课题组在GPU-FPGA（图形处理器-现场可编程门阵列）异构系统运行时管理和GPU上高性能矩阵乘法方面的工作双双取得获得突破，相关成果以《面向交互式应用的高效异构系统和应用管理技术》（Poly: efficient heterogeneous system and application management for interactive applications）和《面向GPU的基于分块和批处理的矩阵乘法优化技术》（A coordinated tiling and batching framework for efficient GEMM on GPUs）的形式，分别被第25届高性能体系结构国际研讨会（25th Annual IEEE International Symposium on High-Performance Computer Architecture, HPCA）和第24届并行编程原理与实践研讨会（24th ACM SIGPLAN Annual Symposium on Principles and Practice of Parallel Programming, PPoPP）接收。

教学情况。2018年底，中心共有88名学生，其中博士生22名，硕士生14名，本科生52名。2018年中心毕业博士生2名、硕士生1名、本科生22名，毕业生多数赴美国或留在中心继续深造。中心累计毕业博士生9名，硕士生7名，本科生93名。中心1名本科毕业生获得信息科学技术学院本科生"十佳"毕业论文荣誉称号。中心教师在信息科学技术学院开设课程共12门，其中3门为英文授课。

2018年7月，王韬、王亦洲与其指导的硕士生吴涵、本科生戴拓、林远振合作论文"A Real-Time Vision-Based Heart Rate Measurement Framework for Home Nursing Assistance"获得ICAA'18最佳论文奖（Best Paper Award）。

2018年11月，北京大学情感智能机器人实验室研发的表情识别技术取得显著效果，在计算机表情识别领域国际竞赛EmotioNet Challenge的基本表情与复合表情识别方面的评测成绩获得第二名。

（罗国杰、王 韬、梁 云）

【首届ChinaDA学术研讨会】 2018年6月9日，首届ChinaDA学术研讨会在北京大学英杰交流中心月光厅举行，高能效计算与应用中心承办。会议主题分为两部分，特邀报告和论文预讲。3名业内专家做特邀报告，另有17名中国大陆DAC2018入选论文的作者进行预讲，共有来自国内外院校、科研单位的老师和学生百余人参加研讨会。

（罗国杰）

【许辰人获首届达摩院青橙奖】 2018年9月19日，在云栖大会上，阿里巴巴首席技术官、达摩院院长张建锋宣布设立"达摩院青橙奖"。北京大学信息科学技术学院、高能效计算与应用中心许辰人与其他8位青年学者获此殊荣。首批获奖者的研究涵盖量子计算、数学、大数据分析、物联网、机器学习等前沿技术领域；除每人获得100万人民币奖金之外，还将得到达摩院的软硬件研发支持。

（许辰人）

前沿计算研究中心

【发展概况】 组织结构。前沿计算研究中心（The Center on Frontiers of Computing Studies, CFCS）于2017年12月成立，立足北京大学丰富的学科基础，在计算理论、人工智能、大数据，以及计算与经济、社会科学、生命科学、医疗健康等多个领域的交叉方向展开科研工作，形成跨领域、交叉融合的计算理论与应用支撑中心，为北京大学各学科发展中的计算理论与应用建立交叉研究基地。中心为学校新体制实体科研机构，运行挂靠信息科学技术学院。中心实行主任负责制，下设学术委员会，第一届学术委员会名单：约翰·霍普克罗夫特（John Hopcroft）、高文、陈宝权、王亦洲、黄铁军。

队伍建设。2018年前沿计算研究中心共有教学科研人员4人，其中讲席教授1人、新体制教授2人、助理教授1人、博士后2人。另有联合聘用3人，非全职聘用1人（外籍）。2018年前沿计算研究中心入职6人，包括事业编制3人、博士后2人、劳动合同制1人。前沿计算研究中心现有院士1人（联合聘任）、长江特聘教授2人（含联合聘任1人）、海外高层次人才引进计划学者1人、国家杰出青年科学基金项目获得者2人（含联合聘任1人）、国家高层次人才特殊支持计划科技创新领军人才1人。

交流合作。2018年，前沿计算研究中心邀请国内外专家学者访问交流共40人次。中心组织专场学术报告共计15次；主办两届"北京大学前沿计算研究中心青年论坛"，累计参会人数超过100人。

2018年，前沿计算研究中心承办计算机领域博弈论方法及应用方向的国际顶级学术会议"第11届国际算法博弈论大会"（The 11th International Symposium on Algorithmic Game Theory, SAGT 2018），图灵奖获得者、麻省理工学院希尔维奥·米卡利（Silvio Micali）教授，欧洲科学院院士、欧洲理论计算机协会主席、帕特雷大学/利物浦大学保罗·斯布雷卡斯（Paul Spirakis）教授，以太坊（ETH）共同创始人维塔利克·布特林（Vitalik Buterin）等国际嘉宾共百余人应邀参会。

学生工作。中心参与"图灵班"学生科研训练等相关工作。2018年11月，2016级图灵班本科生曹芃、许逸伦作为共同第一作者完成的学术论文《Max-MIG：基于信息论的众包联合学习》（Max-MIG: An Information Theoretic Approach for Joint Learning from Crowds）被深度学习领域顶级会议第七届国际学习表征会议（The 7th International Conference on Learning Representations, ICLR2019）接收，指导教师为中心助理教授孔雨晴和中心副主任王亦洲教授。

（杨韫利）

【第11届国际算法博弈论大会】 2018年9月11日至14日，由北京大学前沿计算研究中心承办的第11届国际算法博弈论大会（The 11th International Symposium on Algorithmic Game Theory, SAGT 2018）在北京大学英杰交流中心举行。图灵奖获得者、麻省理工学院希尔维奥·米卡利（Silvio Micali）教授，欧洲科学院院士、欧洲理论计算机协会主席、帕特雷大学/利物浦大学保罗·斯布雷卡斯（Paul Spirakis）教授，以太坊（ETH）共同创始人维塔利克·布特林（Vitalik Buterin）等国际嘉宾共百余人应邀参会，创历届会议规模之最。北京大学信息科学技术学院李晓明教授，图灵奖获得者、清华大学交叉信息研究院姚期智院士担任大会共同主席，北京大学前沿计算研究中心邓小铁讲席教授、信息科学技术学院李文新教授分别担任程序委员会和组织委员会主席。

作为计算机领域博弈论方法及应用方向的国际三大会议之一，这是SAGT自2008年创办以来首次移师非欧洲国家。本届大会的议题除传统的算法博弈论以外，首次引入大规模市场设计的挑战、区块链等当今热点，更创设"新时代市场设计挑战的中国机遇""区块链中的博弈论"等特色工作坊。

（杨韫利）

【高校计算机专业优秀教师奖励计划颁奖】 11月6日上午，2018年度"高校计算机专业优秀教师奖励计划"颁奖典礼在北京大学举行。来自国内9所高校计算机学科的26位优秀教师成为首届获奖者，获得由教育部高等学校计算机类专业教学指导委员会、中国计算机学会、中国教师发展基金会联合颁发的获奖证书。出席颁奖典礼的领导和嘉宾有：图灵奖获得者约翰·霍普克罗夫特（John Hopcroft），北京大学校长郝平，中国科学院副院长、中国科学院大学党委书记、校长李树深，西安交通大学校长王树国，国家自然科学基金委员会副主任张希，教育部原副部长赵沁平，中国教师发展基金会理事长杨周复，教育部高等教育司副司长徐青森、教师工作司巡视员刘建同，教育部高等学校计算机类专业教学指导委员会主任吴建平，中国计算机学会副秘书长唐卫清以及来自国内教育界、科技界、企业界的领导和专家、相关高校师生代表、部分新闻媒体近200人参加。典礼由国家自然科学基金委政策局原局长、北京师范大学郑永和教授主持。

（杨韫利）

人文学部

【发展概况】 人文学部由中国语言文学系、历史学系、考古文博学院、哲学系（宗教学系）、外国语学院、艺术学院、对外汉语教育学院、歌剧研究院8个实体院系组成，包括哲学、中国语言文学、外国语言文学、考古学、中国史、世界史、艺术学理论、戏剧与影视学、美术学等9个一级学科，以及科技史1个理学一级学科。

2018年11月15日，人文学部学术委员会委员调整，主任申丹，副主任阎步克、张旭东、李四龙，委员（以姓氏笔画为序）包括：丁宏为、王一丹、王中江、付志明、刘元满、孙华、李道新、陈建立、荣新江、秦海鹰、袁毓林、曹文轩、彭锋、彭小瑜、韩水法、褚敏、漆永祥。部务委员会，主任申丹，副主任李四龙、王奇生、廖可斌，委员包括：陈晓明、张帆、孙庆伟、仰海峰、宁琦、王一川、赵杨、金曼。教学委员会，主任李四龙，委员（以姓氏笔画为序）包括：付志明、刘元满、吴杰伟、何晋、沈睿文、宋亚云、张辉、张剑葳、陈旭光、孟庆楠、黄春高、蒋一民、彭锋、程乐松。办公室主任魏巍，职员石际。

2018年QS世界人文学科排名中，北大人文学部进入世界前100名的有：现代语言学排名第6，语言学排名第10，历史学排名第28，英语语言文学排名第37，哲学排名第41，艺术设计排名第47，考古学排名第63。

职称评审。2018年11月16日，人文学部在勺园5乙楼303会议室召开学部学术委员会会议，听取申请教学系列职称晋升候选人的述职报告、各单位介绍及院长（系主任）意见，讨论并投票表决。人文学部所属各单位共推荐教学系列教授候选人1人，副教授3人，经审议教授1人、副教授2人通过，副教授1人不予通过。会议审议通过2018年晋升国家通用岗位三级教授11人、二级教授3人的候选人材料，以及2位长江特聘教授、1位青年长江学者期满考核材料。

队伍建设。2018年4月20日，召开学科建设会议，总结各院系引进人才的经验，就引进人才等问题商讨对策。

2017年10月13日，召开部务会，制定"人文学部部务教授延迟退休的实施细则"，并于2017年11月13日通过校长办公会议审议。截至2018年底，已有32位教授延迟至65岁退休，7位教授延迟至67岁退休。

2018年3月23日，召开2017年新入职青年教师座谈会，4位主任听取青年教师入校以来的工作情况汇报，了解青年教师的诉求，座谈商讨如何做好教学和科研工作。

评奖评优。2018年5月28日，召开教学委员会，组织北京大学教学奖励推荐人选评选会，会议依据票决结果，推荐历史学系阎步克作为学校"教学成就奖"候选人，推荐中文系孔江平作为学校"教学卓越奖"候选人。经学校评审，历史学系阎步克教授获评北京大学教学最高荣誉"教学成就奖"。

2018年9月11日，召开学术委员会会议，会议听取各院系对北京市第十五届哲学社会科学优秀成果奖的申报成果介绍。经学部评选，推荐段晴、李崇峰、赵世瑜、丁宁、郑开、程乐松、申丹、陈明、陈保亚、傅刚、潘建国、李维、欧阳哲生、陈旭光、陈泳超、王福堂等16位教师的成果申报北京市第十五届哲学社会科学优秀成果评选；按照学校要求，推荐时光、刘玉才、咸曼雪、张文贤、吴晓东等5位教师的成果参与学校第二轮评选。

2018年9月21日，协助人事部组织召开大成国学奖教金评审委员会，中国语言文学系陈晓兰、金永兵、宋亚云、张沛、汪锋、程苏东，历史学系叶纯芳、何晋、叶炜、韩巍、党宝海、陈侃理、李新峰，哲学系杨立华、王颂、吴飞、程乐松、孟庆楠、王鑫、杨浩，考古文博学院孙庆伟、董珊，共22名教师获得2018年度大成国学奖教金。

2018年10月19日晚在理科5号楼429会议室举行人文学部教学科研单位发展状况绩效评估年末考核会，评估专家组应到专家17人，审阅各院系提交的年度总结报告，听取各院系的汇报，进行投票表决，一致推选哲学系、中国语言文学系为A，考古文博学院为候补A。

人才培养。2017年11月人文学部向社会募集300万元捐赠，设立"博士研究生海外高水平大学访学资助计划"，截至2018年12月，第一批获得资助的7名学生已前往哈佛大学、耶鲁大学等学校深造。人文学部于2017年筹备搭建学部内、跨学科的研究生学术交流平台——研究生工作坊。截至2018年底共举办9场工作坊。

学术交流。人文学部以院系为依托，采取院系和学部协同主办的模式，组织"北大人文讲座""北大人文论坛"和"北大人文高端工作坊"。截至2018年底，联合院系共举办北大人文讲座185讲，北大人文论坛40场，内容覆盖语言学、区域与国别研究、古典学、欧美文学、艺术学、历史学等诸多领域。

综合行政事务。2018年共召开学部主任会议2次，学术委员会会议及通讯评审4次，部务委员会会议5次，教学委员会会议8次。完成《人文学部手册》和《人文学部新生手册》的更新和发放，有效运营人文学部网站fh.pku.edu.cn，建立人文学部微信公众号，完成第二届人文杯师生运动会，增强学部各院系领导和教职员工的沟通和联络工作。

（魏　巍）

【北京大学人文学科文库】　推进"北京大学人文学科文库"的建设，截至2018年底，文库共立项18套丛书，252本专著，其中22本专著正式出版，第18套跨学科的"北大人文跨学科研究丛书"已完成征稿。

（魏　巍）

【建设3个跨学科平台】　推动"古典学研究""现当代中国研究"和"现当代外国研究"3个跨学科平台建设工作。组织跨院系、学科的老中青教师围绕一些当前国内外人文学界关注的核心和重要话题设计项目，3个研究平台共推动建设15个跨学科项目，开辟新的研究领域，创新研究思路和研究方法。推进落实《中国古典学》和《古典学与中世纪研究》

两部集刊的出版。2018年11月16日,由人文学部主办、历史学系承办的第二届北京大学古典学国际学术研讨会——"古典和中世纪欧洲的政治与社会"在北京大学举办。

(魏 巍)

【建设北大人文学者代表性论文库】 2018年5月,启动"北大人文学者代表性论文库"项目,并在北京大学人文学部主页上增设"代表性论文库"板块。专项收录人文学科目前在职的所有教师的代表性论文,每人不超过5篇(可以不断更新)。截至2018年底已有近200位学者提供代表性论文。

(魏 巍)

【建设"联合课程"】 建设跨学科联合培养项目和跨院系"联合课程",实现学部内不同院系师资力量的自由组合、多重组合,给青年教师提供充分的成长空间。2018年在原有中国古典学、西方古典学基础上,增设亚非古典学方向。

(魏 巍)

中国语言文学系

【发展概况】 组织结构。中国语言文学系(以下简称中文系)下设9个教研室、1个研究所、1个语言学实验室。2个教育部人文社会科学重点研究基地中国古文献研究中心和中国语言学研究中心,教育部全国高等院校古籍整理工作委员会秘书处挂靠中文系。另设国学研究院、国际汉学家研修基地、中国诗歌研究院、语文教育研究所等14个研究机构。

学科建设。中文系共有5个本科专业方向,包括中国文学、汉语言、古典文献学、应用语言学(中文信息处理)、汉语言文学(留学生),8个博士学位授予点,并设有1个博士后流动站,学科建制完整。2018年公布的"QS世界大学学科排名"中,"现代语言"列第6位,"语言学"列第10位,在目前国内闯入世界前10名一流学科方阵的7个学科中占据2席。

队伍建设。2018年中文系教学科研人员共计98人,其中博雅特聘教授6人、博雅讲席和光华人文讲席教授6人、新体制教授1人、新体制副教授8人、预聘副教授3人、助理教授3人、老体制正教授和研究员38人、老体制副教授和副研究员29人。博士后13人。完成老体制副教授转新体制副教授3人,正在转轨评审2人;引进教研系列教师3人,正在引进评审3人。行政教辅人员共计10人,其中事业编制7人,合同制3人。

教学科研。2018年中文系全日制在校生共计1204人,其中本科生585人,硕士研究生342人,博士研究生277人。外院系中文双学位本科生200余人。开设本科生课程185门,其中必修课40门,本科生公共课18门。本科教学按照中国文学、汉语言、古典文献学、应用语言学、汉语言文学(留学生)5个本科专业方向实施。承担全校公共必修课《大学国文》。开设研究生课程126门,其中必修课28门,承担的通识教育课程、大类平台课程等,在全校通选课程中大约占据30%的课程量。2018年本科教学评估得分升居全校第6名。中文系与高等教育出版社"爱课程中心"就"汉语言文学类慕课课程开发与应用管理项目"签署合作协议,首批建设10门课程。2018年有1项教学成果获得高等教育国家级教学成果一等奖,即陈保亚等:"教学、实践、科研相结合的语言学培养模式"。全校仅此一项。另有4部教材被评为北京大学优秀教材。科研方面,2018年共有3个重大项目、3个重点项目、4个一般项目和青年项目获得全国社科办立项,2个青年项目获得教育部社科办立项。2018年中文系主办重要学术会议15次。

党建工作。2018年中文系新发展党员31人,预备党员转正26人。完成党员组织关系转出99人,转入29人;在职教工党员双报到34人;党员民主评议320人,党支部考核15个。组织党员献爱心活动,11人爱心捐款计7800元。协助北大党委组织部落实生活困难党员补助3人,系内经费补助1人。2个党支部获评北京大学先进党支部、4人获评北京大学优秀党员。

学生工作。2018年中文系组织主题党团日活动19次;开展暑期实践和志愿服务活动21次;10月至12月组织本科新生参与"爱乐传习"一二·九歌会,参与率达到100%。评选"第九届王默人小说奖",邀请王默人先生的夫人周安仪女士为颁奖嘉宾;运营"北大中文人"微信公众号,关注量居北大各院系团委之首。

毕业生去向。2018中文系毕业生共计318人,其中本科生145人,82名大陆学生中54人国内升学,14人出国(境)深造,10人就业;硕士研究生116人,92名大陆学生中13人国内升学,5人出国(境)深造,71人就业;博士研究生57人,47名大陆学生中10人国内升学,2人出国(境)深造,35人就业。

【首届"北京大学王默人-周安仪世界华文文学奖"】 2018年4月25日,为迎接北大建校120周年校庆,首届"北京大学王默人-周安仪世界华文文学奖"颁奖典礼在北京大学英杰交流中心举办。该奖项由美国华裔王默人和周安仪向北京大学捐资设立,由北京大学中文系主办,每两年一届面向全球华语文学作品进行评选。2018届获奖作品为中国大陆作家贾平凹的长篇小说《极花》和马来西亚作家黄锦树的短篇小说集《雨》。"北京大学王默人-周安仪世界华文文学奖"是由王默人先生与周安仪女士世界华文文学奖基金会出资设立于北京大学的世界华文文学的学院大奖,该奖依托北京大学的文化传承,特邀复旦大学、南京大学、北京师范大学、中山大学、中国人民大学、中国社科院、香港中文大学、台湾大学、哈佛大学、杜克大学等10所大学和研究机构的知名文学教授提纲评委,并特邀多名著名评论家加盟评委会,以高标准的学院学术平台作为根基。

（蒋兵）

【获2018年高等教育国家级教学成果奖一等奖】 2018年，由中文系陈保亚、汪锋、董秀芳、李娟、叶文曦等老师主持的"教学、实践、科研相结合的语言学培养模式"项目获得2018年高等教育国家级教学成果奖一等奖。

经过中文系语言学教研室20余年的探索和发展，自2012年以来，该课程体系分模块展开多轮教学任务，并着重探索两方面的机制，一是课程教学与科研实践相结合的机制，一是课程成绩评价机制。由于学科特点，田野实践是一项重要的实践方式，该项目开展以来组织多次语言田野调查实践活动。科研实践方面主要以指导学生完成学年论文、毕业论文、课程论文、各种科研基金论文为主，鼓励本科生参与科研。该项目探索课程成绩评价机制，建立完善的课程评价体系，包括卷面成绩、平时课堂提问的回复与追踪、平时课堂讨论的记录、平时作业的详细意见、试卷分析、学习具体建议等方面，形成一套"教学-田野调查-科研-教学"循环渐进的塔式课程体系。

（陈保亚）

历史学系

【发展概况】 组织结构。2018年历史学系设立有中国史、世界史两个一级学科博士点/硕士点，招收历史学、世界史两个专业的本科生。历史学系有1个教育部人文社科重点研究基地（中国古代史研究中心），1个博士后流动站，10个教学科研实体，20多个挂靠的研究虚体机构，2个藏书30多万册并有珍本、善本等特藏的专业图书馆。2018年，历史学系学术委员会增补徐健、欧阳哲生2位成员，名单如下：主任：荣新江；副主任：王奇生、彭小瑜；委员：王元周、王立新、辛德勇、张帆、罗新、赵世瑜、徐健、郭润涛、黄春高、董经胜、颜海英、欧阳哲生、彭刚（清华大学）、黄兴涛（中国人民大学）。学位评定分委会（2017年换届）名单如下：主席：王立新；副主席：黄春高；委员：王奇生、包茂红、朱玉麒、吴小安、何晋、张帆、尚小明、赵冬梅、徐健、郭润涛、彭小瑜、董经胜、臧运祜、颜海英、欧阳哲生。

学科建设。历史学系两个一级学科（中国史和世界史）均入选2017年公布的世界一流大学和一流学科建设名单。12月29日，历史学系举办学科评估总结与学科建设研讨会，大部分在职教师出席会议，就历史学系的"双一流"建设出谋划策，在鼓励申请项目、发表核心期刊论文等方面达成重要共识。

队伍建设。截至2018年底，历史学系共有教学科研人员66人，其中老体制教授25人，副教授7人，讲师1人，长聘正教授17人，长聘副教授8人，助理教授7人，教学系列人员1人。另有博士后9人，兼职教授4人，客座教授5人。共有行政教辅人员16人，包括事业编制8人，劳动合同制8人。2018年，历史学系入职2人，包括助理教授1人，事业编制行政人员1人。退休1人。共有长江特聘教授7人，国家级教学名师3人，万人计划3人，"新世纪百千万人才工程"6人，博雅荣休教授1人，博雅讲席教授4人，博雅特聘教授9人。

教学工作。截至2018年底，历史学系共有学生718人，其中本科生338人，硕士研究生158人，博士研究生222人。招收本科生67人，其中普通入学25人，自主招生35人，保送2人，留学生5人。招收研究生106人，其中硕士生60人，博士生46人。2018届本科毕业生58人，含留学生11人。研究生毕业生66人，其中硕士30人，博士36人。

科研工作。2018年，历史学系共出版学术专著32部（含6部译著），发表期刊论文、会议论文、书评等200余篇。新增科研立项近20项。2018年，历史学系提出"'海上丝绸之路与郑和下西洋'及其沿线地区的历史和文化研究"的重大项目申请。11月，经学校相关部门审批，该项目获得立项，并于2019年1月正式启动。

交流合作。2018年，历史学系教师共因公出访64人次，其中出访港澳台地区11人次，其他国家（地区）53人次。出访类型包括参加学术会议、讲学、合作研究等。2017—2018学年，历史学系共接收国内进修教师、访问学者15人次。在人文基金的支持下，2018年历史学系有2位学者分别出访中国台湾和美国，出访时长分别为2个月和5个月，共获得资助21万余元。在学者来访方面，历史学系共接待8位学者，其中5人来自中国台湾，1人来自英国，2人来自马来西亚，共获得资助73万余元。另外，在学生国际交流方面，2018年历史学系学生出国及赴港澳台地区高校进行交换访学达66人次，其中本科生20人次，硕士生9人次，博士生37人次。

党建工作。截至2018年底，历史学系党委共有党员237人，其中含在职教职工党员42人，离退休教职工党员39人，学生党员156人。设教工党支部3个，学生党支部8个。2018年3月30日，历史学系召开党员大会选举产生新一届党委委员。4月11日，校党委批复历史学系党员大会和新一届委员会第一次全体会议选举结果，由卫茗、何晋、张帆、陈捷、欧阳哲生、苗思安、昝涛、徐健、董经胜9位同志担任系党委委员，徐健担任系党委书记，何晋、陈捷任副书记。12月25日，2个教工党支部完成支部换届工作。中国史支部，由臧运祜担任支部书记，张静、韩策担任支部委员，秦晓蒙担任支部秘书；世界史支部，由唐利国担任支部书记，由张新刚、庄宇担任支部委员，张素霞担任支部秘书。2018年，各个党支部围绕学习"5月2日习近平总书记在北京大学师生座谈会上的重要讲话精神"等主题，开展形式多样的活动。

工会工作。截至2018年底，历史学系工会共有会员80人，其中事业编制会员76人（含博士后9人），劳动合同制会员4人。11月2日，历史学系召开工会会员大会，校工会副主席丁伟忠出席会议，原工会委员李隆国主持。本次会议选举产生新一届系工会委员7人：史睿、赵冬梅、张静、林丽娟、唐利国、王忠立、张素霞。赵冬梅担任系工会主席，王忠立担任副主席。

学生工作。2018年，历史学系先后开展"最初的梦想——向历史的源头漫溯"教学实践系列活动、"回望春天的故事——改革开放四十周年"专题实践活动和"三大战役七十周年专题实践活动"，前后组织16个小组（共95人）分别前往甘肃、南昌、井冈山、深圳、广州、汕尾、肇庆、上海、安阳、徐州、杭州、嘉兴、西安、武汉、云南、小岗村、合肥、锦州、大庆、哈尔滨、大连、福建、西柏坡、天津等地深入开展调研活动。2018年，历史学系获评暑期实践"优秀组织单位奖"。

社会服务。2018年，历史学系接受中宣部委托，编纂"中华人物"资料，遴选中国历史上在政治、经济、军事、文化、科技等方面有突出贡献的人物近千人，分别开列姓名并提供相关资料。下半年，历史学系与国家图书馆合作，举办"稽古、贯通、创新——纪念翦伯赞先生诞辰120周年北京大学中国古代史名家讲座"。全部讲座共15讲，由11位老师先后讲授。

（张素霞）

【翦伯赞同志诞辰120周年纪念座谈会】11月4日，历史学系召开"翦伯赞同志诞辰120周年暨《中国史纲要》出版55周年纪念座谈会"。北京大学校长郝平，原翦伯赞同志秘书、原国家教委社科研究中心研究员田珏，中国社会科学院民族学与人类学研究所研究员刘凤翥，来自社科院、兄弟单位的领导和嘉宾，以及北大相关院系部门负责人和教师代表出席会议。会议由历史学系党委书记徐健主持。与会专家学者追忆与翦伯赞同志共事交流的经历，肯定翦老作为中华人民共和国成立后三大马克思主义史学家之一的重要地位以及取得的辉煌学术成就。未来如何继承老一辈文科学人开创的优良传统，进而构建中国特色哲学社会科学体系，也成为与会学者探讨的话题。历史学系主任张帆认为，一定的学科规模和雄厚的师资力量是学科竞争中的关键要素。郝平表示，今后一个时期，北京大学将通过重视教师队伍建设、筹集设立文科发展专项基金等举措，为文科发展提供完善的制度和资源保障，推动包括历史学科在内的人文学科在学校"双一流"建设中获得更大发展，发挥更大作用。

（张素霞）

考古文博学院

【发展概况】组织机构。北京大学是中国高等院校中最早设置考古学科的学校。自1922年起经历考古学研究室、古物研究室、历史系考古专业、考古学系、考古文博院（国家文物局文物博物馆学院）、考古文博学院等发展阶段。2018年考古文博学院共设两系——考古学系和文化遗产学系，分辖中国考古学、外国考古学、考古学技术与方法教研室，以及博物馆学、文物保护、文物建筑教研室。作为教学科研的基础设施，学院拥有国内高校第一所考古专业博物馆——赛克勒考古与艺术博物馆，以及旧石器、陶瓷标本室、科技考古实验室、文物保护实验室、文化遗产记录与监测实验室、图书资料室及其附属的张政烺文库和苏秉琦书屋。2018年6月完成学院行政班子换届工作，孙庆伟任院长，沈睿文、张海、张剑葳任副院长。

学科建设。2018年本科生教改项目立项7项。9月至1月，学院2016级考古学、文物与博物馆专业本科生与部分研究生在陕西凤翔雍城遗址进行一个学期的田野考古实习。开设实验考古研究生暑期学校，包括历代青花画法研究、冶金实验考古研究、史前建筑实验考古研究、骨器制作实验、鱼骨研究5个子课题，共吸引国内外44位院校的115位学生参加。

2018年，徐怡涛、杭侃、孙华、王书林、孙华组织的"中国建筑的科学认知：北大文物建筑田野记录与价值发现课程体系的创新与实践"课题获2018年国家教学成果奖二等奖、2017年北京市高等教育教学成果一等奖。以雷兴山为带头人的"田野考古实习"教学团队获2018年度北京大学优秀教学团队。张海所著《GIS与考古学空间分析实践教程》出版。文物保护技术专业核心课程《文物分析技术》教材获得立项。

教学工作。2018年学院招收本科新生46人、硕士研究生35人、博士研究生21人。2018年本科生毕业43人，硕士研究生毕结业28人，博士研究生毕结业20人。受北京市文化局（北京市文化和旅游部）、山西博物院、郑州市文物考古研究院和山西省文物局等单位委托，承办博物馆展览、田野考古技术、民居营造、木结构古建筑、文物保护等方面的培训班共8项，培训人数417人；自主开设博物馆展陈、古建筑、佛教遗产和艺术鉴赏与文化创意等方向培训班5项，培训人数188人，另有4项培训项目对外招生。

《世界考古学》作为"外国语言与外国考古"专业新设置的本科生专业必修课，2018年课程建设重点聘请外教Maria Cannata博士讲授《埃及考古学》，聘请Christopher Stevens博士讲授《世界考古学（上）》。《埃及考古学》课程包括古代埃及的自然环境、考古学文化与编年、古埃及文物、古埃及聚落、古埃及的城市与国家起源、古埃及的经济与社会、古埃及的宗教与神庙建筑、古埃及的墓葬。并于3月17日至18日组织了一次实地参观河南省博物院《金字塔·不朽之宫》的文物展览和一次考古工地的发掘现场参观。《世界考古学课程（上）》包括世界考古学史回顾，早期人类的起源与进化，现代人的出现与扩散，新石器时代早期广谱革命，西亚、非洲、南亚、美洲四地农业的起源与传播，二次产品革命。

队伍建设。2018年学院共有教学科研人员38人，其中教授22人，副教授8人，新体制长聘副教授2人，预聘制助理教授6人。实验技术系列3人，图书资料系列6人，行政系列5人，劳动合同制9人。2018年新增教学科研系列教师2人：博物馆学教研室黎婉欣、历史时期考古教研室刘未；新增事业编制行政岗位老师1人（罗登科），负责学院团委学工和人事工作；新增博士后3人：姜晓晨阳（博雅）、徐斐宏（博雅）、王思渝（导师自筹）。

科研工作。2018年学院在研课题71项，其中国家级项目29项（包括国家社科基金重大项目6项、社科基金项目10项、自然科学基金3项、教育部基地项目7项、北京市社科基金2项、国家文物局项目1项），政府部门企事业单位委托项目42项，2018年入账科研经费总计11,884,085元。2018年学院田野考古工地共1处，即陕西凤翔雍城田野考古工地。

2018年学院教师出版学术专著8部，发表论文189篇。倪润安的《光宅中原：拓跋至北魏的墓葬文化与社会演进》获第四届全国民族研究优秀成果奖（著作类）三等奖，学院参与的湖北天门石家河遗址考古发掘项目获田野考古奖二等奖。

合作交流。2018年学院与湖北省文物考古研究所、荆州文物保护中心、山西省古建筑保护研究所、河南省文物建筑保护研究院、山东省文物考古研究院、震旦国际大楼（上海）有限公司等单位达成合作意向，实施教学科研实习基地挂牌。

2018年4月9日至11日，"帝国重现：古罗马与汉代中国文明"研讨会在北京大学考古文博学院A座101报告厅举行。2018年5月28日至29日，举办"融汇：国际艺术与文化"国际学术研讨会，是继北京大学赛克勒考古与艺术博物馆25周年馆庆展"融汇——国际艺术与文化"开幕后，展览同名专题研讨会。2018年8月4日至5日，由北京大学中国考古学研究中心、北京大学考古文博学院、伦敦大学学院考古系和中国文化遗产保护与考古学研究国际中心共同举办的"稻的植物考古学——前沿与反思"国际学术研讨会举行。2018年8月29日至30日，"欧亚视野下的中国青铜时代"学术研讨会在北京大学考古文博学院举办。2018年10月22日至23日，"陆疆与海疆：丝路上的多元文明"北京大学博士生学术会议举行。

信息工作。2018年新增馆藏2942册，共采购中文期刊81种946册，增订《盐业史研究》与 Built Heritage（《建筑遗产》英文版）。订购外文期刊40种133册。合订期刊73种474册，修补书刊45册。室内阅览约2607人次。手工外借1058、归还1102册；计算机外借2298、归还2222册。

展开馆藏珍贵资料的整理和数字化工作，重点是对院藏实习报告、张政烺赠书、民族调查照片及老照片的整理。初步完成各项资料的编目工作，并对实习报告进行数字化，截至2018年12月，完成155个遗迹单位资料的扫描。

依托于微信公众号"纸上考古"向读者推荐本馆新书目录、重点图书评论、新购重要数据库介绍以及学术宣传和纪要，发布推文45篇；对网站进行日常维护，更新主页历年的重要工作、教师简历和信息资料咨询，发文134篇；编辑出版《古代文明研究通讯》第76—79期。编辑出版《陶瓷考古通讯》第9期。编辑出版《玉器考古通讯》2018年第1至2期。

党建工作。2018年学院党委发展党员14人，其中本科生6人，研究生7人，组织关系转入党员11人，组织关系转出党员12人，2名党员去世，现有党员133人。

学院党委结合时事、政治、校园热点，结合两会胜利召开、党的十九大、全国教育大会、全国宣传大会、习总书记五二讲话、庆祝改革开放40周年等事件，开展系列主题教育活动和特色党课沙龙活动。同时学院党委紧抓党风廉政建设，组织党员学习《中国共产党纪律处分条例》，做好学院教职员工师德师风的教育和监督工作。

工会工作。2018年学院工会共有在职会员64人，其中事业编制会员52人，劳动合同制职工会员9人，博士后会员3人。学院工会在上级工会的指导下，组织会员参加各类活动，如秋游、运动会、校园健步走、参观学习义利工厂、密云滑雪运动、领取和分发三八妇女节和教师节电影兑换券和爱国教育纪录片电影券、为老师们购买和分发生日蛋糕券、教师节慰问因病致困的老师、组织参与羽毛球乒乓球等体育赛事活动、为学院教职工乒乓球活动室铺设地胶等；组织并完成青年教师基本功大赛，张颖获三等奖；推进和完善全体教职工大会制度建设，2018年10月完成新一届基层工会领导班子的换届工作。

博物馆工作。2018年完成7项展览，接待观众共94,560人；培训博物馆志愿者50人。新入藏斯通教授捐赠西洋版画32幅，并完成扫描；新入藏捐赠彩陶20件，王义道校长捐赠压栋砖一块。

学生工作。2018年学院设立"时代楷模柴生芳"学生联合党支部，开展多期特色党课沙龙活动和一次党建实践活动，通过共建，打造学习型党支部、服务性党支部、创新型党支部，引导学生党员深入基层，体察民情，开创党建实践模式，在实践中坚持群众路线，领会好精神，吃透好政策，宣传好内容，提炼精髓，升华意义，运用新媒体手段，将成果最大范围共享，最大程度推广，最大深度挖掘。

学院学工抓好班团建设，开展相伴相助系列主题活动，加强师生在生活、情感、学业等方面的沟通交流；建立在校生家长微信群、沟通群、信息群，举办"大学、家庭、社会"协同教育工作坊，谋求建立平等、尊重、信赖、激励的新型朋友式、平等性的亲子亲情关系，建立班主任联席议事协调机制——"以青年教师为骨干，选配好班级带头人、主心骨、引路者";建立奖励奖学金工作全公开、全透明、全覆盖的工作机制——"以奖促优、以优促建、以励育先";以高度的责任心贯彻落实国家资助政策和工作任务——"变资助为激励、以资助为动力、以他助社助为共助";将就业指导、心理咨询统筹起来,提高工作的针对性、有效性——"提高心理素养、求职技巧的软实力,增强学生全面发展、个性发展的硬实力";开展谈心谈话工作,实时了解每位同学的动态,帮助他们解决问题。

(王书林、施文博、张敏、曹宏、陈冲、户国栋、秘密)

【实验室考古获得重要发现】 2018年4月至9月,考古文博学院与太原市文物考古研究所合作开展"太原东山古墓衬葬墓M6实验室考古工作"项目获得重大发现,出土大批西汉木质简牍。这是在山西境内,同时是黄土高原半干旱地区首次发现简牍文物。本次考古还出土成套漆奁盒与铜镜、琴瑟乐器组合、漆案、漆盘、漆耳杯、漆缅冠、铜印、玉印、串珠等珍贵文物。M6属于太原东山西汉墓葬群,主墓据推测可能属于代王及王后。

团队利用本专业跨学科研究优势,将文物分析实验室建立在考古发掘现场,整合多种分析手段,实时对各种出土物的材质及保存状况进行检测,为发掘提供指导。这一尝试打破通常实验室考古发掘与文物保护工作顺次开展的形式,使文物信息的提取更加及时和全面。借助这套工作模式,在现场发现了糟朽严重的木质简牍文物。M6实验室考古及文物现场应急保护工作对于东山汉墓群主墓,以及半干旱地区其他木椁墓的发掘和保护提供新方法的示范。

实验室考古是考古文博学院与化学与分子工程学院本科生联合培养项目的实习课程。有5位双学位及辅修生参加文物出土现场应急保护工作。

(王恺)

【雍城田野考古实习】 本科生田野考古实习是考古文博学院教学培养计划中的重中之重。2018年秋冬季的本科生田野考古实习由学院汉唐考古实习组负责指导,带队教师有杨哲峰、沈睿文、倪润安、彭明浩4人,参加实习的学生有42人(包括学院2016级本科生40名、2018级研究生1名以及进修生1名)。从2018年9月8日全体实习师生到达陕西凤翔开始,至2019年1月10日在西安结束参观考察,共历时125天。期间,还有来自匈牙利的交流学生4人(2至4周)以及来自日本驹泽大学考古专业的师生43人参与短期发掘与交流(14天)。

此次实习发掘工作是与陕西省考古研究院和宝鸡市考古研究所联合进行的,前后共布方68个(探方规格5×5m²),加上扩方,共1714.8平方米。累计发掘清理11墓葬和一处建筑基址,清理灰坑18个、道路遗迹2处、灰沟和水渠各1条。在所发掘的11座墓葬中,除1座清墓、1座汉墓外,余9座均为唐墓。唐墓中出土了陶俑、塔式罐等随葬品,年代有初唐、中晚唐之分,其中1座(M2)为迁葬合葬墓,葬式较特殊。至于此次发掘的重点——东周时期的建筑基址,基本呈西北-东南走向分布,横跨整个发掘区域,并进一步向东延伸。受发掘范围及时间所限,只清理该基址的局部,初步判断可分为南北两组建筑,其间有一长廊将南北两组建筑分开。大致在长廊的位置清理出与建筑基址走向一致的原生瓦砾堆积,长达50多米,出土数量众多的筒瓦、槽形板瓦、瓦当等,这些遗物的年代皆为春秋中晚期。如此规模的瓦砾堆积在秦雍城的考古发掘中尚属首次。

发掘选点于秦雍城城址的核心区位置,该组建筑规模宏大,推测可能是和其东侧的马家庄"宗庙"同期的"朝宫"。通过这次考古教学实习,从前期的考古调查发掘到后期的室内资料整理,学生对整个考古发掘过程中的规程、技术与方法等有了解和掌握。另外,实习期间除举办40余次学术讲座之外,还多次组织同学到周边的甘肃陇南、天水,宁夏固原,陕西咸阳、西安等地区的周秦汉唐遗址进行参观考察。

(杨哲峰)

【痛失恩师】 学院教授、著名古文字学家高明先生,因病于2018年1月10日13时06分在北京逝世,享年91岁。高明先生曾任中国古文字研究会理事、中国殷商文化学会理事。高明先生长期从事古文字学研究工作,为中国古文献学、古文字学研究做出了重要贡献。

著名考古学家、校资深教授宿白先生,因病于2018年2月1日6时05分在北京逝世,享年96岁。宿白先生是北京大学考古学科的主要创始人,是中国考古学的奠基人之一,杰出的考古学教育家,在北大任教逾七十载,为新中国的文物考古事业培养了众多优秀人才。

学院教授、著名科技考古学家陈铁梅先生,因病于2018年10月25日17时07分在北京逝世,享年83岁。陈铁梅先生曾任中国科技考古学会(筹)副理事长、第四纪科学研究会理事。陈铁梅先生长期从事科技考古教学和研究工作,为中国科技考古、第四纪年代学、定量考古研究和教学做出了重要贡献。

(葛英会、杭侃、吴小红)

【中华文明基因库项目立项】 2018年,中华文明基因库项目立项。中华文明文物基因库的建设即以北京大学考古学教学和科研所形成的体系化的文物资源为基础,整合建成文物实体标本库、文物信息数据库和文物信息提取及保护的综合性科研、教学和应用推广平台。通过中华文明文物基因库的建设,发掘和利用文物的深层价值,借助于现代化的展示手段,为北京大学的考古、历史、遗产、艺术等学科的科研和教学服务,并进一步推动相关行业规范的建设,服务国家文化战略的需求。

中华文明文物基因库由"两库三中心"组成:"两库"包括"文物标本库"和"文化数据库",是中华文明文物基因库的核心部分;"三中心"包括"文物保护中心""文物科技分析中心"和"科技与文明展示中心",是中华文明文物基因库的辅助支撑部分。

(张 海)

【考古教学与科研成果展】 2018年4月28日,在北京大学百廿华诞之际,北京大学考古文博学院联合多家考古所、博物馆于北京大学赛克勒考古与艺术博物馆举办的《寻真——北京大学考古教学与科研成果展》(以下简称"寻真"展)正式开幕,以期通过此次展览回顾、反思和总结可谓"半部中国考古学史"的北京大学考古学学科发展历程。"寻真"展共分六个单元:旧石器时代考古、新石器时代考古、夏商周考古、汉唐考古、宋元明考古和考古技术与方法。

自1990年举办"全国十大考古新发现"评选以来,北京大学考古学专业师生参与的重要考古发现就逾30项。展览围绕重要考古发现对于学科建设的促进而展开,通过370余件(组)文物、图版、照片、报告、论文、工具实物等资料,展现北京大学考古学专业在中国考古学学科教学与科研领域取得的成绩。

(曹 宏、杭 侃)

【赛克勒考古与艺术博物馆馆庆】 2018年5月27日下午,在北京大学赛克勒考古与艺术博物馆迎来25岁生日之际,馆庆暨展览"融汇——国际艺术与文化"的开幕仪式在北大赛克勒博物馆中央庭院举行。展览在AMS艺术、科学和人文基金会/吉莉安·赛克勒女爵士与阿瑟·姆·赛克勒博士艺术、科学和人文基金会的支持下,精选出鲍蓓、崔岫闻、E.V.戴、阿南迪塔·达塔、马克·福克斯、安妮塔·格莱斯塔、尼古拉斯·埃雷拉、玛丽亚姆·纳杰德、托尼·斯科特、泰祥洲、徐冰、展望等14位国际知名艺术家的作品。

北京大学赛克勒考古与艺术博物馆于1993年5月27日正式开放,是我国高等院校中第一所考古专题博物馆,1986年在赛克勒先生和夫人的帮助下破土奠基。自建成开放以来,赛克勒博物馆形成自己独特的风格,集教学、科研和社会服务于一身,举办以考古、艺术及北大师生科研生活为主题的多项展览。

本次展览即"吉莉安·赛克勒女爵士国际艺术家展览项目",旨在把国际上不同背景的有才华的艺术家引荐给赛克勒博物馆,目的在于创造跨文化的理解,并把具有不同背景的艺术家及其作品介绍给中国。

(曹 宏)

哲学系(宗教学系)

【发展概况】 学科建设。2018年哲学系有2个一级学科:哲学和科技史。8个二级学科,哲学学科包括:马克思主义哲学、中国哲学、外国哲学、逻辑学、伦理学、美学、宗教学;科技史学科包括:科学技术哲学。马克思主义哲学、中国哲学、外国哲学、美学4个学科被评为国家重点学科。

在2018年QS世界大学哲学专业的排名中,北京大学哲学学科位列第41位。

队伍建设。2018年哲学系在职教职工共70人,其中,教学科研人员63人(老体制教授29人,新体制教授13人,老体制副教授8人,新体制副教授5人,助理教授8人),行政人员7人。其中外籍人文讲席教授2人,北京大学文科资深教授1人,博雅讲席教授4人,国家级教学名师1人,"长江学者"特聘教授5人,"马工程"首席专家5人,中宣部"四个一批"人才2人,教育部新世纪人才10人,"万人计划"青年拔尖人才3人。另有挂靠单位3个,儒藏编纂与研究中心有老体制副研究员8人、新体制助理教授1人,高等人文研究院有人文讲席教授1人,儒学研究院有老体制2人。另有劳动合同制人员19人。

2018年新入职2人,退休1人,离职合同制员工7人。8月,陈波当选国际哲学院院士。在站博士后21人,其中博雅博士后11人。2位离退休教师去世。

教学工作。2018年开设本科生课程159门,研究生课程123门。招收本科生60人(其中4人为留学生,1人为港澳台学生),本科毕业53人;录取硕士生49人,博士生46人,通过硕士学位论文答辩的共有52人,通过博士学位论文答辩的共有52人。

进行跨学科人才培养。吴飞等8位教师共同申报的"以大班授课小班讨论为中心的哲学本科教学改革"获得校级特等奖、北京市一等奖。

2018年7月18日至22日,举办北京大学第七届优秀中学生哲学夏令营,来自全国各重点中学的301名学员参加夏令营。2018年6月30日,2018年"十六国北朝佛教与民族"青年学者国际研修班暨第二届研究生暑期学校开班,来自海内外18所大学的25位青年学者(包括青年教师、博士后、博士生、硕士生)参加此次研修班。来自美国、法国、日本和国内8所大学的10位教授给研修班授课。2018年4月23日至27日,2016级和2017级宗教学佛教方向高级专门人才研修班的学员来校上课,其中2016级24人,2017级44人。

科研工作。2018年发表学术论文217篇;出版学术专著31部、译著6部、古籍整理著作4部;获国家社科基金有3项,其中张志刚的《"宗教中国化"的基础理论建构》为重大招标项目,重点项目1项,后期资助项目1项;教育部人文社科青年基金项目1项。刘华杰的《檀岛花事:夏威夷植物日记》获科学技术进步奖(科普类)二等奖。

表 6-6　哲学系（宗教学系）2018 年科研立项列表（纵向项目）

项目名称	立项时间	负责人	总经费（万元）	任务来源
教会与国家：阿奎那政治哲学	2018	惠　慧	8	青年基金项目
"宗教中国化"的基础理论建构	2018	张志刚	80	重大项目
20 世纪俄国社会哲学研究	2018	徐凤林	35	重点项目
同情默应与心性体会：汤用彤与现代佛教学术研究	2018	杨　浩	20	后期资助项目

表 6-7　哲学系（宗教学系）2018 年科研成果列表

成果名称	作者	出版社	成果形式	出版时间
在批判中建构"新哲学"框架——《德意志意识形态》文本学研究	聂锦芳	中国人民大学出版社	专著	2018 年 5 月 1 日
重读马克思：文本及其思想	聂锦芳	中国人民大学出版社	专著	2018 年 5 月 1 日
"爱"的超越——文学视野下的马克思	聂锦芳	中央编译出版社	专著	2018 年 12 月 10 日
Marx's Dream: From Capitalism to Communism	Tom Rockmore	University of Chicago Press	专著	2018 年 5 月 28 日
缁门警训释译	张学智	东方出版社	专著	2018 年 1 月 1 日
简帛文献からみる初期道家思想の新展開	王中江	日本东京堂	专著	2018 年 7 月 1 日
近代中国思维方式演变的趋势（增订版）	王中江	中国人民大学出版社	专著	2018 年 9 月 30 日
自然和人：近代中国两个观念的谱系探微	王中江	商务印书馆	专著	2018 年 2 月 1 日
根源、制度和秩序：从老子到黄老	王中江	中国人民大学出版社	专著	2018 年 1 月 1 日
道家形而上学研究（增订版）	郑　开	中国人民大学出版社	专著	2018 年 6 月 6 日
一本与生生：理一元论纲要	杨立华	生活·读书·新知三联书店	专著	2018 年 5 月 21 日
安乐哲比较哲学：著作选	安乐哲	孔学堂书局	专著	2018 年 8 月 1 日
安乐哲比较哲学：评论与研究	安乐哲	孔学堂书局	专著	2018 年 8 月 1 日
Having a Word with Angus Graham: At Twenty-five Years into his Immortality	安乐哲	State University of New York Press	专著	2018 年 3 月 1 日
马克思哲学要义	赵敦华	江苏人民出版社	专著	2018 年 4 月 30 日
中西古典哲理名句——张世英书法集	李超杰注释	译林出版社	编著	2018 年 8 月 1 日
哲学的精神（第三版）	李超杰	商务印书馆	专著	2018 年 9 月 1 日
分析哲学——批评与建构（上下卷）	陈　波	中国人民大学出版社	专著	2018 年 8 月 31 日
分析哲学——回顾与反省（第二版）上下卷	陈　波	中国人民大学出版社	专著	2018 年 8 月 31 日
《石涛画语录》讲记	朱良志	中华书局	专著	2018 年 7 月 1 日
今天是什么？——用哲学的语言说（第三版）	章启群	商务印书馆	专著	2018 年 1 月 1 日
意义的本体论——哲学解释学的缘起与要义	章启群	商务印书馆	专著	2018 年 6 月 1 日
百年中国美学史略（增订本）	章启群	四川人民出版社	专著	2018 年 8 月 1 日
永恒之路——奥古斯丁本体形上时间哲学研究	徐龙飞	商务印书馆	专著	2018 年 11 月 1 日
循美之路——基督宗教本体形上美学研究	徐龙飞	商务印书馆	专著	2018 年 6 月 1 日
自然写作读本（B 辑）	刘华杰	中国科学技术出版社	专著	2018 年 9 月 1 日
青山草木	刘华杰	中国科学技术出版社	专著	2018 年 6 月 1 日
青年王阳明（1472—1509）：行动中的儒家思想	杜维明	生活·读书·新知三联书店	专著	2018 年 6 月 19 日
中庸：论儒学的宗教性	杜维明	生活·读书·新知三联书店	专著	2018 年 6 月 19 日
仁与修身：儒家思想论集	杜维明	生活·读书·新知三联书店	专著	2018 年 6 月 19 日
儒家思想：以创造转化为自我认同	杜维明	生活·读书·新知三联书店	专著	2018 年 6 月 19 日
新加坡的挑战：当代儒家伦理	杜维明	生活·读书·新知三联书店	专著	2018 年 6 月 19 日

（续表）

成果名称	作者	出版社	成果形式	出版时间
儒学第三期发展的前景	杜维明	生活·读书·新知三联书店	专著	2018年6月19日
现代精神与儒家传统	杜维明	生活·读书·新知三联书店	专著	2018年6月19日
道·学·政：儒家公共知识分子的三个面向	杜维明	生活·读书·新知三联书店	专著	2018年6月19日

（张 岩）

交流合作。2018年教师有31人次出国、出境开会、讲学和访问，研究生共出境、出访42人次。申请并获得北大资助的短期交流者1人，获得学校国际会议资助者5人，获得国家留学基委资助攻读学位者4人，获得留基委联合培养资助者17人。2018年，来系开设讲座、交流的国外专家有11人次；人文基金来访3位：Georg Stenger、柏夷、池田知久；举办"北京大学海外名家计划"一项。

8月21日至22日，召开"亨迪卡、逻辑和哲学"国际研讨会；9月1日至2日，召开中国佛教史博士生学术研讨会，邀请来自日本、韩国和国内各大高校的十余名博士研究生及博士后就"东亚佛教宗派史的解析、诠释与重构"主题发表论文及宣讲；10月20日至21日，召开主题为"古代经典与现代社会"的首届古典语文学青年论坛；11月17日，召开"为有益的人工智能建构信任"国际学术研讨会。

马克思主义哲学教研室主办"马哲论坛"3讲；佛教与道家教研室主办"佛教文献、历史与哲学工作坊"7讲、"虚云讲座"5讲、"佛学与宗教学'对话'工作坊"4讲、佛学研究系列讲座2讲；逻辑学教研室主办2讲；外国哲学教研室主办2讲；伦理学教研室主办1讲。

系友接待。120周年校庆期间，共19个班级合计850位系友集体返校。部分系友自行回校参加校庆活动。学系接待各级各班系友返校，制作宣传册、宣传展板，特制系徽等礼品赠送给系友。

党建工作。2018年系党委共有党员273人，其中正式党员230人，预备党员43人；党支部14个，其中教工支部5个，学生支部9个。共发展党员30人，包括博士后1人。

党委坚持"三会一课"制度，各支部坚持每月至少一次集体活动，每学期至少召开一次组织生活会，并定期安排"党委书记讲党课"活动。党委完成上级组织下达的任务，推动"两学一做"学习常态化、制度化。抓好党风廉政建设，坚持"一岗双责"，坚持"三重一大"集体决策制度，结合实际，完善相关决策制度，规范决策程序。重视意识形态工作，管控好思想阵地，加强对会议、讲座和论坛等的管理；重视师德师风建设，做好各类人才晋升、引进的考核工作；抓好稳定工作，与当事学生多次谈心谈话，引导其能够将主要精力集中到学习。

配合学校党委完成系行政副职换届工作，程乐松、王彦晶、孟庆楠为哲学系宗教学系副主任，刘哲为哲学系宗教学系副主任（兼）。指导工会完成换届工作。坚持民主集中制，坚持每周一下午召开党政联席会例会制度；领导班子谈心谈话，组织班子民主生活会，开展对照检查、批评与自我批评。

组织党课培训活动，共组织两期64人次参加入党积极分子培训，三期32人次参加党性教育读书班，累计党课参与人数超350人。按规定完成基层党支部专题组织生活会、党支部考核以及民主评议党员工作；落实北京市党建平台信息集中核查完善工作；组织北京大学优秀共产党员、先进党支部的评选工作，共有3人获得"北京大学优秀共产党员"荣誉称号，2016级硕士生党支部获评"北京大学先进党支部"。7月，组织"共产党员献爱心"活动；6月、12月，完成党内信息半年统计、年度统计工作。完成党组织和党员到街道、社区报到工作以及保密工作任务和统战工作任务。

学生工作。组织学生党团日联合主题教育活动。各支部围绕"不忘初心跟党走，争做圆梦新一代""爱国励志新青年，求真力行新时代"等主题开展党团日主题教育活动。累计开展学生党团日联合主题教育活动等专题教育活动24次，党员形成活动感想44篇。开展"一对一"深度辅导，由党委副书记、团委书记、团委常务副书记组成学生谈心工作小组，对学生开展谈心计划。在谈心前建立学生访谈个人档案，汇总学生学业情况、家庭情况、个人经历、心理测评情况等基本信息，谈心后及时记录具体内容，总结学生个人特性，根据具体情况制定下一步沟通辅导方案。2018年工作小组开展"一对一"深度辅导180余人次，其中2018—2019学年上学期已超过130人次。组织开展"传薪文献"访谈活动20次，拜访18位哲学系老教授，保存珍贵的历史资料。

举办保研交流会1场、就业经验交流会2场，文史哲联合就业沙龙1场。利用新媒体渠道，在毕业生群体内建立毕业年级就业信息微信大群，扩大信息覆盖面，对就业有困难的毕业生开展一对一专项帮扶。

举办第二十六届"爱智杯"全国征文比赛和第三届"爱智杯"青年学术论坛。组织文体活动，包括"一二·九"合唱比赛、迎新联欢会、新年晚会、学生"男生节""女生节"，以及学校、学部和系内的各项体育活动。开展社会实践，2018年寒暑假期间组织多个学生社会实践团开展社会实践，包括"南渡北归"——重走西南联大路实践团、"我闻敦煌"——西北石窟艺术实践考察团、浙江古寺研修实践团等。完成《共青苑》《生生》的编辑刊印工作。

2018年，2016级硕士班获得北京市先进班集体表彰，2017级本科班、2017级硕士班、2017级博士班获得北京大学先进班集体表彰，2016级本科班团支部获得先锋杯优秀团支部表彰，1人获得先锋杯优秀基层团干部表彰，1人获得北京大学共青团标兵表彰，1人获得北京大学学生会组织标兵表彰，1人获得北京大学新生团支书表彰，3人获得北京大学优秀团支部书记表彰，3人获得北京大学优秀团干部表彰，3人获得北京大学优秀团员表彰。

【世界哲学大会】 8月13日至20日，在北京召开第二十四届世界哲学大会。该大会由国际哲学团体联合会和北京大学联合主办、由北京大学哲学系承办，来自97个国家和地区的近五千名哲学家代表及哲学爱好者参会，以"学以成人"为主题展开全方位的哲学研讨。此次大会共设5场全会场次、10场专题场次、7场捐赠讲座、522场分组会议、72场邀请会议、130场圆桌会议、83场协会会议、162场学生会议以及9场其他会议。大会期间共计举行会议场次1000场，学术报告总数达5019篇，涵盖哲学及以哲学为中心的人文社会科学研究各领域。在世界哲学大会历史上，此次大会是学术报告场次和学术报告论文篇数最多的一次会议。《人民日报》《光明日报》、中央电视台、新华社、凤凰网、新浪网等40余家主流媒体参与采访和报道。此次大会上中国哲学界空前广泛地深入参与，向全球学者展示传统中国的古老哲学智慧，和中国今天的马克思主义理论发展。

【研究中心成立】 经学校批准，11月、12月先后成立"北京大学哲学与人类未来研究中心""北京大学博古睿研究中心"，两个中心将以新技术革命背景之下的人类与未来为核心关切，发挥北京大学在人文社科、基础理科、生物医学及新型工科等领域中学科门类齐全、研究广度与深度俱佳的学术优势，汇通不同学科的研究力量，致力于推动跨学科的前沿交叉研究，围绕智能、生命及数字人文等不同主题展开具体的研究。

【干部培训】 5月6日至6月8日举办第三期北京大学民族宗教工作干部培训班，培训班由中央统战部主办、北京大学哲学系宗教学系承办。培训班学员共57人，系来自全国各地的从事统战工作的领导及基层工作人员。课程设计以北京大学人文社会学科宗教与民族研究的学术和教学资源为依托，结合民族宗教政策、统战实际，以及前沿学术研究的成果，为全国民族宗教干部量身定制具有广阔视野、具备交叉学科属性、以理论联合实际的整合训练。课程由理论、历史与政策学习、研讨等不同板块构成，从民族学、社会学、宗教学、历史学及哲学等不同领域，覆盖五大宗教传统的历史与现状，重点研讨当代民族工作的基本问题及其历史沿革。

（张 岩）

外国语学院

【发展概况】 组织结构。2018年外国语学院下设阿拉伯语言文化系、朝鲜（韩国）语言文化系、德语语言文学系、东南亚语言文化系、俄罗斯语言文学系、法语语言文学系、南亚学系、日本语言文化系、西班牙葡萄牙语言文学系、西亚语言文化系、亚非语言文学系、英语语言文学系、世界文学研究所、外国语言学及应用语言学研究所、翻译硕士专业学位教育中心、语言中心共计12系2所2个中心。共有34个研究机构和学术团体，1个教育部人文社科研究基地（北京大学东方文学研究中心），1个"国家外语非通用语种本科人才培养基地"，1个"外语非通用语种文科类实践教育基地"。

学科建设。学院拥有英语、俄语、法语、德语、西班牙语、葡萄牙语、日语、阿拉伯语、蒙古语、朝鲜语、越南语、泰国语、缅甸语、印尼语、菲律宾语、印地语、梵巴语、乌尔都语、波斯语、希伯来语20个本科招生语种专业。与元培学院、历史系共建有外国语言与外国历史专业，与元培学院、考古文博学院联合开设外国语言与外国历史专业-外国考古方向。学院现有1个一级学科博士点，10+1个二级学科博士点（1个与中文系合建），1个应用型硕士学位点，1个博士后流动站。北京大学"双一流"建设的41个学科中，外国语言文学、现代语言学是外国语学院的学科建设重点，语言学为外国语学院参与建设学科，学校自主设计的"区域国别交叉研究平台"为外语学科内涵发展提供新的机遇和增长点。在QS发布的2018年世界大学学科排名中，学院三个相关学科的排名继续保持世界前列，"现代语言"学科排名世界第6位、"语言学"学科排名第10位、"英语语言文学"学科排名第37位。2018年，学院重点建设自主设立的"国别和区域研究"二级学科，结合当前国家"一带一路"倡议，完善人才培养机制和学术研究体系，探索、落实、完善"国别和区域研究"二级学科培养模式、培养方案和课程体系，建设国际国内联合的跨学科性质的交叉学科导师团队。2018年引进中亚方向（新的研究领域）助理教授1人，并结合新增学科的特点，运用丰富的多语言优势，保证语言课程先行。

队伍建设。截至2018年12月31日，学院共有在职教师220人，其中教授59人，副教授90人，讲师50人（含博士后8人），助理教授21人。共有长江特聘教授1人（申丹），"百千万人才工程"国家级人选2人（申丹、陈明），跨世纪人才2人（申丹、王邦维），新世纪人才6人（陈岗龙、王建、金勋、董强、陈明、林丰民）。2018年陈明教授被教育部推荐为国务院政府特殊津贴人选。申丹教授被聘为北京大学博雅讲席教授，丁宏为、董强教授被聘为北京大学博雅特聘教授。2018年引进助理教授3人，退休5人；博士后进站6人，出站2人，退站1人。高彦梅、孙建军、周海燕3人启动 Tenure 评估并通过学校审议，郑萱聘任为教研系列助理教授，马乃强、陈冰聘任为教学系列教学副教授。北京大学校发 [2018]431 号文件《人事综合改革方案批复意见（第 018 号）》原则同意《外国语学院人事综合改革方案》。

教学工作。截至 2018 年 12 月，学院共有学生 1344 人，其中本科生 784 人、硕士研究生 369 人、博士研究生 191 人。2018 年，共录取本科生 214 人，含外语类高中保送生 63 人；录取硕士研究生 142 人，其中学术型 78 人（大陆学生 76 人，港澳台生 1 人，留学生 1 人），专业型 64 人（英语笔译方向 31 人，日语笔译口译方向 33 人）；录取博士研究生 33 人。2018 年毕业本科生 197 人，结业 3 人。196 人授予学士学位，辅修专业毕业 33 人。硕士研究生毕业 146 人，博士研究生毕业 27 人，结业 4 人。

2018 年学院开设本科生课程 556 门，其中新开课 42 门，修订和增补本科教学计划和课程库。研究生课程 310 门，其中新开课 13 门，研究生课程建设立项 4 项。学院承担北京大学全校非英语专业学生约 7500 人次的英语教学任务，其中大学英语 200 余班次、研究生公共英语 50 余班次。英语授课课程包括院系课程 68 门，国际暑期学校课程 3 门，开设"一带一路"公共外语课程 15 门。

2018 年，由宁琦等七位教师主持的"外语专业国际体验教学管理模式的创新与实践"项目获国家级教学成果奖二等奖。段晴获"北京大学 2017—2018 年度优秀教学团队奖"，周海燕、高博、郑萱获"北京大学 2017—2018 年度教学优秀奖"。

2018 年参加国外交流的学生共 330 余人次，公派长期 176 人，主要是通过国家公派和校际交流项目的支持赴境外 27 个国家和地区学习；入选国家建设高水平大学公派研究生项目 19 人，其中联合培养博士生 9 人，攻读博士学位 10 人。9 人获得国际学术交流资助，18 人获得青年科研基金资助。2018 年 7 月北京大学东方文学研究中心、外国语学院共同举办主题为"东方文学研究：民族性与世界性"的暑期学校，来自 52 所高校的 106 名学员参加学习活动。2018 年 5 月举办第 8 届研究生论坛，论坛收到来自全国 45 个高校的投稿论文共 194 篇。

2018 年，经过外国语言文学分委员会评定，褚敏、萨尔吉、胡旭辉增补为博士生指导教师，王灿娟、熊燃、程莹、刘淳、朱晓洁增补为硕士生指导教师。

科研工作。2018 年，学院获省部级以上项目 12 项，纵向经费到账约 328 万元，其中国家社科基金重大项目 1 项，国家社科基金一般项目 3 项，国家社科基金青年项目 3 项，国家社科基金冷门绝学与国别史项目 3 项，国家社科基金后期资助 1 项，北京市社科基金项目 1 项。2018 年外国语学院横向及外资项目立项 8 项，横向经费到账 50 万元。

表 6-8　外国语学院 2018 年科研项目立项列表（纵向项目）

项目名称	起止时间	负责人	总经费（万元）	任务来源
印度古典梵语文艺学重要文献翻译与研究	2018.11—2023.10	湛　如	80	国家社科基金重大项目
赫尔曼·黑塞文学文化评论研究	2018.6—2023.5	马　剑	20	国家社科基金一般项目
基于宜兴方言的新构式语法理论研究	2018.6—2023.5	胡旭辉	20	国家社科基金一般项目
俄语词类间的过渡现象研究	2018.6—2023.5	周海燕	20	国家社科基金一般项目
19 世纪美国哥特文学与杂志文学市场研究	2018.6—2023.5	李宛霖	20	国家社科基金青年项目
20 世纪 60 年代以来的尼日利亚戏剧转型研究	2018.6—2023.5	程　莹	20	国家社科基金青年项目
培养跨文化交际情感能力的外语教学模式研究	2018.6—2023.5	郑　萱	20	国家社科基金青年项目
基于《华夷译语》等注音文献整理的中古蒙古语至现代蒙古语喀尔喀方言的语音演变研究	2018.9—2023.8	袁　琳	40	国家社科基金冷门绝学与国别史项目
中国—伊朗医学交流史研究	2018.9—2023.8	时　光	30	国家社科基金冷门绝学与国别史项目
菲律宾马拉瑙族英雄史诗《达冉根》翻译与研究	2018.9—2023.8	史　阳	30	国家社科基金冷门绝学与国别史项目
《缅甸通史》	2018.9—2023.7	李　谋	20	国家社科基金后期资助
从《中华大帝国史》看晚明中西文化的交融与碰撞	2018.9—2023.8	高　博	8	北京市社科基金项目

表 6-9　外国语学院 2018 年横向及外资项目列表

项目名称	起止时间	负责人	总经费（万元）	任务来源
阿语和土语媒体涉疆及涉"一带一路"舆情项目委托项目	2018.5—2020.1	廉超群	5	当代中国与世界研究院
外来宗教与唐代文学	2018.9—2020.8	湛　如	20	辽阳科信化工有限公司
在蒙古推进"一带一路"建设面临的安全风险及应对之策	2018.11—2021.9	王　浩	1	中华人民共和国外交部

（续表）

项目名称	起止时间	负责人	总经费（万元）	任务来源
中国广播影视国际竞争策略研究——以中国影视作品在东南亚传播为例	2018.11—2020.1	吴杰伟	5	国家广播电影电视总局
进一步建设性介入阿富汗和平和解进程研究报告	2018.10—2019.12	王　旭	3	中华人民共和国外交部
俄罗斯中国文化域外传播百年史	2018.10—2022.12	张　冰	10	北京外国语大学
中国文化	2018.10—2022.12	张　冰	5	北京外国语大学
泰国政府的姓名控制与社会整合	2018.11—2020.10	金　勇	1	成都大学

2018年学院教师的成果共计197项，其中出版学术专著10部，译著18部，编著及教材13部，工具书或参考书1部。在国内外学术刊物及著作中发表论文137篇，译文18篇。

表6-10　外国语学院2018年主要科研成果列表（以专著、译著为主；论文仅列出了A&HCI和CSSCI收录的代表性论文）

成果名称	作者	出版单位	成果形式	字数（万字）
缅甸语方言研究	汪大年	北京大学出版社	专著	54
形似神异——《三国演义》在泰国的古今传播	金　勇	北京大学出版社	专著	50
中日同形词双重误用研究	王灿娟	北京大学出版社	专著	22
敦煌的医疗与社会	陈　明	中国大百科全书出版社	专著	37
火的记忆II: 面孔与面具	路燕萍	作家出版社	译著	31
风中的居民	赵振江	四川民族出版社	译著	15
耶稣撒冷	樊　星	中信出版集团	译著	25
泰国民间故事	裴晓睿	安徽文艺出版社	译著	15
外语专业学生国际化培养的实践与思考——北京大学外国语学院学生留学情况调查	宁　琦	外语教学与研究	CSSCI论文	1.2
对语言的非常规运用——《耶稣撒冷》译后记	樊　星	文艺报	CSSCI论文	1.5
1979年之后的巴西文学	樊　星	外国文学动态研究	CSSCI论文	2
叙事的双重动力：不同互动关系以及被忽略的原因	申　丹	北京大学学报（哲社版）	CSSCI论文	1.8
双声叠韵对与"梵语诗"刍议	范晶晶	文学遗产	CSSCI论文	1
事件：本身与印象，言说与书写	程朝翔	社会科学研究	CSSCI论文	1.7
互联网、人工智能与新宗教	金　勋	世界宗教文化	CSSCI论文	1.6
Two Conceptions of Experientiality and Narrativity: Functions, Advantages and Disadvantages	申　丹	Partial Answers: Journal of Literature and History of Ideas	A&HCI论文	1.8
"The Bag is My Home": Recycling China Bags in Contemporary African Arts	程　莹	African Arts	A&HCI论文	2

2018年2月7日，西亚系波斯语教研室时光副教授凭借撰写译注的《〈伊利汗中国科技珍宝书〉校注》一书获"伊朗伊斯兰共和国第25届世界图书奖"，并受邀赴伊朗领奖。8月11日，西班牙语专业路燕萍老师凭借译著《火的记忆I：创世纪》（作家出版社2014年版）获"鲁迅文学奖文学翻译奖"，这是学院自赵振江教授于2014年荣获第六届鲁迅文学翻译奖之后，又一次获得中国最高荣誉文学奖和中国翻译领域的最高奖项。10月19日，俄语系宁琦教授获俄罗斯联邦独联体事务、俄侨和国际人文合作署颁发的"友谊与合作"荣誉奖章。11月19日上午，仲跻昆先生获得代表我国翻译界最高荣誉的"翻译文化终身成就奖"。

2018年学院共主（合）办国际（含境外、双边）学术研讨13次和国内学术研讨会9次。交流合作。2018年，学院共计聘任全职外籍专家教师44人（教授/副教授7人，其中2人已纳入学校教职晋升体系；语言教师35人；博士后2人），参与承担各语种专业及大学英语教研室的教学科研工作。学院继续推进"一带一路语言文化项目"建设，为全校学生开设40余门语言文化课程。学院于暑期聘请短期全职外籍专家教师5人，开设暑期外国语言文学课程。

学院邀请外籍教授学者来校进行讲座、研讨40余场，其中1项纳入人文学部"高端学术讲学计划"，2项纳入"北京大学海外名家讲学计划"，16场讲座纳入人文学部"北大人文讲座系列"。学院参与接待重要外籍嘉宾、会见境外交流访团、召开文化节、举办国际学术会议等外事活动40余场。

2018年出境进行短期国际学术交流的教师约140人次，进行长期国际学术交流（90天以上）的教师10人。

党建工作。截至2018年底，学院共有党员541人，其中在职教工党员116人、离退休教工党员126人、学生党员299人。设教职工党支部17个，学生党支部8个。全年共发展学生党员87人，转正预备党员43人。学院党委、各党支部和全院师生党员以党委会、党委扩大会、专题讲座、主题党日活动、研讨会等多种形式，学习贯彻习近平新时代中国特色社会主义思想和若干讲话精神，完成党支部评议考核、民主评议党员和党内评优表彰，落实党支部述职工作和在职党员"双报到"工作，申报校级"党建工作标杆院系""党建工作样板支部"，选派优秀教师支书参加各级各类培训示范班。付志明同志被评为北京大学共产党员标兵。学生党建方面，指导7个学生党支部开展书记讲党课、党员讲党课、海外党员连线、参观北大红楼、学习马列经典著作等各种形式的学习实践活动。3个学生党支部分别与腾讯北京党支部、中央民族学院藏学研究院党支部、天安门国旗护卫队党支部开展红色"1+1"共建活动。

2018年，学院完成党委换届工作。全院党员代表大会于12月28日举行，经选举产生新一届党委委员11人（按姓氏笔画排序）：王丹、王建、王恒、王艳超、付志明、宁琦、李淑静、吴杰伟、宋扬、张冬梅、翁家慧，并在新一届党委第一次会议上选举李淑静为学院党委书记，王恒、宋扬为学院党委副书记。

行政工作。学院党政联席院务会加强外国语言文学学科建设，每周一次召开党政联席院务会，对重要工作进行研讨决策，全年共召开党政联席院务会37次。7月13日至14日，学院召开骨干教师培训暨学科建设战略研讨会，学院党政联席的院务会成员、学术委员会委员、学位委员会委员、各系（所、中心）务会成员、多语种系所的专业负责人、行政科室主任等50余人参加了会议。11月16日，学院召开学科建设专题研讨会，聘请北京语言大学语言资源高精尖创新中心主任李宇明教授、浙江大学文科资深教授许钧教授和中国社会科学院外国文学研究所所长陈众议研究员为学科顾问，与学院党政班子和学术委员会主要负责人就外国语言文学学科建设的主要问题和发展方向进行研究。

2018年下半年，宁琦院长、李淑静书记带队分别对各行政科室进行8次工作调研，围绕本科室的工作职能和定位、服务资源、服务理念，深入探讨科室如何更好地为一流学科建设服务。学院行政团队不断加强规章制度建设和工作规范管理，开展创造学习型团队系列培训活动，加强各科室之间的工作沟通和联动。2018年8月，学院外文楼民主楼修缮工程正式启动，顺利完成搬迁工作，原在外文楼民主楼办公的系所中心及行政人员周转至燕园大厦办公。

截至2018年底，学院行政教辅人员共计40人，其中事业编制22人，劳动合同制18人。2018年新入职3人，退休1人，减离1人。

工会工作。2018年，学院工会共有在职教职工会员258人，其中劳动合同制会员12人。学院工会通过组织教职员工健康体检等方式关心教职工的身心健康和生活困难。通过自主开展常规特色活动，如"烟雨朦胧犹觉浅 山花烂漫意更浓——外国语学院工会组织教职工赴南海子公园开展春游活动""浓浓张裕情 醉美爱斐堡——外院教工参观张裕爱斐堡活动"、羽毛球比赛、游泳比赛等使教职员工放松身心，促进沟通交流，增强团队团结。学院工会牵头，组织教职工参加各项教学技能比赛，在北京大学第十八届青年教师教学基本功比赛中，李宛霖获人文社科组二等奖，范晶晶、岳远坤获优秀奖，学院获优秀组织奖。

继续教育。2018年学院共举办包括韩语、日语、英语、德语、英语口语强化、解放军单位委培、东南亚文化研修班等在内的非学历培训项目10余个，累计培训非学历项目学员764人。同时，为西班牙、泰国、埃及等孔子学院学生，以及新西兰大学生举办国际文化营项目共5期，累计接待国际学生144人。学历教育方面，英语系承办的英语专业专升本成人高等学历教育在校的2016级及尚在年限内未毕业的学生共计240人。学院配合继续教育学院完成2018级英语专业专升本学生156人次报考专业英语考试的工作。日语系作为北京市日语自考主考单位，继续负责北京市自学考试日语专业春秋两季专科段和本科段的考试命题、网上阅卷、非笔试项目考试、毕业考试及毕业资格审查等工作。2018年共进行网上阅卷990人次，毕业综合考试26人次。

学生活动。改革开放40周年、"一带一路"倡议5周年之际，学院学工办、团委立足学科专业特色继续开展"丝路诗语"多语种诗歌朗读活动，线上利用微信公众号推送经典双语朗诵篇目，线下举办"百廿聚芳华，四海共新声"多语种诗歌朗诵会。开展"薪火相传，不忘初心"新老生交流会、双学位说明会、研究生学术论坛、"心手计划"朋辈引航生涯导师计划等活动。为中日大学生千人交流大会、世界马克思主义大会等大型活动提供专业志愿服务，开展"语你相伴，再叙青春"北京市第一社会福利院老人陪伴活动、"语你相伴，圆梦未来"街道共建志愿服务。2018年暑假期间，组织学生社会实践团队奔赴浙江海宁、四川冕宁、马来西亚、菲律宾等地开展暑期调研。2018年学院获北京大学学生工作先进单位、北京大学学生心理健康教育工作先进单位等称号；团委在全校基层团委述职中总分第一，获评北京大学青年志愿者优秀组织单位、北京大学研究生暑期专项实践院系组织奖等；获"一二·九"运动师生歌会甲组冠军；篮球队获2018年北京高校外国语系篮球联赛（FLBA）冠军；2014级泰语本科生班被评为北京大学"班级五·四奖杯"、北京市优秀班集体。

毕业生去向。2018年，学院共有本科毕业生200人，其中7人为定向委培；193人中，67人就业，49人出国留学，77人国内深造。硕士毕业生共146人，其中3人为定向委培；143人中，114人就业，7人出国就业，7人国内升学，13人出国留学，2人待就业。博士毕业生共31人，其中16人为定向委培；15人中，14人就业，1人灵活就业。

（外国语学院）

对外汉语教育学院

【发展概况】 组织结构。对外汉语教育学院的历史可以追溯至1952年"北京大学外国留学生中国语文专修班"。1984年成立对外汉语教学中心。2002年成立对外汉语教育学院。学院下设长期项目教研室、预科项目教研室、短期项目教研室和特别项目教研室，负责语言生日常教学及管理；下设研究生教研室，负责研究生教学和管理；下设汉语及应用、习得与测试、文化与跨文化交际、课程与教师发展四个研究室，负责组织科研活动；学院综合办公室、信息技术服务中心和资源建设中心，共同为教学科研服务。学院运行由党政班子负责。学院设立学术委员会、教学委员会、评聘委员会和薪酬委员会，负责相关专项业务。

学科建设。学院一级学科为中国语言文学，二级学科为语言学及应用语言学，二级学科设立硕士点和博士点，同时设有汉语国际教育专业硕士点。一级、二级学科最近一次评估均在2017年完成。教育部第四轮学科评估，北京大学中国语言文学一级学科评估结果为A+。2017年汉语国际教育硕士专业学位授权点完成自我评估。学院主要品牌学术活动有"中青年学者汉语教学国际学术研讨会""北京大学国际汉语讲坛""黉门对话""对外汉语教学暑期高级研讨班""对外汉语教学研究生学术论坛"等。学院主办学术刊物有《汉语教学学刊》。

队伍建设。2018年学院有在职教师52人，其中教授8人，副教授31人，讲师7人，助理研究员1人，新体制教研系列长聘副教授2人，助理教授2人，新体制教学教授1人；另有院聘语言讲师5人；行政教辅人员11人，其中劳动合同制7人。2018年晋升教研系列长聘副教授2人，晋升教学系列教授1人。2018年入职新体制教研系列教师2人。2018年12月，学校批复学院人事改革综合方案，其中教学科研人员总规模不超过57人，教研系列人员规模不超过25人。

教学工作。2018年学院在校研究生共有196人，其中博士生40人（港澳台2人，内地23人，外国留学生15人），硕士生156人（汉语言17人，汉教硕139人，其中中国内地学生97人，港澳台生8人，外国留学生34人）。2018年首次在"学校课程与教学领域"下招收汉语国际教育专业博士生3人。2018年7月，56人结束学业，其中博士毕业生5人，3人被授予博士学位；1人结业；硕士毕业生50人，47人被授予硕士学位。学院明确博士生学业奖学金与工作量关系，以教学助教、图书室助理等方式满足博士生岗位需求。博士生综合考试增加笔试环节，统一命题考试。硕士生毕业论文形式多样化，注重实践性、应用性，同时与学院信息化建设相结合，为教学提供可用资源。汉语国际教育专业硕士生参加第二届"汉教英雄会"，日本留学生茂野瑠美获得外国留学生研究生组亚军。

2018年共完成2310人次、28,076课时留学生语言教学任务，开设222个班级。其中春季学期学生728人，秋季学期学生865人，暑期学生717人。学生人数和教学任务与2017年基本持平。2018年新增教学项目5个：燕京学堂高级汉语综合项目（一对二课程）、澳大利亚悉尼大学短期文化项目、新西兰奥克兰大学短期项目、研究生层次国际暑期学校、暑期东盟教育周夏令营。

科研工作。2018年学院学术成果33项，其中期刊论文27篇，会议论文3篇，编著或教材2本，专著1本。教师参加科研活动84人次（参加人数26人），其中参加会议62次，讲学培训22次。在研项目共19个。举办国际汉语讲坛4讲。各研究室开展研讨和沙龙活动9场（习得与测试研究室3场、汉语与应用研究室3场、课程与教师发展研究室2场、文化与跨文化研究室1场），包括学术演讲15场、主题讨论1场。

交流合作。接待上海外国语大学孔子学院工作处、复旦大学国际文化交流学院、武汉大学文学院对外汉语教研室、四川大学文学与新闻学院语言学及对外汉语教研室、台湾师范大学华语文教学系、兰州大学国际教育交流学院等国内单位来院调研交流。韩国又松大学、泰国吉拉达学校、新加坡教育部课程规划与发展司、泰国朱拉隆功大学文学院、泰国玛希隆大学人文社科学院等来院调研交流。11月26日，伦敦大学学院教育学院孔子学院与学院就"中文培优项目"（Mandarin Excellence Programme，MEP）云平台资源建设和推广签署合作备忘录。12月24日，韩国梨花女子大学外国语教育研究生院与学院签订汉语国际教育双硕士学位课程协议和EPTeCSOL非学位课程合作协议。

社会服务。7月16日至27日，举办"北京大学2018年对外汉语教学暑期高级研讨班"，为期两周，报名人数500余人，来自国内外90多所高校的170名青年教师和研究生参加。12月1日，2018年"黉门对话——国际汉语教师教育与发展"专家主题论坛举行，10位在国际汉语教师教育研究领域的国内外学者应邀作主题报告，从500多位报名者中遴选而出、来自全国20多所高校的120名代表参与现场活动，9772人次通过"唐风汉语"微信平台观看网络直播。

党建工作。2018年，学院党委组织开展教职工党支部"不忘初心·牢记使命"党日活动、学生党支部主题党团日教育活动，组织专题学习贯彻习近平总书记在北京大学师生座谈会上的重要讲话精神系列活动，组织学习贯彻全国教育大会精神等活动。建立健全党委会、党政联席会、学术委员会制度。规范师德师风考核工作。学院共有党员152人，其中，教职工党员38人，离退休党员24人，学生党员75人，组织关系暂存党员15人。发展对象16人，入党积极分子29人（含发展对象）。2018年新发展党员7人，其中教职工1人，学生6人。2018年，学院共有19条新闻在北京大学新闻网主页发布，其中思想政治工作方面5条，学术类3条，教学类6条，综合类6条。学院微信公众号推送天数86天，发布文章99篇。学院主页发布学院新闻60篇，通知公告44篇。

行政工作。2018年学院行政坚持实行周小结、周计划汇报和月度例会制度。克服人员少、事情多等因素，完成教学、科研服务保障工作。

工会工作。2018年6月，学院工会组织教职工体检，10月13日组织教职工云蒙山秋游，10月19日启动面向全院老师健康大步走仪式。组织新入职教师参加青年教师参加教学基本功大赛，选派有经验的教师担任评委，连续六年获得"优秀组织奖"称号。

学生工作。2018年，学院学生工作立足学生，保质保量完成常规工作。同时，结合学院学科和学生特点，为搭建中外师生交流平台、拓展学生国际化视野，学工组以组织构建为基础，开展思想政治教育、多元文化教育、学术科创方面的特色活动，包括"汉苑听潮"师生沙龙、"羽你相约"中外师生羽毛球赛、"语你为伴"中外语伴交流会、"汉院职说"学生发展辅导系列讲座、参观"伟大的变革"展览、对外汉语博士生论坛、南门博士生跨学科学习研究联盟、元旦联欢会、"青春在线"研究生假期生活系列报道等，同时组织学生参与学术论坛的志愿服务工作，包括博士生论坛、世界汉语研讨会、黉门论坛等大型学术活动。

（詹成峰）

【第十三届国际汉语教学研讨会】 2018年11月8日至9日，"第十三届国际汉语教学研讨会暨首届世界汉语研讨会"在北京大学举行，来自32个国家和地区的代表约340人参加会议。此届大会主题为"新时代国际汉语教学研究与发展"，由世界汉语教学学会、孔子学院总部/国家汉办和北京大学联合主办，研讨会通过7个分会场、4个分论坛研讨，专家学者、政府与国际组织代表、语言传播机构代表和汉语学习者之间充分交流，共同为促进国际汉语教学、研究和推广献策献力，为推动中国与世界更深入的理解和友谊、推动构建人类命运共同体作出新贡献。邱水平书记会见世汉会理事，郝平校长出席开幕式、闭幕式，王博副校长出席闭幕式。

（詹成峰）

【校庆系列活动】 2018年，围绕北京大学建校120周年校庆，学院举办系列活动，包括：校庆书法交流活动、北京大学对外汉语教育学院梁颖奖助金本金捐赠仪式、对外汉语教育学院院友会成立大会、汉语国际教育云平台开通仪式、对外汉语博士生论坛暨第十一届对外汉语教学研究生学术论坛、"我与北大·我与中国"2018年留学生汉语大赛、"北大因你，百廿又新"北京大学2018年留学生汉语演讲比赛。

（詹成峰）

【课程建设】 2018年学院教师完成8门国际汉语教师证书课程的建设：杨德峰《现代汉语》、李丽《中华文化与传播》、刘晓南《跨文化交际》、刘立新《汉语教材资源分析与利用》、张明莹《古代汉语基础》、任雪梅《汉语要素教学》、周守晋《二语习得基础》、蔡云凌《汉语教学技能》。博雅汉语配套数字教学资源平台投入使用。承担孔子学院总部"互联网+国际汉语教育师资培训"的3门在线课程《外语教学法基础》《汉语测试基础教程》《现代汉语基础知识》的建设任务。

（詹成峰）

艺术学院

【发展概况】 组织机构。北京大学艺术学院成立于2006年1月11日，其前身是1986年成立的北京大学艺术教研室、1997年成立的北京大学艺术学系。艺术学院下设四个系：艺术学理论系、影视学系、美术学系、音乐学系。同时设八个研究机构：北京大学文化产业研究院（国家文化产业创新与发展研究基地）、北京大学影视戏剧研究中心、北京大学昆曲传承与研究中心（教育部中华优秀传统文化昆曲传承基地）、北京大学书法艺术研究所、北京大学曹雪芹美学艺术研究中心、中国文联文艺评论研究基地、文化部国家对外文化交流基地和北京大学艺术学院民族音乐与音乐剧研究中心。学院拥有北京大学数字媒体实验教学中心（教育部领导型媒体创新人才培养实验区），同时得到北京大学美学与美育研究中心（教育部文科重点研究基地）的支持。

学科建设。学院于1999年开始招收艺术学硕士研究生。2001年开始招收广播电视编导（影视编导）本科生，增设电影学硕士点。2003年增设美术学硕士点。2004年开始招收艺术学博士研究生。2005年被批准设立艺术学一级学科博士点。2006年增设艺术硕士（MFA）专业学位（广播电视艺术专业）。2009年被批准设立艺术学一级学科博士后流动站。2011年增设艺术学（艺术史论）本科。2014年增设艺术硕士（MFA）美术方向。2015年增设艺术硕士（MFA）音乐剧方向。2017年艺术学理论学科入选"双一流"建设学科名单，并在教育部第四次学科评估中名列第一。2018年学院开始接收推免专硕和直博生。

队伍建设。2018年学院共有教职员工41人，其中教授14人，副教授7人，助理教授2人，讲师1人，博士后11人，行政教辅人员6人。共有本科生179人，艺术学双学位学生127人，研究生377人，其中博士研究生84人，学术硕士研究生74人，艺术硕士219人。

教学工作。2018年，在本科生教学方面，学院承担全校学生艺术素质课程，全年艺术素质课程选课人数达8400人次。学院为每位本科生配备1名导师，指导学生选课、学习和社会实践。2018年7月，学院组织完成第五届全国优秀中学生艺术学暑期课堂。在研究生教学方面，修订艺术硕士培养方案，形成4个专业三个层次的课程培养体系；完成艺术学院艺术学理论博士和硕士学位点、美术学硕士学位点、戏剧影视学硕士学位点和艺术硕士学位点自评工作；举办"2018北京大学艺术学院国际博士生学术论坛"，以"一元与多元"为主题，设艺术理论、艺术史、电影学和文化产业4个分论坛，来自全球相关领域的百余位专家学者和博士研究生参与交流。

继续教育。2018年学院开办高级专门人才研修班。2018年春季获得学位23人，夏季获得学位5人，共计28人。招收43名访问学者和进修教师，定期组织面向访问学者的学术论坛、实践考察等活动，组织《燕园雅集》访问学者和进修教师学术展演系列活动。

科研工作。在科研成果方面，学院教师在国内外各级期刊发表论文166篇，出版著作8部。在中国文联、中国文艺评论家协会组织的第三届"啄木鸟杯"中国文艺评论年度优秀作品评选中，高译副教授的《中国画艺术美学》入选"年度优秀评论著作"，唐宏峰助理教授的《新机制、新媒介与当代性——对当代条件下文艺高峰建设的思考》入选"年度优秀文艺评论文章"。音乐学系毕明辉副教授获William Evans奖。北京大学昆曲传承基地成为首批教育部优秀传统文化基地。学院举办第十五届中国文化产业新年论坛、第36期"黉门对话"专家主题论坛——"美术：一种生动视觉化的历史"、2018北京大学艺术学国际博士生学术论坛、北京大学-澳门理工学院艺术管理与文化产业工作坊、中国电影的"诗性传统和人文精神"学术论坛、中国电影年度论坛2018—2019暨"中国影视蓝皮书2019"启动仪式等大型学术论坛、"博雅美谭"系列讲座。文化产业研究院出版《文化产业年度报告》；影视与戏剧研究中心定期举办"批评家周末文艺沙龙"，举办"中国影视蓝皮书"首发暨高峰对话；民族音乐与音乐剧研究中心的原创音乐剧《大钊先生》上演；昆曲传承与研究中心与汤显祖国际研究中心联合策划主办汤显祖研究系列讲座共8讲，举办新版《义侠记》全国高校巡演首演，策划主办的校园传承版《牡丹亭》获得2017年北京市文化艺术基金资助，共计巡演13场。国家对外文化交流研究基地定期举办"中国特色文化外交研究"系列讲座。曹雪芹美学艺术研究中心与曹雪芹研究会合办《曹雪芹研究》期刊，举办品红课、暑期讲习班等沙龙讲座。

交流合作。学院先后接待柏林自由大学、曼彻斯特大学、爱丁堡大学、南加州大学、巴斯斯巴大学、台湾师范大学等高等院校相关专业的专家和学生访问。接待境外专家来院讲学27人次，学院教师赴境外讲学、研讨交流12人次，举办国际学术会议3次，开展研究生赴美国和本科生赴法国暑期海外访学项目。

党建工作。学院党委以学习贯彻十九大和学校十三次党代会精神为指引，以庆祝改革开放40周年和学习贯彻落实总书记在师生座谈会上的重要讲话精神为主线，累计组织各类学习活动25次。全年共计发展党员17人，转正预备党员9人；新建1个党支部，完成3个党支部换届，每个支部专设纪检委员1名；完成支部书记培训9次；共计组织52人参加党的知识培训班，24人参加党性教育读书班，开展党课班活动12次，2人获得"优秀学员"，1人获得"优秀领队"荣誉称号。学院6个师生党支部落实"三会一课"制度，推进"两学一做"常态化，按时完成党支部评议考核和民主评议党员工作，完成基层党支部书记现场述职工作，完成教工党支部在职党员"双报到"工作，落实"生活困难党员帮扶补助"工作，上报1名困难党员，并给予院内配套补助支持。全年累计举办各类党日活动20余次。

学生工作。在奖助方面，学院资助寻访覆盖10%受资助生，设立勤工助学岗5个；修订《北京大学艺术学院学生素质综合测评办法及奖励奖学金评选实施细则》，评选校级奖学金79项，校级奖励学生75人；"本科生国际交流奖学金""达世行奖学金""艺术创作扶持计划"评审工作有序开展，院设奖学金发放近45万元。在心理方面，新生测评完成率98.24%，全日制新生测评率100%，处理突发事件10余起。2018届毕业生升学、就业率达到97%。坚持审美教育，学院主办北京大学湖畔艺术节，邀请国内外知名学者来院分享学术与人生，举办博雅艺术讲坛10余场、博雅美谭公开讲座2次、艺术知行课堂3期、院长沙龙1次、新生适应课4讲，举办各类党团日活动30余次，学院延边实践团获得2017—2018学年度北京大学金奖。学院代表队获2018年新生"爱乐传习"项目暨纪念"一二·九"运动83周年师生歌会乙组冠军。

工会工作。学院工会在配合学校、完成日常工作的同时，继续组织有利于全院教职工身心发展的参观学习和健身活动。做好每年参与的学校爱心募捐工作，完成一年一度的健康体检工作，安排对本院离退休教授及职工的年度慰问和送温暖工作。

对口扶贫工作。学院继续结合自身学科、人才和社会资源等方面优势，完成对口帮扶云南大理弥渡县密祉镇的扶贫工作。通过协助策划"小河淌水"国际音乐节、专题片和微电影等，加强该地区对外宣传。2018年学院党委捐赠5万元党费支持密祉镇基层党建工作，随学校领导与当地?座谈交流，商议帮扶工作落实方案。

学生艺术团。在学院教师的指导下，各艺术团完成2018年学校的各项工作和任务，参加国内外各类艺术团体的交流和比赛，累计参加校内外各类演出40余场。民乐团赴纽约参演"Beyond Music：北京大学校庆纽约音乐会"；舞团举行"北京大学学生舞蹈团三十周年专场舞蹈演出"；合唱团参加"第五届北京国际青少年艺术周"，与澳门大学合唱团联合举办专场音乐会；交响乐团参加默克-北京大学的联合演出。合唱团和民乐团代表北京大学参加第五届全国大学生艺术展演活动，获"高校优秀组织奖"；合唱团获声乐一等奖，演唱曲目《槐花几时开》获节目优秀创作奖；民乐团获器乐一等奖。民乐团在"世界哲学大会"闭幕式上进行演出。

（李婷婷、胡玉敏、杨玉娟、耿炜娜、高晨昱、
陈　均、贾　妍、靳钰楚、孙　黎、黄泽方、
侯锡瑾、佟佳家、毕明辉、解　明）

【教学成果】 2018年，在教育部指导和学校支持下，叶朗先生牵头组织实施和申报的面向全国高校的"艺术与审美"系列人文通识网络共享学分课程，获北京市高等教育教学成果奖特等奖。

（胡玉敏）

【重大项目】 2018年，学院《文艺发展史与文艺高峰研究》和《影视剧与游戏融合发展及审美趋向研究》两项课题同时获得国家社科基金艺术学重大招标项目。

（陈　均）

【学术论坛】 2018年8月30日至9月1日，北京大学艺术学国际博士生学术论坛在北京大学召开。该论坛由北京大学研究生院指导，艺术学院主办，以"一元与多元"为主题，设有艺术理论、艺术史、电影学和文化产业等4个分论坛。

（杨玉娟）

歌剧研究院

【发展概况】 组织结构。歌剧研究院成立于2010年1月，是我国第一所专门从事歌剧专业人才培养、歌剧创作与研究的高等教学科研机构，致力于创立独立、完整、系统的"歌剧学"学科和歌剧教学科研体系，促进和推动中国歌剧学派的形成与建立。2010年，获国家财政特色学科立项，以新体制运行和管理。

学科建设。研究院以建立"中国歌剧学派"为使命，以"中国美声"和"中国歌剧"为主要研究对象，以培养高层次歌剧职业人才为目标，把"中国歌剧学"作为重点建设学科。2012年，开设歌剧表演方向，招收歌剧学艺术硕士。2014年，增设歌剧史论研究方向。2015年，增设歌剧制作与管理、音乐剧表演方向。2016年，被列入教育部深化专业学位研究生教育综合改革试点。2018年研究院整体水平已居国内领先。研究院以产学研用为办学特色，重视歌剧实践与创作，现拥有自主知识产权的歌剧作品6部。

队伍建设。2018年研究院有教学科研人员20人，其中教授3人，副教授1人，讲师1人，其余为院聘专家。核心队伍中，歌剧表演艺术家4人；歌剧史研究专家1人；歌剧导演及制作人1人；歌剧编剧1人；舞蹈表演艺术家、国家一级编导1人。青年骨干教师中，女高音歌唱家2人、男中音歌唱家1人、作曲家1人、钢琴艺术指导3人。2018年，新增院聘教授5人，驻院艺术家5人，院聘研究员3人，院聘副研究员2人。

教学工作。截至2018年底，研究院在校生23人，毕业生24人，均为硕士研究生。2018年招收戏剧（歌剧艺术）专业艺术硕士6人。开设研究生课程21门，本科生公选课4门。研究院的教学围绕应用型人才培养展开，课程设置联系舞台创作与实践，鼓励学生参加艺术实践活动，并设月末教学汇报演出和年度毕业大戏。

科研工作。2018年，研究院在国内重要学术期刊发表论文8篇。12月，出版《中国歌剧》丛书第一辑。剧本《北大1918》入选中国文联2018中国青年文艺创作扶持计划资助项目。联合北京大学计算机科学技术研究所开展的跨学科合作项目"中国歌剧数据库"，正持续建设。

交流合作。2018年，研究院接待丹麦奥尔胡斯皇家音乐学院院长来访，交流合作办学。邀请海外名师来院举办大师课3人次，其中钢琴艺术指导2人，歌剧指挥1人。与中国艺术研究院共建中国歌剧学研究中心，9月招收首批艺术硕士4人。研究院联合地方政府和艺术院团院校，在全国多地建立教学实践基地，2018年与西安曲江文化产业示范基地合作，开展创作研究。12月，研究院举办第三届"北大歌剧论坛"，来自国内外的知名专家、学者、歌剧表演艺术家及专业媒体人士，共136人参加论坛。

党建工作。2018年，研究院党支部共有党员10人，其中教工党员9人，学生党员1人。党支部组织全体党员学习贯彻十九大报告，学习习总书记在北大师生座谈会上重要讲话精神、在全国教育大会上的讲话精神等。

学生工作。2018年6月、7月，学生参演"中国美声"音乐会。10月、11月，学生参加第八届北京东城国际喜歌剧节公益演出季。12月，学生参加校庆120周年《北大1918》演出。

毕业生去向。2018年，研究院毕业研究生10人，其中7人国内就业，1人境外就业，2人出国留学。

（蒋一民、郑景华、任　晔、李　鸿、王　岚）

【《青春之歌》入选首批高校原创文化精品推广行动计划】
2018年10月教育部思想政治工作司颁布《关于启动实施"高校原创文化精品推广行动计划"》的通知，在全国教育系统范围内征集有先进性、代表性，思想教育与艺术素质教育相结合的优秀文艺作品，在全国范围内进行传播推广。经北京大学党委宣传部推荐、教育部思政司组织专家评审，北京大学原创歌剧《青春之歌》在全国数百部文艺作品中以第一名入围首批"推广行动计划"作品名单。

（李长鸿）

【北大歌剧论坛】 2018年12月12日至13日，歌剧研究院举办第三届"北大歌剧论坛"。此届论坛由北京大学歌剧研究院、北京大学人文学部主办，中国歌剧研究会、中国歌剧学研究中心合办。百余位国内知名专家、学者、艺术家以及歌剧爱好者和媒体人士参加本届论坛。论坛以"歌剧思维与歌剧技术"为主题，以解决当前中国歌剧全面发展所面临的难题为着力点，以提高国家文化软实力为目标，力促建设新时代的中国歌剧，将中国歌剧推向世界舞台中心。

论坛开幕式于12月12日在北京大学中关新园举行。12月13日，百余名专家围绕"歌剧思维与歌剧技术的现实意义""歌剧思维与民族审美""歌剧技术作为歌剧思维的保障"三个议题展开讨论。同时，由歌剧研究院院长金曼教授宣布启动"中国原创歌剧学院奖"评奖项目，戴玉强教授宣布启动"歌剧《青春之歌》合作推广行动计划"，歌剧研究院副院长、歌剧史专家蒋一民教授主持由歌剧研究院编辑出版的《中国歌剧》丛书新书首发仪式。

（李长鸿）

【原创剧作《北大1918》上演】 2018年12月12日、13日晚7:00，歌剧研究院原创剧作《北大1918》于北京大学百周年纪念讲堂上演。12月12日的首演是第三届"北大歌剧论坛"的一部分，北京大学党委副书记叶静漪、副校长王博与来自校内外的1000余名观众观看演出。作品将2018年与1918年多个重要事件融于同一舞台，以当代大学生的视角回顾往事，再现百年前北大人为中华民族复兴而奋斗求索的历程，同时也展现当代青年学子奋发向上的精神风貌，突显传承不息、常为新的北大精神。剧作在历时一年的创排过程中，得到校党委宣传部、校史馆领导专家们的专业指导，以及校团委、校工会、校友会等部门的支持，并入选2018中国文联青年文艺创作扶持项目。

（李 烨）

【国际获奖】 2018年毕业生张龙，在校期间获第四届罗马尼亚布加勒斯特国家歌剧院国际声乐比赛第一名、第55届意大利"威尔第之声"国际声乐比赛布塞托总决赛第一名，毕业后获第56届西班牙弗朗西斯科·维尼亚斯国际声乐比赛第三名，受聘德国慕尼黑巴伐利亚国家歌剧院。

（李 烨）

儒藏编纂与研究中心

【发展概况】 北京大学《儒藏》编纂与研究中心是2004年6月成立的实体性研究单位，挂靠哲学系，是为教育部哲学社会科学研究重大课题攻关项目《儒藏》工程专门成立的组织编纂与研究机构，由哲学系资深教授、《儒藏》工程首席专家汤一介教授任中心主任。2014年11月，由王博教授接替汤一介先生任《儒藏》工程项目负责人。成立之初，中心名称为"北京大学《儒藏》编纂中心"，2009年10月更名为"北京大学《儒藏》编纂与研究中心"。中心依托北京大学的文化底蕴和学术传统，整合北京大学人文学科资源，联合国内及韩日越三国近百家高校和学术机构，启动《儒藏》工程，致力于儒家文献的整理与研究。《儒藏》工程是中华人民共和国成立以来人文社科领域最大的一项基础性学术文化工程，也是中国人文学界迄今规模最大的一项国际学术合作和文化交流项目。工程旨在以现代的学术眼光和技术手段，既对儒学文献进行全面整理，又对儒家文化进行深入研究，并像《佛藏》《道藏》那样，将儒家的典籍文献集大成地编纂成为一个独立的文献体系。工程由汤一介教授任首席专家，季羡林先生任首席总编纂，汤一介教授、庞朴教授、孙钦善教授、安平秋教授任总编纂。

《儒藏》中心共有在编专职编纂人员9人（其中8人为副研究员，1人为助理教授），在编行政人员1人，合同制行政人员5人，合同制编纂人员4人，聘任全职校内退休教授7人，聘任校内兼职教授1人、校外兼职教授1人、审稿专家1人，进站博士后1人。

教学工作。2004年，北京大学设立交叉学科"儒家思想与儒家经典"方向，由北京大学《儒藏》编纂与研究中心主办，挂靠哲学系、中文系招收硕士、博士研究生，并由《儒藏》中心统筹安排。《儒藏》中心聘请文、史、哲学科的著名学者共同担任导师，对博士生实行导师负责和集体指导相结合的培养方式，提供有利于诸学科融汇交叉的课程安排、学习形式。应《儒藏》编纂工作的需要和培养要求，学生入学后，统一选修中国哲学专业、中国古典文献学专业和中国古代史专业的课程，并完成一定数量的《儒藏》精华编书稿的校点或审稿工作。

2018年，"儒家思想与儒家经典"方向毕业6名博士生，招收6名博士生，在校生共计34人。

科研工作。1.《儒藏》"精华编"是《儒藏》工程的先期成果，收录中国历史上具有代表性的儒学文献500余种，韩、日、越三国历史上以汉文撰写的重要的儒学文献150余种，共约2.3亿字，计划编成339册。截至2018年12月，已出版195册。

2.《儒藏》中心主办的学术集刊《儒家典籍与思想研究》（每年一辑），截至2018年底已出版10辑。

3.《儒藏》中心主办的学术讲座"《儒藏》讲坛"截至2018年底已组织4期。

年度纪事。1. 截至2018年底,《儒藏》中心官方公众号"北大《儒藏》"已运行一年半,主要介绍《儒藏》出版动态及中心相关学术成果和学术活动。

2.2018年,《儒藏》中心管理系统正式建成投入使用,推进《儒藏》编纂和中心管理自动化、规范化、系统化的进程。

(儒藏编纂与研究中心)

社会科学学部

【发展概况】 社会科学学部是北京大学在社会科学领域协调推进学科建设和教育教学改革的机构。社会科学学部由国际关系学院、法学院、信息管理系、社会学系、政府管理学院(及中国政治学研究中心)、马克思主义学院、教育学院、新闻与传播学院(及新媒体研究院)、体育教研部、中国社会科学调查中心、教育财政科学研究所等实体单位组成,包括法学、公共管理、教育学、马克思主义理论、社会学、体育学、图书情报与档案管理、新闻传播学、理论经济学、应用经济学、政治学等11个一级学科,下设50个二级学科。

2018年,召开六次学部学术委员会会议,内容包括评审北京大学第十四届人文社会科学研究优秀成果奖、讨论政治学中心、区域国别研究院建设事宜、讨论各院系2018年度发展绩效建设方案、审议2018年度专业技术职务聘任及通用岗位聘任工作、讨论《改革开放与中国社会科学四十年》丛书出版事宜等。

开设并优化《社会科学的经典与前沿》课程,首次开设《社会科学方法导论》课程,筹备开设《社会调查理论与实践》课程。《社会科学的经典与前沿》由学部内6个招收本科生的院系推荐的13位学术带头人主讲,《社会科学方法导论》授课团队由来自社会学系、信息科学技术学院、政府管理学院、新闻与传播学院等院系的成熟学者及骨干教师组成。以上3门课程,形成社会科学研究的方法、经典与调研系统训练框架。

启动社会科学基础人才培养项目(严复班),聘请基础扎实、思想活跃、学术敏锐的中青年教师担任课程主讲人,或者担任学生的导师。原则上学部内的博雅讲席、博雅特聘教授、长江学者都要为学生授课,或参与教学活动。

社会科学学部的管理架构及体制机制步入正轨,部务会、学术委员会和教学指导委员会运转正常。其中部务会由学部主任、副主任及学部内各学院(系、所、中心)主要负责人组成,2018年召开多次会议,讨论学部学科规划、教学改革、队伍建设等重大问题。

(佟 萌)

【马克思主义理论学科建设】 学部按照十九大报告要求,深化马克思主义理论研究和建设,加快构建中国特色哲学社会科学,在学校党委、行政的支持下,整合政府管理学院(中国政治学研究中心)、马克思主义学院、教育学院、哲学系、外国语学院力量,编译发行《马克思主义历史考证大辞典》中文版第一卷。5月17日,召开推出《马克思主义历史考证大辞典》中文版(第一卷)(商务印书馆出版)、《马克思主义经典著作基本观点研究丛书》(12卷)(人民出版社出版)和《马克思主义简明读本》(人民出版社出版)首发式,来自北京大学、人民大学、中央编译局、社会科学院等单位的学者参会。

(佟 萌)

【出版《改革开放四十年与中国社会科学》丛书中文版】 推出《改革开放四十年与中国社会科学》丛书(十卷本),丛书各部分工如下:《中国法学四十年》(张守文主编)、《中国政治学四十年》(俞可平主编)、《中国社会学四十年》(张静主编)、《中国国际政治与国际关系学四十年》(贾庆国主编)、《中国新闻传播学四十年》(陆绍阳主编)、《中国图书情报学四十年》(李广建主编)、《中国马克思主义理论四十年》(孙熙国主编)、《中国教育学四十年》(陈晓宇主编)、《中国经济学四十年》(姚洋主编)、《中国人口学四十年》(郑晓瑛主编)。

(佟 萌)

国际关系学院

【发展概况】 国际关系学院下设5个系和3个研究所,即国际政治系、外交学与外事管理系、国际政治经济学系、比较政治学系、国际组织与公共政策系、国际关系研究所、亚非研究所、世界社会主义研究所,此外还有20余个科研中心。有4个本科、8个硕士和6个博士专业对外招生,即本科的国际政治、外交学、国际政治经济学、国际组织与公共政策,硕士的国际政治、国际关系、外交学、国际政治经济学、中外政治制度、中共党史、科学社会主义与国际共产主义运动、国际组织与公共政策,博士的国际关系、国际政治、外交学、科学社会主义与国际共产主义运动、中外政治制度、国际政治经济学。其中国际政治、科社与国际共运是全国重点学科。学院还与北大政府管理学院、马克思主义学院共同设立政治学博士后科研流动站。

截至2018年12月,学院有教职工101人,包括教研人员55人(教授28人,副教授21人,助理教授6人),行政教辅人员14人,合同制员工30人,返聘人员2名。2018年招收本科新生162人,其中留学生34人,另有辅修双学位学生66人。毕业本科生129人,毕业辅修双学位学生52人。

2018年新招收硕士研究生162人，博士研究生33人，毕业硕士研究生132人，博士研究生19人。招生规模特别是研究生、留学生数量呈逐年递增趋势。

根据QS世界大学专业排名，北京大学国际关系专业排名2018年为26名。在全国第四次一级学科评估中的成绩为A+。

（庄俊举）

党建工作。学院党委学习贯彻落实习近平新时代中国特色社会主义思想，特别是习近平总书记在北大师生座谈会上的重要讲话精神。落实整改任务，深化综合改革。制定《国际关系学院党政联席会议事规则》《北京大学国际关系学院党委"两学一做"学习教育制度化常态化方案》等相关文件，完成《国际关系学院人事综合改革方案》。加强自身建设，规范每月一次的党委会，落实党委委员联系支部制度，通过召开学生支部书记月度会和院党委扩大会等方式督促检查各支部开展"三会一课"情况，同时加强对支部书记的培养培训。学院党委还牵头召开深化综合改革专题研讨会。

学院党委组织开展学习贯彻习近平总书记5月2日在北大重要讲话精神系列活动，通过文本研读、专家讲解、实践感悟等多种形式。召开学生党员骨干大会、全院教师大会和全院党团学生骨干200余人专题学习会，学习传达总书记重要讲话精神。

建设学生党建活动品牌。8月23—27日，学院党委组织教职工党员赴浙江红船干部学院开展以"不忘初心、牢记使命"为主题的红船精神党员教育培训活动。6月15—16日，组织各学生支部党员代表赴河北安新中学及雄安新区相关机构开展交流调研。12月14—15日，组织部分学生党员赴湖北黄冈中学、红安中学及武汉、红安的革命老区开展交流和实践调研活动，活动还特别邀请部分留学生参加。2018年学院共有55名入党积极分子（含1名教工）发展入党；26名预备党员转正。陈正勋被评为"北京大学优秀共产党员标兵"；郭洁、高静、刘莲莲被评为"北京大学优秀共产党员"；行政党支部、15级博士研究生党支部获评"北京大学先进党支部"。

（虎翼雄）

教学工作。落实学校各项教育改革措施，开拓新的专业领域，完善培养流程。1.成立国际组织与国际公共政策系。6月，学院成立中国高校第一个国际组织与国际公共政策系，在全校本科一年级学生中招收22名本科生。

2.加强本科课程体系建设。制定"国际组织与国际公共政策"专业教学计划和培养方案，包括谈判模拟与国际公文写作、国际公共政策导论、中国政治与公共政策、国际组织与全球治理前沿、中外文化比较等。开设跨学科通识选修课"'一带一路'沿线国家政治经济与国际关系概况"，完善针对留学生的汉语课程。

3.申报并完成北京大学本科教育改革项目。2018—2019学年共申报9项教改项目，具体是：全球治理的政治经济学（董昭华负责）；翻转课堂：《比较政治学》课程教学改革（潘维负责）；国际政治概论（王逸舟负责）；留学生本科专业汉语教学创新实践探索（沈青兰、刘莲莲负责）；民主的历史与现实（汪卫华负责）；全英文教学的课程建设、改革与实践（雷少华负责）；社会科学方法论（陈长伟负责）；中国东盟青年创新创业基地（翟崑负责）；搭建社会实践平台，培养国际事务人才（唐士其负责）。唐士其等负责的教改项目"科学、系统、可持续发展的国际关系本科课程体系的构建与实践"获北京大学教学成果奖特等奖、北京市教学成果一等奖；归泳涛等负责的"北京大学—早稻田大学本科生双学位项目"获北京大学教学成果一等奖。

4.加强本科招生工作。一是举办高中生暑期学校，二是鼓励学院老师直接参与一线招生工作，三是加强与学校招办和各招生组的联系。2018年的第二期暑期学校，招收全国各地高中生200名，比第一期增加40名。同时，祝诣博、雷少华、祁昊天、节大磊等老师参加一线招生工作。2018年，学院共招收的本科生中，中国大陆学生为122名，达到历史最高水平。

5.加强专业实践基地建设。学院与中国人民对外友好协会美大部、中共珠海市委组织部、北京师范大学香港浸会大学国际联合学院、裕峻集团等单位签署合作协议，满足"国际组织与国际公共政策"专业学生的实习需要。

6.申请并完成"研究生教育创新计划"项目。完成王逸舟负责的第十二届全国国际关系、国际政治专业博士生学术论坛"区域与国别研究和比较政治学：新问题、新方法"，李寒梅负责的2019年北大·南开·复旦三校博士生会议。

（归泳涛）

科研合作。1.学术成果。出版学术著作19部，其中专著8部，编著9部，译著2部。全院师生发表学术论文160余篇。获得纵向项目6项，合同总额450万元左右。包括：（1）王缉思：未来30年中美战略博弈情景预判（国家社科基金第二个百年重大专项）；（2）查道炯：应对全球非传统安全威胁研究（国家治理与全球治理国家社科基金重大专项）；（3）张海滨：全球气候治理关键问题研究（国家重点研发计划）；（4）陈长伟：游走在战争边缘的美台尴尬同盟（1961—1968）（国家社科基金项目）；（5）罗杭：国际组织中的权力测算：从投票权到投票权力：以亚洲基础设施投资银行为例）（国家自然科学基金）；（6）李安山：人类命运共同体视野下的中国-非洲价值观比较研究（教育部繁荣计划专项基金）。获得横向项目30余项，合同总额1300万左右。

2.国内学术交流活动。举办教授午餐会共13期，博士生论坛11次。12月，举办"第十一届全国国际关系、国际政治博士生论坛"。论坛共收到境内外24所高校及科研院所在读博士研究生论文77篇，最终共有33篇论文通过学术委员会的匿名评审并获参会资格，最终评出二、三等奖共6篇优秀论文。举办青年教师座谈会、博士后茶座、悦读会等。

3. 各研究中心的活动。非洲研究中心、台湾研究院、中国与世界研究中心、中美人文交流研究基地、国际组织研究中心、中国战略研究中心、全球治理研究中心、亚太研究院、日本研究中心、跨国问题研究中心、俄罗斯研究中心、东西方文化研究中心、陈翰笙世界政治经济研究中心、东北亚区域一体化研究中心和美国研究中心等继续发挥重要科研平台和对外交往基地作用，承担一系列重要课题研究、会议，以及出版大量咨询和内部报告。例如，承担省部级课题18项；主办"第十二届华人学者台湾问题研讨会"、举行中日韩和中日美三边对话、举行"北京大学日本研究中心成立30周年暨中日和平友好条约40周年纪念"研讨会等会议；出版《北大非洲电讯》到387期、内部交流刊物《研究报告》和《观察与交流》12期；面向全校本科生和研究生开设全校通选课《美国社会与文化》和北大-斯坦福大学合作的实时视频研究生课程《美国、中国与全球安全》；设立"李安山非洲研究奖学金"等。

4. 《国际政治研究》杂志编辑部。（1）进行系列专题策划和专访策划。策划"国际关系理论：前沿问题与新的路径""国际法治与中国的角色""日本国际政治研究的经验与借鉴""世界主义思想的源流与发展"系列专题。策划"专访：21世纪以来中国国际政治研究的发展"特色专栏，组织5篇访谈。（2）利用国家社科基金，建立《国际政治研究》网站（www.jis.pku.edu.cn）；运营微信平台，用户超过1.2万；组织整理并上传完成自1980年创刊以来的所有数据和2006年以来的英文数据。（3）拓展期刊的国际影响力。一是与玛格泰克公司合作，完善网站建设；二是与加拿大TrendMD公司合作，加入其英文数据库。《国际政治研究》被列为《中文核心期刊要目总览》《中国人文社会科学核心期刊要览》，以及《中文社会科学引文索引》（CSSCI）来源期刊。2018年获国家社科基金资助40万元，获学校社科部资助15万元。

5. 博士后情况。学院在站博士后共计14人，其中博雅项目博士3人。（1）学术成果。发表中文核心期刊论文28篇，英文期刊论文1篇，出版专著7部，参与国家级课题基金6项，承担博士后课题基金项目2项。（2）交流机制。设立3个特色品牌的机制化平台：2018年举办"博士后茶话会"13次；举办"国闻"青年讲坛；与《国际政治研究》编辑部合办学术创新工作坊。

（张海滨）

交流合作。1. 国际学术交流。2018年，学院主办第四届北京大学-东京大学研讨会、北京大学-岛根县立大学"世界政治中重构的中国外交与一带一路"研讨会等多场国际学术会议。

2. 国际化人才培养。（1）学位项目。学院与伦敦政治经济学院、巴黎政治学院、东京大学、早稻田大学、首尔国立大学、美国蒙特雷国际关系学院均有联合培养的双学位项目。与日本东京大学、韩国首尔国立大学共同执行三国政府间项目"亚洲校园计划"。2018年，学院录取国际办学项目的学生共计94人。此外，学院受教育部学位中心主持委托，参与教育部《中日韩亚洲校园项目实施成效报告》项目。（2）短期交流。学院与康奈尔大学、东京大学等十余所国外知名高校保持着长期或短期交流关系。2018年，学院与日本中央大学和美国西来大学签订交流协议，重新与匈牙利国家行政大学、美利坚大学、宾夕法尼亚大学、匈牙利国家行政大学签订交流交换协议，并推进与芝加哥大学和莫斯科国际关系学院的合作事宜。

3. 国际化课程建设。（1）英文课程体系。学院新开设英文选修课《全球和区域视角下的澳大利亚研究》，硕士层面的国际办学项目课程共计19门。（2）北大-斯坦福课程。学院与斯坦福大学亚洲安全研究中心合作开设研究生课程《美国、中国与全球安全》。（3）亚洲校园项目核心课程。2018年春季学期，在东大试点开展BESETO项目的核心课程CAMPUS Asia Joint Course: International Public Policy in East Asia。

4. 国际学生活动。学院组织3次实践调研活动：西安"一带一路"经济参访行，云南大理昆明实地调研活动和贵州调研游学活动，近90位来自学院国际项目、短期交流项目和燕京学堂的留学生参与其中。3月，复旦大学"东亚地区公共危机管理人才联合培养计划"学生来访，并与学院亚洲校园项目学生进行交流。另外，举办亚洲校园暑期班、冬季班，协办首期新芽沙龙"我眼中的一带一路"，成立"亚洲校园项目校友协会"。

5. 专家学者来访出访。截至2018年底，学院在校与即将来校的外国专家共计6位，其中，美国籍John Gates在学院任职长达近20年、日本籍山田任职长达9年。2018年学院出访人数约158人次，出访地区以欧洲、东南亚与东北亚居多。

（董昭华）

行政工作。继续完善财务制度，修订《北京大学国际关系学院财务工作指引》。加强财务公开，在全院大会上通报学院财务状况，规范系级账目。继续教育，学院拓展新的领域、模式和国际项目。图书馆建设，学院对院图玻璃房进行装修与改造，装修后的玻璃房可用于视频会议、读书讲座等多种用途。增加文献购置力度，加强区域国别类研究类文献的采购，新进中外文图书近3000种。与校图书馆合作，由校图数字加工中心免费将院图镇馆之宝《参考资料剪报》及《参考资料》合订本共6000册全部进行数字化扫描，完成近3000册。网络建设，对学院主体网站和8个附属中心的网站进行迁移，部署近130套无线设备。

（吴强）

学生工作。1. 党团班机制。（1）队伍、制度建设。骨干队伍建设,党支书例会常态化,动员各年级学生党支书参加全校党支书培训,保证新任党支书100%参与。2017级本博联合党支部支书陈正勋获"北京大学优秀共产党员标兵",是2018年全校10位优秀共产党员标兵中唯一的学生党员。基层团组织建设,编订《共青团北京大学国际关系学院委员会团支书工作指导手册》。(2)党团班联动,开展学生党团日联合主题教育活动。2016级、2017级本科生博士生联合党支部举办"追忆历史,缅怀先烈"清明节联合党团主题活动;组织各支部团员学习习近平总书记在北大师生座谈会上的讲话精神;组织各支部党员共赴河北安新中学及雄安新区相关机构,开展"学习贯彻总书记讲话精神,争做圆梦新一代"交流调研活动;组织各学生党支部赴中国国家博物馆,集体参观"伟大的变革——庆祝改革开放40周年大型展览";组织开展"走进中学"主题系列党建活动,学院党员骨干同学赴湖北黄冈中学、红安中学及武汉、红安的革命老区开展交流和实践调研活动。

2. 实践育人。(1)社会实践。学院组织3支暑期实践团共计33人分赴云南、青海、嘉兴进行社会实践,后举办暑期实践团分享会,并发布《国际关系学院学生假期社会实践方案(草案)》。团支部组织清明节城市定向活动、新文化运动纪念馆和中国人民抗日战争纪念馆参访活动、门头沟军庄镇杨坨社区志愿服务活动等活动,本硕各年级10个团支部全覆盖。组织志愿服务活动,举办"童心世界行"国际公益课堂等具有学院特色的短期支教公益活动,组织策划赴柬埔寨的国际义工活动等。(2)学术科研。统筹协调"悦读会""无用"读书会、博士生论坛等资源,邀请钱雪梅、张光明、潘维、王勇、王栋等教授,携新书与学生近距离交流。评选北京大学第三届"学术创新奖",组织第26届"挑战杯"院系级赛事,最终8个作品参赛,其中2个作品获得校级一等奖。

3. 文体活动。组织参加"一二·九"运动83周年师生歌会中,2018级本科生获得乙组一等奖,学院男排获得北大杯乙组亚军、女排获得北大杯乙组季军及新生杯亚军、男足获得新生杯季军。举行第十七届"百廿立心·家国关情"国关文化节。

4. 服务育人。(1)完善学生辅导体系。2018年新选聘学生兼职辅导员6人,学工办制订《北京大学国际关系学院带班辅导员访谈工作手册》,钱雪梅、王锁劳、初晓波三位教授获得"北京大学国际关系学院优秀本科生导师"荣誉称号。(2)完善心理危机排查机制。将专兼职辅导员的深度辅导、本科生导师的专业辅导同时纳入心理排查工作机制,多途径了解学生的思想动态和心理波动,掌握具体情况,及时沟通,防范风险。组织2018级新生参与心理健康素质测评,完成每月心理情况会商工作,并根据中心的专业意见联合制定危机事件应对方案。(3)精准资助家庭经济困难学生。2018年学院共完成65名家庭经济困难学生申请认定,其中56名学生共获得147项助学金,总计金额64.62万元。11月15—19日,学院组织教师队伍前往贵州省进行受助学生的家庭走访,就学生个人情况与学校资助政策进行介绍。(4)完善规范学生评奖评优制度。2018年学院共评选校级奖励215人,奖学金146人,总计62.33万元,院设奖学金共4项,总计20.88万元。(5)加强信息沟通,服务学生就业。学院全面实施就业家国战略,以选调生工作为平台,开拓引导毕业生面向基层和西部地区就业,学院共有18名毕业生到地方基层和西部地区就业。学院"爱国关天下"微信平台开辟"实习·就业"专栏,将实习、就业相关事务搜集汇总,方便同学阅览。举办保研讲座、"职场零距离"讲座等活动,举办"冬暖国关,薪火相传"首届职业发展论坛,邀请用人单位代表和优秀院友代表进行分享,并设立系列分论坛,共有300余位在校学生参与。(6)创新推动网络育人。由团委宣传部负责运营的微信平台"爱国关天下"不断增强互动性,包括《国关人的假期足迹》系列、小爱五周年平台庆系列,人物专访系列;五周年台庆期间,运营团队以"吾手写吾心"为主题,设计了一系列创意图案。

(祝谊博)

院友工作。1. 信息采集。截至2018年底,统计院友数量为1.353万人,其中本科生4672人,硕士生2520人,博士生415人,政治学干部进修班1371人,国际文化交流双学位339人,在职研究生17个班级770人,外宣班7个班级346人,青鸟专升本2个班级37人,其他各类留学生3060人。

2. 会议组织。组织2018年第五届会员代表大会及第五届理事换届大会,邀请来自海内外300余名院友代表参会,选出第五届理事大会的理事287人。

3. 院友活动。举办贾庆国教授主讲"当前中美关系中的热点"讲座;举办院友沙龙4期,累计参加院友120人;校庆期间,组织以"国际美食节"和"燕园重游"为主题的院友返校活动,协助包括04本、84干修班等6个班级组织班级聚会和返校活动;发起第一次北大校友联谊会活动,参加活动的院友共计101人,共牵手4对;协助举办"冬暖国关,薪火相传"北京大学国际关系学院首届职业发展论坛,邀请蔡武、谢粤、周强武、陈欣等18位院友和嘉宾发言;举办院友沙龙长三角专场,邀请杨朝晖主讲中国政治。

4. 微信平台。建设"国际关系学院院友会"微信公众号,自2014年10月以来,截至2018年底累计关注人数达4200余人,2018年共推送文章58篇,关注量超过3万人次,实现《院友通讯》改版并探索刊物电子化。

5. 组织院友会活动。10月29日,成立北美院友会并在乔治·华盛顿大学马文活动中心举行专家论坛,包括美国华盛顿和平统一促进会发起人黄启之老先生在内60余人出席。

(祝谊博)

工会工作。1. 组织宣传。(1)10月26日,举行北京大学国际关系学院工会委员会换届大会暨北京大学"双代会"代表选举大会。10月29日，召开第五届工会委员会第一次、第二次会议，选举闫岩为学院工会第五届委员会主席，霍艳丽为副主席。（2）2018年学院新增工会会员6人，包括新入职教职工2人和劳动合同制员工4人，工会会员总人数92人。

2. 文体活动。举办以本院教师的摄影作品为主的"庆祝改革开放40周年，祖国风光摄影展"，展示孔凡君教授的"中国西部行"摄影作品；组织教职工参加校运会太极扇展演、参加"辉煌40年"纪念改革开放40周年教职工健身跑暨2018冬季健身活动，参加北京大学女教职工环湖接力赛；组织庆祝"三八节"特色沙龙活动，女性健康与护理知识讲座及免费义诊活动。工会组织参加学校教职工羽毛球、足球、毽球、游泳比赛。

3. 青年工作。12月1—2日，在北京大学第十八届青年教师教学基本功比赛中，罗杭获人文社科组一等奖，唐士其院长获"优秀指导教师奖"，学院工会获"优秀组织奖"。

4. 生活福利。组织"六一儿童节"游乐活动，学院工会教职工及子女共30余人参加活动；组织教职工32人赴天津蓟州城区盘山风景区秋游；组织以离退休老师为主的各项文体和生活福利活动，完成信息统计与筛查工作，协助学校在符合金婚条件的10个家庭中发放金婚纪念照礼券，9月19日，学院梁英明、药朝真夫妇作为金婚家庭代表出席学校"金婚庆典大会"；11月，完成离退休教职工体检工作；关心、关怀和关爱离退休教职工谢福苓、朴惠淑、曹长盛等。

（闫　岩）

法学院

【发展概况】组织机构。2018年，法学院完成党政领导班子到任换届，新任院长潘剑锋，副院长郭雳、杨晓雷、薛军、车浩；新任党委书记郭雳，党委副书记朴文丹、路姜男。

学科建设。2018年，QS世界大学排名法学专业榜单中，北京大学法学院位列全球第21位，连续4年稳居中国大陆地区第一及亚洲前三。

队伍建设。2018年，学院引进宪法与行政法专业新体制助理教授2人，刑法学专业入站博士后1人。在编教师83人，包括教授44人（含北京大学"博雅讲席教授"1人），百人计划研究员1人，副教授29人，讲师/助理教授9人。聘任法律实践教学领域外籍教师1人。在站博士后3人。教育部"长江学者特聘教授"4名：陈兴良、朱苏力、陈瑞华、张守文；长江青年学者3人；中组部青年拔尖人才项目获得者3人；教育部跨世纪人才计划入选者5人；教育部新世纪人才计划入选者9人；全国十大杰出青年法学家5人。梁根林、薛军、贺剑、车浩、曹志勋、章永乐、张智勇、江溯、洪艳蓉获得2018年北京大学奖教金。

（黄　晨）

教学工作。截至2018年12月，学院共有学生2257人，含：本科生685人，硕士研究生1302人（含法学硕士研究生232人，法律硕士（法学）研究生219人，法律硕士（非法学）研究生688名，单证在职法律硕士研究生163名），博士研究生270人。2018年招收新生721人，含：本科生175人，法学硕士研究生110人，"中国法"项目硕士研究生20人，法律硕士（法学）研究生156人（含非全日制学生67人），法律硕士（非法学）研究生206人，博士研究生54人。2018年毕业学生708人，含：法学学士163人、法学硕士108人（含14名"中国法"项目硕士）、法律硕士（法学）51人、法律硕士（非法学）243人、单证在职法律硕士86人、法学博士57人。

2017—2018学年第二学期，学院共开设本科生课程24门、研究生课程80门、本科生和硕士研究生合上课程13门；2018—2019学年第一学期，学院共开设本科生课程24门、研究生课程80门、本科生和硕士研究生合上课程14门。学院教务部门已推出3期教务工作简报，从招生工作、教学培养、毕业与学位、活动一览、政策解读等角度展示教务工作重点与工作展望。

学院设立"法律实务（模拟法庭）"课程，通过法律检索、中英文书状书写、模拟法庭技能的训练和直接参加国内外模拟法庭赛事等渠道，培养具有应用型实践能力和国际化法律素养的优秀法律人才。

本科生培养中，学院坚持通识教育与专业教育相结合的方针，以宽口径、厚基础的素质教育为宗旨。为本科生开设专业课程70余门，要求学生修满82学分，同时要求学生完成公共基础课和通识课60学分。研究生培养中，学院秉承理论研究与实践应用相结合、基础理论与前沿问题兼顾、能力培养与职业品格并重、关注现实中国与全球化视野的办学思想，开设法学前沿课程和系列专题类课程；针对法律硕士（法学、非法学），侧重实践能力培养，除开设法学基础课外，还开设"案例研习""法律写作"和"法律实务"系列课程，并增加专业实习要求。

2011年和2012年，学院分别入选教育部"法学教育实践基地"和首批"卓越法律人才教育培养基地"（"应用型、复合型法律职业人才教育培养基地"和"涉外法律人才教育培养基地"）。

2018年，潘剑锋、葛云松、郭雳、邓峰、车浩、杨明获"2017年北京市高等教育教学成果奖"一等奖和"2017年北京大学教学成果奖"特等奖；葛云松获"北京大学首届教学卓越奖"；陈一峰、宋英、车浩、金锦萍获"北京大学教学优秀奖"；陈瑞华获"2017年北京大学教学成果一等奖"；刘银良获"2017年北京大学教学成果二等奖"。

（乔玉君）

科研工作。2018年，学院教师发表学术文章250篇，出版专著29部、译著1部、新版独著教材2部、再版修订教材10部。为迎接120周年校庆，学院出版《法律门启·北京大学120周年校庆法学研究文萃》（共3册），收录学院教师72篇代表性学术论文，由北京大学出版社2018年5月出版；资助学院教师在北京大学出版社出版系列学术著作，包括：《普通法的司法解读》(李红海)、《物权法释论》(张双根)、《和谐劳动关系法律建构若干重大问题研究》(叶静漪)、《刑法总论问题论要》(梁根林)、《区域贸易安排中的所得税问题研究》(张智勇)、《信息网络传播权问题研究》(刘银良)。易继明、沈岿、郭雳、刘银良、楼建波获第二届"首都法学优秀成果奖"，李启成获第七届"钱端升法学研究成果奖"，曹志勋获第六届"董必武青年法学成果奖"，郭雳获第六届"上证法治论坛"优秀论文奖。

2018年11月，学院通过《学术著作出版资助计划》，与北京大学出版社合作出版"北大法学文库"，利用"学科建设经费"资助学院教师出版独著专著、独著文集。《计划》近期目的是解决老师出版经费困难、鼓励学术出版；长远目标是：基于对北大法学的学术自信，培育"北大法学文库"的学术品质和出版品牌。薛军、傅郁林、王世洲、马忆南、郭雳、楼建波、彭冰、肖江平、佟强等教师的著作将纳入"北大法学文库"系列出版。

2018年，"中美网络空间治理比较研究"（易继明）获得教育部人文社会科学重大攻关项目。"金融犯罪的立法与司法研究"（王新）、"我国民事诉讼标的识别的诉讼法进路研究"（曹志勋）、"党领导立法的制度格局研究"（侯猛）、"国际体系与国际法视野下的中国宪法变革路径研究"（章永乐）获得国家社科基金立项，立项率57%。

2018年，学院举办学术论坛近40场。学院利用"双一流"经费资助召开"中、德、日、韩四国公司法、证券法前沿问题研讨会""金融法研究中心春季论坛""法律和社会科学2018年会""第十二届北京大学-首尔国立大学-东京大学法学年会""北京大学-香港大学法学年会""政治、法律与公共政策学术研讨会"。在陈一峰等教师策划下，学院教师自发组织、定期举办"法学院青年教师学术工作坊"。

2018年，经学校批准设立"北京大学法律与人工智能研究中心""北京大学电子商务法研究中心""北京大学国家机关事务管理研究中心"。截至2018年底，学院管理虚体研究机构39个。

学院师生主编学术刊物24本。《中外法学》收录CSSCI来源期刊，8本集刊收录CSSCI来源集刊（2017—2018）：《北大法律评论》《法律和社会科学》《金融法苑》《刑事法评论》《行政法论丛》《私法》《网络法律评论》《中德私法研究》。《北大法律评论》由在校生担任主编，组织统稿、编审和出版。学院主办英文期刊 Peking University Law Journal。

（王 桔）

社会服务。2018年，北大法学学者为《基本医疗卫生与健康促进法（草案）》《法官法（修订草案）》《检察官法（修订草案）》《刑事诉讼法（修正草案）》《个人所得税法修正案（草案）》《车辆购置税法》《耕地占用税法》《民法典婚姻家庭编》《药品管理法（修订草案）》等近期国家重大立法和法律修订、修正提供专家意见，提交全国人大法工委。薛军教授作为受聘专家顾问深度参与《电子商务法》立法工作。

（王 桔）

图书资料建设。学院图书馆拥有4千平方米馆舍空间，600个阅览席位，为学院师生提供法律文献及信息检索服务。2018年订购及受赠中文法律专业图书3324种、5581册；外文法律专业图书392种、708册；中文期刊报纸248种；外文期刊121种；续订HeinOnline、Westlaw、牛津在线（含EPIL、RIL、IC三个子库）、Kluwer IEL、Kluwer Arbitration、德文BeckOnline、威科先行、Lexis、月旦知识库等法律专业数据库。5月11日举办"智能时代法律信息服务研讨会"，12月14日举办"智慧时代法律信息服务论坛"。

（陈志红）

对外交流。2018年，学院接待来自18个国家或地区知名法学院、机构的54个访问团，共172人次。美国哈佛大学法学院David Kennedy教授、西北大学法学院Bruce A. Markell教授及其他国际知名法律学者等来访并举办讲座。10月，学院举办首届"国际周"活动，首创"全球教席"计划。截至2018年12月，学院合作院校及机构111所（其中合作院校104所，合作机构7所），包括2018年新增的11所。其中，签署交流合作协议、备忘录的海外、港澳台院校及机构99所，包括2018年新增的9所（其中合作院校6所，合作机构3所）。2018年，通过学院合作交流项目，共有43名学生赴国外交换学习，5名学生赴国外攻读学位项目，25名学生赴国外参加暑期项目及3名学生赴国外知名律所、机构实习。2018年，学院新增来自19个国家的40名国际交换生，国际学生总数135名。

（李媛媛）

党建工作。学院党委共有教职工党员148人，其中在职教职工92人，离退休教师56人。设教工党支部9个。有在校学生党员623人（本科生16人，硕士生477人，博士生130人）。设学生党支部26个。2018年学院共发展党员48人（本科生6人，硕士生36人，博士生6人），共有41名预备党员转为正式党员（本科生6人，硕士生34人，博士生1人）。学院组织学生参加北京大学第29期、第30期学生党性教育读书班和第31期党的知识培训班，组织教师参加北京大学第14期教职工党性教育读书班。11月，学院2个到届党支部完成换届工作。12月，学院党委完成换届工作。各基层党支部将党员发展、组织生活会、主题党日活动与"三会一课"结合，开展以"不忘初心跟党走，争做圆梦新一代""爱国励志新青年，求真力行新时代"等为主题的党团日活动。2个学生党支部申报2018年北京高校红色"1+1"活动。3个党支部被评为"北京大学先进党支部"，11名师生被评为"北京大学优秀共产党员"。

（张群苑）

行政、培训、信息化。2018年，学院行政教辅人员35人，其中事业编制15人，合同制20人；2018年新入职3人，退休1人。在高端培训领域，学院继续推进法商结合的高端培训项目，为高端人才培养和继续教育开创新模式，共与34个单位合作，举办43期培训班，培训2293人。校友工作方面，学院校友会完成120周年校庆活动30余项，接待19个年级的值年返校以及校庆年返校，推出校友信息服务平台，成立3个地方校友会法学分会，组织地方校友分会首届座谈会、学术论坛、文化沙龙、校友画展、北大法马、羽毛球比赛等校友互动活动。信息化建设方面，学院备案管理网站23个，公共微信平台25个，各类信息系统8套。学院官网年度发布中文新闻公告633篇，英文147篇，微信平台发布新闻212篇；设计开发学院校友服务信息平台、学生实践育人信息管理平台。

（杜雪娇、鲁昕鑫、董滕羽）

工会工作。2018年，学院工会会员120人，其中事业编制101人，合同制19人。全年主要活动包括：组织参加校运动会、羽毛球比赛、游泳比赛、"一二·九"文艺汇演、太极拳培训、法律人全球健康跑、女工活动、献爱心慰问活动、退休教职工荣休会、教职工之家建设等。10月，学院工会选举产生张双根、金锦萍、彭冰、傅郁林四位老师为新一届北京大学"双代会"代表。12月，学院工会选举产生杜雪娇、杨明、张双根、陈一峰、贾薇薇、党淑平、黄晨、曹志勋等8位老师为新一届法学院工会委员会委员，其中张双根担任工会主席，杨明、党淑平担任工会副主席。

（杜雪娇）

共青团工作。2018年，学院获2016—2017学年北京大学先进团委，2015级本科2班团支部、2016级本科1班团支部、2016级本科3班团支部、法律援助协会团支部获北京大学优秀团支部，傅程榆获北京大学共青团标兵，30人次获北京大学优秀基层团委书记等荣誉。学院获得北京大学第26届"挑战杯"五四青年科学奖竞赛一等奖作品1件、跨学科学术科技作品竞赛二等奖作品1件。2016级本科1班获北京大学第十一届"班级五·四奖杯"。2018级硕士研究生刘继获"北京大学学生年度人物·2018"。

学生工作。团学活动：12月9日，学院获北京大学纪念"一二·九"运动83周年师生歌会甲组第三名；8月30日、9月10日，2018级新生报到；6月25日，2018届毕业生欢送典礼举办；6月10日，"勇攀高峰，砥砺前行"法学院登顶珠峰队员分享交流会举办。学术实践：推进法律实务训练，组织学生参与全球各大模拟法庭赛事，参赛学生多达60人次。2月24—26日，学院获第十六届Jessup国际法模拟法庭比赛中国赛区冠军；3月17—18日，获2018年国际刑事法院模拟法庭竞赛中国赛区一等奖；7月28日，第四届"纽伦堡国际模拟法庭竞赛"晋级八强；11月25日晚，获第十二届中国大陆地区红十字国际人道法模拟法庭竞赛冠军；11月23日晚，获第十六届"贸仲杯"国际商事仲裁庭辩论赛亚军。奖学助学：2018年学院各类奖学金共计71项，总额达451万元，惠及学生500余人次。2018年共有291名学生被认定为家庭经济困难，院设助学金共计18项，受助学生124人次。

毕业生去向。2018年，学院143名本科生毕业，其中38人就业，23人出国深造，68人国内读研。387名硕士研究生毕业，341人就业，13人出国留学，18人国内深造。49名博士研究生毕业，39人就业，4人出国深造，6人博士后进站。2018年学院邀请并接待60家用人单位举办招聘宣讲，发布招聘、实习信息2000余条。2018届北大法学院毕业生平均就业率96.63%。

校园文化建设。12月16日，学院2019年"诉缘一玖"新年晚会举办。11月25日，学院辩论队获北京大学第十三届新生杯辩论赛冠军。5月13日，学院辩论队获北京大学第十七届北大之锋辩论赛冠军。5月，学院举办"法律文化节"系列学生活动。在2018年新生杯系列体育比赛中，学院羽毛球队获团体第三名，乒乓球项目取得男子单打第二名，男篮成功晋级八强；在2018年秋季运动会中，学院获最佳组织奖。

（史　诗）

【"全球教席"计划】 2018年10月，学院启动"全球教席"计划，聘请20位全球知名法学教授和实务人士担任"全球教席"：美国耶鲁大学教授Paul Gewirtz、澳大利亚墨尔本大学教授Sean Cooney、英国牛津大学教授Paul P. Craig、美国斯坦福大学教授Robert M. Daines、美国宾夕法尼亚大学教授Jacques deLisle、德国维尔兹堡大学教授Eric Hilgendorf、英国伦敦政治经济学院教授Jeremy Horder、日本东京大学教授岩泽雄司（Yuji Iwasawa）、美国哥伦比亚大学教授Benjamin Liebman、美国加州大学伯克利分校教授Robert Merges、美国圣母大学教授Paul B. Miller、日本上智大学教授村瀬信也（Shinya Murase）、芬兰赫尔辛基大学教授Kimmo Nuotio、美国佩珀代因大学教授Thomas J. Stipanowich、美国乔治城大学教授William M. Treanor、荷兰莱顿大学教授Henk Vording、美国众达律师事务所律师Peter J. Wang、美国康奈尔大学教授Charles K. Whitehead、美国华盛顿大学教授Jane K. Winn、美国耶鲁大学教授Taisu Zhang。美国耶鲁大学教授Paul Gewirtz受聘为"全球教席"主席。"全球教席"学者将在北京大学法学院开设国际前沿法律课程、担任国际导师、开展合作研究。

（李媛媛）

【"法学阶梯"系列讲座】 2018年，学院打造北大"法学阶梯"系列讲座活动，包括"入门讲座""进阶讲座""高阶讲座"三大板块。讲座旨在促进教学资源和教学内容多元化、层次化发展，搭建学生与老师之间的对话桥梁。法学阶梯入门讲座围绕民法学、宪法学等6门主干学科的开学第一课展开，对法学专业概况和学习方法进行讲述，并在方法论层面上引导新生入门。法学阶梯进阶讲座旨在改善以往课后答疑不够充分、缺乏体系、难以集体受益的局面。法学阶梯高阶讲座邀请部分资深教授结合学术前沿问题讲授法学研究的方法理论，旨在提高博士新生的学术研究能力。

（阎 天）

【"第二课堂"教学项目】 2018年，学院设立"第二课堂"教学项目，鼓励教师在正式课时与学分之外，自愿带领学生开展连续性、规律性的学术研讨活动。不同专业教师与学生已自发形成20余个学习小组。学习小组的开展形式多种多样，包括中英文读书会、案例研习沙龙、专题研讨组、互评报告会、学术周会等。

（徐晓颖）

【第五届全国法学教育高端论坛】 2018年12月8日，第五届"改革开放四十年与法学本科教育的发展"全国法学教育高端论坛在北京大学法学院凯原楼举办，来自京内外20余所法学院校的专家学者出席。与会专家围绕法学本科教育的课程设置改革、实习与论文以及评估与激励3个层面进行交流。

（刘哲玮）

【全球高端法商人才计划】 2018年10月，北京大学法学院携手金杜公益基金会、金杜律师事务所和金杜学院，举办第二期北大金杜全球法商高端人才计划"未来领袖"班，21名来自企业界、法律界和学界的优秀学员加入GLBE计划。

（杜雪娇）

信息管理系

【发展概况】 组织结构。2018年，信息管理系设有党政联席会（5人）、学术委员会（7人）、学位委员会（9人）、考核聘任委员会（12人）、教学指导委员会（7人）、研究生工作小组（3人）。设有6个研究室（图书馆发展研究室、文献与出版研究室、信息系统研究室、信息组织与信息设计研究室、情报分析研究室、信息行为研究室）；3个研究所（信息化与人类信息行为研究所、北京大学信息化与信息管理研究中心、北京大学国家现代公共文化研究中心）以及1个基地（文化和旅游部公共文化研究基地）；与文化和旅游部公共文化发展中心联合共建公共文化服务大数据应用重点实验室。

学科建设。信息管理系设有图书馆学（本、硕、博）、情报学（硕、博）、信息管理与信息系统（本）、编辑出版学（硕、博士点为自设）2个本科专业与3个硕、博士点，图书馆学是国家重点学科，情报学是北京市重点学科。

队伍建设。2018年，信息管理系在岗人数41人，其中专职教师28人（教授15人，副教授10人，新体制助理教授3人），行政人员5人，博士后5人，劳动合同制行政人员3人；"新世纪优秀人才支持计划"2人。另有资深教授1人，离退休人员31人。2018年引进专职教师1人，劳动合同制行政人员1人。

教学工作。2018年，信息管理系学生共计398人，其中本科247人，硕士73人，博士78人。课程方面，信息管理系继续开展教学及课程设置方面研究，推动人才培养模式、教学内容、教学方式、教材等方面的改革与建设，加强教学管理，提升课程质量。学生管理方面，继续落实2017年制定的《信息管理系有关本科生的科研训练及导师相关规定》等规章制度，加强学生培养工作。

本科生教学方面，加强科研训练和指导、规范本科生导师的工作。加强核心课程教学质量，将"信息行为导论"和"交互式信息检索"改为全英文教学；"信息经济学"改为中英双语教学。加强本科生的科研训练和指导，要求所有本科新生参与兴趣课题小组，并给予课题经费资助。研究生教学方面，包括硕博士研究生招生计划方案拟定、组织免试推荐研究生、组织硕博士研究生命题、阅卷和复试、组织编制2017—2018年教学执行计划、组织申请新课审核与认定工作，安排组织各类精品课程、教学奖项和教材立项审批和组织评审工作、布置期末考试、毕业论文选题与答辩、学位汇报与授予等工作。

科研工作。2018年，信息管理系全年各类项目立项42项，其中国家社科基金项目4项，中央其他部门社科专项2项，企事业单位委托项目23项，其他类项目13项，经费总计764余万元。科研成果包括：EI论文3篇，SCI/SSCI论文10篇，CSSCI及中文核心论文124篇，学术著作6部，发明专利1项，另有10篇论文集收录、22篇非核心期刊论文、1部发展报告等。信息管理系"公共文化服务大数据应用文化部重点实验室"成员申请到1项2018年度文化部重点实验室资助项目，接手另一项年度文化部重点实验室资助项目。实验室还对全国公共文化服务情况进行调研，参与公共文化服务大数据指标体系的制定工作。2018年10月举行"2018年全国情报学博士生学术论坛"，2018年11月举行"第十二届全国图书馆学博士生学术论坛"。

交流合作。信息管理系设立专项资金资助学生参加国际学术会议。2018年先后有6名本科生和研究生受资助赴加拿大、美国、马来西亚、日本等国家参加国际前沿会议，有5名本科生作为国际交换生赴国外或境外的大学进修学习半年，有4名博士生获得教育部资助，赴美国等展开为期一年的学术研究。2018年，邀请多位来自美国、法国、日本等国家或地区的大学和研究机构的专家学者，与全系师生就当前学科热点问题进行交流。

党建工作。2018年，信息管理系党委在校党委的领导下，强化党委工作职责，履行党建工作责任；建设学习型党组织，加强党员教育；严抓党风廉政建设，建立健全党内制度。针对2017年党建工作存在的问题进行有力整改。

行政队伍。2018年，信息管理系有行政人员8人。办公室主任1人，办公室副主任2人，工作人员5人。

工会工作。2018年，信息管理系工会共有会员37人，其中事业编制会员32人，博士后5人。全年主要活动包括：组织参加校运动会、羽毛球比赛、毽球比赛、慰问活动、师生交流、退休人员欢送会活动。

学生活动情况。2018年，信息管理系学生工作团队组织召开"学习总书记在北大师生座谈会上的重要讲话精神"主题班会和"我与社会主义核心价值观"主题班会；2018年3月举办第十期"薪火创咖"创新创业主题系列讲座；2018年6月组织毕业生党员参观纪念马克思诞辰周年主题展览；2018年7月举办首次信息管理系毕业典礼；2018年7月组织学生党员、团员到陕西延安开展"寻访红色旧址，传承革命精神"主题社会实践；11月19日组织学生参观"伟大的变革——庆祝改革开放40周年大型展览"；11月22日举行第30期党性知识读书班；12月组织开展学生寒假返乡社会实践活动；2018年6月、10月、11月、12月开展"烛光读书会"分享活动。

毕业生去向。2018年，信息管理系本科生毕业44人，7人就业，23人国内升学，14人出国深造；硕士研究生毕业28人，26人就业，1人国内升学，1人出国深造；博士研究生毕业9人，6人就业，3人国内升学。

（常雅芳、李　杨、赵丽莘、邓佳佳、
化柏林、王李祥、王靖茹）

社会学系

【发展概况】学科概况。社会学是北京大学现有的18个国家一级重点学科之一。社会学学科教学科研涉及的二级学科领域，包含理论社会学、应用社会学、人类学、人口学、民俗学、社会工作以及社会管理与社会政策。社会学系设有社会学和社会工作2个本科专业；社会学、人类学、人口学和社会保障4个学科学位硕士点；1个专业学位硕士点；社会学、人口学和人类学3个博士点。在QS公布的2018年世界大学学科排名中，北京大学社会学学科排名28位，在大中华区名列第一。截至2018年12月，社会学系在编教师39人，其中教授23人，副教授12人，助理教授4人。在编行政人员7人，劳动合同制6人，其他1人。离退休教师23人。

教学工作。截至2018年底，社会学系在册本科生共285人，其中留学生44人。2018年新入学本科生73人，其中留学生9人。2018年，本科学生毕业并授予学位61人；留学生毕业并授予学位12人。研究生在校人数299人，其中博士93人，硕士206人。2018年，共招收研究生101人，其中博士研究生21人，学术硕士研究生39人，社会工作专业硕士研究生41人。通过推荐免试方式接收学术型硕士和专业硕士35人，通过全国统考招收硕士46人。2018年招收博士研究生全日制17人，少数民族骨干计划2人，留学生2人。2018年夏季，授予博士学位24人，硕士学位93人。2018年，在本科生推荐免试攻读研究生工作中，调整条款比重和计分细则，引导学生注重课业、科研，避免制度性选择倾向，确保公平公正。在研究生培养工作中，调整社会工作专业硕士实习方案，采用定性研究和定量研究相结合的方式，整合北京大学中国社会调查中心的实习资源；制定博士生综合考试实施细则，开设"博士论文选题Seminar"课程，前置博士生培养环节。

科研工作。2018年新立项纵向项目3项，新立项横向项目13项，新入账科研经费6,550,953元，出版著作12部，教师及博士后发表学术论文119篇，其中CSSCI收录44篇。张静教授主持的统一战线高端智库课题《组织分化与政治整合——需要吸纳的社会类别及原因》研究报告被中央社会主义学院采纳。鄢盛明副教授团队的全国老龄委课题"2018年度老龄政策理论研究"课题成果获一等奖。经学校审批成立两个虚体研究机构：北京大学世界社会研究中心（负责人：高丙中）、北京大学城镇化与社会经济研究中心（负责人：卢晖临）。2018年举办"午间学术报告会"3场，组织"发展中的社会治理"学术研讨会和"中国社会工作发展暨北京大学社会工作专业重建三十年"研讨会，与中国扶贫基金会联合举办"乡村振兴行动网络启动仪式"，开启双方正式合作；举办海峡两岸社会与文化理论研讨会、第三届"一带一路"与西部发展研讨会等高水平学术会议若干场。

党建工作。截至2018年底，社会学系党委共设有党支部13个，其中学生党支部10个，教工党支部3个；共有党员247人，其中在职教职工党员37人（含调查中心12人），离退休党员12人，学生党员177人，组织关系暂存党员21人；2018年新发展党员41人，预备党员转正20人。2018年确定入党积极分子51人，确定发展对象40人，接收党员组织关系47人次，转出党员组织关系56人次。

加强领导班子自身建设和基层党支部建设。组织党支部书记年度考核交流会，邀请兄弟单位党支部书记交流支部工作。开展一系列党建和学习活动，组织党支部赴浙江丽水县和海宁许村镇开展党建追踪调研，并与北京市卢沟桥乡党支部开展共建；2017级硕士生党支部组织"习总书记5·2讲话学习讨论会"，活动以"葆家国天下情怀，立鸿鹄浩远之志"为主题进行"历史与新时代下青年的对话"；本科生党支部与2018级硕士生党支部联合组织"经典读书分享"活动，研读《共产党宣言》《资本论》等重要著作，加深对马克思的思想认识以及对文本和历史联系的把握。

此外，开展2017年度党支部考核和党员民主评议，支部和党员参与率达100%，2014—2017级本科生联合党支部等4个支部考核优秀，查晶等54名教工和学生党员被民主评议为优秀。组织入党积极分子41人参加北京大学第31期党的知识培训班，党委书记查晶为入党积极分子主讲"成为什么样的'北大人'"专题党课；组织发展对象23人参加第29期、30期党性教育读书班。制定《社会学系党委会工作规则》《社会学系党政联席会工作规则》等。2014—2017本科生联合党支部获先进党支部荣誉称号，王迪、童飞飞获北京大学优秀党员荣誉称号。2018年，资助生活困难党员2名。

学生工作。2018年，举办第十四届北京大学社会学文化节暨京津高校社会学学生论坛、2018届毕业典礼暨学位授予仪式等大型活动，打造"师说"师生交流会、"群言"读书会、"博言"博士生讲坛等系列品牌活动，编写和发放《2018年社会学系学生手册》。依托"百廿回望 新燕重行""改革开放四十周年""问道之江"三个主题，共计8支暑期实践团奔赴全国各地调研。开展消防日参访消防队、"音画梦想"支教、社区志愿服务等党团日联合主题活动。以"精细精准"为原则，确定社会学系素质综合测评办法，并以此为依据进行年度奖励奖学金评选。完成新老生家庭经济情况认定80人次，其中61人获得助学金。开展系列入学教育，举行师生现场迎新、走访宿舍、新生班会、学院开学典礼、系列教育讲座等新生活动，班主任和辅导员新生同学谈心谈话。举办2019届毕业生大会，2018届毕业生177人，就业率98.3%，多人通过地方选调服务基层。

综合管理。2018年完成人才招聘1人（张帆），王娟、田耕新体制中期评估，黄美龄任助理研究员，高丙中聘二级岗位、钱民辉缓退审批通过，张静、邱泽奇入选北京大学博雅特聘教授计划。佟新获方正教师奖，鄢盛明获曾宪梓优秀教学奖，周皓获北京银行教师奖，田耕获王选青年学者奖。制定《社会学系学术委员会章程》，完善学术委员会管理和议事规则。完成学术委员会换届工作，谢立中担任学术委员会主任，张静担任副主任，委员为刘爱玉、渠敬东、周飞舟、方文、熊跃根、陆杰华、周云。完成岗位聘任委员会换届工作，张静担任岗位聘任委员会主任，委员为查晶、刘能、周飞舟、石长翼、高丙中、马凤芝、鄢盛明、谢立中。招收博士后1人，中期检查4人，出站3人。陈海萍、吉毛措获博士科研基金一等资助（8万元），靳浩辉获博士后科研基金二等资助（5万元）。

在北京大学120周年校庆之际，举办2008级本科班入学十周年返系纪念活动，2003级研修班于校庆期间向母系赠送纪念牌。系友办与学工办联合举办"社会人·职场路"系列讲座。推进系友捐赠项目"田字格农村问题研究项目"立项与中期检查，2018年由田字格基金资助5项社会学系学生科研项目。完成社会学系网站手机端研发，教师全部科研成果上网，《社会理论学报》全部卷期电子化，《民族社会学研究通讯》上网。社会学系分馆借阅量除医学部分馆排名第一位，总馆藏量排名第三。举办北京大学2018年海外侨联中国国情研修班等继续教育项目8项。完成工会换届，鄢盛明任主席，赵晓梅任副主席。选举北京大学第七届教职工代表大会暨第十九次工会会员代表大会代表：鄢盛明、王迪。陆杰华获模范工会主席，赵晓梅获优秀工会干部，刘彦岭获优秀工会积极分子等。离退休方面，吴宝科获老有所为"乐为之星"，杨善华获老有所为"学习之星"。

（崔 佳）

【北京大学社会工作专业重建三十年研讨会举行】 2018年11月1—2日，"中国社会工作发展暨北京大学社会工作专业重建三十年"研讨会在北京大学召开。

研讨会由北京大学社会学系、香港理工大学应用社会科学系、北京大学-香港理工大学中国社会工作研究中心联合主办。与会的美国、英国、意大利、越南、哈萨克斯坦、中国内地和香港等不同国家和地区的300余名社会工作研究者、教育者和实务工作者共同回顾中国社会工作三十年的成就，反思中国社会工作重建与发展过程中的经验与挑战，并研讨未来专业发展和学科建设的方向。

会上宣布由香港择善基金会和思源基金会捐资设立的北京大学-香港理工大学中国社会工作研究中心"中国社会工作发展基金"正式成立。择善基金会和思源基金会家族代表陈仰宗先生与王思斌教授、阮曾媛琪教授、谢立中教授、马凤芝教授共同为北京大学-香港理工大学中国社会工作研究中心办公地点思善苑的纪念石揭幕。

（崔 佳）

【第十四届北京大学社会学文化节暨京津高校社会学学生论坛举行】 2018年5月19—20日，社会学系举行第十四届北京大学社会学文化节暨第四届京津高校社会学学生论坛。论坛是社会学系为庆祝北京大学120周年校庆筹办的纪念活动之一，也是社会学系开展学习贯彻习近平总书记5月2日考察北京大学重要讲话精神的主要载体。

论坛以"回望：社会学视野下的中国变迁"为主题，旨在建立社会学学术共同体，增强青年同仁之间的交流与研讨。论坛邀请清华大学社会科学学院、中国人民大学社会与人口学院、中国政法大学社会学院、北京师范大学社会学院、中央民族大学民族学与社会学学院、南开大学社会学系、中国农业大学社会学系、中央财经大学社会与心理学院、北京工业大学人文社会科学学院以及中国社会科学院大学社会工作学院等11所京津高校社会学院（系）的200余名师生参与。论坛分为开幕式、分论坛、辩论赛、闭幕式及话剧展演四个环节。在话剧展演环节，北京大学社会学系2017级本科生参演的话剧"群言"在第二体育馆地下报告厅上演。该话剧以北京大学社会学系的课堂场景为原本创作而成，话剧以青涩的视角解读学生们眼中的社会学，以纯粹的心思考漫漫的求学之路。

（崔　佳）

【乡村振兴行动网络启动仪式举行】 2018年10月22日，北京大学社会学系与中国扶贫基金会共同发起的"乡村振兴行动网络"启动仪式在英杰交流中心举行，中国扶贫基金会理事长郑文凯，国家农业农村部农村经济体制与经营管理司原司长张红宇，中国扶贫基金会副秘书长王鹏，北京大学社会学系主任张静教授，北京大学社会学党委书记查晶，北京大学社会学系副系主任周飞舟教授，北京大学社会学系马凤芝教授，中国南南农业合作学院院长、中国农业大学教授李小云，清华大学社会创新与乡村振兴研究中心主任邓国胜教授，河北省涞水县南峪农宅旅游农民专业合作社法人徐术亮、北京大学青年智库学会理事长张玺等社会各界专家与新闻媒体、高校学生等近100人参加活动。

乡村振兴行动网络响应国家政策，将脱贫攻坚与乡村振兴进行有机衔接，致力于搭建社会组织、高校、研究机构、企业、新闻媒体等多方力量参与乡村振兴的行动平台，营造乡村振兴的良好社会氛围，汲取乡村发展的经验和教训，总结推广乡村发展模式、推动乡村发展趋势，并为国家政策的制定提供参考。

中国扶贫基金会与北京大学的这一合作，将依托各自优势资源，将中国扶贫基金会开展乡村项目的经验与北京大学社会学系国内顶尖的社会专业研究能力优化配置、更好融合、共同发力，探索创新的社会力量参与脱贫攻坚和乡村振兴的新模式。

（崔　佳）

政府管理学院

【发展概况】 学院概况。政府管理学院下设政治学系、行政管理学系、公共政策系、城市与区域管理系4个系，设有政治学、管理学、经济学3大学科门类，可授予法学、管理学、经济学3类学位。设有政治学与行政学、行政管理、城市管理3个本科专业，7个硕士专业和政治学与公共管理学2个一级学科博士授予点，政治学、行政学、区域经济学3个博士后流动站。在全国第四轮学科评估中，北京大学政治学蝉联榜首获评A+，公共管理学科获评A。

截至2018年底，学院在职教研人员50人（含政治学中心），教授22人，其中讲席教授1人，长江学者特聘教授2人，万人计划领军人才2人，新世纪优秀人才4人。中国政治学中心教授1人，助理教授3人；事业编行政人员8人。

2018年，学院党政领导班子包括院长俞可平，常务副院长燕继荣，党委书记李海燕，副院长陆军、常志霄（2018年7月13日批准辞职）、包万超、姚静仪（兼），党委副书记李国平（2018年4月20日卸任）、姚静仪、姚奇。

教学工作。2018年，在校本科生279人，其中留学生15人、港澳台学生9人、少数民族学生52人。本科生2018级84人、2017级64人、2016级68人、2015级63人；新生80人、毕业生64人。

2018年，重新修订2018级本科生教学计划。本科生培养以"全校必修课＋学院学科基础课＋专业核心课＋专业选修课＋学术与实践＋荣誉课程＋毕业论文"7个模块构建新的课程体系，突出"政经法管"交叉学科基础课程和专业核心课程特色。新版教学计划增加本科生思政课程4个学分，毕业总学分从136学分调整为140学分。学院本科生一、二年级学习专业基础课程，三年级进行专业分流。2018年10月，学院将2016级本科生分流为3个专业：政治学与行政学专业、行政管理专业、城市管理专业。

2018年，学院共开设52门课程，其中专业必修课程35门、专业限选课程15门、通选课程1门、全校公选课程1门。参与讲授本科课程的学院教师共44名，其中教授14名、副教授19名、助理教授5名、助理研究员1名。

2018年9月，学院组织2019届本科生推荐免试研究生工作，共41名学生通过复试并获得攻读硕士研究生或直博生的资格。

2018年，学院8名教师申报和承担8个校级教学改革项目，项目类型涉及新生教育、课程建设、实践创新育人等；7名教师承担学院"公共经济学""财政预算与行政财务管理""城市管理""公共组织战略管理"等7门课程案例库专业建设工作。

2018年，学院共举办9期导师午餐会和20期读书会；实施"政管第一课"公开课教学展示制度，10门课程面向全校和全社会公开；教师本科教学职责实行"1+1+1"制度：一门课、一本书、一次实践；支持12支团队参加社会实践活动；增设"政治、法律与社会"本科交叉培养项目，第一期招生20人。

2018年，在校博士研究生168人，其中，2010级2人；2011级2人；2012级6人（含港澳台1人，留学生1人）；2013级15人（含港澳台2人，留学生1人）；2014级28人（含港澳台3人，留学生1人）；2015级29人（含港澳台1人）；2016级26人（含留学生2人，少数民族骨干计划1人）；2017级31人；2018级29人（含澳门1人，留学生1人）。结束学业35人，其中区域经济学4人，行政管理15人，政治学理论13人，中外政治制度3人。授予博士学位34人。

2018年，在校硕士研究生317人，其中，2014级1人（香港1人）；2015级20人（台湾2人，留学生5人）；2016

级83人（含澳门3人，台湾9人，留学生19人，香港3人）；2017级112人（含澳门1人，台湾6人，留学生46人，香港1人）；2018级101人（含澳门3人，台湾5人，留学生35人，香港2人）。结束学业109人，其中区域经济学18人，行政管理23人，政治学理论13人，中外政治制度3人，中共党史2人，公共管理（公共政策）45人，公共管理（发展管理）5人。授予硕士学位106人。

截至2018年底，公共管理硕士研究生在校生454人，其中，2014级双证学生4人，2015级双证学生9人，2016级双证学生12人，2017级双证学生175人，2018级双证学生218人（含留学生3人）；2014级单证学生5人，2015级单证学生14人，2016级单证学生17人。2018年春季及夏季毕业MPA学生287人。

2018年，学院启动国际公共管理硕士（IMPA）项目，并招收首届IMPA项目学生。受教育部委托，定向新疆（含兵团）招收年轻干部攻读公共管理硕士，招生并录取38名来自新疆地区的学生。承办全国MPA教指委"宪法与行政法"教学与案例研讨会。举办14场北京大学公共政策讲坛。组织在校生代表参加第三届"中国研究生公共管理案例大赛"。实行校外导师制度。

2018年，学院在国际英文授课项目方面，招生总计47人，其中发展中国家公共管理硕士项目26人，北大-伦敦政经双硕士项目14人，IMPA4人。

2018年，白彦教授、白智立副教授完成的"政府与法治"课程改革和建设获北京市高等教育教学成果奖一等奖，白彦教授完成的"政府与法治"课程改革和建设获北京大学教学成果一等奖，王浦劬教授主编的教材《政治学基础（第三版）》获北京大学优秀教材奖，孙铁山副教授获北京大学教学优秀奖。

2018年，学院按期完成政治学、公共管理学一级学科学位授权点自我评估网报工作。12月10日，学院举办北京大学政治学和公共管理学科发展战略研讨会。

科学研究。2018年申请批准立项国家和省部级纵向科研项目共7项，其中国家社科基金重大专项3项、国家社科基金年度项目1项、国家自然科学基金面上项目1项、教育部年度项目1项、北京市社科基金项目1项。学院教师承担的横向项目、国际合作项目总计超过120项。2018年政学院教师论文发表240余篇。

《北大政治学评论》编辑部完成第3、4、5辑的组稿、审稿、编辑和出版流程；实现已发表文章在《人大复印资料》《社会科学文献》、知网等社科媒体的转载机制；逐步开展刊号申请工作。由社会科学学部、政府管理学院共同承办的北京大学"双一流"重点建设项目《马克思主义历史考证大辞典》编译工程取得阶段性成果，推出《马克思主义历史考证大辞典》中文版（第一卷）（商务印书馆出版）、《马克思主义经典著作基本观点研究丛书》（12卷）（人民出版社出版）和《马克思主义简明读本》（人民出版社出版）。

2018年12月，由北京大学国家治理研究院牵头的"北京大学国家治理协同创新中心"首批入选中国智库索引的来源智库。

交流合作。3月26日，来自英国牛津大学的Ruth Dixon研究员应北京大学国际合作部、北京大学国家治理研究院和北京大学赵宝煦学术基金的邀请，在廖凯原楼207会议室作了"英国中央政府、授权和地方政府"（Coordination of Central, Devolved, and Local Government in the UK）的学术讲座。3月29日，英国牛津大学布拉瓦尼克政府学院Ruth Dixon研究员与牛津大学量子计算中心Jonathan Jones教授，在政府管理学院宁肯教室作了题为"量子信息技术及其对电子商务、电子政府的影响"（Quantum information technology and its implication for E-commerce and E-government）的学术讲座。

3月30日，应学院俞可平院长邀请，美国驻华大使特里·布兰斯塔德先生及使馆工作人员一行10人来访北京大学。

4月4日，江宜桦先生一行访问北京大学并与政府管理学院师生进行学术座谈。

4月16日，华盛顿大学埃文斯公共政策与管理学院学术事务副院长Craig W. Thomas教授在廖凯原楼207会议室作了"协同治理的理论与实践"（The Theory and Practice of Collaborative Governance in the United States）学术讲座。

5月7日，台湾政治大学社会科学学院院长江明修教授一行6位学者到政府管理学院访问并进行学术交流。

5月9日、10日，美国哈佛大学肯尼迪政府学院学生代表团和佐治亚大学学生代表团分别来访学院。

5月26日下午，日本法政大学校长田中优子为学院学生带来主题为"江户文化与武士生活"的专题演讲。

5月30日，由北京大学人文科学研究院主办，北京大学政府管理学院、北京大学中国政治学研究中心协办的"著名政治学家约翰·基恩教授系列学术讲座"第二讲：汉娜·阿伦特《人的境况》（1958）（Hannah Arendt's The Human Condition（1958））在学院207宁肯教室举办。

5月28日下午，清华大学公共管理学院蓝志勇教授、英国埃克塞特大学国际与发展学院副院长兼《国际行政科学评论》（International Review of Administrative Sciences）杂志主编Andrew Massey教授、美国亚利桑那州立大学副教授与《公共行政研究与理论》（Journal of Public Administration Research and Theory）杂志候任主编Mary Fenny博士、英国南伦敦银行大学Alex Murdock教授、美国南卡罗来纳大学Su Xuhong副教授等专家来访学院，并与师生交流座谈。

6月1日，来自美国美利坚大学的赵全胜教授应北京大学国家治理研究院、北京大学赵宝煦学术基金的邀请，在廖凯原楼207会议室作题为"国际关系中敌友关系的转换——以中美日三边关系为例"的学术讲座。

6月15日，中山大学政治与公共事务管理学院IMPA交流团一行40余人由叶林教授带队，到访学院。

6月25日，应法方邀请，北京大学城市治理研究院与法国"Netexplo智慧城市加速项目"合作签字仪式在法国驻华大使馆举行，执行院长沈体雁代表研究院签字，法国高教与科研部长Frédérique Vidal女士见证协议签署。

9月9—13日，北京大学政府管理学院院长、中国政治学研究中心主任俞可平教授应邀访问莫斯科大学，并作为特邀嘉宾在"第三届全俄政治学者大会"上发表主旨演讲。

10月15—17日，受北京大学海外学者讲学计划项目邀请，澳大利亚迪肯大学（Deakin University）何包钢教授到访学院，并开展关于"协商民主理论"（Deliberative Democracy Theory）的系列讲座。

10月19日，由北京大学国家治理研究院与美国哥伦比亚大学国际关系与公共事务学院共同举办的中美第三届国家治理论坛"政府治理：中国改革与国际发展"国际学术研讨会在北京大学举行。

10月21—22日，作为"北京大学高端学术交流计划"之一，著名国际政治哲学家、哈佛大学荣休教授约瑟夫·奈（Prof. Joseph S. Nye）访问北京大学，在政府管理学院发表主题演讲，与北大学者开展座谈，并与国际著名哲学家成中英教授（Prof. Chung-Ying Cheng）举办高端学术对话。

10月25日，法国ESSEC高等商学院代表团Vincenzo Vinzi院长一行五人到访政府管理学院，俞可平院长、燕继荣常务副院长、陆军副院长及段德敏副教授一同会见了代表团一行。

10月31日，来自丹麦哥本哈根大学的Jorgen Delman教授应北京大学国家治理研究院的邀请，在廖凯原楼341会议室作"杭州的生态文明政治：环境政治中缩小效率缺口的新途径"（Ecological Civilization Politics in Hangzhou: New Pathways to Closing the Efficiency Gap in Environmental Politics）的学术讲座。

11月17日，应学院MPA教育中心邀请，美国哥伦比亚大学中国项目联席主任孙哲教授在学院邱德拔报告厅以"新时代中国对外战略与中美关系"为主题发表演讲。

11月19日，Mary Gallagher（高敏），密西根大学政治系Amy and Alan Lowenstein讲席教授、中国研究中心主任在政府管理学院发表演讲。题目为"'中国震撼'的政治效应：美国工人眼里的贸易、中国与全球化"。

11月20日，国际行政科学学会（IIAS）总干事索费恩·萨拉维（Sofiane Sahraoui）先生到访学院。人力资源和社会保障部中国人事科学研究院国际处熊缨处长等一同来访。

11月21日，香港大学建筑学院院长Chris Webster教授、城市规划及设计系主任Rebecca Chiu教授访问学院，并做学术报告。

12月6日，Professor Andrew Walder（魏昂德），美国斯坦福大学Denise O'Leary & Kent Thiry讲席教授在政府管理学院发表演讲，题目为"中国经验的政治经济学及其前景"。

党建工作。截至2018年底，学院共有党员356人，其中正式党员311人，预备党员45人；在职党员60人，离退休党员17人，本科生党员34人，研究生党员186人，组织关系暂存的党员59人；女性党员165人，少数民族党员32人。

2018年，学院共有45名预备党员转为正式党员。学院共发展党员38人，其中教师党员1人，本科生党员21人，研究生党员16人。

2018年，学院共有135名入党申请人，其中教师2人，学生133人。入党申请人中有131人已被确定为入党积极分子，其中教师2人，学生129人。入党积极分子中共有23人被确定为发展对象，其中教师2人，学生21人。

2018年，学院共有14人获评院级优秀共产党员，其中4人获评校级优秀共产党员，另有1人获评校级十佳党支书。

截至2018年底，学院共有党支部16个，其中在职教师党支部4个，离退休教师党支部1个，学生党支部10个，临时党支部1个。

2018年4月，学院召开全院党员大会对上届党委的工作进行总结和审议，选举产生新一届党委委员和书记班子，党委换届如期完成。新一届党委委员共9人：句华、闫立佳、严洁、李海燕、俞可平、姚奇、姚静仪、常志霄、燕继荣。李海燕同志为党委书记，姚静仪、姚奇同志为党委副书记。

2018年，学院共有6个党支部委员会任届期满，全部如期完成换届，其中教师党支部1个，学生党支部5个。学院本科生党支部获评北京大学优秀党支部。

2018年，学院党委在原有《政府管理学院党政联席会议制度》的基础上，补充制定了《政府管理学院党委工作规则》和《政府管理学院二级教研机构工作规则》。按照党委工作规则的要求，学院党委每月按期召开党委会议，对学院重大事项进行讨论。

2018年，学院组织博士生党支部与本科生党支部结对共建，通过博士生党员与本科生入党积极分子"同读一本书"等活动。

11月10日，学院2018级博士生党支部与河北雄县黄湾村党支部联合共建启动仪式暨第一次联建活动在黄湾村举行。

12月18日，学院本科生党支部与实验室与设备管理部党支部联合开展共建活动,组织参观地质博物馆和地球科学VR实验室。

1月24日,学院2016级博士生党支部到北京市东城区前门社区向基层群众讲解习近平新时代中国特色社会主义思想和党的十九大报告中关于社会治理和社区发展的新论述。

3月,2016级博士生党支部与前门社区建立课题合作关系,博士生党员通过参加课题、亲赴调研、与社区干部群众讨论等形式,学习做群众认可、基层需要的社会科学研究,合作的课题是《北京市东城区前门街道"居商共荣"社区建设研究工作方案研究》。

4月13日,学院举办2018中国青年政治人论坛,以"中国新时代,青年新征程"为年度主题,来自北京大学、清华大学、复旦大学、浙江大学、南京大学等12所高校代表团共300余名中外代表参加论坛。

5月2日,学院组织习近平总书记在北京大学师生座谈会上的重要讲话精神学习分享会。

5月13日,学院组织党员教师赴《没有共产党就没有新中国》纪念馆开展实践学习活动。

10月27日,学院组织党员教师赴西柏坡开展以"牢记'两个务必',做好时代答卷"为主题的实践学习活动。

12月4日,时值国家宪法日暨全国法制宣传日,2017级博士生党支部组织学生党员前往定慧西里社区进行普法宣传、便民咨询等志愿服务活动。

12月19日,学院组织各学生党支部学习习近平总书记在庆祝改革开放40周年大会上的讲话。

反腐倡廉。截至2018年底,学院共建立制度41项,其中2018年正式签发制度14项。先后接待、协助调查处理、上报回复来信来访4件次。

学生工作。2018年完成迎新入学、学生资助、评奖评优等多项工作,持续开展学生的心理辅导、就业创业等工作。学生工作获得基层就业引导奖、学生党团日联合主题教育活动优秀组织奖、学生资助工作先进单位等多项奖励。

开展多项教育活动:新生教育阶段结束后由新生自行回顾、调研、总结,对从学院、班级、寝室等多个层次展开的新生引航工程进行复盘,撰写2018级新生入学教育满意度调研;开展进程式校园规划指导,根据学生需要,进行新生选课指导、专业分流指导、保研模拟、出国指导、军训动员以及征兵专项动员等等。

学院完成2018年度学生资助认定、生源地及校园地贷款处理及贷后管理的相关事宜。截至2018年底,学院共有家庭经济困难(经学校资助中心认定)的学生62人,均为本科生,已不同程度获得资助;同时,学院还重视困难生的心理及学业辅导,每个年级受资助的同学中都有相当数量的同学获得学校的奖学金奖励。

2018年,学院共有197名学生获得学校各种奖励,78名学生获得学校奖学金,10人次获得院级奖学金,其中4名学生获评学校学术创新奖。12名学生获得北京市三好学生、优秀毕业生等北京市级奖励。2017—2018学年学院本科新生心理测评参与率超过97%,共深度访谈60余人次,处理突发事件14起,累计时长超过150小时。

2018年,学院本科生就业率为94.74%,硕士研究生就业率为95.74%,博士研究生就业率达到100%。学院就业指导工作采取"订单式"服务,将院友企业、就业信息、院友求职经历和求职指导资源整合起来形成学院特色就业服务"菜单",毕业生按需"下单"。同时,学院还为在读研究生推出研究生基层挂职项目。2018年暑期,首批2名博士研究生赴重庆市荣昌区开展为期1个月的实践挂职活动;11月,2名博士赴福建开展为期2个月的挂职实践。学工办收集往届毕业生求职经验,开展"一对一"就业指导。将毕业生的去向意愿与以往求职经验和就业状况进行匹配,开展精准就业指导。

2018年9月,校团委任命张越同志担任共青团北京大学政府管理学院团委常务副书记,汪帆同志自然免职。2017—2018学年学院学生会、研究生会在院团委指导下完成过渡,根据学院两会章程,经民主投票,学生会、研究生会完成换届。

行政工会。学院加强行政中心建设,根据实际情况调整人员岗位安排。规范行政人员例会制度、考勤制度。加强学院大楼管理,强化学院大楼功能。严格执行教室会议室管理规定,采用预约申请-领导审批制度,每月核查使用情况;严格执行教师用房调配制度,督促退休教师按期腾退及按流程重新分配;建设学院各类型读书空间、教工之家等。学院图书馆订阅常规书刊,2018年为各年级学生增订《人民日报》等报刊,并派送到宿舍楼。加强对各类设备器材的管理,清查办公家具,做好盘盈盘亏;按照厉行节俭、方便办公、严格管理的原则进行设备和办公用品采购和管理。

加强学院安全保卫标准化建设工作,专人负责"北京大学安全管理业务工作群"。专人定期对楼宇重点部位巡查,新装楼宇门禁,更换全部过期的灭火器,进行一年两次消防演习。加强地下车库管理,落实"人防"与"技防"的工作。就公用楼宇的难题,本着及时沟通、协商解决的原则处理好工作。加强对物业公司和人员的监督管理,定期进行工作检查。严格校临时出入证和太阳卡管理,不符合要求的一律不予申办。

2018年,学院工会除了组织运动会、组织走访看望等常规工作之外,还以筹款方式建设教职工健身房,组建师生篮球队、教师乒乓球协会,组织师生羽毛球赛,拟定期开展教职工健步走活动。推动教职工加强锻炼,同时促进学院组织文化建设。2018年9月,学院工会换届。

院友工作。2018年,院友办核对校正《院友名录》,更新院友信息库，截至目前，共计有1983—2016级32个年级6053多名院友的相关资料，同比2017年增长864人。2018年，学院分别于元旦、春节、中秋向院友发送祝福邮件、微信，并在微信公众号上推送节日特别祝福。微信平台除原有项目外，新增设电子《院友会刊》的栏目，每两周推送一次。2018年，院友办组织校友卡办理，共计为院友办理校友卡594张。同时，将院友纳入学院活动的各个重要节点中。截至2018年11月，学院院友办共经手设立14个基金账户，包括奖学金、助学金、奖教金、学生科研基金、教师科研基金等多个项目。

【首届"治理现代化论坛"开幕】 11月3日，学院举办的首届"治理现代化论坛"在英杰交流中心阳光大厅开幕。论坛邀请第十、十一届全国人大常委会副委员长、中国科学技术协会名誉主席韩启德，全国人大外事委员会副主任、北京大学前校长林建华，中国行为法学会会长江必新，"文明对话"世界论坛创始主席、莫斯科大学政治系主任弗拉基米尔·亚库宁作为特邀嘉宾，就治理问题发表主旨演讲。来自清华大学等兄弟院校的数十名专家学者，以及北京大学团委书记王逸鸣、副书记李杨等学校职能部门负责人出席开幕式。

【北大-港大城市规划与治理创新实践营】 8月21日，由北京大学政府管理学院、香港大学建筑学院联合主办，北京大学首都发展研究院和城市治理研究院协办的"2018北大-港大城市规划与治理创新实践营：街巷治理理论与实践"开幕式暨主题研讨会在学院207会议室举行，同时拉开为期一周的实践营活动。多位北京城市规划与治理领域的领导、专家、学者应邀出席，与北大港大学子们就首都核心区街巷治理的主要问题、历史由来、规划经验、分析方法及技术、对策建议等展开研讨。实践营活动时间为2018年8月20日至26日。

（闫立佳、曲晓妍、刘　佳、崔龙菲、张肖迪、
倪宇洁、李　博、田　珺、金　民、赵　恺、
张雪薇、李　傲）

马克思主义学院

【发展概况】 组织概况。2018年1月，经党中央批准，北京大学成立习近平新时代中国特色社会主义思想研究院，与马克思主义学院一体建设，互相推进。学院下设多个研究基地和中心，包括教育部人文社会科学重点研究基地"北京大学中国特色社会主义理论体系研究中心""中国道路与中国化马克思主义协同创新中心"、北京市"中国特色社会主义理论大众化与国际传播协同创新中心"、北京市哲学社会科学研究基地"中国化马克思主义发展研究基地"、北京大学国际马克思主义文献中心等。

学科建设。学院有1个马克思主义一级学科点，下设马克思主义基本原理、马克思主义发展史、国外马克思主义研究、思想政治教育、马克思主义中国化、中国近现代史基本问题研究、党的建设7个二级学科。此外，学院还有政治经济学、科学社会主义与国际共产主义运动2个二级学科。

队伍建设。学院有事业编制教职工49人，其中专职教师41人、职员8人。专职教师中，教授20名（含新体制博雅讲席教授1人、博雅特聘教授1人），副教授17名（含新体制预聘副教授2人），讲师4名（含新体制助理教授2人）。在重点人才方面，有教育部社会科学委员会副主任委员1名，中央马克思主义理论研究和建设工程咨询委员和首席专家5名，国务院学科评议组成员2名，国家社科基金评委4名，教育部马克思主义理论研究和建设工程重点教材审议委员会主任1名，教育部高等学校思想政治理论课教学指导委员会主任委员1名、分教指委副主任委员2名，教育部马克思主义理论类教学指导委员会副主任委员1名，国家"万人计划"第一批哲学社会科学领军人才1名，中宣部文化名家暨"四个一批"人才1名，"新世纪百千万人才工程"国家级人选1名，"新世纪优秀人才支持计划"入选者2名等。

思想政治理论课教学工作。3月，面向全校开设"习近平新时代中国特色社会主义思想概论"课，由北京大学党委书记郝平等授课。6月，根据教育部教社科〔2018〕2号文件精神，学院启动本科思想政治课教学改革。4门本科生思想政治理论课程学制调整为3学分，"形式与政策"课程学制改为2学分，课程内容包括传统课堂教学和创新讲座教学两部分，新开设"思政实践"课程2学分。9月，实施"形势与政策"课新教学方案，每学期在百周年纪念讲堂开设4次形势政策大报告，延请知名专家和中央党政机关相关部门负责人主讲。配合教学改革颁布《北京大学思政课教学管理办法》（2018年修订版）、《北京大学思政课新老生交接管理办法的补充说明》等系列管理办法。12月，本科4门思政课在线精品慕课上线运行，思政热点面对面录制完成。2018年，学院多名教师参加中央马克思主义理论研究和建设工程重点教材编写或修订。

马克思主义理论人才培养。2014年9月，学院改革研究生培养模式，实施马克思主义理论人才培养工程。新的培养模式突出对马列经典著作的研读和考核，致力于培养理论素养高、创新能力强的理论型人才和信仰坚定、符合国家建设发展需要的应用型人才。确定全院硕士研究生、博士研究生必读的马列经典书目，以此作为中期考核的基本内容。改革博士生中期考核方式，考核评委均为院外和院内退休教师，考核不通过不能进入博士论文写作阶段。规定博士研究生入学2年内只确定联系导师，不确定论文导师，待中期考核通

过之后，本着双向选择的原则确定论文指导教师。2018年5月，教育部印发《关于实施2018年"高校思想政治理论课教师队伍后备人才培养专项支持计划"的通知》，北京大学获得30个博士生和30个硕士生增招名额。2018年学院实际招收硕士生41人、博士生48人。

科研工作。2018年度学院教师共出版8本专著、19本编著，发表250余篇论文，其中CSSCI论文53篇。获得多个立项课题，其中纵向项目13项，横向课题14项。立项课题中，国家社科基金重大课题3项、国家社科基金重点课题1项、国家社科基金一般课题2项、教育部重大专项课题2项、教育部专项课题5项。学院编纂出版《马藏》（1—5卷）、《马克思主义理论学科学术发展年度报告》等标志性成果。学院组织编撰的重大项目《20世纪马克思主义史》（9卷本）、《新时代马克思主义经典文献精学导读丛书》（20卷本）取得重要进展。发挥思想库作用，向中宣部、教育部等部门提供多篇直报信息，参与中央重要文稿起草。

交流合作。国内交流合作方面，借助学院的多个学术平台，举办全国高校马克思主义学院院长论坛、全国高校马克思主义理论及相关学科博士生论坛等活动。国际交流合作方面，聘请国外著名大学的知名学者担任学院客座教授，举办国际学术会议。4月23日，学院与德国罗莎·卢森堡基金会联合举办"纪念马克思诞辰200周年：中德学者对话会暨21世纪资本主义社会批判理论研讨会"，来自中德两国的40余位专家学者参会。5月5日至6日，举办第二届世界马克思主义大会，来自世界五大洲的120余位国际学者，以及中国的700余位学者与会。

党建工作。学习贯彻习近平新时代中国特色社会主义思想和习近平总书记5月2日视察学院时的讲话精神，坚持"马院姓马，在马言马"原则，把握正确政治方向。学院教师按照"先学一步，学深一层，吃透精神，把握实质"的要求，全面落实总书记重要讲话精神进思想政治理论课和学院研究生专业课课堂。学院成立宣讲小组，从5月3日开始先后接待校内外干部培训、党团支部主题活动50余批次1000余人来学院参观"共命运·同前进——北京大学与马克思主义主题展览"。7月，学院党委与教育部社科司联合开展"重温入党誓词、入党志愿书，头雁领航践初心"主题党日活动。学生党团支部组织开展主题党日活动和组织生活会，开展向李大钊塑像献花缅怀活动。组织第29、30期党性教育读书班和第30期党的知识培训班。2018年度共发展预备党员13名，其中包括87岁高龄的离退休教师金世英同志，10名预备党员按期转正。

学生工作。鼓励学生采取读书小组、学术讲座等方式，多渠道落实围绕马列经典著作的研读工作，已举办23期"学马列，读原著"系列讲座和系列读书活动。学院关注学生心理建设，"大学工"联动机制逐步建立，基本实现全员育人。2018年21位硕士、14位博士走上工作岗位。2018年，学院团委担任北京大学马克思主义学会指导单位，配合学校对其进行改组，青年马克思主义发展研究会成立马克思主义理论讲师团。2018年，有37名学生获得北京大学奖励，5名学生获得国家奖学金，1名学生获得廖凯原奖学金和学术创新奖，2名学生获得北京大学三好学生标兵称号。

工会、离退休工作。学院工会的主要工作是建家升级——由先进教职工之家升级为模范教职工之家。12月6日，校工会组织建家验收，学院"教职工之家"获得全票通过升级为模范工会。工会组织"三八"节活动、春季运动会等系列活动。学院建立离退休教师信息库。关心离退休教师生活，新年前后到家中探望拜访所有离退休教师。为学院80岁大寿和90岁大寿的离退休教师庆祝生日。组织离退休教师座谈会，倾听离退休教师意见，反馈和解决他们反映的问题。

（孙代尧、刘　军）

【习近平总书记视察马克思主义学院】　5月2日，习近平总书记视察马克思主义学院。习近平参观"北京大学与马克思主义主题展览"，肯定学院提出并坚持的"马院姓马，在马言马"的基本原则，强调高校马克思主义学院就是要坚持"马院姓马，在马言马"的鲜明导向和办学原则，为巩固马克思主义在意识形态领域的指导地位，推动马克思主义进校园、进课堂、进学生头脑，发挥应有作用。随后，习近平参观国际马克思主义文献中心，察看馆藏马克思主义典籍，与正在就"解读新时代"进行座谈的中外学生进行交流，同大家分享自己的学习经验。习近平强调，北京大学是中国最早传播和研究马克思主义的地方，为马克思主义在中国的传播和中国共产党的成立作出重要贡献。他勉励全院师生紧密联系世情国情党情的变化，认真开展新时代中国特色社会主义思想研究，把党的十九大精神和新时代中国特色社会主义思想这一当代中国马克思主义研究好、宣传好、贯彻好。

（孙代尧、刘　军）

【第二届世界马克思主义大会】　5月5日至6日，学院举办第二届世界马克思主义大会。大会以"马克思主义与人类命运共同体"为主题，下设10个分论坛和4个高端对话专场。来自世界五大洲的120余位国际学者，以及中国的700余位学者与会。与会学者围绕"纪念马克思诞辰200周年""马克思主义理论与文本研究"等10个议题展开研讨。中外著名学者在4个高端专场就"构建人类命运共同体""中国方案与发展中国家现代化途径""习近平新时代中国特色社会主义思想与21世纪世界社会主义""马克思主义研究的世界样态"等进行高峰对话。参加大会的100多名中外学者代表参加中央纪念马克思诞辰200周年大会。

（孙代尧、刘　军）

【《马藏》编纂与研究工程】　《马藏》是对马克思主义形成和发展过程中相关文献的汇集与编纂，是马克思主义理论研究的重大基础性学术文化工程。《马藏》中国编分作四部：第一部为著作类文本；第二部为文章类文本；第三部为各类通讯报道，各种档案、笔记、书信等文本；第四部为中国共产党有关文件类文本。2018年，已出版第一部1—5卷。1月10日，国务院副总理刘延东考察马克思主义学院，肯定《马藏》编纂工作。5月2日，习近平总书记视察北大马克思主义学院，称赞"《马藏》编纂非常有意义"。

（孙代尧、刘　军）

【中国特色社会主义理论大众化与国际传播协同创新中心】
中心是北京市重点支持的11家北京高校中国特色社会主义理论研究协同创新中心之一。2018年，中心向4家协同单位设置课题招标项目，其中重点课题2项，一般课题9项。中心按照"以人才、学科、科研、思想四位一体的创新能力提升为核心"的要求，探索马克思主义学科发展和人才的新模式。编辑出版《马克思主义理论学科发展报告（2017）》，提升学科的引领能力。1月12—16日，举办"北京大学第八届未名论坛暨全国马克思主义理论及相关学科博士研究生高级研讨班"，全国各高校60余名博士生参加。中心结合各协同单位的特色和优势，联合举办学术研讨。6月16—17日，中心主办，华北电力大学（保定校区）承办的"首届大数据与哲学社会科学研讨会"召开，来自全国共60余家高校和科研单位的100余位专家学者与会。

（孙代尧、刘　军）

【国际马克思主义文献中心】　建设国际马克思主义文献中心，是使中国成为世界马克思主义研究中心的重要举措。2018年，文献中心加强与国际国内文献机构的合作，引进一批有特色的文献，如两套《马克思恩格斯全集》历史考证版（MEGA2）等校内各图书馆暂缺的文献，新进书刊7400余册，馆藏书刊达到2万余册。文献中心图书借阅量继续列全校各分馆前茅。文献中心举办学术沙龙、第二届世马会中外学者书展、学生读书会等丰富多彩的活动。1月10日，国务院副总理刘延东到马克思主义学院考察时，参观文献中心特色馆藏并与参加读书会的学生交流。5月2日，习近平总书记视察马克思主义学院时，在文献中心参观《马藏》编纂成果并与正在就"解读新时代"进行座谈交流的中外师生互动。

（孙代尧、刘　军）

【马克思主义理论本科人才培养特色项目——李大钊班】　4月，马克思主义学院创办马克思主义理论本科人才培养特色项目——李大钊班。该项目以培养承担民族复兴大任的时代新人为指向，采取跨学科小班招生、导师制培养，打造宽口径、厚基础、理论与实践高度融合的国际化精品课程，实行本硕博贯通的培养体制。马克思主义理论专业本科项目采用学分制，共要求20个学分。开设课程包含"核心课程"和"限选课程"两类，由学校相关研究领域教师开设，并聘请部分校外专家任教。9月，第一期李大钊班正式开课，来自全校各个院系的共29名学生成为第一期李大钊班学员。

（孙代尧、刘　军）

教育学院

【发展概况】　组织结构。2018年，教育学院下设4个系：教育人类与发展系、教育经济与管理系、教育管理与政策系、教育技术系。学院专任教学科研人员37人，在读研究生400余人。院长陈晓宇教授，党委书记阎凤桥教授，名誉院长闵维方教授。

学科建设。2018年，学院的学术研究和人才培养方向涵盖在2个国家一级学科之下：一是包含教育经济与管理二级学科的公共管理学一级学科；二是包含高等教育学、教育学原理、教育技术学3个二级学科的教育学一级学科。2018年，学院召开全院学术交流大会、教学工作会议及战略研讨会各1次，研讨学院发展战略问题、学科建设问题和教学问题。在第四次学科评估中，北京大学的教育学科获得了A-。在2018年11月份发布的泰晤士高等教育2019年全球教育学科排名中，中国大陆有4所高校上榜。其中，北京大学教育学科名列第26位。另外，北京大学教育学科是在QS全球教育学科排名中进入前100名的中国大陆高校2个教育学科之一。

队伍建设。截至2018年底，学院共有在职教工87人，其中教师36人，行政和教辅人员8人，博士后8人，劳动合同制人员31人，退休返聘4人（含教师1人）。2018年学院鲍威、尚俊杰两位教师申请转新体制，学校文科评估小组审议通过；引进新体制人员香港大学王利平获学校批准；申请续聘美国哥伦比亚大学曾满超教授为长江讲座教授获批准；陈洪捷教授入选北京大学博雅特聘教授。截至2018年底，学院教学科研队伍中教授15人（含退休1人），副教授15人，研究员3人，副研究员1人，新体制教授2人（博雅讲席教授、博雅特聘教授各1人），新体制助理教授1人，副编审2人。教师队伍中100%拥有博士学位。2018年学院派送教师长期出国（境）访问、进修5人次。其中，张冉副教授、马莉萍副教授、秦春华研究员赴美国访学，郭文革副教授赴德国访学，缪蓉副教授赴泰国孔子学院任教。

教学工作。2018年，经学院学术委员会审议通过的研究生新课程有4门，本科生课程5门。截至2018年底，学院为研究生开设课程215门，为本科生开设课程21门。2018年，学院结束学业的研究生共82人，其中获硕士学位的36人，获博士学位的31人。学院总计招收研究生84人，其中硕士研究生49人、博士研究生35人。截至2018年底，学院共有在读研究生419人，其中博士生282人，硕士生137人。2018年暑期，学院举办"教育技术前沿"暑期学校、博士生学术论坛"慕课研究：教学设计与数据分析"、博士生学术会议"变革·创新：高校学生发展与就业"。2018年学生出国出境联合培养、实习培训、参加国际会议、暑期学校共计76人次。

2018年，博士毕业生缪静敏毕业论文《慕课学习者基于文本的同步互动模式与合作学习体验研究——以某教师专业发展类课程为例》（北京大学汪琼教授指导）获评"北京大学优秀博士学位论文"。尚俊杰带领的教育技术暑期学校团队获得北京大学教学优秀成果一等奖、北京市教学优秀成果一等奖。汪琼、张冉分别获得北京大学教学优秀成果二等奖。吴峰（学习工程与管理）、汪琼（教师如何做研究）、林小英（质性研究方法）、张冉（教师法律风险防范）4位教师的慕课课程获评2018年教育部国家精品在线开放课程。

科研工作。2018年，学院新立项的项目共计80个，其中纵向项目5个，横向、委托及国际合作项目75个。横向项目数量同比2017增加10%，纵向项目经费总额约为100万元，横向项目经费总额约为1500万元。学院教师发表文章（期刊、报纸及文集收录）158篇，其中英文论文15篇。发表会议论文89篇，其中外文会议论文21篇；撰写研究报告27篇，出版著作3部，参与撰写的著作章节16篇。

交流合作。2018年，学院共组织海外专家学者讲座38次，其中包括北大教育论坛、各系组织的学术交流、学术沙龙等，邀请来访的专家学者中有23位为外籍学者、6位为国内学者。此外，学院多次接待重要海内外高校机构来访，包括香港大学、智利大学、赫尔辛基大学、亚洲开发银行等多所高校、机构来访。学院教师出国访问、考察、合作研究、参加国际会议46次；赴港澳台15人次；共计61人次。赴境外交流、访问人次比2017年增长了近50%。

2018年，学院组织、参与24场国内、国际学术研讨会。其中重要会议包括：2018北京大学基础教育论坛、"变革与创新：高校学生发展与就业"国际论坛、"守正创新·融合超越"北京大学院校研究国际研讨会、首届"大学-中学圆桌论坛"、"新时代·新形势·新要求——学习贯彻全国教育大会精神研讨会"、"2018北京大学生涯教育论坛——高中阶段生涯规划理论与实践研讨会"、2018北京大学-亚洲开发银行校企合作国际研讨会、"一流大学治理结构和人才战略"专题研讨会等。此外，学院师生出席近90场海内外学术研讨会议，完成80余篇中英文会议发言稿和论文。

党建工作。截至2018年底，学院党委共有196名党员，其中在岗教职工党员64名，学生党员114名，离退休党员18名；学院党委下辖12个党支部，其中教工党支部6个，学生党支部4个，离退休党支部1个，临时党支部1个。2018年，学院组织各支部学习贯彻党的十九大和学校第十三次党代会精神、习近平总书记"5·2"重要讲话精神，在全院范围内组织开展学习活动；开展题为"西南联大精神与一流大学建设"的专题党课、领导班子意见征集活动、领导班子民主生活会，以及各支部组织生活会等活动。学院组织"北京大学党的知识培训班""北京大学党性教育读书班"等各项学习活动；配合学校党委做好"新时代国家发展与党的建设专题研讨班"学员的日常联系、培养工作。学院共发展党员14名，并加强党员数据库维护，完成年度党统工作；落实学校关于支部书记述职和支部换届工作的要求；配合学校党委完成"双带头人"培训示范班学员的日常联系和培养工作；定期督促各支部做好党费收缴工作，协助离退休教职工党员以多种方式灵活、便捷地缴纳党费。学院党委先后开展学院党建经费和党的活动经费的使用和留存情况自查工作、共产党员献爱心、困难党员帮扶等工作。在校党委的统一部署下，学院开展支部民主评议、党员评议和北京大学优秀共产党员、先进支部评选工作。学院党委书记阎凤桥被评选为北京大学优秀共产党员标兵，博士支部书记刘鑫桥被评为北京大学优秀共产党员，2017级硕士支部被评为北京大学先进党支部。

行政队伍。2018年，学院行政教辅人员共计42人，其中事业编制8人，合同制人员31人，退休返聘3人。2018年行政教辅人员中新入职10人，退休1人，离职4人。

工会工作。2018年，学院工会组织学院教职工参加教工运动会、庆"三八"国际妇女节北京大学女教职工定向趣味越野赛、教职工冬季健身大步走活动等，开展爱心基金捐款活动，协助办理女职工互助保险，推进新职员加入工会。与团总支、研究生会共同举办师生羽毛球、新年晚会等赛事和活动。组织教职工体检工作，为在职教工办理重大疾病及意外商业险。继续举办教育学院工会健康促进系列讲座。2018年6月，为全体工会会员购置生日蛋糕卡。下半年，举办"庆十·一国庆节"教育学院摄影大赛，并重新建设"教工之家"，增设活动区域、添置咖啡机、冰箱、微波炉、动感单车、哑铃、按摩椅等设备。

学生活动情况。2018年，学院学工办完成新老生共计10人经济情况鉴定工作。完成2017—2018年度的评优评奖工作，共有5人获得国家奖学金，14人获得校级奖学金，25人获得院级奖学金，45人获得校级奖励。在北京大学2017—2018年度先进班集体评比中，学院博士班获"北京大学示范班集体"称号，2017级硕士班获"北京大学先进班集体"称号。各学生党支部先后自主开展系列联合党团日活动、集体观看庆祝改革开放40周年大会直播、学习习近平总书记在全国教育大会上的讲话、参观庆祝改革开放40周年大型展览、"红色1+1"与共建党支部联合建设、"五大青年"与共建团支部联合志愿服务等多种形式的党建、团建活动。2018年学院团总支、研究生会、班级等通力合作，开展包括迎新晚会、"师生情"羽毛球赛、新年晚会、班级周末座谈会等一系列学生活动。

毕业生去向。2018年，学院共有45人毕业（博士9人，硕士36人），其中38人就业（博士7人，硕士31人），5

人出国留学（硕士），2人国内深造（2人博士后），就业落实率达100%，学生就业去向大多是国家机关、国有企业、重点高校。

（赖琳娟）

【北大教育技术前沿暑期学校】 北京大学教育学院教育技术系自2009年开始，连续8年承办由北大研究生院主办的"教育技术前沿暑期学校"，每期2周时间。招生对象主要包括海内外的教育技术及相关专业博硕士研究生、青年教师和少量本科生。受到国内外相关专家领导和学院的高度认可和一致好评，成为全国教育技术学科中的一个知名品牌项目。截至2018年底，直接培养1600余名学员，并且利用视频直播、MOOC等方式间接帮助更多的学生。

（尚俊杰、霍玉龙）

【变革·创新：高校学生发展与就业国际论坛】 5月26日至27日，"变革·创新：高校学生发展与就业国际论坛"在北京大学英杰交流中心举行。论坛由北京大学教育经济研究所、北京大学教育学院和北京大学学生就业指导服务中心主办，并得到联合国教科文组织亚太地区高等教育教席、中国教育发展战略学会的支持。26日上午，国家教育咨询委员会秘书长张力研究员，北京大学教育学院名誉院长、教育经济研究所所长闵维方教授在开幕式上致辞。美国印第安纳大学乔治·库（George D. Kuh）教授，德国卡塞尔大学原副校长乌尔里希·泰希勒（Ulrich Teichler）教授，北京大学教育学院副院长、教育经济研究所副所长岳昌君教授，北京大学教育学院教育管理与政策系系主任鲍威副教授分别作主题发言。来自中国、美国、英国、德国、俄罗斯、意大利、日本、澳大利亚等国家的专家学者、国家政策制定者、高校管理者以及商界精英300余人共同围绕"高校学生学业成就的评估与提升""高校教育与高校毕业生就业质量""高校教学改革与研究""高校毕业生就业促进的实践探索与成效"等4个主题，对高校学生发展、就业与教学改革等问题展开交流探讨。

（邢颖）

【2018北京大学基础教育论坛暨北京大学基础教育研究中心成立】 1月9日，以"守正创新、引领未来"为主题的"2018北京大学基础教育论坛暨北京大学基础教育研究中心成立仪式"在北京大学英杰交流中心举行。论坛由北京大学主办，北京大学教育学院承办。论坛的另一项重要议程是北京大学基础教育研究中心捐赠暨成立仪式，中心得到东方剑桥教育集团总裁于越博士捐助。北京大学副校长王博、北京大学教育学院院长陈晓宇代表受赠方与捐赠方代表东方剑桥教育集团总裁于越博士签订捐赠协议。陈晓宇随后宣布北京大学基础教育研究中心成立，并宣读理事会及学术委员会名单。捐赠仪式之后，北京大学党委书记、教育基金会理事长郝平向于越授予"北京大学杰出教育贡献奖"奖牌。教育部教师工作司副司长黄伟、北京市教育委员会主任刘宇辉、中国教育学会会长钟秉林、北京大学党委书记郝平、北京大学教育学院名誉院长闵维方共同为北京大学基础教育研究中心揭牌。

（赖琳娟）

【《北京大学教育评论》】 2018年，《北京大学教育评论》所刊发的论文被《新华文摘》《中国社会科学文摘》《高校文科学报文摘》及人大资料中心多种文摘刊物转载，其中在人大资料中心教育学科的转载率排名第一。2018年，《北京大学教育评论》继续获得国家社科基金学术期刊资助，并完成社科基金专项"人文社会科学：中国特色与国际接轨"，《北京大学教育评论》继续进入新版的《全国中文核心期刊要目总览》，再次被中国科学评价研究院评定为中国人文社会科学期刊AMI综合评价"权威学术期刊"。

（李春萍）

新闻与传播学院

【发展概况】 组织结构。2018年，新闻与传播学院下设4个系：新闻学系、传播学系、广播电视学系和广告学系。形成包括新闻学、传播学、广告学、编辑出版学、网络传播、广播影视、跨文化交流、公共关系、媒体经营管理等学科在内的学科群。

教学工作。截至2018年底，学院共有学生505人，其中本科生367人，研究生138人。

2018年，学院课程改革在低年级推进，新开重点课程获得好评。2016年、2017年校级教学改革立项课题均结项，其中《守正创新：传媒本科新生专业导入路径研究》获得优秀结项。2018年通过教师主动申报、学院按计划推荐和学校专家评审，学院共获得2大类（课程建设、新生教育）的4个校级本科教学改革项目（《高级采访写作课的创新建设》《创意文案课程教学改革及教学成果展》《16教学计划"口语传播"课程创新建设》《兼容并包：本科留学新生专业融入与学术创新研究》）。

2018年，学院研究生教学改革和探索的重点是健康传播硕士方向，在韩启德院士的倡导和学校的支持下筹建。健康传播硕士人才培养是一个新领域，学院在课程体系、教学模式、科研与实践等方面都在不断摸索，7月增补《研究生教学手册》，修订健康传播方向的培养方案。

科研工作。2018年，学院教师共发表文章（含期刊论文、会议论文、研究报告等）133篇，出版著作（含专著、译著、编著、教材等）8部；立项课题23项，立项科研经费730.5万元。

完成《中国社会科学40年-新闻传播学卷》初稿写作工作，出版《北大新闻学研究会学术文库》《城市北京与文化书写：北京题材影视剧研究》《信息资本主义的兴起与扩张》等著作（译著），出版《北大新闻传播评论》《广告研究》等集刊。

王维佳副教授获得教育部社科司"四个一批"人才自主选题项目资助。陆绍阳教授的"习近平关于意识形态工作的重要论述研究"获得北京市习近平新时代中国特色社会主义思想研究中心重大项目立项。张慧瑜助理教授的"当前社会思潮传播的新特点和有效引导研究"获得北京市社会科学基金重点项目立项。

合作交流。7月5日至18日，学院举办两岸大学生创客营，共有两岸180名学生参加。

研究生实习示范基地建设。依托北京大学及新闻与传播学院和新华社的整体优势，有效整合海内外资源，共建北京大学-新华社研究生实习示范基地。

"第五届中欧对话：媒介与传播研究"研究生暑期班于7月9日至18日在比利时布鲁塞尔自由大学举行。共招收来自中国及欧洲10余所大学的27位博士、硕士研究生。

7月22日至24日，举办北京大学数字创意论坛，新华社、凤凰卫视、中新社、经济日报等多家媒体进行重点报道。

举办2018年北京大学台湾教师数字营销发展与数字人才培养研讨班。结合学院专业方向，邀请台湾教师规模化地到大陆高校进行学习研讨，受到教育部港澳台办、北京市台办的表彰。

3月，陈刚教授赴纽约参加美国广告学会2018年会，并发表《中国广告业的发展分析》专题演讲。

党建工作。学院党委把学习习近平中国特色社会主义新时代思想作为工作的核心，贯彻落实全国高校思想政治工作会议精神。2018年，组织党政班子以及全院教师重点学习习近平在北大师生座谈会上的讲话，在全国宣传思想工作会议上的讲话，以及全国教育大会精神，统一思想，并专门研究讨论如何同学院的发展结合起来，推动学科发展和全员育人。

2018年，完成党员之家的建设，发展2名教工党员。新媒体教工支部被评为北京大学优秀党支部；王玮、曹星、邓筱被评为优秀党员。

5月，组织教工党员重走习总书记北大考察路线。2018年11月至2019年1月，先后共组织5批师生参观"伟大的变革——庆祝改革开放40周年大型展览"。

根据学校《北京大学关于院（系）党政领导班子职责与工作规则的规定》，制定《新闻与传播学院关于内设学术机构议事规则的规定》《新闻与传播学院党政班子工作实施细则》等文件，强化党委在学院发展中的责任和职能。

5月，经学校工会批准，学院党委组织完成学院工会的改选工作。形成新一届工会委员会，委员名单：张积、王玮、许静、王洪喆、刘杨。

学生工作。以学生党建为龙头，突出育人导向，以制度建设为着力点，推进基层党建创新。抓好基层党支部和党员队伍建设，制定《学生党员积分制管理办法》，在各个学生党支部中试行。2018年上半年共发展党员22人，另有14人纳入下半年发展计划。

2018年学院共128名学生获得校级奖励，111名获得校级奖学金，48名获得院级奖助学金。在党团建设中实现三个"第一次"，即第一次有学生党支部书记获得学校十佳学生党支部书记称号，第一次有班级获得学校优秀集体最高级班级五四奖杯（2015本科班），第一次在校级体育赛事中学生男排、女排双双夺得"北大杯"冠军。

组建"南门学习荟"立体课堂。利用新媒体优势，从线上和线下两个维度拓展读书、交流、思考的空间，打通本硕博3个不同学历层次的学习、交往平台，突出深度学习、同伴教育和自我体验。具体包括南门读书会、南门故事汇、南门文化烩3个系列。

毕业生去向。2018届毕业生一次性就业率在95%以上，其中中央级媒体工作10人（人民日报3人、新华社及分社3人、中央广播电视总台3人、光明日报1人），中央部委3人（公安部、外交部、互联网信息办公室），地方政府选调生（或人才引进生）14人。

社会服务。2018年9月17日至25日，以全球视野下的政府传播为主题，举办中共中央组织部司局级干部培训班，共58名学员参加。

【北京大学新闻学研究会成立100周年学术研讨会】 10月14日，学院主办"百年中国新闻教育：传承与发展"暨北京大学新闻学研究会成立100周年学术研讨会。新华社副社长刘思扬，人民日报社原副总编辑梁衡，中央宣传部新闻局副局长黄强，北京大学党委书记郝平、副校长王博等领导出席会议。方汉奇、赵玉明等著名学者，以及来自全国高校及新闻学研究机构的100余名专家学者、青年学子共同探讨百年来中国新闻教育的光辉历史、传承现状和发展前景。

（陆绍阳）

体育教研部

【发展概况】 组织机构。2018年，体育教研部下设教学教研室、运动训练教研室、科研教研室、群体教研室、场馆中心、行政办公室等部门，承担全校公共体育教学、体育科研、校体育代表队的运动训练和群众体育工作。主任：李宁；副主任：李杰、萧文革、吴昊；书记：张锐，副书记：钱永健。

教学工作。2018年，完成北京大学课程方案及体育教学管理文件的修改和实施，体育课程中开始实施12分钟跑。

制定和完善新开课程的标准和评审。完成教学大纲的修订、补充、修订网络体育课程教材资料。教学指导委员会拟定《体教部关于慕课的申报标准》；协助学校和相关院系做好空飞班、双培生的培养工作。强化课程教学改革，3门课程教改结题，分别是太极拳、体适能、瑜伽；立项2门课程教改，分别是体育舞蹈、大学生击剑。2018年，体质健康测试共完成12,209人次，其中男生7193人次，女生5016人次，优秀率1.3%，良好率16.38%，及格率64.13%，不及格率18.19%。

群体工作。2018年约有11,000人参加课外锻炼考勤。举办春季运动会、秋季运动会和新生趣味运动会，2018年首次将迎新跑活动列入秋季运动会所设项目与积分系统。冬季越野长跑与中国大学生体育协会合作，成为全国校园马拉松的一站，共约3000人参赛。举行第三届北京大学U-T健身盛典，历年报名参与平均总人数接近3000。为进一步扩大影响力，该届健身盛典将北京大学体育之夜活动吸纳进来。截至2018年底，北大校本部有学生体育社团47家，其中包括体育部孵化的社团4家。2018年，由校团委授权并发放资金，体教部社团管理组进行社团评优和资金发放工作。普通学生代表队在北京市大学生体育协会"阳光杯""朝阳杯"等系列赛事中，共计参加40余项比赛，报名人数达到450人次，共获得团体总分冠军10项次，集体项目冠军9项次，共计96人次获得集体项目的金牌，42人次获得29枚单项金牌，32人次获得10项次高等级比赛冠军。群体综合办的微信公众号"PKU体委"运营正常，并创立相关形象标志与周边产品。

科研工作。2018年，共计完成24项具体工作，例如：落实学校布置的科研机构整改工作，组织学术沙龙4次，组织国家体育总局、国家社科基金课题申报3项，组织教师申报北京市社科基金项目1项，召开体科所会议，组织体育部师生参加北京市大学生运动会科报会论文报告会，组织策划百年大学百年体育高层论坛，组织策划第十届北京大学中国体育产业高峰论坛，筹备2019年北京大学体育部体育科学论文报告会等。组织高层次学术活动，共邀请3名国内外知名专家来校讲学，举行学术沙龙4次，派出教师参加学术会议20余人次等。

高水平代表队工作。男子篮球队第3次获得全国大学生CUBA篮球总决赛冠军；田径队在全国田径锦标赛（专业）上获得3项冠军、3项亚军、1项季军，创田径队历史最好成绩；游泳队在参加第18届全国大学生游泳锦标赛上打破2项全国大学生游泳记录；健美操队在参加全国健美操冠军赛（专业）上获得1项亚军2项季军；足球队首次获得首都大学生足球甲级联赛冠军。完成北京大学2018年高水平运动员招生测试工作，录取38名考生。

综合行政工作。完成年度教师招聘工作、年度教师培训工作、教师聘期考核相关工作、年度奖教金评审工作、职称晋升工作、国家通用岗位聘任工作、年度考核工作、年终绩效分配、离退休工作、在教育岗位工作满30年教职工名单申报等，完成外事相关工作22项。

后勤场馆工作。2018年，在体育部原开发办公室的基础上设立场馆中心办公室，落实"馆部合一"。2018年，各场馆进行改善和新增招投标项目合计23项，维护维修项目50余项。邱德拔体育馆各厅房全年课时共计4320小时。其余体育场馆共保障7584小时的教学课。保障学校高水平代表队日常训练，共计约4800小时。保障北大普通学生44支代表队日常训练共计6336小时。保障23支学生体育协会的场地使用。

邱德拔体育馆各厅房为23个大型活动及赛事提供服务，为学校21个学生和教工体育社团、24个体育项目提供常年场地服务。全年共承接25项大型活动，承接北京大学120周年活动、年度毕业典礼、开学典礼等3项全校性大型活动，全校各职能部门及院系13项大型活动，北京大学学生校园十佳歌手总决赛晚会，北京大学全国中学生体验营晚会，北京大学医学部承办北京医疗系统乒乓球比赛活动，北京高校健美操、乒乓球、羽毛球、排球等6项学生大型比赛活动，承接北京大学校友纪念北京大学建校120周年原创音乐会及全球北京大学校友羽毛球比赛。2018年12月28日，北大未名湖冰场正式开放。邱德拔体育馆2018年全年总收入1137万（比上一年减少80万），上交学校227万。五四体育馆、第一体育馆、第二体育馆2018年创收共330万（与上一年度基本持平），上交学校33万。

宣传工作。完成并放送"百廿北大，百年体育"宣传片。体育部官网发文190篇，其中新闻快递144篇，通知公告46篇。北大新闻网相关发文40余篇。北校外媒体相关发文200余篇（不完全统计），微信平台关注人数达9640人。开始体教部官网改造工程。

党建工作。2018年，召开党政联席会议46次，体育部直属党支部例会22次，举行4次领导班子民主生活会。开展红色主题教育活动，组织全体教职工前往中国人民抗日战争纪念馆，参观"伟大胜利 历史贡献"展览。召开座谈会，学习5月2日习近平总书记在北京大学师生座谈会上的重要讲话精神。

（李承营）

【**第八届两岸三校学生运动友谊赛举办**】 11月4—9日，第八届两岸三校学生运动友谊赛在北京大学举行。北京大学、香港中文大学和台湾大学三校师生共有100余人参加。比赛项目包括男子篮球、男女子网球、男女子乒乓球。设有"学术交流研讨会""环湖跑""师生拓展"以及"游长城"等活动，以促进三方在体育及学术方面的交流。

（李德昌）

【**百年大学·百年体育高层论坛举办**】 11月23日，第二届百年大学·百年体育高层论坛在北京大学五四体育中心举行，论坛采用主旨演讲、圆桌论坛等形式，围绕"健康中国与校园体育"主题，就学生素质提升、体育人才培养、高校体育社团发展、高校体育教学创新、高校体育场馆管理、高校公共体育服务平台建设等专题进行探讨。

（李德昌）

【校庆相关活动】 为纪念北京大学 120 周年校庆，体育部出版《北大体育足迹——1997 年至 2017 年》和《北京大学百年辉煌体育图史》2 本书。举办北京大学百年体育陈列展实物展示北京大学体育发展历程与取得的辉煌成就。展览地点位于于五四体育中心，其一楼走廊展示北京大学名人有关体育方面的名言，二楼和三楼展示北大体育长期以来取得的众多成果，包括出版书籍、奖杯、著名人物赠送的纪念品等。

5 月 4 日，北京大学校友团体发起"为青春奔跑一百二十圈"的主题活动。活动在北京大学五四体育中心田径场举行，下午 1 时许，北京大学副校长高松为活动发枪，参加活动的 50 余名校友分别组队，以接力形式完成 120 圈跑祝福母校生日快乐。5 月 5 日，"CUBA 北京大学百廿校庆篮球慈善赛"在北京大学五四广场举行，北大男篮现役队以 72:67 战胜北大校友。5 月 6 日上午，在北京大学邱德拔体育馆举办一场由 1976—1984 级前北京大学篮球队员们举办的篮球友谊赛。参赛队员来自中国、美国、德国、日本。

5 月 2 日中午 12 时，为庆祝北京大学百廿华诞，由北京大学工会教职工瑜伽社团发起，在北京大学工会和体育部支持下，120 名北京大学教职员工和学子在北大五四体育中心运动场举办"和谐北大，魅力瑜伽"活动。

5 月 4 日，北京大学游泳队"跨半世纪游泳欢乐颂"专场活动在北京大学邱德拔体育馆举行。这是自北大游泳队 1955 年成立以来，年级跨度最大（1956—2017 级）、人数最多的自发聚会。各级退现役队员、教练员和家属代表近 80 人从世界各地回到燕园泳池，共聚一堂，其中 60 岁以上 30 余人，70 岁以上 10 余人。年龄最长的是 80 岁高龄、1956 级队友赵汝光女士。

"北京大学 120 周年校庆活动之足球嘉年华"于 5 月 5—6 日在北大五四体育场举行。来自北京、天津、深圳以及海外的校友足球爱好者 500 余人组成 20 支队伍，共计参加 40 场比赛。

5 月 27 日，北京大学首届趣味骑行活动"骑趣嘉年华"在五四操场召开。参加活动的有来自北京大学、北京工业大学等高校的 20 余支队伍，共 100 余人。活动分为赛事、趣味体验和晚会三个部分。

（李德昌）

【"邂逅未名·爱之约 2018"运动会】 10 月 28 日，第二届"邂逅未名·爱之约 2018"运动会在北京大学邱德拔体育馆举行。活动通过体育运动会、图书捐赠、北大校园参观等形式为来自山西祁县爱心家乐园、山西太原爱之家以及安徽岳西县特殊教育学校的 25 名残孤儿童创造一段美好的回忆，并借此呼吁社会各界人士关注这一群体，为贫困地区的孤残儿童汇聚更多温暖与爱心，支持他们健康快乐成长。

（李德昌）

新媒体研究院

【发展概况】 组织结构。新媒体研究院是一个专注于新媒体创新发展的科研教学机构，具有硕士与博士研究生招生培养资格。研究院致力于打造特色学科和优势专业，专注于新媒体传播、新媒体产业政策、新媒体经营管理、网络用户行为分析、新媒体教育、新媒体技术、网络安全、数据挖掘等领域的教学与科研。研究院下设 4 个研究中心：北京大学创意产业研究中心、北京大学互联网发展研究中心、北京大学社会化媒体研究中心和北京大学市场与媒介研究中心。教育部"国家网络语言研究基地"挂靠研究院。

学科建设。2018 年，研究院下设一个硕士专业：新闻与传播专业；一个博士专业：传播学。自主设立一个二级学科：新媒体学，拟于 2019 年起招收该学科专业博士研究生。

队伍建设。2018 年，研究院共有在职教学科研人员 12 人，其中事业编制教授 5 人、副教授 4 人、副研究员 1 人，新体制助理研究员 1 人，博士后 1 人。具有博士生导师资格 8 人，硕士生导师资格 9 人。另有非全职聘用科研人员 9 人。新入职事业编制 1 人。2018 年，研究院共有行政教辅人员 5 人，均为合同制。

教学工作。截至 2018 年底，研究院共有学生 136 人，其中硕士研究生 90 人，博士研究生 46 人。2018 年，共招收学生 57 人，其中硕士研究生 48 人，博士研究生 9 人；毕业学生 42 人，其中硕士研究生 39 人，博士研究生 3 人。研究院 2017—2018 学年第二学期开设研究生课程 18 门；2018—2019 学年第二学期开设研究生课程 14 门。

2018 年，研究院共有 33 名学生获得北京大学奖学金、校长奖学金、专项奖学金、科学创新奖及闳材奖学金，总计 21.4 万元。共有 22 名学生获得新媒体研究院"点拍""现代传播""益普索"奖学金，3 名教师获得奖教金，总计 30 万元。2018 年，学校及学院提供博士及专硕配套奖助金共计 181.34 万元。

科研工作。2018 年，研究院纵向在研项目 8 项，其中含国家自然科学基金重点项目 2 项，社会科学基金重大项目 2 个，北京市社科项目课题 1 个。科研经费计 271 万；承担各部委和企业委托横向课题 20 项，科研经费计 619.13 万，共计 890.13 万，人均科研经费约 127.16 万元。2018 年研究院共发表 CSSCI 论文 33 篇，《人民日报（理论版）》文章 5 篇，《人民政协报》文章 1 篇，科研咨询报告 21 份，待出版教材 1 本，工具书 1 本，专著 1 本。

教指委工作。2018年7月，根据《2018年新闻与传播硕士专业学位授权点专项评估工作方案》，挂靠于北京大学新媒体研究院的全国新闻与传播专业学位研究生教育指导委员会秘书处按计划完成对2018年度53所新闻与传播专业学位授权点的评估工作。2018年10月，教指委秘书处在北大召开新闻与传播专业硕士核心课程教材提纲审稿会，5门核心课程指南的编写在2018年12月完成并上报国务院学位办，并与北大出版社合作推进核心课程教材的编写工作。2018年11月和12月，教指委秘书处在北大新媒体研究院分别举办2期新闻与传播专业硕士教学师资培训会议，共计180人参会。

交流合作。2018年，研究院共举办大型学术交流会议6次。国际学术交流学术会议2次，分别是2018年6月召开的"互联网生态与新媒体理论研究"博士生国际专题研讨会和2018年10月召开的第六届竞争情报国际会议。国内学术交流会议4次，分别是2018年6月举办的"从游戏到游戏学——游戏功能与价值"研讨会、2018年9月和11月举办的2期"新媒体"会客厅以及2018年11月举办的首届全国县级融媒体中心建设高峰论坛。

2018年，研究院参加境外学术会议4人次，国内有12人次受聘讲学，提交学术论文8篇，接待访问学者10人次，合作研究课题有10个。

为推进北京大学新媒体教育的国际化，特别是国际化联合培养项目的启动和实施，从2015年开始，研究院与美国印第安纳大学媒体学院开始洽谈，开展联合培养新闻与传播专业硕士（新媒体方向）双学位项目。2018年10月18日，研究院与美国印第安纳大学传媒学院正式签署协议，确定联合培养新闻与传播专业硕士（新媒体方向）双学位项目。

党建工作。2018年，研究院党支部有正式党员58名，预备党员4名（含在校学生）。党支部围绕习近平总书记2018年5月2日在北大的重要讲话精神、8月21—22日在全国宣传思想工作会议上的重要讲话精神等主题，开展形式多样的活动，例如，组织党员观看纪录片《厉害了，我的国》、观看电影《青年马克思》、参观"伟大的变革——庆祝改革开放40周年大型展览"，2017级、2016级硕士研究生党支部联合举办"胸怀家国，大有可为"主题求职经验交流会等。

学生活动。2018年，为贯彻落实习近平总书记关于"要扎实抓好县级融媒体中心建设，更好引导群众、服务群众"的重要指示精神，引导学生参加学院的课题，多次赴山西、山东、云南等地调研。5月24—30日，2015级博士生柏小林等3名学生参加2018年国际传播学会第68届年会及会后会，口头发表研究论文并获得优秀论文奖。6月21日至22日，由北京大学研究生院、北京大学新媒体研究院联合主办的"互联网生态与新媒体理论研究"博士生国际专题研讨会召开，海内外10余所著名高校的近30位博士研究生来京参会。10月1—3日，2015级博士生及桐在澳大利亚墨尔本参加比较传播研究国际研讨会并作会议发言。11月20日，研究院举办首届全国县级融媒体中心建设高峰论坛，学院共组织21名学生参会。

毕业生去向。2018年，研究院共计毕业研究生42人，其中就业36人，读博4人，出国2人。就业单位性质涉及信息传输、软件和信息技术服务业、文化、体育和娱乐业、公共管理、社会保障和社会组织、教育等。

（方晶、薛媛元、王金媛、赵燕波）

【院友会成立大会暨首届新媒体沙龙】 2018年5月12日下午，为庆祝北京大学120周年校庆，在中关新园举办新媒体研究院院友会成立大会暨首届新媒体沙龙，研究院院友会会长莫森，常务副会长王宇，常务理事、益普索中国董事长兼CEO刘亘丰，学院教师代表及各级校友代表150余人出席。会议由院友会秘书长王秀丽主持。

（王秀丽）

【北京大学新媒体研究院和美国印第安纳大学传媒学院签署双学位项目协议】 2018年10月18日上午，研究院与美国印第安纳大学传媒学院签署协议，开展联合培养新闻与传播专业硕士（新媒体方向）双学位项目，双方将联合招生，学分互认，学制为3年。

协议就招生录取、培养方案、学位授予等方面做明确规定。双方设立联合招生委员会，推荐符合已在己方完成至少1年全日制学习、具有良好学术成绩等条件的学生，进入对方进行为期1年的全日制学习，最早的一批学生将于2019年9月入学。双方共同制定培养方案，分享包括教学大纲在内的课程详细信息。完成项目要求后，北京大学学生将会获得印第安纳大学传媒艺术与科学硕士学位，印第安纳大学学生将会获得北京大学新闻与传播专业硕士学位。

双方还就扩大合作范围进行探讨，提出在互邀举办讲座、参加国际会议、开展国际传播、新媒体领域国际研究等方面加强合作。研究院副院长李玮、院长助理王秀丽参加协议签署仪式。

（赵燕波）

中国政治学研究中心

【发展概况】 组织机构。中国政治学研究中心为北京大学实体研究机构，主要在政治哲学、比较政治制度、中国政治思想史、外国政治思想史等4大研究领域，开展政治学基础理论研究。英文名称为PKU Research Center for Chinese Politics，英文缩写为RCCP或PKURCCP。中心创始主任为北京大学讲席教授、政府管理学院院长俞可平。2018年，中心学术委员会成员调整，新一届名单：主任：何增科；委员：景跃进、王长江、王丽萍、王续添、唐士其、杨雪冬、俞可平、周红云；学术秘书：孙明。

学科建设。2018年，中心有1个一级学科：政治学。四大研究领域：政治哲学、比较政治制度、中国政治思想史和外国政治思想史。中心依托北京大学政府管理学院进行博士后流动站的招生培养。中心所在一级学科政治学入选一流学科建设名单。

队伍建设。2018年，中心有教研系列教师5人（含编制在政府管理学院1人），其中教授2人、助理教授3人。另有博士后4人，合同制研究人员、行政助理各1人。2018年，中心新入职2人，助理教授1人，联合培养博士后1人。9月，学校机构编制委员会批复中心增加10个教研系列职位（先期可使用其中5个，其余5个待中心通过学校五年周期评估后使用）。中心有北大讲席教授1人、新世纪百千万人才工程国家级人选兼文化名家暨"四个一批"理论人才1人。

教学工作。截至2018年底，中心共有学生27人，其中"政治、法律与社会联合培养项目"本科生20人，硕士研究生3人，博士研究生4人。2018年，招收博士研究生2人，毕业硕士研究生1人。中心教师2017—2018学年第二学期承担本科生课程2门，MPA课程3门，研究生课程2门；2018—2019学年第一学期承担本科生课程5门，MPA课程2门，研究生课程1门。

科研工作。以《政治通鉴》为牵引，中心教师主持的主要课题有9项：俞可平教授主持的大型基础研究工程《政治通鉴》、重要跨学科基础研究课题"制度与习惯"、中央马克思主义理论建设工程重点课题"马克思主义经典作家基本观点研究"（2018年完成，最终成果《马克思主义经典著作基本观点研究》共14卷作为国家十三五重点出版计划由人民出版社全部出版）、《马克思主义历史考证大辞典》中文版编译工程、大型合作课题"政府创新可持续性研究""中国治理变迁40年"课题（2018年完成，成果《中国的治理变迁（1978—2018）》由社科文献出版社出版）、国家创新发展战略研究会和国家外文局重点委托课题"如何读懂中国"系列之"中国如何治理"（最终成果《中国如何治理—国家治理现代化的中国方案》已由外文出版社出版）、社会科学学部委托课题"中国社会科学40年—政治学"（2018年完成）、何增科教授主持的国家社科基金重大项目"国家治理现代化与近现代大国崛起研究"课题。

2018年，中心共发表中英文论文15篇，出版学术著作19部。中心在研项目25项，同年获批的纵向项目8项。科研拨款共计1111.272243万元，其中国家社科重大专项课题经费60万元，国家"四个一批"与文化名家课题经费50万元，中央高校基本科研业务经费328万元，横向经费644.272243万元，教育部人文社会科学研究青年基金项目经费8万元，博士后科学基金21万元。

合作交流。2018年，中心接待北京大学主请和顺访的国外访问学者8人次。中心和政府管理学院共同邀请江宜桦、约翰·基恩、约瑟夫·奈等国际著名政治学家到北京大学讲学。中心举办学术沙龙报告10次、"政治学经典研习"5次；主办学术会议9次。中心教师共出访9人次，其中出访港澳地区1人次，其他国家（地区）8人次。

北京大学—清华大学政治学人联谊活动举办。在中心主任俞可平教授和清华大学政治学系主任张小劲教授的共同发起下，北京大学—清华大学政治学人联谊会于2018年5月、12月先后在北京大学和清华大学举办。双方商定"北清政治学人学术联谊会"将常年举行。

2018年，在甘肃兰州、四川南充、江苏常熟和印度新德里等地举办4场国际国内学术研讨会。中心还举办《马克思主义历史考证大辞典》《马克思主义经典著作基本观点研究丛书》等新书出版座谈会、《中国的治理变迁（1978—2018）》新书发布会等。

2018年，中心制定《中心网站日常工作方案》《中心媒体网络建设方案》，加强中心网站建设，联系主要媒体机构，构建学术传播网络，中心的科研成果得到《人民网》《光明网》《人民论坛》《中国社会科学报》《南方都市报》"凤凰网""澎湃"等媒体的报道。中心微信公众号"北大政治学"（PKURCCP）全年发稿101篇，有粉丝20,781人。

（孙　明、鲁　伟）

【2018北京大学政治、法律与社会联合培养项目】 为配合北京大学本科教学改革，由北京大学中国政治学研究中心牵头，北京大学政府管理学院、北京大学法学院、北京大学社会学系共同参与启动"2018北京大学政治、法律与社会联合培养项目"。

2018年"北京大学政治、法律与社会联合培养项目"招收本科生20人，其中政府管理学院本科生6人，法学院本科生5人，社会学系本科生3人，国际关系学院本科生2人，元培学院本科生2人，新闻与传播学院本科生1人，信息管理系本科生1人。

2018年秋季学期开始，中心老师结合学校教学改革的要求，推出中心教师参与设计、主持和讲授的新课程。俞可平教授为本科生开设全新设计的"政治学"课程，邀请相关领域专家给本科生讲授学科前沿理论。马啸助理教授设计新课程"计算政治科学"。

（孙　明、鲁　伟）

【《政治通鉴》研究工程】 为推进"双一流"建设、加强政治学基础研究，经筹备，中心于2018年初正式启动《政治通鉴》研究工程。《政治通鉴》是一项大型基础研究工程，由中心主任、北京大学讲席教授俞可平主持，致力于在古今中外的政治学经典、基本政治制度、重大政治事件、重要政治人物、主要政治理论五大领域开展研究。研究将总结和分析中国政治发展的经验教训和一般规律，同时分析和探讨世界主要国家政治发展的经验教训和普遍规律。通过《政治通鉴》研究工程，希望打造北大政治学的"通鉴学派"。

2018年，《政治通鉴》研究工程得到中央党校、中国人民大学等国内政治学研究主要单位、领军学者的支持，论证、制订研究框架，并取得第一期10个题目的成果。中国大百科全书出版社承担有关编辑出版工作，双方签订初步协议。

（孙　明、鲁　伟）

【《马克思主义历史考证大辞典》中文版编译工程】为纪念伟大的无产阶级革命导师马克思诞辰200周年，加强马克思主义基础理论研究，列入北京大学"双一流"建设重点项目的《马克思主义历史考证大辞典》中文版编译工程正式启动。

《马克思主义历史考证大辞典》中文版，由北京大学原党委书记郝平、原校长林建华、常务副书记于鸿君和副校长王博任顾问，社科学部主任杨河任编委会主任，北京大学讲席教授、政府管理学院院长、中国政治学研究中心主任俞可平任总编。参与中文版第一卷编译的有来自全国各地的30多名专家学者。

2018年5月，《马克思主义历史考证大辞典》中文版（第一卷）编译完成并在商务印书馆出版，5月17日上午在北京大学举行新书出版座谈会。座谈会由俞可平主持，德文版主编豪格教授、北京大学《马藏》工程首席专家顾海良教授等来自国内外高校和科研院所的60多名学者出席。

（孙　明、鲁　伟）

中国社会科学调查中心

【发展概况】组织结构。中国社会科学调查中心（Institute of Social Science Survey, ISSS）是北京大学社会科学的数据调查平台，也是北京大学开展中国社会问题实证研究的跨学科平台。中心包括7个部门和2个项目组，分别是执行部、质控部、数据部、技术部、智库、行政部、发展部以及中国家庭追踪调查（China Family Panel Studies, CFPS）项目组和中国健康与养老追踪调查（China Health and Retirement Longitudinal Study, CHARLS）项目组。中心主要工作是数据采集、数据管理与服务和智库研究。2018年，中心的领导团队名单包括：主任：李强；副主任：赵耀辉、任强；主任助理：严洁。

数据采集。中心数据采集以CFPS、CHARLS和中国企业创新创业调查（Enterprise Survey for Innovation and Entrepreneurship in China, ESIEC）为基础，采集有全国代表性的、大样本、高质量的微观追踪调查数据。

CFPS项目样本覆盖全国25个省市自治区，旨在通过追踪收集个体、家庭、社区三个层次的数据，反映中国社会、经济、人口、教育和健康的变迁，为学术研究和公共政策分析提供数据基础。截至2018年底，CFPS项目组2018年面访调查工作已经结束。完成包括家庭成员、家庭经济、个人问卷、父母代答、家庭代答、个人代答等各类型问卷在内的约8万份问卷。

CHARLS旨在收集一套代表中国45岁及以上中老年人家庭和个人的高质量微观数据，用以分析中国人口老龄化问题，推动老龄化问题的跨学科研究。2018年，CHARLS在全国150个区县的450个村居开展全国样本的第三次常规追踪调查。565名访员和75名核查员参加实地访问工作和问卷核查工作，最终完成20,326份个人问卷。除了常规调查，2018年的访问加入经过研究分析筛选出的9个认知能力测度量表和3个知情人量表，最终完成10,045位60岁以上老年人的认知测试和9981位知情人的访问。

2018年，中心组织实施ESIEC的基线调查，调查在辽宁、上海、浙江、广东、河南和甘肃6个省（直辖市、自治区）的117个县（市、区）开展，以2010至2017年期间新注册的中国民营企业及其创建者为调查对象，共抽取样本58,500家，实际接触样本数量：55,485个。详细记录企业存在状态的样本53,223个。访到企业数量6933个。

除以上3个主要项目以外，2018年中心还开展一系列其他项目：

民政部社会福利与社会进步研究所调查项目。2018年，中心对两个调查项目进行第三次追踪调查。社区治理项目调查问卷共计6种，困难家庭项目调查问卷共计10种。项目从2018年6月26日开始至2018年9月4日结束，经过337名访员70余天的实地执行，最终共完成问卷21,384份问卷，覆盖全国29省、113市、159个区县的4577个村居。

中国农村电商发展调查。2018年，中心与阿里巴巴（中国）有限公司合作开展"中国农村电商发展调查"项目。该项目于2018年7月至9月，通过计算机辅助入户面访方式（CAPI）在全国8省（浙江、广东、江苏、福建、河北、山东、云南、北京）对农村电商发展情况进行抽样调查。项目最终接触样本总数为2059份，分布在8个省、25个市、49个区县、65个街道、85个村居，共完成82份村问卷和1383份家户问卷。初步成果在2018年世界银行的年会上展示并获得高度评价。

中国精神卫生调查（China Mental Health Survey, CMHS）。2018年，中心对调查中确诊的精神分裂症、抑郁症和双相障碍患者、随机抽取的阴性样本进行追踪随访，调查采取计算机辅助电话访问（Computer Assisted Telephone Interview, CATI）方式，共计完成有效样本6446份，通过科学、规范的调查，获得患病现况数据，形成队列研究的数据库，并作为公共资源在数据管理与服务平台上共享。

数据服务与共享平台。推动北大校内的数据共享，发布北大国情研究中心北京社会经济发展年度调查（Beijing Area Study，BAS）2013和2015年数据、流动儿童教育与社会融合跟踪调查数据、中国企业创新创业调查项目元数据，同时正在推进黄季焜教授团队农户调查数据的共享；与北大图书馆联合主办第二届全国高校数据驱动创新研究大赛，梳理与评估第一届大赛数据成果共计290个数据集；拓展数据共享资源，与更多高校和研究机构进行沟通，促进优质调查数据共享。

智库研究。新开展8个课题进行政策相关的实证研究。此外，受国家发改委就业和收入分配司委托，中心利用CFPS数据开展"提高我国中等收入群体比重调查与对策研究"，为推动扩大中国中等收入群体比重的政策制定提供数据依据与实证依据。

2018年，中心与国务院发展研究中心、国家发改委宏观院合作，依托中心数据对当前与民生相关的重要社会经济问题进行分析，并撰写成政策简报，报送至上级相关部分。在完成的系列政策简报中，有1篇得到国家高层领导人的批示。为提升中心智库研究的影响力，中心还与社会科学文献出版社签署合作协议，将中心智库研究成果汇集成的《数据与决策》系列报告纳入社会科学文献出版社皮书数据库。

教学与培训。调查中心在2018年春季学期承担2门课程的讲授任务，分别是：大数据挖掘与分析和数据库管理，以及1门实习课程的督导工作：追踪调查全程实习。2018年，中心与教务部、继续教育部等校内部门合作，通过暑期课程等方式推广量化数据的使用、普及实证科学研究的方法。暑期学校2门课程共有161名学生参加，主要来自全国各院校社会学、管理学、统计学等相关专业的学生参加。

科研工作。2018年，中心在研课题7项。分别是：失能老人规模测算及长期照护体系构建研究（丁华，国家社会科学基金项目，17BSH128）、追踪调查样本流失模式及维护策略探索性研究（孙妍，国家社会科学基金项目）、锚定法在社会调查中的应用与评估（吴琼，国家社科基金青年项目，17CSH002）、社区民生监测与社区治理研究社科项目（顾佳峰，国家社科基金青年项目，17BSH122）、中国农村老年人口的照料需求、照料服务体系及政策支持（陈欣欣，国家自然科学基金课题，71873010）、提高我国中等收入群体比重调查与对策研究（孔涛，发改委课题）、空巢老年人的生存状况及家庭及社会保障研究（孔涛，国家社科基金青年项目，13CRK008）。发表研究报告和期刊论文13篇，其中1篇研究报告得到国家高层领导人的批示。

交流合作。2018年，中心接待国内访问学者2人，接待浙江大学社会科学研究院代表团访问参观1次。中心受邀前往西南财经大学参加"第二届社会抽样调查理论与实务研讨会"1次。中心举办学术讲座9次，举办"生育意愿与国家计划生育政策"与"我国居民财产差距与收入分配问题研究"成果发布会2场。

党建工作。2018年，中心有党支部1个，党支部委员会1个，正式党员10名，预备党员2名。3月至12月，党支部组织一系列民主生活会和组织生活会，并通过参观学习、讨论和交流等方式端正政治态度，提高思想政治觉悟水平。12月，支部组织中心全体党员和群众观看"庆祝改革开放40周年大会"直播，学习习近平总书记讲话精神和100位改革先锋优秀事迹，并组织党员撰写观后感。支部组织党员前往国家博物馆参观"伟大的变革——庆祝改革开放40周年大型展览"，了解改革开放取得的成就。

（孔　涛、陈秋惠）

【第二届全国高校数据驱动创新研究大赛】 11月9日，由国家信息中心大数据发展部、北京市信息资源管理中心作为行业指导单位，北京大学图书馆、北京大学信息管理系、北京大学中国社会科学调查中心、重庆西部大数据前沿应用研究院主办，中国高等教育文献保障系统、重庆大学图书馆协办，面向高校、研究院（所）在读学生，开展数据驱动创新研究大赛。中心梳理与评估第一届大赛数据成果共计290个数据集。

（孔　涛、陈秋惠）

【数据用户服务】 2018年，CFPS数据用户快速增长，平均月增长用户580名左右，截至2018年底，CFPS注册用户总数达25,585，其中国际用户占11.9%，所有用户中北大校外用户约占87.6%。截至2018年10月，项目组搜索到基于CFPS数据的相关研究成果已达1129篇，其中中文期刊论文占55.89%，英文期刊论文占27.46%，学位论文占16.65%。2018年，CHARLS数据用户快速增长，截至2018年底，注册用户30,202人，其中国际用户占10%。截至2018年10月12日，基于CHARLS数据发表的相关研究成果已超过1100篇，其中英文论文约占三分之一。

（孔　涛、陈秋惠）

中国教育财政科学研究所

【发展概况】 组织结构。2018年，中国教育财政科学研究所咨询委员会由教育财政及相关领域的知名专家、学者组成，设主任1人，委员16人。名单包括：主任：闵维方；委员：陈云英、陈中原、丁小浩、葛延风、韩民、李强、林双林、刘尚希、谈松华、王善迈、文东茅、谢维和、谢湘、杨念鲁、袁连生、郑磊。

教学科研。研究所的教学工作挂靠于北京大学教育学院，招生和教学工作根据北京大学教育学院的安排统一进行。

2018年，研究所新立项的项目共计20个，其中纵向委托课题1个，横向项目14个，另有5个所立课题。研究所教师发表文章（期刊、报纸及文集收录）43篇，其中中文期刊论文23篇，英文期刊论文7篇，中文专著章节4篇，英文专著章节4篇，出版著作2部（中英文各一部）。王蓉教授主编的《中国教育新业态发展报告（2017）——基础教育》于2018年7月由社会科学文献出版社出版，获得较高的政府与社会关注。包括校外教育、民办教育、国际教育、教育科技企业和教育信息化模块，总结和整合研究所过去两年中的相关研究心得与发现。刘明兴教授与章奇合著的英文学术著作 Revolutionary Legacy, Power Structure, and Grassroots Capitalism under the Red Flag in China 确定即将由英国剑桥大学出版社出版。此外，研究所与西南财经大学合作的"中国教育财政家庭调查项目"完成数据采集与数据清洗，进入实质性的数据分析阶段并产生一批重要的研究成果，并向全国的研究者开放。

交流合作。2018年，研究所邀请国内外专家讲座13次（其中外籍专家讲座9次）。研究所师生出国访问、考察、合作研究、参加国际会议15人次。3月6日，研究所与澳大利亚墨尔本大学UOM商业公司（UOM Commercial ltd, University of Melbourne）签署谅解备忘录（Memorandum of Understanding），拟就学术研究与研究活动领域开展共同合作，有效期5年。4月上旬，王蓉教授率领研究团队访问世界银行总部，就《2019年世界发展报告》和世行专家进行沟通和交流，得到中国驻世界银行执行董事的高度评价。8月26日，研究所和世界银行全球教育实践局共同主办的主题为"教育的承诺与挑战：质量与公平"的2018年"教育与发展"国际暑期学校举行，来自16个国家代表参加。8月31日，研究所与世界银行全球教育实践局共同举办的第二届世界银行中非职业教育合作研讨会在北京大学举行，近百名来自非洲、中国及其他各国的代表与会。

2018年，研究所共参与组织7场学术和政策研讨活动，包括"数字化时代教育财政策略"Ⅰ期课题结题会暨Ⅱ期启动会（50人）、《中国教育新业态发展报告（2017）——基础教育》新闻发布会、"教育的承诺与挑战：质量与公平"——2018年"教育与发展"国际暑期学校（47人）、第二届世界银行中非职业教育合作研讨会、"新时代高职教育创新发展与质量提升"——首届"大国高职教育"博士论坛以及第四届中国教育财政学术研讨会暨2018年中国教育发展战略学会教育财政专业委员会年会。其中来自16个国家的47名发展中国家的决策者、实践者、政策研究者参加2018年"教育与发展"国际暑期学校，9个非洲国家的45名学员及16个发展中国家的代表近百人参加第二届世界银行中非职业教育合作研讨会。

社会服务。2018年，研究所承担的社会服务包括：（1）2018年初，王蓉、宋映泉副研究员等受邀参与教育部副部长朱之文牵头的学前教育政策设计工作。（2）2018年4月，王蓉等就世界银行年度报告向世行中国执董办递交关于中国经验的资料，据悉这项工作已被写入上报政治局常委的报告。（3）2018年10月，王蓉受邀参加教育部副部长孙尧主持的关于教育与拉动内需相关问题的座谈会并做发言。（4）2018年4月、7月，黄晓婷副研究员、博士后赵帅与魏易分别为教育部财务司、财政部科教司进行"教育与人工智能"全司培训。（5）刘明兴教授承担并主持一系列政策咨询课题，并为相关部门提交若干政策建议，包括"义务教育费用功能分类改革系列研究报告"（提交给教育部）；财政部"用好政府引导基金抓手，促进资金进实体的政策建议"（提交给财政部）；"加快推动人口净流入大中城市利用集体土地建设租赁住房的调研报告"（提交给住房和城乡建设部）；"关于稳步提高农村籍退役军人社保待遇及就业水平的政策建议"（提交给退役军人事务部）；"关于'十四五'时期全面深化经济体制改革有关重大问题研究（教育体制改革）"（提交给国家发展和改革委员会）；（6）田志磊助理研究员完成教育部职业教育与成人教育司委托课题《产教融合视角下的区域职业教育发展研究》以及教育部基础教育监测中心委托课题《广东、海南教育投入产出报告》。

2018年8月，研究所与世界银行等机构合作的"教育与发展"国际暑期学校项目正式获得世界银行中国政府伙伴基金支持。

党建工作。2018年，研究所党支部共有党员12名，其中：教师党员2名、博士后党员3名（其中女性1名）、合同制员工党员7名（其中女性5名）。研究所的党建工作挂靠于北京大学教育学院，党建工作根据北京大学教育学院的安排统一进行。

行政工作。2018年，研究所有行政和教辅人员26人，其中在编教师6人，博士后5人，劳动合同制15人。

工会工作。研究所有工会会员24人，工会工作根据北京大学教育学院的安排统一进行。

学生工作。研究所的学生工作挂靠于北京大学教育学院，学生工作根据北京大学教育学院的安排统一进行。

（张 眉）

【《中国教育新业态发展报告（2017）——基础教育》发布】 7月10日，研究所发布最新研究成果《中国教育新业态发展报告（2017）——基础教育》一书，并举行新闻发布会。《中国教育新业态发展报告（2017）——基础教育》对中国教育新业态的发展现状、作用、影响、存在问题及改进建议作开拓性的实证研究。

（张 眉）

【第二届世界银行中非职业教育合作研讨会】 8月31日，由研究所与世界银行全球教育实践局共同举办的第二届世界银行中非职业教育合作研讨会在北京大学举行。近100名来自非洲、中国及其他各国的职业技术教育行政部门负责人、职业技术院校校长、从事职业技术研究的专家学者、一线教师以及世界银行的教育官员参会，共同研讨职业技术教育政策、理论和实践及未来的合作可能。

（张　眉）

【完成两个大型学前教育调研项目】 10月10—19日，研究所联合云南文山学院教育科学学院在云南省富宁县开展"一村一幼"幼儿园评估项目。本次项目调研员共71人，共完成64所幼儿园1300余名幼儿的发展测查和70个班级的学习环境评价，同时完成64所幼儿园的园长、教师、家长及所在社区和村委及乡镇的问卷回收工作。11月13—23日，研究所联合邯郸学院大名分院完成"县域内农村学前教育发展质量评估指标体系研究项目"课题组在河北省大名县20个乡镇62所幼儿园的第一次跟踪调研。跟踪调查由55位调研人员参与，共采集62所幼儿园1199名3—6岁幼儿的发展数据116个班级的教学环境质量的数据，同时通过实地走访和问卷调查等方式对家长、教师和园长进行系统调查，回收8701份家长问卷、666份教师问卷和62份园长问卷。

（张　眉）

【访美开展学习交流】 4月上旬，研究所研究团队访问美国并开展系列交流活动。4月9日下午，研究团队访问世界银行（世行）总部，并与世行相关部门负责人就中国家庭教育支出调查及双方合作相关问题展开交流。研究所所长王蓉教授做题为"The Real Costs of Education: Household Financing of K12 Education in China Revealed through CIEFR Household Survey"的主题发言，介绍关于中国家庭教育支出的研究结果，得到中国驻世界银行执行董事的高度评价。研究团队并就《2019年世界发展报告》和国际暑期学校等事项和世行专家进行沟通和交流。4月10日，研究团队访问马里兰州最大的学校系统蒙哥马利学区，并与学区主管就学区财政拨款公式、创新教育的经费支持、学校自主权、教师薪酬与激励、高中阶段的职业培训、特殊教育、教育领域的人工智能运用等方面进行交流。4月12日，研究团队访问位于美国加利福尼亚州的AltSchool Palo Alto校区，参观和观摩校园及课堂，与负责人就如何实现自适应学习等问题进行重点考察和交流。

（张　眉）

国际战略研究院

【发展概况】 组织结构。2018年，国际战略研究院有5名专任科研管理人员、5名特约研究员、3名研究助理、5名行政人员、1名退休返聘人员、2名专职编辑以及1名项目主管。

学术会议。1. 10月19—21日，举办第五届"北阁对话"年会。年会聚焦国际形势和大国关系的前景，邀请澳大利亚前总理陆克文、美国前常务副国务卿约翰·内格罗蓬特、哈佛大学教授约瑟夫·奈、英国前外交大臣大卫·米利班德等12位国外嘉宾，原国务委员戴秉国出席会议并做总结发言。公开论坛吸引近400名听众报名参加，同时邀请到近20家中外媒体和近10位来自不同国家驻华使馆的外交官。5月19—20日，由研究院与美中关系全国委员联合举办的第三届"中美未来青年学者对话"会议在北阁召开。

课题研究。承担外交部课题：《特朗普治下的美国和我对策建议》及《结合中方发展理念研究推动上合组织破解务实合作瓶颈的新举措》；国家社科基金重大研究专项《未来30年中美战略博弈情景预判》；联合研究项目两项：与日本笹川和平财团联合进行的《历史认识与中日关系的未来研究项目》，以及与约翰斯·霍普金斯大学高级国际问题研究院联合进行的《亚太共同体倡议：中美合作研究项目》；资助学生课题7项。

交流合作。接待云南大学代表团、英国皇家防务学院代表团、泰国国家研究院泰中战略研究中心访问团。接待兰德公司、宾夕法尼亚大学、国际预防危机组织、俄罗斯科学院社会政治研究所、哈萨克斯坦欧亚大学，以及来自日本、美国等国驻华使馆的客人和团体。

出版发行。出版《中国国际战略评论》2018年（上、下）两册中文版，审定出版《中国国际战略评论》2017年英文版。出版《国际战略研究简报》15期、《智库热点新闻追踪》12期、《海外智库观点要览》10期。

在2018年度美国宾夕法尼亚大学TTCSP项目颁布的《全球智库报告（2017）》中，研究院在全球高校智库排名第12位（亚洲高校中排名第1位），在全球智库总排名第78位，在中印日韩四国智库排名第25位。在四川省社会科学院与中国科学院成都文献情报中心联合发布的《中华智库影响力报告（2018）》中，研究院在"高校智库影响力排名"中位列第4名。

（刘春梅）

习近平新时代中国特色社会主义思想研究院

【发展概况】 组织结构。2018年1月23日，北京大学习近平新时代中国特色社会主义思想研究研究院正式成立。研究院实行理事会领导下的院长负责制，理事会是研究院最高决策机构，由北京大学党委书记和校长共同担任理事长。2018年4月3日，学校任命于鸿君为研究院院长，龚六堂、孙蚌珠、韩毓海、李琦为研究院副院长。研究院有行政教辅人员4人，其中事业编制1人，劳动合同制3人。

队伍建设。经北京大学机构编制委员会审议、北京大学党委常委会讨论决定，研究院设教学科研序列职位30个，研究技术序列职位5个，其中教学科研序列人员与马克思主义学院等相关院系联合聘任，并承担相关课程的教学工作。

教学工作。2018年春季学期，研究院为全校学生开设"习近平新时代中国特色社会主义思想概论"课程，由副校长陈宝剑主持，邀请学校领导及校内外知名学者围绕新时代坚持和发展什么样的中国特色社会主义、怎样坚持和发展中国特色社会主义的重大课题进行专题讲授。

科研工作。2018年承担省部级课题4项，一般课题2项；设立校级资助课题26项。在《人民日报》《光明日报》《经济日报》《求是》等重要刊物上发表论文14篇。创办《新时代理论》内刊，以直报信息等方式向有关部门提交研究成果，印行创刊号和第一期。韩毓海的《重读毛泽东：从1893—1949》获得中国出版政府奖、五个一工程奖、中华优秀出版物、中国好书奖，并被译为英、荷、意、尼泊尔等文；《一起来读马克思》被译为英、荷、意、尼泊尔文；《人民公开课》获新华出版奖，并被译为英、日、德、法等文出版。

（范春莉）

【创新高校宣传方式——制作"中国正在说"栏目】 2018年5月，研究院与福建省委宣传部共同策划，由东南卫视"中国正在说"栏目分3期制作宣传习近平总书记的教育思想，核心是讲述北京大学师生在工作学习中，如何学习践行习近平总书记教育思想。第一期嘉宾是从军女生宋玺和扎根宁夏的宗立冬；第二期嘉宾是北京大学第三医院乔杰院长；第三期是学校主要领导谈对总书记教育思想的理解。这三期节目也是首次以大型电视节目的方式宣传阐释总书记教育思想，节目已在东南卫视播出。

（范春莉）

【举办"新时代学习大家谈"系列活动】 2018年，为引导和帮助广大领导干部、理论工作者、教育工作者、青年学生学习贯彻习近平新时代中国特色社会主义思想，研究院策划"新时代学习大家谈"系列活动，组织一批学养深厚的理论名家，聚焦当代中国与世界面临的重大问题，紧密围绕党的十八大以来习近平总书记系列重要讲话，研究阐释习近平新时代中国特色社会主义思想的丰富内涵、精神实质与科学体系。6月22日，温铁军教授围绕"乡村振兴"做主题报告；10月18日，陈平教授围绕"中国崛起和经济学的革命"做主题报告；11月2日，顾海良教授围绕"中国特色社会主义政治经济学的'历史路标'"做主题报告；12月3日，潘维教授围绕"马克思主义与当代中国道路"做主题报告；12月22日，王洪章、徐忠、夏斌、朱小黄等金融安全管理实践家围绕"金融安全与风险形势"做主题报告。

（范春莉）

【举办"中美关系"闭门会议】 研究院围绕2018年国际国内面临的突出问题组织系列闭门会议。2018年9月20日，邀请钱乘旦、潘维、陈平、黄平围绕"中美贸易"举办首场闭门会议。2019年1月8日，邀请颜色、余淼杰、唐尧围绕"中美贸易"举办第二场闭门会议。

（范春莉）

表6-11 2018年习近平新时代中国特色社会主义思想研究院承担省部级以上课题统计

序号	课题来源	课题名称	主持人	经费金额（万元）
1	中宣部	习近平新时代中国特色社会主义经济思想研究	顾海良	80
2	教育部	人类命运共同体的基本问题、基本理论	于鸿君	50
3	教育部	习近平总书记对马克思主义的原创性贡献	孙熙国	50
4	北京市	中国当代文艺论争的历史经验	韩毓海	30

经济与管理学部

【发展概况】 2016年6月，学校成立经济与管理学部。聘任张国有为经济与管理学部主任，平新乔、刘国恩、张志学为经济与管理学部副主任，聘期三年。经济与管理学部包括经济学院、光华管理学院、国家发展研究院、人口研究所等教学科研单位。学部主要涵盖理论经济学、应用经济学、工商管理、管理科学与工程等4个一级学科。学部基本职能是：在学校领导下，发挥跨学科跨院所的横向沟通协调的功能，做院所单独做不了做不好又必须要做的事情；建立共识，跨院所整合教学资源、科研能力及服务条件，将经济学-商学学科建设成中国最具学术影响力的学科。

组织机构。经济与管理学部设部务会、学术委员会、教学指导委员会和学部办公室。部务委员会：张国有、平新乔、刘国恩、张志学、孙祁祥（2018年7月调整为董志勇）、刘俏、姚洋、郑晓瑛。学术委员：主任张国有，副主任平新乔、刘国恩、张志学，委员王跃生、郑伟、刘怡、周黎安、王汉生、刘晓蕾、马浩、余淼杰、陈功。教学指导委员会：主任平新乔，委员锁凌燕、龚六堂（2018年5月调整为周黎安）、余淼杰、陈功。学部办公室主任：杨超。

跨院所学术交流。2018年，学部启动"马寅初经济与管理大讲堂"项目，旨在围绕经济与管理学科领域前沿问题，立足于服务国家战略需求，积极促进师生与国内外理论界与实务界互动思考、互动研究。2018年，以"中国经济改革开放40年"为主题开展3场系列研讨会：1月22日上午，邀请"中美健康二轨对话"的美方代表团团长、美国杜克大学经济学家、美国医学科学院院士、美国前总统经济顾问委员会委员和FDA局长Mark McClellan教授以"促进医疗价值的支付制度改革"为主题，进行中美医疗制度改革的学术研讨；4月2日上午，邀请伦敦政治经济学院金融学教授、金融系前主任，欧洲经济政策研究中心（CEPR）研究员、ESRC研究中心系统风险中心首席研究员Ron Anderson

以"中国债务危机评估风险和政策应对"为主题作学术演讲；6月19日下午，邀请纽约市立大学研究院杰出经济学教授，美国全美经济研究局（NBER）健康经济学组主任、纽约中心主任，美国国家科学院院士Michael Grossman以"应该禁止或征税电子烟企广告吗？经济学家的回答"为主题进行学术演讲。

启动学术成果汇编工作，对三院一所教师在核心期刊上发表的成果进行汇编发布，进一步提升北大经济与管理学科影响力；应中办等上级部门要求，协助党办校办组织"2018年宏观经济风险点预判"研讨会，针对宏观经济风险点预判要点进行汇报。学部每周推出《视野》通讯周报，目前已刊发79期，主要选编和传播有关人才培养、学术研究、学科建设、跨域发展等方面的前沿信息以及理念、规则、机制等新见解、新做法。

跨院所课程设计。为了进一步推进教学课程改革，加强跨学科人才培养和学科建设，鼓励和支持学部教师积极开展趋势性新课设计和跨学科课程设计，以适应新的教学改革要求和人才培养需要。学部启动课程设计项目立项申报工作。6月5日，经济与管理学部2018年第1次教学指导委员会对收到的12份立项申请进行了讨论审议，确定支持8项本科生课程设计研究和2项研究生课程设计研究。

国际评价跟踪分析。对2018年QS世界大学学科排名中与经济与管理学部的学科相似或相近的4个学科排名指标进行跟踪分析，具体包括经济学与计量经济学（Economics & Econometrics）、会计与金融（Accounting & Finance）、工商管理（Business & Management Studies）、统计与运筹学（Statistics & Operational Research），并把相关情况编辑成简报发布；设计制作《经济与管理学部手册》，传播经管学部相关学术成果和信息。

评奖评优推荐。2018年，学部开展教学成就奖和教学卓越奖推荐工作。经三院一所研究提名和经济与管理学部2018年第一次教学指导委员会讨论审议，学部推荐厉以宁、周其仁为教学成就奖候选人，推荐郑伟、李力行为教学卓越奖候选人。组织召开经管学部学术委员会会议，审议北京市第十五届哲学社会科学成果奖评审推荐工作。此外，学部还推荐"中国工商银行经济学杰出学者奖"获得者。

发展绩效工作。根据学校下发的《北京大学教学科研单位发展状况绩效评估实施方案（试行）》（以下简称"方案"），经济与管理学部各院系结合自身发展情况和思考制定了任务目标。4月19日，学部召开教学科研单位发展状况绩效评估论证会。10月24日，学部召开院所发展绩效评估会，三院一所对本单位年度目标作汇报。

（杨 超）

【经济与管理学科国际评估】 2018年10月29日至11月2日，学校组织专家对经济与管理学科进行国际评估。此次评估涉及经济与管理学部的经济学院、光华管理学院、国家发展研究院，以及深圳研究生院的汇丰商学院，这是学校第一次启动社会科学领域的国际评估，也是第一次涉及多个单位的学科评估。经济与管理学部参照学校之前理工科进行国际评估的惯例，结合经济与管理学科发展实际情况，多次征求学院意见，研究设计评估专家组构成及邀请机制，拟定专家组成员及组长和分组，研究制定评估日程安排，研究学术评价标准以及评估方式，联络4个评估院系，与学科办相互配合，顺利完成此项工作。

（杨 超）

经济学院

【发展概况】 组织结构。1912年，严复就任国立北京大学首任校长时创立经济学门（系），标志着中国第一个经济学科的诞生。1985年，北京大学经济学院成立，是1952年院系调整以后北大设立的第一个学院。经济学院下设6个系：经济学系、国际经济与贸易系、金融学系、风险管理与保险学系、财政学系、资源、环境与产业经济学系。学院全职教师、兼职教授、在站博士后研究人员200余人。下设经济研究所、外国经济学说研究中心、市场经济研究中心、国金融研究中心、信用研究中心、国民经济研究中心、中国保险与社会保障研究中心、中国都市经济研究中心、产业与文化研究所、金融与产业发展研究中心、经济与人类发展研究中心、社会经济史研究所、金融创新与发展研究中心、中国精算发展研究中心、国家资源经济研究中心、量化历史研究所、当代中国马克思主义政治经济学研究中心（筹）、政府和社会资本合作（PPP）研究中心19个校级、院级科研机构，承担包括国家社会科学基金项目、国家自然科学基金项目、教育部哲学会科学研究重大课题攻关项目、省部委和国内国际机构委托的研究项目。2018年，经济学院党政领导班子调整，新一届党政领导名单：院长：董志勇；党委书记：崔建华；副院长：张辉、锁凌燕、张亚光、秦雪征；副书记：宋芳秀、王宜然；院长助理：陈仪。

学科建设。北京大学经济学院是教育部确定的国家经济学基础人才培养基地和全国人才培养模式创新实验区。学院现有6个本科专业：经济学、国际经济与贸易、金融学、保险学、财政学、资源与环境经济学。9个硕士、博士学位授权点：政治经济学、西方经济学、经济史、经济思想史、世界经济、金融学、财政学、人口、资源与环境经济学、风险管理与保险学。4个专业硕士学位授权点：金融硕士、保险硕士、税务硕士、国际商务硕士。1个经济学博士后流动站。据ESI数据显示，北京大学经济学与商学学科2011年进入全球前1%，是中国内地此学科最先进入全球1%的学术机构；在2018年QS学科排名中，北京大学经济学和计量经济学位列全球第31、全国第1。北京大学理论经济学和应用经济学同时入选最新"双一流"建设名单。

队伍建设。2018年，学院新入职教师3人。截至2018年底，学院全职教师77人，其中教授32人，副教授36人（含预聘副教授2人），预聘助理教授9人；其中29人具有海外博士学位，占全院教师的37.7%。另有校外导师145人。博士后流动站在站博士后66人，其中新进站17人，出站24人。开展Tenure评估和教学系列职位晋升，经由经济学院聘任委员会续聘教师和职工，建立并完善讲席教授制度，引进高端人才。

党建工作。经济学院师生党支部先后组织学习习近平总书记重要讲话21场次，对习近平总书记重要文献进行集中学习和讨论；举办师生联合党日活动，部分师生前往国家博物馆参观"真理的力量：纪念马克思诞辰200周年"主题展览；2016级硕士生党支部前往天津东疆港自贸区实地考察调研；2016级博士生党团联合支部参观戚继光像、詹天佑纪念馆；2015、2016级本科生联合党支部前往北京大学红楼参观学习；2017级保险税务国商专硕党支部开展"习近平新时代中国特色社会主义思想研讨沙龙暨马克思主义经典著作读书会"系列研讨活动。

选好配强党支部工作班子，组织新上任党支部书记、支部委员参加北京大学第17期党支部书记培训班；规范党组织关系转入转出，集中排查党员组织关系；落实开展年度经济学院党内统计年报工作，对党员数量变化、党员基本情况、党员培训情况等统计分析；完成党组织和在职党员"双报到"工作和教育部2018年半年党内统计工作，推进党务工作信息化建设。举行党支书述职交流会，交流工作经验、工作方法和未来的工作计划。完成党员民主评议工作，完成教职工党支部和11个学生党支部评议考核、教职工党员和359名学生党员完成党员民主评议。按时向上级党委报送党员发展计划。重视培养与教育入党积极分子和发展对象。组织党政领导班子成员及教职工参加各类专题培训班及网络培训班。协调参加党风廉政专题网络培训班、第9期中青年骨干研修班、首期党支书"双带头人"培训示范班、新时代国家发展与党的建设专题研讨班等，组织学生参加北京大学党的知识培训班及党性教育读书班。截至2018年11月，经济学院党委共有421名党员，下设党支部20个，学生党支部发展预备党员36名，转正预备党员8名。

教学工作。2018年，经济学院为本科生开课145门，研究生开设89门，其中为全校开设通选课程9门，全英语课程12门。2017—2018学年本科秋季和春季学期教学评估平均分分别是90.77和90.34。本科和研究生课程教学评估平均得分均高于学校平均分值。实施"教学质量提升计划"，要求全院教师互相听课，每人每学期至少听课2门次以上；定期召开教学经验交流会进行研讨；定期推出教学工作简报。

本科生培养。完善本科生教学培养方案，在学分设置中提升自主选修课比例，专业限选课目录中增加学部内其他学院课程比例，鼓励学生参加社会实践和本科生科研。将《计量经济学》作为"学部通修课"首门试点课程；新开课8门，均为教学计划内规划课程，包括5门核心课和3门专业限选课。开展"新生成长计划"系列活动。邀请2004年诺贝尔经济学奖得主基德兰德为新生讲授"开学第一课"。持续建设《经济学思维训练》课程，制作并发放新生手册。2018年共有81名本科生获得推荐攻读免试研究生推荐资格，推免人数占全体学生总数的47%，接收单位质量同比提升。

硕士生培养。举办第五届全国优秀大学生夏令营，评选优秀营员89人；举办第五届专业硕士研究生培养研讨会，新聘及续聘部分校外导师；启动金融硕士学位教学案例库建设，第一批案例已定稿并用于案例教学；与新加坡南洋理工大学南洋商学院签署了双硕士联合培养学位项目协议，3名专业学位硕士生前往南洋商学院学习。

博士生培养。进一步推行和细化博士生申请考核制的选拔方式，录取18名博士研究生；与新结构经济学研究院签署联合培养博士生合作协议，从2019级开始联合培养博士生；制定关于博士学位论文预答辩和答辩信息公开的试行办法，对答辩信息的公开做出规范。

学科授权点合格评估。完成了理论经济学《学位授权点基本状态信息表（学术学位）》的填报工作；组织完成保险硕士、税务硕士、国际商务硕士《学位授权点基本状态信息表》填报工作；组织召开多次理论经济学分会会议，讨论授予学位、学科建设等事宜。

国际同行评议。2018年北大经管学科首次进行国际同行评议，评议专家组由海外知名高校的12位经济系系主任/商学院院长组成。经济学院把国际同行评议的结果作为学院改革与发展的重要参考，继续推动各方面工作的进步。

获奖和立项。孙祁祥获北京市师德榜样称号；郑伟获北京大学首届教学卓越奖；吴泽南、袁诚、朱南军获北京大学教学优秀奖；张辊之获北京大学教学管理优秀奖；王熙获北京大学第十八届青年教学基本功大赛人文社科组三等奖，经济学院获组织奖；宋芳秀获曹凤岐金融发展基金金融教学优秀奖；李星宇获"校长基金"优秀论文奖；4部教材获评北京大学优秀教材；北京大学教材建设立项3项，本科教学改革立项2项。

科研工作。2018年，完成各类科研成果256项，其中专著11部，编著、教材、研究报告、译著2部，论文179篇，其他成果64篇。2017年被CSSCI检索的论文156篇，2018年被SSCI收录论文46篇。图书馆检索成果词条数467条，位列全校人文社科类首位。智库建设成果显著，上报中宣部、中财办、财政部、教育部、北京市委等部门智库成果共43篇。《北京大学文科通讯》报道数量，经济学院连续三年排名全校第一。2010年至2018年，共编辑中英文工作论文143篇，其中2018年6篇。《雄关漫道从头越——"两会"笔谈》由北京大学出版社出版，收集稿件65篇。科研项目立项58项，其中纵向课题13项（含重大课题2项），横向课题45项，批准经费1993.9万元。纵向项目年度检查7项、中期检查13项、结项9项。纵向项目、征集选题及智库申报总计145项。学院继续资助种子基金项目和国际学术会议，资助额总计68万元。2018年，经济学院举办国内外各类论坛和学术会议100多场，大型论坛如"纪念改革开放40周年"论坛、中国百所大学经济学院院长论坛、首届北大经院北美新年论坛等。以及北大"中国特色社会主义政治经济学大讲堂"、中国信用高峰论坛、北大赛瑟论坛、"'一带一路'：全球化转型时代的中国方案"研讨会、"技术变革、劳动力市场与收入分配"国际学术研讨会、北京大学第三届中外经济思想史前沿暑期讲习班、第九届北大经济思想论坛研讨文明传承与文化建设、学术午餐会11场（共149场）等讲座和论坛。

国际合作与交流。2018年共接收15名国际交换生，派出15名本硕交换生；博士生联合培养7人，联合培养学校包括哈佛大学、加州大学伯克利分校、麻省理工学院、耶鲁大学、约翰斯·霍普金斯大学和天普大学、南洋理工大学南洋商学院。已形成初步合作框架的国际学位项目与国际交流项目5个，分别为美国威斯康辛大学麦迪逊分校3+1+1本硕直通车项目、美国伊利诺伊大学商学院本硕直通车项目、英国伦敦大学学院本硕直通车项目、美国加州大学圣地亚哥分校本科3+1联合培养项目和德国慕尼黑大学本科学生交换项目。学生参加的院级假期学校项目为：牛津-剑桥暑期学校（51人次）；多伦多大学暑期学校（1人次）；悉尼大学寒假学校（7人次）；新南威尔士寒假学校（2人次）。主办"北大经院-芝大HCEO经济学研究方法暑期研讨班"。2018年教师出国出境共109人次，学生出国出境115人次。院级代表团出访3次，分别为新加坡高校、纽约海外学术论坛、韩国产业经济与贸易研究院。2018年共接待来访单位包括：富国银行、罗马第二大学经济学院、鹿特丹伊拉斯姆斯大学、剑桥出版社、施普林格出版社、剑桥大学、联合国贸易与发展组织司、俄罗斯科学院索伯列夫数学研究院、法国里昂商学院、法国IPAG商学院、美国伊利诺伊大学商学院、新加坡南洋理工大学、CBL International公司、德国亚琛工业大学商业与经济学院等。共举办国际讲座论坛13场，包括："诺奖得主面对面"系列讲座2期、"外国驻华大使眼中的中国经济"系列讲座3期、北美新年论坛系列讲座、"技术变革、劳动力市场与收入分配"国际学术研讨会、经管学部"马寅初大讲堂"讲座。

学生工作。本科班级采取"1+1+2"的管理模式，安排一名专任教师、一名学工老师、两名高年级本科生共同进行班级管理；建立重点学生数据库，并定期追踪状态；推行"院领导下午茶"、"团干部直接联系青年"等制度，构建联系学生的沟通交流机制；组成学业支持团队为学业困难学生提供小班教学、一对一辅导；通过多样化形式和活动助力学生就业。举办第七届新时代中国青年经济论坛、博士研究生学术交流论坛等活动。将"挑战杯"与学科特色相结合，举办首届"经济杯"论文挑战赛。开展海淀行知学校支教、怀源计划等志愿服务项目。组织参加"一二·九"师生歌咏比赛，推广体育运动。10位学生获得院级优秀毕业生"百年菁才"奖项；9位获得院级最高学术奖项——"陈岱孙"杯创新人才奖。经3批、共资助20位学生获助院级"启航"对外交流助学金，总金额36万元。

校友与继续教育工作。完善校友数据库，筹建并成立地方校友会及经院校友会分支机构，组织校友参加北大120周年校庆、经济学院106周年华诞等大型校友返校活动，全年共组织15场校友返校活动，共计900余人次。发动校友、企业及社会各界捐资助学，累计捐赠数额为326.9万元。发展学科优势，初步形成"长短结合、专博结合、内训自办结合、国际国内结合"的项目体系，项目管理流程化，班级服务制度化，提升学院继续教育服务质量和办学形象。

捐赠基金工作。9月11日下午，英国劳合社（Lloyd's）主席Bruce Carnegie-Brown率代表团访问北京大学，北京大学授予英国劳合社"教育贡献奖"。9月28日，北京大学经济学院"尊师重教"奖学奖教金项目正式启动。经济学院校友首期捐助人民币200万元，用以奖励经济学院优秀教师和学生。10月12日，"幸福溢家讲席教授"项目由中油溢家集团董事长胡伯溢捐资2000万元人民币设立，用于支持北大经济学院的师资队伍建设。12月9日，广东梓材教育投资集团董事长郭梓宁捐赠人民币3000万元，用于设立"北京大学经济学院梓材讲席教授"。学院将在9个博士点从国内外招聘顶尖学者担任讲席教授。

【"两会"笔谈】在2018年全国"两会"召开之际，经济学院开展第五次"两会"笔谈活动，学院专家学者畅谈经济改革与发展大计，为中国经济的高质量、可持续发展与制度创新提供智力支持，充分发挥北京大学经济学院作为学术机构和智库的重要作用。活动引起社会广泛反响和国内外媒体的广泛关注，北大经济学院官网和官微、环球网财经频道、新浪财经频道、《环球时报》英文版刊登了有关文章或观点。

【启动与新加坡南洋理工大学联合培养项目】5月18日，北京大学经济学院与新加坡南洋理工大学南洋商学院双硕士联合培养学位项目合同签署仪式，在北大经济学院大楼举行。时任北京大学经济学院院长孙祁祥、党委书记董志勇、新加坡南洋理工大学商学院院长罗伯特·肯尼迪（Robert Kennedy）、副院长刘万燊（Buen Sin Low）等出席仪式。根据协议，双硕士联合培养学位项目在2019年秋季正式启动，培养期限为2—3年。学生分阶段在两校完成各自培养方案认可的课程和其他的学习环节，符合双方培养方案毕业要求的学生将获得北京大学专业硕士学位和南洋理工大学金融硕士学位。

【中国百所大学经济学院院长论坛】 12月9日，北京大学经济学院主办"中国百所大学经济学院院长论坛"。来自全国106所大学经济学院的129位院长参加论坛。适逢改革开放40周年之际，本次论坛的主要议题为：如何培养经济学领域卓越的社会主义建设者和接班人，如何培养经济学领域创新型、复合型、应用型人才，如何建设新时代经济学领域教师队伍，如何提升经济学科研和学科建设水平和质量，如何深化经济学教育改革和创新，如何服务中华民族伟大复兴重要使命等。论坛由上午的开幕式、捐赠仪式、主旨演讲、圆桌论坛和8场平行分论坛以及闭幕式组成。教育部经济学类教学指导委员会主任、中国人民大学校长刘伟致开幕词，第十三届全国政协常委、经济委员会副主任、北大新结构经济学研究院院长林毅夫教授发表了闭幕式主旨演讲。北京大学校长郝平、副校长王博出席论坛。

【"首届北美新年论坛"召开】 由北京大学经济学院主办的首届北美新年论坛于2018年12月17日在美国纽约举行。论坛主题为"China and World Economy"（中国与世界经济），聚焦世界经济格局变化中的中国经济改革与增长。全美亚裔总商会主席、前美国联邦商务部副助理部长Chiling Tong，美中公共事务协会会长兼执行总裁Fred Teng，百人会联合创始人Henry Tang，林氏集团主席林建中，中国银行美国总部副行长黄小军，联合国社会与发展司司长杨文艳，Bloomberg LP（彭博资讯）首席经济学家Michael McDonough，纽约大学朱利叶斯·西尔弗政治学讲席教授及社会科学学部主任David Stasavage，圣约翰大学罗伯特克莱门茨特聘讲座教授及风险管理、保险和精算科学学院院长Mark Browne，纽约州立大学石溪分校经济系教授及研究生项目主任Steven Stern，基辛格美中协会执行理事Mary Wadsworth Darby等出席论坛，并和北大经院教授们就世界经济格局的变化与中美经济关系的走向、税制改革的国际经验与中国改革，以及全球视角下的中国保险与社会保障等当前热点问题进行了深度、开放、精彩的学术探讨。12月16日至18日，北京大学经济学院师生同时在韩国举办了"新年论坛"。17位学院师生和韩国部分大学的师生进行了深入交流。

（周超）

光华管理学院

【发展概况】 机构设置。2018年，光华管理学院设有会计学系、应用经济学系、商务统计与经济计量系、金融学系、管理科学与信息系统系、市场营销系、组织与战略管理系7个系，其中国民经济学和企业管理是国家重点学科点。学位项目包括本科、研究生、金融硕士（MFin）、工商管理硕士（MBA）、高级管理人员工商管理硕士（EMBA）、会计硕士项目（MPAcc）、社会公益硕士项目（MSEM）等。高层管理教育中心（ExEd）提供非学位的公开课程、定制课程和国际课程。

党建工作。2018年度提交入党申请书141人，确认为入党积极分子141人，确认为发展对象共25人，预备党员转正21人。完成"北京市党建工作平台"数据维护工作。现有19个党支部，其中教工支部7个，学生支部12个。毕业党组织关系转入转出党员245人，研究生政审工作中共审查档案990份。分类整理档案1031份，全部归档。全面加强学院师风师德、学术道德建设。人才引进与培养、职务晋升、财务制度、人事管理等重大制度或事项中严格把关。

师资建设。教师114人，其中教育部"长江学者"8人，国家自然科学基金委杰出青年基金获得者8人，优秀青年基金获得者4人，教育部新世纪优秀人才支持计划获得者10人，国际学会学士2人。2018年共引进8位教研人员，包括2位教授，6位助理教授。利用学院发展基金，设立"讲席教授""光华研究学者""光华青年人才"等职位。2018年有3位青年教师获得"光华青年人才"支持，目前共有"光华研究学者"5位，"光华青年人才"9位。聘请6名业界高管加入管理实践教授团队。金融硕士项目开展学位导师提升计划，聘请30多位来自政策监管、商业机构的专家作为兼职学位论文导师。

教学培养。2018年，本科招生224人，其中大陆港澳台学生198人，留学生26人；金融硕士招生89人；学术型研究生招生67人；MBA项目新生446人，其中海外学生46人，MSEM项目31人；MPAcc招生45人。EMBA继续优化招录工作，申请人超过2000人，春季完成5个班招生，秋季完成3个中文班招生。GK（秋季班）学生来源及背景多元化，人数创新高。金融硕士项目新推出商业分析（Business Analytics, BA）方向，目标是为中国数据产业培养精通数据商业价值、技术与管理兼备的优秀人才，2018年启动招生。

2018年，本科毕业236人，普通硕士毕业106人，博士毕业56人；MBA毕业463人，其中获得学位人数456人，结业7人，MSEM毕业16人，MPAcc毕业人数45人。EMBA获学位人数总计333人（1月113人，7月220人）。2013级组织与战略管理系硕博连读生刘海洋赴伦敦政治经济学院执教。

开发本科和MBA项目各3门中英文核心课。启动金融硕士校外论文导师计划。MBA项目继续开设科学与人文类课程、讲座。深化行业方向课建设，五大行业周模块课程深受好评，暑期开放10个访学项目，340余名MBA学生前往国外访学。MPAcc优化培养方案，行业专家与教授联合教授《高级审计理论与实务》和《税务理论与实务》2门课，3月启动首届MPAcc整合实践项目。EMBA和ExEd运营工作深度整合和统筹，EMBA推出7条海外学习线路，ExEd转化"光华思想力"研究成果为课程产品包括：金融机构菁英进阶模块、数字化时代的营销创新、中国REITs领军项目、区块链、技术与创新管理、中国企业国际化2.0等。建设"光华在线"平台，与线下课堂有机结合，为教学改进和课程改革做出有益探索，首期上线《会计学基础》《行为经济学》《微观经济学》等3门课程。

学科建设和科研工作。2018年，工商管理硕士专业学位（包括MBA、EMBA）获评A+、会计专业学位（MPAcc）在全国首次专业学位水平评估中获评A+，居全国首位。2018年，学院获国际商管学院促进协会（AACSB）和欧洲质量改进体系（EQUIS）五年期的最高标准再认证。

2018年新立项国家自然科学基金项目7项，其中优青1项，自科基金新立项项目的总批准经费357万元。截至2018年底，共计有49个在研纵向科研项目。设立种子基金用于鼓励和资助国家自科基金和社科基金申报，2018年共申报各类纵向项目30项。筹备与国家统计局共建的北京大学数据研究开发中心，完成校内申报和论证工作。

发表英文一类18篇，英文二类21篇，中文一类11篇，中文二类24篇，FT50共9篇。在2018中国金融学术年会最佳论文评选中，光华管理学院教师刘晓蕾、刘玉珍、刘琦包揽仅有的2个最佳中文论文奖。据不完全统计，2017至2018年，已有《改革开放以来的中国经济：1978—2018》《大变局与新动力》《从大到伟大2.0》《企业驱动力：文化的力量》《国家发展战略和宏观政策教程》《博雅光华：在国际学术期刊上讲述中国故事》《2016—2017心理学学科发展报告》等25本相关中英文书籍相继出版。学院增加对于教师深度参与国际顶级学术会议的资助。

2018年，学院完成光华思想力二期课题申报工作，立项56个课题，包括特别立项、普通课题、课程课题、"一带一路"案例等。定期制作研究简报向中办、中财办、全国人大、全国政协、国家发改委、商务部、地方政府等有关部门传达相关应用型研究成果，相关简报得到国家领导人圈阅批示。在国家发展和改革委员会发展规划司发布的2018年度研究课题中，学院《2035年远景目标和2050年展望研究》和《完善要素市场化配置的实施路径和重大举措》两个课题入选。光华管理学院是本次征集中唯一有2项课题入选的单位。

国际合作。2018年合作院校数量127所，合作院校所在国家达32个，接收海外交流学生194位。配合学校开展经管学科国际评审工作。9月25日，新西兰财政部常务副部长加百列·马克卢夫（Gabriel Makhlouf）来院作题为"中新关系如何更好惠及两国民生"的演讲。10月18日，诺贝尔经济学奖得主罗伯特·默顿教授（Robert C. Merton）来院作专场讲座。11月9日，由北京大学光华管理学院、韩国首尔国立大学商学院、日本一桥大学商学院国际企业战略研究院建立的"BEST商学院联盟"第七届联合研讨会，在光华管理学院举行。

职业发展。学生满意度、雇主满意度保持高水平，各项目均在薪酬上有20%—50%的增幅。推出"漂洋过海温暖你"活动。在集体招聘会中设"互联网企业专区"。连续3年开设"Career Corner系列"，为大一大二学生开设价值观、职业兴趣探索等10次微课程，累计参加千余人次。开设《职业发展战略课程》中、英文4门学分课，已连续7年。

学生工作。开展安全教育和心理健康教育，坚持学情分析和学分预警工作；成功组织各类大型学生活动；规范综合素质测评、奖学金、奖励的管理办法。连续12年被评为"北京大学资助工作先进单位"。开展学风、班风和考风建设活动，重视组织学生自主管理，着力发挥学生社团在各个环节中的作用。落实朋辈辅导，规范和管理学生助理、带班辅导员岗位，组织师生交流座谈会，及时了解各类学生各个时期的思想动态。MBA & MSEM项目全年进行迎新系列、学生见面会、公益支教等多场标志性活动。举办在校生俱乐部活动30余场；班级分享会60余场。学院物业食堂为本科生、研究生和MBA学生提供低价营养简餐。

教学网络建设。上海招生和各项工作持续推进。深圳MBA招生同比去年增长42%，EMBA招生同比增长24.8%。西安人才培养工作稳步进行，为西安市委中心学习组授课，为西安市委党校做经济分析讲座，举行西商大会光华论坛，丝路新生力等公益项目持续开展。成都分院开展500强企业的拜访工作，运营"未名天府论坛"。

校友工作。学位项目校友人数共计23,630人，共计67个校友组织，包括4个项目校友会、25个区域校友会、17个专业的行业协会、21个兴趣社团。全年学院校友活动逾百场。成功举办"光华思想力"校友论坛。校友代表团西安行、宁波行等，打造"学院-政府-校友"三方对话活动。在深圳举行"与光华同行"圆桌会。完成云南3所与四川1所博雅图书室的捐赠。5月4日，近150名光华师生、校友走进北京大学百周年讲堂，参加北京大学120周年纪念大会。5月5日，近1000名光华校友从世界各地重返燕园，齐聚光华，共庆北京大学120周年华诞。

"百廿北大，赓续光华"活动对20余位校友和近10位教授进行专访。第四届光华公益服务月举行。4月27日，鑫资本集团有限公司宣布向北京大学捐资设立"鑫资本教育基金"，支持北京大学"一带一路"书院、光华思想力智库和教学网络建设，以及北京大学哲学和《儒藏》编纂与研究中心的相关工作。

5月15日，北京大学登山队成功登顶珠穆朗玛峰。登顶队员包括光华管理学院2016级金融硕士、北大珠峰登山队学生队队长赵万荣，光华管理学院EMBA76班校友邱小斌。光华管理学院EMBA17班校友厉伟在8300米处接应。返校后，3位光华人与学院师生座谈交流，分享登山感悟。

宣传工作。成功举办第20届北大光华新年论坛和第五届北大光华纽约论坛。据不完全统计，学院官网官微发布教授观点70篇，其中热点话题51篇、学术光华13篇、新书介绍6篇。发布微信260篇中90%头条信息实现为光华思想力，净订阅人数涨幅达30%。完善光华媒体库的建设。

服务工作。职员249人（含挂靠单位14人）修订员工手册修订、出台小时工管理制度，规范挂靠单位人员合同管理等。规范财务制度和工作流程，严格执行相关规定，完善财务制度。加强学院各类物料、场地资源的管理规范，降低学院印刷费用成本30%，加强会议与物业服务。

信息化建设。落实光华-思科数字化转型项目实施。重建英文网站。北大图书馆光华分馆2018年被评为优秀分馆。新增3种数据资源。

（张　琳、王尚勤）

【"一带一路"书院启动】 4月20日，北京大学"一带一路"书院启动仪式在英杰交流中心举行。全国政协副主席郑建邦，北京大学光华管理学院名誉院长厉以宁，推进"一带一路"建设工作领导小组办公室综合组组长、国家发展改革委西部开发司司长赵艾，教育部教师工作司司长王定华出席并致辞。北京大学党委书记郝平到会祝贺，区域与国别研究院院长钱乘旦，以及学校相关职能部门领导出席仪式。北京大学副校长王博代表学校致欢迎辞。书院将在"一带一路"相关国家招收具有优秀学业表现、胸怀远大，具有全球视野、敢当精神和强烈使命感，同时具有卓越领导才能或具备领导潜质的中青年人才。书院还将系统研究和梳理中国发展模式和中国企业在"一带一路"国家的商业实践案例，开展跨领域、跨国别的经济和商业研究，通过对大量有各国特色的商学案例进行研究，反哺中国对外开放，推动"一带一路"建设。

前期，学院已举办"一带一路"论坛，并启动"一带一路"驻华高级外交官项目。该项目共录取大使公使等参赞以上级别的外交官50人。他们分别来自加、英、德、俄、哈萨克斯坦、新加坡等36个国家。

10月12日，书院开启"理解中国"英文系列讲座。光华管理学院院长刘俏教授作为首期演讲嘉宾，以"重塑中国高质量发展的微观基础"为题发表学术见解。来自19个国家和地区的近200名校内外人士到场聆听讲座。11月16日，国家发改委副主任、"一带一路"建设工作领导小组办公室副主任、国家统计局局长宁吉喆走进光华管理学院，发表题为"中国经济发展与'一带一路'建设"的演讲。

（张　琳）

【厉以宁获改革先锋称号】 12月18日，庆祝改革开放40周年大会在人民大会堂隆重召开。光华管理学院名誉院长、经济体制改革的积极倡导者厉以宁被授予改革先锋称号并获颁奖章。

（张　琳）

【第20届北大光华新年论坛】 12月23日，第20届北大光华新年论坛在北京举行。本届论坛以"美好中国：敢当与前行"为主题，旨在致敬改革开放40年，展望发展新愿景。北京大学党委书记邱水平，党委常委、副校长王博出席论坛。全国政协副主席、民革中央常务副主席郑建邦，改革开放40年"改革先锋"称号获得者、北京大学光华管理学院名誉院长厉以宁分别作主旨演讲。

（侯丽君）

【中国REITs研究】 2018年，北大光华思想力REITs课题组累计发布8篇研究报告，详细阐述中国REITs落地模式，预测市场前景。1月24日，主题为"不动产投资信托基金"的北大光华思想沙龙向到场媒体分享观点。6月19日，首届中国REITs论坛在光华管理学院正式启动，《中国REITs论坛发展规划》和《中国REITs白皮书》正式发布。11月3日，中国REITs闭门讨论会在光华管理学院召开。9月，学院ExEd项目推出"中国REITs领军项目Ⅰ期：REITs破题，资管变局"课程，致力于转化学术成果，培养REITs专业人才。

（张　琳）

人口研究所

【发展概况】 组织结构。人口研究所是以研究工作为主，同时承担培养硕士生和博士生教学任务的科研与教学机构。北京大学中国人口健康与发展研究中心、中国老龄事业发展研究中心、中国残疾人事业发展研究中心、亚太经合组织组织健康科学研究院挂靠人口研究所。2018年，人口研究所学术委员会成员调整，新一届名单：主任：宋新明；委员：郑晓瑛、陈功、乔晓春、穆光宗、裴丽君、王大树、钱民辉、张恺悌。

学科建设。人口研究所现设置的博士专业有人口学，硕士专业有人口学、政治经济学、人口、资源与环境经济学、老年学专业和社会工作专业。人口研究所学科建设与发展的四个主要方向为人口健康研究、老年研究、残疾研究和人口、资源、环境与可持续发展。

队伍建设。2018年人口所在编教职工19人，其中专职科研与教学人员16人，教授7人（其中1名长江学者、1名新世纪人才），副教授8人，博导10人，助理教授1人。另有博士后在站研究人员3人，聘有国内外客座教授20余名。研究人员全部具有博士学位和海外学习培训背景，来自人口学、经济学、社会学、人类学、数学、计算机、医学、公共卫生、地理学、环境科学等多个学科。发展中国家科学院院士1名，长江特聘教授1名，北京市"青年英才计划学者"1名。

教学工作。截至2018年底，人口研究所共有130名在读学生，其中硕士研究生89人（学硕47人，含港澳台学生12人；专硕42人），博士研究生人41人，（含留学生4人，港澳台学生5人）。2018年，举办1次京港澳台人口老龄化专题夏令营，1次老龄健康博士生论坛。2017—2018学年人口研究所开设课程数量为40门，其中必修课为19门、专业选修课为13门，暑期学校17门，总学分达到112学分。

科研工作。2018年出版英文专著1部；发表学术论文共计67篇，其中SCI/SSCI论文16篇，人均1篇；中文学术期刊论文51篇（其中核心期刊论文23篇）。2018年全所共承担科研项目44项（其中新立项项目9项）。2018年人口所科研拨款总计598.21万元，其中自然科学基金109.73万元，社会科学基金19万元，横向课题308.02万元，"双一流"经费153.96万元，，博士后科学基金8万元。

交流合作。2018年，人口研究所主办、协办的学术会议共计6次，其中大型学术会议是2018年6月7至8日由亚太经合组织（APEC）和北京大学共同主办"亚太经合组织罕见病政策对话"国际研讨会。

党建和团建工作。截至2018年底，人口研究所在职教职工党员10人，博士后党员1人；学生党员57人，设2016级、2017级、2018级3个党支部。2018年，新生团员34人，毕业生团员32人，截至2018年底，团员共82人，分为博士、16硕、17学硕、17专硕、18学硕、18专硕6个团支部。2018年，人口研究所党支部师生认真学习领会以习近平同志为核心的党中央基于我国发展新的历史方位提出的重大战略判断，了解我国基本国情的新特点新内涵新变化，为新时代人口科学研究的理论方向寻找基本依据。各党支部利用研讨会、微信公众平台、网络等各类宣传阵地和资源，开展参观学习、撰写理论文章等活动，贯彻党的十九大精神。2018年，人口所加强党风廉政建设，完善制度机制，在教师党支部增设监察委员一职，进一步严肃党内政治生活，强化党内监督。

学生活动。2018年5月5日，在北京大学120周年校庆之际，人口所开展建所和独立招生以来的第一次校友返校活动，各行各业校友回到母校为在校生进行就业指导。5月19日至20日，人口所特开展"不忘初心跟党走，争做圆梦新一代"主题党团日活动，组织46名师生前往雄安新区调研学习。7月18日至29日，人口所26名研究生组成"两岸老龄福祉科技与服务管理"专业实践团赴中国台湾开展社会实践。2018年，人口所团委以"人口有爱人生精彩"微信公众号为主轴，开展新媒体宣传工作，微信公众号关注人数大幅增加。2018年有效推送天数为187天，推送总篇数207篇，有效月平均推送约17篇，阅读人次共16,748人次。

毕业生去向。2018年人口所硕士毕业人数为29人，其中27人就业、1人出国留学、1人国内深造。博士毕业人数4人，全部就业。

（张 蕾）

国家发展研究院

【发展概况】北京大学国家发展研究院成立于2008年10月，其前身中国经济研究中心创办于1994年8月。国家发展研究院的教学项目涵盖经济学、管理学和国际发展等多个学科。学院拥有一支五十余人的教师队伍，涵盖经济学、管理学、人口学和政治学等多个领域。除教学和科研之外，国发院还积极参与政策讨论，建设高端智库。2016年4月，北京大学成立南南合作与发展学院，由国家发展研究院承办。

党建工作。2018年，学院党委围绕学习贯彻习近平新时代中国特色社会主义思想和党的十九大精神，贯彻落实全国思政会议精神、全国教育大会精神，推进学院改革发展。党委书记为学生支部和教工新员工举办专题党课，结合国发院实际情况，讲解习近平新时代中国特色社会主义思想形成的历史背景和发展过程。院党委组织师生党员收看庆祝改革开放40周年大会直播，组织党员学生座谈会，交流学习讲话精神的感想体会，分享对改革开放40年的感悟。

贯彻学校党委决定，落实基层党委会制度，把党风廉政建设列入重要议事日程。贯彻落实上级和学校党委有关工作部署，完善廉洁风险防范相关制度，教育和监督党员干部遵纪守法、廉洁自律。党委对涉及意识形态方面的问题保持关注，将"严格把好政治关"落实到院领导班子的实际行动中。贯彻落实意识形态工作责任制，做好学院课堂教学、引进教材选用和各类思想文化阵地的建设管理工作。

国发院院长和党委书记带头，管好班子、带好队伍、当好廉洁从政的表率。认真贯彻中央八项规定精神，持之以恒纠正"四风"，坚决遏制腐败。调动基层党支部的工作积极性，做好各项支持服务工作，学院党委支持各支部举办新党员知识培训，开展三会一课等党建工作。

教学工作。2018年秋季，国发院第二届本科生入学，录取30名学生。学院组织开展新生引航教育活动，包括新生素质营、开学典礼暨师生见面会、新生党员会议和新生党课等。经济学本科双学位是北大校内最大的本科项目，2018年校内外合计录取650人。2018年，本科生、双学位、辅修、PPE各类在读学生共1956人。春季学期开课39班次，授课教师32人，班级平均规模142人；秋季学期开课40班次，授课教师33人，班级平均规模144人。与萨斯喀彻温大学、神户大学、弗吉尼亚理工大学、成均馆大学、马里兰大学、加州大学洛杉矶分校、巴鲁克学院、威斯康星大学麦迪逊分校、宾夕法尼亚州立大学等9所大学建立合作关系，努力联系更多优质资源。组织2016级本科生完成交换项目申请，9名学生将于2019年春季出访，13名学生计划2019年秋季出访。举办"体验硅谷：人工智能、大数据和创新思维"挑战营，由学术导师带队前往硅谷，进行学习、参访，并就不同专题进行深入讨论。与纽约城市大学柏鲁克分校合作组织

2018年暑期夏令营，30名学生在纽约完成两周的课程、参访与交流活动。组织西点军校MCLC论坛项目在北京大学的选拔工作。

2018年9月，2018级硕博研究生共60人报到入学，博士新生24人，硕转博生5人，硕士新生36人，留学生及港澳台新生1人。这些新生来自夏令营、统考与港澳台留学生申请审核。其中夏令营是国发院首创的招生模式，2018年共有539人报名，65名同学正式入营，最终录取推免博士生9人、硕士生16人。全国硕士统考2018年报名453人，录取9人。2018年，12个专业研究领域共开设研究生课程40门、研讨班（workshop）18个。组织博士生参加国际交流项目，2018年国发院资助派出学生6人，派出学校为哈佛大学、耶鲁大学、康奈尔大学、杜克大学、哥伦比亚大学、普林斯顿大学等。

2018年MBA全日制班和在职班共招收198名学生，其中31%的学生拥有硕士以上学位，8名拥有博士学位。学院MBA项目被QS全球2017年全日制MBA排名评为就业力中国第一、学术中国第一。与比利时弗拉瑞克商学院开展联合培养MBA项目，学员到对方学校进行1个月的交换学习。与伦敦大学学院签署合作办学联合声明，共同开设工商管理硕士（MBA）课程项目。2018年，两校联合组织以"communication & public speaking"为主题的研讨班（workshop）。

全面升级EMBA核心课程体系，更新核心管理课程，同时引入"把脉宏观经济变化"和"问道互联网+时代"的创新课程，以及走进优秀企业深度探访的"BiMBA企业课堂"。在2018年发布的全国首次专业学位评估结果中，北京大学高级工商管理专业学位（EMBA项目）获评A+。

南南学院2018年多次组织学员开展社会考察与实践活动。5月举办"2018年发展中国家国家发展研修班"。2018年7月，23名硕士生顺利毕业。2018年，首次招收15名国内博士生，与南南学院国外学生共同学习。

科研工作。2018年度，国发院科研获奖共16项，发表文章共109篇，出版多本新书，获得国家自然科学基金、国家社会科学基金等项目立项7个，横向课题立项55项。

国家高端智库建设。2018年报送政策研究报告共35篇。获得党中央、国务院领导同志3次重要批示，入选《国家高端智库报告》5篇。有38人次以专家身份参加党中央、国务院领导同志召开的座谈会；组织大型政策报告会、研讨会和专题论坛34场；举办第三届国家发展论坛；在美国纽约举办第17次中美经济二轨对话；分别在美国华盛顿和中国北京举办中美健康二轨对话；全年组织4次中国经济观察报告会；组织31场次的"朗润·格政"论坛；发布反映会议讨论内容的简报38期，简报字数10余万字。

学术交流。组织多场次各种类型的学术活动，包括第二届北京大学—日本一桥大学经济学国际研讨会、CCER经济学夏季国际研讨会、第五届中国研究国际联盟会议、第十八届中国经济学年会等。

加强"CCER工作论文"建设并设立CCER访问学者项目，鼓励把未发表论文做成工作论文。2018年发布49篇中英文工作论文，比去年同期增加28篇；设立CCER访问学者项目和CCER Associate项目，已有20位毕业生通过CCER Associate项目与学院建立新的学术联系网络。

（范保群等）

表6-12　2018年国家发展研究院参加上级重要会议统计表

序号	会议概要	时间
1	林毅夫教授参加全国统战部长会议	1月
2	林毅夫教授参加和国家发展和改革委员会"十三五"规划专家委员会全体会议	
3	周其仁教授参加中央政治局常委、国务院总理李克强主持召开的《政府工作报告（征求意见稿）》专家学者和企业界人士座谈会	
4	余淼杰教授参加国务院办公厅组织召开的澜沧江-湄公河合作第二次领导人会议准备会议，中央政治局常委、国务院总理李克强出席	
5	林毅夫教授参加外交部筹备中非合作论坛峰会专家座谈会	2月
6	姚洋院长参加中联部"学习贯彻习近平总书记在中国共产党与世界政党高层对话会上的主旨讲话精神"主题座谈会	
7	卢锋教授参加国务院研究室专家会议	
8	林毅夫教授参加全国政协十三届一次会议	3月
9	林毅夫教授列席全国人大十三届一次会议	
10	林毅夫教授参加国务院参事室"宏观组年度总结述职会"	
11	林毅夫教授参加国务院参事室经济形势分析会	
12	林毅夫教授出席统战部无党派人士报告会	
13	林毅夫教授参加全国政协经济委员会会议	

(续表)

序号	会议概要	时间
14	林毅夫教授参加全国政协经济委员会主任会议和全体会议	
15	姚洋院长参加国家高端智库理事会扩大会议，中央政治局委员、中宣部部长黄坤明出席并讲话	
16	卢锋教授参加中国人民银行国际司会议	
17	林毅夫教授、姚洋教授、周其仁教授参加由国务院发展研究中心主办、中国发展研究基金会承办的中国发展高层论坛2018年会"新时代的中国"	
18	林毅夫教授在中宣部做题为"中国道路与中国改革开放四十年"的报告	4月
19	林毅夫教授参加全国工商联"德胜门大讲堂"	
20	黄益平教授参加国务院参事室金融研究中心2018年度工作会议	
21	习近平总书记来到北京大学考察，在中共中央政治局常委、中央书记处书记王沪宁等领导同志陪同下，看望学校部分资深教授和中青年教师代表（国发院林毅夫教授、余淼杰教授在列）	
22	习近平总书记出席北大师生座谈会并发表重要讲话，林毅夫教授、姚洋教授、陈春花教授与会	5月
23	林毅夫教授参加国务院参事室"应对中美贸易摩擦"专题座谈会	
24	林毅夫教授参加全国政协常委会第二次会议	6月
25	黄益平教授参加国务院参事室召开的第二季度经济形势分析会	
26	林毅夫教授参加全国政协经济委员会召开的"新时代我国社会主要矛盾发生变化对政协工作的新要求"座谈会并发言	7月
27	林毅夫教授参加中共中央在中南海召开的党外人士座谈会	
28	林毅夫教授参加政协第十三届全国委员会常务委员会第三次会议	
29	林毅夫教授参加中投公司国际顾问委员会并发言，会议期间得到中央政治局委员、国务院副总理刘鹤会见	8月
30	黄益平教授参加国务院金融稳定发展委员会办公室召开的金融市场预期管理专家座谈会	
31	林毅夫教授参加中非合作论坛北京峰会，习近平主席出席开幕式并发表主旨演讲	
32	林毅夫教授参加中非领导人与工商界代表高层对话会暨第六届中非企业家大会，并主持"推进工业化合作，助力共赢发展"专题论坛。习近平主席出席开幕式并发表主旨演讲。	
33	余淼杰教授应邀到中央组织部作中国经济发展讲座	9月
34	林毅夫教授、姚洋教授、黄益平教授参加由国务院发展研究中心主办的中国发展高层论坛专题研讨会"中国：改革新征程 开放新境界"	
35	林毅夫教授参加由国务院参事室、中国行政体制改革研究会、中国经济体制改革研究会共同主办的"2018国是论坛"，并主持"优化营商新环境"环节	
36	林毅夫教授参加全国政协2018年第三季度宏观经济形势分析座谈会并发言	10月
37	黄益平教授受邀出席李克强总理经济形势专家和企业家座谈会，并首先发言	11月
38	林毅夫教授赴上海参加国务院参事室主办的第十二届参事国是论坛，并做主题演讲	12月

【BiMBA商学院20周年】 5月5日，北大国发院BiMBA商学院20周年庆典在北大朗润园万众楼广场举行。校内有关职能部门负责人、国发院和BiMBA商学院负责人以及外方合作院校和企业嘉宾出席庆典。BiMBA商学院从1998级至2017级的20届校友、在校生参加活动。同日举行了投资论坛、区块链论坛、研究生学术论坛，以及98级MBA校友与老师的座谈会，师生共叙旧情、共话学术。

（范保群等）

【国发院获智库最佳活动奖特等奖】 5月19日，光明日报智库研究与发布中心、南京大学中国智库研究与评价中心联合发起，依托中国智库索引CTTI并结合专家评审的2017CTTI-BPA智库最佳实践案例评选结果在南京揭晓。北京大学国家发展研究院"中美经济二轨对话"和"国家发展论坛"荣获最佳活动奖特等奖。其中，中美经济二轨对话由北京大学国家发展研究院与美国美中关系全国委员会联合主办，旨在为中美学者、商界领袖等相关人士就中美经济、金融、贸易关系及其对全球经济格局的影响等中长期问题展开讨论提供平台。对话成果上报中美两国相关部门，为中美双方政府决策提供参考，帮助两国学界、商界消化两国政府间对话的积极成果，增加两国民间的互相理解和信任。活动每年举办两次，在纽约与北京交替进行。

（范保群等）

【国发院获"致敬四十年杰出社会组织"奖】 2018年11月24日，在中国新闻网、凤凰网联合主办的"中国智慧·筑梦中国"致敬四十年盛典上，北京大学国家发展研究院荣获"致敬四十年杰出社会组织"奖。

（范保群等）

【举办国家发展论坛】 12月15日，北京大学国家发展研究院主办的第三届国家发展论坛在北大英杰交流中心举行。论坛主题为"国家发展进程中的改革开放"，北大副校长王博和国发院院长姚洋分别致辞，中国经济体制改革研究会原名誉会长、国家体改委原副主任高尚全和北大国发院名誉院长林毅夫教授分别作开幕式和闭幕式主旨演讲。刘国恩、黄益平、杨壮、徐晋涛主持论坛。论坛特设"40年改革开放"和"40年企业改革、创新与发展"环节，邀请多位知名学者和企业家发言，阐述改革开放给中国社会和企业带来的重大变化与发展。论坛还发布了国发院三大指数：中国创新创业区域指数、中国投资者情绪指数和中国消费者信心指数，并推出新版书籍《必要的改革》和《改革的追问》。

（范保群等）

【国发院入选CTTI高校智库A+】 12月22日，由南京大学与光明日报社联合主办的2018中国智库治理暨思想理论传播高峰论坛在江苏南京举行。在来自中央及各省市思想理论和智库管理部门领导、全国高校科研管理部门负责人、"中国智库索引"（CTTI）来源智库、智库研究界700余位专家学者的共同见证下，"CTTI高校智库百强榜"发布。北京大学国家发展研究院等25家智库入选CTTI高校智库A+级榜单。

（范保群等）

新结构经济学研究院

【发展概况】 发展建设。新结构经济学研究院旨在立足中国及其他发展中国家的发展经验，深化新结构经济学的理论创新、运用与推广，建成引领国际发展思潮的学术研究基地和世界一流的旗舰型智库机构。其前身为北京大学新结构经济学研究中心，由世界银行前高级副行长兼首席经济学家林毅夫教授创办于2015年12月，是国家首批高端智库试点单位之一。2018年12月14日，新结构经济学研究中心更名为新结构经济学研究院。

学科建设。新结构经济学是林毅夫教授及其合作者提出并倡导的经济发展、转型和运行理论，主张以历史唯物主义为指导，以新古典经济学的方法，从一个经济体每一个时点给定但随着时间可以变化的要素禀赋及其结构切入，来研究决定此经济体作为经济基础的生产力水平和生产关系的产业和技术，以及决定交易费用的硬的基础设施和作为上层建筑的软的制度安排等经济结构和其变迁的决定因素和影响。新结构经济学主张发展中国家或地区应从其自身要素禀赋结构出发，发展其具有比较优势的产业，在"有效市场"和"有为政府"的共同作用下，推动经济结构的转型升级和经济社会的发展。

队伍建设。2018年，研究院引进助理教授1名，助理研究员1名。截至2018年底，研究院有教学科研系列10人、研究技术系列3人、博士后研究员10人、项目研究专员12人、行政管理12人。

教学工作。2018年度，研究院制定学生培养方案（试行），并开设高级宏观经济学I课程。11月，与经济学院签署博士生培养合作协议，双方将从2019级开始联合培养博士生。2018年，经学校研究生招生办公室批准，在尊重学生意愿的前提下，北京大学国家发展研究院代新结构经济学研究院从考研学生中择优录取6名硕士研究生。7月，新结构经济学研究院在夏令营期间对申请攻读博士的学生进行面试，择优选拔6名2019级直博学生。

科研工作。2018年，研究院共发表英文论文7篇，中文论文38篇，其中在英文顶级期刊上发表的论文1篇，中文顶级期刊发表的论文5篇，CSSCI期刊发表的论文25篇。出版著作6本，其中3本为中文专著，3本为英文专著。另有6篇论文被中／英文著作收录。

发展政策实践。研究院下设国际智库、国内智库、企业发展三个政策研究实践部门，将新结构经济学的理论与方法运用于政策咨询和发展实践前沿。2018年，国际智库部正式启动乌兹别克斯坦项目，持续推进贝宁、吉布提、尼日利亚等国别项目，并完成了盖茨基金会、福特基金会支持的境外园区发展经验梳理等课题的研究项目，现已启动二期合作。2018年5月，国际智库部与世界银行在北京合办了IDA18高端闭门会议。12月，国际智库部与国际金融公司（IFC）在亚的斯亚贝巴举办了非洲工业化学术会议。此外，国际团队按要求并超额完成多篇中宣部高端智库报告，完成外交部委托的重大课题1项。

2018年，国内智库部参与起草和制定《北京大学新结构经济学智库管理办法》，初步明确智库发展建设规划。5月，国内智库部与杜克大学访问教授高柏合作开展《新经济与产业政策的重新建构》课题研究。年内，国内智库部先后与山西省晋城市发改委、山西省大同市人民政府、河北省商务厅签署课题合作协议，并先后与新疆和田、山西大同和浙江绍兴地方政府及当地高校形成共建新结构经济学地方政策研究实践工作站的意向。

2018年，企业发展部《讲给企业家的新结构经济学》教材初稿、五大产业案例研究报告以及《新结构经济学产业转型与企业发展论文集》（第一辑）编写工作，组织新结构经济学产业转型与企业发展工作组和建立新结构经济学企业发展实践群，探索新结构经济学与企业界的战略合作模式。

交流合作。2018年，研究院围绕新结构经济学这一主题举办一系列学术交流活动。7月10日至15日，举办第五届新结构经济学夏令营，吸引来自20多个国家的百余位国内外高校学者和学生参加。8月6日至7日，第五届新结构经济学国际会议在京召开，来自海内外著名高校与研究机构的十余名学者报告最新学术成果。12月14日至18日，举办新结构经济学专题研讨会（冬令营），Gene Grossman、Erzo Luttmer等6位国际顶尖学者发表主旨演讲，诺贝尔经济学奖得主Edmund Phelps、Roger Myerson等14位研究院学术顾问委员会成员出席研讨会并给予学术指导。2018年，研究院举办35期新结构经济学学术研讨会、8期国际发展论坛。不定期与美国新经济思维研究院、华中科技大学等国内外科研机构合办专题研讨会，先后邀请Michele Boldrin教授等13位国际知名学者来院访问。

党建工作。截至2018年底，研究院党支部共有党员19名，全部为正式党员。2018年，研究院党支部定期召开组织生活会，开展党支部评议考核和民主评议党员工作，完成国家发展研究院党委换届选举工作。

行政队伍。研究院下设行政管理部，现有行政教辅人员12人，分别从事人力、财务、科研、外事、教务、传播、智库运营等模块工作。

学生工作。2018年，研究院在学生思想教育、日常管理工作等方面开展各项教育、管理、服务与引导，组织2次学生内部交流会，及时帮助、解决学生问题。9月，举办2018级新生见面会。12月，邀请芝加哥大学前校长、世界著名经济学家与教育家Hugo Sonnenschein与在读博士生座谈。

（宋雨菡）

【新结构经济学研究院成立】 12月14日上午，北京大学新结构经济学研究院成立大会在北京大学英杰交流中心阳光厅举行。北京大学校长郝平、教育部社科司司长刘贵芹、国家国际发展合作署国际合作司负责人田林、埃塞俄比亚总理特别顾问阿尔卡贝·奥克贝（Arkebe Oqubay）、诺贝尔经济学奖得主罗杰·梅森（Roger Myerson）和埃德蒙·费尔普斯（Edmund Phelps），以及来自清华大学、复旦大学、普林斯顿大学、斯坦福大学、剑桥大学等国内外兄弟院校和有关政府部门、国际机构、企业和媒体的400多名专家代表齐聚一堂，共同见证北京大学新结构经济学研究院的成立揭牌仪式。贝宁总统帕特里斯·塔隆（Patrice Talon）、波兰总理马蒂乌斯茨·莫拉维茨基（Mateusz Morawiecki）、塞内加尔总统马基·萨勒（Macky Sall）发来贺信。郝平、刘贵芹、田林、阿尔卡贝、埃德蒙·费尔普斯、于品海、林毅夫共同为北京大学新结构经济学研究院揭牌。

（宋雨菡）

【林毅夫获改革先锋称号】 12月18日，庆祝改革开放40周年大会在人民大会堂隆重召开。新结构经济学研究院院长、经济体制改革理论的探索者林毅夫被授予改革先锋称号并获颁奖章。

（宋雨菡）

医学部

基础医学院

【发展概况】 组织结构。2018年，基础医学院下设14个学系、2个研究所及1个生物医学实验教学中心。有15个二级学科，分属基础医学、生物学、药学和中西医结合4个一级学科，拥有6个部门或北京市重点实验室。

学科建设。"2018软科中国最好学科排名"北京大学"基础医学"排名第一。学院促进学科群建设与PI团队建设，加强学科交叉与合作交流。2018年获批学校"双一流"项目82项，落实经费3600万元，主要支持重点学科与薄弱学科、国际交流与合作、人才引进与培养、技术平台建设等。

队伍建设。2018年，学院在岗教职工397人，其中博士生导师85人。2018年学院以人事制度改革为突破口，调整人事改革工作小组，基本完成"基础医学院教师分系列管理和新老体制融合方案"。完成首批新体制人员Tenure评估，启动高年资副教授Tenure评估工作。完善教研系列职位招聘程序，实行人才引进国际同行评估，引进到岗高水平科教人才3人。完成人员引进、职称评审、绩效考核、通用岗位聘任等工作。参与国家各类人才计划，孔炜入选国家"中青年科技创新领军人才"；1人入选第14批国家海外高层次人才引进计划（青年项目）；姜长涛入选教育部"长江学者奖励计划-青年学者"和"万人计划-青年拔尖人才"（国家高层次人才特殊支持计划，简称"万人计划"）。

本科生教学。学院承担基础医学、临床医学、口腔医学、预防医学、药学、护理学、医学英语、医学实验、医学检验等专业的基础医学课程教学。2018年完成3000余名本科学生30门必修课、20门选修课的多轨道、多层次教学任务。招收基础医学专业新生116名，毕业15名；医学实验专业毕业35名。完善教学质量监控，加强毕业论文、专题实践全过程管理及毕业生资格审核。接收继续教育进修及访问学者54人，举办继续医学教育项目22项，参加培训2431人次。深化基础医学教育教学改革，加强师资培训、教材建设、特色课程、考核改革、临床阶段教学改革。完成PBL教学与培训，主办2018年PBL全国交流研讨会。制定基础医学专业拔尖人才培养方案，强化创新人才培养项目。推进实验教学改革，完成实验教学中心2018年教育部修购专项工作。马大龙获"北京市师德先锋荣誉称号"，王巍获"第三届全国基础医学青年教师讲课大赛"特等奖，"创新思维训练课程"教学团队获北京大学优秀教学团队奖，张卫光获北京大学教学卓越奖。

研究生培养。2018年，学院在读研究生658名，其中博士生402名，硕士生256名，开设76门研究生课程。完善推荐免试、博士统考、硕士统考等招生模式，完成年度招收硕士生89名、博士生73名。举办全国优秀大学生暑期夏令营并评选出40位优秀营员，为2019年推荐免试研究生储备优质生源。完善培养方案和培养机制，深化教学大纲修订，强化课程更新，承担学校课程建设项目。完善研究生排课、选课、经费、课时津贴等课程管理。完成研究生资格考试、出国培训、科研训练、阶段考核等过程培养和重点环节管理。加强科教融合，提高研究生科研创新能力，评选优秀博士生创新奖。完成年度授予博士学位106人，硕士学位64人。组织答辩审批和毕业生培养材料收报、审核，推广实行学位论文同行专家双盲审。完成毕业论文审核整理和优秀博士生论文申报，2018年3名博士生的学位论文获评北京大学优秀博士生论文。优化学位授权点建设，完成学位授权点自我评估，专家评估结果为合格。2018年获批增设"医学信息学"二级学科博士授权点。加强导师队伍建设，调研改进导师标准及招生资格，开展研究生教学优秀奖评选。

学生工作。建立"三全育人"教育与管理体系，加强学生工作规范化管理，提高本科生与研究生综合管理工作效率和水平。实行学生管理全程专业教师班主任制、导师制。开展校友兼职班主任、新生成长领航人、学业精准帮扶等学生成长助力计划，充实优化专兼职班主任和辅导员队伍。坚持立德树人，开展学习"十九大报告"、学习2018政府工作报告、"雷锋月"等系列活动。加强学生党团、学生会、研究生会、学生干部队伍建设，组织学生干部改选、换届，开展学生入党积极分子培训。组织本科生、研究生各类评奖、评优、奖助活动。坚持以学生学习为中心设计开展丰富多彩的教育活动，组织学习小组、科普课堂、知识竞赛、专业讲座、学术交流、科研实践等活动，形成研究生"学术午餐会"和"lab大讲堂"等精品项目。组织开展学生喜闻乐见的各类文娱体育、文化生活、创新创业、社会实践等活动，提高学生综合素养。解决学生困难，组织学生贷款、助学金、困难补助金发放，落实研究生"三助"。解决学生心理、健康等问题，规范处理学生应急事件。加强就业服务，组织就业参观，研究生毕业就业率达98%，获得2018北京大学研究生就业"学生生涯发展教育奖"。

科研工作。2018年，学院新获批各类科技项目82项，获批经费4121万元。其中国家自然科学基金项目57项，直接经费合计2788万元；科学技术部项目课题或子课题8项，批准财政经费976万元；北京市项目9项，批准经费166万元；国内外合作与科技开发项目8项，签约经费200万元。全院承担各类在研科技项目364项，到位科研经费7000余万元。2018年全院发表科研论文384篇，其中第一作者或通讯作者单位SCI论文266篇；出版专著、教材33部，其中主编与副主编15部，参编18部。申报国内外专利15项，获得授权12项，开展技术转让与开发4项，王凡团队研制的1类新药"新型特异性肿瘤显像剂"获CFDA临床试验批文。邓宏魁教授在习近平总书记考察北京大学时向总书记介绍团队科研成果"新一代干细胞技术及其应用"并获中国细胞生物学会干细胞生物分会"干细胞杰出贡献奖"，张炜真教授获2018年度"中华医学科技奖国际合作奖"，作为合作单位获省部级科技成果奖4项。

交流合作。2018年，学院主办、联合主办国际学术会议5次；主办国内校内外学术交流活动54次，其中组织"基础医学院院长论坛"特邀学术报告15场，形成机制化品牌化的学术交流平台。全院教师参加国际、国内学术会议196人次，受邀做会议报告89人次。学院邀请28名外国专家学者到学院进行学术交流讲座；完成学院教师出国程序审批96人次，赴境外开展短期交流、访问、合作研究。37位教师在国际国内学术组织和刊物新任66个学术兼职，韩晶岩教授再次当选为国际微循环联盟理事，并被确定为"第12届世界微循环大会"主席。

党建、群团工作。围绕学院中心工作，强化思想政治教育和师德师风建设，形成全员全过程全方位育人格局。做好基层党团工作，合理设置党支部，选优配强支部书记，制定党支部书记考核激励办法，组织党委委员、党支部书记等培训学习。出台研究生党员发展工作指导意见，完成研究生党总支及14个支部换届。支持指导各支部每月开展党员活动，组织评选优秀主题党日活动。发挥学生团总支作用，开展主题团日、社会实践、志愿服务、文娱体育等活动。组织开展统战、工会、教代会、离退休等工作。加强党风廉政建设，健全党风廉政建设责任制。完成2018年党风廉政建设检查自查、教育专项资金自查自纠及"四风"问题自查工作。建立和推行"院务公开""党务公开"、各系所"三重一大"集体决策制度。

（马鸣晖、周　勇）

【学院综合改革】启动基础医学院综合改革。基础医学院新一届行政班子2018年6月上任后，开展16个系所调研和新体制教师、骨干教师、系所领导等专题调研，找出制约学院发展的瓶颈问题，交流学院建设发展思路，并对各系所主任、副主任进行民主测评，征集下届系领导推荐意见。在深入调研基础上，形成学院综合改革方案，提出"统筹资源、开放办院"发展理念和打造健康学科生态环境、建设"中国特色世界一流基础医学院"核心目标，制定并推进人事制度改革与新老体制融合、统筹科研与教学用房、统筹平台建设及共享平台资源、统筹经费资源与管理、建设学科群与PI

团队、提高人才教育培养质量、提高行政管理效率和院系治理水平等重点工作内容。2018年完成学院学术委员会、教学委员会、学位委员会、博士后管理小组等调整工作，成立学院空间管理委员会。按照基础医学院学系所行政领导班子换届工作程序，完成13个学系所行政班子换届工作。

（马鸣晖、周 勇）

药学院

【发展概况】 人员基本情况。2018年，药学院在岗教职工总数174人，其中正高职称46人（教授36人，研究员9人，编审1人），副高职称58人（副教授45人，副研究员8人，副主任技师4人，副编审1人），中级职称65人（讲师31人，助研15人，主管技师19人），初级职称5人。专任教师131人，占总人数的75%。中国科学院院士2人，长江学者4人，海外高层次人才引进计划（青年项目）7人，青年拔尖人才支持计划1人，青年长江学者1人，优秀青年科学基金获得者6人，跨世纪/新世纪人才12人；各类学生情况详见表1；离退休人员147人；在校党员436人，其中，在岗党员127人，离退休党员64人，本科生党员13人，研究生党员232人。

教育教学工作。学院推进本科生物类课程建设；评选出第二届"药学院卓越教改基金"；《科研训练课》运行情况良好；虚拟仿真教学开始试运行；新获得600万元修购项目建设经费；大学生创新性实验项目运行情况良好，24个项目获得立项，18个项目完成结题；2个项目获国家级继续医学教育项目。举办第3届优秀大学生夏令营；与香港中文大学联合申请教育部国家高层次人才特殊支持计划；研究生思政工作由党办主要承担；对研究生课程进行全面梳理，为专业课程体系改革提供数据支撑；梳理专业学位研究生培养基地和导师情况，推动基地和药学院的实质性合作；制定研究生导师上岗标准；将博士生论文匿名评阅率提升至100%；19个教学改革项目获医学部立项，资助总额91万元，1项完成结题；6名教师获医学部教学优秀奖，4名教师获北京大学优秀博士生指导教师称号；3本教材获北京大学优秀教材奖；两名博士生获医学部优秀博士生创新基金。

科研工作。获准各类科研项目约80项，总金额约1.27亿元。其中，国家自然科学基金获资助38项，集中受理期项目资助率达45.45%，批准直接经费2786万元。面上、青年基金申请项目的资助率分别为43.5%、65.0%，青年基金项目资助数为历年最高。首次获得国家自然科学基金创新研究群体项目。在药学相关领域重要期刊发表200余篇学术论文。周德敏、张礼和团队发现三萜天然产物广谱抑制流感、埃博拉和HIV病毒感染的共性作用靶点和机制，研究成果发表在 Science Advances 上。刘合力团队在 Nature Communications 发表自闭症相关分子的研究进展。焦宁团队在 Nature Chemistry 报道大宗化学原料利用新突破。刘涛团队在蛋白磷酸化药物靶点开发领域取得重要突破，研究成果发表在 Journal of the American Chemical Society。李中军团队在新型抗凝血药物研究中取得进展发表在 Angewandte Chemie International Edition。申请专利22项（含国际专利6项），获得授权专利23项（含国际专利1项）。周德敏获第十九届吴阶平-保罗杨森医学药学奖。周德敏团队"活流感病毒可直接转化为疫苗"研究成果入选2017年"中国科学十大进展"。屠鹏飞、曾克武团队"揭示传统中药苏木作用新靶点"研究入选2017年中国十大医学进展。蔡少青、尚明英团队"藏药新药规范化与安全性示范研究"成果获2017年中国民族医药协会科学技术进步奖二等奖。刘涛获第三届中国药学会-以岭生物医药青年奖。董甦伟获第二十一届中国药学会-施维雅青年药物化学奖。黄卓获第二十二届中国药理学会-施维雅青年药理学家奖。叶新山获拜耳学者研究奖。《中国药学》英文版获中国高校优秀科技期刊奖。

学科建设。学科国际影响力不断提升，药学学科进入ESI全球前1‰，2018年USNEWS专业排名第23位，2018年QS世界大学专业排名第29位，居中国大陆首位。焦宁、屠鹏飞、杨秀伟、吕万良入Elsevier中国高被引学者榜单。接受药学学科国际同行评议，是医学部第一家完成国际评估的学院。

人才队伍建设。周德敏团队入选国家自然科学基金委创新研究群体。周德敏、焦宁入选第三批国家高层次人才特殊支持计划科技创新领军人才。董甦伟获优秀青年科学基金项目支持。董甦伟、乔雪获北京市自然科学基金首批杰出青年科学基金项目支持。1人入选海外高层次人才引进计划（青年项目）。学院人事综合改革方案获得学校批复，继续高层次人才引进及培养工作。多位青年教师赴顶尖实验室进修学习。加强对博士后群体的培养。

合作交流。举办与康涅狄格大学药学院姊妹关系建立十周年庆典。主办"第二届天然药物及仿生药物国际前沿研讨会"。与韩国首尔国立大学药学院签署合作协议。

行政管理。实施科研用房有偿使用试点工作，优化资源配置，完成药学楼回迁和国家重点实验室1号楼和细胞楼等腾挪、药学楼及卫生楼部分实验室的功能微调、国家重点实验室3号楼、2号楼、中心实验楼11层部分实验室的装修改造。"卫生楼通风设施改造项目"获准2019年教育部修购专项经费818万。加强学院信息管理及对外宣传工作，完成中英文网站改版、药学院画册修订及院史展墙建设等工作，启用课题组成果展示系统、会议室网上预约系统及视频会议系统等。加强安全工作，为药学楼实验室加装烟感报警系统，为各楼安装消防疏散指示图、配备医药急救箱及消防防毒面具；为药学楼、卫生楼配备专业消防值机人员，对通风设施定期维保；成立药学院安全管理委员会，完善实验室安全准入机制，组织消防演练体验活动等。

党建工作。完成系、中心主任、副主任换届工作，组织新上岗的中层干部到红旗渠培训。完成学生党支部换届工作。组织党委委员、支部委员及党员代表赴韶山培训。2018年累计推荐或组织130余人参加基层党务培训。规范党支部管理，发挥党员先锋模范作用，全院共17个党支部和346位党员参加党支部评议考核和民主评议党员，5个支部和94位党员被评为优秀。获评北京大学优秀共产党员标兵1人，北京大学优秀共产党员5人，医学部优秀共产党员5人，北京大学先进党支部2个及医学部先进党支部2个。完成党员发展工作，有2位教师递交入党申请书，1位教师完成入党积极分子培养。推荐72名团员为入党积极分子，组织84人参加第4期药学院入党积极分子培训班，组织共29人次参加医学部发展对象培训班。发展党员19人，预备党员转正22人。强化党员教育培训，举办药学院人文讲堂启动仪式暨首期讲堂；组织学生党员参加习近平总书记"5.2"重要讲话精神传达与专题报告会；召开全院教师工作会议宣讲习近平总书记在北京大学师生座谈会上重要讲话精神；组织党政领导班子成员、党委委员及师生党员赴国家博物馆参观纪念马克思诞辰200周年主题展览和改革开放40周年大型展览等。推动理论研究与工作实践的融合，学院4个项目获批医学部第十一期党建创新立项课题，10个项目由药学院党委资助（1000元/项目）开展党建创新课题研究。结合学院实际，制定《北京大学药学院"三全育人"综合改革建设方案》。

学生工作。组织学生党支部开展10余次主题党日活动。组织"优秀师生代表科研经验分享交流会"等专题讲座；开展红色"1+1"共建活动。试行研究生导师进本科生班级制度。学院团委通过第二课堂、志愿服务和社会实践等形式助力学生综合能力提升、引领青年学生思想。

党风廉政和反腐倡廉工作。落实党风廉政建设中学院党委的主体责任，健全领导工作机制，在院级领导层面建立"一岗双责"制度。落实医学部《关于学院（部）系（室）落实"三重一大"集体决策制度的意见》，推动党风廉政风险防控体系向系室延伸。

宣传和文化建设。挖掘并报道典型人物，以《药学人》为专题对优秀党员、党支部书记的先进事迹进行宣传。落实意识形态工作责任制，加强阵地建设与管理。要求专业教师落实"三个一"工程并做好思想政治工作手册的记录，鼓励撰写教书育人心得。

工会工作。开展基层工会小组专项活动申报并给予相应经费支持。组织"如何做好一流大学导师"讲座、六一节亲子活动等丰富多彩的文体活动。机关工会小组通过北京大学模范教职工小家验收。

统战工作。配合医学部统战部推荐周德敏为全国归侨眷先进个人和北京市侨联特聘专家候选人。协助九三学社发展新成员1人。配合九三学社药学院支社完成换届。协助完成3名归侨身份确认工作。

（赵帼英、韩健、崔博华、黄燕清、王铁军、王珣、郭敏杰、陈欣、李晓菲、马小艳、邹晓民、徐国旺）

【国际同行现场评议】 2018年11月13日至15日，药学院作为医学部首家学院接受国际同行现场评议。评议专家包括：美国耶鲁大学Yung-Chi Cheng教授、北卡罗来纳大学Leaf Huang教授、南加州大学Wei-Chiang Shen教授、加州大学洛杉矶分校Cunyu Wang教授、佐治亚州立大学Peng George Wang教授、密西根州立大学Shaomeng Wang教授和北京大学前沿交叉学科研究院汤超教授。评议专家在前期阅读评估材料的基础上，3天内先后听取北京大学及医学部相关部处领导对人事、学科、研究生教育、科研的政策介绍会；听取药学院院长周德敏教授关于学院总体情况和各系主任关于各系情况的汇报；并分别和药学院领导、年轻课题组长及其他课题组长、老体制教师、老体制青年教师、本科生、研究生、博士后、实验技术人员、行政人员共10组不同类型的药学院师生代表进行座谈，全方位考察药学学科的总体发展情况，分析药学院发展的优势和劣势、机遇和挑战。

（王珣）

【完成《北京大学药学院人事综合改革方案》】 根据《北京大学教学科研职位分系列管理规定》（校发〔2014〕15号）文件，以及医学部人事处的相关要求，药学院成立由周德敏院长为组长的"药学院人事改革方案制定工作小组"（简称工作小组），负责具体起草《北京大学药学院人事综合改革方案》（简称改革方案）。工作小组在人事处领导和药学院党委的指导下，经过5个多月的时间，完成改革方案征求意见稿的起草。在向系室主任、学院学术委员会、学院党政联席会汇报后，进行部分修改。2017年7月正式下发各系室，向全体教师征求意见。工作小组成员参与部分系室的讨论。2017年9月初，各系室征求的意见汇总至工作小组。根据收集到的意见，工作小组对方案作部分修改，并对收集到的意见分别进行回复。2018年9月完成并正式向人事处提交《北京大学药学院人事综合改革方案》并获批。药学院成为医学部首个完成改革方案的单位。

（王珣）

【新药学楼启用】 2018年5月5日下午，医学部在药学楼前举行新药学楼启用仪式。北京大学副校长、医学部主任詹启敏，北京大学党委副书记、医学部党委书记刘玉村，医学部副主任宝海荣、王维民、肖渊、刘晓光、张宁，相关学院、职能部门负责人，中国科学院院士王夔教授、药学院党政班子领导、教师和学生代表近100人参加启用仪式。启用仪式由药学院党委书记徐萍主持。宝海荣副主任和周德敏院长对药学院楼宇改造和使用情况进行介绍。学生代表2014级药物化学专业直博生李宏月、教师代表张强教授先后发言，詹启敏主任做总结讲话。启用仪式结束后，刘玉村书记等领导参观新药学楼教学实验室、科研实验室和办公区等场所。

2018年学院以新药学楼启用为契机，在医学部率先开展科研用房有偿使用试点工作，制定《药学院空间动态管理办法（试行）》。截至2018年底，基本完成预收费及空间调整方案。

（郭敏杰、陈欣）

【**周德敏/张礼和团队研究成果入选2017年"中国科学十大进展"**】 2018年2月27日，2017年中国科学十大进展在北京发布，药学院周德敏/张礼和团队研究成果"将病毒直接转化为活疫苗及治疗性药物"入选。

周德敏/张礼和团队以流感病毒为模型，在保留病毒完整结构和感染力的情况下，仅突变病毒基因的一个三联遗传密码为终止密码，流感病毒由致病性传染源变为预防性疫苗，再突变多个三联码为终止密码，病毒变为治疗性药物。此类疫苗保留野生型病毒的全部抗原、感染活力和相同的感染途径，可以诱发人体产生强而广的体液免疫、鼻腔黏膜免疫以及T-细胞活化免疫应答，感染人体后复制能力缺失。这种复制缺陷的活病毒疫苗在老鼠、雪貂和天竺鼠模型中得到验证，达到广谱、持久和高效的效果。该方法是研发活病毒疫苗的一种通用方法，并可针对几乎所有病毒。研究得到中国科学技术部、国家自然科学基金委、中国教育部及北京大学的长期支持。相关研究进展发表在2016年12月2日《科学》杂志（Science, 354（6316）：1170—1173）。

（宋书香）

表6-13 北京大学药学院各类学生情况

序号	学生类别	毕业（人）	招生（人）	在校（人）
1	硕士生（专业学位）	149（44）	72（35）	575（117）
2	博士生	45	60	207
3	在职读学位	2	4	44
4	本科生（长学制）	100	129	514
5	夜大专升本	98	0	196
6	合计	394	265	1536

（崔博华、韩健、黄燕清、赵帼英）

公共卫生学院

【**发展概况**】 学科建设。2018年，公共卫生学院建设学科平台，主要包括：1.建立北京大学全球卫生研究院，壮大全球卫生团队，构建5大研究团队，即传染病防控、慢病防控、妇儿与生殖、卫生治理与外交、卫生政策体系。继2017年在马拉维建成第一个全球卫生研究教育基地后，2018年在缅甸建立亚洲首个北京大学公共卫生学院全球卫生研究教育基地，是学院第29个教学科研基地。此外完成并发布《2018年全球卫生报告》。2.建立北京大学公共卫生学院生物统计学系。在北京大学及医学部统筹和支持下，北京大学第一个由两个学院（数学科学学院和公共卫生学院）实质建设的实体系，对培养中国生物统计人才、提升医学研究水平将发挥引领性作用。3.发展中国队列研究平台，依托7个大型共享队列，涵盖生命全周期，整合全国队列研究资源，有30多个团队加入到该平台，多篇成果发表于JAMA、The Lancet等国际著名期刊。4.建立北京大学医学部美年公众健康研究院、北京大学公共卫生学院-华数康大数据联合实验室等，打造公众健康与大数据研究及实践平台，推进产学研一体化。

队伍建设。2018年，学院有教职工182人，其中在编教工180人，在编教师140人，教辅人员27人，管理人员13人。国家海外高层次人才引进计划2人，青年海外高层次人才引进计划2人；优秀青年科学基金项目获得者1人；教育部新世纪优秀人才4人；新世纪百千万人才工程1人；英国皇家医学院公共卫生院荣誉院士1人，英国皇家医学院公共卫生院院士1人；国际欧亚科学院院士1人。

学院李立明教授被评为北京大学博雅特聘教授。郝卫东教授被评为北京市师德先锋。新引进学者周晓华教授，担任生物统计系主任。拟引进长江学者1人，通过医学部评审，正在引进中。引进预聘制副教授2人，助理教授1人，老体制转新体制1人，培育计划转新体制1人。新聘医学部兼职教授3人，学院兼职教授7人（其中1人是续聘）。新增博士生导师5人，硕士生导师5人，总计博士生导师50人，硕士生导师55人。2018年作为老体制教师系列高级职称评审末年，申请高级专业技术职务9人，通过正高2人，副高2人，未通过5人。

2018年，潘小川教授获得国家科技进步二等奖。高培研究员被评为国家高层次人才特殊支持计划学者。李立明教授获得北京大学国华杰出学者奖；高培研究员获得北京大学王选青年学者奖。吴少伟研究员获得中国环境科学学会青年科学家奖。

教学改革。2018年，学院启动并完成北京大学学科自我评估工作。按规定完成各学科导师上岗审核，最终上岗导师79名，未上岗导师17名。推进博士生培养综合改革，完成《北京大学博士研究生教育综合教育改革试点工作2018年进展报告》。学院2名教师获得北京大学教学优秀奖，5名教师获得北京大学医学部教学优秀奖。启动预防医学长学制教材建设，完成主编选聘和任务大纲。完成社会医学与卫生事业管理专业、（非）全日制MPH三个培养方案修订。配合医学部对学院实验教学条件指导检查；使用中央专项经费100万元，改善本科生教学条件。继续实施亚洲校园项目，中日韩2018年交流学生22名，自2016年10月项目始建累计交流42名，签约北京大学首个博士双学位项目。为北京大学本部、医学部及学院路高校开设选修课：北京大学本部3门次，医学部45门次，学院路高校8门次，合计56门次，修课3000人次。精品课程获奖，胡永华教授《流行病学研究方法（1）》课程被中国学位与研究生教育学会医药科工作委员会评为"医药学研究生精品课程"；许雅君教授被评为"北京市教学名师"，其课题获得中华医学会和中国高等教育学会教育课题一等奖；吴涛教授《流行病学基础（二）》课程被教育部评为"国家精品在线开放课程"。

科学研究。2018年，学院发表论文505篇，其中中文论文245篇、英文论文260篇（其中被SCI收录的有199篇，IF≥5有54篇，IF≥10有15篇）。学院教师在 The Lancet，JAMA，BMJ 等国际重量级期刊上发表多篇文章，并先后有8位青年教师作为团队核心/领导者在 JAMA Pediatrics，Lancet Respiratory Medicine，Circulation，Diabetes Care，Annals of Internal Medicine，The Lancet Planetary Health 等著名期刊发表文章。

学院新获科研项目共199项，总金额为8102.7万元，获科学技术部、国家自然科学基金项目，金额3637.7万元（其中重大研发计划课题3项）。郭新彪教授获得北京市科学技术二等奖、中国颗粒学会自然科学奖。国家重点研发计划"精准医学研究"重点专项，李立明教授团队牵头起草的《大型人群队列研究数据处理规范》和《大型人群队列研究数据安全规范》两项团体标准获得中华预防医学会批准。

社会服务。2018年，学院社会服务从中央到地方全体系覆盖，有众多国家和行业咨询委员会委员，参与国家、地方行业标准和法律法规制定。"北京大学医学部卫生政策评估与技术评估中心"与北京市卫生健康委员会合作，共建"首都卫生与健康发展高端智库"，举办首都卫生与健康高层论坛。

学院与国家卫生健康委员会、医疗保障局等国家政策部门建立合作关系，为中国医疗保障体系架构设计提供支持。

表6-14 公共卫生学院2018年度IF≥10文章列表

序号	论文名	论文类别	发表日期	期刊名称	第一作者	责任作者	并列责作	影响因子
1	Realising equity in maternal health: China's successer and challenges	短篇	2018.12	The Lancet	郭 岩	郭 岩		53.254
2	Maternal mortality ratios in 2852 Chinese counties, 1996—2015, and achievement of Millennium Development Goal 5 in China: a subnational analysis of the Global Burdenof Disease Study 2016	长篇	2018.12	The Lancet	康楚云			53.254
3	Association of Solid Fuel Use With Risk of Cardiovascular and All-Cause Mortality in Rural China	长篇	2018.4	JAMA		李立明		47.661
4	Epidemiological and clinical features of laboratorydiagnosed severe fever with thrombocytopenia syndrome in China, 2011-17: a prospective observationalstudy	长篇	2018.7	The Lancet Infectious Diseases	卢庆彬			25.148
6	Chronic obstructive pulmonary disease in China: a nation-wide prevalence study	长篇	2018.4	The Lancet Respiratory Medicine	高 培	胡永华		21.466
6	China's medical research revolution	长篇	2018.2	BMJ	武阳丰			20.79
7	Hot Tea Consumption and Its Interactions With Alcohol and Tobacco Use on the Risk for Esophageal Cancer: A Population-Based Cohort Study	短篇	2018.4	Ann Intern Med	余灿清	吕 筠	李立明	19.384
8	Magnitude of Soluble ST2 as a Novel Biomarker for Acute Aortic Dissection	长篇	2018.1	Circulation	高 培			19
9	Age-specific association between blood pressure and vascular and non-vascular chronic diseases in 0.5 million adults in China	长篇	2018.6	The Lancet Global Health		李立明		18.705
10	Arginine deficiency is involved in thrombocytopenia and immunosuppression in severe fever with thrombocytopenia syndrome	长篇	2018.9	Science Translational Medicine	卢庆彬			16.61
11	Childhood BMI and Adult Type 2 Diabetes, Coronary Artery Diseases, Chronic Kidney Disease, and Cardiometabolic Traits: A Mendelian RandomizationAnalysis	长篇	2018.5	Diabetes Care		黄 涛		13.397

(续表)

序号	论文名	论文类别	发表日期	期刊名称	第一作者	责任作者	并列责作	影响因子
12	Associations of General and Central Adiposity With Incident Diabetes in Chinese Men and Women	长篇	2018.1	Diabetes care	唐昆			13.397
13	Association between ambient air pollution and daily hospital admissions for ischemic stroke: A nationwide time-series analysis	长篇	2018.10	Plos Medcine		高培	胡永华	11.675
14	Association of vitamin D with risk of type 2 diabetes: A Mendelian randomisation study in European and Chinese adults	长篇	2018.5	PLoS Med		李立明		11.675
15	Association of Long-term Exposure to Airborne Particulate Matter of 1 μm or Less With Preterm Birth in China	长篇	2018.1	JAMA Pediatr		王海俊		10.769

参与国际公共卫生事务，全球卫生学系派出10名师生参加世界卫生组织大会，为政府提供技术支持和咨询服务。学院教育服务中心举办第四期全球健康新闻奖学金项目，培养具有医学与新闻学跨专业视角的专门人才；完成8期基层管理干部培训班，共计培训1850人次。另外完成各类公益委托研讨会项目，办培训会10多次，累计参会人数达1500人左右。完成学校各类试卷印制工作，没有发生泄题事故。

学生管理。学院坚持立德树人根本，注重在学生成长的各阶段给予引导和支持，推进三全育人工作。学院党委书记郝卫东给新生及学生入党积极分子讲党课，院长孟庆跃、知名教授陈育德、李立明为学院新生进行专业教育，加强对本科新生在专业思想、理想信念方面的教育引导。注重结合本科生导师制、专业班主任开展思政教育工作，举办本科生导师教学经验交流、理解大学生心理危机处理、如何做四有好老师等多场教学沙龙活动，申报各级各类教育教学改革课题9项，举办双语教学活动、学术活动管理软件使用经验分享、开设安全教育网上课程，进行公共卫生名家讲坛、前驻沙特大使改革开放40年主题报告等讲座多场。推进"立德树人"奖助金项目，制定《北京大学公共卫生学院教师参与学生思政工作实施办法（试行）》。注重以文育人，以文化人，联合师生举办五四合唱比赛、毕业红毯仪式暨毕业晚会、元宵节、中秋节联欢，举办第十六届预防艾滋病宣传周。

（公共卫生学院）

护理学院

【发展概况】组织机构。2018年9月，护理学院下设的护理学机能实验中心投入使用，完成10余次设备使用培训及开放测试活动。12月，老年护理康复教研室获医学部批准正式成立。

学科建设。学科总体水平处于国内领先地位，再次成为2018—2022教育部高等学校护理学类专业教学指导委员会主任委员单位，全国医学专业学位研究生教学指导委员会护理学分委会牵头单位。继续位列QS世界大学学科排行榜（51—100）位，文献高被引数和平均引用率均较2017年有所提高。2017年12月成为国家首批"双一流"建设学科。

队伍建设。2018年，学院教学科研人员37人（包括博士后4人），教授7人、副教授15人、讲师8人、新体制长聘制副教授1人、助理教授2人。博士生导师8人，硕士生导师14人，另聘有临床医院专业学位硕士生导师15人。施月仙获聘医学部博雅博士后，万巧琴获北京大学仲外医学基金，聘用美国明尼苏达大学于放为客座教授。

教学工作。学院承担护理学博士、硕士、本科三个层次6个轨道的教育教学工作以及继续教育工作。2018年招收博士8名、硕士42名、本科生90名。在校学生共计695人，其中博士18人（占2.6%），全日制硕士55名（占7.9%），在职硕士69人（占9.9%），全日制本科生330人（占47.5%），夜大专升本学生219人（31.5%）。自考专升本毕业论文指导22人。研究生毕（结）业25人，其中博士2人，硕士23人，就业率100%；本科生毕业115人，升学80人（占69.7%），就业33人（28.6%），就业率98.3%；夜大专升本毕业179人。2018学年开设研究生课程、本科生课程及夜大专升本课程53门，开设护理专业限选课4门、医学部选修课程5门。

教学资源建设和教学改革方面，新开设本科及研究生课程10门，其中本科护理专业限选课1门、医学部本科选修课程3门、研究生基础理论课3门及进展课3门。完成护理专业课程技能操作教学视频资料建设22项，完成1门在线公开课程建设并获评2018年国家精品在线开放课程，《高级健康评估》获评医药学研究生国家精品课程。启动护理学研究生专业课程群建设项目，获批医学部研究生专业课程体系建设专项项目4项。探索教学案例库建设，推进护理硕士专业学位研究生阶段考核题库建设。

教学质量保障方面，制定并发布《北京大学护理学院"研究生短期出国研究项目"实施办法（试行）》以及《北京大学护理学院研究生综合素质测评实施细则（试行）》，修订《北京大学护理学院研究生学位论文匿名评审实施细则》。对本科生、研究生课程及授课教师评价，并设专人组织实施反馈。

教师发展方面，组织7期教育教学沙龙，75人次参加各类国内外交流学习活动。修订《北京大学护理学院教学奖励办法》，9月评选并表彰首届北京大学护理学院"良师益友"导师4名；首次将临床一线教师纳入"护理学院教学优秀奖"评选对象，评选并表彰临床护理教师12名。选派北京大学肿瘤医院头颈外科青年教师赵艺媛参加"首届全国护理院校临床青年教师讲课比赛"并获一等奖。

完成国家级、市级继续教育项目4项，140多名学员参加；全国护理师资进修班培训7名学员；国内访问学者结业9名，新接收7名；申报2019年继续教育项目国家级2项。

科研工作。申报2018年国家自然科学基金项目9项、北京市自然科学基金项目1项；申报北京大学朗泰护理科研基金44项。获批国家自然科学基金项目青年项目1项、面上项目1项、应急管理项目1项，获批北京市科学技术委员会项目1项，获批博士后基金项目3项。新增100万以上的横向课题2项。2018年在研科研项目共89项，总合同经费1410.59万元，其中纵向项目15项，经费501.6万元；横向课题42项，经费684.436万元；校级课题32项，经费225.05万元。在医学类核心期刊上发表的论文98篇，23篇被SCI收录，累计影响因子54.612；CSCD收录36篇。主编、副主编教材和专著10本，参编6本，共计50万余字。成立北京大学护理科研创新青年委员会，举办7期学术沙龙和4期科研工作坊。

交流合作。2018年，学院接待来自中国香港地区以及英国、美国、澳大利亚、芬兰、荷兰、泰国、韩国等国家的代表团或个人27批，共计63人；学院教职工出访16批，共计20人。举办包括"创新、融合、超越——2018北京大学国际护理论坛"在内的国际学术论坛和学术报告25场。主要交流合作有：与澳大利亚天主教大学签署MOU，推进双方在护理学专业临床型研究生领域的合作项目。与韩国首尔国立大学护理学院签署MOU，推进教师交流、科研合作。与芬兰、日本、斯里兰卡联合开展研究项目。与澳大利亚格里菲斯大学联合申请"青少年堕胎后计划生育服务相关的联合研究项目"。作为澳大利亚阿德莱德大学Joanna Briggs Institute的循证研究中心，2018年10月、11月，举办JBI系统评价研究员培训班的第十期和第十一期，王志稳教授受邀参加在比利时安特卫鲁举办的2018年JBI主任年会以及第十届JBI学术研讨会。与香港大学合作，开展学生短期交流互访活动。与中国红瑞资本管理集团签署捐赠协议，红瑞资本的定向捐赠用以支持护理研究领域。与上海朗泰健康护理有限公司合作，支持北京大学朗泰护理科研基金项目。

党建工作。深化从严治党，落实党风廉政建设主体责任；开展党风廉政宣传教育工作。制作学院宣传彩页、组织"学习贯彻党的十九大精神"培训报告会；坚持严格人才引进、选人用人等重要事项的廉政制度建设；完善学院惩防制度体系建设。将思政建设摆在首位，加强领导班子和教师队伍建设，建立《护理学院"三全育人"综合改革建设方案》。着重师德师风建设，履行党委职责，加强党的组织建设和队伍建设。落实党委例会制度；健全领导班子民主生活会制度；重视积极分子的培养，2018年发展13名党员。

开展"做新时代'四有'好老师和'四个引路人'"学习实践活动。举办"不忘初心，砥砺前行"主题党课；选派优秀青年参加首期党支部书记"双带头人"培训示范班；选派党委委员、党总支书记、优秀党员带领入党积极分子11人赴郑州某空军开展交流学习活动；推选北京大学护理学院首届"良师益友"师德典型。

加强基层党总支和党支部建设，发挥基层组织的战斗堡垒作用。7个党支部，认真落实"三会一课"基本组织生活制度；举办入党积极分子培训班，经过考核24名学员毕业。执行和落实党的统战政策，发挥党外人士的作用。选派统战干部参加北京大学统战干部培训班；完成统战工作，开展民主党派工作。

学生活动情况。2018年1月，组织学生骨干探访和服务老教授、老教师，开展敬老活动。2月，组织4名本科生赴香港、芬兰进行学习交流。3月，组织观看《厉害了，我的国》电影；举办第三届"护路新行"科技创新挑战赛。5月，举办护理学院5·12护士节庆祝晚会，组织学生参加北京大学医学部庆祝"5·12"国际护士节庆典大会，20名学生进行授帽仪式展示；组织学生赴中共一大会址实践学习；参加北京大学"五·四奖章"分享会，践行习近平总书记"5·2"重要讲话精神。6月，前往国家博物馆参观"真理的力量——纪念马克思诞辰200周年主题展览"；组织学生参加第三届"京津冀大学生创新性论坛"，新立项10项大学生创新实验项目；举办首届"青春 梦想 天使 流年"护理学院毕业生庆典活动。7月，带领学生骨干赴郑州某空军部队开展"大学生走进军营"活动；举办全国优秀大学生暑期夏令营。9月，2018级新生开学典礼。10月，组织学生骨干收看网络视频"全国科学道德和学风建设宣讲教育报告会"。11月，组织改革开放40周年图片展；选派2名本科生参加促进"一带一路"第14届BioInquirer斯里兰卡学术会议；组织学生骨干参加"第三届男护生论坛"。9月至12月，开展2018级护理学院新生专业班主任工作以及"青春筑梦·思政引领"系列专项教育活动。

社会服务。作为全国医学专业学位与研究生教育指导委员会护理分委会牵头单位，2018年，学院完成58所院校护理专业学位授权点专项评估工作；研究制定《护理硕士专业学位案例编写及入库规范》《护理硕士专业学位案例评审办法》《护理硕士专业学位案例评审标准》等指导性文件，完成中国专业学位教学案例中心护理硕士专业学位案例开库工作；举办"全国护理硕士专业学位第2期案例教学与写作培训会"，开展案例教学培训与推广；召开"护理硕士专业学位研究生教育研讨会暨2018年全国护理硕士教育发展年会",搭建全国高水平的学术交流平台。

作为教育部高等教育护理学专业教学指导委员会主任委员单位,对6所院校开展专业认证;牵头组织专家编制《普通高等学校本科专业类教学质量国家标准》之《护理学类教育质量国家标准》,正式出版在全国使用;主办"护理学类教学质量国家标准解读暨实践教学标准研讨会";牵头《护理学专业实践教学标准的构建与验证》项目研究。尚少梅当选2018—2022护理学类专业教学指导委员会主任委员,孙宏玉担任秘书长。

2018年,北京大学护理学院护士执业资格考试试题命题小组协助卫生部人才交流服务中心完成与命题专家签署保密协议、护士执业资格考试命题及经费下拨等工作。

工会工作。2018年1月15日,召开北京大学护理学院第四届四次教职工大会,履行教职代表大会职能。完善工会工作机制,制定《护理学院劳务派遣职工入会暂行方案》。依规办理女职工安康险,购买重大疾病险。举办职工教育和文体活动:宣传学院及医学部第五届研究生"良师益友"获得者的先进事迹;组织工会干部参加"不忘初心,砥砺前行"陆虹书记年级党课;选派工会干部参加学生党支部赴军营社会实践活动;举办"北京大学护理学院青年教师教学基本功比赛暨公开示范课教学活动",组织参加新时代健康科普优秀作品征集大赛;开展2018年权益杯项目"守护健康,从心开始"心肺复苏急救技能培训;组织参加医学部教职工健步走、金秋诗会、三八节随手拍、蛋糕DIY、"送温暖"等活动,举办光荣退休仪式等。

(农晓莉)

【北京大学国际护理论坛】 2018年10月20日至21日,学院主办"创新、融合、超越——2018北京大学国际护理论坛"。北京大学常务副校长詹启敏院士、世界卫生组织"护理在行动"运动执行主任Barbara Stilwell、美国护理大联盟候任主席Patricia Yoder-Wise和教育部、卫生健康委员会、中华护理学会等多位重要嘉宾参会并作主题报告;来自美国、英国、加拿大、澳大利亚、韩国、泰国、新加坡等国家和地区以及国内知名高校的30余位护理学院院长和专家学者等共500余人参加此次大会。本次论坛由护理学院主办,北京大学第一医院、人民医院、第三医院、口腔医院、肿瘤医院、第六医院等附属医院共同协办。本次论坛展现北京大学护理学科风采,促进北京大学护理专业与兄弟院校学术交流及合作,提升北京大学护理学科国际声誉,凸显北京大学在中国护理教育中的引领作用。

(农晓莉)

【北京大学护理科研创新青年委员会】 2018年5月,成立北京大学护理科研创新青年委员会(以下简称"青委会")。青委会成员70名,平均年龄35岁,90%具有研究生学历,均为护理学院及6家附属医院护理科研一线的青年骨干。2018年青委会组织举办7期学术沙龙和4期科研工作坊,通过各种形式的精准扶持,搭建青年教师和临床工作者科研创新、共享发展的平台,推动护理学科发展。

(农晓莉)

【国际救助儿童会资助的科学研究项目进展】 陆虹教授主持两项国际救助儿童会(Save the Children)支持的关于儿童和青少年的研究。2018年1月,救助儿童会的"新疆墨玉县儿童疾病综合管理项目实施效果影响因素研究"项目在新疆和田地区墨玉县完成初步调研;3月,由救助儿童会支持、中国妇幼保健协会和北京大学护理学院联合承办的"中国15—19岁青少年重复人工流产状况调研项目总结暨专家研讨会"在北京召开。与会专家对本项目取得的成果给予肯定,指出中国青少年流产及服务中存在的关键问题,呼吁全社会共同关注青少年生殖健康问题。

(农晓莉)

医学人文学院

【发展概况】 组织结构。2018年11月,医学人文研究院/医学部公共教学部更名为医学人文学院。学院下设哲学与社会科学系、医用理学系、应用语言学系、体育学系、医学心理学系(筹)、医学史与医学哲学系(筹)、医学伦理与法律系(筹)、艺术教研室。拥有4个校级研究中心:北京大学医学史研究中心、北京大学临床心理中心、北京大学医学部性学研究中心、北京大学医学部中美医师职业精神研究中心。学院领导:院长周程,党委书记王玥,副院长郭莉萍、高嵩、韩巍,党委副书记韩英红、于新亮,院长助理王岳、陈琦。

学科建设。学院设有生物医学英语五年制本科专业,科学技术史、应用心理学、马克思主义理论和思想政治教育3个硕士点,科学技术史、应用心理学2个博士点,可招收科学技术史、应用心理学、伦理学、社会学、科学技术哲学、思想政治教育、马克思主义基本原理、生物物理学专业的硕士和博士研究生,科学技术史、应用心理学、伦理学、社会学专业可招收博士后。

队伍建设。2018年,学院有教学科研人员105人,其中教授14人、研究员1人、副教授35人、副研究员1人、助理教授1人、讲师47人、助教1人、教学助理5人,博士生导师10人、硕士生导师10人。

按照学校人事综合改革工作要求,结合学院现有教育教学规模,初步测算教师规模,出台《受聘教研系列助理教授、副教授应聘申请的基本条件规定》(草案)。落实《北京大学教学科研职位分系列管理规定》,2018年学院新招聘1位教研系列助理教授(首位)、4位教学系列教师,同时启动首位教研系列长聘副教授的招聘工作。启动科研竞争力提升计划,举办青年教师讲课比赛。深化教师考核评价改革,出台并执行《公教部教师教学工作量计算方法（试行）》《公共教学部教师科研工作量计算办法（试行）》，开展教学、科研、院系服务工作量统计工作，严格业绩考核。扩大博士后招收规模，加强管理，提高质量，2018年新招入博士后6名。

教学工作。截至2018年底，学院共有学生254人。其中本科生（均为生物医学英语专业）202人，硕士研究生32人，博士研究生20人。2018年新招收本科生40人，新招收研究生15人，其中博士研究生5人。

2018年完成全校本科生本科阶段必修课55门次，通选课27门次，任选课52门次；生物医学英语专业课必修课35门次，专业选修课16门次，新开选修课12门；研究生必修课60门次，选修课16门次，新开选修课3门。申请获得北京大学本科教学改革立项30万元资助。

继2016年与英国爱丁堡大学、2017年与伦敦大学学院签订"4+1"本硕联合培养项目之后，2018年又与英国伦敦热带医学学院签订"4+1"培养项目，该校的20余个硕士专业都将对学院学生开放培养申请。

医学伦理与法律学系教师丛亚丽获得北京大学仲外医学基金、体育学系教师师俭获杨芙清-王阳元院士奖教金。

科研工作。2018年，学院教师新增纵向课题7项，金额93万元；专项课题5项，金额551万元；横向课题11项，金额254万元；国际合作项目1项，金额18.3万元。总计24项，总金额为人民币916.3万元。共有SCI/SSCI收录论文7篇，中文核心期刊发表论文35篇，其他论文33篇。教材1部，专著2部，编著4部。

交流工作。2018年，学院接待来自中国香港大学、美国富勒心理学院、日本关西学院大学、德国杜塞尔多夫大学、美国俄克拉荷马大学、美国加州州立理工大学、以色列海法大学、英国约克大学、美国约翰斯·霍普金斯大学、加拿大约克大学、美国南加州大学、日本东京大学、美国哥伦比亚大学、澳大利亚国立大学等大学、研究机构的专家、学者20余人次，赴美国、英国等地访问交流40人次。举办医学人文讲坛共计13期。

学院/部与伦敦卫生与热带医学学院签署合作协议，将在学术交流、教学研讨、研究生培养等方面开展合作。推进教育部直属高校外籍文教专家年度聘请计划学校特色项目。

2018年，学院主办国际学术会议2次，国内学术会议5次，其中第二届北京大学医学人文国际会议"叙述生命、衰老与死亡"参会人员为200余人。

社会服务。2018年，学院教师指导学生参加社会实践、国际国内竞赛、创新实验等活动。医用理学系组织培训医学部学生代表队参加全国大学生数学建模竞赛、国际跨学科模型竞赛、全国部分地区大学生物理竞赛等赛事。教师带队或指导学生开展以"爱、责任、成长"为主题的暑期社会实践活动。

党建工作。2018年，学院党委下设10个党支部，其中在职教工支部6个，离退休支部1个，本科生支部2个，研究生支部1个。共有党员164人，其中教工党员74人、离退休党员46人、学生党员44人。2018年学院发展党员10名，其中本科生6人，研究生4人。

学院党委以专题培训、主题党日、报告会等形式，开展常态化学习培训。组织全体师生学习习近平总书记在北京大学的"5·2"重要讲话精神，学习贯彻全国组织工作会议精神和习近平总书记在全国教育大会上的重要讲话精神等。各支部开展学习实践活动，包括赴天津开展"学习·交流·参观·感悟"活动、赴人民大会堂参加马克思诞辰200周年纪念大会，参观"真理的力量——纪念马克思诞辰200周年""为幸福而奋斗——纪念改革开放40周年"主题展览等。推进"两学一做"学习教育活动，对党员及入党积极分子进行系统培训。组织党员干部赴微山县开展——公益讲座服务基层·红色参访牢记使命的实践培训活动、赴安徽省凤阳县小岗村和中关村软件园开展调研实践活动等。围绕"做新时代'四有'好老师和'四个引路人'"开展学习实践活动等。

学院作为医学部思想政治理论课教学的主体，落实教育部《新时代高校思想政治理论课教学工作基本要求》，落实三全育人综合改革方案，举办北京大学医学部思想政治理论课教育教学暨"三全育人"综合改革方案研讨会，出台《公共教学部"三全育人"综合改革建设方案》，启动"领导专家走进思政课堂"工作，打造《中国传统文化专题讲座》等思政课相关的拓展课程。

行政队伍。2018年，学院行政管理人员共计11人，其中事业编制10人，合同制1人。

行政工作。组织召开多次安全稳定工作会议，参加消防安全演练等；利用宣传栏、网页、微信等多种媒介宣传各种安全知识。坚持节假日前及重要节前全院安全大检查，督促相关单位落实整改要求。协助完成逸夫教学楼716会议室的装修。开展资产清查与设备账目调整工作，报废并清理老旧设备物资。

学生活动。举办北京大学第十一届医学人文周，包括医学人文英文短剧大赛、医学人文图片艺术展——生与死的哲思等活动；开展第六届"抗·辩"——"人工智能能否取代职业医生"、第六届外文歌曲大赛以及英语角、"创业培训班"暨校友创业故事汇、读书会、校友沙龙讲座、元旦晚会等系列特色活动。研究生班举办寒暑期见闻座谈会、"新生引航"——赴蔡元培故居参观学习活动、优秀典型交流座谈会等活动。此外，学院研究生会组织筹办医学部"优秀典型宣传月活动"、学院"良师益友"人物评选活动等。组织青年团员学生赴海淀区学院路街道社区开展志愿服务工作，成立"朝伴夕行"志愿服务队，看望陪伴老教师，定期到海淀区香山老年公寓开展志愿服务。

毕业生去向。学院2018届医学英语专业毕业本科生36人，其中读研14人，境外留学9人，就业9人，待就业（考研）2人，参加"4+X"项目2人。毕业研究生12人，其中博士4人，就业率100%。

工会工作。2018年，学院有工会小组6个、工会会员131名，其中在编会员127名（男会员39名，女会员88名），非在编会员4名。2018年1月15日，召开第四届教职工代表大会暨第四届工会会员代表大会，会议选举韩英红为工会主席，谢虹为工会副主席。9月11日，在会议中心205举行主题为"老中青教师共话教育教学，争做四有好老师"教师节庆祝活动。开展"雅致女性，诗情园艺"多肉植物盆栽DIY活动、在位于海淀区北坞创新园的巧客3D+智造馆联合举办"共享六一 快乐玩美"亲子活动等。福利工作方面，配合学校，完成子女幼升小、小升初教职工的摸底、沟通工作。2018年为113名职工报名体检。

（黎润红）

【学院更名】 2018年11月21日，北京大学医学人文研究院/医学部公共教学部更名为北京大学医学人文学院，英文名称为The School of Health Humanities, Peking University。

（黎润红）

【第二届北京大学医学人文国际会议】 2018年11月15日至16日，第二届北京大学医学人文国际会议"叙述生命、衰老与死亡"在北京大学医学部召开，会议由医学人文学院主办，合作刊物包括《医学与哲学》《中国医学伦理学》《叙事医学》《中国医学人文》《中国医学人文评论》等。会议旨在从跨学科视角出发讨论医学人文以及相关话题，探索不同文化表征下的生命、衰老和死亡话题，以促进多领域医疗健康事业的全面均衡发展。

会议共有7场主旨报告、6场专题报告和16组分论坛报告，200余位医师、史学家、文学家、健康传播者、语言学家、哲学家、生物伦理学家、社会学家等各领域专家学者聚焦叙事医学，就医学人文中的孕产、老龄化、临终关怀、死亡教育等一系列议题展开讨论。会议还首次采取线上直播互动的全新形式，直播期间，线上观看总人数接近1.5万。

（黎润红）

【学院教师指导学生参加大学生竞赛获奖】 学院医用理学系教师组织指导医学部学生参加第三十四届全国部分地区大学生物理竞赛，获特等奖1人，一等奖3人，二等奖2人，三等奖1人。组织并培训医学部学生参加美国数学建模竞赛获二等奖1项；参加全国大学生数学建模竞赛获北京市一等奖1项，北京市二等奖2项。

（黎润红）

医药卫生分析中心

【发展概况】 组织结构。2018年，北京大学医药卫生分析中心领导班子：正主任（吴明教授），常务副主任（孙崎教授），副主任（杨建茹）。下设6个实验室：生物成像与分析实验室、细胞分析实验室、蛋白质组学实验室、电镜分析实验室、药学与化学实验室和同位素实验室，各个实验室分别设有实验室正副主任。此外还设有业务办公室和行政办公室。

学科建设。中心的优势测试技术以双光子共聚焦、流式细胞术的染色体分选以及多色荧光标记细胞分析、蛋白质组学和代谢组学、蛋白质N段测序、代谢微量元素分析、同位素示踪与分析等为主。其研究领域及方向包括：1.通过分析磷酸化、糖基化等多种蛋白质翻译后修饰、蛋白质N-端测序，以及（非）靶向的定性/定量蛋白质组学和代谢组学方法，开展生理或疾病相关蛋白质的研究工作。2.借助双光子荧光寿命成像和FCCS单分子检测技术在细胞原位单分子水平研究细胞内分子三维分布、蛋白共定位、蛋白质相互作用。3.借助多色荧光标记细胞分析与细胞分选、染色体分选、干细胞分选、多种蛋白和细胞因子同时性检测技术、细胞周期和倍体、线粒体膜电位检测等检测技术对各类细胞进行多功能研究。4.借助各类高分辨显微镜、电镜等仪器和相关检测技术，研究人或动物组织、器官、细胞、亚细胞器结构与超微结构及病毒或蛋白结构。5.借助小动物影像和SPECT-CT等仪器与技术，开展整体动物的组织结构、分子探针与显像、肿瘤放射靶向治疗、诊断和治疗放射性药物研究以及同位素示踪技术在生物医药领域的应用。6.开展生物化学、医药卫生、食品工业、环保等样品中50多种金属离子元素和有机化合物的定性和定量分析。

队伍建设。2018年，中心有专职分析测试人员27人，其中，博士学位15人，硕士学位5人；高级职称4人，副高职称7人。聘请基础医学院、药学院的尹玉新、王韵、王凡、尹长城、葛青、张强等知名教授作为实验室兼职主任。集中医学部主要的仪器技术专家和骨干。

测试服务量及收入。2018年，中心全部测试机时2万多小时，开机时间达到3万小时以上，测试费450多万（校内300多万元，校外150多万元），较2017年增长28%。

教学工作。2018年，中心承担《激光共焦显微镜与流式细胞技术》《高级医学技术》及《生物医学中的电镜方法》等多门课程，理论教学150学时，实验教学400多学时。蛋白质室培养1名药学院专硕生。2018年细胞分析室、电镜室先后完成实验室空间装修与改造。

科研工作。2018，中心教师以第一作者或共同责任作者在 ACS Applied Materials & Interfaces（IF：8.0）、Organic. Letters（IF：6.4）、Experimental and Molecular Medicine（IF：5.5）等国际杂志上发表SCI文章11篇。刘皎申请到1项国家自然科学基金青年基金（批准经费26万元）。张雷以第二发明人申请发明专利1项，授权给公司实施生产。

计量认证工作。2018年，中心按照国家计量认证的要求完成常规工作，出具CMA报告6份，比2017年增加一倍；

7月至9月，中心完成计量认证飞行检查的准备工作。9月，4人参加在上海举办的高校检验检测机构研讨培训会。

培训及组织会议等工作。11月，生物成像与分析室主办2018年"全国神经科学和生物成像技术研讨会"。细胞分析室与达科为公司联合举办1次多色流式分析技术培训，参加国际技术交流会2次和国内技术交流大会8次。

党支部工作。2018年，中心党支部正式党员14人，入党积极分子1人。医药卫生分析中心党支部被评为北京大学先进党支部。钟丽君（支委）、陈卫、苏黎、刘皎、刘丹等年轻党员投身技术研发创新工作，主动了解科技前沿研究。党员间开展跨科室技术交流与合作。党员们调整工作时间投身测试服务工作，另外在寒假、暑假为学生测试，满足用户的测试需求。徐陆正（支委）在测试之余，肩负共享平台的预约、测试数据统计、维护以及印章的管理等工作。

【2018年优质服务年】 2018年，中心持续开展"优质服务年"活动，建立激励机制。中心教师共同努力，实现测试工作量较2017年增长10%以上的既定目标，实际增长28%，测试收入达到450多万元。

【测试技术研发与支撑】 各室开展测试技术和方法探索、非常规的实验方案和数据方案设计、复杂样品制备条件建立等技术支持服务。学院中很多研究生与分析中心核心技术人员协作，探讨科研课题。2018年中心支持学院、附属医院及校外用户发表包括 Cell Research（IF: 14.8）、Journal of the American Chemical Society（IF：14.3）、Nature Communications（IF：12.2）、PANS（IF：9.5）等多篇高水平的文章。

2018年中心技术支持服务共20项，技术服务费用48.8万元。中心教师开展的技术支持收费项目类型有：1.药物代谢的技术支持服务；2.靶向代谢学新研究的技术支持服务；3.蛋白质组学技术服务项目；4.流式分析与分选技术服务项目；5.生物成像与分析技术支持项目，比2017年（5项，共18.1万元）增长150%以上。

【筹建动物核磁室】 2018年，中心筹建动物核磁室，经过近一年努力，完成核磁实验室的建设和核磁仪器无偿调拨的部分工作。

（张 雷）

中国药物依赖性研究所

【发展概况】 机构设置。2018年，北京大学中国药物依赖性研究所有研究人员及研究生100余名，承担社会职能包括新药评价研究、药物滥用监测、为政府部门提供技术咨询及服务、为公安部和司法部系统培训等提供支持。禁毒科普与社会宣传，与北京市禁毒办、禁毒教育基地合作，进行毒品知识的宣传；受国家禁毒委员会办公室、北京市公安局和中央电视台等政府部门或媒体邀请进行毒品防治宣传教育。

研究所在科技部、国家自然科学基金委、卫健委、教育部和北京市等数十项基金及多项国际合作项目的支持下，系统研究药物滥用与成瘾及相关疾病的神经机制，开发新的临床治疗药物和干预模式，掌握药物滥用与成瘾及相关疾病的流行规律并制定预防策略，发表研究论文400余篇，其中200余篇被 Science、The Lancet、Neuron、American Journal of Psychiatry 等国际知名SCI期刊收录，在药物成瘾及相关研究领域具有重要的国际学术影响力。

陆林院士牵头的国家自然科学基金创新研究群体"精神疾病的神经可塑性机制研究"获得第三轮滚动支持。时杰研究员牵头的"神经精神疾病临床队列研究与整合平台建设"项目获得脑科学与类脑研究北方科学中心支持，时杰和李家立等被聘为脑科学与类脑研究北方科学中心合作研究员。

2018年，研究所围绕抑郁症的发病机制和快速抗抑郁新理论等开展研究，发表SCI文章近30篇，其中在 Mol Psychiatry（IF: 13.204）发表3篇，eLife（IF: 7.616）发表1篇。申请国家发明专利2项。

科研工作。2018年，研究所共新获准科研基金课题10项，其中国家自然科学基金创新研究群体科学基金1项（陆林），国家自然科学基金委-云南联合基金重点项目1项（时杰），国家自然科学基金面上项目2项（薛言学，李素霞），"脑科学与类脑研究北方科学中心"项目1项（时杰），军委科学技术委员会国防科技创新特区课题1项（时杰），广东省重点领域研发计划"脑科学与类脑研究"重大专项1项（时杰），北京大学临床医学+X青年项目1项（薛言学），北大医学交叉研究种子基金项目1项（韩盈），科技部十三五课题（子课题）（丁增波），北京市科技专项工作任务1项（孙艳）。

2018年，研究所重要科研成果：发现前额叶皮层中蛋白激酶 M ζ 介导了抑郁症发病及抗抑郁作用，为开发新型抗抑郁药提供潜在靶标；提出基于 NMDA 受体 2B 亚基的快速抗抑郁作用新理论；分析药物治疗对阿片药物使用障碍患者死亡率的影响，为全球应对阿片药物使用障碍相关死亡提供重要依据；发现在睡眠中改变价值决策行为的新方法，为在睡眠这种无意识状态下应用心理学范式治疗精神疾病奠定理论基础。

2018年全所发表SCI论文近30篇，参加会议交流的论文或摘要21篇。

教学工作。承担《药物滥用与成瘾》《情感认知障碍》《景观流行病学》《神经精神药理学》《药理学研究进展》等课程。

人才引进。2018年，研究所新引进中科院"百人计划"入选者李家立为长聘副教授。

人才培养。2018年，研究所有硕士研究生16名，博士研究生8名，博士后2名。

学术活动。11月29日—12月1日，在昆明举办第十五届全国药物依赖性学术会议暨国际精神疾病研讨会；1月26日，邀请美国国家酒精滥用与酒精成瘾研究所的行为与基因神经科学研究室主任Andrew Holmes访问并进行学术交流；3月15日，举办社区吸毒人员智能监测管理体系研讨会；5月10日，举办基于互联网的社区吸毒人员智能管理体系研讨会；6月22日，举办甘肃司法行政合成毒品使用人员管理业务培训。

实验室建设。完善光遗传学及电生理实验室；维护运行实验动物屏障设施。

社会服务。举办和参与监管人员健康状况评估会（2018.1.10）；创新方法工作专项会（2018.7.3）；MSM重点项目工作研讨会（2018.9.25）；动态管控数据研讨会（2018.11.24）。

党建工作。1.加强思想政治工作：组织党员学习党的十九大报告，学习两会精神，学习新党章、学习北大和医学部第十三次党代会报告及党内法规，每个党员交流心得体会。组织党员观看电影《青年马克思》。组织党员和全体职工观看北京市委组织部会同市委宣传部、北京电视台联合制作的"新时代新担当新作为"电视访谈专题节目。参加机关党委组织的全体党员到北京市委党校参观党建展览。此外还组织党员及全体职工参加机关党委组织的专题报告会。2.发挥党员的先锋模范作用：党员同志在工作中吃苦在前，兢兢业业，发挥党员的先锋模范作用。3.加强党风廉政教育：通过学习《中国共产党廉洁自律准则》《中国共产党纪律处分条例》《中国共产党党内监督条例》《关于新形势下党内政治生活的若干准则》加强党员的党风党纪教育，提高党员和干部的廉洁自律意识。加强党组织建设，严格组织生活制度，坚持三会一课制度。支委会在党支部建设中做出贡献，发挥党支部的战斗堡垒作用。

（赵 苓、孟适秋、赵 苓）

实验动物科学部

【发展概况】 实验动物科学部有实验动物设施约4800平方米，包括2400平方米的实验动物楼、1719平方米的动物实验楼、320平方米动物质量监测楼、约300平方米其它附属设施。2018年，科学部下设5个室，分别为无特定病原体（Specific Pathogen Free, SPF）动物繁育室、清洁级动物实验室、普通级动物实验室（含大动物手术室）、实验动物研究室和办公后勤室，有员工79人。2018年度实验动物生产许可证（SCXK（京）2016—0010）和使用许可证（SYXK（京）2016—0041）年检合格。科学部被北京市实验动物行业协会评选为北京实验动物行业先进集体；张阔、孙小勇被评选为北京市实验动物行业协会先进个人。

实验动物生产供应。2018年SPF动物繁育室生产繁殖SPF/VAF（virus antibodies free）级大、小鼠共22.3万只；根据研究需求对繁殖品系进行调整，增加C57BL/6小鼠的生产繁殖数量，由4万只/年提高到7.23万只/年；大、小鼠在北京市实验动物管理办公室组织的动物质量抽查、飞行检查及自检中均符合相应级别的实验动物国家标准；通过剖腹取胎、人工哺乳等技术手段，形成质量稳定的无菌大鼠繁殖种群。

动物实验服务。清洁级动物实验室提供每天约2.3万只大、小鼠动物实验饲养服务；协助医学部及附属医院各课题组进行大、小鼠动物实验1053项；由于饲养空间紧张，通过提高笼位使用效率等举措，实验人员开展大、小鼠动物实验的等待周期由平均等待4周，减少到2.5周，由此2018年12月获得医学部第六届教代会常设主席团颁发的对"改善医学部动物实验设施空间管理"提案的"提案落实奖"；普通级动物实验室提供兔子、犬、羊等大动物实验服务80项；完成360台大动物外科手术服务；实验动物研究室以合同形式独立承担完成一般药理学、毒理学、免疫学、肿瘤学动物实验31项；完成血常规6345份样品，血生化7256份样品血液学检测服务。

教学和培训。完成研究生院《实验动物学》必修课教学，共计四个班128学时，选课人数1019人；药学院本科生《实验动物学》选修课教学，28学时，选课人数60人；基础医学院本科生《实验动物学导论》教学，2学时；举办13期"北京市实验动物从业人员岗位证书"培训班，培训人数1652人。

设施改造和设备更新。支持医学部科研平台建设，将会议室与一间办公室改造为核磁设备操作间；动物实验楼4层机房改造为大气吸入实验专用实验室；动物实验楼412房间改造为无菌大鼠专用动物实验室。完成实验动物楼和动物实验楼以及兔房、羊圈防水工程；对动物实验楼各层墙面、地面、厕所进行粉刷、修缮；更换实验动物楼中央空调系统主要制冷部件及动物实验楼3台室内空调机。

社会服务。由郑振辉任组长、周淑佩参加的北京大学生物医学伦理委员会实验动物分会完成动物实验伦理审查322项；完成医学部医用废弃物清运处理101吨。

党建工作。通过各项活动落实党风廉政工作，发挥党员先锋模范作用。4月参观平西情报交通联络站纪念馆及妙峰山拓展活动；5月参加党的十九大精神，推进"一带一路"建设学习报告会、国家安全形势报告会；6月学习、讨论习近平总书记在北京大学师生座谈会上的讲话、参加共产党员献爱心捐献活动；8月观看"新时代、新担当、新作为"电视访谈节目，并鼓励党员结合自身工作撰写心得体会；12月观看庆祝改革开放40周年大会直播并参观在国家博物馆举办的"伟大的变革——庆祝改革开放40周年大型展览"。在3月进行的科学研究处、实验动物科学部及北京大学学报（医学版）联合党支部党员评议中田枫考评为优秀；12月周淑佩、张淑英作为新当选的党员代表参加医学部机关第四次党员代表大会代表。

工会工作。举办不同主题的团建活动，1月举办"第三届迎春"专业知识竞赛；3月举办为"我自豪，我是实验动物工作者"演讲比赛；6月举办"写书法、迎七一"书法比赛；10月举办"十月，是你的生日——我的祖国"诗歌朗诵会。12月进行专业技能培训及实验室安全培训。12月张阔作为2018年新当选的教代会代表参加医学部第七届教职工代表大会暨第十二次工会会员代表大会。

【无菌大鼠培育】 无菌大鼠是指体内不存在任何可检测到的微生物及寄生虫的大鼠，培育技术难度较高。实验动物科学部应医学部开展肠道菌群研究需求，从2016年起着手进行无菌大鼠的培育工作，通过剖腹净化、人工哺乳等技术手段于2018年形成质量稳定的无菌大鼠繁殖种群，提供110只无菌大鼠进行动物实验，同时建立无菌大鼠专用动物实验室，达成对医学部重点课题的有力支撑。

（田　枫、郑振辉）

中国卫生发展研究中心

【发展概况】 队伍建设。2018年，中国卫生发展研究中心共有7名教学科研人员，1名行政管理人员，3名博士后。2018年入职共4人，其中，3月引进新体制助理教授何平博士，7月新招聘3名博士后研究人员。

教学工作。截至2018年12月，中心共有学生21人，其中硕士研究生13人，博士研究生8人。2018年，新招收5名硕士研究生和1名直博生，2名博士研究生和4名硕士研究生毕业。中心教研人员开设5门本科生课程和7门研究生课程，共计160个学时。

科研工作。2018年，中心共有7篇论文发表在中文期刊上；13篇文章在国际学术期刊上发表；共有7期政策简报（《卫生发展瞭望》第39—45期）系列发布。2018年新获资助的科研项目15个，其中获得2项自然科学基金项目资助（面上项目1个、青年项目1个）。经费分别来自国家自然科学基金委、国家卫生健康委员会、国家工程院、北京市卫计委、美国中华医学基金会等机构，资金总额551万元。2018年，主办国际国内学术会议3次，参加国际国内学术会议共计19人次。另外，组织3次外部学术研讨会和11次内部学术研讨会。

交流合作。7月10日，美国佐治亚大学卫生政策与管理副教授暨宁波诺丁汉大学李达三健康经济学首席教授陈茁访问中心。9月11日，约翰斯·霍普金斯大学Cochlear听力及公共卫生研究中心主任、约翰斯·霍普金斯大学医学院耳鼻喉医学部副教授Frank R. Lin来中心进行学术交流。10月7—13日，中心全体教师参加在利物浦举办的第五届全球卫生体系大会。11月20日，中心承办北京大学医学部-麦吉尔大学医学院第一届基层卫生服务研讨会，中加双方学者就从国际比较、卫生服务需求和利用、服务体系构建、人才队伍建设等视角对中加两国的基层卫生服务现状、挑战及发展路径展开交流。2018年，继续与伦敦卫生与热带医学院、加州大学洛杉矶分校、斯坦福大学、杜克大学等国际知名学府保持合作。

政策服务。2018年，中心参与国家第六次卫生服务调查的方案设计、现场督导和资料分析工作，在卫生体系建设、整合型卫生服务、全民健康覆盖等领域为国家卫生健康委员会提供政策咨询服务，主持北京市医药卫生综合改革的第三方独立评估工作，为北京市2035卫生体系规划等项目提供研究支撑。

【举办第一届基层卫生服务研讨会】 11月20日，北京大学医学部联合麦吉尔大学医学院举办第一届基层卫生服务研讨会。会议的主题是："互相学习：从政策到行动——加强基层卫生服务作为卫生系统的基础"。本次研讨会由中国卫生发展研究中心承办。加拿大驻华大使John McCallum出席活动并致辞。来自国家卫健委、世界卫生组织、世界银行、美国中华医学基金会和全国11个省市的知名医学院校专家学者等共计100余人应邀参加会议。北京大学常务副校长、北京大学医学部主任詹启敏院士在研讨会开幕式上致辞。两校领导共同签署北京大学医学部与麦吉尔大学医学院合作备忘录。随后，中加双方学者就从国际比较、卫生服务需求和利用、服务体系构建、人才队伍建设等视角对中加两国的基层卫生服务现状、挑战及发展路径展开交流。

（潘　文、刘晓云）

医学信息学中心

【发展概况】 发展历程。医学信息学中心从海内外延揽多名高级科研人才，学科领域包括临床医学、公共卫生、数学、统计学、生物统计学、计算机科学等。

人事与团队建设。2018年，中心完成对医学信息中心在编人员的业绩考核工作，同时对非在编人员完成考核和续聘上岗工作。中心有全职教职工9人，其中副高级职称3人、中级职称5人、合同制人员1人。2018年4月，刘徽在丹麦奥尔胡斯大学临床流行病中心进行为期一年的学术交流访问，以丹麦国家登记数据库为基础研究母亲孕期暴露对子代心血管疾病的影响。2016年9月至2018年1月，李毅在美国华盛顿大学福莱德哈钦森癌症研究中心进行学习，参与1型糖尿病、儿童乳糜泻和急性白血病诊疗等数据分析项目。

教学与人才培养。2018年，中心2名2015级硕士研究生完成学业并分配工作；有在读研究生7人，其中2016级硕士研究生1人，2017级硕士研究生3人，2018级硕士研究生3人。开设《医学信息分析与决策》《医学数据库》《临床大数据应用导论》《医学数据库》《营养流行病学》和《医学术语学》课程。

科研工作。中心4大发展方向包括：临床数据仓库与挖掘分析、医疗质量评估、与卫计委及相关企业的合作和承担国家重点专科项目。中心开展的具体工作有，整合与完善临床数据仓库；建立和完善北大附属医院的数据库平台，对现有数据进行挖掘利用；完成国家部委委托的各项任务以及卫计委国家数据中心的医疗质量分析等；申报国家及北京市的重点项目；与各企事业单位开展合作。2018年中心在 Environment International，Oncotarget，Biomed Research International，JMIR Mhealth Uhealth，Computer Methods and Programs in Biomedicine 等期刊上发表第一作者或通讯作者的SCI文章共10余篇，主要包括病案首页数据融合外部数据源进行的空气污染对疾病的影响分析；基于病案首页的伴随疾病模式分析、疾病经济负担分析；基于电子病历的信息抽取、命名实体识别、否定检出分析等相关研究。2018年中心继续通过合作参与和自主申请的方式获得各类研究经费，落实的研究经费总计约220万。其中包括国家自然科学基金面上项目2项、与国家卫生计生委卫生和计划生育监督中心合作项目1项，以及卫计委、教育部、北京大学和医学部项目多项。项目涉及医学信息学学科建设、大数据分析平台与服务创新、大数据医院综合评估、医疗质量综合评估、移动医疗与健康管理、远程医疗、无线物联网、院前创伤评估决策支持系统、临床数据仓库、药物治疗不良反应主动监测方法学等专业领域。

【开展评估工作】 由国家卫生健康委员会授权的全国医院质量评估和临床重点专科评估项目持续进行。中心首创医院医疗综合能力评价模型，将病案首页数据信息与医院现场评价相结合对医院进行客观评价，可实现面向医院综合质量评价的病案首页数据集成、检验、质量控制、数据计算和报告发布等功能和流程。

北大附属医院病案首页数据采集。完成对北京大学附属10个医院，包括北京大学第一医院、北京大学人民医院、北京大学第三医院、北京大学肿瘤医院、北京大学口腔医院、北京大学第六医院、北京大学首钢医院、北京大学滨海医院、北京大学深圳医院和北京大学国际医院的2017病案首页数据。同时，中心对北大附属10家医院的病案首页数据进行基于数据挖掘技术的分析，并以全国各家医院的医疗质量、效率、能力三大指标近30种分项指标为标准化量尺，对各附属医院的医院质量进行模型计算和修正，最终形成医疗评估报告。

医疗人才组团式援藏"1+7"医院评估。受中国医院协会委托，对三年来"医疗人才组团式援藏'1+7'医院评估"开展医院评估工作（以下简称"'1+7'医院评估工作"）。根据"'1+7'医院评估工作"安排，中心负责"1+7"医院数据信息采集和处理分析，并于2018年8月前将数据分析结果上报。共采集西藏地区8家医院2013—2017年病案首页数据（拉萨市人民医院、日喀则市人民医院、阿里地区人民医院、西藏自治区人民医院、昌都市人民医院、山南地区人民医院、林芝市人民医院和那曲地区人民医院），共计20多万条记录。同时完成8家医院数据质量报告、疾病手术谱等统计分析工作。

【全国卫生监督数据分析与利用工作的进一步开展】 2018年，与国家卫生计生委卫生和计划生育监督中心继续签订有关全国卫生监督数据深度分析与利用的委托书，提供卫生监督数据质量评估和卫生监督体系的建设研究以及其他相关统计分析工作。

协助完成卫生监督常规工作报告，包括全国卫生计生监督信息统计报告、全国卫生计生监督机构建设报告等，同时参与研发完成基于卫生服务需求的一线执法监督人员配置方案、互联网+时代的卫生监督业务开展的新模式、新需求，为全国卫生监督检查业务的高效有序完成提供以客观数据分析为基础的支持。

进行基于卫生监督数据的深度挖掘工作研究与实践，完成基于日常监督业务数据的时间序列数据提取与分析，实现基于多模型的疑似突击填报等异常操作的自适应识别；对被监督单位信息的真实性、地区被监督单位的统计口径等进行尝试，为卫生监督数据挖掘和利用融合多种数据源提供技术储备。

基于中心全国卫生监督数据，发表多篇中文核心文章，并优化监督工作评价指标，形成监督工作统计报告，为卫生监督工作提供科学依据。

【建设数据平台】 中心采集和管理全国400余家三甲医院病案首页数据，总共5600多万条病案记录。中心储存全国150多家3甲医院临床专科1100多万条病人记录。2018年，中心对全国医院管理相关数据、北京大学附属医院的临床数据及其他来源的相关数据进行梳理和整合，初步完成北京大学医学信息学中心数据平台建设。平台对所收集数据的情况进行简要介绍，分别对全国卫生监督数据、北京市病案首页数据、全国病案首页数据、北京大学临床数据仓库数据的情况进行描述。

（金 梦）

健康医疗大数据研究中心

【发展概况】 组织结构。北京大学健康医疗大数据研究中心于2016年8月28日正式成立，挂靠医学部，由李全政担任主任，张路霞担任常务副主任，胡永华、周晓华、谢冰、詹思延和王海波担任副主任。中心设指导委员会与咨询专家委员会以指导和协助中心工作。

队伍建设。2018年，中心有编制内人员7名，其中研究技术人员4名，教辅人员2名，行政人员1名；双聘研究技术人员1名；编制外聘用人员5名，其中研究技术人员2名、行政人员1名、运维人员1名、技术总监1名。

基础设施建设。中心有7间办公室，24个工位，与北京大学全球卫生研究院共用医学部有朋馆。2018年中心机房一期工程交付使用，在"双一流"学科建设经费支持下购置健康大数据集群系统、生物医学影像分析计算服务器、数据可视化系统，并启动机房北部区域二期基础建设工程。

学科建设。2018年，中心获批在"医学技术"一级学科下设置"健康数据科学"二级学科，标志着北京大学成为全国首个设立"健康数据科学"二级学科的高等院校。"健康数据科学"将以健康医疗领域大数据为驱动，以数据科学方法为工具，关注健康医疗领域大数据的挖掘及研究成果的转化。该学科需要数学、计算机科学、统计学等基础理论的支撑，同时要对医学领域背景知识有深刻理解。

交流合作。2018年，中心共接待国外访问学者23人次，举办各类学术交流活动20次，与国内10余家科研机构及企业建立合作关系。9月19日，詹启敏院士与宁波市疾病预防控制中心签署合作协议，正式成立"宁波市疾病预防控制中心詹启敏院士工作站"；同日，中心与宁波市鄞州区卫生与计划局签署合作协议，正式成立北京大学健康医疗大数据研究中心宁波市鄞州区研究基地，促进区域健康医疗大数据平台的建设与应用。

【北京大学健康医疗大数据国家研究院成立】 4月28日，由北京大学与中国卫生信息与健康医疗大数据学会共同建设的"北京大学健康医疗大数据国家研究院"正式成立，由金小桃、詹启敏担任院长，黄如、张宁担任副院长，张路霞、黄安鹏担任院长助理。由北京大学健康医疗大数据研究中心执行北京大学健康医疗大数据国家研究院具体工作。

【首届北京健康医疗大数据论坛】 9月15日至16日，首届"北京健康医疗大数据论坛"于北京举办。该论坛由北京大学、中国卫生信息与健康医疗大数据学会、中国医院协会和中国医疗保健国际交流促进会主办，北京大学健康医疗大数据国家研究院承办。本届论坛主题为"跨界融合，夯实基础"。论坛内容包括主论坛及6个分论坛，分论坛主题为：区域性健康医疗大数据中心建设、健康医疗大数据产业化创新平台、人工智能与健康医疗的深度结合、健康医疗大数据共享平台助力重大疾病防控、健康医疗大数据——安全应用的新发展以及健康医疗大数据国际合作——北大曼大论坛。论坛共邀请国内外48位相关领域专家进行演讲交流，包括第十二届全国政协副主席、中国科协名誉主席韩启德院士，中国卫生信息与健康医疗大数据学会金小桃会长，北京大学常务副校长、医学部主任詹启敏院士，北京理工大学副校长梅宏院士，北京大学第三医院院长乔杰院士，2004年度诺贝尔奖获得者阿龙·切哈诺沃教授，英国曼彻斯特大学John Ainsworth、Gary Leeming和Georgina Moulton教授，以色列国家数字化医疗执行领导Nir Yanovsky以及来自国内高校、企业、政府的相关领域专家。本次论坛共有948人参会。大会通过微信公众号进行全程直播，直播总观看次数8381次、总观看人数3771人、同时在线观看人数1212人，视频直播回看总计36,896次，照片直播总计浏览7470次。论坛受到人民日报社《健康时报》、人民日报海外版、光明日报等10余家报社，腾讯、搜狐、新浪、网易等多家主流门户网站，百度百家、春雨医生等新媒体的报道。

【中国队列共享平台首届年会】 11月20日，中国队列共享平台（China Cohort Consortium）首届年会于北京召开。本届年会的主题是促进队列资源之间的交流，探讨适宜的共享模式与合作机制，并形成初步共识。中国队列共享平台已经纳入35个队列。

【获批科技部"精准医学研究"重点专项】 8月，中心李全政主任牵头的"精准医疗临床决策支持系统研发"项目获批科技部"精准医学研究"重点专项，项目实施周期为2018—2020年，项目经费2462万元。该项目将整合多源异构的临床、影像和多组学大数据，建立精准医疗临床决策支持标准化术语体系，研究重大疾病及高频罕见病从数据整合、知识发现到临床应用的决策支持共性技术，重点对肿瘤多学科协作和心脑血管疾病全过程临床决策支持系统开展研发和实践；并依托北京大学第一医院、北京大学人民医院、解放军总医院等大型综合医院开展验证及推广。

（冯 瑶）

精准医疗多组学研究中心

【发展概况】 北京大学医学部精准医疗多组学研究中心于2018年6月20日正式颁文成立，为医学部直属新体制科研单位。中心是基于科技创新、学科交叉的战略指导，以临床重大热点和难点问题为出发点，致力于多学科精准医疗研究，集研发、科技成果转化、学术交流等为一体的研究中心。

基础设施筹建。2018年，中心购入液相质谱设备1套，为Thermo Q Exactive HF-X，另有多台大型仪器以协议形式免费入驻中心实验室，包括1台高分辨质谱QEplus（Thermo Fisher），2台三重四极杆质谱TQS with IVD（Waters）和6495 QQQ（Agilent），1台最新三重四极杆仪器Atlas QQQ（Thermo Fisher），以及1台最新型离子迁移谱质谱TIMSTOF（Bruker）。所有仪器完成安装调试，并用于开发前沿技术，开展组学服务及组学合作课题等。

中心指导委员会和学术委员会成立、规章制度建立。中心指导委员会由中国工程院院士、北京大学常务副校长、医学部主任詹启敏教授任主席，委员包括北京大学医学部党委副书记朱树梅研究员，北京大学医学部人事处处长戴清研究员等。中心学术委员会由美国医学科学院外籍院士、北京大学肿瘤医院柯杨教授任主席，委员包括中国工程院院士、浙江大学医学院院长刘志红教授，中国工程院院士、北京大学第三医院院长乔杰教授等。3月9日，中心召开第一次学术委员会，詹启敏教授列席，全体学术委员会成员参加。会议主要针对中心的建设规划提出建设性意见。具体包含：1.组建梯度式核心团队：建立指导中心运行核心管理章程，未来可以更好地接受二级实体单位绩效考核；考虑引入"双聘"的招聘体制，整合北医乃至北大体系下的交叉学科资源，最大限度地发挥人才力量。2.明确重点发展方向：作为新体制中心应区别于之前以基础研究为核心的平台，在科研工作中要以临床转化为主导，服务于临床重大疾病的预防、诊断和治疗，未来的考核标准应立足于科研成果转化。3.整合社会资源：基于学校给予的经费支撑，获取社会资源，为北大双一流建设贡献力量。中心根据学术委员会的精神，完成中心规章制度和章程的设立。

队伍建设。2018年，中心基本实现人才队伍的梯度建设，共有工作人员12名，包括中心主任1名，科研主管1名，预聘制助理教授1名，工程师1名，博士生1名，技术员3名，实习生4名。2018年12月13日，中心主任黄超兰教授被聘为"北大—清华生命科学联合中心"研究员，方向为质谱和基于质谱的蛋白质组学技术开发，并应用于疾病机制、生物标志物开发等。招收2019级具有化学、物理、生物、医学等专业背景或交叉专业背景的学生为博士研究生。

科研工作。1.组学服务与生物标志物开发。中心参与"临床医学+X"计划的多项课题，开展科研合作课题45个，检测样品数超过2000个，中心内部开展研究课题9个。中心与北京大学各学院及附属医院、国内其他医院和高等院校研究所（包括科学院体系）等合作，内容涵盖肿瘤、生殖疾病、脑疾病等多种临床重大疾病的多组学研究，其中与包括乔杰、黄晓军、赵明辉在内的多名临床科学家合作用组学手段发现疾病标志物和疾病机制，在乙肝分期特异性标志物诊断中取得重要进展；同时也与包括施一公、许琛琦等在内的多名基础科研专家合作，用组学手段解决基础科研方面关于蛋白结构、翻译后修饰等问题。中心与浙江大学方群团队合作在单细胞蛋白组学分析研究领域取得突破性进展，成果以全文形式发表于美国化学会的 Analytical Chemistry 杂志（影响因子6.32）。论文题目为"Nanoliter-Scale Oil-Air-Droplet Chip-Based Single Cell Proteomic Analysis"，单细胞组学相关研究已经处于临床试验阶段。2.基础生物学研究。中心基础科研实验室正式运行，主要开展乙肝相关肝癌生物标志物的生物学功能验证和研究工作，以及细胞外囊泡发生、发展、生物学功能的生物化学和细胞生物学研究，并尝试从临床样品出发，探索细胞外囊泡在疾病发生过程中的作用。

对外交流。中心多次举办对外交流学术活动，从技术、基础科研、临床等多个角度聚焦精准医疗领域，促进跨学科、跨国界的联合研究的开展。10月11日，中心联合北大化院化学生物学中心，邀请美国Excellims公司创始人与CEO、前GE技术研发总监、离子迁移谱和质谱专家吴青博士，举办首个以前沿技术为主的学术报告会"离子迁移谱-质谱——发现更多分子的秘密"。12月5日，中心主办的"中美心血管跨学科研讨会"于北京悠唐皇冠假日酒店召开。此次学科交叉研讨会系列的第一场kick-off，主题选定人体最主要的器官"心脏"，中心主任黄超兰教授担任大会主持人。会议当天，美国加州拉荷亚斯克里普研究所（The Scripps Research Center, La Jolla）化学生物学教授John. R. Yates，加州大学美国立卫生研究院数据所所长Peipei Ping教授，美国加州西达-赛奈医疗中心（Cedars-Sinai Medical Center）高级临床系统生物研究所所长Jennifer Van Eyk，北京大学分子医学研究所所长肖瑞平教授，首都医科大学附属北京天坛医院常务副院长王拥军教授，国际心脏病研究会中国分会执委会常委徐明教授，北京大学医学部生理学与病生理学系研究员姜长涛教授莅临会场，发表演讲。通过临床医学、创新技术及基础学科的交叉，共同推动创新研究和研发，切实提高临床诊疗水平。

（精准医疗多组学研究中心）

全国医学教育发展中心

【发展概况】 组织机构。受教育部与国家卫生健康委员会委托，2018年5月16日，北京大学依托医学教育研究所正式成立北京大学全国医学教育发展中心，主要职能包括：承担国家重大医学教育问题研究、实施国家医学教育质量评价与认证、开展医学管理培训、搭建医学教育国际交流与信息服务平台、建设医学教育研究成果发布平台、完成医学教育重要专家委员会秘书处等工作。

中心设有综合办公室、教育评价与认证办公室、培训办公室、医学教育研究室、《中华医学教育杂志》编辑部5个办公室，共有15名工作人员，兼具管理、教学研究、服务、出版等多重职能，其中教学研究人员2人，教辅人员6人，管理人员7人。2018年，中心招聘新体制专职教学科研人员

1名，博士后研究人员1名，聘任4名外籍客座教授。

科学研究。2018年，中心开展重大研究课题4项：《中国医学教育发展报告》《临床医学专业教学质量监测指标》《基于行业需求调整临床医学本科专业招生规模研究课题》和《中国医学教育史》。2018年研究人员承担科研课题16项，其中新申请课题5项；共发表论文19篇，其中SCI论文2篇，SCI已接受论文1篇。

中心统筹组织全校教师参与医学教育教学研究活动。2018年，医学部教师以第一作者身份发表的12篇论文获得中华医学会医学教育分会和中国高等教育学会医学教育专业委员会的"2017年度医学教育百篇优秀论文"奖，其中一等奖2篇，二等奖5篇，三等奖5篇。在2018年开展的中华医学会医学教育分会和中国高等教育学会医学教育2016年度医学教育研究立项课题结题评审中，共57项医学部教师主持的课题结题，其中13个项目获得奖项，一等奖4项，二等奖1项，三等奖8项。2018年10月，医学部启动医学部教育教学研究课题2018年度结题工作，经过评审，共12项课题获得结题。

学科建设。6月20日，经教育学院学位评定分委员会和教育学院学术委员会共同审核，决定在教育学院教育经济与管理二级学科下设立"医学教育"方向。10月30日，经北京大学学位评定委员会审核，在教育学一级学科下自主设置目录外"医学教育"二级学科获得批准。审核通过医学教育硕士生导师名单：王维民获得博导资格，李岩、卢晓东、秦春华、高嵩、由由、齐心6人获得硕导资格。

教学工作。2018年，中心共开设《医学教育概论》《国外医学教育概况》和《积极心理学》3门本科生选修课程。共有在读公共卫生硕士（医学教育方向）研究生6人，共组织开展研究生组会18次。

本科教育教学评价。2018年组织督导专家对医学部5个学院听课60余门，共计听课554学时，撰写听课记录190份。1月16日和7月11日，分别组织召开2017—2018学年第一学期和第二学期医学部本科教育教学督导工作研讨会，探讨医学部本科教学及评价工作。6月和10月，分别编制2017—2018学年第一学期和第二学期督导工作总结，并反馈给学校各级领导和相关部门，督促教学质量改进。

2018年继续课程评价工作。5月完成课程评价指标体系修订；7月针对选修课展开试用；9月针对试用结果进行分析总结；12月针对医学部全部课程展开本学期学生评价工作。

2018年完成制定校内学院及临床学院的本科教学绩效评估指标体系。5月制定本科教学工作校内调研工作方案，组织督导专家及相关职能部门对生物医学实验教学中心、药学实验教学中心和预防医学实验教学中心开展调研；11—12月，启动组织各学院进行本科教学状况梳理和2017—2018学年度本科教学质量报告的撰写工作，并组织进行2018年度高等教育质量监测国家数据平台的采集与统计工作。

2018年完成对北京市海淀医院和北京大学国际医院两家医院进行教学评估并召开教学评估专家论证会，总结和讨论两家医院教学基本情况，并对教学评估结果进行论证。

2018年开发完善评教系统学生评教模块、学生评教统计分析模块和评价调研系统的网页端与微信端，并实现与医学部综合服务平台、教务系统的数据对接与共享。

临床专业认证。2018年完成16所院校临床医学专业认证；完成2019年临床医学专业认证申请工作，确定在2019年接受临床医学专业认证工作的9所高校名单；24所院校提交临床医学专业认证进展报告，5所临床医学专业认证综合报告。

2018年1月24日和7月7日，分别召开教育部临床医学专业认证工作委员会秘书处工作会议，审议认证院校申请材料，并对认证工作进行讨论。3月24日召开教育部临床医学专业认证工作委员会年度工作会议，汇报临床医学专业认证2017年工作及2018年工作计划。10月10日，召开临床医学专业认证工作研讨会，邀请教育部高教司、教育部高等教育教学评估中心、认证专家及秘书处工作组对新一轮认证工作及临床医学专业认证相关工作进行研讨。

继续规范临床医学专业认证工作的流程和制度。6月修订完成2018中英文版《教育部临床医学专业认证专家手册》和《教育部临床医学专业认证院校手册》。7月组织专家开展2015版WFME医学教育标准翻译修订工作。9月制定《临床医学专业认证入校考察经费使用及报销工作规范》和《临床医学专业认证入校考察经费实施细则》。11月修订完成《本科临床医学专业认证指南（2018版）》初稿。

合作与交流。2018年5月16日，中心组织举办"北大医学·教育论坛（2018）"大型学术会议，搭建国内外交流平台，会议邀请医学、教育学、工学、人工智能等学科背景的专家共话医学教育未来的改革与发展。9月6日，中心依托北京大学人民医院成立全国高校附属医院临床实践教育联盟，从临床实践教学标准制定、教学理念创新、教学模式创新等方面提高全国临床实践教学水平。11月3日，中心与人民卫生出版社签署战略合作协议，开展合作推动医学实践与研究。

中心组织参与国内外学术交流活动。参加第十五届亚太医学教育学术年会（APMEC）暨西太平洋地区医学教育协会理事会、2018年医学教育研究与改革专题会议、"基层全科医学人才培养研讨会"、欧洲医学教育联合会（AMEE）年会。

中华医学教育杂志。2018年，《中华医学教育杂志》出刊6期，发表论文208篇，共计140余万字。继续被中国科学技术信息研究所收录为中国科技核心期刊（中国科技论文统计源期刊），复合影响因子从0.397提高到0.458，期刊综合影响因子从0.367提高到0.447，学科排名从87/259提高到83/273，人文社科影响因子从0.246提高到0.302，学科排名从 101/259 提高到 99/273。

在 2018 年度百篇中华医学优秀论文评审中，中华医学教育杂志发表《我国医学教育中存在的问题和根源与策略分析》一文获奖，是唯一一篇获奖的医学教育研究论文。2018 年中华医学会医学教育分会和中国高等教育学会医学教育专业委员会开展医学教育百篇优秀论文评审，有 24 篇获奖论文出自中华医学教育杂志，其中一等奖 3 篇，二等奖 11 篇，三等奖 10 篇。

2018 年 1 月召开《中华医学教育杂志》编辑委员会换届大会，《中华医学教育杂志》第二届编辑委员会成立。为提高《中华医学教育杂志》的时效性，经《中华医学教育杂志》编辑委员会商讨，拟将双月刊改为月刊，并于 2018 年 6 月提出申请，7 月获得北京新闻出版广电局的批准，9 月在国家新闻出版广电总局完成出版许可证变更，自 2019 年 1 月开始月刊出版，每期 80 页。

2018 年，中华医学会审读中，《中华医学教育杂志》编校出版质量得分 35.2/40，在 134 种期刊中位居 57 位。

加强制度建设，拟定《中华医学教育杂志编辑委员会章程》，制定《协办协议》和《彩色页面刊载协议》。

（于　晨、毕　丽、李　曼、刘　理、胡金彪、殷晓丽）

【全国医学教育发展中心成立大会】 5 月 16 日，全国医学教育发展中心成立大会在北京大学召开。全国人大常务委员会原副委员长、全国政协原副主席韩启德，教育部副部长林蕙青，国家卫生健康委员会副主任曾益新等领导出席会议并致辞。北京大学、清华大学、上海交通大学、四川大学、赣南医学院等全国 107 家院校校长、医学院院长和教育工作者，以及国家医学考试中心、人民卫生出版社、北京大学医学出版社等医学教育领域专家 300 余人出席会议。

（胡金彪）

【世界医学教育联合会主席 David Gordon 来访】 7 月 6 日，受教育部临床医学专业认证工作委员会邀请，世界医学教育联合会（World Federation for Medical Education，WFME）主席 David Gordon 教授来访临床医学专业认证工作委员会秘书处。教育部领导、国家卫生健康委员会领导、临床医学专业工作委员会、秘书处成员以及国内医学教育专家，围绕"WFME 医学教育认证机构认定"进行座谈与交流。与会专家向 David Gordon 介绍中国医学教育的历史和发展、中国临床医学专业认证体系建立的过程及取得的成果，David Gordon 介绍 WFME 机构设置、国际合作、机构认定项目情况等。座谈会结束后，教育部副部长林蕙青会见 David Gordon，就中国临床医学专业认证相关工作展开会谈。

（李　曼）

【中国临床医学专业认证十周年纪念活动】 7 月 8 日，在北京举办 2018 年度教育部临床医学专业认证专家交流培训会暨中国临床医学专业认证十周年纪念活动。教育部领导、国家卫生健康委员会、教育部评估中心领导以及来自全国各院校专家 130 余人参加会议。

会议发布临床医学专业认证十周年纪念视频《匠心十载，执守未来》和《临床医学专业认证十周年宣传手册》。会议为支持和奉献于临床医学专业认证工作的各专家及团队颁发获奖证书。

（李　曼）

【教育部领导调研工作】 11 月 16 日，教育部副部长林蕙青、高教司副司长王启明来北京大学医学部调研教育部临床类教指委、临床实践教指分委会及全国医学教育发展中心工作，探讨临床医学类教学指导委员会的定位及工作部署并听取中心的阶段性工作汇报。刘玉村、王维民、姜保国、王建六、李海潮以及全国医学教育中心成员等 20 余人参与座谈。会议对中心及教育部临床医学类教学指导委员会、教育部临床实践教学指导分委员会布置未来建设工作，助力"健康中国"建设。

（李　曼）

【高等教育国家级教学成果奖一等奖】 12 月，教育部印发《关于批准 2018 年国家级教学成果奖项目的决定》（教师〔2018〕21 号），公布 2018 年国家级教学成果奖评审结果。由北京大学医学部牵头，程伯基、柯杨、王维民、谢阿娜、蔡景一、鲁映青、杨棉华、汪青、杨立斌、厉岩、曲波完成《我国本科医学教育标准的修订及临床医学专业认证制度的实施与完善》获 2018 年高等教育国家级教学成果奖一等奖。成果通过对 2008 版中国《本科医学教育标准——临床医学专业（试行）》进行修订和完善，形成《本科医学教育标准——临床医学专业（2016 版）》，实施临床医学专业认证。

（李　曼）

表 6-15 医学部作为第一完成单位获得市级以上教学成果奖情况

编号	成果名称	主要完成人	完成单位	获得最高奖项
1	我国本科医学教育标准的修订及临床医学专业认证制度的实施和完善	程伯基　柯　杨　王维民　谢阿娜　蔡景一 鲁映青　杨棉华　汪　青　杨立斌　厉　岩 曲　波	教育处	国家一等奖
2	数字口腔医学教育教学体系的开拓创新与发展	周永胜　王　勇　刘云松　赵一姣　孙玉春 谭建国　刘建彰　侯建霞　吕培军　陈　立	口腔医院	北京市一等奖

（续表）

编号	成果名称	主要完成人	完成单位	获得最高奖项
3	高层次全科医学人才培养体系的构建与实践	柯 杨 段丽萍 迟春花 郑家强 董爱梅 苗懿德 曾 辉 崔 爽 贾金忠	研究生院	北京市一等奖
4	胜任力导向的本科临床医学教育综合改革实践	李海潮 王 颖 余奇志 马明信 刘 刚 李 岩 高 嵩 刘占兵 徐 阳 齐建光 周国鹏 屈晨雪 秦乃姗 王荣福 王 玮	第一医院	北京市二等奖
5	立德树人 实践育人——临床医学生职业精神培养体系的建设与实施	张斯琴 王建六 陈红松 李 红 石淑宵 张晓蕊 郝徐杰 付 瑶 关 婷 岳思峰 徐 燚	人民医院	北京市二等奖
6	促进生殖健康 服务国家卫生发展战略需要：生殖医学课程体系建设	乔 杰 马彩虹 李 蓉 刘 平 王 妍 赵扬玉 郭红燕 杨 艳 黄 铄	第三医院	北京市二等奖
7	胜任力导向毕业后教育体系的建设与实施	刘玉村 李海潮 柯 杨 高 嵩 王 颖 李 岩 周国鹏 刘 刚 徐 阳 齐建光 刘占兵 余奇志 冀 涛 于岩岩	第一医院	北京市二等奖

（刘 理）

表6-16　2018年全国医学教育发展中心人员获奖情况

序号	奖项	课题/成果	获奖人员
1	第二届"教育实证研究优秀成果奖"	高校教师队伍结构与科研产出——基于世界一流大学学术排名百强中美国大学数据的分析	由 由
2	"中华医学会医学教育分会和中国高等教育学会医学教育专业委员会2016年度医学教育研究立项课题"结题一等奖	中美老年医学教育的比较研究	侯建林
3	"中华医学会医学教育分会和中国高等教育学会医学教育专业委员会2016年度医学教育研究立项课题"结题一等奖	院校支持和个体参与对临床医学生发展的实证研究	于 晨
4	北京大学研究优秀课题奖	大学新生学习适应研究	程化琴
5	"中华医学会医学教育分会和中国高等教育学会医学教育专业委员会2016年度医学教育研究立项课题"结题一等奖	以学习过程为中心的"慕课+"医学教育模式探索	程化琴
6	"中华医学会医学教育分会和中国高等教育学会医学教育专业委员会2016年度医学教育研究立项课题"结题三等奖	医学本科生基本能力评价研究	程化琴 刘 理
7	2018年度国家自然科学基金青年科学基金项目	经费投入对高等教育质量的影响：来自医学教育的证据	吴红斌

（于 晨、毕 丽）

跨学科类及其他

元培学院

【发展概况】　组织机构。截至2018年底，元培学院在校生共计1236名，其中普通高考生1075名，留学生87名，空飞班学生74名。2015级309名、2016级328名、2017级303名、2018级296名学生，学生所选方向涉及全校24个院系，涵盖理学类、信息与工程类、人文类、社科类、交叉学科类各专业。开设5个跨学科专业：古生物、政经哲、外国语言与外国历史、整合科学、数据科学与大数据技术。开展1个联合培养项目（空飞班，共53门课程）。

教学工作。2018年学院继续推进教学改革，根据教学计划修订的总方针，坚持"总学分不变，限选课增加选择空间"的原则，修改包括人文、社科、理学、信息与工程学以及交叉学科5个系列共计77种教学计划，并修订4个在读年级的培养方案，包括通识课程系列、公共基础课程系列、核心课和限选课程系列。此外，学院完善通识课程体系和新生讨论班，建成4个大类别共计62门通识教育课；新生讨论课设为1学分，采用小班额，授课方式灵活多样。

书院建设。2018年学院继续探索住宿书院建设，完成何善衡图书室从理科五号楼到35楼地下空间的搬迁工作，同时增加门禁、自动借还机等硬件设备，更新图书编目系统，添置部分小型家具和装饰。新图书室于2018年下半年正式投入使用。改造35楼地下自习室和讨论室的照明系统，增设饮水设备和餐饮休息区，组织学院师生进行每日巡视。

交流合作。2018年学院继续推进国际合作，两个亚洲校园项目开展暑期、寒假和学期交换，截至2018年底，学院两个亚洲校园项目累计接收51人次来院学习，派出94人次出国交流。学院与早稻田大学、高丽大学推动双学位合作项目；邀请早稻田大学小山淑子教授、香港岭南大学副校长沙尔马教授和斯坦福大学周雪光教授等进行专题讲座。

党建工作。2018年，学院党委以习近平新时代中国特色社会主义思想为指引，在学校党委的领导下，落实学校的工作部署，开展相关工作。学院党委制度建设，形成学院党政联席会会议制度、院务公开制度、贯彻落实"三重一大"实施办法、党政联席会决策机制等。学生党支部建设，2018年共发展预备党员52人，转正30人。其中，上半年发展22人，转正17人；下半年发展30人，转正13人。完成第30期初级党课培训，66人结业；完成28、29期高级党课培训，38人成绩合格。形成以两个学生党支部为核心的积极分子联络人制度、以学生党员先锋服务队为基础的学生党建组织体系。

团委工作。2018年学院完成团员统计工作，在校共青团员共计949人，其中团员注册921人，覆盖率为97.5%；新生团员共计226人，全部完成团员关系转入；毕业生团员共计223人，全部完成团员关系转出。经团组织推荐，全年有18名共青团员被推优入党。学院24个团支部，共开展7次学生党团日联合主题活动。2018年，学院加强基层团校建设，建立：以微信群为载体的团委团支书线上联络网；以企业号为载体，由学生会内联权益部、团委信息化部、组织部牵头搭建，对学院团委书记负责的沟通窗口；由团委综合办公室承办，沟通学院党委、行政、团委老师与各班团骨干的"院长书记面对面"会议；各年级基于微信群、对年级分管团委老师负责的班团工作常备小组。利用新媒体平台，全年269天共推送文章56篇，总阅读量达254,400次，平台用户数量达5638人。建立上海蔡元培故居纪念馆和绍兴蔡元培故居两个社会实践基地，开展4个品牌志愿服务项目。

（刘欣悦）

【新生训练营】 2018年新生训练营时间为8月25—30日。除开学典礼、学工活动外，学院共邀请23位来自全校各个专业院系的导师进行学科宣讲，要求全体新生每场均到，帮助新生了解学科内容，确定专业意向。

（漆丽萍）

【新生讨论课】 新生讨论课是学院的必修课程，采用小班讨论的形式，每周2学时，目的在于从通识教育出发，让新生了解特定学科的研究议题和思维方法，接触不同专业的学术经典与前沿，重视文本经典的阅读，为今后的学业选择和本科科研打下基础。2018年学院改革新生讨论课，共开设27门新生讨论课，改变概论（survey）类型的课程形式，选择一到两个主题，展现相关学科科学研究的过程与方法，让学生具体地了解作为一个物理学家、历史学家或社会学家如何思考、如何工作、需要具备哪些能力，推动学生在其他课程上更为系统地完成学术训练和能力培养，为学生提供一个增进师生互动和同学交流的平台，同学们也借此实现从高中学习向大学学习的过渡。文科类讨论班规模严格限定为15人，理科类限定18人，每个班配备2个助教。老师根据课程需要设计读书会、讨论会、实验、田野调查等，带领学生体验学术研究，培养学生挖掘学科乐趣。

（漆丽萍）

【考古实践活动】 5月11日至13日，学院部分师生赴山西省太原市开展为期两天半的考古实践活动。此次实践是学院2018年"古建晋美"通识教育系列活动之一。活动前学院安排2次知识讲座和赴圆明园参访。4月13日下午的讲座以"燕园建筑与园林"为主题，由考古文博学院方拥教授主讲。4月20日下午的讲座以"中国古代建筑"为主题，由张剑葳老师主讲。

5月12日，师生到访古代建筑群晋源区晋王祠和窦大夫祠。13日上午，师生来到晋阳古城考古工地，进行考古发掘的现场体验与学习。13日下午，师生参观山西省博物院。此次考古实践，带队老师阵容和参与学生人数都创下历史新高。

（漆丽萍）

燕京学堂

【发展概况】 发展历程。燕京学堂以"跨文化交流：聚焦中国，关怀世界"为基本定位，依托北京大学人文、社科领域雄厚的历史积淀和师资力量，围绕中国问题，培养沟通中国和世界的人才。经过四年发展，燕京学堂培养来自73个国家和地区共计222所学校的440名学生，包括344名国际学生，96名中国学生。2018年9月第四届学生入学。

组织结构。2018年燕京学堂领导班子包括院长袁明，副院长王博、范士明、David Moser，学业主任陆扬，院长助理陈长伟、左婧、郭菲。行政人员共有32人，其中事业编制2人，合同制30人。

学科建设。2018年燕京学堂开设中国学硕士研究生项目，下设哲学与宗教、经济与管理、法律与社会、政治与国际关系、文学与文化、历史与考古等6个专业方向。

招生工作。2018年燕京学堂共招收来自37个国家和地区共计92所学校的99名学生，包括76名国际学生，23名大陆学生。新增生源国家和地区包括贝宁、保加利亚、捷克共和国、匈牙利、黑山、阿富汗、塞浦路斯等。国际招生方面，学堂共有海外合作院校70所，推广联盟院校38所，在17个国家的39所学校举办招生宣讲及2场网络直播宣讲，因国际学生申请人数提高，12月中旬申请期提前截止。国内招生方面，学堂举行覆盖国内13所院校的9次官方宣讲，在北大校园举办开放日活动1次。10月完成2019级中国大陆28名学生的拟录取工作。

表6-17　北京大学燕京学堂2018级学生国籍分布

大洲	国家地区	数量	大洲	国家地区	数量
亚洲35	韩国	4	欧洲26	波兰	1
	尼泊尔	1		德国	1.5
	日本	1.5		俄罗斯	4
	新加坡	1		法国	1.5
	印度	3.5		荷兰	2
	越南	1		匈牙利	2
	中国	23		爱尔兰	0.5
中东4.5	以色列	1.5		捷克	2
	土耳其	1.5		西班牙	3
	塞浦路斯	0.5		意大利	1
	阿富汗	1		英国	3.5
北美洲25	加拿大	2		保加利亚	1
	美国	23		立陶宛	1
大洋洲1.5	澳大利亚	0.5		芬兰	1
	新西兰	1		黑山	1
非洲3	南非	1	拉丁美洲4	阿根廷	1
	尼日利亚	1		巴西	1
	贝宁	1		墨西哥	2

* 双国籍学生，每个国籍按0.5计算。

（Miranda Zuo）

教学工作。2018年燕京学堂共开设39门课程，包括4门必修课，35门选修课，其中选修课有32门为方向选修课，3门为通用选修课，即《创新创业实践》《批判性写作与英文学术写作》和2018年新增的《定量分析》。《中国专题系列讲座》探讨以"中国"为核心的见解和观点，邀请王沆、朱云汉、汪晖、王旭东、尤锐和慕维仁等海内外学者，以及北京大学俞孔坚、戴锦华、孔江平、周力平和张健等教师，在聚焦中国、关怀世界的起点上，与学生一起探索当代中国发展。春季学期学堂选修课共组织11次实地调研，秋季学期共组织7次实地调研。开启国家留学基金管理委员会资助的中外高水平人文交流项目，秋季学期有2名中国学生赴康奈尔大学进行一学期的交换学习。学生共获得22项院长研究基金的资助，研究议题涵盖与中国相关的外交政策、区域经济、文化艺术、教育发展等多个领域。新增15名论文导师，现导师库包含全校26个院系的123名硕士指导教师，组织师生见面会，加强导师与学生之间的学术交流。2018级学生中有37名获得中国政府奖学金，10名获得李彦宏奖学金，6名获得百贤亚洲未来领袖奖学金。

党建工作。2018年燕京学堂共有党员39人，其中正式党员37人，新发展预备党员2人。开展"不忘初心跟党走，争做圆梦新一代""见证重大工程，感悟首都发展"和"爱国励志新青年，求真力行新时代"等系列主题党团日活动，观看纪录片《厉害了，我的国》，参观建设中的北京新机场、"马克思诞辰200周年"展览、中国航空博物馆、"伟大的变革——庆祝改革开放40周年大型展览"，收看庆祝改革开放40周年大会直播。2018年燕京学堂党支部被评为北京大学先进党支部。

学生工作。2018年燕京学堂加强学生思想政治教育，探索具有学堂特色的中外学生管理模式，开展第二课堂活动。2018级分4个行政班，组织班主任定期开展一对一谈话、班级活动等，了解学生的学习生活和思想动态，帮助学生解决日常问题。同时，设立"一中一外"双班长制，配合班主任开展日常班级管理工作。团支部组织参观北大红楼、组织中外学生在国庆前夜徒步至天安门广场观看升旗仪式等活动。5月2日，国家主席习近平来到北京大学考察，与学堂来自美国的Aliza Warwick和来自罗马尼亚的Adrian Bazavan留学生代表亲切交谈，他们还用汉语就"解读新时代"与中国学生进行座谈交流。10月29日，燕京学堂选举产生第四届研究生会执行委员会，成员分别来自中国、美国、韩国、贝宁和塞浦路斯五个国家。12月16日，学堂和北京大学区域与国别研究院、北京大学国际关系学院共同举办新芽沙龙，留学生与中国学生畅谈自己及本国对于"一带一路"的看法与认识。学堂书院组织实地调研、青年领袖对话系列讲座、领导力讲座和文化沙龙等活动，共有学生课外兴趣小组26个。

获奖情况。2018年燕京学堂2017级硕士一班获得2017—2018学年北京大学"示范班集体"和北京市"十佳示范班级体"称号；2017级硕士二班和四班获得2017—2018学年北京大学"优秀班集体"称号。燕京学堂直属团支部在2017—2018年首都大学、中职院校"先锋杯"评选活动中，获得"优秀团支部"称号。2018年4月，获2018年度"北大杯"网球比赛团体四强；5月，男子篮球队Yenching Salmon获得"北大杯"冠军，YCA Trio获评北京大学十佳歌手；6月，女子足球队获得2017—2018年度"北大杯"冠军。

毕业生去向。2018年燕京学堂共计114名学生获得北京大学硕士学位，其中法学硕士59人，经济学硕士38人，文学硕士6人，历史学硕士8人，哲学硕士3人。

中国大陆籍毕业生共计21人，18人选择就业，签约国家开发银行、中国石油化工集团等企事业单位，3人选择出国深造，分别被牛津大学、剑桥大学和匹兹堡大学录取。

工会工作。2018年燕京学堂工会组织员工生日会、手指画展览和摄影展览、春游和秋游等各类活动。组织员工参与校工会举办的三八节环湖跑、校职工运动会、毽球比赛、羽毛球比赛、乒乓球比赛、游泳比赛等各项体育比赛。

交流合作。2018年燕京学堂与69个国家包括欧盟在内的70个驻中国使馆建立联系。使馆方面，3月26日，哥伦比亚驻华大使馆全权公使 Sandra Salamanca Rosas 来访；5月11日，爱尔兰驻华大使 Eoin O'Leary 来访；9月6日，加纳驻华大使馆一秘 Felix Eddie Arthur 来访；11月26日，比利时驻华大使 Mark Vinck 来访；12月14日，欧盟驻华大使 Nicolas Chapuis 来访。高级别来访包括，1月15日，国家外专局局长张建国来访；2月26日，联合国教科文组织前总干事博科娃来访；5月15日，美国国务院东亚暨太平洋事务局副局长 Ingrid D. Larson 来访；9月28日，韩国前总理李洪九来访。高校交流方面，1月24日，加拿大英属哥伦比亚大学亚洲研究所所长 Paul Evans 来访；3月24日，上海纽约大学师生来访；3月27日，慕尼黑大学国际事务办公室主任 Stephen Lauterbach 来访；6月25日，美国圣路易斯华盛顿大学副校长 Kurt Dirks 来访；9月28日，法兰克福歌德大学 Rolf van Dick 教授来访；10月11日，莱顿大学 Hester Bijl 教授来访；12月7日，澳洲国立大学亚太学院院长 Michael Wesley 来访。

（陆晨源）

【全球青年中国论坛】 4月12日至16日，第三届"全球青年中国论坛"在燕京学堂举行。此次论坛主题为"复兴：中国在全球未来中的旅程"，分别从"以人为本""文化认知""国家责任"和"仁义为先"四个角度进行探讨，共有来自62个国家和地区的200余名代表参加。12日开幕式上，燕京学堂院长袁明致辞，荟同学校全球招生和市场营销总经理李婧、丝路金融有限公司首席执行官李山做主旨演讲。15日下午闭幕式上，燕京学堂特聘教授、外交部前副部长何亚非发表主旨演讲。

（陆晨源）

【开设必修课《转型中的中国》】 燕京学堂核心必修课程"转型中的中国"贯穿整个学年。课程由袁明院长亲自指导设计，聚焦当代中国，以现代性和可持续性两个中心概念为主题，探索中国自改革开放以来在国际关系、经济、法律、社会、环境、文化等领域发生的变迁和面临的挑战。授课形式包括大课讲授、小组讨论、独立研究、实地调研、成果展示等。2017—2018学年，34组学生在14位不同专业的导师指导下，就中国社会问题按专题分赴北京、上海、重庆、宁夏回族自治区等10个省份以及香港特别行政区进行调研。

（李 水）

【陕西实地调研】 11月11—17日组织2018级全体学生赴陕西省西安市和宝鸡市进行实地调研。通过外出实地调研引导学生从历史、宗教、民俗以及当代经济发展等方面了解中国的文化与发展，探讨中华文明在全球化时代中的地位和角色。在历史文化方面，依照历史发展脉络参观周原遗址、中国青铜器博物院、宝鸡先秦陵园博物馆、秦始皇陵博物馆、乾陵、西安碑林博物馆等地；在宗教方面，参访蓝田水陆庵和宝鸡法门寺；在民俗方面，观看华阴老腔和传统皮影木偶戏等表演；在当代经济方面，参访国家开发银行陕西分行以及西安地铁指挥部。在7天的实地调研中，中外学生通过实地参访、大师讲座、小组讨论等形式，对"中国学"课程形成更全面更立体的理解和认识。

（李 水）

前沿交叉学科研究院

【发展概况】 组织机构。2018年，前沿交叉学科研究院下设9个研究中心和2个公共技术平台，包括纳米科学与技术研究中心、生物医学跨学科中心、理论生物学中心/定量生物学中心、环境与健康研究中心、科学史与科学哲学研究中心（2010年）、生命科学联合中心、睡眠医学中心、大数据研究中心、脑科学与类脑研究中心，以及磁共振成像中心/平台和北极星高性能计算平台。涵盖生物医学、大数据、脑科学、纳米、环境、科学史、区域学等交叉领域。涉及数学、物理、化学、生物、工学、医学、环境科学、历史、哲学、语言学、政治学等学科。

学科建设。2018年研究院新增3个交叉学科二级学科：纳米科学、数据科学和整合生命科学。协助并推动北京大学成立全国高校第一个"交叉学科学位评定分委员会"（2014年）。作为分会依托单位，负责全校交叉学科的招生和录取、学习和培养、培训和毕业、专业体系的质量把控。主要参与元培学院整合科学本科生项目的专业申报以及人才培养涉及的相关工作。

队伍建设。研究院人才队伍的评聘模式为核心研究人员与关联院系进行专聘或双聘，研究团队通过评估决定是否被中心续聘。辅助研究和服务支撑团队相对固定，淡化人员的身份管理，强化岗位管理和合同管理，实施统一标准的考核体系。以事业编制和合同制结合的形式实行本院专聘，支撑科研和教学。2018年研究院核心研究队伍共计198人，其中双聘193人，专聘5人。按人员编制分布跨越北大6个学部，涉及24个院系。辅助研究和服务技术团队共计67人，其中研究技术系列7人，副研究员/工程师/讲师5人、博士后20人，职员2人；合同制33人，退休返聘1人，派驻会计1人。研究院通过海内外招聘、校内遴选和聘期评估打造一流研究团队。

教学工作。1.学生情况。2018年研究院共有在校生887人，其中硕士研究生186人，博士研究生701人。2018年共招收研究生217人（硕士74人，博士143人），毕业91人（硕士7人，博士84人），毕业率为77.2%。提前毕业1人。获得"北京大学优秀毕业生"称号16人，"北京市优秀毕业生"称号6人，"北京大学优秀博士论文"1人。经统计，继续从事科研相关工作的毕业生比例约为40%。

2.学生培养。研究院以各中心为单位，制定监督培养机制，通过轮转、资格考试、中期考核、预答辩等环节把控学生的培养质量。2017—2018学年第一学期共开设25门课程，第二学期开设24门课程，共计49门课程，其中面向全校开设37门，新开课程4门。各中心全面统一安排新型研究生课程，为不同背景和基础的研究生提供个性化选择，采用多层次、模块化、结构化、开放式的课程体系。研究生须在导师指导下选课。多次组织前沿交叉学科学术讲座，其中纳米科学11次，整合生命科学24次，定量科学42次，数据科学8次，学科领域跨越生命科学、物理、化学、心理学和医学等。研究院主要参与元培学院整合科学项目2015—2018级培养工作。负责制定培养计划，组织教师参与课程设计与教学，并承担必修课的教学和科研任务。截至2018年底，已开设新型整合性课程15门，大型实验课9个，开放31个从事生命科学相关和交叉研究的实验室供学生进行实验训练，接受来自科研最前沿课题的挑战，强化对学生自主创新能力和实践科研能力的培养。

学工党团。1.获奖情况。2018年研究院共有194人次获得校级奖励表彰，其中三好学生标兵12人，三好学生73人，创新奖6人，优秀学生干部6人，单项奖97人。共有150人次获得校级奖学金表彰，其中国家奖学金21人，专项奖学金65人，其他各门类奖学金64人。研究院获评北京大学研究生社会实践活动优秀院系组织奖。组织编辑第九期院刊《赛汇前沿》。举办三期前沿青年讲堂活动。围绕毕业就业全流程，组织筹备"职"等你来——前沿职业领航系列活动。

2.党团情况。2018年研究院有教工党支部1个，学生党支部25个。在教工党支部中，党员总数为19人。其中事业编制7人，合同制4人，博士后8人。学生党支部和团支部依托中心、年级组建。学生党员390人，占全院学生总人数的44%。团员757人，占总人数的85.63%。教工党支部、大数据2016级1班党支部获评北京大学先进党支部，卞舒惠、刘丹、张子卓等3名同学获评北京大学优秀共产党员。12月4日，学校任命李军凯同志担任工学院党委副书记，专职负责前沿交叉学科研究院党建和学生工作。为深入学习贯彻总书记系列讲话精神、全国教育大会精神和北京大学第十三次党代会精神，迎接北京大学建校120周年，5月4日组织学习习近平总书记在北大师生座谈会上的讲话精神。11月17日，组织师生党员、团校学员、班级团支书等30余人参观"伟大的变革——庆祝改革开放40周年大型展览"。12月9日，组织开展"文武并举党引路，戎笔齐兴赴征途"高校-军队党支部共建活动。

工会后勤。2018年研究院有工会小组1个，挂靠在工学院工会，会员共计57人，其中事业编18人，合同制21人，博士后18人。组织会员参与学校和工学院组织的各项活动，与心理系组建运动联队参与体育比赛。制定安全管理实施细则和处置预案，实现安全管理工作的制度化、规范化、常态化。配合保卫部安全检查工作，定期进行安全演习。下属中心及实验室建立安全保卫工作规章制度，确保师生了解消防器材使用、安全疏散通道位置、紧急情况措施方案等。根据十三五计划，工学院与交叉学院2号楼计划动工。

学术交流。2018年研究院开设联结科学界、工业界和政策界交流的沙龙活动，每月一期，共举办"基因编辑与生命健康""科学与中医的他山之石""生命计算""再生医学"和"化学生物学驱动的药物研发"等5次专题研讨。创设与人文社科的交叉研讨活动——"周三茶座"，每月一期，共组织"物理学对贸易争端的启示""审视当今医学技术发展的方向""摹仿概念的再认识""传学是交叉学科吗？""Deep Form深邃之形：一个生态文明与美丽中国建设的顶层设计问题""中美文化对比"等6次研讨活动。

4月20日，举办第三届"北京地区交叉学科研究生论坛"。联合生命科学学院，共同开展由院研究生会组织和主持的年度"两岸三地生命科学领域研讨会"和"北京大学交叉生命科学研讨会"。支持学生创设"前沿青年讲堂""前沿博论"等对话渠道、"微运动/联合杯"和"科学之美"等活动。

校企合作。2018年研究院在学校科技开发部的协助下陆续成立北京大学前沿交叉学科研究院—弘信生物干细胞与生物材料协同创新中心、北京大学—北宾睡眠协同创新实验室、北京大学—北京远程视界集团现代医疗协同创新实验室。与凯盛科技集团公司、蚌埠玻璃院和深圳宝安集团签署长期合作协议，合作共建"北京大学—凯盛石墨烯研究中心"和"北京大学—宝烯碳科技联合实验室"，共同解决石墨烯材料的批量制备技术及其关键装备开发。

（李　宁、赵瑞颖、魏　朋）

【优秀大学生夏令营】7月10—13日研究院第10期优秀大学生夏令营活动在北京大学举办，来自不同高校和不同专业的440名学生参与活动。7月10日研究院执行院长汤超、副院长陈鹏、脑科学与类脑研究中心及PTN项目主任饶毅、定量生物学中心副主任来鲁华、纳米科学与技术研究中心副主任侯士敏、大数据科学研究中心张志华等人出席开营仪式并讲话，仪式后与营员进行交流。此后3天，生命科学联合中心、脑科学与类脑研究中心、定量生物学中心、生物医学跨学科研究中心、大数据科学研究中心和纳米科学与技术研究中心分别开展宣讲、座谈、交流、参观等活动。活动中营员与老师进行深入交流，了解前沿交叉学科的各个研究方向和研究特色。本次夏令营活动共选拔出优秀营员164人。

（赵瑞颖）

【生命科学联合中心国际评估】 依照生命科学联合中心在人员聘用与考评机制方面的改革规划，中心研究员在五年聘期结束前的6个月，提交聘期工作报告，并由国际同行评审。凡是科研水平不能保持本研究领域世界领先水平者的研究员，将在两年缓冲期后退出中心。此举为国家在高校人才聘用与考评机制改革起到有效的探索和推广示范作用。

9月15日至16日，中心对9名研究员进行聘期评估。评估邀请9位在相关领域做出过开创性工作的国际知名专家学者，其中5位为美国国家科学院院士（3位为科学院和人文与科学学院的双院士）。现场答辩前一个多月，评委们通过网络阅读和了解每位待评人的工作进展。现场答辩后，委员会内部再就答辩情况进行讨论，为待评人工作提供书面点评与建议。基于评估结果，9名待评人中7人将续聘生命中心，2人将在两年的合同缓冲期满后退出中心。评估会议之前专家们以主题报告的形式，与北大师生分享各自团队最新的研究成果及当下的研究热点。

（龚思源）

分子医学研究所

【发展概况】 队伍建设。2018年分子医学研究所事业编制38人（含课题组负责人17人，联合课题组负责人8人），博士后16人，合同制36人（含博士学位8人）。课题组负责人（PI）汪阳明通过北京大学长聘职位聘任评估（tenure评估）。从斯坦福大学引进课题组负责人（PI）陈知行，其科研方向为接口光学成像、材料化学和生命科学等。

获奖情况。研究所张秀琴主持的实验病理学课程获北京大学2018年教学优秀奖；陈雷、刘颖获2018年度"北京大学绿叶生物医药杰出青年学者奖"；罗金才、陈雷、何爱彬获2018年拜耳学者奖；金莉获2018年度北京大学实验室工作先进个人。

课程体系建设。研究所开设研究生专业必修课5门，专业选修课46门，分子医学学科建设架构基本完成。前沿交叉科学研究院、生命科学学院、化学与分子工程学院、心理与认知科学学院等全校多个相关理科院系研究生选修连续12年开设的高级生物学英文论文写作课。为表彰授课教师Iain Bruce在提高研究生科技英文写作水平以及促进我校高端生命科学论文发表方面所做出的贡献，2018年研究所为其颁发教育成就奖（Educational Achievement Award）。

学生工作。研究所共有在籍学生135人，客座学生110人。2018年毕业生24人，其中博士研究生18人，硕士研究生6人，累计84人次获得各级各类奖学金或荣誉称号。

科研工作。2018年研究所发表、接收论文41篇，平均影响因子10.1，其中发表或接受第一作者和/或责任作者文章32篇，总影响因子337，平均影响因子10.5，包括 *Nature* 1篇、*Nature Biotechnology* 1篇、*Nature Cell Biology* 1篇，包括 *Circulation*、*Trends in Cell Biology* 在内的影响因子10以上文章10篇。新增申请专利8项，获得授权专利3项。获批科技部重点研发计划课题1项、参与课题1项；国家自然科学基金重大项目1项、面上项目3项、参与国家重大科研仪器项目1项。国家自然科学基金创新群体项目以优异的成绩获得第三次资助。

IMM Seminar 系列讲座。自建所以来共举办 IMM Seminar 系列讲座788场，2018年共举办81场。IMM Seminar 的报告人多是国外各领域的知名教授、实验室负责人，国内各大学、研究机构、医院的学科领头人。

12月8日，举办北京大学分子医学研究所2018年度学术报告会，共有16名研究生和博士后作报告。报告会评选出顾吴奖学金、学术新星奖以及最佳墙报奖。

党建工作。研究所党支部运用E先锋的微信端、微信群等，加强组织与党员之间、领导与职工之间的沟通交流，做好上情下达，下情上传，丰富学习活动渠道。组织赴延安红色实践活动、参观妙峰山平西情报交通联络站党团日活动、参观"伟大的变革——庆祝改革开放40周年大型展览"。学习十九大精神，提高支部党员的党性修养和服务意识、奉献意识。2018年教工党支部发展预备党员1名（博士后邵丽娃），入党积极分子1名（王雪连）。研究所有教工党员18人，其中教职工12人，博士后6人。学生党员68人。

行政工作。综合办公室负责行政业务，包括常规工作和临时工作，如大型学术会议组织、突发事件处理等。在学校2018年度绩效综合评估中，研究所综合管理评估为A++。

工会工作。组织职工参加学校体育赛事，羽毛球队获2018年北京大学教职工羽毛球赛乙组亚军，晋级甲组，取得历史性突破；与生命科学学院的乒乓球联队获2018年北京大学教职工乒乓球赛团体第四名。动员外籍职工入会；协助生命科学学院工会组织秋游，丰富职工业余文化生活。

硬件建设。启动实验设备2号楼内部装修设计，推进搬迁入驻各项工作。

安全工作。实行安全工作领导责任制、层级责任制和责任追究制，树立"安全第一"的思想，将安全工作规范化、制度化。通过学生安全教育课程、应急事件处理演练及观摩、安全员培训、例会、自查等方式实现全员参与安全隐患防范。

校友工作。5月3日，北京大学分子医学研究所第一届校友论坛在北京大学英杰交流中心月光厅召开。本届论坛邀请赵凌、黄渊余等校友讲述个人奋斗经历和成就，组织校友与师生进行面对面座谈。

【**研究成果入选 Nature Methods 年度方法**】 程和平院士研究组研制出的"可实现自由状态脑成像的微型显微成像系统"入选 Nature Methods 2018 年的年度方法，这是中国本土技术首次入选 Nature Methods 所推选的年度方法。作为国家近年来重大仪器专项的产出代表成果之一，之前已经同时入选"2017年度中国生命科学十大进展""2017年度中国十大医学科技新闻"和"2017年度中国光学十大进展-应用研究类"。

该项成果由北京大学集合分子医学研究所、信息科学技术学院等单位的多学科交叉研发团队，在自然科学基金委国家重大科研仪器研制项目的支持下，运用微集成、微光学、超快光纤激光和半导体光电学等技术，在高时空分辨在体成像系统研制方面取得突破性技术革新，成功研制出 2.2 克微型化佩戴式双光子荧光显微镜，在国际上首次记录悬尾、跳台、社交等自然行为条件下，小鼠大脑神经元和神经突触活动的高速高分辨图像。

【**参与国家重大科技基础设施建设**】 2018 年 4 月 13 日，国家发展改革委批复多模态跨尺度生物医学成像国家重大科技基础设施项目建议书，项目法人单位为北京大学。自 2013 年筹划阶段开始，研究所全程参与北京大学建设国家"十三五"规划立项的多模态跨尺度生物医学成像国家重大科技基础设施：程和平任首席科学家，肖瑞平、周专等参与规划设计工作，陈良怡担任装置二"多模态活体细胞成像装置"技术负责人，王珏、张秀琴担任样本制作和动物中心辅助设施负责人。协助学校招聘中国科学院生物物理所研究员雷鸣任多模态跨尺度生物医学成像设施北京大学工程建设指挥部副总指挥兼指挥部办公室主任；研究所博士后刘宇任办公室主管；招聘课题组负责人陈知行博士加强成像探针领域的研究力量。

【**建设分子医学南京转化研究院**】 2018 年 5 月 1 日，北京大学与南京市江北新区管委会就共建北京大学分子医学南京转化研究院签署战略合作意向书；12 月，正式合作协议通过校常委会讨论，准备完成协议签署工作。为推动创新科研工作的开展，北京大学与南京江北新区共同设立"分子医学协同创新专项基金"，1 亿元创新专项基金已一次性到位。

（宋爱琴）

科维理天文与天体物理研究所

【**发展概况**】 组织结构。科维理天文与天体物理研究所在北京大学的领导下分别设立理事会和科学顾问委员会，理事会负责监督研究所的日常管理及运作情况，科学顾问委员会负责指导研究所的科学规划和人才引进。2018 年理事会和科学顾问委员会成员变动情况：副校长龚旗煌接替原副校长王杰担任理事会主席，美国加州大学圣克鲁斯分校教授 Sandra M. Faber 接替美国空间望远镜研究所前所长 Robert E. Williams 担任理事会联合副主席，英国剑桥大学教授 Robert C. Kennicutt 接替德国马普天文研究所所长 Simon White 担任科学顾问委员会主席。

队伍建设。2018 年研究所通过全球招聘引进教师 4 人，博士后 9 人。新聘行政人员 1 人，离职教师 1 人。截至 2018 年底，共有全职研究人员 21 人，兼职教授 6 人，博士后 30 人，包括海外高层次人才引进计划 2 人，海外高层次人才引进计划（青年项目）7 人，长江学者 1 人（张冰）以及国家杰出青年科学基金获得者 2 人（吴学兵、徐仁新）。行政人员 7 人。

学科建设。在 2018 年《美国新闻与世界报道》大学排名中，北大天文学科位次上升 9 位，排名全球 65，在亚洲高校范围内位列第 2，仅次于东京大学。国内目前只有北大天文学科进入上半区（前 100 名）。

科研工作。2018 年共有发表或接收待发表文章 260 篇，其中在《美国国家科学院院刊》（PNAS）和《自然-天文学》（Nature Astronomy）上各发表文章 1 篇。新增国家自然科学基金资助项目 2 个，包括青年科学基金项目 1 个，国际（地区）合作与交流项目（外国青年科学基金）1 个。新增博士后科学基金项目 6 个，包括面上一等资助项目 3 项，面上二等资助项目 2 项，以及特别资助 1 项。新增北京市科学基金青年科学基金 1 项。Luis C. Ho（何子山）教授领导的国家重点专项"大质量黑洞与星系的协同演化及其宇宙学效应（BHOLE）"完成科技部中期考核。Luis C. Ho（何子山）领导的国家自然科学基金支持的创新群体"星系与类星体"项目启动会于 2018 年 11 月召开。

2018 年的科研亮点包括：1. 江林华课题组发现早期宇宙中最大的原初星系团。相关研究论文（"A giant protocluster of galaxies at redshift 5.7"）于 10 月 15 日在《自然-天文学》（Nature Astronomy, 2018, DOI:10.1038/s41550-018-0587-9）在线发表，并被 Nature 选为当天唯一的高亮（highlight）文章。2. 吴学兵天文团队发现 20 多个特殊的"变脸"类星体。这是国际上首次大规模地发现变脸类星体，使得这类天体被发现的数目增加一倍。相关研究论文于 8 月 1 日在美国《天体物理学杂志》（Astrophysical Journal）发表，博士研究生杨倩为第一作者。3. 东苏勃和南京大学谢基伟领导的科研团队利用中国科学院国家天文台郭守敬望远镜（LAMOST）的观测数据发现一类新的系太阳外行星族群热海星（Hoptunes）。相关研究论文（"LAMOST telescope reveals that Neptunian cousins of hot Jupiters are mostly single offspring of stars that are rich in heavy elements")于1月9日在《美国科学院院刊》(PNAS)发表,并被选为当期杂志封面的研究亮点文章之一。

教学工作。2018年天文学科有在校研究生72人,本科生111人,由物理学院天文学系和科维理所共同培养。9月举办本科生论坛举办研究生晚餐讨论会,每周一次;建立研究生和学术报告人的午餐交流会。

毕业生去向。2018年有博士毕业生7人,其中5人在国外做博士后,1人在国内做博士后,1人工作。本科毕业生23人,其中11人国内保研,10人出国深造,2人分别准备考研和出国留学。5月7日,博士毕业生徐思遥获评国际天文学联合会(International Astronomical Union, IAU)2017年IAU优秀博士论文奖,自2017年IAU设立该奖项以来,北大天文博士毕业生已有3人获奖。徐思遥也是2017年国际天文界哈勃学术奖金(Hubble Fellow)获得者。

交流合作。2018年研究所共组织4个国内外会议,44场学术报告,56场午餐报告,14次博士后报告会,8次研究生晚餐会。每周二、周四13:30—14:00举办咖啡讨论会,每周五16:00举办happy hour(快乐时光)等交流活动。共接待53位不同层次的访问学者,包括美国国家科学院院士、美国普林斯顿大学天文学教授Scott Tremaine教授,美国科学院院士、哈佛大学天文系前主任James Moran教授等。

(吴学兵、姚 洁)

【天文学科国际评估】 2018年,学校组织专家组对物理学各学科(含天文学)进行国际评估。3月至5月,物理学院天文学系和科维理所完成北京大学天文学位授权点自我评估工作;9月17日,召开研究所理事会,完成对所长何子山第一届任期内开展的各项工作的全面评估,并推荐何子山所长继续第二个任期;12月13日至15日,北大天文学科和其他3个学科接受国际同行评估。国际评估专家对研究所国际化的学术氛围、博士后培养、科学产出成绩给予高度评价。

(吴学兵、姚 洁)

北京国际数学研究中心

【发展概况】 学科建设。2018年,北京国际数学研究中心有1个一级学科:数学;4个二级学科:基础数学、计算数学、概率论与数理统计、应用数学;4个博士招生专业:基础数学、计算数学、概率论与数理统计、应用数学。

队伍建设。2018年中心引进全职教研人员4人(含合同制外籍2人)、兼职教研人员2人(含外籍1人),研究领域涉及代数学、量子拓扑、统计学等多个学科方向。有1位教员晋升正教授,1位教员晋升长聘副教授,4位教员完成中期评估。截至2018年底,中心共有教师35人,其中教授7人,副教授8人,助理教授8人;聘任全职副教授1人,助理研究员1人,助理教授1人;聘任非全职教研人员9人。有中组部海外高层次人才引进计划8人,海外高层次人才引进计划(青年项目)16人。

新入站博士后11人(含外籍2人);入选中国博士后"博新计划"项目3人,获北京大学"博雅博士后"基金资助5人,获"北京大学优秀博士后"称号1人。截至2018年底,在站博士后26人。

新聘合同制行政助理1人。截至2018年底,中心共有行政人员11人,其中事业编制6人(含派驻会计1人),合同制5人。

人才培养。2018年中心招收博士研究生10人,在校博士研究生共计49人;博士毕业生8人,1人获北京大学"五四奖章",多人获得国内外一流教研院所机构职位。4名博士生获得数学中心设立的"北大数学研究生奖学金"。

2018年,本年度数学中心教师共承担45门课程的教学工作,其中为院系开设选课人数超过100人的基础数学课程12门,共计开课2368学时;为本科生开设基础数学拔尖计划课程4门,共计开课142学时。组织11个系列94个场次的学术讨论班,开设3个主题的暑期学校,邀请10位海内外知名数学家开设短期课程。举办第十期"研究生数学基础强化班",总共招收来自14个省份的19所高校的30名学员。

科研工作。2018年中心教授和博士后共发表论文66篇(全部为SCI论文),被接收待发表论文30篇,预印本论文70篇,其中多篇发表在世界著名数学杂志上。教师出版专著1部。

中心主任田刚院士当选新一届国际数学联盟执委会委员;许晨阳在2018国际数学家大会上作邀请报告,获"科学突破·新视野数学奖";田志宇获2018年度"求是杰出青年学者奖";张磊与英国学者联合申请的项目获得"牛顿高级学者基金"(Newton Advanced Fellowship)资助;由田刚院士牵头,联合四川大学、清华大学、中山大学申报的国家自然科学基金委重大项目——"几何结构与拓扑不变量研究"获批立项。新增科研项目9个(纵向)。

学术活动。2018年,中心组织近百场次各种类型的学术活动。举办11场国际研讨会,包括P进理论研讨会、最优化理论及方法研讨会、几何群论研讨会、统计物理与概率研讨会、双曲和色散方程研讨会、北京大学基础数学交流会、北京大学青年数学家论坛、微分几何研讨会、第一届生物统计与数据科学研讨会、北京大学应用数学与统计青年学者论坛等。

举办3个主题的天元高级研讨班,分别是几何分析与微分方程高级研讨班,调和分析、几何和偏微分方程高级研讨班,辛几何与拓扑场论高级研讨班。

举办12场杰出学者报告、2场数学前沿进展报告。报告人包括美国科学院院士、韦伯伦奖得主Jeff Cheeger,美国科学院院士、哈佛大学教授 Donald B. Rubin，法国科学院院士 Benoit Perthame，世界顶尖数论学家 Pierre Colmez，加拿大班夫数学中心主任 Nassif Ghoussoub，韩国数学会会长 Hyang-Sook Lee，库朗研究所教授 Gerard Ben Arous，中科院数学与系统科学研究所陈志明院士等国内外知名数学家。

交流合作。2018 年到访及顺访中心的访问学者超过 150 人次，其中 80% 来自海外。多名教研人员前往澳大利亚、德国、法国、土耳其、越南等地参加联合国际会议，就数学领域的最新研究进展作会议报告。

推进"中法数学研究合作项目""TRAM 计划"以及"CMR&IBS-CGP"（韩国基础科学研究所几何与物理研究中心）合作项目等，互派教师、博士后、学生交流访问，联合举办学术活动。12 月中心与越南科学院数学所签署合作备忘录。

党建工作。2018 年中心共有党支部 1 个，党员 19 名。其中教师党员 2 名，行政职工党员 7 名，博士后党员 10 名。2 名党员获评数学科学学院党委优秀共产党员，其中 1 名党员获评北京大学优秀共产党员；1 名党员当选数学科学学院党委委员。完成 2016 年以来的党支部工作评议考核和民主评议党员；学习党的十八大以来重要思想观点学习材料、相关重要知识点，特别是中共十九大报告等；学习《习近平新时代中国特色社会主义思想三十讲》、习近平在庆祝改革开放 40 周年大会上的讲话。配合上级党组织完成党员信息统计工作。

（陆宁波、李东璘）

海洋研究院

【发展概况】 海洋研究院是北京大学在海洋领域的实体交叉科研平台，采用新体制、新机制，以服务北京大学海洋学科发展为使命，在此基础上，规划、协调、凝聚学校分散在各院系机构的海洋研究力量，作为学校在海洋领域对外开展合作的窗口，服务、推进相关国内、国际相关合作。

组织结构。2018 年研究院领导班子包括：院长张东晓，副院长周力平、王磊、郑玫。主要下属机构：北京大学海洋研究院海洋战略研究中心、北京大学海洋研究院海洋信息研究中心、北京大学海洋研究院全球互联互通研究中心。

学科建设。学科涉及海洋科学、海洋工程、海洋战略、海洋人文社科等，具体研究方向包括：1. 海洋科学与工程：海洋工程、海洋能源、海洋地球物理、海洋地质学、海洋生物、海洋化学、海洋药物学、古海洋学、大气与海洋科学、大洋环流和数值模拟、海洋电磁学、海洋观测、光纤传感、海洋遥感、流固耦合力学、水下机器人等；2. 海洋战略与人文社科：海洋战略与政策、海洋法、海洋史、海洋经济、海洋信息学、海洋大数据、海洋文化、"一带一路"研究、区域与国别研究、国际关系、国际政治、国际法、海岛规划等。

队伍建设。研究院实行双聘制与预聘制，并有兼职人员分布在北京大学各个相关院系，包括城市与环境学院、地球与空间科学学院、法学院、工学院、国际关系学院、化学与分子工程学院、环境科学与工程学院、历史学系、人口与环境研究室、软件与微电子学院、社会科学部、生命科学学院、物理学院、信息管理系、药学院、政府管理学院等。预聘的研究技术系列人员，按照新体制管理。2018 年，正式引进研究技术系列人员胡波，从事海洋战略与政策研究。截至 2018 年底，研究院科研队伍有 56 人（含双聘、兼职），其中院士 6 人（含双聘），教授 27 人，副教授 9 人，讲师 1 人，研究员 8 人，副研究员 2 人，助理研究员 1 人，研究馆员 2 人。

教学工作。研究院联合北京大学相关院系对博士研究生进行联合培养，2018 年在读博士研究生 9 人，首位毕业生邓亚骏继续在北京大学从事博士后研究工作，其毕业论文获评北京大学优秀博士论文。博士生滕益华以第一作者撰写的论文"Long-term viability of carbon sequestration in deep-sea sediments"在美国《科学》子刊 *Science Advances* 发表，期刊影响因子 11.514；博士生王若佳获得国家留学基金委"2018 国家建设高水平大学公派研究生项目"留学资格，赴美国雪城大学（Syracuse University）交流学习；博士生贺泳杰获得 2018 年度笹川良一优秀青年奖学基金。

科研工作。1. 著作发表：《后马汉时代的中国海权》由海洋出版社正式出版发行；《2018 "一带一路"沿线国家"五通指数"报告》全球首发；《"一带一路"青年命运共同体》正式出版。2. 发明专利：已申请并受理中国专利 2 项。3. 文章发表：海洋科学与工程类论文发表 24 篇，其中 SCI 收录论文 22 篇；海洋人文社科类文章发表 16 篇。4. 内参发表：截至 2018 年 12 月 31 日，累计出版内参《海洋动态快报》《海洋战略研究报告》15 期，《国内外海洋热点》共计 154 期；累计转载 AGU 期刊发布科研及工作资讯 132 期。

学术活动。1. 学术讲座：主办或联合主办讲座 12 场，报告人均是美国、加拿大、英国、德国、新加坡、挪威、澳大利亚等 7 个国家海洋领域知名专家学者。2. 学术会议：主办、共同主办、协办国际会议 4 场，举办国内学术研讨会 3 场；3. 其他学术交流活动：与国内以及美国、韩国、印尼、哈萨克斯坦等国家相关机构举行座谈、交流访问 10 场。具体包括：3 月，应邀参观访问中国航天科工三院实验室；6 月，受邀访问哈萨克斯坦 ASTANA 中心；6 月 21 日，自然资源部第二海洋研究所到访交流；9 月 14 日，美国海军战争学院到访交流；9 月 18 日，湛江市科技局到访交流；9 月 20 日，韩国国立釜庆大学到访交流；10 月 8—10 日，美国加州大学圣地亚哥分校副校长、Scripps 海洋研究所所长 Margaret Leinen 教授到访交流，就开展学生国际交流、教员科研合作等事项达成共识；10 月 22 日，九三学社深圳市委员会到访交流；11月12—16日，3名北大海洋领域学生代表受邀赴印尼参加2018亚洲大学联盟青年论坛；11月13日，中国驻印尼使领馆海洋合作代表团到访交流。

对外合作。研究院与中广核研究院、中国地质调查局、自然资源部、外交部等开展海洋领域的务实合作。

（王玉霞）

【《后马汉时代的中国海权》出版】 5月，海洋研究院副研究员胡波编著的《后马汉时代的中国海权》由海洋出版社出版，该书全面梳理国内外的海权理论，系统回顾中国近代以来海权建设的历史，在客观理性把握中国的海洋先天禀赋、所处的时代条件和世界军事技术发展趋势的基础上，建构出一条中国海权的崛起之路。全书分概念与形势、现状与目标、手段与路径三大部分，共计25万余字。

（胡 波）

【第一届"中国与世界"主题北大海洋论坛】 5月25日，第一届"北大海洋论坛"在北京大学英杰交流中心召开。本次论坛为国际学术交流会议，以主旨报告与平行论坛相结合的形式展开。来自中国、美国、英国、日本、新加坡、马来西亚、挪威等国家的海洋领域知名校友、专家学者、部委机关领导、领先企业代表等参会，围绕"中国与世界"的主题展开研讨交流。

（王 磊）

【国民海洋意识发展指数（MAI）研究报告（2017）】 5月31日，受自然资源部办公厅委托，由海洋研究院编制的《国民海洋意识发展指数（MAI）研究报告（2017）》在北京大学发布，光明日报、中国日报、中央电视台等多家媒体记者报道。《报告》显示，2017年中国各省（区、市）海洋意识发展指数平均得分为63.71，相较2016年（60.02）有明显提升，近8成省份达到"及格线"。

（王继民）

【APEC海洋垃圾防治创新途径研讨会】 7月26日，APEC海洋垃圾防治创新途径研讨会在北京大学英杰交流中心举办。本次研讨会由北京大学海洋研究院和自然资源部第三海洋研究所APEC海洋可持续发展中心共同举办。来自中国、美国、印度尼西亚、俄罗斯、智利、泰国、秘鲁、马来西亚、越南等APEC经济体的海洋垃圾管理部门的高级官员、权威学者以及世界银行和国家地理等全球知名企业与非政府组织的代表100余人参会。

（胡 波）

【2018"一带一路"沿线国家"五通指数"报告】 9月7日，海洋研究院"五通指数"课题组正式发布全球首份2018"一带一路"沿线国家"五通指数"报告。该报告对"一带一路"沿线94个国家的"政策沟通""设施联通""贸易畅通""资金融通""民心相通"这五项发展水平进行指数化分析。

（王继民）

现代农学院

【发展概况】 组织结构。2018年1月，学校正式聘请许智宏院士担任现代农学院首任院长，任命顾红雅、彭宜本、欧阳晓玲为副院长。2018年学院对学术委员会进行改组，新一届名单：主任邓兴旺，副主任顾红雅、黄季焜，委员许智宏、王金霞、白书农、李毅、王忆平、种康、刘春明、赖锦盛。成立研究生教育委员会、空间委员会、公共平台建设委员会、安全管理委员会和宣传与形象建设委员会等专门工作委员会。

学科建设。2018年学院设置作物遗传与发育学、农业生物技术学、食品安全与营养学、农业经济与管理学等4个学科方向。在2016年成功申报自主设置二级学科"农村转型经济学"基础上，学院增强在农经学科方向的教研实力，2018年经专家组论证、校学位评定委员会审议和校党委常委会批准，成立"农林经济管理"一级学科博士授权点，于2018年10月30日上报国务院学位委员会备案。

队伍建设。2018年学院共有事业编制人员14人，合同制人员29人，在站博士后15人。行政教辅人员共计3人，其中行政副院长1人、事业编制人员1人、合同制人员2人。

教学工作。2018年学院共有博士研究生26人，其中博士研究生一年级10人，生物技术方向3人，农业经济学方向7人；二年级10人，生物技术方向3人，农业经济学方向7人；三年级6人，生物技术方向2人，农业经济学方向4人。共开设本科生及研究生公选课程和研究生必修课程19门。

科研工作。2018年学院共申请通过各类课题项目17个。在研项目共计38个：国家自然科学基金16个，重大专项1个，重点专项3个，国际合作8个，国家部委项目9个，企事业单位委托项目1个。在研项目科研经费总额约为6000万元。共发表SCI及SSCI学术论文45篇，其中SCI论文37篇，SSCI论文8篇。

交流合作。2018年学院接待国外来访人员近40人次，邀请外方学者开办知名学者讲座7次，主讲人包括"北京大学高端学术讲座系列"的斯坦福大教授学Scott Rozelle、"北京大学现代农业系列讲座"的 *Nature Biotechnology* 资深编辑Susan Jones、"农业经济学前沿讲座系列"的马里兰大学教授Eldon Ball 和 Wolfgang Kinzelbach。先后与以色列特拉维夫大学、美国耶鲁大学、德州科技大学、新西兰梅西大学等国际高校开展学术及师生交流。学院师生共有30人次出国参加学术会议及学术交流，到访的国家包括美国、澳大利亚、加拿大、泰国、荷兰、德国及巴基斯坦。

学院共举办知名学者讲座31次，包括北京大学现代农业系列讲座7次，现代农业经济系列讲座24次。共主办大型学术会议4次。9月15日至18日，在山东省潍坊市举办

"2018年国际农业生物技术大会（ABIC2018）"。5月，与澳大利亚农业与资源经济研究局联合举办第一届"国际农业生产力测度与比较"研讨会，并邀请美国农业部、澳大利亚农业部、中国农业部以及国内外各方学者讨论中国农业全要素生产力的测度和跨国比较。11月23日，在北京大学英杰交流中心阳光厅举办北京大学新农村发展研究院揭幕仪式暨首届乡村振兴论坛，本次论坛邀请国内农经界300余人，20位院士、多位政府有关部门的代表、知名学者分别在乡村振兴论坛大会、3个圆桌论坛上作报告。

学院先后与山东省潍坊市、江西省政府和江西农业大学、北京市平谷区、天津市滨海新区、江苏省无锡市、四川省苍溪县等地方政府开展交流，探讨服务地方的模式与内容。2017年8月，山东省人民政府与北京大学共同签署合作共建北京大学现代农业研究院的协议。依据省校协议，北京大学提名许智宏为山东省北京大学现代农业研究院院长、彭宜本为法人代表、邓兴旺为首席科学家。2018年5月，学院完成法人注册，6月奠基开工。2018年4月，学院教授黄季焜挂职担任江西农大党委委员和副校长，拟建立的北大-江西乡村振兴研究院，将成为北大新农村发展研究院同地方合作的首个地区乡村振兴研究院。2018年5月，学院与继续教育学院共同举办"无锡市农业系统干部研修班"；7月、9月，许智宏两次带队赴无锡市考察调研。

党建工作。2018年学院共有学生及教职工党员16人，党组织关系挂靠生命科学学院。经上级党委批准，完成党支部换届工作，并成立师生联合党支部，由欧阳晓玲担任支部书记。支部围绕学习贯彻党的十九大精神、"两学一做"学习教育制度化等主题开展各类活动。先后组织赴雄安新区开展考察交流暨党支部活动、赴国家博物馆参观"伟大的变革——庆祝改革开放40周年大型展览"等。

工会工作。工会挂靠生命科学学院。

学生工作。学院生物技术方向博士研究生挂靠在生命科学学院生物技术专业下，按照生命科学学院生物技术专业博士研究生培养方案进行培养和管理；农业经济学方向博士研究生挂靠在国家发展研究院西方经济学和理论经济学（国家发展）专业下，按照现代农学院农村转型经济学博士研究生培养方案进行培养和管理。

（欧阳晓玲、万　芊）

【2018年国际农业生物技术大会（ABIC2018）】 9月15日至18日，由学院主办的2018年国际农业生物技术大会（简称ABIC 2018）在山东省潍坊市召开，大会主题为"科技让生活更美好"。北京大学现代农学院邓兴旺和中国农科院作物研究所万建民任大会主席。国际农业生物技术大会是全球促进生物科学创新的首要会议，大会具有国际性、权威性、前沿性、高互动性等特点。大会旨在为气候变化背景下如何保证食物、饲料、纤维的可持续供应以及燃料安全提供可行性方案。大会组委会邀请美国科学院院士、中国科学院士、中国工程院院士以及发展中国家科学院院士共13名，吸引了来自全球共计600余名专家、学者、青年学生的注册参加。会议期间，潍坊市各行业人员积极旁听会议。瞿礼嘉、巩志忠分别作全会报告。在为期3天的会议中，共举行21个会场报告，121位各领域专家到场发言，分享国际先进经验和科研成果。

【北京大学新农村发展研究院揭牌仪式】 11月23日，学院主办的北京大学新农村发展研究院揭牌仪式暨北京大学首届乡村振兴论坛在英杰交流中心阳光厅举行。北京大学新农村发展研究院以北京大学中国农业政策研究中心为基础，挂靠现代农学院并整合校内相关院系研究力量，旨在打造多学科交融的高端智库、服务国家乡村振兴战略、加快农业农村现代化建设。揭牌仪式由北京大学新农村发展研究院院长、现代农学院教授黄季焜主持。北京大学校长郝平，原校长、现代农学院院长、新农院顾问委员会主任许智宏，副校长王仰麟，原副校长、新农院理事长王杰，新结构经济学研究院院长、林毅夫以及中央农村工作办公室原主任段应碧，国家发展和改革委员会原副主任、国务院参事杜鹰，国家发展和改革委员会农村经济司司长吴晓，国家统计局农村社会调查司司长黄秉信，教育部科技司副司长李楠，江西农业大学党委书记黄路生，中国农业科学院副院长吴孔明等来自有关政府部门、兄弟院校、在京国际组织和企业、媒体等300余位代表共同见证揭牌仪式。

（万　芊）

人文社会科学研究院

【发展概况】 组织架构。北京大学人文社会科学研究院（简称"文研院"）是以人文与社会科学基础学科为主、推动跨学科交叉研究并促进国际交流合作的实体学术机构。文研院主要机构由院务会、学术委员会、工作委员会和行政办公室组成。院务会是相关负责人进行议事决策的基本制度和主要形式，负责学术活动的统筹和组织、邀访学者项目的开展和实施与行政事务的保障和支持等常规工作，参会人员包括院长、常务副院长、行政副院长与院长助理。学术委员会在海内外人文社会科学领域专家学者中邀请聘任，任期四年，负责审核文研院章程、把握学术导向与发展规划、审议院长提交的讨论事项。经学术委员推举，李零教授继续担任2018年轮值主席，任期一年。工作委员会由北京大学人文与社会科学学科的中青年学术骨干组成，任期四年，负责讨论各项学术发展规划、组织实施相关学术活动、遴选邀访学者、参与商讨工作事项。经工作委员推举，韩笑为继续担任2018年轮值召集人。行政办公室由办公室主任、行政主管、行政助理、项目助理、宣传助理、编辑助理、学术助理、学术助研等人员组成，具体负责日常行政事务和学术活动的服务支持与保障工作。

行政工作。行政人员共计10人，包括事业编制2人、合同制8人。

交流合作。国际交流方面，4月9日，英国社会科学院教授艾什·艾米（Ash Amin）访问北京大学并与副校长王博会面，商讨两校未来学术与国际合作事宜。文研院常务副院长渠敬东、北京大学政府管理学院教授李强陪同并参与讨论。5月3日，巴黎科研人文大学（PSL）国际事务主管副校长齐鹏思（Christopher Cripps）、亚洲合作总监王婧，法国高等研究实践学院（EPHE）院长于贝尔博斯特（Hubert Bost）到访文研院，并与院务会商讨未来合作事宜。9月14日，东京大学常务副校长羽田正、大金工业株式会社副总裁田谷野宪参访文研院。9月25日，芝加哥大学教授、《美国社会学杂志》主编伊丽莎白·克莱门斯（Elisabeth Clemens）到访文研院，常务副院长渠敬东与之就学术出版、社会学学科发展等事宜展开讨论。9月26日—10月4日，应伦敦大学学院（UCL）及巴黎科学人文艺术大学（Paris Sciences & Lettres，PSL）的邀请，文研院组织校内相关专家学者，对上述单位进行访问并联合召开学术会议。10月15日，哈佛燕京学社副社长李若虹到访北京大学人文社会科学研究院，与院长邓小南教授就机构之间的合作、学术出版、图书馆建设等事宜进行交流。10月25日，德国柏林自由大学副校长余凯思（Klaus Mühlhahn）、北京大学校长郝平、北京大学国际合作部部长夏红卫、副部长郑如青来访文研院，与文研院常务副院长渠敬东、副院长杨弘博共同商讨与德国柏林自由大学合办梅里安高等研究中心筹办事宜。12月14日，韩国经济人文社科研究会成炅隆理事长一行来访北大，北京大学校长郝平、副校长王博、文研院常务副院长渠敬东等全程陪同并探讨其与北大相关机构合作的可能性。

国内交流方面，3月7日，新疆师范大学党委副书记李国良到访文研院，与常务副院长渠敬东就黄文弼中心的发展事宜进行交流，并参观"北京大学与丝绸之路"展览。3月11日，顺德市政协主席率工作团队到访文研院，并与常务副院长渠敬东讨论文研院即将在顺德组织实施的跨学科考察项目"中国南方村落的变迁与重建"等合作事宜。9月11日，台湾十大杰出青年基金会高阶团来访文研院，参观"老校长与北大"展览，常务副院长渠敬东、院长助理韩笑陪同接待。12月12日，浙江大学社会科学研究院副院长、浙江大学政策研究室主任李铭霞，浙江大学社会科学研究院常务副院长褚超孚，浙江大学社会科学研究院重点成果推广部副部长程丽到访文研院，文研院院务会全体成员接待。

学术团队。文研院的学术团队主体分为两个部分：一是由北京大学各院系的优秀学者组成，文研院配合不同学者提出的重点主题和焦点议题，提供合理的学术资源配置以及各项学术活动支持；二是由国内外邀访学者组成，根据学者提出的研究计划，文研院提供"量身定制"的学术支持和行政服务，打造良好的研究环境。文研院每年设立若干邀访学者名额，海内外学者可自主申请，由工作委员会按照遴选程序进行遴选。邀访时间一般为4个月。自2018年3月起至12月末，文研院开展第四期、第五期邀访学者项目，共邀请37位国内外专家学者来校开展驻访研究，学科覆盖文学、历史学、考古学、社会学、哲学、艺术史、经济学、政治学、建筑学等各大人文社会科学学科及相关领域。

学术活动。2018年文研院举办"北大文研讲座""北大文研论坛""未名学者讲座""静园雅集""文研读书""文研纪念""邀访学者论坛""菊生学术论坛"等系列学术活动共196场，并形成"早期中国与中华文明""族群凝聚与国家秩序""社会转型与精神重建""中国视角下的西方文明""多文明互动与比较研究""艺术与人文""科技与人文"等核心议题，参与学者人数近千人次，吸引听众约2万人次。

秋季学期正式推出"文研课程"项目，共计4门，分别是："经济史的趣味""现代日本政治学方法：西方政治理论的转化""语文学与现代人文科学"及"新疆考古与西域文明"。前3门由文研院与元培学院合作开设，最后1门由文研院与考古文博学院合作开设。

组织3次学术考察活动，来自多个学科领域的专家学者赴不同地区进行走访与综合考察，从跨学科角度考察不同地区人文景观、出土文物与历史地貌，调研历史文化价值。"历史·自然·踪迹——山东两汉北朝碑刻研究工作坊"专题考察于4月24日至30日举办，"中国南方乡村的变迁与重建——顺德乡村振兴考察活动"于5月18日至24日在广东省佛山市顺德区举办，"内蒙古长城地带文物史地考察"于10月24日至30日举办。

组织3场国际学术研讨会。3月20日，由文研院、马克斯·韦伯基金会共同主办的"中国现代文明语境中的马克斯·韦伯"国际学术研讨会在北京大学静园二院召开，来自内地、港台、欧美的近二十位学者围绕马克斯·韦伯思想在中国的演变与发展、韦伯思想与现实世界的融合、当今社会政治经济问题等议题深入交换意见。9月28—29日，由文研院、伦敦大学学院高等研究院联合举办的"流变当中的区域研究"主题学术会议在伦敦大学学院举行。本次会议旨在跨越既有知识边界、超越欧洲／美国中心主义的区域研究范式，昝涛、刘海方等北大学者发表各自的研究成果。10月2—3日，由北京大学、UCL、PSL三校联合举办的"古代字体与古代文本"主题学术会议在法国高等研究实践学院召开。本次会议是PSL发起的Scripta项目（该项目希望利用十年时间对古代文献和文字开展跨学科研究）的组成部分，朱凤瀚、段晴、程苏东、叶少勇等北大学者发表各自的研究成果。

"传承：我们的北大学缘"系列讲坛分别于4月20日、9月21日举行。该系列讲坛旨在邀请北大人文社科领域的优秀学者讲述北大学术传承、治学机缘和为学理念。迄今已有30余人登台演讲。

举办"文明：中华与世界"校庆系列学术活动，其中包括题为"作为国家制度的家国天下""公元一千年的世界""影集与华服：进入非洲档案""欧洲之后的亚洲：一个大陆的衰落与崛起"等文研讲座10余场；题为"世界政治进步了吗？""中国现代语境中的马克斯·韦伯"国际学术研讨会、"从公主府到红楼：老北大的校园空间"的文研论坛3场。

文研院与香港中文大学—中山大学历史人类学研究中心、遂昌县人民政府联合主办的"2018年历史人类学高级研修班"于8月21日在浙江省丽水市遂昌县举办。

（周诗雨）

表6-18　2018年"北大文研讲座"汇总表

编号	主题	主讲人	时间
1	罗马肖像：真实还是虚构	Fred Kleiner	2018.3.6
2	坚持，坚持下去！——阿比·瓦尔堡笔下作为自我心智画像的《马奈与意大利古代艺术》；带有障碍的摄影——瓦尔堡美国之行的图片	Uwe Fleckner	2018.3.8 2018.3.13
3	作为国家制度的家国天下； 大国的精英选拔	朱苏力	2018.3.10 2018.3.12
4	公元1000年的世界	Valerie Hansen	2018.3.19
5	普遍理性化：马克斯·韦伯的大叙事	Dirk Kaesler	2018.3.23
6	再谈朝鲜战争：从信息沟通和情报认定看中美苏三国的决策	沈志华	2018.4.12
7	影集与华服：进入非洲档案； 绘画/政治/摄影：马莱内·杜马斯、卢蒙巴夫人与非洲女性图像	Tamar Garb	2018.4.23 2018.4.27
8	丝绸之路上的日本：欧亚大陆上的政治与文化遭遇及相关看法，1868—1945年； 全球化与土耳其的亚洲研究； 19世纪明治时代日本人对于奥斯曼土耳其和伊斯坦布尔的看法	Ayşe Selçuk Esenbel	2018.4.24 2018.4.26 2018.5.2
9	南太平洋上的中国天文系统？——使"地"顺应于"天"的南岛扩张	Frederick Damon	2018.4.24
10	历史的多重视界：空间、时间和过去的未来； 作为海洋史的世界史：全球视域下的大西洋； 内战：观念中的历史； 启蒙运动的黑暗面：世界主义与内战	David Armitage	2018.5.14 2018.5.16 2018.5.17 2018.5.21
11	罗振玉旧藏铜活字字钉与中国古代的活字印刷	辛德勇	2018.5.22
12	韦伯之"理念型"中的方法论与认识论	叶启政	2018.5.28
13	康有为的大同三世说	茅海建	2018.5.28
14	卡尔·施密特《政治的概念》（1927）； 汉娜·阿伦特《人的境况》（1958）； 米歇尔·福柯《性史》（1978）； 娜迪亚·乌碧娜蒂《代议制民主：原则与谱系》（2006）	John Keane	2018.5.28 2018.5.30 2018.6.6 2018.6.8
15	闽南侨乡的跨国文化网络——祠庙碑铭解析	郑振满	2018.5.31
16	两河流域文明起源的考古学研究	杨建华	2018.6.11
17	社会学的若干"先天不足"：从陈映真1960年的一篇小说谈起	赵　刚	2018.6.12
18	海德格尔与卡西尔：康德哲学的批判之批判	王庆节	2018.6.13
19	丝绸之路——架起文化沟通之桥； 纪念死者的方式； 性别的文化构建与蒙古历史：一项关于性别的研究	Isenbike Togan	2018.6.20 2018.6.24 2018.6.27
20	明治维新的思想史意义	孙　歌	2018.6.21
21	结构理性——实践理性的一种哲学阐释	Julian Nida-Rümelin	2018.8.16
22	制度史视角中的酒爵酒尊：周代爵制的可视化形态	阎步克	2018.9.17
23	确保宋室皇位无虞； 移民、婚姻与汉族基因同质性	Patricia Buckley Ebrey	2018.9.20 2018.10.11

（续表）

编号	主题	主讲人	时间
24	官本主义还是民本主义——中国传统社会的政治学分析	俞可平	2018.9.21
25	证据与想象："一分证据说一分话"必要吗？	邢义田	2018.9.21
26	公民捐赠：自发行动与美利坚民族国家的形成	Elizabeth Clemens	2018.9.23
27	科举停置及其对中国社会的影响	杨国强	2018.10.12
28	"制度"如何成为了"制度史"？	侯旭东	2018.10.16
29	牛津藏马士曼文献及其相关学术研究	马敏	2018.10.19
30	科举与封圣：皇帝与教皇的优势独占竞争策略	赖建诚	2018.10.26
31	法兰西共和理想的危机	Frédéric Brahami	2018.10.29
32	中国近代思想中的"严复时刻"：比较政治思想史的考察	萧高彦	2018.11.1
33	论非正式制度：中国官僚体制研究的启示	周雪光	2018.11.5
34	统规自建、流水不腐——北京老城恢复性修建的适应路径	王军	2018.11.9
35	"中间公众"的存在与价值——一个民族志调查	Isabelle Thireau	2018.11.14
36	也谈制度的"可视性"——汉代的印绶与鞶囊	邢义田	2018.12.10
37	王铎的两种书写——兼及明代以来书法的"作品"概念	薛龙春	2018.12.14
38	从灵光殿到武梁祠——汉代帝国艺术的复原	缪哲	2018.12.14
39	重新认识"中国"：当代中国的天下论说	梁治平	2018.12.17

（周诗雨）

表6-19　2018年"北大文研论坛"汇总表

编号	主题	主讲人	时间
1	世界政治进步了吗？	王缉思　袁明　等	2018.3.13
2	中国现代文明语境中的马克斯·韦伯	Dirk Kaesler　Hoyt Tillman　李强　苏国勋　等	2018.3.20—3.21
3	日俄战争、东北亚与世界近现代史的转折——《日俄战争》（上下卷）新书研讨会	和田春树　汪晖　孙歌　等	2018.4.12
4	从公主府到红楼：老北大的校园空间（1898—1952）	唐晓峰　鲍宁　等	2018.4.17
5	新石器考古工作坊"欧亚视野下早期中国文明的演进"	李水城　张弛　李零　等	2018.4.19
6	从社会史的角度看陕甘宁边区的起源	周锡瑞　章百家　等	2018.5.14
7	卫所的地方化与明清制度的延续性	郑振满　宋怡明　赵世瑜　等	2018.5.15
8	西学的中国形态：晚清以来的曲折路径	韩潮　李猛　等	2018.5.20
9	作为一种思想操练的五四	陈平原　等	2018.5.25
10	实证的"迷思"：重估社会科学经验研究	叶启政　等	2018.5.26
11	族徽：早期金文与商周社会	严志斌　等	2018.5.27
12	老龄化与中国社会的未来	郭志刚　陆杰华　等	2018.5.31
13	族群凝聚与国家秩序	叶炜　孙正军　等	2018.6.2
14	阅读史——理论、方法和实践	张治　高峰枫　等	2018.6.27
15	多元文明交融下的犍陀罗艺术犍陀罗的微笑——巴基斯坦古迹文物巡礼展开幕式暨论坛	段晴　李肖　等	2018.9.18
16	大漠孤烟，长城那边——赵北长城考察与匈奴龙城发掘	张文平　陈永志	2018.10.18
17	中国的印度研究：学术史，视野与问题	王邦维　沈丹森　等	2018.10.18

（续表）

编号	主题	主讲人	时间
18	祭祀、礼教与地方社会	张志刚 李天纲 等	2018.10.19
19	美学的历史化	金永兵 常培杰 等	2018.10.22
20	萨缪尔森与辉格思想史观	赖建诚 等	2018.10.24
21	丝路研究与北大人：回顾与展望	王炳华 荣新江 等	2018.11.5
22	城市空间结构与社会融合	Isabelle Thireau 陈映芳 等	2018.11.11
23	学术的天职：韦伯与我们时代的对话	应星 李猛 等	2018.11.27
24	海德格尔与中国	孙周兴 王庆节 等	2018.12.2
25	丝绸之路南道的早期文明探源	Natalia Polosmak 王炳华 段晴 等	2018.12.4
26	多重视域中的王安石及新法研究	刘成国 罗祎楠 等	2018.12.8
27	掌邦之野：中国乡村及其制度	鲁西奇 包伟民 等	2018.12.9
28	20世纪中国政治与知识分子	Timothy Cheek 王奇生 等	2018.12.12
29	基因编辑与科学伦理	吴虹 刘哲 等	2018.12.13
30	以王羲之的名义：右军书法的传摹与转化	罗丰 刘绍刚 等	2018.12.16
31	追寻失落的幸福——网络时代重读奥斯丁	黄梅 周颖 等	2018.12.20
32	海洋与传统中国	李伯重 黄纯艳 等	2018.12.22

（周诗雨）

表6-20 2018年"文研读书"汇总表

编号	主题	主讲人	时间
1	先秦城邑与社会	许宏	2018.3.6
2	休谟与启蒙运动——《大卫·休谟传》读书研讨会	周保巍 张正萍 吴红列 杨璐 王楠 康子兴 李宏图	2018.3.17
3	从田头到炕头：村民的地理——《十里八村》研读会	韩茂莉	2018.4.9
4	关系视角与历史研究——《宠：信—任型君臣关系与西汉历史的展开》研读会	侯旭东	2018.4.13
5	夏文化考古：方法论、历史观与古史重建——《鼏宅禹迹：夏代信史的考古学重建》新书研讨会	孙庆伟	2018.6.3
6	政治的魔力之手：《国王神迹》中的政治表象与心态史	张绪山	2018.9.27
7	人文知识思想再出发，是否必要？如何可能？——《人文知识思想再出发》研讨会	贺照田	2018.11.30

（周诗雨）

表6-21 2018年"文研纪念"汇总表

编号	主题	与谈人	时间
1	现代世界的思想者——齐美尔逝世100周年纪念研讨会	Erwan Dlanteill Horst J. Helle 曹卫东 等	2018.10.25—2018.10.26

（周诗雨）

【文研两周年系列学术活动】 2018年9月，文研院成立两周年。9月21日至22日，文研院组织纪念学术讲座、"传承：我们的北大学缘"北大学者讲坛、主题学术论坛等活动。

9月21日下午，两场纪念学术讲座举行。北京大学政府管理学院院长俞可平教授带来题为"官本主义还是民本主义——中国传统社会的政治学分析"的演讲，台湾中研院院士邢义田带来题为"证据与想象——'一分证据说一分话'必要吗？"的演讲。

9月21日晚，"传承：我们的北大学缘"北大学者讲坛举行。6位教授以录制视频和现场讲述相结合的方式，讲述不同时代背景下他们所亲身经历的求学、教学、治学之历程，他们是：北京大学光华管理学院教授厉以宁、哲学系教授楼宇烈、国际关系学院教授袁明、外国语学院教授段晴、考古文博学院教授孙庆伟、社会学系教授周飞舟。

9月22日上午，文研院分别以"历史解释与当代意识""中国文明及其世界处境""思想史与社会实践问题"为题举行3场主题学术论坛。来自北大校内外不同领域的学者围绕交叉学科问题展开讨论，部分往期邀访学者回到文研院参加该活动。

【"老校长与北京大学——纪念北京大学120周年校庆纪念展"】 4月25日至6月15日，"老校长与北京大学——纪念北京大学120周年校庆纪念展"开展。本次展览以严复、蔡元培、蒋梦麟、胡适四位老校长为主线，展出4位老校长及其与北京大学早期发展相关的历史照片、书信往来和文献资料等，借此表达对曾引领北大前进的老校长们的深切怀念和崇高敬意。

（周诗雨）

跨学部生物医学工程系

【发展概况】 组织机构。北京大学工学院于2005年建院之初就建立了生物医学工程系，北大生物医学工程依托该系取得了生物医学工程一级学科博士点，能够培养从本科生、硕士研究生、博士研究生及博士后的各类人才。2018年7月3日，北京大学医学部同意与工程科学部共建生物医学工程系，为医学部直属单位。2018年9月26日，北京大学跨学部生物医学工程系正式成立。11月8日，医学部任命邓旭亮为生物医学工程系常务副主任。12月17日，启用"北京大学跨学部生物医学工程系"公章。

队伍建设。2018年，生物医学工程系共有教学科研人员3人，其中事业编制教授1人，新体制教研系列2人，其中新体制教研系列副教授1人，助理教授1名。

交流合作。11月1日，生物医学工程系主持召开北京大学生物医学工程系口腔医院学术报告会。

（杨慧芳）

【生物医学工程系成立】 北京大学跨学部生物医学工程系是在北京大学"临床医学+X"的建设框架下，围绕"北大医学"的建设思路，由医学部和工学院联合共建的实体研究机构。生物医学工程系以"解决临床医学核心与前沿问题""孵育前沿医学工程与技术""打造跨学科创新队伍"为基础，建设3个学科群，10个研究方向。3个学科群分别为智能医学、医学成像工程与技术、精准医学与临床检查。生物医学工程系按照新体制设置教授、副教授、助理教授等职位。

（杨慧芳）

中国画法研究院

【发展概况】 思想政治建设。2018年中国画法研究院加强教师思想政治和师德师风建设，组织学习十九大精神和习近平新时代中国特色社会主义思想。

教学科研。2018年研究院有教师2名：院长范曾、青年教师李艳。筹建北京大学中国画法研究院学术委员会；筹备教学工作，拟定课程设置和教学内容；开展中国画法研究、中国传统文化与中国画研究、中国诗学研究等工作，创建中国画法理论研究新学科，建构北京大学中国诗学理论，建设有北京大学独特性的中西绘画鉴赏理论，并依据上述学科研究方向，培养中青年教师队伍和学术骨干人才；筹建北京大学中国画法研究院"众芳文存"文库，组织编写北京大学中国画法研究院"众芳文存"系列丛书；聘请国内外学者、艺术家参与"众芳所在"系列讲座活动。

2018年研究院出版书籍专著、发表刊物文章及开展的社会活动包括：范曾在《人民论坛》连续发表《中国古典哲学的圆融无漏之境》《前事不忘，后事之师——重历史是中华民族的优秀传统》《书道法自然——中国书法的至大之境》《中国语言文字之美》《为有源头活水来 习近平文化思想中的中华传统文化内涵》《学习十九大报告，寄水调歌头》《诗的王国》《中国画所依循的哲学智慧》等8篇文章，系统阐述文化自信；北京大学120周年校庆前夕，重新布置"北京大学范曾先生艺文馆"，创作北大著名教授群像，包括吴汝纶、陈师曾、蒋梦麟、马寅初、邓稼先、李四光、季羡林、冰心、冯友兰、张岱年等，连同先前创作的蔡元培、胡适、郑天挺、汤用彤等群像，在北大中国画法研究院内陈列展出，出版《范曾艺术日历·公历2018年》（北京大学120周年校庆纪念版）；范曾在法国接触艺术界、学术界人士，加强中国画法研究院与国外学术机构、联合国教科文组织的学术交流活动，不定期地邀请艺术家和学者来北京大学讲学；英文版《中国画研究法》（On the Art of Chinese Painting）和《老庄心解》（Laozi and Zhuangzi: An attentive Interpretation）在美国四季出版社（Four Seasons Press）出版；《范曾手书古诗文》《范曾所书杜甫秋兴八首》《范曾手书离骚》由岳麓书社相继出版；筹备学术专著《中国画研究法》国际研讨会；11月24日，在中国画法研究院举办"道微道大——从《莲现莲成》谈中国诗教传统"学术研讨会；12月12日，范曾与北京国际数学研究中心教师座谈交流；12月21日，在南开大学建校100周年倒计时300天之际，南开大学出版社推出《南开百年艺术日历——范曾先生作品集》；接待北京大学老干部活动中心组织的教师来院参观、交流；"北京大学范曾先生艺文馆"全面建成，正拟划全校各院系分批分期参观、研讨。

在范曾的指导下，李艳继续进行《以画境入市——中国文人画意境与创意城市建设》为主题的课题研究。通过临摹倪云林、董其昌、八大山人、王蒙和范曾先生的书画作品，研究中国文人画意境、线条力量与变化、画面层次感等问题；继续以《相依》《荷塘雪色》《北大校园》等为主题进行系列创作。

行政工作。完成研究院日常行政事务、人事业务和学术会议组织工作，参加学校人事干部培训；开展中国画法研究院设备、家具、安全管理工作；维护研究院地下二层艺文馆展厅和阅览室的日常管理。

（李艳）

【范曾受邀担任中国国家博物馆书画院名誉院长】 9月19日，研究院院长范曾受邀担任中国国家博物馆书画院名誉院长聘任仪式在中国国家博物馆白玉厅举行。中国国家博物馆馆长王春法向范曾颁发聘书。党委书记、副馆长黄振春参加仪式。国家博物馆书画院、藏品征集与鉴定部、策展工作部的专家与范曾围绕书画院的建设以及与北京大学中国画法研究院的合作等事宜进行交流。中国国家博物馆书画院与北京大学中国画法研究院建立院际联系，将在中国书画的研究和创作领域进行合作。

（李艳）

【举办纪念李苦禅诞辰120周年艺术展学术研讨会】 12月14日，由国家博物馆主办，国家博物馆书画院和北京大学中国画法研究院共同承办的"法古禅心——纪念李苦禅诞辰120周年艺术展"学术研讨会在国家博物馆举办。此次研讨会旨在追溯、感念李苦禅先生的艺术人生和家国情怀，诠释"文化脊梁"的时代内涵。

（李艳）

深圳研究生院

【发展概况】 组织结构。深圳研究生院（以下简称"深研院"）以"前沿领域、交叉学科、应用学术、国际标准"为办学方针。现有信息工程学院、化学生物学与生物技术学院、环境与能源学院、城市规划与设计学院、新材料学院、汇丰商学院、国际法学院以及人文社会科学学院等8个学院。2018年深研院领导班子成员包括：院长吴云东；书记谭文长；副院长谭文长（兼）、徐信忠、杨震、牛宏伟、涂欢、曾辉；副书记安晓朋、任颐、戚国伟；总会计师徐颖。

学科建设。2018年深研院有学科门类7个，一级学科14个，专业28个，其中：硕士专业20个，博士专业11个。学科专业涉及信息科学与技术、电子与通讯技术、化学生物学、环境科学、环境与能源、城市与区域规划、景观设计学、社会学、心理学、新闻传播、金融、经济、管理、法律等领域。

队伍建设。2018年深研院共引进教师22人，其中教授8人，副教授1人，助理教授13人。截至2018年底，深研院共有教职工703人，其中教学245人（含专职科研），实验技术125人，行政214人，博士后105人，工勤14人。2018年申报各类人才计划保持增长，新认定的深圳市国内及海外高层次人才达39人次，比2017年的24人次增长38.5%。其中新认定杰出人才和海外高层次人才A类各1人。高层次人才奖励申请已达119人次，涉及补贴金额3800余万。在人才项目上，2018年新引进海外高层次人才引进计划2人，海外高层次人才引进计划（短期项目）2人。国家高端外专项目入选3个。2018年申报深圳鹏城学者共5人，其中特聘教授1人，讲座教授4人。另外，有2人通过海外高层次人才引进计划（青年项目）的初审并参加北京答辩。有3人入选广东省珠江人才计划。

教学工作。截至2018年底，深研院共有在校生3205人，其中硕士研究生2916人，博士研究生289人。2018年共计录取研究生1263人，其中（内地）硕士研究生993人，博士研究生91人，港澳台地区学生30人，留学生149人。2018年深研院硕士研究生推免计划数460人，实际录取人数548人，满足各专业推免招生的需求。2018年深研院首次组织各学院参加研究生招生现场咨询会（广东场）。

2018年深研院共开设641门课程，比2017年新增约9%的课程量，并对333门课程进行检查，比2017年提高46%，异常率进一步降低。2018—2019学年第一学期，深研院共有4名老师参加校本部青年教师基本功比赛，分别获得文科组第二名、第三名和理科组优秀奖；完成"研究生教育创新计划"项目与"黉门对话"项目的申报工作。

2018年，深研院共有903名学生完成答辩并取得学位。其中，1月，共有30人被授予学位，其中硕士23人，博士7人。7月，共有873人被授予学位，其中硕士821人，博士52人。化学生物学与生物技术学院吴谦博士学位论文被评为2018年度北京大学优秀博士学位论文。12月，深研院首次使用"北京大学学位评定委员会会议系统"，通过汇丰商学院专业学位硕士学位评定改革方案。

2018年深研院组织学生申报交流项目，出访学生共421人次，比2017年同期增长43%，其中交换学生比2017年同期增长104%，其他情况出访学生同比增长168%，学生出访35个国家和地区。

科研工作。1. 科研经费。2018年新增课题192项，合同经费总计20,140.4万元，其中纵向课题103项，合同经费13,917.6万元，横向课题109项，合同经费6222.8万元。纵向经费与横向经费比例达到7:3，基础性、创新性科研项目竞争能力提升。2. 发表论文。2018年深研院师生共发表学术论文646篇，其中SCI、EI、ISTP和SSCI收录的高水平论文547篇（同比增长14%），申请发明专利125项，69项专利获得授权。3. 科研奖励。2018年科研成果奖励的申请受理工作中共收到申请论文217篇（同比增长26.9%），专利93项（同比增长52.5%）。

2018年，深研院共申报各类国家、教育部、省、市等各类纵向课题287项，其中国家自然科学基金100项，深圳市科技计划项目112项，广东省自然科学基金及科技计划项目59项，其他计划项目16项。国家自然科学基金项目申报工作取得新的进展，在项目集中申报期共申报91项，获得资助24项，直接经费1337.5万元，资助率为26.4%，同比增长1.9%。其中，黄湧获国家自然科学杰出青年资助，成为首个深研院自己培养的杰青。开展与其他高校、科研机构的合作，参与国家重点研发专项的申报，其中环境与能源学院黄晓锋参与的"大气污染成因与控制技术研究"专项获得立项资助，负责课题"粤港澳区域二次气溶胶与臭氧污染的耦合形成机理"，课题经费726万元；环境与能源学院徐期勇参与的"固废资源化"专项获得立项资助，负责课题"有机垃圾与再生资源利用园区循环化改造研究与示范"，课题经费670万元。

2018年，化学生物学与生物技术学院省部共建"肿瘤化学基因组学国家重点实验室"已正式获批建设，成为深圳市首个高校类国家重点实验室；信息工程学院"深圳市内容中心网络与区块链重点实验室""TVS三维集成微纳系统重点实验室"新增获批深圳市重点实验室；新材料学院"深圳OLED材料与器件工艺工程研究中心"、环境与能源学院"深圳纳米多孔水处理材料工程研究中心"新增获批深圳市发改委工程研究中心。

2018年6月，北京大学深圳研究生院与美国斯克里普斯研究所签署备忘录，设立合作机构共同开展药物研发。10月，深圳健康科学研究院建设方案通过深圳市政府审议，并批准深圳健康科学研究院注册成立。深圳健康科学研究院由北京大学深圳研究生院举办，开展科技创新及医药健康领域的科技创新研究，开展生物医药领域前沿研究。11月，广东省政府批准第二批共三个省实验室设立，其中生命信息与生物医药省实验室依托深圳健康院和北京大学深圳研究生院建设。

党建工作。2018年深研院党委共有60个党支部，其中教工党支部8个，学生党支部52个（在京支部4个，在深支部48个），合计党员1220名。其中，学生党员共1031人，占深圳研究生院在册学生的37.2%，新增学生入党积极分子172人，发展学生党员87人。2018年，在校党委和深圳市委的领导下，全院上下把握思想政治学习的主轴，学习习近平总书记在北大师生座谈会上的重要讲话精神；注重对入党积极分子的培养，提高党课教育质量；学习领会、坚决贯彻习近平总书记在全国教育大会上的讲话精神和大会要求。深研院党委坚持问题导向压实主体责任，推进纪检监察机构建设工作，完善基层党委的治理体系和治理能力；学习贯彻习近平总书记视察广东时的重要讲话精神；贯彻落实深圳市委相关文件精神，从严从实从细抓好维护政治安全工作。深研院党委实行"党建带群建"，优化"党建带团建"；加强与社区合作，开展"党员之家"的建设工作。按照教育部、北京市委及北京大学组织部相关要求，完成2018年党内统计工作，参加校本部党统工作专项培训，完成2018年党费缴交工作。

学生工作。2018年深研院共举办7期院长午餐会，组织各类主题的师生座谈会10余次，提出提案近40件，保障学生权益。心理健康教育与咨询方面，心理工作室共接待学生（含留学生）个体咨询991人次，团体咨询158人次，伴侣咨询4人次；对全院826名新生进行新生心理测评，参评率达93.8%，并根据测评结果对重点学生进行筛查回访，参与危机干预5次。就业指导方面，整合各方资源，组织企业参观互访活动10余次。深研院在校运会上取得团体总分七连冠。开展镜湖之夜游园会、新生开学营、校园"十佳歌手"大赛、新生杯体育文化节、趣味运动会、合唱音乐会等校园文体活动；组织编排大学城运动会入场式方阵与校本部运动会入场式方阵"献礼百廿"；共17支参赛队伍参加第二十六届挑战杯比赛，较2017年增加5支；与四川省金堂县签订共建学生社会实践基地合作协议，组织学生进入地方基层挂职或寒暑假社会实践。立足深圳，服务地方，长期与南方科技大学实验小学、卓雅小学、西丽小学等周边小学开展"大手拉小手"进课堂活动；与南山区开展"青春梦想导师"活动。2018年度，深研院研究生会获评广东省优秀学生会、深圳市优秀学生会，绿色+协会、博雅金融学社获评深圳市优秀社团。

教师荣誉。国际法学院英国籍专家弗朗西斯·施耐德（Francis Snyder）获2018年度中国政府友谊奖，并受到国务院总理李克强的亲切接见；信息工程学院刘宏入选国家重点研发计划"智能机器人"总体专家组；化学生物学与生物技术学院黄湧获2018年度国家杰出青年科学基金资助；化学生物学与生物技术学院翟宏斌入选第三批国家"万人计划"领军人才；环境与能源学院徐期勇、邱国玉、黄晓锋获国家重点研发计划课题资助；城市规划与设计学院杨家文入选2017年中国高被引学者榜单；新材料学院潘锋入选2017年中国高被引学者榜单，获美国电化学会电池科技奖。

2018年公布的2017年度深圳市科学技术奖中：化学生物学与生物技术学院院长杨震获市长奖；化学生物学与生物技术学院黄湧等为主要完成人的"基于仿生质子迁移的绿色合成"项目获自然科学奖一等奖；环境与能源学院黄晓锋、何凌燕等为主要完成人的"深圳市空气质量改善关键支撑技术研究"项目获社会公益类一等奖；化学生物学与生物技术学院龚建贤获青年科技奖。深研院共获得4大类、4项奖励，在深圳市高校中处于领先地位，这也是迄今为止深研院在深圳市科学技术奖收获奖项最多的一次。

（姚大伟、李燕红、孟祎、林宏海、罗碧芳）

表6-22 北京大学深圳研究生院2018年科研成果

学院	论文（单位：篇）				专利（单位：项）		专著（单位：部）
	总计	SCI	EI、ISTP	SSCI	新申请	新授权	
合计	646	368	123	33	125	69	11
信息工程学院	176	45	114		96	51	
化学生物学与生物技术学院	164	162			15	5	1
环境与能源学院	86	50	9		6	8	1
城市规划与设计学院	49	15		6			1
新材料学院	97	96			9	5	
汇丰商学院	48			27			8
国际法学院	26						

（孟祎）

表6-23 北京大学深圳研究生院2018年新增科研项目

学院	纵向		横向		合计	
	项目数	合同经费（万元）	项目数	合同经费（万元）	项目数	合同经费（万元）
合计	103	13,917.6	109	6222.8	212	20,140.4
信息工程学院	18	2120	18	1555	36	3675
化学生物学与生物技术学院	48	7234	35	1422	83	8656
环境与能源学院	15	2080.8	12	1420	27	3500.8
城市规划与设计学院	5	527.8	18	645	23	1172.8
新材料学院	17	1955	4	91.8	21	2046.8
汇丰商学院			21	1053	21	1053
通识教育中心			1	36	1	36

（孟祎）

表6-24 北京大学深圳研究生院2018年科研经费收入

学院	纵向课题到账经费（万元）	横向课题到账经费（万元）	到账经费合计（万元）
合计	24,777	4358	29,135
信息工程学院	6004	683	6687
化学生物学与生物技术学院	10,201	520	10,721
环境与能源学院	3161	1111	4272
城市规划与设计学院	679	548	1227
材料学院	4563	371	4907
汇丰商学院	17	1057	1074
国际法学院	60		60
人文社会科学学院		2	2
其他	119	66	185

（张娟）

表6-25 北京大学深圳研究生院2018年毕业学生数据统计

院系名称	博士			博士汇总	硕士			硕士汇总	总计
	2018.1	2018.7			2018.1	2018.7			
	毕业	毕业	结业		毕业	毕业	结业		
城市规划与设计学院		3		3		56	1	57	60

(续表)

院系名称	博士				硕士				总计
	2018.1	2018.7		博士汇总	2018.1	2018.7		硕士汇总	
	毕业	毕业	结业		毕业	毕业	结业		
国际法学院					3	98	2	103	103
化学生物学与生物技术学院	9	37		46	1	6		7	53
环境与能源学院		4	1	5		42		42	47
汇丰商学院					11	437	1	449	449
人文社会科学学院					1	43		44	44
新材料学院		4		4		31	1	32	36
信息工程学院		2		2	4	130	1	135	137
总计	9	50	1	60	20	843	6	869	929

(林宏海)

表6-26 北京大学深圳研究生院2018年学位授予数据统计

院系名称	博士				博士汇总	硕士			硕士汇总	总计
	2018.1		2018.7			2018.1		2018.7		
	补授	应届	补授	应届		补授	应届	补授	应届		
城市规划与设计学院				3	3	3			3	54	60	63
国际法学院							3		98	101	101
化学生物学与生物技术学院	4	3	7	32	46	1			6	7	53
环境与能源学院				4	4				41	41	45
汇丰商学院						9	13		403	425	425
人文社会科学学院							1		43	44	44
新材料学院				4	4	2			30	32	36
信息工程学院				2	2	4			130	134	136
总计	4	3	7	45	59	5	18	16	805	844	903

(林宏海)

表6-27 北京大学深圳研究生院2017、2018年招生数据对比

对比年份	博士（内地）			硕士（内地）			港澳台录取人数	留学生录取人数	合计
	录取专业	录取人数	直博/硕转博/申请考核录取人数	录取专业	录取人数	推免/统考录取人数			
2017	10	77	6/45/26（含联培9人）	16	996	539/457	8	134	1215
2018	11	91	13/47/31（含联培9人）	16	993	548/445	30	149	1263

(林宏海)

信息工程学院

【发展概况】 组织结构。2018年信息工程学院院务会成员包括：张盛东（执行院长）、朱跃生（副院长）、崔小乐（院长助理兼办公室主任）、王荣刚（院长助理）。

学科建设。学院在电子科学与技术、计算机科学与技术两个一级学科下，分别设有微电子学与固体电子学（理学硕士、博士）、计算机应用技术（理学硕士、博士）两个专业，研究方向包括：微纳电子器件及其集成技术、系统集成芯片设计及其设计方法学、集成微纳机电系统、新材料与器件、光电器件与集成、光电子器件、集成微系统、数据智能分析

技术、无线网络与移动计算、智能人机交互与机器人技术、模式识别技术、网络与数据安全技术、分布式存储技术、网络信息工程、多媒体信息处理技术、通信及信息安全技术、人机交互与机器人系统、模式识别与机器学习、大数据智能处理技术。

队伍建设。2018年学院共有全职教学科研行政人员83人，其中教授12人、副教授7人、副研究员1人、讲师4人、助理研究员5人、博士后13人、行政教辅41人。2018年新入职14人，包括博士后4人，劳动合同制10人；续聘26人，另有新引进非全职聘用制2人，其中海外高层次人才引进计划1人。师资队伍中，国家级人才兼国务院特殊津贴获得者1人，中组部海外高层次人才引进计划兼深圳市海外高层次人才A类1人，科技部国家中青年科技创新领军人才兼中组部万人计划入选者1人，深圳市海外高层次人才B类1人，深圳市海外高层次人才C类5人，深圳市地方级高层次领军人才2人，深圳市高层次后备级人才4人。

教学工作。截至2018年底，学院共有学生496人，其中硕士研究生448人，博士研究生48人。2018年共招收研究生172人（硕士161人，博士11人），实际报到注册171人（硕士161人，博士10人），毕业136人（硕士134人，博士2人）。学院2017—2018学年第二学期共开设研究生课程30门，共计82学分；2018—2019学年第一学期共开设研究生课程28门，共计82学分，其中计算机应用技术专业开设新课《计算机视觉》，微电子学与固体电子学专业开设新课《素质教育》《微纳电子技术前沿讲座》。

学院2018届毕业生均明确毕业去向，其中5名拟出国深造，131名100%就业。典型就业企业有微软（中国）、华为、网易、腾讯、百度、阿里巴巴等，就业地域主要分布于北京、上海、广深、江浙等地区。

学院2018年科技夏令营活动举行，共收到电子申请885个，收到纸版材料752份。录取入营150人，入营营员均是来自"985""211"高校专业排名前10的学生，其中"985"高校生源达到90%以上。

学院在深研院"前沿领域、交叉学科、应用学术、国际标准"的教学方针指引下，增开专业素质课程，强化培养学生的科技论文写作、表达能力，提升学生的PPT讲稿与Poster制作、科技英文写作方法与技巧、专业期刊、会议及投稿经验、专业科技文献检索与阅读方法、学术规范与学术道德、国内外科研合作与学术交流、团队合作与协同创新等能力。

科研工作。学院2018年科研项目合同总经费3675.45万元，其中纵向科研经费2120万元，横向科研经费1555.45万元。共发表学术论文176篇，其中SCI收录45篇、EI及ISTP收录116篇，以北京大学深圳研究生院为第一作者单位署名论文135篇；发表JCR一区高水平论文22篇。4位教师在光学、情报检索、计算机网络、人工智能、多媒体等研究领域的顶级会议发表文章8篇。此外，李挥团队的论文获国际计算机通信会议"2018会议Best-in-Session Presentation Award"。张盛东团队的论文获国际薄膜晶体管计算机辅助设计会议"2018会议最佳论文奖"。新申请发明专利91项，其中中国内发明专利申请件72项，发明专利PCT国际申请16项，美国发明专利申请3项，专利新申请创历史新高。新申请软件著作权5项。获授权发明专利50项，其中美国专利获授权8项，创历史新高。

交流合作。2018年度，信息工程学院共邀请包括30余位业内的著名专家学者来校学术讲座。信息工程学院师生赴香港、澳门、台湾、美国、欧洲、日本、新加坡等地参加国际学术会议100余人次。信息工程学院2018年度共主办学术会议2场，承办1场。

2018年学院继续开展与企业的技术合作与高层次人才培养，开展横向科研项目18项，合同金额1555.45万元。其中：邹月娴在人工智能场景认知方向获深圳市奥拓电子股份有限公司500万元人民币支持，与北大深研院共同建设人工智能场景认知技术产业化创新联合实验室。刘宏在人工智能方向获易事特集团股份有限公司500万元人民币支持，与北大深研院共同建设人工智能联合实验室。与深圳市华星光电技术有限公司合作培养博士后5人。

党建工作。2018年深研院党委教工信息党支部新发展教工预备党员1人（助理研究员沈颖），积极分子1人（博士后刘荣），组织党日主题活动5次，获2018年北京大学先进党支部称号。新组建学生团支部4个，学生党支部2个，为51名正式党员和9名预备党员办理关系转入，新发展学生预备党员10人。2017级3班、4班党支部获校级学生党团日联合主题教育活动三等奖；2017级4班党支部获校级先进党支部称号；2017级2班、4班团支部获北京大学深圳研究生院优秀团支部称号；王娅、樊卓宸、詹家鳝语3名学生团支书获北京大学深圳研究生院优秀团干部称号；学院学生党员代表队获深圳研究生院"一二·九"党的知识竞赛二等奖。

（卢志明、李建桦、张　婧、唐春花）

表6-28　信息工程学院2018年顶级会议发表文章列表

顶级国际会议	课题组	论文数	领域
2018FiO/LS（Frontiers in Optics/Laser Science）	李　倩	1	光学
2018ACM SIGIR（Special Interest Group on Information Retrieval）	雷　凯	2	情报检索
2018 IEEE INFOCOM（IEEE International Conference on Computer Communications）	李　挥	1	计算机网络
2018 AAAI（the Association for the Advance of Artificial Intelligence）	李　革	1	人工智能
2018 ACM Multimedia Conference	李　革	3	多媒体

（张　婧）

【2018年度"中国高等学校十大科技进展"】 12月26日，由高文院士担任负责人，浙江大学、深研院、清华大学作为合作单位的"视频编码国家标准AVS2支撑中央电视台播出超高清电视"项目入选2018年度"中国高等学校十大科技进展"。学院王文敏教授、李革教授和王荣刚教授等带领的"图像与视频处理研究团队"在AVS2标准制定、AVS2多平台编解码技术研发和视频内容分析算法等方面取得多项技术突破。

AVS2（Audio Video coding Standard 2.0）超高清视频编码标准继2016年被颁布为广播电视行业标准和国家标准后，2018年被颁布为IEEE（电气电子工程师学会）国际标准，并被全球超高清联盟采纳。10月1日，中央电视台采用AVS2超高清视频编码标准正式开播4K超高清电视，迄今已落地15个省区市有线电视网络，该技术同时在电信等行业得到应用。

（张　婧、卢志明）

【未来网络与区块链论坛暨IEEE HotICN国际会议】 8月14日至17日，2018未来网络与区块链论坛暨IEEE HotICN（IEEE International Conference on Hot Information-Centric Networking）国际会议在深圳举办。会议由IEEE北京、北京大学深圳研究生院、鹏城实验室（深圳网络空间科学与技术广东省实验室）、南方科技大学共同主办。来自国内的320名高校师生以及国外的34名师生参加会议，探讨"区块链"和"未来网络"等热门话题。8月14日，信息工程学院教师雷凯作为大会主席致辞。区块链重要技术研究专家、复旦大学斯雪明教授，国家科技专家库在库专家严挺，深圳松禾远望资本管理有限公司合伙人田鸿飞，IBM（International Business Machines Corporation）高级技术专家赵振华和深圳大学毛睿教授围绕区块链的技术发展和应用进行探讨。15日，深圳市科技创新委员会主任梁永生对大会第二部分致辞。中国工程院院士刘韵洁、陈晓红，英国皇家学会院士樊文飞，加州大学洛杉矶分校Lixia Zhang，香港中文大学John C.S. Lui围绕未来网络及区块链技术的架构、关键技术、学术研究、人才培养以及发展趋势与产业前景等议题进行学术报告。16日至17日上午，参会学者们围绕"信息中心未来网络和区块链"两大命题的论文作演讲。会议共收到投稿128篇，录用57篇论文，已录用论文均能在EI检索。

（李　婷、卢志明）

【第九届国际薄膜晶体管计算机辅助设计会议】 11月16—18日，由深研院主办，IEEE深圳分会、南方科技大学、华星光电联合协办的第九届国际薄膜晶体管计算机辅助设计会议在深圳市紫荆山庄召开。来自加拿大、意大利、日本、法国等10多个国家的近200名学者参加会议。此次会议共设有64场报告，涵盖薄膜晶体管器件模拟及电路仿真、薄膜晶体管新型应用、印刷及有机薄膜晶体管等方面。

17日上午，大会开幕式由信息工程学院周航副教授主持，深研院副院长涂欢、信息工程学院执行院长兼大会主席张盛东分别致辞。剑桥大学教授Arokia Nathan、Silvaco International公司Ahmed Nejim、香港科技大学工学院院长郑光廷和北京博达微科技有限公司首席执行官李严峰分别为大会作不同细分领域的报告。韩国庆熙大学教授Jin Jang、浦项科技大学教授Sungjune Jung以及中山大学教授刘川分别就AMOLED薄膜晶体管、柔性薄膜晶体管三维集成技术和薄膜晶体管的器件物理等领域与参会人员进行研讨。

（周　航、卢志明）

【第二届未来计算国际研讨会】 12月17—18日，由北京大学主办、信息工程学院承办的未来计算国际研讨会在深圳举行。美国伯克利加州大学蔡少棠教授、惠普公司前资深副总裁R. Stanley Williams博士等26位国际权威学者作大会报告和特邀报告。参会学者200余人，围绕类脑相关算法、材料、器件、电路、芯片、系统、应用等进行研讨。《自然》出版集团和约翰威立国际出版公司3位资深编辑与参会者展开交流。会议期间，展出学术海报39份，主题涵盖类脑相关算法、材料、器件、电路、芯片、系统、应用等。

（卢志明、张　婧）

【栅集成电路专利技术转化】 信息工程学院薄膜晶体管与先进显示重点实验室2018年获授权发明专利30余件，其中美国发明专利7件（其中2件申请单位为深圳市华星光电技术有限公司）。该实验室所发明的栅集成电路专利技术在深圳市华星光电技术有限公司的新产品（55寸超高清显示屏）中得到成功应用。目前该成品的市场占有率全球领先。

（张　婧、卢志明）

【多分量地震监测预测AETA系统预报基本准确】 信息工程学院集成微系统科学工程与应用重点实验室完成多分量地震监测预测AETA系统在中国川滇实验场近200个观测点的粗粒度覆盖布设，监测期间发现与孕震过程密切相关的日升日落同步的电磁扰动信号，2018年共作出3次覆盖区的4级以上地震预报并提交至四川省地震局，其中两次基本准确。

（张　婧、卢志明）

化学生物学与生物技术学院

【发展概况】 组织机构。截至2018年底，化学生物学与生物技术学院拥有国家级创新载体1个，省部级创新载体2个，拥有深圳市级重点实验室3个、深圳市工程实验室4个，深圳市公共技术平台3个，南山区科技平台2个。学院有仪器中心和实验动物研究中心两个重要的公共服务平台。

2018年，仪器中心管理的公共仪器总值超过4500万，共计35台。服务校内课题组20个，测试服务机时超过10,000小时，培训学生超过100人次。对外服务科研机构和企事业单位超过20家，测试服务机时超过1000小时，测试样品个数超过1000个。

2018年，实验动物中心公共服务平台服务校内课题组9个，对外服务10个单位31个课题组，与多个科研机构和企业开展业务与科技合作，共计提供饲养服务约3000笼位，年度实现收入约200万元，其中对外收入约120万元。共计开展实验动物从业培训12期，培训校内及合作单位学生约400人。组织实验动物使用与管理委员会全体会议两次，审查实验动物研究计划45份。

队伍建设。2018年，学院引进2人作为Tenure-Track教师。截至2018年底，学院有专职高水平教师36人，其中中国科学院院士1人、长江学者1人、国家杰青4人、海外高层次人才引进计划1人、广东省杰青1人，兼职教授6人，博士后18人。

2018年，黄湧获得国家自然科学基金杰出青年基金。

学科建设。2018年，研究生专业全部通过化学（化学基因组学）专业招生，具体研究方向为疾病发生机制与疾病模型研究、药物作用靶标及作用机制研究、计算化学与药物设计、重要天然产物及药物的合成及方法学研究。

科研工作。2018年，学院新增各类科研项目83项，合同经费总额8656.5万元，其中国家级项目课题14项，合同经费889万元；地方级项目34项，合同经费6345万元；横向课题35项，合同经费1422.5万元。纵向经费入账10,201万元，横向经费入账520万元，总入账经费10,721万元。

2018年，学院教师申请中国专利15项，获得中国专利授权5项；学院师生共发表SCI收录的署名论文164篇，平均影响因子6.49，其中亮点重要论文共17篇（IF>10，学院均为第一通讯作者单位）：4篇发表在 Journal of the American Chemical Society（IF：14.357），1篇发表在 Materials Horizons（IF：13.183），5篇发表在 Nature Communications（IF：12.353），4篇发表在 Angewandte Chemie-International Edition（IF：12.102），1篇发表在 Science Advances（IF：11.511），2篇发表在 ACS Catalysis（IF：11.384）；此外参与发表专著1部。

杨震获2017年度深圳市市长奖。黄湧"基于仿生质子迁移的绿色合成"项目获2017年度深圳市科学技术奖自然科学奖一等奖。龚建贤获2017年度深圳市青年科技奖。

2018年1月，承办由国家自然科学基金委员会化学科学部"优秀青年科学基金"2014年度资助项目结题审查会议。同月，主办第十届"晨兴"化学生物学前沿论坛，邀请杜久林（中国科学院脑科学与智能技术卓越创新中心）、黄岩谊（北京大学）、鞠建华（中国科学院南海海洋研究所）作主题报告，共有100余人参会。

交流合作。2018年，学院主办国内会议和论坛5次，主办国际会议3次。主办学术报告56次，包括南燕院士讲座6次，康龙化成讲座2次，教师邀请报告48次。学院教师外出参加国际及国内会议16次，师生参会人数共计22人次；教师被邀外出讲座6次。

学院与牛津大学药理系达成共识并签订合作备忘录，计划在天然药物研究与开发领域开展合作研究，并将之应用于改善生命系统，形成一个支持产学合作、技术转移转化的创新中心。

教学工作。2018年，学院新增博士生导师1人。截至2018年底，共有博士生导师31人，共有学生226人，其中博士研究生127人，硕士研究生99人。2018年招收博士研究生43人（申请考核制招生8人，硕转博35人），硕士研究生38人（推免招生24人，考试招生14人）。共有毕业生53人（46博士，7硕士），1人获得北京大学优秀博士学位论文奖。2017—2018学年第二学期开设研究生课程43门，2018—2019学年第一学期开设研究生课程44门。

学生工作。2018年召开各年级班会9次，对校园生活和学习相关问题进行解析和答疑，安排落实学生活动。2018年1月主办学院年会，4月主办实验室风采大赛系列，6月组织毕业季活动系列；协办或组织学生参加深研院各项活动，获得2018年第二届南燕体育文化节暨"迎新杯"系列比赛团体亚军、第九届趣味运动会季军。2018年10月，学院共有57人获得校级奖励，19人获得校级奖学金，6人获得博士研究生国家奖学金奖。学院设有企业冠名奖学金6类10项，共有70人获奖。医疗保障方面，2018年为在校生办理重大疾病险、意外伤害险、深圳市医保卡，为83人办理公费医疗报销。户档方面，2018年完成81名拟录取学生（43博士，38硕士）的政审工作、46名拟录取学生（8博士，38硕士）的调档工作，完成53名毕业生（46博士，7硕士）的户档派遣。就业方面，学院主办选调生面谈考查会4次、就业分享会3次，协助举办企业宣讲会4次。

党建工作。学院设教工党支部1个，现有教工党员40人，2018年发展党员1人。设学生党支部6个，现有学生党员121人，2018年发展党员3人，发展积极分子12人。各党支部动员党员和积极分子参加深圳研究生院党委组织的《厉害了，我的国》和《大会师》观影活动和党的知识竞赛活动，动员发展对象参加北京大学第十四期教职工党性教育读书班活动。各党支部围绕学习十九大报告，学习两会精神、习近平总书记在北京大学师生代表座谈会上的讲话，感受新时代等主题，开展形式多样的活动，例如"学习两会精神 感受时代伟大变化"党团日联合主题教育活动，参观国家博物馆"伟大的变革——纪念改革开放四十周年大型图文展"、以"践行新思想，拥抱新时代"为主题的"大潮起珠江——广东改革开放40周年展览"等。

（孟　芳、王　锐、赵亚波、杨　果、张伟滨、李佩佩）

【省部共建国家重点实验室获批建设】省部共建肿瘤化学基因组学国家重点实验室以北京大学深圳研究生院与清华大学深圳研究生院为依托单位，建设主体为北京大学深圳研究生院"广东省化学基因组学重点实验室"和清华大学深圳研究生院"广东省化学生物学重点实验室"。在广东省政府、深圳市政府和依托单位的大力支持下,2017年11月,省部共建肿瘤化学基因组学国家重点实验室的建设运行实施方案通过专家论证。2018年1月,省部共建肿瘤化学基因组学国家重点实验室正式获批。

2018年4月8日上午,科技部、广东省人民政府和深圳市人民政府共建的肿瘤化学基因组学国家重点实验室建设运行启动会在广东省深圳市召开。科技部基础研究司副巡视员周文能、广东省科学技术厅副厅长刘炜、深圳市副秘书长吴优、深圳市科创委员会党组书记邱宣、深圳市教育局副局长许建领,以及其他深圳市政府相关部门领导,依托单位领导及教师代表参加会议。

2018年12月1日,省部共建肿瘤化学基因组学国家重点实验室(以下简称"实验室")第一届学术委员会第一次会议在深圳大学城召开。实验室学术委员会委员和特邀专家出席会议,实验室依托单位领导和实验室30多位科研骨干参加会议。

(王　锐、郭柏宏)

【第二届有机反应机理国际研讨会】 5月15日至16日,由深研院和深圳中国科学院院士活动基地共同主办的第二届有机反应机理国际研讨会(The 2nd International Symposium on Organic Reaction Mechanism)在麒麟山庄国际会议厅召开,来自国内外62个学校及科研院所的师生170余人参加研讨会,吴云东院士和Kendall N. Houk 院士为大会致辞。

2005年诺贝尔化学奖获得者Robert H. Grubbs院士、美国科学院院士William L. Jorgenson、Paul A. Wender,德国科学院院士Peter R. Schreiner,中国科学院院士张东辉、丁奎岭,北京大学高毅勤、余志祥,科罗拉多州立大学Robert S. Paton,大阪大学Kizashi Yamaguchi,新加坡国立大学Jishan Wu,加利福尼亚大学戴维斯分校Dean J. Tantillo,清华大学王梅祥,香港科技大学Zhenyang Lin,亚琛工业大学Franziska Schoenebeck,加州大学洛杉矶分校Yi Tang,明尼苏达大学Jiali Gao等17名海内外学者作大会主题报告。匹兹堡大学Peng Liu,杨百翰大学Daniel H. Ess,马里兰大学Osvaldo Gutierrez,默沙东药业Jian Liu,静冈县立大学Kenji Watanabe,清华大学焦雷,东北大学Steven A. Lopez,南方科技大学Lung Wa Chung,重庆大学蓝宇,上海交通大学赵一雷,厦门大学朱军等11名海内外学者作大会邀请报告。此外,大会有55份墙报展示,其中8名同学获得最佳墙报奖。

(张欣豪、邓　超)

【第一届深圳EBV-NPC国际研讨会】 12月3日,由省部共建肿瘤化学基因组学国家重点实验室主办,北大深研院、清华深研院以及香港浸会大学联合承办的第一届深圳EBV-NPC国际研讨会(The 1st Shenzhen International EBV-NPC Conference)举行,来自多所高校和科研机构的200余人参会。

EBV-NPC国际研讨会荟聚国内外在病毒与肿瘤生物学,尤其是EB病毒和鼻咽癌领域的著名专家学者,对鼻咽癌诊断治疗中所面临的挑战与机遇、EB病毒感染与鼻咽癌发生发展关系、鼻咽癌诊断与治疗的创新方法进行交流。英国华威大学Lawrence S. Young教授、中山大学肿瘤防治中心曾木圣教授、香港浸会大学的黄嘉良教授、美国Wistar研究所Paul Lieberman教授、香港中文大学李志明教授、香港中文大学陈君赐教授、深圳市第二人民医院的聂国辉教授、北大深研院的全军民教授作主题报告。

(全军民、张伟滨、罗钦宏)

【第十二届亚太地区纳米杂化太阳能电池会议】 12月17—20日,第十二届亚太地区纳米杂化太阳能电池会议在深研院举行。来自美国、日本、韩国等国家的30多位海外专家学者,以及来自大陆和港澳台地区各高校、研究机构和相关企业的约150多位科研人员参加会议。深圳市科技创新委员会领导和深研院院长吴云东院士代表主办方致辞。

会议聚集太阳能电池领域的国内外著名专家、学术界精英、科研第一线的优秀人才。中科院大连化学物理研究所李灿院士、苏州大学李永舫院士、韩国成均馆大学Nam-Gyu Park教授、日本桐荫横滨大学Tsutomu Miyasaka教授分别做大会报告,日本国立材料研究所Liyuan Han研究员、武汉理工大学程一兵教授、日本兵库县立大学Seigo Ito教授、日本九州工业大学Shuzi Hayase教授、中科院物理研究所孟庆波研究员、陕西师范大学刘生忠教授、中国华北电力大学戴松元教授分别做主旨报告,此外,大会还包括特邀报告41个,口头报告19个,以及21个墙报展示。

(杨世和、洪　梅)

环境与能源学院

【发展概况】 组织机构。环境与能源学院由院长办公会及党支部会议,结合人事专家委员会、空间规划专家委员会、学科发展专家委员会等专家会议对学院重大行政工作行使决策权。其中院长办公会及党支部会议实行例会制,对学院日常行政及事务工作进行安排。公共服务部门主要由执行副院长、副院长、党支部书记、行政办公室(人事、财务、宣传、教务、学工、科研、后勤等业务范围)组成。研究机构包括城市人居环境科学与技术重点实验室、重金属污染控制与资源化重点实验室、藻类新能源技术开发和应用工程实验室、聚硅酸盐复合环保材料工程实验室、太阳能与风能海水淡化关键技术工程实验室、节能减碳数据平台及分析技术工程实验室。

师资队伍。截至2018年底,学院共有教学科研人员23人,其中全职教研岗教师13人,全职研究岗教师4人,博士后研究员 6 人。教研人员中有深圳市高层次或海外高层次人才 15 人,外籍人员 4 人。

教学培养。2018 年,学院共有全日制在校硕士生 156 人,博士 34 人。共开设全日制研究生课程 27 门,均由常驻教师进行英语或双语教学,2018 年春季学期课程评估平均分 98.186。2018 年授予全日制硕士毕业生学位 43 人,博士毕业生学位 5 人。

学术科研。2018 年新签科研项目 18 项,新增总合同金额 3232 万元。其中横向课题 3 项,总合同金额 126 万元;纵向课题 15 项,总合同金额 3106 万元。新签纵向国家级课题 8 项,其中国家自然科学基金 2 项、国家重点专项 3 项、国家重大科技专项 1 项、青年基金 1 项、博士后基金 2 项。纵向地方级课题 7 项,均为深圳市科技计划项目,纵向科研经费国家和地方比例接近 1:1。

发表学术论文 86 篇。其中 SCI 收录论文 50 篇,EI 收录论文 9 篇,中文核心期刊 27 篇。共有 28 篇 SCI 论文的影响因子在 3.0 以上,占全部 SCI 收录论文总数的 56%。对比 2017 年,全院 SCI 收录论文数量比 2017 年提升 42%,影响因子在 3.0 以上的论文比 2017 年提升 55%。出版工具书 1 册,申请专利 6 项,授权 9 项,完成深圳市产业标准 3 项。

主办、合办和协办各种学术、科普、产业推广和学生培养等学术会议 8 次,其中包括第十届中韩环境学术研讨会、"深圳市大气臭氧污染的立体综合观测与光化学机理研究"课题的研究进展汇报与秋季加强观测方案专家咨询会、首届水务科技发展高峰论坛、第五届"科技引领绿色未来"学术论坛等。参加学术会议 11 次,合计参会人数达 230 人次。举办学术讲座 18 次,参会人数超 300 人次。

党建工作。2018 年学院教工党支部共有教师党员 20 人,学生党支部 5 个,共有学生党员 116 人。按规定召开党支部组织生活会,学习贯彻党的十九大精神以及习近平总书记系列重要讲话精神,落实支部党建工作责任制,推进"两学一做"学习教育常态化,深化"创先争优"工作,提高党建工作制度化、规范化、科学化水平。开展支部学习活动,召开内部评议考核大会,组建环能学院 2018 级新生党支部,完成其他 4 个学生党支部的换届、预备党员转正、教工和学生党费缴纳、党章党规党纪和宪法法律法规在线测试等工作。

学生荣誉。2018 年 5 人获研究生国家奖学金,其中硕士 4 人,博士 1 人;获评"北京市三好学生" 1 人、校级奖励 37 项、校级奖学金 13 项、优秀毕业生 7 人。环境工程 2017 级硕士班获评北京大学"先进学风班"。

毕业生去向。2018 年,学院有 43 名硕士、5 名博士毕业,其中 5 人出国深造(2 人分别获得新加坡国立大学和美国亚利桑那大学博士全额奖学金),15 人留深就业。

社会服务。2018 年学生社团"绿色+协会"开展系列绿色环保公益活动,被深研院团委评为 2018 年度"品牌社团",被深圳市学生联合会评为"深圳市优秀学生社团"。

"绿色可持续发展办公室"携手世界自然基金会与深圳市国际交流合作基金会在深圳大学城图书馆报告厅成功举办"扭转未来,共同应对环境挑战"的国际论坛,学院徐期勇副院长作为学术嘉宾,进行题为"生物多样性保护与垃圾管理的挑战"的报告。

(胡宜华)

【第十届中韩环境学术研讨会】 4 月 30 日,徐期勇副院长带队,19 名师生赴韩国首尔国立大学参加第十届中韩环境学术研讨会。会议以"Changes of the Environment and Society: Measurements and Implications"为主题,围绕全球环境气候变化等热点问题展开,涉及大气、水、土壤、固废等相关领域。

(胡宜华)

【深圳市聚硅酸盐复合环保材料工程实验室】 6 月 22 日,"深圳市聚硅酸盐复合环保材料工程实验室"完成项目评审、复核、公示等。项目自 2012 年 10 月起实施,2015 年年底建设完成,2016 年 11 月 22 日通过专家验收,2018 年公示完成,期间改造科研场地 1100 平方米;专项资金购置设备 43 台/套;建立聚硅酸盐治污材料、绿色和特种建材、水处理材料等实验室以及产品成果转化平台;发表科技论文 22 篇,其中 SCI 收录 15 篇,申请专利 3 项,培养研究生 32 名。

(胡宜华)

【第五届"科技引领绿色未来"学术论坛】 12 月 9 日,学院第五届"科技引领绿色未来"学术论坛在 E 栋 118 会议厅召开。来自北京大学、哈尔滨工业大学两所高校多个学院的参赛同学作学术汇报,内容涉及水污染、大气污染、固废处理、环境金融、新材料能源、节能减排技术及其他相关领域。

(胡宜华)

城市规划与设计学院

【发展概况】 组织结构。2018 年,城市规划与设计学院在任领导:院长李贵才;副院长杨家文,倪宏刚;院长助理阴劼,仝德。学院教授指导委员会在任委员包括:学院内部 4 人,分别为李贵才,曾辉,吴健生,杨家文;学院外部 5 人,分别为陈利顶(中国科学院生态环境研究中心教授、博士生导师),董卫(东南大学建筑学院教授、博士生导师),冯长春(北京大学城市与环境学院教授、博士生导师),贺金生(北京大学城市与环境学院教授、博士生导师),吕斌(北京大学城市与环境学院教授、博士生导师)。

学科建设。2018 年学院设有 1 个硕士招生专业:地理学(城市与区域规划);3 个博士招生专业:自然地理学、人文地理学、生态学;并设有地理学博士后科研流动站。研究方向涵盖城市规划与区域发展、土地利用规划与技术、生态规划与生态修复技术、城市设计等。

队伍建设。2018年学院有常驻全职教师13人（其中教授6人，副教授3人，助理教授4人），北大本部派出任课教师7人，外聘兼职教授3人，外籍授课教师1人，在站博士后4人。其中"珠江人才计划"海外来粤短期工作专家1人（沈青教授），高端外国专家人才项目（文教类）1人（Ian MacLachlan教授），JCR一区期刊副主编2人（杨家文教授担任 Transportation Research Park D: Transport and Environment 副主编、倪宏刚教授担任 Science of The Total Environment 副主编），入选世界著名出版公司爱思唯尔发布的2018年中国高被引学者中"社会科学"领域榜单1人（杨家文教授）。

教学工作。2018年学院全日制在校硕士研究生161人，博士研究生24人。其中2018年入学硕士研究生55人，博士研究生8人（含硕转博3人）。2018年毕业硕士生60人，博士生3人。2018年春季学期共开设课程19门；秋季学期共开设课程19门。

科研工作。2018年学院获批的新增科研项目16项，总经费988.7394万元，其中国家级纵向课题6项，经费527.8万元，包括国家重大科技专项1项，国家自然科学基金5项；地方级纵向课题2项，经费100万元；横向课题10项，经费360.9394万元。发表论文49篇，其中21篇SCI与SSCI，24篇中文核心，出版专著1部。举办学术报告10次，共使用经费2.1万元。主办大型学术会议1次。

党建工作。2018年学院党委有教职工党员14人，设1个党支部，党支部书记仝德，支部副书记易哲星，组织委员和纪检委员吴健生，宣传委员常文静。1月18日，在学院C209会议室召开"贯彻十九大精神，发挥专业优势，营造业务结合党务的工作环境"主题组织生活会。11月30日，组织党员赴广东省自贸区前海深港现代服务业合作区，举行学习习近平总书记10月广东视察讲话的主题党日活动。

行政队伍。2018年学院行政教辅人员共计11人，其中项目自聘人员5人，包括新入职项目自聘人员2人。

工会工作。学院工会隶属于北京大学深圳研究生院总工会。2018年学院工会共有会员26人。

学生工作。2018年5月，举办院衫设计大赛。6月，开展"西部之光"大学生暑期规划设计大赛活动。7月，举办优秀大学生夏令营活动。9月，完成学院研究生会换届工作。10月，组织学生赴中山大学进行考察交流。11月，组织师生参加深研院趣味运动会，获得团体亚军。12月，组织学生赴香港进行城市观察活动调研与实践。12月，组织师生参加深研院"镜湖之夜"游园活动。

毕业生去向。2018年毕业硕士研究生60人，其中出国深造2人，国内深造2人，国家机关11人，事业单位15人，企业20人，其他10人。

（梁嘉棵、易哲星、刘　爽、张黎黎）

【2018北京大学未来城市论坛】 12月15日至16日，"2018北京大学未来城市论坛：可持续的城市-区域治理"在深研院举行。论坛由北京大学深圳研究生院城市规划与设计学院、北京大学城市与环境学院、北京大学未来城市研究中心主办；北京大学未来城市实验室、北京大学（深圳）未来城市实验室承办；北大-牛津PEAK URBAN研究组协办。北京大学周一星教授，中国工程院院士同济大学副校长吴志强教授，英国皇家社会科学院院士香港大学林初昇教授，香港企业家李德义等40余位来自国内外的专家学者、规划实践参与者受邀参加论坛，其中30余位学者作报告，分享交流有关未来城市研究的新趋势、新技术、新成果。论坛以"可持续的城市-区域治理"为主题，分主题报告议程和7个分议程："未来城市研究的理论思考""未来城市治理的新框架""粤港澳大湾区规划实践""新型城镇化与空间转型""可持续的城市交通与出行""新技术与智慧城市""可持续的土地利用与规划"。

（梁嘉棵）

新材料学院

【发展概况】 新材料学院以创建"一流的材料科学与工程学院"为办学目标，秉承"北大传统，深圳活力"的办学理念，致力于培养具有国际视野的复合型创新人才，开展前沿领域、交叉学科的基础研究和以新材料、新能源产业应用为目标的协同创新。

2018年，学院共有在校生147人，其中硕士生107人、博士生40人。新招收硕士生37人、博士生12人（含南科大联合培养2人）。其中录取硕士推免生25人，主要来自北京科技大学、华中科技大学、吉林大学、中山大学等高校，直博生4人。

学科建设。2018年已经获批二级学科博士学位授权点的"力学（先进材料与力学）"专业，研究方向为新能源材料与器件。此外，重点开展基于材料基因组的新型应用学科建设。立足国家级国际联合研究中心、广东省级重点实验室、广东省工程技术研究中心、深圳市重点实验室、纳米光电打印材料工程实验室等机构，以承担国家重点研发专项、省级项目等课题为契机，开展有针对性的学术研究。参与深圳市定位建设国家重大基础平台设施的"深圳市材料基因组大科学装置平台重大科技基础设施-高通量中子谱仪平台"建设和"材料基因组研究院"建设。

科研情况。完成国家重点专项"材料基因工程关键技术与支撑平台——基于材料基因组技术的全固态锂电池及关键材料研发"中期检查工作；完成深圳市发改委太阳能薄膜工程实验室现场验收工作；另有多项课题进入验收申请阶段。

发表 SCI 收录论文 104 篇，包括 Nature Nanotechnology、Journal of the American Chemical Society、Advanced Materials 等材料领域顶级期刊，平均影响因子 7.672，其中为第一作者单位发表论文 77 篇，影响因子 10 以上或 Nature Index 收录杂志的高影响力文章 28 篇。教师新增申请中国专利 9 项，获得中国专利授权 5 项。

表 6-29　新材料学院历年发表文章情况

	SCI 文章数	JCR Q1	NI/IF10+	平均 IF
2013—2014 学年	5	2	0	3.769
2014—2015 学年	25	11	2	3.962
2015—2016 学年	56	41	21	7.248
2016—2017 学年	84	69	34	7.372
2017—2018 学年	103	84	42	7.752
2018 年度	104	70	28	7.672

（林　海）

毕业生情况。2018 年学院毕业生共计 38 人，其中 6 人继续深造（北京大学读博 2 人，博后 1 人；深圳大学、华南理工大学读博各 1 人），32 人就业，单位包括福建省委组织部，中共武汉市委组织部，华为技术有限公司、京东方科技集团股份有限公司等知名企业，就业率 100%。深圳就业人数 15 人，占 39%，广东省内（含深圳）就业人数 17 人，占 45%。其中，博士毕业生胡江涛获得 2018 年北大"五四奖章"优秀学生提名奖，成为深研院建院以来首位获得该项荣誉的学生。

教学工作。2018 年学院教学岗专职教师共计 11 人。2018 年春季学期课程在课程评估中平均得分为 97.77，高于深研院平均水平，其中，孟鸿讲授的《先进材料化学》获 2017 年度北京大学教学优秀奖。2018 年秋季学期面向研究生开设课程 11 门，其中必修课 4 门。

交流合作。2018 年学院教师赴国外参加学术交流活动 3 次；3 名在校生出国参与国外实验室联合培养项目。10 月，潘锋作为联合主席，参与 ABAA-11 国际会议（11th International Conference on Advanced Lithium Battery for Automobile Applications）。王新炜受邀在美国电化学会议（ECS）上作关于 ALD 的长达 40 分钟的邀请报告、被推选为 2018 全国 ALD 会议的大会共同执行主席。

党建工作。2018 年召开党支部会议 10 次，开展组织生活会 1 次，开展及参加团建活动 6 次。

（罗淑芳、何事纮、王俊敏、林　海）

【潘锋获美国电化学会电池科技奖】 2018 年，潘锋获 2018 年度美国电化学会（ECS）电池科技奖（Battery Technology Award），并在 10 月份由美国电化学会、SMEQ、SBEE、SIBAE 和 ACEQ 联合的举行的第 234 次美国电化学和固体科学国际会议（AiMES）（墨西哥坎昆）会上，作题为《锂电池材料的晶体结构和界面结构与性能研究》的获奖报告。2000 位来自世界各地相关研究领域的专家学者出席此次会议。

（林　海）

【研究进展在《自然·纳米技术》上发表】 2018 年，在潘锋、美国陆军实验室许康、美国阿贡国家实验室 Khalil Amine 和陆俊的共同指导下，学院 2014 级博士生刘同超和硕士生林凌漂（文章的共同一作）及团队相关人员共同完成的关于在原子尺度上原位探测锂电池负极界面构建 SEI 膜机理研究取得突破性进展的文章，在国际知名杂志《自然·纳米技术》（Nature Nanotechnology, DOI: 10.1038/s41565-018-0284-y，影响因子 37.5）上发表。潘锋课题组与国际知名实验室合作，将电化学方法与称量原子/分子重量石英微天平（EQCM）、观察原子尺度形貌的原子力显微镜（AFM）和监测产生极微量气体组成的微分质谱（DEMS）进行巧妙协同策略，实现定量监测在不同电位下电极界面组分，从不同角度对 SEI 膜的形成过程进行原位和联动的追踪测量，经过团队近 5 年的共同努力取得突破性进展。

（潘　锋）

汇丰商学院

【发展概况】 组织机构。汇丰商学院重大行政事宜由党政联席会讨论决定。职称评定等学术事项由学术委员会讨论决定。同时，北京大学和汇丰银行相关负责人共同组成咨询委员会，为学院发展提供决策咨询和建议。公共服务部门包括党委办公室院长办公室、财务办公室、人事办公室、信息化办公室、公关媒体办公室（经济金融网）、总务办公室（物业中心）。教学项目包括全日制硕博办公室、EMBA 办公室、MBA 办公室和 EDP 办公室。研究机构包括北京大学汇丰金融研究院、萨金特数量经济与金融研究中心、宏观经济与金融研究中心、海上丝路研究中心和中国直销行业发展研究中心等。另设有创新创业中心和就业指导中心。

师资队伍。2018 年学院有教学科研人员 78 人，其中全职教研岗教师 58 人，全职教学岗教师 7 人，全职研究岗教师 1 人，非全职聘用 5 人，博士后研究员 7 人。全体教学科研人员中 30% 为外籍教师，5% 来自港澳台地区。其中有诺贝尔奖获得者 1 人、深圳市高层次或海外高层次人才 23 人。

教学培养。2018 年学院在校全日制硕士生 883 人，MBA 在校生 294 人，博士 17 人，EMBA 在校生 208 人。汇丰商学院英国校区的首批 7 名外籍新生正式入学。共开设全日制研究生课程 193 门（含英国校区课程 15 门），开设 MBA 课程 43 门，开设 EMBA 课程 35 门。2018 年全日制硕士毕业生 310 人获得学位，MBA 114 人获得学位，EMBA 70 人获得学位。学院加强对学生培养质量的控制，把控学生毕业论文质量，根据世界一流大学的普遍规则，对学生提出毕业平均成绩达到B以上的要求。

2018级继续在全日制硕士项目推行"专业+辅修"的培养模式，学生在培养过程中，根据自己的兴趣和能力选择经济、金融、管理中的一个学科作为辅修专业。首届"主修+辅修"的新闻与传播硕士24人将于2019年夏季毕业，就业方向涉及战略投资、大数据分析等。学生在华数杯大数据分析全国总决赛、中国数据新闻大赛中均斩获重要奖项。

北京大学与新加坡国立大学合作举办西方经济学专业硕士研究生教育项目申报北京大学"研究生教育创新计划"。

5月，汇丰商学院与新加坡国立大学合作的双硕士项目有41名中国学生赴新加坡学习。与德国波鸿鲁尔大学合作的双硕士项目有1名德国学生到汇丰商学院学习。与美国纽约市立大学巴鲁克分校杰克林商学院合作的双硕士项目有10名中国同学赴纽约学习。

2018年学院开设"金融科技"专业硕士项目，首批22名硕士生入学。开设博士生班，由诺贝尔经济学奖得主萨金特教授亲自设计培养方案以及指导教学，首批9名博士生入学，举办第一届数量经济学冬令营。

11月，"未来媒体实验室"正式启用。该实验室是集实践、教学与研究为一体的实操平台，模拟财经媒体机构的播报场景，将新闻传播理论与媒体实操技能连接起来，为未来媒体人才培养建立技术平台。

国际化办学。3月25日，北京大学汇丰商学院英国校区在英国牛津郡启动。4月，国际高等商学院协会（AACSB）考察团来访。8月，AACSB正式宣布汇丰商学院通过AACSB认证，标志着学院进入世界一流商学院行列，在全世界16,000多所授予商学学位的学院中，仅有不超过5%的学院取得这项精英认证。10月，英国工商管理硕士协会（AMBA）主席一行来访。11月，学院认证办公室向AMBA提交申请，正式启动AMBA认证程序。1月，北京大学学科建设委员会启动对汇丰商学院的国际同行评议工作。10月，评估专家团到访学院，在现场评议中听取各方面情况介绍，并进行实地考察。

2018年学院共有来自39个国家的106名在校外籍留学生学习金融、经济、管理、MBA、EMBA五个专业。2018年留学生招生工作于2017年10月正式展开，共收到来自45个国家的232份网上申请。9月，44名全日制硕士和6名MBA留学生在深圳校区报到，7名留学生在英国校区报到。

截至2018年底，学院已与42个国家的110所院校达成合作关系，其中59所院校为交换项目合作方。共有34名学生前往19所合作院校交换学习，共接收来自56所合作院校的85名外国交换生。

学术科研。2018年学院全职教师共完成教材、著作、SSCI论文等各类成果57份；其中教材1部、专著6部、编著1部，SSCI论文27篇，CSSCI论文6篇，其他论文16篇，另有16篇SSCI论文待发表。

学院注重科研成果与实践相结合，承担各类科研项目，为国家和粤港澳大湾区多项经济社会发展事业决策提供学术支撑，为企业发展提供科研支持，发挥智库功能服务各级决策。2018年，学院共承担横向科研项目21项，科研总经费为1053.09万元。

2018年，学院主办改革开放40周年专题学术研讨会、首届宏观经济与金融国际会议、第十八届中国经济学年会汇丰专场、北大汇丰与平安宏观经济研究院举办新金融研讨会、第三届PKU-NUS数量金融与经济学国际学术会议等学术活动，接待全球著名经济学家Sachs教授到访。举办学院内部英文学术研讨会41场，其他学术讲座54场。各研究中心举行"北大汇丰金融前沿讲坛""耦耕读书会""与教授下午茶""创讲堂""宏观经济沙龙""未来媒体前沿讲坛"等系列讲座。

教师27人次参加各类国际学术会议，并在会议中作报告，如第十八届中国经济学年会、国际商务学会年会、第三届PKU-NUS数量金融与经济学国际年会、欧洲会计学会第41届年会、2018年欧洲金融管理学年会等。

11月，学院正式成立北京大学宏观经济与金融研究中心，海闻担任机构负责人。成立创新创业中心，实践教授陈玮担任主任。

2018年，学院继续完善金融实验室的软硬件建设。购买的重要数据库有：Bloomberg终端（12台）、WRDS金融数据库、国泰安、万得、SDC Platinum数据库、COMPUSTAT、CRSP、EVENTUS、EXCUCOMP、Zero2IPO、EBSCO、哈佛案例库等。

党建工作。9月5日，学院举行党委成立大会。围绕学院党委的成立，学院完成与深研院的党员管理对接工作，并开展党建活动。教工党支部完成党员发展工作，组织各项学习活动，组织全体教师，包括外籍教师接受革命历史文化教育；完成2018级121名新生党员的信息录入、组建2018级新生党支部、选拔党支部干部21人、支部委员的业务培训、2016级和2017级全体党支部的换届、2017—2018学年教工及学生党员的党费缴收工作。组织召开学生思想教育班会5次，均由海闻院长亲自主持。

学生活动。8月21日至27日，全体2018级全日制新生在海军虎门某部队开展素质教育营活动，在个人纪律意识训练、团队素质拓展等课程模块中，学生与部队士官进行交流和学习。组织新老生开展32节常规素质拓展课程以及3次两天一夜的户外拉练。设立素质课后运动激励机制，鼓励学生参与学院各项体育竞赛活动。

4月，学院组织召开第一届全院运动会暨120周年校庆运动会，600余位教职工和各项目学生代表参加25个运动项目的竞赛。

在2018年秋季学期深研院"新生杯"和趣味运动会，

学院蝉联团体冠军。EMBA 学生获得第十三届玄奘之路商学院戈壁挑战赛沙克尔顿奖、卓越奖和最佳公众人气奖，并取得参加该赛事以来的最好成绩。举办 2018 名家汇杯·北大汇丰深马商学院赛中赛，学院 EMBA 队夺得男子团体第二名、混合团体第三名。MBA 学生获第七届亚洲商学院沙漠挑战赛代表最高荣誉的沙鸥奖。EDP 学生获得第四届工商大道中国经营者戈壁远征冠军，并收获 66 枚金牌、15 枚银牌、3 枚铜牌以及沙克尔顿奖等奖项。

毕业生去向。2018 年学院共有 293 名全日制硕士中国毕业生，97% 的毕业生选择就业，3% 的毕业生选择继续深造。北京（108 人）、深圳（81 人）、上海（51 人）占据学院毕业生就业地选择的前三位，留深人数逐年上升。

（绳晓春）

【北京大学 120 周年校庆海外庆典暨英国校区启动仪式】 3 月 24 日至 25 日，北京大学 120 周年校庆海外庆典暨北京大学英国校区启动仪式在位于英国牛津郡的英国校区举行。中国驻英国大使等政府代表、诺贝尔奖得主等国际学者、社会各界知名人士和北京大学的领导、教师、学生、校友代表出席活动。

3 月，英国校区正式开课，48 名在读全日制硕士以及 MBA 硕士研究生在英国校区开始学习。9 月，首批 7 位外籍新生在英国校区入学，另有 33 名深圳校区学生赴英国校区交流学习。英国校区共开设经济、金融、管理等方向 20 门课程。开展集体春游、秋游、伦敦课外实践等多元化活动，方便学生全方位、多角度了解英国，加强中国学生与外籍学生的沟通与融合。

（绳晓春）

【英国约克公爵安德鲁王子两次到访】 英国时间 6 月 14 日，英国约克公爵安德鲁王子访问汇丰商学院英国校区，围绕中英高校创新合作进行探讨和交流，为其发起的"龙门创将"活动冠名的湖畔漫道举行揭牌仪式。北京时间 11 月 1 日，在英国驻华大使吴百纳女爵士等陪同下，安德鲁王子到访汇丰商学院深圳校区，为未来媒体实验室剪彩，为创新创业中心揭牌，推动汇丰商学院与英国知名大学的合作。

（绳晓春）

【北大汇丰庆祝冠名 10 周年纪念活动】 12 月 1 日，葛霖、许智宏院士、海闻院长、汇丰银行大中华区常务副总裁丁国良等商学院冠名的亲历者，以及汇丰银行（中国）行长兼行政总裁廖宜建等嘉宾，与千余名师生、校友共同出席北京大学汇丰商学院冠名十周年庆祝大会。

（绳晓春）

国际法学院

【发展概况】 队伍建设。2018 年国际法学院常驻教师共 30 人，其中教授 9 人、副教授 5 人、助理教授 6 人、讲师 9 人、博士后 1 人。行政人员稳定为 15 人。

教学科研。2018 年学院共有在校生 409 人，其中法律硕士（法学）和 J.D. 项目 400 人，LL.M. 项目 9 人（分别来自瑞士、墨西哥、新加坡、肯尼亚、马来西亚、哈萨克斯坦和巴基斯坦）。法律硕士和 J.D. 项目共录取新生 125 人，其中法律硕士（法学）和 J.D. 项目 35 人，含推荐免试研究生 26 人；法律硕士（非法学）和 J.D. 项目 90 人，含推荐免试研究生 55 人。学院 2018 年春季学期开设课程 70 门；秋季学期开设课程 72 门。学院教师出版专著 4 部，发表论文 20 多篇，受邀出席和举办国内外学术讲座 70 多场。此外 Lindsey Kurtz 和刘玥获得第十八届青年教师教学基本功比赛人文社科组二等奖和三等奖。

学生荣誉。2 月，学院代表队获"中国第十六届 Jessup 国际法模拟法庭全国选拔赛"一等奖和最佳辩手奖；3 月，学院代表队获 2018 国际刑事法院模拟法庭竞赛（英文）中国赛区一等奖；4 月，学院代表队获第二届清华大学法学院模拟国际仲裁邀请赛季军；12 月，学院代表队获第七届中国 WTO 模拟法庭竞赛二等奖和最佳辩手奖。

交流合作。2018 年学院交换学生 8 人，分别来自德国、瑞士、土耳其、印度、西班牙和加拿大。交换项目 18 个，分别为马斯特里赫特大学（荷兰）、汉堡法学院（德国）、EBS 法学院（德国）、洛桑大学（瑞士）、圣保罗大学法学院（巴西）、斯德哥尔摩大学（瑞典）、特拉维夫大学（以色列）、艾克斯-马赛大学（法国）、迈阿密大学（美国）、印第安纳大学（美国）、爱荷华大学（美国）、萨格勒布大学（克罗地亚）、拉曼鲁尔大学（西班牙）、IE 大学（西班牙）、迪肯大学（澳大利亚）、金达莱全球法学院（印度）、黑斯廷大学（美国）和丹佛大学（美国）。

就业情况。2018 届毕业生 99 人，截至 2018 年 9 月，96 名学生确定就业意向。其中 89 名学生已就业，7 名学生尚未就业，就业率为 93%。律所是学院毕业生的主要去向，占比达 43%。工商行业、国企、政府及公共组织、自主创业分别占比 21%、18%、17%、15%。2018 届毕业生就业地域主要集中在北上深等一线城市，北京 34%，深圳 30%，上海 11%。

（陈柯如、钟小金、代 征、谭佩华、王 倩）

【Jeffrey Lehman 入选改革开放 40 周年 40 位最具影响力的外国专家】 4 月 14 日，第十六届中国国际人才交流大会公布由国家外国专家局主管的《国际人才交流》杂志组织开展的改革开放 40 周年 40 位最具影响力的外国专家评选结果，国际法学院创院院长、北京大学荣誉博士 Jeffrey Lehman 入选。

（谭佩华）

【Francis Snyder 教授荣获 2018 年度中国政府友谊奖】 9 月 29 日，2018 年度中国政府友谊奖颁奖仪式在人民大会堂举行。国际法学院 Francis Snyder 教授作为获奖者之一应邀出席颁奖仪式。国家外国专家局局长张建国宣读授奖决定，中共中央政治局委员、国务院副总理刘鹤向获奖外国专家颁奖并讲话。9月30日，国务院总理李克强会见此次中国政府友谊奖的获奖外国专家和他们的亲属。

Francis Snyder 教授是食品安全法、WTO 法和欧盟法方向的杰出法学家，曾任伦敦政治经济学院 Centennial 荣誉教授，欧洲大学研究院法律系主任，以及北京大学法学院和清华大学法学院访问教授。

二十年来，施耐德教授为中国的改革和现代化发展事业贡献智慧和力量。他在中欧关系、WTO 法和中国食品安全法领域做出奠基性的学术贡献。他曾作为国家外国专家局外国专家顾问委员会食品安全专家，就 2009 年中国食品安全法的修订以及食品安全监管体系改革等相关议题向中央政府建言，多项建议被 2015 年修订通过的《食品安全法》吸纳。此外，他曾获得法兰西共和国学术棕榈叶勋章，入选 Marquis 世界名录选。

（谭佩华）

【中美专家论坛】 12月2日，"创投企业成功之路——法律与融资问题解析"中美专家论坛在深圳举行。该论坛由国际法学院和加州大学伯克利法学院联合承办。是国际法学院建院十周年院庆系列活动之一，涵盖"公司创立与早期融资""监管及贸易问题""后续融资及相关问题""保护创新理念"和"人力资源管理"等五大议题。来自北京大学、加州大学伯克利分校、新加坡国立大学等国内外知名高校的专家学者和来自中美两国的企业家、律所合伙人参加论坛，为创投企业的孵化与发展建言献策，就创投企业如何助力"粤港澳大湾区"跨越式发展进行讨论。

（谭佩华）

【"全球法律技能教育"荣誉证书】 12月10日，在墨尔本举行的第十三届全球法律技能大会（GLS-13）上，国际法学院获"全球法律技能教育"证书，以表彰国际法学院"提供让学生更好地适应经济全球化背景下日益显著的普通法系、大陆法系以及中国法律传统交融的中英双语法学教育模式"。

此次大会由墨尔本法学院和约翰马歇尔法学院联合主办，全球法学教授、语言学家、法官、律师和学者共同探讨全球法律技能教育的最佳实践。

（谭佩华）

人文社会科学学院

【发展概况】 组织结构。人文社会科学学院是北京大学在深圳的一个文科基地，一个多学科交流创业平台。从建立以来，学院与本部院系合作办学，先后开办社会学、应用心理学、新闻传播学、新闻与传播硕士等专业。2018 年，学院有 1 个专业，社会工作硕士专业。有常驻教师 1 人，双基地教师 15 人。

教学工作。2018 年学院有硕士生 51 人。2018 年共开设通识课程 4 门。毕业生 44 人，其中就业 41 人，继续深造 3 人。

科研工作。2018 年学院完成科研项目 7 项，在研项目 3 项。参加各项学术研讨会 20 人次。

办学事务。2018 年学院继续探索自主办学新模式，在多年合作办学经验和近年独立办学实践基础上，探索创办"社会政策研究""南海周边—印度洋区域实地研究"等专业硕士项目。

（潘乐文）

教育教学

本科生教育

【发展概况】 机构设置。教务部是负责本科教育教学及人才培养工作的职能部门，主要工作职责：贯彻执行党和国家教育方针，落实学校办学及人才培养理念，组织制定关本科教学和人才培养的规章制度、教学计划等，落实各项教学改革的探索及实施，完成教学运行保障及各项教务管理工作、招生工作及学生学籍管理、教学与教务管理的信息化建设以及上级主管部门和学校领导交办的相关工作。部长傅绥燕，副部长刘建波（教学评估教材）、金顶兵（教务与综合事务）、李祎（本科招生）、强世功（挂职，通识教育）、陆俊林（挂职，在线教育）。内设办公室8个：综合办公室、教务办公室、合作交流暨暑期学校办公室、教学办公室、基础学科人才培养基地办公室、评估办公室、教材办公室、招生办公室；挂靠单位2个：教务长办公室、考试中心。部门在职事业编制职员25人，合同制职员7人。

（董南燕）

专业和跨学科项目建设。2018年，梳理本科专业库及授予学位，停开名称不规范的本科专业，更新专业代码，微调完善本科主修专业教学计划、各专业辅修及双学位教学计划。学校申报获批电子信息工程专业、机器人工程和马克思主义理论等3个本科专业，新增设国际政治（国际组织与国际公共政策方向）、经济学（国家发展方向）、政治法律与社会、社会科学基础人才（严复班）、马克思主义理论项目（大钊班）等跨学科项目。

（王海欣）

课程建设。2018年制定专业核心课程建设指导意见，严格课程准入和退出机制，依托专家委员会严格审核新开课程，落实课程主讲教师教学责任制。出台《北京大学通识教育核心课程建设指南》，开设通识教育核心课程47门76个班次，开展通识核心课程教学质量诊断与研究，完成通识核心课评估报告；2018年30门课程获得国家精品在线开放课程认定。截至2018年底，在4个网络平台开设课程总数为111门，为东西部联盟开课16门，其中新建课程33门次，注册学生4,608,615人次，完成学习学生87,433人次。组织建设ON CHINA全英文授课课程（25门）和国际暑期学校项目英文课程（18门）。

根据教育部《新时代高校思想政治理论课教学工作基本要求》，落实思政课学分和课程要求，加强实践环节。自2018级新生开始，思想政治课作为本科生必修课程，包括6门课，分为5门理论课和1门"思政实践"课，共16学分。邀请校内外知名学者专家进入思政课堂，开设社会主义核心价值观"名师大讲堂"，支持"中班授课、小班讨论"等多样化教学方式。开设20学分的"马克思主义理论"本科项目（大钊班），引导本科生全面认识马克思主义的世界观和方法论。

（冯倩倩、冯雪松）

教改立项和拔尖计划。2017年教改项目结题101项，其中11个项目被评为优秀，2018年本科教改立项项目107项，涉及经费2292.3万元。组织相关院系开展10年拔尖人才培养经验总结，完成教育部"拔尖计划"实施10周年总结评价工作，北京大学在全国20所拔尖高校中总体评估排名第3。协助南京大学完成"拔尖计划"系列丛书"成长心路——我与拔尖计划"分册的编纂工作，初稿233页，近19万字。根据教育部等六部门关于实施基础学科拔尖学生培养计划2.0的意见，开展"拔尖计划2.0"北京大学方案的规划和安排。

（陈 虎）

教材建设。2018年支持专业核心课程和哲学社会科学核心课程的教材建设，规划教材23项，立项教材24项。69项教材获评北京大学优秀教材。开展2次境外教材审定工作，申报国家教材建设重点研究基地。10位教授担任国家教材委员会下设专家委员会委员，21位教授入选专家库。

教学奖励。2018年，北京大学获得国家教学成果7项，一等奖2项，二等奖4项，与外校合作完成1项；北京大学付志明等5位教师获得北京市教学名师奖或青年教学名师奖。出台《北京大学教学奖励办法》，评选出教学成就奖2人，教学卓越奖6人，优秀教学团队3个，教学优秀奖98人（其中本科53人），教学管理奖58人（其中本科15人）。

（陈 虎、董 礼）

质量监控。2018年，完善课程评估系统，全年评估课程共计4301门次，有效结果3996门次，其中理论课3326门次，平均分89.51，通过评估报告、微信公众号等手段加强评估结果的反馈。扩大学校教学督导组织建设，2018年开展老教授调研组换届，由原来13人扩大到40人，加强学校院系两级调研组听课调研工作。组织并完成学校国家高等教育状态数据填报，撰写《北京大学本科教学质量年度报告》。依托学校教学质量状态数据，完善绩效考核指标体系建设，开展院系教学绩效考核。

（董 礼）

本科生科研训练。完成2016年本研项目中期审核（358个）和结题工作，500名学生获得学分。完成2018年597项立项工作，参与人数779人。申报国家大学创新创业训练项目107项（其中创新类项目85项，创业类项目22项），北京市大学生科研训练项目62项。

（陈 岩）

学生国际交流和暑期学校。2018年暑期学校共开设189门课程，北京大学学生2556人，其他学校学生2697人，其中1311人来自274个境外大学或科研机构。推进本科生赴港澳台、国外高校交流交换，完成2018年暑期学校运营，含国际暑期学校专项、北大-港大MOOC翻转课堂项目等。

（蒋晓涛）

招生工作。持续推进招生工作建章立制，修订《北京大学本科招生工作管理规定》等制度。2018年北京大学（校本部）共录取国内普通本科新生3047人，包括内地普通本科生2983人、港澳台学生64人；联合培养双学籍飞行学员27人。同时，还录取来自34个不同国家和地区的留学生330人，以及软件工程二学位150人。北京大学在全国31个省（直辖市、自治区）中录取各省份文理科第一名46人，前十名近400人，绝大多数生源省份录取文理科前十名人数超过6成，在23个省份理科分数线高居全国榜首，文科分数线在同等招生规模的高校中稳居第一。2018年，5大学科竞赛（数学、物理、化学、生物、信息）保送北京大学140人，占总数的54%；数学、物理、化学三大国际奥林匹克竞赛中国代表队共有13人获得金牌，其中11人保送北京大学。

（李 喆）

党建工作。2018年，经教务部支部审核通过并报上级党委批准，教务部支部发展党员2名。完成党支部换届，推进"两学一做"学习教育常态化制度化，开展"不忘初心、牢记使命"主题教育，继续开展"学党章党规、学系列讲话，做合格党员"的学习教育活动。组织爱心捐款、慰问老党员等活动。执行"八项规定"的各项要求，管理公款出国出境、公务消费、教育收费等方面的问题。对涉及教务部改革、发展和稳定，关系教务部职工切身利益的重大问题，重要干部任免，重要项目安排和大额度资金使用等相关22个类别的事项，均要经过部长办公会，按照民主集中制的原则集体研究表决，建立监督检查和责任落实制度。

（王小玥）

其他工作。教育部通过评审最终确定2018—2022届教育部高等学校教学指导委员会委员名单，北京大学有103人（110人次）当选，其中担任主任委员的有14人。草拟《北京大学'荣誉学士学位'实施意见》；完成2017—2018学年市属高校教师发展基地研修项目的中期考核、结业考核等工作，19名学员于2018年7月结业。

（陈 虎、曹 宇、冯倩倩）

【本科教育研讨会】 2018年4月9日，北京大学2018年本科教育研讨会在中关新园1号楼科学报告厅召开。会议以"成就、反思、未来"为主题，回顾改革开放以来的本科教育成果，对当下中国高等教育以及存在的问题进行反思，对未来的教育发展方向展开讨论。C9联盟高校代表，北京大学各院系书记、院长、主管教学负责人到场参与讨论，北京大学教育指导委员会委员、老教授调研组委员、通识教育委员会委员，部分教师代表、十位学生代表、院系一线教务管理人员和教务部相关工作人员参加会议。

校长林建华就中国和北大未来教育的特征进行发言。裴坚就综合改革过程中如何凝练核心课程这一问题介绍化学分子与工程学院的思考。朱守华介绍物理学院"以学生成长为中心，培养创新型杰出人才"的人才培养经验。孙庆伟对考古文博学院的特色实践和虚拟仿真实验教学展开探讨。李四龙通过古典语文学、思想与社会、外国语言与外国历史3个项目介绍人文学科跨学科培养的理念与实践。李猛发表对研究型大学如何开展通识教育的看法。李海潮为大家介绍北大医学教育中"基于胜任力导向的本科实践"。陈晓宇首先发表"教育学院本科教学调研汇报"。傅绥燕就"构建多样化的培养体系，推进开放探索式教育"一题发表报告，总结过去教学工作上的经验，同时提出未来教学工作重点。常务副校长、教务长高松对会议进行总结与展望。

（蒋晓涛）

【高校人工智能人才国际培养计划】 2018年4月，"中国高校人工智能人才国际培养计划"在北京大学正式启动，首批试点项目"2018中国高校教师人工智能培训班"和"2018中国高校学生人工智能训练营"由教育部中外人文交流中心、北京大学和创新工场共同主办。2018中国高校教师人工智能培训班集中学习9天，在4月初和7月底分两个阶段进行。来自49所计算机强校的106位老师参加学习研讨，图灵奖获得者John Hopcroft、李开复等国际人工智能领域著名专家学者讲授前沿理论和发展趋势，北京大学人工智能学科团队负责介绍人工智能相关课程的教学方案和教学方法。期间组织多次人工智能人才培养方案的讨论，并辅以现场参观和交流座谈。2018中国高校学生人工智能训练营在暑期举行，为期5周。来自85所国内外高校的300名学生（包括港澳台学生4名以及13名来自国外知名高校的中国留学生）。该训练营采取"理论知识＋项目实践"的培养模式，John Hopcroft、深度学习专家吴恩达等国际知名学术导师以及人工智能高科技企业的产业导师共30余位专家参与课程讲授和项目指导。学生分组完成15个产业界提出的颇有难度的实践课题，其中包括机械臂3D视觉系统、3D人体骨架点检测、自动驾驶、多摄像头行人轨迹和行人动作分析、AI自动作词作曲、AI电影推荐、AI打即时战略游戏、农作物病虫害检测等。从全部28支实践团队中评选出的8支优胜团队在结业仪式上进行项目演示。

（田英一）

医学本科生教育

【发展概况】 机构设置。医学部教育处是医学部党委和校行政的职能工作部门，负责制定本科教育教学各项规划、政策、规章制度，建立教育教学管理工作运行体制。教育处下设教学管理办公室、教学支持办公室、学籍管理办公室、招生办公室、成人教育办公室、综合办公室、教师教学发展中心、教材服务中心8个科室，共有在编人员23人。实行处长会、处务办公会、全体会议制度。处长会，由处长、副处长（及处长助理）共同讨论决定处内重大工作事项；处务办公会，由处长、副处长、各科室科长、副科长共同参会，由各主管处长统一汇报工作，通报学校、处内情况，听取各科室工作汇报和计划，讨论决定各项重要工作及规章制度的修改意见，充分听取各方意见。2018年全年共召开处长办公会3次，处务办公会29次，全处会4次。

教学质量提升和规范管理。调动各学院积极性，发挥学院在专业教育方面的主动性，通过教育教学改革专项、双一流建设专项等项目，支持各学院完善教育教学，促进教育教学改革，并通过对项目的评选和把控，掌舵医学部本科教育教学的总体方向。围绕北京大学本科教育和医学教育目标，完善和推进各专业和学院教学改革，统筹协调教学资源，保证各专业教学计划实施。在原有各专业培养方案修订的基础上，完善医学部各专业培养方案，对部分课程计划进行微调。在调研论证的基础上，调整各临床教学基地的教学任务分工，将北大国际医院纳入医学部临床教学体系，明确临床医院建设目标。在修订临床阶段系统课程教学大纲的基础上，结合医学部培养目标及教育教学改革要点，完成适用于临床医学专业的中小科教学大纲和实习指导及临床二级学科阶段轮转方案的修订。借助教学指导委员会工作的开展，厘清医学人才培养目标及教学改革方向。加强规范化考试组织，组织完成四六级英语考试、国家医师资格分阶段考试、毕业考试等考务及总结报告。规范专业化考核命题管理，完善现代化考试模式，参与国家医学教育题库建设。逐步推进临床医学八年制博士学位论文盲审工作，加强对学生科研训练和论文质量管理。梳理教学管理制度，配合学籍管理新规定更新运行管理文件。编制教学任务，协商校历安排。承接全校公共课程排课，统筹安排期末考试。保障各类选课工作顺畅运行，完善临床选修课课程管理。教育教学信息化建设逐步推进，8月切换新教务系统，实施课程库管理、学生培养方案、教学任务、选课、公选课申报、课表查询、考试查询、学分认定等业务的线上办理。同时，维护和管理课程中心，管理各专业课程图建设。医学部各临床学系继续在医疗、教学、科研沟通交流方面发挥积极作用。2018年，完成心血管内科学、皮肤性病学、妇产科学、肾脏病学和麻醉学等5个学系换届。3月和5月，分别成立神经外科学学系和呼吸病学学系。至此，医学部共建设临床学系25个。参与组织筹备多次八年制临床医学专业研讨论证会、医学教育论坛等活动，参与多项教育教学改革课题研究。

招生工作。执行教育部有关政策及要求，坚持重要事项"集体议事、集体决策"，认真实施"阳光工程"，廉洁自律、规范招生，保障考生利益和学校声誉。坚持注重招生宣传工作，通过校园开放日、走访中学、电话、网络、微信平台、广播电台等多途径宣传北大医学；志愿填报期间派出38位老师赴各省进行宣传，并首次在北京举行考生与医学专家一对一咨询活动。与学校招办多次沟通，具体落实资源整合工作，共同提高生源质量。确定医学部各专业选考科目要求，临床医学、口腔医学、基础医学、预防医学、医学检验技术专业均要求选考物理和化学，药学要求选考化学和生物，护理学和英语专业均不限选考科目要求，拟于2020年高招录取时执行。2018年内地本科实际录取850人，其中本博连读309人，本硕连读217人，普通本科324人；招收港澳台应届高中生16人，其中联招5人、台湾保送4人、香港保送3人、澳门保送4人。自主招生继续与校本部执行同一招生简章，统一初审标准，统一笔试，医学专业单独面试，共有1266名考生申请，60人获得自主招生资格，实际降分录取34人。根据教育部文件要求，继续在云南、贵州、甘肃等中西部10个省份安排国家专项招生计划，共录取85人，最低分数线平均高于省一批最低控制分数线142分。

学籍工作。坚持制度建设为核心，以梳理数据为基础，以信息化建设为手段，提升效率和服务水平。设计《北京大学医学部学业预警通知单》，建议各学院启动学业预警工作。学生不及格课程达到10学分、医学部课程补考不及格或本部课程重修再次不及格即可向学生及家长发布预警。对成绩管理规定、结业、补缓考、学位授予、学生出访等管理规定或办事流程进行修订和补充，规范管理。在成绩管理、推免、资格审核、数据上报、学籍注册、学生处分、国际学历认证等常规工作中坚持以人为本，依规行事，创新工作思路，保障各项工作开展。9月，办理学籍异动162人次，其中复学14人，恢复学籍5人，保留学籍7人，留级39人，跳级2人，长学制出口19人，转专业49人（其中4人转入大学本部，2人从本部转入，1人为港澳台学生），退学5人，保留入学资格1人，放弃入学资格21人。梳理教务相关工作管理流程，提出教务管理新系统的初步设计与架构方案，推进教务教学新系统建设。10月，新系统中学籍管理模块上线，并实现新旧系统转换，启用金智教务管理系统。

毕业审核工作。1月，2名临床医学（八年制）学生获博士学位；共有应届本科毕业生（含完成本科阶段培养的长学制学生）6人毕业并获学士学位，1人结业；往届结业生5人毕业，其中4人获学士学位。7月，共180名临床医学/口腔医学（八年制）学生博士毕业，其中175人获博士学位；应届本科毕业生（含完成本科阶段培养的长学制学生）763人毕业，其中759人获学士学位，21人结业；往届结业生5人毕业，其中4人获学士学位；往届毕业生有2人获学士学位。10月，1名口腔医学（八年制）学生获博士学位。

二级学科资格审查。2018年，2013级临床医学八年制165人、2013级口腔医学八年制53人、2013级基础医学八年制53人、2013级预防医学52人、2014级药学63人通过资格审查，进入二级学科。

双学位与转专业工作。2018年，医学部双学位报名262人（其中2017级204人），辅修报名97人（其中2017级76人），合计361人。共有48名同学完成转专业，其中42名医学部内部进行专业转换，另有2名同学从本部转入医学部，4名同学从医学部转入本部相关专业学习。有1名学生参加联合培养，6名学生参加公派留学项目。

教师培训。组织6所临床学院承担物理诊断学和外科总论的43名教师开展培训，其中38人通过考核，获得相应课程带教资格。启动第八期研究生助教培训项目，对研究生助教的教学自信力进行调研，了解研究生助教需求。加强校内导师队伍建设工作，多次组织校内教师教学发展中心指导教师召开研讨会，对教师激励机制、青年教师提升计划、研究生助教培训、教师教学发展工作定位、组织管理、网站建设等进行研讨。经过研讨，设计完成《青年教师教学技能基本功培训班》《青年教师教学素养和技能提升班》培训方案。举办医学部2018年青年教师基本教学能力提升研修班，研修内容包括北医发展史、医学教育理念、医学教学方法与技巧、教学评价及教学观摩实践等，以专题讲座、小组研讨、教学观摩、微课演练等形式开展研修和交流。

成人教育工作。调整夜大整体教学工作，完善清理夜大学生异动、审批手续，审核申请及时办理并资料归档。完成教育部学籍管理平台调整，上报市教委备案。完成毕业生资格审查和学士学位审核申报工作，保证学生学籍、毕业电子信息注册，并完成2018届460名毕业生毕业数据，120名学生学位申请数据注册工作。5月和11月，组织北京成人本科学士学位英语统一考试，两次考试共700余人参加。完成高等教育自学考试本科工作。组织学院完成自考合计16门、1612份试卷阅卷。完成16名自考本科毕业生学士学位审核申报工作。

（张钰琪）

【启用金智教务管理系统】 在2016年启动信息化建设的基础上，推动教育教学信息平台建设。信息化建设作为全处重点工作，根据处内整体规划，各个办公室参与，教务平台新模块开发推进。8月，完成各学院教办、学办老师的培训；9月，完成在学本科以及临床医学／口腔医学（八年制）班级的培训，并组织在校本科生及临床医学／口腔医学（八年制）完成金智教务管理系统个人信息核对工作；10月，实现新旧系统转换，启用金智教务管理系统进行学生培养方案、教学任务、课表、选课、学分认定、学籍管理等工作，停用正方教务系统。

（张钰琪）

【医学类专业教指委联席会议】 2018年12月24日，2018—2022年教育部高等学校医学类专业教学指导委员会联席会议暨临床医学类专业教学指导委员会第一次工作会议在北京人卫酒店召开。临床医学类专业教指委、临床实践分教指委委员，国家临床教学培训示范中心代表，全国高校附属医院临床实践教育联盟代表等150余人参加本次大会。

会上，教育部副部长林蕙青，高等教育司司长吴岩、副司长王启明，国家卫健委科教司副司长陈昕煜，临床医学类专业教指委主任委员刘玉村发表讲话，指出医学教育改革的重要性、具体思路、现存问题及未来工作设想。下午进行临床类教指委会议交流和讨论环节。临床医学类专业教指委副主任委员王维民作"全国医学教育发展中心及临床专业认证工作介绍"报告、协和医学院介绍"发挥中国住院医师培训精英教学医院联盟作用，助力国家住院医师规范化培训建设"的相关工作，秘书长李海潮就"基于PBL的临床案例库建设"的设想进行说明，副主任委员吕帆介绍"温医模式加强全科医生人才培养，助力健康事业发展"的相关工作。之后，委员们结合当前医学教育面临的问题及教指委的工作展开讨论。

（张钰琪）

【完善教学奖励机制】 为加强医学部教学奖励力度，成立医学部教学奖励委员会，统筹规划医学部的教学奖项设置和相关管理办法。牵头组织医学部研究生院、继续教育处共同起草修订《北京大学医学部教学奖励办法》（北医〔2018〕部教字79号）、《北京大学医学部教学管理奖励办法》（北医〔2018〕部教字77号）等系列文件，完善各类奖项的评审条件和评选流程，与大学相关部门沟通协调，组织完成2018年各类奖项的申报、评审工作。

2018年医学部共评出优秀教学团队3个、教学名师3名、教学优秀奖65名、教学管理奖10名。获得北京大学教学成就奖1名、卓越奖1名、优秀教学团队1个，北京大学教学优秀奖12名、教学管理奖10名。完成了北京市"万人计划"教学名师、北京市高等学校教学名师奖和青年教学名师的申报和推荐工作。

（张钰琪）

【推进本科招生工作资源融合】 2018年11月27日，教育处组织召开招生总结会，提出加强本部和医学部招生资源融合。招生工作将调整工作理念，利用本部在人员力量与招生资源方面的优势，从政策引导、招生队伍建设、招生宣传开展等多个方面入手，促进本部和医学部招生工作的深度融合，以利用综合大学优势，合理利用资源，提升北大医学生源质量。

（张钰琪）

表 7-1　2018 年北京大学国家精品在线开放课程名单

序号	课程名称	课程负责人	主要建设单位	主要开课平台
1	慕课问道	李晓明	北京大学	爱课程（中国大学MOOC）
2	社会调查与研究方法	邱泽奇	北京大学	爱课程（中国大学MOOC）
3	教师如何做研究	汪琼	北京大学	爱课程（中国大学MOOC）
4	质性研究方法	林小英	北京大学	爱课程（中国大学MOOC）
5	学习工程与管理	吴峰 谢克海	北京大学	爱课程（中国大学MOOC）
6	教师法律风险防范	张冉	北京大学	爱课程（中国大学MOOC）
7	大学生瑜伽	亓昕	北京大学	爱课程（中国大学MOOC）
8	伟大的《红楼梦》	刘勇强	北京大学	智慧树
9	感悟考古	孙庆伟	北京大学	智慧树
10	文艺复兴经典名著选读	朱孝远	北京大学	智慧树
11	中国历史地理	韩茂莉	北京大学	智慧树
12	中国古代史	叶炜	北京大学	华文慕课
13	离散数学概论	陈斌	北京大学	爱课程（中国大学MOOC）
14	电磁学	王稼军	北京大学	华文慕课
15	可再生能源与低碳社会	肖立新	北京大学	智慧树
16	生物学概念与途径	饶毅	北京大学	爱课程（中国大学MOOC）
17	探索心理学的奥秘	毛利华	北京大学	智慧树
18	计算机网络原理与因特网	严伟	北京大学	华文慕课
19	数据结构与算法	张铭	北京大学	爱课程（中国大学MOOC）
20	Java程序设计	唐大仕	北京大学	爱课程（中国大学MOOC）
21	人工智能原理	王文敏	北京大学	爱课程（中国大学MOOC）
22	程序设计与算法	郭炜	北京大学	爱课程（中国大学MOOC）
23	算法设计与分析	汪小林	北京大学	爱课程（中国大学MOOC）
24	计算概论与程序设计基础	李戈	北京大学	爱课程（中国大学MOOC）
25	流行病学基础（二）	吴涛 曹卫华	北京大学	爱课程（中国大学MOOC）
26	健康评估	孙玉梅	北京大学	爱课程（中国大学MOOC）
27	敦煌的艺术	顾春芳	北京大学	智慧树
28	艺术史	朱青生	北京大学	北京高校优质课程研究会
29	20世纪西方音乐	毕明辉	北京大学	智慧树
30	世界著名博物馆艺术经典	丁宁	北京大学	智慧树

（教务部）

2018 年北京大学通识教育核心课程

说明："通识教育核心课程"将通识教育理念贯穿在专业知识的传授中，透过对专业知识的学习和思考来提升学生的人生境界和思想品质，培养学生健全的人格和公民意识，使学生掌握阅读思考能力、反思创新能力和沟通表达能力，培养"懂中国、懂世界、懂自我、懂社会"的卓越人才。建设有人类文明及其传统、现代社会及其问题和人文、自然与方法三大系列。

系列一：人类文明及其传统。目的是让学生理解人类在思考人类永恒问题过程中如何形成不同的思考方式，以及由此形成的文化和文明传统。因此，课程需要具有潜在的比较视野，让学生充分理解人类文明的丰富性和多样性，思考人类面临的普遍问题以及各种文明思考问题的特殊性，提升文明对话的意识和能力，并面向未来思考全球化时代文明的发展方向，以及如何推动中国文明传统的现代性转化。

系列二：现代社会及其问题。目的是使学生理解身处其中的现代社会，反思现代社会面临的问题，具备批判性思维的方法，把握未来社会的发展走向，建构美好的未来社会。该系列课程需要从不同的专业视角切入，以问题为导向把握现代社会，帮助学生思考这些专业知识的由来及其解决现代社会问题的方法，以及这种学科和方法自身的问题与局限，鼓励学生将知识传承与对现代问题的思考批判有机结合起来，激发学生对交叉学科的兴趣和既定专业知识的批判和创新，推动知识的更新和发展，从而构想更加美好的未来社会。

系列三：人文、自然与方法。目的是围绕涉及人类心灵情感和自然认知中共同性的问题，激发学生好奇心、想象力和鉴赏力，培养学生认知自然和宇宙的能力、健全的情感意识以及自我控制和塑造能力。

表 7-2 北京大学通识教育核心课程（截至 2018 年 12 月）

课程系列		课程名称	开课院系	教师
人类文明及其传统	经典阅读类课程	《四书》精读	哲学系（宗教学系）	杨立华
		孔子与老子	哲学系（宗教学系）	王 博
		坛经	哲学系（宗教学系）	周学农
		庄子哲学	哲学系（宗教学系）	郑 开
		国学经典讲论	中国语言文学系	吴国武
		周易精读	马克思主义学院	孙熙国
		尼采《查拉图斯特拉如是说》	哲学系（宗教学系）	赵敦华
		《资本论》选读	经济学院	方 敏
		文艺复兴经典名著选读	历史学系	朱孝远
		古希腊罗马历史经典著作阅读	历史学系	张新刚
		圣经释读	外国语学院	高峰枫
		中国现代文学经典选讲	中国语言文学系	吴晓东
		西方政治思想（古代）	哲学系（宗教学系）	李 猛
		西方政治思想（中世纪）	哲学系（宗教学系）	吴 飞
		西方政治思想（现代）	哲学系（宗教学系）	吴增定
	文明传统类课程	考古学与古史重建	考古文博学院	孙庆伟
		中国传统官僚政治制度	历史学系	阎步克 叶 炜
		中国古代史（上、下）	历史学系	张 帆 叶 炜
		中国古代政治与文化	历史学系	邓小南 阎步克 叶 炜 赵冬梅
		佛教艺术和考古：南亚与中国	考古文博学院	李崇峰
		美索不达米亚艺术与文明（文明的根基）	艺术学院	贾 妍
		西方哲学史：古代与中世纪	哲学系（宗教学系）	先 刚
		德语名家中国著述选读	外国语学院	罗 炜
现代社会及其问题	社会问题	西方现代社会思想	社会学系	渠敬东
		中国社会：结构与变迁	社会学系	周飞舟
		影片精读	中国语言文学系	戴锦华
		影像与社会	新闻传播学院	吴 靖
	政治问题	现代中国的建立：制度、思潮与人物	哲学系（宗教学系）	干春松
		伊斯兰教与现代世界	历史学系	昝 涛
		中国当代法律与社会	法学院	彭 錞
		公法与思想史	法学院	章永乐
	经济问题	经济学原理	国家发展研究院	张维迎
		中国经济改革与发展	国家发展研究院	姚 洋
		全球视野下的中国工业与经济发展	政府管理学院	路 风
		明清经济与社会	历史学系	郭润涛

(续表)

课程系列		课程名称	开课院系	教师
人文、自然与方法	人文类课程	大学国文	中国语言文学系	漆永祥等
		古代小说名著导读	中国语言文学系	刘勇强 潘建国 李鹏飞
		唐宋诗词名篇精读（一）	中国语言文学系	张 鸣
		西方美术史	艺术学院	丁 宁
		艺术史	历史学系	朱青生
		文学人文经典（近现代）	元培学院	张旭东
		欧洲文学选读	外国语学院	Tom Rendall
	自然类课程	音乐与数学	数学科学学院	王 杰
		气候变化	物理学院	闻新宇
		演示物理学	物理学院	穆良柱 李湘庆
		普通心理学	心理与认知科学学院	方 方 等
		实验心理学	心理与认知科学学院	吴艳红
		化学与社会	化学与分子工程学院	卞 江
		生物进化论	生命科学学院	顾红雅
		地球与人类文明	地球与空间科学学院	陈 斌
		地球与空间	地球与空间科学学院	宗秋刚 郭召杰
		中国历史地理	城市与环境学院	韩茂莉
		世界文化地理	城市与环境学院	邓 辉
		普通生物学	生命科学学院	佟向军
	方法类课程	普通统计学	数学科学学院	耿 直 艾明要
		逻辑导论	哲学系（宗教学系）	陈 波
		批判性思维（上、中、下）	生命科学学院	李沉简
		社会调查方法	社会学系	王 迪

（教务部）

表7-3 2018年北京大学本科核心课程总目录

专业必修	
课号	课名
数学科学学院	
00132321	高等代数（Ⅰ）
00132323	高等代数（Ⅱ）
00135450	抽象代数
00132341	几何学
00131300	概率论
00132320	复变函数
00132340	常微分方程
00130200	数学模型
00137170	机器学习基础
物理学院	
00432108	数学物理方法（上）
00432109	数学物理方法（下）
00432110	数学物理方法
00432198	理论力学（A）
00432199	理论力学（B）
00432211	理论力学
00432130	热力学与统计物理（A）
00431650	平衡态统计物理
00431651	平衡态统计物理讨论班
00432140	电动力学（A）
00432141	电动力学（B）
00432150	量子力学（A）
00432150	量子力学（B）
00431641	量子力学讨论班
00432510	固体物理学
00431701	固体物理讨论班
00433327	近代物理实验（Ⅰ）
00433328	近代物理实验（Ⅱ）
00437160	核物理与粒子物理专题实验

(续表)

00433329	前沿物理实验		01132640	高级细胞生物学
00432222	综合物理实验（二）		01131161	生物学概念与途径
00414860	激光实验		01130370	生理学
00430011	计算物理学（A）		01139500	生理学实验
00430012	计算物理学（B）		\multicolumn{2}{c	}{城市与环境学院}
00431443	计算物理学		12631080	环境化学
00431561	基础天文		12631070	环境科学概论
00430184	天体物理		12631060	大气环境导论
00430186	天体物理讨论班		01536210	水环境化学
00431558	天文技术与方法Ⅰ（光学与红外）		12631110	环境工程学
00431660	宇宙探测新技术引论		12631090	环境土壤学
00432245	理论天体物理		12631100	环境监测与实验
00431562	天体光谱学		12631010	污染环境修复
00430191	大气科学导论		01536040	应用数理统计方法
00432274	大气探测原理		12631020	环境毒理学
00432247	大气物理学基础		12631130	大气物理学导论
00432251	天气学		12632050	气候变化科学概论
00432252	大气动力学基础		01536200	环境健康风险评价
00432278	大气物理与探测讨论班		新开课	环境数值模拟
00431149	光学讨论班		12631170	环境生物学
\multicolumn{2}{c	}{化学与分子工程学院}		01536850	环境地学
01031100	今日化学		01536800	污染物水文地质学
01030200	化学实验室安全技术		01531230	遥感基础与图像解译原理
01034310	普通化学		01535121	植物学（上）
01034321	普通化学实验		01535122	植物学（下）
01034371	有机化学（一）		01131080	动物生物学
01034373	有机化学（二）		01536011	普通生态学1
01035002	有机化学实验（Ⅰ+Ⅱ）		01536012	普通生态学2
01030120	结构化学		01536013	普通生态学3
01035200	物理化学（一）		01535150	生态学实验技术
01035210	物理化学（二）		01533260	自然地理概论
01035020	物理化学实验		12633020	普通地质学
00432510	固体物理学		01531180	地貌学
\multicolumn{2}{c	}{生命科学学院}		01531250	气象气候学
01132630	生物化学		01534200	水文学与水资源
01132631	生物化学讨论课		01534300	土壤学与土壤地理
01132020	遗传学		01531130	中国自然地理
01132021	遗传学讨论		01534060	综合自然地理学
01130030	基础分子生物学		01235230	地图学
01130150	细胞生物学		01235240	地理信息系统原理

(续表)

01531900	人文地理		01233420	空间等离子体物理基础
01531010	经济地理学		01233440	磁层物理学
01532420	城市地理学		01233260	中高层大气物理学
12634010	产业地理学		01233430	太阳大气层与日球层物理学
12639040	历史地理学导论		01233620	电离层物理学与电波传播
01532470	城市社会学		01233460	空间天气学及与预报入门
12635150	城市规划原理（1）		01235450	地理学基础
12635160	城市规划原理（2）		01230070	遥感概论
12635250	城市道路与交通规划		01235230	地图学
12634060	计量地理与规划系统工程学		01235240	地理信息系统原理
12635280	区域分析与区域规划		01235430	卫星导航定位基础
01532190	中外城市建设史		01235180	GIS 设计和应用
12635130	城乡社区空间规划与设计		01235190	地理信息系统工程
01532370	城市设计		01235260	3S 野外综合实习
01532240	城市总体规划(课程设计)		\multicolumn{2}{c	}{心理与认知科学学院}
01532230	城市规划管理与法规		01630900	普通心理学
01532350	城市基础设施规划		01630051	心理统计（1）
新开课	详细规划		01630708	心理统计（2）
12635230	城市生态与环境规划		01630040	社会心理学
12635210	建筑设计（一）		01630034	实验心理学
\multicolumn{2}{c	}{地球与空间科学学院}		01603333	实验心理学实验
0123020X	地球科学概论系列课程		01603011	心理测量
01231792	普通地质学（地球物质系统）		01630060	发展心理学
01231751	普通岩石学（一）		01630101	生理心理学
01231752	普通岩石学（二）		01630121	认知心理学
01231880	地球系统演化		01630600	组织管理心理学
01231770	构造地质学		01630090	变态心理学
01231780	地球化学		\multicolumn{2}{c	}{信息科学技术学院}
01231740	结晶学与矿物学		04830010	信息科学技术概论
01233580	地球介质力学基础		04831770	微电子与电路基础
01233200	地球重力学		04833800	电子系统基础训练
01233130	地球物理信号处理		04833860	信息处理与系统
01233220	地震学		04832450	数字逻辑
01233190	地磁学与地电学		04833870	集成电路器件导论
01233230	地球物理数值计算方法		04831030	数字集成电路原理
01233490	岩石力学		04831050	集成电路工艺原理
	毕业论文		04832010	基于 HDL 的数字系统设计
00432249	流体力学		04832700	计算机组织与体系结构
00432140	电动力学（B）		04832470	模拟电路
01233410	宇航技术基础		04830250	人工智能概论

(续表)

(续表)

04831090	模拟集成电路原理		00332242	数学物理方法（下）
04831060	集成电路设计实习		00332281	流体力学（上）
04832260	微纳集成系统实验班		00332282	流体力学（下）
04831040	半导体器件物理（含讨论班）		00332340	流体力学实验
04833000	固体物理基础		00332270	弹性力学
04831140	微米纳米技术概论		00332330	固体力学实验
04831010	半导体物理（含讨论班）		00330760	工程数学
04831080	微电子器件测试实验		00332300	工程流体力学
04833820	电子线路分析与设计+小班		00332290	工程弹性力学
04830670	信号与系统		00332320	工程设计初步
04832740	概率论与随机过程		00332310	结构力学及其矩阵方法
04832900	数字逻辑电路+小班		00334010	现代工学通论
04833790	电子学基础实验		00334090	能源与环境工程导论
04830610	电动力学B		新开课	能源与环境工程实验
04833830	微处理器与接口技术（含实验班）		00332190	物理化学
04830890	量子力学B		00332020	传热传质学
04830910	固体物理		新开课	环境学
04831750	程序设计实习		00331960	工程热力学
04830050	数据结构与算法A		00331970	新能源技术
04830070	集合论与图论		00333050	金工实习
04832362	计算机系统导论与研讨班		新开课	本科学术实践大课堂
04830080	代数结构与组合数学		00332470	航空航天概论
04830281	算法设计与分析与研讨班		00333770	航空航天信息工程
00131480	概率统计A		00332510	电路与电子学
新开课	操作系统A（含实习）		00332680	飞行器结构力学
新开课	编译技术（含实习）		00333790	飞行器设计与动力
新开课	计算机组织与体系结构（含实习）		00331960	工程热力学
04830100	数字逻辑设计		00334060	空气动力学基础
新开课	计算机网络概论（含实习）		00334100	生物医学工程原理
新开课	软件工程（含实习）		00332600	分子细胞生物学
04830250	软件测试导论		00333920	生物医学工程设计Ⅰ
04831320	脑与认知科学		00334020	生物医学工程设计Ⅱ
04830170	数据结构与算法实习		00333930	生物医学图像处理
04831220	智能科学技术导论		00333580	生物医学信号处理
	工学院		00332820	解剖生理学
00331910	理论力学		00332830	解剖生理学实验
00332260	材料力学		00332641	材料科学基础（上）
00334050	材料力学实验		00332642	材料科学基础（下）
00331800	高等动力学		00333610	实验室安全与防护
00332241	数学物理方法（上）		00333210	材料科学与工程实验

(续表)

(续表)

00332990	材料科学与工程专业英语		00132380	概率统计（B）
00333190	材料化学		04832280	C++语言程序设计
00333410	材料物理导论		02080431	高级汉语口语（上）
00333000	材料性能分析与测试		02080432	高级汉语口语（下）
\multicolumn{2}{c}{环境科学与工程学院}		02080421	阅读与写作（初级）
12730030	环境问题		02080422	阅读与写作（中级上）
12730011	环境科学与工程专题		02080423	阅读与写作（中级下）
12732010	环境科学		02080424	阅读与写作（高级）
12732150	环境工程学一		02080261	中国现代文学（上）
12732080	环境工程学二		02080262	中国现代文学（下）
12732040	环境监测		02080331	中国当代文学作品（上）
12732070	环境监测实验		02080332	中国当代文学作品（下）
12732020	环境管理学		02080440	古文选读
12732160	环境研究方法		02080130	中文工具书使用
12732170	环境决策案例分析		02080410	中国民俗与社会生活
\multicolumn{2}{c}{中国语言文学系}		02080420	中国古代文化基础
02030021	古代汉语（上）		02080400	中国人文地理
02030022	古代汉语（下）		02080341	中国古代文学（一）
02030011	现代汉语（上）		02080342	中国古代文学（二）
02030012	现代汉语（下）		02080343	中国古代文学（三）
02030031	中国古代文学史（一）		02080344	中国古代文学（四）
02030032	中国古代文学史（二）		\multicolumn{2}{c}{历史学系}
02030033	中国古代文学史（三）		02130011	中国古代史（上）
02030034	中国古代文学史（四）		02130012	中国古代史（下）
02030070	语言学概论		02132030	中国现代史
02030040	中国现代文学史		02130101	中国历史文选（上）
02033360	中国当代文学		02130102	中国历史文选（下）
02039200	文学原理		02132460	低年级小班研讨课（系列）
02031080	《论语》选读		02132470	低年级小班研讨课（系列）
02031090	《孟子》选读		02132480	低年级小班研讨课（系列）
02033830	经典讲读		02132490	低年级小班研讨课（系列）
02033090	中文工具书		02132081	世界史通论
02031540	中国古代文化		02130110	史学概论
02039240	古代典籍概要		02133020	史学新生导学
02030790	比较文学原理		02132110	社会调查与史学研究
02032020	民间文学概论		02130120	中国史学史
00131421	高等数学（C）（一）		02130130	外国史学史
00131422	高等数学（C）（一）		02132720	艺术史概论
04831410	计算概论（B）		02133610	古代东方文明
04831420	数据结构与算法（B）		02133620	古希腊罗马史

(续表)

(续表)

编号	课程名称	编号	课程名称
02133630	中世纪欧洲史	02231120	建筑设计（三）
02133660	亚洲史	02231130	建筑设计（四）
02133640	欧洲史	02233040	文化遗产踏查与测绘实习
02133650	美洲史	02240140	文化遗产保护实践
02139190	非洲史	02233050	文化遗产保护规划设计理论与方法
02132091	外国历史文选（上）	02234040	世界考古学（上）
02132092	外国历史文选（下）	02234050	世界考古学（下）
02133681	外文历史史料选读（上）	新开课	专题考古课程
02133682	外文历史史料选读（下）	03730751	俄语视听说（一）
	考古文博学院	03730752	俄语视听说（二）
02231080	考古学导论	03730753	俄语视听说（三）
02232111	中国考古学（上一）	01035180	定量分析化学
02232102	中国考古学（上二）	01035190	定量分析化学实验
02232103	中国考古学（中一）	01034390	仪器分析
02232104	中国考古学（中二）	01034400	仪器分析实验
02232105	中国考古学（下一）		哲学系（宗教学系）
02232106	中国考古学（下二）	02330003	哲学导论
02240290	田野考古实习	02330004	哲学导论讨论课
02230471	科技考古	02330092	中国哲学（上）
02231040	博物馆学概论	02330093	中国哲学（上）讨论课
02231050	设计初步	02330096	中国哲学（下）
02231060	博物馆陈列内容设计	02330097	中国哲学（下）讨论课
02231070	博物馆陈列形式设计	02330051	西方哲学（上）
02240260	博物馆藏品管理	02330055	西方哲学（上）讨论课
02231280	文物鉴赏	02330053	西方哲学（下）
02231240	文物研究与鉴定	02330056	西方哲学（下）讨论课
02231270	博物馆实习	02330160	宗教学导论
02234010	文物显微形态学分析	02330163	宗教学导论讨论课
02230991	文物保护材料学	02336401	逻辑与论证
02232210	考古学通论	02330142	伦理学导论
02232220	文化遗产学概论	02330152	美学原理
02240410	文物分析技术	02330132	科学哲学导论
02230830	无机质文物保护与实验	02332250	中国宗教史
02230820	有机质文物保护与实验		学年论文
02230730	文物法规与行政管理		毕业论文
02231190	文物保护专业实习		实践实习
02230840	不可移动文物保护		外国语学院
02240011	中国建筑史（上）	03538011	基础阿拉伯语（一）
02240012	中国建筑史（下）	03538012	基础阿拉伯语（二）
02231150	中国传统建筑构造	03538013	基础阿拉伯语（三）

(续表)

03538014	基础阿拉伯语（四）		03535671	菲律宾语（一）
03538180	阿拉伯伊斯兰文化		03535672	菲律宾语（二）
03537671	基础波斯语（一）		03535673	菲律宾语（三）
03537502	基础波斯语（二）		03535674	菲律宾语（四）
03537503	基础波斯语（三）		新开课	菲律宾概况
03537504	基础波斯语（四）		03531011	基础蒙古语（一）
03531401	基础韩国（朝鲜）语（一）		03531012	基础蒙古语（二）
03531402	基础韩国（朝鲜）语（二）		03531013	基础蒙古语（三）
03531403	基础韩国（朝鲜）语（三）		03531014	基础蒙古语（四）
03531404	基础韩国（朝鲜）语（四）		03534011	缅甸语（一）
03632001	德语精读（一）		03534012	缅甸语（二）
03632002	德语精读（二）		03534013	缅甸语（三）
03632003	德语精读（三）		03534014	缅甸语（四）
03632004	德语精读（四）		03635151	葡萄牙语（一）
03632621	德语国家文学史与选读（一）		03635152	葡萄牙语（二）
03632622	德语国家文学史与选读（二）		03635153	葡萄牙语（三）
03632623	德语国家文学史与选读（三）		03635154	葡萄牙语（四）
03632624	德语国家文学史与选读（四）		03635031	葡萄牙历史和文化（上）
03730501	基础俄语（一）		03635032	葡萄牙历史和文化（下）
03730502	基础俄语（二）		03635101	巴西历史和文化（上）
03730503	基础俄语（三）		03635102	巴西历史和文化（下）
03730504	基础俄语（四）		03532021	基础日语（一）
03730071	俄罗斯文学史（一）		03532022	基础日语（二）
03730072	俄罗斯文学史（二）		03532023	基础日语（三）
03730581	俄罗斯国情（上）		03532024	基础日语（四）
03730582	俄罗斯国情（下）		03532120	日本文学史
03631001	法语精读（一）		03532160	日语概论
03631002	法语精读（二）		03533861	泰语教程（一）
03631003	法语精读（三）		03533862	泰语教程（二）
03631004	法语精读（四）		03533863	泰语教程（三）
03631065	法国文学史和文学选读（上）		03533864	泰语教程（四）
03631066	法国文学史和文学选读（下）		03537251	基础乌尔都语教程（一）
03536121	基础梵语（上）		03537252	基础乌尔都语教程（二）
03536122	基础梵语（下）		03537353	基础乌尔都语（三）
新开课	梵语经典选读（一）		03537354	基础乌尔都语（四）
新开课	梵语经典选读（二）		03633011	西班牙语精读（一）
03536161	巴利语（上）		03633012	西班牙语精读（二）
03536162	巴利语（下）		03633013	西班牙语精读（三）
03536401	德语（一）		03633014	西班牙语精读（四）
03536402	德语（二）		03633015	西班牙语精读（五）

(续表)

(续表)

03633016	西班牙语精读（六）		03537552	波斯语写作（下）
03633061	西班牙语文学史和文学选读（上）		03537511	波斯语视听说（上）
03633062	西班牙语文学史和文学选读（下）		03537512	波斯语视听说（下）
03633071	拉丁美洲文学史和文学选读（上）		03537611	波斯文学史（上）
03633072	拉丁美洲文学史和文学选读（下）		03537612	波斯文学史（下）
03535161	希伯来语（一）		03632210	德国历史
03535162	希伯来语（二）		03730511	高级俄语（一）
03535163	希伯来语（三）		03730512	高级俄语（二）
03535164	希伯来语（四）		03730031	俄语语法（一）
03536501	印地语（一）		03730032	俄语语法（二）
03536502	印地语（二）		03730551	俄译汉教程（上）
03536913	印地语（三）		03730811	汉译俄教程（上）
03536914	印地语（四）		03730541	俄语写作（上）
03534810	印尼语（一）		03730311	俄罗斯文学选读（上）
03534802	印尼语（二）		03730312	俄罗斯文学选读（下）
03534843	印尼语（三）		03730381	俄语报刊阅读（一）
03534844	印尼语（四）		03730761	俄语新闻听力（上）
03533271	基础越南语（一）		03631005	法语精读（五）
03533272	基础越南语（二）		03631006	法语精读（六）
03533273	基础越南语（三）		03631021	法语视听说（一）
03533274	基础越南语（四）		03631022	法语视听说（二）
03830017	英语精读（一）		03631023	法语视听说（三）
03830018	英语精读（二）		03631024	法语视听说（四）
03830033	英语精读（三）		03535580	菲律宾文化
03830034	英语精读（四）		03535530	菲律宾历史
03830091	英国文学史（一）		03535700	菲律宾民间文学
03830092	英国文学史（二）		03532220	日语会话
03830100	普通语言学		03532041	日语视听说（一）
03830110	英译汉		03532042	日语视听说（二）
03830120	汉译英		03532321	高年级日语（一）
03830131	美国文学史与选读（一）		03532322	高年级日语（二）
03830132	美国文学史与选读（二）		03532333	高年级日语（三）
03538021	阿拉伯语视听（一）		03532334	高年级日语（四）
03538022	阿拉伯语视听（二）		03531959	日语文言语法
03538381	阿拉伯语口语（一）		03532060	日语写作
03538032	阿拉伯语口语（二）		03532440	日语语法概论
03538041	阿拉伯语阅读（一）		03532110	日译汉
03537681	波斯语口语（上）		03533829	泰国历史
03537682	波斯语口语（下）		03533870	泰国文化和社会
03537551	波斯语写作（上）		03533540	泰语语法

（续表）

03533590	泰国文学史		02430150	中国政治概论
02139190	非洲史		02430091	国际关系史（上）
03530180	古代东方文明		02430092	国际关系史（下）
02133620	古希腊罗马史		02430041	政治学原理
02133650	美洲史		02430211	中国对外关系史
02133640	欧洲史		02430140	中华人民共和国对外关系
02132110	社会调查与史学研究		02430050	外交学
02130110	史学概论		02430931	国际组织与国际法
02133020	史学新生导学		02431840	社会科学方法论
02132480	世界古代史练习		02431641	比较政治学
02132490	世界近现代史练习		02431683	原著译读
02132081	世界史通论		02430020	国际政治经济学
02130130	外国史学史		02430159	英语写作
02133660	亚洲史		02432201	中文报刊选读（一）
02132720	艺术史概论		02432202	中文报刊选读（二）
02130011	中国古代史（上）		02432203	中文报刊选读（三）
02130012	中国古代史（下）		02432204	中文报刊选读（四）
02132460	中国古代史练习		02431093	专业汉语（一）
02132470	中国近现代史练习		02431094	专业汉语（二）
02130101	中国历史文选（上）		02432340	国际公共政策导论（英文）
02130102	中国历史文选（下）		02432140	中国政治与公共政策（英文）
02130120	中国史学史		02432161	社会科学定量方法
02132030	中国现代史		02432300	谈判模拟与国际文书写作
02133630	中世纪欧洲史		02432310	国际组织与全球治理
	艺术学院		02432320	中外文化比较
04330013	艺术学原理			第二外国语（英语、法语、俄语、阿拉伯语、西班牙语）
04330101	电影概论			法学院
04333021	美术概论		02930060	宪法学
04330005	音乐概论		0293008a	民法总论
04331541	美学原理		02930010	法理学
04331570	戏剧艺术概论		02930030	中国法制史
04330649	影视理论与批评		02930152	刑法总论
04330004	创意写作		02930050	民事诉讼法
04332530	文化产业导论		02930920	刑事诉讼法
04330002	艺术心理学		02939995	国际私法
04330028	跨文化艺术传播学		02930890	经济法学
04334008	中西方音乐专题		02930470	商法总论
04334001	世界美术简史			信息管理系
	国际关系学院		03033400	信息资源管理基础
02430010	国际政治概论			

(续表)

03033740	信息行为导论		03230790	西方政治思想史
03032130	信息组织		03231700	政党学概论
03033460	调查与统计方法		03232500	政府与法治
03033710	计算机网络概论		03231120	比较公共管理
03033750	信息架构设计与实践		03231160	人力资源开发与管理
03033650	信息计量学		03230120	组织与管理
03033730	信息服务学		03231130	地方政府管理
03030630	信息存储与检索		03232530	公共经济学
03032110	信息政策与法规		03232640	行政学研究方法
03030740	管理信息系统		03231610	管理运筹学
03033030	信息分析与决策		03232560	城市经济学
03033450	信息系统分析与设计		03232550	区域经济学
03030010	图书馆学概论		03231240	经济地理学
03033190	社科文献资源与检索利用		03231250	城市管理
新开课	文献学		03231260	城市规划
03033490	中国图书史		03232200	区域分析方法
03033810	知识服务组织的管理创新		03232360	地理信息系统基础与应用
03033180	信息资源建设		新闻与传播学院	
03033620	公共文化服务概论		01831800	汉语语言修养
03033470	图书馆参考咨询		01834130	新媒体导论
03032270	图书馆管理		01833920	马克思主义新闻观
	社会学系		01833850	传播学研究方法
03130010	社会学概论		01833740	传媒伦理与法律法规
03131190	社会工作概论		01834230	新闻采访写作
03130210	社会心理学		01833270	新闻编辑
03100130	国外社会学学说（上）		01830710	新闻摄影
03130020	国外社会学学说（下）		01834290	中国新闻史
03131500	社会调查与研究方法		01833750	世界新闻史
03130120	社会统计学		01833280	新闻评论
03131260	数据分析技术		01834160	互联网认知
03132550	社会调查实践		01833780	当代新闻发展前沿
	政府管理学院		01831740	视听语言
03232600	政治学前沿		01832910	视频编辑
03231620	公共政策分析		01834240	视频采访与写作
03230040	比较政治学概论		01833020	广播电视新闻
03230050	当代中国政府与政治		01833030	广播电视节目制作
03230100	当代西方国家政治制度		01834270	节目创意与策划
03230780	中国政治思想史		01834250	口语传播
03230770	中国政治制度史		01834290	影视制作
03231080	政治经济导论		01831750	专题片及纪录片创作

（续表）

(续表)

课程号	课程名	课程号	课程名
01830480	广告学概论	02534820	保险学原理
01834010	中外广告史	02534200	风险管理学
01830540	市场调查	02534960	保险经济学导论
01830490	广告媒体研究	02532090	保险精算
01834260	广告策划与创意	02535390	金融会计
01833830	公共传播	02531080	社会保险
01833820	视觉传达	新开课	保险资产管理
01832420	品牌研究	02534520	财政学
01833710	创意传播管理	02533390	福利经济学
01831330	中国图书出版史	02533840	国际税收
01833100	编辑出版概论	02530051	统计学
01831300	中国古籍资源与整理	02534500	公共经济学
01833770	数字出版技术	02533530	预算经济学
01833120	选题策划与书刊编辑实务	02534760	比较税收学
01833110	编辑实用语文写作	02533850	农业经济学
01833130	出版案例研讨	02534780	区域经济学
01833870	出版经营管理	02534430	经济增长理论
01831550	近现代出版文化	02534000	生态经济学
	经济学院	02533370	环境资源经济学
02533340	中国经济思想史	02534830	人口健康经济学
02533350	外国经济思想史	新开课	能源经济学
02535240	中国经济史		光华管理学院
02535250	外国经济史	02831113	商务英语（一）
02533600	产业组织理论	02831114	商务英语（二）
02532260	信息经济学	02831110	经济学
02535370	《资本论》选读	02832110	微观经济学
02530150	发展经济学	02832120	宏观经济学
02534880	社会实践	E2832121	宏观经济学（英文）
02530090	国际贸易	02839000	中国经济改革与发展
02530100	国际金融	02832510	财务会计
02530620	国际投资学	02838430	财务会计（英文）
02533490	世界经济史	02830140	社会心理学
新开课	世界经济概论	02838500	组织与管理
02535380	中国对外经济	02831101	组织与管理讨论班
02534060	货币银行学	02832640	营销学
02532240	金融经济学导论	02833430	公司财务管理
02533570	公司金融	E2833431	公司财务管理（英文）
02530340	投资学	02838470	管理科学
02532220	金融市场学		国家发展研究院
02532420	金融工程概论	06232000	经济学原理

(续表)

06239084	中级宏观经济学		新开课	分布与并行计算	
06239085	中级微观经济学		00110950	人工智能	
06239086	计量经济学		04630791	深度学习：算法与应用	
06234900	中国经济专题		新开课	统计机器学习	
06239087	中国经济专题小班讨论课		00130630	大数据中分析的算法	
06239114	经济学研究训练		00130630	最优化方法	
	毕业论文		00332470	航空航天概论	
	元培学院		04831770	微电子与电路基础	
01231790/01231791	普通地质学		04832930	电子技术实验	
			00330760	工程数学	
01231651	普通岩石学（一）		00332260	材料力学	
01231652	普通岩石学（二）		00332250	理论力学	
01231030	古生物学		00333960	空气动力学基础和实践	
01231320	地史学		00332300	工程流体力学	
01131040	植物生物学		00332760	飞行力学与控制	
01131080	动物生物学		03232600	政治学前沿	
01130200	遗传学		03232570	政治学原理（上）	
01231640	普通地质实习 A		03232590	政治学原理（下）	
01231680/01231420	综合地质实习		03232270	政治学概论	
			03231750	中国地方政府与政治	
04630771	定量细胞生物学		03231080	政治经济导论	
04630820	数学-物理的整合 I		03232290	经济学原理	
04630994	定量分子生物学		06232200	中级微观经济学	
04630981	整合化学动力学		06232300	中级宏观经济学	
04630860	多元微积分与线性代数		02330003	哲学导论	
04630983	整合热力学		02330160	宗教学导论	
04630982	整合量子力学与分子光谱		02330092	中国哲学（上）	
04630831	综合实验课程 I		02330096	中国哲学（下）	
04630850	综合实验课程 II		02330051	西方哲学（上）	
04630790	数据科学导引		02330053	西方哲学（下）	
00131300	概率论			毕业论文	
00135460	数理统计				
新开课	数值与计算方法				

表 7-4　2018 年北京大学本科课程目录

课程号	课程名称	学分	00100868	反射群和 Coxeter 群	3
数学科学学院			00100873	图像处理中的数学方法	3
00100861	随机模型及模拟方法选讲	3	00100877	贝叶斯理论与算法	3
00100864	黎曼几何中的比较定理	3	00100879	微分拓扑选讲	3
00100865	模形式的算术理论	3	00100883	计算系统生物学	3
00100867	高维数据分析与统计推断	3	00100884	叶状结构	3

(续表)

课程号	课程名	学分	课程号	课程名	学分
00100885	代数几何选讲	3	00110710	试验设计	3
00100890	代数选讲	3	00110780	最优化理论与算法	3
00100893	多复变函数论选讲	3	00110820	计算流体力学	3
00102876	信息光学的数学理论及其应用	3	00110830	数值代数Ⅱ	3
00102886	应用偏微分方程选讲	2	00110850	控制系统CAD	3
00102888	几何群论	3	00110860	并行计算Ⅱ	3
00102892	统计学习	3	00110940	复分析	3
00102893	生物统计	3	00110950	人工智能	3
00102909	数据分析的数学导论	3	00110960	模式识别	3
00102916	双曲几何引论	3	00111140	近代偏微分方程	3
00102917	因果推断与统计大数据	2	00111770	代数几何Ⅱ	3
00102920	统计咨询	2	00111850	有限元方法Ⅱ	3
00102921	李群与李代数	3	00111940	遍历论	3
00102923	p进朗兰兹纲领	3	00112040	现代信息处理选讲	3
00102924	纤维丛与示性类	3	00112110	低维流形	3
00102926	几何学专题	3	00112230	高等统计选讲Ⅰ	3
00102927	拓扑场理论专题	3	00112250	随机过程Ⅱ	3
00102928	数论专题	3	00112450	智能计算	3
00102930	表示论专题	3	00112530	数学物理中的反问题	3
00102931	代数几何专题	3	00112610	同调代数	3
00102932	偏微分方程专题	3	00112630	高等概率论	3
00102933	拓扑学专题	3	00112640	高等统计学	3
00102934	复几何	3	00112650	随机过程论	3
00102936	分析和方程专题	3	00112690	多尺度建模与计算	3
00102937	科学与工程中的微分方程模型	2	00112710	二阶椭圆型方程	3
00110000	黎曼几何引论	3	00112711	抽象代数Ⅱ	3
00110010	同调论	3	00112780	应用偏微分方程	3
00110040	微分拓扑	3	00112870	现代调和分析及其引用	3
00110050	模式识别	3	00112890	生物医学成像的数学方法	3
00110060	算法设计与分析	3	00112950	辛几何	3
00110070	经典力学的数学方法	3	00113030	偏微分方程选讲	3
00110130	泛函分析（二）	3	00113070	差分方法Ⅱ	3
00110150	交换代数	3	00113140	软件形式化方法	3
00110170	代数数论	3	00113150	群论	3
00110190	动力系统	3	00113180	模形式与数论	3
00110290	常微分方程选讲	3	00113190	黎曼曲面论	3
00110330	几何分析	3	00113230	谱方法	3
00110390	纤维丛上的微分几何	3	00113390	软件理论与方法选讲	3
00110400	随机分析	3	00113470	有限域	3
00110620	生存分析与可靠性	3	00113510	几何拓扑选讲	3

(续表)

课程号	课程名	学分	课程号	课程名	学分
00113670	近代数学物理方法	3	00131651	代数讨论班Ⅱ	3
00113690	随机模拟方法	3	00131660	分析讨论班	3
00113730	现代统计计算	3	00131661	分析讨论班Ⅱ	3
00113780	符号计算	3	00131670	应用数学导论	3
00114100	代数拓扑选讲	3	00131690	毕业论文（2）	6
00114250	机器学习	3	00131700	数学分析	5
00117250	变分学	3	00131710	高等代数	5
00130030	信息科学基础	3	00132100	应用生存分析	3
00130161	拓扑学	3	00132110	核心数学选讲Ⅰ	2
00130190	微分流形	3	00132250	抽象代数选讲	2
00130200	数学模型	3	00132260	数学分析选讲Ⅲ	2
00130201	高等数学（B）（一）	5	00132301	数学分析（Ⅰ）	5
00130202	高等数学（B）（二）	5	00132302	数学分析（Ⅱ）	5
00130210	计算机图形学	3	00132304	数学分析（Ⅲ）	4
00130211	高等数学（B）（一）习题课	0	00132310	微分几何	3
00130212	高等数学（B）（二）习题课	0	00132311	数学分析（Ⅰ）习题	0
00130280	计算方法（B）	3	00132312	数学分析（Ⅱ）习题	0
00130310	线性代数（C）	3	00132313	数学分析（Ⅲ）习题	0
00130410	常微分方程定性理论	3	00132320	复变函数	3
00130490	运筹学	3	00132321	高等代数（Ⅰ）	5
00130550	数值代数	3	00132323	高等代数（Ⅱ）	4
00130560	数值分析	3	00132330	偏微分方程	3
00130630	最优化方法	3	00132331	高等代数（Ⅰ）习题	0
00130640	流体力学引论	3	00132332	高等代数（Ⅱ）习题	0
00130730	数理逻辑	3	00132340	常微分方程	3
00130830	数字信号处理	3	00132341	几何学	5
00131100	金融时间序列分析	3	00132350	泛函分析	3
00131280	证券投资学	3	00132351	几何学习题	0
00131300	概率论	3	00132361	数学分析Ⅰ(实验班)	5
00131410	计算概论	3	00132362	数学分析Ⅱ(实验班)	5
00131420	数据结构	3	00132363	数学分析Ⅲ(实验班)	4
00131421	高等数学C（一）	4	00132370	实变函数	3
00131422	高等数学C（二）	4	00132371	高等代数Ⅰ(实验班)	5
00131460	线性代数（B）	4	00132372	高等代数Ⅱ(实验班)	4
00131470	线性代数（B）习题	0	00132380	概率统计（B）	3
00131480	概率统计（A）	3	00132381	几何学Ⅰ(实验班)	5
00131560	古今数学思想	2	00132382	几何学Ⅱ(实验班)	4
00131640	几何讨论班	3	00132401	数学分析1	7
00131641	几何讨论班Ⅱ	3	00132402	数学分析2	7
00131650	代数讨论班	3	00132520	模形式	3

（续表）

00132610	密码学	3	00136220	运筹学	5
00132700	群表示论	3	00136250	近世代数	5
00132750	毕业论文（证券）讨论班	6	00136260	常微分方程	5
00132770	毕业论文（资产定价）讨论班	6	00136270	应用随机过程	5
00132780	毕业论文（精算）讨论班	6	00136310	抽样调查	5
00132790	毕业论文（金融数据分析与建模）	6	00136320	应用多元统计分析	5
00132810	毕业论文（衍生工具）讨论班	6	00136350	概率论	5
00132830	金融数学引论	3	00136540	数值方法：原理，算法及应用	3
00132860	研究型学习	3	00136590	复变函数	5
00132880	统计软件	3	00136660	凸优化	3
00132930	生物数学物理	3	00136680	调和分析	3
00132990	数学分析Ⅱ选讲	2	00136700	普通统计学	3
00133010	测度论	3	00136710	随机过程与统计物理	3
00133020	抽样调查	3	00136720	大数据分析中的算法	3
00133030	统计计算	3	00136730	衍生证券基础	3
00133050	应用多元统计分析	3	00136750	随机过程引论	3
00133070	应用时间序列分析	3	00136760	金融数据分析导论	3
00133090	应用随机过程	3	00136770	代数数论讨论班	3
00133110	应用回归分析	3	00136780	概率论（实验班）	3
00134120	高等代数Ⅱ选讲	2	00136790	多重算法和随机算法选讲	3
00134210	人工神经网络	3	00136830	数学应用软件	5
00134270	毕业论文（金融统计）讨论班	6	00136840	统计学	5
00134330	金融经济学	3	00136850	实变函数与泛函分析	4
00134360	典型群引论	3	00136860	音乐与数学	2
00134510	毕业论文（固定收益证券和信用风险）	6	00136870	群与表示	3
00134530	核心数学选讲Ⅱ	2	00136880	数论基础	3
00135040	程序设计技术与方法	3	00136890	基础代数几何	3
00135050	理论计算机科学基础	3	00136900	同伦论	3
00135220	非参数统计	3	00136910	示性类与指标理论简介	2
00135290	集合论与图论	3	00136920	非线性分析基础	3
00135450	抽象代数	3	00136930	统计数据科学导论	3
00135460	数理统计	3	00136950	概率统计（B）	4
00135480	风险理论	3	00136970	高等多元统计分析	2
00135520	偏微分方程数值解	3	00136980	大数据建模方法	3
00135590	计算机图象处理	3	00136990	四维流形和Ricci流	3
00135740	低年级讨论班（1）	3	00137110	应用随机分析	3
00135810	寿险精算	3	00137130	深度学习：算法与应用	3
00135920	实分析	3	00137140	计算概论习题课	0
00136020	组合数学	3	00137150	并行与分布式计算基础	3
00136180	生物信息中的数学模型与方法	3	00137160	网络空间安全	3

(续表)

00137170	机器学习基础	3	00332150	渗流物理	3
00137180	几何表示论	3	00332171	能源与资源工程实验（上）	3
00137190	数据结构习题课	0	00332172	能源与资源工程实验（下）	3
00137220	北大数学导引课	1	00332190	物理化学	3
00137230	算术代数几何选讲	2	00332210	热力学及其应用	3
08408010	强化学习：理论与算法	3	00332220	清洁生产过程原理	3
工学院			00332241	数学物理方法（上）	3
00330050	计算方法	3	00332242	数学物理方法（下）	3
00330070	材料力学	3	00332250	理论力学	4
00330130	气体力学	3	00332260	材料力学	4
00330140	计算流体力学	3	00332270	弹性力学	4
00330180	有限元法	3	00332281	流体力学（上）	3
00330190	塑性力学	3	00332282	流体力学（下）	3
00330220	自动控制原理	3	00332290	工程弹性力学	3
00330270	专业英语	3	00332300	工程流体力学	3
00330280	振动理论	3	00332310	结构力学及其矩阵方法	4
00330630	工程制图	3	00332320	工程设计初步	4
00330700	常微分方程	3	00332330	固体力学实验	3
00330760	工程数学	3	00332340	流体力学实验	3
00331311	工程CAD（1）	3	00332381	工程毕业设计（上）	3
00331333	数学分析（三）	4	00332382	工程毕业设计（下）	3
00331501	数学分析（一）	4	00332390	数值模拟	3
00331502	数学分析（二）	4	00332400	废水资源化工程	3
00331540	弹性力学	3	00332410	复合材料与结构力学	3
00331590	结构力学及其矩阵方法	3	00332430	燃烧学基础	3
00331600	工程设计初步	3	00332460	连续介质力学基础	3
00331751	微积分（一）	4	00332470	航空航天概论	2
00331752	微积分（二）	4	00332500	空气动力学	2
00331760	微积分习题	0	00332510	电路与电子学	3
00331770	线性代数与几何	4	00332520	地球科学基础	3
00331800	高等动力学	3	00332540	全球创新产品设计和团队实践	3
00331860	高等微积分	3	00332550	药品质量与全球健康	2
00331880	高等代数	3	00332580	高等数学（D类）	4
00331900	概率与数理统计	3	00332581	高等数学（D类）习题课	0
00331910	理论力学	3	00332590	高等数学（D类基础）	4
00331960	工程热力学	3	00332600	分子细胞生物学	3
00331970	新能源技术	3	00332610	能源与资源工程原理	3
00332010	水文学与水资源	3	00332630	地下水水文学	3
00332020	传热传质学	3	00332641	材料科学基础（上）	4
00332070	工程经济学	3	00332642	材料科学基础（下）	4

(续表)

00332680	飞行器结构力学	3	00333270	生物材料分析方法	3
00332702	空气动力学Ⅱ	3	00333280	计算生物学导论	3
00332740	计算方法上机	0	00333290	纳米医学	3
00332760	飞行力学与控制	3	00333360	魅力机器人	2
00332820	解剖生理学	3	00333390	生物医学工程实习	3
00332830	解剖生理学实验	1	00333400	对话全球创新大师	2
00332841	互联网环境下的服务系统随机建模与优化	2	00333410	材料物理导论	3
00332872	太阳能光伏发电系统	3	00333460	能源与推进	3
00332900	生物材料学	3	00333480	生物医学光学及应用	3
00332910	飞行器控制和仿真	2	00333520	光伏效应与太阳能	3
00332950	航空航天工业实习	3	00333558	材料基因组评估	3
00332960	发育与再生生物学	3	00333560	水环境模拟	2
00332980	物理流体力学	3	00333580	生物医学信号处理	3
00332990	材料科学与工程专业英语	3	00333590	发动机燃烧	3
00333000	材料性能分析与测试	3	00333610	实验室安全与防护	1
00333010	材料计算科学与工程	3	00333630	细胞与分子影像学	3
00333020	纳米材料科学与技术	3	00333640	非线性动力学和混沌引论	3
00333040	岩土力学	3	00333650	资源循环利用基础	2
00333050	金工实习	3	00333670	中国经济：科技、增长与全球联系	3
00333060	对流与传热	3	00333671	燃烧科学与工程	3
00333116	微小卫星控制与仿真	3	00333677	中国经济A：增长与全球联系	2
00333117	跨文化设计：对生态负责的商业模型	4	00333691	中国：过去、现在和未来	3
00333119	地球大历史：穿梭一百四十亿年的科学之旅	3	00333693	创新创业：精益创业方法	3
00333124	数字中国：科技，媒体，文化	3	00333695	中国与世界	3
00333125	机器人入门：编程与实践	3	00333697	中国的过去与现状	3
00333126	组织工程实用工具：再生疗法的设计与评价	3	00333699	创业家的故事板：灯光，摄影，开机	3
00333128	人造器官工程	3	00333700	智能材料与适应性系统	3
00333129	生物医学中的药物和基因传递	3	00333721	有限元建模在结构完整性和生物学上的应用	3
00333134	细胞和分子系统生理学	2.5	00333739	化学和生物传感器	3
00333135	生物医学工程特殊问题	2.5	00333750	半导体物理与器件	3
00333136	全球健康和生物工程	2.5	00333760	航空航天导航导论	3
00333138	柔性化机器人：从类人到软体	3	00333770	航空航天信息工程	3
00333170	认识实习	3	00333790	飞行器设计与动力	3
00333181	工程项目管理中的金融决策	3	00333800	生物医学工程综合实验Ⅰ	2
00333190	材料化学	3	00333820	概率论	2
00333200	材料热力学	3	00333830	现代工学通论	2
00333210	材料科学与工程实验	2	00333840	工程流体力学基础	4
00333230	高分子材料科学与工程	3	00333870	工学类文献检索和科技写作	3
00333240	无机非金属材料科学与工程	3	00333880	生物材料制备与加工	3
00333250	金属材料科学与工程	3	00333890	面向复杂性的系统思维	3

(续表)

00333900	热力学与统计力学导论	3	00405612	量子材料的物性	3
00333910	环境力学	3	00405623	粒子物理实验讨论班	2
00333920	生物医学工程设计 I	3	00405625	半导体器件物理	3
00333930	生物医学图像处理	3	00405628	固体散射谱学简介	3
00333940	环境流体力学	3	00405634	冷原子实验方法与技术	2
00333950	材料量子力学基础	3	00407771	核物理与粒子物理实验方法（二）	3
00333960	空气动力学基础和实践	3	00407772	概率论与数据处理	3
00333970	分析化学	3	00407780	数值天气预报	4
00333980	医学成像基础	3	00407793	引力波天体物理学	2
00333990	生物能源与生物资源	3	00410140	群论	3
00334000	先进诊疗技术	3	00410340	高等量子力学	4
00334010	现代工学通论	1	00410440	量子统计物理	3
00334020	生物医学工程设计 II	3	00410542	固体理论	4
00334030	工学创新实践	3	00410612	Java 编程	3
00334040	软物质流体力学导论	3	00410614	经济物理学导论	2
00334050	材料力学实验	1	00410640	量子场论	4
00334060	空气动力学基础	4	00410644	非线性物理专题	3
00334070	创新设计理论与方法	2	00410740	光学理论	4
00334080	能源与环境系统工程创新实践课	4	00411040	非线性光学	4
00334090	能源与环境工程导论	3	00411850	固体光谱	3
00334100	生物医学工程原理	3	00411851	光电功能材料	2
00334110	科学素养	2	00411950	表面物理	3
00334120	固体物理（B）	3	00412150	粒子物理	4
00334130	有机材料和器件	3	00412250	量子规范场论	4
00334140	运营管理与优化	3	00412350	李群和李代数	3
00334150	航空发动机基本原理	2	00413250	等离子体物理	4
00334160	生物力学与医学工程概论	3	00414860	激光实验	2
00334170	网络世界安全与隐私政策	2	00415450	量子光学	4
	物理学院		00415480	宽禁带半导体	2
00401267	高亮度 X 光源与应用导论	2	00415510	现代光学与光电子学	3
00405589	强场光物理	2	00415532	原子、分子光谱	3
00405595	多体系统的量子理论	3	00415692	广义相对论	4
00405596	量子材料前沿讲座	2	00415702	介观光学导论	2
00405601	超快激光和光谱技术及应用	2	00418380	离子源物理与技术	3
00405603	量子信息物理导论	3	00418720	保健物理学	2
00405605	拉曼光谱学导论	2	00430010	量子场论专题讨论班	2
00405606	表面等离激元学导论	2	00430011	计算物理学（A）	4
00405607	实用低温物理与技术入门	2	00430012	计算物理学（B）	3
00405608	低温物理学	2	00430013	计算物理学习题课	0
00405610	经典光学	4	00430109	演示物理学	2

(续表)

课程号	课程名	学分	课程号	课程名	学分
00430132	现代电子电路基础及实验（一）	3	00431562	天体光谱学	3
00430133	现代电子电路基础及实验（二）	2	00431563	天体物理观测实验	2
00430151	现代物理前沿讲座Ⅰ	2	00431570	核物理与粒子物理实验方法（一）	4
00430170	天文测距导论	2	00431580	生命科学中的物理学（上）	4
00430171	人类生存发展与核科学	2	00431590	生命科学中的物理学（下）	4
00430184	天体物理	3	00431620	计算物理学导论	3
00430186	天体物理讨论班	2	00431641	量子力学讨论班	2
00430191	大气科学导论	2	00431650	平衡态统计物理	4
00431110	力学	4	00431651	平衡态统计物理讨论班	2
00431121	普通物理	4	00431660	宇宙探测新技术引论	3
00431132	普通物理（Ⅰ）	4	00431680	普通物理习题课	0
00431133	普通物理（Ⅱ）	4	00431701	固体物理讨论班	2
00431134	普通物理（Ⅰ）讨论班	1	00431740	可再生能源与低碳社会	2
00431135	普通物理（Ⅱ）讨论班	1	00432107	简明数学物理方法	2
00431141	力学	3	00432108	数学物理方法（上）	3
00431142	热学	2	00432109	数学物理方法（下）	3
00431143	电磁学	3	00432110	数学物理方法	4
00431144	光学	2	00432115	数学物理方法专题	3
00431148	光学习题课	0	00432119	数学物理方法习题课	0
00431149	光学讨论班	2	00432130	热力学与统计物理（A）	4
00431151	原子物理学	3	00432135	非平衡态统计物理	3
00431154	热学	3	00432140	电动力学（A）	4
00431155	电磁学	4	00432141	电动力学（B）	3
00431156	光学	4	00432149	量子力学（B）	3
00431159	原子物理习题	0	00432150	量子力学（A）	4
00431165	近代物理	3	00432151	量子力学习题	0
00431171	光学演示实验课	0	00432160	电动力学习题	0
00431180	力学习题	0	00432164	生物物理导论	2
00431200	基础物理实验	2	00432166	几何光学及光学仪器	2
00431214	综合物理实验（一）	2	00432168	合成生物学导论	2
00431254	热学习题课	0	00432180	弦理论基础导论	3
00431255	电磁学习题课	0	00432190	凝聚态物理理论讨论班	2
00431537	现代电子测量与实验	3	00432198	理论力学（A）	4
00431539	核天体物理	3	00432199	理论力学（B）	3
00431543	天体物理专题	3	00432205	理论力学习题课	0
00431545	天文文献阅读	2	00432206	量子力学专题	2
00431547	天体物理前沿	2	00432207	卫星气象学	3
00431558	天文技术与方法Ⅰ（光学与红外）	3	00432216	量子力学（Ⅱ）	2
00431559	天文技术与方法Ⅱ（高能与射电）	2	00432222	综合物理实验（二）	2
00431561	基础天文	3	00432224	现代物理前沿讲座（Ⅱ）	2

(续表)

课程号	课程名	学分	课程号	课程名	学分
00432227	科研实用软件	2	00434070	物理宇宙学基础	3
00432236	激光物理学	3	00434091	纳米科学前沿	2
00432238	核物理与粒子物理导论	3	00434092	纳米科技进展	2
00432242	加速器物理基础	3	00434322	光学前沿	3
00432245	理论天体物理	3	00434441	今日物理	3
00432247	大气物理学基础	3	00434714	核科学前沿讲座	2
00432249	流体力学	3	00437150	物理学科暑期专题研讨	3
00432250	描述性物理海洋学	2	00437160	核物理与粒子物理专题实验	3
00432251	天气学	3	00437170	公共物理学	2
00432252	大气动力学基础	4	00437180	普通物理实验（1）	3
00432253	大气物理实验	3	00437190	普通物理实验（2）	3
00432255	天气分析与预报	3	00437200	基础物理实验	3
00432265	现代天文学	2		地球与空间科学学院	
00432266	环境生态学	2	00539410	太空探索	2
00432267	工程图学及其应用	2	01230030	C程序设计	3
00432268	自然科学中的混沌和分形	2	01230070	遥感概论	3
00432270	大气概论	2	01230100	离散数学	3
00432272	微机原理及上机	3	01230110	操作系统原理	2
00432274	大气探测原理	3	01230170	地球科学前沿（新生研讨班）	
00432275	云物理学导论	2	01230190	地球与空间	2
00432277	机械制图	2	01230201	地球科学概论（地球系统科学）	2
00432278	大气物理与探测讨论班	2	01230202	地球科学概论（地球物理与空间物理）	2
00432291	大气科学中的时间序列分析概论	2	01230203	地球科学概论（空间信息科学基础）	2
00432292	气候学概论	2	01230410	地球与人类文明	2
00432300	气候变化：全球变暖的科学基础	2	01230420	虚拟仿真创新应用与实践	2
00432310	全球环境与气候变迁	2	01230430	影像地球	2
00432322	大气化学导论	2	01231050	X射线粉末衍射分析	2
00432510	固体物理学	4	01231080	大地构造学	2
00432520	固体物理习题	0	01231090	中国区域地质学	2
00432530	理论物理导论	3	01231130	矿产资源经济概论	2
00433327	近代物理实验（Ⅰ）	3	01231140	海洋地质学	2
00433328	近代物理实验（Ⅱ）	3	01231170	遥感地质学	2
00433329	前沿物理实验	3	01231200	自然资源与社会发展	2
00433330	公共物理学	2	01231210	地球历史概要	2
00433331	简明量子力学	2	01231300	宝石学	2
00433410	半导体物理学	4	01231330	岩石学前缘理论与方法	2
00433520	超导物理学	4	01231350	脊椎动物进化史	2
00433640	材料物理	3	01231370	古海洋学与全球变化	2
00433641	材料物理	2	01231400	地球物理学基础	3
00433642	固体的光学性质	2	01231450	灾害地质学	2

(续表)

课程号	课程名	学分	课程号	课程名	学分
01231470	地貌学与第四纪地质学	2	01233140	行星科学概论	3
01231500	古生态学与古环境分析	2	01233150	地球灾害	2
01231510	古生物学前沿	2	01233170	地震概论	2
01231520	古植物学及孢粉学	2	01233190	地磁学与地电学	3
01231530	地层学原理与应用	2	01233200	地球重力学	3
01231540	沉积学概论	2	01233230	地球物理数值计算方法	3
01231560	岩浆作用理论概述	2	01233310	弹性力学 B	4
01231570	矿物材料学	2	01233320	地震学	4
01231580	环境矿物学	2	01233330	地球物理在工程中的应用	3
01231610	高温高压物质科学	2	01233380	地震学野外实习	2
01231640	普通地质实习 A	2	01233410	宇航技术基础	2
01231660	地球化学	4	01233420	空间等离子体物理基础	2
01231670	区域地质实习	3	01233430	太阳大气层与日球层物理学	3
01231680	综合地质实习	3	01233440	磁层物理学	3
01231690	地球系统与环境	2	01233450	空间探测与实验基础	3
01231700	矿床学	3	01233460	空间天气学及与预报入门	3
01231710	层序地层学基础	2	01233470	中高层大气物理学	3
01231721	地球化学科学前沿	2	01233480	粘性流体力学	3
01231740	结晶学与矿物学	4	01233490	岩石力学	3
01231751	普通岩石学（一）	4	01233500	地球灾害	3
01231752	普通岩石学（二）	4	01233510	地震学实验	3
01231760	地史学	4	01233530	空间探测信息可视化处理	2
01231770	构造地质学	4	01233540	探测误差与空间物理统计分析方法	2
01231780	地球化学	5	01233550	计算空间物理学基础	3
01231781	地球化学小班讨论课	0	01233560	太阳活动与人类社会	2
01231791	普通地质学讨论班	0	01233570	太阳系中的有趣科学	2
01231792	普通地质学（地球物质系统）	3	01233580	地球介质力学基础	4
01231800	区域地质实习	4	01233590	地球物理学导论	2
01231810	综合地质实习	4	01233610	空间科学与技术基础	2
01231820	地球生物学概论	2	01233620	电离层物理学与电波传播	3
01231840	矿床学	4	01233630	地震预测方法	3
01231850	古生物学	4	01233640	地球物理学术论文写作	2
01231860	海洋环境和动力学	2	01235010	软件工程原理	2
01231870	稳定同位素分馏原理及应用	1	01235030	计算数学	3
01231880	地球系统演化	4	01235040	计算机图形学基础	2
01231881	地球系统演化讨论班	0	01235060	数字地形模型	2
01231890	地球内部的物理与化学	2	01235070	GIS 设计和应用	3
01231900	同位素地质学（放射性和非传统同位素）	2	01235080	地学数学模型	2
01231911	三峡地区综合地质实习	2	01235090	网络基础与 WebGIS	2
01233130	地球物理信号处理	3	01235100	数据库概论	3

(续表)

01235120	遥感数字图象处理原理	3	01030120	结构化学	4
01235140	数字地球导论	2	01030200	化学实验室安全技术	1
01235160	地理信息系统工程	2	01030440	化学动力学选读	2
01235180	GIS 设计和应用	4	01030810	有机化学（B）	4
01235210	智能交通系统概论	2	01030840	物理化学（B）	4
01235230	地图学	3	01031100	今日化学	1
01235240	地理信息系统原理	3	01032390	材料物理	2
01235250	GIS 实验	2	01032530	高分子物理	2
01235260	3S 野外综合实习	1	01032580	催化化学	2
01235270	程序设计语言	3	01032630	物理化学（B）	3
01235280	地貌与自然地理学基础	2	01032690	有机化学（B）	3
01235290	环境与生态科学	2	01032710	有机化学实验（B）	2.5
01235300	城市与区域科学	2	01032711	有机化学实验（B）	2
01235310	测量学概论	2	01032720	物理化学实验（B）	2
01235320	地理科学进展	3	01032860	无机化学实验	2
01235330	遥感应用	2	01033010	物理有机化学	2
01235340	遥感图像处理实验	2	01033090	今日新材料	2
01235350	地理信息系统概论	2	01033100	功能化学	2
01235360	遥感应用原理与方法	3	01034030	魅力化学	2
01235370	物联网技术导论	2	01034040	化学与社会	2
01235390	GPS 测量与数据处理	2	01034060	大学化学	2
01235410	定量遥感基础	2	01034310	普通化学	4
01235420	激光雷达遥感导论	2	01034321	普通化学实验	2.5
01235430	卫星导航定位基础	3	01034330	普通化学习题课	0
01235440	雷达遥感原理与应用	2	01034371	有机化学（一）	3
01235450	地理学基础	3	01034373	有机化学（二）	2
01235460	空间信息科学基础	2	01034375	有机化学习题课	0
01235720	电磁学	4	01034390	仪器分析	2
01430020	地史中的生命	2	01034400	仪器分析实验	2
01430870	普通地质实习	1	01034450	化工基础	2
01430950	地球环境与人类社会	2	01034460	高分子化学	2
01430960	自然资源概论	2	01034480	化工实验	1
01430970	固体力学基础	3	01034490	材料化学	3
01431170	地震地质学	2	01034500	生命化学基础	3
01431250	微量元素地球化学	2	01034520	中级分析化学实验	1
01431270	同位素地球化学基础	2	01034530	中级有机化学	2
01431440	珠宝鉴赏与珠宝文化	2	01034551	中级物理化学	3
	化学与分子工程学院		01034580	色谱分析	2
01014090	群论与化学	2	01034590	电分析化学研究方法	2
01014240	量子化学	3	01034600	立体化学	2

（续表）

编号	课程	学分	编号	课程	学分
01034610	中级分析化学	2	01035280	化工新概念	1
01034630	环境化学	2	01035290	通用高分子材料——结构、性能与应用	2
01034640	应用化学基础	2	01035300	纳米化学	2
01034650	生化分析	2	01035310	改变世界的药物分子	1
01034670	放射化学	2	01035320	化学生物学	2
01034680	波谱分析	2	01035330	生物大分子工程	2
01034710	界面化学	2	01035340	化学生物学实验	2
01034720	辐射化学与工艺	2	01035350	综合化学实验	6
01034780	胶体化学	2	01035360	软物质与硬科学：微观到宏观的中间世界	2
01034800	多晶X射线衍射	2		生命科学学院	
01034880	普通化学（B）	4	01110610	群体遗传学	2
01034900	分析化学（B）	2	01130030	基础分子生物学	3
01034910	分析化学实验（B）	2	01130050	生物化学实验	2.5
01034920	普通化学实验（B）	2	01130060	微生物学	3
01034940	物理化学习题	0	01130110	蛋白质化学	2
01034960	理论与计算化学	3	01130130	免疫学	2
01034970	计算机在化学化工中的应用	2	01130150	细胞生物学	3
01034980	生物物理化学	2	01130160	细胞生物学实验	1
01034990	化学开发基础	2	01130200	遗传学	3
01035001	有机化学实验（Ⅰ）	0	01130311	普通生物学实验	2
01035002	有机化学实验（Ⅰ+Ⅱ）	3.5	01130370	生理学	3
01035010	中级有机化学实验	1.5	01130451	孤独症谱系障碍——医学前沿及研究进展	2
01035020	物理化学实验	3.5	01130760	生物统计学	3
01035030	中级物理化学实验	1.5	01130780	生物进化论	2
01035040	综合化学实验	2	01130840	计算概论及上机	3
01035080	化学信息检索	2	01130850	算法与数据结构及上机	3
01035100	表面物理化学	2	01130860	生物技术制药基础	3
01035110	高等电化学	2	01130870	人类的性、生育与健康	1
01035140	无机化学	4	01130871	人类的性、生育与健康	2
01035150	中级无机化学	2	01130872	生命科学原理与前沿	2
01035160	无机化学讨论班	0	01130881	近代分子生物学史话	2
01035170	结构化学讨论班	0	01130889	生物摄影及实践	2
01035180	定量分析化学	2	01130910	生物学野外实习	1
01035190	定量分析化学实验	2	01130930	普通生态学	2
01035200	物理化学（一）	3	01130960	保护生物学	2
01035210	物理化学（二）	3	01131040	植物生物学	3
01035240	化学中的数学	4	01131050	动物生物学实验	1.5
01035250	化工制图	2	01131060	植物生物学实验	1.5
01035260	化学中的数学	2	01131080	动物生物学	3
01035270	数学串珠与分子几何	1	01131150	发育生物学	2

(续表)

01131161	生物学概念与途径	2		01133030	生物荧光成像	2
01131170	发育生物学实验	1		01133032	植物形态建成	2
01131180	植物发育及分子生物学	2		01133033	现代生命科学基础实验	4.5
01131413	细胞培养实验课	1		01133034	鸟类生态与保护	2
01131414	细胞的基因编辑技术	1.5		01133035	动物种群生态学	2
01131420	生物大分子的相互作用实验	1		01133036	生命的逻辑	2
01131430	高级植物分子生物学实验技术	1.5		01133037	基因组学数据分析	2
01131440	发酵工程实验	1		01133038	植物信号转导	2
01131450	生物技术实验	1		01133039	植物与环境	2
01131460	蛋白质晶体学	3		01133040	实验病理学	2
01131560	生物标本制作与艺术	1		01133041	表观遗传学基础——从染色质到人类疾病	2
01132022	遗传学讨论	2		01133042	干细胞与再生医学概论	2
01132473	博雅班讨论班：批判性思维（三）	2		01133050	分子病毒学	2
01132632	生物化学讨论课	2		01133063	博雅班讨论班：批判性思维（一）	2
01132640	高级细胞生物学	3		01133064	博雅班讨论班：批判性思维（二）	2
01132650	细胞中的物理	3		01133080	行为生态学	2
01132660	舌尖上的植物学	2		01133090	核酸生物学	2
01132661	分子生物学实验室科研技能	2		01133100	生命科学前沿文献讨论	2
01132662	蛋白质的翻译后修饰及其调控功能	2		01133120	分子生态学	2
01132663	基因组生物学技术	3		01133130	心脏发育与再生医学	2
01132664	纳米生物检测技术	2		01133140	人类疾病与遗传	2
01132665	科学写作和沟通 I	1		01133150	心血管生物学	2
01132666	科学写作和沟通 II	1		01133160	光合作用与物质循环	2
01132667	葡萄酒背后的科学与文化	1		01133170	科研优化设计与数据统计分析	2
01132668	实验室安全	1		01133180	生物技术实验	1
01132669	野生灵长类的行为生态学与保护实习	2		01133190	抗体技术及其应用	2
01132670	对生命现象的系统论解读	2		01133951	分子医学高级教程	3
01132672	趣味生物学	2		01134101	生命科学前沿文献阅读讨论（1）	2
01132673	生活中的免疫学	2		01134102	生命科学前沿文献阅读讨论（2）	2
01132674	现代动物标本制作	1		01134103	生命科学前沿文献阅读讨论（3）	2
01132675	创意性实践	2		01134104	生命科学前沿文献阅读讨论（4）	2
01132680	基于深度测序的人类遗传学	2		01134105	生命科学前沿文献阅读讨论（5）	2
01132690	保护生物地理学	2		01134106	生命科学前沿文献阅读讨论（6）	2
01133021	微生物学基础实验 I	2		01134107	生命科学前沿文献阅读讨论（7）	2
01133022	微生物学基础实验 II	1		01134110	生态学野外实践	2
01133024	果蝇遗传学实验	2		01134130	高级遗传学实验	1.5
01133025	植物多样性及其演化	2		01134140	生物学综合野外实习	2
01133026	生态学实验	1.5		01137010	高级神经生物学	4
01133027	生物统计学的理论和应用	2		01137011	高级神经生物学讨论课	2
01133029	组学数据分析及其应用	2		01137020	人类遗传学：连锁分析	1.5

(续表)

课程号	课程名	学分	课程号	课程名	学分
01137021	人类遗传学：连锁分析及疾病遗传学	2	01531180	地貌学	3
01139000	神经生物学	2	01531230	遥感基础与图象解译原理	3
01139001	药理学基础	2	01531250	气象气候学	3
01139300	动物组织与胚胎学及实验	2	01531290	生物地理学	2
01139330	现代生物技术导论	2	01531610	现代自然地理学实验方法	2
01139350	普通生物学（B）	2	01531710	文化地理学	2
01139360	基础分子生物学实验	1	01531720	区域分析与区域地理	2
01139380	普通生物学（A）	3	01531810	环境演变与全球变化	2
01139410	结构生物学	2	01531900	人文地理	2
01139430	动物组织与胚胎学及实验	2	01532130	人口地理	2
01139441	脊椎动物比较解剖学及实验	2	01532190	中外城市建设史	2
01139470	生物信息学方法	2	01532230	城市规划管理与法规	2
01139490	文献强化阅读与学术报告（1）	3	01532240	城市总体规划（课程设计）	3
01139491	文献强化阅读与学术报告（2）	3	01532350	城市基础设施规划	3
01139500	生理学实验	1.5	01532370	城市设计	3
01139510	生理学	2	01532420	城市地理学	3
01139570	植物特有生命现象导论实验	1	01532430	建筑概论	3
01139580	发育生物学	3	01532440	城市经济学	2
01139600	微生物学	2	01532470	城市社会学	2
01139630	生物化学	4	01532480	城市生态学	2
01139632	生物化学实验	2	01533050	房地产估价	3
01139700	癌发生的分子和细胞学机制	2	01533220	社会综合实践调查	3
01139701	分子进化暑期课	2	01533230	城市社会地理学	2
01139720	感染与人类疾病专题讨论	1.5	01533240	人文地理专业实习	1
01139730	生物数学建模	2	01533260	自然地理概论	3
01139732	生物数学建模	3	01533290	美术实习	1
01139740	生物物理前沿讲座	2	01533300	城乡地域空间认知实习	1
01139750	真核细胞DNA复制和checkpoint控制	2	01533310	城市旅游与游憩规划	2
01139760	事业与人生	2	01533320	人文地理学研究方法	2
01139770	暑期科研实践	2	01534030	自然资源学原理	3
01139780	系统生物学选讲	4	01534060	综合自然地理学	3
01139920	免疫学	3	01534070	土地评价与管理	2
18210220	线粒体生物医学	2	01534120	土壤地理实验	1
城市与环境学院			01534200	水文学与水资源	3
01339180	世界文化地理	2	01534230	自然保护学	2
01339220	现当代建筑赏析	2	01534260	营销地理学	2
01339320	中国历史地理	2	01534300	土壤学与土壤地理	2
01339330	中国古典园林赏析	2	01534320	自然地理综合实习	1
01531010	经济地理学	3	01535100	旅游地理学	2
01531130	中国自然地理	3	01535120	流域综合规划与管理	2

(续表)

01535121	植物学（上）	2		12631180	环境污染数值模拟	2
01535122	植物学（下）	2		12632010	生态学与自然地理学前沿	2
01535130	野外生态学	2		12632020	生态学数量方法	3
01535150	生态学实验技术	2		12632030	全球变化科学概论	2
01536011	普通生态学1	2		12632040	生态学基础与应用	2
01536012	普通生态学2	2		12632050	气候变化科学概论	2
01536013	普通生态学3	2		12632060	生态学发展史	2
01536020	环境经济学	2		12632070	理论生态学	2
01536040	应用数理统计方法	3		12632080	全球变化生态学	2
01536090	环境监测与实验	3		12632090	生物多样性科学	2
01536210	水环境化学	3		12632100	空间科学的计量方法	3
01536530	环境科学专业英语	2		12633010	湖泊环境概论	2
01536800	污染物水文地质学	3		12633020	普通地质学	3
01536810	动物生态学	2		12633030	流域综合规划与管理	3
01536820	生态学导论	2		12633040	世界自然地理	2
01536830	生态学与环境变化	2		12633050	自然地理与资源环境研究方法	3
01536840	环境科学野外综合实习	1		12633060	湖沼学原理	2
01536850	环境地学	3		12633070	自然地理综合实习	2
01537530	普通地质实习	1		12634010	产业地理学	3
01539200	植物土壤实习	2		12634020	交通地理学	2
01539230	中国传统建筑	2		12634050	人文地理综合实习	2
01539340	地貌实习	2		12634060	计量地理与规划系统工程学	2
01539350	中国自然地理	2		12634070	"一带一路"综合实习	2
12631010	污染环境修复	3		12635010	区域规划	2
12631020	环境毒理学	3		12635020	社区空间规划与设计	3
12631030	环境科学前沿	2		12635030	城市遗产保护与规划	2
12631040	微机应用与文献检索	3		12635040	土地利用规划与房地产开发管理	2
12631050	环境科学前沿秋季讲座	2		12635050	建设项目可行性研究	3
12631060	大气环境导论	2		12635070	详细规划（课程设计）	3
12631070	环境科学概论	2		12635080	城市形态学导论	2
12631080	环境化学	3		12635090	美术：素描与色彩	2
12631090	环境土壤学	2		12635100	规划设计实习	1
12631100	环境监测与实验	4		12635120	规划制图与机助技术	2
12631110	环境工程学	2		12635130	城乡社区空间规划与设计	3
12631120	遥感应用野外实习	2		12635140	交通分析模拟与规划	2
12631130	大气物理学导论	2		12635150	城市规划原理（1）	3
12631140	科学软件应用与文献检索	3		12635160	城市规划原理（2）	2
12631150	环境科学研究方法	2		12635170	城市公共空间规划与设计	3
12631160	环境健康风险评价	3		12635180	建筑设计（二）	4
12631170	环境生物学	4		12635190	美术：素描与色彩	3

（续表）

12635200	城市控制性详细规划	3	01630220	生理心理实验	2
12635210	建筑设计（一）	4	01630243	心理咨询与治疗引论	2
12635220	景观规划与设计	3	01630330	心理学史	2
12635230	城市生态与环境规划	2	01630350	教育心理学	2
12635240	风景名胜区规划	2	01630450	健康心理学	2
12635250	城市道路与交通规划	3	01630452	健康心理学	3
12635260	城市规划高级专题讲座	2	01630540	职业心理学	2
12635270	城乡游憩与旅游规划	3	01630560	婴儿心理学	2
12635280	区域分析与区域规划	3	01630570	感觉与知觉	2
12638010	海洋科学导论	2	01630580	人际沟通分析学	2
12639010	综合社会实践实习	1	01630600	组织管理心理学	2
12639020	圆明园的历史与现状	1	01630610	心理学研究方法——MATLAB	2
12639040	历史地理学导论	2	01630630	老年心理学	2
12639050	应用文化地理学	2	01630640	视觉与视觉艺术	2
12639060	陆地水体概说	3	01630670	听视觉言语加工整合及其脑机制	2
12639070	中国城市转型	2	01630680	当代心理学	2
12639080	花园城市的中国实践	3	01630690	临床和社会心理学专题	2
	心理与认知科学学院		01630692	电影与心理	2
01603011	心理测量	2	01630693	用户体验研究与实践	1
01603333	实验心理学实验	3	01630694	暴力行为的脑机制	2
01610200	神经心理学	2	01630695	普通心理学讨论班	0
01610226	意识的脑机制	2	01630696	听觉认知神经科学	2
01630020	CNS 解剖	2	01630697	计算建模在心理学和神经科学中的应用	2
01630022	实验儿童心理学	2	01630698	灾难心理学	2
01630033	异常儿童心理学	2	01630699	神经经济学专题	2
01630034	实验心理学	4	01630700	青少年心理访谈：理论，技术和案例讨论	2
01630040	社会心理学	2	01630701	用户体验研究技术进阶	2
01630042	社会性与个性发展	2	01630702	孤独症研究专题	2
01630046	社会冲突与管理	2	01630704	科学写作与交流	2
01630051	心理统计（1）	2	01630705	脑中的节奏	2
01630060	发展心理学	3	01630706	学习与行为	2
01630070	SPSS 统计软件包	2	01630707	感知觉学习和认知训练专题	2
01630080	人格心理学	2	01630708	心理统计（2）	2
01630081	健康人格心理学	2	01630709	大学生心理健康	2
01630090	变态心理学	3	01630711	情绪心理学	2
01630101	生理心理学	2	01630712	运动控制研究专题	2
01630121	认知心理学	4	01630713	时间与认知	2
01630140	认知神经科学	2	01630714	心理学研究方法——MATLAB 上机实践	0
01630170	消费心理学	2	01630715	意识研究中的关键问题	2
01630180	工程心理学	2	01630716	医学心理学	2

(续表)

01630717	心理测量实操专题	1		01732011	数据库及应用	3
01630718	感知运动学习概论	2		01732020	软件工程	4
01630719	心理学研究技术与实践	2		01732030	计算机网络及应用	4
01630722	视觉与视觉神经科学	2		01732040	JAVA 程序设计	4
01630723	探索心理学的奥秘	2		01732041	JAVA 程序设计	3
01630724	儿童青少年精神医学	1		01732050	面向对象分析与设计	4
01630725	系统论与系统式心理治疗	2		01732051	面向对象分析与设计	3
01630726	心理统计	2		01732060	编译技术	4
01630727	社会心理学（B）	2		01732061	编译技术	3
01630728	时间知觉研究专题	3		01732070	软件质量工程与最佳实践	4
01630729	知觉和注意	2		01732080	软件测试技术	5
01630731	心理统计 I 上机	0		01732090	软件工程过程与管理	4
01630732	心理统计 II 上机	0		01732091	软件工程过程与管理	5
01630733	神经美学	2		01732100	项目管理	5
01630740	爱的心理学	2		01732110	Web Services 技术	4
01630820	神经生物学	2		01732120	云计算导论	2
01630891	儿童抑郁专题	1		01732130	大数据导论	2
01630900	普通心理学	4		01733010	人机交互与界面设计	4
01635010	大学生健康教育	2		01733020	软件测试技术	4
01635020	生活中的心理学	2		01733030	信息安全（I）	4
01635042	大学生心理素质拓展	2		01733051	软件开发案例分析	5
01635060	大学生心理健康	2		01733070	计算机语言认证课程 -XML 及其相关技术	4
01639020	心理学概论	2		01733080	开发工具认证课程	4
	软件与微电子学院			01733090	Internet 高级程序设计	4
01731010	英语	4		01733100	计算机图形学基础	4
01731011	C 编程技能训练	4		01733110	信息安全基础	4
01731012	嵌入式系统概论	4		01733120	经济学基础	3
01731014	高级英语	4		01733130	数据分析工具实践	2
01731020	离散数学及其应用	4		01733140	金融信息系统	3
01731021	离散数学及其应用	3		01733150	金融风险管理	3
01731030	计算机组织与系统结构	4		01733160	金融运营管理	3
01731031	计算机组织与系统结构	3		01733170	Hadoop 平台实践	4
01731040	C++ 程序设计	4		01733180	互联网金融专题	4
01731041	C++ 程序设计	3		01733190	计算机科学基础 C	4
01731050	数据结构	4		01733210	金融数据分析基础	3
01731060	操作系统原理（Linux）	4		01734031	软件营销管理实务	3
01731070	电子服务概论	4		01734040	宏观经济学	4
01731071	电子服务概论	5		01734050	微观经济学	4
01731090	综合训练	6		01734060	计量经济学	4
01732010	数据库及应用	4		01734070	数据分析基础	4

（续表）

01734080	数据分析工具实践	4		01831740	视听语言	3
01734090	计算机辅助翻译技术	4		01831750	专题片及纪录片创作	2
01734100	英汉翻译实践	4		01831760	世界电影史	2
01734110	技术英语写作及实践	4		01831800	汉语语言修养	2
01734120	翻译技术原理及实践	4		01831990	跨文化交流学	2
01734140	汉英翻译实践	4		01832150	媒体与国际关系	2
01734150	新媒体传播技术及应用	4		01832220	毕业实习	4
01734160	嵌入式软件开发技术与工具	4		01832250	纪录片简史	2
01734170	嵌入式系统设计	4		01832260	媒介经济学	2
01734180	信息出版新技术	4		01832350	名记者专题	2
01734190	软件需求工程	4		01832360	传播伦理学	2
01734200	企业理财与融资实务	4		01832420	品牌研究	2
01735010	毕业实习	16		01832490	北京风物与传统文化	2
01735011	毕业论文	6		01832530	媒介经营管理	3
01736010	素质教育与前沿技术	4		01832550	电视节目制作与策划	2
01736021	动漫欣赏与实践	3		01832650	公共关系	2
	新闻与传播学院			01832660	媒介经营管理	2
01830200	新闻理论	2		01832760	英语新闻阅读	2
01830210	新闻名篇选读	2		01832910	视频编辑	2
01830300	网络传播	2		01833020	广播电视新闻	2
01830330	国际传播	2		01833030	广播电视节目制作	2
01830400	舆论学	2		01833040	广播电视研究	2
01830430	CI研究	2		01833060	市场营销原理	2
01830480	广告学概论	2		01833110	编辑实用语文写作	2
01830490	广告媒体研究	2		01833120	选题策划与书刊编辑实务	2
01830540	市场调查	2		01833130	出版案例研讨	2
01830580	广告心理学	2		01833140	英语公共演讲	2
01830620	广告策划	2		01833170	英语新闻采写	2
01830710	新闻摄影	2		01833180	传播学英语经典阅读	2
01831030	传播学概论	2		01833270	新闻编辑	2
01831190	编辑出版概论	3		01833280	新闻评论	2
01831240	电子出版技术	3		01833330	影像与社会	2
01831280	出版经营管理	3		01833350	社会学基础与新媒体传播	2
01831300	中国古籍资源与整理	2		01833370	新媒体与社会	2
01831330	中国图书出版史	2		01833400	公关策划与危机管理	2
01831380	中国文化史	2		01833490	跨文化新闻传播案例分析	2
01831420	信息检索与利用	2		01833620	跨文化系列课程：国际领导力评估与培养	1
01831490	社会调查研究方法	3		01833650	传播技术	2
01831610	汉语修辞学	2		01833670	跨文化系列课程：表演艺术与跨文化传播解读	2
01831670	期刊编辑实务	2				

(续表)

01833690	新闻传播导论	2		中国语言文学系	
01833710	创意传播管理	2	02015540	语言学研究方法论	3
01833740	传媒伦理与法律法规	2	02030011	现代汉语（上）	3
01833750	世界新闻史	2	02030012	现代汉语（下）	3
01833780	当代新闻发展前沿	2	02030021	古代汉语（上）	4
01833790	新媒介社会学	2	02030022	古代汉语（下）	4
01833810	创意文案	2	02030031	中国古代文学史（一）	3
01833820	视觉传达	2	02030032	中国古代文学史（二）	3
01833830	公共传播	2	02030033	中国古代文学史（三）	3
01833850	传播学研究方法	3	02030034	中国古代文学史（四）	3
01833860	广播电视节目主持	2	02030040	中国现代文学史	4
01833870	出版经营管理	2	02030070	语言学概论	3
01833920	马克思主义新闻观	2	02030101	实习	1
01833970	影视文化与批评	2	02030120	汉语方言学	4
01833990	营销传播经典导读	2	02030130	汉语音韵学	2
01834010	中外广告史	2	02030150	理论语言学	3
01834040	中东政治与文化传播	2	02030160	文字学	2
01834070	中韩跨文化传播	2	02030220	目录学	2
01834080	影像与中国社会	2	02030230	版本学	2
01834090	中西新闻比较研究	2	02030240	校勘学	2
01834100	中国与媒体事务	2	02030251	古文献学史（上）	2
01834110	数据新闻	2	02030252	古文献学史（下）	2
01834120	马克思主义新闻观与新型国际传播	1	02030253	古典文献实习	1
01834130	新媒体导论	2	02030260	训诂学	2
01834140	媒介与社会变迁	2	02030330	民俗学	2
01834160	互联网认知	2	02030350	中国神话研究	2
01834170	影视剪辑	2	02030470	散曲研究	2
01834180	全球传播的新闻叙事及想象	2	02030570	唐诗研究概论	2
01834190	媒体与中国社会	2	02030700	文艺美学	2
01834200	传播学理论	3	02030790	比较文学原理	2
01834210	社交媒体理论与应用	2	02030920	现代汉语虚词研究	2
01834220	经济报道：理论、问题与新闻评论	1	02030930	现代汉语语法研究	3
01834230	新闻采访写作	3	02030950	汉语修辞学	2
01834240	视频采访与写作	2	02030980	实验语音学基础	3
01834250	口语传播	2	02031080	《论语》选读	2
01834260	广告策划与创意	3	02031090	《孟子》选读	2
01834270	节目创意与策划	2	02031130	索绪尔语言学理论	3
01834280	影视制作	2	02031140	美国结构语言学	2
01834290	中国新闻史	2	02031170	语义学	3
01834300	媒体与中国社会	3	02031200	日本中国学	2

(续表)

课程号	课程名	学分	课程号	课程名	学分
02031290	《庄子》	2	02033360	中国当代文学	4
02031521	汉语史（上）	3	02033370	莎士比亚戏剧专题	2
02031522	汉语史（下）	4	02033390	古籍鉴定与保护	3
02031540	中国古代文化	2	02033440	近代文学改良思潮	2
02031550	小说的艺术	2	02033450	古代典籍概要	4
02031601	方言调查	2	02033560	《红楼梦》研究	2
02031670	敦煌文献概要	2	02033570	静园学术讲座	1
02031750	诗歌写作	2	02033580	古代汉语	4
02031810	《汉书》导读	2	02033600	文学与文化	2
02031820	《韩非子》选读	3	02033620	古典文献学基础	3
02031970	文化研究的理论与实践	2	02033630	海子诗歌研究	2
02031980	元明杂剧研究	2	02033650	明清白话长篇小说研究	2
02032020	民间文学概论	2	02033690	美国小说：1900—1930	2
02032120	荀子	2	02033700	中国传统节日研究	2
02032150	汉语方言语料分析	2	02033720	90年代以来长篇小说研究	2
02032200	现代通俗小说	2	02033780	诗词格律与写作	2
02032230	西方文论经典研究	2	02033830	经典讲读	2
02032240	鲁迅小说研究	2	02033850	中国古籍入门	2
02032270	中国现代文学名著研究	2	02033861	中国古代文学经典（一）	2
02032340	中文工具书及古代典籍概要	2	02033862	中国古代文学经典（二）	2
02032570	台湾文学专题	2	02033870	人类沟通的起源与发展	2
02032590	胡风研究	2	02033880	唐宋以来重要文献选读	2
02032640	《论语》《孟子》导读	2	02033890	美国华裔小说与戏剧	2
02032730	编译原理	3	02033931	经典精读课程（一）	3
02032780	西方文学理论史	2	02033932	经典精读课程（二）	3
02033000	台湾文学	2	02033933	经典精读课程（三）	3
02033010	老舍与现代中国文化	2	02033940	中国古代文学	4
02033030	西方文学史	3	02033980	唐代小说研究	2
02033050	学年论文	4	02034000	现代汉语	2
02033090	中文工具书	2	02034010	五四新文化研究	2
02033100	语言工程与中文信息处理	3	02034020	中国有声语言和口传文化	2
02033130	鲁迅研究	2	02034030	中国现当代文学	3
02033160	中国现代诗歌研究	2	02034050	西方小说名著导读	2
02033180	20世纪中国女性文学经典解读	2	02034060	形式语法导论	2
02033260	汉语语音学基础	2	02034090	《西游记》研读	2
02033270	中国文学理论批评史	3	02034130	英译中国文学	2
02033290	先秦诸子讲说	2	02034171	中国古代文学史（一）	4
02033310	《广韵》研究	2	02034172	中国古代文学史（二）	4
02033320	中国古代诗歌理论专题	2	02034173	中国古代文学史（三）	4
02033340	台湾小说十家	2	02034174	中国古代文学史（四）	4

(续表)

课程代码	课程名称	学分	课程代码	课程名称	学分
02034200	20世纪中国女性文学作品选读	2	02034650	实用汉语修辞	2
02034230	西方人文经典导读	2	02034660	《红楼梦》的英译本	2
02034250	艺术人文学导论	2	02034670	汉语语音史专题讲座	2
02034270	当代外国经典短篇小说细读	2	02034680	《中原音韵》研究	2
02034280	汉代文学与社会政治	2	02034690	中国网络文学发展史研究	3
02034290	民间叙事研究	2	02034700	40—50年代作家研究	2
02034300	大学国文	2	02034710	三礼导读	2
02034310	审美文化专题	2	02034720	文字音韵训诂基础（上）	2
02034320	网络文学类型文研究与写作	2	02034730	文字音韵训诂基础（下）	2
02034330	鲁迅小说与世界文学	2	02034740	清代学术与文学	2
02034340	西方思想史专题	2	02034750	语言分析与程序设计	2
02034350	现代都市小说研究	3	02034760	中国现代小说经典研读	3
02034360	中国现代文学史	5	02034770	北京大学与百年中国	2
02034370	红楼梦在中国文化的位置	2	02034780	网络文学前沿研究及批评	3
02034380	《四库全书总目》讲读	2	02034790	中国文学选读	2
02034390	网络文学前沿研究与创作实践	2	02034830	网络文学生产机制研究	3
02034400	《史记》导读	2	02034841	版本目录学基础（上）	2
02034410	文学作品的量化评估方法	3	02034842	版本目录学基础（下）	2
02034420	《文选》导读	2	02034850	《论语》	2
02034431	古代汉语（上）	5	02034860	《周易》讲读	2
02034432	古代汉语（下）	5	02034870	全球60年代	2
02034440	新媒体理论与实践	2	02034880	杜诗英译：鉴赏与批评	2
02034450	中国现代文学经典选讲	2	02034890	世界的语言	2
02034460	唐宋诗词名篇精读（一）	2	02034910	中国现当代文学与文化研究	2
02034470	国学经典讲论	2	02034920	梭罗导读	2
02034480	中国民俗与文化	2	02034931	古文字美学（一）甲骨文	2
02034490	网络文学类型文研究与创作实践	3	02034940	思想史上的王元化	2
02034500	古代小说名著导读	2	02034950	西方哲学社会科学经典文献导读	3
02034510	网络文学理论研究与写作	3	02039030	文学概论	2
02034520	电子游戏与文化理论	2	02039070	中国现代散文研究	2
02034530	20世纪中国美学	2	02039110	元杂剧精读	2
02034540	影片精读	3	02039130	民俗研究	2
02034550	《儒林外史》研究	2	02039200	文学原理	2
02034560	中国共产党与国家治理体系和治理能力现代化	2	02039260	宋代作家论：苏轼研究专题	2
02034570	网络文学发展史研讨	3	02080041	现代汉语（上）	3
02034590	西方文学作品中的中国形象	2	02080042	现代汉语（下）	4
02034600	汉代文人与文学研究	2	02080051	古代汉语（上）	4
02034610	曲学	2	02080053	古代汉语（下）	4
02034620	学年论文	2	02080130	中文工具书使用	3

02080200	现代汉语词汇	2
02080261	中国现代文学（上）	2
02080262	中国现代文学（下）	2
02080320	中国民间文学	2
02080330	汉字书法	2
02080331	中国当代文学作品（上）	2
02080332	中国当代文学作品（下）	2
02080341	中国古代文学（一）	3
02080342	中国古代文学（二）	3
02080343	中国古代文学（三）	3
02080344	中国古代文学（四）	3
02080400	中国人文地理	2
02080410	中国民俗与社会生活	2
02080420	中国古代文化基础	2
02080421	阅读与写作（初级）	4
02080422	阅读与写作（中级上）	4
02080423	阅读与写作（中级下）	4
02080424	阅读与写作（高级）	4
02080431	高级汉语口语（上）	2
02080432	高级汉语口语（下）	2
02080440	古文选读	3
历史学系		
02100020	中世纪欧洲社会与政治：文献和研究	2
02100100	拉丁文书学	2
02101448	中世纪研究概论	2
02101670	东亚共同体的历史实践与理论构想	2
02101672	古埃及语言文字与文化	3
02101690	研究生拉丁语（5）	2
02101733	古典叙利亚语入门	2
02101858	现代希腊语（1）	3
02101880	希腊悲剧导论	2
02101881	古典叙利亚语文献	2
02101882	古希腊语阅读（3）	2
02101913	土耳其语文献导读	3
02101986	现代希腊语（2）	3
02102020	古希腊语阅读（4）	2
02104520	美国内战与重建	2
02104615	古埃及艺术与建筑	2
02104770	社会史田野方法	2
02104790	唐宋元中国与中世纪欧洲	2

02111130	宋辽金史研究	3
02111600	简帛文献与学术史	2
02112061	近代中俄关系史研究	3
02112521	《四库全书总目》研读	3
02112821	《汉书》研读	2
02113120	拉丁语阅读（1）	4
02113121	拉丁语阅读（2）	4
02113122	研究生拉丁语（3）	3
02113123	拉丁语阅读（3）	2
02113124	拉丁语阅读（4）	2
02113210	古埃及象形文字（一）	3
02113211	古埃及象形文字（二）	3
02113241	研究生古希腊语（上）	3
02113242	研究生古希腊语（下）	3
02113271	古希腊语阅读（1）	2
02113272	古希腊语阅读（2）	2
02114071	法语与法国历史文化	2
02114072	法语与法国历史文化（二）	2
02114351	日本古代史（二）	2
02114542	基础韩国语（2）	3
02115650	研究生现代希腊语（1）	3
02115651	研究生现代希腊语（2）	3
02115661	研究生拉丁语（4）	3
02130011	中国古代史（上）	4
02130012	中国古代史（下）	4
02130020	中国近代史	4
02130030	中国现代史	2
02130040	中华人民共和国史	2
02130050	世界上古史	3
02130060	世界中古史	3
02130080	世界现代史	3
02130090	当代世界史	3
02130101	中国历史文选（上）	4
02130102	中国历史文选（下）	4
02130110	史学概论	3
02130120	中国史学史	3
02130130	外国史学史	3
02130150	考古学通论	3
02130180	中国古代政治文化	2
02130230	中国近代经济史	2

课程代码	课程名称	学分	课程代码	课程名称	学分
02130252	中国现代对外关系史	2	02131310	中国传统官僚政治制度	2
02130290	中华人民共和国史专题	2	02131320	二战以来影视中的两岸关系	2
02130310	中国妇女历史与传统文化	2	02131330	敦煌学导论	2
02130430	中华民国史专题	2	02131340	近现代中日关系史	2
02130490	世界现代化进程	2	02131350	中国古代史专题	2
02130601	美国史	2	02131360	中国近代史专题	2
02130610	英国史专题	2	02131370	中国现代史专题	2
02130620	德国史专题	2	02131380	中国政治史专题	2
02130650	苏联东欧史专题	2	02131390	考古发现与历史研究	2
02130670	印度史专题	2	02131400	埃及学专题	2
02130680	东南亚史	2	02131410	中世纪西欧社会史	2
02130690	韩国史专题	2	02131430	美国史通论	2
02130720	宗教改革史	2	02131440	西方文化通论	2
02130730	华侨华人史	2	02131450	当代印度史	2
02130741	中国古代史C（上）	2	02131460	拉美国家现代化进程研究	2
02130742	中国古代史C（下）	2	02131480	战后东亚政治发展	2
02130750	中国通史（近代部分）	2	02131490	日本及日本人论	2
02130761	世界通史（上）	3	02131570	中国近代社会史	2
02130762	世界通史（下）	3	02131580	中美关系史	2
02130800	中国书法（技法与理论）	2	02131610	中国古代社会生活史专题	2
02130890	中国现代社会经济史	2	02131620	元明清史料笔记选读	2
02130910	晚清史专题	2	02131660	中国民族史名著导读	2
02130930	历史学家与社会学	2	02131680	台湾百年史	2
02131050	基督教文明史	2	02131730	世界古代史文献导读	2
02131080	18—19世纪欧洲	2	02131760	非洲历史与文化	2
02131101	拉丁文基础（1）	2	02131773	现代希腊语（3）	2
02131102	拉丁文基础（2）	2	02131800	东北亚史	2
02131103	拉丁文基础（3）	2	02131810	伊斯兰教与现代世界	2
02131110	中国古代政治与文化	2	02131821	现代希腊语入门和辅导（1）	2
02131130	冷战与中国	2	02131822	现代希腊语入门和辅导（2）	2
02131140	中国近代疆域变迁史	2	02131831	现代希腊语精读（1）	3
02131160	20世纪中外关系史	2	02131832	现代希腊语精读（2）	3
02131220	欧洲文艺复兴	2	02131833	现代希腊语精读（3）	3
02131230	20世纪世界史	2	02131970	西方当代历史学流派	2
02131240	资本主义史	2	02131980	西方史学理论原著导读	2
02131250	西方文明史导论	2	02131991	基础意大利语（1）	5
02131260	人类发展与环境变迁	2	02131992	基础意大利语（2）	5
02131261	东亚环境史	2	02132030	中国现代史	4
02131270	欧洲启蒙运动	2	02132040	中国历史文化导论	4
02131290	西方历史哲学	2	02132050	大国崛起	2

(续表)

课程号	课程名	学分	课程号	课程名	学分
02132060	国别史专题	2	02132400	明清史研习入门	2
02132071	欧美近代史	3	02132410	明清史料解读	2
02132072	亚非拉近代史	3	02132420	文物艺术品收藏与鉴赏	2
02132080	世界史通论	3	02132430	中国国民党史	2
02132081	世界史通论	4	02132440	中国古代日常生活史	2
02132090	外文原版教材阅读指导	3	02132450	古文字与古史研究	2
02132091	外国历史文选（上）	3	02132460	中国古代史练习	2
02132092	外国历史文选（下）	3	02132470	中国近现代史练习	2
02132100	历史论文写作	2	02132480	世界古代史练习	2
02132110	社会调查与史学研究	2	02132490	世界近现代史练习	2
02132120	中外史学比较	2	02132500	日本古代史	2
02132130	西方史学史专题	2	02132510	近现代中俄关系史	2
02132140	中国古代北方民族文化史专题	2	02132520	现代国际政治史	2
02132150	社会史研究导论	2	02132530	古代中外关系史	2
02132160	中国历史地理概论	3	02132560	土耳其历史、语言与文化概论	2
02132170	中国古代官阶制度	2	02132570	民族主义与世界历史	2
02132190	中国古代经济史专题	2	02132580	欧洲一体化思想史	2
02132200	古代中外文化交流史	2	02132590	中欧关系史	3
02132210	蒙古古代史	2	02132600	全球史视野下的丝绸之路	2
02132220	中国古代民族史	2	02132612	魏玛德国史	2
02132230	版本目录学概论	2	02132620	纳粹德国史	2
02132240	中国古代法制史	2	02132621	20世纪德国史·上	2
02132250	中国近代政治与外交	2	02132630	法国史	2
02132260	民国时期大学文史学科发展史	2	02132631	法国大革命与拿破仑	2
02132270	文书研习实践	2	02132640	文艺复兴经典名著选读	2
02132280	中国对外经济关系史	2	02132650	苏联史专题	2
02132290	社会历史调查	1	02132660	日本文化史	2
02132291	社会历史调查	2	02132670	日本思想史	2
02132301	中国经学史（一）	2	02132680	韩国史通论	2
02132302	中国经学史（二）	2	02132690	韩国历史与文化	2
02132310	战国秦汉法制史	2	02132700	近现代中韩关系史	2
02132320	先秦史专题	2	02132710	艺术史	2
02132330	秦汉史专题	2	02132720	艺术史概论	3
02132340	魏晋南北朝史专题	2	02132730	印度文明史	2
02132350	隋唐史专题	2	02132740	中国通史（古代部分）	3
02132351	唐诗与唐史	2	02132750	中国通史（古代部分）	2
02132360	宋辽金史专题	2	02132760	影像中的非洲历史与文化	2
02132370	蒙元史专题	2	02132820	中国历史重要问题评析	2
02132380	明史专题	2	02132830	秦汉魏晋南北朝政治历程	2
02132390	清史专题	2	02132840	中国科举史	2

(续表)

课程号	课程名	学分	课程号	课程名	学分
02132861	《左传》选读	2	02133681	外文历史史料选读（上）	2
02132870	中国近代文献研读	2	02133682	外文历史史料选读（下）	2
02132940	20世纪欧洲史	2	02133691	外文历史名著选读（上）	2
02133000	中国边疆地区史	2	02133692	外文历史名著选读（下）	2
02133020	史学新生导学	2	02133700	英文历史学文献翻译	3
02133030	学年论文	2	02133710	英文写作指导	2
02133050	西方基督教遗产	2	02133750	现代希腊史	2
02133060	古典学导论	2	02133760	现代希腊电影与历史	2
02133070	希罗多德研读	2	02135010	中国古代史	4
02133080	罗马帝国史	2	02135120	世界现代史	2
02133101	基督教拉丁语（1）	2	02138210	文史知识专题	2
02133102	基督教拉丁语（2）	2	02138360	宋史专题	2
02133103	基督教拉丁语（3）	2	02138540	中古西欧政治	2
02133111	基础拉丁语（1）	4	02138550	中世纪西欧经济与社会	2
02133112	基础拉丁语（2）	4	02138840	中国近代思想史	2
02133120	古希腊罗马政治思想史	2	02138850	中国现代社会史	2
02133130	古希腊罗马历史经典	2	02138870	明清经济与社会	2
02133140	古希腊思想（1）	2	02138880	明清地方行政与基层社会	2
02133150	古希腊经典文本	3	02138900	简牍学概论	2
02133241	基础古希腊语（1）	3	02138970	中国古代妇女史专题	2
02133242	基础古希腊语（2）	3	02138980	中国区域历史地理——地缘政治、区域经济与文化	2
02133251	新约希腊语（上）	2	02139030	海外中国学	2
02133252	新约希腊语（下）	2	02139070	古代希腊史	2
02133300	帝国、封建制和现代国家——中法历史学者对话	2	02139080	罗马史	2
02133390	中国与拉丁美洲关系史	2	02139160	欧洲一体化研究	2
02133400	巴西历史与文明	2	02139190	非洲史	2
02133410	美国黑人史	2	02139280	拜占庭帝国史	2
02133420	20世纪美国知识分子	2	02139320	冷战史专题	2
02133430	美国大学史文献选读	2	02139370	俄国史专题	2
02133440	美国对外关系史	2	02139390	日本史专题	2
02133540	明清史专题	2	02139410	意大利历史专题	2
02133601	外文历史文选阅读指导	2	02139420	当代欧洲及欧盟史	2
02133610	古代东方文明	2	02180012	中国古代史B(下)	4
02133620	古希腊罗马史	2	02180030	近代中国的多维叙述	4
02133630	中世纪欧洲史	2	02180102	中国历史文选B(下)	4
02133640	欧洲史	2		考古文博学院	
02133650	美洲史	2	02230010	感悟考古	2
02133660	亚洲史	2	02230120	田野考古学概论	2
02133670	外文历史文献选读	2	02230251	人体骨骼学	3

(续表)

编号	课程名称	学分	编号	课程名称	学分
02230261	动物考古	3	02231270	博物馆实习	2
02230281	植物考古	3	02231280	文物鉴赏	2
02230310	定量考古学	2	02231310	世界遗产概论	2
02230370	中国古代青铜器	2	02231480	简明贝叶斯数据分析	2
02230411	中国石窟寺	2	02232102	中国考古学（上二）	2
02230412	佛教艺术和考古：南亚与中国	3	02232103	中国考古学（中一）	2
02230413	佛教考古导论	3	02232104	中国考古学（中二）	2
02230430	中国古代陶瓷	2	02232105	中国考古学（下一）	2
02230440	丝绸之路考古	2	02232106	中国考古学（下二）	2
02230461	世界史前考古	2	02232111	中国考古学（上一）	3
02230462	动物与人类社会：考古学的视野	2	02232200	美术考古	2
02230471	科技考古	3	02232210	考古学通论	4
02230472	化学分析在考古学中应用及相关数据处理	2	02232220	文化遗产学概论	2
02230491	战国文字通论	3	02232230	地中海考古	2
02230562	学年论文	1	02232260	古代民族考古	2
02230570	冶金考古	2	02232270	埋藏学	2
02230680	中国西南地区考古	2	02232280	体质人类学	2
02230730	文物法规与行政管理	1	02232290	考古学与社会记忆	2
02230820	有机质文物保护与实验	4	02232300	考古学与古史重建	2
02230830	无机质文物保护与实验	4	02233010	美术素描基础	4
02230840	不可移动文物保护	2	02233020	美术色彩基础	4
02230961	田野考古技术专题	3	02233030	现代建筑构造与结构选型	2
02230991	文物保护材料学	3	02233040	文化遗产踏查与测绘实习	8
02231021	中国文物建筑导论	2	02233050	文化遗产保护规划设计理论与方法	3
02231040	博物馆学概论	2	02233100	中国近代建筑的西方源流：结构、风格、功能和意义	3
02231050	设计初步	2	02234010	文物显微形态学分析	2
02231060	博物馆陈列内容设计	2	02234030	世界考古文献研读	2
02231070	博物馆陈列形式设计	3	02234040	世界考古学（上）	2
02231080	考古学导论	2	02234050	世界考古学（下）	2
02231090	建筑初步	3	02234060	西亚暨两河流域史前考古	2
02231100	建筑设计（一）	3	02234070	伊朗考古：从旧石器时代到阿契美尼德王朝时期	2
02231110	建筑设计（二）	3	02240011	中国建筑史（上）	3
02231120	建筑设计（三）	3	02240012	中国建筑史（下）	3
02231130	建筑设计（四）	3	02240060	传统建筑概预算	2
02231140	计算机建筑制图	2	02240140	文化遗产保护实践	2
02231150	中国传统建筑构造	4	02240250	文化遗产管理	2
02231170	中国古代物质文化史	2	02240260	博物馆藏品管理	2
02231180	古罗马考古与艺术通论	2	02240290	田野考古实习	12
02231190	文物保护专业实习	3			
02231240	文物研究与鉴定	2			

（续表）

(续表)

课程号	课程名	学分	课程号	课程名	学分
02240340	中国考古发现与探索	2	02318370	中国伊斯兰教原著选读	2
02240350	殷周金文通论	2	02318373	伊斯兰哲学研究专题	3
02240370	古文字学通论	2	02318471	东南亚的宗教与社会	2
02240410	文物分析技术	2	02318500	宗教与中西文明传统比较研究	2
哲学系（宗教学系）			02319700	西方科技史导论	3
02300494	一阶逻辑的可判定片段及扩张	2	02330000	哲学导论	2
02311231	马克思历史哲学专题	2	02330001	哲学导论	2
02312012	中国哲学思想数字史料概论	2	02330002	哲学阅读与写作	2
02312060	儒家哲学著作选读	3	02330003	哲学导论	3
02312111	两汉思想史原著选读	3	02330004	哲学导论讨论课	0
02312350	出土简帛与古代哲学新视野	3	02330027	马克思主义哲学（上）	2
02313030	古希腊哲学原著	3	02330028	马克思主义哲学（下）	2
02313032	古希腊语经典哲学文本阅读	2	02330030	逻辑导论	3
02313111	中世纪思想中的自由与责任	3	02330035	哲学数学计算机中的逻辑	2
02313163	当代西方政治哲学研究	2	02330036	语言、逻辑与计算	2
02313394	观念论与分析哲学	3	02330045	西方哲学史（古代与中世纪）	2
02313500	康德《判断力批判》研究	3	02330046	西方哲学史（现代部分）	2
02313591	黑格尔的法哲学	3	02330051	西方哲学（上）	3
02313810	笛卡尔哲学研究	3	02330052	西方哲学（上）	2
02313840	休谟哲学	2	02330053	西方哲学（下）	3
02313900	中世纪哲学拉丁语	3	02330054	西方哲学（下）	2
02314300	佛教文献学	3	02330055	西方哲学（上）讨论课	0
02315010	公理集合论	4	02330056	西方哲学（下）讨论课	0
02315031	递归论基础	3	02330070	现代西方哲学	2
02315042	人工智能时代的人文主义	3	02330091	中国现代哲学史	2
02315051	高级模态逻辑	4	02330092	中国哲学（上）	3
02315160	逻辑哲学研究	3	02330093	中国哲学（上）讨论课	0
02315280	动态逻辑	2	02330094	中国哲学（上）	2
02315300	内涵逻辑	3	02330095	中国哲学（下）	2
02315320	知识的逻辑	3	02330096	中国哲学（下）	3
02315330	真理论研究	3	02330097	中国哲学（下）讨论课	0
02316212	恶与伦理学	2	02330101	马克思主义哲学史	2
02316240	正义理论研究	3	02330102	马克思主义哲学（上）	3
02316270	伦理学原著选读	3	02330103	马克思主义哲学（上）讨论课	0
02317110	黑格尔美学研究	3	02330104	马克思主义哲学（下）	3
02318170	海外汉学中的道教学	2	02330105	马克思主义哲学（下）讨论课	0
02318211	宗教学专题	3	02330132	科学哲学导论	2
02318280	宗教经典专题	3	02330142	伦理学导论	2
02318281	宗教经典与宗教信仰	2	02330152	美学原理	2
02318300	宗教史专题	3	02330160	宗教学导论	3

(续表)

编号	课程名称	学分	编号	课程名称	学分
02330161	宗教学导论	2	02331221	模型论	3
02330162	宗教学导论	2	02331230	一阶理论	3
02330163	宗教学导论讨论课	0	02331240	公理集合论	3
02330170	中国哲学原著选读	3	02331271	悖论研究	3
02330180	科学历史哲学导论	2	02331310	逻辑与批判性思维	3
02330320	当代认识论	3	02331360	数学哲学专题	2
02330340	形而上学	2	02331371	数学结构	3
02330341	后形而上学与后现代主义	2	02332013	印度佛教史	2
02330342	中世纪形而上学专题	3	02332017	中国佛教经典选读	2
02330350	西方马克思主义专题	2	02332020	伊斯兰教史	2
02330360	马克思主义宗教学	2	02332024	中国伊斯兰教史	2
02330371	马克思国家理论研究	3	02332026	中国伊斯兰教典籍选读	3
02330450	经典著作研究专题	2	02332030	阿拉伯哲学	2
02330460	全球化问题研究	2	02332034	伊斯兰教专题	2
02330500	环境哲学	2	02332035	阿拉伯伊斯兰文化	2
02330501	美国环境思想	2	02332039	回儒世界观	2
02330512	哲学系实践实习	1	02332042	基督教和中国文化	2
02330540	管理哲学	2	02332050	宗教学名著选读	3
02330581	学位论文	4	02332058	伊斯兰教史	2
02330590	波普的历史哲学	2	02332071	道教原典	2
02330610	心灵哲学	2	02332074	道家哲学专题	2
02330611	情感哲学	2	02332080	古兰经导读	2
02330620	科学社会学导论	2	02332092	创世纪研究（旧约诠释方法）	2
02330643	古希腊语哲学经典阅读	2	02332117	基督教哲学	3
02330670	中国伦理学史专题	2	02332118	基督教原典	2
02330800	西方美学史	2	02332119	中世纪哲学的形象与问题	2
02330812	西方美学专题	2	02332131	圣经导读	2
02330840	中国美学史	2	02332132	新约问题研究	2
02330842	中国美学专题	2	02332141	东正教艺术	2
02331031	一阶逻辑	3	02332160	道教史	2
02331050	模态逻辑	4	02332180	宗教社会学	2
02331070	数理逻辑	4	02332190	宗教哲学	2
02331100	逻辑哲学	3	02332192	宗教仪式与宗教信仰	2
02331121	形式语义学导论	4	02332193	宗教律法与宗教信仰	2
02331160	直觉主义逻辑	2	02332194	宗教艺术与宗教信仰	2
02331181	逻辑史	3	02332195	宗教信仰与神秘主义	2
02331182	动态逻辑	3	02332196	宗教传统与宗教自由	2
02331190	集合论	4	02332210	基督教史	2
02331191	哲学逻辑	2	02332212	西方政治思想（中世纪）讨论班	0
02331210	集合论	3	02332213	西方政治思想（现代）	2

(续表)

课程号	课程名	学分	课程号	课程名	学分
02332214	西方政治思想（中世纪）	2	02333051	古希腊语导论（I）	3
02332220	宗教哲学专题	2	02333052	古希腊语导论（二）	3
02332230	中国基督教史	2	02333056	古希腊语导论（3）	4
02332240	基督教专题	2	02333057	希腊语阅读	2
02332241	淘美之路——基督宗教神哲学与美学研究	3	02333070	近代欧洲哲学专题	2
02332250	中国宗教史	2	02333072	20世纪欧陆哲学	3
02332270	奥古斯丁思想研究	2	02333090	德国古典哲学专题	2
02332311	佛教导论	2	02333091	现代德国哲学	2
02332323	坛经	2	02333093	德国古典哲学系列I（谢林哲学）	2
02332336	中国佛教史	2	02333096	德国古典哲学原著	3
02332338	印度佛教经典选读	2	02333097	德国哲学研究	2
02332390	天台宗研究	2	02333100	分析哲学概论	2
02332410	佛教哲学	2	02333120	俄罗斯哲学专题	2
02332421	印度哲学与宗教文化	2	02333140	当代分析哲学	2
02332450	本体论论证	2	02333141	当代分析哲学	3
02332480	全球化时代的宗教关系	2	02333160	现象学专题	3
02332541	宗教人类学	2	02333161	现象学导论	3
02332613	拉丁语Ⅲ	4	02333162	现象学引论	2
02332614	拉丁语Ⅰ	2	02333170	后现代主义哲学	2
02332615	拉丁语Ⅱ	2	02333180	东西方哲学比较	2
02332720	现代欧陆哲学原著选读	3	02333202	《庄子》精读	2
02332751	海德格尔哲学研究	2	02333210	先秦哲学	2
02332770	西方近代哲学的起源	2	02333211	先秦哲学专题	2
02332771	西方早期近代哲学	3	02333220	魏晋玄学	2
02332811	法国哲学研究	3	02333221	魏晋哲学	2
02332910	启蒙哲学	2	02333230	宋代哲学	2
02332961	黑格尔哲学引论	2	02333231	宋明理学	2
02332962	黑格尔《精神现象学》	3	02333233	《周易本义》精读	2
02332963	费希特《全部知识学的基础》	3	02333282	儒学哲学专题	2
02332971	西方古典思想（一）	3	02333285	儒学与中国社会	2
02332972	柏拉图的《理想国》	2	02333320	近现代中国哲学	2
02332973	西方古典思想（Ⅱ）	3	02333321	中国哲学专题	2
02332974	柏拉图和亚里士多德哲学研究	3	02333331	现代中国的建立：制度、思潮与人物	2
02332975	西方古典文本研读	2	02333351	早期思想与古典语文	3
02332976	《理想国》	3	02333370	政治哲学	3
02332977	《理想国》讨论班	0	02333371	政治哲学	2
02332980	维特根斯坦哲学研究	2	02333373	西方政治思想（古代）	2
02332991	中国礼学史	2	02333390	语言哲学	3
02332992	礼学原著选读	2	02333400	近代西方哲学	2
02333021	荷马研究前沿	2	02333411	艺术哲学	2

(续表)

02333420	自然哲学	3		02336152	尼采哲学研究	2
02333430	民主理论	2		02336160	西方思想经典（一）	2
02333431	民主理论	3		02336161	西方思想经典（二）	2
02333480	马克思主义哲学原著选读（马恩部分）	2		02336162	西方思想经典（三）	2
02333911	基督教伦理学导论	2		02336170	哲学与人生	2
02334010	西方哲学原著导读（形而上学原理）	2		02336180	中世纪哲学原著	2
02334020	环境伦理学	2		02336190	康德实践哲学	2
02334030	应用伦理学专题	2		02336191	康德哲学研究	3
02335000	学年论文	1		02336192	德国古典法哲学专题	3
02335002	学年论文	3		02336201	康德《纯然理性范围内的宗教》	3
02335040	中国古代思想世界	2		02336400	现代逻辑基础	4
02335043	中国古代思想经典选读	1		02336401	逻辑与论证	3
02335060	西方哲学史	2		02337001	古典语文学专题研讨（一）	2
02335071	中国哲学史（上）	2		02337002	古典语文学专题研讨（二）	2
02335072	中国哲学史（下）	2		02337003	古典语文学专题研讨（三）	2
02335080	西方哲学原著选读	3		02337004	古典语文学专题研讨（四）	2
02335081	西方哲学原著选读	2		02338001	思想与社会研究方法	2
02335091	罗尔斯《政治自由主义》研究	3		国际关系学院		
02335092	西方自由主义史	3		02430010	国际政治概论	3
02335093	罗尔斯《正义论》研究	3		02430011	国际政治概论讨论课	0
02335100	知识论	2		02430020	国际政治经济学	3
02335101	知识论专题	3		02430032	世界社会主义概论	3
02335110	科学与宗教	2		02430041	政治学原理	3
02335122	复杂性科学与哲学	2		02430050	外交学	3
02335200	庄子哲学	2		02430091	国际关系史（上）	3
02335201	孟子哲学	2		02430092	国际关系史（下）	3
02335202	孔子与老子	2		02430093	国际关系史（上）小班课	0
02335220	《四书》精读	2		02430111	发展学	3
02335221	《近思录》精读	2		02430112	国际社会中的发展研究	3
02335250	人文经典阅读	2		02430140	中华人民共和国对外关系	3
02335260	文学与伦理	2		02430150	中国政治概论	3
02335280	人文经典与前沿：哲学与历史 A	2		02430159	英语写作	1
02335281	人文经典与前沿：哲学与历史 B	2		02430211	中国对外关系史	3
02335330	世界文明中的科学技术	2		02430220	美国政治、经济与外交	3
02335350	博物学导论	2		02430240	东欧各国政治经济与外交	3
02335351	博物学文化专题	3		02430250	英国政治、经济与外交	3
02336141	亚里士多德与亚里士多德传统	3		02430280	日本政治经济与外交	3
02336142	比较古典哲学	3		02430290	东北亚政治经济与外交	3
02336150	叔本华和尼采的哲学	2		02430300	东南亚政治经济与外交	3
02336151	尼采《查拉图斯特拉如是说》	2		02430320	中东政治经济与外交	3

(续表)

课程编号	课程名称	学分	课程编号	课程名称	学分
02430331	非洲导论	3	02431781	美国与东亚关系	3
02430360	军备控制与裁军	3	02431840	社会科学方法论	3
02430380	世界政治中的民族问题	3	02431841	社会科学方法论小班课	0
02430411	西方国际关系理论	3	02431850	中东：政治、社会与文化	2
02430412	西方国际关系理论小班讨论课	0	02431880	中东地区的国家关系	2
02430500	世界宗教与国际社会	3	02431890	晚清对外关系的历史与人物	2
02430570	台湾概论	3	02431910	国际关系与东亚安全	2
02430620	两岸关系与一国两制	3	02431920	欧洲联盟概论	3
02430891	国际战略分析	3	02431930	中苏关系及其对中国社会发展的影响	2
02430920	中亚各国政治与外交	3	02431940	台湾政治概论	2
02430931	国际组织与国际法	3	02431963	日语（一）	0
02430961	中文报刊选读（一）	3	02431964	日语（二）	0
02430962	中文报刊选读（二）	3	02432040	国际关系心理学	3
02430963	中文报刊选读（三）	3	02432050	经济学原理	3
02430964	中文报刊选读（四）	3	02432070	世界政治与国际战略研究	3
02431091	专业汉语（一）	3	02432080	国际安全理论与实践	3
02431092	专业汉语（二）	3	02432090	本土视野下的中国外交与国际事务	3
02431093	专业汉语（一）	1	02432100	现代官僚制度比较研究	3
02431094	专业汉语（二）	1	02432110	国际安全研究	3
02431100	中美关系史	3	02432120	中国传统政治制度	3
02431120	中日关系史	3	02432130	当代国际政治	2
02431171	东亚政治经济	3	02432140	中国政治与公共政策	3
02431230	非政府外交	3	02432150	美国政治与公共政策	3
02431240	西方外交思想概论	3	02432161	社会科学定量方法	3
02431270	冲突学概论	3	02432170	中国改革与全球经济	2
02431291	媒体与国际关系	3	02432180	泛非主义：新挑战与新机遇	3
02431400	拉丁美洲政治与外交	3	02432190	非洲经济增长、环境与可持续发展	3
02431420	俄罗斯政治与外交	3	02432201	中文报刊选读（一）	1
02431551	比较政治与比较文化	3	02432202	中文报刊选读（二）	1
02431560	美国文化与社会	2	02432203	中文报刊选读（三）	1
02431580	中国政治概论	2	02432204	中文报刊选读（四）	1
02431600	中美经贸关系	3	02432210	民主的历史与现实	3
02431610	中国边疆问题概论	2	02432220	国际关系分析导引	2
02431641	比较政治学	3	02432230	中国与国际组织	3
02431684	原著译读	1	02432240	理解世界政治	3
02431710	亚太概论	2	02432250	"一带一路"沿线政治经济与国际关系概况	2
02431730	世界政治中的民族问题	2	02432260	澳大利亚的政治经济	2
02431761	国际政治思想史	3	02432270	"一带一路"倡议：中国原创国际战略	2
02431771	西方政治思想史（上）	3	02432271	"一带一路"倡议：中国原创国际战略	3
02431772	西方政治思想史（下）	3	02432280	世界难民问题与难民政策	3

(续表)

编号	课程名称	学分	编号	课程名称	学分
02432290	中国与非洲：外交、发展与移民	2	02530620	国际投资学	3
02432300	谈判模拟与国际文书写作	3	02531080	社会保险	2
02432310	国际组织与全球治理	3	02532090	保险精算	3
02432320	中外文化比较	3	02532120	世界经济专题	3
02432330	全球治理的政治经济分析	3	02532180	投资银行学	3
02432340	国际公共政策导论	3	02532210	欧盟经济	2
02432351	法语（1）	0	02532220	金融市场学	3
02432352	法语（2）	0	02532240	金融经济学导论	3
02432353	法语（3）	0	02532250	数理经济学	3
02432354	法语（4）	0	02532260	信息经济学	3
02432360	中国与非洲：全球性的相遇	3	02532340	中国经济史	2
02432370	国际公务员实务	3	02532390	保险会计	3
02433030	国际经济学	3	02532410	商业银行管理	3
02433050	国际贸易政治学	3	02532420	金融工程概论	3
02433092	社会主义思想的演变	3	02532440	国际金融组织	2
02433180	民族国家概论	3	02532500	公共选择理论	2
02433200	伊斯兰与世界政治	2	02532510	公债管理	2
02433230	非传统安全概论	3	02532570	电子商务	3
02433240	对外政策分析	3	02532590	中华人民共和国经济史	2
02433311	全球化与当代国际关系专题	3	02532600	经济学原理	3
02433322	中国外交新论	3	02532630	美国经济	3
02433340	经典原著选读	3	02532730	劳动经济学	2
	经济学院		02533080	随机过程	3
02500185	经济学及金融学中的数值方法	2	02533160	经济学原理（Ⅰ）	3
02530051	统计学	3	02533161	经济学原理（Ⅰ）讨论课	0
02530060	微观经济学	3	02533170	经济学原理（Ⅱ）	3
02530061	微观经济学"习题课"	0	02533171	经济学原理（Ⅱ）讨论课	0
02530070	宏观经济学	3	02533180	政治经济学（上）	3
02530071	宏观经济学"习题课"	0	02533190	政治经济学（下）	3
02530090	国际贸易	3	02533250	公共经济学	2
02530100	国际金融	3	02533280	经济学方法论	2
02530140	计量经济学	3	02533290	保险公司运作与管理	2
02530150	发展经济学	3	02533320	固定收益证券	3
02530160	外国经济史	2	02533340	中国经济思想史	3
02530220	房地产经济学	2	02533350	外国经济思想史	3
02530340	投资学	3	02533370	环境资源经济学	3
02530400	保险法	2	02533390	福利经济学	2
02530460	财产与责任保险	3	02533420	中国环境概论	3
02530480	国际经济学	3	02533430	俄罗斯经济	2
02530500	世界经济专题	4	02533440	营销学	2

(续表)

课程代码	课程名称	学分	课程代码	课程名称	学分
02533460	中国金融体制改革	2	02534420	个人财务管理	2
02533490	世界经济史	2	02534430	经济增长理论	3
02533530	预算经济学	2	02534440	国际金融实证研究	3
02533550	日本经济	2	02534470	土地经济学	3
02533570	公司金融	3	02534490	中国商业管理思想	2
02533600	产业组织理论	3	02534500	公共经济学	3
02533640	中国保险市场专题研究	2	02534520	财政学	3
02533650	环境核算与环境会计	2	02534540	微观计量方法	2
02533670	农村金融学	2	02534550	东亚经济	2
02533690	应用时间序列分析	3	02534560	世界经济与中国	2
02533700	动态优化理论	3	02534570	中国对外经贸战略	2
02533710	会计学原理	3	02534590	经济全球化	2
02533720	数理经济学	2	02534620	金融监管学	2
02533730	中国经济导论	2	02534630	货币经济学	2
02533750	金融风险管理	2	02534640	财务报表分析	2
02533790	投资基金概论	2	02534650	金融衍生品	2
02533830	商业银行管理	2	02534660	行为金融学导论	2
02533840	国际税收	2	02534670	企业风险管理	2
02533850	农业经济学	3	02534690	人力资本与经济发展	3
02533930	国际贸易实务	2	02534700	合作经济理论	2
02533940	社会企业家精神培养实验	2	02534710	激励理论与经济发展	3
02533950	信托与租赁	2	02534720	发展经济学专题	2
02533980	美国经济	2	02534740	中级财务会计	3
02533990	韩国经济	2	02534750	公共选择理论	3
02534000	生态经济学	3	02534760	比较税收学	2
02534010	国际营销学	2	02534780	区域经济学	3
02534060	货币银行学	3	02534820	保险学原理	3
02534090	专业英语	2	02534830	人口健康经济学	3
02534100	国际宏观经济学	2	02534870	金融工程软件编程	2
02534130	跨国公司管理	2	02534880	社会实践	1
02534200	风险管理学	3	02534940	投资理财	3
02534260	地方财政	2	02534950	风险管理模型与应用	2
02534270	经济地理学	2	02534960	保险经济学导论	2
02534280	卫生经济学	2	02534970	成本效益分析	2
02534290	保险投资管理	2	02535000	中国公共财政前沿	2
02534300	现代金融理论简史	2	02535020	证券投资学	3
02534310	财政学研究方法	2	02535030	企业全面风险管理	2
02534330	金融伦理学	2	02535040	亚洲经济发展的理论与实践	2
02534380	应用经济计量	2	02535060	经济发展专题	2
02534410	个人理财	2	02535080	宏观经济学	4

（续表）

编号	课程名称	学分	编号	课程名称	学分
02535090	微观经济学	4	02830240	运营管理	2
02535100	财务管理	3	02830260	影子中央银行	2
02535110	经济学前沿问题研究	2	02830280	运营管理	3
02535120	计量经济学	4	02830290	管理学	3
02535130	经济学原理	4	02831100	组织与管理	3
02535150	风险管理与保险	2	02831101	组织与管理讨论班	0
02535160	网络经济学	3	02831110	经济学	4
02535170	中国对外经贸概论	2	02831113	商务英语（一）	2
02535180	美国经济史	2	02831114	商务英语（二）	2
02535190	全球投资策略与实践	2	02831160	行为经济学	3
02535200	国际保险理论与实践	3	02831170	经济学讨论班	0
02535210	环境资源经济学工程概论	2	02831270	时间序列分析	3
02535220	量化历史研究	4	02831520	会计学	3
02535230	创业战略与营销	2	02831540	金融建模	2
02535240	中国经济史	3	02831560	计量经济学应用	3
02535260	经济学思维训练	1	02831570	固定收益证券	2
02535270	人类行动学原理（经济学部分）	3	02831580	金融经济学	3
02535280	权益估值与财务分析	3	02831590	国际金融与国际财务管理	2
02535290	量化历史研究	2	02831600	国际金融与国际贸易	3
02535300	当代中国商业与社会：制度经济学的视角	2	02831610	产业分析的理论与政策	3
02535310	金融市场与机构实务	3	02831620	劳动经济学	3
02535320	应用时间序列分析	2	02831650	城市与区域经济学	3
02535330	公共经济学实证研究	2	02831660	信息经济学	3
02535340	财经素养教育	2	02831661	国际金融与国际贸易	2
02535350	财产与责任保险	2	02831666	转型与发展经济学	2
02535360	人寿与健康保险	2	02831680	金融风险与管理	3
02535370	《资本论》选读	3	02831888	社会主义政治经济学	3
02535380	中国对外经济	2	02832110	微观经济学	3
02535390	金融会计	3	02832120	宏观经济学	3
光华管理学院			02832230	商战模拟	2
02800000	商务汉语（一）	2	02832420	金融学中的数学方法	3
02800001	商务汉语（二）	2	02832430	金融企业会计	2
02801890	大样本统计理论	3	02832480	成本与管理会计	3
02804020	管理学中的回归方法	2	02832510	财务会计	3
02811820	产业经济学专题	3	02832540	高级管理会计	2
02830110	人力资源管理	3	02832600	营销学原理	3
02830140	社会心理学	3	02832640	营销学	3
02830150	中国经济	2	02832650	市场营销战略	2
02830170	电子商务	3	02832690	物流与供应链管理	2
02830230	商业活动在中国：管理视角	3	02832700	定价管理	2

(续表)

编号	课程名称	学分	编号	课程名称	学分
02833160	货币金融学	3	02837190	供应链管理	2
02833230	金融市场与金融机构	3	02838070	从案例学习管理	3
02833430	公司财务管理	3	02838092	中国企业经营与管理	1
02833431	公司财务管理讨论班	0	02838130	中国社会与商业文化	2
02833460	品牌管理	2	02838150	应用计量经济学	3
02833475	金融工程	2	02838160	数据分析与统计软件	2
02833540	中级财务会计	4	02838170	会计信息与数据分析	2
02833570	财务会计理论与政策	3	02838180	财务报表分析	2
02833600	税法与税务会计	2	02838200	权益证券投资	2
02833650	市场研究	3	02838240	金融市场	2
02833670	高级财务会计	2	02838250	人生规划与职业发展	2
02833680	生产作业管理	2	02838280	中国社会、经济研究专题	2
02833720	计量经济学	3	02838300	整合营销传播	2
02834020	金融学概论	3	02838310	财务分析与量化投资	2
02834370	企业伦理	2	02838320	随机分析与应用	2
02834390	战略管理	2	02838330	价值投资	2
02834420	证券投资学	3	02838350	渠道管理	2
02834430	财务报表分析	2	02838360	微观经济学	3
02834510	审计学	3	02838370	中国金融市场与金融机构	2
02834530	内部控制与内部审计	2	02838390	公司并购与重组	2
02834660	服务业营销	2	02838400	行为金融	2
02834720	概率统计	4	02838420	金融中的数学方法	2
02834730	创业管理	2	02838430	财务会计	3
02834750	创新管理	2	02838440	市场数据分析	2
02834760	金融时间序列分析	2	02838450	新媒体营销与精准广告	2
02834780	公共财政理论与政策	3	02838460	国际金融	2
02834800	综合商业计划书竞赛	2	02838470	管理科学	3
02834840	金融衍生工具	3	02838480	信息技术与企业战略	2
02834850	创业企业成长	2	02838490	风险管理与保险	2
02834860	可持续创业	2	02838500	组织与管理	4
02834870	创业与创新实践	3	02838510	沃土计划	1
02834890	互联网与商业模式创新	3	02838511	沃土计划	2
02835620	会计审计与财务管理专题	2	02838920	技术创业中价值主张与商业模式设计	2
02836020	金融计量经济学	3	02838930	金融服务信息系统的演化与创新	2
02837020	投资银行	2	02838950	社会影响力营销	2
02837120	消费者行为	3	02838980	营销研究方法	3
02837122	互联网时代营销新模式	2	02839000	中国经济改革与发展	2
02837140	中国商务	2	02839010	数据思维：从数据分析到商业价值	2
02837170	策略与博弈	3	02839030	共演战略：从创业到企业转型	2
02837180	财务案例分析	2	02839040	新产品开发与管理	2

（续表）

编号	课程名称	学分	编号	课程名称	学分
02839050	统计文化和实践	3	02930154	证据法	3
02839060	风险资本与创新融资	2	02930155	法学的量化方法与成本收益分析	2
02839070	量化营销模型	2	02930156	模拟法庭实训	2
02839080	中国金融	2	02930157	国际海洋法	2
02839090	营销学前沿研究	2	02930158	律师实务	2
02839100	商业预测分析	3	02930159	刑事辩护实务	3
E2832121	宏观经济学	3	02930161	模拟法庭基础	2
E2832231	商战模拟	2	02930162	比较法律专题一	2
E2833431	公司财务管理	3	02930163	比较法律专题二	2
E2834421	证券投资学	3	02930164	选举法比较研究	2
E2834721	概率统计	4	02930166	法律经济学	3
	法学院		02930167	民事诉讼案例研习	3
02930010	法理学	4	02930168	民事诉讼法学专题	3
02930011	法理学小班讨论课	0	02930169	国际法	2
02930020	中国法律思想史	3	02930171	诊所式法律教育	3
02930030	中国法制史	3	02930172	非营利组织法	2
02930040	西方法律思想史	3	02930180	知识产权法学	3
02930050	民事诉讼法	4	02930182	专业法语	2
0293005a	外国法制史	3	02930183	国际商事争端解决：实务与训练	3
02930060	宪法学	3	02930184	专业英语（一）	2
0293007a	行政法与行政诉讼法	4	02930185	专业英语（二）	2
02930086	侵权法	3	02930186	国际组织与全球治理	2
0293008a	民法总论	3	02930187	中国当代法律和社会	2
02930103	刑法分论	2	02930188	公法与思想史	2
02930105	外国刑法	2	02930189	法律与人工智能	2
02930106	国际刑法学	2	02930190	亲属法与继承法	3
02930112	刑法案例研习	3	02930191	国际律师实务	2
02930113	法理学讨论课	0	02930193	普通法精要（私法）	3
02930121	国际私法概论	2	02930194	法律职业伦理	2
02930141	刑事诉讼案例研习	3	02930195	跨境法律服务与风险管理：跨境律师入门	2
02930142	合同法实务	3	02930200	企业法/公司法	3
02930143	民法案例研习	3	02930220	犯罪学	2
02930144	法律和社会科学	3	02930249	竞争法	3
02930145	财税法学	3	02930261	信托法	2
02930146	法律实证分析	2	02930262	破产法	2
02930147	普通法精要（公法）	3	0293028a	金融法/银行法	3
02930148	法律写作与检索	3	02930300	劳动法与社会保障法	3
02930149	国学法理	2	02930340	国际经济法	3
02930152	刑法总论	4	02930390	专业英语（听力及口语）	2
02930153	刑法分论	4	02930440	海商法	2

(续表)

02930470	商法总论	2		03030780	办公自动化	3
02930480	国际公法	4		03030910	多媒体技术	2
02930520	司法精神病学	2		03031040	数据库系统上机	0
02930530	外国宪法	2		03031100	办公自动化上机	0
02930560	比较司法制度	2		03031170	信息存储与检索上机	0
02930580	票据法	2		03032000	管理学原理	3
0293063a	刑事侦查学	2		03032110	信息政策与法规	2
02930680	罗马法	2		03032130	信息组织	4
0293074a	专业英语	2		03032170	媒体与社会	2
02930760	心理卫生学概论	2		03032230	电子商务	2
02930770	保险法	2		03032270	图书馆管理	2
02930780	刑事执行法	2		03032360	中国文化史	2
02930847	国际知识产权	2		03032380	专业英语	2
02930860	法学流派与思潮	2		03033020	数据库系统	3
02930871	涉外民商事之法律适用	2		03033030	信息分析与决策	3
02930890	经济法学	3		03033040	信息服务	2
02930901	实习	2		03033060	数字图书馆	3
02930905	犯罪通论	2		03033070	信息系统分析与设计	2
02930920	刑事诉讼法	4		03033110	信息安全	2
02930940	环境法	3		03033130	市场营销学	2
02930941	环境法概论	2		03033140	企业与政府信息化	2
02930970	物权法	2		03033160	图书馆自动化	2
02930971	物业管理法律制度	2		03033180	信息资源建设	2
02930980	债权法	4		03033190	社科文献资源与检索利用	2
02930985	国际人权法	2		03033220	广告学概论	2
02930987	国际组织法	2		03033243	中国名著导读	2
02930989	刑法学	3		03033246	电子资源的检索与利用	2
02930990	国际金融法	2		03033270	视觉圣经—西方艺术中的基督教	2
02930995	会计法与审计法	2		03033340	信息科学导论	2
02939991	英美侵权法	2		03033350	面向对象程序设计 JAVA	3
02939995	国际私法	2		03033360	面向对象程序设计 JAVA 上机	0
02939999	法律导论	2		03033370	数字媒体信息传播	2
	信息管理系			03033400	信息资源管理基础	2
03030010	图书馆学概论	2		03033420	信息资源编目	3
03030220	著作权法	2		03033430	Web 信息构建理论与实践	2
03030370	传播学原理	2		03033440	数据挖掘导论	2
03030630	信息存储与检索	4		03033450	信息系统分析与设计	3
03030700	计算机网络	3		03033460	调查与统计方法	3
03030720	信息经济学	2		03033470	图书馆参考咨询	2
03030740	管理信息系统	3		03033490	中国图书史	2

（续表）

03033500	运筹学基础	3		03130120	社会统计学	4
03033520	商务信息	2		03130130	社会统计与数据分析	4
03033530	咨询理论与方法	2		03130150	社会人类学	3
03033550	人机交互与用户体验	2		03130190	城市社会学	2
03033560	信息素养概论	2		03130210	社会心理学	4
03033570	社会实习与实践	1		03130250	农村社会学	2
03033580	人类信息行为	2		03130270	社会老年学	2
03033590	交互式信息检索	2		03130280	社会性别研究	2
03033600	健康信息学概论	2		03130321	中国社会史	2
03033610	大众健康信息资源与利用	2		03130340	宗教社会学	2
03033620	公共文化服务概论	2		03130400	教育社会学思考	2
03033630	数字图书馆与语义网	3		03130420	个案工作	3
03033650	信息计量学	2		03130430	群体工作	3
03033660	信息组织小班讨论课	0		03130460	社会保障	3
03033670	企业信息化在中国	2		03130470	社会政策	2
03033680	社群信息学	2		03130480	社会行政	3
03033690	文本信息分析技术	2		03130560	组织社会学	2
03033700	互联网运营管理方法与实践	1		03130590	中国社会	2
03033710	计算机网络概论	3		03130640	经济社会学	2
03033720	信息技术与应用	2		03130660	发展社会学	2
03033730	信息服务学	2		03130670	专业英语	2
03033740	信息行为导论	2		03130700	历史社会学	2
03033750	信息架构设计与实践	2		03130710	越轨与犯罪社会学	2
03033760	知识表示与本体构建	3		03130790	贫困与发展	2
03033770	信息存储与检索	3		03130820	民族志研究方法	2
03033780	信息技术与应用上机	0		03130840	劳动社会学	2
03033790	社会实习与实践	0		03130880	西方社会思想史	3
03033800	质性数据分析	2		03130903	社会研究：经典与方法	2
03033810	知识服务组织的管理与创新	2		03130904	弗洛伊德与精神分析	2
03033820	数字人文	2		03130905	中国社会研究	3
03033830	大数据技术应用	2		03130906	社会科学方法导论	2
03033840	知识禁忌与文明发展	2		03130907	线性回归及其应用	2
03033850	应用量化分析	2		03130940	人类学导论	2
03033860	商务智能与分析	2		03131010	社会学专题讲座	2
	社会学系			03131131	家庭社会学	4
03100130	国外社会学学说（上）	2		03131160	社会学导论	2
03111400	支配与社会：马克斯·韦伯的《经济与社会》	2		03131190	社会工作概论	4
03130010	社会学概论	4		03131210	实习	2
03130020	国外社会学学说（下）	2		03131220	社区工作	3
03130050	中国社会思想史	2		03131230	社会工作实习	4

(续表)

03131260	数据分析技术	2		03230450	行政领导学	3
03131290	医学社会学	2		03230670	秘书学与秘书工作	3
03131350	影视文本和社会工作	2		03230770	中国政治制度史	3
03131350	影视文本和社会工作	2		03230780	中国政治思想史	3
03131360	民族与社会	2		03230790	西方政治思想史	3
03131390	中国社会福利	2		03231080	政治经济导论	3
03131410	自杀社会问题研究	2		03231110	新公共管理	3
03131500	社会调查与研究方法	4		03231120	比较公共管理	3
03131520	马列经典著作选读	2		03231130	地方政府管理	3
03131530	人口社会学	2		03231140	公共财政与税收	3
03131540	实习	0		03231160	人力资源开发与管理	3
03131570	社会分层与社会流动	2		03231240	经济地理学	3
03131571	中国画与中国社会	2		03231250	城市管理	3
03131572	对中国边疆社会的社会学研究	2		03231260	城市规划	3
03131650	人口统计学	2		03231470	货币与金融政策	3
03131700	政治人类学	2		03231530	财政预算与行政财务管理	3
03131740	中国社会学史	2		03231610	管理运筹学	3
03131750	批判的教育社会学	2		03231620	公共政策分析	3
03131760	人口资源环境社会学	2		03231660	政治哲学	3
03131840	人群与网络	3		03231690	发展政治学	3
03131870	公民社会与非营利组织	2		03231700	政党学概论	3
03131880	社会学英文原著精读	2		03231720	监察与监督	3
03131890	大学生性格优势团体辅导	2		03231740	美国政府与政治	3
03131900	社会博弈论	2		03231750	中国地方政府与政治	3
03131910	中国社会思想研究专题	3		03231870	公民社会与非政府组织	3
03132110	论证性论文写作	1		03231910	当代世界经济与政治	3
03132120	中国社会：结构与变迁	2		03232080	日本经济	2
03132130	社会学与中国社会	2		03232270	政治学概论	4
03132550	社会调查实践	4		03232300	应用统计学	3
03133190	中国的民族与边疆问题专题研究	2		03232350	危机学	3
03136120	不平等、社会制度和社会变迁	2		03232360	地理信息系统基础与应用	3
03139110	死亡的社会学思考	2		03232370	经济法学	3
03139130	现代西方社会思想	2		03232400	社会调查的理论与方法	3
	政府管理学院			03232450	房地产经济与管理	3
03230020	政治学原理	3		03232460	公共组织行为学	3
03230040	比较政治学概论	3		03232470	论文写作与研究方法	3
03230050	当代中国政府与政治	3		03232480	博弈论	3
03230100	当代西方国家政治制度	3		03232500	政府与法治	3
03230120	组织与管理	3		03232510	公共组织战略管理	3
03230430	国家公务员制度	2		03232530	公共经济学	3

(续表)

编号	课程名称	学分	编号	课程名称	学分
03232550	区域经济学	3	03530303	公共基础意大利语（一）	4
03232560	城市经济学	3	03530304	公共基础意大利语（二）	4
03232570	政治学原理（上）	3	03530305	公共基础意大利语（三）	4
03232580	行政学原理	3	03530306	公共基础意大利语（四）	4
03232590	政治学原理（下）	3	03530331	公共印地语（一）	3
03232600	政治学前沿	3	03530332	公共印地语（二）	3
03232610	社会科学的经典与前沿	3	03530350	《圣经》概述和导读	2
03232620	宪法与行政法学	3	03530370	东南亚文化	2
03232630	经济学原理	3	03530400	东方民间文学概论	2
03232640	行政学研究方法	3	03530410	人文学科学术文章的写作	2
03232650	政治科学的理论与研究方法	3	03530420	日本佛教学专题	2
03232680	全球视野下的中国工业与经济发展	3	03530430	印度佛教思想史专题	2
03232690	中国近代政治思想史	3	03530441	公共韩国语（一）	3
03232710	政管实践与调研	2	03530442	公共韩国语（二）	3
03232720	电子政务概论	3	03530450	东方文学	2
03232810	政治学	3	03530460	赫梯语语法	2
03232820	中国政治	3	03530481	初级泰语（一）	4
03232830	政治、法律与社会经典阅读	2	03530482	初级泰语（二）	4
03232870	欧洲政治思想史	3	03530490	韩国大众媒体和流行文化	2
03232880	中国社会研究（政治学）	3	03530500	当今韩国-亚洲及全球经济事件	2
	外国语学院		03530510	公共土耳其语（一）	3
03530010	东方文学史	2	03530520	公共土耳其语（二）	3
03530020	汉语语言学	2	03530530	当代中东研究	2
03530049	基础语言学研究	2	03530540	当代以色列研究	2
03530050	泰戈尔导读	2	03530550	当代伊朗研究	2
03530170	东方文学名著导读	2	03530560	理论与应用语言学	2
03530180	古代东方文明	2	03530570	日本神话与祭祀	2
03530190	日本文化艺术专题	2	03530580	马格里布研究	2
03530241	公共阿拉伯语（一）	3	03530590	东亚国际关系	2
03530242	公共阿拉伯语（二）	3	03530600	当代韩国社会	2
03530291	公共越南语（一）	3	03530610	东亚政治	2
03530292	公共越南语（二）	3	03530620	亚洲视角下的韩国经营与管理	2
03530293	公共泰语（一）	3	03530630	非洲文化与社会	2
03530294	公共泰语（二）	3	03530640	当代以色列社会与犹太文化	2
03530295	公共缅甸语（一）	3	03531011	基础蒙古语（一）	8
03530296	公共缅甸语（二）	3	03531012	基础蒙古语（二）	8
03530297	公共库尔德语（一）	3	03531013	基础蒙古语（三）	8
03530298	公共库尔德语（二）	3	03531014	基础蒙古语（四）	8
03530301	公共希伯来语（一）	3	03531015	公共斯瓦希里语（一）	3
03530302	公共希伯来语（二）	3	03531016	公共斯瓦希里语（二）	3

(续表)

(续表)

03531017	公共阿姆哈拉语（一）	3	03531220	中蒙关系史	2
03531018	公共阿姆哈拉语（二）	3	03531240	蒙古民间文学	2
03531019	公共伊博语（一）	3	03531250	蒙古现代文学	2
03531021	公共孟加拉语（一）	3	03531279	蒙古国影视艺术赏析	2
03531022	公共孟加拉语（二）	3	03531306	蒙古语会话（一）	2
03531023	公共西里尔蒙古文（一）	3	03531307	蒙古语会话（二）	2
03531024	公共西里尔蒙古文（二）	3	03531311	蒙古语听力（一）	2
03531025	公共传统蒙古文（回鹘体蒙古文）（一）	3	03531312	蒙古语听力（二）	2
03531027	公共乌尔都语（一）	3	03531321	高年级蒙古语（一）	3
03531028	公共乌尔都语（二）	3	03531322	高年级蒙古语（二）	3
03531029	公共波斯语（一）	3	03531323	高年级蒙古语（三）	3
03531031	蒙古文化（上）	2	03531331	蒙古语口译	2
03531032	蒙古文化（下）	2	03531341	蒙古文应用文阅读与写作	2
03531040	公共伊博语（二）	3	03531350	蒙古语阅读	2
03531041	蒙古语语法（上）	2	03531360	喀尔喀蒙古古代文学史	2
03531042	蒙古语语法（下）	2	03531370	蒙古语发展简史	2
03531043	公共约鲁巴语（一）	3	03531380	蒙古国现代文学作品选读	2
03531044	公共约鲁巴语（二）	3	03531390	蒙古语新闻听力	2
03531045	公共柬埔寨语（一）	3	03531401	基础韩国（朝鲜）语（一）	8
03531046	公共柬埔寨语（二）	3	03531402	基础韩国（朝鲜）语（二）	8
03531047	公共意大利语（一）	3	03531403	基础韩国（朝鲜）语（三）	8
03531048	公共意大利语（二）	3	03531404	基础韩国（朝鲜）语（四）	8
03531049	公共阿塞拜疆语（一）	3	03531520	韩（朝鲜）半岛概况	2
03531050	公共波斯语（二）	3	03531540	韩国（朝鲜）语语法	2
03531053	公共格鲁吉亚语（一）	3	03531569	韩中翻译	3
03531054	公共阿塞拜疆语（二）	3	03531589	中韩翻译	3
03531055	公共乌兹别克语（一）	3	03531611	韩国（朝鲜）文学简史（上）	2
03531056	公共格鲁吉亚语（二）	3	03531612	韩国（朝鲜）文学简史（下）	2
03531058	公共乌兹别克语（二）	3	03531670	韩国（朝鲜）文化	2
03531059	公共孟加拉语（三）	3	03531730	韩国（朝鲜）历史	2
03531060	公共孟加拉语（四）	3	03531740	韩国（朝鲜）语言学概论	2
03531138	蒙古语翻译（上）	2	03531801	韩国（朝鲜）语视听说（一）	2
03531139	蒙古语翻译（下）	2	03531802	韩国（朝鲜）语视听说（二）	2
03531159	蒙古国史文献选读	2	03531803	韩国（朝鲜）语视听说（三）	2
03531160	蒙古民俗概论	2	03531804	韩国（朝鲜）语视听说（四）	2
03531180	蒙古史	2	03531811	高级韩国（朝鲜）语（一）	5
03531200	蒙古字	2	03531812	高级韩国（朝鲜）语（二）	5
03531211	蒙古报刊阅读（一）	2	03531813	高级韩国（朝鲜）语（三）	2
03531212	蒙古报刊阅读（二）	2	03531814	高级韩国（朝鲜）语（四）	2
03531213	蒙古报刊阅读（三）	2	03531820	韩国（朝鲜）语应用文写作	2

(续表)

编号	课程名称	学分	编号	课程名称	学分
03531834	韩国（朝鲜）语报刊选读（下）	3	03532322	高年级日语（二）	2
03531835	韩国（朝鲜）语报刊选读（上）	2	03532333	高年级日语（三）	2
03531841	高级韩国（朝鲜）语口语（一）	2	03532334	高年级日语（四）	2
03531842	高级韩国（朝鲜）语口语（二）	2	03532370	日汉语言对比	2
03531851	韩国（朝鲜）文学作品选读（上）	2	03532440	日语语法概论	2
03531852	韩国（朝鲜）文学作品选读（下）	2	03532450	汉译日	2
03531860	韩国（朝鲜）民俗	2	03532470	论文写作指导	2
03531890	韩国（朝鲜）语口译	2	03532490	日本影视作品赏析	2
03531959	日语文言语法	2	03533030	越南历史	2
03531970	日语阅读	2	03533041	越语会话（上）	1
03532021	基础日语（一）	7	03533042	越语会话（下）	1
03532022	基础日语（二）	6	03533051	越南语泛读（上）	2
03532023	基础日语（三）	6	03533052	越南语泛读（下）	2
03532024	基础日语（四）	6	03533060	越南语语法	2
03532030	日本历史	2	03533070	越南文学史	2
03532041	日语视听说（一）	2	03533080	越译汉教程	2
03532042	日语视听说（二）	2	03533099	越南现代小说选读	4
03532060	日语写作	2	03533101	越南语视听说（一）	1
03532079	日语口译指导	2	03533102	越南语视听说（二）	1
03532090	日本文化概论	2	03533103	越南语视听说（三）	1
03532100	日本报刊选读	2	03533104	越南语视听说（四）	1
03532110	日译汉	2	03533141	越南报刊选读（一）	2
03532120	日本文学史	2	03533142	越南报刊选读（二）	2
03532150	日本社会	2	03533143	越南报刊选读（三）	2
03532160	日语概论	2	03533150	汉译越教程	2
03532170	日语敬语概论	2	03533161	汉越语口译（上）	2
03532180	日语词汇概论	2	03533162	汉越语口译（下）	2
03532200	日本现代文学作品选读	2	03533179	越南文学作品选读	2
03532210	日本古典作品选读	2	03533180	越南文化	2
03532220	日语会话	2	03533210	越南语写作	2
03532251	公共日语（一）	3	03533271	基础越南语（一）	10
03532252	公共日语（二）	3	03533272	基础越南语（二）	8
03532253	公共日语（三）	3	03533273	基础越南语（三）	8
03532254	公共日语（四）	3	03533274	基础越南语（四）	8
03532260	中日文化交流史	2	03533280	越南国情	2
03532261	公共基础日语（一）	4	03533290	中越关系史	2
03532262	公共基础日语（二）	4	03533300	越南诗歌导读	2
03532263	公共基础日语（三）	4	03533310	高年级越语翻译	2
03532264	公共基础日语（四）	4	03533511	泰语听力（上）	1
03532321	高年级日语（一）	2	03533512	泰语听力（下）	1

（续表）

03533540	泰语语法	2		03534100	缅甸历史	2
03533551	泰语翻译教程（上）	2		03534120	缅甸文化	2
03533552	泰语翻译教程（下）	2		03534170	缅甸语写作	2
03533590	泰国文学史	2		03534211	缅甸报刊选读（一）	2
03533630	泰国现代文学选读	2		03534212	缅甸报刊选读（二）	2
03533640	泰语视听说	1		03534251	缅甸语视听说（一）	2
03533680	中泰关系	1		03534252	缅甸语视听说（二）	2
03533711	高年级泰语（一）	3		03534253	缅甸语视听说（三）	2
03533712	高年级泰语（二）	3		03534254	缅甸语视听说（四）	2
03533750	当代泰国与东南亚政治	2		03534261	缅甸语会话（一）	2
03533811	高年级泰语阅读（一）	1		03534262	缅甸语会话（二）	2
03533812	高年级泰语阅读（二）	1		03534271	缅汉口译（一）	2
03533813	高年级泰语阅读（三）	2		03534272	缅汉口译（二）	2
03533829	泰国历史	2		03534280	东南亚上座部佛教导论	2
03533850	泰学研究专题	2		03534290	缅甸国情及热点问题研究	2
03533861	泰语教程（一）	8		03534529	印度尼西亚文化与社会	2
03533862	泰语教程（二）	8		03534551	印度尼西亚历史（一）	2
03533863	泰语教程（三）	8		03534552	印度尼西亚历史（二）	2
03533864	泰语教程（四）	8		03534560	战后印尼政治与经济	2
03533870	泰国文化和社会	2		03534581	印尼报刊选读（一）	2
03533880	泰学研究概论	2		03534582	印尼报刊选读（二）	2
03533900	泰学文献选读	2		03534590	印尼文献选读	2
03533910	泰国历史文献选读	2		03534601	印度尼西亚文学史（一）	2
03533920	泰语的外来语	2		03534602	印度尼西亚文学史（二）	2
03533930	泰语成语	2		03534610	印尼文学选读	2
03533940	泰国民俗学	2		03534620	印尼民俗学	2
03533980	泰国国情专题研究	2		03534630	印尼语译汉语	2
03534000	泰语报刊阅读	2		03534640	印尼短篇小说	2
03534011	缅甸语（一）	9		03534650	印度尼西亚宗教概论	2
03534012	缅甸语（二）	9		03534690	汉语译印尼语	2
03534013	缅甸语（三）	6		03534700	印度尼西亚华人问题	2
03534014	缅甸语（四）	6		03534710	印尼语写作	2
03534015	缅甸语（五）	4		03534731	马来语（上）	2
03534016	缅甸语（六）	4		03534732	马来语（下）	2
03534017	缅甸语（七）	4		03534750	印度尼西亚电影欣赏	1
03534018	缅甸语（八）	2		03534779	马来西亚文化与社会	2
03534040	缅甸语语法	2		03534802	印尼语（二）	10
03534051	缅甸语翻译（一）	2		03534810	印尼语（一）	10
03534052	缅甸语翻译（二）	2		03534815	印尼语（五）	6
03534080	缅甸概况	2		03534816	印尼语（六）	6

(续表)

课程号	课程名	学分	课程号	课程名	学分
03534820	印尼民间文学概论	2	03535610	菲律宾短篇小说选读	2
03534831	印尼语旅游口语（一）	2	03535620	中国与菲律宾交流史	2
03534832	印尼语旅游口语（二）	2	03535650	菲律宾宗教	2
03534845	公共菲律宾语（一）	3	03535671	菲律宾语（一）	8
03534846	公共菲律宾语（二）	3	03535672	菲律宾语（二）	8
03535021	希伯来语视听说（一）	1	03535673	菲律宾语（三）	8
03535022	希伯来语视听说（二）	1	03535674	菲律宾语（四）	8
03535023	希伯来语视听说（三）	1	03535677	菲律宾语（五）	3
03535024	希伯来语视听说（四）	1	03535678	菲律宾语（六）	3
03535040	希伯来报刊选读	2	03535680	菲律宾文学作品选读	2
03535060	希伯来语翻译教程	2	03535690	菲律宾语言发展史	2
03535080	犹太简史	2	03535700	菲律宾民间文学	2
03535120	希伯来语写作	2	03535710	菲律宾民俗	2
03535161	希伯来语（一）	8	03535720	菲律宾近现代史	2
03535162	希伯来语（二）	8	03535730	菲律宾应用文写作	2
03535163	希伯来语（三）	8	03535760	东南亚历史与现状	2
03535164	希伯来语（四）	8	03536021	印地语视听说（一）	1
03535165	希伯来语（五）	6	03536022	印地语视听说（二）	1
03535166	希伯来语（六）	6	03536023	印地语视听说（三）	1
03535168	希伯来语（八）	4	03536060	印地语语法	2
03535191	希伯来语口语（一）	1	03536070	印地语写作	2
03535192	希伯来语口语（二）	1	03536080	印地语译汉语教程	2
03535210	以色列现代史	2	03536090	汉语译印地语教程	2
03535220	以色列社会	2	03536100	印地语短篇小说	2
03535240	犹太教概述	2	03536121	基础梵语（上）	4
03535267	希伯来语（七）	4	03536122	基础梵语（下）	4
03535273	希伯来语口语（三）	1	03536152	梵语宗教哲学文献选读（二）	3
03535274	希伯来语口语（四）	1	03536161	巴利语（上）	3
03535280	现代希伯来语语法	2	03536162	巴利语（下）	3
03535290	希伯来文学作品选读	2	03536170	印度概况	2
03535401	菲律宾语视听说（一）	1	03536190	印度文化	2
03535410	菲律宾语语法	2	03536200	印度文学史	2
03535420	菲律宾文学史	2	03536211	印度英语报刊文章选读（一）	2
03535430	菲律宾语写作	2	03536212	印度英语报刊文章选读（二）	2
03535530	菲律宾历史	2	03536213	印度英语报刊文章选读（三）	2
03535540	菲律宾概况	2	03536214	印度英语报刊文章选读（四）	2
03535560	菲律宾华人问题	2	03536220	梵语文学史	2
03535570	菲律宾语报刊选读	2	03536240	印度宗教	2
03535580	菲律宾文化	2	03536261	印度佛教史（上）	2
03535590	菲律宾政治与经济	2	03536262	印度佛教史（下）	2

(续表)

03536301	印地语报刊阅读（一）	2	03537242	印巴英语报刊文章选读（下）	2
03536302	印地语报刊阅读（二）	2	03537251	基础乌尔都语教程（一）	8
03536303	印地语报刊阅读（三）	2	03537252	基础乌尔都语教程（二）	8
03536304	印地语报刊阅读（四）	2	03537270	乌尔都语高级听力	2
03536401	德语（一）	3	03537281	乌尔都语泛读（上）	1
03536402	德语（二）	3	03537282	乌尔都语泛读（下）	1
03536403	德语（三）	3	03537320	巴基斯坦民族与民族文化	1
03536441	国外印度学专题（一）	2	03537353	基础乌尔都语（三）	9
03536442	国外印度学专题（二）	2	03537354	基础乌尔都语（四）	9
03536450	藏传佛教导论	2	03537355	基础乌尔都语（五）	5
03536460	藏语入门	3	03537361	乌尔都语听力（上）	1
03536470	古典梵语传统语法	2	03537362	乌尔都语听力（下）	1
03536501	印地语（一）	8	03537370	乌尔都语文章选读	2
03536502	印地语（二）	8	03537390	乌尔都语写作教程	2
03536700	印度历史	2	03537502	基础波斯语（二）	7
03536710	印度教入门	2	03537503	基础波斯语（三）	7
03536720	巴基斯坦概况	2	03537504	基础波斯语（四）	7
03536913	印地语（三）	9	03537511	波斯语视听说（上）	1
03536914	印地语（四）	9	03537512	波斯语视听说（下）	1
03536915	印地语（五）	5	03537531	波斯语散文（上）	4
03536916	印地语（六）	5	03537532	波斯语散文（下）	2
03536920	高级印地语听力	2	03537540	波斯语阅读	2
03536930	高级印地语口语	2	03537551	波斯语写作（上）	2
03536940	印度文学	2	03537552	波斯语写作（下）	2
03536950	印地语文学史	2	03537571	波斯语小说（上）	2
03536960	南亚现状	2	03537572	波斯语小说（下）	2
03537021	乌尔都语视听说（一）	1	03537591	波斯语诗歌选读（上）	2
03537022	乌尔都语视听说（二）	1	03537592	波斯语诗歌选读（下）	2
03537031	乌尔都语口语（上）	1	03537600	波斯语语法	2
03537032	乌尔都语口语（下）	1	03537611	波斯文学史（上）	2
03537041	乌尔都语报刊阅读（一）	2	03537612	波斯文学史（下）	2
03537042	乌尔都语报刊阅读（二）	2	03537620	波斯语-汉语翻译	2
03537050	乌尔都语语法	2	03537631	汉语-波斯语翻译（上）	2
03537061	乌尔都语翻译教程（一）	2	03537632	汉语-波斯语翻译（下）	2
03537110	巴基斯坦文化	2	03537650	波斯古今散文研读	2
03537180	乌尔都语戏剧选读	2	03537671	基础波斯语（一）	9
03537220	南亚伊斯兰文化概述	2	03537681	波斯语口语（上）	2
03537231	乌尔都语高级口译教程（上）	2	03537682	波斯语口语（下）	2
03537232	乌尔都语高级口译教程（下）	2	03537691	波斯语报刊阅读（上）	2
03537241	印巴英语报刊文章选读（上）	2	03537692	波斯语报刊阅读（下）	2

(续表)

03537701	伊朗历史文明概论（上）	2		03538230	开罗方言	2
03537702	伊朗历史文明概论（下）	2		03538274	高年级阿拉伯语（四）	3
03537703	古代安纳托利亚文明	2		03538281	基础土耳其语（一）	8
03537704	阿卡德语语法	2		03538282	基础土耳其语（二）	6
03537705	苏美尔语语法	2		03538291	土耳其语视听说（一）	1
03537706	古代美索不达米亚文明	2		03538292	土耳其语视听说（二）	1
03538011	基础阿拉伯语（一）	10		03538293	土耳其语视听说（三）	1
03538012	基础阿拉伯语（二）	8		03538301	高级土耳其语（一）	6
03538013	基础阿拉伯语（三）	6		03538302	高级土耳其语（二）	6
03538014	基础阿拉伯语（四）	6		03538310	土耳其历史文化	2
03538021	阿拉伯语视听（一）	1		03538320	土耳其语阅读	2
03538022	阿拉伯语视听（二）	1		03538381	阿拉伯语口语（一）	2
03538023	阿拉伯语视听（三）	1		03538390	中东史	2
03538031	阿拉伯语口语（一）	1		03631001	法语精读（一）	6
03538032	阿拉伯语口语（二）	1		03631002	法语精读（二）	6
03538033	阿拉伯语口语（三）	1		03631003	法语精读（三）	6
03538034	阿拉伯语口语（四）	1		03631004	法语精读（四）	6
03538041	阿拉伯语阅读（一）	1		03631005	法语精读（五）	3
03538042	阿拉伯语阅读（二）	1		03631006	法语精读（六）	3
03538043	阿拉伯语阅读（三）	2		03631017	法语精读（七）	2
03538050	阿拉伯语语法	2		03631018	法语精读（八）	2
03538061	阿拉伯语写作（一）	2		03631021	法语视听说（一）	1
03538062	阿拉伯语写作（二）	2		03631022	法语视听说（二）	1
03538071	阿拉伯语口译（一）	1		03631023	法语视听说（三）	1
03538072	阿拉伯语口译（二）	1		03631024	法语视听说（四）	1
03538081	阿拉伯语翻译教程（一）	2		03631025	法语视听说（五）	1
03538082	阿拉伯语翻译教程（二）	2		03631026	法语视听说（六）	1
03538093	阿拉伯语阅读（三）	1		03631028	法语视听说（八）	1
03538094	现当代阿拉伯文学	2		03631034	法语写作（四）	1
03538095	阿拉伯戏剧与实践	2		03631035	法语写作（一）	2
03538096	阿拉伯散文选读	2		03631036	法语写作（二）	2
03538097	北非历史文献选读	2		03631037	法语写作（三）	2
03538098	阿拉伯古代史文献选读	2		03631038	法语写作（四）	2
03538099	阿拉伯诗歌选读	2		03631043	法语笔译（上）	2
03538100	阿拉伯小说选读	2		03631044	法语笔译（下）	2
03538180	阿拉伯伊斯兰文化	2		03631053	法语口译（上）	2
03538200	阿拉伯文学选读	2		03631054	法语口译（下）	2
03538210	当代阿拉伯世界	2		03631065	法国文学史和文学选读（上）	3
03538221	阿拉伯报刊文选（一）	2		03631066	法国文学史和文学选读（下）	3
03538222	阿拉伯报刊文选（二）	2		03631091	法语泛读（一）	2

（续表）

(续表)

03631092	法语泛读（二）	2	03632200	德语中短篇小说研究	2
03631093	法语泛读（三）	2	03632210	德国历史	2
03631220	法国历史	2	03632220	德语国家国情课	2
03631230	法语国家及地区概况	2	03632230	德语语法专题	2
03631251	法国报刊选读（一）	2	03632243	德语大众传媒	2
03631252	法国报刊选读（二）	2	03632270	德语国家诗歌	2
03631253	法国报刊选读（三）	2	03632280	德语国家戏剧	2
03631254	法国报刊选读（四）	2	03632291	德语写作（上）	2
03631601	公共基础法语（一）	4	03632292	德语写作（下）	2
03631602	公共基础法语（二）	4	03632331	《圣经》与德语文学	2
03631603	公共基础法语（三）	4	03632340	跨文化交际	2
03631604	公共基础法语（四）	4	03632350	奥地利传媒	2
03631611	公共法语（一）	3	03632360	德语文学艺术概论	2
03631612	公共法语（二）	3	03632390	德语词汇学	2
03631620	法国电影与文化	2	03632400	德语思想史名篇选读	2
03631630	法国儿童文学	2	03632410	德语文学研究导论	2
03631990	速成法语（零起点）	2	03632420	德语语言史	2
03632001	德语精读（一）	7	03632601	公共基础德语（一）	4
03632002	德语精读（二）	7	03632602	公共基础德语（二）	4
03632003	德语精读（三）	6	03632603	公共基础德语（三）	4
03632004	德语精读（四）	6	03632604	公共基础德语（四）	4
03632021	德语视听说（一）	1	03632611	公共德语（一）	3
03632022	德语视听说（二）	1	03632612	公共德语（二）	3
03632023	德语视听说（三）	1	03632621	德语国家文学史与选读（一）	2
03632024	德语视听说（四）	1	03632622	德语国家文学史与选读（二）	2
03632029	德语高级听力	2	03632623	德语国家文学史与选读（三）	2
03632041	德语笔译（一）	2	03632624	德语国家文学史与选读（四）	2
03632042	德语笔译（二）	2	03632630	德语名家中国著述选读	2
03632043	德语笔译（三）	2	03633013	西班牙语精读（三）	5
03632044	德语笔译（四）	2	03633014	西班牙语精读（四）	5
03632053	德语口译（上）	2	03633015	西班牙语精读（五）	4
03632054	德语口译（下）	2	03633016	西班牙语精读（六）	4
03632089	德语散文名篇选读	2	03633021	西班牙语视听（一）	1
03632103	德语长篇小说（上）	2	03633022	西班牙语视听（二）	1
03632104	德语长篇小说（下）	2	03633023	西班牙语视听（三）	1
03632110	德国文化史	2	03633024	西班牙语视听（四）	1
03632130	奥地利、瑞士文学	2	03633025	西班牙语视听（五）	1
03632181	德语语言学导论（一）	2	03633041	西班牙语口语（一）	1
03632182	德语语言学导论（二）	2	03633042	西班牙语口语（二）	1
03632190	德语文学批评选读	2	03633043	西班牙语口语（三）	1

(续表)

03633044	西班牙语口语（四）	1		03635072	巴西文学史和文学选读（二）	2
03633045	西班牙语口语（五）	1		03635091	葡萄牙文学史和文学选读（一）	2
03633050	西班牙语写作	2		03635092	葡萄牙文学史和文学选读（二）	2
03633061	西班牙语文学史和文学选读（上）	2		03635101	巴西历史和文化（上）	2
03633062	西班牙语文学史和文学选读（下）	2		03635102	巴西历史和文化（下）	2
03633071	拉丁美洲文学史和文学选读（上）	2		03635113	葡萄牙语笔译（上）	2
03633072	拉丁美洲文学史和文学选读（下）	2		03635114	葡萄牙语笔译（下）	2
03633081	西汉笔译（上）	2		03635123	葡萄牙语口译（上）	2
03633082	西汉笔译（下）	2		03635124	葡萄牙语口译（下）	2
03633091	西汉口译（上）	2		03635131	葡萄牙语语法（一）	2
03633092	西汉口译（下）	2		03635132	葡萄牙语语法（二）	2
03633100	西班牙语语音	2		03635151	葡萄牙语（一）	6
03633209	经贸西班牙语	2		03635152	葡萄牙语（二）	6
03633210	西班牙历史和文化概论	2		03635153	葡萄牙语（三）	6
03633220	拉丁美洲历史和文化概论	2		03635154	葡萄牙语（四）	6
03633230	西班牙语语法	2		03635161	葡语听说（一）	2
03633250	西班牙报刊选读	2		03635162	葡语听说（二）	2
03633260	西班牙语应用文	2		03635163	葡语听说（三）	2
03633290	西班牙语世界文化研究	2		03635164	葡语听说（四）	2
03633310	西班牙语语言学导论	2		03635171	葡萄牙语阅读（一）	2
03633330	西班牙文化纵览	1		03635172	葡萄牙语阅读（二）	2
03633341	西班牙语精读（一）	6		03635173	葡萄牙语阅读（三）	2
03633342	西班牙语精读（二）	6		03639000	电影	0
03633350	翻译学导论	2		03730031	俄语语法（一）	2
03633530	西班牙语阅读	2		03730032	俄语语法（二）	2
03633590	学术前沿和跨学科研究	2		03730071	俄罗斯文学史（一）	2
03633611	公共西班牙语（一）	3		03730072	俄罗斯文学史（二）	2
03633612	公共西班牙语（二）	3		03730111	俄语阅读——文化背景知识（一）	1
03633710	禅与园林艺术	2		03730112	俄语阅读——文化背景知识（二）	1
03634030	传记文学：经典人物研究	2		03730113	俄语阅读——文化背景知识（三）	1
03634060	西方文学名著导读	2		03730120	俄语功能语法学	4
03635011	公共葡萄牙语（一）	3		03730131	俄国戏剧与实践	1
03635012	公共葡萄牙语（二）	3		03730132	俄语实践修辞	1
03635031	葡萄牙历史和文化（上）	2		03730140	俄语应用文	2
03635032	葡萄牙历史和文化（下）	2		03730170	俄苏诗歌	2
03635045	葡萄牙语（五）	3		03730311	俄罗斯文学选读（上）	1
03635046	葡萄牙语（六）	3		03730312	俄罗斯文学选读（下）	1
03635061	葡萄牙语写作（一）	2		03730329	俄苏电影赏析	2
03635062	葡萄牙语写作（二）	2		03730381	俄语报刊阅读（一）	1
03635071	巴西文学史与文学选读（一）	2		03730382	俄语报刊阅读（二）	1

(续表)

03730422	俄语口译（下）	2		03730881	俄罗斯国情（上）	2
03730490	俄罗斯艺术史	2		03730882	俄罗斯国情（下）	2
03730501	基础俄语（一）	6		03830017	英语精读（一）	4
03730502	基础俄语（二）	6		03830018	英语精读（二）	4
03730503	基础俄语（三）	5		03830033	英语精读（三）	4
03730504	基础俄语（四）	5		03830034	英语精读（四）	4
03730511	高级俄语（一）	3		03830041	口语（一）	2
03730512	高级俄语（二）	3		03830042	口语（二）	2
03730513	高级俄语（三）	2		03830060	应用文写作	2
03730514	高级俄语（四）	2		03830061	英语视听（一）	2
03730541	俄语写作（上）	1		03830062	英语视听（二）	2
03730542	俄语写作（下）	1		03830071	写作（一）	2
03730551	俄译汉教程（上）	1		03830072	写作（二）	2
03730552	俄译汉教程（下）	1		03830091	英国文学史（一）	2
03730591	俄罗斯民俗民情（上）	2		03830092	英国文学史（二）	4
03730592	俄罗斯民俗民情（下）	2		03830100	普通语言学	2
03730620	俄语快速阅读	1		03830110	英译汉	2
03730650	俄语语音	1		03830120	汉译英	2
03730660	中俄文学比较	2		03830131	美国文学史与选读（一）	2
03730680	俄罗斯民间文学	2		03830132	美国文学史与选读（二）	2
03730699	俄罗斯文学与音乐	2		03831020	希腊罗马神话	2
03730729	普通语言学概论	2		03831080	英语结构	2
03730739	文学理论基础	2		03831120	中西修辞传统	2
03730740	中俄文化交流史	2		03831130	语篇分析入门	2
03730751	俄语视听说（一）	1		03832010	文科教育思想选读	2
03730752	俄语视听说（二）	1		03832020	文学形式导论	2
03730753	俄语视听说（三）	1		03832030	短篇小说选读	2
03730761	俄语新闻听力（上）	1		03832040	欧洲文学选读	2
03730762	俄语新闻听力（下）	1		03832060	西方思想传统	2
03730780	俄罗斯社会与文化系列讲座	2		03832080	美国短篇小说	2
03730811	汉译俄教程（上）	1		03832120	英语词汇学	2
03730812	汉译俄教程（下）	1		03832150	英语史	2
03730821	公共俄语（一）	3		03832160	消费文化与生存美学	2
03730822	公共俄语（二）	3		03832170	十九世纪美国小说	2
03730831	公共乌克兰语（一）	3		03832190	英语辞典和词源学研究	2
03730850	俄罗斯的信仰与文化（上）	2		03833030	报刊选读	2
03730852	俄罗斯的信仰与文化（下）	2		03833130	英国小说选读	2
03730860	清代中俄关系文献选读	2		03833140	英诗选读	2
03730871	俄语口语会话（上）	1		03833160	英美戏剧	2
03730872	俄语口语会话（下）	1		03833170	英美女作家作品选读	2

(续表)

课程号	课程名	学分	课程号	课程名	学分
03833180	英国现代主义小说	2	03835204	大学英语ABC（四）（2）	2
03833190	《圣经》释读	2	03835230	实用英语词汇学	2
03833260	文化与翻译批评	2	03835260	英语名著与电影	2
03833270	文学与社会	2	03835270	英语词汇与英美文化	2
03833300	英语文学文体学	2	03835330	英国传统诗歌精华	2
03833309	英语文学文体赏析	2	03835390	文艺复兴艺术作品与圣经故事	2
03833360	文化理论与加拿大小说	2	03835400	美国短篇小说与电影	2
03834060	莎士比亚与马洛戏剧选读	2	03835460	英美戏剧和电影	2
03834070	加拿大小说选读	2	03835470	美国诗歌导读	2
03834130	英语诗歌鉴赏	2	03835500	新西兰历史与文化	2
03834180	20世纪西方文论	2	03835510	希腊与希伯来哲学	2
03834190	文学导读与批评实践	2	03835520	英美文学概况	2
03834210	西方宗教思想	2	03835530	美国重要历史文献选读	2
03834240	比较视野中的中美当代小说	2	03835543	英语阅读	2
03834290	戏剧实践	2	03835544	学术英语写作	2
03834350	美国当代文学思想	2	03835551	高级英语听说	2
03834360	英国文学的基石	2	03835552	英语听说	2
03834370	文学、自然与地方	2	03835610	法律英语	2
03834410	西方古典文学与社会	2	03835620	美国华人移民的历史与文化	2
03834420	现代欧洲小说中的自我、危机与救赎	2	03835630	加拿大历史与文化	2
03834440	澳大利亚历史与文化	2	03835640	澳大利亚历史与文化影视专题	2
03834450	电影时代的英语戏剧	2	03835650	北京和上海：中国历史上的双城记	2
03834460	英国浪漫主义文学	2	03835660	影视中的英美文化	2
03834470	英国维多利亚时期散文作品	2	03835670	英语非虚构作品中的近当代中国社会与文化	2
03835340	莎士比亚名篇赏析	2	03835680	当代英美纪录片中的中国文化和社会	2
03930030	公共英语（一）	3	03835690	商务英语	2
03930040	公共英语（二）	3	03835710	语言、文化与交际	2
03930060	公共英语（四）	3	03835720	澳大利亚研究	2
英语语言文学系			03835730	美国文化概览	2
03834441	公共基础拉丁文（一）	4	03835740	分析性英语写作	2
03835061	大学英语（一）（2）	2	03835750	英汉名作名译研读	2
03835062	大学英语（二）（2）	2	03835760	高级英语阅读	2
03835063	大学英语（三）（2）	2	03835770	商务沟通与表达	2
03835067	大学英语（四）	2	03835780	批判性思维与学术写作	2
03835100	西方人文英语	2	03835790	英美戏剧概况	2
03835110	科技前沿英语	2	03835800	实用基础英语写作	2
03835130	学术英语听说	2	03835830	西方文化选读	2
03835201	大学英语ABC（一）（2）	2	03835840	英美短篇小说赏析	2
03835202	大学英语ABC（二）（2）	2	03835850	希腊罗马神话赏析	2
03835203	大学英语ABC（三）（2）	2	03835860	英语公众演讲	2

（续表）

编号	课程名称	学分		编号	课程名称	学分
03835880	英美报刊选读	2		04031740	马克思主义基本原理概论	3
03835890	汉英翻译理论与实践	2		04031750	形势与政策	1
03835900	高级英语写作	2		04031751	形势与政策	2
03835920	影视英语听说	2		04031880	北京大学校史研究专题	2
03835930	英语语境中的中国历史与文化	2		04031890	李大钊思想研究	2
03835940	语音与听说词汇	2		04031990	习近平新时代中国特色社会主义重要思想概论	2
03835950	高级英语口语	2		04039999	中国方案：世界发展大势与国家外交战略	2
03835960	英文文体风格鉴赏	2		体育教研部		
03835970	语调与听说语法	2		04130001	体育一	1
03835982	英语词汇的意义与用法	2		04130002	体育二	1
03835990	英美经典散文节选阅读	2		04130003	体育三	1
03835991	当代美国小说	2		04130004	体育四	1
03835992	美国政治制度	2		04130020	游泳	1
03835993	新闻英语视听说	2		04130021	游泳提高班	1
03835994	经典英美诗歌翻译与鉴赏	2		04130030	太极拳	1
03835995	学术英语阅读	2		04130040	健美操	1
03835996	计算机辅助翻译与写作	2		04130050	乒乓球	1
03835997	语言、技术与社会	2		04130053	乒乓球提高班	1
03835998	博雅英语阅读	2		04130060	羽毛球	1
03930050	公共英语（三）	3		04130063	羽毛球提高班	1
马克思主义学院				04130070	网球	1
04030001	马克思主义理论导论	3		04130080	足球	1
04030002	政治经济学	4		04130090	篮球	1
04030003	科学社会主义	2		04130093	篮球提高班	1
04030009	马克思恩格斯经典著作导读（上）	4		04130100	排球	1
04030017	马克思主义发展史	3		04130110	形体（女生）	1
04030101	列宁经典著作导读	4		04130120	体育舞蹈	1
04030200	《资本论》导读	2		04130136	健身健美	1
04030400	国外马克思主义	3		04130160	体适能	1
04030600	中华民族伟大复兴的理论与实践	2		04130170	保健1	1
04030800	社会思潮与青年教育	3		04130171	保健2	1
04031000	社会发展理论	2		04130172	保健3	1
04031650	思想道德修养与法律基础	2		04130173	保健4	1
04031651	思想道德修养与法律基础	3		04130174	保健5	1
04031660	中国近现代史纲要	2		04130210	棒、垒球	1
04031661	中国近现代史纲要	3		04130231	安全教育与自卫防身	1
04031682	马克思主义基本原理概论（下）	2		04130240	攀岩	1
04031700	周易精读	2		04130260	少林棍术	1
04031730	毛泽东思想和中国特色社会主义理论体系概论	4		04130280	跆拳道	1
04031731	毛泽东思想和中国特色社会主义理论体系概论	3		04130290	击剑	1

(续表)

04130300	奥林匹克文化	2		04130720	骑行教育	1
04130350	运动、营养与减肥	1		04130730	导引与养生	1
04130370	围棋（初级班）	1		04130740	运动健身方法与实践	1
04130420	散打	1		艺术学院		
04130430	中华毽	1		04330002	艺术心理学	2
04130440	瑜伽	1		04330004	创意写作	2
04130450	地板球	1		04330005	音乐概论	2
04130480	高尔夫	1		04330007	西方艺术学原著导读	2
04130490	桥牌	1		04330013	艺术学原理	2
04130500	国际象棋（初级班）	1		04330014	艺术市场	2
04130520	《黄帝内经》与古导引	1		04330015	当代艺术概论	2
04130570	剑道	1		04330016	艺术管理学	2
04130601	高级体育训练（一）	1		04330017	《西游记》与中国文化	2
04130602	高级体育训练（二）	1		04330019	中国戏曲史与戏曲美学专题	2
04130603	高级体育训练（三）	1		04330021	戏曲与中国传统文化	2
04130604	高级体育训练（四）	1		04330027	舞蹈史论	2
04130605	高级体育训练（五）	1		04330028	跨文化艺术传播学	2
04130606	高级体育训练（六）	1		04330029	文化市场营销学	2
04130607	高级体育训练（七）	1		04330037	创意管理学	2
04130608	高级体育训练（八）	1		04330038	中国艺术学原著导读	2
04130609	高级体育训练（九）	1		04330039	艺术批评	2
04130610	高级体育训练（十）	1		04330041	西方音乐欣赏	2
04130611	高级体育训练（十一）	1		04330048	剧作法（一）	2
04130612	高级体育训练（十二）	1		04330049	西方音乐通史	2
04130613	高级体育训练（十三）	1		04330051	中国美术史	2
04130614	高级体育训练（十四）	1		04330052	中国美术通史（上）	2
04130615	高级体育训练（十五）	1		04330053	中国美术通史（下）	2
04130620	定向与徒步运动	1		04330054	中国绘画与文学	2
04130630	汉字太极与养生课	1		04330055	西方美术史（下）	2
04130640	拓展训练	1		04330056	中国音乐通史	2
04130660	壁球	1		04330057	西方音乐通史（上）	2
04130670	象棋	1		04330058	西方音乐通史（下）	2
04130680	航空体育1	1		04330069	书法	2
04130681	航空体育2	1		04330070	舞蹈概论	2
04130682	航空体育3	1		04330073	表演理论与实践（一）	2
04130683	航空体育4	1		04330074	表演理论与实践（二）	2
04130684	航空体育5	1		04330076	中国画技法	2
04130685	航空体育6	1		04330077	艺术经济学	2
04130700	拳击课	1		04330089	信息技术与文化产业	2
04130710	射箭	1		04330094	中国电影史	3

(续表)

04330101	电影概论	2	04331020	中外名曲赏析	2
04330111	经典昆曲欣赏	2	04331100	交响乐名曲赏析	2
04330133	戏剧名作分析	2	04331111	中国传统艺术撷英	2
04330147	剧作法（二）	2	04331300	毕业实习	3
04330153	舞蹈概论	2	04331452	中国电影史	4
04330156	毕业作品创作（一）	1	04331541	美学原理	2
04330157	毕业作品创作（二）	1	04331570	戏剧艺术概论	2
04330159	古代近东艺术与建筑	2	04331620	毕业论文	4
04330166	合唱基础的理论与实践	2	04331782	影片分析	2
04330255	视觉文化与公共艺术	2	04331791	视听语言（电影语言）	2
04330401	中国书法理论与技法	2	04331792	视听语言（电影语言）（2）	2
04330431	中国传统装饰艺术赏析	2	04331802	影视编剧（一）	2
04330440	舞蹈创作排练	1	04331803	影视编剧（二）	2
04330550	影视鉴赏	2	04331812	影视导演（一）	2
04330610	中国书法艺术技法	1	04331813	影视导演（二）	2
04330641	交响乐（初）	0.5	04331831	摄影、摄像	2
04330642	交响乐（初）	0.5	04331840	毕业论文	4
04330643	交响乐（中）	0.5	04332120	影视音乐	2
04330644	交响乐（中）	0.5	04332210	中国电影史	2
04330645	交响乐（高）	0.5	04332222	《红楼梦》与中国文化艺术	2
04330646	交响乐（高）	0.5	04332223	影视音乐与声音	2
04330647	世界电影史	3	04332224	绘画技法	2
04330649	影视理论与批评	2	04332225	导演理论与实践（一）	2
04330669	艺术博物馆学	2	04332226	导演理论与实践（二）	2
04330675	文化产业投融资理论与实务	2	04332227	毕业作品	2
04330677	艺术法	2	04332228	年度作品	1
04330688	艺术与审美	2	04332250	影片导读（一）	1
04330714	艺术品收藏与鉴定	2	04332251	影片导读（二）	1
04330716	艺术策展学	2	04332270	表演理论与实践	2
04330717	文化政策学	2	04332281	学年作品（一）	1
04330881	基本乐理与管弦乐基础	2	04332282	学年作品（二）	1
04330910	舞蹈	1	04332283	毕业作品拍片实践	2
04330923	合唱（中）	1	04332284	毕业实习	2
04330924	合唱（中）	0.5	04332285	毕业论文	2
04330925	合唱（高）	1	04332290	影视技术（非线性编辑）	2
04330926	合唱（高）	0.5	04332301	西方舞蹈文化史	2
04330941	民族管弦乐（初）	1	04332350	中国流行音乐流变	2
04330942	民族管弦乐（初）	0.5	04332470	中国美术概论	2
04330945	民族管弦乐（高）	1	04332490	西方歌剧简史与名作赏析	2
04330946	民族管弦乐（高）	0.5	04332511	西方美术通史（上）	2

(续表)

04332530	文化产业导论	2
04332551	艺术训练（一）	1
04332552	艺术训练（二）	1
04332553	艺术训练（三）	1
04332554	艺术训练（四）	1
04332555	艺术训练（五）	1
04332556	艺术训练（六）	1
04332557	艺术训练（七）	1
04332590	中国传统装饰艺术与审美文化	2
04332661	中国画理论与技法	2
04332710	西方美术史	2
04332711	西方美术史田野调研	1
04332791	制片管理与营销	2
04332850	世界音乐精华	2
04332870	音乐剧概论	2
04332930	好莱坞电影叙事	2
04333017	艺术经济学	4
04333021	美术概论	2
04333022	中国民族器乐经典	2
04333026	欧洲电影文化专题	2
04333100	音乐剧概论与实践	3
04334000	舞蹈理论与实践	2
04334001	世界美术简史	2
04334002	世界著名博物馆艺术经典	2
04334003	中国戏剧史	2
04334004	"非遗"之首：昆曲	2
04334005	宗教美术史	2
04334007	敦煌的艺术	2
04334008	中西方音乐专题	3
04334014	伟大的《红楼梦》	2
04334016	影视实践	2
04334020	毕业联合作品	1
04334021	毕业剧作	2
04334046	文化产业创新创业	4
对外汉语教育学院		
04430002	留学生学术汉语写作	2
04430003	中国概况	2
元培学院		
04630030	学术规范与论文写作	2
04630031	学术规范与论文写作	1
04630710	认知科学与经济学	2
04630720	推理与决策	2
04630730	当代中国社会	3
04630740	Python编程：从新手到专家之路	2
04630771	定量细胞生物学	3
04630790	数据科学导引	3
04630812	通识教育新生讨论班	2
04630821	力学（整合科学）	3
04630831	综合实验课程Ⅰ	3
04630842	化学基础（整合科学）	4
04630850	综合实验课程Ⅱ	4
04630860	多元微积分与线性代数	5
04630861	多元微积分与线性代数习题课	0
04630880	生物化学（整合科学）	3
04630900	思想道德修养与法律基础	3
04630901	公共经济学	2
04630950	思想道德修养与法律基础讨论班	0
04630960	中国近现代史纲要	3
04630981	整合化学动力学	3
04630982	整合量子力学与分子光谱	4
04630983	整合热力学	3
04630990	综合科学实验课程Ⅲ	4
04630993	综合科学实验课程Ⅳ	4
04630994	定量分子生物学	3
04630997	整合科学科学实践课（上）	3
04630998	整合科学科学实践课（下）	3
04631010	马基雅维利：现代政治与道德	1
04631011	自然语言与数据科学	1
04631012	大学的原理：社会与历史	1
04631013	经典精神分析：案例史中的个体生命与社会	1
04631014	西班牙内战的影像与再现	1
04631015	生命活动的物理学——以生物电为例	1
04631016	智慧的演化	1
04631017	创新与快速原型制作	1
04631018	基于IYPT的物理探究	1
04631019	科学与科学的应用	1
04631020	海洋与气候变化	1
04631021	生物的定量化与艺术之美	1
04631022	结构与物性——化学的理性和直觉	1
04631023	从《清明上河图》看中国的艺术与历史	1

(续表)

课程号	课程名	学分	课程号	课程名	学分
04631024	苏轼的文学与人生	1	04830142	计算机组成与系统结构实习 A	2
04631025	组织与管理研讨	1	04830143	计算机组成与系统结构实习 B	2
04631026	大国兴衰的国际政治经济分析	1	04830144	计算机组成与系统结构实习	2
04631027	美国宪法：从判例看法律人是如何思考的	1	04830150	编译技术	3
04631028	英国小说《米德尔马契》——文本与语境	1	04830161	操作系统 A	3
04631029	伊斯兰文明的历史进程	1	04830162	操作系统及实习（实验班）	5
04631030	经济增长与经济波动：基本原理与中国案例	1	04830163	操作系统 A（实验班）	3
04631031	《三国志》与三国史	1	04830170	数据结构与算法实习	2
04631032	通识教育新生讨论班：关于现代国家的政治思考	1	04830180	编译实习	2
04631033	从发展视角理解中国经济	1	04830181	编译实习（实验班）	2
04631034	现代日本政治学方法：西方政治理论的转化	2	04830190	操作系统实习	2
04631035	语文学与现代人文科学研究	1	04830191	操作系统实习（实验班）	2
04631036	经济史的趣味	1	04830210	软件工程	3
04631037	整合科学讨论班	1	04830211	软件工程（实验班）	3
04631038	西方现代政治	2	04830220	数据库概论	3
	信息科学技术学院		04830221	数据库概论（实验班）	3
04802017	社会与市场中的计算问题选讲	3	04830230	计算机图形学	3
04802019	计算视觉理论、模型与方法	3	04830240	计算机网络概论	3
04802020	机器学习原理	3	04830241	计算机网络实习	2
04803006	纳米离子学	3	04830250	人工智能概论	3
04804011	人工智能前沿与产业趋势	2	04830260	理论计算机科学基础	3
04811250	实验原子物理学进展	3	04830270	程序设计语言概论	2
04812160	计算语言学	3	04830281	算法设计与分析	3
04814150	计算机视觉	3	04830290	面向对象技术引论	2
04830010	信息科学技术概论	1	04830300	Web 技术概论	3
04830020	微电子与电路基础	3	04830310	人机交互	2
04830030	科技交流与写作	2	04830320	数字图像处理	3
04830040	计算概论 A	3	04830330	Linux 程序设计	2
04830041	计算概论 A	3	04830340	JAVA 程序设计	2
04830042	计算概论 A 上机实习课	0	04830390	数字化艺术	2
04830050	数据结构与算法（A）	3	04830410	信息安全引论	2
04830070	集合论与图论	3	04830450	网络实用技术	2
04830080	代数结构与组合数学	3	04830470	操作系统 B（含实习）	3
04830090	数理逻辑	3	04830480	微机原理 B	3
04830100	数字逻辑设计	3	04830494	数据结构与算法上机	0
04830110	数字逻辑设计实验	2	04830495	趣味算法实习	2
04830130	微机实验	2	04830510	语言统计分析	2
04830140	计算机组织与体系结构	3	04830520	程序设计竞赛实践	2
04830141	计算机系统结构实验班	2	04830530	计算概论 A（实验班）	3
			04830540	数据结构与算法（A）（实验班）	3

（续表）

04830550	存储技术基础	2	04831230	自动控制理论	2
04830610	电动力学	3	04831250	机器智能实验	2
04830630	电子线路（A）	3	04831260	机器感知实验	2
04830640	电子线路实验（A）	2	04831270	智能信息系统	3
04830650	数字逻辑电路	3	04831280	可视化与可视计算概论	2
04830660	数字逻辑电路实验	2	04831290	模式识别导论	3
04830670	信号与系统	3	04831300	图像处理	3
04830710	通信电路实验	2	04831320	脑与认知科学	2
04830720	通信原理	3	04831370	数据仓库与数据挖掘方法	2
04830730	微波技术与电路	3	04831400	生物信息处理	2
04830740	微波技术实验	2	04831410	计算概论（B）	3
04830750	光电子技术实验	2	04831420	数据结构与算法（B）	3
04830760	数字信号处理（含上机）	3	04831431	文科计算机基础实验班	3
04830780	微机与接口技术实验	2	04831432	计算机应用基础（上）	3
04830790	嵌入式系统	2	04831433	文科计算机基础	3
04830800	光电子学	3	04831443	文科计算机专题	3
04830810	可编程逻辑电路设计（Ⅰ）	2	04831444	计算机应用基础	3
04830830	数字信号处理实验	2	04831510	微电子学概论	2
04830840	热学	2	04831520	电子线路计算机辅助设计	2
04830850	近代物理	3	04831540	网络实用技术	2
04830870	热力学与统计物理（B）	3	04831580	脑与认知科学	2
04830880	纳米科技与纳米电子学	3	04831650	计算概论（B）上机	0
04830890	量子力学（Ⅰ）	3	04831670	计算机网络与WEB技术	3
04830910	固体物理	3	04831700	智能信息处理	3
04830970	通信电路	3	04831730	机器学习概论	3
04831010	半导体物理	3	04831750	程序设计实习	3
04831020	数字集成电路设计	3	04831760	程序设计实习（实验班）	3
04831030	数字集成电路原理	3	04831770	微电子与电路基础	2
04831040	半导体器件物理	3	04831780	自然语言处理导论	2
04831050	集成电路工艺原理	3	04831800	数字媒体技术基础	2
04831060	集成电路设计实习	2	04831810	微纳尺度流体科学与应用	2
04831070	集成电路计算机辅助设计	3	04831811	微纳尺度流体科学与应用	3
04831080	微电子器件测试实验	2	04831830	大规模数据处理/云计算	2
04831090	模拟集成电路原理	3	04831840	职业规划与领导力发展	2
04831160	半导体材料	3	04831860	光纤通信系统	2
04831180	PSoC应用开发基础实验	2	04831870	基础电路实验	1
04831190	射频集成电路	3	04831880	初等数论及其应用	3
04831200	随机过程引论	2	04831890	现代信息检索导论	2
04831210	信息论	2	04831900	通信网概论与宽带信号技术	2
04831220	智能科学技术导论	1	04831940	快速微流控芯片制备实验	1

(续表)

04831950	生物特征识别	2	04832450	数字逻辑	2
04831951	生物特征识别实习	1	04832460	数据分析基础	2
04831970	卫星导航定位系统概论	2	04832470	模拟电路	2
04831990	C#程序设计及其应用	2	04832480	Mac OS X、iOS 平台的 Cocoa 程序设计	3
04832010	基于HDL的数字系统设计	3	04832500	无线通信集成电路基础	2
04832030	量子力学（I）	4	04832510	软件工程实习（实验班）	2
04832040	现代无线通信中的新兴技术	2	04832520	并行程序设计原理	2
04832050	微米纳米技术概论	3	04832530	初级算法应用技巧	2
04832090	力学B类习题补充	0	04832540	中级算法应用技巧	4
04832100	先进半导体器件	3	04832550	高级算法应用技巧	6
04832110	高等模拟集成电路原理	2	04832560	算法设计与分析	4
04832120	微电子器件测试实验	1	04832570	算法设计与分析（实验班）	4
04832130	微电子学物理基础	3	04832580	算法设计与分析（研讨型小班）	0
04832140	现代电子与通信导论	1	04832640	数学物理方法	3
04832150	微纳器件及其创新应用	2	04832650	电路分析原理	4
04832180	高级超大规模集成电路器件	2	04832651	电路分析原理研讨班	0
04832190	可重构系统基础	3	04832652	机器学习	2
04832191	软件工程实习	2	04832660	电子系统设计实践	3
04832192	互联网数据挖掘	2	04832670	集成电路测试原理	2
04832200	纳电子器件导论	2	04832680	社会科学中的计算思维方法	3
04832220	智能机器人概论	2	04832690	数字视频处理与分析	3
04832240	并行与分布式计算导论	3	04832700	计算机组成	3
04832250	计算机网络（实验班）	3	04832710	自然语言处理中的经验性方法	3
04832260	微纳集成系统实验班	3	04832720	编程语言的设计原理	3
04832270	科学研究方法、实践与文化（理论）	1	04832730	现代集成电路中的器件设计与应用	3
04832271	科学研究方法、实践与文化（实习课）	3	04832740	概率论与随机过程	3
04832280	C++语言程序设计	3	04832750	基础物理学	4
04832281	离散数学（I）	4	04832760	电路与电子学	4
04832282	离散数学（II）	3	04832800	集成电路静电放电保护方法	2
04832310	网络理论和应用	2	04832820	模式识别和统计学习模型与方法	3
04832320	人群与网络	2	04832830	通信与计算机网络	3
04832330	工程科学研究方法	2	04832850	创新工程实践	3
04832350	统计分析与商务智能	3	04832860	软件质量保证	2
04832362	计算机系统导论	6	04832870	场与波	3
04832363	计算机系统导论讨论班	0	04832880	信息论与编码理论基础	2
04832400	高级光电子技术实验	3	04832890	数字逻辑电路（小班课）	0
04832410	原子物理导论	2	04832900	数字逻辑电路	4
04832420	固体物理导论	3	04832901	数字逻辑电路（实验班）	4
04832430	电子线路A（实验班）	3	04832910	面向通用对弈游戏的程序设计方法	2
04832440	光学	3	04832920	函数式程序设计	3

(续表)

课程号	课程名	学分	课程号	课程名	学分
04832930	电子技术实验	2	04833360	情感智能机器人引论	2
04832940	Scratch 趣味程序设计与计算思维	2	04833370	信息科学中的物理学（上）	3
04832950	声场与声信号处理导论	3	04833371	信息科学中的物理学（下）	3
04832960	大数据查询的理论和关键技术	2	04833380	博弈论	3
04832970	计算社会网络中近似算法设计	2	04833390	前沿计算导论	1
04832980	嵌入式 Linux 操作系统	2	04833400	离散数学与结构（Ⅰ）	3
04832990	微纳电子专业综合实验	2	04833410	凸分析与优化方法	3
04833000	固体物理基础	3	04833420	机器学习	3
04833010	科技创新与创业	2	04833430	离散数学与结构（Ⅱ）	3
04833020	软件分析技术	3	04833440	计算理论导论	3
04833030	文献写作与报告	2	04833450	游戏 AI 中的算法	3
04833040	计算机系统导论	5	04833460	前沿计算研究实践（Ⅰ）	3
04833050	算法设计与分析	5	04833461	前沿计算研究实践（Ⅱ）	3
04833060	算法设计与分析（实验班）	5	04833470	电磁大数据导论	2
04833070	半导体物理	4	04833480	电子游戏通论	2
04833071	半导体物理研讨班	0	04833490	计算机科学与编程入门	2
04833100	电磁波理论与应用导论	2	04833501	量子、信息与生命	3
04833110	全球创新产品设计和团队实践	2	04833510	视觉计算与深度学习	2
04833120	无线网络	2	04833520	大数据管理技术	2
04833130	如何做好数据库研究	2	04833530	智能硬件应用实验	2
04833140	健康信息学——大数据方法	2	04833540	计算、经济学和数据科学	2
04833150	交互设计中之人与社会因素	2	04833550	经济与计算	2
04833160	计算机伦理学	2	04833560	信息科学中的数学	1
04833180	半导体器件物理	4	04833570	人工智能	2
04833181	半导体器件物理研讨班	0	04833580	计算机视觉中的机器学习	2
04833190	先进材料表征技术与实验	3	04833590	计算社会科学	2
04833200	JavaScript 语言 Web 程序设计	2	04833600	结构化数据的概率模型	2
04833210	程序设计思维	3	04833610	机器学习与时间序列分析	2
04833220	创新思维与表达艺术	2	04833620	设计信息学	2
04833230	连接世界的通信	2	04833630	深度学习	2
04833250	图说量子进程	2	04833640	计算博弈理论	2
04833260	逻辑和程序验证	2	04833650	生物医学技术创新与创业	2
04833270	应用算法	2	04833660	大数据系统基础	2
04833280	移动感知系统和应用	2	04833670	分布式软件开发	2
04833290	数据库理论中的高级课题	2	04833680	深度学习实战：计算机视觉	2
04833310	集成电路逻辑综合实验	2	04833690	通用人工智能和非公理推理系统	2
04833320	40 年分布式系统研究漫谈	2	04833700	深度学习前沿专题	2
04833330	高级计算机图形学	2	04833710	创新工程实践（实习）	2
04833340	机器学习前沿：在线学习和优化	2	04833720	基于 IP 的 SOC 设计实验	2
04833350	紧凑数据结构与大数据	2	04833730	集成电路的物理设计实验	2

（续表）

04833740	数字集成电路验证方法学	2	06216500	发展经济学	3
04833750	自动驾驶技术	2	06216580	老年人口与经济分析	3
04833760	DeeCamp 人工智能的理论与实践	3	06216700	产业组织	3
04833770	创新工程基础	3	06216790	实证策略	3
04833780	信息化社会技术基础概论	2	06216800	劳动经济学 I	3
04833800	电子系统基础训练	1	06232000	经济学原理	4
04833840	程序设计与算法	3	06234900	中国经济专题	2
04833880	创新与快速原型研制	2	06235060	财务会计	3
04833890	计算神经科学	2	06236010	财务报表分析	3
04833900	密码学基础	3	06237020	社会经济调查理论方法与实践	4
04833910	区块链理论与技术	3	06238080	互联网金融与大数据	2
04833930	太赫兹技术前沿	2	06238090	经济增长导论	3
04833940	计算机影视特效技术	3	06239000	博弈与社会	3
04833950	计算机系统导论 Lab 实验辅导	0	06239040	宏观经济与健康	3
04833960	计算机前沿研究方法	1	06239073	管理学经典选读	3
04833970	计算摄像学：成像模型理论与深度学习实践	2	06239075	新结构经济学导论	2
04833980	并行算法设计基础	3	06239076	市场微结构模型专题	2
04833990	创新与创业团队的组织和运营	2	06239078	宏观理论	3
04834000	分布式系统（基础与应用）	2	06239081	互联网金融学导论	2
04834010	随机算法	4	06239082	中国改革专题	2
04834030	Python 程序设计与数据挖掘导论	2	06239083	经济学社会实践	2
04834040	人工智能引论	3	06239084	中级宏观经济学	3
04834041	人工智能引论实践课	0	06239085	中级微观经济学	3
06200301	宏观经济与国际金融市场：理论与实践	2	06239086	计量经济学	3
06200420	经济学田野调查	3	06239087	中国经济专题小班讨论课	1
06205230	组织理论	3	06239088	博弈论与信息经济学	3
06206010	高级微观经济学 II	3	06239089	产业组织	3
06206020	高级宏观经济学 II	3	06239090	城市经济学	3
06206055	时间序列计量经济学	3	06239091	创业管理	3
06210880	高级卫生经济学	3	06239092	低碳经济与碳金融	3
06215010	高级微观经济学 I	3	06239093	发展经济学	3
06215020	高级宏观经济学 I	3	06239094	法律经济学	3
06215051	高级计量经济学 1	3	06239095	反垄断与管制经济学	3
06215052	高级计量经济学 II	3	06239096	公司金融	3
06215062	高级数理经济学	3	06239097	国际金融	3
06215072	宏观经济专题	3	06239098	国际贸易	3
06215091	经济学研究专题 I	1	06239099	行为经济学	3
06215161	创新创业学	3	06239100	环境经济学	3
06216020	经济学思想史	3	06239101	货币银行学	3
06216460	法律经济学 II	3	06239102	金融计量	3

（续表）

编号	课程名称	学分
06239103	劳动经济学	3
06239104	社会经济调查数据分析	3
06239106	投资学	3
06239107	网络营销与信息经济战略	3
06239108	卫生经济学	3
06239109	新制度经济学	3
06239110	信息经济学	3
06239111	战略管理学	3
06239112	中国财政前沿问题	3
06239113	中国宏观经济	3
06239114	经济学研究训练	3
06239115	公共财政学	3
06239116	国际发展前沿：理论与实务	3
06239117	教育经济学	3
06239118	金融经济学	3
06239119	社会经济调查理论方法与实践	3
06239120	经济学前沿与研究方法	2
06239121	数据分析和计量经济学编程	2
06239122	随机微积分及其在量化金融的应用	3
06239123	政治学概论	3
06239124	中国经济	3
06239125	真实世界的经济学	3
06239126	真实世界的经济学讨论课	0
06239128	创新经济学	3
06239129	经济学原理习题课	0
06239130	中级宏观经济学习题课	0
06239131	中级微观经济学习题课	0
06239132	计量经济学习题课	0
06239133	教育经济学习题课	0
06239134	博弈论与信息经济学习题课	0
06239135	金融经济学习题课	0
06239136	经济学高级研讨班	3
教育学院		
06730070	生活教育—成功人生的基础	2
06730090	数字化学习与生存	2
06730091	大学生发展综合素养	2
06731020	中国教育及其文化基础	2
06732010	影像中的教育世界	3
06732030	教育实践与教育创新	2
06732040	经济学视角下的教育世界	2
06733010	媒介与教育演变	2
06733020	游戏化创新思维	2
06733030	教育与人工智能	2
06733040	慕课教学论	2
06733050	人力资源开发基础	2
06733060	教师职业探索—教师的基本素养与技能	2
06733070	数字媒体创意设计	2
06734010	大学生自我发展	2
06734020	国际组织理论与实务	3
06734030	大学经历与学生发展	2
06734040	当代中国考试招生制度改革	2
06734070	中华人民共和国教育问题史	2
06734080	教育与幸福	2
06734090	社会调查的理论与实践	2
人口研究所		
06830001	社会科学应用统计学原理	2
06830002	社会科学研究设计和研究方法	2
06830003	银发时代：老龄体验与行动	2
环境科学与工程学院		
12730011	环境科学与工程专题	1
12730020	变化中的地球	2
12730030	环境问题	3
12730070	中国能源与环境挑战	2
12730080	中国环境问题与环境政策	2
12730090	面向可持续未来：中国环境挑战、环境治理与政策	2
12730100	生态文明概论	2
12730120	可持续校园实践	2
12731010	人类生存发展与环境保护	2
12731020	全球环境问题	2
12731030	环境科学导论	2
12731050	环境材料导论	2
12731060	环境伦理概论	2
12732010	环境科学	4
12732020	环境管理学	4
12732040	环境监测	3
12732050	环境经济学	3
12732060	环境规划学	2
12732070	环境监测实验	3
12732080	环境工程学（二）	2

(续表)

12732150	环境工程学（一）	2		12735170	环境遥感基础	2
12732160	环境研究方法	3		12735180	环境信息系统	2
12732170	环境决策案例分析	3		12735192	环境经济学	2
12733010	环境化学	3		12739040	环境综合实习（一）	1
12733020	环境化学实验	3		12739060	环境综合实习（二）	1
12733030	环境法	2		12739080	绿色未来的技术理念	2
12733040	环境微生物学	3		12739100	大气污染：问题与挑战	2
12733050	环境与发展	2		12739110	环境决策中的多学科视角方法	2
12733060	气象学基础	2		医学部教学办		
12733070	英文科学论文写作	2		18050110	心脏健康导论	1
12733080	环境科学与工程文献选读	2		18050120	心血管病急症的救治	1
12733090	环境微生物实验	3		18050150	营养与疾病	1
12733100	文献信息检索与选读	2		18050150	营养与疾病	1
12733110	大气化学基础	2		18050180	人体免疫与健康养生	1
12733120	水环境学基础	2		18050180	人体免疫与健康养生	1
12733130	环境自由基化学	2		18050200	中医养生学	2
12733140	企业环境管理	2		18050200	中医养生学	2
12733150	空气污染基础	2		18050500	血管探秘	2
12733160	室内空气污染	2		18051601	疾病侦探学	2
12733170	化学品环境风险评估与风险管理	2		18051601	疾病侦探学	2
12733180	大气气溶胶测量技术与实验	3		18052131	医学美学与大众生活	2
12733200	环境测量数据分析与可视化	2		18052901	现代医学与健康文化	2
12734010	工程制图	3		18052901	现代医学与健康文化	2
12734020	水处理工程（上）	2		89139790	医学发展概论	2
12734030	水处理工程（下）	2		89339770	健康的生活方式与健康传播	2
12734050	环境工程实验（一）	1.5		89339770	健康的生活方式与健康传播	2
12734060	环境工程实验（二）	1.5		中国社会科学调查中心		
12734070	环境工程设计基础	3		18730010	社会调查实务	2
12734080	固体废物处置与资源化基础	3		18730020	社会调查数据分析方法	2
12735010	化工原理	2		18730030	社会科学实验研究方法	2
12735030	土壤与地下水	2		歌剧研究院		
12735040	固相环境生物技术	2		19230011	虚拟舞台与真实人生	2
12735050	环境纳米技术导论	2		19230012	俄罗斯音乐赏析	2
12735060	环境工程概预算与经济分析	2		19230013	协作钢琴艺术	2
12735070	环境矿物学导论	2		19230014	中外艺术歌曲演唱与表演	2
12735090	物理性污染控制	2		19230020	歌剧的魅力（概论篇）	2
12735100	污染生态工程	2		19230030	歌剧的魅力（作品篇）	2
12735120	工业微生物学	2		19230040	歌剧和音乐剧表演	2
12735130	环境质量评价	2		19230050	歌剧演唱（一）	2
12735140	环境系统分析	2		19230060	声乐演唱及表演	2

(续表)

编号	课程名称	学分		编号	课程名称	学分
19230070	五线谱视唱练耳基础	2		30330041	教师指导下的小组研究	2
19230080	视唱练耳（中）	2		30330042	教师指导下的小组研究	3
19230091	声乐演唱及表演（高级）	2		30330043	教师指导下的小组研究	4
19230092	声乐演唱与表演（艺术指导课）	1		30330044	教师指导下的小组研究	5
建筑与景观设计学院				30330045	教师指导下的小组研究	6
19530002	景观美学	2		30330046	教师指导下的小组研究	1
19530003	文人艺术概论	2		30330500	ACM/ICPC 竞赛训练	2
19530011	景观设计与美丽中国	2		30340009	中国民俗与文化	2
现代农学院				30340015	比较哲学：中国和西方	2
21100006	数量国际经济与农产品贸易	3		30340025	中国经济导论	2
21100007	中国农村教育问题专题	2		30340028	转型时期的中国公共政策	2
21100008	农村儿童营养、健康和发展专题	2		30340032	1949年以来的中国	2
21100009	气候变化经济学	2		30340033	镜中观花——中国人的价值观	2
21100010	影响评估方法及其应用	2		30340035	中国因素：应对中国的全球挑战	2
21100012	自然资源政策的经济分析	2		30340045	中国地方政府与政治	2
21100013	水资源稀缺经济和政策分析	2		30340046	丝绸之路——文化与物质交流史	2
21130001	植物发育及分子生物学	2		30340048	中国传统认同与其现代变迁	2
21130002	植物知道生命的答案	2		30340052	中国传统健身、饮食与养生	2
21130003	舌尖上的植物学	2		30340053	中国的宪法和政治体系	2
21130004	中国食物安全与政策	2		30340055	中国经济专题	2
21130005	经济学视角下的水土资源与生态问题	2		30340056	镜中观花：中国人的价值观	3
21130006	发展经济学在中国的实践	2		30340058	当代中国的社会问题与政策应对	2
21130007	农业经济史及其量化研究	2		30340059	中国古典诗词	2
21130008	发展经济学及其在中国的实践	2		30340060	国际人力资源管理：东方、西方和新兴市场	2
21130009	中国农村教育问题专题	2		30340062	从历史视角看当代中国女性、体育和社会	2
21130010	历史视角下的农业经济	2		30340063	中国政治经济导论	2
21130011	经济学视角下的资源环境热点问题	2		30340065	丝绸之路：一种全球史	3
21130012	资源环境经济学热点问题解读	2		30340067	新中国：哲学与政治	2
21130013	经济学模型 CGE 的基本原理及优化软件 GAMS 编程	2		30340074	中国知识产权法律与政策	2
21130014	中国农村卫生服务政策专题	2		30340075	文化、行为与大脑	2
21130015	管理经济学基础	2		30340076	中国现当代小说与电影	2
21130016	食物安全：政治经济学和心理学研究	2		30340077	人文主义与中国城市化	2
教务部				30340078	影像与记忆	2
30330031	教师指导下的独立研究	2		30340079	中国音乐美学与跨文化研究	2
30330032	教师指导下的独立研究	3		30340081	中国、美国和欧洲的文化、思想与观念	2
30330033	教师指导下的独立研究	4		30340082	"中国崛起"专题研讨课	3
30330034	教师指导下的独立研究	5		30340083	理解中国对外政策	2
30330035	教师指导下的独立研究	6		30340084	法律视角下的中欧贸易	2
30330036	教师指导下的独立研究	1		30340085	中国文化与中阿交流	2
				30340086	中国传统表演艺术	2

(续表)

30340087	从量化数据库理解1700—2000年的中国	2		30340096	中国传统表演艺术	3
30340088	中美创业与风投导论	2		学生工作部人民武装部		
30340089	中国的法律与政治	2		60730020	军事理论	2
30340090	解读中国：从媒体、沟通、文化的视角	3		60730320	当代国防	2
30340091	亚太安全	3		60730330	《孙子兵法》导读	2
30340092	环境与中国：自然，文化和发展	3		61030020	大学生职业生涯规划	2
30340093	遗产、旅游与全球化	3		61030030	朋辈心理辅导	2
30340094	中国改革与世界经济	3		中国共产主义青年团北京大学委员会		
30340095	中国经济导论	3		61130020	思政实践	2

（教务部）

表7-5　2018年北京大学本科专业目录

当前所属院系	专业名称	专业英文名	教育部专业代码	学制	学科门类	学位授予门类	是否在用	备注
城市与环境学院	自然地理与资源环境	Physical Geography	070502	4	理学	理学	是	
城市与环境学院	人文地理与城乡规划	Human Geography and Urban-Rural Planning	070503	4	理学	理学	是	
城市与环境学院	生态学	Ecology	071004	4	理学	理学	是	
城市与环境学院	环境科学	Environmental Science	082503	4	理学	理学	是	
城市与环境学院	城乡规划	Urban and Rural Planning	082802	5	工学	工学	是	
城市与环境学院	地理科学	Geography	070502	4	理学	理学	否	
地球与空间科学学院	地理信息科学	Geographical Information Science	070504	4	理学	理学	是	
地球与空间科学学院	地球物理学	Geophysics	070801	4	理学	理学	是	
地球与空间科学学院	空间科学与技术	Space Science and Technology	070802	4	理学	理学	是	
地球与空间科学学院	地质学	Geology	070901	4	理学	理学	是	
地球与空间科学学院	地球化学	Geochemistry	070902	4	理学	理学	是	
法学院	法学	Law	030101K	4	法学	法学	是	
法学院	法学	Law	030102K	2	法学	法学	否	第二学士学位专业
法学院	知识产权	Intellectual Property Law	030102T	2	法学	法学	否	第二学士学位专业
工学院	理论与应用力学	Theoretical and Applied Mechanics	080101	4	理学	理学	是	
工学院	工程力学（工程结构分析方向）	Engineering Mechanics (Engineering Structure Analysis)	080102	4	工学	工学	是	
工学院	材料科学与工程	Materials Science and Engineering	080401	4	工学	工学	是	
工学院	能源与动力工程（能源与资源工程方向）	Energy and Power Engineering (Energy and Resources Engineering)	080501	4	工学	工学	是	
工学院	航空航天工程	Aerospace Engineering	082001	4	工学	工学	是	
工学院	生物医学工程	Biomedical Engineering	082601	4	工学	工学	是	

(续表)

当前所属院系	专业名称	专业英文名	教育部专业代码	学制	学科门类	学位授予门类	是否在用	备注
工学院	能源与环境系统工程	Energy and environmental systems engineering	080502T	4	工学	工学	是	
工学院	勘查技术与工程	Exploration Technology and Engineering	081402	4	工学	工学	否	
光华管理学院	金融学	Finance	020301K	4	经济学	经济学	是	
光华管理学院	市场营销	Marketing	120202	4	管理学	管理学	是	
光华管理学院	会计学	Accounting	120203K	4	管理学	管理学	是	
光华管理学院	工商管理	Business Administration	120201K	4	管理学	管理学	否	
光华管理学院	财务管理	Financial Management	120204	4	管理学	管理学	否	
光华管理学院	人力资源管理	Human Resource Management	120206	4	管理学	管理学	否	
国际关系学院	国际政治	International Politics	030202	4	法学	法学	是	
国际关系学院	国际政治（国际政治经济学方向）	International Politics (International Political Economy)	030202	4	法学	法学	是	
国际关系学院	外交学	Diplomacy	030203	4	法学	法学	是	
国际关系学院	国际政治（国际组织与国际公共政策方向）	International Politics (International organizations and international public policy)	030202	4	法学	法学	是	
国际关系学院	科学社会主义	Scientific Socialism	030501	4	法学	法学	否	
国际关系学院	国际事务与国际关系	暂无	030204T	2	法学	法学	否	第二学士学位专业
国家发展研究院	经济学（国家发展方向）	Economics (National Development)	020101	4	经济学	经济学	是	
化学与分子工程学院	化学	Chemistry	070301	4	理学	理学	是	
化学与分子工程学院	应用化学	Applied Chemistry	070302	4	理学	理学	是	
化学与分子工程学院	化学生物学	Chemical Biology	070303T	4	理学	理学	是	
化学与分子工程学院	材料化学	Material Chemistry	080403	4	理学	理学	是	
化学与分子工程学院	核化工与核燃料工程	Nuclear Chemical and Fuel Engineering	082204	4	工学	工学	否	
环境科学与工程学院	环境工程	Environmental Engineering	082502	4	工学	工学	是	
环境科学与工程学院	环境科学	Environmental Science	082503	4	理学	理学	是	
经济学院	经济学	Economics	020101	4	经济学	经济学	是	
经济学院	资源与环境经济学	Resource and Environmental Economics	020104T	4	经济学	经济学	是	
经济学院	财政学	Public Finance	020201K	4	经济学	经济学	是	
经济学院	金融学	Finance	020301K	4	经济学	经济学	是	
经济学院	保险学	Risk Management and Insurance	020303	4	经济学	经济学	是	
经济学院	国际经济与贸易	International Economics and Trade	020401	4	经济学		是	
考古文博学院	考古学	Archaeology	060103	4	历史学	历史学	是	

(续表)

当前所属院系	专业名称	专业英文名	教育部专业代码	学制	学科门类	学位授予门类	是否在用	备注
考古文博学院	考古学（文物建筑方向）	Archaeology (Ancient Architecture)	060103	4	历史学	历史学	是	
考古文博学院	文物与博物馆学	Museology	060104	4	历史学	历史学	是	
考古文博学院	文物保护技术	Relics Conservation	060105T	4	历史学	历史学	是	
考古文博学院	外国语言与外国历史（考古学方向）	World History and Foreign Languages (Archaeology)	060106T		历史学	文学，历史学	是	校内审核备案
历史学系	历史学	History	060101	4	历史学	历史学	是	
历史学系	世界史	World History	060102	4	历史学	历史学	是	
历史学系	外国语言与外国历史	World History and Foreign Languages	060106T	4	历史学	文学，历史学	是	
软件与微电子学院	软件工程	Software Engineering	080902	2	工学	工学	是	
社会学系	社会学	Sociology	030301	4	法学	法学	是	
社会学系	社会工作	Social Work	030302	4	法学	法学	是	
社会学系	人类学	Anthropology	030303T	4	法学	法学	是	
生命科学学院	生物科学	Biological Science	071001	4	理学	理学	是	
生命科学学院	生物技术	Biotechnology	071002	4	理学	理学	是	
数学科学学院	数学与应用数学	Mathematics and Applied Mathematics	070101	4	理学	理学	是	
数学科学学院	信息与计算科学	Information and Computing Science	070102	4	理学	理学	是	
数学科学学院	统计学	Statistics	071201	4	理学	理学	是	
数学科学学院	应用统计学	Applied Statistics	071202	4	理学	理学	是	
数学科学学院	数据科学与大数据技术	Data Science and Big Data Technology	080910T	4	理学	理学	是	
外国语学院	英语	English Language and Literature	050201	4	文学	文学	是	
外国语学院	俄语	Russian Language and Literature	050202	4	文学	文学	是	
外国语学院	德语	German Language and Literature	050203	4	文学	文学	是	
外国语学院	法语	French Language and Literature	050204	4	文学	文学	是	
外国语学院	西班牙语	Spanish Language and Literature	050205	4	文学	文学	是	
外国语学院	阿拉伯语	Arabic Language and Literature	050206	4	文学	文学	是	
外国语学院	日语	Japanese Language and Literature	050207	4	文学	文学	是	
外国语学院	波斯语	Peisian Language and Literature	050208	4	文学	文学	是	

（续表）

当前所属院系	专业名称	专业英文名	教育部专业代码	学制	学科门类	学位授予门类	是否在用	备注
外国语学院	朝鲜语	Korean Language and Literature	050209	4	文学	文学	是	
外国语学院	菲律宾语	Philippine Language and Literature	050210	4	文学	文学	是	
外国语学院	梵语巴利语	Sanskri & Pali Language and Literature	050211	4	文学	文学	是	
外国语学院	印度尼西亚语	Indonesia Language and Literature	050212	4	文学	文学	是	
外国语学院	印地语	Hindi Language and Literature	050213	4	文学	文学	是	
外国语学院	缅甸语	Burmese Language and Literature	050216	4	文学	文学	是	
外国语学院	蒙古语	Mongolian Language and Literature	050218	4	文学	文学	是	
外国语学院	泰语	Thai Language and Literature	050220	4	文学	文学	是	
外国语学院	乌尔都语	Urdu Language and Literature	050221	4	文学	文学	是	
外国语学院	希伯来语	Hebrew Language and Literature	050222	4	文学	文学	是	
外国语学院	越南语	Vietnamese Language and Literature	050223	4	文学	文学	是	
外国语学院	葡萄牙语	Portuguese Language and Literature	050232	4	文学	文学	是	
外国语学院	外国语言与外国历史	World History and Foreign Languages	060106T	4	历史学	文学，历史学	是	
物理学院	物理学	Physics	070201	4	理学	理学	是	
物理学院	应用物理学	Applied Physics	070202	4	理学	理学	是	
物理学院	核物理	Nuclear Physics	070203	4	理学	理学	是	
物理学院	天文学	Astronomy	070401	4	理学	理学	是	
物理学院	大气科学	Atmospheric Sciences	070601	4	理学	理学	是	
物理学院	核工程与核技术	Nuclear Engineering and Nuclear Technology	082201	4	工学	工学	是	
心理与认知科学学院	心理学	Psychology	071101	4	理学	理学	是	
心理与认知科学学院	应用心理学	Applied Psychology	071102	4	理学	理学	是	
心理与认知科学学院	应用心理学	Applied Psychology	071102	2	理学	理学	否	第二学士学位专业
新闻与传播学院	新闻学	Journalism	050301	4	文学	文学	是	
新闻与传播学院	广播电视学	Media Studies	050302	4	文学	文学	是	
新闻与传播学院	广告学	Advertising	050303	4	文学	文学	是	
新闻与传播学院	编辑出版学	Editing and Publishing	050305	4	文学	文学	是	
信息管理系	信息管理与信息系统	Information Management and Information System	120102	4	管理学	管理学	是	
信息管理系	图书馆学	Library Science	120501	4	管理学	管理学	是	

(续表)

当前所属院系	专业名称	专业英文名	教育部专业代码	学制	学科门类	学位授予门类	是否在用	备注
信息科学技术学院	通信工程	Communication Engineering	080703	4	工学	工学	是	
信息科学技术学院	微电子科学与工程	Microelectronics Science and Engineering	080704	4	理学	理学	是	
信息科学技术学院	电子信息科学与技术	Electronic and Information Science and Technology	080714T	4	理学	理学	是	
信息科学技术学院	计算机科学与技术	Computer Science and Technology	080901	4	理学	理学	是	
信息科学技术学院	软件工程	Software Engineering	080902	4	工学	工学	是	
信息科学技术学院	智能科学与技术	Intelligence Science and Technology	080907T	4	理学	理学	是	
信息科学技术学院	数据科学与大数据技术	Data Science and Big Data Technology	080910T	4	理学	理学	是	
信息科学技术学院	集成电路设计与集成系统	IC Design and Integrated System	080710T	4	工学	工学	是	校内审核重新开设
医学部教学办	英语（生物医学英语）	English（Biomedical English）	050201	5	文学	文学	是	
医学部教学办	基础医学	Basic Medical Science	100101K	5	医学	医学	是	
医学部教学办	基础医学	Basic Medical Science	100101K	8	医学	医学	是	
医学部教学办	临床医学	Clinical Medicine	100201K	8	医学	医学	是	
医学部教学办	临床医学	Clinical Medicine	100201K	5	医学	医学	是	
医学部教学办	口腔医学	Stomatology	100301K	8	医学	医学	是	
医学部教学办	口腔医学	Stomatology	100301K	5	医学	医学	是	
医学部教学办	预防医学	Preventive Medicine	100401K	5	医学	医学	是	
医学部教学办	预防医学	Preventive Medicine	100401K	7	医学	医学	是	
医学部教学办	药学	Pharmacy	100701	4	医学	理学	是	
医学部教学办	药学	Pharmacy	100701	6	医学	理学	是	
医学部教学办	医学检验技术	Medical Inspection Technology	101001	4	医学	理学	是	
医学部教学办	口腔医学技术	Stomatology Technology	101006	4	医学	理学	是	
医学部教学办	护理学	Nursing	101101	4	医学	理学	是	
艺术学院	艺术史论	Theory and History of Arts	130101	4	艺术学	艺术学	是	
艺术学院	艺术史论（文化产业管理方向）	Theory and History of Arts（Cultural Industry Managenment）	130101	4	艺术学	艺术学	是	
艺术学院	广播电视编导（戏剧影视文学方向）	Broadcasting and Television Playwright-director（Theatre Film and TV Literature）	130305	4	艺术学	艺术学	是	
艺术学院	公共事业管理	Public Affairs Management	120401	4	管理学	管理学	否	
元培学院	政治学、经济学与哲学	Philosophy, Politics and Economics	030205T	4	法学	法学	是	
元培学院	古生物学	Paleontology	070904T	4	理学	理学	是	

(续表)

当前所属院系	专业名称	专业英文名	教育部专业代码	学制	学科门类	学位授予门类	是否在用	备注
元培学院	航空航天工程（航空科学与技术方向）	Aerospace Engineering (Aeronautics science and technology)	082001	4	工学	工学	是	
元培学院	元培计划	Yuanpei Program	无，校内自设代码ypjh	4	理学		是	元培学生专业分流前使用
元培学院	数据科学与大数据技术	Data Science and Big Data Technology	080910T	4	理学	理学	是	
元培学院	整合科学	Integrated Science	071005T	4	理学	理学	是	
哲学系	哲学	Philosophy	010101	4	哲学	哲学	是	
哲学系	宗教学	Science of Religion	010103K	4	哲学	哲学	是	
哲学系	逻辑学	Logic	010102	4	哲学	哲学	否	
政府管理学院	政治学与行政学	Politics and Public Administration	030201	4	法学	法学	是	
政府管理学院	行政管理	Administrative Management	120402	4	管理学	管理学	是	
政府管理学院	城市管理	City Management	120405	4	管理学	管理学	是	
中国语言文学系	汉语言文学	Chinese Language and Literature	050101	4	文学	文学	是	
中国语言文学系	汉语言	Chinese	050102	4	文学	文学	是	
中国语言文学系	古典文献学	Studies of Chinese Classical Text	050105	4	文学	文学	是	
中国语言文学系	应用语言学	Computational and Applied Linguistics	050106T	4	文学	文学	是	
暂无	经济统计学	暂无	020102	4	经济学	经济学	否	

（教务部）

表7-6　2018年度北京大学教材建设立项名单

序号	主编姓名　职称	主编单位	教材名称	新编/修订	字数（万）	支持类别
1	王　杰　教授	数学科学学院	音乐与数学	新编	30	规划教材
2	包志强　副教授	数学科学学院	微分流形讲义	新编	20	规划教材
3	张恭庆　院士	数学科学学院	泛函分析（上、下册）	修订	50	规划教材
4	伍胜健　教授	数学科学学院	数学分析（一至三册）	修订	5	立项教材
5	郑玉峰　教授	工学院	金属材料科学与工程	新编	50	立项教材
6	李　晟　研究员	生命科学学院	四川岷山生物学野外实习指导	新编	30	立项教材
7	邓习峰　讲师	信息科学技术学院	Python实用程序设计导论	新编	70	规划教材
8	贾　嵩　副教授	信息科学技术学院	集成电路原理与设计	修订	25	规划教材
9	毛新宇　副教授	信息科学技术学院	电子学基础实验	新编	30	规划教材
10	张飞舟　教授	地球与空间科学学院	空间信息智能处理	新编	45	规划教材
11	方精云　院士	城市与环境学院	植被生态学	新编	25	规划教材

(续表)

序号	主编姓名 职称	主编单位	教材名称	新编/修订	字数（万）	支持类别
12	杨小柳 教授	城市与环境学院	流域综合管理	新编	40	立项教材
13	陈倩 高级工程师	环境科学与工程学院	环境微生物学实验教程	新编	20	规划教材
14	韩凌 副教授	环境科学与工程学院	企业环境管理	新编	20—25	立项教材
15	胡钢 副教授	考古文博学院	文物分析技术	新编	20	规划教材
16	杨立华 长聘副教授	政府管理学院	政治学和公共管理学研究方法基础	新编	50—60	规划教材
17	苗庆红 副教授	政府管理学院	公共预算管理	新编	30	规划教材
18	王浦劬 教授	政府管理学院	政治学基础	修订	50	立项教材
19	吴丕 教授	政府管理学院	政治监督学	修订	40	立项教材
20	梅然 副教授	国际关系学院	近现代国际关系史	新编	50	规划教材
21	张海滨 教授	国际关系学院	国际组织概论	新编	25	规划教材
22	朱文莉 教授	国际关系学院	国际政治经济学	修订	25	立项教材
23	唐士其 教授	国际关系学院	西方政治思想史	修订	65	立项教材
24	刘新立 副教授	经济学院	风险管理	修订	55	规划教材
25	吴侨玲 副教授	经济学院	国际市场营销	修订	33—35	立项教材
26	韩晗 助理教授	经济学院	货币搜寻理论十四讲	新编	10	立项教材
27	王立彦 教授	光华管理学院	会计学原理	修订	45	规划教材
28	陆正飞 教授	光华管理学院	财务报告与分析	修订	48	立项教材
29	张然 副教授	光华管理学院	基本面量化投资——经典文献导读	新编	20	立项教材
30	姚洋 教授	国家发展研究院	发展经济学	修订	30	规划教材
31	饶戈平 教授	法学院	国际组织法	新编	30	规划教材
32	甘超英 副教授	法学院	宪法学	修订	65	规划教材
33	王成 教授	法学院	侵权责任法	修订	40	立项教材
34	刘剑文 教授	法学院	国际税法学	修订	55	立项教材
35	甘培忠 教授	法学院	企业法与公司法学	修订	70	立项教材
36	佟新 教授	社会学系	性别社会学	修订	25	规划教材
37	王延飞 教授	信息管理系	信息分析与决策（第三版）	修订	20	立项教材
38	咸蔓雪 副教授	外国语学院	越南语教程（一至四册）	修订	90	规划教材
39	汪大年 教授	外国语学院	缅甸语教程（一至三册）	修订	80	规划教材
40	刘红中 副教授	外国语学院	学术英语听说	新编	40	规划教材
41	张桂珍 副教授	外国语学院	英美戏剧与电影	新编	40	立项教材
42	王爱华 副教授	外国语学院	读本中的美国社会与文化	新编	10	立项教材
43	南燕 副教授	外国语学院	韩国近现代文学简史	新编	50	立项教材
44	史阳 副教授	外国语学院	基础菲律宾语（第四册）	新编	10	立项教材
45	王帅 助理教授	外国语学院	俄罗斯的信仰与文化	新著	40	立项教材
46	文丽华 副教授	外国语学院	韩国古典文学史	新编	25—30	立项教材
47	赵国栋 教授	教育学院	快课技术设计导论	新编	40	立项教材

（教务部）

研究生教育

【发展概况】 基本数据。截至 2018 年 9 月，北京大学校本部在校博士研究生 9134 人，硕士研究生 16,066 人，共计 25,200 人。其中，学术型研究生 15,239 人，专业学位研究生 9961 人。外国留学生 1457 人，占校本部在校生比例约 6%。医学部在校研究生人数总计 2908 人。其中，博士研究生 1234 人，硕士研究生 1674 人。此外，校本部在职攻读专业学位研究生 1453 人。

学科设置。北京大学现有博士学位授权一级学科 49 个、硕士学位授权一级学科 5 个，博士学位授权二级学科 269 个、硕士学位授权二级学科 296 个。此外，专业学位办学类别 26 个，其中校本部 21 个（博士层次 2 个，硕士层次 19 个）。

研究生招生。2018 年博士研究生共录取 2640 人，其中校本部 1995 人，医学部 645。硕士研究生共录取 7372 人，其中校本部 6547 人，医学部 825 人。

毕业结业与学位授予。2018 年校本部完成毕业审核 6257 人，包括结业 101 人，毕业 6156 人；其中博士研究生 1481 人，硕士研究生 4776 人。医学部完成毕业审核 1162 人，包括结业 11 人，毕业 1151 人；其中博士研究生 485 人，硕士研究生 677 人。校学位评定委员会共授予博士、硕士、学士学位 16,948 人（含医学部），其中博士学位 2107 人、硕士学位 6757 人、学士学位 8084 人。

导师队伍。新遴选博士生导师 168 人，涉及 29 个院系。全校在岗博士生导师 2561 人，其中校本部 2039 人、医学部 522 人。

博士生导师资格认定改革。2018 年，研究生院全面落实《教育部关于全面落实研究生导师立德树人职责的意见》，在健全规章制度、完善工作机制、加强宣传教育等方面开展专项工作，全面促进研究生导师队伍建设和研究生培养质量提高。修订《北京大学研究生指导教师管理办法》，改革导师遴选办法，通过直接确认新体制聘任教师博士生导师资格的方式，为年轻导师的成长创造良好制度环境。2018 年，新遴选博士生指导教师中年轻教师占比超 6 成，新体制聘任教师占比超 5 成，大批年轻教师走上研究生培养一线。

机构设置与人员情况。2018 年，经学校机构编制委员会决定，研究生院撤销奖助办公室，设立专业学位研究生教育管理办公室，内设机构调整为：招生办公室、培养办公室、学位评定委员会办公室、专业学位研究生教育管理办公室、综合办公室、中国研究生院院长联席会秘书处 6 个办公室。

招生工作。组织完成 2018 年硕士研究生统考、管理类联考政治加试考试、博士研究生英语水平考试和小语种考试的考务工作以及招生全过程。完成 2019 年招生目录编制、推荐免试以及网上报名和初试，录取推荐免试攻读北京大学硕士研究生 2331 名，博士研究生 1148 名；28,972 名考生报考 2019 年北京大学硕士研究生招生考试，再创历史新高。

组建和调整"北京大学研究生招生工作领导小组""北京大学校本部研究生招生工作小组"、推免研究生遴选工作领导小组和工作小组、政审工作协调小组等组织成员，保证招生工作领导前置把关、纪检监督和多部门协同集体决策。

探索学术型硕士招生规模调整和结构优化。制定缩减学术学位硕士研究生规模方案，2018 年 6 月 19 日由十三届党委第 24 次常委会审议通过。2019 年度按照人文学部 10%、其他学部 20% 的比例缩减学术型硕士研究生名额，全校硕士研究生招生计划减少 360 名。

完成工商管理、应用统计、法律硕士等 17 个非全日制研究生培养项目和 27 个全日制研究生培养项目的学费标准调整审批与备案工作。

培养工作。完成学籍管理、培养管理、教学管理等各项日常工作。处理研究生学籍异动 3915 人次，各类出国境审核 3464 人次；审核 2018 级研究生各类培养方案 836 个；完成 4801 门课程的教学管理工作，审核新开课程 509 门；组织开展北京大学教学优秀奖（研究生部分）评选，共有 45 位教师获奖；高级课程研修班在读 2641 人，审核结业 900 余人，为同等学力申请学位学生进行学业审核 400 余人。

把"立德树人"融入人才培养全过程。鼓励院系开设与本学科相结合的马克思主义理论课；修订《北京大学研究生指导教师管理办法》，强化研究生导师在贯彻落实立德树人根本任务中的基本职责；改版"北京大学研究生手册"，增加习近平总书记 5 月 2 日在北京大学师生座谈会上讲话等内容，更好地服务于立德树人的根本任务；修订《北京大学研究生基本学术规范》，开展研究生新生学术道德规范在线测试等活动，通过"扣好人生第一粒扣子"教育计划、设置学生兼职辅导员岗位等方式，加强研究生思想政治教育和实践育人工作。

深化博士生资助体系改革。加强助教的培训和考核，初步建立起新的预算工作机制、岗位核算与管理工作机制，以及多部门协作的管理信息系统。以资助体系改革为牵引，形成研究生招生资源与培养需求自洽的名额分配机制，促进人才培养与科学研究紧密结合。树立成本分担意识，调动院系和导师积极性，加强培养过程管理，推动建立和完善分流机制。通过助研、助教岗位设置和考核，提升学生责任意识。从而推进资源配置、学生培养、管理配套等全方位、系统性综合改革，保障博士生培养质量提高。

研究生国际化培养平台建设。2018 年，北京大学共有 372 人获得国家公派留学资助资格，录取比例居全国之首。研究生国际交流资助项目逐步完善，2018 年在校博士生出国交流 2160 人次，硕士生出国交流 1395 人次，并策划举办"全球视野-国际交流"系列讲座。

加强培养过程管理。探索博士生培养分流机制，通过对课程学习、资格考试、论文开题、论文审查、论文评阅等各环节和节点进行质量监控，建立起退学、博转硕、转专业、结业、结业换毕业等分流培养的制度体系和管理流程。

奖助管理工作。组织实施校长奖学金、学业奖学金、博士生岗位奖学金、专项学业奖学金等各类奖助学金的管理工作。2018年，奖助管理工作涉及核定各类奖助学金资格46,567人次，处理分配预算金额约4.2亿元。

试行博士生住宿申请制。为缓解学校办学空间不足的问题，优化资源配置，研究生院与总务部、公寓服务中心、学工部、计算中心等职能部门密切配合，首次在新入学的博士生中试行住宿申请制，鼓励有条件的博士生自行解决在校期间的住宿。2018年，符合博士生住宿申请条件的共1692人，其中主动申请不住宿的68人。

学科管理、学位授予及学科评估工作。新增目录外二级学科博士点11个，分别是：高能量密度物理、环境管理、医学生物信息学、医学影像技术学、医学检验学、放射治疗物理学、眼视光学、康复治疗学、呼吸医学技术、口腔医学技术、健康数据科学；目录外二级学科硕士点3个，分别是：体育教育与管理、医学教育、建筑文化与地域景观。

专业学位水平评估。在2018年教育部学位与研究生教育发展中心公布的全国首次专业学位水平评估结果中，北京大学参评的法律硕士、工商管理硕士、会计硕士、临床医学、口腔医学等5个专业学位获评A+，公共管理硕士专业学位获评A，总成绩位居全国高校之首。此次评估是北京大学专业学位研究生教育质量的一次重要展示，也是促进北京大学专业学位研究生教育发展的重要手段。

试点博士论文实名制评阅方式。以保证学位授予质量为中心，开展学位论文查重、抽检以及抽检结果处理工作，并在部分院系试点博士论文实名制评阅方式，作为现有匿名评阅方式的补充。

组织开展工程博士、硕士专业学位授权点对应调整工作。工程博士共申报对应调整电子信息、机械、材料与化工、生物与医药、资源与环境等5个领域，工程硕士共申报对应调整电子信息、机械、材料与化工、资源与环境等4个领域。

完成北京大学首次学位授权点合格评估工作。全校54个一级、二级学科学位授权点及11个专业学位授权点分别成立自评工作组，通过国际同行评议或国内同行专家现场评估等方式完成自我评估。

完成5个国务院学位委员会学科评议组、7个专业学位教育指导委员会2018年立项项目的经费支出绩效自评，以及2019年立项项目的经费预算编制工作。

专业学位教育管理工作。加强专业学位教学和培养管理，立项11个专业学位案例教学及案例库建设项目，总经费110万；开展专业学位论文评价标准多元化改革；启动跨学科、跨领域证书项目体系建设。起草和修订《北京大学专业学位研究生教育学费标准申报和调整的管理办法》。完成教育部MBA教育巡视整改回头看。

内部建设工作。完善制度建设。制定《北京大学学位授权自主审核实施办法》《北京大学"研究生学术交流基金"资助办法》，修订《北京大学学位评定委员会职责及议事规则》《北京大学学位授予工作细则》等文件，为研究生工作提供制度保障。

信息化建设。具体举措包括：研究生招生网新版和管理系统3.0上线；改造升级研究生管理系统中奖助、成绩管理和国际交流等模块；推动校学位会议管理系统在全校院系层面的使用；推进研究生事务中心自助服务体系和"一站式"服务。

调研学习。联系院系，加强主动服务意识，组织多场调研或座谈，了解院系学科状况、人才培养条件和诉求、发展前景等，为制定有关政策提供参考。

宣传工作。形成重要会议、重大活动的新闻报道工作机制，落实党政信息报送制度，每年推出研究生院工作十大亮点，及时宣传研究生工作进展。在微信公众平台推出年轻导师、优秀研究生等系列专栏，强化导师在立德树人方面的示范作用，展现北京大学研究生昂扬向上的精神风貌。

党建工作。2018年，研究生院党支部组织党员学习贯彻习近平新时代中国特色社会主义思想，加强理想信念教育，以集体学习、自学、组织参观等多种方式，扎实推进"两学一做"学习教育常态化、制度化。严肃党内政治生活，落实《关于新形势下党内政治生活的若干准则》《中国共产党党内监督条例》。

落实中央八项规定精神，在公务接待等方面严格遵守规定，将党风廉政建设渗透到具体工作中，建立党风廉政建设工作的长效机制。执行民主集中制、"三重一大"及院务公开制度。改进工作作风，注重调查研究，勇于担当作为，以求真务实作风，切实推进研究生教育各项工作。

（于 菲、向 妮、贾爱英、胡晓阳、黄俊平、何 峰）

【北大获准学位授权自主审核】 2018年4月，经学校申请国务院学位委员会批准，北京大学成为全国首批学位授权自主审核单位。根据国家要求，研究生院制定《北京大学学位授权自主审核实施办法》并完成首次自主审核学位授权点增设工作，设置材料科学与工程、农林经济与管理等一级学科和体育硕士专业学位等，拓宽和优化学校学位授权学科领域。

（黄俊平）

【第四届中国研究生教育国际论坛】 2018年11月16日至17日，由教育部学位与研究生教育发展中心、中国学位与研究生教育学会、中国研究生院院长联席会联合主办的第四届中国研究生教育国际论坛在北京举行。此次论坛以"研究生教育的新时代——纪念中国研究生教育恢复招生40周年"为主题，旨在回顾40年来我国研究生教育所取得的成就，探讨存在的问题与面临的挑战，展望新时代研究生教育的美好未来。国内外知名高校校长、研究生教育专家、研究生培养单位代表等近400人参会。教育部副部长朱之文出席论坛并致辞。北京大学副校长龚旗煌以"不忘初心继往开来：续写北京大学研究生教育新百年辉煌"为题作主旨报告。中国研究生院院长联席会秘书长、北京大学研究生院常务副院长张东晓在"校长院长分论坛"上作主题报告。

（廖晓玲）

【跨学科综合培养平台建设】 2018年，研究生院引导和支持教学内容、教学方法和教学模式改革探索，推进教学体系整体建设，加强国际化培养：以立项方式资助55门研究生课程的改革与建设，涵盖学位基础课程、跨学科课程、学科前沿与创新能力课程以及留学生项目课程等；组织实施"研究生教育创新计划"75项；组织开展北京大学教学优秀奖和教学管理奖（研究生部分）的评选；继续开展"才斋讲堂"等跨学科人才培养项目，以举办教学研讨暨新书发布会的形式向120周年校庆献礼；落实"全球治理人才"计划，首次举办跨学科、跨领域的国际组织人才培养项目，70名学员参加并顺利结业；全年在校博士生出国交流2160人次，研究生国际交流项目管理及支撑体系逐步完善。

（胡晓阳）

【探索多元化专业学位论文评价标准】 根据《北京大学学位授予工作细则》及2018年3月校长办公会关于同意对专业学位研究生教育的学位授予工作进行调整的决议，由研究生院牵头和指导，相关院系在充分调研和论证的基础上，启动专业学位论文评价标准、审核方式和流程的优化调整工作，并陆续出台具体方案提交各学位分会审议。本次优化调整工作是北京大学专业学位研究生教育综合改革的一项具体举措，意在强化专业学位论文的应用导向，重在考查学生解决实际问题的能力。截至2018年12月，各办学院系均启动该项工作，考古文博学院、汇丰商学院、艺术学院、数学科学学院等完成方案制定并报送备案。

（何峰）

【学科动态调整】 新增"医学技术"一级学科博士学位授权点，成为全国首批获得"医学技术"一级学科博士学位授权点的五所高校之一，并自主设置医学影像技术学等8个目录外二级学科，成立医学技术学位评定分委员会。同时，根据学科动态调整的工作要求，在北京大学"双一流"学科建设目标的指导下，结合第四轮学科评估结果，研究生院会同学科建设办公室对学校现有学科进行系统梳理，对建设水平不高的学科、已经不开展研究生招生和培养的学科进行调研论证，启动撤销和调整程序。经校学位评定委员会审议，撤销1个博士学位授权一级学科（管理科学与工程），2个硕士学位授权一级学科（戏剧与影视学、美术学），2个硕士学位授权二级学科（控制理论与控制工程、建筑设计及其理论）和2个硕士专业学位授权类别（材料工程、核能与核技术工程）。

（黄俊平）

医学研究生教育

【发展概况】 机构设置与人员。2018年，北京大学研究生院医学部分院下设招生办公室、培养办公室、学位办公室、评估办公室、综合办公室、学会秘书处办公室6个科室，共有在编人员23人，合同制人员2人。

招生学籍工作。2018年招生基本情况：医学部共录取研究生1281人，其中博士生645人；硕士生804人。博士生中464人攻读博士学术学位，181人攻读临床医学／口腔医学博士专业学位。硕士生中389人攻读学术学位，415人攻读专业学位。2018年录取的硕士研究生和博士研究生人数较2017年有一定增加，主要来自于专业学位博士研究生，整体生源质量良好。截至2018年12月，由医学部分院管理的在校研究生共计4485人，其中硕士研究生2580人，博士研究生1905人。

基础研究向临床应用转化合作的专项博士研究生（学术型）招生（以下简称"转化医学专项"）。2018年继续严格按照"转化医学专项"条件和要求审核，完成涉及7个专业、9名博士生导师的招生。

群体交叉学科招生。2018年首次开展群体交叉学科招生，先行在血管医学、肿瘤学学科中探索，通过举办优秀大学生夏令营等方式进行多维度宣传，招收首批推免直博生8名，学科背景包括医学、生物学、化学、工学等。

深化硕士研究生招生考试改革。按照教育部文件要求，完成2018年全国医学硕士研究生招生初试业务课科目由医学部自主命题综合考试类命题大纲的修订工作，医学学术学位硕士研究生初试业务课科目由招生单位按一级学科自主命题。同时，为吸引交叉学科的考生，继续设置"临床医学研究综合（一）""临床医学研究综合（二）""基础医学综合（一）""中医综合"等自命题考试科目。

学籍管理工作。在学籍注册、学籍异动、证书管理、档案管理、信息化建设、人员培训学习等方面不断学习，提高学籍管理和服务的水平。

培养工作。加强内涵建设，完成研究生专业课建设改革立项工作。启动医学部研究生专业课课程体系改革建设工作。各学院（部）共申报44项建设项目，经医学部学位与研究生教育教学委员会专家评审，确立25项立项项目，资助金额合计100万元。本次项目执行期为1年，项目成果经验收后，将于2019年全面实施。完成首届医药学研究生精品课程推荐工作，经过院（部）审核和初评，共推荐4门医学部研究生课程参加中国学位与研究生教育学会医药科工作委员会评选，公共卫生学院《流行病学研究方法（1）》，口腔医学院《口腔修复学》，护理学院《高级健康评估》三门课程荣获精品课程，临床肿瘤学院《消化道肿瘤》荣获精品建设课程。

教务工作。完成医学部2018届研究生毕业生培养审核工作。2018年度排课594班次，学生选课17,249人次。完成学生课程评教工作，2018年度参评教师达到681人次，提交评教意见学生达到12,519人次。完成《北京大学医学部教学奖励办法》《北京大学医学部教学管理奖励办法》修订，组织2018年教学优秀奖/教学管理奖（研究生部分）评选工作，经过个人申请、院（部）审核和初评，各院（部）提出各奖项推荐名单后，最终评选药学院李中军、公共卫生学院常春、医学人文研究院甄橙、第三临床医学院袁慧书、口腔医学院冯琳5位教师获北京大学教学优秀奖；评选护理学院魏征新、第三临床医学院谷士贤、口腔医学院董艳梅3位教师获北京大学教学管理奖。

深化临床/口腔医学专业学位博士研究生改革试点。进行顶层设计，对内优化现有培养模式，努力实现培养方式、培养内容与行业需求有机衔接；对外协调行业主管部门，推进"医教协同"快速落实。

专业学位案例库建设工作。组织全国医学专业学位案例库建设工作，临床医学、口腔医学、公共卫生、护理学案例库已全部上线开库，为全国医学专业学位研究生教育提供优质教学资源平台。

临床/口腔医学专业学位硕士阶段考核。组织2018年北京大学医学部临床医学、口腔医学、护理学专业学位研究生、在职申请学位人员和住院医师阶段考核工作。本次考试涉及临床医学、口腔医学、护理学3个一级学科、共32个学科专业。7所附属医院、6所教学医院以及基础医学院、护理学院共422名考生报名参加考试。

国际合作交流。2018年医学部共44名研究生获得国家留学基金管理委员会建设高水平大学公派研究生项目资助，其中22名攻读博士学位，22名联合培养博士研究生。校际导师联合培养博士研究生4人。2018年度医学部"北京大学医学部研究生国家学术交流基金"与"博士研究生短期出国（境）研究项目"共资助25名同学赴境外交流。

信息化建设。完成成绩库、培养审核、免修免考管理、专业实践、教学科研医疗实践的功能升级，实现百分制成绩和等级制成绩的过渡。完成培养方案录入模块的功能升级，并录入2017版培养方案381套。新增北大本部学生管理、培养情况异常名单、非选课成绩管理模块。

授予学位情况。2018年共向1366名研究生授予学位，其中授予博士学位647人（含学术型学位362人、专业学位285人），授予硕士学位677人（含学术型学位439人、专业学位280人）；授予七年制公共卫生与预防医学医学硕士学位61人；授予六年制药学理学硕士学位81人；授予八年制临床医学专业学位146人；授予八年制口腔医学专业学位32人；授予八年制基础医学科学学位42人。共向85名同等学力人员授予学位，其中授予同等学力人员博士学位37人（含学术型学位3人、专业学位34人），授予同等学力人员硕士学位48人（含学术型学位18人、专业学位30人）；授予学士学位1351人。

评估工作。2018年7月26日，教育部学位与研究生教育发展中心公布专业学位水平评估结果。北大医学2个参评学科"临床医学"和"口腔医学"排名均为A+，居参评高校榜首。完善"学科评估信息管理系统"建设工作，2018年6月以药学院、护理学院为试点开展信息系统的上线试运行工作。组织北京市卫生健康委员会研究课题"北京市家庭医生发展战略研究"的结题工作，完成《北京市家庭医生发展战略研究报告》。根据国务院学位办相关要求，2018年10月组织汇总和申报各学位授权点的基本状态数据信息表，11月底前完成各学位授权点合格评估报告的上报工作。12月，整合研究生教育质量相关数据与资源，编撰首期《北京大学医学研究生教育质量控制简报》。

奖助工作。2018年7月、11月、12月，分别按教育部全国学生资助管理中心通知要求报送中央部属高校学生资助数据。2017—2018学年共有418名研究生助教上岗。组织开展本科生评助教的中期考核，协同医学部教师教学发展中心开展助教培训。2017—2018学年共评出北京大学医学部研究生优秀助教32名，优秀助管19名。2018年，对5家学院及部分临床医院研究生共发放助教津贴约41.7万元，助管津贴约96.96万元，助研津贴约2389.39万元。2018年共发放学业奖学金生活补贴部分112.4万元，国家助学金3499.6万元，国家学业奖学金4649.2万元。为2019届毕业生发放北京大学医学部国家学业奖学金证书。

综合工作。组织实施"研究生综合信息管理系统"三期开发及上线和"研究生自助服务系统"开发及上线。组织实施2019年修购项目申报，为学院研究生教育申请项目资金1160万元。为考博、择业、拟出国留学研究生近400人次办理研究生英文成绩单、英文学历、学位认证和证明信等3500余份；积极回复国内外认证机构发来的学生信息核查信，处理了100余件信件、传真和电子邮件。整理起草教代会素材"研究生院五年工作成绩亮点、经验体会及未来工作要点""2018年研究生院工作总结、大事记和2019年工作要点"；编写2018年度研究生院党风廉政自查报告；撰写《北大医学博士研究生教育综合改革试点工作报告》《研究生院关于清理"五唯"专项工作的自查报告》《研究生院关于教育专项资金使用情况的自查报告》《2018年本部医学部教育教学融合推进情况报告》；整理汇总"临床医学博士专业学位研究生教育报告"。组织研究生院科级干部聘任答辩、考察访谈，撰写研究生院科级干部聘任总结以及《关于研究生院科级干部拟聘人选考察情况的报告》。

学会与社会组织工作。全国医学专业学位研究生教育指导委员会先后开展临床医学（全科医学领域）硕士专业学位研究生教育专项调研工作，组织召开临床医学专业学位案例库培训会，主办2场医学专业学位授权点专项评估工作启动会，主办第一期全国全科医学研究生教学师资和管理人员培训会，组织落实临床医学、口腔医学、公共卫生、护理专业学位授权点专项评估工作，组织专家编写临床医学、口腔医学、护理、公共卫生专业学位《研究生核心课程指南》和《专业学位发展报告》。

全国医学专业学位研究生教育指导委员会开展2018年教育课题立项工作。此次项目申报获得会员单位大力支持，共计64所院校申请项目384项，通过形式审查346项，课题内容主要集中在研究生培养模式、质量保障体系研究等方面，经过专家评审共有271项成果获批立项。

12月6日，中国学位与研究生教育学会医药科工作委员会六届一次会议在江苏南京召开，此次会议完成中国学位与研究生教育学会医药科工作委员会换届调整，旨在加强组织和机构建设，更好地履行委员的工作职责。经与会的第六届医药科工作委员会委员集体投票，北京大学常务副校长、医学部主任詹启敏院士当选为主任委员，北京大学医学部副主任段丽萍当选为常务副主任委员，北京大学研究生院医学部分院常务副院长徐明当选为秘书长，北京大学研究生院医学部分院副院长王青、学位秘书处办公室主任贾金忠当选为副秘书长。

中国学位与研究生教育学会医药科工作委员会开展医药学研究生精品课程评选工作。本次评选有28所医学院校总计60门课程申请，32门课程进入复评答辩，最终评选出10门精品课程，10门精品建设课程，12门提名奖课程。

（张雪原、张小凯、崔爽、王凤清、郭玲伶、贾金忠）

【医学"双一流"建设联盟成立】 10月24日，医学"双一流"建设联盟在北京成立。联盟是在教育部学位管理与研究生司指导下，由北京大学牵头的首批非盈利性高等教育与医学学科建设协作组织，成员包含医学学科入选国家"双一流"建设的9所高校，包括北京协和医学院、复旦大学、上海交通大学、浙江大学、武汉大学、华中科技大学、中山大学、四川大学。联盟设理事会、专家咨询委员会、秘书处、工作协调组，韩启德院士任专家咨询委员会主席，詹启敏院士任理事长，段丽萍教授任副理事长兼秘书长，徐明教授任工作协调组组长，秘书处挂靠医学部研究生院。联盟旨在推进医学"双一流"建设，引领新时代医学高等教育与医学学科建设改革创新发展，助力健康中国战略。

（贾金忠、张雪原）

【获批"医学技术"博士学位授权点】 3月27日，国务院学位办正式发布消息，北京大学成为首批获批新增医学技术一级学科博士点授权的5所高校之一。在"医学技术"下，学校利用北大医学优势资源，自主设置医学影像技术学、医学检验学、眼视光学、康复治疗学、呼吸医学技术、放射治疗物理学、口腔医学技术、健康数据科学等8个目录外二级学科。成立医学技术学位评定分委员会，负责医学技术学科导师队伍建设、学位授予等工作，规范学位与研究生教育管理，保障学位授予质量。

（王凤清、张雪原）

【医学研究生教育年会暨学科评估总结与研讨会召开】 12月20日，北京大学医学研究生教育年会暨学科评估总结与研讨会在北京大学医学部逸夫楼209报告厅召开。教育部教育督导局副局长廖永安，北京大学常务副校长、医学部主任詹启敏，北京大学党委副书记、医学部党委书记刘玉村等嘉宾和领导出席会议。医学部学位评定委员会、学位与研究生教育教学委员会、专业学位研究生教育指导委员会成员，医学部相关职能部处负责人，各学院、附属医院、教学医院的院长、书记，分管研究生教育的副院长、副书记及管理干部，研究生院管理人员等150余人参加会议。廖永安以"突出底线监督，全面提高研究生培养质量"为题做指导报告，介绍教育部通过开展学位论文抽检，启动专业学位水平评估，查处学术不端等多种方式对学位授予质量进行督导复查，全面保证研究生教育质量，同时为北大医学助力推动"双一流"建设提出参考建议。教育部学位与研究生教育发展中心评估处副处长任超谈如何构建中国特色学科评估体系，质量监测与专业学位处副处长朱金明介绍我国专业学位质量保障体系建设，并对北京大学临床医学和口腔医学参加专业学位水平评估的情况进行解读。

（郭玲伶、刘懿萱、张雪原）

表7-7 北京大学2018年学位授予情况

校本部		博士				硕士				研究生学位合计	学士			本科生学位合计	全部学位
		科学学位	专业学位	同等学力	博士合计	科学学位	专业学位	同等学力	硕士合计		普通	成教	留学生		
2018年1月	133次会议	140	4	0	144	62	84	0	524	668	0	1630	0	1630	
2018年7月	136次会议	1252	10	0	1262	1895	3312	251	5458	6720	3841	950	312	5103	14,146
2018年10月	137次会议	17	0	0	17	5	0	3	8	25	0	0	0	0	
2018合计		1409	14	0	1423	1962	3396	254	5990	7413	3841	2580	312	6733	

(续表)

医学部		博士				硕士				研究生学位合计	学士			本科生学位合计	全部学位
		科学学位	专业学位	同等学力	博士合计	科学学位	专业学位	同等学力	硕士合计		普通	成教	留学生		
2018年1月	133次会议	20	6	1	27	10	16	2	28	55	10	215	0	225	
2018年7月	136次会议	302	312	1	615	421	290	16	727	1342	725	361	40	1126	2802
2018年10月	137次会议	40	1	1	42	8	4	0	12	54	0	0	0	0	
2018合计		362	319	3	684	439	310	18	767	1451	735	576	40	1351	

北京大学		博士				硕士				研究生学位合计	学士			本科生学位合计	全部学位
		科学学位	专业学位	同等学力	博士合计	科学学位	专业学位	同等学力	硕士合计		普通	成教	留学生		
2018年1月	133次会议	160	10	1	171	72	394	86	552	723	10	1845	0	1855	
2018年7月	136次会议	1554	322	1	1877	2316	3602	267	6185	8062	4566	1311	352	6229	16,948
2018年10月	137次会议	57	1	1	59	13	7	0	20	79	0	0	0	0	
2018合计		1771	333	3	2107	2401	4003	353	6757	8864	4576	3156	352	8084	

(研究生院)

表7-8 北京大学2018年学位授权点一览表

学科门类	一级学科	二级学科
01 哲学	★0101 哲学	*010101 马克思主义哲学
		*010102 中国哲学
		*010103 外国哲学
		*010104 逻辑学
		*010105 伦理学
		*010106 美学
		*010107 宗教学
		*010108 科学技术哲学
	99J2 中国学	0101J2 中国学（哲学与宗教）
02 经济学	★0201 理论经济学	*020101 政治经济学
		*020102 经济思想史
		*020103 经济史
		*020104 西方经济学
		*020105 世界经济
		*020106 人口、资源与环境经济学
		*020121 理论经济学（国家发展）
	★0202 应用经济学	*020201 国民经济学
		*020202 区域经济学
		*020203 财政学
		*020204 金融学
		*020205 产业经济学
		*020208 统计学
		*020220 应用经济学（风险管理与保险学）
		*020221 应用经济学（农村转型经济学）
	99J2 中国学	0202J2 中国学（经济与管理）

（续表）

学科门类	一级学科	二级学科
03 法学	★ 0301 法学	*030101 法学理论
		*030102 法律史
		*030103 宪法学与行政法学
		*030104 刑法学
		*030105 民商法学
		*030106 诉讼法学
		*030107 经济法学
		*030108 环境与资源保护法学
		*030109 国际法学
		*030120 法学（知识产权法）
		030121 法学（商法）
		030122 法学（国际经济法）
		030123 法学（财税法学）
	0302 政治学	*030201 政治学理论
		*030202 中外政治制度
		*030203 科学社会主义与国际共产主义运动
		030204 中共党史
		*030206 国际政治
		*030207 国际关系
		*030208 外交学
		*030221 政治学（国际政治经济学）
		*030222 政治学（中国政治）
		*030223 政治学（比较政治学）
		030224 政治学（国际组织与国际公共政策）
	★ 0303 社会学	*030301 社会学
		*030302 人口学
		*030303 人类学
		030320 社会学（老年学）
		030322 社会学（女性学）
	★ 0305 马克思主义理论	*030501 马克思主义基本原理
		*030502 马克思主义发展史
		*030503 马克思主义中国化研究
		*030504 国外马克思主义研究
		*030505 思想政治教育
		*030506 中国近现代史基本问题研究
		*030520 马克思主义理论（党的建设）
	99J2 中国学	0301J2 中国学（法律与社会）
		0302J2 中国学（政治与国际关系）

（续表）

学科门类	一级学科	二级学科
04 教育学	★ 0401 教育学	*040101 教育学原理
		*040106 高等教育学
		*040110 教育技术学
		040120 教育学（体育教育与管理）
		040121 教育学（医学教育）
	0403 体育学	040301 体育人文社会学
05 文学	★ 0501 中国语言文学	*050101 文艺学
		*050102 语言学及应用语言学
		*050103 汉语言文字学
		*050104 中国古典文献学
		*050105 中国古代文学
		*050106 中国现当代文学
		*050108 比较文学与世界文学
		*050120 中国语言文学（中国民间文学）
	★ 0502 外国语言文学	*050201 英语语言文学
		*050202 俄语语言文学
		*050203 法语语言文学
		*050204 德语语言文学
		*050205 日语语言文学
		*050206 印度语言文学
		*050207 西班牙语语言文学
		*050208 阿拉伯语语言文学
		*050210 亚非语言文学
		*050211 外国语言学及应用语言学
		*050220 外国语言文学（国别和区域研究）
	★ 0503 新闻传播学	*050301 新闻学
		*050302 传播学
		*050320 新闻传播学（新媒体研究）
06 历史学	★ 0601 考古学	*060100 考古学
	★ 0602 中国史	*060200 中国史
	★ 0603 世界史	*060300 世界史
	99J2 中国学	0602J2 中国学（历史与考古）
07 理学	★ 0402 心理学	*040201 基础心理学
		040202 发展与教育心理学
		*040203 应用心理学
		040220 心理学（临床心理学）
	★ 0701 数学	*070101 基础数学
		*070102 计算数学
		*070103 概率论与数理统计
		*070104 应用数学

（续表）

（续表）

学科门类	一级学科	二级学科
07 理学	★ 0702 物理学	*070201 理论物理
		*070202 粒子物理与原子核物理
		*070203 原子与分子物理
		*070204 等离子体物理
		*070205 凝聚态物理
		*070207 光学
		*070220 物理学（高能量密度物理）
	★ 0703 化学	*070301 无机化学
		*070302 分析化学
		*070303 有机化学
		*070304 物理化学
		*070305 高分子化学与物理
		*070320 化学（化学生物学）
		*070321 化学（应用化学）
		*070322 化学（化学基因组学）
	★ 0704 天文学	*070401 天体物理
	★ 0705 地理学	*070501 自然地理学
		*070502 人文地理学
		*070503 地图学与地理信息系统
		*070520 地理学（环境地理学）
		*070521 地理学（历史地理学）
		070523 地理学（城市与区域规划）
		070524 地理学（景观设计学）
		070525 地理学（建筑文化与地域景观）
	★ 0706 大气科学	*070601 气象学
		*070602 大气物理学与大气环境
		*070620 大气科学（气候学）
		*070621 大气科学（物理海洋学）
	★ 0708 地球物理学	*070801 固体地球物理学
		*070802 空间物理学
	★ 0709 地质学	*070901 矿物学、岩石学、矿床学
		*070902 地球化学
		*070903 古生物学与地层学
		*070904 构造地质学
		*070905 第四纪地质学
		*070920 地质学（材料及环境矿物学）
		*070921 地质学（石油地质学）
	★ 0710 生物学	*071001 植物学
		*071002 动物学

（续表）

(续表)

学科门类	一级学科	二级学科
07 理学		*071003 生理学
		071005 微生物学
		*071006 神经生物学
		*071007 遗传学
		*071009 细胞生物学
		*071010 生物化学与分子生物学
		*071011 生物物理学
		*071020 生物学（生物信息学）
		*071021 生物学（生物技术）
		*071022 生物学（分子医学）
	★ 0712 科学技术史	*071200 科学技术史
	★ 0713 生态学	*071300 生态学
	★ 0714 统计学	*071400 统计学
08 工学	★ 0801 力学	*080101 一般力学与力学基础
		*080102 固体力学
		*080103 流体力学
		*080104 工程力学
		*080123 力学（先进材料与力学）
	★ 0809 电子科学与技术	*080901 物理电子学
		*080902 电路与系统
		*080903 微电子学与固体电子学
		*080904 电磁场与微波技术
		*080921 电子科学与技术（量子电子学）
	★ 0812 计算机科学与技术	*081201 计算机系统结构
		*081202 计算机软件与理论
		*081203 计算机应用技术
		*081220 计算机科学与技术（智能科学与技术）
	★ 0830 环境科学与工程	*083001 环境科学
		*083002 环境工程
		*083020 环境科学与工程（环境健康）
		*083021 环境科学与工程（环境管理）
	★ 0831 生物医学工程	*083100 生物医学工程
	99J3 数据科学	*0701J3 数据科学（数学）
		*0714J3 数据科学（统计学）
		*0812J3 数据科学（计算机科学与技术）
		*1004J3 数据科学（公共卫生与预防医学）
	99J4 整合生命科学	*0402J4 整合生命科学（心理学）
		*0702J4 整合生命科学（物理学）
		*0703J4 整合生命科学（化学）
		*0710J4 整合生命科学（生物学）

（续表）

(续表)

学科门类	一级学科	二级学科
08 工学	99J5 纳米科学与技术	*0702J5 纳米科学与技术（物理学）
		*0703J5 纳米科学与技术（化学）
		*0801J5 纳米科学与技术（力学）
		*0809J5 纳米科学与技术（电子科学与技术）
		*0831J5 纳米科学与技术（生物医学工程）
	★ 0801 力学	*080120 力学（生物力学与医学工程）
		*080121 力学（力学系统与控制）
		*080124 力学（能源与资源工程）
		*080125 力学（航空航天工程）
	★ 0810 信息与通信工程	*081001 通信与信息系统
		*081002 信号与信息处理
	0811 控制科学与工程	081101 控制理论与控制工程
	0813 建筑学	081302 建筑设计及其理论
	★ 0816 测绘科学与技术	*081602 摄影测量与遥感
	★ 0827 核科学与技术	*082703 核技术及应用
		*082720 核科学与技术（医学物理和工程）
	★ 0835 软件工程	*083500 软件工程
	99J3 数据科学	*0835J3 数据科学（软件工程）
10 医学	★ 1001 基础医学	*100101 人体解剖与组织胚胎学
		*100102 免疫学
		*100103 病原生物学
		*100106 放射医学
		*100120 基础医学（病理学）
		*100121 基础医学（病理生理学）
		*100122 基础医学（人体生理学）
		*100123 基础医学（医学生物化学与分子生物学）
		*100124 基础医学（医学神经生物学）
		*100125 基础医学（医学细胞生物学）
		*100126 基础医学（系统生物医学）
		*100127 基础医学（医学生物信息学）
	★ 1002 临床医学	*100201 内科学（传染病）
		*100201 内科学（风湿病）
		*100201 内科学（呼吸系病）
		*100201 内科学（内分泌与代谢病）
		*100201 内科学（肾病）
		*100201 内科学（消化系病）
		*100201 内科学（心血管病）
		*100201 内科学（血液病）

(续表)

学科门类	一级学科	二级学科
10 医学		*100202 儿科学
		*100203 老年医学
		*100204 神经病学
		*100205 精神病与精神卫生学
		*100206 皮肤病与性病学
		*100207 影像医学与核医学
		*100208 临床检验诊断学
		*100210 外科学（骨外）
		*100210 外科学（泌尿外）
		*100210 外科学（普外）
		*100210 外科学（神外）
		*100210 外科学（胸心外）
		*100210 外科学（整形）
		*100211 妇产科学
		*100212 眼科学
		*100213 耳鼻咽喉科学
		*100214 肿瘤学
		*100215 康复医学与理疗学
		*100216 运动医学
		*100217 麻醉学
		*100218 急诊医学
		*100231 临床医学（全科医学）
		*100232 临床医学（重症医学）
		*100233 临床医学（临床病理学）
		100234 临床医学（医学信息学）
		*100235 临床医学（临床研究方法学）
	★ 1003 口腔医学	*100301 口腔基础医学
		*100320 口腔医学（牙体牙髓病学）
		*100321 口腔医学（牙周病学）
		*100322 口腔医学（儿童口腔医学）
		*100323 口腔医学（口腔黏膜病学）
		*100324 口腔医学（口腔预防医学）
		*100325 口腔医学（口腔颌面外科学）
		*100326 口腔医学（口腔颌面医学影像学）
		*100327 口腔医学（口腔修复学）
		*100329 口腔医学（口腔正畸学）
	★ 1004 公共卫生与预防医学	*100401 流行病与卫生统计学
		*100402 劳动卫生与环境卫生学
		*100403 营养与食品卫生学

(续表)

（续表）

学科门类	一级学科	二级学科
10 医学	★ 1004 公共卫生与预防医学	*100404 儿少卫生与妇幼保健学
		*100405 卫生毒理学
		*100420 公共卫生与预防医学（全球卫生学）
	★ 1006 中西医结合	*100601 中西医结合基础
		*100602 中西医结合临床
	★ 1007 药学	*100701 药物化学
		*100702 药剂学
		*100703 生药学
		*100704 药物分析学
		*100706 药理学
		*100720 药学（化学生物学）
		*100721 药学（临床药学）
	★ 1010 医学技术	*101020 医学技术（医学影像技术学）
		*101021 医学技术（医学检验学）
		*101022 医学技术（放射治疗物理学）
		*101023 医学技术（眼视光学）
		*101024 医学技术（康复治疗学）
		*101025 医学技术（呼吸医学技术）
		*101026 医学技术（口腔医学技术）
		*101027 医学技术（健康数据科学）
	★ 1011 护理学	*101120 护理学（临床护理学）
	99J4 整合生命科学	*1001J4 整合生命科学（基础医学）
		*1002J4 整合生命科学（临床医学）
12 管理学	★ 1201 管理科学与工程	*120100 管理科学与工程
	★ 1202 工商管理	*120201 会计学
	★ 1202 工商管理	*120202 企业管理
	★ 1204 公共管理	*120401 行政管理
		*120402 社会医学与卫生事业管理
		*120403 教育经济与管理
		120404 社会保障
		*120421 公共管理（公共政策）
		120422 公共管理（发展管理）
	★ 1205 图书情报与档案管理	*120501 图书馆学
		*120502 情报学
		*120520 图书情报与档案管理（编辑出版学）
13 艺术学	★ 1301 艺术学理论	*130100 艺术学理论
	☆ 1303 戏剧与影视学	130300 戏剧与影视学
	☆ 1304 美术学	130400 美术学

（续表）

(续表)

学科门类	一级学科	二级学科
20 专业学	0251 金融硕士	025100 金融硕士
	0252 应用统计硕士	025200 应用统计硕士
	0253 税务硕士	025300 税务硕士
	0254 国际商务硕士	025400 国际商务硕士
	0255 保险硕士	025500 保险硕士
	0257 审计硕士	025700 审计硕士
	0351 法律硕士	035101 法律硕士（非法学）
		035102 法律硕士（法学）
	0352 社会工作硕士	035200 社会工作硕士
	0451 教育博士	*045101 教育管理
	0453 汉语国际教育硕士	045300 汉语国际教育硕士
	0454 应用心理硕士	045400 应用心理硕士
	0551 翻译硕士	055101 英语笔译
		055105 日语笔译
		055106 日语口译
	0552 新闻与传播硕士	055200 新闻与传播硕士
	0651 文物与博物馆硕士	065100 文物与博物馆硕士
	0852 工程	085204 材料工程
		085208 电子与通信工程
		085209 集成电路工程
		085211 计算机技术
		085212 软件工程
		085237 工业设计工程
		085239 项目管理
		*085271 电子与信息
		*085273 生物与医药
	0953 风景园林硕士	095300 风景园林硕士
	1051 临床医学	*105101 内科学
		*105102 儿科学
		*105104 神经病学
		*105105 精神病与精神卫生学
		*105106 皮肤病与性病学
		*105107 影像医学与核医学
		*105108 临床检验诊断学
		*105109 外科学
		*105110 妇产科学
		*105111 眼科学
		*105112 耳鼻咽喉科学
		*105113 肿瘤学

(续表)

(续表)

学科门类	一级学科	二级学科
20 专业学		*105114 康复医学与病理学
		*105115 运动医学
		*105116 麻醉学
		*105117 急诊医学
		105127 全科医学
		105128 临床病理学
	1052 口腔医学	*105200 口腔医学
	1053 公共卫生硕士	105300 公共卫生硕士
	1054 护理硕士	105400 护理硕士
	1055 药学硕士	105500 药学硕士
	1251 工商管理硕士	125101 工商管理硕士
		125102 高级管理人员工商管理硕士
	1252 公共管理硕士	125200 公共管理硕士
	1253 会计硕士	125300 会计硕士
	1256 工程管理硕士	125600 工程管理硕士
	1351 艺术硕士	135101 音乐
		135102 戏剧（歌剧艺术）
		135104 电影
		135105 广播电视
		135107 美术

注：1. 一级学科代码前的★代表该一级学科具有博士学位授权，☆代表具有硕士学位授权。
2. 专业代码前标 * 的专业可招博士及硕士研究生，未标的仅招硕士研究生。

（研究生院）

表7-9　北京大学2018—2019学年在校研究生分院系统计（双证）

院系代码	院系名称	硕士	博士	合计
00001	数学科学学院	275	305	580
00004	物理学院	137	952	1089
00010	化学与分子工程学院	73	601	674
00011	生命科学学院	8	622	630
00012	地球与空间科学学院	298	402	700
00016	心理与认知科学学院	172	136	308
00017	软件与微电子学院	2366	105	2471
00018	新闻与传播学院	187	45	232
00020	中国语言文学系	291	310	601
00021	历史学系	158	220	378
00022	考古文博学院	73	128	201
00023	哲学系（宗教学系）	169	240	409

（续表）

院系代码	院系名称	硕士	博士	合计
00024	国际关系学院	375	189	564
00025	经济学院	236	178	414
00028	光华管理学院	2396	213	2609
00029	法学院	1134	258	1392
00030	信息管理系	71	81	152
00031	社会学系	213	92	305
00032	政府管理学院	623	138	761
00039	外国语学院	366	188	554
00040	马克思主义学院	77	116	193
00041	体育教研部	34	0	34
00043	艺术学院	225	84	309
00044	对外汉语教育学院	156	38	194
00047	深圳研究生院	2899	147	3046
00048	信息科学技术学院	755	713	1468
00062	国家发展研究院	308	88	396
00067	教育学院	131	277	408
00068	人口研究所	89	41	130
00084	前沿交叉学科研究院	186	699	885
00086	工学院	296	687	983
00126	城市与环境学院	232	292	524
00127	环境科学与工程学院	113	212	325
00182	分子医学研究所	50	85	135
00192	歌剧研究院	22	0	22
00195	建筑与景观设计学院	113	0	113
00206	新媒体研究院	89	47	136
00208	燕京学堂	228	0	228
00217	南南合作与发展学院	27	78	105
校本部合计		15,651	9007	24,658
891	基础医学院	241	428	669
892	药学院	367	207	574
893	公共卫生学院	339	149	488
894	护理学院	55	18	73
895	医学人文研究院	31	19	50
910	第一临床医学院	310	290	600
920	第二临床医学院	258	161	419
930	第三临床医学院	238	211	449
931	第四临床医学院（积水潭医院）	24	7	31
940	口腔医学院	186	161	347
950	精神卫生研究所	57	51	108

(续表)

院系代码	院系名称	硕士	博士	合计
960	临床肿瘤学院	121	122	243
971	第五临床医学院（卫生部北京医院）	57	17	74
972	中日友好临床医学院	91	28	119
973	第九临床医学院（北京世纪坛医院）	34	7	41
974	航天临床医学院（航天中心医院）	22		22
975	首都儿科研究所	23	3	26
976	民航临床医学院（北京民用航空总医院）	6		6
977	深圳·北京大学/香港科技大学医学中心	56	13	69
978	首钢总医院	6		6
979	北京地坛医院	18	3	21
980	解放军第302医院	12	4	16
981	解放军第306医院	7		7
982	北京回龙观医院	20	5	25
983	北京大学中医药临床医学院（西苑）	1	1	2
医学部合计		2580	1905	4485
全校合计		18,231	10,912	29,143

（注：本表统计时点为2019年2月）

（研究生院）

继续教育

【发展概况】 机构设置。北京大学继续教育部是负责统筹、协调、组织和管理北京大学全校成人、继续教育工作的机构，代表学校对继续教育工作统筹安排和管理，并代表学校与校外单位洽谈或签署开办继续教育的协议。继续教育部下设综合管理办公室、学历教育办公室、非学历教育办公室、教学管理与研究办公室4个科室。2018年，部门职员20人，其中事业编制10人，劳动合同制7人，离退休返聘3人。部门设部长1人，副部长2人。刘力平任部长，杨学祥、刘广送任副部长。2018年11月27日，迟春霞接替杨学祥任副部长。

成人高等学历教育。2018年成人高等学历教育在校生注册人数总计21,805人，其中业余学习学生7155人，网络教育学生14,650人。成人高等学历教育共有毕业生6463人，其中业余学习毕业生1447人，网络教育毕业生5016人。授予成人高等教育学士学位2906人，其中业余学习1034人，网络教育1262人，自学考试610人。

进修教师、访问学者。2017—2018学年春季学期，接收来自全国兄弟院校、科研单位的进修访学人员共计347人，其中进修教师76人，访问学者271人。2018—2019学年秋季学期，接收进修访学人员共计424人，其中进修教师76人，访问学者348人。

自学考试。2018年完成140门课程52,690科次的阅卷任务；完成独立本科段毕业论文指导答辩10个科次，本科段毕业论文指导答辩1503科次；完成考生学位资格审核与学位授予工作，共授予610名自考学生学士学位，涉及法学、理学、管理学、经济学以及文学学位。北京大学在广东省承办金融管理、商务管理、行政管理3个专业主考工作。

非学历继续教育培训。2018年全校共有29个办学单位举办各类非学历继续教育，共立项1227个项目；结业班次1064个，结业学员67,771人，其中2018年立项并结业项目905个，结业学员51,024人；2014—2017立项，2018年结业项目159个，结业学员16,747人。

表彰奖励和督导。2018年1月2日，学校常委会通过《北京大学继续教育表彰奖励办法》和《北京大学继续教育督导工作办法》，以支持各办学单位自主开展"高层次、高水平、高质量"的继续教育项目，鼓励创新，提高质量，提升北大继续教育核心竞争力，促进可持续发展。2018年，共评选出"优秀办学单位"2家、"精品项目"10项、"教学管理奖"10人、"优秀教师"10人。2018年督导工作顺利开展。中国高等教育学会继续教育分会工作。2018年是北京大学作为继续教育分会秘书处挂靠单位的第一年，共组织召开1次理事长工作会议、1次常务理事会议和1次学术年会。在举行常规工作的同时，进行改革创新，首次推进分会自设课题工作，成功立项课题22个。

党建工作。2018年10月31日，召开支部党员大会，会议表决通过齐叶青、张卉两位同志预备党员转正申请。2018年12月11日，进行支部换届选举，迟春霞任党支部书记。11月23日，赴嘉兴开展"学习红船精神，践行两山理念"主题党日活动，5月19日和12月31日，分别组织赴白洋淀爱国主义教育基地及国家博物馆"伟大的变革——庆祝改革开放40周年大型展览"进行参观学习。

（孟宪伟）

【继续教育综合管理服务系统上线】 2018年11月15日，"北京大学继续教育综合管理服务系统"正式上线运行。新系统以实现多角色参与、全流程覆盖、无纸化办公、移动端支持为开发目标，满足培训项目立项管理、过程管理、结业管理、市场推广、学员服务、跨平台使用等多方面需求，兼具管理功能和运营推广功能，为北京大学继续教育实现统一、全面、便捷的综合管理与服务提供支撑。

（孟宪伟）

继续教育学院

【发展概况】 组织机构。继续教育学院下设综合办公室、市场开拓办公室、对外合作办公室、教学研究办公室、教学管理办公室、技术保障办公室、总务办公室和圆明园校区管理办公室等8个办公室，内设企业培训中心和网络培训中心。学院设院长1名，为章政；副院长4名（2018年增设1名），为舒忠飞、屈兵、白彦、李建新；党总支书记1名，为李胜；党总支副书记1名，为杨虎。

队伍建设。2018年继续教育学院共有员工138人，其中事业编制16人，劳动合同制122人。续聘1人。退休1人。

教学工作。2018年网络学历教育停止招生，截至2018年12月，在校生共计19,999人（在有效学籍期限内），毕业5016人，其中1013人取得学位。校本部夜大学5个年级，6个专业，在校生共计2237人。夜大学毕业生共计359人，其中249人取得学位。2018年完成陕西、江苏、山东、河北等省市所属学习中心的年检年报工作。2018年远程培训项目涉及贵州、云南、内蒙古等省市自治区共11个项目，培训14,900人。组织4个省49个项目县的培训者培训、线下集中面授和送教下乡活动，覆盖学员人数近9401人次。2018年，学院共有384个培训项目通过审批立项，结业班级371个，结业学员23,563余人，其中中央和国家机关司局级干部专题研修共6个项目。

社会服务。网络非学历培训在中西部地区包括贵州省、云南省、河南省、内蒙古自治区等地开展国培远程培训项目，推动线下与线上相结合的混合式培训模式，深入中西部偏远贫困乡村，对几十个国家级贫困县及省级贫困县开展以远程为主、送教为辅的教育扶贫工作；发挥网络课程资源建设的经验优势并中标"2018年北京市人才培养共建项目-高校信息化服务平台和在线资源开发建设项目"。

非学历面授培训方面，完成中联办等国家机关交办的香港青年培训项目，使之成为香港青年了解内地经济、文化、社会发展的重要平台和两地交流合作的纽带。持续做好中央和国家机关委托的干部培训。承办中组部、中央和国家机关工委委托的"2018年中央和国家机关司局级干部专题研修"6个班，共364名学员参加学习；承办教育部委托的"2018年教育部机关和直属单位干部专题研修"4个班；落实国家机关事务管理局与学校的合作协议，承办"国家机关事务管理局青年干部培训班"1期。学院利用自身优势服务学校本科教育教学工作，举办北京大学2018年中学校长论坛暨全国中学骨干教师综合教育能力提升博雅讲堂（第四期）。同时自觉服务学校老年工作，与校内相关部门扎实推进博雅老年大学筹备建设，开办培训班12期。落实学校对口支援项目，为云南弥渡县和山西大学举办干部培训班。

党建工作。2018年学院共有党员72人。按照中央和学校要求，学习贯彻十九大和学校十三次党代会精神，学习习近平新时代中国特色社会主义思想，贯彻落实中央重大决策部署和上级党组织重要工作安排。执行党政联席会议制度，落实基层党委会制度，领导班子民主生活会制度健全，党总支领导班子成员职责明确。注重支部建设，推进"两学一做"学习教育常态化制度化。完成党员发展、党费收缴等党建工作，强化学院党总支宣传工作。抓紧抓好思想政治工作，重视党风廉政建设，严明政治纪律和政治规矩。实际工作中注重统筹指导，保障有力，调动基层党组织及群团组织主观能动性。建章立制，以评促学，激发党员干部及普通群众的学习动力。鼓励研究，学以致用，提升基层组织理论联系实际的工作水平。充实学院团干部力量，加强党建带团建，融入学校大局，开展北大校庆志愿者、对接扶贫及系列活动承办等各项共青团工作。

工会工作。2018年，学院工会共有会员172人。全年主要活动包括：组织参加校运动会、摄影比赛、演讲比赛、羽毛球活动、女工活动、春游、秋游、慰问活动、北京市教育工会先进教职工小家验收汇报、公共空间改造、"下午茶"活动等。

（刘 宁）

【继续教育2018新春论坛】 2018年4月10日，在北京大学继续教育事业迎来100周年庆典之际，举办"新时代改革深度发展与学习大国建设——北京大学继续教育2018新春论坛"。全国政协副主席辜胜阻、商务部原副部长魏建国，教育部职业教育与成人教育司副巡视员葛维威，北京大学党委副书记、医学部党委书记刘玉村，全国房地产商会联盟主席、住建部住房政策专家委员会副主任顾云昌，北京大学光华管理学院教授、金融研究中心主任曹凤岐等出席论坛。中央各部委、各省（市、自治区）、地（市、州）委组织部相关人员、高等学校继续教育工作负责同志、知名培训机构、各大商会、各地工商联负责同志、北大优秀学员代表等400余人参加论坛。

论坛由北京大学主办，继续教育部和继续教育学院承办，马克思主义学院、地球与空间科学学院、环境科学与工程学院、考古文博学院、外国语学院、艺术学院、教育学院、经济学院、深圳研究生院、信息管理系、医学继续教育学院、国家发展研究院、工学院、对外汉语教育学院、新闻与传播学院、科技开发部等院系和部门共同协办。

论坛设置主论坛和4个分论坛，20余位相关领域和行业的著名专家学者从教育、经济、文化和科技等方面，研讨新时代改革深度发展与学习大国建设的新格局、新理念和新目标。

（刘 宁）

【北京大学继续教育100周年】 10月28日上午，北京大学继续教育100周年纪念座谈会在英杰交流中心月光厅举行。会议由北京大学继续教育部、北京大学继续教育学院、北京大学教育学院主办。全国人大教育科学文化卫生委员会副主任委员、民进中央副主席王佐书，北京大学校长郝平、副校长龚旗煌，教育部职业教育与成人教育司高等继续教育处处长高阳等领导出席会议。国家教育咨询委员会委员季明明、全国高校现代远程教育协作组秘书长严继昌、中国成人教育协会人力资源教育专业委员会理事长吴峰等50余位专家学者、院系负责人和职能部门领导、教师代表出席会议，共同探讨百年来北京大学和我国高校继续教育的重要意义、使命责任和新时代继续教育的发展趋势。

（刘 宁）

【管理机制改革】 为给学校薪酬体系改革提供可参考样本，学院在2017年制定并试行全新的《绩效考核实施管理办法》基础上，进一步大范围征求意见，依托财务系统项目制核算，本着自愿参加、公平公正、诚实守信、区分类型、直接挂钩、适度奖励、鼓励合作、鼓励探索、鼓励创新、加强统筹、有序过渡、规范操作原则，进一步完善考核制度，推行以量化考核为主体的年终绩效改革。方案科学有效，实现中层领导干部和员工绩效考核的双正态分布，激发全体员工的主动性和创造性，真正做到奖勤罚懒、优劳优酬。

为贯彻落实习近平总书记在十九大报告中关于"办好继续教育，加快建设学习型社会，大力提高国民素质"的讲话精神，配合学校推进综合改革，持续推进《关于完善绩效考核、加强岗位责任、实施员工轮岗工作制度的意见（试行办法）》，员工在部门间实现更大半径轮岗，培育和锻造员工多方面的能力，帮助员工确立生涯规划，拓宽职业发展空间。

为深入贯彻落实《国家教育事业发展"十三五"规划》，构建终身教育体系，建设学习大国，适应科技经济迅猛发展变化和加快实现北京大学创建"双一流"大学的要求，发挥北京大学独特的教学科研优势，探索北京大学继续教育发展的新模式、新方法和新路径，2018年持续深入实施《关于支持和鼓励教职工开展继续教育研究和业务学习的意见》。

（刘 宁）

【一体化办公与业务管理平台】 学院根据实际业务需求，自主开发一体化办公平台及非学历培训业务管理平台，在实现用户管理和权限管理的基础上，围绕项目建立基本数据结构，开发教师、课程、教室、项目、班主任、物资配送、住宿、预算、决算等各管理模块，实现非学历培训项目从立项到结业的各个环节的电子化管理，提高效率，加强协同。

（刘 宁）

医学继续教育

【发展概况】 组织结构。医学部继续教育处负责统筹管理毕业后医学教育和继续医学教育，下设住院医师规范化培训办公室和继续教育办公室。2018年，部门职员共计9人，其中事业编制8人，劳务派遣1人。部门设处长1人，副处长2人，科长1人。

专科医师规范化培训。2018年制定部分试点专科结业考核方案，首批试点专科医师完成结业考核。在培专科医师人数达到585人。2018年专科医师规范化培训中期考核与住院医师规范化培训第二阶段考试合并进行，共有25个专科132人报名，其中105人参加考试，98人合格，合格率93.3%。2018年专科医师结业考核报名人数30人，其中27人参加考核，26人合格，合格率为96.3%。肿瘤内科和肿瘤外科作为北京市专科一体化培训试点，有5人参加北京市组织的结业考核，合格率100%。完成47个专科81个亚专科的专科医师规范化培训基地认定标准，2019年将启动基地认定和评估工作。

住院医师规范化培训。2018年新招录住院医师852名，在培住院医师总数达到3387名，其中第一阶段在培住院医师2163名，第二阶段1224名。2018年共有1049名住院医师和研究生参加北京市住院医师规范化培训第一阶段考试，占考生总数的31.6%，有985名合格，总体合格率93.9%。其中住院医师731名，有681名合格，合格率93.2%；研究生318名，有304名合格，合格率95.6%。2018年住院医师规范化培训第二阶段考试的考试科目涉及25个学科、43个专业。实际考试人数342人，有286人合格，合格率83.6%。其中住院医师302名，有260人合格，合格率为86.1%；外单位调入须确认北医主治医师资格者或证书确认36名，有

23 人合格，合格率为 63.9%；在职申请博士专业学位者 4 人，有 3 人合格，合格率 75%。

2018 年，北京肿瘤医院获批成为国家级住院医师规范化培训基地，设有肿瘤放射治疗、超声、核医学、放射和病理 5 个专业基地，病理为新增专业基地。国家级住院医师规范化培训基地增至 13 家，协同医院 12 个，专业基地（包括协同基地）总数为 173 个。

2018 年承担北京市住院医师公共课程任务，组织上报循证医学概述、临床研究规范简介、卫生统计学方法与应用、医学史与医学人文 4 门 12 节公共必修课。报名 20,070 人次，授予学分 2890 人次。

住院医师 / 专科医师规范化培训与硕士和博士专业学位双向衔接工作。2018 年北医、首医、协和、清华、解放军医学院以及解放军军事医学科学院专业学位硕士研究生共 1411 人参加北京市住院医师规范化培训结业考试，有 1399 人合格，合格率 94.25%。2018 年有 193 名住院医师在职申请硕士学位，共有 175 名住院医师正式入学。2018 年有 21 名住院医师通过论文答辩，获得硕士学位。

非学历继续医学教育培训。2018 年医学部举办各类培训班共 628 项，共培训 10,1582 人。其中：2018 年国家级继续医学教育项目获准 252 项，实际举办 241 项，举办率 96.03%，培训 44,422 人；2018 年远程国家继续医学教育项目获准 137 项，实施 137 项，培训 32,154 人；2018 年国家级继续医学教育基地备案项目获准 99 项，实际举办 86 项，举办率 86.86%，培训 6061 人；2018 年北京市市级继续医学教育项目获准 156 项，实际举办 134 项，举办率 85.9%，培训 17,524 人；培训班 8 项，培训 1421 人。

医学部申报 2019 年国家级继续医学教育项目 462 项：新申报国家级继续医学教育项目 220 项（含远程 36 项），申请国家级继续医学教育备案项目 143 项（含远程 35 项），申请国家级继续医学教育基地备案项目 99 项。申报 2019 年北京市市级继续医学教育项目 166 项，其中新申报北京市市级继续医学教育项目 116 项，申报北京市市级继续医学教育备案项目 50 项。

2018 年共申报对内继续医学教育项目总数 1282 项，医学部审核通过 1256 项，通过率 97.97%。实际举办项目数为 1125 项，举办率 89.57%。2018 年医学部对内继续医学教育项目培训总人次达到 111,830 人次，附属医院完成继续教育学分总达标率为 99.9%，中级及以上职称人员达标率 99.8%。

2018 年，北京市继续医学教育委员会办公室开展学分审验工作，医学部 7 家附属医院被抽查 655 人，审验结果全部合格，合格率为 100%。

加强对北京大学医学继续教育学院项目的全过程监管，完成 2018 届专升本本科毕业生学位信息审核及数据上报工作；完成 2018 级招生专业课程教学进程备及课时收费标准上报工作；完成医学继续教育学院各项合同的审核工作，促进医学继续教育学院与各附属医院的深度合作。

课题研究。医学部作为牵头单位，联合多个学校进行继续医学教育基础性研究，2018 年《中外继续医学教育制度比较研究》课题进入比较与政策建议的研究阶段，9 月结题并获三等奖。联合申请中华医学会医学教育分会课题《中美继续医学教育评估制度比较研究》。《非学历继续教育内部控制体系研究》获得 2017 年度主任基金专项课题，2018 年继续对 2017 年获批的主任基金课题《非学历继续教育内部控制体系研究》开展研究。

其他工作。承担中华医学会医学教育分会继续医学教育学组 / 成人医学教育学组秘书处工作：召开学组组长会、召开全国继续医学教育论坛暨学组 2018 年会；3 位管理干部参加北京市继续医学教育学分审验工作。1 人参与全国继续医学教育年度评估和飞行检查工作及参与国家和北京市继续医学教育相关制度修改工作。

（杨　英、马　真、胡　玮）

【专科医师规范化培训结业】 2018 年继续教育处组织部分试点专科开展结业考核。4 月 25 日至 26 日，继续教育处组织专培试点专家、部分附属医院教育处处长、研究生院和继续教育处有关管理人员赴上海调研上海市专科医师规范化培训工作，借鉴上海市专科医师规范化培训和考核经验。5 月 9 日，继续教育处组织召开专科医师规范化培训结业考核研讨会，确定内科结业考核方案包括专业理论和 OSCE 多站式考核；外科结业考试着重考察手术和临床思维面试；口腔各专科结业考核与第二阶段考试同时进行，口腔内科各专科考核方案进行相应调整，理论考试专科部分占 60%，有 40% 共同题，临床技能和临床思维由各专科独立进行。经过多次讨论修订，最终确定结业考核方案，7 月 18 日，下发《关于下发首批专科医师规范化培训结业考核方案的通知》，试行一年。

（杨　英）

【弥渡县医疗扶贫活动】 2018 年 1 月 30 日，继续教育处带队北大医学专家，赴北大对口扶贫的云南省弥渡县开展医疗扶贫活动。精准帮扶云南省弥渡县医疗卫生机构的儿科、妇产科、急诊科。北医三院急诊科马青变主任医师、北京大学人民医院妇产科魏俊副主任医师、北京大学第一医院儿科张欣副主任医师通过现场培训、现场查房、实地指导等方式对当地医疗工作者进行针对性、实用性的培训。

（马　真）

【开展传染病培训】 2018 年，卫生专业技术人员传染病全员培训纳入继续医学教育管理系统。为解决工学矛盾，满足卫技人员的学习需求，2018 年 3 月，继续教育处向北京市继续医学教育委员会办公室提出申请并获得批准，结合北大医学传染病师资优势，依托医学继续教育学院的网络技术优势，面向部分附属医院卫技人员，将传染病培训以校级项目的名义开展，采取线上学习、线下授分的创新模式，方便医护人员学习。

（马　真）

表 7-10 2018年各医院专科医师规范化培训人数情况表

医院	培训人数
北京大学第一医院	32
北京大学人民医院	84
北京大学第三医院	27
北京大学口腔医院	41
北京大学肿瘤医院	26
北京大学第六医院	3
总计	213

（杨 英）

表 7-11 2018年专科医师规范化培训人数情况表

专科	培训人数
心血管内科	5
消化内科	3
呼吸内科	1
肾脏内科	3
血液科	13
内分泌科	3
感染科	0
风湿免疫科	2
老年内科	4
普外科	5
骨科	7
泌尿外科	0
胸外科	2
心外科	2
神经外科	2
整形外科	4
运动医学科	3
妇产科	20
儿科	5
眼科	5
耳鼻喉科	2
皮肤科	3
神经内科	5
放射科	8
超声科	15
核医学科	1
介入科	2
病理科	4
康复医学科	0
麻醉科	16
检验科	3
重症医学科	3
精神科	3
口腔综合科	8
儿童口腔科	2
牙体牙髓科	2
牙周科	6
口腔黏膜科	2
口腔预防科	0
口腔颌面外科	9
口腔正畸科	1
口腔修复科	10
口腔组织病理	1
肿瘤内科	7
肿瘤外科	8
肿瘤放疗	3
总计	213

（杨 英）

表 7-12 2018年专科医师结业考核情况表

专科	考生人数	合格人数	合格率
心血管内科	4	3	75.0%
肾脏内科	3	3	100.0%
风湿免疫科	1	1	100.0%
普通外科	2	2	100.0%
骨科	2	2	100.0%
泌尿外科	3	3	100.0%
牙体牙髓	2	2	100.0%

(续表)

专科	考生人数	合格人数	合格率
牙周	2	2	100.0%
儿童口腔	5	5	100.0%
口腔修复	3	3	100.0%
合计	27	26	96.3%

（杨 英）

表 7-13 2018 年各医院专科医师规范化培训中期考核情况表

医院	考生人数	合格人数	合格率
北京大学第一医院	27	25	92.6%
北京大学人民医院	33	31	93.9%
北京大学第三医院	26	25	96.2%
北京大学肿瘤医院	15	14	93.3%
北京大学第六医院	4	3	75.0%
合计	105	98	93.3%

（杨 英）

表 7-14 2018 年专科医师规范化培训中期考核情况表

专科	考生人数	合格人数	合格率
心血管内科	5	5	100.0%
呼吸内科	5	5	100.0%
消化内科	6	5	83.3%
肾脏内科	3	3	100.0%
风湿免疫科	2	2	100.0%
内分泌	4	3	75.0%
血液内科	3	3	100.0%
老年内科	1	0	0.0%
普通外科	10	8	80.0%
骨科	10	10	100.0%
泌尿外科	5	5	100.0%
整形外科	2	2	100.0%
胸外科	3	3	100.0%
运动医学	1	1	100.0%
妇产科	7	7	100.0%
儿科	6	6	100.0%
眼科	4	4	100.0%
耳鼻喉科	2	2	100.0%
皮肤科	2	2	100.0%
放射科	1	1	100.0%
麻醉科	4	4	100.0%

（续表）

专科	考生人数	合格人数	合格率
精神科	4	3	75.0%
肿瘤内科	5	5	100.0%
肿瘤外科	9	8	88.9%
肿瘤放疗	1	1	100.0%
合计	105	98	93.3%

（杨 英）

表 7-15　2018 年国家专科医师试点基地名录

医院	心内	呼吸	神外	重症	老年	新生儿	普通外科	小儿麻醉	颌面外科
北京大学第一医院	√	√	-	√	√	√	√	-	-
北京大学人民医院	√	√	-	√	-	-	√	-	-
北京大学第三医院	√	√	-	-	-	-	√	-	-
北京大学口腔医院	-	-	-	-	-	-	-	-	√
北京医院	√	√	-	-	√	-	√	-	-
中日友好医院	-	√	√	√	√	-	√	-	-
北京世纪坛医院	-	-	-	-	-	-	√	-	-
首都儿科研究所	-	-	-	-	-	√	-	√	-
合计	4	5	1	3	3	2	6	1	1

（杨 英）

表 7-16　2018 年住院医师规范化培训基地和专业基地情况表

培训基地	数目	专业基地
北京大学第一医院（协同航天中心、民航总）	18	内科、外科、妇产科、儿内、耳鼻喉、眼科、神内、急诊、麻醉、口腔全科*、检验、放射、超声、核医学、皮科、康复、病理、全科
北京大学人民医院	16	内科、外科、妇产科、耳鼻喉、眼科、神内、急诊、麻醉、口腔全科、检验、放射、超声、核医学、皮科、病理、全科、
北京大学第三医院（协同首钢）	17	内科、外科、妇产科、耳鼻喉、眼科、神内、急诊、麻醉、口腔全科、检验、放射、超声、核医学、皮科、康复、病理、全科
北京大学口腔医院	7	口腔全科、口腔内科、口腔颌面外科、口腔正畸、口腔修复、口腔颌面影像、口腔病理
北京肿瘤医院	5	放疗、超声、核医学、放射、病理
北京大学第六医院	1	精神
北京大学深圳医院	24	内科、外科、外科（神外）、外科（泌尿）、外科（整形）、外科（心胸）、骨科、妇产科、儿内、耳鼻喉、眼科、神内、急诊、麻醉、口腔全科、检验、放射、超声、核医学、皮科、康复、病理、全科、口腔颌面外科
北京积水潭医院	8	内科、外科、急诊、麻醉、放射、超声、全科、妇产科
北京医院	17	内科、外科、妇产科、耳鼻喉、眼科、神内、急诊、麻醉、口腔全科、检验、放射、超声、核医学、皮科、康复、病理、全科
中日友好医院	17	内科、外科、妇产科、耳鼻喉、神内、急诊、口腔全科、麻醉、检验、放射、超声、核医学、皮科、康复、病理、全科、外科（神外）
北京世纪坛医院	12	内科、外科、妇产科、神内、口腔全科、麻醉、检验、放射、超声、核医学、病理、全科
首都儿科研究所附属儿童医院	2	儿内、儿外

（续表）

培训基地	数目	专业基地
北京回龙观医院	1	精神
航天中心医院	3	（协同）内科、口腔全科、全科
民航总医院	2	（协同）内科、外科
北京大学首钢医院	1	（协同）内科
总计	151	13个基地医院，3个协同医院，共151个专业基地

（杨 英）

表7-17 2018年各医院在培住院医师情况表

所在医院	第一阶段在培人数			第二阶段在培人数	2018年招录
	本单位	外单位	总数		
北京大学第一医院	56	121	177	26	71
北京大学人民医院	89	136	225	24	109
北京大学第三医院	68	171	239	31	98
北京大学口腔医院	55	13	68	29	31
北京大学肿瘤医院	12	29	41	9	27
北京大学第六医院	7	51	58	1	25
北京大学首钢医院	26	8	34	56	11
北京大学深圳医院	1	261	262	216	128
北京大学国际医院	13	0	13	139	0
北京积水潭医院	32	52	84	82	11
北京医院	56	138	194	86	70
中日友好医院	76	234	310	76	126
北京世纪坛医院	71	115	186	78	59
北京航天中心医院	36	26	62	86	21
民航总医院	15	16	31	91	12
首都儿科研究所	76	60	136	169	39
北京回龙观医院	2	41	43	8	8
合计	691	1472	2163	1207	846

（杨 英）

表7-18 2018年各医院住院医师规范化培训结业考试情况表

基地	总体			住院医			研究生		
	考生	合格	合格率	考生	合格	合格率	考生	合格	合格率
北京大学第一医院	168	163	97.0%	89	86	96.6%	79	77	97.5%
北京大学人民医院	153	144	94.1%	101	93	92.1%	52	51	98.1%
北京大学第三医院	183	172	94.0%	128	119	93.0%	55	53	96.4%
北京大学口腔医院	90	83	92.2%	48	45	93.8%	42	38	90.5%
北京大学肿瘤医院	10	9	90.0%	8	7	87.5%	2	2	100.0%
北京大学第六医院	16	15	93.8%	9	8	88.9%	7	7	100.0%

（续表）

基地	总体			住院医			研究生		
	考生	合格	合格率	考生	合格	合格率	考生	合格	合格率
北京大学首钢医院	4	4	100.0%	4	4	100.0%	0	0	0
北京积水潭医院	55	50	90.9%	47	43	91.5%	8	7	87.5%
北京医院	102	96	94.1%	85	80	94.1%	17	16	94.1%
中日友好医院	124	120	96.8%	89	87	97.8%	35	33	94.3%
北京世纪坛医院	68	59	86.8%	57	49	86.0%	11	10	90.9%
北京航天中心医院	17	14	82.4%	16	13	81.3%	1	1	100.0%
民航总医院	12	11	91.7%	12	11	91.7%	0	0	0
首都儿科研究所	32	30	93.8%	28	26	92.9%	4	4	100.0%
北京回龙观医院	15	15	100.0%	10	10	100.0%	5	5	100.0%
合计	1049	985	93.9%	731	681	93.2%	318	304	95.6%

（杨 英）

表7-19　2018年各专业住院医师规范化培训结业考试情况表

专业	总体			住院医			研究生		
	考生	合格	合格率	考生	合格	合格率	考生	合格	合格率
内科	228	223	97.8%	149	144	96.6%	79	79	100.0%
外科	189	180	95.2%	108	103	95.4%	81	77	95.1%
妇产科	58	57	98.3%	45	44	97.8%	13	13	100.0%
儿内科	46	44	95.7%	37	35	94.6%	9	9	100.0%
儿外科	1	1	100.0%	1	1	100.0%			
眼科	33	29	87.9%	23	20	87.0%	10	9	90.0%
耳鼻咽喉科	10	9	90.0%	6	5	83.3%	4	4	100.0%
神经内科	24	21	87.5%	13	11	84.6%	11	10	90.9%
皮肤科	20	19	95.0%	10	9	90.0%	10	10	100.0%
急诊科	23	23	100.0%	22	22	100.0%	1	1	100.0%
麻醉科	50	49	98.0%	41	40	97.6%	9	9	100.0%
放射科	42	34	81.0%	28	22	78.6%	14	12	85.7%
超声医学科	40	36	90.0%	38	34	89.5%	2	2	100.0%
核医学科	7	7	100.0%	4	4	100.0%	3	3	100.0%
康复医学科	4	3	75.0%	4	3	75.0%			
康复治疗（技师）	9	9	100.0%	9	9	100.0%			
口腔病理科	1	1	100.0%	1	1	100.0%			
口腔颌面外科	18	16	88.9%	5	4	80.0%	13	12	92.3%
口腔颌面影像科	2	1	50.0%				2	1	50.0%
口腔内科	19	19	100.0%	6	6	100.0%	13	13	100.0%
口腔全科	56	51	91.1%	56	51	91.1%			
口腔修复科	9	8	88.9%	2	2	100.0%	7	6	85.7%

（续表）

专业	总体			住院医			研究生		
	考生	合格	合格率	考生	合格	合格率	考生	合格	合格率
口腔正畸科	7	6	85.7%				7	6	85.7%
临床病理科	21	18	85.7%	16	15	93.8%	5	3	60.0%
精神科	31	30	96.8%	19	18	94.7%	12	12	100.0%
放射肿瘤科	6	5	83.3%	4	3	75.0%	2	2	100.0%
全科	24	24	100.0%	15	15	100.0%	9	9	100.0%
检验医学科	11	11	100.0%	9	9	100.0%	2	2	100.0%
医学检验科（技师）	21	17	81.0%	21	17	81.0%			
住院药师	39	34	87.2%	39	34	87.2%			
总计	1049	985	93.9%	731	681	93.2%	318	304	95.6%

（杨 英）

表7-20　2018年各医院住院医师参加第二阶段考试情况表

医院	考生人数	合格人数	合格率
北京大学第一医院	23	21	91.3%
北京大学人民医院	30	29	96.7%
北京大学第三医院	33	29	87.9%
北京大学口腔医院	27	25	92.6%
北京大学肿瘤医院	13	12	92.3%
北京大学首钢医院	1	0	0.0%
北京大学深圳医院	45	32	71.1%
北京大学国际医院	55	45	81.8%
北京医院	26	23	88.5%
中日友好医院	43	39	90.7%
北京世纪坛医院	1	0	0.0%
首都儿科研究所	5	5	100.0%
合计	302	260	86.1%

（杨 英）

表7-21　2018年各专业住院医师参加第二阶段考试情况表

学科	专业	考生人数	合格数	合格率
内科	心血管	9	5	55.6%
	消化	10	9	90.0%
	呼吸	9	8	88.9%
	肾脏	2	2	100.0%
	血液	7	6	85.7%
	内分泌	7	4	57.1%
	感染	2	1	50.0%

（续表）

学科	专业	考生人数	合格数	合格率
内科	风湿免疫	5	3	60.0%
外科	普外	7	5	71.4%
	骨科	13	13	100.0%
	泌尿	5	5	100.0%
	胸外	3	2	66.7%
	心外	2	2	100.0%
	神外	6	5	83.3%
	整形	2	2	100.0%
妇产科		13	13	100.0%
儿科		13	10	76.9%
眼科		13	13	100.0%
耳鼻喉科		6	5	83.3%
皮肤科		7	7	100.0%
神经内科		5	4	80.0%
中医学	中医内科	8	6	75.0%
影像医学	放射	17	16	94.1%
	超声	21	16	76.2%
	核医学	6	6	100.0%
病理科		9	9	100.0%
康复		3	3	100.0%
麻醉科		18	16	88.9%
临床检验	生化免疫	3	3	100.0%
口腔综合	综合医院	13	9	69.2%
急诊医学		11	9	81.8%
重症医学		6	4	66.7%
口腔综合	专科医院	7	5	71.4%
口腔内科	儿科	3	3	100.0%
	牙体	2	2	100.0%
	牙周	5	5	100.0%
	预防	1	1	100.0%
颌面外科		2	2	100.0%
口腔正畸		4	4	100.0%
口腔修复		4	4	100.0%
肿瘤内科		9	9	100.0%
全科		1	1	100.0%
肿瘤放疗		3	3	100.0%
合计		302	260	86.1%

（杨 英）

表 7-22　2018 年培养国内访问学者及学科骨干一览表

单位	学科骨干	高等学校中西部青年骨干教师国内访问学者	西部之光	少数民族科技骨干特培				其他访学	北京市学科骨干	总数
				新疆	云南	西藏	内蒙古			
北京大学第一医院	57	1	5	1	0	1	0	1	11	77
北京大学人民医院	35	1	2	0	0	0	0	1	7	46
北京大学第三医院	33	1	0	0	0	2	1	2	13	52
北京大学口腔医院	7	0	0	0	0	0	0	1	7	15
北京大学肿瘤医院	5	0	0	0	0	0	0	1	0	6
北京大学第六医院	6	0	0	1	0	0	0	0	2	9
北京积水潭医院	8	0	0	0	0	0	0	0	8	16
北京大学国际医院	9	0	0	0	0	0	0	0	0	9
北京大学基础医学院	1	2	2	0	0	0	1	7	0	13
北京大学药学院	0	6	0	0	0	0	0	1	0	7
北京大学护理学院	2	6	0	0	0	0	0	2	0	10
北京大学公共卫生学院	0	0	0	0	0	0	0	2	0	2
北京大学医学人文学院	0	0	0	0	0	0	0	0	0	0
合计	163	17	9	2	0	3	2	18	48	262

（胡　玮）

表 7-23　2018 年各单位举办国家级和北京市级继续医学教育项目情况

单位	国家级继续医学教育项目				北京市级继续医学教育项目				培训班	
	获准数	举办数	举办率	培训人数	获准数	举办数	举办率	培训人数	举办数	培训人数
北京大学第一医院	65	65	100.00%	10,455	27	27	100.00%	2494	0	0
北京大学人民医院	55	55	100.00%	9512	28	28	100.00%	3161	0	0
北京大学第三医院	65	65	100.00%	12,792	42	41	97.62%	6164	0	0
北京大学口腔医院	12	11	91.67%	736	1	1	100.00%	26	0	0
北京大学肿瘤医院	27	24	88.89%	3936	13	12	92.31%	2306	0	0
北京大学第六医院	0	0	0.00%	0	0	0	0.00%	0	0	0
北京大学国际医院	9	8	88.89%	1334	33	22	66.67%	2831	0	0
北京大学基础医学院	3	2	66.67%	192	0	0	0.00%	0	0	0
北京大学护理学院	6	4	66.67%	145	5	0	0.00%	0	0	0
北京大学公共卫生学院	2	0	0.00%	0	2	0	0.00%	0	3	1120
北京大学药学院	2	2	100.00%	5006	0	0	0.00%	0	0	0
北京大学医学人文学院	1	0	0.00%	0	0	0	0.00%	0	0	0
北京大学医学继续教育学院（面授）	2	2	100.00%	158	3	1	33.33%	37	5	301
其他单位	3	3	100.00%	156	2	2	100.00%	505	0	0
小计	252	241	96.03%	44,422	156	134	85.90%	17,524	8	1421
继续教育学院（远程）	137	137	100.00%	32,154	0	0	0.00%	0	0	0
合计	389	378	97.17%	76,576	156	134	85.90%	17,524	8	1421

（马　真）

表7-24　2018年国家级继续医学教育基地备案项目举办情况

基地名称	基地负责人	备案项目数	举办项目数	举办率	培训人数
北京大学口腔医学院口腔颌面外科	俞光岩	14	10	71.43%	584
北京大学第六医院精神病与精神卫生学	陆林	29	24	82.76%	2085
北京大学第一医院儿科	姜玉武	11	11	100.00%	756
北京大学第三医院骨科	刘忠军	11	9	81.82%	832
北京大学第一医院泌尿外科	周利群	2	2	100.00%	30
北京大学第一医院感染疾病科	徐小元	1	1	100.00%	149
北京大学医学部病理学系	郑杰	1	1	100.00%	43
北京大学医学部药理学系	李学军	3	2	66.67%	198
北京大学口腔医学院口腔内科	曹采方	16	15	93.75%	1124
北京大学口腔医学院口腔正畸科	李巍然	10	10	100.00%	175
北京大学药学院药物化学系	叶敏	1	1	100.00%	85
合计		99	86	86.87%	6061

（马　真）

表7-25　各单位申报2019年国家级和北京市级继续医学教育项目情况

单位	国家级继续医学教育项目						北京市级继续医学教育项目							申报合计
	申报数	获准数	获准率	备案数	基地	申报合计	申报数	获准数	获准率	国转市一	国转市二	备案	申报合计	
第一医院	35	33	94.29%	32	13	80	10	10	100.00%	0	2	13	25	105
人民医院	43	32	74.42%	21	0	64	13	13	100.00%	3	3	9	28	92
第三医院	55	46	83.64%	32	5	92	46	42	91.30%	3	4	10	64	156
口腔医院	9	8	88.89%	4	43	56	0	0	0.00%	0	1	1	2	58
肿瘤医院	22	22	100.00%	5	0	27	9	8	88.89%	0	0	4	13	40
第六医院	0	0	0.00%	0	34	34	0	0	0.00%	0	0	0	0	34
国际医院	9	4	44.44%	7	0	16	15	15	100.00%	3	0	11	29	45
基础医学院	3	2	66.67%	0	3	6	1	0	0.00%	1	0	0	1	7
公卫学院	1	1	100.00%	0	0	1	0	0	0.00%	0	0	0	0	1
药学院	0	0	0.00%	1	1	2	0	0	0.00%	0	0	0	0	2
护理学院	2	2	100.00%	3	0	5	0	0	0.00%	0	0	0	0	5
公共教学部	1	1	100.00%	0	0	1	0	0	0.00%	0	0	0	0	1
继教院（面）	3	1	33.33%	1	0	4	0	0	0.00%	0	2	1	3	7
其他单位	1	1	100.00%	2	0	3	0	0	0.00%	0	0	1	1	4
继教院（网）	36	26	72.22%	35	0	71	0	0	0.00%	0	0	0	0	71
合计	220	179	81.36%	143	99	462	94	88	93.62%	10	12	50	166	628

（马　真）

表 7-26 医学部校级培训班举办情况

培养单位	项目数	人数（人）
北京大学公共卫生学院	6	1050
北京大学全科医学系	1	35
北京大学医学继续教育学院	4	258
北京大学护理学院	3	12
合计	14	1355

（胡玮）

表 7-27 2018 年开展对内继续医学教育项目情况一览表

单位	申报项目数	获准项目数	通过率	举办项目数	举办率	对内培训总人数	各级各类培训总人次	本单位总人数	本单位参加继续教育总人次	达标人员数	达标率
北京大学第一医院	146	145	99.32%	128	88.28%	14,711	27,273	3061	23,623	3060	99.97%
北京大学人民医院	306	300	98.04%	247	82.33%	18,187	45,014	3123	38,771	3122	99.97%
北京大学第三医院	262	259	98.85%	29	11.20%	36,397	55,090	3475	47,992	3475	100.00%
北京大学口腔医院	118	118	100.00%	71	60.67%	7919	11,836	1724	9298	1724	100.00%
北京大学肿瘤医院	325	310	95.38%	284	91.61%	14,717	26,011	1340	22,528	1332	99.40%
北京大学第六医院	13	13	100.00%	0	0.00%	2387	7076	286	5592	285	99.65%
北京大学国际医院	111	110	100.00%	0	0.00%	17,448	28,362	1489	25,297	1487	99.87%
北京大学基础医学院	1	1	100.00%	0	0.00%	48	530	399	—	399	100.00%
北京大学公共卫生学院	0	0	0.00%	0	0.00%	—	—	147	—	147	100.00%
北京大学医学人文学院	0	0	0.00%	0	0.00%	—	—	122	—	122	100.00%
北京大学护理学院	0	0	0.00%	0	0.00%	16	207	45	—	45	100.00%
合计	1282	1256		759		111,830	201,578	15,390	173,101	15,377	11.9886

（胡玮）

表 7-28 2018 北京市抽查 7 家附属医院医技、护理人员学分审验情况

单位	审验人数	合格人数	合格率	不合格人数
第一医院	116	116	100%	0
人民医院	108	107	99.1%	1
第三医院	111	111	100%	0
口腔医院	92	92	100%	0
肿瘤医院	91	91	100%	0
第六医院	50	50	100%	0
国际医院	87	85	97.7%	2
合计	655	652	99.5%	3

（马真）

医学部继续教育学院

【发展概况】 学院概况。医学部继续教育学院业务涵盖网络学历继续教育、继续医学教育与培训、医学教育技术服务三大业务板块。学院一贯坚持"管理规范，资源优秀，服务满意，技术可靠，提供一流的医学远程教育"的质量方针，于2003年成为全国首家通过ISO 9001:2000质量管理体系认证的远程教育机构，证书持续保持并于2018年顺利通过ISO9001:2015质量管理体系再认证审核。

2018年，学院共有员工50人，80%具有本科以上学历，其中博士学历1人，硕士学历14人，本科学历25人。院长张海澄，副院长李秀惠。

网络学历继续教育。2018年，根据教育部《高等学历继续教育专业设置管理办法》的要求，学院只保留护理学、药学2个专业专升本层次，并对学院合作办学的校外学习中心进行清理，关停11个校外学习中心，保留校外学习中心26个。2018年6月组织召开校外学习中心工作会，10月对主要的校外学习中心进行评估督导工作，加强对校外学习中心的指导与管理。

2018年共招收学历继续教育学生2564人，毕业学生3291人，其中专升本2450人，专科841人，获得学士学位460人。学院全年共开出学历继续教育网络课程273门次，其中新课上线17门。2018年，学院调整考试时间和考试次数，由原来的1月、4月、7月三次考试调整为3月、9月两次考试。2018年组织实施3月、9月两批次课程考试，共117,085门次。完成5月、11月两批次学位英语报名与组织实施，共计3073人报名参加考试。学院控制入学资格审核，全年完成春、秋两批次新生数据上报电子注册共2564人。遵守毕业和学位要求，全年完成1月、7月两个批次3291名毕业生的审核、学历电子信息注册及毕业资料发放工作。

学院推进教育部委托项目护理学专业"高校学历继续教育人才培养模式改革与创新探索项目"。项目组通过多方调研和专家咨询，形成护理学专业课程体系调研与设计报告及人才培养方案，并于5月24日组织召开专家评议会。6月14日教育部职业教育与成人教育司高等继续教育处高阳处长来校听取项目进展汇报，8月13日学院赴教育部进行中期汇报。项目组汇总各方意见，对人才培养现状和改革方向进行调研，制定"高等学历继续教育护理学专业人才培养指导方案"，于12月13日上午组织召开专家论证会，会后对方案进行修订完善，提交结题报告。2018年，学院申报的两个课题《混合式教学模式在公共选修课中的应用》和《基于典型工作任务的护理学专业远程学历继续教育人才培训模式创新与实践》获医学部2017年度教学成果三等奖。

继续医学教育与培训。2018年，学院接受行业协会、基金会、卫健委培训中心、医院以及医学院校的委托，举办各类培训班18班次、开展培训432学时，培训人数2000余人次。学院重视培训工作的教学环节以及教学过程管理，2018年学院的培训工作均按照北京大学及医学部继续教育工作最新要求执行，把各项培训项目的管理纳入ISO9000质量管理体系中。

学院利用自身优势开展医学在线课程开发和培训。联合北京大学第一医院设计开发"医疗机构法定传染病培训"在线课程，北大4所直属附属医院7000余人进行培训学习；与人民医院药剂科合作开展2期共180人的药物治疗管理专项培训；与世纪坛医院合作开展妇科内分泌实用诊疗技术培训，培训学员180人。

2018年学院共申报批准35项国家级远程I类项目，备案102项国家级I类项目，163项北京市远程II类项目。在项目运行中随时跟进项目的上线情况，落实项目的课程录制、教师沟通及相关课程资料、考试资料的准备；每周一次数据上报并跟进数据导入进度，每月上报一次数据备案，累计已完成共11,343条学习记录数据。

教育技术服务。2018年学院搭建新的网络存储系统并完成原所有数据资源的迁移，实现更加便捷的存储服务及数据安全保障。学院办公网络整体并入医学部信息中心，提升网络信息安全水平。提高网络学历教育的学生学习体验，2018年"北医云课堂"APP正式上线，学生可在手机移动端进行学习。

医学教育信息化服务。2018年，医学部学生网络选修课教学保持正常运转，全年开课12门次，完成544人次的教学管理与服务；为研究生院1465名学生开展《生物安全法规》在线教学，为护理学院《护理哲学与理论构建》24名学生、公共卫生学院《身边的营养学》30名学生和《遗传流行病学》24名学生提供线上课程或翻转课堂；为护理学院拍摄教学操作片26项。学院改造演播室环境，搭建直播环境并使用虚拟演播室技术，配合北大医院全科医学系进行"全科菁英直播项目"。学院还承担国家卫健委全国第六次卫生服务调查培训课程制作工作。

服务工作。2018年为医学部各部门拍摄制作视频短片27部，拍摄编辑各类新闻、会议30场，为医学部教育处录制示范课10小时。

党建工作。2018年学院党支部共有10名党员，党支部参加医学部组织的"两会代表一席谈话"活动、参加学习党的十九大精神；推动"一带一路"建设学习报告会。参观马克思诞辰200周年展、参观"伟大的变革——庆祝改革开放40周年大型展览"，并组织全体员工参观清代廉政文化展。党支部每月进行组织活动，学习习近平新时代中国特色社会主义思想，制作学习全国教育大会精神的宣传栏，院长张海澄为全体党员作"深入学习全国教育大会精神"专题讲座。

（医学部继续教育学院）

留学生与港澳台学生教育

【发展概况】 长期留学项目。2018年，共录取学位生1036人，其中本科生350人，硕士生601人，博士生85人。在校学生共计3747人，其中学位生2737人，非学位生1010人，来自129个国家。9月，正式发布博雅海外人才培养计划，面向国内外优秀高中，给予其校长推荐名额；随着自主招生宣传与英文培养机制的深入，吸引到更多优秀留学生。留学生生源结构持续优化。

短期留学项目。2018年，共招收外籍学生3179人，其中包含近30个"一带一路"沿线国家的140多位学生。暑期学校、"论道中国"中国学项目、"领赢中国"实习实践项目等持续发展。7月，北京大学承担的教育部"一带一路"友好使者项目接收由越南、泰国、马来西亚三国政要提名的近40名学生来校学习两周。

预科项目。2018年，实际报到学生92名，来自31个国家，初步实现项目国别多元化。根据学生在校学业进展情况，推荐来自13个国家44名预科生升入本科攻读学位。

留学生奖学金工作。除中国政府奖学金、孔子学院奖学金外，2018年，根据在校成绩及综合表现，评选出275名留学生分别获得教育部优秀来华留学生奖学金、北京市政府奖学金等7个政府或企业奖学金的资助。

国际校友工作。出版《北京大学新中国来华留学校友口述实录丛书》（第一辑）共计12本图书，在北京大学电视台推出《我是北大人》系列双语访谈节目。

港澳台学生工作。2018年，在校港澳台侨学位生1082人，其中香港学生232人，澳门学生130人，台湾学生719人，侨生1人。教职工因公赴港澳台申报1229人次，赴台485人次，赴港662人次，赴澳152人次。参与港澳台地区交换学习学生168人次，其中派出学生赴港澳台交换学习63人次，接受港澳台地区高校交换学生105人次。执行港澳台地区交流项目21个，接待来校港澳台师生约1100人次。接待校级港澳台访问团组16个，安排校级港澳台出访团组9个。384人次获港澳台学生奖学金，总计发放奖学金349.4万元。申请教育部交流经费791.7万元，申请学术科研类经费265万元。9月，2018级未名扬帆班成立，53名来自港澳台地区的大一新生组成新的第二班集体。

【学习总书记回信精神】 8月28日，国家主席习近平给参加"一带一路"青年创意与遗产论坛的青年代表回信，强调青年是国家的未来，勉励他们为构建人类命运共同体作出自己的努力。2018年5月，"一带一路"青年创意与遗产论坛于在长沙和南京举办。来自51个国家的73名青年代表参加论坛。北京大学硕士研究生、来自埃塞俄比亚的汉娜·格塔丘等学生在来信中向习近平主席汇报自己参加论坛的感悟，并就"一带一路"建设、中非合作、中非青年交流等提出看法和建议。留学生办公室第一时间组织非洲青年学生及相关领域专家学者，共同围绕习近平回信精神进行讨论，在留学生群体中形成共识。

（国际合作部、港澳台办公室）

医学部留学生与港澳台学生教育

【发展概况】 2018—2019学年，医学部在校海外学生长期生总数588人，其中留学生410人，台港澳侨学生178人。2018年共招收留学生124人，台港澳学生39人，还接收20名2019级中国政府奖学金本科生。2018年学历留学生毕（结）业44人，非学历留学生结业85人，台港澳学历生毕结业25人。接待短期交流留学生和港澳台学生共计44人，其中泰国4人、美国10人，澳大利亚3人、韩国5人、日本6人，德国1人，荷兰1人，新加坡9人，中国香港地区4人、台湾地区1人。2018年组织毕（结）业学生离校，发放毕（结）业证书、成绩单。医学部留学办公室加强海外学生学习管理，做好涉外管理工作，协助公寓管理部门和属地派出所做好住宿管理工作，落实来华留学生全员保险制度，推进收费制度改革，推广自助缴费平台，完善外国留学生进修学习项目。组织开展海外学生课外活动，丰富留学生业余生活，传播中国文化。

（医学部国际合作处、台港澳办公室）

教师教学发展

【发展概况】 教师教学发展中心主要承担学校的教学支撑服务、教师教学能力提高和教育教学改革发展研究。2018年，中心围绕教育教学改革和人才培养质量提高，做好教学支撑服务，推进教师培训、教学咨询、教学研究、公共教学资源管理等工作的常态化、制度化，提高教师教学能力和水平。2018年6月，孙华任中心主任，何山、邓辉和蔡景一任中心副主任。

教学支撑服务。2018年，中心主要围绕教室管理与建设、"北大教学网"建设、精品课程建设、教学媒体制作和视频课程资源建设等，开展北京大学教学支撑服务。

1. 教室管理与建设。2018年，完成理科教学楼、第二教学楼公共空间与教员休息室等教学配套设施的改造与建设。重新规划改造理科教学楼的公共空间，将公共空间原有笨重陈旧的家具更新为更舒适、空间利用率更高的新式家具。为理科教学楼公共空间桌子安装电源插座，为教学楼增加遮阳帘，增加沙发区、卡座区、屏风，为师生临时的小型研讨讨论提供便捷服务。利用教学楼墙壁设置艺术品展示区，布置教学名师图片展，营造学术氛围，加强学生对优秀教师和优秀课程的了解。在第二教学楼重新定义和改造教员休息区，开放"教员休息室"刷卡系统和手机客户端的预约功能。教师可通过自行刷校园卡进入和使用新改造的6间教员休息室。开放49间预约研讨教室，校内师生可以在网上预约成功后，刷校园卡进入和使用。

2. "北大教学网"建设。2018年，"北大教学网"（http://course.pku.edu.cn）实际在用（访问量大于100）课程数3040门，占校本部全部课程的43%，比2017年增加204门。其中，1200余门课程频繁使用网络辅助教学。2018年，根据系统数据统计分析，校本部1833名教师，即占总数约35%（1833/5200）的教师正在使用"北大教学网"，比2017年增加400余名。其中1066名教师（24%）频繁使用网络辅助教学，这些教师带动约50%（24268/49000）学生使用"北大教学网"。

3. 精品课程建设。2018年，中心开展国家级在线精品开放课程申报工作，其中21门课程获得国家级精品课程称号。完成英语品牌课第2期申报工作，其中4门获得国家级精品称号。组织并指导教师参加全国微课类教学比赛，获北京市一、二、三等奖各1名、全国三等奖1名；指导1名教师参加多语种"教学之星"全国比赛，获得全国总决赛西班牙组季军。举办"2018北京大学多媒体课件和网络课程大赛"研讨会。

4. 教学媒体制作和视频课程资源建设。2018年，为满足各类课程实录视频和图文资源的汇集、管理、发布，对"北大讲座网"（http://lecture.pku.edu.cn）后台系统进行整体升级，探索如何通过创新性工作更好地支持教师开展教学备课、参加培训计划、拓展专业思维，建设"北大教学资源平台"。该资源平台保存各院系130余门课程视频资料，6000个讲座视频和多个教学专题活动视频，共计上万个视频文件。2018年，"北大讲座网"的访问者来自全国30多个省、市和自治区以及20余个国家，世界各大洲均有访问量。

教师教学能力提升。2018年，开展青年教师教学培训和"助教通用培训"等工作，并根据学校教育教学改革发展与人才培养的需要，通过与学校相关部门的密切合作，整合现有教师培训资源，拓展各类培训和交流活动。通过教学质量监控和优秀教师的传、帮、带作用，形成一个针对不同教师群体教学能力提高与发展的完整体系。

1. 青年教师教学培训。为贯彻《北京大学关于促进教师教学发展的若干意见》（校发〔2016〕144号）文件精神，人事部和中心从2016年秋季学期开始针对在校教学科研系列青年教师开设系列教学培训课程或活动，共4个模块96学分，1年为1个实施周期。2018年，在前期第一轮培训实施的基础上，结合教师反馈，第二轮培训对课程设置和培训形式进行改进，增加选修课和沙龙。中心工作人员参与主讲教师备课，共组织专题培训11次、课堂教学观摩及沙龙2次、微格教学沙龙1次，共计有青年教师949人次参加，12位老师获得结业证书。同时，项目进行中发放调查问卷366份，回收问卷324份，参与调查的青年教师中67.25%的教师认为培训内容对教学非常有帮助，27.3%的教师认为培训内容对教学有一些帮助。第二轮培训中教师认为培训内容对教学有帮助的比例明显提高，由上一轮培训的55.3%提高到67.25%，认为没有帮助的比例由上一轮培训的4.23%降低为2.7%。

2. 助教通用培训。2018年，教务部、研究生院和中心多次联合研讨资助体系改革、助教改革情况和面临的问题，研究起草课程助教岗位管理指导意见。2018年助教培训旨在为2017级的博士生助教岗位提供上岗培训，其中"助教通用培训"由中心负责组织，"专业培训"则由各个院系自行组织。"助教通用培训"关注助教工作中的共性问题，包括工作内容、考核要求、教学交流问题以及教学技术工具的使用等，采用面授讲座和网络课程相结合的形式，426人参加，403人结业。

教育教学研究。2018年，中心结合学校教育教学改革的实际和国际未来教育发展的潮流开展研究，以教育研究、《北京大学教学促进通讯》和"教学档案袋"建设为主要抓手，将理论研究与实践活动相结合，推进形成具有北大特色的教师教学发展机制。

1. 教育研究。2018年，新生调查回收1903份（新生2983人）。新生基线调查从2016年开始，2018年启动为期4年完整的跟踪调查，结合校园大数据与学生培养研究项目综合开展。2018年，为提高研究的国际化水平，中心与ETS（美国教育考试中心）探讨合作，进行考试研究；与edX（美国麻省理工学院和哈佛大学于2012年4月联手创建的大规模开放在线课程平台）进行在线课程培训研究。2018年，"北大研究"收集课题38个，其中重大课题5个。

2. 北京大学教学促进通讯。2018年，继续开展《北大名师访谈录》《教学的魅力》中文系教学专辑和《教学的魅力》生命科学学院教学专辑3本书籍的制作。以教师访谈为基础进行调研，涵盖教工、学生以及校友，整理和编辑采访记录，准确阐述教师们的教学思想理念、方式方法，研究领域的简介和特色，对社会现实问题的专业意见以及科研工作的经验与感悟等。2018年，与物理学院达成"名师论教"合作协议，一方面发掘整理北大名师的经验体会，形成治学思想传承资料；另一方面，对一手的教学经验、问题与意见进行分析提炼，总结学科规划、制度建设等方面的经验。

3. "教学档案袋"。2018年，中心为更好地服务教师教学发展，开始筹备建设教师教学档案，对教师教学进行长期的服务和支持。"教学档案袋"的目的是全面而有针对性地收集各种教学信息。这些信息包括教师对教学理念的阐述、教学计划的制定、学生作业和测试、自我评价以及获得的荣誉和奖励等。此外,"教学档案袋"注重记录教师教学的全过程。通过利用"教学档案袋"反思构建,不断丰富完善,最终用来评价教师的教学,促进教师专业能力的提升。2018年9月28日,中心在理科教学楼开展"通识教育与专业教育相结合——北大本科教育发展之路"讲座,共发放61份"北京大学青年教师教学档案情况表",回收46份。

党建工作。2018年,中心党支部完成上级党组织布置的各项任务,开展党员民主评议会和支部民主生活会,邀请群众教师代表和入党积极分子共同参与民主评议,对党支部工作进行监督,并提出合理化建议。中心党支部采取领学宣讲、交流讨论等方式,集中组织全体党员学习习近平新时代中国特色社会主义思想和北京大学第十三次党代会报告精神。2018年,发展李国伟同志为预备党员。

(李志刚)

【公共教学资源管理中心成立】 2018年9月13日,北京大学公共教学资源管理中心正式成立,与教师教学发展中心合署办公,统筹对学校公共教学资源的整体规划、建设、技术支持、调配与管理。2018年,中心对311间公共多媒体教室开展日常管理与设备维护。7月至9月,中心对公共多媒体教室的教学设备完成年度更新改造任务,主要包括第三教学楼和理科教学楼的中小型教室,同时升级第三教学楼扩音系统,全部增加吊装麦克风作为教室主要扩音设备,整体更新工作涉及设备共计300余件。中心还进行9间语音教室的设备更新,服务英语教学。

(李志刚)

科研管理

理工医科科研管理

【发展概况】 2018年,北京大学科学研究部和医学部科研处按照学校总体发展规划和部署,坚持以提升创新能力建设为核心,以取得重大原创性科研成果为导向,强调面向科学前沿和国家重大战略需求,加强组织协调,为理工医科科研工作提供支撑和服务。

科研项目概况。2018年北京大学理工科在研项目2408项,医科1123项;理工医科到校科研经费36.12亿元,其中理工科到校经费30.25亿元(含深圳研究生院2.91亿元),医科到校科研经费5.87亿元。2018年理工医科到校科研经费中,由国家财政部拨款的自然科学基金委项目和科技部主管项目到校经费分别达7.7亿元(含深研院)和7.45亿元,两项合计占理工医科到校经费总数的42%,是北京大学科研经费的主要来源。

2018年北京大学理工医科在重大基础研究和应用基础研究领域继续保持竞争优势,新批"国家重点研发计划"项目21项(含青年科学家专题1项)、课题60个,项目获批数保持领先(尚有12个项目在申请和答辩期)。拟入选2018年"创新人才推进计划"17名中青年科技领军人才、1个重点领域创新团队。

2018年北京大学新批国家自然科学基金直接经费7.79亿元,获资助各类项目653项。其中基础科学中心项目1项,创新研究群体(新立项)3个,国家杰出青年科学基金项目获得者16人,优秀青年科学基金项目获得者13人,重大科研仪器设备研制专项(自由申请类)2项,重点项目20项,面上项目327项,青年科学基金项目164项,重大研究计划27项,国际合作38项。

2018年北京大学获批教育部科研事业费项目3项、北京高校卓越青年科学家计划项目8项,北京市科技计划课题28项,北京市自然科学基金43项,各类行业部门科研专项129项,企事业单位委托项目57项。

2018年北京大学理工医科获得国际科技合作项目56项(理工科34项,医学部22项),其中国家重点研发计划政府间国际科技创新合作重点专项3项、北京市国际合作专项12项,另有41项来自海外政府、基金会和企业。

科研成果情况。所获奖项。2018年北京大学作为第一完成单位获得国家科学技术奖2项,其中技术发明一等奖1项,技术发明二等奖1项;作为第一完成单位获得"高等学校科学研究优秀成果奖(科学技术)"11项(一等奖3项,二等奖5项,青年奖3人),作为第一单位获得"北京市科学技术奖"12项(一等奖2项,二等奖5项,三等奖5项),获奖总数连续多年维持在高位。3位教授(信息科学技术学院彭练矛、化学与分子工程学院严纯华、人民医院黄晓军)获得2018年度何梁何利科学与技术进步奖。至此,北京大学共有52人次获得何梁何利基金的奖励。此外,4位教授入选中国青年科技奖,1位女教授入选中国青年女科学家,2位入选茅以升北京青年科技奖。

专利成果。2018年北京大学共申请国内专利839项(本部395项,医学部337项,深研院107项),获国内授权专利687项(本部363项,医学部263项,深研院61项),申请国际专利35项,国际授权专利39项。

论文发表。2018年北京大学发表SCI收录论文9947篇,其中被SCI收录的北京大学为第一作者单位或通讯作者单位的论文6806篇,平均影响因子4.53。

著作出版。2018年出版理工医类著作目录206部,其中校本部42部,医学部152部,深圳研究生院12部。

科研基地建设。依托北京大学建设的理工医科重点科研基地包括:国家研究中心、国家重点实验室、国家工程研究中心、国家工程实验室、国家临床医学研究中心、国家国际科技合作基地、北京市高校高精尖创新中心、教育部和卫生部重点实验室、北京市重点实验室等,是北京大学组织重大科学研究活动、产生重大科研成果的重要科研平台;是北京大学汇聚高水平创新团队、拔尖研究人才的聚集地。

1. 国家级科研基地。(1)国家研究中心。2018年依托北京大学建设的"北京分子科学国家研究中心"专项经费到校5085万。

(2)国家重点实验室。2018年依托北京大学建设的8个国家重点实验室专项经费到校经费共计17,781万元。2017年度信息领域国家重点实验室评估,北京大学与上海交通大学共建的"区域光纤通信网与新型光通信系统国家重点实验室"参评,获评良好。完成"核物理与核技术国家重点实验室"整改核查工作。为加强国家重点实验室建设,完成"蛋白与植物基因研究""湍流与复杂系统""核物理与核技术"三个国家重点实验室主任换届工作,并启动"区域光纤通信网与新型光通信系统国家重点实验室"实验室主任换届招聘工作。

(3)国家工程实验室。2018年依托北京大学建设的"大数据分析与应用技术国家工程实验室"专项建设经费到校经费共计1900万元。为加强实验室建设,学校成立大数据分析与应用技术国家工程实验室常务理事会,梳理并完善实验室的组织架构和章程,完成管理、学术层换届工作。

(4)国家重大科技基础设施。蛋白质科学研究(北京)国家重大科技基础设施(含北京大学基地)通过国家验收。2018年4月13日,国家发展改革委批准建设"多模态跨尺度生物医学成像"国家重大科技基础设施项目。项目总投资17.5亿元,建筑面积72,000平方米,建设周期5年,建设地点为怀柔科学城。根据国家发改委和教育部的总体部署和工作安排,推进参与国家重大科技基础设施的建设工作,"飞秒激光驱动多束流综合设施"进入教育部培育项目并通过中期评估。

（5）国家国际联合研究中心。获批建设"转化医学与临床研究国际联合研究中心"。

2. 省部级科研基地。（1）教育部重点实验室。2017年度教育部重点实验室工程和材料领域实验室评估，北京大学"水沙科学"和"纳米器件物理与化学"两个教育部重点实验室参评，均获得优秀。2018年11月13日，"创伤救治与神经再生教育部重点实验室"获批立项建设。为加强教育部重点实验室建设，完成"地表过程分析与模拟""数量经济与数理金融"两个教育部重点实验室主任换届工作。

（2）教育部工程研究中心。"再生医学""体腔内局部诊疗技术""地球观测与导航""灵长类及大动物临床前研究""移动数字医院系统"5个教育部工程研究中心通过教育部验收。

（3）教育部前沿科学中心。申报首批教育部前沿科学中心，并于2018年9月27日获教育部批准建设"教育部纳光电子前沿科学中心"。

（4）高精尖创新中心。2017年依托北京大学建设的"北京工程科学与新兴技术高精尖创新中心"和"北京未来基因诊断高精尖创新中心"专项到校经费共计2.2亿元。2018年"北京大学工程科学与新兴技术高精尖创新中心"参加中期评估并通过考评。

（5）北京市重点实验室。北京市科委公布2010年度认定的重点实验室及工程中心评估结果。北京大学共计12家实验室和中心参加评估，其中"恶性肿瘤转化研究北京市重点实验室""造血干细胞移植治疗血液病北京市重点实验室""生殖内分泌与辅助生殖技术北京市重点实验室"获得优秀；"先进电池材料理论与技术北京市重点实验室""北京市有源显示工程技术研究中心""北京市智能康复工程技术研究中心""食品安全毒理学研究与评价北京市重点实验室""丙型肝炎和肝病免疫治疗北京市重点实验室""脊柱疾病研究北京市重点实验室""磁共振成像设备与技术北京市重点实验室""皮肤病分子诊断北京市重点实验室""食品安全毒理学研究与评价北京市重点实验室"获得良好。2018年北京市科委对2011年和2014年度认定的重点实验室及工程中心进行评估，以北京大学为依托单位的"分子药剂学与新释药系统北京市重点实验室""行为与心理健康北京市重点实验室""肿瘤系统生物学北京市重点实验室""新型污水深度处理北京市重点实验室"参评。

（6）"激光加速技术创新中心""轻元素量子材料交叉研究平台"获北京市立项，总投资约7亿元，建设地点为怀柔科学城。

3. 校内虚体科研机构。在2017年巡视整改的基础上，依据《北京大学理工科虚体科研机构管理暂行办法》，对之前认定的81个虚体机构进行梳理和整改，撤销校内虚体机构16个，合并2组共4个，调整校内归口管理部门7个，最终保留61个。论证成立"北京大学新农村发展研究院"（负责人：黄季焜）、"北京大学康复工程研究中心"（负责人：王启宁）、"北京大学基因组编辑研究中心"（负责人：魏文胜）3个校内虚体科研机构。对严重违规的"北京大学肿瘤物理诊疗技术研究中心"和"北京大学数字中国研究院"进行调查处理，处理结果上报校长办公会审批。

科研项目与科研经费。2018年北京大学理工科在研项目2408项，医科1123项；理工医科到校科研经费36.12亿元，其中理工科到校经费30.25亿元（含深圳研究生院2.91亿元），医科到校科研经费5.87亿元。

1. 国家自然科学基金委员会资助的各类项目。2018年北京大学在研的国家自然科学基金各类项目2176项（牵头承担），到校经费7.52亿元（不含深研院）；新批项目653项，直接经费共计7.79亿元。

（1）面上青年项目。2018年北京大学共获批准面上和青年基金项目490项，批准经费2.26亿元。

（2）重点项目。2018年北京大学共获批准重点项目20项，获资助经费0.58亿元。

（3）重大项目。2018年北京大学获批重大项目2项，重大项目课题5项。

（4）重大研究计划。2018年北京大学获批重大研究计划27项。

（5）基础科学中心项目。2018年北京大学王楠林（物理学院）获批基础科学中心项目1项。

（6）国家杰出青年科学基金项目。2018年北京大学共有16人获国家杰出青年科学基金资助（2018年全国共批准199人）：物理学院（5人）刘雄军、乔宾、全海涛、肖云峰、廖志敏；数学科学学院（2人）李铁军、关启安；生命科学学院（2人）伊成器、孙育杰；地球与空间科学学院（2人）田晖、许成；信息科学技术学院（2人）周明辉、田永鸿；工学院（1人）邹如强；深圳研究生院（1人）黄湧；医学部（1人）岳伟华。

（7）优秀青年科学基金项目。2018年北京大学共有13人获得优秀青年科学基金项目（2018年全国共批准400人）：化学与分子工程学院（3人）贾桂芳、罗佗平、蒋尚达；数学科学学院（2人）周斌、邵嗣烘；生命科学学院（2人）钟上威、肖俊宇；地球与空间科学学院（1人）张勇；信息学院（1人）黄芊芊；光华管理学院（1人）孟涓涓；医学部（3人）董甡伟、肖晗、梁晓龙。

（8）创新研究群体项目。2018年北京大学以吴凯（化学学院）、胡建英（城环学院）、周德敏（医学部药学院）为学术带头人的3个研究群体，获得基金委创新研究群体项目的资助。

（9）国家重大科研仪器设备研制项目（自由申请）。2018年北京大学席建忠（工学院）、韩鸿宾（北医三院）获得此项基金资助。

（10）海外（及港澳）学者合作研究基金项目。2018

共有3位以北京大学作为国内研究基地、尚在海外（或港澳）从事自然科学基础研究的青年学者，获得此项基金资助，他们的合作者都是北京大学相应学科的学术带头人。

（11）国际交流与合作项目。2018年北京大学在基金委资助下开展各类国际交流与合作共38项，其中包括国际合作重大项目、国际合作研究项目、在华召开国际会议，开展国际交流与合作，促进科研人员所承担国家自然科学基金项目的高水平完成。

2. 国家科技部主管的各类项目。2018年北京大学理工科的科技部到校经费7.45亿。截至2018年底，国家科技部6个试点专项和45个重点专项共批复立项1055个项目，总经费202亿元。其中，北京大学共获批21项目（含附属医院），课题经费4.3亿元；北京大学共承担60个课题。尚有12个项目在申请和答辩期。

3. 国际科技合作项目。2018年北京大学理工医科立项国际科技合作项目56项（校本部34项，医学部22项），其中国家重点研发计划政府间国际科技创新合作重点专项3项、北京市国际合作专项12项，另有41项来自海外政府、基金会和企业，2018年到校经费4022万元。2018年北京大学举办国际学术会议和研讨班共89项（校本部35项，医学部54项）。

4. 教育部资助项目。2018年度获批教育部科研事业费项目3项。

5. 北京市科研项目。（1）北京市自然科学基金项目。北京大学2018年获批北京市自然科学基金43项，其中北京市杰出青年基金项目8项、重点研究专题4项、重点项目1项、面上项目23项、青年项目4项、海淀联合基金重点专题1项、海淀联合基金前沿专题1项、京津冀专项1项。

（2）北京市科技项目。2018年北京大学获批北京市科技计划课题28项。

（3）北京市教委项目。2018年北京大学获批北京高校卓越青年科学家计划项目8项。

6. 其他部门科研专项。2018年北京大学获批各类行业部门科研专项129项。

（廖日坤、王纬超、范少锋、杨凌春、郑英姿、
陈　健、鲍锦涛，医学部科研处）

《北京大学学报（自然科学版）》

【发展概况】刊载论文情况。2018年，《北京大学学报（自然科学版）》出版6期共1354页，刊载学术论文154篇。其中数学1篇，力学3篇，电子学与信息科学37篇，地球与空间科学39篇，地理学与环境科学72篇，心理学2篇。第2期有9篇论文作为专题报道：基于大数据的自然语言分析与理解。每篇论文都在中国知网学术期刊数字出版平台实行数字优先出版。

数据库收录情况。2018年，《北京大学学报（自然科学版）》刊载的论文被多个国内外文献检索机构收录。重要国内文献数据库有：中国科学引文数据库（CSCD）、万方数据和中国知网。重要国际文献数据库有：Elsevier科学期刊数据库（Scopus）、美国工程索引数据库（EI）、美国《化学文摘》（CA）、美国《地质参考》（GR）、美国《数学评论》（MR）、俄罗斯《文摘杂志》（AJ）、日本科学技术振兴机构文献数据库（JST）、德国《数学文摘》（ZM）、英国《科学文摘》（SA）、英国皇家化学学会《质谱学通报（增补）》（RSC）和英国《动物学记录》（ZR）。2018年，《北京大学学报（自然科学版）》在超星期刊平台和维普资讯期刊平台实行全文免费开放获取。

文献计量指标。据中国科技信息研究所《2018年版中国科技期刊引证报告（核心版）》对2017年出版的中国科技核心期刊（中国科技论文统计源期刊）的统计，《北京大学学报（自然科学版）》2017年主要科学计量指标见附表（同时列出2016年数据）。

出版质量与获奖情况。据中国科学技术信息研究所2018年11月1日召开的"2017年度中国科技论文统计结果发布会"公布，《北京大学学报（自然科学版）》连续14年入选"2017年百种中国杰出学术期刊"。据中国高校科技期刊研究会2018年11月5日"2018年度中国高校杰出·百佳·优秀科技期刊遴选结果发布会"公布，《北京大学学报（自然科学版）》入选"2018年度中国高校杰出科技期刊"。2018年6月，《北京大学学报（自然科学版）》连续7年获教育部科技发展中心颁发的2016年度"中国科技论文在线优秀期刊"一等奖。

（李亚文）

《北京大学学报（医学版）》

【发展概况】发展历程。自1959年1月创刊至今，经历3次更名。最初为《北京医学院学报》，由北京医学院主办。1985年学校更名为北京医科大学，《北京医学院学报》也随之更名为《北京医科大学学报》。2000年4月北京医科大学与北京大学合并，5月4日更名为北京大学医学部，2001年《北京医科大学学报》更名为《北京大学学报（医学版）》，主编韩启德院士。

编委会建设。编辑部通过发送年终工作总结和平常的编委定稿会议，让编委和相关专家了解学报的工作、存在的问题和遇到的困难，为学报（医学版）的发展建言献策。

专题组稿。2018年《北京大学学报（医学版）》共开展

5个专题的组稿工作，它们是：北京大学口腔医院俞光岩、李铁军等组织的"口腔医学专题"，北京大学医学部科研处韩鸿宾等组织的"学科交叉专题"，北京大学公共卫生学院胡永华等组织的"公共卫生学专题"，北京大学第一医院郭应禄院士等组织的"泌尿外科研究专题"和北京大学人民医院栗占国等组织的"风湿免疫专题"，共计组织稿件230篇。

稿件评审。2018年3月29日开始改变审稿方式，200余篇初审通过稿件，100%保证作者投稿3个月内完成评审。在线审稿系统的使用、审稿专家数据库的完善以及专题组稿等都为加快稿件的评审、缩短稿件的发表时滞提供保障，《北京大学学报（医学版）》平均的发表时滞约为180天。

论文刊载。2018年，《北京大学学报（医学版）》完成6期1124页197篇论文的刊载。学报（医学版）坚持三审制度，即同行双审和编委（会）定稿，截至11月30日总计送审稿件580篇，涉及审次1500多次，并分别在2018年2月、3月、4月、5月、8月、11月召开6次编委定稿会议，保证论文评审的公正和公平以及刊载论文的学术水平。

数字出版。截至2018年12月，《北京大学学报（医学版）》加入MEDLINE等重要的国内外检索系统和数据库23个。2018年在Medline上传《北京大学学报（医学版）》发表的论文共计187篇，2018年的点击率为51,241。在《北京大学学报（医学版）》网站上OA发布197篇文章。2018年，学报数字优先出版论文共197篇，平均每篇文章比纸质版提前30天与读者见面。数字优先出版即学报将已通过评审并进行编辑加工后的论文，在未印刷之前提交到中国知网（www.cnki.net）的数字优先出版平台上，通过互联网和手机发布，使读者能更早地获得相关的研究信息。借助北京大学图书馆的数字化项目，制作2018年《北京大学学报（医学版）》发表的全部论文的HTML文本。升级《北京大学学报（医学版）》网站和投审稿系统，2019年1月正式上线。制作网站静态页面。开通微信公众号。

获奖情况。《北京大学学报（医学版）》获2018年度中国高校杰出科技期刊奖。

学会工作。曾桂芳审当选中国期刊协会第六届理事会理事。曾桂芳作为中国高校科技期刊研究会副理事长兼组织工作委员会主任，参加研究会的各项活动。曾桂芳作为北京市高等教育学会科技期刊研究分会理事长，2018年组织北京市高等教育学会科技期刊研究分会常务理事会议，并组织制定北京市高等教育学会科技期刊研究分会优秀编辑遴选方案和编辑研究课题方案。

党建工作。重视党风廉政建设，严格执行编辑部审、定、发稿制度，所有来稿必须经过同行双审、编委终审，发排稿件按收稿的时间顺序进行，使审、定、发稿工作透明、有序，杜绝"人情稿""后门稿"。同时，遵守学校的财务制度，坚持"收支两条线"，绝不设立"小金库"。

其他工作。2018年，完成增加"high light"栏目的可行性调查报告。

（王 蔷）

【**建设在线投审稿系统专家库**】 2018年，通过多种渠道补充完善《北京大学学报（医学版）》审稿专家库中的审稿专家信息，主要包括审稿专家姓名、工作单位、邮箱、研究方向、电话。截至11月18日，共完成专家库全部1171位专家的信息完善，同时整理、合并有多条记录的审稿专家。

（王 蔷）

表8-1 国家研究中心

编号	中心名称	负责人
1	北京分子科学国家研究中心	席振峰

（科学研究部 张 琰、陈 健 整理）

表8-2 国家重大科技基础设施

编号	基础设施名称	北大负责人
1	国家蛋白质科学基础设施（北京基地）（与军事医学部科学院、清华大学共建）	吴 虹
2	"多模态跨尺度生物医学成像"国家重大科技基础设施	程和平

（科学研究部 张 琰、陈 健 整理）

表8-3 国家重点实验室

编号	实验室名称	负责人
1	人工微结构和介观物理国家重点实验室	刘运全
2	湍流与复杂系统研究国家重点实验室	陈十一
3	核物理与核技术国家重点实验室	高原宁

（续表）

编号	实验室名称	负责人
4	蛋白质与植物基因研究国家重点实验室	瞿礼嘉
5	天然药物及仿生药物国家重点实验室	周德敏
6	膜生物学国家重点实验室（北大分室）	高 宁
7	环境模拟与污染控制国家重点实验室（北大分室）	胡 敏
8	区域光纤通信网与新型光纤通信系统国家重点实验室（北大实验区）	陈章渊

（科学研究部 张 琰、陈 健 整理）

表 8-4 国家工程研究中心

编号	中心名称	负责人
1	电子出版新技术国家工程研究中心	郭宗明
2	软件工程国家工程研究中心	张世琨

（科学研究部 张 琰、陈 健 整理）

表 8-5 国家工程实验室

编号	实验室名称	负责人
1	数字视频编解码技术国家工程实验室	高 文
2	口腔数字化医疗技术和材料国家工程实验室	郭传瑸
3	大数据分析与应用技术国家工程实验室	张平文

（科学研究部 张 琰、陈 健 整理）

表 8-6 省部共建国家重点实验室

编号	实验室名称	负责人
1	省部共建肿瘤化学基因组学国家重点实验室	杨 震

（深圳研究生院 孟 祎 整理）

表 8-7 国家临床医学研究中心

编号	中心名称	负责人
1	国家精神心理疾病临床医学研究中心	陆 林
2	国家妇产疾病临床医学研究中心	乔 杰
3	国家口腔疾病临床医学研究中心	郭传瑸

（医学部科研处 田 君 整理）

表 8-8 国家国际科技合作基地

编号	中心名称	负责人
1	转化医学与临床研究国际联合研究中心	詹启敏
2	中法地球系统模拟国际联合研究中心	朴世龙
3	口腔医学国际联合研究中心	郭传瑸
4	干细胞国际研究中心	邓宏魁

（科学研究部 范少锋 整理）

表 8-9 教育部重点实验室

编号	实验室名称	负责人
1	数学及其应用教育部重点实验室	张继平
2	生物有机与分子工程教育部重点实验室	王剑波
3	纳米器件物理与化学教育部重点实验室	彭练矛
4	地表过程分析与模拟教育部重点实验室	李双成
5	水沙科学教育部重点实验室（联合）	倪晋仁
6	造山带与地壳演化教育部重点实验室	张立飞
7	分子心血管学教育部重点实验室	董尔丹
8	神经科学教育部重点实验室	万有
9	高分子化学与物理教育部重点实验室	陈尔强
10	机器感知与智能教育部重点实验室	查红彬
11	统计与信息技术教育部-微软重点实验室	郁彬 姜明
12	高可信软件技术教育部重点实验室	梅宏
13	细胞增殖分化调控机理研究教育部重点实验室	张传茂
14	恶性肿瘤发病机制及转化研究教育部重点实验室	季加孚
15	计算语言学教育部重点实验室	穗志方
16	慢性肾脏病防治教育部重点实验室	赵明辉
17	辅助生殖教育部重点实验室	乔杰
18	数理经济与数理金融教育部重点实验室	龚六堂
19	创伤救治与神经再生教育部重点实验室	姜保国

（科学研究部　张　琰、陈　健　整理）

表 8-10 教育部工程研究中心

编号	中心名称	负责人
1	微处理器及系统教育部工程研究中心	程旭
2	再生医学教育部工程研究中心	邓宏魁
3	体内局部诊疗教育部工程研究中心	谢天宇
4	地球观测与导航教育部工程研究中心	陈秀万
5	灵长类及大动物临床前研究教育部工程研究中心	程和平
6	移动数字医疗教育部工程技术研究中心	焦秉立

（科学研究部　张　琰、陈　健　整理）

表 8-11 教育部国际合作联合实验室

编号	中心名称	负责人
1	转化医学与临床研究国际联合研究中心	詹启敏

（医学部科研处　田　君　整理）

表 8-12 卫生部重点实验室

编号	实验室名称	负责人
1	卫生部心血管分子生物学与调节肽重点实验室	高炜

（续表）

编号	实验室名称	负责人
2	卫生部肾脏疾病重点实验室	赵明辉
3	卫生部精神卫生学重点实验室	张岱
4	卫生部神经科学重点实验室	万有
5	卫生部医学免疫学重点实验室	邱晓彦
6	卫生部生育健康重点实验室	刘建蒙

（医学部科研处　田　君　整理）

表8-13　卫生部工程技术研究中心

编号	中心名称	负责人
1	卫生部口腔医学计算机应用工程技术研究中心	吕培军

（医学部科研处　田　君　整理）

表8-14　北京高校高精尖创新中心

编号	中心名称	负责人
1	北京工程科学与新兴技术高精尖创新中心	张东晓
2	北京未来基因诊断高精尖创新中心	谢晓亮

（科学研究部　张琰、陈健　整理）

表8-15　北京市重点实验室/工程技术研究中心

编号	实验室/中心名称	负责人
1	医学物理和工程北京市重点实验室	高家红
2	空间信息集成与3S工程应用北京市重点实验室	晏磊
3	城市固体废弃物资源化技术与管理北京市重点实验室	王习东
4	先进电池材料理论与技术北京市重点实验室	夏定国
5	食品安全毒理学研究与评价北京市重点实验室	郝卫东
6	造血干细胞移植治疗血液病研究北京市重点实验室	黄晓军
7	脊柱疾病研究北京市重点实验室	刘忠军
8	磁共振成像设备与技术北京市重点实验室	韩鸿宾
9	皮肤病分子诊断北京市重点实验室	李若瑜
10	生殖内分泌与辅助生殖技术北京市重点实验室	乔杰
11	丙型肝炎和肝病免疫治疗北京市重点实验室	魏来
12	恶性肿瘤转化研究北京市重点实验室	季加孚
13	肿瘤系统生物学北京市重点实验室	尹玉新
14	泌尿生殖系疾病（男）分子诊治北京市重点实验室	金杰
15	风湿病机制及免疫诊断北京市重点实验室	栗占国
16	心血管受体研究北京市重点实验室	张幼怡
17	北京市智能康复工程技术研究中心	王启宁
18	北京市有源显示工程技术研究中心	刘晓彦
19	北京市新型污水深度处理工程技术研究中心	倪晋仁

（续表）

编号	实验室/中心名称	负责人
20	代谢及心血管分子医学北京市重点实验室	肖瑞平
21	药物依赖性研究北京市重点实验室	陆 林
22	运动医学关节伤病北京市重点实验室	敖英芳
23	神经系统小血管病探索北京市重点实验室	黄一宁
24	视网膜脉络膜疾病诊治研究北京市重点实验室	黎晓新
25	北京市低维碳材料工程技术研究中心	张 锦
26	北京市虚拟仿真与可视化工程技术研究中心	汪国平
27	蛋白质修饰与细胞功能北京市重点实验室	朱卫国
28	儿科遗传性疾病分子诊断与研究北京市重点实验室	姜玉武
29	肝硬化肝癌外科基础研究北京市重点实验室	朱继业
30	骨与软组织肿瘤诊治研究北京市重点实验室	郭 卫
31	痴呆诊治转化医学研究北京市重点实验室	于 欣
32	北京市城市热管理工程技术研究中心	张信荣
33	行为与心理健康北京市重点实验室	方 方
34	分子药剂学与新释药系统北京市重点实验室	张 强
35	妊娠合并糖尿病母胎医学研究北京市重点实验室	杨慧霞
36	急性心肌梗死早期预警和干预北京市重点实验室	陈 红
37	幽门螺杆菌感染与上胃肠疾病北京市重点实验室	周丽雅
38	口腔数字医学北京市重点实验室	郭传瑸
39	固态量子器件和量子信息技术北京市重点实验室	徐洪起
40	矿物环境功能北京市重点实验室	鲁安怀
41	磁电功能材料与器件北京市重点实验室	侯仰龙
42	神经退行性疾病生物标志物研究及转化北京市重点实验室	章 京
43	结直肠癌诊疗研究北京市重点实验室	王 杉
44	女性盆底疾病研究北京市重点实验室	王建六
45	眼部神经损伤的重建保护与康复北京市重点实验室	张 纯

（科学研究部　张　琰　陈　健　医学部科研处　田　君　整理）

表8-16　北京市国际科技合作基地

编号	基地名称	基地依托单位
1	基于半导体纳米线材料的新能源北京市国际科技合作基地	北京大学物理学院
2	低维碳材料北京市国际科技合作基地	北京大学纳米化学研究中心
3	碳基纳电子材料与器件北京市国际科技合作基地	北京大学信息学院
4	液晶性调光膜规模化通用制备技术及设备北京市国际科技合作基地	北京大学工学院
5	生物医用材料北京市国际科技合作基地	北京大学前沿交叉学科研究院
6	国际知名大学技术转移孵化北京市国际科技合作基地	北京大学产业技术研究院
7	出生缺陷防控北京市国际科技合作基地	北京大学第三医院
8	睡眠医学北京市国际科技合作基地	北京大学人民医院

（续表）

编号	基地名称	基地依托单位
9	口腔数字医学北京市国际科技合作基地	北京大学口腔医院
10	免疫性疾病体外诊断北京市国际科技合作基地	北京大学人民医院

（科学研究部　张　琰　陈　健　医学部科研处　田　君　整理）

表8-17　中关村开放式实验室

编号	实验室名称	负责人
1	微处理器及系统芯片开放实验室	程　旭
2	细胞分化与细胞工程实验室	邓宏魁
3	空间信息集成与3s工程应用北京市重点实验室	晏　磊
4	网络与信息安全实验室	邹　维
5	医药卫生分析中心	吴　明
6	软件工程国家工程研究中心	张世昆
7	微米/纳米加工技术国家级重点实验室	张　兴
8	数字视频编解码技术国家工程实验室	高　文
9	实验动物中心	朱德生

（科学研究部　陈健　医学部科研处　田　君　整理）

表8-18　广东省、深圳市重点实验室

编号	实验室名称	负责人
1	化学基因组学广东省重点实验室	杨　震
2	纳米微米材料广东省重点实验室	江必旺
3	广东省新能源材料设计与计算重点实验室	潘　锋
4	集成微系统科学工程与应用深圳市重点实验室	张　兴
5	城市人居环境科学与技术深圳市重点实验室	栾胜基
6	循环经济深圳市重点实验室	曾　辉
7	纳米微米材料深圳市重点实验室	江必旺
8	云计算关键技术与应用深圳市重点实验室	李晓明
9	计算化学与药物设计深圳市重点实验室	吴云东
10	重金属污染控制和资源化深圳市重点实验室	陶虎春
11	薄膜晶体管与先进显示深圳市重点实验室	张盛东
12	功能结构生物学深圳市重点实验室	罗　明
13	新能源材料人工设计深圳市重点实验室	陶国华
14	有机光电磁功能材料深圳市重点实验室	孟　鸿
15	细胞生理学深圳市重点实验室	周　强
16	信息论与未来网络体系深圳市重点实验室	李　挥
17	深圳市先进电子器件与集成应用重点实验室	林信南
18	深圳市智能多媒体与虚拟现实重点实验室	王文敏
19	深圳市新能源材料基因组制备和检测重点实验室	潘　锋

（深圳研究生院　孟　祎　整理）

表 8-19　其他省部级研究基地

编号	机构名称	负责人
1	国家中医药管理局中药配伍减毒重点研究室	张宝旭
2	国家中医药管理局痰瘀重点研究室	韩晶岩
3	国家中医药管理局微循环实验室（三级）	韩晶岩
4	国家中医药管理局中药药理（肿瘤）实验室（三级）	李萍萍
5	国家统计局统计科学研究所	耿直
6	国家湿地保护与修复技术中心	吴晓磊
7	国家新闻出版广电总局同轴宽带网络工程技术研究中心	吴建军
8	国家新闻出版广电总局新闻出版智能媒体技术重点实验室	汤帜

（科学研究部　张琰　陈健　医学部科研处　田君　整理）

表 8-20　北京大学 2018 年度理工医科在研科研项目数分类统计

	单位名称	科技部				重大专项杰青优青群体海外	国家基金委				教育部项目	北京市项目	其他部门专项	海外合作	企事业单位	总计
		973/重点研发计划重大研究计划	863计划	支撑计划	仪器国合其他专项		重点重大计划及仪器	面上青年	国合联合专项协作							
校本部	数学科学院及国际数学研究中心	4	4			10	9	49	34	0	2	18	1	2	133
	物理学院	68	30			7	18	39	122	36	9	13	44		10	396
	化学与分子工程学院	38	12		1	1	14	28	95	25	1	11	12	2	2	242
	生命科学学院	38	16			3	13	20	67	13	1	9	19	2	13	214
	地球与空间科学学院	27	10			2	6	8	74	12	0	4	37	4	19	203
	城市与环境学院	22	7			1	9	15	54	6	1	1	19		10	145
	环境科学与工程学院	22	3			1	4	15	28	14	1	5	35	5	13	146
	信息科学技术学院	54	21			2	16	23	101	37	3	26	24	9	14	330
	工学院	42	3		4	4	10	25	89	23	1	23	32	1	6	263
	心理与认知科学学院		3				3	1	28	3	0	3	1		5	47
	计算机科学技术研究所	3					1	0	16	4	0	3	9	3	0	39
	分子医学研究所	6					4	9	26	4	1	5	7	3	0	65
	科维理天文与天体物理研究所	1	1				1	0	8	5	0	1	3		0	20
	其他	10	3				6	8	79	17	4	6	19	3	10	165
	校本部合计	335	113			16	10	115	200	836	233	22	112	279	33	104	2408
医学部合计		157	13	2	2	0	20	25	69	607	20	14	189	5	0	0	1123
深圳研究生院		3	1				2	3	89	3			196		181	478
总计		495	127	2	2	16	30	142	272	1532	256	36	301	480	33	285	4009

（科学研究部　范少锋　廖日坤　杨凌春　鲍锦涛
　医学部科研处　柳皋隽　张秋月
　深圳研究生院　孟祎　整理）

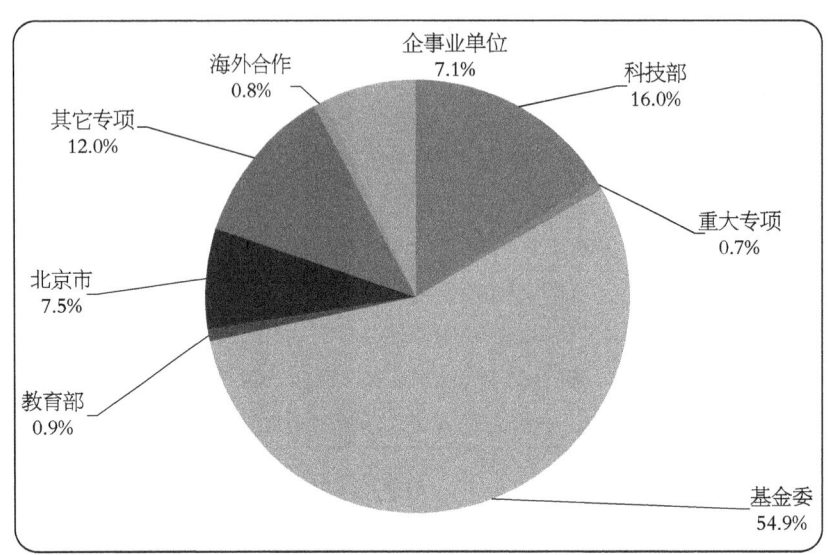

图 8-1　北京大学 2018 年度理工医科在研项目来源分布

表 8-21　北京大学 2018 年理工科与医科科研项目到校经费（单位：万元）

单位（万元）	科技部项目					国家自然科学基金委	北京市项目	其他部委省市专项	海外合作项目	企事业委托项目	科技开发	行业专项	2018年总计
	重点研发计划	863、973、支撑	重大专项	实验室专项	其他								
国际数学研究中心	85	0	0	0	0	864	0	1439	00	0	0	0	2387
数学科学学院	381	0	0	0	80	1770	50	41	3	0	694	185	3204
物理学院	11,496	60	0	3343	464	9125	350	1883	1049	206	2656	640	31,272
化学与分子工程学院	7445	0	49	6677	165	6847	560	582	212	0	1366	554	24,458
生命科学学院	4168	50	899	6038	25	5297	1340	681	225	229	2946	321	22,218
地球与空间科学学院	1270	0	565	10	10	3043	40	1410	27	234	2255	123	8986
城市与环境学院	2623	27	0	0	34	3004	10	563	159	327	2583	0	9328
环境科学与工程学院	2832	0	0	330	25	2244	0	3280	231	188	2469	96	11,695
信息科学技术研究学院	9828	141	95	400	200	6832	1768	1204	346	179	5575	14,988	41,556
工学院	3760	86	1021	2281	55	5885	428	2180	264	91	2345	3671	22,066
心理与认知科学学院	83	49	0	0	25	1148	100	82	0	40	189	639	2354
现代农学院	174	0	97	0	0	512	0	345	211	0	0	0	1338
计算机科学技术研究所	350	0	0	0	0	319	240	149	98	0	2751	307	4214
分子医学研究所	1790	0	0	0	170	1567	110	223	76	0	508	180	4625

（续表）

| 单位（万元） | 科技部项目 | | | | | 国家自然科学基金委 | 北京市项目 | 其他部委省市专项 | 海外合作项目 | 企事业委托项目 | 科技开发 | 行业专项 | 2018年总计 |
	重点研发计划	863、973、支撑	重大专项	实验室专项	其他								
前沿交叉学科研究院	226	0	59	0	0	295	10	270	0	0	277	28	1165
建筑与景观设计学院	116	0	0	0	0	160	0	0	0	0	164	0	440
科维理天文与天体物理研究所	21	0	0	0	0	72	10	130	24	0	0	0	257
软件工程国家工程研究中心	396	0	0	0	0	2	120	0	0	10	1444	83	2055
软件与微电子学院	375	0	0	0	0	84	0	113	0	0	311	0	883
暂存	0	0	0	3105	0	15,928	2719	5952	0	0	3709	2452	33,865
其他[1]	401	0	0	0	2	3247	22,200	17,104	717	43	1013	328	45,054
小计	47,820	412	2785	22,184	1254	68,245	30,054	37,630	3642	1548	33,253	24,594	273,422
医学部	12,756	75	3435	0	5412	21,020	2012	5109	546	7821	452	21	58,659
深圳研究生院	1433				10	1828		23,101	125	2638			29,135
总计	62,009	487	6220	22,184	6676	91,093	32,066	65,840	4313	12,007	33,705	24,615	361,216

注：包括生命科学联合中心（17000，属于其他部委省市专项）、北京市高精尖中心（22000，属于北京市项目）、文科院系和管理部门等承担的科研项目等。

（科学研究部　王纬超

医学部科研处　许术其　郑宗方

深圳研究生院　孟　祎　整理）

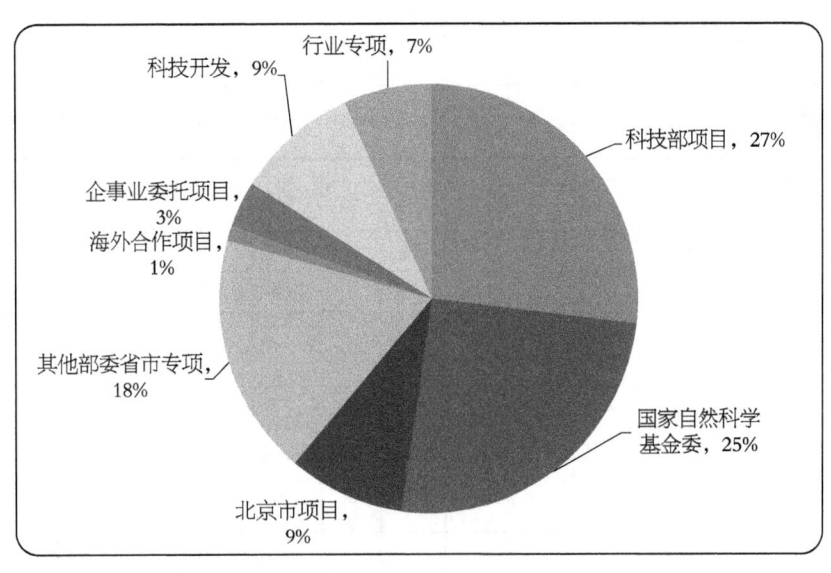

图 8-2　北京大学 2018 年理工医科到校经费来源分布

表 8-22 北京大学 2006—2018 年北京大学到校科研经费分类统计（单位：万元）

年度	理科	医学部	科技开发部	先进院	文科	深圳研究生院	深港产学研基地	合计
2006	38,545	14,096	6801	3535	6677	2832		72,486
2007	44,011	18,793	7225	5400	7200	3500		86,129
2008	56,107	26,160	10,594	7163	9514	3784		113,322
2009	68,586	21,760	9862	8288	13,313	5172		126,981
2010	95,698	46,356	11,532	20,265	17,000	5683		196,534
2011	113,619	31,990	15,454	15,081	17,000	10,277	1763	205,184
2012	139,638	42,643	17,685	16,300	19,000	20,180	4396	259,842
2013	141,925	41,781	21,557	12,022	20,000	14,467	3192	254,944
2014	140,675	44,160	20,196	12,745	19,405	18,015		255,196
2015	162,700	45,630	22,686	12,642	23,572	14,400		281,630
2016	194,777	41,421	25,902	8478	22,868	20,723		316,405
2017	188,794	46,146	26,725	14,168	29,123	18,578		323,534
2018	215,575	58,659	33,253	24,594	27,500	29,135		388,716

（科学研究部　王纬超　整理）

表 8-23 北京大学 2018 年理工科新批科研项目（经费单位：万元）

单位	科技部重点研发计划		自然科学基金委项目		教育部项目		北京市项目		其他部委省市专项		企事业单位委托项目		海外合作项目		合计	
	课题	经费	项目	经费	项目	经费	项目	经费	项目	经费	项目	经费	项目	经费	项目	经费
数学科学学院	1	181	11	1246			2	300	8	1283					22	3010.00
物理学院	8	4340	50	23,592.76	2	130	5	1020	17	4318	8	219			90	33,619.76
化学与分子工程学院	4	2044	33	4386	1	80	3	60	6	984			5	569	52	8123.00
生命科学学院	2	1275	34	4365					13	1918	8	219	1	181	58	7958.00
地球与空间科学学院	4	1724	35	3514.9					18	1510	11	129	4	484.928	72	7362.83
城市与环境学院	3	1694	17	2366					10	624	7	333			37	5017.00
环境科学与工程学院	4	1523	13	1547.6			2	120	16	1607	3	48	4	178.1	42	5023.70
信息科学技术学院	6	3375	41	4495.1			1	100	11	1474	9	103	3	167	71	9714.10
工学院	7	3999	26	5527			8	458	11	2355	2	41	2	309	56	12,689.00
心理学系			13	804			1	200	3	49			3	160	20	1213.00
计算机科学技术研究所	1	223	3	191			3	60	2	29			1	2.7	10	505.70
分子医学研究所	2	1373	7	1138			2	30	1	170			1	123	13	2834.00
前沿交叉学科研究院	1	951	5	196					3	900					9	2047.00
其他	5	2101	45	5667.9					12	892	6	55	10	1719	78	10,434.90
合计	48	24,803	333	59,037.26	3	210	26	2148	129	18,264	57	1196	34	3893	630	109,551.26

（科学研究部　范少锋　廖日坤　杨凌春　鲍锦涛　整理）

表 8-24 北京大学 2018 年医科新增科研项目（经费单位：万元）

单位	科技部项目										自然科学基金委项目		教育部项目		北京市自然科学基金项目		卫生部项目		合计	
	重点研发计划		973项目与重大计划		863项目其他课题		支撑计划		科技部其他课题											
	项目	经费	项目	经费	项目	经费	项目	经费	项目	经费	项目	经费	项目	经费	项目	经费	项目	经费	项目	经费
基础医学院	1	180							2	376	61	3028			8	160			72	3744
药学院	9	3176							3	3426	42	3362			4	240			58	10,203
公共卫生学院	2	905									11	1049			3	47			16	2001
第一医院	5	1292							2	6924	39	2262			12	260			58	10,738
人民医院	5	1356							2	1060	50	2050			14	230			71	4696
第三医院	18	7370									60	4049			13	280			91	11,699
口腔医院	3	775									28	1070			7	140			38	1985
第六医院	2	500							1	364	7	1125			2	30			12	2019
肿瘤医院	2	1106									22	1284			7	170			31	2560
深圳医院											11	345							11	345
药物依赖所											3	332							3	332
医药分析中心											1	57							1	57
中国卫生发展研究中心																			0	0
公共教学部																			0	0
首钢医院															1	20			1	20
护理学院											3	86			1	10			4	96
医学信息中心																			0	0
临床所																			0	0
健康医疗大数据中心	1	951																	1	951
国际医院											3	63							3	63
医教所											1	18							1	18
总计	48	17,611							10	12,150	342	20,179			72	1587			472	51,527

注：含附属医院单独申报立项数。

（医学部科研处　柳皋隽　张秋月　整理）

表 8-25 北京大学 2018 年获批国家自然科学基金项目（经费单位：万元）

单位	面上项目		青年基金		重点项目		杰出青年科学基金		优秀青年科学基金		创新研究群体		重大科研仪器研制专项		重大项目		重大研究计划		国际（地区）合作交流		其他类项目		总计	
	项目	经费	项目	经费	项目	经费	项目	经费	项目	经费	项目	经费	项目	经费	项目	经费	项目	经费	项目	经费	项目	经费	项目	经费
数学科学学院	4	216			1	250	2	490	2	260											2	30	11	1246
物理学院	27	1720	4	101	1	300	5	1750									3	245	5	176	5	19,301	50	23,593
化学与分子工程学院	18	1177	1	26	3	921			3	390	1	1050					3	430	3	122	1	270	33	4386
生命科学学院	16	953	5	120	5	1448	2	700	2	260							2	564	2	320			34	4365
城市与环境学院	3	184	9	227	1	319											1	384	2	202			17	2366
地球与空间科学学院	15	973	9	197	1	296	2	700	1	130							1	290	3	385	3	544	35	3515
环境科学与工程学院	9	576					1	350									2	963	2	9			13	1548
信息科学技术学院	20	1131	8	156	2	591	2	700	1	130					1	945			3	88	4	754	41	4495
工学院	7	439	5	118	1	280			1	130			1	524	2	2586	4	820	3	337	2	74	26	5527
光华管理学院	4	191	2	36																			7	357
心理与认知科学学院	11	651																	1	133	1	20	13	804
分子医学研究所	3	176									1	525					3	437					7	1138
计算机技术研究所	3	191																					3	191
科维理天文与天体物理研究所			1	16															1	20			2	36
前沿交叉学科研究院	2	122	3	74																			5	196
校本部其他	14	741	6	125	2	485							0	0	3	3275	0	0	4	516	7	133	36	5275
医学部	171	9585	111	2382	3	881	1	350	3	390	2	1575	1	595	1	395	8	1087	9	1204	10	451	320	18,895
总计	327	19,026	164	3577	20	5771	15	5040	13	1690	5	4200	2	1119	7	7201	27	5220	38	3511	35	21,577	653	77,933

注：未含肿瘤医院、深圳研究生院。

（科学研究部 鲍锦涛 整理）

表8-26 北京大学医学部2018年获批国家自然科学基金项目和经费（经费单位：万元）

单位	面上项目		青年基金		重点项目		杰出青年科学基金		优秀青年科学基金		海外及港澳学者基金		国际地区合作交流		重大项目课题		重大研究计划		联合基金		仪器专项		创新群体		应急管理		合计	
	项目	经费	项目	经费	项目	经费	项目	经费	项目	经费	项目	经费	项目	经费	项目	经费	项目	经费	项目	经费	项目	经费	项目	经费	项目	经费	项目	经费
基础医学院	41	2339	12	259									1	160			2	147	1	56					4	67	61	3028
药学院	20	1148	13	295.81					1	130			3	162.84	1	395	3	180					1	1050			42	3361.65
公共卫生学院	5	271.8	3	54									1	3.5			2	720									11	1049.3
第一医院	18	964	15	316	1	294							3	638			1	40							1	10	39	2262
人民医院	30	1626	20	424																							50	2050
第三医院	33	1863	19	414	2	587			2	260			1	240											2	90	60	4049
口腔医院	13	749	15	321																	1	595					28	1070
第六医院	4	224	1	26			1	350															1	525			7	1125
深圳医院	3	174	8	171																							11	345
首钢医院																												
国际医院			3	63																							3	63
药物依赖所	2	112																	1	220							3	332
医药分析中心	1	57																									1	57
公共教学部																												
临床所																												
护理	1	57	1	21																					1	8	3	86
肿瘤医院	12	691	8	167	1	293							1	133													22	1284
医教所			1	17.5																							1	17.5
总计	183	10,275.8	119	2549.31	4	1174	1	350	3	390	0	0	10	1337.34	1	395	8	1087	2	276	1	595	2	1575	8	175	342	20,179.45

注：包括北京大学肿瘤医院单独申报的国自然基金项目。

（医学部科研处 张秋月 整理）

表 8-27　北京大学 2018 年度获批的国家自然科学基金重点项目

批准号	项目名称	负责人	所在院系
11831001	非双曲动力系统	甘少波	数学科学学院
11831002	大数据驱动的优化建模与高效算法	文再文	国际数学中心
11832001	数据驱动多尺度材料设计的聚类分析方法研究	唐少强	工学院
11835001	滴线区原子核的共振与连续谱	许甫荣	物理学院
21832001	纳米氧化铈负载金属催化剂界面结构的调控及其在碳一化学中的催化作用	张亚文	化学与分子工程学院
21833001	强关联电子体系的新方法	刘文剑	化学与分子工程学院
31830004	拟南芥有性生殖过程中 RALF 小肽及其受体的功能研究	瞿礼嘉	生命科学学院
31830022	锰元素调节天然免疫与获得性免疫的发现与机制研究	蒋争凡	生命科学学院
31830048	探究核小体组装维持 DNA 复制体稳定性的机制	李 晴	生命科学学院
31830058	多梳蛋白抑制复合体在发育过程中的稳态调控机制	朱 健	生命科学学院
31830110	中心体复制的数量控制及其分子机制分析	陈建国	生命科学学院
41830641	中国居民生活源大气污染物排放的环境效应与健康风险模拟	陶 澍	城市与环境学院
41830645	大数据支持下的空间交互网络理论及分析方法研究	刘 瑜	地球与空间科学学院
51833001	螺旋聚合物手性材料的分子设计、多级结构调控及性质与功能	宛新华	化学与分子工程学院
61832001	新型数据管理系统	崔 斌	信息科学技术学院
61834001	新型神经形态器件及芯片集成基础研究	蔡一茂	信息科学技术学院
71833001	精准健康扶贫的经济学实验：基于四川凉山的干预研究	刘国恩	国家发展研究院
81830009	交感应激引起心肌细胞代谢失衡在心脏重构中的作用及机制	张幼怡	第三医院
81830022	胰岛 α 与 β 细胞功能和表型的动态变化在血糖稳态调控中的作用及其机制	洪天配	第三医院
81830044	孕期高血糖通过胎盘葡萄糖转运及代谢异常影响子代近远期发育的机制探讨	杨慧霞	第一医院

（科学研究部　鲍锦涛　整理）

表 8-28　北京大学 2018 年度获批的国家自然科学基金重大项目

批准号	项目名称	负责人	所在院系	备注
11890660	几何结构与拓扑不变量	田 刚	国际数学中心	项目
11890661	镜像对称猜想及其相关问题	田 刚	国际数学中心	课题
11890662	辛几何不变量与可积系统	刘小博	国际数学中心	项目
11890672	介观尺度结构超滑实验技术与设备	李志宏	信息科学技术学院	课题
11890680	先进材料跨尺度力学行为的理论体系、测量技术及标准规范研究	魏悦广	工学院	项目
11890681	先进材料跨尺度力学行为的表征理论和测量原理	魏悦广	工学院	课题
81891011	中药道地性的物质基础研究	叶 敏	医学部药学院	课题

（科学研究部　鲍锦涛　整理）

表 8-29　北京大学 2018 年度获批的国家自然科学基金国家重大科研仪器设备研制专项

批准号	项目名称	负责人	所在院系	类别
61827808	脑组织通道成像分析仪	韩鸿宾	第三医院	61827808
81827809	基于自组装细胞芯片研制高通量高内涵阵列筛选成像系统	席建忠	工学院	81827809

（科学研究部　鲍锦涛　整理）

表 8-30　北京大学 2018 年度获批的国家自然科学基金重大研究计划

批准号	项目名称	负责人	所在院系
91837312	青藏高原典型生态系统碳氮水循环过程及其气候效应	唐艳鸿	城市与环境学院
91842102	肠道 ILC3 细胞 PD-1 表达及其对炎症性肠病的影响	钟　超	医学部基础医学院
91844000	中国大气复合污染的成因与应对机制的基础研究学术交流活动及项目工作计划实施	朱　彤	环境科学与工程学院
91844301	中国大气复合污染生成的关键化学过程集成研究	胡　敏	环境科学与工程学院
91846101	基于大数据的慢性肾脏疾病患者跨区域就诊可视化呈现及管理决策研究	张路霞	第一医院
91846112	基于综合风险评估和人群动态预警的健康管理研究——以心血管疾病为例	高　培	医学部公共卫生学院
91846303	面向人群健康和重大疾病的大数据集成共享平台研究及示范应用	李立明	医学部公共卫生学院
91848201	柔性微纳米机器人多模态变体关键技术研究	段慧玲	工学院
91850103	超小片上激光的设计与操控	陈建军	物理学院
91850104	基于金属纳米结构的新型光场产生、调控及与物质相互作用研究	张家森	物理学院
91850111	基于飞秒光电子显微镜技术的载流子动力学多维度研究	杨　宏	物理学院
91851208	近海与河口透光层半导体矿物协同微生物驱动碳氮硫循环的机制研究	鲁安怀	地球与空间科学学院
91852107	带水平剪切的双扩散对流流动结构及输运特性	杨延涛	工学院
91852112	超高负荷低压涡轮叶栅的流动损失机理和控制方法	肖左利	工学院
91852201	基于湍流结构的泵喷推进系统流动噪声关键物理机制及控制方法研究	黄　迅	工学院
91853107	脂基化修饰分子-长链脂肪酰辅酶 A 的生物荧光探针构建和时空特异性检测技术	王　晶	医学部药学院
91853111	定点修饰的生物正交反应在基因编辑技术中的应用	刘　涛	医学部药学院
91853122	新型唾液酸转移酶抑制剂的发现研究	叶新山	医学部药学院
91853134	Myh9 蛋白整体磷酸化修饰的动态变化、调控及功能研究	罗金才	分子医学研究所
91853202	抗骨髓瘤药物靶点 DYRK2 激酶动态修饰蛋白体的特异性化学干预	雷晓光	化学与分子工程学院
91854112	应用海森结构光超高分辨率显微镜研究靶向溶酶体的线粒体衍生囊泡的发生机制	刘彦梅	分子医学研究所
91854204	核膜与内质网、线粒体互作及功能研究	张传茂	生命科学学院
91854205	细胞器互作调控线粒体应激的分子机制及其生理病理功能	刘　颖	分子医学研究所
91854209	心肌细胞横管-肌质网-线粒体五膜耦联与兴奋-钙信号-代谢调控轴	王世强	生命科学学院
91856105	金属催化的不对称成环反应：反应发展和机理研究	余志祥	化学与分子工程学院
91856120	基于超分子作用的手性翻转精准调控	阎　云	化学与分子工程学院
91857115	脆弱拟杆菌-胆汁酸 GUDCA-肠 FXR 代谢轴在二甲双胍降糖中的作用及机制研究	姜长涛	医学部基础医学院

（科学研究部　鲍锦涛　整理）

表 8-31　北京大学 2018 年度获批的国家自然科学基金重点国际合作项目

批准号	项目名称	负责人	所在院系
41820104003	地表"矿物膜"日光光电子在微生物胞外传递的分子机制	鲁安怀	地球与空间科学学院
81820108031	心脏重塑过程中 GPCR 偏向性激活 HIP-55 信号通路及分子机制	李子健	第三医院

（科学研究部　鲍锦涛　整理）

表 8-32　北京大学 2018 年新获批的《国家重点研发计划》项目

序号	项目编号	项目名称	负责人	所在单位
1	2018YFB0703700	基于液晶复合材料的新型调光膜的高通量预测、制备和示范应用	杨　槐	工学院
2	2018YFA0507600	蛋白质糖基化的化学标记与功能调控	陈　兴	化学与分子工程学院
3	2018YFA0305600	拓扑超导等关联体系的量子态	王　健	物理学院

（续表）

序号	项目编号	项目名称	负责人	所在单位
4	2018YFA0306900	二维量子功能材料及其异质结构的制备、输运性质调控与相关量子器件	叶堉	物理学院
5	2018YFB1004800	人机物融合的云计算架构与平台	黄罡	信息科学技术学院
6	2018YFB0505300	全球位置框架与编码系统	程承旗	工学院
7	2018YFB0406600	氮化物半导体新结构材料和新功能器件研究	唐宁	物理学院
8	2018YFB1106900	口腔修复体3D打印应用研究与临床示范	周永胜	口腔医院
9	2018YFA0107600	干细胞异质性及命运决定的调控网络	汤富酬	生命科学学院
10	2018YFA0108100	干细胞3D动态培养制备类器官芯片及集成应用	席建忠	工学院
11	SQ2018YFC100086	生殖疾病防治规范化体系建立	刘平	第三医院
12	2018YFC0214000	成渝地区大气污染联防联控技术与集成示范	谢绍东	环境科学与工程学院
13	2018YFF0301100	冬奥会运动创伤防治和临床诊疗安全保障技术体系研发	崔国庆	第三医院
14	2018YFC1313900	2型糖尿病、糖尿病高风险和妊娠糖尿病危险因素的早期行为干预适宜技术及疗效评价研究	洪天配	第三医院
15	2018YFC1314200	适用于中国人群的认知筛查和评估系统的建立	于欣	第六医院
16	2018YFC1105300	植入材料物理特性对细胞行为、组织结合与再生的调控作用及其分子机制	邓旭亮	口腔医院
17	SQ2018YFC090081	精准医疗临床决策支持系统研发	李全政	前沿交叉学科研究院
18	2018YFD1100800	县域村镇空间发展智能化管控与功能提升规划技术研发	曹广忠	城市与环境学院
19	2018YFC1902700	产品全生命周期识别溯源体系及绩效评价技术	王学军	城市与环境学院
20	2018YFC1707300	中成药整体性质量控制技术研究	屠鹏飞	药学院
21	SQ2018YFC100237	植入前胚胎发育的调控网络研究	闫丽盈	第三医院

（科学研究部　廖日坤　整理）

表8-33　2018年北京大学科技部中青年科技领军人才拟入选名单（已公示，未正式公布）

序号	姓名	所在单位
1	东苏勃	物理学院
2	叶敏	药学院
3	吕继成	第一医院
4	伊成器	生命科学学院
5	刘若川	数学科学学院
6	刘颖	分子医学研究所
7	刘燕	口腔医院
8	江颖	物理学院
9	肖云峰	物理学院
10	何菁	人民医院
11	张志勇	信息科学技术学院
12	林志淼	第一医院
13	高宁	生命科学学院
14	高培	公共卫生学院
15	黄罡	信息科学技术学院
16	彭宇新	计算机科学技术研究所
17	彭海琳	化学与分子工程学院

（科学研究部　廖日坤　整理）

表 8-34　2018 年北京大学科技部重点领域创新团队拟入选名单（已公示，未正式公布）

序号	团队名称	团队负责人	所在单位
1	类脑视觉创新团队	黄铁军	信息科学技术学院

（科学研究部　廖日坤　整理）

表 8-35　北京大学 2018 年理工医科获批的教育部科学技术研究项目

项目名称	负责人	所在单位
分子科学协同创新平台培育	严纯华	化学与分子工程学院
教育部纳光电子前沿科学中心	龚旗煌	物理学院
北京激光加速器装置	颜学庆	物理学院

（科学研究部　杨凌春　整理）

表 8-36　北京大学 2018 年获批北京高校卓越青年科学家计划项目名单

序号	姓名	所在单位
1	颜学庆	物理学院
2	王新强	物理学院
3	雷晓光	化学与分子工程学院
4	黄罡	信息科学技术学院
5	李晴	生命科学学院
6	杨莉	第一医院
7	余淼杰	国家发展研究院
8	王栋	国际关系学院

（科学研究部　杨凌春　整理）

表 8-37　北京大学 2018 年获批北京市杰青项目名单

序号	姓名	所在单位
1	席鹏	工学院
2	郭少军	工学院
3	童美萍	环境科学与工程学院
4	杨超	数学科学学院
5	林熙	物理学院
6	张史梁	信息科学技术学院
7	董甦伟	医学部
8	乔雪	医学部

（科学研究部　杨凌春　整理）

表 8-38　SCI 数据库 2018 年收录的北京大学为第一作者/通讯作者单位的论文及分布情况

单位	发表论文总数	论文收录期刊平均 IF	论文收录期刊最高 IF
数学科学学院	121	1.57	12.02
国际数学研究中心	66	1.66	9.17
工学院	558	5.07	38.62
物理学院	559	4.52	40.14

(续表)

单位	发表论文总数	论文收录期刊平均 IF	论文收录期刊最高 IF
化学与分子工程学院	481	6.37	47.93
生命科学学院	192	9.08	41.577
地球与空间科学学院	200	3.1	12.12
城市与环境学院	224	4.24	37.21
环境科学与工程学院	159	5.15	53.254
心理与认知科学学院	71	3.27	12.12
信息科学技术学院	338	2.86	37.21
计算机科学技术研究所	23	0	8.803
科维理天文研究所	62	4.94	9.66
分子医学研究所	31	10.27	41.67
前沿交叉学科研究院	99	7.42	40.14
现代农学院	32	3.74	9.66
其他	101	3.9	27.96
医学部	3234	4.56	53.254
深圳研究生院	255	4.99	14.36
合计	6806	3.96	47.93

（科学研究部 郑英姿 刘 超 医学部科研处 李伺桐 深圳研究生院 孟祎 整理）

表 8-39 北京大学 2018 年出版的理工医学类成果目录

（共 205 部，其中校本部 42 部，医学部 151 部，深圳研究生院 12 部）

校本部 42 部

序号	出版物名称	著（编）者	出版单位
1	系统与控制理论中的线性代数（上册）第二版	黄 琳	科学出版社
2	系统与控制理论中的线性代数（下册）第二版	黄 琳	科学出版社
3	微积分导引（上）	唐少强	北京大学出版社
4	数学物理方法	符策基	北京大学出版社
5	碳酸盐岩缝洞型油藏数值模拟技术与应用	邸 元	中国石油大学出版社
6	World Scientific Handbook of Organic Optoelectronic Devices	周欢萍	World Scientific Publishing Company
7	Encyclopedia of Modern Optics（2nd Edition），Volume 5, pp. 282-291	周欢萍	Academic Press
8	稀疏感知导论	李廉林	科学出版社
9	C# 程序设计教程（第 2 版）	唐大仕	清华大学出版社、北京交通大学出版社
10	听觉心理学导论	陈 婧 吴玺宏 迟惠生	北京大学出版社
11	人工智能知识讲座	谭 营	人民出版社
12	Tree-Based Convolutional Neural Networks: Principles and Applications	金 芝	Springer
13	Mobile Big Data	程 翔 Luoyang Fang Liuqing Yang Shuguang Cui	Springer

(续表)

序号	出版物名称	著（编）者	出版单位
14	高级光电子技术实验	陈徐宗　王　青　齐向晖　王爱民　赖舜男	北京大学出版社
15	传感器及其应用（第三版）	栾桂冬　张金铎　金欢阳	西安电子科技大学出版社
16	Swarm Intelligence: Principles, Current Algorithms and Methods	谭　营	IET
17	Swarm Intelligence: Innovation, New Algorithms and Methods	谭　营	IET
18	Swarm Intelligence: Applications	谭　营	IET
19	5G-Enabled Vehicular Communications and Networking	程　翔　Rongqing Zhang　Liuqing Yang	Springer
20	碳纳米管的结构控制生长	张　锦	科学出版社
21	软凝聚态物理，第三章，从"纳米原子"到"巨型分子"	张文彬*　程正迪*	科学出版社
22	Bioinspired Materials Science and Engineering, Chapter 15, pp. 295-310, "Tuning Mechanical Properties of Protein Hydrogels: Inspirations from Nature and Lessons from Synthetic Polymers"	Wang, X.W. Liu, D. Yin, G. Zhang, W.B.*	John Wiley & Sons
23	Self-Assembly: From Surfactants to Nanoparticles, Chapter 10, pp. 309-330, "Solution Self-Assembly of Giant Surfactants: An Exploration on Molecular Architectures"	Dong, X.H.* Li, Y. Lin, Z. Yu, X. Yue, K. Liu, H. Huang, M. Zhang, W. B.* Cheng, S. Z. D.*	John Wiley & Sons
24	Radiation Technology for Advanced Materials	Zhai Maolin	Academic Press
25	Bimetallic Nanostructures: Shape–Controlled Synthesis for Catalysis, Plasmonics, and Sensing Applications	Ya-Wen Zhang	John Wiley & Sons
26	演化经济地理研究	贺灿飞	经济社会出版社
27	中国常见灌木生物量模型手册	唐志尧	科学出版社
28	野外生态学实习指导	刘鸿雁　唐志尧　朱　彪	北京大学出版社
29	我国沿海大气颗粒物特征及陆源影响研究	胡　敏	中国环境出版社
30	Formal Methods and Software Engineering	孙　猛	Springer
31	Hessian polyhedra, invariant theory and Appell hypergeometric functions	杨　磊	World Scientific Publishing Company
32	Zeta integrals, Schwartz spaces and local functional equations	李文威	Springer
33	遍历论（第2版）	孙文祥	北京大学出版社
34	微分方程数值解法	汤华中	科学出版社
35	走出迷宫	孟祥芝	北京大学出版社
36	脉冲星物理	吴鑫基　乔国俊　徐仁新	北京大学出版社
37	Guide to the Widlife of Southwest China	李　晟（Sheng LI）	Smithsonian Institution Scholarly Press
38	动物生物学实验	王戎疆	北京大学出版社
39	Ginzburg-Landau Theory of the Quantum Condensate and Its Topological Matter	李定平	北京大学出版社
40	量子场论（上册）	郑汉青	北京大学出版社
41	量子色动力学专题	赵光达　马滟青　朱守华	科学出版社
42	广义相对论	陈　斌	北京大学出版社

（科学研究部　郑英姿　整理）

医学部 151 部

基础医学院（29 部）			
序号	出版物名称	著（编）者	出版单位
1	此生惟愿济众生	张嵘	中国科学技术出版社
2	春华秋实	韩济生 万有	北大医学出版社
3	中国中医药重大理论传承创新典藏	韩济生	中国中医药出版社
4	生理学	邢国刚	人民卫生出版社
5	康复生理学	邢国刚	人民卫生出版社
6	Cocaine, Protein Kinase, and Phosphorylation of Neuronal Receptors	Wang Y.	Academic Press
7	宫颈病变的三阶梯诊断（第1版）	刘从容	湖北科学技术出版社
8	分子诊断病理学实践：基于案例分析	刘岩	北京科学技术出版社
9	炎症性肠病病理鉴别诊断	石雪迎	浙江大学出版社
10	病理学（第9版）	田新霞	人民卫生出版社
11	病理学与病理生理学	吴立玲 田新霞 贺慧颖 等	北京大学医学出版社
12	医学微生物学	彭宜红	北京大学医学出版社
13	医学微生物学	彭宜红	人民卫生出版社
14	临床执业医师资格考试医学综合指导用书	彭宜红	人民卫生出版社
15	口腔执业医师资格考试医学综合指导用书	彭宜红	人民卫生出版社
16	公共卫生执业医师资格考试医学综合指导用书	彭宜红	人民卫生出版社
17	系统解剖学	张卫光 秦丽华 闫军浩	北京大学医学出版社
18	Neural Regulation of Metabolism	郑瑞茂	Springer
19	生物化学与分子生物学（第9版）	周春燕 张晓伟 倪菊华	人民卫生出版社
20	病理生理学（第9版）	吴立玲	人民卫生出版社
21	病理学与病理生理学	吴立玲	北京大学医学出版社
22	细胞分子生物力学	周菁 姚伟娟	上海交通大学出版社
23	病理学与病理生理学	吴丽玲 丛馨 徐海	北京大学医学出版社
24	高级病理生理学	吴丽玲 丛馨 徐海	人民卫生出版社
25	实用临床药物学	杨宝学 潘燕 周虹 李慧	中国医药科技出版社
26	药理学	李学军 杨宝学 李慧	北京大学医学出版社
27	组织学与胚胎学	张宏权 魏潇凡	高等教育出版社
28	组织学与胚胎学	唐军民 徐健 战军 张宏权	北京大学医学出版社
29	缺血再灌注损伤与中医药	韩晶岩	中国中医药出版社
药学院（9 部）			
序号	出版物名称	著（编）者	出版单位
30	天然药物化学	孔令义	化学工业出版社
31	中药材高效液相色谱检定	陈世忠 黄涛宏 王弘 李月琪	化学工业出版社
32	中国药用植物志（第七卷）	艾铁民 杨秀伟 等	北京大学医学出版社
33	道地药材品质保障技术研究	黄璐琦	上海世纪出版（集团）有限公司、上海科学技术出版社
34	The Leptin Signaling in: Neural Regulation of Metabolism	杨秀伟	Springer
35	The Leptin Resistance	杨秀伟	Springer
36	药理学	蒲小平	北京大学医学出版社

(续表)

37	Biology of Vanadium-based compounds for Treatment of Diabetes	杨秀伟	Elsevier
38	执业药师资格考试《药事管理与法规》应试宝典	江滨	医药科技出版社

公共卫生学院（7部）			
序号	出版物名称	著（编）者	出版单位
39	中国环境百科全书–环境医学	郭新彪	中国环境出版集团
40	儿童青少年运动健身指导	王海俊	北京大学医学出版社
41	中国社区福利体系研究	刘继同	中国社会科学出版社
42	实用物理因素职业病学	何丽华	人民卫生出版社
43	职业紧张评价与控制	何丽华	人民卫生出版社
44	确保良好健康于持续促进人类福祉	尹慧	社会科学文献出版社
45	卫生财政学导论	刘继同	北京大学医学出版社

护理学院（12部）			
序号	出版物名称	著（编）者	出版单位
46	老年生活方式指导	万巧琴	国家开放大学出版社
47	常用基础护理技能操作	尚少梅	北京大学医学出版社
48	中国助产士职业发展规划研究报告	陆虹	北京大学医学出版社
49	高级健康评估	孙玉梅	人民卫生出版社
50	护理教育理论与实践	孙宏玉	人民卫生出版社
51	护理理论（第二版）	庞冬	人民卫生出版社
52	老年护理学—问题与实践	王志稳	人民卫生出版社
53	循证护理学	王志稳	人民卫生出版社
54	认知障碍老年人激越行为的非药物管理	王志稳	北京大学医学出版社
55	高级护理药理学	李湘萍	人民卫生出版社
56	老年护理与保健	周宇彤	北京大学医学出版社
57	老年长期照护规范与指导	尚少梅	人民卫生出版社

药物依赖所（1部）			
序号	出版物名称	著（编）者	出版单位
58	沈渔邨精神病学	时杰	人民卫生出版社

第一医院（39部）			
序号	出版物名称	著（编）者	出版单位
59	中国罕见病研究报告（2018）	丁洁 王琳	中国医药科技出版社
60	儿童遗尿症诊疗规范	夏正坤 徐虹	人民卫生出版社
61	儿童心肌炎180问	杜军保 金红芳 何兵	人民卫生出版社
62	北大妇幼专家教你健康育儿经	梁芙蓉	中国轻工业出版社
63	育儿大百科	梁芙蓉	中国轻工业出版社
64	新生儿振幅整合脑电图	周丛乐	人民卫生出版社
65	从病例开始学习遗传代谢病	杨艳玲	人民卫生出版社
66	小儿癫痫现代概念与临床诊疗	王丽	北京大学医学出版社
67	临床药理学分册	王丽	人民卫生出版社
68	儿科住院医师手册	齐建光 闫辉 张欣	北京大学医学出版社

（续表）

69	心血管系统疾病分册	杜军保	人民卫生出版社
70	食管癌放射治疗临床规范	高献书	人民卫生出版社
71	Key Leaders' Opinion on Radiotherapy with Immuno-Targeted Therapies	Jiade J. Lu　Lvhua Wang　Bengt Glimelius	AME Publishing Company
72	妇科与生殖内分泌掌中宝	薛晴　李克敏	北京大学医学出版社
73	妇产科学习题集	杨慧霞	人民卫生出版社
74	妊娠合并糖尿病实用手册	杨慧霞	人民卫生出版社
75	产科学正常和异常妊娠	郑勤田　杨慧霞	人民卫生出版社
76	母胎医学杨慧霞2018观点	杨慧霞	科学技术文献出版社
77	医院感染管理案例精解	李六亿　吴安华　李卫光	北京大学医学出版社
78	膝关节骨性关节炎曹永平2018观点	曹永平	科学技术文献出版社
79	核医学	王荣福　安锐	人民卫生出版社
80	客观结构化临床考试（OSCEs）计划和实施OSCEs的10个步骤及其他标准化病人的应用	李海潮	北京大学医学出版社
81	临床常见疾病健康教育手册-外科分册	丁炎明　李利　张大双	人民卫生出版社
82	健康照护领域中的知识转化：从证据到实践	丁炎明　林凤芝　尚少梅	人民卫生出版社
83	临床免疫学检验（案例版）	马兴铭　冯珍如	兰州大学出版社
84	全科医学诊断精要	迟春花　董爱梅　齐建光　白文佩	北京大学医学出版社
85	基层呼吸系统疾病防治系列教程 支气管哮喘	迟春花　苏楠	人民卫生出版社
86	康复医学概论	王宁华	人民卫生出版社
87	妊娠合并糖尿病的营养治疗	窦攀　徐庆	科学技术文献出版社
88	妇产科麻醉手册	曲元　黄宇光	北京大学医学出版社
89	临床路径释义泌尿外科分册	周利群　王行环	中国协和医科大学出版社
90	尿液有形成分分析的应用进展	李惊子　李晓玫	北京大学医学出版社
91	中国误诊大数据分析	陈晓红	东南大学出版社
92	同型半胱氨酸：新时代的"胆固醇"	霍勇	北京大学医学出版社
93	冠心病介入治疗培训教材（2018版）	霍勇　方唯一	人民卫生出版社
94	临床路径释义心血管病分册	霍勇　葛均波	中国协和医科大学出版社
95	血脂异常规范化防治：从指南到实践	霍勇	北京大学医学出版社
96	过敏性结膜炎（眼表疾病临床系列）	晏晓明　孙旭光	人民卫生出版社
97	特殊释药系统的临床药代动力学试验设计	崔一民	中国协和医科大学出版社
\multicolumn{4}{c}{人民医院（8部）}			
序号	出版物名称	著（编）者	出版单位
98	男科疾病病例精解	白文俊	科学技术文献出版社
99	聊聊孕育那些事儿	鹿群	科学技术文献出版社
100	丙型肝炎直接抗病毒药物临床使用手册	王琴　魏来	科学技术文献出版社
101	孕产妇危重症防治和管理指导手册	吴久岭　王山米	人民卫生出版社
102	预防子宫颈癌百问百答	魏丽惠　乔友林	人民卫生出版社
103	下生殖道上皮内病变的诊治和管理	魏丽惠	北京大学医学出版社
104	宫颈病变的三阶梯诊断	魏丽惠　吴绪峰	湖北科学技术出版社
105	实用外阴疾病诊治指南	李静然　王建六	科学出版社

(续表)

第三医院（19部）			
序号	出版物名称	著（编）者	出版单位
106	Human Reproductive and Prenatal Genetics	乔 杰	Academic Press
107	经阴道腹腔镜及宫腔镜新技术	马彩虹 乔 杰	北京大学医学出版社
108	老年活动组织与策划	李葆华	国家开放大学出版社
109	姚氏麻醉学：问题为中心的病例讨论（第8版）	李 民	北京大学医学出版社
110	慢性阻塞性肺疾病	陈亚红	人民卫生出版社
111	运动医学进展	敖英芳	中华医学电子音像出版社
112	干眼：齐虹2019观点	齐 虹	科学技术文献出版社
113	神经内科基础与临床实践	李小刚	科学技术文献出版社
114	超声正常值测量备忘录（第2版）	崔立刚	科学出版社
115	超声诊断临床备忘录（第2版）	崔立刚	科学出版社
116	国际药学联合会（FIP）医院药学未来发展的巴塞尔共识（2015版）释义——中国思考与实践	翟所迪	北京大学医学出版社
117	手术室护理实践指南（2018年版）	郭 莉	人民卫生出版社
118	超声引导下区域疼痛阻滞图谱（第2版）	崔立刚 李志强	北京大学医学出版社
119	青光眼诊治技术	张 纯	科学技术文献出版社
120	早产儿医学	童笑梅	人民卫生出版社
121	临床路径释义	赵金垣 李树强	中国协和医科大学出版社
122	神经肌肉	周谋望 李筱雯 刘 楠	山东科学技术出版社
123	甲状腺超声及超声引导下细针穿刺（第3版）	谭 石	北京大学医学出版社
124	脊神经解剖与显露	王振宇	北京大学医学出版社
口腔医院（7部）			
序号	出版物名称	著（编）者	出版单位
125	面弓牙合架应用基本技术	刘 峰 师晓蕊	人民卫生出版社
126	口腔公共卫生	卞金有	广西科学技术出版社
127	牙周疾病病例精解	栾庆先	科学技术文献出版社
128	麦克唐纳-埃弗里儿童青少年口腔医学	秦 满	北京医科大学出版社
129	牙种植学美学与科学（第2版）	马 莲	人民卫生出版社
130	牙周根面覆盖术	刘 琦 张海东 闫 夏 杨静文	辽宁科学技术出版社
131	口腔数字化技术	王 勇 赵 创 赵一姣	人民卫生出版社
肿瘤医院（3部）			
序号	出版物名称	著（编）者	出版单位
132	肿瘤预防与早期发现	张青云 等	科学出版社
133	癌症症状的精神科管理	唐丽丽 等	人民卫生出版社
134	肿瘤专科护理	陆宇晗	人民卫生出版社
北京大学第六医院（12部）			
序号	出版物名称	著（编）者	出版单位
135	双心医学诊疗高级教程	陆 林 孙新宇	中华医学电子音像出版社
136	严重精神障碍管理治疗工作服务流程核心信息卡（第2版）	吴霞民 马 宁	北京大学医学出版社

（续表）

137	精神卫生专科护理	马 莉	人民卫生出版社
138	严重精神障碍患者家庭护理核心信息卡	王 涌 马 宁	北京大学医学出版社
139	精神病学（全国高等学校第8版5年制基础、临床、预防、口腔 医学专业规划教材）	陆 林	人民卫生出版社
140	严重精神障碍社区随访技巧核心信息卡	张五芳 黄 剑	北京大学医学出版社
141	严重精神障碍社区防治工作指南	马 弘	中华医学电子音像出版社
142	注意缺陷多动障碍心理治疗——系统式执行技能多家庭团体训练	钱 英	北京大学医学出版社
143	精神科护理评估技术手册——思路与实践	马 莉 柳学华	北京大学医学出版社
144	失智老人照护员触及理论及技能	马 莉	中国人口出版社
145	精神病学	岳伟华	江苏凤凰科学技术出版社
146	孤独症谱系障碍——医学前沿与研究进展	贾美香	北京大学医学出版社
北大国际医院（5部）			
序号	出版物名称	著（编）者	出版单位
147	呼吸系统疾病诊疗基础	刘 双（编委）	中国医药科技出版社
148	儿科神经影像临床精要	刘献增（副主译）	科学出版社
149	核医学（"十二五"普通高等教育本科国家级规划教材，"十三五"全国高等医学院校本科规划教材）	李小东（编委）	北京大学医学出版社
150	核医学（国家卫生与健康委员会"十三五"规划教材）	李小东（编委）	人民卫生出版社
151	Fitzpatrick临床皮肤病学彩色图谱及概要（第7版）	韩钢文（副主译）	北京科学技术出版社

（医学部科研处 许术其 整理）

深圳研究生院 12 部

序号	出版物名称	著（编）者	出版单位
1	粤港澳大湾区2018年房地产市场报告	杨现领 任 颐	格致出版社、上海人民出版社
2	领导力：解决挑战性难题	刘 澜	北京大学出版社
3	极简管理学	刘 澜	东方出版社
4	打造区域竞争力	李 莉 李贵才	科学出版社
5	商业模式与专利保护	贾振勇 魏 炜	机械工业出版社
6	大局观：真实世界中的经济学思维	何 帆	民主与建设出版社
7	猜测和偏见：何帆阅读笔记	何 帆	中信出版社
8	2018年中国资产管理行业发展报告	巴曙松 等	四川人民出版社
9	Anti-virulence Targets of Staphylococcus Aureus	Weihao Zheng Xiaodan Cai Zigang Li	iConcept Press Ltd
10	The Law and Finance of Related Party Transactions: A Comparative Analysis	Sang Yop Kang and others	Cambridge University Press
11	China and the Globalization of Legal Education: A Look into the Future	Philip McConnaughay Colleen Toomey	Cambridge University Press
12	资产估值原理（中文版）	Frank Koger	北京大学出版社

表8-40 北京大学2018年专利申请受理、授权情况统计表

单位	国内专利申请（项）	国内专利授权（项）	国际专利申请（项）	国际专利授权（项）
信息科学技术学院	159	146	5	9
计算机科学技术研究所	41	60	0	0
化学与分子工程学院	46	30	0	5

(续表)

单位	国内专利申请（项）	国内专利授权（项）	国际专利申请（项）	国际专利授权（项）
物理学院	30	45	0	2
生命科学学院	10	11	2	7
工学院	63	46	2	4
环境科学与工程学院	17	10	0	1
地球与空间科学学院	12	6	0	0
数学科学学院	3	3	0	0
分子医学研究所	8	3	1	0
建筑与景观设计学院	6	3	0	0
医学部	337	263	6	3
深圳研究生院	107	61	19	8
合计	839	687	35	39

（科学研究部　郑英姿　刘　超　医学部科研处　郑宗方　深圳研究生院　孟　祎　整理）

表8-41　北京大学校本部2018年主办的理工类国际学术会议和研讨班情况统计（35项）

时间	会议名称	主办单位
2018.10.17	中日双边燃料电池催化体系研讨会	化学与分子工程学院
2018.6.25	智能摄影测量与遥感国际会议	地球与空间科学学院
2018.6.6	亚太经合组织罕见病政策对话国际研讨会	人口研究所
2018.7.2	神经科学与人工智能国际研讨会	前沿交叉学科研究院
2018.6.28	区域研究协会2018中国年会	城市与环境学院
2018.10.16	美国大学科研管理联盟-北京大学科研管理研讨会	科学研究部
2018.8.4	理论化学国际研讨会	化学与分子工程学院
2018.5.21	国际电工委员会表意文字工作组第50次会议	计算机科学技术研究所
2018.5.19	非绝热化学小型研讨会	化学与分子工程学院
2018.9.21	非绝热动力学国际会议	深圳研究生院
2018.5.4	多模态跨尺度生物医学成像设施国际咨询委员会成立大会暨研讨会	科学研究部
2018.10.15	第五届亚太地区释光和电子自旋共振测年会议	城市与环境学院
2018.10.14	第四届国际原子层沉积应用会议暨2018中国原子层沉积会议	深圳研究生院
2018.12.17	第十二届亚太地区纳米杂化太阳能电池会议	深圳研究生院
2018.11.2	第三届智能科学国际大会	数学科学学院
2018.9.20	第三届时间地理学国际会议	城市与环境学院
2018.11.16	第九届国际薄膜晶体管计算机辅助设计会议	深圳研究生院
2018.3.15	第二十届北京谱仪实验物理与软件国际研讨会	物理学院
2018.5.5	第二届有机反应机理国际研讨会	深圳研究生院
2018.5.9	第二届国际卡宾化学学术研讨会	化学与分子工程学院
2018.5.28	第二届北大遥感青年国际研讨会	地球与空间科学学院
2018.4.15	第42届国际大学生程序设计竞赛全球总决赛	信息科学技术学院
2018.8.26	第25届国际稀土永磁及其应用会议	物理学院
2018.7.14	第19届碳纳米管与低维材料科学与应用国际会议	化学与分子工程学院
2018.9.10	第11届国际算法博弈论大会	信息科学与技术学院

（续表）

时间	会议名称	主办单位
2018.9.17	低能核动力学与有效核力国际研讨会	物理学院
2018.10.10	大数据时代软件自动化的机遇和挑战国际研讨会	信息科学技术学院
2017.7.6	北京未来基因诊断高精尖创新中心国际学术指导委员会年度例会	北京未来基因诊断高精尖创新中心
2018.5.25	北大海洋论坛	海洋研究院
2018.8.15	IEEE信息中心未来网络学术会议	深圳研究生院
2018.12.17	2018未来计算技术国际研讨会	深圳研究生院
2018.9.15	2018年国际农业生物技术大会	现代农学院
2018.10.27	2018年国际环境健康学术会议	环境科学与工程学院
2018.8.26	2018国际理论与应用力学联盟电磁功能材料与结构力学研讨会	工学院
2018.5.31	《生物化学与生物物理学研究通讯》学术会议暨编委会会议	生命科学学院

（科学研究部　范少锋　整理）

表8-42　北京大学医学部2018年主办的医学类国际学术会议和研讨班情况统计（54项）

时间	会议名称	主办单位
2018.4.20	国际灵芝研究会学术年会	基础医学院
2018.7.17	北大医学孤独症国际论坛——孤独症的治疗与预防	基础医学院
2018.11.16—20	第11届亚太结缔组织学术专题研讨会 & 第三次全国基质生物学大会暨北大医学基质生物学国际论坛	基础医学院
2018.6.24—29	The 13 International Symposium on activation of ioxygen and omogeneous xidation atalysis	药学院
2018.7.13—15	第一届离子通道病与药物研发研讨会——离子通道病的靶标发现	药学院
2018.9.17—21	The 1st Natural compounds and analogs against therapy resistant tumours and microorganisms GRK2158	药学院
2018.10.17—20	第二届天然药物及仿生药物国际前沿研讨会——天然产物合成	药学院
2018.10.26	医保与药事服务国际研讨会	药学院
2018.11.13—16	Precision medicine and ion channel retreat 2018	药学院
2018.11.25—30	中美公共卫生论坛	公共卫生学院
2018.10.20—21	北京大学国际护理论坛	护理学院
2018.11.29—12.1	第十五届全国药物依赖性学术会议暨国际精神疾病研讨会	中国药物依赖性研究所
2018.11.20	北京大学医学部-麦吉尔大学医学院第一届基层卫生服务研讨会	中国卫生发展研究中心
2018.2.2—3	第十届房颤消融关键技术国际论坛	第一医院
2018.3.24—25	第六届北大妇产国际论坛	第一医院
2018.4.13—15	第十届围产医学新进展高峰论坛暨《中华围产医学杂志》创刊二十周年	第一医院
2018.4.14—15	2018北京国际儿童癫痫论坛	第一医院
2018.4.27—28	北京大学第一医院-霍普金斯大学分子影像中心第六届国际分子影像论坛	第一医院
2018.5.11	紫禁城国际药师论坛"医药政策与药物创新——新药发布"分会场	第一医院
2018.5.14—15	北大医学核医学分子影像在精准医疗应用研究论坛	第一医院
2018.6.21—24	北京大学第一医院医学论坛——肾脏病分论坛	第一医院
2018.6.29—7.1	第15届全国抗感染药物临床药理学术会议、第三届全国细菌耐药监测大会暨第二届北大医学感染论坛	第一医院
2018.8.2	分子影像应用与临床转化会议	第一医院

（续表）

时间	会议名称	主办单位
2018.8.10—12	2018儿童遗传病与精准医学论坛	第一医院
2018.8.31—9.2	2018泌尿生殖华夏医学论坛	第一医院
2018.9.1	2018香港-北京-太原内科学论坛	第一医院
2018.9.3—5	第二届多囊肾及罕见肾脏病国际论坛	第一医院
2018.9.25—26	加州大学戴维斯分校-北京大学附属医院神经内科交流研讨会	第一医院
2018.9.29	2018北大医院眼科-哈佛医学院联合论坛	第一医院
2018.10.11—12	第29届长城国际心脏病学会议老年心脏病论坛	第一医院
2018.10.12	第29届长城国际心脏病学会议女性心脏病论坛	第一医院
2018.11.2	2018年北京大学病原性真菌及感染高峰论坛	第一医院
2018.11.7	北大医学 医学技术（检验）专场 智慧检验创新与发展论坛	第一医院
2018.11.17—18	2018中俄男科论坛	第一医院
2018.12.2—3	北京大学-乌尔姆大学合作联席会议	第一医院
2018.12.6—9	2018年亚太肝脏研究学会自身免疫性肝病和肝病免疫学专题会议	第一医院
2018.9.14—16	第10届国际类风湿关节炎论坛	人民医院
2018.9.19—23	第14届北京大学女性盆底重建与生殖整形研讨会	人民医院
2018.10.26	临床医学研究高峰论坛	人民医院
2018.11.9	北大医学2018北京国际睡眠医学论坛	人民医院
2018.12.21—22	北京大学人民医院2018国际神经外科论坛	人民医院
2018.3.30—4.1	生殖内分泌及辅助生育技术学习班	第三医院
2018.3.31	第四届3D打印骨科应用国际论坛	第三医院
2018.6.22—24	国际第九届慢性盆腔痛大会及妇科热点问题论坛	第三医院
2018.6.30—7.1	北京大学心脏运动康复及安全学习班	第三医院
2018.8.31—9.2	全国关节镜与运动创伤新进展学习班	第三医院
2018.8.31—9.2	肩关节镜技术学习班	第三医院
2018.10.9—10	住院医师规范化培训师资培训班	第三医院
2018.10.13	北京大学第三医院人工关节国际论坛	第三医院
2018.12.15—16	北京大学国际心力衰竭治疗论坛	第三医院
2018.9.14—16	第11届亚洲儿童口腔医学学术会议	口腔医院
2018.3.30—4.1	第五届北京淋巴瘤国际研讨会	肿瘤医院
2018.7.14	第二届国际肿瘤诊疗峰会暨满洲里论坛	肿瘤医院
2018.8.25—26	2018第四届北京黑色素瘤国际研讨会	肿瘤医院

（医学部科研处　许术其　整理）

表8-43　北京大学理工医科2018年获得科技部政府间国际合作项目（3项）

负责人	项目名称	所在单位	合作期限	合作国别
陈向群	软件定义的超云计算环境及应用	信息科学技术学院	2019.1.1—2020.12.31	俄罗斯
孟杰	核物理中的第一性原理研究	物理学院	2019.1—2021.12	日本
郭志彬	QH模形成的物理机制及不同高约束模式间的转换机制	物理学院	2018.12—2023.5	无

（科学研究部　范少锋　整理）

表8-44 北京大学理工科2018年获得其他国际（地区）合作项目（31项）

负责人	所在单位	合作国别	合作单位	项目名称	合作期限
万小军	计算机科学技术研究所	日本	株式会社三菱综合研究所 Mitsubishi Research Institute, Inc.	基于深度学习的自动文稿生成研究项目	2018.1.1—2018.12.20
郑俊荣	化学与分子工程学院	沙特	King Abdullah University of Science and Technology	H2 Production Reactor System with 5KW Fuel Cell	2018.1.1—2018.12.31
邓兴旺	现代农学院	美国	Yale University	Analysis of a light-regulated development switch	2017.2.1—2018.1.31
李毓龙	生命科学学院	美国	University of Southern California	Novel fluorescent sensors based on GPCRs for imaging neuromodulation	2017.9.30—2018.6.30
刘涛	城市与环境学院	英国	University of Oxford	PEAK Urban Programme Research	2018.1.1—2018.12.31
张世秋	环境科学与工程学院	美国	Natural Resources Defense Council	Carbon Budget, Social-economy scenario and impacts review under the global 1.5 ℃ in China	2018.5.30—2019.5.29
朱彪	城市与环境学院	澳大利亚	Griffith University	Soil phosphorous dynamics under different forest ecosystems of Australia and China in response to simulated nitrogen deposition	2018.6.29—2019.6.28
赵耀辉	国家发展研究院	美国	NIH	China Health and Retirement Longitudinal Study	2018.6.1—2019.4.30
黄季焜	现代农学院	国际组织无国别	南南合作援助基金	非洲包容性的农村经济转型和政策：分享中国的农村发展经验	2019.1.1—2020.12.31
彭影杰	科维理天文与天体物理研究所	英国	The University of Cambridge	Star Formation and Quenching from the local Universe to high redshifts	2018.10.1—2022.3.31
黄季焜	现代农学院	美国	盖茨基金会	Ag policies for integrating African farmers with China	2018.8.12—2019.9.30
姚锦仙	生命科学学院	国际组织无国别	绿色和平	鲨鱼的渔业捕捞及其保护研究	2018.9.1—2019.9.1
陶澍	城市与环境学院	加拿大	McGill University	Beijing Households Energy Transitions	2018.9.1—2021.8.31
朱彤	环境科学与工程学院	英国	University College London	Complex Urban Systems for Sustainability and Health（London Hub）	2018.2.1—2022.1.31
周晓林	心理与认知科学学院	英国	University of Aberdeen	Establishing how cross-cultural differences in nonverbal behaviours influence face-to-face communication	2018.10.1—2019.9.1
周丰	城市与环境学院	法国	法国气候与环境科学实验室	中法杰出青年科研人员交流计划	2018.1.1—2018.12.31
伊成器	生命科学学院	以色列	以色列舍巴医疗中心	RNA修饰检测技术和疾病早期诊断联合实验室	2018.7—2022.6
杨槐	工学院	美国	美国肯特州立大学	液晶相先进功能膜联合实验室	2018.7—2021.6
楼建玲	物理学院	日本	日本大阪大学核物理研究中心	新一代核能相关数据的测量	2018.6—2019.7
叶春翔	环境科学与工程学院	英国	英国利兹大学	北京地区大气氮循环特征	2018.7—2019.7
胡家翔 彭一杰	工学院	美国	美国纽约大学石溪分校	新一代信息技术平台下的高效仿真优化	2018.7—2019.7
刘健 黄铁军	信息科学技术学院	英国	英国莱斯特大学	视网膜神经芯片算法设计	2018.7—2019.7

(续表)

负责人	所在单位	合作国别	合作单位	项目名称	合作期限
周虹	医学部	尼泊尔	Golden Community	降低新生儿死亡项目交流合作	2018.7—2019.7
张嵘	医学部	德国	德国乌尔姆大学	Shank3敲除孤独症大鼠，小鼠动物模型的建立生物特征与行为学比对研究	2018.6—2019.7
孙艳	医学部	英国	伦敦国王学院	成瘾的早期风险因素研究	2018.7—2019.7
黄迅	工学院	以色列	以色列理工学院	基于卷积神经网络的声隐身材料优化算法研究	2018.7—2020.12
黄薇	医学部	美国	Case Western Reserve University	ASPIRE: Air Pollution: Strategies for Personalized Intervention to Reduce Exposure	2018.8.1—2019.7.31
何子山	科维理天文与天体物理研究所	澳大利亚	澳大利亚国立大学	澳大利亚国立大学起联合培养一个博士后	2017.10.11—2019.9.30
王忆平	生命科学学院	英国	John Innes Centre	Enhancing Biological Nitrogen Fixation in Chinese Agriculture	2018.12.1—2021.11.30
付恩刚	物理学院	罗马尼亚	布加勒斯特理工大学	离子辐照调控PtPb纳米片结构以增强催化性能及内在机理的研究	2018.12.1—2019.12.31
郭秋菊	物理学院	黑山		中国与黑山科技合作委员会第3届例会交流项目	2018.12.1—2019.12.31

（科学研究部　范少锋　整理）

表8-45　北京大学医学部2018年获得的其他国际（地区）合作项目（20项）

负责人	所在单位	合作国别	合作单位	项目名称	合作期限
袁蓓蓓	中国卫生发展研究中心	挪威	挪威卫生服务知识中心	非住院医疗机构人员支付方式评价的EPOC综述	2018.1.17—2018.5.30
马军	公共卫生学院	美国	联合国儿童基金会UNICEF	学校全方位环境改善项目	2018.3.2—项目执行完
刘国庆	基础医学院	丹麦	诺和诺德	对高脂高胆固醇喂养LDLR+/-仓鼠模型在动脉粥样硬化预防中的评价	2018.3.13—2019.3.7
叶敏	药学院	日本	株式会社津村（TSUMURA & Co.）	甘草药材的质量标准研究	2018.3.15—2021.2.28
马冠生	公共卫生学院	美国	联合国儿童基金会	我国学校供餐现况调查	2018.3.16—2018.12.31
郭丽萍	医学人文学院	英国	伦敦大学学院	关于就跨文化医学人文研究及发展转款的协议备忘录	2018.3.23—项目执行完
丛亚丽	公共教学部	美国	哥伦比亚大学医学职业研究所（IMAP）	哥伦比亚大学医学职业研究所支持北京大学医学部中美医师职业精神研究中心行政管理及科研活动的协议	2018.4.3—2019.1.31
马冠生	公共卫生学院	美国	联合国儿童基金会（UNICEF）	我国学校供餐现况调查	2018.5.29—2018.12.31
潘小川	公共卫生学院	美国	自然资源保护协会	中国石油消费总量控制的健康效应	2018.6.28—2019.3.31
潘小川	公共卫生学院	美国	自然资源保护协会	中国煤炭消费总量控制的健康效应	2018.6.28—2018.9.30
丛亚丽	医学人文学院	美国	美国哥伦比亚大学医学职业研究所（IMAP）	2019中美医师职业精神研究中心2019年年会	2018.7.13—2019.12.31
马迎华	公共卫生学院	美国	联合国儿童基金会（UNICEF）	中小学校卫生与健康教育网络课程（教师版）	2018.7.13—2020.12.31
武阳丰	临床研究所	美国	美国药品研究与制造商协会	亚太经合组织国际多中心临床实验MRCT/GCP检查项目	2018.7.25—2018.9.14

(续表)

负责人	所在单位	合作国别	合作单位	项目名称	合作期限
张玉梅	公共卫生学院	瑞士	雀巢产品技术援助有限公司	12—36个月儿童中儿童成长奶粉与非儿童成长奶粉消费者营养素摄入的差异分析	2018.9.26—2019.2.28
郑志杰	公共卫生学院	美国	哈佛大学	中非全球卫生能力差距分析分包合同	2018.10.10—2019.12.31
刘建蒙	公共卫生学院	美国	McKing Consultling Corporation	叶酸检测项目	2018.4.1—2018.9.28
王应 马大龙	基础医学院	英国	枫树生物科技有限公司	合作开发抗PSMP抗体药	2018.11.19—2038.11.19
马军	公共卫生学院	美国	联合国儿童基金会（UNICEF）	教育部联合国儿童基金会学校全方位环境改善项目	2018.1.21—2018.11.30
周德敏	药学院	德国	勃林格殷格翰公司（Boehringer Ingelheim, BI）	腺相关病毒载体定点聚乙二醇修饰	2018.12.4—2020.6.30
黄薇	公共卫生学院	美国	NIh, Case Western Reserve University	Air polution strateges for personnalized intervention to reduce exposure	2018.12.25—2021.12.31

（医学部科研处 郑宗方 整理）

表8-46 《北京大学学报（自然科学版）》文献计量指标

年份	总被引频次	影响因子	即年指标	他引率	引用刊数	扩散因子	权威因子	被引半衰期	学科扩散指标	学科影响指标	开放因子	综合评价总分
2016	1490	0.761	0.106	0.98	581	38.99	161.43	7.9	9.85	0.54	99	67.90
2017	1689	0.883	0.125	0.98	611	36.18	176.25	7.6	10.02	0.51	97	72.30

（学报编辑部 李亚文 整理）

人文社科科研管理

【发展概况】 机构设置。北京大学文科包括人文、社科、经管3个学部，23个院系。社会科学部作为学校职能部门，负责全校文科学科建设和科研管理工作。社会科学部下设综合与规划、项目管理、成果与人才、基地与机构4个办公室，另下设智库中心办公室（筹）。

综合与规划。2018年，社科部统筹管理与综合服务能力提升。4月社科部内部进行第一次机构调整和轮岗，12月进行第二次调整。新组建的综合与规划办承担更多职能，包括协助全校文科顶层设计、统筹协调，推进文科重大学术平台与活动，新增全校文科的学科规划与学科建设、学科建设经费的申报和使用、文科横向课题的立项和全过程管理、纵向项目的经费管理等职能。2018年，继续落实全国高校思想政治工作会议、全国哲学社会科学座谈会精神，做好中央巡视工作的后续整改和提升工作。完成"北大-贵阳孔学堂"项目，举办海峡两岸及香港、澳门论坛。

调研与实践。2018年，接待中央统战部、北京市委办公厅、中国人民大学、复旦大学、山西大学、吉林大学等来校调研。开创主动调研新机制，赴南京大学调研。撰写各类总结与报告，其中报送校领导的稿件或全校性报告等十余篇。承办各类文科领域的专题会，举办"一带一路"3个重大项目的新闻发布会。

管理与预算。完善部门和科研管理制度体系，改版优化社科部网站。2018年，社科部会签57份国际学术会议，293份OA收发文，优化公文流转程序。利用学校新财务系统和新的预算制契机，科学编制部门预算并进行经费统筹。完成事业编和合同制的人事管理、职称晋升、聘期考核与岗位聘任、员工与领导干部考核、通用岗与专业技术岗评定、党务、组织、安全、公用房以及后勤保障等工作。

科研项目。2018年全校文科纵横向科研经费入账2.75亿元。立项国家社科基金重大项目9项、国家社科基金重大专项9项、艺术科学重大项目2项、年度项目40项，教育部重大项目2项、年度项目15项，其他纵向项目20余项。

8-47 2018年主要纵向项目申报和立项情况

项目名称	申报数	立项数
2018年国家社科重大项目	16	9
2018年国家社科年度项目	127	40（8项重点，32项一般）
2018年教育部重大项目	10	2

(续表)

2018年教育部年度项目	63	15
总计		66

8-48 2018年其他纵向项目立项情况

项目名称	立项数
2018年度国家社科基金重大专项	9
2018国家社科基金"研究阐述党的十九大精神"专项	1
2018年度国家社科基金冷门绝学专项	4
2018年度国家社科基金后期资助项目	7
国家社科基金学术外译项目	1
2018年度国家社科基金艺术科学重大项目	2
2018年度国家社科基金教育科学规划项目	2
2018年度教育部后期资助项目	2
2018年北京市社科基金项目	5
总计	33

科研成果。2017年度共发表各类科研成果3603项，其中出版著作383部、古籍整理9部、译著46部、译文15篇、电子出版物35部、论文3054篇、研究咨询报告48篇；2017年度人文社科教师发表SSCI、SCI、A&HCI国际文章统计，共138位老师211篇文章符合奖励标准，预研经费奖励116.88万元。2018年1月，推荐14位教师参加2018年度高校哲学社会科学教学科研骨干研修班学习。5月，中宣部干部局举办2018年文化名家暨四个一批人才国情研修班，北京大学推荐1人参加第一期培训。2018年，组织北京大学人文社科教师申报"北京市社科理论著作出版资助"（第48批和49批），最终共有7项成果通过评审，获得资助。北京大学申报北京市第十五届哲学社会科学优秀成果奖共计97项，其中按北京市名额分配申报65项，候补32项。加强学术成果发布平台建设，设立文科学术期刊资助项目，经自主申报和学部评审，共评出优秀期刊19种，资助总额达217万元。

科研机构。1.基地。对教育部基地经费进行调整，进行立项、中检和结项工作。推进基地主任换届工作，征求意见，制订《基地负责人聘任办法》。办法明确负责人的岗位职责、聘任条件和聘任程序，对负责人实行聘期目标管理和考核。依据此办法，各基地逐一进行负责人换届工作。完成教育部基地以及北京市基地的项目、经费管理工作。2.机构。2018年共计新成立12个虚体研究机构：基础教育研究中心、法律与人工智能研究中心、计算社会科学研究中心、企业大数据研究中心、分析哲学研究中心、土耳其研究中心、宏观经济与金融研究中心、世界社会研究中心、拓展与户外研究中心、电子商务法研究中心、国家机关事务研究中心、科学文化研究院。批准40项研究机构的重大事项变更申请和118项聘任兼职研究人员申请。

虚体机构整改。2018年，根据学校巡视整改工作领导小组的要求，社科部继续将"集中整治虚体研究机构管理问题"作为专项工作，完善管理机制，对研究机构进行逐一排查，取得初步成效。结合落实新修订的《北京大学人文社会科学研究机构管理办法》，社科部先后4次向所有文科院系发出正式通知，对整改工作进行阶段性部署和推动，要求各院系完成全面清理机构名单、制订管理细则、网上信息公开、召开年度机构工作会议这4项主要任务。社科部逐一检查和反馈各院系整改任务完成情况，逐一检查和反馈虚体机构和挂靠单位年检材料，要求各院系收缴机构公章，对个别违规机构进行整顿。截至2018年12月，文科虚体研究机构共计281个，整改期间共计撤销3个违规机构，终止10个不再活动的机构，清理27个违规设立的机构。

党建工作。社科部党支部贯彻落实习近平总书记在全国教育大会、全国哲学社会科学座谈会和高校思想政治工作精神，抓好部门党建工作，开展全国教育大会精神学习、赴中国人民抗日战争纪念馆和房山红色遗迹社会实践等活动。结合部门工作实际和北大文科存在的问题和挑战，把中央对哲学社会科学发展的论述应用到文科建设各项工作中来。

提出文科发展新思路。新时代的北大文科发展要立足于国情校情，尊重学科发展特点和学术规律，主要包括以下内容：1.北大文科要传承中华文脉，研究中华优秀传统文化，研究世界各类文明和马克思主义中国化实践，为文科学科建设提供更高理念和研究内容。2.北大文科要涵育学术，激活思想，为北大文科发展营造良好的学术氛围。为文科学者特别是青年学者的学术发展提供良好的成长环境，释放学者的科研创造潜力。3.北大文科要推动文理交叉，保持对自然科学、工程科学最重要最前沿问题和理论的关注和文科价值构建，推动科学与人文的对话，为文科带来新问题和新方法，促进文科自身学科进步。4.北大文科要重视基础学科和基础研究，维护好、发展好北大文科这个百年历史积淀的根，以基础研究带动整个文科的发展。5.北大文科要完善学术评价机制，既照顾文科的"科学性"，也考虑到不同学科的差异性，既具备世界通用的评价维度，也考虑本土话语体系的评价维度，关注数字之外的贡献，形成"北大学派"和符合中国国情、北大校情的"北京大学人文社会科学学术评价体系"。6.北大文科要紧紧抓住"双一流"建设的契机，深化体制机制改革，提升以"教学、人才培养、学术科研、学科建设"四位一体的统筹能力。

（李　净）

【开展文科集中调研】 5月28日至6月5日，在副校长王博的带领下，社科部牵头安排7次座谈会，对文科3个学部21个院系、13个教育部重点基地、15个实体研究机构进行集中调研，征集文科各单位的建设性意见。参会人员包括相关学部和文科单位，人事部、学科办、研究生院、教务部、财务部、房地产管理部等相关职能部门的负责人。社科部整理出调研报告供校领导参阅。报告梳理整合人才队伍建设、学生培养、学科建设、科学研究、文科实体机构、文科重点研究基地等方面内容。

（李 净）

【人文社会科学发展工作会议】 6月25日，社科部牵头组织召开2018年北京大学人文社会科学发展工作会议。文科各院系、基地、机构（实体、虚体）等负责人，相关职能部门负责人，部分理科、医科单位代表，文科资深教授、博雅讲席教授、新入职教师等300余人参加。会议分上午和下午两场进行。上午为文科工作总结和学者代表发言。下午分组讨论人才队伍建设、学科发展等相关问题。文科大会总结回顾过去北大人文社会科学工作的传统和成绩，直面新时代挑战和存在的不足，提出今后促进学科发展的思路。校党委书记郝平、校长林建华等领导班子成员参加会议。

（李 净）

【120周年校庆工作】 在北京大学建校120周年之际，社科部认真筹划准备"新时代——北京大学近五年成就展"中的文科部分。20块展板中的10块是北大在文科学科成就、人才培养、队伍建设、国际交流、社会服务等方面重要成果展示。社科部征集和确定展板内容，准备支撑材料包括各类别专家名单、南南学院、燕京学堂等的素材，向全校文科各单位及部分交叉学科部门征集成果实物上百份，于临湖轩中厅展出。5月2日，习近平总书记来校考察时参观了该展览。此外，社科部还抽调人员支援120周年校庆各项工作，并为校庆提供若干档案材料。

（李 净）

【成立习近平新时代中国特色社会主义思想研究院】 2018年1月，经中央批准，北京大学成立习近平新时代中国特色社会主义思想研究院。该研究院是北京大学学术实体机构，以研究为主，突出跨学科、交叉学科的性质。研究院共有5名全职研究员和30名教学科研系列人员编制。研究院致力于创造高质量研究成果，为党的理论创新、国家发展和改革提供理论支撑。2018年度，研究院在《人民日报》《光明日报》《经济日报》等重要刊物上发表论文近20篇。承担有中宣部、教育部和北京市统战部的4项重要课题。研究院同时办有内刊，积极向中央建言献策。研究院着力打造高端学术研究与交流平台，6月策划"新时代学习大家谈"系列讲座，并与福建省委宣传部共同策划东南卫视"中国正在说"栏目，分3期制作播出宣传习近平新时代中国特色社会主义思想的宣传片。研究院组织相关专家学者召开系列闭门会，并设立中长期资助课题，围绕习近平总书记治国理政方略，有针对性地开展研讨与课题研究。

（李 净）

【成立区域与国别研究院】 2018年4月，北京大学成立区域与国别研究院。研究院明确四项核心工作：人才培养、学术研究、智库功能及对外交流。组建行政工作团队，搭建门户网站，加强制度建设，保障研究院各项工作有序开展。2018年，研究院举办2次"天下论坛"、16场"博雅工作坊"和1期"新芽沙龙"，来自国内外300余位学者就区域与国别研究的学科建设、当今世界的重大问题、地区局势等展开研讨。相关学术成果以20期学术简报的形式进行呈现，并与商务印书馆达成2019年学术成果出版合作。人才培养方面，探索跨学科课程体系与教学模式，举办"2018年全国优秀大学生夏令营"活动，招收6位优秀营员作为研究院直博生备选，并开展普博生和博士后招募工作。同时，研究院强化智库建设，参与中国高教学会"一带一路"研究分会成立大会，延展学术网络，探索与国内、国际高校建立多元化合作机制，为未来学生培养提供更多优质平台。

（李 净）

《北京大学学报（哲学社会科学版）》

【发展概况】 机构概况。《北京大学学报（哲学社会科学版）》致力于中国特色学科体系、学术体系、话语体系、评价体系，以及中国知识体系问题的研究，坚持中华文明的主体性，力图分析总结近代以来中国探索构建知识体系的历史进程和经验教训，梳理当前中国哲学社会科学包括具体科学在构建知识体系方面面临的问题和挑战，结合中国改革开放和社会主义现代化建设的鲜活实践，推出一批突显主体性、富于时代性、具有原创性的研究成果，讲好中国共产党治国理政的故事、中国人民奋斗圆梦的故事、中国坚持和平发展合作共赢的故事，进一步推动加快构建中国特色哲学社会科学。

代表性成果。2018年，《北京大学学报（哲学社会科学版）》一些具有代表性的精品力作刊发后，在学界引起强烈反响。如：2018年第3期"政治学研究"栏目刊发萧鸣政文章《新时代领导干部政治素质及其考评初探》，被《新华文摘》2018年第17期全文转载。2018年第2期刊发彭小瑜文章《关注劳工"最近的目的和利益"》，被人大复印资料《世界史》2018年第6期转载。2018年第3期刊发黄卓越文章《19世纪初期的"方言热"：来华新教士的语言工程》，被人大复印资料《历史学》2018年第10期转载。2018年第2期刊发郭建宁文章《文化自信与当代中国》，被人大复印资料《中国特色社会主义理论》2018年第7期转载。2018年第2期刊发陈来文章《早期儒家的德行论》，被人大书报资料《伦理学》2018年第7期转载。2018年第2期刊发陈波文章《分析哲学内部的八次大论战》，被人大书报资料中心《外国哲学》2018年第6期转载。2018年第3期刊发吴承学文章《秦汉的职官与文体》，被《中国社会科学文摘》2018年第11期转载。

队伍建设。2018年，《北京大学学报（哲学社会科学版）》重视编辑队伍建设，加强编辑业务培训，安排编辑人员分期分批参加培训。4月，编辑部刘曙光、郑园、管琴、李铄等参加在杭州举行的全国人文社科期刊编辑业务培训。6月3日，中国期刊协会第六次会员代表大会在北京西国贸大酒店召开，学报常务副主编刘曙光编审当选为常务理事，在中国期刊协会等单位举办的期刊编辑业务培训中，就"马克思主义意识形态与期刊的政治导向""学术期刊的编排规范""人文社科期刊的选题策划"等主题担任主讲。

办刊举措。1."文研讲坛"专栏。"文研讲坛"代表北京大学文科的最高研究成果，《北京大学学报（哲学社会科学版）》2018年第3期分别刊出刘守英、谭秋成2篇关于"土地问题与乡村振兴"主题的文章，第5期分别刊出刘永华、谢湜等4篇关于"历史人类学研究的中国经验"主题的文章。2.加强学术主持人制度。学报一直推行学术主持人制度，发挥专家办刊优势。2018年除常设特色栏目，如"文研讲坛"（2018年第3期、第5期）、"文化交流与传播"（2018年第3期）等之外，还新推"量化史研究"（2018年第4期）等特色栏目。

【"深入学习贯彻党的十九大精神"专栏】 为深入学习贯彻党的十九大精神，从学术上把握党的十九大精神实质，号召更多的学者关注新时代的思想建设，《北京大学学报（哲学社会科学版）》2018年第1期、第2期、第6期，"深入学习贯彻党的十九大精神"专栏分别发表北京大学法学院姜明安教授《论新时代中国特色法治政府建设论》、北京大学社会学系王思斌教授《社会生态视角下乡村振兴发展的社会学分析——兼论乡村振兴的社会基础建设》、中国银行总行康健博士的《从利益共同体到命运共同体》等文章。

【"改革开放四十年与中国特色哲学社会科学的构建"专栏】 "中国特色哲学社会科学的构建"是2018年期刊宣传的主题。2018年是改革开放40周年，《北京大学学报（哲学社会科学版）》策划"改革开放四十年与中国特色哲学社会科学的构建"专栏，以哲学、文学、史学、政治学、经济学、社会学、法学、新闻传播学等学科为线索，对改革开放四十年来各学科的发展进行反思、总结和展望。在2018年第5期和第6期，连续刊发2组文章。2018年第5期，《北京大学学报（哲学社会科学版）》推出"改革开放四十年与哲学社会科学学科体系建设"专栏，刊发4篇对于当前问题与学科建设的探讨之作，分别是：俞可平《中国政治学的主要趋势（1978—2018）》、王思斌《我国农村的分化性发展与张力性整合——近四十年我国社会变迁的一个透视》、张守文《体制改革与经济法的关联性考察》、大卫·莱恩《中国特色社会主义对世界经济体系的影响》。2018年第6期，刊发陈晓宇《论我国教育学术中的矛盾关系》、陈功《中国人口科学四十年》。

【"国家治理研究"专题专栏】 《北京大学学报（哲学社会科学版）》开设"国家治理研究"专题专栏，2018年第4期分别刊出王雨辰《论德法兼备的社会主义生态治理观》、袁祖社《社会公共正义信念与发展合理化的价值逻辑》、盛明科、蔡振华《公共服务需求管理的历史脉络与现实逻辑》。

【出版120周年校庆特刊】 《北京大学学报（哲学社会科学版）》2018年第2期作为校庆特刊出版，刊发一批学术大家、名家的稿件，包括厉以宁、林毅夫、刘伟、王思斌、陈来、丰子义、赵敦华、申丹、葛晓音、阎步克、彭小瑜、何怀宏等北大人文社科领域著名学者的15篇论文。

（《北京大学学报（哲学社会科学版）》）

表8-49 2018年虚体研究机构变化清单
（整改期间共计撤销1个、终止10个、新成立14个机构）

整改结果	挂靠单位	机构名称	负责人
撤销	经济学院	国际经济研究所	王跃生
终止	外国语学院	中世纪研究中心	高峰枫
终止	历史学系	国际东亚学研究中心	郝斌
终止	历史学系	孙子兵法研究中心	刘华祝
终止	哲学系（宗教学系）	现代科学与哲学研究中心	赵光武
终止	中国语言文学系	中国古代思想文化研究所	李零
终止	政府管理学院	中国公益彩票事业研究所	沈明明
终止	历史学系	历史地理与古地图研究中心	李孝聪
终止	历史学系	中国传统艺术文化研究所	杨重光
终止	历史学系	中韩历史文化研究中心	王春梅

（续表）

整改结果	挂靠单位	机构名称	负责人
终止	哲学系（宗教学系）	儒商文化研究中心	孟庆楠
成立	法学院	法律与人工智能研究中心	杨晓雷
成立	教育学院	基础教育研究中心	陈晓宇
成立	社科部	区域与国别研究院	钱乘旦
成立	信息科学技术学院	计算社会科学研究中心	王腾蛟
成立	中国社会科学调查中心	企业大数据研究中心	张晓波
成立	哲学系（宗教学系）	分析哲学研究中心	韩林合
成立	历史学系	土耳其研究中心	昝 涛
成立	社会学系	世界社会研究中心	高丙中
成立	深圳研究生院	宏观经济与金融研究中心	海 闻
成立	法学院	电子商务法研究中心	薛 军
成立	体育教研部	拓展与户外研究中心	钱永健
成立	法学院	国家机关事务研究中心	吴志攀
成立	哲学系（宗教学系）	哲学与人类未来研究中心	王 博
成立	前沿交叉学科研究院	科学文化研究院	韩启德

表8-50　2018年度各类纵向课题立项名单

序号	课题名称	院系	首席专家	项目类别
1	习近平生态文明思想研究	马克思主义学院	郇庆治	国家社科基金重大项目
2	数字普惠金融的创新、风险与监管研究	国家发展研究院	黄益平	国家社科基金重大项目
3	胡适年谱新编	历史学系	欧阳哲生	国家社科基金重大项目
4	"宗教中国化"的基础理论建构	哲学系（宗教学系）	张志刚	国家社科基金重大项目
5	马克思主义文学理论关键词及当代意义研究	中国语言文学系	金永兵	国家社科基金重大项目
6	北美汉学发展与汉籍收藏的关系研究	中国语言文学系	杨海峥	国家社科基金重大项目
7	印度古典梵语文艺学重要文献翻译与研究	外国语学院	湛 如	国家社科基金重大项目
8	中国特色网络内容治理体系及监管模式研究	新媒体研究院	谢新洲	国家社科基金重大项目
9	中国近代日记文献叙录、整理与研究	中国语言文学系	张 剑	国家社科基金重大项目
10	新时代中国特色政治学基本理论问题研究	政府管理学院	王浦劬	国家社科基金重大研究专项
11	提高社会治理社会化、法治化、智能化、专业化水平研究：基于指标体系构建和绩效评估的问题诊断和对策分析	政府管理学院	杨立华	国家社科基金重大研究专项
12	应对全球非传统安全威胁研究	国际关系学院	查道炯	国家社科基金重大研究专项
13	引导美欧国家参与"一带一路"建设研究	经济学院	张 辉	国家社科基金重大研究专项
14	新形势下化解群体性事件的新机制新手段研究	政府管理学院	燕继荣	国家社科基金重大研究专项
15	世界主要国家现代化历程与中国未来30年现代化趋势	国家发展研究院	林毅夫	国家社科基金重大研究专项
16	未来30年中美战略博弈情景预判	国际关系学院	王缉思	国家社科基金重大研究专项
17	习近平新时代中国特色社会主义经济思想研究	习近平新时代中国特色社会主义思想研究院	顾海良	国家社科基金重大研究专项
18	习近平新时代中国特色社会主义思想的历史地位研究	马克思主义学院	闫志民	国家社科基金重大研究专项（马工程）

(续表)

序号	课题名称	院系	首席专家	项目类别
19	文艺发展史与文艺高峰研究	艺术学院	王一川	国家社科基金艺术学重大项目
20	影视剧与游戏融合发展及审美趋向研究	艺术学院	陈旭光	国家社科基金艺术学重大项目
21	建设现代化经济体系的路径与策略研究	经济学院	张辉	教育部哲学社会科学研究重大课题攻关项目
22	中美网络空间治理比较研究	法学院	易继明	教育部哲学社会科学研究重大课题攻关项目
23	课题名称略	哲学系（宗教学系）	仰海峰	教育部重大专项
24	课题名称略	考古文博学院	孙庆伟	教育部重大专项
25	课题名称略	历史学系	钱乘旦	教育部重大专项
26	课题名称略	习近平新时代中国特色社会主义思想研究院	于鸿君	教育部重大专项
27	课题名称略	习近平新时代中国特色社会主义思想研究院	孙熙国	教育部重大专项
28	习近平新时代中国特色社会主义生态文明思想研究	马克思主义学院	郇庆治	国家社科基金重点项目
29	20世纪俄国社会哲学研究	哲学系（宗教学系）	徐凤林	国家社科基金重点项目
30	金融犯罪的立法与司法研究	法学院	王新	国家社科基金重点项目
31	"二十一条"与近代中日关系研究	历史学系	臧运祜	国家社科基金重点项目
32	《甲骨文字编》修订与增补	中国语言文学系	李宗焜	国家社科基金重点项目
33	文化政治视阈中的延安文艺研究	中国语言文学系	李杨	国家社科基金重点项目
34	创新驱动的中国特色新型智库知识服务发展机制研究	信息管理系	申静	国家社科基金重点项目
35	全球媒介革命视野下的中国网络文学发生、发展及国际传播研究	中国语言文学系	邵燕君	国家社科基金重点项目
36	领导干部执政本领评估体系与开发机制研究	政府管理学院	肖鸣政	国家社科基金一般项目
37	中韩关系史研究（1894—1919）	历史学系	王元周	国家社科基金一般项目
38	北京高校服务2022年冬奥会的路径和方法研究	体育教研部	何仲恺	国家社科基金一般项目
39	日本《史记》学文献汇编与研究	中国语言文学系	杨海峥	国家社科基金一般项目
40	十九世纪末二十世纪初东亚区域内的经济思想传播研究	经济学院	刘群艺	国家社科基金一般项目
41	党领导立法的制度格局研究	法学院	侯猛	国家社科基金一般项目
42	加洛林王朝后期的政治与政治思想研究	历史学系	李隆国	国家社科基金一般项目
43	国际体系与国际法视野下的中国宪法变革路径研究	法学院	章永乐	国家社科基金一般项目
44	西周早中期青铜器矿料来源的铅同位素考古研究	考古文博学院	崔剑锋	国家社科基金一般项目
45	赫尔曼·黑塞文学文化评论研究	外国语学院	马剑	国家社科基金一般项目
46	古汉语义类推现象及相关问题研究	中国语言文学系	宋亚云	国家社科基金一般项目
47	俄语词类间的过渡现象研究	外国语学院	周海燕	国家社科基金一般项目
48	学习型搜索中用户交互行为与学习效果关系研究	信息管理系	刘畅	国家社科基金一般项目
49	文类升降与现代小说概念的形成研究（1872—1922）	中国语言文学系	张丽华	国家社科基金一般项目
50	基于宜兴方言的新购式语法理论研究	外国语学院	胡旭辉	国家社科基金一般项目
51	新时代中国特色社会主义制度价值研究	马克思主义学院	宋朝龙	国家社科基金一般项目
52	基于生理模型的语音量子理论研究	中国语言文学系	吴西愉	国家社科基金一般项目

（续表）

序号	课题名称	院系	首席专家	项目类别
53	比较视野下的唐宋女侠故事文化研究	统战部	高慧芳	国家社科基金一般项目
54	日本渠道马克思主义文献的汉译、传播和接受研究（1901—1949）	马克思主义学院	李爱军	国家社科基金一般项目
55	新结构经济学视角下我国跨越中等收入陷阱的路径研究	国家发展研究院	赵秋运	国家社科基金一般项目
56	培养跨文化交际情感能力的外语教学模式研究	外国语学院	郑萱	国家社科基金青年项目
57	我国民事诉讼标的识别的诉讼法进路研究	法学院	曹志勋	国家社科基金青年项目
58	"解冻思潮"背景下苏联文化政策转型与列宁格勒地区戏剧管理研究（1953—1964）	历史学系	庄宇	国家社科基金青年项目
59	19世纪美国哥特文学与杂志文学市场研究	外国语学院	李宛霖	国家社科基金青年项目
60	20世纪60年代以来的尼日利亚戏剧转型研究	外国语学院	程莹	国家社科基金青年项目
61	中原地区石窟崖面与窟前建筑研究	考古文博学院	彭明浩	国家社科基金青年项目
62	新中国参与全球健康治理的历史经验研究	医学人文学院	苏静静	国家社科基金青年项目
63	全人群、全生命周期视角下的生命早期事件对人口残疾的长期影响研究	人口研究所	郭超	国家社科基金青年项目
64	马克思与吉登斯的社会哲学比较研究	哲学系（宗教学系）	莫小丽	国家社科基金青年项目
65	大数据背景下基于深度学习理论的非线性资产定价模型研究	经济学院	潘水洋	国家社科基金青年项目
66	健康老龄化战略背景下整合型老年健康服务模式探索	社会学系	陈海萍	国家社科基金青年项目
67	唐元之间丝绸之路天山廊道的转型与发展研究	历史系	付马	国家社科基金青年项目
68	基于《华夷译语》等注音文献整理的中古蒙古语至现代蒙古语喀尔喀方言的语音演变研究	外国语学院	袁琳	国家社科基金冷门绝学专项
69	菲律宾马拉瑙族英雄史诗《达冉根》翻译与研究	外国语学院	史阳	国家社科基金冷门绝学专项
70	中国-伊朗医学交流史研究	外国语学院	时光	国家社科基金冷门绝学专项
71	中医在朝鲜半岛本土化的历史与现状研究	医学人文学院	陈琦	国家社科基金冷门绝学专项
72	区域-要素统筹：新时代国土空间开发保护制度研究	城市与环境学院	林坚	国家社科基金党的十九大精神专项
73	中国的收入分配差距：现状、原因及对策	经济学院	赵晓军	国家社科基金后期资助
74	游走在战争边缘的美台尴尬同盟（1961—1968）	国际关系学院	陈长伟	国家社科基金后期资助
75	缅甸通史	外国语学院	李谋	国家社科基金后期资助
76	徐楼青铜器科技研究	考古文博学院	胡钢	国家社科基金后期资助
77	晚商时期的黄土丘陵：贸易网络和社会变迁	考古文博学院	曹大志	国家社科基金后期资助
78	同情默应与心性体会：汤用彤与现代佛教学术研究	哲学系（宗教学系）	杨浩	国家社科基金后期资助
79	国家修辞·话语·传播研究	新闻传播学院	陈汝东	国家社科基金后期资助
80	经济增长与结构演进：中国新时期以来的经验	经济学院	谢世清	国家社科基金学术外译项目
81	基于慕课的高校体育课混合式教学模式创建与实证研究	教务部	冯雪松	国家社科基金教育学年度项目（青年课题）
82	高考改革回忆录	教育学院	张思思	国家社科基金教育学年度项目（青年课题）
83	汉语词典释义的理论与方法研究	中国语言文学系	王恩旭	教育部年度项目
84	精准医学公平问题研究	医学人文学院	丛亚丽	教育部年度项目
85	居民幸福感、信任与家庭金融资产选择问题研究	经济学院	崔巍	教育部年度项目
86	教会与国家：阿奎那政治哲学	哲学系（宗教学系）	惠慧	教育部年度项目

（续表）

序号	课题名称	院系	首席专家	项目类别
87	历史量化数据库框架下中国地方政府创新可持续性研究	政府管理学院	刘 青	教育部年度项目
88	新型城镇化视角下的人口再流动与城市群空间重构——以珠三角和京津冀为例	城市与环境学院	刘 涛	教育部年度项目
89	追踪调查样本流失模式及维护策略探索性研究	调查中心	孙 妍	教育部年度项目
90	鲁迅"自叙"研究	中国语言文学系	邢 程	教育部年度项目
91	学生体质健康测试第三方实施的制度安排及路径选择	体育教研部	张 戈	教育部年度项目
92	健康教育：形态、模型与路径分析	体育教研部	张 锐	教育部年度项目
93	博弈论视角下的新型师生关系：学生成绩和评教分数双重膨胀研究	政策研究室	赵 颖	教育部年度项目
94	健康风险冲击性下大病保险制度对农民的健康扶贫效应及机制研究	经济学院	周新发	教育部年度项目
95	长期照护保险筹资机制的可持续性评估及政策优化研究	公共卫生学院	陈 鹤	教育部年度项目
96	学校预防儿童性侵犯教育准备情况评价	公共卫生学院	陈晶琦	教育部年度项目
97	发展不平衡不充分背景下城市PPP模式适宜性评价研究	经济学院	程 哲	教育部年度项目
98	《高昌故城——古代丝绸之路上的木构建筑遗存》翻译	考古文博学院	魏正中	教育部后期资助项目
99	中国电影与中国美学精神研究	艺术学院	顾春芳	教育部后期资助项目
100	现代汉语共同语历史研究	中国语言学研究中心	郭 锐	教育部重点研究基地重大项目
101	基于上古汉语语义知识库的历史语法与词汇研究	中国语言学研究中心	胡敕瑞	教育部重点研究基地重大项目
102	汉语意合语法框架下的词汇语义知识表示及其计算系统研究	中国语言学研究中心	袁毓林	教育部重点研究基地重大项目
103	中国与东亚各国的文学和文化交流	东方文学研究中心	陈岗龙	教育部重点研究基地重大项目
104	中国与西亚北非的文学艺术交流	东方文学研究中心	林丰民	教育部重点研究基地重大项目
105	中国与东南亚的文学与文化交流	东方文学研究中心	吴杰伟	教育部重点研究基地重大项目
106	长江中下游青铜文化带的形成与发展	中国考古学研究中心	徐天进	教育部重点研究基地重大项目
107	当前社会思潮传播的新特点和有效引导研究	新闻传播学院	张慧瑜	北京市社科基金重点项目
108	互联网+环境下网络健康信息信任机制及服务研究	信息管理系	李世娟	北京市社科基金一般项目
109	博士生的国际流动经历及其收益研究	教育学院	沈文钦	北京市社科基金青年项目
110	从《中华大帝国史》看晚明中西文化的交融与碰撞	外国语学院	高 博	北京市社科基金青年项目
111	健全党和国家监督体系研究：以信息透明与反官员履历造假为例	政府管理学院	杨 一	北京市社科基金青年项目

（李 君、杨默函、宗悦茹）

党政管理与群团工作

党政综合管理

【发展概况】 党委办公室校长办公室（以下简称党办校办）是校党委、校行政的综合办事机构。党办校办围绕学校中心工作，发挥领导的参谋助手、决策的督促检查、部门的综合协调作用，服务领导、服务部门、服务基层，承担文秘、信息、督查、调研、重要活动组织、综合事务管理和领导交办的其他工作。2018年，党办校办下设文书室、秘书室、信息室、综合室、年鉴与统计办公室、调研室等6个科室，另有督查室（信访办公室）、标识管理办公室、网络安全和信息化委员会办公室、校长法律顾问办公室、校园卡管理和结算中心、怀柔科学城校区筹建办公室等6家挂靠单位。

制度建设。梳理党委领导下的校长负责制相关制度并进行汇编，制定校领导党风廉政建设主体责任任务清单和全程工作记录手册，进一步规范党委常委会、校长办公会的会务组织工作。在办公室内部，综合统筹科室设置和任务分工，梳理完善人财物相关制度，进一步规范人事和财务管理。以主任办公会为抓手，贯彻民主集中制原则，定期召开党办校办全体会议和各科室工作例会，按要求开展述职和民主测评活动，促进办公室内部交流；加强干部队伍建设，促进人岗匹配。

（徐聪颖）

文书工作。通过建立健全规章制度、升级完善信息化系统、培训文书工作队伍等多种方式不断提升办文水平，全年公文处理无遗漏、无泄密、无延误、无重大疏漏。2018年，处理各类收文9626件，包括内收文3915件、外收文2594件、机要文件1577件、大额资金使用审批表及干部请假表等文件1540件；核制学校红头文件1457件，包括校内发文623件、校外发文834件。平均每日办理文件40余件，流转文件100余次，文字处理量达6万余字。原则上，常规文件办理时限不超4小时，新收文件处理不过夜，核制文件不超3个工作日。协调校领导出席活动30余项，累计协调100余人次，创编并向学校主要领导报送《每周重要活动》17期。制定《北京大学党办校办公文处理办法》，规范文件分办核制流程；对OA系统进行多次功能升级，增加发文申请和两会管理模块；加强全校公文管理员队伍建设，面向全校举办5场、辐射100余人的工作培训交流会；加强文书室内部建设，设立文书工作AB角制度、内部工作轮换交流制度。

（王艳新）

秘书工作。定期召开秘书例会，加强科室建设和对校领导联系人的教育培训，学习习近平总书记重要讲话、党和国家重要会议精神和学校重要文件规定，赴国家发展研究院、第一医院、财务部等单位调研，及时沟通研讨工作中出现的问题，总结经验做法。编制秘书室例行工作一览表，对联系人各项事务性工作进行梳理，明确工作事项、工作要求、办理时限、主责单位、政策依据等。通过OA系统"两会管理"模块建设，实现党委常委会和校长办公会议题填写、报送、审批等环节的无纸化，保证决策程序的科学性、民主性、合法性。2018年，承担52次党委常委会和21次校长办公会的会务工作，协助安排校领导班子寒暑假战略研讨会议程，参与协调各类校务活动50余项，编发《党政领导班子每日工作》195期，《未来一周重要校务活动》35期，各联系人编制了校领导2017年重要校务活动资料汇编。

（黄宇蓝）

信息工作。2018年，进一步规范起草审核报送流程，向北京市委、教育部、市委教育工委等上级部门报送情况反映324期，内容涵盖安稳动态、重要突发舆情处置、学校重大活动基本情况等，其中《北京大学全面推进体制机制改革"双一流"建设成效显著》在教育部简报刊发。向中央办公厅报送直报信息104期，数量再创历史新高，内容包括学校党委重要工作部署、学校重大活动事件基本情况、教师重要学术思想观点摘编、师生重大科研结果动态、上级专题约稿等，直报信息严格按照保密程序管理，多期被上级部门采用。每周定期召开党口职能部门信息沟通会，编撰党政信息41期，推动工作信息共享和业务交流。与督查室协同承担学校信息公开工作，共收到信息公开申请76件次，其中有效申请69件次，出具答复函69件次，完成信息公开工作年度报告。组织召开4次全校安稳工作一线小组工作会议，向上级部门报送安稳工作材料。

（王 浩）

综合工作。2018年，配合上级部门圆满完成习近平总书记、刘延东副总理等中央领导同志来校视察任务；认真组织全校教师干部大会、中层干部大会、校领导班子寒暑假战略研讨会、基层党委书记月度会、党委理论中心组学习、校领导班子民主生活会等重要会议；接待上级部门来校视察10余次，接待10余所高校来访调研，参与协调日本首相安倍晋三、俄罗斯副总理戈利科娃、美国前国务卿基辛格等外国政要来校访问。做好校领导服务保障，安排调研慰问活动20余次，认真开展前期协调、现场踏勘、座次安排、物资保障等工作。做好全校性、跨部门事务和活动的综合协调工作，包括校历安排、迎新、毕业离校、重要机构成立、教师节庆祝大会、教代会年会、重要人物逝世等。开展仪器设备和家具清查，对部分老旧办公室进行改造，加强办公楼安全管理，做好车辆购置调度、会议服务、楼宇保洁等工作。严格按照中央和学校有关规定精神，认真贯彻八项规定和反四风要求，厉行节约，降低成本。注重资料归档和经验总结，编写综合工作手册、财务工作手册、月度工作简报，制作春节团拜会、毕业典礼、迎新工作、开学典礼和第十三次党代会会务工作资料汇编。

（杨柠泽）

年鉴与统计工作。继续推进《北京大学年鉴》各卷编纂出版。以2019卷编纂工作为契机，调整年鉴内容框架，全面优化供稿、编辑、出版流程；重新登记二级单位年鉴工作队伍，在校本部和医学部举办3场年鉴工作培训会，全校154家单位供稿人参会；赴《北京教育年鉴》编辑部参访交流，学习借鉴年鉴工作先进经验。承接全校工作总结布置收集工作，将报送方式调整为经由OA系统报送分管校领导。做好高基表和大学排名数据报送工作，落实校领导有关指示，推动成立北京大学教育统计工作领导小组，发布《北京大学教育统计管理办法》，系统调研梳理学校基础数据类别和口径，加强与各大排名机构的沟通联系。

（孙启明）

调研工作。承担中央领导同志视察及120周年校庆活动、全校中层干部大会、教职工代表大会、世界哲学大会、开学典礼、毕业典礼等重大活动文稿的起草工作，对日常校领导出席的部分活动文稿进行审核把关。推出《调研专报》，2018年累计编辑12期，获学校主要领导的肯定和批示。编辑《理论学习读本》《学习资料汇编》，起草《校级领导班子党风廉政建设主体责任清单》《关于集中整治形式主义、官僚主义的工作方案》，细化各项工作任务和要求。

（冯 路）

党建工作。党支部严格执行"三会一课"制度，开好组织生活会，第一时间组织党员群众学习习近平总书记系列重要讲话和上级各类重要会议精神，学习《中国共产党纪律处分条例》《中国共产党支部工作条例（试行）》等新颁布的规章制度。创新实践活动形式，赴中国空间技术研究院天津基地、周恩来邓颖超纪念馆等地开展主题党日活动。加强党支部委员会自身建设，2018年12月按期完成支委会换届。在2018年学校党委开展的评优表彰中，党办校办党支部被评为北京大学先进党支部，余浚同志被评为北京大学优秀共产党员标兵。

（刘 鹏）

工会工作。组织职工参加校工会和机关分工会各项活动，开展妇女节座谈交流、参观宋庆龄故居、健康大步走等活动，坚持每月举办一次集体生日会，并为离退休职工举办荣休仪式。

（魏 姝）

【统筹协调120周年校庆工作】 在保障日常工作的同时，党办校办发挥统筹协调作用，全员支持配合并抽调部分人力投入校庆工作。牵头举办建校120周年庆祝大会，承担前期策划、嘉宾联系和接待、综合协调和调度、部分文稿撰写和视频制作、后勤保障等工作，与会各级领导、国内外嘉宾、社会各界代表、国内外高校代表、校友代表和在校师生近万人。累计向党和国家领导人、上级单位领导、重要校友和嘉宾发出18个版本的邀请函2000余份，安排接待800余位参会领导和嘉宾，针对60余位重要嘉宾制定"一对一"接待方案；制作大会主宣传片《历史与成就》和历史人物短片《致敬·先哲》；协调安排校庆期间博雅塔亮灯、主题地标设计摆放和道旗悬挂，积极营造校庆氛围。此外，在开学典礼、毕业典礼等全年各项重大活动中加入校庆元素，增强师生的参与感、归属感和认同感。

（杨柠泽、王艳新）

【推动成立北京大学教育统计工作领导小组】 为加强学校教育统计工作，发挥统计在教育管理、科学决策和事业发展中的重要作用，全面落实《中华人民共和国统计法》《中华人民共和国教育法》《教育统计管理规定》等法规要求，学校研究决定成立北京大学教育统计工作领导小组。2018年11月中旬，经过多次调研讨论，党办校办向校领导提交《关于成立北京大学教育统计工作领导小组的请示》和《北京大学教育统计管理办法（草案）》。11月21日，第947次校长办公会审议通过《北京大学教育统计管理办法》，同意成立北京大学教育统计工作领导小组。教育统计工作领导小组办公室设在党委办公室校长办公室和政策法规研究室，日常工作由党办校办年鉴与统计办公室负责。《北京大学教育统计管理办法》分总则、教育统计工作组织、教育统计工作职责、教育统计工作制度、教育统计工作要求、附则共六章，明确学校教育统计工作实行统一领导、归口管理、分级负责的体制。

（傅翰文、孙启明）

督查与信访

【发展概况】 督查室是学校综合协调重要、重大事项的督办落实的办事机构，信访办公室是学校信访工作综合协调和信访接待处理的办事机构。督查室、信访办公室下设3个科室：督办室、信访室和值班室。

巡视整改工作。继续推进巡视整改落实情况督促检查工作。跟踪各项整改任务完成情况，组织开展巡视整改落实情况专项检查。由校领导任检查组组长，纪委办公室监察室、党委组织部、督查室为成员，组成15个检查组，逐一对362项整改措施进行筛查，着重考量任务完成质量，对既有整改措施进行修订、细化、更新，并建立完善整改落实工作档案。

（余 浚）

督查督办工作。全年协助督办各类重点工作65项，打击假冒北大名义从事活动事件41项。协调有关部门加大对校外单位涉嫌侵学校权利行为的追责力度，编制出台关于规范教职工参与培训课程等活动的文件，对教职工参与校外活动提出明确界限。在学校主页开辟"北大声明"栏目，专门用于发布涉嫌侵权事件的公告。就相关违规行为在学校校内门户发布通报。协调完成太阳卡申请审批。

（温俊君）

信访工作。1. 接访情况。2018年，信访共接到各类信访事项1172件次，其中来访125件次，来电536件次，来信455件次（中纪委、教育部等上级部门转办信件65封）。信访事项主要集中在薪酬待遇、职称评审、住房分配、校办企业管理、历史问题和招生、后勤保障等方面。

2. 校领导接待日情况。2018年，共发布10次《校领导接待日安排通知》，收到9件预约申请，内容涵盖队伍建设、教学科研、科研成果转化、人事劳资、历史遗留等多个方面。安钰峰、王仰麟、龚旗煌和陈宝剑等4位校领导分别接待了6位来访师生员工。校领导接待日后，督查室、信访办通过简报、纪要等方式及时整理接待资料、进行督办、反馈和存档工作。预约的9件事项中，有6件已解释了相关政策，还有3件正在办理中。

3. 主页书记/校长信箱情况。2018年累计收到主页书记/校长信箱来信2123封，除了垃圾邮件和重复来信外，其他均已分办处理，其中办结333封。对来信人有自动回信和针对性回信两种回复方式相配合，及时、妥善解决了师生反映的关于教学科研、生活学习等诉求。

4. 未名BBS校长信箱情况。协调答复处理未名BBS校长信箱版面师生反映的问题建议。妥善处理师生关于就餐、住宿、交通、医疗、学业学风、学习场所、教学秩序、校园秩序与管理等多方面的反映和诉求。2018年撰写《未名BBS校长信箱舆情专报》20期，累计处理热点问题23件，答复回帖192件，版面沟通消化事项43件，没有答复的问题和建议70件。

（王 良）

提案工作。对六届七次教代会提案进行审议立案和督办，协调有关单位答复处理。2018年度共处理提案/建议18件，部分提案/建议进行了2—3次督办催办，现各承办单位均已提出答复意见，经校领导审阅后答复提案人。其中，给教学楼、图书馆公共卫生间配备免费卫生纸、信息系统建设改进等问题得到妥善解决。

（田 越）

印信工作。1. 推动印信审批电子化。多次到校内外调研、沟通交流印信OA的技术和高校使用现状，研讨用印审批由线下转为线上，实现印信工作电子化、纳入OA系统的可行性和工作难点。

2. 用印及相关材料领取情况。2018年，全校因教育教学、科学研究、外事交流及其他各类事务等共用印409,306次，领取事业单位法人证书2769件、校长身份证复印件483件。3. 微信公众号、横幅展板、介绍信、印章管理等情况。2018年度办理微信公众号认证共143个，其中新申请40个、个人账号主体迁移2个、年审101个。审批横幅展板108个。开具52份介绍信。公务礼品登记6份。启用公章14枚，停用印章11枚。向档案馆移交印章179枚，其中虚体机构公章33枚。

（傅苏红）

带值班工作。统筹党办校办24小时工作，及时协调处理紧急突发事件，加强值班培训和保障服务，完善值班规范；坚持敏感时段和节假日党办校办、保卫部、学生工作等相关部门联动带值班制度；协调加强寒暑假全校带值班工作，并对值班检查中发现的管理服务问题跟踪督办；研究建设全校应急值守联动沟通机制。

（刘凡子）

标识管理

【发展概况】 2018年，标识管理办公室（以下简称标识办）推进实施北京大学商标战略，自9月起暂停代理公司外包业务，完全由标识办师生自主承担学校商标业务，截至12月底，累计提交或正在进行中的国内商标注册申请量为185件，累计商标异议量21件，申请无效宣告量79件，补办核准地理标志集体商标、证明商标7件，国外商标注册申请量38件，累计为学校节省代理费用逾20万元，减少提交各类材料327份，大大缩短了商标注册周期。

2018年，标识办探索更加高效的标识管理体制和运行机制，完善标识管理法规，以会议研讨、实地调研、业务实践、文字梳理等形式落实改革，建立标识分层分类管理体系；统筹推进标识严保护、大保护、快保护、同保护，推进快速审查、快速确权、快速维权协调联动，受理侵权举报投诉，提供维权援助并深入调查，保护更加有力；协调推进建机制、建网络咨询授权平台，促进标识管理运用效益加速显现；积极推进标识管理国际交流合作事务，同哈佛大学、耶鲁大学、斯坦福大学、哥伦比亚大学、康奈尔大学、澳洲国立大学、朱拉隆功大学等高校调研交流；夯实标识工作发展基础，积极参与"4·26"世界知识产权日、"3·15"国际消费者权益日、"12·4"国家宪法日宣传周、知识产权保护高层论坛等大型活动。

（曲 丹）

法律事务

【发展概况】 2018年，校长法律顾问办公室（以下简称法律办）审核合同500余份，参与处理仲裁诉讼等案件25件，参与校内规章制度建设20余项，OA承办处理及自报送公文50余份，解答学校各部门各类法律事务咨询70余件次，组织或参与学校各类涉法涉诉事务讨论会近100场次。

机构人员改革。2018年4月，学校总法律顾问一职由理论与实务并重的法学教授担任，协助法治工作副校长统筹管理学校法律事务。2018年7月，法律办改革方案经校党委常委会审议通过，法律办专职工作人员将逐步增至5人。

梳理制订内部工作制度规范。2018年，法律办主要梳理制定了如下内部制度规范：1.案件统一登记、分级处理制度。即由办公室一位老师统一接收并登记所有来询事务，统一入口以规范出口，办公室形成共识后及时分级分转处理。2.内部例会制度。法律办每两周举行一次法律办例会，主要用于沟通交流法律办发展规划、工作进展、疑难问题研讨及内部学习等。3.其他如保密制度、案卷归档制度、预聘律所遴选及考核管理制度、对外联系工作规范、经费使用制度、既往合作律师事务所档案管理与工作评估制度等制度也已初具雏形。

【建立学生实习制度】 法律办自2018年9月起每学期从法学院优秀在校生中考核招聘3—5名实习生，协助办公室工作人员完成法律法规检索、案例检索、资料整理、案件咨询索引、合同初步审核与范本制作、校内师生普法宣传策划等专业性较强的基础性辅助工作。

【建立1+1+2工作模式】 2018年在校级案件应对处理过程中，法律办尝试1+1+2案件处理模式，即：根据案件法律关系所属领域，遴选聘请法学院相应研究领域两位老师（复杂案件，可聘请两位以上）跟进参与并根据需要持续提供法律咨询意见与支持，直至案件结束。与此同时，根据案件需要，聘请一家律师事务所具体负责处理，并指定法律办一位工作人员全程跟进、综合协调。通过案件全程跟进、责任到人的方式，提高负责老师及工作人员责任感，促进案件处理效率与质量提升。此外，在其他事件（务）处理中，法律办也借鉴此模式邀请专家参与咨询讨论、制定相应处理方案。

【建立诉讼案件代理律师事务所预聘制度】 预聘律师事务所制度是法律办为及时、专业、高效处理各类校级法律事务，通过公开遴选程序，事先选聘若干律师事务所作为学校案件代理储备律师事务所，待具体法律事务出现时直接交由预聘律师事务所处理的一种制度。法律办遴选十家律师事务所（业务领域尽可能覆盖学校主要案（事）件类型）作为预聘律师事务所，当有个案需要律师事务所协助处理时，法律顾问办再根据律师事务所的业务专长、工作安排、报价等具体选定一家律师事务所处理。

（陆忠行、张　晶）

校园卡管理和结算

【发展概况】 校园卡管理和结算中心全年新开户38,373个，销户20,004个；消费流水累计204,561,221.73元；个人现金存款充值16,021,580.36元；个人银行转账充值为8,397,007.66元；支付宝充值169,871,817元；微信充值10,575,925.80元。截至2018年12月31日校园卡系统共有持卡人用户127,454个。校园卡系统全年运行平稳，未发生较大的故障和人为事故。

校园卡系统建设。2018年5月3日校园卡微信充值正式上线，进一步保障了学校的公共安全。根据部分师生的消费习惯，6月起校园卡补卡费也可通过微信收缴。5月自助补卡机正式启用。自助补卡机解决了学生、教职工在中心非上班时间补卡的问题。中心取消打印补卡功能，安装自助补卡机，先补发统一的临时饭卡，工作时间即可换领正式的校园卡。

建立校园卡系统校友账号。与校友工作办公室合作，从2018年开始，将毕业生全部纳入校园卡系统校友账户。2018年暑期，校园卡系统为校友开设手机电子界面。

支持校医院的校园卡替代就医卡。2018年，中心订购300台读卡器供校医院使用。

（张祖钢）

怀柔科学城有关工作

【发展概况】 2018年以来，学校不断加快参与怀柔科学城建设工作。6月12日，学校党委常委会决定，将拟建设的"怀柔研究院"更名为"怀柔科学城研究院"，并成立推进工作办公室。6月26日，学校党委常委会原则同意设立怀柔科学城研究院，下设大设施办公室和筹备办公室，并为筹备办公室配备相应的工作人员，委托事业机构编制委员会进行论证。9月13日，学校机构编制委员会批复同意设立"北京大学怀柔科学城研究院筹备办公室"，挂靠党办校办，办公室编制2人。12月11日，学校党委常委会同意怀柔科学城研究院（筹）更名为怀柔科学城校区，怀柔科学城研究院筹备办公室更名为怀柔科学城校区筹建办公室。

建立例会制度。6月8日起，每周召开怀柔科学城专项工作例会。生物医学成像国家重大科学基础设施工程指挥部办公室、北京激光加速创新中心、轻元素量子材料交叉平台、科学研究部、财务部、审计室、学科建设办公室、房地产管理部、教务长办公室和医学部相关部门负责人出席例会，汇报工作进展，讨论近期工作安排。

统筹对外协调。2018年，党办校办及怀柔办负责组织和承担学校领导与北京市政府、怀柔科学城管委会、怀柔区政府、密云区政府的多次交流、调研活动。密切联系北京市发改委、科委、教委、科学城管委会和两区政府，及时向对方传递校内决策信息，了解科学城建设进展。11月起，怀柔办工作人员定期参加科学城调度例会和东区调度例会。与麦肯锡咨询公司、美国盖茨基金会交流，探索在规划咨询、科技创新方面的合作。

协调已立项项目的建设。怀柔办协调校内有关部门，为成像设施和激光加速、轻元素平台3个项目提供人才引进、配套经费、研究生名额指标等方面的支持；为平台项目出具自筹承诺函，推动项目在北京市发改委审批流程；研究制定3个项目前期人员赴科学城开展工作的配套保障。截至2018年底，成像设施已基本完成各项报批手续。

加快推进后备项目论证。怀柔办会同科研部、学科办，专题调研地空学院遥感平台推进情况；组织校内评审会，听取太阳系探测、纳光电子、遥感、中华文明基因库、干细胞、软物质等平台汇报；调研环境学院入驻怀柔科学城的需求和意向。

统筹推动科学城东区项目。怀柔办联合医学部相关部门，共同研究医学中心及研究型医院选址、建设资金筹措、体制机制创新等工作；联合教务长办，组织附中、附小、附属幼儿园等单位赴密云区考察，配合市教委、密云区相关部门负责人来校实地考察附中、附小，参加市教委政策培训会，发挥附属基础教育项目的作用，争取市、区两级对怀柔科学城校区建设的更大支持。

推进配套住房前期工作。怀柔办密切沟通一城两区，了解科学城住房政策，及时掌握周边相关人才公租房、共有产权房和商品房的信息；汇总校内各单位信息，梳理学校对各类住房的总体需求并反馈给一城两区。

（李航、俞挺）

医学部党政综合管理

【发展概况】 组织机构。主任办公室党委办公室是医学部行政、党委的综合办事机构。办公室围绕学校的中心工作，积极发挥领导的参谋助手、决策的督促检查、部门的综合协调作用，服务领导、服务部门、服务师生员工，认真做好文秘、综合协调、信息、信访、机要收发、安全稳定、法律事务、发展规划和领导交办的其他工作，确保学校日常事务的正常运转，确保校园的稳定和谐，不断提高工作质量和效率。主任办公室党委办公室下设文秘办公室、信息办公室和综合办公室3个科室，现有在编人员9人。

服务工作。协调安排部领导的校务活动和联系基层工作，综合协调各单位之间的有关事宜，沟通解答师生员工各项事宜。

文书工作。起草重要文件和部领导的重要讲话，完成《北京大学医学部主任工作报告》《关于进一步加强校本部与医学部深度融合的报告》《关于推进北京大学怀密医学中心建设的报告》《北京大学北京大学国际癌症研究院申报书》等文稿撰写、审阅及修改102次。

公文管理。按照公文流转要求，认真履行收文、办文、发文相关程序，共接收和处理各级各类党政文件1933件，发文318件；统一管理机要文件411件，其中销毁机要文件187件。做到重点文件跟进督办，紧急文件通过微信、电话、邮件及时转送相关单位，为医学部各方面工作顺利开展提供保证。

会务组织。完成医学部30次部务会、10次党委会、8次处长例会的组织工作，为校务、部务决策提供智能服务，督促检查学校和医学部重要决策事项的贯彻落实情况。完成医学部学院和医院年度工作总结会、新春团拜会、毕业典礼、开学典礼暨教师节表彰、学生先进集体优秀个人表彰大会等重要活动会务工作。

印章管理。贯彻落实医学部印章管理规定，将2017年4月以来各单位上交的废旧印章移送档案馆封存，共移交旧章54个，刻换公章17个，审批医学部公章用印33,172个，医学部党委公章用印388个。

信访工作。按照信访规定程序处理每件信访事项，共处理信访事项90余件。

数据信息统计与维护。统筹医学相关信息和数据，编写和上报《高等教育基层统计报表》；编制《北京大学医学部数字报告》《北京大学医学部学院医院总结汇编》；编印《信息周刊》共39期，《信息参考》共34期；更新维护医学部主页部分内容。

舆情管理。完成网络监控工作及突发、敏感和重大事件信息上报工作，对未名BBS医学部相关版面进行管理，编辑、呈送舆情共28次。

法律事务。进一步健全法律事务工作运行机制，起草、制定、修改医学部内部规范、制度等文件；共审核、办理1363份合同，其中科研类合同532份、设备采购合同与招标文件418份、总务基建类合同及招标文件180份、其他类协议233份。

国内合作。接待深圳市、济南市、厦门市、南平市、广州市南沙区、西藏自治区卫计委、深圳市卫计委、北京市委政研室、天津大学、兰州大学、浙江大学、河南科技大学、石药集团、华润集团、云南白药集团、百度集团、红瑞资本、豪森集团等18家单位来访工作。

综合管理。负责行政办公室公用会议室、收发室、北医纪念品直营店的管理工作；完善内控管理，细化办公室经费的登记和使用工作。

党建工作。宣传党的路线、方针、政策，开展多种形式的宣传活动，并撰写活动宣传稿。

（马麟、田祎娴）

【启用文件OA管理系统】 2018年4月，医学部启用文件OA管理系统，规范办文，实现公文在线上进行流转和办理。

（马麟、田祎娴）

【开展"北大医疗"商标保护工作】 向国家商标评审委员会提出北大方正集团有限公司持有的"北大医疗PKU HEALTHCARE 北大医疗集团 PKU HEALTHCARE

GROUP 及图"商标无效的申请，得到支持；并向国家商标局提出注册"北大医疗"商标的申请。

（马　麟、田祎娴）

纪检监察工作

【发展概况】组织机构。北京大学纪委办公室与监察室实行合署办公。纪委办公室监察室下设综合室、纪律审查室、监督检查室3个科室，在编人员8人，返聘2人。

协助党委履行主体责任。2018年1月，协助党委完成2018年"北京高校党建和思想政治工作基本标准"检查工作。根据检查整改意见，协调党委制定主体责任记实制度和主体责任清单，明确党委班子责任清单、党委书记责任清单和校长及领导班子其他成员责任清单等内容。

协助开展责任制专项检查。根据《2018年度北京大学落实全面从严治党主体责任暨中央八项规定精神专项检查的通知》，协助党委对各单位落实全面从严治党主体责任情况、落实中央八项规定精神情况开展专项检查。

强化监督检查。开展巡视整改自查工作，2018年6月，根据巡视整改清单，与学校督查室协作开展巡视整改回头看工作，听取相关单位的整改汇报，整理巡视整改台账，反馈检查问题。

清理议事协调机构。经清理，牵头的党风廉政建设类议事协调机构共3个，包括北京大学党风廉政建设责任制领导小组、北京大学推进廉政风险防控管理工作领导小组、北京大学招生工作监督领导小组。继续参与议事协调机构为4类7个，包括上级明文要求参与的招生监督类（1个）、涉及教职工切身利益的人事聘任监督类（1个）、重大民生工程监督类（2个）以及监督协调类（3个），具体如下：北京大学研究生招生工作领导小组、北京大学管理职员校本部机关聘任小组、肖家河教工住宅项目建设领导小组、北京大学肖家河教师住宅配售管理服务领导小组和工作小组、北京大学领导干部监督工作联席会议、北京大学经济责任审计工作联席会议、北京大学内部控制建设领导小组监督检查工作小组。

持续纠正"四风"。在元旦、春节、中秋、国庆以及寒暑假期间，转发中纪委驻教育部纪检组《关于进一步纠正"四风"确保元旦春节期间廉洁过节的通知》，制定《关于进一步纠正"四风"确保中秋国庆期间廉洁过节的通知》，对各单位落实中央八项规定精神、纠正"四风"情况进行监督检查。对所属餐厅节假日期间校内人员使用内支结算和校内账户挂账（含拟用内支结算）情况进行排查。与校内相关职能部门组成联合抽查组，分批对各单位假期值班带班情况进行抽查。

开展廉洁教育。5月，经过筹备和更新，实现纪检监察工作网的改版，增加新的栏目和内容，充分发挥网络宣传教育作用。5月至6月开展廉洁教育宣传月活动，以"坚守·担当·引领"为主题，印发《北京大学2018年廉洁教育宣传月工作方案》，分别举办4场"廉洁讲堂"系列活动，由纪委书记、财务部领导、廉政专家、科学研究部领导分别就党风廉政建设形势、财务政策制度规范、监察体制改革与监察法、科研政策制度规范进行专题辅导。参加讲座近700人次，网络自主选学248人次。12月25日起，开展为期1个月的纪律教育活动，开通在线知识测试系统，共有661人参加自学测试。

推进专项工作。12月7日，党委书记邱水平对纪委办公室监察室进行专题调研，他强调：一要提高思想认识，做好思想武装，贯彻落实习近平中国特色社会主义新思想，深入学习总书记关于全面从严治党系列重要讲话新精神；二要提高政治站位，认清纪检监察工作对于中国特色世界一流大学的重要地位和特殊的政治保障作用；三要勇于担当，积极履行从严治党的职责。纪委副书记、监察室主任王雷代表领导班子作题为"紧扣高校行业特点 持续优化工作方式 为建设中国特色世界一流大学提供政治保证"的工作汇报。纪委办公室监察室领导班子全体成员参会。

7月，根据《关于报送十八大以来执纪审查工作情况的通知》（驻教纪办函〔2018〕646号），对2013年1月至2018年6月的信访举报、问题线索受理办理情况进行全面梳理并提交专项报告。9月、11月，根据《中央纪委国家监委驻教育部纪检监察组关于开展教育部直属高校党纪政纪处分执行情况专项检查的通知》（驻教纪监办函〔2018〕287号）和《关于报送教育部直属高校纪律处分执行整改情况的通知》对2013年1月1日至2018年8月30日办结的党纪政纪处分案件处分执行情况开展专项检查并提交数据材料。

7月，根据《中共教育部党组 中央纪委国家监委驻教育部纪检监察组关于组织开展有关专项自查自纠工作的通知》（教党〔2018〕43号）要求，参与学校领导班子成员违规取酬专项自查自纠工作。

10月，根据《关于印发＜关于开展教育扶贫领域腐败和作风问题专项治理工作的实施方案＞的通知》（驻教纪办发〔2018〕5号）要求，联合国内合作委员会办公室对教育扶贫领域腐败和作风问题开展专项治理。

10月，根据《中央纪委国家监委驻教育部纪检监察组关于开展外逃人员大起底工作的通知》（驻教纪监办函2018—407号）要求，对学校1995年1月1日至2018年9月30日期间外逃人员情况进行专门统计并上报。

二级纪检监察机构建设。向学校党委提交关于《加强学校二级纪检监察队伍建设工作的请示》《北京大学关于设立二级纪检监察组织的工作方案》，成立工作机构、明确工作原则、做出具体安排。根据工作需要，向深圳研究生院推荐纪委书记人选。

加强干部队伍建设。通过校内公开招聘方式，选拔2名专职科级纪检监察干部，内部选拔副处级和正科级纪检监察干部各1名。制定《北京大学纪委办公室监察室科级纪律检查员职务推荐与管理暂行办法》，明确科级纪检员的任职资格和选拔办法。

强化内部控制建设。根据内部控制建设要求，制定《北京大学纪委办公室监察室内部控制工作方案》《北京大学纪委办公室监察室内部控制手册》，明确内控管理的目标和原则、组织领导和责任分工、工作任务和实施步骤、部门层面内部控制建设和业务层面内部控制建设的操作规程等内容。贯彻落实《中国共产党纪律检查机关监督执纪工作规则》要求，完善校内监督执纪的基本工作程序，对校内纪检监察制度进行全面梳理，编写《北京大学纪检监察工作制度汇编》，收录校党委和部门发布的26项有效制度。编写《纪检监察业务规范手册》，收录与纪检监察业务直接相关的28项制度。

完善规章制度。整合形成统一规范的纪委会工作规则，完善会议制度及各类管理制度，优化工作规程，提高议事决策科学化水平和工作执行效率。制定《中共北京大学纪律检查委员会工作规则》，明确纪委自身的职责任务、组织原则、议事规则等内容。制定《北京大学纪委办公室监察室议事决策和会议制度》，明确室务会是本部门领导机构和决策形式，讨论决定本部门重大决策、重要人事任免、重大项目安排、大额资金使用等事项；明确主任办公会由部门主要负责人或者委托领导班子其他成员主持召开，领导班子成员和内设机构负责人等参加，其他工作人员列席，主要职能为学习传达、通报协调、工作部署等。

重视能力提升和工作锻炼。上半年选派1名纪检监察干部参加教育部巡视督查工作，分批选派纪检监察干部到中国纪检监察学院、北戴河培训中心参加业务培训，分次组织纪检监察干部参加北京市教育纪工委、中国教育学会廉政建设分会举办的业务培训会。

重视党支部建设。5月17日，党支部组织党员赴湖北武汉参观中共五大会址纪念馆、毛泽东同志旧居、中央农民运动讲习所旧址、辛亥革命纪念馆等，开展专题学习教育活动。11月2日，党支部组织党员赴山东曲阜开展主题为"弘扬传统文化，增强文化自信"的党日活动。12月31日，党支部组织党员到国家博物馆参观"伟大的变革——庆祝改革开放40周年大型展览"。

课题研究。据研究计划和要求，集体完成北大研究课题"改革发展战略和治理体系现代化视域下的北京大学纪检监察体制改革研究"（2017YB05）的结项工作。

【全面从严治党工作会议】 4月2日，协助党委召开北京大学2018年全面从严治党工作会暨学习贯彻党的十九大精神集中轮训开班式，部署2018年全面从严治党工作，并进行全校中层干部参加学习贯彻党的十九大精神集中轮训的开班动员。校长林建华主持会议，地球与空间科学学院、外国语学院、北大第一医院交流本单位全面从严治党工作探索和成功经验，党委副书记、纪委书记叶静漪代表纪委作工作报告，党委书记郝平代表党委提出2018年工作要求。学校领导班子成员，学部主任、全校中层干部参加会议，医学部和各附属医院相关领导参加同步视频会议。会上下发《2018年纪检监察工作要点》《近期党风廉政规章制度选编》等材料。本次会议第一次由党风廉政建设工作会议调整为全面从严治党工作会议。

（庄德水）

【开展巡察监督工作】 成立巡察工作领导小组。根据《中共北京大学委员会巡察工作实施办法》（党发〔2018〕58号）规定，学校党委成立巡察工作领导小组，巡察工作领导小组向学校党委负责并报告工作。巡察工作领导小组的职责：贯彻上级党组织和学校党委有关决议、决定；研究提出巡察工作规划、年度计划和阶段任务安排；听取巡察工作汇报；向学校党委报告巡察工作情况；研究巡察成果的运用，分类处置，提出意见和建议；向教育部巡视工作领导小组报告年度工作计划、工作总结和其他重要事项；对巡察组进行管理和监督；研究处理巡察工作中的其他重要事项。

成立党委巡察办公室。根据党发〔2018〕73号文件，学校决定成立中国共产党北京大学委员会巡察办公室，设在中国共产党北京大学纪律检查委员会，是学校巡察工作领导小组日常办事机构。成立北京大学内部控制管理办公室，与中国共产党北京大学委员会巡察办公室合署办公。全校统一设置巡察办公室，医学部不单独设立巡察机构。党委巡察办公室的职责：向巡察工作领导小组报告工作情况，传达贯彻巡察工作领导小组的决策和部署；统筹、协调、指导巡察组开展工作；对巡察工作人员进行培训、考核、监督和管理；承担巡察政策研究、制度建设等工作；对学校党委、巡察工作领导小组决定的事项进行督办，推动工作落实；办理巡察工作领导小组交办的其他事项。

开展第一轮校内巡察。11月22日、12月7日，巡察组先后在餐饮中心、公共卫生学院召开巡察工作动员会。会上，党委巡察工作领导小组副组长、党委副书记、纪委书记叶静漪作动员讲话，第一巡察组组长张晓黎、第二巡察组组长郑清文分别作了讲话，进行工作部署。餐饮中心主任陈杰和公共卫生学院党委书记郝卫东分别作表态发言。纪委副书记、党委巡察办公室主任王雷主持会议。

（庄德水）

医学部纪检监察工作

【发展概况】 组织机构。北京大学医学部纪委是医学部党内专责监督机关。纪委办公室与监察室合署办公，在编人员5人。

协助党委落实主体责任。在部务会、党委会上及时传达并集体研究上级关于全面从严治党会议、文件精神和工作要求，并将其融入医学部全面从严治党工作计划中。召开医学部纪检监察工作部署会，医学部党委书记刘玉村在会上提出做好工作的明确要求。在巡视整改自查基础上，对巡视整改工作再检查，6月26日召开巡视整改落实情况检查汇报会，医学部党委书记刘玉村、副主任刘晓光和纪委书记范春梅出席并提出相应要求，各医院党委书记重点就本单位医用耗材管理以及医院治理商业贿赂自查、整改和合作办医等进行汇报，纪委将专项检查工作形成纪要报校纪委。开展医学部党风廉政建设责任制检查工作，根据医院、学院、机关职能部处、直属单位的特点拟定针对性强的检查内容，敦促党风廉政主体责任的落实，36个单位在规定时限上交自查报告。定期向党政一把手汇报党风廉政建设情况，提供相关决策依据。

提高政治站位。将学习宣传习近平新时代中国特色社会主义思想和党的十九大精神作为首要政治任务，在医学部中层干部和纪检监察系统干部中组织集中理论培训、专题报告、知识测试等学习活动。4月18日至22日，组织医学部纪检监察系统干部34人赴上海进行为期5天的学习贯彻党的十九大精神专题培训。

廉政教育。6月29日为公共教学部全体干部作"学高为师 身正为范——做'四有好老师'践行者"党风廉政教育培训讲座；9月27日为后勤部门作"我心目中的后勤人、后勤事"廉洁教育讲座；10月10日为宣传部全体党员解读《中国共产党纪律处分条例》；11月4日为教职工发展对象讲党课，解读关于新形势下政治生活若干准则；11月5日为人民医院中层以上干部作"传承弘扬核心价值观，做仁恕博爱、聪明精微、廉洁醇良的人民医院人"党风廉政教育培训专题报告。

领导干部廉政谈话制度。纪委对基础医学院和第六医院的新一届行政领导班子进行任前集体廉政谈话和廉政知识测试，并签署廉政承诺书。

"三重一大"制度。针对新时代新形势要求，在对药学院和公共卫生学院系室落实"三重一大"集体决策制度调研和广泛征求意见基础上，草拟系室落实"三重一大"集体决策制度的指导意见，成为医学部层面制度。11月20日召开学院（部）系（室）落实"三重一大"制度工作推进会，对各学院和系室党政班子、支部书记等120余人进行专门培训。北大医院、公共卫生学院进行经验介绍，计财处就有关财经法规进行解读，扎实推进制度落地。

重点领域监督检查。参与二级单位领导班子换届考察。在干部任用、人才推荐、评奖评优等工作中严把"廉政意见回复"关。出具廉政意见合计968人次。参加医院学院党政班子专题民主生活会，对照巡视提出和监督检查中发现问题，关注各单位整改落实情况。对研究生笔试、复试以及本科生自主招生面试、录取现场等进行巡查抽查。对教育处、研究生院、国际合作处和继续教育处的招生以及基建处、总务处、设备与实验室管理处、保卫处的招标提出检查要求，书面报告情况。对基建（修缮）工程审减率超过8%的项目进行抽检。按照教育部要求，对教育专项资金使用情况进行检查。各单位自查零报告。认真落实中央八项规定精神和北京大学关于作风建设有关规定，紧盯五一、十一、端午、中秋等假日节点，发布提醒通知，加强宣传警示，开展自查抽查，强化广大师生、党员干部的廉洁意识和纪律意识。

执纪审查。认真贯彻落实《中国共产党纪律检查机关监督执纪工作规则（试行）》和上级纪检监察机关关于信访办理规定，把握好政策界限，运用好监督执纪"四种形态"，深化第一种形态的运用，确保执纪审查效果。

信访工作。医学部两级纪检监察共受理信访举报68件，根据管理权限，依照规定对问题线索进行处置。对查实的问题严肃处理，给予11人相应处理；对单位管理问题，做好敦促整改。开展附属医院信访调研，摸底附属医院信访工作情况。

纪检监察队伍。制定《北京大学医学部纪律检查委员会工作规则》，明确纪委职责定位和纪委委员工作职责，强化权力制约，使新一届纪委工作更加制度化、程序化、规范化。参加教育部纪检组组织的各类纪检监察业务培训5次。参加北京市纪委八室组织的"素质提升大课堂"纪检监察业务专题报告会3次。组织系统内干部参加学校党委和纪委组织的各类专题报告和业务讲座，并赴上海开展党性教育和业务培训。结合工作实际和遇到的问题，开展工作调研，推动改进工作。加强校际沟通与互动，促进借鉴和交流。向北大纪委推荐干部1人，1名干部借调北京市委。按照学校关于建立二级纪委的要求，深入北京工业大学等高校调研，结合医学部工作实际，积极推动2018年12月后勤党委换届纪委设立。

（刘晓瑜）

【开展廉洁教育宣传月活动】 党委组织，纪委牵头协调、宣传、工会、团委、二级党委等多部门参与，制作党风廉政建设成就图片展。开设"廉洁讲堂"，6月12日邀请中央纪委李本刚作《学习贯彻党的十九大精神，推进全面从严治党》专题报告。6月19日邀请医学部副主任张新祥作财务与国资管理专题讲座。6月15日至7月10日开展廉洁文化书画作品展。7月12日在纪检监察干部中开展纪律知识测试。

（刘晓瑜）

组织工作

【发展概况】 北京大学党委组织部是负责全校党建、干部、党员干部教育培训工作的职能部门。党委组织部下设党建工作室、干部工作室、干部考评办公室、党代表联络与提案工作办公室、综合办公室、党校办公室等6个科室，现有在编人员14人，返聘2人。

领导班子换届。截至2018年12月，全校处级干部618人，其中校本部437人（含正处级干部125人、副处级干部312人）、医学部181人（含正处级干部60人、副处级干部121人）。校本部共完成班子换届、调整和新建120个，其中换届21个，班子组建3个，班子调整96个。

干部任免工作。截至2018年12月，校本部共任免干部290人次，其中新任干部72人，提任干部16人，连任干部34人，调配任命干部42人；另免职干部126人次。同时配合上级部门完成学校党政主要领导的调整工作。

制度建设。制订《关于完善学校领导人员离京出差制度的意见》《关于完善学校中层领导人员出国（境）审批制度的意见》2项制度，修订《北京大学中层领导人员选拔任用办法》《北京大学中层领导人员交流轮岗工作暂行办法》《北京大学中层领导人员在企业和社会团体兼职管理办法》《北京大学关于干部退岗退休的规定》《北京大学共青团干部选拔任用办法》《北京大学关于院（系）党政领导班子职责及工作规则的规定（试行）》《北京大学中层领导人员出国（境）审批程序（暂行）》7项制度，并已在相关干部任免工作中有效执行，进一步规范干部工作程序。

干部管理监督与考核。加强制度公开和培训，编印《北京大学选人用人工作制度汇编》，修订《领导干部有问必答》，加强对新上岗干部培训，让广大干部知边界、明底线。加强干部选任工作监督，严格落实"凡提四必"和落实干部选拔任用纪实制度。加强领导干部离京申报管理，完善领导干部出国（境）审批系统，基本实现网上申报，增加自动提醒功能。加强领导干部兼职管理，进一步规范审批流程，加强部门间的协调联动。认真抓好个人有关事项报告"两项法规"的落实，加强警示提醒力度，2018年共随机抽查和重点查核162人次，不一致率显著下降。对全校管理服务单位的班子和领导进行考核，考核结果与年度绩效挂钩。

基层党支部组织建设。进一步规范各基层党支部组织生活的次数、内容和形式等，分类指导和督促各党组织召开年度组织生活会，严肃认真开展《党支部工作手册》的检查工作。针对企业党建，制定《北京大学关于校办产业坚持党的领导加强党的建设的意见》。针对特殊性质机构全面排查，实现党组织有效覆盖。目前，党委组织部报送的环境科学与工程学院2016级硕士生党支部的"共建共享发展，共爱美丽燕园"案例已入选中组部教育部基层党建优秀案例名单。

党员发展。2018年全校新发展党员1434人。同时开展"加强教师党员发展专项行动计划"，通过校领导亲自联系和党委组织部专项培养，积极推动教师入党工作。将基层党委民主评议考核结果向基层党支部反馈，并作为党内评优表彰重要依据。

党员教育管理与服务。2018年共表彰集体102个，优秀共产党员标兵11人，优秀共产党员293人，十佳党支部书记10人等。6月15日，学校隆重召开庆祝中国共产党成立97周年暨表彰大会。

基层党务工作队伍建设。党委书记队伍，通过年度述职评议考核工作，强化考核评价效能；组织员队伍，做好各单位专职组织员选配工作，与党委秘书队伍持续做好沟通交流；党支部书记队伍，完成全覆盖轮训工作，同时举办优秀党支部书记示范培训班。规范"双带头人"教师党支部书记的选任工作，制定《北京大学双带头人培育方案》，建立健全"双带头人"后备人才长效培养机制。继续加强党支部书记尤其是教职工党支部书记的待遇保障，并确保基层单位落实到位。

全国党建研究会高校党建研究专业委员会秘书处工作。承担全国党建研究会2018年指定课题，联合4家省级教工委和17所高校共同开展"习近平总书记关于高校党的建设工作重要论述研究"的研究工作，并于2018年12月底提交结题成果；面向百余所会员高校开展自选课题申报，最终立项2018年重点课题10项，一般课题16项，并已划拨课题经费；接受教育部思政司委托，承担"党建工作样板支部"网上评审、"高校党支部书记年度人物"宣传评选活动等工作；受全国党建研究会委托，组织党建研究领域专家参与理论专著《中国化的马克思主义党建理论体系概论》撰写工作。作为北大党建研究会和《北大党建》杂志编辑部的负责单位，完成校内课题评审和两期杂志出版工作。

青年干部培养与交流。截至2018年12月，学校推荐、选派干部、教师、学生到校外单位挂职锻炼、借调工作共22人。其中，专职管理干部8人，教师及博士后6人，在读博士生、硕士生8人；到中央单位3人，到地方19人。重视援疆援藏和对口支援云南弥渡工作，做好第九批援疆干部人才的轮换工作，新派出3人。选派教育部第六批赴滇西挂职干部2人。积极推动干部到校外任职，共输出6位干部到校外单位任职。其中，专职管理干部4位，双肩挑干部2位；任职正局级2位，副局级1位，正处级1位，副处级2位；到高校2人，到地方4人。推荐3位教师参加联合国教科文组织、联合国难民署的外派工作人员遴选。此外，配合中组部开展优秀年轻干部调研工作，向上级有关部门推荐优秀年轻干部。

干部培训。新上岗处级干部研讨班，由每年一期改为每学期一期，提供更加及时的岗前培训。由校领导和党委组织部领导担任班主任，加强学校领导、党委组织部和中层干部之间的沟通交流。举办北京大学第45期干部研讨班、第9期中青年骨干研修班，共有来自院系、职能部门、直属附属单位、后勤系统和医学部的71位新上岗中层干部、49位中青年教职工参加培训。开展习近平新时代中国特色社会主义思想和党的十九大精神学习培训，学校党务班子全体成员为中层干部学员授课并参加正职干部分组讨论，共603名处级干部参训，培训时长40学时。推进境外培训规范化，提请党委常委会研究通过了境外培训具体要求，为培训工作提供了政策依据，2018年组织境外培训4次，共有25名校本部和医学部学员参加。2018年1月3日举办第三届"青年干部未名管理论坛"，通过论文评审、论坛研讨等方式，提升青年干部理论水平和解决问题的能力。2018年共收到论文30篇。

入党积极分子和发展对象培训。调整党性教育读书班实施方案和开班时间，压缩整体培训时间。2018年上半年完成第30期党的知识培训班组织实施与结业工作，共结业学员1514人；下半年启动第31期党的知识培训班报名与开班工作，共有2084人报名参加。举办北京大学第28、29、30期学生党性教育读书班和第13、14期教职工党性教育读书班，共培训1259名学生和48名教职工。

（曲一铭）

【网络培训资源与信息化建设】 2018年7至8月，升级北京大学入党在线培训平台为4.0版本，使用操作更注重用户体验。开发党校培训班管理信息系统网页版，便于培训工作的信息化管理。试用北大云服务器，探索提升工作流程、数据共享、文件存档和移动办公等日常办公的协同水平。充实在线学习平台精品资源，购买100门高水平精品课程，供校内干部选学，满足干部个性化需求。以需求为导向，面向全校中层干部开设线下选修课，邀请专家学者讲授各类课程。

（曲一铭）

医学部组织工作

【发展概况】 医学部党委组织部、党校是医学部党委的职能部门，主要负责党的组织建设、干部队伍建设、培训等方面的工作。组织部设部长1人，副部长2人（其中1人兼医学部党校副校长）；下设综合办公室、党校办公室2个科室，科室主任各1人。截至2018年12月，编制7人，在编6人。

2018年，医学部党委组织部、党校贯彻落实党的十九大、大学及医学部第十三次党代会精神，围绕立德树人、"建设世界一流的北大医学"，强化基层党组织的政治功能，加强干部队伍建设，推进组织工作科学化、制度化、规范化水平。结合全国教育大会、加强公立医院党的建设、高校教师党支部书记"双带头人"培育工作要求，在党建、干部、培训等工作中推动改革创新。

党建工作。1.党建工作基本情况。截至2018年12月，医学部共有14个二级党组织，453个党支部，共有党员10,414人，其中，教职工党员6058人，占58.2%，学生党员1937人，占18.6%，离退休党员2296人，占22.0%，其他人员123人（组织关系暂存人员），占1.2%；35岁以下的青年教师党员1096人。2018年医学部共发展党员197人，其中，管理干部6人，教师16人，其他专业技术人员27人，工人1人，学生147人。

2.党建工作制度落实。推动落实医学部党委《关于健全规范主题党日制度的规定》，自2018年1月起，要求医学部各二级单位按月报送当月开展党日活动中有特色、亮点的支部情况及本月党委指导各支部开展党日活动的主题，督促党支部认真落实"三会一课"制度。落实党建工作责任制，11月28日印发《关于高校党建工作自查和加强院级党委党建工作的通知》，督促各二级党委制定或完善相关会议制度、议事规则、干部选任制度，推进组织员配备和"党员之家"建设。截至2018年12月，医学部所属14家二级党委（党总支）已全部完成专职组织员的配备，5家学院、6家直属附属医院均完成"党员之家"建设。

3.基层党组织建设。对支部各项制度的落实情况进行常规检查，加强对支部工作的指导，10月22日印发《关于做好2018年到届党支部换届及加强支部建设的通知》，指导各二级单位党组织严格执行按期换届制度，通过做好换届工作落实上级关于党支部工作的最新要求，优化党支部设置，选好配强党支部书记。指导各二级单位重视党支部建设和支部书记队伍建设，鼓励各二级单位积极参与上级党组织的评优评先工作。6月，口腔医院党委参评第十四届北京市思想政治工作优秀单位并获评；9月，口腔医院修复科党支部获批成为全国高校首批100个"双带头人"工作室之一；12月，第一医院泌尿外科党支部成为教育部首批"全国党建工作样板支部"培育创建单位。以品牌活动为载体，提高基层党组织的活力和战斗力。为加强医学部基层党组织建设，强化基层党组织在教书育人过程中的重要作用，9月启动医学部第11期基层党建创新立项工作，以"学习贯彻党的十九大以及习近平同志系列重要讲话精神，立足党建，聚焦立德树人，全面加强师德师风建设"为主题，在各二级党委（党总支）和党支部广泛动员参与，共推荐报送63项立项方案。党委组织部邀请专家对立项报告进行评审，对其中46个申报项目批准立项，并对注重创新和研究、着力提升基层党组织组织力、突出政治功能的7个项目给予重点资助。

4.党员发展工作。根据新修订的《中国共产党发展党员工作细则》的要求，为提高党员发展质量和优化党员队伍结构，不断提高发展党员工作的制度化、规范化水平。在党员发展工作中，指导和督促各二级单位党组织重视党员发展计划的制定和完成，突出在青年学生和高知群体中发展党员两个工作重点。10月至12月，在医学部各学院、直属附属医院、教学医院中展开调研，针对医学生党员发展过程不连续、培养单位接续难等问题与学院、医院、学生工作部等单位或部门进行反复沟通，形成方案，为下一步学生党员管理办法的制定提供依据。关注高知群体的入党问题，对高知发展对象的思想状况、发展情况进行重点跟踪。针对高知群体的特点，于2016年4月举办了首期高知发展对象培训班，主要面向医教研一线具有高级职称的人员，通过相对灵活的时间安排和授课模式，在高知群体中宣传党的路线、方针、政策，取得了良好的培训效果。截至2018年12月，共举办培训班3期，培训学员21人（2018年有8人），均顺利完成培训，其中18人完成后续培养工作加入党组织。1名援藏干部在西藏工作期间入党。

5. 专项调研工作。为贯彻落实中央《关于加强公立医院党的建设工作的意见》，11月组成调研组，在6家直属附属医院的党政班子范围内开展加强公立医院党的建设工作专题调研。10月至11月，在11个学院、医院进行教师党支部书记"双带头人"培育工作专项调研。通过开展专题调研，将上级的政策精神向基层党组织传达和解释说明，同时了解和掌握基层工作的实际情况、现存的问题和面临的困难，为医学部下一步推进工作奠定基础。

6. 评优表彰工作。在纪念中国共产党成立97周年之际，医学部共有4位同志被评为"北京大学优秀共产党员标兵"，107位同志被评为"北京大学优秀共产党员"，32个党支部被评为"北京大学先进党支部"。医学部党委同时评选表彰32个先进党支部，112位优秀共产党员，10位优秀党支部书记。在共产党员献爱心活动中，医学部共有5174名党员、349名入党积极分子和502名群众参与，共捐献现金442,327.6元。

干部工作。1. 干部工作基本情况。医学部共有处级干部181人，其中，女干部90人，少数民族干部8人；正处级60人，副处级121人；中共党员154人（含3名双重身份），占85.1%；具有高级职称134人，占74.0%；具有硕士以上学位154人，占85.1%。正处级平均年龄51.0岁，最小38岁，副处级平均年龄46.4岁，最小33岁。

2. 换届工作及干部调整。做好到届基层党政班子、机关部处换届工作，按照好干部的标准，严格执行各项干部选任程序，保证换届工作的顺利开展。2018年完成第三医院、基础医学院、口腔医院、第六医院的行政班子换届，医学部机关部处副职干部换届调整，医学部机关、后勤党委和工会的换届以及部分单位干部的个别调整工作。共任免干部120人次（任88人次，免32人次），其中，新任干部39名，调配干部15名，连任干部34名。

3. 加强干部日常管理监督。坚决贯彻落实中央全面从严治党、从严管理干部的要求，始终把遵守政治纪律和政治规矩摆在首位，坚持从严管理、从严监督，完善有关工作流程，严格执行干部个人事项报告、出国境审批、在社会团体和企业兼职备案、任期经济责任审计等干部管理监督有关规定；认真做好领导干部登记备案信息库的信息维护和更新工作。完善考核工作，对干部进行全方位的考核评价。2018年3月完成医学部128名处级干部个人事项报告的集中填报和审核工作；12月，共完成84名干部的个人有关事项报告重点查核工作。推进干部管理工作信息化建设。与信息中心等部门合作，开发干部出国（境）请假和社会团体兼职审批备案线上办理系统，提高工作效率，增强干部自觉接受管理和监督的意识。开展干部任期经济责任审计工作，对换届的行政班子和机关部处正职开展审计。

4. 推动中层干部轮岗交流、挂职锻炼工作。在医学部机关部处副处级干部选任工作中，在分析干部队伍现状、干部特点、部门需求的基础上，首先启动在同一岗位任职超过十年或者两届的干部轮岗交流工作，涉及干部调整6人次；在机关部处副职干部选聘工作中，注重推动干部年轻化，22名新任干部中40岁以下占68%，机关部处副职干部平均年龄下降5岁；加强干部挂职交流，做好新疆援藏干部选派、轮换工作。截至2018年12月，有1名干部在北京市委办公厅借调，7名干部在西藏、新疆、青海承担援派任务，1名学院干部在医学部机关挂职。

5. 召开民主生活会，加强干部队伍建设。2018年12月，按照上级要求，印发民主生活会通知，以"强化创新理论武器，树牢'四个意识'，坚定'四个自信'，勇于担当作为，以求真务实作风坚决把党中央决策部署落到实处"为主题，要求领导班子和党员领导干部坚持问题导向，严字当头，立足找准问题、解决问题，重点从思想政治、精神状态、工作作风等3个方面查找自身存在的差距和不足。

培训工作。1. 干部教育培训。2018年7月，组织新上岗干部和中青年骨干共计36名赴延安开展社会实践，通过专题讲座、现场教学、实地参观、拓展训练等内容，开展理论学习，提升政治水平，增加对国情和党史的了解。

2. 支部书记培训。2018年4月，在昌平校区举办学生党支部书记暨班级干部培训班，培训采用理论培训和工作实务相结合的方式，共有75名学生党支部书记和59名班级干部参加培训。5月，与国家教育行政学院首次合作，开展医学部中层干部、党支部书记、纪检监察干部网络在线学习，学习课程历时6个月，共有568人参加学习。

3. 发展对象培训。按照上级要求，结合基层党组织发展党员的工作实际，举办学生和教工发展对象培训班。合理设置培训内容，以党章和党内政治生活准则为主体培训内容，强化理想信念的教育，同时增加改革开放四十周年等时事热点内容，通过理论讲座、在线观看专题视频、分组讨论、撰写心得体会等环节提高培训的效果。2018年共有186名学生和122名教职工通过培训和考核，顺利结业。指导和监督各二级党委做好入党积极分子的培训工作。

（许 申）

宣传工作

【发展概况】 组织结构。北京大学党委宣传部（北京大学新闻中心）是在校党委领导下贯彻和落实新时代党的宣传路线、方针和政策，围绕学校中心工作开展全校宣传思想工作的部门。2018年，党委宣传部围绕120周年校庆，以深入学习贯彻十九大精神和全国高校思想政治工作会议、全国宣传思想工作会议、全国教育大会精神为着力点，自觉承担起举旗帜、聚民心、育新人、兴文化、展形象的使命任务，牢牢把握意识形态工作主动权，不断加强和改进思想政治工作，凝心聚力、改革创新，推动北大宣传思想工作不断强起来。目前，部机关下设综合办公室、理论办公室、宣传办公室、校风与文化建设办公室、思想政治办公室，新闻中心下设校报、电视台、广播台、新闻网、图片编辑部及新媒体工作团队。筹建海外传播中心。

理论工作。2018年理论工作的主题是"学习宣传贯彻十九大精神，以习近平新时代中国特色社会主义思想统领宣传思想工作"。组织6次学校党委理论中心组学习，先后学习习近平总书记在北京大学师生座谈会上的重要讲话精神，中央和教育部巡视工作规划、监察法精神，中国法治道路与宪制模式，人工智能发展现状和趋势。邀请马怀德、贾德永、强世功、高文等专家作专题辅导，组织参观"伟大的变革——庆祝改革开放40周年大型展览"。出版《强国之路：北大学者论新时代》，参加《北京普通高等学校党建和思想政治工作基本标准》的迎检工作，起草《中国共产党北京大学委员会关于认真深入学习贯彻习近平总书记在北京大学师生座谈会上重要讲话精神的通知》，起草《北京大学党委关于深入学习贯彻习近平总书记"5·2"重要讲话精神工作的报告》，完成《近年来北京大学教师思想动态研究》《知识分子网上言论动态发现与引导机制研究》等课题。舆情直报点再获中宣部优秀组织奖和好信息奖。

思想政治工作。落实党委意识形态责任制，组织5次学校意识形态专项工作例会。加强教师思政工作，编发《专项工作简报》35期。11月，北京大学讲座论坛报告会申报审核系统正式上线，共审核、复核相关活动183次。加强对社会面涉校舆情的收集研究，就61项重大新闻事件与教育部和相关主管部门沟通协调91次。研判社会面重大涉校舆情5起，形成6期舆情工作专报。起草《北京大学深入开展弘扬爱国奋斗精神、建功立业新时代活动实施方案》《关于转发〈教育部党组关于认真学习贯彻全国教育大会精神的通知〉的通知》，申报并获批成立高校思想政治工作创新发展中心，组织申报北京市"双优"项目，口腔医学院党委荣获北京市思想政治工作优秀单位。组织开展习近平新时代中国特色社会主义思想大学习领航计划系列主题活动。

新闻宣传。2018年中央电视台各套新闻栏目（新闻联播、新闻直播间、朝闻天下、海峡两岸等）共报道北大新闻84次。《人民日报》报道北大相关新闻总计36篇，《光明日报》29篇。其他各大中央主流媒体、都市媒体、新媒体平台也全面报道北大要闻、教学科研成果和师生典型。编印《北大手册2018》，展现北京大学的历史文化与教学科研成果。与28家媒体建立长期稳定的联系，召开6次新闻发布会，策划宣传一系列主题活动并组织媒体集中报道北京大学120周年校庆、庆祝改革开放40周年系列活动、第42届国际大学生程序设计竞赛全球总决赛、北京大学登山队成功登顶珠峰、纪念马克思诞辰200周年暨第二届世界马克思主义大会、世界哲学大会等重要活动。

文化建设。编辑制作3次大型展览，包括习近平总书记5月2日来校考察时在临湖轩参观的"新时代——北京大学近五年成就展"，庆祝建校120周年的"今日北大展"和展示40年来北大发展的"弘扬改革开放精神，建功立业新时代图片展"。配合实施"两弹一星"功勋人物肖像画展，中国高等教育博览会（2018秋）高等教育40年成就精品展中的北大板块等小型展览。编辑出版《画品北大》《精神的魅力2018》，筹备第五届全国高校"礼敬中华优秀传统文化"系列活动；撰写《校园文化文艺建设调研报告》《大学文化建设案例研究——山鹰社》，启动北大文化项目专集图书的采编工作。承办广西壮族自治区成立60周年广西好书推介及读书分享会、电影《李保国》放映暨主创见面活动、桂剧《赤子丹心》演出活动。结合弘扬爱国奋斗精神、建功立业新时代活动，启动爱岗敬业人物通讯专集采编工作。组织申报首都精神文明建设奖、感动海淀人物、北京榜样等项目，唐孝炎获首都精神文明建设奖，高文获评"2018感动海淀"十大文明人物，宋玺当选"2018北京榜样"年榜人物，《青春之歌》入选教育部"高校原创文化精品推广行动计划"。

媒体融合发展。强化新闻中心负责人的"总编辑"职能。学校五大媒体平台（校报、新闻网、电视台、广播台和官方微博微信）涵盖传统媒体与新兴媒体、文字媒体与视听媒体，基本形成校园媒体矩阵。2018年，注重发挥五大媒体平台的协同工作机制，加快推进传统媒体与新兴媒体融合发展。由新闻中心协调的五大媒体平台发挥各自优势在日常新闻报道中互为补充、在重大专题宣传中形成呼应，全平台一个方向、多种表达，形成立体化的传播格局。

校刊。2018年，《北京大学校报》编发35期（第1471—1505期），同时发布网络版。出版5期专刊：习近平总书记考察北京大学专刊、第二届世界马克思主义大会专刊、北京大学2018届毕业专刊、120周年校庆纪念专刊和北大图书馆建馆120周年纪念专刊。编辑《信息周刊》39期（第703—741期）。校报微信公众号共发稿60篇。秋季学期招收新记者40余人、助理8人。

电视台。北大电视台共制作播出《北大新闻》40期、650余条新闻；图文信息49期、约720条；全程拍摄学校重大活动、学术讲座等150多场/次；播出学生栏目50余期，学生自制短剧、纪录片等20部；对学校各类活动直播与多机位现场切换15场；完成专题片与宣传片30部。围绕习近平总书记在北京大学考察、学习贯彻总书记5·2重要讲话精神，制作一系列新闻专题。为贯彻全国教育大会精神，推出多个师生典型人物事迹栏目专题片。推出校庆宣传片5部。与新闻与传播学院共同制作优秀留学生校友访谈节目。在全国高校电视台中首家探索并使用延时直播技术。与离退休工作部合作拍摄26对离退休教师金婚典礼视频。视频在学校官微推出后，4小时内点击量超过10万。该活动视频引起社会媒体广泛关注，仅中国教育电视台抖音视频转发综合点击量超过500万。策划制作北大重点实验室巡礼系列专题片。

新闻网。2018年编辑发布稿件4200多篇，原创稿件200多篇。充分发挥网站聚合性强的特点，对学校重大热点事件报道的相关内容进行系统整合，推出学习总书记讲话精神、聚焦两会（2018）、第二届世界马克思主义大会、第42届ACM全球总决赛、120个关键词解读北大、2018未名军号、2018青春足迹、第24届哲学大会、2018迎新、2018未名戎光、"四有"好教师"四个引路人"、弘扬爱国奋斗精神、建功立业新时代、圆梦新一代、庆祝改革开放40周年等近30个专题，增强重要新闻事件的冲击力和感染力。英文网编译和发布新闻稿件近480多篇。推出《学习进行时——北大新闻网学习贯彻总书记讲话精神相关报道汇编》。推出迎120周年校庆专题网站。北大英文新主页正式上线。

广播台。2018年共播出新闻简讯270余条，通讯及访谈120余期，各类文化专栏90余期。重新建立广播记者团。规划调整新闻栏目。对新闻栏目和重点文化栏目实行主编制。优化手机、校园广播收听体验。优化广播台组织机构。听评会改为总编会。

新媒体。2018年北京大学微信公众号平台共发稿502篇，总阅读量超过1500万，粉丝数从60万增长至96万。北京大学官方微博共发布微博3300余条，粉丝数从62万增长至80万。《他写了一首歌 陪伴了北大十年》《拾色北大》《北京大学2018年开学典礼速递》《为什么要来北大？答案就在这里！》等一批"爆款"微信原创稿件阅读量超过10万次。起草《北京大学官方微信、微博管理办法（讨论稿）》。

摄影与图片。2018年北京大学图片编辑部负责官网主页大图上传更新共计197张；摄影组在学校重大活动、学术讲座等全程拍摄200多场/次，提供新闻稿件、官方微信、校刊等媒体配图200余篇；设计官网大图70余张，官微设计配图10余条；制作办公楼展板21幅。

海外传播工作。2018年4月试运行海外传播工作，创建国际社交平台（Facebook, Twitter, LinkedIn, Instagram, YouTube）账号及英文官方微信，粉丝总量突破70万。为61项活动提供海外传播系统性服务。安排采访34场，促成外宣媒体发布稿件366篇；六大平台共发布英文贴文/推送1460篇，海外总展示次数达1617万次，获54.4万次点赞、评论、转发，建立起包括"北大科研""北大校园""北大人""北大之友"等系列贴文品牌。建立品牌维护、品牌升级、品牌创新及品牌合作四大品牌策略，为"临湖夜话""北大·新声堂"国际传播人分享沙龙、"博雅视界"北京大学外事大讲坛等16项大型活动进行品牌塑造。"直观北大｜Live PKU"为5场活动提供9场全球双语直播，播放量突破500万。制作对外品牌视频《北大师说》《北大体验》《北大印象》。为学校制作《大学的思考》《世界之眼看北大》《2018中国青年论坛访谈》《大使系列访谈》《基辛格座谈会》等。创立北京大学外宣品牌刊物《北大与世界》（中文半年刊）以及 *PKU: The Minutes*（英文半年刊）、制作全新版北京大学英文介绍及PPT、官方加V认证五大海外传播平台、优化百度搜索引擎。与46个校内机构组织建立海外传播工作关系，建立涉外活动与信息在校内的"统发联动"机制；整合国家官方外宣资源，与21家主流外宣媒体建立合作；与22家境外媒体初步搭建渠道、建立海外舆情反馈机制，7次参与海外舆情危机处理工作。

（郑方圆、张　硕）

【召开宣传思想工作推进会和培训会】10月17日，学校召开2018年宣传思想工作推进会，进一步深入学习贯彻落实习近平总书记在全国宣传思想工作会议和全国教育大会上的重要讲话精神，总结工作经验，深化对宣传思想工作规律的认识，健全全校宣传思想工作联络制度，进一步加强和改进学校宣传思想工作，推进宣传委员培训工作和上下联动机制常态化。会议要求，完善由党委统一领导，宣传部牵头协调，院系及其他部门共同参与的"大宣传"格局，把宣传思想工作与教学、科研、实践、文化等相融合，讲好身边的北大故事，打造校园文化精品工程。哲学系、校团委、医学部党委宣传部负责人进行交流发言。

12月21日，召开2018年度全校宣传思想工作培训会，光华管理学院副院长张影作"品牌形象的宣传塑造"专题讲座；新闻中心新闻网主编陈云超作新闻写作技巧的专项培训。全校宣传思想工作培训会将定期召开，不断提高宣传工作队伍的专业素养和业务能力。

（郑方圆、杨　萌）

【庆祝改革开放40周年座谈会】12月19日上午，庆祝改革开放40周年座谈会在英杰交流中心阳光厅召开。会议邀请获授改革先锋奖章的部分北大教师、校友及亲属，与大家共同学习领会总书记"12·18"重要讲话精神，共话对改革开放经验的思考与认识。党委书记邱水平、校长郝平等在校党政班子成员出席会议。各级基层党委、院系和职能部门等相关负责人，师生代表400人参加会议。

邱水平在讲话中指出，北大要继续发扬"常为新"的优良传统，挺立时代潮头，争当教育改革排头兵，通过全面深化改革，为持续加快"双一流"建设提供强大动力。同时北大要肩负起服务国家战略的历史责任,在深化改革开放的进程中回答和解决新的时代课题,勇担使命、再立新功。郝平传达了习近平总书记在庆祝改革开放40周年大会上的讲话精神,号召北大师生以优秀教师和杰出校友为榜样,继续发扬脚踏实地、奋发有为的精神,坚持丰富和发展改革开放积累的经验,继续落实立德树人根本任务,加快推进"双一流"建设,在新时代新起点上把改革开放不断推向深入。经济体制改革的积极倡导者厉以宁、真理标准大讨论的代表人物胡福明、科技体制改革的实践探索者王选的夫人陈堃銶、公共卫生事件应急体系建设的重要推动者钟南山、文物有效保护的探索者樊锦诗、经济体制改革理论的探索者林毅夫、司法体制改革"燃灯者"邹碧华的夫人唐海琳等获得"改革先锋"称号的北大教师校友及亲属参会并发言。除以上7位,获得"改革先锋"称号的北大教师、校友还有国防科技事业改革发展的重要推动者于敏、中医药科技创新的优秀代表屠呦呦、推动依法治国的理论创新者王家福、海归创业报国推动科技创新的优秀代表李彦宏。

经济学院教授孙祁祥和国家发展研究院2016级本科生王昱博分别作为教师代表和学生代表发言。会议由党委常务副书记于鸿君主持。会场外陈列了"弘扬改革开放精神 建功立业新时代图片展",分为领导关怀、经典瞬间、群英璀璨三个板块。会议印发了《〈人民日报〉看北大——改革开放40年北大相关报道选编》。中央广播电视总台、中国教育电视台报道了此次座谈会情况。校园媒体北大新闻网制作了新闻专题,校报制作了专刊,官方微博进行了图文直播,官方微信进行了连续三天的报道,"北大人"等北大新媒体矩阵也转载了相关通讯。

(靳 戈、郑方圆)

【出版《强国之路:北大学者论新时代》】 2018年7月,党委宣传部策划主编的《强国之路:北大学者论新时代》一书由北京大学出版社出版。这是2017年北京大学"十九大与社会主义现代化国家"理论研讨会的成果之一,也是把北京大学"学术优势转化为宣传优势"系列活动的举措之一。该书收录了参加理论研讨会13位代表的文章和校内部分骨干教师的文章。文章围绕十九大报告中的一个重点领域,结合作者的研究所长,展开论述与分析,每篇文章的篇幅在3000字至4000字。全书共收录了38篇文章,涉及的领域包括经济、理论、政治、外交、文化、历史和健康等。

(靳 戈)

【120周年校庆系列宣传】 2018年,围绕120周年校庆,学校组织开展一系列校内外、海内外宣传活动,将专题报道与新闻快讯相结合、人物访谈和活动直播相结合、传统媒体与新媒体客户端相结合,积极进行形象塑造,全方位、多形式加大宣传力度,讲好北大故事。主动整理提供宣传素材、积极策划中央媒体的重点专题报道,联系协调师生采访30余人次。校庆前夕,《人民日报》《光明日报》《中国教育报》等中央媒体于头版发表北大120周年校庆的专题文章。新华社《瞭望》新闻周刊发表封面专题文章《北大:这所120年的学府,蕴藏着怎样的'民族密码'》,系列文章《林建华:120周年,对北大是一个重要转折》《七位学者谈北大》等;新浪、腾讯提前开设专题网站和客户端专题页面,并贯穿校庆全程。校庆当天,邀请中央电视台、《人民日报》、新华社、《光明日报》《中国教育报》《中国青年报》、中国新闻社、中国网等30家媒体前来采访。其中,央视新闻频道对大会进行了1分26秒的报道。央广网、人民日报、新京报、澎湃、新浪、腾讯等多家主流媒体现场直播,第一时间报道了纪念大会盛况。会后,主要媒体网络转载近600条。

党委宣传部制作"新时代——北京大学近五年成就展"和"今日北大展"。校刊出版《历史的节点——北京大学120周年校庆专刊》。新闻网推出120周年校庆专题网站,编发《印象北大:120个关键词解读北大》系列专稿。电视台制作《回响》《数说北大》《燕园流光》《拥抱四海 走向世界》《思想的力量》等宣传片。新媒体打造《燕归来》《120个故事》等多个专题。校庆当天,北大官微推出《北大,120岁生日快乐!》,将持续半年的校庆热潮推向了最高点,单篇推送获得64万的阅读量。

(郑方圆)

医学部宣传工作

【发展概况】 思想政治工作。按照中央文件精神,采取集中授课与座谈交流相结合的方式,全年共组织开展理论中心组学习3次。1月15日,邀请北京高校学习贯彻党的十九大精神宣讲团成员、北京大学社会科学学部主任杨河教授作《十九大报告解读》辅导报告。3月26日,在逸夫楼报告厅举办两会代表、委员一席谈活动。全国人大代表刘忠军和全国政协委员刘玉村、吴明、丁洁、霍勇介绍参加全国两会的切身感受体会和参政议政情况。6月12日,举办以"全面从严治党,强化党风廉政教育"为主题的党委理论中心组学习扩大会议。邀请中央纪委宣传部原副部长李本钢作主题为《学习贯彻党的十九大精神,全面从严治党》的专题报告。组织观看国家安全警示教育片——《构筑反奸防谍的钢铁长城》。9月25日,组织2018年第三次党委理论中心组学习,深入学习领会习近平总书记在全国教育大会上的重要讲话精神,准确把握教育事业发展面临的新形势新任务。本次学习活动采用主题发言、经验交流、学习分享的方式,中心组成员结合各自的工作实际,畅谈学习心得体会,反思改进医学部教育教学工作。组织动员各二级单位到国家博物馆观看"真理的力量——纪念马克思诞辰200周年主题展览",并组织集中观看电影《青年马克思》。

制定医学部意识形态工作督查方案，进一步对意识形态重点领域进行梳理排查，加强监督管理。对各单位新媒体平台进行重新认证，督促各单位在新媒体管理问题上，明确职责，责任到人。

立德树人工作。开展"做新时代'四有'好老师和'四个引路人'"学习实践活动，督促各单位研究制定具体实施细则，认真落实活动的各项举措，按期完成各项工作任务。开展"弘扬爱国奋斗精神、建功立业新时代"活动，加强宣传解读，推进爱岗敬业师德榜样挖掘，做好爱国奋斗精神的宣传工作。医学部宣传部制定本部门在"三全育人"工作中的具体举措，增强与各职能部门以及青年学生之间的交流合作，在新闻网、北医报和微信公众号开设"三全育人"专题版面，全方位、立体化地对"三全育人"理念进行解读与宣传。利用报纸、杂志、网络、新媒体平台宣传北医人中的师德师风、医德医风榜样，宣传优秀共产党员的先进事迹。开辟"师德榜样"专题，集中宣传北京市师德榜样个人和集体的优秀事迹。向白求恩精神研究会、中国医师协会推荐两位"白求恩式好医生"——北京大学口腔医院高学军、北京大学肿瘤医院吴楠。校党委副书记、医学部党委书记刘玉村为医学部新教职工入职"第一讲"，对师德师风建设提出要求。

党风廉政建设工作。医学部党委宣传部领导班子成员践行"一岗双责"，定期向主管领导汇报工作。完善部门各项规章制度并形成制度汇编，包括日常经费报销制度、设备及办公用品购买申请审批制度、活动开展经费预算报告制度等。严格执行"三重一大"制度，做到重大决定、重要人事安排、重要项目确立、大额资金使用均由领导班子召开核心组会议集体决定，并在全体会上公开通报。5月，联合医学部纪委举办党风廉政建设成果展，宣传各二级单位落实党风廉政建设责任制的情况。

新闻宣传工作。医学部党委宣传部主办的媒体阵营包括：北医官方微信公众号、北医新闻网、《北医》报、《北医人》杂志、广播台、校园橱窗、视频新闻等校园媒体。2018年累计编发医学部网站首页新闻1000余篇。北医新闻网综合新闻、医院之声、图片新闻、《北医》报、北医人、人文北医等栏目编发稿件3000余篇，建立《"四有"好教师"四个引路人"》《北京大学120周年校庆》《2018北医军训》等10多个专题栏目。《北医》报全年出版23期，其中正刊20期、专刊3期，策划推出三全育人专题、援藏故事专题、人才专题、国际交流专题等重点专题和深度报道。《北医人》杂志完成5期策划、采写、组稿、编辑、排版、出版、发放事宜。北医官微用户总数达到42,882人，发送图文消息217条，并结合重要会议和重大庆典背景，策划专题稿件，累计阅读量1,208,864次。制作常规视频新闻18期，播报北医重大新闻事件及2018年毕业视频《再·见北医》、2018级新生开学典礼视频《不傲过往·不惧远方》。广播站举办两期"广播台播音骨干培训"活动、北医广播站第一届配音大赛、2018—2019学年广播站迎新大会。

校园橱窗编辑制作两会精神报告会、建党97周年、2017级军训、第四批援藏干部、教代会、欢迎新教工大会等活动展板。展出优秀毕业生、奖助学金获得者等人物事迹的宣传展板，包括2017年北京大学年度人物风采展、2017年北京市高校红色1+1示范活动获奖支部风采展、北医第五届研究生"良师益友"获奖者风采展等。开展教职工风采专题展览。

全年承担学校各类会议及重要活动拍摄任务80余场次，并完成图片编辑、资料整理和检索工作，为学校各单位及校内外媒体等提供图片资料，在微信、新闻网、《北医》报、《北医人》及橱窗等媒体发表图片300余张。配合招生工作，联合光明网开展招办主任大直播活动，观看人数超过50万。

校园文化工作。2018年3月，组织约1700名师生观看爱国主义纪录电影《厉害了，我的国》。4月，广播站举办第一届"医路有你"配音大赛。6月20日，举办主题为"不忘初心、牢记使命"的庆祝建党97周年汇报演出，邀请获"七一"表彰的个人和集体汇报优秀事迹。10月26日，策划开展"传唱北医之歌 传承爱校精神——北医106周年庆典活动"，撰写主题为"传唱北医之歌 传承爱校精神"的微信稿件。12月23日，在会议中心礼堂举行2017—2018学年度学生先进集体、优秀个人表彰大会暨新年文艺演出。开展文化项目品牌统计，并深入挖掘基层文化建设工作亮点和突出成果，利用各媒体平台进行宣传推广口腔医院医德医风讲述活动、肿瘤医院井盖文化、公卫学院预防艾滋病宣传周等活动，营造"厚道"精神为核心的文化氛围。

中国卫生计生思想政治工作促进会秘书处工作。2018年，医学教育分会新增20家会员单位，会员单位目前共有85家。4月11日，医学教育分会在湖北武汉召开常务理事会，学习十九大精神及全国两会精神，开展高校思想政治工作的经验交流，制定医学教育分会2018年的工作计划。11月22日，中国卫生计生思想政治工作促进会医学教育分会第三次理事大会在医学部召开，来自全国各地医学院校（会员单位）的75位理事参加。教育部思想政治工作司副司长张文斌，总会副会长兼秘书长张建，总会副会长兼副秘书长王华宁，总会副会长、分会会长、北京大学党委副书记、医学部党委书记刘玉村，医学部多位党政领导和思政工作部门负责人出席会议。分会副会长兼秘书长焦岩主持大会。张文斌针对当前医学院校高校思想政治工作的总体形势和要求做部署讲解；刘玉村回顾总结分会过去五年的工作和成绩，对未来工作进行规划展望；张建代表总会对分会的工作给予充分肯定，并对未来工作作进一步安排部署。大会还完成了医学教育分会的会长、副会长、常务理事和理事的换届选举工作。

（焦　岩、陈　平、武慧媛、付东红、黄大无、于　洁、柳　欣、张一鸣、张湄芷、徐　璐、韩　娜）

【深入学习贯彻习近平总书记系列重要讲话精神】 为深入学习贯彻5月2日习近平总书记视察北大重要讲话精神，医学部党委宣传部于5月3日组织召开医学部学习习近平总书记讲话精神师生座谈会。中国科学院院士、药学院教授张礼和，基础医学院党委书记万有、第一医院党委书记潘义生、人民医院院长姜保国作为参加总书记座谈会的教师代表，结合自身经历对总书记的讲话内容作了深入细致的解读。与会人员还有学生代表、教师代表、学生辅导员、机关党支部书记、民主党派代表、机关部门、院系负责人、离退休老同志代表等近百人。医学部党委宣传部根据学校党委总体工作要求，面向医学部各单位和全体师生开展征文及作品征集活动，最终征集到包括文章、诗歌、视频、照片、绘画、剧本、书法、剪纸等共41件作品。

（柳 欣、张湄芷）

【社会媒体交流座谈会暨北医好新闻、优秀通讯员表彰会】 4月10日上午，医学部2018年社会媒体交流座谈会暨北医好新闻、优秀通讯员表彰会在逸夫楼209报告厅举行。《北医》报主编付东红介绍了2016—2017年度北医好新闻奖的评选概况，宣传部根据各单位日常新闻报送和宣传工作的实际情况，评选出36位优秀通讯员。校党委副书记、医学部党委书记刘玉村，副校长、医学部主任詹启敏出席会议。与会领导为获得北医好新闻评选一等奖、优秀通讯员的个人颁奖。会后，各单位宣传负责人、通讯员与社会媒体记者进行座谈。

（龙 昊）

【北京大学医学部与中国科学报社签署战略合作协议】 4月2日，北京大学医学部与中国科学报社签署战略合作协议，以充分发挥各自资源优势，共同致力于医学健康事业发展和传播，助力健康中国建设。签约仪式上，中国科学报社党委书记、副社长刘峰松介绍了报社的基本情况。北京大学副校长、医学部主任詹启敏与中国科学报社社长、总编辑陈鹏代表双方签署协议。北京大学党委副书记、医学部党委书记刘玉村出席签约仪式。

（徐 璐）

统战工作

【发展概况】 思想建设。深入学习贯彻党的十九大精神及中央关于统战工作一系列重大决策部署。组织引导统战系统各界人士及时、认真、深入地学习党的十九大精神、总书记系列重要讲话精神，全国高校思想政治工作会议和中央31号文件精神。组织党外知识分子参加各类培训班、"统战大讲堂"、社会实践考察等，提高培训活动吸引力。支持各民主党派以基层组织为依托开展自主培训、自我教育。3月30日，党委统战部联合党委教师工作部、学生工作部，邀请全国政协委员金李为师生深度解读"两会"精神。7月13日，北京大学统战系统举办学习总书记"5.2"重要讲话精神及纪念五一口号发布70周年研讨班。

加强日常交流和研讨。3月30日，党委副书记、医学部党委书记刘玉村主持召开学校各民主党派、侨联负责人工作会议，总结2017年工作，研讨2018年度工作。4月26日，刘玉村与北京大学民主党派基层组织负责人、骨干成员和无党派人士代表在英杰交流中心星光厅召开座谈会，沟通思想、凝聚共识。10月26日，统战部与各民主党派、侨联召开午间交流会，对落实全国教育大会精神等工作进行研讨。

发挥党外人士监督作用。通过邀请学校各民主党派、侨联负责人及无党派人士参加座谈会、与党外人士谈心、书面征求意见等多种方式，深入开展教育实践活动和专题教育，多方听取意见建议，认真剖析查摆问题，加强统战工作生态环境的建设和优化。

机制建设。1.继续推动统战工作重心下移。统战工作纳入基层党委书记述职考核指标。加强基层统战干部队伍培训，11月15日—16日，举办北京大学统战系统学习全国教育大会精神暨习近平总书记系列重要讲话精神专题研讨班，党委书记邱水平、党委副书记刘玉村出席并讲话。加强基层统战工作指导，推进《基层统战工作手册》的制定工作，进一步明确基层党委的定位和职责，为切实加强统战工作重心下移，推进基层统战工作全面持续发展提供指导和制度保障。充分发挥基层党委在党外代表人士发现培养中的源头作用。推动院系通过举办交流协商会、吸收党外人士参加专门工作委员会等形式，对涉及院系发展建设的重大问题向党外人士通报情况、征求意见。

2.建立党外知识分子统战工作联动机制。进一步完善统战部牵头，相关职能部门和单位共同参与、多方联合开展工作的统战工作横向联动机制。在已有党外代表人士队伍建设联动机制、民族宗教工作联动机制、港澳台侨工作联动机制、民主党派工作联动机制的基础上，与宣传部、教师工作部建立党外知识分子统战工作联动机制。基本形成"一纵五横"，纵横结合、有机联动、全面覆盖的大统战工作格局。

3.加强引导党外知识分子发挥智库作用。为优秀的党外知识分子发挥智库作用积极搭建平台。部分优秀的党外知识分子通过参加体制内平台，如参事室、文史馆、国家机关特约工作人员等平台建言献策，为政府决策提供智力支持，一部分党外代表人士通过政党协商、建言献策小组等平台发挥智库作用，此外还有一些党外知识分子通过学校的研究机构发挥智库作用。在基层党委推荐的基础上建立学校留学人员中青年骨干库。积极开展筹建有关统战团体调研，以高层次归国留学人员队伍建设为重点，全面加强思想引导工作。

理论研究与宣传工作。完成北京市党外知识分子理论研究基地2018年重点课题《新时代北京高校党外知识分子统战工作研究》，课题成果获2018年度北京市统战理论与调查研究优秀成果一等奖。承担北京市无党派、党外知识分子工作领域干部和代表人士的部分授课任务。与多部门联合，在新闻网、电视台、微信公众号、微博上对北京大学参加"两会"的代表委员参政议政风采进行宣传报道。加强对党外代表人士典型人物和突出业绩的宣传报道，积极树立正面典型。及时报送统战工作信息，全年向上级部门报送《北大统战工作简报》29份，向学校党委报送《党委统战部每周党务信息》40期。加强统战工作信息员队伍建设，加强对院系统战委员的培养和管理。进一步推进北京市统一战线理论研究会党外知识分子领域理论政策研究基地工作，承接重点课题《习近平新时代中国特色社会主义思想与高校统战工作》。

协助民主党派组织加强自身建设。协助各民主党派发展41名新成员（校本部16名，医学部25名）。12月11日，民进北京大学人民医院支部成立。支持民主党派发挥自身优势，开展有特色有影响的活动。1月15日，九三学社市委和北大委员会联合举办"科技金融，助力北大"活动。3月8日，九三学社京津冀三地妇委会纪念"三八"国际妇女节暨"魅力科学分享"主题讲座等系列活动在生命科学学院报告厅举行。4月14日，民革北大支部承办的民革中央第十一次台青之友沙龙："31条大家谈"在英杰交流中心举行，沙龙旨在落实国台办《关于促进两岸经济文化交流合作的若干措施》（简称31条），推动台生在大陆创业、就业。4月22日上午，致公党北京大学支部、医学部支部纪念"五一口号"70周年座谈会在英杰交流中心举行，党委副书记、医学部党委书记刘玉村，致公党北京市委主委闫傲霜等出席。5月11日，民盟北京大学委员会举办"不忘合作初心，再创民盟辉煌"主题沙龙活动，邀请老盟员讲述盟史，举行民盟北京大学委员会与民盟四川攀枝花委员会结成友好互助单位的签约仪式。8月15日至17日，农工党北大委员会前往渭南和富平开展医疗实践活动。9月21日，校工会、统战部和农工北大支部、西苑医院联合举行"中医治未病"健康系列讲座启动仪式。10月8日，九三学社两校三委在清华大学联合举办"文化北京"主题议政会。10月17日，民盟北医委员会举办第九届医改沙龙。10月26日下午，九三学社北医委员会组织社员到门头沟区龙门新区三区社区服务站举行"健康益起来"义诊。11月2日至3日，农工党北京大学委员会30名党员赴北京市门头沟区斋堂镇开展"健康中国"义诊帮扶医疗实践活动。

党外代表人士队伍建设。注重利用校内外教育培训资源，分层分类开展学校党外代表人士教育培养。5月，举办北京大学纪念"五一口号"发布70周年、学习总书记"5.2"重要讲话精神党外人士专题研讨班。5月17日，组织北京大学全国、北京市及海淀区人大代表、政协委员，无党派人士代表，主管统战工作的基层党委书记代表、民主党派成员及民族教师代表等参观中国政协文史馆《从"五一口号"到协商建国重要史事回顾展》。在2018年全国和北京市两会换届中，北京大学有全国政协委员20位（其中党外17位），北京市政协委员14位（其中党外11位）；4位党外人士担任全国人大代表，5位党外人士担任北京市人大代表。

推进午间交流会项目。2018年，先后召开3次党外中青年骨干教师午间交流会，邀请海外高层次人才引进计划（青年项目）、青年长江学者、优秀青年科学基金项目、国家杰出青年科学基金项目、国家高层次人才特殊支持计划中的党外人士，围绕如何在党外开展学习贯彻落实全国高校思想政治工作会议精神，以及日常教学科研工作、校园文化建设等方面的状况展开交流和讨论。

注重人文关怀。关心党外人士及党外人士遗孀生活，为一些年事已高的党外人士过生日，积极帮助一些党外人士协调解决就医、子女入学等实际困难。

民族宗教工作。建设少数民族教师重点人才库，与北京市民委及北大少数民族问题研究专家保持联系，及时寻求工作指导。党委统战部、学生工作部、保卫部、团委等相关部门4次召开联席工作会议，分析研究民族宗教工作有关情况，研究提出对策。9月，按照上级工作部署，召集学校民族宗教工作领导小组成员党委召开联席会，研讨制定有关工作方案。3月2日，中央统战部二局来校调研民族宗教工作开展情况，并围绕全国民族宗教干部培训班事宜展开工作讨论和有关部署。5月7日至6月8日，中央统战部委托北京大学举办的第三期全国民族宗教工作干部培训班在北大举行，来自全国31个省、自治区、直辖市以及新疆生产建设兵团的60位民族宗教工作干部在学校开展为期32天的系统学习和培训。6月，由国家民委和教育部联合主办的"全国民族教育工作专题研讨班"的学员70余人来北大座谈交流。10月25日，第八届首都民族团结进步表彰大会在北京会议中心举行，陈建龙获得先进个人称号，北医三院获得先进集体称号。组织统战干部参加民族宗教工作学习讲座。定期参加海淀区民族宗教工作领导小组会议。为民族宗教工作领导小组成员单位、全校基层党委书记、统战委员印发《校园宗教政策知识应知应会20问》和《校园宗教政策知识与实务问答》，加强对校园宗教工作的指导。

港澳台侨及海外统战工作。2月4日，党委统战部接待民革中央"台湾高校杰出青年大陆参访团"一行40人参观校园并举行座谈。3月12日，党委统战部参加教育部来校调研港澳台工作座谈会。7月7日，接待海淀区委统战部组织的70名香港大学生团参观校园。8月9日，由北京海外联谊会组织、澳门基金会赞助，澳门中学生交流团一行30余人参观北大，并进行座谈交流，北大招生办公室、校内在读的澳门同学参加座谈。8月2日，第十一届台湾高校教师大陆参访团一行40余人访问北大。协助北大侨联与爱心社等学生社团建立联系，做好老归侨、侨眷的关心照顾工作。支持社会学系协助中国侨联在北大举办海外侨领中国国情研修班。北京市侨联主席荣洋、党组书记赵宏生先后来北大调研。9月30日，信息科学技术学院英国归侨、无党派教师彭练矛获第三届北京市华侨华人"京华奖"。10月18日，北大侨联会举办重阳节联谊和非物质文化遗产剪纸活动。

调研交流。3月，北京市委常委、统战部长齐静一行来校调研统战工作，并召开北京大学统战工作座谈会和党外知识分子工作座谈会。5月，浙江大学党委统战部来校调研，交流两校在党外代表人士队伍建设、民主党派基层组织建设等工作经验和体会。5月，民盟中央专职副主席徐辉、民盟北京市委主委程红一行到北大走访，调研党派组织工作。5月，民进北京市委副主委李昕走访民进北京大学委员会，听取会员对民进北京市委组织建设、会员培养等工作的意见建议。5月，北京市侨联主席荣洋来北大举行产学研调研座谈会。6月，全国政协副主席马飚带队调研"书法进课堂"师资队伍建设问题。6月，完成中央统战部六局专题书面调研工作。7月，民革中央联络部部长李霭君一行到北大调研。7月，市委统战部党外知识分子处到北大调研。7月，中组部到北大调研，交流沟通关于民主党派组织发展情况和党外代表人士队伍建设情况。8月，湖南大学党委统战部一行来校调研。9月，完成上级专项工作检查准备工作，起草和报送了近五年来北京大学专项工作报告。9月，中山大学党委统战部常务副部长吕雅璐一行来校调研学习高校统战工作及党外知识分子工作。9月，中国社科院统战工作处来校调研和学习党外知识分子工作开展情况。9月，市委统战部党外知识分子处处长张猛一行来校调研党外知识分子统战工作的经验。11月，山西大学党委统战部长李小林一行来校交流学习统战工作。

【北京市委常委、统战部长齐静一行到北大调研】 3月16日，北京市委常委、统战部长齐静，市委副秘书长赵玉金，市委统战部副部长张洋一行来北京大学调研统战工作。齐静一行在英杰交流中心举行两场座谈会：北京大学统战工作座谈会、党外知识分子座谈会。北京大学党委副书记、秘书长安钰峰，党委副书记、医学部党委书记刘玉村，党委办公室校长办公室、党委组织部、党委统战部等职能部门负责人出席北京大学统战工作座谈会。刘玉村汇报学校统战工作的总体情况。随后，20位北京大学党外知识分子代表参加党外知识分子座谈会。齐静高度评价北京大学的统战工作，认为北大在统战工作中取得的经验对下一步推动全市高校统战工作有很强的借鉴意义。调研组一行还参观了由党外人士倪晋仁院士主持的水沙科学教育部重点实验室。

【党外人士参加北京市高层次党外人士挂职锻炼】 6月13日，北京市启动北京市第四批高层次党外代表人士挂职锻炼。北京大学党外人士倪晋仁挂职北京市环保局副局长、邓旭亮挂职北京市卫健委副主任、乔静挂职门头沟区卫健委副主任、董琨挂职门头沟区文化委员会副主任。

【北京大学党外人士研讨班赴遵义学习交流】 6月24日至29日，北京大学党外人士研讨班赴贵州遵义进行学习交流，赴遵义学习的研讨班成员共30人，来自全校各民主党派和侨联组织，还有部分无党派教师代表。研讨班成员听取"遵义会议与遵义会议精神""多党合作与政治协商制度"两场报告，实地参观遵义会议会址、红军烈士陵园、苟坝会议会址、四渡赤水旧址、娄山关战斗遗址等革命旧址，并与遵义市委统战部、遵义市各民主党派组织、遵义高校统战部的同志进行座谈交流。

【举办学习总书记"5.2"重要讲话精神及纪念五一口号发布70周年研讨班】 7月13日，北京大学统战系统在英杰交流中心举办学习总书记"5.2"重要讲话精神及纪念五一口号发布70周年研讨班。全校各民主党派、侨联骨干，无党派人士代表，党外知识分子代表，少数民族教师代表，统战干部等共130余人参加。党委书记郝平，党委副书记、医学部党委书记刘玉村，医学部党委副书记徐善东出席。郝平在研讨班上指出，学校统一战线要以这次专题学习研讨为契机，把学习贯彻总书记讲话精神的各项工作抓紧抓实抓好。刘玉村以"学习习近平同志'5.2'重要讲话精神，做好新时代北京大学统一战线工作"，学校学科办主任张平文以"北京大学'双一流'建设的现状与未来"分别作主题报告。

【举办统战干部培训班】 11月15日至16日，北京大学统战干部培训班在中央社会主义学院举行。党委书记邱水平，党委副书记、医学部党委书记刘玉村，中央社会主义学院副院长袁莎等出席开班仪式并讲话。全校各基层党委书记、统战委员等80余名统战干部参加培训。本期统战干部培训班的学习内容，既包括新时期统战工作新形势新特点新要求，也包括统战工作历史和传统。具体培训内容包括中央社会主义学院统战理论教研部基础理论教研室主任李小宁谈"习近平论知识分子和党外知识分子工作"，中央社会主义学院统战理论教育部副主任孙信谈"新时代统一战线"，中央党校民族与宗教理论研究室主任蒲长春谈"新时期党的民族宗教工作"，中央社会主义学院统战理论教研部政党制度室主任徐锋谈"政党制度史和比较政党制度"，北京大学党委统战部原部长卢咸池谈"北京大学统战历史与传统"。

医学部统战工作

【发展概况】 支持并协助民主党派加强自身建设。1.思想建设。各民主党派围绕党的十九大精神和"五一口号"发布70周年，积极开展"不忘合作初心，继续携手前进"主题教育活动。11月2至3日，民盟北医委员会与九三学社北医委员会联合组织40名盟员和社员赴河北邢台英谈村原八路军总部和前南峪村中国人民抗日军政大学陈列馆开展革命传统教育。4月，致公党北大支部、医学部各支部联合举办纪念

"五一口号"发布70周年座谈会。5月，农工党北大委员会专题学习习近平在北大师生座谈会上讲话精神并组织讨论交流。9月，农工党北大医院支部举办"中秋国庆共欢乐，心系农工援疆情"的主题活动。10月，组织前往双清别墅进行"不忘初心"主题教育。10月，九三学社北医委员会举办"阳光之家重阳节座谈会"。12月，农工党北大委员会举行"不忘合作初心，继续携手前进"2018年工作总结会议。顾晋主委从思想建设、组织建设、参政议政、社会服务等多方面进行总结并部署下一年度工作。农工党第一医院支部获农工党北京市委2017年度先进集体，陶霞获"北京市三八红旗奖章"称号。

2. 组织建设。协助各民主党派有计划地稳步发展30名新成员。2018年，九三学社北医委员会10个支部全部完成换届工作。原九三学社公卫护理支社分别成立公卫支社和护理支社。12月，民进北京大学人民医院支部成立，高承志当选为第一届支部主任。12月，医学部党委召开民主党派侨联负责人会议，通报2018年医学部统战工作基本情况，各民主党派侨联负责人分别总结年度工作和2019年工作展望。会议征求各民主党派、侨联负责人对统战工作的意见和建议。医学部党委副书记徐善东通报2018年医学部重点工作，并对各民主党派侨联基层组织提出要求。

3. 参政议政。2月，九三学社第三医院支社举办"2017年度工作总结会暨医院行动小组中的领导力培训交流会"。6月，农工党北大委员会举办第二届青年论坛，朴玉粉、刘丽红和龚楠等3人围绕大数据医疗的现状与未来进行主题发言。10月，九三学社两校三委在清华大学联合举办"文化北京"主题议政会，医学部九三社员张大庆作主题发言。10月，民盟北医委员会举办第九届医改沙龙，马文军、王国洪、赵侠、孙秀丽、于文斌、王京弟围绕"医护人员职业有害因素与健康""检验工作如何适应医改要求""药物研发坚持仿创并重"等作主题发言。11月，民盟两校三委在北大联合举办第十三届民盟高教论坛，医学部季加孚、杨宝学作主题发言。12月，民盟北医委员会第二支部（第三医院支部）举办第四届"医学与人文"论坛，为医学事业建言献策。

4. 社会服务。1月，民建会员随同民建西城区委赴涿州开展"服务百姓健康行动"大型义诊。同月，民进北大医院支部会员随同西城区委前往承德县康源医院义诊。4月，农工党第一医院支部30余名党员前往中国科学院植物研究所义诊。4月，致公党北大医院支部、人民医院支部随同西城区委统战部前往对口扶贫的阜平县开展义诊扶贫活动。8月，人民医院支部联合第三医院支部赴内蒙古赤峰市敖汉旗四家子镇开展对当地贫困居民的义诊。8月，农工党北大委员会前往渭南和富平开展医疗实践活动。国庆节，农工党第三医院支部前往顺义开展义诊。10月，农工党第三医院支部与中共党支部联合到回龙观千禾养老院开展"情暖金秋，爱在重阳"义诊。10月，九三学社北医委员会组织社员到门头沟区龙门新区三区社区服务站举行"健康益起来"义诊。11月，农工党北京大学委员会30名党员赴北京市门头沟区斋堂镇开展"健康中国"义诊帮扶医疗实践活动。11月，肿瘤医院支部前往房山长阳镇医院开展义诊。11月，随同民建中央社会服务部、民建北京西城区委赴丰宁开展送医下乡活动。

党外代表人士队伍建设工作。1. 调整后备干部名单。着眼新一轮统战工作需求，完成基层党委统战工作调研，发现党外干部，调整党外干部后备名单。

2. 人才培养工作。（1）推荐统战人士参加上级培训。饶慧瑛参加中央统战部举办的"第39期民主党派干部进修班"。熊晖、洪楠参加医学部党委组织部7月延安干部培训。熊晖参加中央统战部民主党派省级组织中青年骨干培训班，刘昭飞、朱文丽、王墨培参加北京高校党外代表人士高级研修班，孙建军、甄橙参加北京高校民主党派组织校级负责人培训班。（2）举办党外骨干研修班。9月，医学部统战部牵头在京医学院校举办第四期党外骨干研修班，40名党外骨干赴浙江省社会主义学院等地开展异地教学。（3）民主党派新成员研修班。5月，统战部举办民主党派新成员研修班参观城南庄晋察冀边区革命纪念馆并召开座谈会。（4）建言献策小组活动。7月，统战部在房山举办党外人士建言献策培训班。会后小组成员撰写10余篇建议。

3. 人才推荐工作。（1）党派成员担任党派专门委员会任职情况：担任民主党派中央专门委员会主任3人，副主任5人；党派市委专门委员会主任1人，副主任16人，副秘书长2人。（2）其他推荐工作：丁洁、黄薇2人入选北京市党外专家人才智库成员。沈宁、潘洁、孔炜担任海淀知联会第二届理事会副会长，沈宁、潘洁、孔炜、叶敏、钟超、司天梅、邢沫、吕筠、贾彦兴、郭莉萍10人担任理事。王嘉东、董甡伟担任北京市侨联青年委员会委员。推荐刘梅林为中国妇女十二大代表。

民族宗教工作。宣传党的民族宗教政策。开斋节期间，会同学工部、研究生院为信仰伊斯兰教的192名少数民族学生发放伙食补助。协助有关部门及时妥善处理与民族、宗教工作相关的问题和突发事件。第三医院被评为第八届"首都民族团结进步先进集体"，北大医院侯新琳被评为"首都民族团结进步先进个人"。

港澳台侨工作。宣传党的侨务政策，为7位老师办理归侨身份确认。帮助老归侨解决生活上的实际困难。3月28日，组织15名统战干部参加北京高校统战大讲堂。5月，推荐学生参加京港穗大学生实习交流活动，护理16级本科学生詹佳欣和王瑞奇被录用实习。4项研究课题获得北京市侨联立项。林剑浩、王红漫被聘为北京市侨联智库专家。医学部侨联获得2018年北京市"示范侨之家"。8月，侨联荣获"全国侨联系统先进组织"；詹启敏院士荣获"中国侨界杰出人物提名奖"；周德敏、林剑浩教授荣获"全国归侨侨眷先进个人"；黄河清教授荣获"全国侨联系统先进个人"。

宣传、研究与常规工作。完成统战部网信息宣传80余篇，并积极向部刊、新闻网、信息周刊及民主党派市委、市侨联投稿。1月，由统战部主办，第六医院党委，各民主党派、侨联承办的医学部2018年统战系统新春联欢会举行。5月，医学部党委统战部与《北医》部刊联合策划"统战工作专刊"。深度发挥"风雨同舟（北医统战）"微信平台作用，定期发送统战知识、统战故事，宣扬统战文化。牵头4所在京医学院校课题《在京医学院校党外知识分子思想状况和工作机制研究》获北京高校统战理论与实践研究会立项，完成调研报告。

（杨丽丽）

【纪念"五一口号"发布70周年座谈会】 4月26日下午，医学部统战部召开中共中央发布"五一口号"70周年座谈会。医学部党委统战部长王军为介绍了"五一口号"发布的历史背景、主要内容、历史意义。希望各民主党派基层组织和无党派人士按照习总书记提出的要求，在做好本职工作的同时，增强责任和担当，做中国共产党的好参谋、好帮手、好同事，共同把国家建设和学校发展的事情办好。与会党外人士肯定"五一口号"的历史意义和现实意义，表示要进一步深化认识，坚定对中国共产党领导和中国特色政党制度的信念，加强自身建设；要注重学习，在做好本职工作的同时，积极建言献策，把先辈的政治理想和光荣传统落在实处、转化为行动，使之传承下去并发扬光大，这是对"五一口号"最好的纪念。

医学部党委副书记徐善东在总结讲话中认为"五一口号"的发布是各民主党派、社会贤达对中国共产党执政理念、执政目标的认可。他通报了近期医学部发展建设中的重大事项，希望大家通过学习"五一口号"，不忘多党合作初心，继续携手前进，把北医的事情做好，也为国家医学教育事业、为健康中国事业做出自己的贡献。

（杨丽丽）

【医学部侨联荣获多项表彰】 8月29日上午，第十次全国归侨侨眷代表大会在北京人民大会堂开幕。会上宣读了《中国侨联、国务院侨办关于表彰中国侨界杰出人物和全国归侨侨眷先进个人的决定》《人力资源社会保障部、中国侨联关于表彰全国侨联系统先进集体和先进工作者的决定》《中国侨联关于表彰全国侨联系统先进组织和先进个人的决定》，并为获奖单位和个人颁奖。医学部侨联荣获"全国侨联系统先进组织"；北京大学常务副校长、医学部主任詹启敏院士荣获"中国侨界杰出人物提名奖"；医学部侨联主席、药学院院长周德敏教授，侨联副主席、人民医院骨关节科主任林剑浩教授荣获"全国归侨侨眷先进个人"；医学部侨联副主席黄河清教授荣获"全国侨联系统先进个人"。医学部侨联在这次会议上是北京高校系统中获得奖项最多的单位。

（黄河清）

【农工党北京大学委员会开展"健康中国渭南行"社会实践活动】 8月15日至17日，为践行健康中国国家战略，实现精准扶贫的对口医疗帮扶，农工党北京大学委员会主委顾晋带领姚红新、崔海燕、郭杨、姜军、赵红梅、周宗慧、甄橙、杜保民等各支部代表，前往渭南和富平开展医疗实践活动。顾晋教授、姚红新主任医师、赵红梅副主任医师对当地的医生进行了专场讲座培训。农工党北京大学委员会医学专家义诊各类病人近200人次。全体人员还专程到陕西省富平县拜谒习仲勋同志陵园，参观习仲勋同志故居和习仲勋同志纪念馆。

（甄 橙）

学生工作

【发展概况】 2018年，北京大学学生工作系统深入学习贯彻党的十九大精神，贯彻落实全国思想政治工作会议、全国教育大会和习近平总书记系列重要讲话精神，以总书记给北大的"三封回信，两次讲话"为指导，按照总书记关于培养德智体美劳全面发展的社会主义建设者和接班人的"六个下功夫"的要求，把思想政治工作贯穿教育教学全过程，扎实推进全程育人、全方位育人。

教育宣传。学习贯彻落实总书记"5·2"讲话精神，组织多轮次、多层次的宣讲活动。2018年5月2日下午，数学科学学院辅导员刘雨龙传达习近平总书记重要讲话精神、分享参会感悟。5月14日下午，学生工作系统召开学习贯彻习近平总书记在北京大学师生座谈会上的重要讲话精神专题学习会，党委常委、副校长陈宝剑做辅导报告。

1. 推进《"扣好第一粒扣子"专项教育计划》。组织学生观看"首都百万师生同上一堂课"电视授课，参观"真理的力量"纪念马克思诞辰200周年主题展览，组织约3300名学生参观"伟大的变革——庆祝改革开放40周年大型展览"，收集整理师生感想，上报教工委及教育部相关部门。组织放映《厉害了，我的国》《青年马克思》《李保国》等主旋律电影，平均每场观众人数均超1000人。

2. 开展主题教育及实践活动。开展"不忘初心跟党走，争做圆梦新一代"党团日联合主题教育活动。全校共计235个学生党支部按要求开展活动，约占学生支部总数的61.7%，评选出32个优秀支部，7个院系获评优秀组织奖。组织24名学生党支部书记以及24名思政课程学员赴陕西延安并梁家河村开展"不忘初心跟党走，争做圆梦新一代"主题党团日活动。秋季学期部署开展"爱国励志新青年，求真力行新时代"联合党团日主题教育活动。组织170余名新任学生党支书赴怀柔进行集中培训。第四期"鸿雁计划"66名学员分为8支实践团赴四川、陕西、宁夏、江西、广西、福建开展调研实践活动。开展"北京大学第八届十佳学生党支部书记"评选活动，陈乾坤等10名优秀学生党支部书记获奖。举办7期教授茶座，邀请高松、渠敬东等教授与115名同学交流。继续举办新生训练营。组织毕业生参加廉洁教育、先进人物事迹报告会，签订廉洁承诺书，参观廉洁教育基地。组织27名学生助理担任世界哲学大会志愿者，做好900名参会学生代表的安全服务保障工作。组织65名学生志愿者参加"春燕行动"，探访16位离退休教工。"燕园学子微助手"发布图文信息286条，总阅读量达943,109人次。继续做好安全教育，在重点时间节点发布8次安全提示。

3. 课程组织工作。配合开展《习近平新时代中国特色社会主义思想概论》课程教辅工作，安排参访华为北京研究院、航天城、梁家河村实践教学活动。与马克思主义学院联合建设《思想道德修养与法律基础》课程。

国防教育。完成2017级和2018级7000多名本科生军事技能训练任务。军训期间，继续成立临时党总支；组织开展"学习总书记讲话精神，做新时代圆梦人"主题班会、网络素养和心理讲座、消防演练、文艺汇演等活动。参训学生133人提交入党申请书，393人表示有入党意愿。组织近200名因身体等原因缓训、免训的学生在学校开展入学适应活动。21名学生参军入伍，其中男兵19人，女兵2人，首次完成北京市下达的征兵命令。宋玺获第十一届五四奖章提名奖、北京市征兵形象大使。继续开展《军事理论课》《孙子兵法导读》教学工作。7月，45名师生登上海军八仙山舰开展航海实习活动。

学生事务管理。1. 修订完善规章制度。修订并实施《北京大学学生素质综合测评办法》（试行）、《北京大学学生奖励评选办法实施细则》。提交校长办公会议通过《北京大学学生奖励评选办法》《北京大学奖学金评审办法》。

2. 奖励、奖学金评选。组织完成第十一届北京大学"学生五·四奖章""班级五·四奖杯"的评选工作，评选出10名"学生五·四奖章"获得者、10名"学生五·四奖章"提名。5月2日，举行"五四精神分享会"。10,054人次获得北京大学学生个人年度奖励，45个班集体获得北京大学"示范班集体"，99个班集体获得北京大学"先进班集体"，6个宿舍获得北京大学"示范学生宿舍"。在校级奖励评选基础上，评选产生北京市三好学生55人，北京市优秀学生干部18人，北京市先进班集体19个。燕京学堂2017级硕士生一班获评"十佳示范班集体"。共评选出校级奖学金88项（含新生奖学金），奖金总额4060.5万元，奖励学生4870人，人均奖励额度为8168元。

3. 活动组织。参与并协助完成2场毕业典礼、1场开学典礼的学生组织工作。组织22项奖学金颁奖典礼、见面会、参访活动，通过培训获奖学生组织、主持小型奖学金见面会，指导学生为赞助方设计并制作礼品，引导同学了解设奖企业等方式对学生进行感恩教育。

4. 学生毕业工作。按时按计划完成2018年夏季毕业生2923名本科生，2144名博士研究生、4510名硕士研究生（共计9577名）的毕业鉴定工作。协同研招办、计算中心组织各院系政审调档负责人开展政审调档业务培训会，完成全校38个院系5900余名硕士研究生、1600余名博士研究生的政审工作。

5. 学生日常管理。落实相关制度规定，加强日常行为管理，对个别违纪学生给予处分。做好危机个案处理，建立多方参与、直达一线、有效协同的学生危机个案处理机制。与保险公司合作通过网络、移动互联网方式进行投保，为同学投保提供便利，2018年度共投保21,233人。

组织建设。1. 领导班子建设。落实党风廉政建设主体责任，加强班子自身建设。领导班子落实"一岗双责"主体责任，通过协同系统转发相关文件精神、部长办公会集体学习上级文件等形式，把学校党委加强党风廉政建设的要求落到实处。

2. 辅导员队伍建设。推进学生工作队伍专职化配备，为16个院系配备了17名专职辅导员，7名应届毕业生留校从事学生工作，20名2018届"2+2"辅导员上岗工作。秋季学期选拔25名"2+2"辅导员，协调相关部门，落实"2+2"辅导员的相应待遇。选聘278名学生带班辅导员在一线开展学生辅导工作。评选2017—2018学年优秀班主任标兵15人，优秀班主任144人，优秀德育奖45人。评选2016—2017学年唐立新优秀辅导员奖10人，北京大学嘉里集团郭氏基金优秀辅导员奖10人，奖金每人5万元。举办2018级新生班主任培训，全校100多位班主任参加，建立2018级新生班主任微信群。举办第五届辅导员职业能力大赛。鼓励保障辅导员开展课题研究，目前管理的在研课题40项，其中2018年北大思政课题35项，北京市5项。1439人次参加校内学工系统各类辅导员培训，选派47人次参加北京市各类辅导员培训，选派21人参加教育部组织的全国高校思政骨干示范培训班。举办10场学工半月谈。

3. 辅导员保障工作。按月发放辅导员岗位补贴，共发放175万余元；按时向院系划拨学生活动经费和临时困难补助；组织开展学生助理聘任，上半年全校共有83个单位聘任922名学生助理，下半年全校共有84个单位聘任943名学生助理。指导助理学校秘书处春季学期开展两次助理培训工作；11月初，完成学生助理学校秘书处换届和相关工作交接。

民族宗教工作。完成新疆籍少数民族专职辅导员的配备工作，配合新疆内派管理服务教师开展相关工作。

专项工作。配合学校处置系列安稳事件，推进相关事件的解决。

【学习贯彻落实总书记"5·2"讲话精神宣讲活动】5月14日下午，学生工作系统召开学习贯彻习近平总书记在北京大学师生座谈会上的重要讲话精神专题学习会，党委常委、副校长陈宝剑作辅导报告。学生工作部、校团委、各业务中心全体工作人员，各院系学生工作负责人、院系团委书记、专职辅导员队伍共130余人参加学习会。会议强调，全校学工队伍贯彻落实好总书记讲话精神，就是要紧扣总书记明确回应的"为谁培养人、培养什么样的人、怎么培养人"这个核心问题，以培养德智体美全面发展的社会主义建设者和接班人为北大学生工作的出发点和落脚点，始终坚持正确的政治方向，不忘初心跟党走；学工队伍要结合实际、求实效，以富有时代特色、符合学生特质、青年喜闻乐见的形式扎实做好总书记讲话精神的学习贯彻落实工作，以总书记讲话精神统领学生工作，尊重、理解和挖掘同学们的内心需求，用情感温暖同学，用梦想点燃同学，教育引导广大同学在实现中华民族伟大复兴新征程上，争做追梦者和圆梦者，成长为有理想、有本领、有担当的圆梦新一代。

（戴玉娇）

【开设《习近平新时代中国特色社会主义思想概论》课程】
2018年春季学期，学校首次开设《习近平新时代中国特色社会主义思想概论》课程。该课程是北京大学学生思想政治课程体系的重点建设课程，旨在以习近平新时代中国特色社会主义思想为指导，激励学生自觉地把个人的理想追求融入国家和民族的事业中，勇做走在时代前列的奋进者、开拓者、奉献者。校党委书记郝平同志、校长林建华同志带头为青年学生授课。课程由党委常委、副校长陈宝剑担任主持人，配备助教组，开展教辅工作。课程学生人数在25人左右。课程计2学分，每周2学时，共36学时，专题讲授14节（28学时），分组研讨及实践研习均不少于4学时。2018年春季学期，学工部组织课程师生前往华为技术有限公司（北京总部）、中国航天员中心、陕西延安梁家河村进行实践研习。

（戴玉娇）

学生就业指导服务中心

【发展概况】 就业质量。全校2018届毕业生（含医学部，不含港澳台及留学生）合计9603人。校本部就业率为98.81%，持续保持高位。第三方调查显示毕业生求职满意度超过86%，用人单位对北京大学毕业生整体质量满意度超过96%。英国《泰晤士高等教育》2018世界大学毕业生就业能力排行榜上，北大毕业生就业能力位列全球第19位，蝉联内地高校首位。

党建工作。学生就业指导服务中心开展多次政治理论学习活动，学习习近平总书记在全国教育大会上的重要讲话。集体观看庆祝改革开放40周年大会直播。党支部为每位党员发放《梁家河》《习近平的七年知青岁月》等学习用书，开展多种形式的交流活动。

市场信息。拓宽就业领域和渠道，在了解学生意愿与特点的基础上，以重点地区、重点行业、重点用人单位为重点服务对象，加强与"人才合作伙伴"精准合作，为学生打造社会实践、课题研究、就业见习、毕业择业的多元平台。2018年共举办940余场企事业单位校园宣讲会；分行业、地域举办50余场大中型就业及实习双选会，吸引1800多家用人单位进校选才；接待29个省（自治区、直辖市）、60余个市（区）来校进行选调生招录或专项人才引进工作；累计提供12万余条岗位信息。

信息化建设。加强北大就业信息网信息分类体系建设，完善就业管理服务流程，对毕业生就业进行全过程全方位服务；开辟专栏分类汇总发布世界500强、中国100强、金融、科研设计、教育等重点行业招聘信息；打造简历精准投递平台，推动由"我找工作"到"工作找我"的资源匹配模式升级转换；依托"北大就业""北大创业""北大选调生"等微信平台，完善就业信息定向推送机制；面向全体毕业生调查求职地域及行业意向，分行业、地域建立求职微信群，开展线上行业交流、生涯指导，同时辅之以线下有组织的实习实践参访活动，实现学生个体化需求与用人单位供给的精准对接。2018年就业中心以省份、重点行业为单位，为有意向到京外工作的毕业生建立地域求职微信群，覆盖超过6000人次；对毕业生就业过程进行精细化指导，对不同求职阶段的毕业生提供差异化的服务，对离校未就业毕业生进行重点帮扶。

就业指导。探索建立专业化、全程化、多元化的精准就业指导工作体系。结合"就·在你身边"职业发展系列活动，分类开展全程化的职业生涯指导。针对新生，在2018级新生迎新日现场开展新生生涯发展启蒙活动；在新生训练营开展生涯发展辅导活动，带领近4000名新生顺利开展生涯绘画活动；举办新生生涯绘画展，编写《未名·遇见》新生生涯绘画画册。针对非毕业班学生，举办"聊聊行业那些事儿""互联网+"行业职场对话，贯穿各成长阶段的企业人力资源OPENDAY、周五下午茶职业规划工作坊等，针对学生职业定位困惑、简历写作、求职压力等，固定时间地点举行小型团体辅导活动；开展"心手计划"生涯发展导师团体辅导项目，聘请26位各行业资深人士担任导师；每周开放10—15个时间段，针对各个年级学生开展一对一咨询服务。2018年就业中心共举办各类职业指导类活动82场，参与学生近7500人次，学生对职业指导工作满意度为90.6%。全校各院系举办就业指导咨询类活动496次，参与学生近1万人次。

抓住关键节点面向全体学生开展就业引导。2018年4月，120周年校庆前夕，举办第二届北京大学学生生涯日（PKU Career Day）。通过全国五一劳动奖章获得者郭三堆校友主题演讲、生涯绘画展、基层生涯发展论坛、实习双选会、生涯辅导坊等多种活动形式，进一步引导同学将自我的职业生涯与服务社会紧密结合，树立科学合理的就业价值观。2018年毕业生欢送会先后组织两场座谈会，学校主要领导与同学深入交流交心。邀请28岁的新疆选调生、现任新疆克州阿克陶县皮拉勒乡党委书记钟梓欧作为优秀校友代表参加2018届本科生毕业典礼暨学位授予仪式并发言。暑假期间，194名同学通过"知行计划"赴全国11个地区的政府合作基地进行实习挂职活动，深入体验基层工作。2018年12月，邱水平书记、郝平校长给河北选调生回信，勉励他们常怀感恩之心、永葆进取之志，以11位北大改革先锋为榜样，在新时代继续把改革开放推向前进。

树立就业典型在校内校外加强正面宣传。围绕"三色战略"，拍摄就业专题纪录片《圆梦新一代》，报道扎根基层的徐钊校友和钟梓欧校友、服务国防的袁熙校友、著有《我与联合国的六年》的孟文婷同学。改革开放40周年之际，推出"建功新时代"选调生故事专栏。发挥毕业生就业党员示范班引领作用，2018年共招收150名学员，开展公文写作、沟通表达、廉洁教育、榜样力量等系统化培训，组织走访参观、实习实践等活动，86.5%的应届毕业生选择到党政机关及其事业单位工作，赴基层和西部地区就业比例达73.5%，其中60%以上成为定向选调生。

队伍建设。2018年建立就业中心与各院系就业工作小组两级联动的工作机制。

就业队伍建设紧扣"学习型组织"和"专业化队伍"两个目标，强调队伍政治素养和专业素养建设。一方面，围绕习近平总书记系列讲话和全国教育大会、改革开放40周年大会等重要活动的精神，开展集体学习和交流研讨，强化育人使命、提高工作站位。另一方面，定期开展政策手续、就业管理等业务培训，选派教师参加生涯辅导、创新创业等专业培训和各类研讨会、论坛，组织举办职场英语、艺术咨询、行为面试、简历指导等特色培训工作坊，打造学习型组织，提升服务水平。

组织"求职面试""业务办理""会议英语"等14次团体辅导英语培训，累计近百人次参加；聘请专业艺术咨询师开展主题为成长的生涯团体咨询培训；邀请企业导师提供行为面试培训和职场沟通培训，提升实战指导能力；建立职业咨询师督导机制，平均每2周举办1次咨询师督导培训活动。

扩大校外导师队伍规模，聘任来自各行业标杆企业的人力资源负责人和行业骨干担任"北京大学职业生涯发展企业导师"，聘请优秀校友担任"北京大学职业生涯发展校友导师"。整合校外导师智力资源和社会资源，充实学生职业发展指导力量，以师徒制和团体辅导、个体指导相结合的方式，开辟新路径，对学生开展长期化、系统化、固定化的职业生涯指导教育。

（吕　媛）

【红绿蓝三色就业导向】 2018年就业中心首次提出并实施红绿蓝三色就业导向：红色代表基层一线，绿色代表国防军工，蓝色代表国际组织。2018年北京大学562人赴基层和西部地区工作，其中457人签约29个省、自治区、直辖市的定向选调生和人才专项引进项目，再创历史新高；54人到部队单位就业，53人到国防军工领域就业；84人到国际组织实习或任职。

（张　勇）

【国际组织人才培养】 线下推出覆盖全年的PKUIO Career国际组织职业发展系列活动，线上建立PKUIO Family国际组织大家庭互助社群和PKUIO Club国际组织俱乐部兴趣社群。2018年共有84人到国际组织实习或任职，较2017年实现翻番增长。33人在国际组织海外总部或国家（地区）办公室实习任职，占总人数的40%；其中，1人通过YPP考试获得世界银行总部正式职位，1人通过JPO项目选拔获得联合国难民署正式职位，1人成为联合国志愿者在联合国总部全职工作。

（谢泽中）

【高校学生发展与就业国际论坛】 2018年5月26日，"变革·创新：高校学生发展与就业国际论坛"在北京大学举办。论坛邀请来自中国、美国、德国、俄罗斯、意大利、英国、澳大利亚、日本等国家的34位专家学者，就打通学术研究、教育管理和人才发展多个环节进行共同探讨，首次提出应以社会贡献度衡量新时代中国高校毕业生就业质量。

（李　妍）

【最暖就业季活动】 2018年就业中心首次推出为期两个月的"最暖就业季"活动，活动采取线上与线下结合、校内老师与校外力量整合、就业中心与各个院系联动的模式，打包推出七项就业指导服务，覆盖各类学生不同层次的求职需求，营造积极向上的求职氛围。其中，连续举办11场"就业速递到宿舍"活动，直接将咨询台设在毕业生宿舍楼，足不出"户"即可咨询政策、修改简历、接受辅导、获得信息，除校本部外，还覆盖万柳校区、圆明园校区、深圳研究生院，受益学生超过8000人次。

（吕　媛）

青年研究中心

【发展概况】 网络管理。2018年，青年研究中心有效处置若干舆情事件，加强网站内容管理、制度革新、队伍建设，保障校园网络安全稳定态势。

对未名BBS管理制度和管理规范进行适当调整，推动未名BBS发展转型；与站务组保持密切联系，强化工作联系机制；完善技术支持，通过与计算中心合作，提升网络安全性和稳定性，完成教育部科技司的信息安全等级保护测评，扫描结果零漏洞。

修订更新树洞管理规范和管理操作，筛查封禁淫秽信息、违规出售公共资源等不良内容。完善技术管理手段，完成短信认证登录方式模块的安卓前端、iOS 前端以及后端的开发和接口的调整，加强数据安全的同时，实现平台用户校内化。指导 PKU Runner 团队运营发展，2018 年 PKU Runner 跑步软件正式成为官方打卡软件之一。整合技术团队，招募新鲜力量，调整学生组织，组建内容运营团队。

经验总结。中心牵头会同学工部、团委撰写多项重点课题，包括《高校学生参与群体性事件特点及其转化对策分析》《高校学生群体性事件处置机制研究》《关于马克思主义学会发展演变的调研分析报告》《专项工作谈话参考》，以及北京市委教工委委托的《学生社团管理问题研究》《重点学生教育转化案例研究报告》等，对专项工作进行经验总结和理论凝练，为下一阶段全国高校开展相关工作提供理论支持。

办刊提质。2018 年 1 月 15 日，中心（编辑部）召开《北大青年研究》杂志编委会 2018 年度全体会议。编辑出版《北大青年研究》杂志 2018 年第 1 期到第 4 期，共计 498 页；共推出近 50 个专题，刊发 120 篇文章，并外推文章 66 篇，其中核心期刊发表文章数量比 2017 年有所提升。结集出版《故园与新梦——北京大学加强和改进学生思想政治教育论文选编》，书中包括优秀理论成果 58 篇，共计 394 页，460 千字。

文化建设。完成面向全校的首期优秀视频作品评选及奖金的发放。协助校庆秘书处、国际合作部、深圳研究生院等单位，组织上传若干视频作品至腾讯视频北大专区进行宣传推广。颁发北京大学 2018 年度云舒写"好读书"奖学金。联合安徽省文化和旅游厅、中国青年报社、北京大学体育教研部和北京大学江淮发展研究会、定向越野协会、新青年网络文化工作室、教职工户外健身协会等 4 家社团，举办"改革开放 40 年，起点再出发"定向越野活动，共有 260 余名师生参加。组织开展"网络新青年"评选活动，共计 20 名候选人进入人气投票环节，吸引 2000 余名师生参与。经过自主报名、线上评审、评委团现场评审，共评出 10 名团队或个人。组织开展"新媒体运营展选"，参赛的 17 支团队累计推送 100 余篇，阅读量近 40 万。根据参赛队伍日累计 WCI 数值综合排名，共有 10 支微信公众号运营团队或个人进入答辩环节，经过现场评审，评出"最具影响力奖" 2 名，"最佳传播奖" 4 名。

队伍建设。2018 年初，中心组织建设院系网络思想政治教育专项工作联络人队伍和校内网络舆情社区工作联络人队伍，通过组织定期培训、工作交流和理论分享，帮助基层院系辅导员和职能部门工作人员更加知网懂网，更加了解学生所思所想，提升网络育人的水平，强化网络育人的协同机制。

（唐博、周培京、唐舒、张鑫）

【阅读马拉松】 阅读马拉松由北京大学网教办联合北京大学图书馆、北京云舒写教育科技有限公司共同举办，是为激发北大学子对于经典书目的阅读兴趣所准备的系列活动。2018 年 10 月 12 日，第一届"阅读马拉松"互联网阅读行动之第十期线下沙龙在新太阳学生中心 204 室举行，城市与环境学院教授韩茂莉担任"领读导师"，带领同学们共读美国学者马立博的著作《中国环境史》，共计 40 余人参与活动。11 月 30 日，第二届"阅读马拉松"互联网阅读行动之第一期线下沙龙活动在新太阳学生中心 204 室举行，中国语言文学系副教授柳春蕊担任"领读导师"，带领同学们共读《曾国藩家书》，共计 40 余人参与活动。12 月 21 日，第二届"阅读马拉松"互联网阅读行动之第二期线下沙龙在新太阳学生中心 204 室举行，历史学系教授张帆担任"领读导师"，带领同学们共读黄仁宇著作《万历十五年》，共计 40 余人参与活动。

（马丽晨）

【第四届校园网络文化节】 第四届校园网络文化节以"新青年，暖暖的"为主题，由 2018 原创朋友圈有奖征集、2018 年度优秀网络文化作品征集、2018 年度新媒体运营展选和 2018 年度"网络新青年"评选组成。"原创朋友圈"有奖征集活动共收到近 140 份投稿，最终闲论天下、闲品书香、闲抒真情、闲话人生四类分别评出一等奖、二等奖、三等奖 7 部作品，展现北大青年的真实生活和健康多元、积极向上的网络生态。北京大学输入法皮肤设计共收到 12 份投稿，入围 5 份，最终评出一、二、三等奖各 1 名与最佳参与奖 2 名。2018 年度优秀网络文化作品征集共收到 400 余幅作品，《镜·秋》获得摄影类作品特等奖，《调查 | 百讲：负债的优惠》《青春大概》《琵琶行》《光的三重奏》分别获得网文类、微电影类、校园好声音类及动漫类作品一等奖。网文作品《调查 | 百讲：负债的优惠》关注百讲发展境况，展现新青年对学校建设与发展的关注，阅读量超过 2 万；音乐作品《青春大概》播放量超过 40 万，以音乐与视频相结合的方式呈现当代新青年关于青春的温暖记忆。

（马丽晨）

【网络安全宣传系列活动】 2018 年 9 月 17 日至 23 日是第五个国家网络安全宣传周。网教办根据上级单位部署要求举办网络安全宣传系列活动：在学校主页发布宣传大图，传播"网络安全为人民，网络安全靠人民"的主题；"平安燕园""北大新青年"微信公众号发布"防范网络诈骗"等主题的安全提示；举办 2018 年大学生网络安全知识竞赛，发布新生网络生活情况调查问卷，为建设更为丰富多彩的北大网络环境提供数据支撑。联合北京市公安局在百周年纪念讲堂广场举办 2018 "净网护网"网络安全宣传巡回展，宣传国家网络安全工作取得的重大成就，在三角地推出主题展板，普及《网络安全法》及相关配套法规。

（马丽晨）

【"青年空间"工作分享会】 2018 年，中心推出"青年空间"

工作分享会活动，采用专题分享、专家点评、互动讨论的小规模沙龙形式，由中心提供网络前沿相关选题，每次分享会由一名院系辅导员就所选主题进行分享，由一名点评嘉宾就分享内容进行点评，针对分享和评议，与会师生集体交流讨论。2018年，"青年空间"工作分享会成功举办34期，参与近700人次，围绕成果转化，线下分享之外，中心还引导和助力主讲人对相关主题深入研究，共推动形成相关理论文章14篇，在各类杂志期刊发表7篇，并在《北大青年研究》形成常设专题。

（周培京）

【出版理论专著《网络新青年培育与创新人才培养》】 2018年，中心出版理论专著《网络新青年培育与创新人才培养》，全书共计20余万字，是国内首部探讨"网络新青年"概念内涵的研究专著，该书集中探讨互联网新时代"培养什么样的人"的核心问题，客观回应新形势下"如何培养人"的关键问题。该书分为绪论和正文六章，共37小节，全书旨在从理论研究与实践探索两方面对"网络新青年"这一概念进行全面阐释，从成长环境到个性特征、从历史方位到时代定位、从内涵界定到能力要求，全方位展示"网络新青年"的丰富内涵和创新本质。在逻辑层面和现实层面展现其与创新人才培养的内在统一和外在兼容，提出网络素养教育这一培养路径，探讨网络素养教育的发展现状、教育内涵和实践路径。

（周培京）

【网络育人专项研究课题】 为进一步激励辅导员队伍将思考理论问题与开展实践工作相结合、把握发展前沿趋势与掌握青年群体现状相结合、创新网络技术应用与坚持学生工作传统相结合，推动前瞻思考、理论发现和实践突破，营造"全环境育人"良好校园氛围，持续推进网络育人系统工程，经研究，青年研究中心于2018年开展北京大学网络育人专项课题申报与立项工作，最终共确定20项课题进行立项，其中多数为跨院系和跨系统申报，涉及全校20余家单位，内容涵盖院系网络文化建设实际工作、校园青年文化现状、学生网络素养教育等各个方面。

（周培京）

学生资助中心

【发展概况】 工作概述。2018年，学生资助中心在第五届"助学·筑梦·铸人"主题征文活动中获"优秀组织奖"。选留学生工作干部方田野离职，选留学生工作干部肖吉雅入职。组织第十二届"北京大学公益之星"评选，马晓龙、古焰、龙媛、伊木兰·沙塔尔、张猛、张豪、罗玥沁、周梦瑶、胡裕民和谢蝶等10位同学获"北京大学公益之星"称号。组织第一届"校园文化大使"风采大赛，马晓龙、李亦超、徐文淼、孙东山、邹旭、罗梦蝶等6位同学获"北京大学校园文化大使"称号。制定《北京大学学生资助工作奖励办法》，并报第947次校长办公会审定，办法明确奖励名额、评选范围、评选要求和评选流程，提高奖励资金额度。共评选出2017—2018学年度学生资助工作先进单位8个，学生资助先进个人38人和学生资助新人奖25人。

家庭经济困难学生认定。校本部2018—2019学年共认定家庭经济困难本科生1582人，研究生430人。2018年医学部共认定家庭经济困难本科学生752人，深圳研究生院共认定家庭经济困难研究生216人。

助学金。通过国家财政、学校经费、社会捐赠等多种途径筹集资助资金，校本部2018—2019学年共设立助学金78项、4475人次，总金额达1923.791万元，面向所有受助学生开展助学金申请、填表、评审、发放等工作。医学部为家庭经济困难学生（含研究生）发放各类补助101.668万元（3544人次）。806名学生获得2018—2019学年度助学金，共计金额491.8万元，其中新增学校出资助学金杏林助学金，本科学生年度助学金平均受助额度超过6000元。

助学贷款。校本部发放助学贷款590.7万元，总计665人。其中，校园地国家助学贷款124.5万元，总计122人。生源地国家助学贷款466.2万元，总计543人。医学部发放助学贷款632.155万元，总计735人。软件与微电子学院发放助学贷款152.2万元，总计131人。深圳研究生院为102人发放校园地国家助学贷款，总计发放金额120.7万元；为87人发放生源地国家助学贷款，总计发放金额97.6万元；为105人发放校园地中国银行商业助学贷款，合计506万元。

补偿代偿。2017—2018学年北京大学退役士兵学生学费资助3.2万元（3人）。2018—2019学年，21名学生申请服义务兵役学费补偿贷款代偿，金额29.315万元；17名学生申请退役复学学费减免，金额20.16万元。2018年发放基层就业补偿代偿42.6512万元（47人次）。

勤工助学。2018年校本部增设老教授合唱团岗位。为教室协管员、图书馆管理员、礼仪队、校园引导队员等岗位共发放勤工助学薪酬75.9万元，1255人次。医学部为1031名本科学生提供校内外勤工助学岗位，发放勤工助学报酬161.34302万元；组织开展长期校外勤工助学3项。深圳研究生院共设置勤工助学学生助理固定岗位28个，共计发放勤工助学薪酬21.8万元，合计受助学生324人次。

补助补贴。2018年校本部发放国防生专项补助18人，总计3.6万元。发放寒假留校营养补助16人，总计0.8万元。发放北京市三项补贴1754人，总计32.449万元。发放4批次2018年献血补贴562人次，总计13.54万元。发放2017—2018学年新疆少数民族补助35人，总计4.55万元。发放两次期末营养补助共计4907人次，总计53.49万元。紧急救助方面，通过临时困难补助，对本人和家庭遭遇重大变故的 41 名同学及时足额发放慰问金 8.1 万元。深圳研究生院共发放一次性毕业生求职创业补贴 32 人次，合计 4.8 万元；学生无息借款 1 人次，合计 6 万元；临时困难补助 50 人次，合计 3 万元；春节留校困难学生补贴 3 人次，合计 0.15 万元。

减免学费。学生资助工作委员会审议通过学生资助中心重启减免学费的提议。2018 年为 30 名学生减免 15 万元学费。

寻访工作。2018 年春季和秋季两个学期组织 24 支辅导员寻访队伍，寻访困难生家庭 100 余户，了解学生家庭情况。中心创新寻访形式，由按地域组建辅导员寻访队转变为院系自行组织寻访队，辅导员向中心提交立项书，走访本院系学生，更有针对性地对学生进行成长帮扶。此外，中心简化财务流程，将专项经费拨付到院系自主报销。

迎新绿色通道。连续 19 年举办迎新绿色通道。中心联合校友基金、上海家化等多家单位集中为新生提供总价值约 150 万元，内含 30 余项生活学习用品的物资礼包。为 500 名困难新生发放免费移动手机卡，减免本科新生的军训服装费、伙食费和 2018 年新生保险费用 15.1 万元。引导新生与"燕园领航"导师、"燕园携手"高年级学生见面谈心，了解学校情况。

资助宣传。多方式、多渠道宣传国家资助政策。在招生季和迎新季加强资助政策和资助举措的宣传，让学生第一时间了解资助信息，同时注重在宣传过程中保护学生隐私。

成才支持。1. 继续打造"燕园携手"精品项目。为报名的 72 名新生实行个性化配对，聘请高年级学生对新生进行一对一帮扶，开展培训计划、带领计划和资讯传递计划，组织学生打卡校园，举办多场论文写作讲座，传递计算机使用知识等活动，使新生获得学业和生活上的双重支持。

2. 继续举办优才拓展项目。带领受资助学生在境内开展服务学习和实践交流，项目共组织 10 支队伍覆盖 155 名同学，其中 2 支队伍为首次组织的服务学习专项队伍。鼓励学生参加团委等部门的实践项目，为 8 位个人立项实践的同学提供经费支持。

3. 扩大"燕园翱翔"项目的覆盖面。公开选拔 59 名优秀的家庭经济困难学生奔赴中国香港地区和日本、新加坡等国进行交流学习，开拓视野。项目内容由学生自主设计和开展，提升学生综合能力。

学生服务总队。指导学生服务总队开展能力建设、素质拓展、公益志愿和温暖家园的系列活动。考试周期间面向所有受资助学生开展学科辅导，提供自习空间，建立微信群开展学习打卡活动。开设燕京学堂语伴项目，总队学生与燕京学堂留学生组成语伴进行一对一的交流，帮助双方共同提高外语水平。开办职业规划工作坊，联系高年级学生以及毕业优秀校友，与总队学生分享职业规划经验。开展燕园社区敬老活动，每周招募志愿者前往老教授家中慰问帮扶。参与由中国扶贫基金会发起的"善行 100"爱心包裹劝募，帮助四川、贵州、云南等贫困山区的儿童购买爱心包裹。举办每月集体生日会。

节日活动。中心组织各级领导和老师与学生共度佳节，给予学生节日问候与祝福。2018 年 2 月 9 日，北京市教育委员会委员葛巨众来到学校学生宿舍，看望慰问寒假留校学生。举办元宵节灯谜活动、男生节、女生节活动，端午节青团活动，中秋晚会，元旦晚会等活动。120 周年校庆期间面向全体学生举办系列活动，包括爱国观影活动、"120"轨迹跑步打卡活动、祖国祝福折纸活动、定向活动等。

【创设燕园起航"EAGLE 计划"】 2018 年学生资助中心创设燕园起航"EAGLE 计划"，通过导师制加强新生与学校的联系，帮助新生树立正确的价值观，融入学校主流生活，增强幸福感、获得感。组织十余名机关和院系辅导员作为 2018 级本科家庭经济困难新生的导师，分小组进行一对一深度辅导和思想引领，做到导师化培养、网格化管理和精细化指导。2018 年秋季学期，"EAGLE 计划"共组织 30 余场活动，受资助学生参与 1200 余人次。活动包括军训期间破冰送暖；国庆九天假期期间举办看升旗、爬长城、访红楼、游景山、进科技馆、博物馆、放电影、分享体会；在期中考试前，组织学生为家庭经济困难新生补习高等数学和计算机基础，进行学业帮扶；每周举办"一餐一会"邀请新生与 EAGLE 导师以午餐会形式，现场解决入学以来遇到的问题与困难。EAGLE 导师通过食堂餐叙、未名湖边散步谈心、立冬送暖衣等形式，拉近与学生的距离。

（林思聪）

【首届北京大学"校园文化大使"风采大赛】 2018 年 4 月 13 日，由学生资助中心主办的北京大学首届"校园文化大使"风采大赛在新太阳学生中心举行。来自 9 个不同学院的参赛同学，围绕博雅塔、未名湖、图书馆、华表、西门、燕南园等校园标志性景观，通过 PPT 演示、视频和自由讲解、回答即兴提问的比赛形式，向大家展示青年北大学生对母校的热爱，及积极向上的精神风貌。经过专家评委和大众评委的共同评选，6 名同学获"校园文化大使"称号，学生资助中心为上述同学颁发"校园文化大使"聘书，并邀请其加入校园引导队伍，为 120 周年校庆提供相关服务。

（朱峰）

【勤工助学管理信息系统上线】 2018 年 5 月，北京大学勤工助学管理信息系统正式上线运行。该系统由学生资助中心牵头组织，计算中心设计开发，旨在为广大同学建立便利的勤工助学平台，方便同学了解并获得兼职岗位。校内各部门、校外单位以及经过授权的个人均可通过勤工助学系统发布岗位招聘信息。目前勤工助学系统提供校内学生助理、教室协管员、图书馆学生助理员、学生礼仪队员、家教、实习等六类岗位信息，随着系统的逐步成熟，将不断扩展招聘岗位和服务内容。

学生资助中心可以在系统中进行岗位发布、岗位匹配、岗位管理以及学生信息管理等工作，系统配备数据统计、核查等功能，可实现对学生的成绩、奖励、经济状况、专业、特长等信息的综合考量，系统会自动将岗位信息推送给应聘同学，精准匹配，大幅提升勤工助学服务的有效性和准确度。系统还可以自动获取学生的学籍等信息，学生只需填写少量资料，便可开始申请岗位。与以往分散发布招聘信息相比，学生可集中查看所有类型的岗位需求，实时获取招聘状态，并随时提出申请和撤销。新系统改善了以往岗位信息零散发布、学生分散申请、岗位匹配费时费力的局面，解决了数据重复、不一致等问题。

（朱峰）

【联合离退休工作部成立"博雅银龄领航团"】 2018年学生资助中心首次联合离退休工作部成立"博雅银龄领航团"，合力搭建退休老师与家庭经济困难学生双向关心的平台，邀请北京大学退休老同志担任受资助同学的领航导师，帮助学生适应大学学习生活，树立正确的人生观、价值观。6月15日，北京大学博雅银龄领航团启动仪式在燕南园63号院举行，领航导师与青年学生现场结对，交流互动。10月18日，组织博雅银龄领航团的退休领航导师与2018级新生见面，退休老师与家庭经济困难学生双方互签领航结对卡，现场进行交谈。

（纪小慧）

学生心理健康教育与咨询中心

【发展概况】 心理健康教育。1.课程和讲座。2018年学生心理健康教育与咨询中心独立开设《大学生心理素质拓展》《朋辈心理辅导》《自杀学与危机干预》《精神障碍的本质》《压力管理》《灾难心理学》《青少年心理访谈》《大学生性格优势团体辅导》《心理创伤治疗》和《大学生心理健康》网络慕课10门课程。面向学生、研究生导师、校园服务中心员工等，举办18场涉及原生家庭、与长辈交流、人际交往、探索自我、职业发展、正念、减压、积极心理、师生关系、集体融入、时间管理、心理健康等不同主题的讲座，根据每场讲座的举办情况，调整与改进讲座的宣传与举办方式，探索与中心其他活动进行有机结合的模式，寻找校园热点，以同学们的兴趣为导向设计讲座主题，进行心理学相关科普，帮助提升我校同学心理健康水平。

2.微信公众号。通过微信公众号每天推送心理素质和心理健康方面的文章以及中心相关信息，增加关注者的心理健康知识，提升心理健康水平，搭建中心与学生之间沟通的桥梁。2018年心理中心对微信公众号推文进行结构化整理，开辟"预约咨询""各类资讯"和"心理测试"三个栏目，全方位、多角度地向学生呈现心理健康教育信息，同学们通过公众号对中心的咨询服务内容和心理学科学更加了解。开放心理咨询"网络预约"渠道，在微信公众平台推出《好消息！足不出户就可以预约心理咨询啦！》一文，拉近中心与学生之间的距离。2018年公众号累计发布图文消息230篇，累计关注人数达到15,739人。

3.心理咨询服务。心理咨询服务形式上分为个体面询和团体心理辅导。在个体面询方面，有针对性地帮助学生解决各类心理问题。与留学生办公室合作，开展针对留学生的心理咨询服务。中心为所有咨询学生都备有详细的咨询档案，便于对咨询过程进行有效督导并对问题进行纵向的跟踪与解决。在团体心理辅导方面，2018年组织专兼职咨询师面向北大学生开展15个不同主题的团体心理辅导小组或工作坊，团体辅导师均为训练有素经验丰富的心理咨询师，主题涉及自我探索、原生家庭、自尊心提升、压力管理、人际关系、新生适应等大学生群体的共性议题。为满足不同学生的需求，中心在活动组织形式上尽可能多样化，既有传统的一周一次的常规团体，也有短程训练团体。全年团体心理辅导累计覆盖1347人次。

危机排查干预。中心依托严密的心理危机识别网络，及时发现、干预危机个体。对于较严重的个案，进行专业的心理状况评估，并给出评估意见、指导与转介。为健全心理危机识别及干预网络，中心采用访谈、经验交流及专业督导等形式，加强对干预体系各环节指导与沟通，提高在心理危机识别及干预等方面的工作质量。2018年中心完善危机上报制度，结合各级咨询师的功能，规范并制定不同类型咨询师和督导师的工作职能与权限。从实行该规范以来，咨询师上报、处理危机的渠道与流程得到明确与简化，危机处理效率提高。

专业团队建设。组织老师参与培训，外请心理专家为咨询师进行督导，提高业务水平，提升咨询能力。开展专业督导工作，做到多层次多角度跨学派的督导。根据督导目的和对象的不同，将督导形式细分为专家督导、专兼职咨询师同辈督导、兼职咨询师专题案例讨论会、实习咨询师案例讨论会和危机干预工作督导5种。2018年累计开展团体督导36场，覆盖约1080人次。开展院系辅导员高级督导组活动，对心理辅导相关的特殊案例进行讨论与理解，将工作重点更多聚焦在典型案例的处理与应对上。

网络管理平台。完善心云心理健康信息化管理平台，该平台已在全国20所高校投入使用。中心专职咨询师、实习咨询师轮流进行全天网络信息在线回复。

指导心理协会。2018年，北京大学心理协会在心理中心指导下，持续关注学生心理健康问题，开展心理素质教育工作。心理协会学术科普组组织社会热点问题探讨活动，并将探讨结果形成报告在微信公众号上发布。心理协会沙龙组举办36场人际沟通、自我探索、职业规划等主题沙龙，参与者共计450人次。协会还组织"尺素心友"支教项目、"解忧杂货铺"情绪排解空间项目等活动。

（朱湘仪）

【心理健康节系列活动】 2018年"5·25北京市高校心理健康节"之际，中心以习近平总书记在北京大学师生座谈会上的重要讲话精神为指引，为全校师生举办"心上之音"系列活动，结合音乐、书籍、内观和团体交流等形式帮助同学们关注自己的内心感受。活动包括"心灵之声""书中之声""邮片之声""时光之声"和"团体沙龙"五个子活动，通过线上音频和线下情景，引导同学们表达心理感受，传播正能量"心音"。由心理健康节延续下来的"时光慢递"成为长期项目，参与者给未来的自己或他人写下一封信，投递至心理中心的"慢递"邮箱，一年后由中心工作人员寄出。

（朱湘仪）

【"一杯心茶"系列活动】 2018年共举行茶会26场，涉及"减压、抑郁、健康"等10余个主题，共计百余名学生参与茶会并给予反馈。"一杯心茶"活动以茶会的方式聚集对心理话题感兴趣或需要心理帮助的同学，在团体带领者和茶艺师的协助下品茶聊天，以多种视角进行交流，帮助同学们提升心理健康水平。

（朱湘仪）

【首创博士生团体心理支持计划】 2018年举办6场博士生团体沙龙，其主题分别为"正念练习""人际关系之角色扮演""科研、人际分享会（一）""科研、人际分享会（二）""绘画探索原生家庭""单次无结构团体"。中心通过邮件、微信群与微信公众号、线下宣传等多种方式，了解同学们的问题和需求，组建长期心理支持小组，为博士生在北大的求学、生活、人际关系处理提供支持。

（朱湘仪）

【新生心教育晚会】 2018年，中心贯彻落实习近平总书记在北京大学师生座谈会上的重要讲话精神，组织"爱国 励志 求真 力行——北京大学2018级新生心教育晚会"，邀请中国残疾人艺术团来校演出。晚会分"爱国""励志""求真""力行"4个部分，由中国残疾人艺术团的表演和校友嘉宾的访谈组成。1600余名新生到场观演，现场互动消息达3000余条，会后百余名新生参与晚会主题征文活动。

（朱湘仪）

【第一批"朋辈辅导员"正式投入工作】 2018年9月起，经过为期一年的系统培训和分组学习后，中心第一期朋辈辅导员（"阳光伙伴"）共计30余人，投入学生心理问题调研、制定团体辅导方案和网络平台回帖等工作。第一期朋辈辅导员共分为"职业生涯发展与规划""人际交往""学业动力"3个小组，围绕各组选定的主题进行调研采访和实践活动，并就相应问题提出应对策略，帮助解决广大同学普遍性的心理困扰。"职业生涯发展与规划"小组积极调研准备职业生涯发展相关问题应对策略，为各位同学就业提供心理护航；"人际交往"小组编写大学生心理素质拓展手册之"北京大学小伙伴'勾搭'指南"，帮助同学建立良好的人际关系；"学业动力"小组根据所学，总结方案，在期末考试周前期推出科普文章，缓解同学的考试焦虑，提升学习动力。

（丁 一）

医学部学生工作

【发展概况】 组织结构。北京大学医学部学生工作部于2018年5月15日调整组建，设有4个办公室和4个中心：综合（国防教育）办公室、本科生教育办公室、研究生教育办公室、医学生预科办公室、学生就业指导服务中心、学生资助中心、心理健康教育与咨询中心、辅导员发展中心。其中综合（国防教育）办公室、本科生教育办公室、研究生教育办公室、医学生预科办公室、学生就业指导服务中心办公室、学生资助中心办公室为内设科级机构。

行政队伍。2018年医学部学生工作部共有工作人员17人，其中事业编制15人，合同制1人，新疆内派1人。

思政教育。2018年，医学学工部围绕立德树人中心任务，推进思想政治教育。贴近学生实际需求，开展特色鲜明、吸引力强的典礼教育和主题教育；结合职业精神，进行有医学专业特色的思想政治教育，形成"大学第一课""授白大衣、听诊器""博言厚道"等多种形式的品牌教育活动；选树典型，进行有朋辈榜样引领的思想政治教育，为学生骨干提供交流平台。贯彻落实全国教育大会会议精神和教育部"三全育人"工作部署，引导新生树立正确的世界观、人生观、价值观；关注学生发展关键期，助力适应期平稳过渡，引导院系开展形式多样的助力新生成长活动；探索医学生新生阶段素质教育新模式，推出以医学职业精神教育启蒙为目标的"三早"模块；发挥军训课堂对学生的影响，把育人课堂搬到军训场上。2018年医学学工部以各类评奖评优促进思想政治教育：在本科生和研究生中共评选出38个优秀班集体，2355名学生获得北京大学及医学部各类奖励表彰，1907名学生获得各类奖学金，奖学金总额796.6万元；在2018年红色"1+1"活动中，共7个学院的13个学生党支部完成与社会基层党支部的共建活动，其中4个支部被推荐参评北京市红色"1+1"示范活动评比；全年共有199人被评为北京大学2018届优秀毕业生，66人被评为北京市优秀毕业生；医学部学生在各级各类文体活动及科普大赛中屡获佳绩。医学学工部推进信息化建设，利用新媒体平台开展思想政治教育。探索基于微信公众号运营开拓网络思政教育途径，加强网络舆情监控，引导和规范学生网络行为。

国防教育。8月至9月，医学部人民武装部国防教育办公室完成2017级、2018级1619名本科学生的军事训练任务，动员60名教师参与军训指导员工作，组织北京大学第二临床医学院、北京大学第三临床医学院6名医务人员完成军事训练医疗报账任务。9月至12月，组织4名医学部教师和4名国防大学教授共同为134名2017级护理专业、医学检验专业学生讲授军事理论课程。2018年经体检、政审，医学部有5名同学应征入伍；临床医学、基础医学7名国防生顺利毕业；完成6名退伍大学生的复学工作；组织5名老师、1名学生赴在役学生所在部队进行慰问。

学生资助。2018年医学部学生资助中心共认定家庭经济困难本科学生752人。为家庭经济困难学生（含研究生）发放各类补助101.668万元（3544人次）；806名学生获得2018—2019学年度助学金，共计金额491.8万元，其中新增学校出资助学金杏林助学金，本科学生学年度助学金平均受助额度超过6000元。办理181名2018级新生绿色通道缓交学费及住宿费160.385万元；办理各类贷款735人，发放贷款金额632.155万元；办理中西部基层就业、应征入伍学生贷款补偿学费代偿17人，申请金额计计33.9万元；办理2018年毕业确认手续164人。为1031名本科生提供校内外勤工助学岗位，发放勤工助学报酬161.34302万元；组织开展长期校外勤工助学3项。指导学生服务团开展校内外各类公益志愿服务和素质拓展活动，开设加油课堂活动和勤工助学活动，并组织贵州独山暑期社会实践团。组织3次与捐助方的交流活动，创建、扩增交流微信群，加强资助受助双方交流。改善资助管理系统各模块功能，实时更新资助网站与微信平台。完成认定学生抽查回访以及《学年度助学金受助资格调查》的问卷调查。

心理咨询与心理健康教育。2018年医学部心理健康教育与咨询中心咨询总量206人，2138人次。从2018年春季开始，中心在全学年不同时间点上，根据学生需求有针对性地进行团体辅导、同伴教育等心理健康教育活动。2018年共组织6个不同主题的团体辅导活动，形式包括戏剧、舞蹈、游戏等。5月，医学部中心加强和精神卫生研究所的合作，在心理危机绿色通道的基础上又开辟精神科就诊绿色通道，达到对心理危机的早发现、早干预。2018年中心兼职和实习咨询师达到38人，新增实习咨询师6人，规范对咨询师的培养和管理，提高咨询服务的专业性。

学生就业。2018年，学生就业指导服务中心借助中心网站、"北医就业"微信公众号及各类新媒体媒介向师生发布宣讲会及求职、实习信息，累计发送各类就业实习信息289条，协助用人单位组织专场宣讲会43场。10月，医学部各学院、医院成立就业工作小组。2018年医学部共有本科及研究生毕业生2055人（含本科阶段结束进入二级学科阶段的转段学生），其中本科生728人，硕士研究生667人，博士研究生660人。本科毕业生的就业率为92.9%，硕士为95.2%，博士为97.6%，全体毕业生总体就业率为95.1%。

队伍建设。医学学工部组织辅导员参加外部各级各类专业化培训，同时结合不同阶段的辅导员需求引进培训，提升与开阔医学部辅导员队伍的工作能力和工作视野。协助各学院辅导员完成首都高校思政课题和北京大学学生工作课题中期检查及结题工作。2018年医学部1名老师获得全国高校辅导员年度人物入围奖，5名老师获得"优秀德育工作者"称号，4名老师获北京大学"优秀班主任标兵"，25名老师获北京大学"优秀班主任奖"，2名老师获北京大学"嘉里集团郭氏基金优秀辅导员奖"，2名老师获北京大学"唐立新优秀辅导员奖"。

党建工作。医学学工部共有正式党员14人，共青团员2人，群众1人。2018年，党支部组织党员学习贯彻党的十九大和习近平总书记系列重要讲话精神，按照"一岗双责"和"谁主管谁负责"的原则，坚持"围绕发展抓党建，抓好党建促发展"的工作思路，发挥党总支部的战斗堡垒作用和党员的先锋模范作用，提高职工的政治素质和思想水平，开展党建和思想政治工作。党支部落实本部门党风廉政建设和反腐败工作，贯彻落实十九大以来中央反腐倡廉新精神、新要求。

（郭 昀）

【推出新生"三早"教育模块】 2018年医学生预科办公室通过与学院、附属医院的合作，推出"三早"教育模块，即：早接触科研、早接触社会和早接触临床。早接触科研——倡导同学们关注科研，把匹配一年级学生的科研团队引入医预阶段，使得部分一年级学生以主持人身份参与大学生创新人才项目的申请。早接触社会——通过动员、指导、完善制度、明确标准等鼓励学生参与社会实践，组建寒暑假社会实践团队，营造鼓励学生参与实践的氛围。早接触临床——早接触医院的工作，搭建医院志工的平台，与肿瘤医院合作推出"一日医生"体验计划。

（杨 歌）

保卫工作

【发展概况】 机构设置。北京大学保卫部是北京大学党委、行政双重领导下的负责学校安全管理工作的职能部门。保卫部由机关科室、校园秩序管理中心以及派出所三个部分组成。2018年，保卫部新入职1人，退休3人。现有在编人员37人，合同制职工1人。全校共有专兼职保卫干部210余人。

党建工作。4月12日，邀请心理学专家方新讲授《突发事件危机管理》，学习突发事件应对的技巧和沟通方法；11月20日，组织党员聆听全国人大代表朱ží良玉同志讲述自身奋斗历程和人生故事；11月27日，组织全体党员到国家博物馆参观庆祝改革开放40周年大型展览。12月，保卫部党支部发展保安员骨干张凯、贾晓亮为预备党员。严格按照学校组织部的要求，召开领导班子民主生活会，广泛听取意见建议、认真查摆问题、开展批评与自我批评。坚持群众路线，自觉接受监督，切实解决师生反映强烈的各类问题。2018年，共接听校园综合治理服务热线20,484次，答复BBS贴文80条，处理和回复各类信访转办件30封，涉及校园参观、校园环境、校园交通、校门管理等各类问题的咨询求助。

安全检查工作。2018年2月至3月，结合"两会"和校庆安保，抓好2017年年终安全检查隐患整改复查工作，加强校庆重点场所消防安全检查；3月，开展电动车的使用、停放、充电等专项检查。5月，开展文物建筑的专项检查和摸底。8月，与基建工程部协同对校内7家在建工地进行安全检查，并及时督促隐患整改，将公用和共用楼宇地下空间使用和安全情况作为安全检查和整治重点，通过6次反复检查和调研摸底，确保公共地下空间有专人巡查或管理，清除安全隐患；11月起，开展北京大学消防安全百日专项行动和二级单位安全管理标准化建设检查验收工作，保卫部协调相关单位组成6个检查组，相继完成全校120余家单位的安全大检查。

校园秩序管理工作。制定120周年校庆安保工作方案，加强校门管控、校园巡逻、视频监控和重点区域24小时防控；完成校庆各类大型活动安保勤务，确保校庆期间学校整体安全、稳定、有序；严格大型活动风险评估，2018年共完成风险评估64次，参与执行各类勤务195次，出动干部261人次，保安员5377人次；加强日常秩序维护，2018年学校各机动车门放行车辆共计1,169,241辆次，审批活动入校车辆628次、共计10,950辆，审批校内活动、会议、培训班人员入校3334次、共计365,743人。

交通管理工作。2018年3月，调整二教地库周边停车方案。将东南门沿线教学区纳入机动车管制区，仅限服务保障和重大活动车辆进出；加强校园交通违规处理，回复、处理师生通过网络和电话举报的交通违规现象；6月，对办公楼、档案馆等重点区域乱停车开展专项治理；2018年3次集中清理废旧自行车和电动车，共清理校本部废旧自行车2548辆、废旧电动车8辆，清理圆明园校区废旧自行车36辆；校庆期间，联合ofo推出校庆版定制小黄车，确保师生及校友的出行需求与安全；11月起，配合北京市推进电动自行车临时标识申领发放的宣传、组织、保障、统计工作，截至12月31日，已核发临时标识3646张；更新校内道路交通设施，加强6个公共地库的维护和服务，确保地库卫生环境和稳定运行。

治安预防工作。派出所2018年共接报警1776起（件），其中110报警1139起；共发生刑事案件94起。民警破获各类案件19起，拘留人数共31人；调解各类纠纷165起，收到群众感谢信、锦旗2封。2018年国庆期间，保卫部协调燕园派出所和中关村西区派出所对北大周边黑导扰秩行为进行联合打击，共计抓获扰秩人员14名。

安全宣传教育。利用保卫部官网与"平安燕园"微信号的安全宣传与教育平台，完成国家安全日、网络安全宣传周、消防宣传月、交通安全日等重要节点的宣传教育；推进制作安全教育课件、安全地图等宣教产品；打造线上"安全小课堂"品牌，推出有针对性的安全提醒。2018年共撰写并在学校新闻网发布新闻稿17篇，通过"平安燕园"微信公众号推送96篇图文，阅读35,205人、47,159次；8月下旬和9月上旬，相继完成2017级、2018级学生军训期间安全知识讲座、消防疏散演练及消防器材体验等教育实践活动；9月至10月，开展贴近院系师生的安全教育讲座，针对校内涉学生案事件特点，深入各院系开展安全知识讲座，并指导工学院、新闻与传播学院、信息科学技术学院等多个院系自行组织安全教育，受众共计2000余人。

信息化建设。2018年3月，建设启用网络办证系统，保卫部联合计算中心开发机动车入校网络办证系统，办证人员直接通过网络进行申请、审核和缴费，并上传申请材料，规范办证条件和程序；3月，升级完善公共地库余位显示系统，并与学校计算中心进行数据对接，在校园网门户生活指数栏目开通地下车库停车指数实时显示；2018年上半年，校门人脸识别系统、访客预约系统、游客预约系统陆续上线运行；7月，升级完善社会车辆因公预约入校系统，增加并启用短信通知模块，支持预约结果反馈、停车时长提醒、特殊消息推送等功能；12月，完成保卫部内部各类信息化系统和数据信息的梳理统计工作。

课题研究工作。2018年6月，完成北京保卫学会2016年度重大课题《高校政保工作纲要》、2016年度重点课题《大型活动安全管理工作手册》，并获评优秀；推进全国学会2017—2019年度课题《微时代大学生安全防范宣传教育模式研究》、北京学会2017年度重大课题《首都高校安全稳定工作手册》和北京学会2017年度重点课题《首都高校安全稳定工作问题、特点和形势研究》等。

保安员队伍建设。2018年12月更新完善《保安员执勤手册》，规范保安员工作流程，同时启动设计保安员业务考试软件，通过自动化模拟与真实考试相结合的方式进行考核。持续加强对保安员群体的关爱，通过丰富的文化体育活动加强队伍建设，提高综合素养。

制度建设。制定《北京大学消防安全管理规定》《北京大学大型活动安全风险评估办法》《北京大学人员密集场所人身安全检查指导性意见》《北京大学集体户口管理办法》《北京大学校门秩序管理规定》5个文件，2018年7月上述文件通过校长办公会审核并在校园网统一发布。

（王颖杰）

【学生军训基地安全教育活动】 8月23日至24日，保卫部在怀柔军训基地举办2017级本科生军训团安全知识讲座和消防演练。通过安全知识讲座向同学们讲授了消防安全知识，以及反间防谍和防范金融诈骗的安全知识。消防疏散演练以学生宿舍楼发生火灾为背景，让600余名学生实际体验了火灾疏散、自救互救的过程，并邀请怀柔消防支队的消防官兵现场展示了现场救援、云梯救援、火灾扑救等环节。在传统的消防演练和安全讲座的基础上，2018年还新增安全知识问答、逃生棚体验等活动，将安全知识和技能体验有机结合，拓展安全教育的新途径。9月8日至9日，保卫部在延庆军训基地为2018级本科新生开展消防知识进军训活动，安排灭火器材体验、安全知识讲座，开展以食堂着火为背景的消防演练和由全体同学参与的逃生疏散演练。

（王颖杰）

【全国交通安全日宣传活动】 12月2日是第七个"全国交通安全日"，保卫部围绕"细节关乎生命，安全文明出行"的主题，结合新媒体时代安全教育面临的新形势，立足校园交通实际，以"行车走路要注意，警惕盲区莫侥幸"为切入点，开展系列交通安全宣传活动，设计原创宣传画并汇编科普文章，以新颖多样的宣传方式普及交通安全常识，努力传递"自律、包容、礼让、文明"的交通理念，营造安全、和谐的校园环境。

（赵 琳）

【"119"消防宣传活动】 11月，保卫部围绕"全民参与，防治火灾"的主题，以"人人受到消防安全教育，人人增强消防安全意识"为出发点，开展一系列消防安全宣传活动，号召广大师生进一步关注消防、学习消防、参与消防，以增强师生消防安全意识，提升学校消防整体能力。9日，在百年讲堂广场开展激光灭火、逃生棚体验活动，并在活动现场为来往师生发放《你需要了解的消防安全知识》手册共计1800余册。结合本次消防宣传月主题，保卫部还通过食堂电视、学生宿舍电子显示屏等渠道，展示本次宣传月主题海报、视频，在全校范围开展宣传。

（程启帆）

【消防管理标准化建设培训会】 3月22日，保卫部组织开展消防管理标准化建设培训，邀请北京市海淀区消防支队刘志鹏警官进行授课。校内单位安全管理干部、物业负责人、物业项目主管等约110人参加活动。刘志鹏对"六化"具体内容、单位责任人和管理人的职责、二级单位和消防控制室的具体任务、高效落实消防管理标准化建设的具体举措等内容做详细解读。培训会后，保卫部针对学校各物业公司和消防控制室在管理当中存在的问题进行讲评，并对下一步工作提出具体要求。保卫部应急分队队员还向参会人员讲解并演示微型消防站所配备消防器材的使用方法。

（李 鑫、王颖杰）

【三个系统上线】 保卫部和计算中心联合完成"北京大学访客预约系统"和"北京大学申办车证系统"的开发。车证系统还与财务部研制开发的统一收费平台共享数据，实现网上交费。两系统分别于2018年3月8日和3月13日开始上线运行。"北京大学访客预约系统"是在特殊时段（如考试周、毕业季、校内有重大活动及其他学校需要暂停开放校外游客入校参观期间）方便因公来校的校外人员顺利入校的信息系统，已与各入校校门的身份证验证系统对接，实时反馈预约结果。教职工可登录校内门户，通过办事大厅—访客预约来进行网上预约，预约成功后来访人员在预约所选校门登记证件信息并验证通过后即可入校。

7月7日，北京大学个人参观校园网上预约系统正式上线；7月5日，北京大学召开暑期校园参观专题新闻发布会，对该预约系统进行了介绍和操作演示。新系统的开发旨在充分满足社会公众对北大校园参观需求的同时维护良好的参观秩序，使参观者更好地感受北大优美的校园风光和浓郁的人文气息。采取参观预约方式入校将解决过去排队进校等候时间较长的问题，同时为参观者更合理科学地安排行程创造了条件。

（王颖杰）

医学部保卫工作

【发展概况】 组织机构。医学部保卫处是医学部校园安全管理机关。保卫处下设综合办公室、政保办公室、治安办公室、消防安全与交通安全办公室、校卫队办公室、家属区综合管理办公室6个科室，现有在编人员18人，返聘2人。9月12日，完成副处级干部调整；12月6日，完成科级干部调整。

获奖情况。2018年，保卫处获第六届教代会优秀提案奖，获"医学部先进党支部"称号，被花园路街道评为花园路地区消防安全工作先进单位；被海淀高校交通安全委员会评为海淀区交通安全先进单位。保安中队荣立集体二等功。2人被评为海淀区交通安全优秀管理干部，2人被评为海淀区高校系统交通安全先进个人，2人被评为花园路地区消防安全工作先进个人，1人被评为北京大学招生组先进个人，1人获医学部工会调研报告三等奖，1人被评为北京市高教学会保卫学研究会学术先进个人，3人合作获北京市高教学会保卫学研究会第十四届学术年会论文一等奖，1人获北京市高教学会保卫学研究会第十四届学术年会论文二等奖，2人获北京市高教学会保卫学研究会第十四届学术年会论文三等奖。

队伍建设。保卫处现有工作人员20人，均为党员，组成保卫处党支部。支部定期组织召开学习会、交流会20次；开展主题党日活动5次；参加医学部机关党委组织的优秀党支部、优秀党员评选活动，获医学部优秀党支部称号，2人获医学部优秀党员称号。保卫处组织干部脱产参加消防安全、安全生产、防诈骗等业务培训14人。招聘保安队员223

人。坚持思想引领与业务培训相结合，提升保安队伍整体素养、业务能力。改善保安队员食宿环境，创造学习机会。全年开展保安队员培训60余次，50名保安队伍获得心肺复苏急救培训证书。

政保保密。定期销毁校内不宜公开文件资料，共计3900千克；为师生办理边防证20个。4月9日至16日，以"保守国家秘密、维护国家安全，构建防御体系、共筑人民防线"为主题，开展国家安全宣传周活动。

消防安全。重视消防安全检查督导，组织校园义务消防队6名队员每日巡查校园消防安全。在全国两会、校庆、法定节假日等重要时间、节点重点整治消防安全隐患。对于实验室、学生宿舍等重点消防部位，定期进行隐患排查整治。全年整改校内非阻燃材质彩钢板房2000余平方米，审批动火证、毒麻品购买等共计69份。组织师生进行消防安全培训演练。全年组织消防安全培训5次、实操体验3次、消防疏散演练1次、火场逃生体验1次，培训人数共计2000余人次。及时维护保养消防设施。全年检修灭火器5500具，对67栋楼宇进行消防电气检测，维护保养32栋楼宇（约265,000平方米）的消防系统。

交通安全。智能交通管理系统建成后，严格车证办理和日常管理，分类管理校园车辆。施行外来入校机动车提前预约制度，减少无关入校车辆。组织召开医学部交通安全委员会会议6次。协助停车管理公司办理机动车通行证3580个，预约入校9800余辆，协调6000余辆施工车辆出入校门。改造校内交通设施，拆除减速带15条，安装交通标识21处，施画交通标志标线1400米，新增停车位95个。

治安安全。处置校园案件14起，其中协助北京市公安局海淀分局刑警队、海淀分局高校治安大队、花园路派出所等公安机关侦破刑事案件2起，治安案件3起，电信诈骗案件2起，共计挽回经济损失约1.5万元。为学生办理《在校生居住证明》94份、《在校期间表现证明》20份，与施工单位签订《安全协议》12份。

校园秩序。落实全天候治安巡逻，24小时接、处警，全年处警658起、救助400余人。严格执行校门、楼门查证、验证制度，净化校园环境，全年阻止无关人员入校136,200余人次，日均373人次，制止禁止摩托车、三轮车入校11,630余辆。按照医学部整体规划，配合总务处在西北区拆迁期间，处理遗留人员闹访、缠访事件，维护校园安全稳定。完成开学典礼、毕业典礼、长江学者论坛等大型活动安保勤务130次，900余人次。为晚归师生提供"平安伴行"服务165人次，护送师生、居民就医38起。累计维修、发放"爱心自行车"100余辆。

家属区安全管理。组建家属区义务消防队，每日巡查家属区消防安全。全年处置火情12起。组织清运公共区域堆积物2次，10余车，进行装修登记61户，劝阻违建户10余户。配合花园路街道办事处、城管、花园路派出所、总务处等拆除共同9号楼南侧和8号楼南院平房2处违章建筑。

综合管理。全年组织附属医院及各二级单位召开安全稳定工作会4次，召开处长办公会46次，维护、办理师生户籍12,000余人。

安全教育宣传工作。着力打造平安校园安全宣传品牌，培养"爱党、爱国的北大医学生"。以"4·15"国家安全教育日、"11·9"消防安全宣传日为依托，创新宣教形式，开展校园安全宣传周系列活动。综合运用设置微型安全体验馆、实操演练、平面宣传、培训讲座等多种手段，开展系列主题宣传活动，形成独特安全宣教品牌，构建校园安全文化。开通并运行"平安北医 和谐校园"官方微信公众号，拓展宣传渠道，建立师生互动平台，扩大宣传覆盖面，提高师生参与度。全年发布安全教育推文82篇，3708人关注。

（沈　鹏）

【网格化安全管理】　建立两张安全网络，一是以保卫处为核心节点，通过安全稳定会等业务会向学院、学系、科室（或各二级单位、科室、人员）辐射的安全网。保卫处定期组织网内单位安全负责人召开会议，通报安稳信息，研判安稳形势，部署安全工作；二是将校园区划分为若干安全网格，以保卫干部为核心节点，向楼长、层长、各房间安全员辐射的安全网，保卫干部每周深入安全网格2次，督导检查安全工作，整改、反馈安全隐患。通过双网并行、扁平化管理，实现安全责任层层传导，安全工作层层落实。

（沈　鹏）

【建设校园安防系统】　针对安防监控系统设备老旧、运行不畅，校园室外公共区域存在盲区的状况，有计划、有步骤开展安防监控系统改造。1月至3月，完成调研涉及、经费申请、项目招标；4月至9月，完成项目实施和验收。此次改造，引入智能化管理平台，更新存储设备，铺设部分安防监控专网，提高信息处理和图像显示质量，为后续改造奠定基础。在校园区主干道安装高清摄像机，消除主干道盲区，将校园室外监控覆盖率由10%提升至95%；安装室外高清全景摄像机，实时监看操场和西北区工地两处重点区域；在西门、北门安装人脸识别系统，强化预警和防范。改造完成后，安防系统实现了覆盖全面、预警联动、运行高效。全年查看监控录像182件。

（沈　鹏）

【建设智能交通管理系统】　4月至6月，保卫处调研停车现状和教职工需求，广泛征求意见，组织召开交通安全委员会会议，充分论证、集体决策，引入专业停车管理公司，改造校园基础停车设施，建设智能校园交通管理系统。该系统铺设独立传输网络，具备车辆号牌自动识别、停车时长精确计费、分区域停放管理的功能，辅助校园交通安全管理工作。

（沈　鹏）

保密工作

【发展概况】 组织机构。北京大学保密委员会办公室是学校保密工作机构,在保密委员会领导下,组织、协调、指导和监督检查学校保密工作落实情况,推动保密工作与业务工作相互融合发展。现有编制3名,在编人员2人。2018年7月,保密委员会办公室主任由刘旭东变更为冯支越;11月,张天然调离。

材料报送。2018年1月,保密办向北京市国家保密局报送《北京大学涉密领域国产化替代工程实施方案》《北京大学2017年度保密工作总结》以及2017年度《武器装备科研生产单位保密自检报告》。5月,落实北京市国家保密局保密自查自评工作现场督查工作,报送北京大学保密工作自查自评专项汇报。6月,赴北京市国家保密局提交《北京大学保密自查自评工作整改报告》。8月,落实教育部专项保密检查要求,向教育部保密委员会办公室报送2018年度《北京大学国防科技保密管理自查报告》。10月,向国家保密局提交保密标准化成员单位和单位代表申请材料;落实北京市国家保密局文件要求,报送学校涉密人员备案信息。11月,落实北京市国家保密局文件要求,报送《北京大学开展"传承红色基因,筑牢保密防线"系列宣传活动总结报告》。12月,针对学校二级保密资格证书法定代表人项变更情况,向北京市国家保密局保密资格认定办公室报送学校二级保密资格证书变更申请。

调研工作。2018年8月,承接北京市国家保密局"关于加强新时期高等院校加强军工保密管理"的课题。9月至11月,先后赴清华大学、北京航空航天大学、北京理工大学、北京化工大学、北京信息科技大学、北京科技大学进行现场调研,并对北京交通大学、华北电力大学、北京工业大学作电话访谈。11月,向北京市国家保密局报送课题中期报告;12月报送课题结题报告。

保密检查。2018年1月至4月,组织各保密检查组对全校38个部门单位进行2017年度保密工作检查,并在检查中对涉密人员进行相关保密知识教育,及时对存在问题和违反保密规则的单位和人员下达《北京大学保密隐患与限期整改通知书》,并监督其限期完成整改。

6月,成立检查组,突出重点,先后对工学院、物理学院、信息科学技术学院、先进技术研究院、软件工程国家工程研究中心、化学与分子工程学院、地球与空间科学学院、计算机科学技术研究所、数学科学学院进行学期保密检查,并与相关院系分管保密工作领导、保密员座谈交流,听取保密工作开展情况介绍,征求对涉密人员发表论文保密审查的意见建议。

11月,向全校各单位发布《关于切实做好2018年度保密自查自评工作的通知》,向相关单位发布《关于做好武器装备科研生产单位2018年度自检工作的通知》,全面布置督促各单位做好保密自查自评工作,并对17个重点单位2018年度保密工作进行了抽查,向3个发现严重违规问题的单位发放整改通知书。

审查审批。严格按照相关标准开展保密审查审批工作,对涉密科研项目、内部保存学位论文、拟发表论文、会议报告、职称评审材料、报奖材料、项目申请书、科技成果、展览材料等对外提供材料进行保密审查,共计约120项;对涉密人员入密申请、脱密申请、涉密级别调整申请,涉密设备入密、脱密申请,涉密会议申请,涉密档案利用申请等事项进行保密审核或审批,共计约40项。

考试管理。参与北京大学博士研究生英语水平考试(Graduate Admission Test of English,PKU-GATE)、高水平艺术团招生测试、四六级口语考试、上海自主招生考试、自主招生、博雅计划、筑梦计划考试、暑期学堂综合测试、2019年研究生入学招生考试、北京市成人英语三级考试等教育考试的相关保密管理和监督工作,在实际过程中对相关部门和人员进行保密提醒,对涉密试题保密室进行实地考察,并对下一步工作的全面改善提出设想和建议。

人员管理。2018年5月至10月,专题研究并推进校领导入密。针对2018年涉密人员变化情况,赴北京市公安局出入境管理处新增备案12人,撤销备案22人。

销毁工作。2018年,组织各单位、部门销毁不宜公开的载体19.38吨、U盘4个、光盘400余张、软盘200余张以及若干存储介质、设备。

服务工作。2018年,为相关单位、部门、项目组提供学校二级保密资格证书复印件62份,保密资格申请批准通知书复印件16份,提供证书申请表格、涉密人员保密资格审查表格、涉密计算机申请表格、相关流程图等材料若干。及时为相关单位、项目组提供保密设备管理、定密责任人确定、涉密人员确定等指导协调服务。10月至11月,为部分涉密人员配备手机屏蔽盒;为涉密人员提供材料打印、光盘刻录服务。

党建工作。积极开展党建工作,加强理论学习,并组织内外交流。多次开展谈心交流活动,听取组织成员建设性意见,共同研讨规划年度重点工作。重视组织外部监督,以多种途径和方式向学校保密委员会委员、有关单位分管保密工作领导和涉密人员征求对保密办领导班子的意见和建议。

推进归口管理工作。推进科研、人事保密归口管理。落实信息化保密归口管理。计算中心增加2名事业编制,归口负责信息设备保密管理。12月,计算中心聘用1名管理人员,负责学校涉密信息设备台账和档案的管理工作。

推进涉密科研信息集中处理平台建设。为加强对涉密信息设备的管理,方便各单位涉密科研项目研究工作的有序开展,保密办将涉密科研信息集中处理平台的建设确立为工作重点之一。10月至11月,确定涉密科研信息集中处理平台具体位置并获得入住通知。邀请北京市国家保密局专项指导处处长谯华等4位专家对处理平台建设进行现场专业指导。12月,及时对燕园大厦空间进行实地考察并配合计算中心着手启动平台设计工作。

(杨 梅、代瀚锋)

【通过保密资格认定现场审查】 2018年3月9日,北京市国家保密局对北京大学军工保密资格审查认定整改情况进行检查,并开展军工保密资格单位"双随机"抽查。保密办认真协助检查组与专兼职保密干部、涉密人员交流座谈,并配合抽查物理学院、信息科学技术学院的10余台涉密计算机。检查组对学校自2017年6月底接受现场审查后开展的整改工作表示认可,给出合格的审查结论。3月23日,正式领取武器装备科研生产单位二级保密资格证书。至此,学校顺利完成五年一度的保密资格认定工作。

(杨 梅、代瀚锋)

【通过北京市保密自查自评工作现场督查】 2018年5月,北京市国家保密局来北京大学开展保密自查自评工作现场督查。保密办提前对党委办公室校长办公室进行了检查,认真就保密自查自评工作进行专题汇报,配合提供学校保密工作档案以及对党办校办、党委组织部、档案馆所做的检测内容。北京市国家保密局对学校保密自查自评工作给予"优秀"督查认定。

(杨 梅、代瀚锋)

【开展"传承红色基因,筑牢保密防线"系列宣传教育活动】 根据北京市国家保密局《关于开展"传承红色基因,筑牢保密防线"系列宣传活动的通知》(京密办发〔2018〕4号)要求,北京大学保密委员会针对不同类别人员,开展形式多样的宣传教育活动。

7月5日,北京大学2018年度保密教育培训活动在国际关系学院秋林报告厅举行,学校保密委员会委员、各单位分管保密工作负责人和保密员、涉密人员、机要文件管理人员、国家教育考试管理人员、涉密地理信息管理人员200余人参加。

8月26日,保密办专程赴北京市怀柔学生军训基地,播放国家保密局制作的保密教育微视频"你知道泄露国家秘密的法律后果吗",3100余名2017级本科生观看。9月7日,向延庆军训团提供素材,在2018级本科新生中开展保密宣传教育。针对地球与空间科学学院等单位的需求,保密办提供《普通学生保密须知》用于在研究生新生中开展保密宣传教育。

9月起,重新修订《普通教职工保密须知》,并向人事部提供180册,用于在新入职教职工中开展保密宣传教育。

10月25日,举行保密教育培训暨涉密人员年度考核。中央保密办副主任、国家保密局副局长王言彬作"保密工作的形势与任务"专题报告,北京交通大学保密学院副院长杜晔作高校保密管理专题培训。

(杨 梅、代瀚锋)

【开设"燕园苞米地"微信公众号】 为增强保密宣传教育的时效性,进一步扩大有效覆盖面,保密办参考国家保密局工作经验,开设微信公众号"燕园苞米地"。公众号名称取自"保密"的谐音,已逐渐在保密工作者群体中获得一定的认可度。

微信公众号主要用于面向全校师生的保密宣传教育,推送内容拟包括保密法律法规政策宣贯、保密常识普及等,经过严格审核,保密办专此选聘1名新闻与传播学院硕士研究生作为学生助理负责公众号运营,并于10月21日进行了首次推送。

(杨 梅、代瀚锋)

政策法规研究

【发展概况】 北京大学政策法规研究室(党委政策研究室)内设法规与制度建设办公室、战略规划办公室、深化改革办公室、文物保护办公室、综合办公室等5个科室,承担政策研究、法规与制度建设、战略规划、综合改革、文物保护等工作。根据学校总体安排,经学校机构编制委员会研究决定,政策法规研究室有关文物保护的职能以及相关科室建制、干部职数,于2018年上半年整体转至房地产管理部。现有在编人员9人。

政策研究。2018年,起草或负责把关、修改的各类文稿累计达200余篇,超过100万字,其中包括学校主要领导在教育部直属高校深化巡视整改暨推进巡察工作座谈会、全校文科工作会议、全校中层干部大会、领导班子寒暑假战略研讨会、世界哲学大会等一系列重要会议上的各类讲话及汇报材料等。

针对高等教育发展和北京大学实际开展一系列研究,形成一批理论成果:出版《立心铸魂——加强和改进高校思想政治工作的理论探索》《大数据时代的舆情管理》;累计在《人民日报》《四川日报》《北京大学教育评论(增刊)》《北京教育》《中国高等教育》《教育学术月刊》《青岛行政学院学报》等校内外刊物上发表各类文章20余篇,主题涉及"双一流"建设、依法治校、人工智能与高等教育发展、通识核心课程建设、高校教师思想政治工作水平、青年马克思主义者培养、双学位培养模式等多个主题;牵头或参与多项课题研究,包括"党委对高校的全面领导"(北京高校党建研究会A类课题)、"博弈论视角下的新型师生关系:学生成绩和评教分数双重膨胀研究""从北京大学通选课的历史演变看通识教育的发展趋势"等。

法制建设。根据《北京大学章程》第五十五条规定,并经学校党委常委会研究,对章程委员会进行调整、充实,对章程委员会职务委员根据最新任职情况进行调整,根据巡视整改精神，增补中国特色社会主义和宪法领域的两位专家委员。2018年9月17日，正式发布《关于调整北京大学章程委员会组成人员的通知》。

根据巡视整改方案、中央31号文件精神、习近平总书记"5·2"重要讲话精神、全国教育大会精神，对《北京大学章程》修订、北大制度体系建设的相关工作进行调研。

参与《北京大学反性骚扰条例》《北京大学实体研究机构管理办法》等规范性文件的起草讨论，提供意见建议。

综合改革。起草完成多项综合改革总结报告。向教育部综合改革司上报《北京大学放管服改革经验报送材料》《教育部综合改革典型案例（守正创新，引领未来，深化本科教育综合改革）》《北大"三全育人"综合改革工作方案》，向教育部办公厅上报《2018年教育重点工作》及《2018年教育重点工作推进落实情况》。

将综合改革作为贯彻落实习近平总书记"5·2"重要讲话精神、全国教育大会精神以及推进学校"双一流"建设的重要抓手，做好各专项改革之间的衔接工作与服务工作。承担学校职员制改革（科级干部队伍建设）、校办企业管理体制改革等调研任务。

战略规划。推动"十三五"规划的实施，协同各单位做好专项规划。结合规划的实施，对北京大学中长期发展战略开展专项研究。针对办学规模问题、近年来世界主要大学排行榜北大排名变化情况等，形成一系列研究成果。

文物保护。根据北京大学文物保护的具体实际，牵头制定《北京大学文物保护管理试行办法》，明确了学校文物保护的对象、校内各相关单位的职责以及各项具体要求。

2018年3月，由政策法规研究室编写的《燕园文物》一书正式出版。该书通过扎实的档案资料整理，从历史角度考据燕园选址、建校的源流，并分区块对燕园内各项文物、古建等进行历史、形制及功能的介绍，对观赏、研究北京大学各类古建筑和校园历史具有较高的参考价值。

队伍建设。研究室主任任羽中于2018年2月至5月在国家教育行政学院参加第53期高校中青年干部培训班脱产学习。副主任吴旭于2018年6月开始，按照组织安排，到国务院研究室挂职锻炼一年。其他工作人员分别参加北京大学第9期中青年骨干研修班、赴唐山党日活动等，团队理论水平、政策研究能力和实践能力得到提升。

坚持定期开展理论学习活动。每月召开两次部门例会，除讨论布置常规工作之外，坚持进行集体学习讨论，包括学习习近平总书记"5·2"重要讲话、全国教育大会上习近平总书记和李克强总理的讲话、《关于高等学校加快"双一流"建设的指导意见》《习近平的七年知青岁月》《第四次工业革命》《矛盾论》《实践论》等一系列重要讲话、文件和著作。

加强同境外高校的交流。研究室多位同志多次参加境外高校的交流活动，包括赴德国柏林自由大学、英国埃克塞特大学等高校，接待德国柏林自由大学相关工作人员并与之研讨大学发展问题等。

（李　根）

【负责习近平总书记考察北大的文字工作】 2018年5月2日，习近平总书记到北京大学考察，并在师生座谈会上发表重要讲话。政策法规研究室参与有关汇报材料的起草和准备工作；按照学校党委的安排部署，牵头起草《贯彻落实习近平总书记在北京大学师生座谈会上的重要讲话精神任务分解方案》《贯彻落实习近平总书记在北京大学师生座谈会上的重要讲话精神制度建设方案》。此外，还围绕学习贯彻总书记重要讲话精神，牵头起草多篇重要理论文章。

（李　根）

学科建设

【发展概况】 北京大学学科建设办公室是在原985/211工程办公室的基础上设立独立建制的学校职能部门，在学校学科建设委员会的领导下，负责全校学科规划和建设，负责"中央高校建设世界一流大学（学科）和特色发展引导专项资金"和"中央高校基本科研业务费"等学科建设经费日常管理、院系国际同行评议等工作。下设综合办公室、项目管理办公室、学科规划办公室3个科室，现有行政事业编制人员5人，劳动合同制人员2人。

理学部办公室、信息与工程科学部办公室、人文学部办公室、社会科学学部办公室以及经济与管理学部办公室5个学部办公室作为学部日常办事机构，挂靠在学科建设办公室。

2018年，学科建设办公室首次将院系国际同行评议拓展到医学与人文社科领域，对药学院、经济与管理学科各院系（经济学院、光华管理学院、国家发展研究院、汇丰商学院）和物理学院进行了同行评议。启动教学科研单位发展状况绩效评估工作，在部分院系开展精准支持队伍建设建议方案试点。举办"2018年北京大学交叉学科前沿论坛——有效应对人口老龄化"等专题学科研讨会，进一步促进多学科交叉协同。

2018年，北京大学学科建设成绩显著，学术影响力进一步提升，主要办学指标比肩世界一流大学。学校在2018年各类世界大学排行榜中基本稳定在全球前50名左右，初步实现跻身世界一流大学的阶段性目标：在2018年底自然指数排名中位列全球高校第7位，在2018年QS世界大学排名中位列全球第30位，泰晤士高等教育世界大学排行榜位列第31位。根据美国基本科学指标数据库（Essential Science Indicators，ESI）的最新数据显示，在全部的22个学科中，学校已有21个学科进入全球大学和研究机构前1%的水平，数量持续位居中国高校第一。

学科建设经费。2018年，北京大学"引导专项"（双一流）经费额度16.2亿元，额度之内经费分配包括拔尖创新人才培养1.593亿元、国际交流合作0.482亿元、提升自主创新和社会服务4.375亿元、文化传承创新0.8亿元、师资队伍建设8.95亿元，额度之外提前安排学科建设项目经费0.55亿元；中央高校基本科研业务费额度1.1944亿元，额度之外提前安排项目经费额度0.15亿元。学科建设经费主要用于学科支撑体系、公共平台、院系基础学科建设、新体制机构及各中心机构运行经费、重点实验室建设、引进人才启动经费、临床医学+X建设经费、加强基础研究专项等。学科建设办公室完成并上报"双一流"建设2018年度进展报告，修订并发布《北京大学中央高校基本科研业务费专项资金管理办法》。

"双一流"建设重点项目。编制完成《北京大学区域与国别研究规划》。探索设立加强基础研究专项，通过提名评审等环节已确立首批资助项目27项，支持经费3570万元。

推动"临床医学+X"专项工作。"临床医学+X"青年专项项目首批项目已经完成，第二批（2019年）项目也已完成评审。启动临床科学家计划。启动"临床医学+X"集群聘任工作，面向国际一流高校和科研机构，吸引一批相关领域优秀学者加盟北大。

信息公开。编写《2017年度北京大学学科建设年报》，汇总统计并在一定范围内公布2017年度北京大学各单位学科建设经费投入和执行情况、教学科研和实验技术人员情况、一级学科及其人员情况，统计公布各学部和院系学科建设经费明细情况，各学科及其评估概况以及校内公共平台相关情况等。

学术实体机构管理。发布实施《北京大学实体研究机构管理办法（试行）》（校发〔2018〕308号）；完成科学技术史与医学史系、天然气水合物研究中心、生物医学前沿创新中心、博古睿研究中心、公共卫生学院生物统计系等机构的论证工作；完成北京天然气水合物国际研究中心、生态研究中心、应用物理与技术研究中心、前沿计算研究中心的负责人遴选工作，完成科维理天文与天体物理研究所负责人的续聘工作；完成实体研究机构年度工作报告安排工作。

学科建设委员会。2018年，学科建设委员会及其分委员会严格遵照相关议事规则，定期组织会议通报工作情况。召开4次学科建设委员会会议，研究并审议学校学科建设相关议案。

学术委员会。修订并颁布《北京大学学术委员会章程》（校发〔2018〕166号）；完成校学术委员会调整工作，完成20余家单位学术委员会换届调整审核工作；召开2次校学术委员会会议；组织完成2次学术不端调查工作；制作学术委员会网站。

校地共建。编制完成《北京市与中央高校共建一流大学建设计划书》，获得北京市央属高校国家"双一流"建设专项经费2.13亿元。北京大学与首都师范大学、北京第二外国语学院等5所市属高校，历史学、中国语言文学等6个学科签约共建。积极组织校内相关单位申报北京市高精尖学科，分子光谱学、人工智能和智慧医疗工程与技术3个学科通过初评。

（原　帅、马　信、何　洁）

【C9高校"双一流"建设研讨会】 2018年8月19日至21日，C9高校"双一流"建设研讨会暨北京大学与山西省合作签约仪式在山西太原举行。会议由北京大学承办，太原理工大学协办，主题为"一流大学建设成效评价"。

（何　洁）

对外交流

【发展概况】 国际来访。2018年，接待国际代表团218个，其中高校及学术研究机构代表团121个，其他代表团97个。5月3日，泰国公主诗琳通来访，出席"未名春忆——中泰语言学习与文化交流"座谈会并参观沙特国王图书馆，并于次日上午出席北京大学建校120周年纪念大会。5月25日，法兰西共和国前总统弗朗索瓦·奥朗德（François Hollande）访问北京大学并发表题为"欧洲一体化"的演讲，探讨欧盟的优势、风险、应对挑战的办法以及中欧关系等问题。10月26日，日本首相安倍晋三来访，并与学生代表座谈。10月30日，俄罗斯联邦政府副总理戈利科娃来访，与师生代表座谈，并参观北京大学北京核磁中心。11月8日，美国前国务卿基辛格来访，并与师生代表座谈。12月15日，美国国家工程院院长丹尼尔·牟德（Daniel Mote, Jr.）来访，并接受北京大学名誉博士学位。此外，新西兰教育部长克里斯·希普金斯、哥伦比亚外交部长卡洛斯·奥尔梅斯·特鲁希略·加西亚、哈萨克斯坦安全委员会第一副主席马拉特·沙伊胡特季诺夫、韩国首尔市市长朴元淳以及多国驻华大使相继来访。

重要出访。校际出访团组22个，赴港澳台访问团组9个。1月，郝平率团赴俄罗斯莫斯科国立大学访问，举行北京大学在俄校友座谈会，拜会中国驻俄罗斯大使李辉。3月，林建华率团赴日本、英国访问，拜会东京大学校长、访问早稻田大学，赴英国参加"北京大学120周年校庆海外庆典暨北京大学英国校区启动仪式"。5月，王博率团赴美国访问，出席在纽约林肯中心联合举办的"Beyond Music：北京大学校庆纽约音乐会"。6月，王博赴英国访问，在汇丰商学院英国校区接待英国约克公爵安德鲁王子。6月，田刚率团访问阿塞拜疆和格鲁吉亚，与两国重要大学和教育科研机构深入交流，拜会中国驻当地使领馆并考察驻当地代表性中资企业。7月，郝平率团出访德国，访问柏林自由大学，并在中德两国总理见证下，签署两校共建梅里安中心的合作意向书。7月，王仰麟率团赴日本访问京都大学、早稻田大学、东京大学，开展"校园建设和发展"专题干部境外培训项目计划。8月，林建华在韩国首尔举行的"亚洲研究实践与创新国际研讨会"上做主旨发言。9月，郝平率团访问瑞士，拜会中国常驻世界贸易组织代表、特命全权大使张向晨，参加国际大学生体育联合会学术委员会会议，拜访联合国教科文组织国际教育局、世界贸易组织等，并拜会中国驻瑞士大使耿文兵。9月，叶静漪率团访问朝鲜。9月，林建华出席在新加坡举行的"2018年泰晤士世界学术高峰论坛"并在会上发言。10月，林建华率团赴美国，访问博古睿研究院、洛杉矶加州大学、北京协同创新研究院美国分院，并参加北京大学第八届全美校友大会活动。10月，田刚率团出访芬兰、匈牙利和比利时，访问赫尔辛基大学、拉普兰大学、罗兰大学和鲁汶大学。12月，郝平率团访问日本，拜会中国驻日本大使程永华，访问东京大学、早稻田大学、大阪大学和京都大学。

人文交流活动。2月2日，中美青年创客交流中心揭牌。3月30日，阿卜杜勒·阿齐兹国王公共图书馆北京大学分馆开馆。4月12日，北京大学区域与国别研究院揭牌仪式举行。11月8日至9日，承办"第13届国际汉语教学研讨会暨北京大学首届世界汉语研讨会"，来自32个国家和地区的340名代表共同探讨新时代背景下国际汉语世界走向与趋势。11月22日至24日，举办慕尼黑大学中国学术网（LMU-China Academic Network）第四届科学论坛，150名中外专家学者及科研人员围绕生命科学、环境和地球科学以及经济、语言、社会科学等领域主题交换最新研究成果。12月19日，北京大学博古睿研究中心成立。

学生国际交流。2018年度校际交流项目112个，暑期项目30余个。派出学生450余人，其中校际交换300余人，暑期项目150余人。接收学生473人。21名同学成功申请国家留学基金管理委员会"国际组织实习项目"并获得资助。针对国家留学基金委于2018年底开始实施的"国际组织后备人才培养项目"，已申报北京大学与日内瓦高院关于国际组织人才培养本硕连读项目。2018年国际暑期学校招收近450名学生，开设本科生课程20门，研究生课程7门，信科课程14门。11月20日，在英杰交流中心举办"2018北京大学学生海外学习暨港澳台交流教育展"。此次活动共邀请到近30所友好院校和教育机构，并举办17场专场宣讲会。

外籍专家。聘请外籍专家和教师达879人次，其中院士、教授、研究员以及博士学位获得者占较大比例。与国家外国专家局签订《关于加快"双一流"建设战略合作框架协议书》，在引进"高精尖缺"人才服务国家重大战略、搭建重大引智专项平台等方面开展合作。开展PKU-IIASA（International Institute for Applied Systems Analysis，国际应用系统分析研究所）联合博士后项目，北大-马普所联合博士后项目。图灵奖得主John Edward Hopcroft教授设计"图灵班"课程体系，并主持选拔"图灵班"首批24名学生，开设4门全新课程。"北京大学大学堂讲学计划"先后邀请印度历史学家苏嘉塔·鲍斯（Sugata Bose）、语言学家王士元、统计学家郁彬、2014年诺贝尔化学奖得主斯特凡·赫尔（Stefan W. Hell）等8位学者来校讲学。"北京大学海外名家讲学计划"邀请到25位各国院士、知名学者及学科领军人来校，开设5门学分课程，举办78场讲座，来自全校40多个院系的7000余名学生参加。"高端学术讲学计划"邀请到10位高水平学术大师来校访学，包括美国国家科学院院士Scott Termaine教授，哈佛大学约瑟夫·奈（Joseph Nye）教授，2000年诺贝尔经济学奖得主、芝加哥大学James Heckman教授等，举办公开讲座及课程51场，座谈及研讨会4场，参加人数超过2000人。10月12日，2018年诺贝尔物理学奖得主热拉尔·穆鲁教授来校访问并发表演讲。国际法学院弗朗西斯·施耐德（Francis Snyder）教授因在中欧关系、世界贸易组织法和中国食品安全法领域做出的奠基性学术贡献荣获2018年度中国政府友谊奖，并受到国务院总理李克强的亲切接见。设立"北京大学燕园友谊奖"，对"图灵奖"得主John Hopcroft教授等6位高端外国专家进行表彰。

国际会议。2018年，北京大学共召开各种规模的国际学术会议98次，中方参会人员11,584人，外方参会人员7172人。举办第25届稀土永磁及其应用会议、第二届世界马克思主义大会、第24届世界哲学大会、第11届国际算法博弈论大会等多场大型会议。

港澳台工作。继续面向港澳台地区打造交流平台，开展"京港大学联盟""未名湖畔好读书：北京大学暑期学校（港澳台学生）""中国方略：当代中国与世界"研习营、"北大-港大暑期MOOC翻转课堂"等项目，组织"重走西南联大"等国情教育活动。为配合招生工作，接待港澳台地区中学参访团9个，接待学生数约600人，组织"港澳台优秀高中生交流体验营"等活动。10月24日，北京大学承办2018年"京港大学校长峰会"，并举行"京港大学联盟联络中心"揭牌仪式。

派出工作。因公出国9145人次，其中教师4542人次，学生4603人次。教职工出国交流人数趋于稳定，学生出国交流人数小幅上涨。

（罗　玲、王　萌）

【"四海一家"校庆献礼演出】4月24日，"四海一家"外国留学生和校友庆祝北京大学建校120周年献礼演出在百周年纪念讲堂举行，1500余名北大师生、国际校友和校内外嘉宾共同观看演出。演出以年代为时间线索，以留学生校友中的典型人物为主要叙事者，由在校留学生参演，以舞台剧的形式呈现出发生在不同历史时期的留学生故事，为北京大学

120岁生日献礼。

（罗玲、王萌）

【"双一流"建设国际研讨会暨北京论坛（2018）】 5月4日至5日，以"变与不变——120年来全球大学与世界文明"为主题的"双一流"建设国际研讨会暨北京论坛（2018）举行，来自剑桥大学、牛津大学、莫斯科国立大学、哈佛大学、耶鲁大学、新加坡国立大学、东京大学、北京大学、清华大学、复旦大学等44个国家和地区的261所大学的校长与知名学者出席本届论坛，共议当代高等教育改革与世界文明发展的未来趋向。国务院副总理孙春兰出席论坛并致辞，教育部部长陈宝生、北京市市长陈吉宁等出席开幕式。会议为期两天，共设置"文明的生态""全球治理"和"大学的使命"3个主题板块，每个板块下设3个平行分论坛，与会校长、学者就"全球化与逆全球化""新科技与新经济""新人文环境""文明传统与社会变革""文明交流与合作""一带一路：新契机""现代大学体系""文化传承与体制创新""校长职责（国际研究型大学联盟专场）"等九个分论坛的主题内涵，展开深入讨论。

（罗玲、王萌）

【中日大学生千人交流大会】 8月29日，"纪念中日和平友好条约缔结40周年·中日大学生千人交流大会"在北京大学百周年纪念讲堂举行。中国国务院总理李克强、日本首相安倍晋三分别向大会致贺信，中国教育部部长陈宝生、日本文部科学大臣林芳正、中国外交部副部长孔铉佑、中国驻日大使程永华、日本驻华大使横井裕、庆应义塾大学校长长谷山彰、北京大学党委书记郝平、校长林建华出席活动。本次大会是中日大学生千人交流活动的组成部分，由中国驻日大使馆主办、北京大学承办。日本大学生与各兄弟高校师生代表及各界嘉宾共一千余人参加活动。

（罗玲、王萌）

【第十五届国际文化节】 10月21日，以"北大因你，百廿又新"为主题的北京大学第十五届国际文化节开幕。教育部留学服务中心、孔子学院总部/国家汉办、中国教育国际交流协会、北京市教育委员会、中央美术学院等机构、院校的领导和代表，以及尼泊尔、巴勒斯坦、阿富汗、伊朗、保加利亚、几内亚比绍、突尼斯等10余个国家的驻华使节出席开幕式。本届国际文化节由展台游园会、舞台表演、美食广场、青年论坛、法国文化周、"永远的校园"油画展、留学生武术专场、图书馆120周年馆庆国际周、"直观北大｜LIVE PKU"全球双语直播等活动共同组成，来自60余个国家和地区的数千名学生参加各项活动。

（罗玲、王萌）

【燕园友谊奖】 2018年，北京大学设立"燕园友谊奖"，对长期在校工作且取得突出成绩的高层次外国专家进行表彰。外国语学院Donald Stone教授、哲学系Roger Ames教授、建筑与景观设计学院John Zacharias教授、科维理天文与天体物理研究所Gregory Joseph Herczeg教授、信息科学技术学院John Edward Hopcroft教授、国际法学院Francis Snyder教授共6位外国专家获此殊荣。12月20日，在北京大学2019年外国留学生及专家新年联欢会上，郝平向获奖外国专家颁发奖章，感谢他们为学校"双一流"建设和发展做出的重要贡献。

（罗玲、王萌）

汉语国际推广

【发展概况】 孔子学院汉语教学。2018年，10所孔子学院共招收学分学生13,109人，非学分学生16,717人。2月，英国伦敦大学学院教学学院孔子学院外方院长杜可歆因其对汉语普及教育工作的突出贡献被授予大英帝国勋章。

汉语考试。2018年，10所孔子学院先后举行汉语水平考试和中小学汉语考试，参与人数分别为4695人和1318人。

来华团组。2018年，汉语国际推广工作办公室共接待早稻田大学孔子学院、希伯来大学孔子学院、朱拉隆功大学孔子学院、格拉纳达大学孔子学院夏令营等各类来华团组10余次，接待人数266人次。

奖学金项目。2018年孔子学院奖学金项目共接收来自英国、日本、韩国、马来西亚、土耳其等国家留学生54人，其中汉语国际教育10人，汉语普通进修生44人。孔子新汉学计划共接收19人，其中攻读博士17人，中外联合培养2人。

孔子学院学术与文化活动。2018年，10所孔子学院共举办学术讲座176场，参与人数4808人次，其中研讨会18次，参与人数1289人次，内容涵盖中国历史、文化、政治、经济、跨文化交流等诸多方面。举办各类文化活动725场，参与人数达6万余人。文化活动视野宽泛，除春节、端午节、中秋节等传统节日庆典之外，还包括中国传统琴棋书画等各类传统文化的推广与赛事活动。

孔子学院理事会。3月7日，立命馆孔子学院年度理事会在北京大学召开。5月5日，希伯来大学孔子学院理事会在北京大学临湖轩西厅召开。6月18日，格拉纳达大学孔子学院理事会召开。11月23日，英国伦敦大学教育学院孔子学院2018年理事会在临湖轩东厅举行。

重要活动与出访。6月18日，格拉纳达大学孔子学院举办十周年庆典活动，田刚出席活动并致辞。格拉纳达大学校长Pilar Aranda Ramírez、国家汉办副主任于天琪、中国驻西班牙使馆文化参赞刘雯秋出席活动并致辞。西葡地区各孔子学院代表约100人参加庆典活动。

6月19日，西班牙、葡萄牙、安道尔孔子学院/课堂联席会议在格拉纳达大学孔子学院召开，会议主题为"提升办学质量，促进孔子学院可持续发展"，田刚出席开幕式并致辞。格拉纳达大学副校长Dorothy Kelly、国家汉办副主任于天琪、中国驻西班牙使馆教育组负责人钟熙维出席会议并致辞。西班牙、葡萄牙、安道尔21所孔子学院/孔子课堂代表40余人参加会议。

12月4日，第13届全球孔子学院大会在四川省成都市世纪城国际会议中心召开。郝平出席孔子学院总部理事会和大会开幕式，并会见北京大学10所孔子学院外方校长及中外方院长。

【三人行书法巡展】 9月24日至28日，北京大学三人行书法代表团赴加拿大渥太华、魁北克地区开展书法巡展与讲座活动。9月26日，代表团一行拜访了魁北克孔子学院以及孔子课堂，并向道森学院捐赠"和而不同""近悦远来""殷虚卜辞"等八幅书法作品。道森学院校长Richard Filion、魁北克孔子学院中方院长孙平教授接待了代表团一行。

医学部对外交流

【发展概况】 北京大学医学部国际合作处、台港澳办公室是医学部对外及台港澳地区合作与交流的管理和服务部门，下设综合办公室、交流办公室、留学生办公室。2018年，医学部国际与台港澳地区合作交流工作紧紧围绕北京大学"双一流"和"北大医学"建设的总体思想，充分开发和利用海外优质资源，服务于学校医教研的整体发展。

交流合作。2018年，医学部因公出国和赴台港澳地区共计1364批、1882人次，其中赴台港澳人员351人次。办理外国人来华签证邀请函共计229人次，其中短期外国专家191人次。接待来自美国、英国、日本等10余个国家的人员约287人次，接待中国台湾、香港、澳门地区人员113人次。

2018年，医学部层面共签署12项合作交流协议。根据协议，双方将在科研合作、人员互换、资源共享等方面开展合作。举办或协调组织一系列学术报告会、宣讲会和演讲会，为各学院和附属医院的广大师生搭建国际交流平台，促进了前沿学科的发展和最新研究成果的传播。

医学教育国际合作。积极促进医学部国际化人才培养，学生长短期境外交流项目规模和质量并举，现有各种类型的学生短期交换项目、MD（Doctor of Medicine）/PhD双学位培养、博士生培养等学生境外交流模式。2018年，国际合作处与教育处、研究生院等处室紧密配合，积极联络国际知名大学，利用各种方式建立和申请国际奖学金项目、校际学生交流项目，特别是临床八年制境外短期实习、见习项目。国际合作处继续负责国家留学基金委奖学金PhD项目候选人的遴选及推荐工作以及临床八年制学生MD-PhD项目的候选人遴选和推荐工作。2018年，短期交流项目派出境外共计127人次，其中临床实习或见习项目81人次，非临床项目（医院及医疗机构参观、学术语言、公共卫生、科研轮转、文化体验、亚洲校园项目等）46人次。

2018年，CSC-PhD项目境外培养人员共6人，其中美国4人、英国2人（MD-PhD项目）。

（杜晓鹏）

【国家级国际联合研究中心】 医学部转化医学与临床研究国际联合研究平台于2018年2月正式被科技部认定为"国家级国际联合研究中心"，联合研究平台包括北京大学医学部-密歇根大学医学院转化医学与临床研究联合研究所、北京大学医学部-英国伦敦国王学院医学研究联合研究所、北京大学医学部-曼彻斯特学术医学中心医学遗传联合研究中心、北京大学医学部-乌尔姆大学神经科学联合研究中心、北京大学肿瘤医院-慕尼黑工业大学上消化肿瘤联合实验室等。自建立至今，研究平台共联合审批和启动了63个国际科研合作项目，联合在《自然》《科学》等国际顶尖杂志上发表文章60余篇，最高影响因子30.4。自获正式认定以来，中心不断推动跨国联合科学研究和学术进步；组织开展北大医学系列国际论坛以及与中心合作单位的双边国际研讨会；赴欧美宣讲北大医学及集群聘任，支持学生和青年教师外出学习，推动国际化人才队伍建设；宣传健康中国和北大医学理念，扩大北大医学的学术影响；利用科研成果服务"一带一路"国家战略。

（刘 源）

【海峡两岸医学生交流活动】 第八届海峡两岸医学生交流活动于2018年7月16日至22日在北京举行，来自台湾大学、阳明大学、中国医药大学和高雄医学大学的87位师生造访北京大学医学部，与医学部和校本部不同专业背景的70余位同学及老师们共同参与交流活动。活动以两岸医学生创新论坛为核心，论坛主题定位为"推动临床医学+X，助力健康美好未来"，下设参与医学科普、助力健康管理、革新医学教育和关注特殊人群四个议题。两岸五校同学经过前期头脑风暴、网络讨论、调研访谈、论坛培训等环节，基于主旨报告、论坛实践、"临床医学+X"峰会、创意马拉松等环节的洗礼，对10个创新项目进行升级和打磨，最终在论坛闭幕式暨创新成果展示会上集中亮相。本届两岸医学生创新论坛吸引工学院、信息科学技术学院、人口研究所、地球与空间科学学院、生物医学工程系、国家发展研究院、法学院、数学科学学院的同学共同参与。7月17日上午，"推动临床医学+X，共创健康美好未来"——第八届海峡两岸医学生交流活动暨两岸医学生创新论坛开幕式举行。北京大学常务副校长、医学部主任詹启敏为与会师生作题为《带你走进北大医学》的主旨报告。

（白 婧）

【北京大学医学部-密歇根大学医学院联合研讨会】 10月15日至17日，北京大学常务副校长、医学部主任詹启敏率医学部代表团访问美国密歇根大学医学院，参加北京大学医学部-密歇根大学医学院转化医学与临床研究联合研究所第八届联合研讨会。参加此次访问代表团成员包括来自联合研究所心血管、呼吸、肝病、肾病等多个领域、49个项目、3个核心支撑平台的负责人和研究成员。10月16日，双方召开了联合研究所第八届联合研讨会大会。开幕式上，詹启敏、密歇根大学校长Mark Schlissel、密歇根大学常务副校长兼医学院院长Marschall Runge、密歇根大学医学院资深副院长Joseph Kolars分别致欢迎辞。17日上午，北京大学医学部副主任张宁、密歇根大学医学院资深副院长Steven Kunkel进行了大会主旨发言。大会分为多个分论坛同时进行，双方科研人员分别就各自研究领域作报告，并进行交流与讨论，部分项目负责人分享项目进展情况。本次联合研讨会期间，双方还开展了一系列会谈和讨论，就联合研究所现有合作项目深入交流，探讨未来的合作规划和战略重点。

（刘 源）

【中国-东盟医疗健康教育联盟筹备圆桌会议】 11月2日，北京大学医学部举办中国-东盟医疗健康教育联盟筹备圆桌会议，10余位东盟国家代表出席会议。北京大学医学部副主任张宁主持会议。北京大学常务副校长、医学部主任詹启敏和中国东盟中心教育文化旅游部副主任周惠出席会议并致辞。与会专家代表对成立中国-东盟医疗健康教育联盟达成一致意见。

（白 婧）

人事管理

【发展概况】 教职工队伍状况。截至2018年12月31日，北京大学校本部全职在职人员5223人（包括常规事业编制4202人，企业编制58人，新体制963人），其中具有博士学位2756人，占52.8%。教学科研人员2642人，其中具有博士学位2401人，占90.9%。另有非全职聘用75人，均为教学科研人员。

校本部2018年全年增员195人，其中教学科研人员103人（教研系列78人、教学系列1人、研究技术系列24人），与2017年基本持平。另外，新增非全职聘用4人。录用应届毕业生53人，2018年起，选留学生工作干部不再纳入在职人员管理。

校本部2018年全年减员282人。离退休198人，包括教学科研人员57人（其中教授45人，副教授11人，讲师1人），占28.8%；非教学科研人员141人，占71.2%。调出、辞职、自动离职、在职死亡、选留结束合计减员84人，包括教学科研人员33人（含教授6人）、其他人员51人（含选留结束31人）。主要减员为非教学科研人员（192人，占68.1%），实际净减员87人。

考核与岗位聘任。全校5225人中5133名在职在岗职工参加2018年年度考核，其中391人考核结果为"优秀"档次，4697人考核结果为"合格"档次，9人考核结果为"基本合格"档次，2人考核结果为"不合格"档次，34人考核结果为"参加考核不确定档次"。

2018年7月1日至12月31日间聘用合同到期人员（含教学系列、研究技术系列人员），共涉及79个二级单位407人。经学校审议，同意19人续签无固定期限合同、386人续签固定期限合同、2人终止聘任不续签合同。

2019年1月1日至6月30日间聘用合同到期人员（含教学系列、研究技术系列人员），共涉及36个二级单位100人。经学校审议，同意9人续签无固定期限合同、89人续签固定期限合同、2人终止聘任不续签合同。

国家通用岗位聘任。1.专业技术岗位。2018年全校新聘专业技术二级岗位10人、三级岗位30人。现有专业技术二级岗位181人（21%），三级岗位230人（26%），四级岗位463人（53%）。2.管理职员岗位。2018年新聘五级管理职员10人，六级管理职员30人，七级管理职员11人，八级管理职员1人，共计52人。本次管理职员岗位聘任工作完成后，校本部管理职员共聘任946人。

专业技术职务聘任。1.准备工作。由于学校人员岗位变动、退休和调出等原因，经相关单位提出申请、校专业技术职务评审委员会主任批准，对校专业技术职务评审委员会、各分会和学科评议组的个别委员进行了调整。

根据中央巡视整改要求、结合学校师资队伍建设实际情况，对《北京大学教学科研职位分系列管理规定（试行）》等一系列文件进行修订。

为贯彻学校建立总量适度、结构优化的人才队伍的原则精神，人事部到校本部34个教学科研单位、4个教辅单位调研，并与各学科评议组负责单位及职能部门协商，拟定了2018年专业技术职务和职位聘任工作方案，确定教学系列、研究技术系列和非教师系列专业技术职务聘任指标，经校长办公会批准后启动聘任工作。

2.聘任过程。教研系列：经个人申请、教学科研单位评议（院系党委思想政治和师德师风评估、同行专家评审、院系教学指导委员会审议（教育教学评估）、院系学术委员会审议等程序），学校分别召集人文社科、理工科人才评估专家小组，对各单位推荐的候选人进行审议。12月20日，校学术委员会听取并审议教研系列聘任情况。

教学系列、研究技术系列：经个人申请、教学科研单位评议，11月14日至30日，各学部召开学术委员会对所属各单位推荐的候选人进行审议。12月20日，校学术委员会听取并审议教学系列、研究技术系列职位聘任情况。

非教师系列：经个人申请、单位推荐，10月30日至11月6日，各学科评议组根据学校下达指标进行评议。11月13日至12月10日，各分会对所属各学科评议组推荐的候选人进行审议。12月20日，校专业技术职务评审委员会对全校非教学科研系列专业技术职务聘任进行了审议。

3. 聘任结果。教研系列：6月、12月，校本部各单位共进行教研系列长聘职位聘任评估（Tenure评估）75人，院系审议通过73人（2人未通过），其中推荐至人文社科人才评估小组审议28人（申请教授5人、长聘副教授23人），推荐至理工科人才评估专家小组审议45人（申请教授3人、长聘副教授42人）。经人才评估专家小组审议，63人通过长聘评估（10人未通过），其中人文社科26人（教授3人、长聘副教授23人），理工科37人（教授1人、长聘副教授36人）。各学科审议结果见附表。

教学系列：校本部共下达院系教学系列职位推荐指标为：教学教授0—9名，教学副教授0—6名。全校共15人申请教学系列职位（申请教学教授9人，教学副教授5人，讲师1人），经各院系、各学部和校学术委员会审议，通过9人（教学教授5人、教学副教授3人、讲师1人），未通过6人（院系未通过5人，学部未通过1人）。详见附表。

研究技术系列：校本部共下达院系研究技术系列职位推荐指标为：研究员0—6名，副研究员0—4名。全校共17人申请研究技术系列职位（申请研究员12人，副研究员5人），经各院系、各学部和校学术委员会审议，通过8人（研究员4人、副研究员4人），未通过9人（院系未通过8人，学部未通过1人）。详见附表。

非教师系列：校本部非教师各系列共下达正高指标0—7名。校本部共13人申请晋升正高，经各学科评议组、分会、校专业技术职务评审委员会分别审议，通过7人，未通过6人（学科评议组未通过5人，分会未通过1人）。详见附表。

校本部非教师各系列共下达副高指标0—35名。校本部共52人申请（晋升副高49人，引进确认3人）。经各学科评议组、分会、校专业技术职务评审委员会及中小学教师职务评审委员会分别审议，通过晋升副高35人，引进确认3人，未通过14人（学科评议组未通过10人，分会未通过4人）。详见附表。

中初级职务的晋升主要根据实际工作表现，并严格按照学历和任职年限的规定执行。校本部非教师各系列审议通过中级职务41人，其中实验/工程分会5人，财会审计系列评聘小组2人，图书出版分会5人，教育管理分会24人，中小学幼教系列5。审议通过初级职务2人，其中图书出版分会2人。

（张 辉）

奖教金评审。2018年奖教金的获奖人数为285人，奖教金总额为1377万元。

人才队伍建设。物理学院龚旗煌、谢心澄，国家发展研究院曾毅当选为发展中国家科学院院士，中国语言文学系袁行霈当选为美国人文与科学院外籍院士，工学院史建军当选为美国工程院院士，哲学系陈波当选为国际哲学学院院士。

学校入选第14批国家海外高层次人才引进计划（"千人计划"）32人，4人入选创新长期项目（含深圳研究生院1人），3人入选创新短期项目（含深圳研究生院3人），25人入选青年项目。22人入选第三批国家高层次人才特殊支持计划（"万人计划"），其中科技创新领军人才12人，哲学社会科学领军人才3人，教学名师1人，青年拔尖人才6人。20人入选教育部2017年度"长江学者奖励计划"（其中特聘教授6人，青年学者14人）；16人获2018年国家杰出青年科学基金项目；13人获2018年国家优秀青年科学基金项目。21人入选2018年享受政府特殊津贴人员名单；2人荣获2018年求是杰出青年学者奖；7人入选2018年北京大学博雅讲席教授；51人入选2018年北京大学博雅特聘教授，新增41人荣获北京大学博雅青年学者奖金。各项人才计划入选人数在全国高校中位居前列。国际生物物理化学家谢晓亮2018年7月起正式全职来校工作，担任北京大学李兆基讲席教授。

2018年，学校理工科、人文社科和研究技术系列以及马克思主义理论学科各人才评估专家小组共召开13次会议审议人才引进事宜，共审议158人，通过129人，未通过29人。其中，理工科共审议60人，通过53人，未通过7人；人文社科共审议64人，通过49人，未通过15人；研究技术系列共审议31人，通过24人，未通过3人；马学科共审议3人，通过3人。会议审议通过人员中，包括教授14人（讲席教授3人，博雅特聘教授6人），长聘副教授4人。

人事制度建设。1. 修订教学科研职位分系列管理规定系列文件。根据上级部门要求，结合近几年人才评估专家小组在审议工作中提出的意见和建议以及人事综合改革和新老融合实际需要，在征求相关院系和职能部门的意见后，经过不断讨论酝酿，起草针对新老融合的《北京大学教学科研人员聘任教研系列、教学系列和研究技术系列职位的实施细则（试行）》，对教学科研职位分系列管理规定系列文件进行修订，经学校党委常委会审议通过后实施。主要修改内容包括：进一步强调人才引进和评价中的思想政治和师德师风考察；根据院系和学科特点，尊重院系实际情况，调整同行评估要求；进一步强调教学工作和完善评估要求，同时考虑实际情况，给予院系减免教学工作量弹性；在确保基本要求的前提下，降低新老融合的申请门槛，鼓励老师根据自己特点选择合适职业发展通道；根据新老融合需要，强调坚持晋升的学术要求，保留隔年申请原则，取消次数限制。此外，结合学校章程等要求，对上述文件作进一步规范和统一。

2018年起，学校全面实施教学科研职位分系列晋升，所有教师职位聘任均按照教研系列、教学系列和研究技术系列三个系列分别进行,根据各系列岗位特点分别建立和实施不同的晋升体系,发挥不同考核评价机制的重要作用。老体制教师融入新体制后,统一签署新的聘用合同,明确薪酬待遇、教学科研岗位职责、考核评估要求等,进一步完善和加强教师的契约化管理。

2. 为加强马克思主义理论学科和思想政治理论课建设,在人才队伍建设、学科建设经费等方面对马克思主义学院给予支持,设立马克思主义理论学科与人才队伍建设委员会,由该委员会(或由其授权的马学科人才评估专家小组)负责马克思主义理论学科建设的总体规划和人才引进及晋升评估等事宜,学校面向全球招聘马克思主义理论学科高层次研究和思政课优秀教学人才。2018年7月,马克思主义理论学科与人才队伍建设委员会召开首次会议,审议马克思主义学院教研系列人才引进事宜,审议通过3人(教授2人,助理教授1人)。

(王丽君)

博士后发展。2018年累计办理博士后进站549名(其中中国籍博士后520名,外籍博士后29名),其中校本部全职招收401名,深圳研究生院招收82名,校企联合招收60名,代医学部招收6名。校本部2018年招收的401名全职博士后中,科研型博士后221名,国际联合博士后5名,博雅博士后126名;国家博士后创新人才支持计划12名,国际交流计划37名(含派出4名,引进33名)。

2018年累计办理博士后出(退)站359名。其中,留校工作34名(含校本部、深圳研究生院和医学部),国内高校科研机构工作146名,其他事业单位工作32名,出站后继续从事二站博士后研究工作11名,非国有企业工作61名,国有企业工作17名,出国24名,政府机关工作9名,退站9名,其他16名。

(范德尚)

劳动合同制职工管理。截至2018年12月31日,校本部签订劳动合同并在人事部备案的劳动合同制职工达到3872人,年度入职845人,年度离职655人,年度净增加190人。

劳动合同制职工中,按照性别划分,女职工2486人,占职工总数的64.2%;男职工1386人,占职工总数的35.8%。

劳动合同制职工中,研究生学历1052人,占职工总数的27.2%,其中硕士901人,博士151人;大学本科及同等学力1047人,占职工总数的27.0%;大学专科及专科院校毕业541人,占职工总数的14.0%。

劳动合同制职工按年龄统计,20岁以下22人,占职工总数的0.6%;20岁至29岁1209人,占职工总数的31.2%;30岁至39岁1553人,占职工总数的40.1%;40岁至49岁838人,占职工总数的21.6%;50岁以上250人,占职工总数的6.5%。职工以20至39岁中青年职工为主,占总数的71.3%。

劳动合同制职工行政管理岗职工1530人,占职工总数的39.5%;工勤岗职工1253人,占职工总数的32.4%;专业技术岗职工914人,占职工总数的23.6%;教学科研岗职工175人,占职工总数的4.5%。

劳动合同制职工分布于全校84个二级单位。各单位职工人数差异较大,会议中心人数最多,共758人;校医院、光华管理学院超过了200人;幼儿园、生命科学学院、继续教育学院、化学与分子工程学院、工学院、校园服务中心6家单位劳动合同制职工人数均超过了100人;有30个二级单位合同制职工人数在10人以下。后勤系统聘用人员占全校合同制职工总数的33%。

2018年,校本部劳动合同制职工平均月应发工资(合同工资＋加班费＋奖金－扣款)为7932元,人均年应发工资9.5万元。劳动合同制职工年终奖发放7287万元,人均发放18,824元。单位和职工各缴纳住房公积金3598万元。总成本支出58,091万元,平均每月成本支出4841万元,人均年成本支出15.4万元。

2018年4月,北京市正式启动积分落户的申报工作。学校通过网站、微信群做好宣传工作,组织外地户籍劳动合同制职工进行申报。2018年度共有210人完成单位关联,171人通过审核完成积分落户申请,5名职工获得落户资格。

10月,海淀区劳动人事争议仲裁院副院长毛磊为人事干部作题为《高校劳动用工管理风险剖析》的培训报告。

11月,升级后的人事系统正式上线,劳动合同制入职模块使用更加便捷。

(王　华)

工资福利。1. 养老保险改革。根据人力资源和社会保障部通知,所有机关事业单位须在2018年5月25日前完成退休中人、退休老人的信息确认,以及在职人员的缴费基数确认工作,并于6月起正式由央保中心发放退休人员养老金,并扣除在职人员的养老保险费用。学校按上述要求完成5069名退休老人、587名退休中人的信息确认工作,同时上报全体在职人员的参保信息和缴费基数,并召开全校人事干部大会,通报养老保险改革事宜并作具体讲解。

2. 在职人员待遇调整。2018年11月,人社部、财政部下发《关于调整事业单位工作人员基本工资标准的实施方案》。按照方案,12月,学校共调整4225名在职人员的基本工资,同时调整中小学中义务教师的基本工资,共226人。

3. 退休人员养老金调整。2018年8月,人社部、财政部下发《关于2018年调整在京中央国家机关事业单位退休人员基本养老金的通知》(人社厅发[2018]92号),按规定应参加在京中央国家机关事业单位养老保险,且2017年12月31日(含)前经批准已办理退休手续的退休(退职)人员,由央保中心调整养老金。

4. 离休人员待遇调整。2018年11月,人社部、财政部下发《关于增加机关事业单位离休人员离休费的实施方案》,

自2018年7月1日起,机关事业单位离休人员调整离休费。

(余 跃)

【国情研修】 为深化青年人才对国情的认识,增强青年人才的家国情怀和责任担当,2018年10月下旬,人事部、党委教师工作部组织举办北京大学第三届青年人才国情研修班,全校各教学科研单位25位优秀青年教师代表参加此次国情研修。本届研修班通过专题报告、现场教学等形式,先后到遵义会议会址、凤凰山烈士陵园、苟坝会议纪念馆、娄山关战斗遗址、城乡统筹试点县湄潭等地开展红色教育和国情研修,增进了青年人才对革命老区和西部地区的了解,深化了对遵义会议精神和长征精神的理解。

(尹海云)

【青年学术沙龙】 为进一步推进青年人才队伍建设,不断优化青年教师培训发展平台,营造活跃的学术交流和讨论氛围,自2018年1月起,人事部筹办"北京大学青年教师学术沙龙"。沙龙围绕青年教师职业生涯发展、学术前沿、科研合作、团队建设等主题,鼓励学术自由探索,通过人事部组织和青年教师自发组织的形式开展,每期设有报告分享、嘉宾点评和讨论等环节。2018年全年共举办13期沙龙,特邀相关学术领域的院士、讲席教授等30位嘉宾参加活动,来自全校各院系以及附属医院的58位优秀青年学者就各自的研究工作和学术经验作了分享报告,近500位青年教师参加了沙龙。

(尹海云)

表9-1 校本部全职人员分布表(截至2018年12月31日)

总计	教学科研	党政管理	选留学工	实验工程	图书出版	财会审计	医护	中小幼教	工勤
5223	2642	876	30	526	245	131	98	369	306

表9-2 校本部全职人员职称分布表(截至2018年12月31日)

专业技术职务	人数	百分比
正高级职务	890	20.9%
其中:教授	760	85.4%
副高级职务	1477	34.7%
其中:副教授	758	51.3%
中级职务	1361	31.9%
初级职务	200	4.7%
无	332	7.8%
老体制小计	4260	81.6%
新体制	963	18.4%
合计	5223	100%

表9-3 校本部新体制人员职位分布表(截至2018年12月31日)

人数	系列	人数	比例	职位	人数
858	教研系列	841	87.3%	教授/研究员(长聘)	360
				长聘副教授	131
				预聘职位	350
	研究技术系列	102	10.6%	研究员	8
				副研究员	50
				助理研究员	44
	教学系列	20	2.1%	教学教授	8
				教学副教授	5
				讲师	6
				教学助理	1

表 9-4　校本部中国籍教师民族分布表

民族	汉族	满族	回族	朝鲜族	蒙古族	土家族	其他少数民族
人数	2466	38	18	13	14	9	19

表 9-5　北京大学校本部教师学历分布表

学历	博士	硕士	本科及以下	合计
人数	2401	189	52	2642

表 9-6　校本部 2018 年全校增员分布表

合计	教学科研	党政管理	实验工程	图书出版	财会审计	卫生技术	中小幼教
195	103	45	9	9	2	5	22

表 9-7　校本部 2018 年增员来源及学历分布表

	合计	应届毕业生	留学回国（含外籍）	地方调入	博后留校
合计	195	53	59	64	19
博士	114	6	56	33	19
硕士	79	47	3	29	0
学士	2	0	0	2	0

注：地方调入含国家机关系统 1 人，军转干 2 人，其他 3 人。

表 9-8　校本部 2018 年录用应届毕业生分布表

	合计	教学科研	党政管理	实验工程	图书出版	财会审计	卫生技术	中小幼教
合计	53	0	26	3	6	0	0	18
博士	6	0	1	1	2	0	0	2
硕士	47	0	25	2	4	0	0	16

表 9-9　校本部 2018 年引进人员（非应届生）分布表

	合计	教学科研	党政管理	实验工程	财会审计	图书出版	卫生技术	中小幼教
合计	142	103	19	6	3	2	5	4
博士	108	103	0	3	0	0	1	1
硕士	32	0	17	3	3	2	4	3
学士	2	0	2	0	0	0	0	0

表 9-10　校本部 2018 年引进高层次人才情况表

姓名	单位	现聘职位
陈春花	国家发展研究院	教授
彭　波	新闻与传播学院	教授
檀时钠	物理学院	教授
高原宁	物理学院	教授
陈宝权	信息科学技术学院	教授
喻俊志	工学院	教授
何其生	法学院	教授

(续表)

姓名	单位	现聘职位
李文威	数学科学学院	教授
张 剑	中国语言文学系	教授
杨 超	数学科学学院	教授
吴 思	信息科学技术学院	教授
刘宏举	光华管理学院	教授
田志宇	数学中心	长聘副教授
赵鹏巍	物理学院	助理教授
王路达	前沿交叉学科研究院	助理教授
雷 霆	工学院	助理教授
王剑威	物理学院	助理教授
何庆林	物理学院	助理教授
刘 阳	物理学院	助理教授
贺 明	信息科学技术学院	助理教授
刘颖君	环境科学与工程学院	助理教授
薛 莲	地球与空间科学学院	助理教授

表9-11 校本部2018年减员分布表

减员分类	合计	教学科研			其他人员							
		正高	副高及以下	新体制	党政管理	工程实验	图书出版	财会	医护	中小幼教	工勤	选留学工
离退休	198	24	12	21	29	19	12	17	7	5	52	0
其他减员	84	1	9	23	9	2	4	2	0	2	1	31
合计	282	25	21	44	38	21	16	19	7	7	53	31

表9-12 校本部教研系列长聘职位聘任评估审议结果

	个人申请	通过人数	未通过人数	通过率
理工科	45	37	8	82.2%
人文社科	30	26	4	86.7%
合计	75	63	12	84.0%

表9-13 校本部各学部教学系列审议结果

	本年度聘任				未通过人数
	合计	教学教授	教学副教授	讲师	
人文学部	3	1	2	0	3
社会科学学部	5	3	1	1	1
经济与管理	1	1	0	0	1
理学部	0	0	0	0	0
信息与工程科学部	0	0	0	0	0
合计	9	5	3	1	6

表9-14 校本部各学部研究技术系列审议结果

	本年度聘任			未通过人数
	合计	研究员	副研究员	
人文学部	0	0	0	0
社会科学学部	0	0	0	1
经济与管理	0	0	0	0
理学部	1	1	0	5
信息与工程科学部	7	3	4	3
合计	8	4	4	9

表9-15 校本部各分会正高职务审议结果

	本年度晋升（占指标）		第一次申请晋升未通过	第二次申请晋升未通过
	总数	备注		
实验/工程分会	3	正高级工程师3	3	0
图书出版分会	2	研究馆员1，编审1	1	0
高等教育管理与德育分会	2	研究员1，教授1	2	0
合计	7		6	0

表9-16 校本部各分会副高职务评议结果

	占年度指标		其他	第一次申请晋升未通过	第二次申请晋升未通过
	总数	备注			
实验/工程分会	12	高级工程师12	引进确认1	4	0
财会审计系列评聘小组	1	高级审计师1		2	0
图书出版分会	4	副研究馆员3，副编审1	引进确认1	1	0
医疗卫生分会	2	副主任医师2	引进确认1	3	0
高等教育管理与德育分会	10	副研究员7，副教授3		4	0
中小学幼教系列	6	小学2，中学4		0	0
合计	35		3	14	0

（人事部）

医学部人事管理

【发展概况】教职工队伍状况。截至2018年12月31日，北京大学医学部在职职工总数12,708人（含医学部本部、第一医院、人民医院、第三医院、口腔医院、第六医院、肿瘤医院），其中医学部本部1542人，比2017年底减少16人。

表9-17 医学部2018年教职工基本情况一览表

人员及分布	医学部本部人数（比例）	医学部人数（比例）
在职总人数	1542	12,701

（续表）

其中：教学研究	705（45.7%）	5394（42.5%）
管理	375（24.3%）	1021（8.0%）
其他专技	387（25.1%）	5998（47.2%）
工勤	75（4.9%）	288（2.3%）

自2015年1月1日医学部正式实施《北京大学教学科研职位分系列管理规定（试行）》以来，医学部共有教研系列人员86人，其中博雅讲席11人、"千人计划"长期项目专家4人、博雅特聘教授15人、长聘副教授4人、预聘副教授/助理教授52人（其中青年千人16人）；教学系列10人；研究技术系列7人。

表9-18 医学部2018年教师队伍职务结构、年龄结构统计表

（截至2018年12月31日，不含肿瘤医院）

职务	总数	35岁以下	36—45岁	46—55岁以上	56岁以上
正高级	1113	0	203	631	279
副高级	1362	113	814	386	49
中级	1615	962	515	130	8
初级	740	714	16	10	0
合计	4830	1789	1548	1157	336

表9-19 医学部近3年教师队伍学历结构统计表

（截至2018年12月31日，不含肿瘤医院）

年度 学历	2018年		2017年		2016年	
	人数	百分比	人数	百分比	人数	百分比
博士	3590	74.33%	2910	72.88%	3101	70.08%
硕士	926	19.17%	788	19.73%	945	21.36%
本科及以下	314	6.59%	295	7.39%	379	8.56%
合计	4830		3993		4425	

人事调配管理。1.引进人才到岗情况。2018年医学部共到岗教研系列职位12人、教学系列1人、研究技术系列职位3人。另有非全职1人。

2.调入调出。2018年医学部本部调入8人，调出5人。

3.接收应届毕业生、出站博士后。2018年医学部共接收应届毕业生544人，其中京外生源270人，京内生源274人。医学部本部20人，第一医院170人，人民医院121人，第三医院109人，口腔医院31人，肿瘤医院28人，第六医院14人，首钢医院31人，国际医院20人。从学历层次来看，共接收博士246人，硕士111人，本科61人，大专126人；从岗位分布来看，医教研岗位接收272人，管理岗位41人，教辅岗位231人；从学缘结构来看，229人毕业于北大，其中6人来自北京大学校本部。

2018年医学部共接收博士后15人，其中到医学部本部工作的有5人。

在2018年医学部本部接收的应届毕业生、出站博士后中有4人获聘新体制教研系列，3人获聘新体制教学系列，3人获聘新体制研究技术系列。

2018年医学部获批并落实270名京外生源进京指标，基本满足医学部各单位的用人需求。

4.解决夫妻分居工作。2018年共受理两地分居申请36份，整理、审核、上报符合条件纸质材料24份，收到批复70份。

师资培养与学术梯队建设。医学部现有两院院士14人，海外高层次人才引进计划长期项目专家5人、短期项目专家2人，海外高层次人才引进计划（青年项目）16人，在岗长江学者特聘教授18人，讲座教授3人，国家级有突出贡献专家15人，"新世纪百千万人才工程"国家级人选11人，青年拔尖人才5人。

2018年医学部共批准引进教研系列教师26人、教学系列教师4人、研究技术系列教师6人。2018年新到岗教研系列教师17人（含1人老体制转新体制），其中长聘副教授1人，预聘副教授2人，助理教授14人；新到岗教学系列教师4人，研究技术系列教师6人。完成4位预聘制人员的中期评估，其中优秀1人，良好2人，合格1人。完成3位老师的长聘评估（1人为老体制副教授评估新体制长聘副教授），其中2人获聘长聘副教授、1人未通过。完成4位培育计划的届满评估，其中优秀1人，经评审聘为教研系列助理教授；合格3人，续聘2年。

2018年医学部共有33人获得各类奖教金，其中2人获国华杰出学者奖、4人获方正奖教金教师优秀奖、1人获方正奖教金优秀管理奖、1人获首钢教育基金优秀教师特等奖提名奖、5人获杨芙清-王阳元院士奖教金、1人获王选青年学者奖、3人获黄廷芳/信和青年杰出学者奖、6人获绿叶生物医药杰出青年学者奖、10人获仲外医学奖教金。

2018年共审批93名优秀人才长期出国留学（90天以上），其中国家公派30人，单位公派63人。正高职称4人，副高职称40人，中级职称42人，初级7人；派往美国66人，欧洲14人，其他国家和地区13人；出国进行合作研究19人，进修学习74人。办理离校手续23人，办理返校手续24人。

2018年批准在外留学人员的延期申请33人次。

年度教职工考核。2018年，医学部本部在职职工应参加学年度考核人数1550人，实际参加考核人数1534人。实际参加考核人员中，优秀155人，占参加考核人数的10.1%；合格1353人，占参加考核人数的88.2%；无基本合格、不合格人员；参加考核不确定等次26人，占参加考核人数的1.7%。博士后共140人全部按照在职职工参加学年度考核，其中优秀11人，占比7.9%；合格104人，占比74.3%；不合格1人，占比0.7%；参加考核不确定等次24人，占比17.1%。

专业技术职务评聘。根据各单位队伍现状及学科发展要求，确定晋升比例，宏观控制队伍的结构。2018年，经各级评审，医学部（含教学医院）共有396人通过高级专业技术职务的评审聘任，其中晋升284人（不含国际医院），晋升正高级专业技术职务95人，晋升副高级专业技术职务189人。

表9-20 医学部2018年高级专业技术职务聘任情况表

	正高级职务						副高级职务						合计
	晋升	增聘	确认	转系列	先上岗后确认	平拉	晋升	增聘	确认	平拉	先上岗后确认		
本部	11						24	1					36
临床医院	84	24	3				165	31	5	1			313
教学医院		6					30						36
国际医院	1		2				6		2				11
合计	96	30	5				195	62	7	1			396

国家通用岗位聘任。1.专业技术岗位聘任。2018年度专业技术岗位聘任工作与高级专业技术职务评聘工作同期进行，四级及以下的专业技术岗位按照文件规定的条件由各单位直接聘任；二、三级岗位由各单位根据条件并结合工作需要和实际贡献推荐人选，经医学部学术委员会审议，由学校聘任。按2018年8月岗位数聘任，9月兑现岗位工资。

表9-21 医学部2018年度专业技术二级、三级、四级岗位比例表

单 位	二至四级总人数	二级		三级		四级		二、三、四级比例
		总数	其中新聘	总数	其中新聘	总数	其中新聘	
第一医院	268	54	6	107	14	107	20	2:4:4
人民医院	293	59	5	117	13	117	20	2:4:4
第三医院	281	56	6	101	17	124	23	2:4:4
口腔医学院	135	27	5	54	7	54	7	2:4:4
第六医院	39	7	0	15	1	17	3	2:4:4
医学部本部	208	37	7	65	7	106	9	2:3:5
合计	1224	240	25	459	59	525	82	

2.管理岗位聘任。在2017年考核的基础上进行，聘用范围为2018年3月31日在职的专职管理人员。职务任命、学历记录的截止时间为2018年3月31日。除特殊情况外，2018年管理岗位的聘用时间为2018年8月，兑现时间为2018年9月。

表9-22 医学部2018年管理岗位聘用统计表

	五级				六级				七级	八级	九级	合计
	小计	正处	副处	其他	小计	副处	正科	其他				
本部	44	22	19	3	65	25	34	6	237	24	0	370
北大医院	8	4	4	0	14	5	7	2	105	11	17	155
人民医院	3	2	1	0	15	7	8	0	134	4	0	156
第三医院	8	1	6	1	26	6	19	1	128	21	4	187
口腔医学院	0	0	0	0	7	7	0	0	56	9	2	74
第六医院	2	0	2	0	7	6	0	1	30	8	1	48
医学部	65	29	32	4	134	56	68	10	690	77	24	990

表 9-23　医学部 2018 年管理岗位聘用新增情况统计表

	新增五级	新增六级	新增七级	新增八级	新增九级	合计
本部	6	4	20	8	0	38
北大医院	1	1	13	4	7	26
人民医院	0	3	21	1	0	25
第三医院	3	6	12	13	2	36
口腔医院	0	0	1	5	0	6
第六医院	1	0	4	6	1	12
医学部	11	14	71	37	10	143

专项岗位聘任工作。医学部专项岗位聘任自 2018 年起调整聘任周期，由原来的学年聘任调整为按照自然年度进行聘任。按照北京大学"双一流"引导专项资金的要求，医学部实行"学校定额下达，院系自主支配"的分配原则，并于 2018 年 12 月启动 2019 年度专项岗位聘任工作。各单位按照学校要求，秉承有利于提升本单位综合统筹能力、促进人才队伍良性发展的精神，在保持对原 ABC 岗位结构基本不变略有调整的基础上，对引导专项津贴进行了公平合理的分配，利用引导专项津贴充分调动职工的工作积极性和主动性。

工资与福利。1. 根据国家和学校的相关政策，落实教职工的薪酬福利待遇。2018 年医学部共发放在职工资 18,763 万元；离退休费 5307 万元（2018 年 6 月起退休职工养老金部分转中央养老保险中心发放）；2017 年 9 月至 2018 年 8 月第 18 轮岗位津贴共发放 9875 万元。2017 年有 1440 人享受专项岗位绩效奖励，共发放 7077 万元。1502 人享受 2017 年年终一次性奖金，共发放 599 万元。2018 年有 1430 人晋升一级薪级工资，人均月增资 88 元。

2. 从 2018 年 5 月实际征缴养老保险后，实际征缴额高于预缴额，为保证职工收入不降低，根据学校政策，2018 年 11 月调整在职职工待遇，同时按实际缴纳养老保险基数正式扣缴养老保险费。2018 年 11 月共调整补发 1486 人的 2018 年 5 月至 10 月职务补贴差额 1844 万元，人均月增资 2084 元。

3. 根据人社部统一部署，自 2018 年 6 月起退休人员退休金进入中央养老保险中心统筹发放，改革性补贴、政府特殊津贴以及原学校政策津贴等津贴仍由原渠道发放。根据人社部文件精神和教育部统一部署，2018 年 6 月起为退休人员发放核算学校保留发放津贴以及进入中央养老保险中心待遇降低仍需保留津贴部分，2018 年 6 月至 12 月仍由学校保留发放津贴月均 1530 人，共计发放 199 万元。

4. 根据《北京大学教研系列职位基本年薪实施方案》以及《关于落实常委会决议对教研系列待遇进行调整的操作细则》，实施医学部优秀人才引进与支持计划，落实教研系列人员待遇：调整年薪制人员基本年薪；发放博雅讲席教授津贴、博雅特聘教授津贴、博雅青年学者津贴、医学部人才奖励计划津贴。一次性发放 2018 年度博雅青年学者津贴 260 万元（26 人），医学部人才奖励计划津贴 132 万元（16 人）。2018 年 11 月调整 73 人基本年薪并补发 2018 年 5 月至 10 月差额共计 92 万元，人均增资 2.5 万元每年。

5. 根据人社部文件精神和教育部统一部署，2018 年医学部完成 5 位院士退休手续办理。

6. 配合学校整体工作部署，2018 年 8 月起医学部调整工资发放时间，由每月 9 号前变更为每月 3 号前发放到位，同时于 9 月起启用新考勤系统。

7. 2018 年 4 月，为 2016—2017 年期间去世人员补发 2017 年 9 月调整养老金待遇并逐一核对银行卡信息后发放，总计发放 47 万元（28 人）。

8. "特岗特贴"发放。为保卫处 19 位在编工作人员发放特殊津贴 18,120 元；为基础医学院解剖教研室 24 位在岗人员发放特殊岗位津贴 82,800 元。

9. 2018 年有 38 位职工去世，发放 36 人丧葬费、抚恤金 612 万元。

10. 保障特殊人员的待遇兑现。

社会保险。1. 事业单位养老保险改革。2018 年 5 月，根据人社部的安排，医学部正式征缴在职人员养老保险，完成退休人员和在职人员的信息上报工作。退休人员养老金 6 月起由央保中心发放。

11 月，根据学校政策，对医学部在职职工待遇进行调整，从 2018 年 5 月起执行，同时按实际缴费基数扣缴养老保险。平均每月完成 1660 人次养老保险扣缴工作。同时将 17 位在北京市缴纳保险的、在干部岗位工作满 10 年的事业编制合同制工人身份的职工转入中央养老保险中心参保。

表 9-24　医学部 2018 年养老保险缴费、养老金发放情况表

月份	养老金发放人数	养老金发放金额（万元）	养老保险缴纳人数	单位缴纳（万元）	个人缴纳（万元）	合计缴纳（万元）
5	—	—	1687	625	250	875
6	1562	1090	1689	625	250	875
7	1531	1067	1678	624	250	873
8	1532	1068	1711	634	253	887
9	1531	1067	1733	643	257	900
10	1556	1504	1749	673	269	942
11	1532	1111	1677	640	256	896
12	1532	1122	1600	635	255	891
合计	10,779	8029	11,929	4464	1785	6249

2. 北京市社会保险相关工作。北京市社会保险的缴费范围覆盖事业编制人员（含博士后流动站人员、部分外籍人员）、企业编制人员、合同制聘用人员。2018 年，医学部共缴纳社会保险费用（不含劳务派遣人员）至海淀社保账户 977 万元，其中单位缴纳 779 万元，个人缴纳 198 万元。

表 9-25　医学部 2018 年北京市社会保险缴费情况表（单位：万元／月）

社会保险种类	平均参保人数	平均单位缴费	平均个人缴费	年度缴费总额
养老	137	22.0	9.3	375.2
失业	1749	23.4	5.8	350.0
工伤	1751	12.6		125.7
生育	108	0.6		7.8
医疗	108	8.1	1.7	117.0
合计		66.7	16.8	975.7

博士后工作。1. 博士后进出站及在站人员结构。2018 年，医学部博士后进站 123 人，其与工作站联合培养 13 人。博士后出站（含退站）40 人，其中留校工作 8 人，高校、科研单位及医院就业 11 人，企业就业 6 人，其他 6 人，退站 9 人。

截至 2018 年 12 月 31 日，医学部 8 个博士后流动站累计招收博士后 982 人，累计出站（含退站）737 人。目前在站 245 人。

性别结构：在站博士后中男性 124 人，占 50.6%；女性 121 人，占 49.4%。

年龄结构：在站博士后中 30 岁及以下的 113 人，占 46.1%；31—35 岁的 107 人，占 43.7%；35 岁以上的 25 人，占 10.2%。

流动站分布：在站博士后中，基础医学 45 人、药学 82 人、临床医学 71 人、公共卫生与预防医学 18 人、生物学 12 人、中西医结合 3 人、口腔医学 2 人、护理学 4 人、哲学和社会学 8 人。

经研究，同意 8 家博士后科研工作站与医学部联合招收博士后事宜。办理 10 名博士后延期审批。

2. 博士后在站管理。完成中国博士后科学基金第 63 批、64 批面上资助和第 11 批特别资助的申报。其中，第 63 批医学部 53 人申请，6 人获得面上一等资助，22 人获得面上二等资助；第 64 批医学部 60 人申请，1 人获得面上一等资助，15 人获得面上二等资助面上资助。第 11 批特别资助有 12 人申请，4 人获得资助。

完成"博新计划"的组织和申报，6 人申请，2 人获批。完成国家"博士后国际交流计划"的申报，1 人申报派出项目并获批。完成国际交流计划引进项目的申报，3 人申请 2 人获批。

组织医学部博雅博士后项目的申报和评审。2018 年上半年和下半年各组织一次申报评审，第一批推荐 12 人，获批 11 人；第二批推荐 12 人，获批 12 人。

完成博士后 73 人住房补贴审核，以及物业、供暖补贴的发放。制定校外博士后公寓分配办法，并完成既有公寓空房的分配。明确和完善外籍博士后签证办理的办法和流程，为现有 3 名外籍博士后缴纳保险。

2018 年医学部经博士后工作专家小组会评，选出 8 名医学部优秀博士后，并推荐 4 人为北京大学优秀博士后。

2018年医学部博士后科研成果：共发表SCI收录的第一作者论文52篇，累计影响因子272.951，平均单篇影响因子5.249；发表第一作者中文核心期刊文章18篇。获得各类基金79项，累计资助经费997.31万元。

2018年医学部30位在站博士后获得青年科学基金项目资助，累计资助金额647.31万元，人均资助21.58万元，获资助项目数是2017年的近3倍，占医学部2018年获批青年科学基金项目的25.2%。博士后新增项目数占医学部新增项目数的31.1%。

临时聘用人员的管理。2018年，医学部本部有合同制聘用人员465人（含劳动合同制98人、劳务合同制141人、劳务派遣制226人，不含出版社、动物部、幼儿园等机构），本年度入职85人，离职82人，年度净增加7人。

2018年合同制职工月平均工资（合同工资）为5861元，月平均实发工资［合同工资+加班费+奖金-扣款（含个人保险及公积金）］为4786元，月平均单位承担工资（合同工资+单位承担保险公积金）为8144元，人均年实发工资为5.7万。

人事档案工作。2018年进一步规范档案管理制度，遵照执行中组部三级目标管理标准，管理档案5200余份，总归档量3671份，提供查阅档案420人次，借阅66人次。全年累计接收档案130份，毕业生留转92份，累计转出32份。通过加强查阅、归档登记管理，细化登记内容，完善调入调出手续、电子目录的维护，进一步规范档案管理工作，不断规范归档、留转程序，完成数据信息采集以及归档材料的审核甄别。并根据相关管理条例，严格加强档案安全性、机密性管理，规范档案使用。

人才服务与培训中心工作。1.人事代理工作。2018年，签订聘用合同的毕业分配人员有519人，调入人员68人，解除合同82人。到目前为止总代理11,167人，解除代理共2340人，现代理8827人。续签合同1800人次，档案材料归纳7000余人次。2018年接收毕业生档案499人、调入人员档案43人；共转出档案数116人。2018年北京市人才撤销北医工作站，人才服务中心做好相关档案的转移接续工作，对北京市人才代理的北大一院合同制护士71人，三院合同制护士26人档案进行整理转出，目前三院相关档案已经转出完毕。

2.规范档案管理。本年度共完成7家医院（第一医院、人民医院、第三医院、口腔医院、肿瘤医院、第六医院、国际医院）档案材料整理归档工作。拓展新的档案室，并启动档案迁移整理工作。

3.代管人员管理与服务。代管人员12人，其中事业编制11人，企业编1人；在职3人，退休9人。

4.非事业编招聘工作。为附属医院、医学部各院系和部处等单位上网发布非事业编制招聘信息35次。

【长江学者系列论坛之医学论坛】 受教育部人才工作办公室委托，2018年，北京大学医学部承办"长江学者系列论坛之医学论坛"。教育部副部长林蕙青，北京大学常务副校长、医学部主任詹启敏，北京中医药大学校长徐安龙等领导，以及来自37所高校和科研机构的120余名专家（其中包括75名长江特聘教授和36名青年长江学者）、北京大学中青年教师代表、部分学生代表共200余人出席论坛开幕式，近千余人次参加大会主论坛和5个学术分论坛。

（医学部人事处）

离退休工作

【发展概况】 北京大学对离退休教职工实行学校、院系/机关职能部门二级服务管理的工作机制。离退休工作部下设综合办公室、离退休事务管理办公室、老干部活动中心等3个科室，其中综合办公室与人事部综合办公室合署办公。北京大学关心下一代工作委员会秘书处办公室挂靠离退休工作部。离退休工作部定编7人，实际在编工作人员6名，合同制职工1名。部长马春英，副部长陈默。

截至2018年12月19日，北京大学校本部离退休教职工（含事业编、新体制）共有5618名，其中离休人员147人，退休退职人员5471人。全校离退休人员中，80岁以上1720人，占比31%；70岁以上3143人，占比56%。

强化组织领导。健全离退休工作委员会、关心下一代工作委员会职能，明确委员单位职责，规范工作流程。1月5日，召开关工委老同志委员会会议暨"坚持立德树人，谱写崭新篇章"专题座谈会，商议如何凝聚"五老"力量为学校"双一流"建设贡献力量。4月，召开离退休工作委员会老同志委员会会议，集体审议本年度重点工作，为具体工作开展提供决策指导。12月27日，召开北京大学2018年关心下一代工作委员会会议暨"回首40年光辉岁月，展望新时代伟大征程"专题座谈会，研讨围绕立德树人的根本任务，如何创新关心下一代工作，为学校"双一流"建设增砖添瓦。

持续完善制度建设。认真落实《中共北京大学委员会关于进一步加强和改进离退休工作的实施办法》，修订《北京大学离退休人员活动费使用管理规定》《北京大学离退休教职工社团管理办法》等校级文件，进一步加强完善制度建设。

加强工作队伍建设。5月，组织召开基层单位工作人员代表座谈会，就离退休重点工作听取意见建议并进行专项培训。7月，应北京大学人口研究所、老年学研究所邀请，派出工作人员参加两岸老龄福祉科技与服务管理研修活动。全年派出工作人员参加校内外各类培训24次。

加强调研宣传工作。6月，组织研究力量，承担学校养老服务课题，提交研究论文《积极构建"政府＋学校＋医院＋家庭"广义养老模式》。10月16日，在"有效应对人口老龄化"——第六届北京大学交叉学科前沿论坛上，发表研究报告《新形势下高校离退休工作的转型与思考》，从离退休人员的情况及特点、近年来为老服务重点工作等方面介绍了北京大学积极养老模式，并根据学校实际情况，提出对高校离退休教职工养老服务问题的思考及建议。11月，赴上海交通大学、复旦大学调研交流离退休工作，形成《上海高校离退休工作调研报告》，为学校提供工作参考。

做好老同志教育引导工作。组织离退休教职工深入学习、深刻领会习近平新时代中国特色社会主义思想的核心要义和精神实质，进一步增强"四个意识"。5月31日，举办离退休人员代表学习交流习近平总书记在北京大学师生座谈会上的重要讲话精神座谈会。12月，组织老同志学习习近平总书记在庆祝改革开放40周年大会上的重要讲话精神。

重视老同志意见建议。针对离退休人员普遍关心的学校建设发展问题，学校通过召开离退休教职工代表座谈会、基层工作人员座谈会、老年社团代表座谈会等，听取他们的意见建议，保持信息渠道通畅。

完善三重保障体系。在国发养老金（退休金）基础上，持续完善学校特困补助、补充商业保险等离退休教职工特困帮扶机制。校本部设立每年60万元离退休教职工重大疾病补助专项经费，同时每年划拨50万元作为离退休教职工生活特困补助专项经费，2018年起，固定补助额度由1000元提高至3000元，临时补助额度上限由5000元提高至10,000元；2018年，校本部在编离退休教职工老年人意外伤害险费用从15元/人提升至50元/人，保额与保障范围均有大幅提升；4月，根据有关文件规定，协同人事部对因病导致生活完全不能自理的离休干部上调护理费。

坚持慰问制度。在重要纪念日、重大庆典和重大节日，学校领导带头走访看望离退休教职工。离退休工作部坚持落实年节慰问、生日慰问、疾病慰问制度。2018年，经过离退休工作委员会老同志委员会审议，首次设立长寿补贴，面向校本部90岁及以上离退休教职工每年补助2000元，重阳节期间结合走访慰问工作共补助169人。

积极推进文化养老。4月27日，举办北京大学"博雅银龄课堂"第三讲，加强离退休教职工活动阵地、学习阵地建设。不断规范老年社团活动，组织老同志参加教育部在京老同志汇演、北京市教工委主题书画展等活动。4月27日，组织老年社团负责人举行"欢乐迎校庆，创造新生活"手工制作活动。10月22日，"眼底未名水，胸中黄河月——北京大学老年艺术作品展"开幕，展览汇集校本部和医学部离退休教职工作品129幅。11月1日，组织离退休教职工代表参观首都牛奶科普馆。12月28日，组织召开老年社团负责人座谈会，20名离退休社团代表参加会议，各社团总结本年度工作情况，并围绕繁荣校园文化商讨如何创新发展。

筹建博雅老年大学。2018年4月，离退休工作部联合继续教育学院、燕园街道办事处等相关单位制定《北大博雅老年大学建设方案》，经离退休工作委员会老同志委员会审议通过后提交学校审议。经6月12日第938次校长办公会审议，学校同意筹建博雅老年大学，由继续教育学院承办。按照会议决定，离退休工作部于2018年秋季学期开始，与继续教育学院进行老年课程等相关工作交接。12月13日，学校专门就老年大学建设问题召开离退休教职工征求意见座谈会。安钰峰出席并主持会议，七门长期老年课程班均有学员代表参会。

充分发挥老同志作用。不断完善"特邀党建组织员""教学督导组""人生导师"等老同志骨干队伍，加强"博雅银龄导师团""博雅银龄领航团"等团队建设，立足立德树人教育基地，开展校园文化系列教育活动，弘扬传统文化，传承中华美德，引导老同志继续做出贡献，指导青年学生成长成才，引导青年学生向上向善，为学校全方位育人贡献力量。6月15日，北京大学博雅银龄领航团启动仪式举行，7位老同志与7名家庭困难学生一对一结对子。9月，关工委与学生资助中心将"领航团"进一步扩大，新增19位老同志与19名新生结对子，完善老同志关心下一代、年轻人关爱老一辈的"双关"工作格局。组织力量前往广西崇左采访潘文石教授，推荐其参评2018年"首都市民学习之星"并获奖。

积极开展关心下一代工作。结合改革开放40周年和北京大学120周年校庆等时间节点，开展"读懂中国""杰出老校友回母校"等活动。"读懂中国"活动先后组织70名同学对30位老同志进行访谈，访谈时间共计长达80多个小时，提交征文28篇，总字数7万多字，获奖征文整理印制《北京大学"读懂中国"征文大赛获奖作品选集》。4月27日，关工委秘书处与工学院邀请原核工业部教授级高级工程师张文青回母校分享求学经历与"两弹一艇"研制往事。

【评选表彰"老有所为"先进个人】 12月7日上午，2018年"老有所为"先进个人表彰座谈会举行。校党委书记邱水平、党委副书记兼秘书长安钰峰、医学部党委副书记徐善东出席活动。经过各二级单位推荐、评审委员会评审产生推荐名单、校长办公会审议通过，共有47名老同志获得北京大学2018年"老有所为"先进个人荣誉称号。

【举行金婚庆祝活动】 2018年，为校本部913对结婚50周年以上的离退休老同志拍摄金婚纪念照和主题片，并于9月19日举行首届离退休教职工金婚庆典。金婚庆典以"执手话情深，偕老忆初心"为主题，分为"金婚之喜""家风之美""天伦之乐"三个章节，分别歌颂了金婚伉俪相亲相依、不离不弃的爱情，传递了金婚家庭孝老敬亲、家和万事兴的优良家风，展示了金婚老人共享天伦、家庭和睦的温馨场景。该活动主题片在各媒体平台播放点击量突破700万。

（张慧君）

医学部离退休工作

【发展概况】 截至 2018 年 12 月 31 日,医学部(含附属医院)有离退休人员 6227 人,其中离休干部 149 人,退休人员 6078 人。医学部本部有离退休人员 1603 人,其中离休干部 50 人,退休人员 1553 人。2018 年医学部(含附属医院)去世离退休人员 31 人,其中离休干部 5 人。

离休干部中享受副部级医疗待遇 4 人,正局级干部 1 人享受正局级干部待遇 1 人,享受副局级干部待遇 9 人。退休干部中有副局级干部 9 人。

医学部党委认真执行党中央、国务院、北京大学关于老干部的政治待遇和生活待遇的有关政策规定,涉及重要会议传达和重要文件精神学习等离退休老干部与在职干部同步进行。坚持现任医学部领导联系老领导制度,坚持主要领导向老干部代表通报情况和座谈会制度,坚持重大节日、老干部生病住院走访、慰问制度。按照国家有关政策,离退休工作处协助人事处组织召开改革说明会,为退休人员做好"中央国家机关事业单位养老保险改革"政策解释工作。组织离退休人员进行全面的体检。7 月,医学部为 1568 位离退休职工购买意外伤害险,保险标准由 2017 年 15 元/人/年提高到 2018 年 50 元/人/年,拓宽保险范围,"在家中摔伤"纳入理赔范围。

关心下一代工作委员会工作。4 月,组织医学部离退休关工委委员和学生辅导员赴上海、浙江等地考察学习。与学生工作部、研究生工作部、团委联合做好"春燕行动"工作,帮助 30 余名学生联系入户探访各医院 8 名"五老"代表。制定医学部关工委条例。12 月,医学部 10 位离退休教职工获北京大学"老有所为"先进个人表彰。

组织开展有益于老同志身心健康的文化活动。完成门球、书画、计算机、合唱、民乐、京剧、乒乓球、摄影、舞蹈等 23 个文化活动社团注册工作。制定医学部离退休教职工社团实施办法。举办医学部离退休人员新年联欢会、第 23 届医学部老年门球赛、"三八节"及迎重阳健康长走、春季/秋季运动会;举办老干部优秀书画摄影展,并选送 6 幅作品参加北京市教育委员会、15 幅参加北京大学举办的书画展,展示医学部离退休人员风采。发挥老干部活动中心的作用,改善中心设施,依托社区在活动中心建立图书阅览室。

(王 雪)

财务工作

【发展概况】 财务总体情况。截至 2018 年底,学校资产合计达到 4,710,746.04 万元,负债合计 273,198.54 万元,净资产总额 4,437,547.50 万元。总体看来,2018 年学校收入、支出总量及固定资产总量均保持稳健增长趋势,表明教学科研事业持续健康发展,国有资产保值增值良好,综合办学实力进一步增强。

财务收支情况。剔除肖家河教工住宅影响,2018 年,学校总收入 1,192,815.24 万元,比 2017 年增加 84,162.03 万元,其中财政拨款 832,260.07 万元,自筹经费 360,555.17 万元(2017 年财政拨款为 779,415.19 万元,自筹经费为 329,238.02 万元)。财政拨款是学校财力的主要来源,自筹经费已经成为学校办学财力的重要组成部分。2018 年,学校总支出 1,183,383.71 万元,其中教育事业支出和科研事业支出分别占总支出的 64% 和 26%,是学校最大的两项支出,行政管理支出占 3%,后勤保障支出占 3%,离退休支出占 4%。在支出预算安排上学校始终以教学、科研为核心,资金投向明确,支出结构与事业发展需要高度匹配。

预算绩效管理。为贯彻落实《中共中央国务院关于全面实施预算绩效管理的意见》重要精神,提高财政资金使用效益,服务好教学科研主业,制定《北京大学预算管理暂行办法》(校发〔2018〕68 号)。本着"财力集中、财权分散"的原则,切实加强预算编制的科学性与合理性,统筹推进预算绩效评价结果纳入单位年终考核。北京大学校级预算管理系统历经一年多的开发测试,已正式上线运行,新的管理系统实现校级预算全流程线上管理,方便预算申报单位、经费主管单位对经费分配与预算执行进度进行实时查询与监控。为加强校级预算统筹力度,重点考核财政专项资金的使用效益。对于年初安排预算且执行不力的经费,予以年中收回,由学校重新分配,并首次启动面向全校范围的预算调剂工作,向全校各单位征集教学、科研、修缮等领域的资金需求,顺利推进了财政专项资金的预算执行。

争取财政资金。在全国财政收入增速总体放缓的形势下,在预算编制过程中积极向财政部、教育部争取财政资金,在保证各类定额经费拨款准确、足额的基础上,在"引导专项"、中央高校改善基本办学条件专项、中央高校捐赠配比专项等重大专项资金上积极争取。迎接教育部专家组对北京大学专项资金的评审与检查,中央高校改善基本办学条件专项项目申报评审通过率 94%,被检查的项目全部通过。

财经队伍建设。本着"人岗匹配、归口管理、岗位内控、管理核算并重"的总体原则,分步骤完成内设机构负责人聘任工作,共聘任部门内设机构正副职负责同志 14 人,并完成岗位调整 2 人。补充了一批中青年同志进入干部梯队,并继续扩大内部轮岗范围。

优化财务服务。制定《北京大学关于深化"放管服"改革、完善支出管理的规定》(校发〔2018〕314 号),明确经费责任主体,集中清理支出报销环节中的烦琐流程,保障经费使用过程中的"简单清晰、透明高效"。在 2018 年度迎新工作中,充分利用农行卡批量扣款、收费平台线上交纳等非现场交费手段，将非现场交费比例进一步提高至98%。整合原来分散于人文学部各院系的派驻财务室，集中组建人文学部财务室，提高了服务水平，加强财务风险防控，便捷人文学部各院系的经费使用。

落实个税红利。根据全国人大、国务院、财政部出台的各项税收优惠政策，为保证政策红利公平简便地落实，提升全校师生的获得感，在个税改革全面落地的最后冲刺期，先后在校园网发布《个人所得税政策落实情况通报》《关于2019年年终奖个人所得税相关事项的通知》《关于2019年个人所得税专项附加扣除等相关问题的通知》，及时通报政策变化并进行科学解读。本着科学筹划、合理避税的原则，促使税收优惠政策及时在学校落地，力争减轻广大师生的税收负担。

信息化建设。上线北京大学财务核算系统、网上报销系统、网上收费平台，并先后进行37次程序调整，加强财务系统与业务信息系统的关联，打破信息孤岛，推动业财融合。

（蒋锴、张辰阳）

医学部财务工作

【发展概况】 机构设置。医学部计划财务处是管理医学部财会工作的职能部门，下设6个科室：综合管理办公室、预算管理办公室、核算管理办公室、薪酬管理办公室、科研管理办公室和国有资产管理办公室。

队伍建设。计划财务处现有34名工作人员，其中硕士学历13人，本科学历18人；高级会计师5人，会计师11人，2人入选"会计领军人物"。2018年完成副处级干部聘任、科级干部岗位轮换及公开竞聘工作。科级以上干部平均年龄36岁，拥有硕士学历的人员占70%。顺应学校发展要求，调整科室建制。开展处内轮岗，加强业务培训。通过参加上级部门组织的各类培训、赴兄弟院校开展调研、邀请各类业务专家组织专题培训、开展处内专题讨论等多种方式，学习先进经验，拓宽视野，提高人员综合素质。充分利用工会小组的"桥梁与纽带"作用，加强团队凝聚力。

制度建设。2018年，计划财务处参与起草《北京大学关于深化"放管服"改革、完善支出管理的规定》，起草《北京大学医学部工会财务收支审批规定》，编制《北京大学医学部国有资产管理制度汇编》。

预算管理。2018年启动全面预算管理工作，遵循"保证重点、着眼长远、顾全大局"的基本原则，保证人员待遇的稳步增长和学校基本运行、基本建设的投入。通过统筹资金安排、设立专项经费预算执行期限、盘活资金存量等方式，实现校级预算收支平衡。通过制定管理办法、召开工作通气会、综合调配资金等方式，推进预算执行工作，保证国库资金按期执行完毕。

国有资产管理。按照教育部《关于进一步清理核实资产基础数据的通知》（教财司函[2018]681号）要求，根据《行政事业单位资产清查核实管理办法》，组织各国有资产归口管理部门对医学部2016年资产清查数据进行核实，并按照教育部《关于批复2016年行政事业单位资产清查结果的通知》（教财司函〔2018〕705号）的有关规定，进行账务处理。督促各部门在资产核实过程中，仔细盘点，认真查找原因，及时在规定时间内完成各类核实材料上报工作。

核算工作。审核财务单据超57万张，较2017年增长40%；国库资金支付业务超过8000笔，较2017年增长67%；网上银行汇款超1.4万笔，较2017年增长24%。报表数212张（常规报表171张，临时报表41张）。发放在职人员、离退休人员及博士后人员工资共36,445笔；校内外劳务费共43,009笔；临时聘用人员工资共1972笔。校内外劳务费发放笔数较2017年增长17%。顺利实施新个人所得税法，医学部在职人员人均每月减税600元。发放工程付款涉及项目56个，二级单位修缮项目12个，合同数共计131个。参与合同转签笔数279笔，参与投招标48次。完成"2019年中央高校改善基本办学条件项目"现场评审工作。

党建工作。计划财务处党支部现有党员17人，严格落实一岗双责，强化主体责任，深化纪律教育，落实"三重一大"集体决策。2018年，支部组织全体党员学习习近平总书记在北京大学师生座谈会上的重要讲话精神；组织观看电影《青年马克思》；与科学研究处党支部联合开展"参观平西情报交通联络站纪念馆"主题党日活动；邀请新华社前驻加沙、巴格达记者陈序作题为"我从战场归来"的讲座。

信息化建设。医学部计划财务处深化与校本部财务系统的融合工作，遵循"制度统一、原则一致、相互融通"的原则，顺利完成新财务核算系统上线；结合医学部自身管理特点，改造劳务申报系统、工资发放系统、学生收费系统核销系统、预算申报系统等5个管理系统，并实现与新财务核算系统的对接；实现与科研处等管理部门的业务系统对接。

通过建立网上收费平台、设置自助缴费机等方式，引入网银、微信、支付宝等多种支付渠道，打造智能缴费体系，为学生创造更为便捷的缴费通道。2018年学生通过使用自助缴费机和手机APP缴纳学费的人数达1761人，占总缴费人数的95.4%，现场缴费人数下降到442人。

积极推进两校区财务融合，打通校本部与医学部的国库支付渠道，实现医学部与校本部在同一个国库账户下同时支付，极大提高支付效率。

利用计划财务处网站和微信公众号，发布国家、学校制定的相关政策及简易报销流程，方便师生及时了解新的财务政策。利用医学部网上查询系统，实现各类人员财务信息分类公开，保障师生的知情权和监督权。

（王妍、马文韬）

【"放管服"改革】为落实习近平总书记在中国科学院、中国工程院院士大会上的重要讲话精神，贯彻《国务院关于优化科研管理提升科研绩效若干措施的通知》文件要求，医学部计划财务处从制度保障、流程优化、改善服务等方面不断推动和完善"放管服"改革，最大限度减少科研人员在财务管理方面的投入。

参与制定《北京大学关于深化"放管服"改革、完善支出管理的规定》，简化市内交通费、国内差旅费等十余项报销手续。通过深入学院、医院调研座谈13次，在北大医疗产业园设立报账咨询点等方式，多方面开展科研经费管理服务。完成500余项科研课题的预算及决算，配合科研处完成9项重大专项的整改工作，配合课题组完成53批次的审计接待工作。

（王 妍）

实验室与设备管理

【发展概况】2018年，实验室与设备管理部（以下简称设备部）积极推进学校大型科学仪器公共平台建设，构建国内领先、国际一流的科研公共服务体系，支撑各学科建设和发展；深化实验教学改革，总结和凝练实验教学示范中心及虚拟仿真实验教学中心评建经验，以培养复合型、创新型人才为核心目的，充分利用前沿信息化技术手段，将实验、实践教学的作用贯穿人才培养的全过程；继续加强实验技术队伍建设，组织完成本年度实验技术系列职称评审和实验室工作先进集体和先进个人评审工作；继续完善大型科学仪器购置论证和效益管理，促进资源整合与开放共享；继续管理和执行学校"引导专项""985工程"设备经费；进一步规范设备采购的各个环节，加大招标采购、集中采购的执行力度，为学校争取更大的利益；全程负责仪器设备进口免税手续的办理，进一步加强免税科教用品的管理和政策宣传；建立健全实验室安全教育体系，加强实验室技术安全、环境保护和辐射防护管理，进一步加强实验室危险废物排放及实验动物安全管理；承担北京市科委相关研究项目的建设工作；继续以管理机制创新和信息化建设为手段，进一步落实各项规章制度的执行；协助先进技术研究院完成相关认证工作。

（黄 凯、周勇义）

实验室建设与实验教学改革。截至2018年底，学校共有实验室204个，其中校本部98个、医学部106个（校本部部分详见附表）。

大型科学仪器公共平台。截至2018年底，学校共有7个校级公共平台，包括电子显微镜实验室、分析测试中心、北京核磁中心、实验动物中心、微纳加工实验室、液氮中心和高性能计算平台，设备总价值4.8亿元。

2018年3月26日，国际AAALAC（Association for Assessment and Accreditation of Laboratory Animal Care，国际实验动物饲养评估认证协会）组织正式函告，北京大学实验动物中心再获该组织完全认证。这是自2007年在高校中首个通过该认证以来，北京大学连续第三次通过认证的三年复审。

2018年，北京大学高性能计算公共服务平台面向全校开放。平台在国内率先采用常温直接水冷技术解决中央处理器和内存散热问题，系统性能良好，节能效果显著，实测LINPACK效率达到92.6%，PUE值达到1.1，均居国内首位。

2018年初，北京大学购置的两台300KV冷冻电镜全部投入使用。学校已有冷冻电镜4台（300KV2台，200KV1台，120KV1台），形成一定的资源规模。设备部开始组织冷冻电镜平台的试运行，并牵头制定运行管理方案。

2018年9月17日至18日，凤凰工程北京核磁平台通过部委级验收，11月28日至29日通过国家验收。

2018年，设备部组织完成校公共平台的年终绩效考评，从公共性、科研能力、管理机制、队伍建设、平台特色等方面全面检验各平台的管理与服务工作，并根据考核成绩拨付平台运行专项补贴。

组织七个校级公共平台以中央高校修购专项申报为契机，开展平台资源的调研、论证、中远期规划的制定、购置预算的统筹安排以及购置计划入库管理，2018年度共执行经费1043万元，并完成2019年度项目申报工作，共获批经费1476.16万元。

"仪器创制与关键技术研发中心"建设。北京大学于2009年成立"北京大学仪器创制与关键技术研发中心"，并设立仪器创制与关键技术研发基金。基金前五期的评审共资助仪器创制及关键技术研发项目41项，截至2018年底，共有7个项目取得突破性进展，获得国家重大仪器研制专项、国家自然科学基金委和北京市的进一步支持，争取经费合计达1.2亿元；部分项目完成科技成果转化，实现了经费投资-收益最大化。7月，组织开展第六期"仪器创制与关键技术研发"项目的申评工作，最终确定12个项目获本期仪器创制基金支持，项目经费合计224万元。

示范性虚拟仿真实验教学中心评建。2018年，北京大学生命科学学院申报的被子植物双受精虚拟仿真实验教学项目和地球与空间科学学院申报的晶体形态分析及矿物鉴定虚拟仿真实验教学项目通过教育部组织的国家虚拟仿真实验教学项目认定。

世界著名高校实验教学比较研究项目结题。组织开展北京大学各主要实验学科与世界一流大学相应学科之间的实验教学比较研究。在借鉴世界一流大学有益经验的同时，为学校实验教学改革与发展提供更科学、更丰富的决策参考，进一步提升实验教学的整体水平，从而达到提高学生创新能力和创新精神培养的目的。2018年首批启动的化学、物理、地球、生物、医学、药学六个学科顺利完成调研，形成调研报告。

实验教学改革和教学实验室建设经费的评审与执行。2018年，设备部负责执行的北京大学实验教学改革经费共支持7个院系的16项实验教学改革项目，经费总额53.85万元；负责执行的实验教学设备补充经费共支持8个院系的14项实验教学条件建设和改善项目，经费总额80.79万元。

修购基金管理。中央高校修购专项是国家为集中解决中央高校普遍面临的问题，在年度教育事业费预算中安排的专项资金，主要用于中央级普通高等学校的房屋修缮、基础设施维修改造、仪器设备购置等。2018年北京大学共执行经费6494.97万元，用于基础实验教学、公共平台和图书馆的条件提升改造（其中校本部3524.97万元，医学部2970万元），项目已基本执行完毕。同时，学校在全校范围内分院系组织完成2019—2021年修购基金执行计划校内论证和申报工作，经教育部委托事务所论证并经财政部复核，最终批复2019年执行金额11,853万元，其中校本部5700万元（含基础建设中的设备经费）。

实验技术队伍建设。实验技术队伍的建设与管理是高校教学、科研工作以及学科建设的重要保障。截至2018年底，北京大学共有实验技术人员480人，其中，正高级工程师27人，高级工程师/高级实验师189人，工程师/实验师205人。

1. 组织完成2018年实验技术系列职务聘任工作。2018年，全校新评聘正高级工程师3人，高级工程师16人，工程师12人。

2. 组织完成2018年度北京大学实验室工作先进集体和先进个人评审。2018年，共评选出实验室工作先进集体12个，先进个人29名。

（张黎伟、张　媛）

"引导专项""985工程"设备经费的管理和执行。截至2018年底，由设备部负责管理和执行的"建设世界一流大学和特色发展引导专项"设备经费共计拨款16.89亿元，截至2018年底已执行17.47亿元。其中2018年拨款2.52亿元，执行3.95亿元。

（石　铄、荆明伟、杜　卓）

仪器设备管理。截至12月31日，学校在用仪器设备总量33,0786台，价值人民币77.25亿元（校本部245,775台，价值人民币58.71亿元；医学部85,011台，价值人民币18.54亿元），其中40万元以上大型仪器设备2392台，价值人民币34.89亿元（校本部1775台，价值人民币27.02亿元；医学部617台，价值人民币7.87亿元）。2018年，学校新增1000元以上仪器设备37,577台，价值人民币9.1亿元。其中校本部新增27,338台，价值人民币6.94亿元；医学部新增10,239台，价值人民币2.16亿元。新增40万元以上大型仪器设备224台，价值人民币3.98亿元。其中校本部新增40万元以上大型仪器设备161台，价值人民币3.1亿元；医学部新增40万元以上大型仪器设备63台，价值人民币0.88亿元。（详见附表）

推荐仪器设备管理。1. 北京大学第26期大型仪器设备开放测试基金共开放设备210台/套（含实验动物中心），完成课题1012项，使用基金795.96万元，测试机时16,430,569小时，测试样品3,458,758个，资助申请人发表SCI论文1090篇，获得专利155项，出版专著21部，千余名师生使用基金系统内的大型设备。

2. 北京大学第27期大型仪器设备开放测试基金共收到课题申请1669个，测试费申请总额2998.65万元。经专家评审，最终获得批准的课题共1590个，测试基金总额900万元，其中学校出资450万元，申请人配套经费450万元（详见附表）。参加本期基金开放的仪器设备共214台/套（含实验动物中心）（详见附表）。

3. 2018年，北京大学大型仪器设备测试服务总收入8447万元（不含大型仪器设备开放测试基金部分）（详见附表）。

4. 组织40万元以上大型仪器设备购置可行性论证152次，共论证仪器设备159台/套（详见附表）。

5. 根据教育部和北京市教委文件要求，完成全校1270台（全部为校本部）40万元以上仪器仪表类教学科研仪器设备的年度使用情况调查及分析。年使用机时800小时以上的仪器占87.4%，年使用机时2000小时以上的仪器占25.5%。

6. 根据科技部、财政部《关于开展2018年国家科技基础条件资源调查工作的通知》国科发基〔2018〕226号的要求，完成北京大学（含医学部）1136台（其中校本部1017台）50万元以上大型仪器设备基本信息和全校设备总体情况的统计上报，包括基本信息、开放共享情况、使用机时和维护管理情况等。

7. 为进一步加强科研设施向社会开放共享，根据科技部和教育部要求，完成全校1062台50万元以上大型仪器设备基本信息和开放共享信息的统计上报，并实现与国家网络平台的数据对接。

8. 继续实行校内调剂、集中收储、公开处置的仪器设备报废程序，力求实现仪器设备使用价值的最大化。2018年北京大学旧仪器设备变价收入为179.43万元，其中校本部143.97万元。

9. 2月，根据财政部和教育部要求，完成2017年行政事业单位资产报表中仪器设备相关内容的统计和上报工作。3月，根据国家机关事务管理局和教育部要求，完成中央行政事业单位2017年度国有资产决算和绩效评价中仪器设备相关内容的统计和上报工作。

10. 为配合教育部直属高校、直属单位会计制度改革整体工作安排，根据教育部《教育部关于直属高校直属单位实施政府会计制度的意见》（教财[2018]6号）和学校工作要求，11月起，设备部组织开展仪器设备资产清查工作，全面核查校本部各单位仪器设备账物相符情况和使用情况，共涉及校本部 121 个单位，仪器设备 236,435 台，价值 55.64 亿元。

11.2018 年，北京大学继续承担北京市科委现代服务业促进重大专项——"首都科技条件平台北京大学研发实验服务基地建设及运营"项目（十期）建设工作，项目经费 200 万。基地建设由设备部牵头组织，并在科技资源开放共享、科研成果转化、专利技术转移等方面取得了优异的成绩，连续九年在绩效考评中获得一等奖。

12. 承担中国高等教育学会高等教育科学研究"十三五"规划实验室管理专项重大课题——高等学校固定资产分类方法与编码研究。10 月通过中期检查。

（周勇义、张黎伟、李　卿、马　宁、
张宇波、张楠楠、刘　军、张惠玲）

仪器设备采购。 2018 年，设备部进一步完善采购制度，规范仪器设备采购申报、审批程序以及招标采购流程；继续完善"阳光采购"机制，每月定期公布学校通用设备实际采购价格及采购工作相关信息，帮助全校师生及时掌握通用类仪器设备的实际价格变动情况。2018 年，北京大学共采购仪器设备 9.16 亿元，其中校本部采购仪器设备 7.44 亿元，医学部采购仪器设备 1.72 亿元。

2018 年，北京大学共组织仪器设备招标和竞争性磋商 204 次，中标金额共计 4.15 亿元。其中校本部组织设备招标和竞争性磋商 135 次，中标金额共计 3.08 亿元；医学部仪器设备招标 69 次，招标金额共计 1.07 亿元。

采购国内仪器设备 4.63 亿元，审核并签订 5 万元以上合同 1379 份，合同金额共计 3.02 亿元。其中校本部采购国内仪器设备 3.63 亿元，审核并签订 5 万元以上合同 1010 份，合同金额共计 2.28 亿元；医学部采购国内仪器设备 1 亿元，审核并签订 5 万元以上合同 369 份，合同金额共计 0.78 亿元。

采购国外仪器设备 4.53 亿元人民币。其中校本部采购国外仪器设备 3.56 亿元人民币，医学部采购国外仪器设备 0.97 亿元。

办理科教用品免税合同 852 项，免税合同金额折合人民币约 5.37 亿元，按平均税率 20% 计算，共免除税款约 1.07 亿元。其中校本部办理合同免税 691 项，免税合同金额折合人民币约 4.40 亿元，免除税款约 0.88 亿元；医学部办理免税 161 项，免税合同金额折合人民币约 0.97 亿元，免除税款约 0.19 亿元。

（石　铄、荆明伟）

实验室技术安全管理。 1. 危险化学废物管理与处理。2018 年，组织处理化学废弃物共计 360 吨，支付处理费用 576 万元；组织处理实验动物废弃物共计 100.44 吨，支付处理费用 31.6 万元。同时完成教育部、北京市环保局、北京市公安局、北京市教委布置的各项实验室危险化学品、危险废物情况的调查和统计工作。

2. 加强试剂管理工作。截至 2018 年底已有 273 家厂商入围北京大学试剂管理平台，平台试剂及实验耗材数据约 2350 万条，涉及校内用户 4680 人，课题组 627 个，平台总访问量 470 万次，订单总量 2.5 万个，累计采购金额约 6000 万元。其中 2018 年新增用户 1286 人，新增课题组 63 个，采购金额约 4360 万元。

3. 实验室、仪器设备和实验室安全巡查。继续实施实验室巡查制度，每周巡查一个到两个实验室。2018 年度共巡查 16 个院系的 35 个实验室，巡查报告和实验室安全整改通知已发送相关单位，后续还将对整改效果进行复查。

4. 实验室安全检查。每年寒暑假期、重大节假日以及重要会议期间，由环保办组织、学校实验室安全委员会暨辐射防护工作小组成员组成实验室安全检查小组，对学校各院系实验室进行全面、细致的安全检查，督促整改。2018 年，共开展安全检查 10 余次。

5. 实验室安全责任落实。为确保实验室安全，组织全校各院系、实验室与学校签订实验室安全责任书和辐射安全责任书，将安全责任逐级落实。

6 实验室安全文化建设。联合生态环境部核与辐射安全中心共同举办"美丽中国，核安全，我是行动者"征文活动；与院系合作组织开展北京大学 2018 年实验室安全系列讲座，内容包括《实验室安全事故案例解析》《实验室急救知识》等，共计 14 期，累计参与师生人数约 2030 人。

辐射安全与防护。 1. 组织北京市辐射安全培训。作为北京市认可的培训单位，2018 年与继续教育学院合作，组织 4 期辐射安全与防护培训工作，京津冀共 753 位辐射工作人员参训。

2. 办理辐射安全许可证变更和增项手续。因学校法人代表变更，办理辐射安全许可证变更手续。同时，因教学科研需要，办理 7 台射线装置的环境影响登记表备案手续。

3. 办理放射性同位素进出口。按相关规定，先后办理非密封放射性物质进口、转让审批工作并完成备案共计 11 次，包括 Se-75 和 Eu-152（进口、国环辐审〔2018〕0915 和 1635）；P-32、S-35、H-3、C-14、Tc-99m、I-125、I-131、F-18、Ca-45、Cu-64（京环辐审〔2018〕64、65、66、80、112、153、154、155、162）。2018 年，全校共收集处置放射性废弃物 7 个标准桶。

4. 加强辐射工作人员和场所管理。组织完成全校共 700 余人次的个人剂量检测，结果正常；组织 160 余人的辐射工作人员职业病体检，保障辐射工作人员职业安全与健康；完成辐射工作场所的环境剂量检测，结果显示所有辐射工作场所环境剂量均处于环境辐射本底水平，无超标或异常情况。

5. 全面升级改造同位素库和全校放射性物品库。为彻底解决雨水倒灌等问题，进一步增强同位素库安全防范能力，重新铺设同位素库地面，更换通风和防盗门，配备固定式环境剂量检测系统等。启动升级改造全校 9 个放射性物品库安防监控系统工作，2018 年完成技物大院的 3 个放射性物品库安防系统升级改造和监控室改造工程，将模拟信号升级为数字信号；加强安保人员教育，持证上岗。

环境保护。1. 环境保护审批申报。根据相关规定，向生态环境部、北京市环保局和海淀区环保局等主管部门报送各类统计报表。

2. 水质、室内空气质量监测和环境剂量检测。为给北京大学师生员工营造健康的生活环境，组织开展环境质量检测工作，为化学与分子工程学院、生命科学学院、分子医学研究所、城市与环境学院、物理学院、工学院共监测45个实验室房间的空气质量，检测项包括甲醛、苯、甲苯、二甲苯、TVOC，检测结果均符合国家标准。完成一年两次的全校饮用水、未名湖和污水水质监测工作。

3. 环保宣教活动。组织师生开展"认知燕园草木，爱护校园环境"活动；联合环境科学与工程学院、餐饮中心、宣传部、总务部、工会、团委、网教办、学生会、研究生会、海淀区环境卫生服务中心共同发布"提倡垃圾减量分类，共建绿色环保校园——一封致北京大学师生的倡议书"；联合环境科学与工程学院、餐饮中心、总务部、海淀区环境卫生服务中心共同举办"北京大学垃圾分类座谈会"；与城市与环境学院举办文印纸张定点回收活动，减少纸张的浪费，实现废纸的循环利用；联合北京市科学技术协会、北京科技咨询中心、北京大学科技工作者协会、环境科学与工程学院、考古文博学院、北京市高校环境联盟举办环保科普宣传活动，来自校本部、北大附中、北大附小的130余人参加活动。

（李恩敬、刘雪蕾、谢嫣琪）

其他工作。2018年，北京大学作为首批授牌的8所高校之一，顺利通过北京市科委科普教育基地的复核初审。2018年度地球与空间科学学院申报的《野外地质考察虚拟仿真展示台》项目，获得北京市科委科普专项31万元资助。设备部协助先进技术研究院完成北京大学国军标质量管理体系监督审核工作，建立体系内设备管理和检定的实验室主任负责制。

（张黎伟、张媛）

表9-26　2018年北京大学实验室基本情况一览表

序号	单位	实验室个数	实验室使用面积（m²）	教学实验（2017—2018学年）			仪器设备			
				实验个数	实验时数	实验人时数（万）	数量	金额（万元）	其中20万元以上大型设备	
									数量	金额（万元）
	合计	203	204,526	1599	30,209	248.6128	204,259	55,9116.68	3628	308,582.28
1	数学科学学院	2	2100	14	41	0.2565	3099	2901.14	6	196.2063
2	工学院	11	25,919	153	4936	3.2509	19,653	94,575.66	592	62,542.85
3	物理学院	11	23,091	171	1455	10.484	16,717	57,437.97	505	39,146.10
4	化学与分子工程学院	12	20,433	157	1216	19.859	16,458	73,698.39	458	51,574.96
5	生命科学学院	8	20,766	187	615	5.9438	6949	15,924.48	106	7470.383
6	地球与空间科学学院	6	5485	184	1407	4.2452	2134	4316.56	39	1963.784
7	心理学系	5	3042	83	1074	2.1572	593	860.60	1	58.00
8	中国语言文学系	1	80	6	740	0.933	2427	2117.63	3	113.4843
9	新闻与传播学院	1	275	6	135	0.497	3143	5574.31	41	2181.889
10	考古文博院	1	1200	21	1963	3.494	8977	7535.43	14	451.5434
11	光华管理学院	1	450	92	263	1.6632	1948	1902.01	2	139.7956
12	法学院	1	530	4	360	0.657	535	3936.99	17	3373.759
13	北京核磁共振中心	1	1170	1	40	0.12	1605	1501.12	4	173.0792
14	现代教育技术中心	1	1128	0	0	0	5511	4433.78	5	147.114
15	体育教研部	2	180	9	18	0.1948	20,191	59,500.49	434	30,041.97
16	信息科学技术学院	18	23,861	251	5480	91.032	1226	3272.21	13	582.8964
17	计算机科学技术研究所	1	1100	0	0	0	363	280.10	0	0
18	人口研究所	1	587	0	0	0	29	30.75	0	0

（续表）

序号	单位	实验室个数	实验室使用面积（m²）	教学实验（2017—2018学年）			仪器设备			
				实验个数	实验时数	实验人时数（万）	数量	金额（万元）	其中20万元以上大型设备	
									数量	金额（万元）
19	计算中心	1	3111	0	0	0	14,741	14,693.69	68	5623.26
20	图书馆自动化实验室	1	140	0	0	0	14,233	44,317.17	269	23,639.68
21	城市与环境学院	3	5173	111	1099	4.3612	3757	14,376.86	61	3120.898
22	环境科学与工程学院	4	3805	9	703	1.3876	7873	14,343.80	129	5748.959
23	分子医学研究所	1	3316	1	8	0.0192	6788	19,912.96	159	11,054.28
24	北京大学实验动物中心	1	4139	0	0	0	3108	8502.89	77	4054.505
25	电子光学与电子显微镜实验室	1	850	1	48	0.3072	612	3178.45	10	2504.911
26	北京现代物理研究中心教育部重点实验室	1	600	0	0	0	380	9905.24	28	9285.939
27	基础医学院	66	18,242	65	1088	63.8	19,284	41,419.28	282	17,826.39
28	药学院	17	20,278	10	810	8.04	9366	21,705.68	157	12,089.23
29	公共卫生学院	15	6070	15	961	4.67	5916	8473.5	50	2662.38
30	护理学院	1	1367	13	405	3.59	1661	2086.63	5	678.62
31	公共教学部	3	1483	30	5107	17.01	1910	2103.42	14	1018.63
32	医药卫生分析中心	1	1500	5	237	0.64	690	7705.05	42	6865.97
33	实验动物科学部	1	1538	0	0	0	281	210.64	2	49.6
34	中国药物依赖性研究所	1	947	0	0	0	1254	1484.17	8	370.26
35	信息中心	1	570	0	0	0	847	4897.63	27	1830.95

（张　媛、马　宁、许嘉珉、姚婧婧）

表9-27　2018年新增40万元以上大型仪器设备一览表

序号	设备名称	单价（万元）	经费来源	单位
1	电生理信号放大器	42.84	985工程	中国语言文学系
2	探针台	52.28	教学事业费	信息科学技术学院
3	数字混合信号分析仪	110.00	科研专款或基金	信息科学技术学院
4	宽频段光谱分析仪	50.95	建设世界一流大学项目	信息科学技术学院
5	高速GPU阵列定制硬件平台	49.35	科研专款或基金	信息科学技术学院
6	高精度数字锁相放大器	40.60	科研专款或基金	信息科学技术学院
7	电子束曝光机	763.58	科研专款或基金	信息科学技术学院
8	超高真空充排气台	98.65	建设世界一流大学项目	信息科学技术学院
9	Ka通信功率放大器	50.00	建设世界一流大学项目	信息科学技术学院
10	FPGA加速平台	42.87	科研专款或基金	信息科学技术学院
11	FPGA加速平台	42.87	科研专款或基金	信息科学技术学院
12	共享存储	58.00	教学事业费	新闻与传播学院
13	投影与数据获取系统	42.21	建设世界一流大学项目	心理与认知科学学院

(续表)

序号	设备名称	单价（万元）	经费来源	单位
14	经颅电刺激系统	61.48	建设世界一流大学项目	心理与认知科学学院
15	经颅磁刺激系统	78.30	科研专款或基金	心理与认知科学学院
16	放大器	58.88	教学事业费	心理与认知科学学院
17	动作捕捉和虚拟交互系统	79.54	建设世界一流大学项目	心理与认知科学学院
18	自循环氦液化系统	63.00	建设世界一流大学项目	物理学院
19	中子衍射仪高压样品环境腔	43.19	科研专款或基金	物理学院
20	像差矫正低能电子/光发射电子显微镜系统	947.17	科研专款或基金	物理学院
21	无液氦热输运测量系统	192.96	科研专款或基金	物理学院
22	无液氦低温强磁场共聚焦显微镜	249.54	科研专款或基金	物理学院
23	无液氦变温14T超导磁体系统	167.85	建设世界一流大学项目	物理学院
24	稳态瞬态荧光光谱仪	209.29	科研专款或基金	物理学院
25	太阳辐射计	41.12	建设世界一流大学项目	物理学院
26	速调管	62.94	教学事业费	物理学院
27	速度成像谱仪	215.86	科研专款或基金	物理学院
28	球差矫正透射电子显微镜	1,314.87	211工程	物理学院
29	球差矫正透射电子显微镜	2740.58	建设世界一流大学项目	物理学院
30	皮秒光纤激光器	149.66	建设世界一流大学项目	物理学院
31	脉冲通电加压烧结系统	58.58	科研专款或基金	物理学院
32	离子束切割仪	69.61	教学事业费	物理学院
33	聚焦离子束/扫描电镜双束系统	555.08	科研专款或基金	物理学院
34	角分辨光电子能谱仪	461.55	科研专款或基金	物理学院
35	激光扫描共聚焦显微镜	76.58	科研专款或基金	物理学院
36	红外InGaAs面阵探测器	46.65	科研专款或基金	物理学院
37	高真空双电子束蒸发镀膜仪	177.10	建设世界一流大学项目	物理学院
38	高压电源	54.90	科研专款或基金	物理学院
39	高温高压物理气相输运AlN单晶生长系统	580.89	科研专款或基金	物理学院
40	高速电子实时示波器	87.87	科研专款或基金	物理学院
41	高分辨光学与光谱成像显微镜	134.76	科研专款或基金	物理学院
42	傅立叶变换红外光谱仪	50.76	教学事业费	物理学院
43	服务器	114.86	科研专款或基金	物理学院
44	飞秒脉冲光参量激光器	74.13	建设世界一流大学项目	物理学院
45	飞秒激光器	166.29	科研专款或基金	物理学院
46	飞秒光参量激光器	227.10	科研专款或基金	物理学院
47	电子束蒸发镀膜仪	147.65	科研专款或基金	物理学院
48	电子束蒸发镀膜仪	148.97	建设世界一流大学项目	物理学院
49	大气透射仪	48.53	建设世界一流大学项目	物理学院
50	超快时间分辨光谱探测系统	198.89	科研专款或基金	物理学院
51	超精细无液氦低温光学恒温器	138.20	科研专款或基金	物理学院
52	超高真空氦三恒温器及超导磁体系统	416.50	科研专款或基金	物理学院

（续表）

序号	设备名称	单价（万元）	经费来源	单位
53	超高真空分子束外延系统	309.64	科研专款或基金	物理学院
54	TMC压电陶瓷主动式减震器	82.50	自筹经费	物理学院
55	S波导偏转腔束流测量仪	51.80	建设世界一流大学项目	物理学院
56	古籍数字化仪	45.00	捐赠	图书馆
57	存储	59.00	建设世界一流大学项目	数学科学学院
58	转盘式激光共聚焦显微镜	322.29	建设世界一流大学项目	生命科学学院
59	蒸汽灭菌柜	68.31	建设世界一流大学项目	生命科学学院
60	蒸汽灭菌柜	68.31	建设世界一流大学项目	生命科学学院
61	蒸汽灭菌柜	68.31	建设世界一流大学项目	生命科学学院
62	蒸汽灭菌柜	68.31	建设世界一流大学项目	生命科学学院
63	蒸汽灭菌柜	68.31	建设世界一流大学项目	生命科学学院
64	蒸汽灭菌柜	68.31	建设世界一流大学项目	生命科学学院
65	小动物活体成像系统	301.62	建设世界一流大学项目	生命科学学院
66	实时荧光定量PCR仪	42.70	科研专款或基金	生命科学学院
67	生物惰性双梯度液相色谱仪	82.00	科研专款或基金	生命科学学院
68	全自动超微量蛋白质免疫印迹定量分析仪	139.94	科研专款或基金	生命科学学院
69	流式细胞仪	130.00	建设世界一流大学项目	生命科学学院
70	快速纯化液相色谱系统	78.95	科研专款或基金	生命科学学院
71	快速超高分辨率检测系统	163.00	科研专款或基金	生命科学学院
72	聚焦超声系统	56.17	科研专款或基金	生命科学学院
73	聚焦超声波破碎仪	52.46	建设世界一流大学项目	生命科学学院
74	共聚焦显微镜	198.38	建设世界一流大学项目	生命科学学院
75	高通量测序文库制备系统	89.42	科研专款或基金	生命科学学院
76	高通量测序文库制备系统	170.84	科研专款或基金	生命科学学院
77	单细胞制备系统	111.59	科研专款或基金	生命科学学院
78	磁共振信号测量系统	208.36	科研专款或基金	生命科学学院
79	测序系统	706.03	科研专款或基金	生命科学学院
80	测序系统	706.03	科研专款或基金	生命科学学院
81	便携式光合作用测量仪	65.10	教学事业费	生命科学学院
82	DNA/RNA合成仪	62.58	科研专款或基金	生命科学学院
83	9.4T小动物磁共振成像仪	1711.24	科研专款或基金	生命科学学院
84	液相色谱串联四级杆质谱	180.00	科研专款或基金	生命科学中心
85	微量差示扫描荧光蛋白稳定性分析仪	75.02	科研专款或基金	生命科学中心
86	实时荧光定量PCR仪	49.66	科研专款或基金	生命科学中心
87	全自动活细胞实时荧光成像系统	164.39	科研专款或基金	生命科学中心
88	全景组织切片高分辨荧光扫描成像系统	65.30	科研专款或基金	生命科学中心
89	全景组织切片高分辨荧光扫描成像系统	68.65	科研专款或基金	生命科学中心
90	模式生物流式分选系统	179.09	科研专款或基金	生命科学中心
91	模式生物分选荧光显微镜	83.66	科研专款或基金	生命科学中心

(续表)

序号	设备名称	单价（万元）	经费来源	单位
92	化学发光凝胶成像系统	40.06	科研专款或基金	生命科学中心
93	高性能计算系统	193.39	科研专款或基金	生命科学中心
94	高通量实时荧光检测分析系统	353.92	科研专款或基金	生命科学中心
95	高通量生物大分子力学测量仪-声镊系统	87.48	科研专款或基金	生命科学中心
96	飞秒红外激光器	109.44	科研专款或基金	生命科学中心
97	元素分析仪	49.17	科研专款或基金	考古文博学院
98	稳定同位素比质谱仪	98.74	科研专款或基金	考古文博学院
99	扫描电镜	104.83	建设世界一流大学项目	考古文博学院
100	三维激光成像测量系统	49.73	修购项目	考古文博学院
101	交换机	53.67	建设世界一流大学项目	计算中心
102	高性能计算系统	1538.22	建设世界一流大学项目	计算中心
103	磁盘阵列	248.78	建设世界一流大学项目	计算中心
104	在线单颗粒气溶胶质谱仪	299.80	科研专款或基金	环境科学与工程学院
105	扫描探针显微镜	117.63	科研专款或基金	环境科学与工程学院
106	扫描电迁移率颗粒物粒径谱仪	67.97	科研专款或基金	环境科学与工程学院
107	三重四极杆液质联用系统	159.22	科研专款或基金	环境科学与工程学院
108	热线风速仪	49.78	科研专款或基金	环境科学与工程学院
109	气相色谱-质谱联用仪	68.82	建设世界一流大学项目	环境科学与工程学院
110	气相色谱质谱联用仪	62.83	建设世界一流大学项目	环境科学与工程学院
111	连续流动分析仪	49.67	建设世界一流大学项目	环境科学与工程学院
112	可调谐红外激光差分吸收光谱仪	175.47	科研专款或基金	环境科学与工程学院
113	高分辨液质联用仪	431.93	建设世界一流大学项目	环境科学与工程学院
114	单通道氮氧化物分析仪	45.11	科研专款或基金	环境科学与工程学院
115	单颗粒黑碳光度计	177.77	科研专款或基金	环境科学与工程学院
116	大气气溶胶有机碳/元素碳分析仪	40.88	科研专款或基金	环境科学与工程学院
117	超高效液相色谱-四级杆串联飞行时间质谱仪	314.98	科研专款或基金	环境科学与工程学院
118	稳态瞬态荧光光谱仪	194.26	科研专款或基金	化学与分子工程学院
119	扫描探针显微镜	151.59	科研专款或基金	化学与分子工程学院
120	任意波形发生器	80.39	科研专款或基金	化学与分子工程学院
121	纳流液相色谱仪	46.97	建设世界一流大学项目	化学与分子工程学院
122	离子抛光仪	112.14	建设世界一流大学项目	化学与分子工程学院
123	离子减薄仪	234.54	科研专款或基金	化学与分子工程学院
124	光纤式在线傅立叶变换红外光谱仪	74.37	建设世界一流大学项目	化学与分子工程学院
125	电子束曝光系统	245.26	建设世界一流大学项目	化学与分子工程学院
126	电子背散射衍射仪	50.17	科研专款或基金	化学与分子工程学院
127	成像质谱显微镜	389.55	建设世界一流大学项目	化学与分子工程学院
128	超快荧光寿命光谱仪	65.93	科研专款或基金	化学与分子工程学院
129	超快激光光源（旧）	50.65	捐赠	化学与分子工程学院
130	三屏远程呈现系统	85.78	自筹经费	光华管理学院

(续表)

序号	设备名称	单价（万元）	经费来源	单位
131	原子力显微镜	74.53	985工程	工学院
132	仪器化落锤冲击试验机	114.23	科研专款或基金	工学院
133	压气机和涡轮低速大尺寸湍流模拟实验平台	133.29	科研专款或基金	工学院
134	显微共焦拉曼光谱仪	112.55	科研专款或基金	工学院
135	微纳力学测试系统	111.40	科研专款或基金	工学院
136	透射电子显微镜	309.27	科研专款或基金	工学院
137	试验检测机械风冷电动振动试验系统	73.90	建设世界一流大学项目	工学院
138	三轴试验系统	460.79	科研专款或基金	工学院
139	三维动态光学应变测量系统	180.27	科研专款或基金	工学院
140	全自动气体吸附分析仪	69.21	科研专款或基金	工学院
141	流变仪	89.54	科研专款或基金	工学院
142	聚焦超声换能器	91.88	科研专款或基金	工学院
143	近红外InGaAs面阵探测器	88.86	建设世界一流大学项目	工学院
144	光学动作捕捉及步态分析系统	116.53	科研专款或基金	工学院
145	高重复频率脉冲激光器	180.00	科研专款或基金	工学院
146	高帧速三维层析粒子图像测速系统	429.54	科研专款或基金	工学院
147	高速相机	143.68	建设世界一流大学项目	工学院
148	高速激光共聚焦成像系统	216.52	985工程	工学院
149	反射式数字全息显微镜	127.39	科研专款或基金	工学院
150	多通道超声测试系统	112.83	科研专款或基金	工学院
151	程控阵列式超声仪	79.00	科研专款或基金	工学院
152	超高效双正交色谱/离子淌度高分辨质谱联用系统	427.53	科研专款或基金	工学院
153	超低振动闭循环低温恒温器	41.48	科研专款或基金	工学院
154	X射线衍射应力分析仪	156.57	科研专款或基金	工学院
155	X射线衍射仪	215.35	科研专款或基金	工学院
156	PIV双帧曝光图像测量系统	76.58	科研专款或基金	工学院
157	三角钢琴	50.00	教学事业费	歌剧研究院
158	LED显示屏	112.30	科研专款或基金	法学院
159	高性能计算集群	129.00	科研专款或基金	地球与空间科学学院
160	电感耦合等离子体质谱仪	105.18	建设世界一流大学项目	地球与空间科学学院
161	高效液相色谱/三重四级杆串联质谱仪	91.80	科研专款或基金	城市与环境学院

表9-28　北京大学大型仪器设备开放测试基金使用情况表

序号	年份	校拨测试费（万元）	经费来源	资助课题（个）	测试费总额（万元）
十一期	2002—2003	70.00	"985工程"一期	374	91.00
十二期	2003—2004	152.00	"十五""211工程"	443	198.00
十三期	2004—2005	204.00	"十五""211工程"	564	306.00
十四期	2005—2006	249.14	"十五""211工程"	628	373.70
十五期	2006—2007	299.75	"985工程"二期	690	449.63

（续表）

十六期	2007—2008	350.00	"985工程"二期	792	571.00
十七期	2008—2009	300.00	"985工程"二期	808	600.00
十八期	2009—2010	370.00	"985工程"三期	892	740.00
十九期	2010—2011	414.08	基本科研业务费	960	828.16
二十期	2011—2012	400.00	基本科研业务费	1055	800.00
二十一期	2012—2013	399.70	基本科研业务费	1198	799.40
二十二期	2013—2014	402.40	基本科研业务费	1293	804.80
二十三期	2014—2015	400.00	基本科研业务费	1364	800.00
二十四期	2015—2016	400.00	基本科研业务费	1284	800.00
二十五期	2016—2017	400.00	基本科研业务费	1347	800.00
二十六期	2017—2018	455.00	基本科研业务费	1326	910.00
二十七期	2018—2019	450.00	基本科研业务费	1590	900.00

（张楠楠）

表9-29 第二十七期大型仪器设备开放测试基金开放仪器一览表

序号	仪器编号	仪器名称	型号	所属院系	仪器负责人
1	198600050	透射电子显微镜	JEM-100CX	化学与分子工程学院	黄建滨
2	200210191	多功能电泳仪	Multiphor Ⅱ	化学与分子工程学院	王申林
3	201621354	智能X射线衍射仪	SmartLab 9KW	工学院	孙智利
4	201621355	单晶X射线衍射仪	XtaLAB PRO	工学院	孙智利
5	201615279	氙灯导热仪	DXF-500	工学院	张杨飞
6	201615366	动态热机械分析仪	DMA Q800	工学院	张杨飞
7	201119261	全自动样品前处理系统	PREPELITE-GV	城市与环境学院	程和发
8	201004342	宽范围颗粒粒径谱仪	WPS 1000XP CONFIGURATION A	城市与环境学院	蒙冰君
9	201812833	双球差透射电子显微镜	Titan Cubed Themis G2 300	电镜实验室	张敬民
10	201805803	傅立叶变换红外光谱仪	Nicolet iS50	物理学院	荣新
11	201510311	多功能荧光分析仪	Typhoon FLA9500	化学与分子工程学院	张文彬
12	201505941	一体化高温凝胶色谱仪	PL-GPC220	化学与分子工程学院	马玉国
13	200303325	800兆核磁共振谱仪	AV 800	核磁共振中心	金长文
14	200502371	多功能成像电子能谱	Axis Ultra	化学与分子工程学院	谢景林
15	201313957	荧光光谱仪	F-7000	化学与分子工程学院	陈明星
16	200805823	气相色谱仪	7890A	城市与环境学院	刘煜
17	199401760	离子刻蚀机	LKJ-1C	物理学院	马平
18	200108949	液相色谱-质谱仪	Alliance2690-ZMD	城市与环境学院	胡建英
19	200703605	气相色谱质谱联用仪	GC-MS-QP2010plus	城市与环境学院	胡建英
20	201003907	光电子发射谱仪	AC-2	化学与分子工程学院	关妍
21	201001770	64导脑电系统	BrainAmp DC Standard 64-channel	心理与认知科学学院	周晓林
22	201002870	准分子激光器	LPX PRO 210F	物理学院	马平
23	200604089	原位纳米力学测试系统	Tribo Indenter	工学院	强明
24	200606221	多功能X射线粉末衍射仪	X'pert Pro MPD	地球与空间科学学院	王河锦

(续表)

序号	仪器编号	仪器名称	型号	所属院系	仪器负责人
25	200805824	三级四极杆串联质谱仪	320 MS	城市与环境学院	刘 煜
26	200809816	气质色谱/质谱联用仪	5975C/7890A	城市与环境学院	刘 煜
27	201404610	透射电子显微镜	JEM-2100	化学与分子工程学院	鞠 晶
28	201527388	激光显微拉曼光谱仪	inVia Reflex	地球与空间科学学院	鲁安怀
29	201605087	高性能计算系统	Lenovo FlexSystem	工学院	贺贤土
30	201527067	离子减薄仪	695.C	物理学院	付恩刚
31	201528501	超快时间分辨荧光光谱仪	Delta Flex	化学与分子工程学院	关 妍
32	199902809	原子吸收分光光度计	Z-5000	城市与环境学院	蒙冰君
33	200307516	离子色谱仪	792IC	城市与环境学院	蒙冰君
34	200609791	紫外/可见光谱仪	Lambda 950	化学与分子工程学院	刘忠范
35	200407725	顺序式X射线荧光光谱	ADVANT`XP+	地球与空间科学学院	杨 斌
36	200210622	激光拉曼光谱仪	RM-1000型	地球与空间科学学院	崔 莹
37	200510102	微波消解/萃取系统	MARSXPRESS	城市与环境学院	蒙冰君
38	200407727	气相色谱-质谱联用仪	5973 I	城市与环境学院	刘 煜
39	200407733	离子色谱	ICS-2500	环境科学与工程学院	陈 倩
40	200605224	串联飞行时间质谱仪	Ultraflex	化学与分子工程学院	白 玉
41	200307671	高压液相色谱	AGILENT 1100	化学与分子工程学院	刘忠范
42	200609789	电位分析仪	ZeTaPALS	化学与分子工程学院	梁德海
43	201107673	原子力显微镜	Dimension ICON	信息科学技术学院	李 力
44	200904369	半导体参数测试仪	B1500A	信息科学技术学院	张志勇
45	000000001	北京大学塞罕坝生态实验站开放平台		城市与环境学院	吉成均
46	000000000	实验动物开放平台		实验动物中心	陈建国
47	201528563	热重-红外-气相色谱/质谱联用系统	TGA8000-Frontier FTIR-Clarus SQ8 GC/MS	化学与分子工程学院	章 斐
48	201807038	高速激光共聚焦成像系统	Revolution XD	工学院	孙红芳
49	201712899	智能型超速离心机	OPptima XPN-80	工学院	孙红芳
50	201718431	高效凝胶渗透色谱仪	PL-GPC50	化学与分子工程学院	张文彬
51	201417937	全谱直读等离子体发射光谱仪	Prodigy 7	化学与分子工程学院	张 莉
52	200210472	聚焦离子束系统	STARTA DB235	物理学院	徐 军
53	201001591	日立高分辨扫描电子显微镜	S-4800	工学院	张杨飞
54	200006914	超高真空镀膜机	ULS-400	化学与分子工程学院	刘忠范
55	199900780	气相色谱仪	HP6890	化学与分子工程学院	刘虎威
56	199900777	高压液相色谱仪	HP1100	化学与分子工程学院	刘虎威
57	200510101	气相色谱仪	Agilent 6890N	城市与环境学院	刘 煜
58	200301559	电子显微镜	TECNAI20	信息科学技术学院	魏贤龙
59	200108939	热台偏光显微镜	DMLP	化学与分子工程学院	潘 伟
60	200201512	X射线粉末衍射仪	X'PertPro	化学与分子工程学院	牛佳莉
61	200805821	小角X射线衍射仪	SAXsess	化学与分子工程学院	牛佳莉
62	200510134	气相色谱质谱联用仪	5973I	环境科学与工程学院	陈 倩

（续表）

序号	仪器编号	仪器名称	型号	所属院系	仪器负责人
63	200608986	600M 核磁共振谱仪	AVANCE DRX 600MHz	核磁共振中心	金长文
64	200803978	原子层沉积系统	Savannah	信息科学技术学院	董立军
65	200806015	紫外近红外成像光谱仪	JYIHR320	信息科学技术学院	廖建辉
66	200806018	单面紫外光刻机	MJB4	信息科学技术学院	岳双林
67	200807301	椭偏谱仪	UVISEL FUV	信息科学技术学院	岳双林
68	200807302	单双面紫外光刻机	2000S/A	信息科学技术学院	岳双林
69	200306881	极谱仪	757VA	城市与环境学院	蒙冰君
70	200210465	调制式扫描量热仪	Q100	化学与分子工程学院	章 斐
71	200107525	数字化扫描电子显微镜	KYKY-2800	城市与环境学院	程和发
72	200103757	激光测振仪	OFV-3001/353	工学院	强 明
73	192000003	病理组织形态学检测系统	RM2235/CM1900/VIP-5-JR-J2/TEC-5/ST5020/BX51/IX71	分子医学所	张秀琴
74	199400782	透射电子显微镜	H-9000NAR	物理学院	付恩刚
75	200407723	环境扫描电子显微镜	Quanta 200FEG	物理学院	陈 莉
76	200302852	场发射透射电子显微镜	Tecnai F30	物理学院	王 涛
77	200107670	脉冲激光溅射沉积系统	PLD-IV	物理学院	聂瑞娟
78	200001685	激光粒度仪	FRITSCH A22	城市与环境学院	蒙冰君
79	200303532	扫描探针显微镜	SPI3800N，SPA-400	化学与分子工程学院	潘 伟
80	200210194	X 射线荧光光谱仪	S4-Explorer	化学与分子工程学院	张 莉
81	198601027	串列静电加速器	5SDH-2	物理学院	付恩刚
82	200806017	电感耦合等离子质谱仪	Agilent 7500 Ce	地球与空间科学学院	马 芳
83	199703475	交变梯度磁强计	2900-04C	物理学院	刘顺荃
84	200604091	冷场发射扫描电镜	S-4800	化学与分子工程学院	刘忠范
85	201721620	小动物活体光学成像系统	IVIS Lumina Series III	工学院	孙红芳
86	200604084	热重分析仪	Q600SDT	化学与分子工程学院	章 斐
87	200201581	气相色谱仪	Agilent 6890	城市与环境学院	陆雅海
88	200201580	气相色谱-质谱联用仪	HP6890/5973N	城市与环境学院	刘 煜
89	200210230	激光显微定年系统	MS5400	地球与空间科学学院	季建清
90	200108955	电子探针	JXA-8100	地球与空间科学学院	李小犁
91	200210231	128 导脑电采集分析仪	ESI-128system	心理与认知科学学院	韩世辉
92	200210195	激光光散射仪	ALV/DLS/SLS-5022F	化学与分子工程学院	阎 云
93	200303559	500 兆核磁共振谱仪	AV 500	核磁共振中心	金长文
94	201208574	400M 核磁共振谱仪	BRUKER AVANCE III 400	化学与分子工程学院	张 秀
95	201301764	傅立叶变换红外显微光谱仪	Nicole iN10	地球与空间科学学院	刘 曦
96	200301647	液相色谱质谱联用仪	1100LC/MS Trap SL	环境科学与工程学院	陈 倩
97	200404726	场发射扫描电镜	XL30SFEG	信息科学技术学院	王 胜
98	200805819	扫描探针显微镜	Innova	信息科学技术学院	高 崧
99	000000006	北京大学高性能计算平台	北京大学高性能计算未名一号、北京大学高性能计算未名生科一号	计算中心	李若淼
100	200508027	精密阻抗分析仪	Agilont 4294A	物理学院	沈 波

（续表）

序号	仪器编号	仪器名称	型号	所属院系	仪器负责人
101	200508028	半导体参数分析仪	Agileut 4155C	物理学院	沈波
102	200404637	圆二色光谱仪	J-810	化学与分子工程学院	宛新华
103	200608985	400M 核磁共振谱仪	AV400	核磁共振中心	金长文
104	200804693	元素分析仪	Vario MICRO CUBE	化学与分子工程学院	王智贤
105	199500572	红外光谱分析仪	SYSTEM 2000	化学与分子工程学院	刘忠范
106	200108925	接触角测定仪	OCA2O	化学与分子工程学院	刘忠范
107	200508249	MBE/SPM 电学测量系统	Multiprobe	化学与分子工程学院	刘忠范
108	200508250	多针尖纳米刻蚀系统	830-ABC/SP/N	化学与分子工程学院	刘忠范
109	200001352	激光粒度分析仪	MS2000	城市与环境学院	周力平
110	198801723	激光显微探针定年系统	VSS	地球与空间科学学院	季建清
111	200201511	X 射线衍射仪	D8 Discover	化学与分子工程学院	牛佳莉
112	200911517	反应离子刻蚀机	Minilock	信息科学技术学院	潘华勇
113	200913727	等温滴定微量热仪	ITC-200	生命科学学院	李兰芬
114	200201576	蛋白质序列分析仪	Procise 491	生命科学学院	沈为群
115	199701789	材料研究衍射仪	X' PERT-MRD	物理学院	王永忠
116	201001771	眼动追踪系统	CL Version 4.31	心理与认知科学学院	周晓林
117	201001956	拉曼光谱及成像系统	L2BRAM ARAMIS	化学与分子工程学院	李彦
118	201118219	等离子体发射光谱仪	Prodigy	化学与分子工程学院	李泽军
119	200805826	倒置荧光显微镜	TI-DH	环境科学与工程学院	陈倩
120	200404088	磁学性质测量系统	MPMS XL-7Tesla	物理学院	张焱
121	200108579	大幅面扫描仪	Atlas Plus P-93	城市与环境学院	刘雪萍
122	199803387	元素分析仪	VARIO EL	化学与分子工程学院	王智贤
123	200404087	物理性质测量系统	PPMS 9Tesla	物理学院	张焱
124	200108948	粒子成像流场测量系统	Y120-15E	工学院	袁辉靖
125	200507397	稳态 / 瞬态荧光光谱仪	FLS920	化学与分子工程学院	陈明星
126	201208214	总有机碳分析仪	TOC-V CPH	城市与环境学院	蒙冰君
127	200303326	600 兆核磁共振谱仪	AV 600	核磁共振中心	金长文
128	201313958	荧光光谱仪	F-7000	化学与分子工程学院	陈明星
129	199801798	毛细管电泳仪	P/ACE 5500	化学与分子工程学院	张新祥
130	199900528	凝胶渗透色谱	515+2401+2487	化学与分子工程学院	潘伟
131	199801799	高效液相色谱仪	HP1100	化学与分子工程学院	潘伟
132	199802240	比表面和孔径分布测定	ASAP 2010	化学与分子工程学院	聂洪港
133	199400783	X 射线衍射仪	DMAX-2400	化学与分子工程学院	廖复辉
134	201003893	流变仪	MCR301	化学与分子工程学院	梁德海
135	200401834	液相色谱－质谱联用仪	SURVEYOR-LCQDECA	化学与分子工程学院	王申林
136	200510080	高效液相色谱仪	Agilent 1100	城市与环境学院	刘煜
137	200805820	脉冲测试仪	Keifhley 4200-PIV-A	信息科学技术学院	胡又凡
138	201005130	低温探针台	TTP4	信息科学技术学院	廖建辉
139	000000005	人类遗传资源中心平台		生命科学学院	魏丽萍

(续表)

序号	仪器编号	仪器名称	型号	所属院系	仪器负责人
140	201705625	流式细胞分析系统	CytoFlex S	工学院	孙红芳
141	200407740	碳14测量加速器质谱仪	1.5SDH-1	物理学院	丁杏芳
142	200405161	制备超速离心机	L-80XP	生命科学学院	潘卫
143	200608982	高温高阻霍尔测量系统	Accent	物理学院	沈波
144	200401840	全自动旋光仪	P-1030	化学与分子工程学院	宛新华
145	200805818	扫描探针显微镜	MultiMode V	信息科学技术学院	高崧
146	200804131	纳米粒度仪	Nano-ES90	城市与环境学院	蒙冰君
147	199902810	气相色谱仪	HP-6890	城市与环境学院	付晓芳
148	200805827	PCR仪	DNAENGINE	环境科学与工程学院	陈倩
149	201208575	500M全数字化超导核磁共振仪	AVANCE III 500M HZ	化学与分子工程学院	张秀
150	201301827	激光共聚焦荧光显微系统	ALR-SI	化学与分子工程学院	关妍
151	201119329	红外荧光测试系统	Nanolog FL3-2iHR	化学与分子工程学院	关妍
152	201014861	气相色谱质谱联用仪	7890A/5975C	化学与分子工程学院	陈明星
153	201318318	流式细胞分选仪	FACSAria III	生命科学学院	罗春雄
154	201318319	流式细胞分选仪	FACSAria SORP	生命科学学院	罗春雄
155	201116571	傅里叶变换红外光谱仪	IRAFFINITY-1	化学与分子工程学院	李泽军
156	201202861	离子色谱仪	ICS-900	化学与分子工程学院	李泽军
157	201004693	计算机机群服务器及存储	DELL 2970	城市与环境学院	刘雪萍
158	201517994	高性能计算系统	NA360M4	生命科学中心	陈芳进
159	201319963	双压线性离子阱-高场静电场轨道阱杂交组合型质谱液质联用仪	Orbitrap Elite	生命科学学院	陈兴
160	201511078	显微红外光谱仪	LUMOS	地球与空间科学学院	鲁安怀
161	201517992	磁盘阵列	SFA12K	生命科学中心	陈芳进
162	201501433	基质辅助激光解析串联飞行时间质谱仪	5800	生命科学中心	陈兴
163	201518380	原子力显微镜	Dimension ICON	地球与空间科学学院	鲁安怀
164	201305053	液相色谱/三重四极杆串联质谱仪	API4000/UFLC-XR	城市与环境学院	刘煜
165	201309469	线性离子阱-静电场轨道阱组合式质谱液质联用仪	LTQ Orbitrap XL	生命科学学院	陈兴
166	201500993	生物分子成像仪	ImageQuant LAS 4000mini	核磁共振中心	夏斌
167	200805825	纳米粒度仪	ZS90	环境科学与工程学院	陈倩
168	200916337	高效液相色谱仪	Agilent 1200	环境科学与工程学院	陈倩
169	201104977	场发射扫描电镜	Nova_NanoSEM430	物理学院	朱瑞
170	201202794	场发射透射电子显微镜	Tecnai F20 S-Twin	电镜实验室	马秀梅
171	201202793	透射电子显微镜	Tecnai G2 T20	电镜实验室	李雪梅
172	201107186	高通量基因组测序仪	Hiseq 2000	生命科学学院	张韵
173	201105841	热场发射扫描电镜	QUANTA-650FEG	地球与空间科学学院	刘建波
174	201108995	电感耦合等离子体发射光谱仪	Prodigy	环境科学与工程学院	陈倩
175	201204366	薄膜沉积系统	DE-12	物理学院	林芳
176	201208573	400MHz宽腔固体核磁共振谱仪	AVANCE III 400M HZ	化学与分子工程学院	张秀
177	201001989	高温高压材料合成系统	Quick Press	地球与空间科学学院	刘曦

（续表）

序号	仪器编号	仪器名称	型号	所属院系	仪器负责人
178	201002203	六面顶大腔体静高压装置	6*14MN 铰链式	地球与空间科学学院	刘 曦
179	200709089	紫外喇曼光谱仪	invia 6365	物理学院	林 芳
180	201004654	台阶仪	XP1	信息科学技术学院	岳双林
181	201207386	场发射扫描电子显微镜	Hitachi S-4800 场发射扫描电镜	化学与分子工程学院	邹德春
182	201015728	电感耦合等离子质谱仪	XSEKIES2	环境科学与工程学院	陈 倩
183	200916336	高级微波消解系统	ETHOS1	环境科学与工程学院	陈 倩
184	201014677	紫外-可见-近红外拉曼光谱仪	LABRAM HR800	信息科学技术学院	王 胜
185	201005272	磁控溅射镀膜仪	PVD75	信息科学技术学院	许胜勇
186	201314384	流式细胞分析仪	LSRFortessa	生命科学学院	罗春雄
187	200912731	场发射环境扫描电镜	FEI Quanta 600	信息科学技术学院	魏贤龙
188	201308908	全谱直读等离子发射光谱仪	Prodigy	工学院	刘丽丽
189	201403022	场发射透射电子显微镜	JEM-2100F	化学与分子工程学院	鞠 晶
190	201715262	氦离子显微镜	Zeiss Orion NanoFab	电镜实验室	朱 瑞
191	201015295	非接触式材料及结构应力场成像系统（红外热像仪）	SC7300M	工学院	强 明
192	201413387	核磁共振波谱仪	Bruker-400	化学与分子工程学院	扶 晖
193	201414008	全谱直读等离子体发射光谱仪	BLUE SOP	地球与空间科学学院	沈 冰
194	200201526	荧光光谱仪	Fluorolog-3	化学与分子工程学院	关 妍
195	200507398	皮秒荧光寿命测定仪	lifepec -Red	化学与分子工程学院	陈明星
196	201311874	荧光光谱仪	FLS980-S2S2-stm	化学与分子工程学院	陈明星
197	201528456	拉曼红外光谱系统	DXRxi & iS50	化学与分子工程学院	潘 伟
198	201528493	紫外-可见-近红外分光光度计	UV-3600 Plus	化学与分子工程学院	陈明星
199	201605866	台式扫描电子显微镜	JCM-6000Plus	地球与空间科学学院	郭艳军
200	201512545	粉末X射线衍射仪	X-Pert3 Powder	化学与分子工程学院	苏 婕
201	201511079	流变仪	ARES G2	化学与分子工程学院	张文彬
202	201604847	凝胶色谱系统	Optilab T-rEX	化学与分子工程学院	吕 华
203	201508344	液相色谱-质谱联用仪	UPLC H-Class/SQD2/Acquity QDa	化学与分子工程学院	吕 华
204	201517170	流式细胞分析仪	LSRFortessa	化学与分子工程学院	吕 华
205	201707118	单晶X射线衍射仪	XtaLAB PRO 007HF（Mo）	化学与分子工程学院	苏 婕
206	000000002	冷冻透射电子显微镜	Titan Krios G2 300	电镜实验室	李雪梅
207	201408503	原子力显微镜	BRUKER DIMENSION ICON	信息科学技术学院	傅云义
208	201712984	X射线光电子能谱仪	AXIS Supra	化学与分子工程学院	谢景林
209	201710296	多接收等离子体质谱仪	Nu Plasma II	地球与空间科学学院	张贵宾
210	201517519	磁学测量系统	MPMS3	物理学院	叶子荣
211	201528549	超高分辨四级杆串联傅里叶变换质谱仪	solariX XR	化学与分子工程学院	周 江
212	201612801	无液氦综合物性测量系统	DYNACOOL-9	物理学院	叶子荣
213	201709734	高分辨等离子体质谱仪	ELEMENT XR	化学与分子工程学院	李泽军
214	201713537	材料综合物性测量系统	PPMS-9	物理学院	杨文云

（张楠楠）

表 9-30　2008—2018 年北京大学大型仪器设备测试服务收入统计表
（校本部，不含开放测试基金）

年度	金额（万元）
2008	693.3
2009	1159.0
2010	1864.0
2011	1960.4
2012	3675.0
2013	5522.0
2014	5353.2
2015	6872.15
2016	7190.0
2017	7469.0
2018	8447.0

（张楠楠）

表 9-31　2018 年北京大学大型仪器设备购置论证统计表

序号	设备名称	所属院系	论证预算（万元）	资金来源
1	原子力显微镜	物理学院	54.00	国家自然科学基金委项目
2	实时在线反应分析系统	工学院	71.40	北京大学教育基金会必和必拓捐赠经费
3	被动型氢原子钟	信息科学技术学院	67.00	高性能光抽运铯原子频率标准工程样机研制
4	光合荧光测量系统	城市与环境学院	67.40	统筹支持一流大学与一流学科建设经费
5	喷淋式进样热壁化学气相沉积生长系统	化学与分子工程学院	70.00	科技部国家重点研发计划纳米科技专项项目
6	动静态拉扭双轴试验机	工学院	175.00	湍流重点实验室仪器项目
7	超声波疲劳试验机	工学院	105.00	湍流重点实验室仪器项目
8	紫外曝光机	信息科学技术学院	112.00	测试费
9	低温原子力磁力显微镜	工学院	200.00	高精尖中心经费
10	全自动蛋白质印迹定量分析系统	生命科学学院	140.00	统筹支持一流大学与一流学科经费
11	液相色谱质谱联用仪	工学院	93.20	北京大学教育基金会必和必拓捐赠经费
12	流式细胞分析仪	生命科学学院	130.00	统筹支持一流大学与一流学科经费
13	太赫兹红外光谱仪	地球与空间科学学院	295.00	统筹支持一流大学与一流学科经费
14	三维自动成像分析系统	信息科学技术学院	79.50	统筹支持一流大学与一流学科经费
15	高频 PIV 激光器系统	工学院	78.80	北京市高精尖中心
16	显微角分辨光谱仪	信息科学技术学院	78.50	双一流＋973＋国重实验室＋自然基金
17	太赫兹激光器	信息科学技术学院	88.00	学科建设费＋预研重点基金项目
18	半挥发性气溶胶热解气相色谱采集系统	环境科学与工程学院	96.23	高精尖中心设备费
19	气相色谱/质谱联用仪	环境科学与工程学院	56.68	高精尖中心设备费
20	高级光合荧光测量系统	城市与环境学院	56.16	统筹支持一流大学与一流学科经费
21	探针台	信息科学技术学院	191.00	纳光电子制备与低温系统建设
22	半导体特性分析系统	信息科学技术学院	97.00	纳光电子制备与低温系统建设
23	极低温制冷系统	物理学院	430.00	统筹支持一流大学与一流学科经费

序号	设备名称	所属院系	论证预算（万元）	资金来源
24	高性能计算集群	地球与空间科学学院	120.00	统筹支持一流大学与一流学科经费
25	高频多通道可编程超声成像平台	分子医学研究所	284.11	基金委国家重大科研仪器设备研发专项
26	超高真空电子束蒸发镀膜系统	物理学院	260.00	统筹支持一流大学与一流学科经费
27	裂变径迹定年系统	地球与空间科学学院	120.00	统筹支持一流大学与一流学科经费
28	热蒸镀手套箱系统	信息科学技术学院	125.00	科工局稳定支持项目及学科建设费
29	X-射线光电子能谱仪	工学院	418.00	统筹支持一流大学与一流学科经费
30	化学机械抛光机	信息科学技术学院	157.80	统筹支持一流大学与一流学科经费
31	电子束曝光系统	工学院	111.00	青年千人启动经费
32	高真空镀膜仪	工学院	57.00	青年千人启动经费
33	氮氧化物激光诱导荧光检测系统	环境科学与工程学院	180.00	青年千人启动经费
34	超高真空闭循环扫描探针显微镜	化学与分子工程学院	347.35	统筹支持一流大学与一流学科经费
35	低温无液氦超导磁体系统	物理学院	170.00	2011计划
36	超高压高效液相色谱仪	环境科学与工程学院	61.00	国家重点实验室设备费
37	分选型流式细胞仪	生命科学学院	528.00	高精尖创新中心经费
38	分选型流式细胞仪	生命科学学院	317.00	高精尖创新中心经费
39	一体化皮秒OPO激光器	生命科学学院	166.00	统筹支持一流大学与一流学科经费
40	多光子激光扫描成像系统	生命科学学院	192.00	统筹支持一流大学与一流学科经费
41	高性能计算集群	物理学院	88.00	见备注
42	涡度相关测量系统	城市与环境学院	180.00	统筹支持一流大学与一流学科经费
43	高性能集群		880.00	发改委
44	气相色谱-质谱联用仪	环境科学与工程学院	147.00	国家重点实验室仪器专项+青年千人启动
45	离子色谱仪	环境科学与工程学院	55.00	国家重点实验室仪器专项
46	选区激光熔融金属3D打印机	工学院	100.00	统筹支持一流大学与一流学科经费
47	扫描探针显微镜	信息科学技术学院	190.00	科技委重点培育项目
48	超快实时双标放射自显影系统	化学与分子工程学院	150.00	国家重点实验室设备专用经费
49	近常压X射线光电子能谱仪	化学与分子工程学院	800.00	双一流和科研配套经费
50	高分辨液质联用仪	化学与分子工程学院	850.00	统筹支持一流大学与一流学科建设经费
51	循环制备液相色谱	化学与分子工程学院	51.44	统筹支持一流大学与一流学科经费
52	光学参量放大器	物理学院	53.85	国家重点实验室设备更新费
53	超连续谱光源	物理学院	67.00	国家重点实验室设备更新费
54	液相色谱串联四级杆质谱	北大-清华生命科学联合中心	180.00	生命科学联合中心
55	智能化全自动流式细胞分选仪	前沿交叉学科研究院	198.00	生命科学联合中心
56	飞行时间角分辨光电子能谱仪	物理学院	790.00	重点实验室设备更新费+学科建设费
57	高内涵成像分析系统	城市与环境学院	150.00	统筹支持一流大学和一流学科建设经费
58	高通量单细胞表达谱文库制备解码系统	前沿交叉学科研究院	116.28	生命科学联合中心
59	光谱仪	地球与空间科学学院	55.00	统筹支持一流大学与一流学科建设经费
60	高通量单细胞表达谱文库制备解码系统	生命科学学院	84.00	统筹支持一流大学与一流学科建设经费
61	超高分辨率激光扫描共聚焦显微镜	现代农学院（筹）	240.00	统筹支持一流大学与一流学科经费
62	液相悬浮芯片分析系统	生命科学学院	50.00	统筹支持一流大学与一流学科建设经费

(续表)

序号	设备名称	所属院系	论证预算（万元）	资金来源
63	快速纯化液相色谱系统	现代农学院（筹）	70.54	统筹支持一流大学与一流学科建设经费
64	快速纯化液相色谱系统	生命科学学院	77.91	统筹支持一流大学与一流学科建设经费
65	磁带库	图书馆	60.00	统筹支持一流大学与一流学科建设经费
66	阴极发光探测系统	物理学院	240.00	双一流＋973＋国重实验室
67	扫描电子显微镜	物理学院	240.00	双一流＋973＋国重实验室
68	串级质谱仪	城市与环境学院	97.00	2019修购基金
69	多光谱激光成像仪	前沿交叉学科研究院	95.20	生命科学联合中心
70	多功能微孔板检测分析系统	化学与分子工程学院	56.40	北京大学清华大学生命科学联合中心经费
71	快速纯化液相色谱系统	化学与分子工程学院	56.20	北京大学清华大学生命科学联合中心经费
72	氙灯试验箱	图书馆	50.00	引导专项
73	固定波长飞秒激光器	生命科学学院	52.00	引导专项
74	转盘式激光共聚焦活细胞成像系统	前沿交叉学科研究院	289.00	生命科学联合中心
75	高内涵成像分析系统	前沿交叉学科研究院	200.00	生命科学联合中心
76	二氧化碳同位素分析仪	城市与环境学院	60.00	统筹支持一流大学与一流学科建设经费
77	液压伺服疲劳测试系统	工学院	166.40	北京市高精尖中心
78	飞秒激光器	物理学院	170.00	青年千人启动经费＋杰出青年科学基金
79	超导纳米线单光子探测器	物理学院	190.80	统筹支持一流大学与一流学科建设经费
80	服务器	计算中心	90.00	2019修购项目
81	电子顺磁共振波谱仪	地球与空间科学学院	210.00	2019修购项目
82	脉动真空灭菌器，空气组合净化机组，风冷	实验动物中心	148.00	2019修购项目
83	聚焦离子束系统：样品台，控制系统，高压	物理学院	95.00	2019修购项目
84	液相色谱-原子荧光联用仪	化学与分子工程学院	50.00	2019修购项目
85	单晶X射线衍射仪	化学与分子工程学院	400.00	2019修购项目
86	液氦变温稳态瞬态荧光/瞬态吸收测量系统	化学与分子工程学院	320.00	2019修购项目
87	600MHz核磁共振控制系统及400MHz探头	核磁共振中心	247.80	2019修购项目
88	气相色谱三重四极杆质谱联用仪	环境科学与工程学院	115.00	2019修购项目
89	探针台	信息科学技术学院	168.00	2019修购项目
90	气相色谱质谱联用仪	环境科学与工程学院	68.00	2019修购项目
91	晶格光片显微镜	分子医学研究所	620.00	国家重点实验室经费
92	多模式转盘共聚焦显微成像平台	生命科学学院	440.00	国家重点实验室经费
93	分析型超速离心机	分子医学研究所	280.00	国家重点实验室经费
94	低温强磁场稀释制冷机系统	物理学院	415.00	统筹支持一流大学与一流学科建设经费
95	低温强磁场稀释制冷机系统	物理学院	415.00	统筹支持一流大学与一流学科建设经费
96	近场和飞秒时间分辨拉曼光谱仪	物理学院	350.00	国家重点实验室设备费
97	氧化亚氮/甲烷分析仪	城市与环境学院	82.00	统筹支持一流大学与一流学科建设经费
98	微探测综合矿物分析系统	地球与空间科学学院	316.20	国家重点实验室经费

（续表）

序号	设备名称	所属院系	论证预算（万元）	资金来源
99	分子束外延系统	物理学院	42.00	统筹支持一流大学与一流学科建设经费
100	磁控溅射系统	物理学院	42.00	统筹支持一流大学与一流学科建设经费
101	激光扫描共聚焦显微镜	生命科学学院	185.00	国家重点实验室设备经费
102	全自动荧光显微成像系统	生命科学学院	63.00	国家重点实验室设备经费
103	聚焦超声系统	生命科学学院	48.00	国家重点实验室设备经费
104	快速超高分辨率检测系统	生命科学学院	163.00	国家重点实验室设备经费
105	纳流液相色谱	化学与分子工程学院	49.00	统筹支持一流大学与一流学科建设经费
106	三重四极杆质谱仪	生命科学学院	350.00	CLS+SFBC
107	近红外 InGaAs 面阵探测器	信息科学技术学院	90.00	统筹支持一流大学与一流学科建设经费
108	数字通信分析仪	信息科学技术学院	150.00	统筹支持一流大学与一流学科建设经费
109	任意波形发生器	信息科学技术学院	105.00	统筹支持一流大学与一流学科建设经费
110	高速互补金属氧化物半导体相机	物理学院	64.00	统筹支持一流大学与一流学科建设经费
111	高温分子束外延系统	物理学院	363.00	国家重点实验室设备建设和更新费用
112	非结构型数据分布式存储设备	生命科学学院	190.00	国家重点实验室经费
113	高性能存储计算集群	生命科学学院	190.00	国家重点实验室经费
114	光学平台	物理学院	56.50	国家重点实验室经费
115	宽波段光谱分析仪	信息科学技术学院	50.00	统筹支持一流大学与一流学科建设经费
116	频谱分析仪	信息科学技术学院	55.00	统筹支持一流大学与一流学科建设经费
117	心脏离体灌流系统	分子医学研究所	95.03	国家重点实验室经费
118	细胞收缩与离子浓度测量系统	分子医学研究所	97.00	国家重点实验室经费
119	明场、荧光计薄片扫描与分析系统	分子医学研究所	149.00	国家重点实验室经费
120	蛋白质免疫分析工作站*	生命科学学院	140.00	国家重点实验室设备专用经费
121	DNA/RNA 合成仪	生命科学学院	57.00	国家重点实验室设备专用经费
122	聚焦超声系统	生命科学学院	54.00	国家重点实验室设备专用经费
123	高分辨率活细胞成像系统	生命科学学院	195.00	国家重点实验室设备专用经费
124	分选流式细胞仪	生命科学学院	195.00	国家重点实验室设备专用经费
125	液滴式测序文库构建系统	生命科学学院	175.00	国家重点实验室设备专用经费
126	数字切片扫描系统	生命科学学院	90.00	国家重点实验室设备专用经费
127	实时荧光定量 PCR 仪	生命科学学院	46.00	国家重点实验室设备专用经费
128	实时荧光定量 PCR 仪	生命科学学院	49.00	国家重点实验室设备专用经费
129	生物惰性双梯度液相色谱	生命科学学院	82.00	国家重点实验室设备专用经费
130	高分辨液质联用仪	环境科学与工程学院	480.00	统筹支持一流大学与一流学科建设经费
131	等离子体质谱仪	地球与空间科学学院	100.00	统筹支持一流大学与一流学科建设经费
132	电化学质谱仪	工学院	50.00	科技部 973 项目
133	晶圆尺寸超高真空镀膜系统	化学与分子工程学院	140.00	自然基金
134	北极星高性能计算平台	北大-清华生命科学联合中心	940.00	联合中心＋平台
135	高性能湍流数值风洞系统（计算集群部分）	工学院	1,350.00	国重实验室

(续表)

序号	设备名称	所属院系	论证预算（万元）	资金来源
136	电子顺磁共振波谱仪	环境科学与工程学院	60.00	中央高校建设世界一流大学（学科）经费
137	视频存储网系统	新闻与传播学院	60.00	中央高校改善基本办学条件专项资金
138	精密变温分析探针台	信息科学技术学院	130.00	国家重点研发计划
139	超高效液相色谱	城市与环境学院	57.00	修购基金
140	氦气液化系统	物理学院	100.00	2011计划
141	无液氦超导磁体低温系统	物理学院	265.00	统筹支持一流大学与一流学科建设经费
142	近红外光谱分析仪	物理学院	47.00	国重实验室经费＋国家重点研发计划
143	超高分辨SRRF多光谱显微镜	生命科学学院	519.00	国重＋联合中心＋生命学院经费
144	探针台	信息科学技术学院	50.00	修购基金
145	超高速共聚焦活细胞成像系统	生命科学学院	348.40	国家重点实验室设备费
146	无液氦综合物性测量系统	化学与分子工程学院	233.00	北京市科委项目
147	高功率2皮秒泵浦激光器	生命科学学院	200.00	引导专项
148	308nm高能窄带高重频激光系统	环境科学与工程学院	108.50	国家重点研发计划项目
149	飞秒脉冲激光器	工学院	69.30	青年千人启动资金
150	聚焦超声换能器	工学院	82.23	杰出青年基金、国家重大科研仪器研制专项
151	多通道超声测试系统	工学院	107.80	国家自然科学基金重大科研仪器研制项目
152	真空型傅立叶变换红外光谱仪	工学院	88.37	高精尖中心专项经费

（张宇波）

医学部实验室与设备管理

【发展概况】 组织结构。北京大学医学部设备与实验室管理处（以下简称设实处）是医学部设备采购与实验室管理的归口管理部门，主要包括三部分职能：一是负责医学部的各类设备采购、进口设备免税办理、大型仪器设备使用管理、教学仪器设备维修维护等相关事宜；二是负责医学部实验室建设的服务支撑、实验室安全相关、实验用品询购与供应、危险化学试剂管理等；三是负责医学部仪器设备和家具类的固定资产管理工作。设实处下设3个办公室：综合办公室、设备管理办公室、实验室管理办公室。2018年设实处共有职工22人，其中正式在编职工18人，离退休返聘人员1人，合同制员工3人；高级职称人员4人，中级职称人员8人。

制度建设。制定《北京大学医学部麻醉药品和精神药品使用管理细则》《北京大学医学部易燃易爆危险物品和场所防火防爆管理制度》《北京大学医学部易制爆化学品制度》，进一步完善资产采购、处置、平台安全、实验室安全、廉洁自律等方面的规范管理。

资产管理。截至2018年底，医学部共有仪器设备85,011台，价值18.54亿元，40万元以上大型科学仪器设备617台，价值7.87亿元。2018年医学部新增1000元（含）以上仪器设备10,241台，价值2.16亿元，其中，新增40万元以上大型仪器设备63台，价值0.88亿元。2018年共报废仪器设备4856台，原值0.55亿，为学校回收设备残值35万元，完成报备2批次。完成教育部、财政部、国家机关事务管理局以及北京大学和医学部各类数据统计报表上报工作。

大型仪器设备效益管理。组织第26期大型仪器开放测试基金申报工作，批准课题10个，获批基金4万元。推动预约共享平台上大型仪器设备维修基金管理工作，针对一般教学、科研类设备，共完成2台设备维修审批。组织完成20台（套）价值80万元以上大型设备购置前可行性论证工作。完成119台50万元以上大型仪器设备基本信息和全校设备概况的统计上报。

实验室管理工作。完成医学部106个实验室基础信息普查以及北京大学实验室5个工作先进集体和8个先进个人评选工作。进行管控试剂药品的供应工作及废旧试剂的处置工作，组织配送液氮44,174升，配送试剂2000余件，处理实验室危险废液、试剂空瓶等共计136吨，涉及处理费用211.74万元。组织5次报废设备处置拍卖（2365台件，原值4700万元），回收报废残值28.46万元。按照西北区建设规划，配合国重1号楼和细胞楼整体拆除，3

天内共回收清运剧毒品 27 瓶、试剂空瓶 750 箱、箱装试剂 600 箱，桶装废液 170 桶，现场处置拍卖西北区报废设备 811 台件。继续开展 10 年以上 15 台电加热设备免费更新工作，免费为实验室提供 300 个盛装硅胶塑料桶，加强实验室气体管理，继续推行气体钢瓶租赁制度，目前在租气体钢瓶 79 个，2018 年新增 49 个，回收报废气体钢瓶 31 个。

（张慧玲）

实验室安全管理。2018 年设实处继续抓好安全教育培训，先后组织基础医学院新生开展 3 次实验室安全入学教育培训，组织辐射安全管理小组成员参加北京市辐射安全管理与防护培训，组织辐射工作人员进行内部交流培训。加大实验检查力度，组织开展 3 次细致的全校实验室安全检查，在"两会"、中非合作论坛北京峰会等关键时期进行重点抽查，及时发现和排除安全隐患。

强化放射性物质监管，共计办理 S-35、P-32 等 4 种非密封放射性物质 80 次转让审批手续，收缴 Tc-99m 和 125I 标记的小鼠动物尸体 745 只，送储 I-125、H-3 等 3 种核素共 31 桶固体放射性废物，委托中国核工业地质研究院进行放射性水平现状监测工作，完成 34 人次的辐射工作人员个人剂量监测，组织处理实验室危险废液等共计约 14.18 吨，处理费用 220.58 万元；组织处理实验动物废弃物共计 91 吨，处理费用 27.3 万元。

按照北京市公安局有关要求和《北京大学医学部麻醉药品和精神药品使用管理细则》，推动易制爆、易制毒化学品库房和麻精药品库房及二级单位暂存库房改造，严格麻精药品和易制爆、易制毒化学品审批及采购，共计办理化学品和麻精药品手续 43 批次。

（俞赤卉）

仪器设备采购。2018 年，设实处进一步完善采购制度，规范仪器设备采购申报、审批程序以及招标采购流程。2018 年医学部仪器设备采购总额达 1.71 亿元，组织设备招标和竞争性磋商 69 次 77 包，中标金额共计 1.07 亿元。通过招标和谈判，为学校节省经费约 277.2 万元；根据相关规定组织审批免招标 3 次，共计金额 209.9 万元。签订国内采购合同（5 万元及以上）369 项，共计金额 0.74 亿元；签订外贸合同 164 个，共计金额 0.97 亿元。办理科教用品免税 161 项，免税合同金额折合人民币 0.97 亿元，按平均税率 20% 计算，为学校免除设备进口税款约 0.19 亿元。确定医学部 2018—2021 年度外贸代理公司三家，确定两家公司为医学部提供两年设备招标代理服务。

（姚婧婧）

【仪器设备国有资产清查】 根据政府会计制度的要求，按照学校统一工作部署，2018 年 11 月 9 日医学部对固定资产进行全面清查，组织各单位开展自查工作。此次清查以 10 月 31 日为基准日，凡在此日期之前建账的设备均为本次清查的范围，要求各单位对资产账和实物逐一进行盘点核对，上报"2018 年设备清查问题清单"，设实处为各单位及时补打设备标签，协助各单位梳理各类资产管理问题，解答清查工作难点和疑点，逐一落实解决清单问题并督促各单位进行整改。12 月 14 日，医学部各单位顺利完成资产清查工作。本次清查中无盘盈设备；盘亏设备共计 2958 台/件，账面原值 19,300,420.59 元。此次清查工作有利于进一步明晰资产使用责任主体，清理核实固定资产等资产数据。

（张慧玲）

【实验用品在线询购系统运营及管理】 2018 年，实验室与设备管理信息系统平稳运行，数据库产品数 4880 万余条，准入供货商 412 家，订单总数 99,374 笔（包括系统外采购），总金额 10,176 余万（包括系统外采购），全年给供货商结账总金额 8130 万元。完成 2018 年询购系统供货商资格审核工作，收集审核材料 340 份。针对询购系统目前存在的问题，对 4 家软件供应商分别进行调研考察。

（俞赤卉）

审计工作

【发展概况】 北京大学审计室是负责全校内部审计工作的职能部门，内设财务审计、管理审计、工程审计 3 个办公室。现有在编人员 10 人，合同制人员 3 人。

学校预算管理审计。2018 年，对于预算的编制和调整，审计室提前介入，列席有关决策会议，提出审计意见和建议。对学校 2018 年预算管理情况进行审计，重点对预算依据充分性、预算编制完整性、预算安排合理性、预算调整规范性等进行审计，并重点关注资金绩效。对收支规模大、业务活动复杂的二级单位预算执行情况和重点项目预算执行情况进行审计，通过审计促进二级单位提高预算资金使用效益。

领导干部经济责任审计。1. 经济责任审计范围逐步扩大，并严格按照国家经济责任审计规定有关要求，做到应审尽审、凡审必严、严肃追责。加强对管理部门经济责任审计的分类管理，采取有效审计方式，提高审计绩效。2. 坚持以综合管理审计为业务基础，突出对领导干部履职尽责、优化管理、管理绩效的审计，以促进优化单位管控机制、规范权力运行。3. 及时揭示提醒在履行权力过程中出现的不负责任、绩效不高等问题和风险，积极督促整改，切实推动领导人员履职尽责，全面落实经济责任。4. 在部门网站公示的基础上，将所有经济责任审计项目在校内门户上进行公示，进一步加强信息公开。

建设工程投资评审。持续优化建设工程投资评审制度，通过强化分类管理、实行限额设计、规范评审等方式，加强建设投资前期的宏观管理和总量控制,促进学校建设工程在确保工程质量和功能需求的前提下,对重大投资变化加强造价管理,明确造价控制目标。组织召开学校建设工程投资评审小组会议5次,共对15项投资计划76项投资立项报告进行评审,批复建安工程费用总额15.47亿元。

建设工程管理审计。加强对建设工程内部控制的审计,推动建设工程项目归口管理,优化流程设计。完成2018年建设工程全过程审计机构招投标工作,签订年度委托业务合同,整合修订2018年建设工程审计中介机构管理评价办法及相关评价指标体系。

其他审计工作。在科研管理审计方面,突出对重点环节、薄弱控制的审计,坚持激励科研人员和确保资金安全并重;在资产管理审计方面,坚持以规范学校资产管理、提高资产使用效益、落实管理责任为重点。5月,承担并圆满完成教育部专项审计项目——部属高校校长经济责任审计。

参与学校"三重一大"经济事项。持续践行内部审计"建设性"理念,参与学校预算管理、财务管理、资产管理、采购管理、建设工程管理等方面10余个专门委员会和小组的工作,优化资源管理内部控制,促进提高资源效益。

审计工作数量。2018年,共完成审计审签项目(出具审计报告、意见)955项,包括综合管理审计、经济责任审计、建设投资评审、建设工程管理审计、参与"三重一大"经济事项等5个方面25个类别的工作,提出审计建议211条。同时承担并圆满完成1项教育部专项审计项目。

审计工作绩效。增收节支、创造效益。通过综合管理审计、工程造价审计,增收节支6600多万元;通过工程月度拨款审计,直接减少月度拨款2900万元。纠正和处理违法违规事项,防范违规风险。优化学校内部管理控制机制,落实经济责任,提高资源绩效。

专业化建设。继续加强审计队伍专业化、职业化建设。审计室具有国际注册内部审计师9名、中国注册会计师3名、法律职业资格1名、高级职称6名。通过设置主审、高级主审等部门专业职务,为审计业务发展提供人才保障。结合业务最新发展,修订完善审计业务手册,深入运用"业务分析""问题导向""数据式审计"等技术方法,不断总结提炼业务技能,提高审计专业服务质量。

党建工作。2018年,审计室根据学校党委的要求和本部门的工作特点,将党建工作与不断优化审计业务相结合。1.持续推进"两学一做"学习教育常态化制度化,严格落实"三会一课"制度,认真开展学习习近平总书记系列讲话精神、学习十九大会议精神等教育活动。2.组织基层党建活动。2018年,党支部建立图书角,汇集19套党建学习和业务管理学习资料。党支部"探析基层党组织生活的方法——以阅读思考和实践为基础更好发挥党组织中流砥柱作用"项目获得北京大学基层党建创新立项三类项目。

(张 婷)

表9-32 2018年度部门项目情况统计表

序号	方面	类别	2018年完成项目数
1	综合管理审计	预算管理审计	1
		内部控制评审	18
		大额资金管理审计(校本级及12家二级独立核算单位月度审计)	156
		资产管理审计	0
		采购管理审计(大额货物、服务等)	0
		二级单位管理审计	22
		科研项目管理审计、审签	87
		专项审计(调查)	3
		小计	287
2	经济责任审计	中层领导干部经济责任审计	16
		提任副校级领导干部经济责任审计	2
		小计	18
3	建设投资评审	投资计划评审(1000万以上项目)	15
		设计立项评审(50万元以上项目)	70
		小计	85

(续表)

序号	方面	类别	2018年完成项目数
4	工程管理审计	招标控制价审计（50万元以上项目）	86
		竣工结算审计（20万元以上项目）	93
		招标文件审计（50万元以上项目）	141
		大型项目评标监管	18
		合同审计（50万元以上项目）	71
		工程月度请款审计（5个管理部门）	37
		拆迁管理审计（2个拆迁项目）	9
		小计	455
5	参与"三重一大"事项	预算、财务管理类	28
		资产管理类	25
		采购招标管理类	20
		建设工程管理类	30
		教学科研类	3
		其他	4
		小计	110
		合计	955

（张　婷）

医学部审计工作

【发展概况】 机构人员设置。北京大学医学部审计室是医学部内部审计机构，主要开展经济责任审计、建设工程管理审计、专项审计和协查工作、科研经费审签、银行对账单审签等工作，向被审计单位和有关方面提出审计建议，发挥审计监督和服务保障作用。医学部审计室于2018年8月完成副职干部调整，12月完成科级干部调整，退休1人、调入1人，现有在职人员6人，由具备经济、管理、法律、建设工程等方面背景和必要的职业资格的专业人员组成。

经济责任审计。2018年，按照干部人事管理权限，医学部审计室受党委组织部委托，开展医学部职能部处、学院、附属医院经济责任审计及整改相关工作共17项。在审计内容上，医学部内经济责任审计正式整合综合管理审计，从重要经济事项决策、预算管理与执行、内部控制等角度，为有关单位提供风险管理建议；在审计形式上，附属医院经济责任审计委托社会中介机构实施，提升审计效率，同时通过工作进度周报、审计阶段沟通会、审计质量督导会等形式严密审计质量控制；为提升整改工作质量和效果，继续建立经济责任审计整改台账，督促被审计单位及时反馈审计整改方案、整改期限以及最终结果，形成促进规则优化、完善内部管理、帮助解决问题的审计闭环管理。

建设工程管理审计。将游泳馆、医药科技园区综合楼一期工程、图书馆改扩建工程等项目纳入全过程审计管理，完成结算审计项目60项，以控制工程造价、规范工程管理、落实管理责任为重点，在建设工程投资评审、工程项目规划设计、招标议标、合同审签、工程款支付审签、工程审计质量管理各环节，与相关部门加大沟通力度，确保问题随发现、随解决。继续优化审计工作流程，制定《北京大学医学部建设工程管理审计程序（试行）》，规范建设工程管理审计，加强工程审计信息化管理。

专项审计和协查工作。配合有关部门，完成医学部西北区拆迁腾挪专项审计、医学部2014年至2017年共建医院（滨海医院）学科建设项目专项经费审计。与纪检监察部门加强协作配合，完成协查工作1项。

其他工作。参与医学部"三重一大"经济事项、预算管理等多个委员会和小组工作。配合货币资金管理，完成医学部银行存款对账单月度审签工作。根据科研管理工作需要，开展医学部科研经费审签工作。

党风廉政建设。医学部审计室将党风廉政建设嵌入行政管理和业务工作之中，对内严以律己，对外依法履行审计监督权。党支部突出政治功能，坚持理论学习与业务学习两手抓、两不误；贯彻"三会一课"制度，及时传达落实上级决议、决定和工作部署；抓好党的后备力量建设。审计行政、支部、工会共同活动，通过开展中央审计委员会第一次会议精神知识竞赛、审计署关于内部审计工作规定知识竞赛，观看歌剧《呦呦鹿鸣》、参观纪念马克思诞辰200周年主题展览等活动，不断增强审计队伍凝聚力，党政协同努力建设信念坚定、业务精通、作风务实、清正廉洁的高素质专业化审计队伍。

（张 莹）

网络安全与信息化管理

【发展概况】 2018年7月，学校党委常委会、学校机构编制委员会分别审议北京大学网络安全和信息化机构建设议题，决定筹建正处级网络安全和信息化委员会办公室（以下简称"网信办"）。网信办是学校网络安全和信息化工作的归口管理部门，挂靠党委办公室校长办公室。2018年12月，学校将原信息化领导机构调整为北京大学网络安全和信息化委员会，并成立北京大学网络安全和信息化工作小组，该小组承担委员会日常组织运转功能。

开展网络安全等级保护。启动年度网络安全等级保护工作。截至2018年底，完成学校13个重要信息系统的重新定级备案，并为系统测评做相应准备。网信办主要负责校级网络安全制度的建立健全。组织起草《北京大学网络安全管理办法》（征求意见稿），该办法建立集防御、监测、响应、处置全流程于一体、覆盖校内各单位、师生员工、网站和信息系统的网络安全保障体系。2018年底，网信办就该办法向十余个单位进行第一轮征求意见。

完善网络技术安全与舆情安全风险管理体系。2018年，学校收到来自教育部科技司的网络安全风险通报51个，来自公安局内保局的通报8个，网信办督促相关单位完成安全整改，并向上级反馈整改情况。向校内50多个单位发出网络安全风险通知220份，并督促相关单位进行安全整改。将各级单位自建网站统一迁移至学校网站群中，规范网站建设内容，加强网站的安全防范，保障教学、科研、管理和服务等工作的正常开展，提升网络安全防护能力。截至2018年底，已有300余个各类网站迁入网站群。

信息化日常管理和服务。1.信息化经费管理。对2018年的信息化经费申报进行规模控制，共申报260万信息化建设经费，涵盖信息系统等级保护咨询服务及测评、网络舆情监控系统建设经费及研究生教育管理信息系统建设等项目。

2.信息化项目管理。（1）研究生教育管理信息系统阶段性结项。9月20日，网信办召集研究生院、审计室、财务部、计算中心、法律顾问办等单位召开研究生教育管理信息系统项目阶段性结项协调会，会议讨论通过了结项决定。（2）科研管理综合信息系统上线验收。12月28日，网信办组织召开科研管理综合信息系统上线验收会，系统有关单位负责人及校内外专家参会。经过评审，与会专家一致同意通过验收。（3）编码管理。2018年，共发放7个新增单位编码，包括：创新创业学院、附属幼儿园、习近平新时代中国特色社会主义思想研究院、国内合作委员会办公室、党委巡察办公室、内部控制管理办公室、生物医学前沿创新中心。（4）大型软件购置审批。2018年，共审批"国发院BIMBA英文网站设计改版"等117项大型软件，协调组织三场超过40万大型软件的采购可行性论证会，包括：工学院Petrel二次开发工具Ocean可行性论证、档案馆档案信息系统可行性论证、计算中心北京大学流程管理平台。

【专题调研】 2018年，网信办组织计算中心、青年研究中心对兄弟高校信息化部门开展专题调研，调研学校有：中国人民大学（5月24日）、清华大学（6月1日）、北京师范大学（6月6日）、北京理工大学（6月13日）、内蒙古大学（8月22日）、西安交通大学（10月22日）。网信办还参加了全国高校CIO论坛（10月23/24日）、大数据与高校学生工作创新论坛（11月17日）等。经过调研，网信办进一步厘清了自身的定位、职责，提出了内设机构、工作机制及人员结构等的建议方案。

【全校信息数据共享平台建设】 网信办协同计算中心，开展校内需求调研，研究推进全校性数据共享平台总体方案。11月30日组织召开北京大学信息数据共享平台建设启动会，进一步细化工作方案。信息数据共享平台建设工作分三个阶段推进：一是实现单位内部信息共享；二是初步实现重点领域数据共享；三是为重点领域"校园大数据运用"提供数据服务，实现对跨部门业务应用的支撑。

（蒋广学、闫保桦、陈 晨、刘福东）

计算中心

【发展概况】 人员情况。截至2018年底，计算中心共有职工84人，其中，正式在岗职工62人，返聘10人；正高级职称6人，副高级职称32人，中级职称21人，初级职称3人。具有硕士及以上学历的人员52人，占中心总人数84%，其中具有博士学位的人员7人。2018年中心新入职2人，调入3人，退休3人，离职1人。

科研工作。参与完成1项国家863计划课题验收，在研项目5项，包括国家发改委项目2项、赛尔网络下一代互联网技术创新项目3项，申请9项软件著作权和2项专利。2018年共发表论文12篇，其中核心期刊10篇、EI检索2篇。

校园网公共服务建设。1.完善校园网出口管理，将校园网IPv4的多出口带宽从13.5G扩容至21.85G，并增加校园网出口双核心与IPv4出口防火墙之间的第二组万兆双链路，实现了4×10G的双核心、双冗余结构，初步建立网络运行大数据平台，对互联网访问策略进行优化调整，并对出口流量进行整形优化。

完善校园网核心层、汇聚层建设，更换老旧核心层和汇聚层交换机机箱并升级交换机引擎，全面提升校园网的数据转发能力和整体稳定性。初步建成服务器群专用网络，在保证网络安全的情况下，优化各类用户访问服务器群的访问路径。

2. 完成校内园区多处校园网络的建设和改造升级，进一步增加校园网的覆盖面积，增强覆盖强度，完成工程包括建设勺园酒店的无线网络；建设昌平2、3号楼、校史馆、燕南园57号院、生命科学学院新楼等多栋楼宇的有线无线一体化网络；改造理科1号楼、2号楼、工学院1号楼、理科5号楼、物理大楼、物理金工楼、动力中心、化学楼B区和D区等使用年限超过8年的教学办公楼宇的有线无线网络接入；替换改造承泽园、畅春园、蔚秀园、中关园和燕东园家属宿舍楼老旧交换机；建设ICPC比赛专用网络、办公专用网络和视频直播专用网络。共涉及交换机488台、无线AP2137台、防火墙1台、新增有线及无线布线共1854个，新光缆9条。

校园网基础服务性能的优化方面，进一步提高DHCP的服务稳定性，完成所有IPv4地址分配到DHCP服务器的迁移工作，并在部分地区测试上线DHCPv6服务，加强对接入网络设备（有线接入交换机、无线AP）的管理，进一步提高网管数据的准确性。

3. 完成VPN系统升级。解决了原VPN系统长期负载过高的问题，同时在线用户量达到2000。VPN用户故障排查和日志分析统计系统成功上线，极大减轻用户故障排查的难度，提升快速响应能力，减轻运维压力。

4. 维护基础设施。对1124机房、1340机房、畅春园55号楼、理科二号楼2217、图书馆机房、物理南楼116机房等进行电力扩容和供电系统改造，为校园网运行提供电力保障。利用现有的动环系统，增加了对校园网汇聚机房及重要部位的远程视频监控和温湿度监控。

5. 开发和维护邮件系统。邮件系统软件从CM4.0升级至XT5.0。对新版本详细测试研究，对厂商提出17项修改需求，7月18日正式上线后，系统运行平稳，过渡顺利。针对目前很多邮件系统采用加密方式传送邮件的特点，重新研究设计邮件归档系统的调整归档策略，归档邮件的数量达到过去的3倍以上。师生邮箱容量翻倍，即教工邮箱容量由10G增加为20G，学生的邮箱容量由5G增加为10G。

6. 推进网站群建设。针对院系网站迁移中普遍存在的问题，细化工作计划，着重加强迁移流程的进度控制。同时，为加强网站群的安全管理，配合安全室对网站群的安全架构进行调整和规划。2018年度新完成网站迁移287个，完成网站迁移数量达到368个。

7. 改进校园网用户管理系统。利用北大综合数据平台接口，校园网用户管理系统新增自动为新入职的教职工、博士后建立上网账号和邮箱的功能。配合高性能平台的扩展建设，补充扩展高性能平台计费功能。每位师生用户的校园网网关最大连接数增加至4个。

8. 建成勺园宾馆住客上网认证计费系统。系统使用简便，计费准确，并且与宾馆的酒管系统实现联动，确定每位上网人员实名信息，进一步提高管理效率。新系统于6月8日正式上线运行，截至2018年底有超过3000人次的上网记录，平均每月约500人次。

9. 全球无线漫游education roaming（简称eduroam）服务。2018年3月，计算中心完成eduroam运行分析系统2.0版本的开发和上线。系统采用自助方式，可全程为各个会员学校提供调试帮助和技术指导，并可针对各单位eduroam服务使用情况进行分析，实现多校联合运维和故障排查。下半年，运行分析系统增加校间互访统计功能，新增eduroam微信小程序。2018年eduroam调试完成成员单位新增94个，达到167个。

电子校务开发。1. 完成人事系统中多个子系统和功能的新建或升级改造，新开发劳动合同制入职管理子系统、在职职工入职、博士后入职等3个子系统，上线"在职收入证明"和"公证类证明"2项方便职工的网上办理服务，增加专家委员会申报和管理、薪酬灵活统计、中央保险管理和发放3个管理功能，实现劳动合同制薪酬发放和博士后经费专项管理等业务功能与财务的实时对接；北京大学科研管理综合信息系统一期12月28日顺利通过学校网信办的验收；教职工车证申办、访客预约系统完成开发上线；学科项目管理系统的项目申请经费划拨等多项管理功能完成开发并与财务系统对接并投入运行；完成2018世界哲学大会相关系统和网站的建设工作，为哲学大会的顺利召开提供信息化保障；完成北京大学英文主页和研究生招生网网站建设；实现结业生网上选课的功能，结束手工操作的历史；完成迎新网和新生入学系统的全新改版升级，新增新生拍身份证刷脸的认证功能和博士新生住宿网上申请及住宿抽签的功能，顺利完成2018年的迎新工作；完成北大人脸采集微信小程序的开发；配合政府会计制度改革，开发北京大学财务管理系统2018版；完成新版党校培训系统开发，新版党校系统全面支持浏览器访问、数据共享以及与会议签到系统的对接。

2. 新版研究生招生系统上线运行。研究生招生系统3.0版本的开发自2017年11月启动，经过一年的时间，共完成招生网门户网站、五类学生（硕士、博士、推免、夏令营、港澳台）的网上报名和招生管理三大平台的开发和上线运行，支持北京大学2019年度研究生招生工作。系统在页面自适应、功能全面、业务难点支撑、审计、安全、并发等多个方面表现优异，实现5504个夏令营志愿，11,890个推免志愿、10,643个博士志愿、2088个港澳台志愿、28,974个硕士报名信息、9545条缴费记录准确无误。

3. 校内信息门户网站全新改版上线。新版校内信息门户全方位整合全校师生数据，注重个性化服务，可全面兼容手机、平板、个人电脑等主流终端，全线支持APP、微信等新媒体服务。改版采用扁平化设计理念，界面简洁易用，层次清晰，辨识度高。其中，"办事大厅"全方位整合全校应用，提供一站式服务，信息全面，导航便捷。

4. 完成勤工助学系统、研究生新生政审系统、校园环境与后勤报修平台、宣传部活动和督查专项申报系统、餐饮食堂档口服务评价系统、干部离京请假申报系统等多个系统的开发。

5. 继续对已上线系统进行改善与优化。持续更新改造组工系统、后勤系统、财务系统、捐赠项目管理系统、出国申报及管理系统、肖家河教师住宅管理系统、会议平台、研究生奖助系统、家具管理系统等10余个业务系统，优化业务流程，完善业务功能，提高服务便利性。

公共服务平台建设。1. 教师数据平台建设继续推进。完成以教学科研经历和成果为核心内容的教师"一张表"18大类的数据目录整理，并完成其中16个大类的数据整合和展现。

2. 大数据分析建设取得新进展。校情资源展示平台完成设备资产、出国出境、科研项目和校园卡消费等19项校情资源展示，一共完成45项校情展示。校领导工作台实现并整合全校26类数据分析展示，覆盖学生、教室、教学、科研、后勤保障等多个方面。

3. 门户和微信服务号功能不断丰富完善。实现和接入基本数据、ESI排名、手机绑定情况、学生健康档案等17项服务，并且增加了足迹、热点、搜索、用户身份切换等功能，提升用户使用的便捷性。

4. 多项智能"指数"服务方便师生校园生活。5月16日，"北京大学就餐指数"上线运行，师生可免登录点击校内门户图标实时查看各个食堂的就餐人数、拥挤程度。"停车指数""空闲教室"2项校园生活指数服务也相继上线运行。

高性能计算公共平台建设。2018年完成未名教学一号和未名生科一号2个集群的部署、软件安装工作，使高性能计算公共平台可提供的计算服务核心数量达到11,620个，极大缓解未名一号集群的工作压力，显著减少用户排队等待时间。完成未名一号、未名教学一号和未名生科一号的实时使用情况展示，实现每个集群的实时节点使用情况查询、作业运行情况展示、未名教学一号的在线使用申请和高性能用户账号管理等多个功能的开发。初步建成科学数据传输高速网，提供校内各学科用户与校内多个高性能计算平台之间的高速数据传输通道，保障各学科领域对于大规模数据处理和大规模科学计算的需求。截至2018年底，平台有课题组负责人（PI）216人，学生用户504人，总用户720人。2018年度总计收发用户邮件1565封，微信处理问题约2000次和电话问题处理约900次，协助各用户运行环境搭建，安装公用软件包140余个，用户软件约150个。自2018年1月3日正式启用以来，高性能平台已累计助力学校SCI文章发表68篇，其中Nature系列文章9篇，包含3篇正刊和6篇子刊，PNAS一篇，PRL一篇，JACS一篇，申请专利2项，目前高性能计算平台共支撑校内项目247项，支持项目的总金额累计超过8亿元。

公共教学资源建设。2018年度共完成上机教学机时约62万小时。为平民学校教学、全国英语四、六级口语上机考试、学校社会招聘考试和学校职称考试等提供机房技术服务，并完成雅思考试考场搭建工作。2018年顺利完成49场、共计14,330人次的TOEFL、GRE、DAF机考工作。完成北京大学第十六届数学建模竞赛、第九届"蓝桥杯"全国软件和信息技术专业人才大赛、第十七届北京大学ACM赛队校内选拔赛的技术保障任务。为北京市研究生考试政治网上阅卷、北京市普通高考统考语文科目网上阅卷、北京大学自主招生网上阅卷工作和北京大学博士生考试阅卷提供技术支撑和服务保障。

用户服务。1. 完成校园网联网的运行和维护工作，为用户提供上门维护与安装410次，其中维修298次，新入户112户，承接校内小规模联网工程13项，敷设各种缆线5010余米。

2. 做好"51023"用户热线服务工作。2018年共接听用户电话51,764次，回复9694次，平均每天接听和拨出174个电话，接听率88%。继续丰富热线电话系统的功能，新增知识库的更新提示功能，修改普通管理员操作权限，增加针对位置和故障关键字的工单查询功能。

3. 坚持用户服务周报的提交工作，对热线服务咨询、工单完成、网络解答、上门维修等工作进行统计和记录，使网络服务工作更加规范。

4. 做好存储管理。新H3C全闪存储上线运行，极大地减少了门户、统一认证、学生和选课等关键业务的响应时间，提升访问速度，并为新增业务的运行提供存储空间。

5. 完善数据库管理。2018年将所有数据库备份迁移至新购置的爱数数据备份一体机，并在所有备份数据库上进行至少一次的恢复演练，提升数据安全性和可靠性。

6. 加强虚拟服务器管理。2018年，为有效支撑人脸识别、站群系统、缓存服务以及托管业务顺利运行，新投入使用10台虚拟服务器，并在部分虚拟机增加本地SSD，提升缓存服务器的速度。软件方面，完成300台虚拟机系统的升级工作，进一步提升虚拟机安全性，保障相关数据和系统的安全。

7. 圆满完成直播相关工作。120周年校庆期间，专门为直播设计部署了由25台虚拟机组成的负载均衡系统，顺利支持万人以上同时在线观看，同时为多家校外媒体提供直播视频源；完成毕业典礼、开学典礼的视频直播服务。

交流合作。6月15日,与美国高德纳(Gartner)公司联合举办的"中美高等教育信息化战略研讨会"在计算中心举行。双方就数字化对高等教育发展以及信息化管理体系的影响和冲击进行探讨和交流,围绕CIO在大学领导层的工作职责、CIO聘任机制以及CIO如何推动一流大学在教学、科研、管理和服务领域的发展展开热烈讨论,同时,也对信息化经费预算、信息化队伍建设等一些共同关心的问题进行交流。

9月5日,新加坡国立大学考察团到计算中心交流访问,双方就云计算、人脸识别、物联网、人工智能、虚拟现实、IT部门架构、IT挑战和优先级等方面的内容进行深入探讨。

9月13日,由来自国防大学校本部及下属解放军艺术学院、南京政治学院、西安政治学院、武警政治学院、石家庄指挥学院、后勤学院等多个学院的信息化负责人和技术骨干组成的国防大学信息化考察团到计算中心访问交流,双方就校园网基础建设和校务管理系统开发等方面开展交流和探讨,并着重针对北京大学目前关注的IT治理问题阐述思考和看法。

党建工作。4月29日,计算中心党支部召开全体党员大会,对中心党支部进行评议及部署传达"两学一做"相关工作要求。6月,计算中心党支部组织完成"共产党员献爱心"捐献活动。7月,计算中心党支部举行全体党员大会,深入开展"两学一做"教育活动。10月,计算中心党支部根据学校党委和组织部的工作要求,按照"两下两上"的工作程序,组织完成直属单位党委委员候选人提名和推荐工作。10月28日,计算中心党支部和工会组织,组织参观"信念、精神、传承——纪念红军长征胜利80周年大型馆藏文物展"。

成人教育。完成2836名远程及夜大在校生的注册、授课、答疑、考试、阅卷等一系列工作和341名夜大新生的入学报到。

奖励荣誉。2018年,计算中心共获得集体奖4项、个人奖5项。计算中心荣获北大教职工毽球比赛十连冠、第43届ICPC国际大学生程序设计竞赛"杰出贡献奖",由陈萍指导的"CERNET跨高校统一身份认证公共服务及关键技术研究"项目获得"第四届下一代互联网创新大赛"全国决赛甲组一等奖,学生系统开发团队荣获北京大学"青年文明号"荣誉称号,张蓓、李若淼、邓昌明、龙新征分别荣获"北京大学优秀共产党员""北京大学学生资助先进个人""北京大学招生工作先进个人"和"北京大学迎新工作先进个人"荣誉称号。

【第42届国际大学生程序设计竞赛运营和保障】 2018年4月15日至19日,第42届国际大学生程序设计竞赛(ACM-ICPC)全球总决赛在北京大学举行。期间,计算中心作为直接执行单位之一,全面负责大赛期间赛事地的所有运营和保障工作。计算中心网络团队根据ICPC提出的网络工程图纸,在场馆内多个房间和区域完成了5种不同物理连接的有线网络架设,在最短的时间内将邱德拔体育馆打造成一个网络化的计算机竞赛场地,并在邱德拔体育馆、英杰交流中心和百年讲堂设立了专供比赛相关人员使用的独立无线网络,为整个大赛提供了良好的网络信息保障服务。

【两地三校区实现"网上打通"】 2018年4月27日,校本部和医学部上网打通。4月30日,校本部计算中心和北京大学深圳研究生院信息办、深圳大学城网络信息中心通力合作,联合推出校本部和深研院两校区自由上网服务。

对选课系统进行更新升级,医学部非预科阶段学生可以在跨院系阶段选择校本部的课程,包括专业课、通选课和公选课。

实现校本部和医学部人员信息的数据整合。完成医学部人员信息到学校人员主体数据库的数据同步,并按学校统一编码规则实施医学部人员编号升位,确保医学部人员数据的统一和准确,成功实现校本部和医学部的数据整合共享。至此学校人员主题数据库已整合本部、医学部、深研院27万人员数据,为全校应用系统提供实时人员数据共享交换服务。

【开通访客无线网络PKU Visitor】 2018年5月4日起,北大访客接入PKU Visitor无线网络,通过手机认证身份后,可以免费获得每次2小时、每天3次的免费网络服务。截止到12月1日已累计有23.5万人次使用,其中独立手机号6.8万个,平均每日在线人数1300余人。

【智能入校广泛应用】 2018年6月27日,北京大学首个"刷脸入校"闸机在学校西南门正式投入试运行,截至2018年底已在校园多处完成部署。在其实现过程中,计算中心克服了室外光线对比强烈、对比照片数量庞大等诸多技术难点和挑战,建立学校用户本地人脸数据库,开创性地实现支持十万张照片底库的1:N实时对比,并提供照片质量检测、人脸对比与公安系统接口等功能,具有重要的示范作用和广阔的应用前景。

2018年暑期,计算中心与保卫部合作开发个人参观校园预约平台。公众可通过预约系统最早提前7天预约入校参观,并在入校时进行人脸识别和身份验证。这一举措可对入校参观人数进行科学合理的分配,并有效杜绝"黄牛"等违规入校行为,为校园开放提供信息化保障。

【Adobe系列正版软件上线】 2018年12月6日起,校内用户可通过门户免费下载使用包含Photoshop、Illustrator、Acrobat Pro、InDesign等15个产品在内的Adobe系列正版软件。据统计,软件上线后一个月内下载超过6万次,相关新闻在北大官方微信当日阅读量超过10万,在校内BBS十大话题板版块两次排名第一,广受校内师生和校外媒体的关注和好评。

(杨 雪、杨 眉)

医学部信息通讯中心

【发展概况】 机构设置。医学部信息通讯中心是医学部信息化建设的主要力量，承担着医学部信息化基础设施、信息系统、校园卡系统、电话通讯等校园信息化建设任务的规划设计、具体实施和组织协调，以及日常管理、运行维护、咨询培训、用户服务等工作。中心下设网络管理室、信息管理室、运行管理室、综合服务室等4个科室。主任种连荣，副主任宋式斌、黄宁玉。信息通讯中心党支部党员6名，党支部书记尹忆民，副书记黄宁玉。2018年在编职工18人，其中正高1人，副高3人，中级职称8人，初级职称4人，工人2人。

党建工作。中心落实"三会一课"制度，加强和改进支部思想政治工作，组织党员深入学习党的"十九大"报告及新党章内容；学习总书记北大"5·2"重要讲话精神，联系中心实际工作，教育广大党员充分发挥模范带头作用；加强中心党风廉政建设，切实履行"一岗双责"制度；贯彻落实"三重一大"决策制度，保障中心工作健康发展。

校园网络。中心制定西北区弱电设计方案、产业楼弱电设计方案；完成产业园12号楼网络、电话方案设计和接入工作，完成国重2号楼、3号楼无线网建设施工、逸夫楼、中心实验楼无线网调优建设、有朋馆网络和电话接入，完成8号楼、9号楼、10号楼网络改造工作，优化接入网络环境。中心配合西北区科技园建设，完成西北区拆迁改造的网络光纤和电话缆线改路改造工作，完成细胞楼、国重1号楼网络和电话设施拆除工作。

中心落实医学部办公区网络收费。建立二级单位网络费用缴纳联系人通讯录，制定定期通知提醒机制。中心清理网络、VPN和邮件账号，根据使用情况分类整理统计，建立定期统计、清理机制，清除僵尸账户。中心优化上网实名认证系统，配合办公区收费制度实施，改进程序流程。

中心持续增容网络出口带宽，2018年度出口带宽增容18.5%，总带宽达到6.4G，用户带宽增加50%，由20M/连接增至30M/连接，师生人均上网设备增加，教工由2.7台/人增至3.2台/人，学生由3.2台/人增至3.8台/人。中心配合北京大学120周年校庆工作，扩容邮箱容量，教工20G，学生10G。中心在医学部教学办公区部署eduroam网络服务，师生在医学部与校本部之间实现网络互访。中心通过Sdwan技术接入深圳医学研究中心、人民医院、北大医院、国际医院4家单位，同时与人民医院实现网络出口的完整接入，人民医院网络出口流量全部导向医学部，医院职工可无缝访问医学部各类教学科研电子资源。

中心制定巡检制度，建立巡检系统，按日、周、月进行巡检，优化网管系统，优化设备报警策略。改善学生区汇聚机房，部署温湿度和漏水报警，机房视频监控等。

信息服务。中心修订账号管理规定，明确各种场景下账号处理办法。持续提供统一身份认证服务，与2017年相比，2018年新增对接系统8个。新增账户864个，目前有效账户37,974个，每天平均认证量703人次；强制禁用弱密码。

中心完善和扩展平台中碎片化信息服务，新增服务21个。优化综合服务平台的基础功能和性能。2018年前，用户共收藏信息服务885人次，平均评分3.21分（满分5分）；2018年全年用户收藏信息服务2520人次，对信息服务的平均评分为4.32分。

中心充分发挥数据中心作用，2018年新增数据同步任务28个，实现系统间数据共享。基于业务数据，开发面向个人的校园生活数据统计应用；同时联合网络应用设备、安全设备和服务器等日志数据，分析校园网内的网络使用情况、网站访问情况等，为后续大数据分析打下基础。

为解决个人电脑无法完成大计算量的科研工作问题，中心于2017年发布60个虚拟桌面，用户反馈良好。

校园卡应用。持续保障学院路校区、草岚子校区、产业园校区三区域的校园卡系统稳定运行。中心完成跃进厅二层就餐校园卡设备更新，设备支持即将上线的虚拟校园卡应用；完成学生5号楼2层、3层水控系统改造工程，解决原有澡卡丢卡丢费问题；完成2018届毕业生校园卡处理工作，清理账号、完成退费转费工作；完成2018级新生校园卡照片采集735张、校园卡制卡开卡2552张；建立校园卡账号的建、销处理流程。

中心设计独立于实体卡系统的虚拟卡系统，计划以移动应用为载体，提供身份认证和消费功能。

电话通讯。完成行政区域电话线缆改造工作，对行政1号楼、产业楼、护理楼等16个行政科研楼的电话外线进行修复，电话接入点可用率从70%升至95%，同时，形成行政办公区电话外线路由图。根据医学部电话线路实际情况，推广网络电话，解决因线路问题而无法安装固定电话的问题，2018年安装网络电话33部。建立电话系统黑名单，对用户举报的校外垃圾电话、骚扰电话进行合理处置，保障电话用户合法权益。

中心梳理完善电话业务流程，修订催缴、停机、销号等操作流程；制定电话费对账的流程，按月与联通进行电话费对账，定期检查账目情况，调整电话计费策略，与联通保持一致，保障学校利益。

信息安全。中心实施信息系统等级保护，完成邮件系统和综合服务平台、网站群平台三个系统的定级工作；建设信息安全态势感知平台，部署网络出口和数据中心出口日志审计设备，实时掌握出口安全态势。部署服务器安全软件，掌握系统的安全态势，覆盖服务器系统和关键岗位微机120台；启用数据中心防火墙野火高级功能，对未知文件风险具有最快的安全分析并防护。

中心建设医学部虚拟化灾备运行平台，建设核心业务灾备保障体系，新增灾备高性能存储资源80TB，新增虚拟化运行CPU资源416G、内存2048G，分别增幅74.8%和30.7%，已实现医学部网站群、综合服务平台、DNS等核心业务切换运行。

配合移动应用开发，对已开发移动应用进行安全检测。对Android应用进行5次检测，发现并解决25项问题；对ios系统进行3次检测，发现并解决4项问题。

中心制定校内信息系统安全扫描制度，按月执行；同时不断加强与校外安全信息服务商之间的联系，2018年度共获取安全漏洞信息5次，涉及15个系统，均第一时间按学校信息安全处置流程处理。

中心协助医学部主任办党办建立医学部应急预案制度，发布应急预案安全责任书。2018年度执行应急预案两次，时长32天，安排24小时值班值守，网络信息安全事故保持为零。

（魏 仿）

【部署eduroam网络服务，打通校本部医学部上网】 2018年，信息通讯中心在医学部教学办公区部署了eduroam网络服务，满足师生在医学部与校本部之间网络互访的需求，医学部师生和校本部师生在跨校区活动时，拥有同样的上网权限，可实现网络互访，同时满足医学部师生出访到eduroam联盟里其他国内外高校和科研机构，以及联盟里其他成员单位人员来医学部访问时，安全认证上网的需求。该服务于2018年4月9日正式开通以来，有1828名师生自助开通了自己的个人eduroam账号，已有236,279人次医学部师生在北京大学校本部免费上网，也有189,878人次校本部师生在医学部免费上网。医学部师生共有36,631人次在国内外其他高校享用eduroam服务上网，也有国内外其他高校98,158人次在医学部上网。

【虚拟桌面服务】 为帮助科研工作者解决个人电脑无法完成大计算量科研工作的问题，根据调研所得知的科研工作者的需求以及硬件资源的实际情况，信息通讯中心于2017年发布60个虚拟桌面，其中高配科研桌面8个，一般科研桌面42个，普通应用桌面10个。根据用户的申请来分配使用。虚拟桌面多被师生用于蛋白质组学研究、模拟分子对接、有效靶点筛选、基因序列分析、药物动力学模型研究、AI识别图像诊断、摄影项目媒体管理和视频渲染等等。

通过对虚拟桌面使用者的电话回访，用户普遍认为虚拟桌面为科研工作提供了极大的便利，同时也提出希望加强图形处理能力。为了满足用户需求，2018年下学期新购置了虚拟桌面配套的硬件和软件，新增实体服务器3台，配有CPU84核、内存1536GB、硬盘6TB、图形加速器6个，新增桌面授权数量50个，并已测试和部署完毕。

（魏 仿）

【北大医学APP上线】 信息通讯中心利用软件定义卡片理念以及移动应用技术，设计独立于实体卡系统的虚拟卡系统，计划以移动应用（北大医学APP）为载体，提供身份认证和消费功能。第一期工程于2018年上学期启动，计财处、信息通讯中心与工行通过谈判达成合作协议，由工行出资建设，承载虚拟卡的移动应用于2018年下学期开学之际上线使用，面向部分学生用户提供了志愿活动报名、通知公告阅览、网络自助服务、学生信息查询、学宿费缴纳等功能，有2589人使用，2018年通过移动应用完成缴费1841笔。2018年下学期在计财处与信息通讯中心的共同努力下，又引入了银联作为合作方，启动了第二期工程，目前正在建设过程中，将重点扩展网上收费的功能，以及增加办公、教务、学工等移动端业务，计划于2019年初面向全体师生开放使用。

（魏 仿）

工会与教代会工作

【发展概况】 组织机构。北京大学第六届教职工代表大会执行委员会委员19人，第十七届工会常委会委员19人、工会委员会委员45人；下属基层工会委员会、直属工会小组63个。

制度建设。工会于2018年1月10日召开六届七次教职工代表大会，代表听取学校工作报告、财务工作报告，审议教代会、工会工作报告和提案工作报告，听取《北京大学教职工代表大会实施办法》起草报告工作并提出意见和建议。进一步完善校、院两级教代会制度建设，发挥教代会在民主治校、校务公开过程中的主渠道作用。六届七次教代会期间及会后，代表共提交25件提案，内容涉及教学科研管理、人事管理、校园秩序管理、后勤服务保障、医疗改革、养老助老、子女就学、校本部和医学部深度融合等方面，最终立案5件，14件转为建议。同时，工会启动第七届教代会暨第十九次工代会筹备工作，成立领导小组及各工作小组，做好教代会代表、工代会代表和委员推举及后续各项筹备工作。此外，工会及时上报教代会代表讨论意见、教职工关注焦点及思想状况，就教职工关注的校园热点问题和学校管理服务等事项召开校领导沟通会。

权益工作。1. 2018年，工会继续发挥劳动争议调解委员会作用，全年接待教职工来访数十人次，引导教职工依法理性表达诉求，维护校园和谐稳定。2. 开展慰问和"送温暖"活动。慰问劳模、教学科研骨干、30年教龄教职工、2018年退休教职工、困难教职工及元旦和春节期间坚守岗位的职工、招生和军训工作人员等共计2000余人次，慰问金额66万余元。3. 落实工会会员福利，为教职工办理"京卡·互助服务卡"；组织各项便民服务，支持父母沙龙、雏鹰公益社、母婴关爱等活动，重启春节集体福利发放；为全体会员发放文娱兑换券，2018年累计近50万元。4. 继续开展"健康大讲堂"和"幸福学堂"系列讲座，2018年共举办8场，为教职工身心健康保驾护航。5. 继续推进合同制职工入会工作，2018年合同制工会员总数达到9920人。通过平民学校为合同制和派遣制职工搭建成长平台，增强其认同感与归属感。6. 继续发挥"爱心基金"作用，探索教职工大病救助的帮扶机制。2018年工会"爱心基金"共收到捐款36.7万元，慰问11位教职工或家属，累计金额22.5万元，做好职工互助保障计划投保、续保和理赔办理工作。7. 2018年通过开展学术讲座、参观展览、文化体验等多种形式的活动，维护女教职工权益。组织1320名女教职工参加环湖接力跑；"百廿·伊歌"女教职工书画作品展共收到150余件作品；举办女教授沙龙系列活动，协助学校做好北京大学女教授协会成立筹备工作；筹办改革开放四十年学术研讨会，调研女教职工工作与生活平衡；医学部评选"女教职工之星""优秀女教职工"和"天使之星"，开展"三八"妇女节庆祝活动。

队伍建设。2018年，工会推选出1个北京市工人先锋号、3名首都劳动奖章、11名北京市师德榜样（先锋）、1个北京市"三八"红旗集体、1名北京市"三八"红旗奖章。1. 召开"初为人师，共话成长"新入职教职工座谈会；组织近百名教职工开展"美化校园"志愿服务，弘扬公益精神，深化文明校园建设。医学部工会组织医疗专家团队赴新疆北屯、崇礼等地开展义诊活动，服务社会。对25位劳模进行访谈，编写《北大劳模访谈录》，通过微信公众号宣传劳模事迹，共介绍先进人物11位，阅读量最高达3343人次。2. 比赛、实践相辅相成，助力青年教师发展。2018年工会举办青年教师教学论坛暨教学基本功比赛颁奖会，筹办第18届教学基本功比赛，分设文、理、医三场，80余位选手参加比赛。2018年暑期期间，工会组织青年教师和职能部门代表赴四川省开展考察学习活动，走访中国空气动力研究与发展中心、梓潼"中国两弹城"、王朗自然保护区北大实习基地等。3. 2018年，工会继续办好"平民学校"，服务合同制和派遣制员工发展。83名新学员参加平民学校第13期课堂学习，76人结业。举办素质拓展、春秋游、"百廿北大，百年平民"系列活动，制作班刊《燕园百草堂》，拓宽视野，促进交流。

文体活动。2018年，工会以群众体育工作积分制贯穿全年体育活动，通过奖励经费鼓励基层参与校工会活动和自主开展全民健身。以迎接120周年校庆为契机，工会举办形式多样的文体活动，支持教职工社团以录制校园原创歌曲、即时舞蹈表演、自行车骑行等形式庆祝百廿华诞，还开展"百廿北大校史、校情"知识竞答活动，5500余名教职工参加。组织1266名教职工参加《未名太极扇》演出；以游泳、键球、羽毛球、足球、乒乓球等比赛为主线，以社团活动、体育培训班为辅助，全面开展全民健身运动。同时，工会支持基层工会与社团自主开展活动。2018年新成立教职工太极拳协会。各教职工社团根据《工会教职工社团管理办法》重新注册、集体招新，积极参加校外赛事和志愿者活动。鼓励院系组建兴趣小组，搭建多级交流平台。

其他工作。1. 2018年，工会围绕学习贯彻习近平总书记在北京大学师生座谈会上的重要讲话精神，召开工会委员会扩大会组织集中学习。面向百余名基层工会干部，开展教代会、工会知识问答。2. 2018年共有28家基层工会进行换届工作。工会坚持重心下移，确保政策措施、工会经费、服务资源向基层组织倾斜。继续推进"建家"专项工作，连续两年共拨出专项经费150余万用于基层单位"建家"设施配套工作。3. 开展创先争优活动，表彰工会先进集体和优秀个人，评选工会精品活动、优秀活动、好新闻奖，召开经验交流暨评审会，推广经验，促进交流。医学部通过"权益杯"精品活动立项和观摩活动，宣传推广先进经验。4. 继续发挥工会网站、《北大教工》《教工之声》、橱窗展板等传统宣传阵地的作用，着力建设工会微信公众号等新媒体宣传平台，利用校内外媒体、运用多种媒体手段做好宣传工作。设置理论研究专项经费，编辑出版《中国劳动关系学院学报》增刊。

（张莹）

【第六届教职工代表大会第七次会议召开】 2018年1月10日，北京大学第六届教职工代表大会第七次会议在英杰交流中心阳光厅召开。北京大学党委书记郝平，校长林建华，党委副书记叶静漪、刘玉村，教代会执委会主任、副校长高松，副校长王仰麟、詹启敏、王博、龚旗煌，以及第六届教职工代表大会253名正式代表，52名特邀代表、列席代表参加了会议。会议由高松主持。林建华作题为"新时代与新使命"的2017年北京大学行政工作报告。财务部部长张新祥作2017年北京大学财务工作报告。校工会主席孙丽作题为"不忘初心、服务职工，牢记使命、聚力发展"的2017年北京大学教代会、工会工作报告。教代会执委会副主任、法学院王磊教授作《北京大学教职工代表大会实施办法（征求意见稿）》起草报告。大会对第六届教职工代表大会第六次会议"优秀提案"和"提案办理奖"获奖个人和单位进行了表彰。郝平为获得"优秀提案"奖的提案人颁奖；林建华为获得"提案办理奖"的单位颁奖。第六届教职工代表大会第六次会议提案工作报告以书面形式提交大会审议。大会结束后，16个代表组围绕学校工作报告，财务工作报告，教代会、工会工作报告和《北京大学教职工代表大会实施办法（征求意见稿）》等内容分别进行讨论。各代表组组长就分组讨论情况进行汇报。

（张莹）

医学部工会工作

【发展概况】 加强教代会制度建设。2018年，医学部工会修订出台《北京大学医学部教职工代表大会实施办法》。2月

28日，召开北京大学医学部第六届六次教代会。詹启敏作医学部工作报告，从教育教学、科研工作、学科建设、人才队伍、医疗工作、国际合作、空间建设、重大活动等方面总结回顾2017年医学部的总体工作和所取得的成就。教代会常设主席团主席姜保国作题为"凝心聚力，砥砺前行，在北大医学建设新征程中建功立业"的教代会、工会工作报告，从学习贯彻十九大精神、完善民主管理机制、关注教职工全面发展、维护教职工合法权益、推进工会改革等方面汇报了2017年医学部教代会、工会工作情况，并结合新形势下党对教代会、工会工作的要求，提出2018年的工作思路。

2018年，医学部工会制定出台《北京大学医学部教职工代表大会代表巡察制度》。6月围绕推进健康生活方式、促进餐饮管理服务的主题，组织对总务处饮食管理办公室开展教职工代表巡察工作，结合教职工广泛关注的餐饮管理服务这一热点问题进行现场调研和沟通交流，并提出改进和完善医学部餐饮服务工作的意见和建议。深入基层指导院级教代会的换届工作，对院级教代会代表进行培训，医学部两级教代会定期召开年会。2018年公共教学部、人民医院完成教代会、工会换届工作。院级教代会普遍做到会前对教代会代表进行培训，建立健全教代会的各项工作制度，规范工作程序。

做好部、院两级教代会闭会期间提案工作。医学部六届六次教代会共收到提案17件，经提案工作委员会于5月8日提案委员会会议讨论审理，立案的8件，意见建议9件，并于6月13日召开提案沟通落实。11月，提案答复工作已经办理完成，并反馈对提案办理工作的满意度。提案委员会召开会议，讨论审议六届六次教代会优秀提案奖和提案落实奖的候选名单，并于11月22日召开教代会提案答复落实会，涉及提案答复的部门为提案人进行解答。

教代会闭会期间，医学部工会组织各专门工作委员会加强自身建设，不断修改完善各工作委员会各项职责，参加各类专题培训，并指导各专委会开展各方面活动；教职工素质建设委员会积极参加医学部工会组织的课题调研活动，举办"学5.2讲话精神，做新时代奋斗者——'师·说'青年教师沙龙"；劳动争议调解委员会耐心接待职工群众来访来信；经费审查委员会加强工会经费使用的监管力度，开展对附属医院工会经费审查工作，并完成对第一医院工会经费收支管理的检查工作；福利工作委员会开展宣传办理职工大病保险、参加职工爱心基金、京卡互助卡等工作，2018年为130名教职工新办理京卡；女教职工委员会举办"书香杯"现场作文写作活动；宣传工作委员会围绕学校中心工作宣传新时期工会工作的特点和亮点。

服务教职工队伍建设。2018年11月1日，医学部工会组织召开2018年工会委员会扩大会议暨学习中国工会十七大精神。与会人员集中学习习近平总书记同中华全国总工会新一届领导班子谈话精神和中国工会十七大精神。7月，医学部工会组织工会系统干部培训会，北京市教育工会邱爱军常务副主席作题为"新形势下的工会工作研究"的报告，介绍中央党的群团工作会议、习近平总书记系列重要讲话精神和《中共中央关于加强和改进党的群团工作的意见》的要求。中国劳动关系学院学报编辑部总编辑赵健杰为工会干部作题为"加强新时代高素质专业化工会干部队伍建设"的专题报告。

提升教师素质。2018年，第三医院周洪柱教授被授予"首都劳动奖章"荣誉称号，肿瘤医院柯杨获"北京市师德榜样"称号，第三医院敖英芳、公共卫生学院郝卫东、人民医院高占成、基础医学院马大龙获"北京市师德先锋"称号。6月27日至29日，医学部工会组织来自第一医院、人民医院、第三医院和肿瘤医院的14名医疗专家团赴张家口崇礼开展"践行新思想，奋进新时代"北大医学助力崇礼健康精准扶贫·2022冬奥会志愿服务活动。9月12日至15日，联合全国总工会、教科文卫体工会组织第一医院、人民医院、第三医院和中国医学科学院血液病医院的7位知名专家，再次来到新疆北屯十师开展"送医下基层"义诊活动。10月，在第八届全国医学（医药）院校青年教师教学基本功比赛上，第三医院刘玉雷获临床组一等奖和最受学生欢迎奖。这也是自2011年该项赛事举办以来，医学部选手连续第八次荣获一等奖。

文体活动。2018年5月19日，北京大学医学部第55届田径运动会在医学部操场举行，共1000余名教职工参加各类项目的比赛；以教师节为契机，医学部工会于9月6日在医学部工会活动厅举办第六届"白衣巧手"手工艺作品展，共收到200多件作品；10月26日，在北医106周年华诞之际，1400多名教职工参加"热爱北医母校，建设北大医学"师生校园大步走活动；11月30日至12月2日，第十四届北京卫生系统乒乓球比赛于在北京大学邱德拔体育馆举行，来自北京卫生系统的46支代表队共390名选手参加此次比赛，北京大学医学部一队（宝海荣、刘国庆、刘国兵、刘宗雨）获得男子团体冠军的优异成绩，医学部二队（马士良、闫学良、肖云胜、赵扬）获得男子团体第七名的成绩，北医三院获得女子团体冠军；医学部副主任宝海荣获得干部专家组单打季军，体育学系刘国兵和刘宗雨分别获得男子C组和D组单打冠军的优异成绩。12月16日，医学部工会组织第一医院、人民医院、第三医院、首钢医院、医学部机关代表队参加学院路地区高校羽毛球团体邀请赛荣获团体第五名的好成绩。2018年，各群体协会开展丰富多彩的活动，医学部系统评出了5个先进群体协会。医学部工会以"巾帼建功"为主题，开展具有女性特点和行业特色的岗位创新活动，2018年评选第七届"女教职工之星"和第四届"天使之星"，共评选出14名"女教职工之星"、17名"优秀女教职工"和14名"天使之星"。

宣传工作。2018年为加强工会信息化建设，经过近一年理论调研，10余次需求研讨及测试沟通后，9月18日医学部工会信息管理系统上线试运行。通过《教工之声》《工会之窗》、医学部工会网页和微信公众号4个宣传平台，通过北京市教育工会网页及《北京教工》《劳动午报》《北京教育》等媒体广泛宣传新时期工会工作的特点和亮点，树立典型，传递正能量。2018年《教工之声》出刊3期，每期发放量800本；《工会之窗》共9期；医学部工会网站发布、维护信息369篇，北大工会网站发布医学部工会系统信息百余篇。北京市教育工会网站发布医学部工会系统信息百余篇，每月稿件刊登数量在北京市高校排名前5。为部院两级工会干部订阅了《中国教工》《工会博览》等报刊，拓宽工会干部视野。

维护教职工权益。通过开展理论调研、座谈会等了解职工队伍状况，针对职工需求开展工作，维护职工合法权益。2018年5月，医学部工会组织参加市教育工会"美好生活"教职工课程体验活动。10月，医学部工会"教职工心灵驿站"组织教职工参加北京市心理沟通培训活动，同时每周四下午为职工开通心灵驿站热线，共举办健康讲座3期。7月3日至7日，医学部工会首次组织医学部工会系统教职工疗休养活动，同时组织38人参加北京市教育工会系统的教职工疗休养活动。多次召开现场调研及沟通会，协调解决教职工关心关注的热点问题。完善职工体检工作，增加体检项目和经费。11月，医学部工会组织本部1859名教职工进行健康体检。向首都教职工爱心基金会捐款5万元；为4803名教职工《在职职工重大疾病互助保障计划》投入保费384,240元，为教职工办理入保和续保手续6667名《在职女职工特殊疾病互助保障计划》投入保费533,320元，并协助10名教职工和8名女教职工办理出险赔付，累计赔付金额294,000元。开展各级各类送温暖慰问工作，截至2018年11月20日累计看望慰问教职工1965人次，慰问金额1,054,706元。为促进医学部各部门工作和教职工利益，就医学部教职员工子女就读小学、中学上存在的困难问题，医学部工会加强调研，建立医学部教职工子女就读各小学情况档案，协商解决医学部教职工子女入读北大附小、北大资源中学问题。2018年医学部本部职工子女共176人入读北大附小、北医附小、北大附中。

制度建设。2018年医学部工会制定修改完善17项工作制度，包括《北京大学医学部工会系统教职工疗休养实施办法》（试行）、《北京大学医学部工会合同签订管理办法》《北京大学医学部工会"权益杯"专项活动管理办法》《北京大学医学部"女教职工之星""优秀女教职工""天使之星"评选的管理办法》《北京大学医学部工会评选先进集体和先进个人管理办法》《北京大学青年教师教学基本功比赛（医科类）管理办法》《北京大学医学部工会教职工生活福利暂行规定》《北京大学医学部工会经费报销指南》《北京大学医学部工会大宗物资采购监督管理办法》（修订版）、《北京大学医学部工会招标采购管理办法》等。不断推进工会系统的财务、财产管理工作机制建设，2018年3月为迎接北京市教育工会经费审计工作开展一个多月的自查、自检工作。工会经审委员会对2017年医学部工会财务决算和2018年工会财务工作进行审核检查，并对第一医院工会财务进行了经费预算执行和财务收支情况审查。制定《北京大学医学部工会系统创建北京大学模范职工小家工作实施细则》（修订版），规范职工之家的评验工作。2018年建家验收工作采取集体汇报和集体打分的形式，人民医院神经内科工会小组、药学院机关工会小组、北大医院二部手术室工会小组、基础医学院系统生物医学研究所工会小组、北大医院核医学科工会小组、人民医院乳腺外科工会小组、北医三院运动医学研究所分工会、口腔医院正畸科工会小组、肿瘤医院消化内科工会小组通过验收获得"北京大学模范职工小家"称号。人民医院工会荣获"全国模范职工之家"称号，第六医院工会荣获"北京市合格职工之家"称号。

品牌活动。2018年"权益杯"精品活动以分工会和工会小组为单位申报立项，共有23个活动进行立项申报，下拨经费278,500元，活动涉及改革职工职业发展、权益维护、素质提升、健康促进等诸多方面。12月，共评选出10项精品活动和优秀活动。

理论调研工作。2018年5月，医学部工会召开2018年开题立项报告会，申报的调研课题共12项，内容涉及学校发展、教职工队伍建设、人事制度改革、教职工身心健康、工会组织建设等各方面。中期，课题组负责人就课题调研进展情况、存在的问题及改进措施和下一步研究计划作书面汇报。11月，医学部工会召开结题报告会，11个课题顺利结题，并评选出医学部工会2018年理论调研报告一等奖2个、二等奖3个、三等奖6个。

（梁　雁、胡　畔）

【教代会换届工作】2018年12月19日，北京大学医学部第七届教职工代表大会暨第十二次工会会员代表大会在医学部跃进厅四层多功能厅召开。会议应到代表346人，实到代表340人。经无记名投票方式，选举产生北京大学医学部第七届教代会常设主席团和第十二届工会委员会。会后，分别召开北京大学医学部第七届教代会常设主席团及第十二届工会委员会第一次会议，选举产生教代会常设主席团主席、副主席，工会委员会主席、常务副主席、副主席。

（张凤云、胡　畔）

共青团工作

【发展概况】思想政治教育。2018年3月20日，校团委组织团员骨干集体收看十三届全国人民代表大会第一次会议闭幕会及总理与中外记者见面会，并进行交流座谈。5月2日，组织召开"不忘初心跟党走，争做圆梦新一代"北大青年学习总书记重要讲话精神主题座谈会，校党委常委、副校长陈宝剑参加。5月22日，校党委书记郝平与学校高级团校团员青年面对面，共同学习领会习近平总书记北京大学考察重要讲话精神。12月8日，举办"高举新时代改革开放旗帜，勇做担当有为圆梦新一代"座谈会，组织团员青年收看庆祝改革开放40周年大会直播并交流学习总书记重要讲话精神的感想体会。7月1日，举行"不忘跟党初心，牢记青春使命"北大团员青年学习中国共青团第十八次代表大会精神主题座谈会。7月4日，举行"做党的忠实助手和忠诚后备军"北大共青团学习贯彻习近平总书记关于青年工作的重要思想座谈会，学习重要讲话精神。举办"新时代，新思想，新青年"——全国高校研究生"习近平新时代中国特色社会主义思想"学习论坛。邀请十九届中央候补委员、校党委书记郝平走进青年课堂，与师生共学十九大精神。举行李大钊同志英勇就义90周年纪念活动。评选北京大学首届高君宇奖，并在5月4日校庆晚会上举行颁奖仪式。4月5日举办清明公祭活动。5月6日举办"读史以明志，大器撑大局——西南联大学子精神的成长"主题学习活动，邀请作家、北京大学中国语言文学系1978级校友张曼菱和中华书局学术出版中心主任俞国林作主题讲座。组织北京大学第十三期学生骨干训练营赴抚顺雷锋生前所在部队，开展以"燕戎抚顺学雷锋，青春融筑中国梦"为主题的暑期调研实践。推出"圆梦新一代"系列专题报道，展现北大青年献身科研、创新创业，执着公益、热衷服务，扎根基层、造福民生，投笔从戎、强军兴国的时代风貌。

制度建设。出台《北京大学共青团改革与青年发展实施方案》；7月，学校党委审议通过《北京大学共青团干部选拔任用办法》；制定出台《北京大学共青团系统工作例会组织方案》《北京大学共青团干部培训方案》；编纂共青团工作手册（SOP）《新时代，奋楫者》。

队伍建设。基层建设方面，落实12个院系团委书记调整工作，实现院系团委书记的专职化；改革《北大共青团基层会议制度》，严格考勤、加强交流，例会由每月两次改为每周一次，增设院系共青团工作交流汇报和学部内院系共青团工作交流分享会，2018年下半年共举行14次工作例会和3次民主生活会。团校建设方面，系统开展专职团干部培训并纳入团校体系，制定出台《北京大学共青团干部培训方案》，举行专职团干部培训班"青年干部成长"主题座谈会，组织校本部、医学部全体同志赴京郊进行为期两天的集中培训。同时，校团委以建设"以共青团为团学组织的核心，学生会和学生社团2个圆环分层紧密围绕"的组织为目标，3月1日，组织共青团系统集体收看2018年度北京大学共青团网络视频工作会议；9月25日，北京团市委副书记郭文太调研北大共青团工作；10月1日，举行共青团系统工作研讨会，校党委常委、副校长陈宝剑作总结讲话。

青年骨干培养。举办北京大学第35期团校研究生骨干研修班；实施北京大学青年理论骨干人才培训计划；推出《北大青年时评》系列评论员文章。7月7日至16日，北京大学第十三期学生骨干训练营赴深圳市开展以"勇立潮头四十载，鹏城奋进新时代"为主题的实践调研活动。11月23日，举行第35期团校专职团干部培训班"青年干部成长"主题座谈会，并组织为期两日的团干部集中培训。依托第34期、35期高级团校，落实"青年马克思主义者培养工程"。

创新创业教育。北大原创歌曲《创想新时代》入选中宣部推荐曲目名单。组织4名同学代表北京市参加第九届全国大学生数学竞赛（非数学专业组），均获一等奖。组织开展2018年"创青春"首都大学生创业大赛，获金奖2项、银奖4项、铜奖3项，并获得本届比赛的优胜杯。完成2018年北京地区高校大学生优秀创业团队评选工作，获一等奖1项。组织参加第四届中国"互联网+"大学生创新创业大赛（北京赛区），获一等奖2项。组织北京大学两个创业项目参加2018年全国科普日北京主场活动，新一代环保电池项目代表李爱军获得第十一届中国青少年科技创新奖，水下机器鱼获得第五届"创青春"中国青年创新创业大赛总决赛商工成长组全国冠军。组织参与第四届中国"互联网+"大学生创新创业大赛，获银奖1项、铜奖1项。组织参与2018年创青春全国大学生创业大赛，获金奖1项、银奖3项。组织参与北京市第二十九届大学生数学竞赛，19人获一等奖、36人获二等奖、13人获三等奖，其中有5人获得全国总决赛的参赛资格。

校园文化建设。5月4日，举行建校120周年庆祝晚会；举办以"我与新时代"为主题的第十五届学生"演讲十佳"大赛，聚焦当代青年如何在中华民族伟大复兴的历史进程中建功立业；7月3日，举办2018年毕业生晚会，晚会以"青春季·叙"为主题；12月9日，举行2018年新生"爱乐传习"项目暨纪念"一二·九"运动83周年师生歌会，以"青春唱响一二九，建功圆梦新一代"为主题，29支队伍参加汇演；12月31日，举办2019年新年联欢晚会。

社会实践。开展"勇当爱国励志奋斗者，争做求真力行圆梦人"2018年学生暑期社会实践活动，共有426支团队，共计4120人次，覆盖全国34个省级行政区域与日本、吉尔吉斯斯坦等海外国家，在团市委评优表彰中，2支团队入围百强团队，8支团队获优秀团队荣誉称号。举行"燕行西部二十载，青春放歌新时代"北京大学研究生支教团20周年座谈分享会。

社团工作。2018年3月举办主题为"成就 反思 未来"的社团文化节。5月15日10时23分，山鹰社带队老师与社员参加的北京大学珠峰登山队成功登顶珠穆朗玛峰，其中山鹰社7名同学全部登顶。12月，开展学生社团评优表彰活动。2018年秋季学期，在学校党委的领导下，完成马克思主义学会及有关社团的注册、骨干成员的思想教育、活动的审批管理等工作；12月27日，依规对马克思主义学会进行改组并公告。修订《北京大学学生社团管理办法》。

志愿服务。3月至5月，北京大学青年志愿者协会共组织2297名志愿者参与北京大学120周年校庆志愿服务，以"小燕子"标识为志愿者形象视觉系统；9月初，69名北京大学志愿者参与以"合作共赢，携手构建更加紧密的中非命运共同体"为主题的中非合作论坛北京峰会的志愿服务工作。10月19日，举行"用我智慧奉献爱"2018年北京大学志愿文化节暨志愿服务工作总结表彰大会，党委常委、副校长陈宝剑参加。

学生组织管理。指导学生会、研究生会开展工作，成立校团委权益部，加强对学生会、研究生会学生权益工作的指导，建设联动维权服务体系。5月27日，召开北京大学第35次学生代表大会。举办2018年度十佳歌手大赛、2018年十佳教师评选等活动。6月9日召开北京大学第三十四次研究生代表大会。4月至6月举办"学术十杰"学术评优等活动。

【北京大学2018珠峰攀登活动】 2018年，在北京大学建校120周年"双甲子"校庆之际，由学生社团山鹰社成员及教师、校友代表组成的登山队登顶珠穆朗玛峰。3月31日，校长林建华、副校长陈宝剑等师生代表，为启程前往西藏开展珠峰攀登活动的山鹰社7名学生队员与带队老师送行。5月2日，习近平总书记考察北京大学时，得知北大师生正在攀登珠峰，亲切询问活动筹备和珠峰天气情况，并嘱咐队员们注意安全。5月15日，作为首支国内高校非登山专业学生组成的登顶珠峰的队伍，登山队7名学生及5名教师、校友在世界之巅展示国旗、校旗、山鹰社社旗，喊响"北大精神，永在巅峰""团结起来，振兴中华""百廿华诞，再创辉煌"的口号。校党委副书记、纪委书记叶静漪赴西藏迎接登山队凯旋。10月26日，北京大学举行"北大精神，永在巅峰"——2018珠峰攀登报告会，校党委书记邱水平讲话，将山鹰精神概括为"艰苦奋斗，吃苦耐劳；奋勇向上，挑战极限；脚踏实地，励志力行；团结协作，无私奉献"。

（田定方　李泽昊）

【北京大学120周年校庆志愿服务】 2018年是北大双甲子校庆之年，也是毛主席号召"向雷锋同志学习"55周年，中国青年志愿者行动发起25周年。为弘扬雷锋精神、保障120周年校庆各项活动开展、引导全校师生参与校庆服务，3月至5月，校团委、青年志愿者协会共组织2297名志愿者参与北京大学120周年校庆志愿服务，并服务于ACM-ICPC全球大学生程序设计大赛、"双一流"建设国际论坛、校友返校、校庆纪念大会、校园服务、全球金融论坛、后校园原创音乐盛典等活动的各个岗位。校庆志愿者以兼具北大风格和国际化特点的"小燕子"为标识，使用了基于"小燕子"标识设计的志愿者形象视觉系统，其主体图案是一只由"志愿者"的大写英文单词"VOLUNTEER"环绕拼接而成的燕子。校庆期间，志愿者们身着依托"小燕子"标识设计的帽子、马甲、T恤，佩戴特制胸针、工作证，肩背"小燕子"帆布袋，活跃在校园内外各个岗位。

（李晓丹）

【推出北大《青年时评》】 2018年，为贯彻落实习近平总书记关于保持和增强群团组织先进性的要求，加强共青团系统内部交流，提升共青团干部运用马克思主义立场观点方法观察世界、分析世界的理论水平，真正搞懂面临的时代课题，认清中国和世界发展大势，把握青年发展成才走向，发出北大青年的新时代最强音，北大团委推出《青年时评》交流平台，围绕习近平新时代中国特色社会主义思想，重点关注当下时事热点、高校育人方针、共青团改革、"一心双环"、青年成长与发展等主题，展现共青团干部对有关未来发展的一系列重大问题的认知与思考。2018年合计推出《青年时评》11期。

（黄冠）

【北京大学120周年校庆晚会】 2018年5月4日，北京大学120周年校庆晚会在百周年纪念讲堂举行，学校领导班子成员出席晚会。全球北大人通过视频直播平台同步观看晚会。晚会以"百廿常新"为主题，分"革故鼎新""与古为新""守正创新"三大篇章，展现北大"常新"的思想、风格、气魄与行动，传递"常新"之于北大人的精神价值。所有节目均由北大校友、师生参与创作、演绎。

（明淳露）

医学部共青团工作

【发展概况】 组织结构。医学部团委下设综合办公室、组织部、宣传部、青工部、社团部、社会实践与志愿者工作部6个科室，现有在编人员4人。

思想引领工作。1.青年思想引领贯穿始终。结合五四运动99周年、中国共青团建团96周年、北京大学建校120周年、改革开放40周年纪念等重要时间节点，以"勤学笃行见真知，立德树人新时代"为主题开展系列专题教育，组织"热爱北医母校，建设北大医学"医学部共青团系统喜迎106周年庆典系列活动。5月10日晚，举办2018年医学部共青团系统五四表彰暨"青春故事"讲述活动。9月至11月，开展第五届"青春心向党，传递正能量"主题团日活动；11月，围绕北大医学106周年庆典，以"热爱北医母校，建设北大医学"为主题，组织开展系列庆生活动。2.运用新媒体宣传手段，通过"北医青言微语""医学部学生会""北医青协"等微信公众平台以及各基层团组织的微信公众平台等团属媒体，开拓共青团思想引领工作新阵地。5月启动"正能量·聚青春"校园公益系列微视频制作项目，先后指导拍摄《良好习惯养成list》《考试穿梭千年》《一起上课》等3部展现北大医学生风采的视频，在"北医青言微语"微信公众平台播放。

组织育人工作。1. 推进"初级团校—团支部书记培训班—高级团校"三级团校培养模式，打造有医学特色的青年马克思主义者培养工程。11月，举办医学部第31期新生团校暨初级党课，共有来自医学部各学院（部）的173名新生团员参加课程学习；开办第6期团支部书记培训班，共有医学部各学院（部）68名基层团支部书记参加；各基层团、学组织推荐30余名学生干部成为第8期高级团校学员，具体课程将于2019春季学期展开。2. 深化"创先争优"竞赛活动。在2017—2018年度首都大学、中职院校"先锋杯"评选活动中，医学部团委曹炜等6人获"北京市优秀基层团干部"称号；第三医院汪恒等6人获"北京市优秀团员"称号；第一医院儿科、人民医院急诊科等9个团支部获"北京市优秀基层团支部"称号。开展医学部"创先争优"竞赛活动，多个集体、个人获红旗团委、先进团委、优秀团支部、优秀提名团支部、优秀团支书、优秀团干部（团员）等荣誉称号。3. 加强网上共青团建设，加大对基层组织的支持力度。与信息中心合作，全面启动医学部共青团系统信息工作平台建设，打造团属微信公众平台。针对2018级新生团员开展团性教育，给5家学院专项拨款。

实践育人工作。1. 社会实践。2018年暑期，首次面向全体在校生组织开展大学生社会实践活动，共有1449名学生组成的135支团队分赴全国各地及其他国家开展各类实践活动。首次专门组织共青团系统团学骨干赴江西干部学院研修和接受红色专题教育。2. 志愿服务。完成全体医学部学生在"北京共青团"系统的线上注册工作，实现与12个街乡服务的对接。医学部青协开展交通安全志愿服务团、松堂志愿服务团、校史讲解志愿服务团等长期服务项目，与人民医院、第三医院、肿瘤医院、国际医院和北京儿童医院等单位建立长期合作。医学部各学院团委多次组织青年志愿者参与支教、健康宣教等志愿服务活动，各医院团组织带领团员青年多次开展义诊、门诊учи医、健康宣教等活动。12月5日，在国际志愿者日指导学生志愿服务组织举办"微志愿·共青春"公益宣传活动。

校园文化建设工作。5月，指导医学部学生会和研究生会完成主席团换届选举工作，选举产生医学部第二十七届学生会主席团和医学部第三十五届研究生会主席团。指导学生会举办"北医杯"联赛、十佳歌手大赛等传统文体活动以及"运于身·怡于心"健康运动月暨健康运动论坛、首届世界文化节暨第二十五届社团文化节等特色活动，针对2018级新生开展新生风采大赛、新生杯篮球赛、班衫设计大赛、九院联合新生舞会、新生定向越野等活动。举办"跨海漂洋，因梦而来"北京大学医学部第二届中外学生交流舞会。2018年春季学期，指导医学部研究生会举办"学术之星"评选活动，评选出一、二、三等奖，并选送六名"学术之星"分别推荐为北京大学"学术十杰"和"学术精英"；秋季学期，指导医学部研究生会举办第十九届北大生物医学论坛。指导学生社团建团和文化发展，注册的60家学生社团建团数量达34家，全年共举办各类文化、学术讲座和课外科技文化活动240多个。各学院（部）基层团组织开展形式多样的校园文化活动，如基础医学院的"感受医学生"活动，公共卫生学院的"预防艾滋病宣传周"，护理学院"珍爱生命，安全第一"主题讲座、"医心为灯，一路护你"国际护士节晚会，公共教学部"抗·辩"活动、外文歌曲大赛等。

青工团组织工作。注重搭建医学部共青团系统青年团干部交流平台，11月23日—24日，组织医学部各二级单位团组织负责人参与全校共青团干部统一培训活动。5月，开展"青年文明号"创建活动、"青年岗位能手"评选活动，评选出北京大学人民医院手术室麻醉科、北京大学第三医院总务处、北京大学口腔医院口腔颌面外科二病区、北京大学肿瘤医院骨泌尿外科、北京大学第六医院住院处5个北京大学医学部"青年文明号"集体以及基础医学院初明等13名北京大学医学部"青年岗位能手"，授予第三医院团委"号、手"创建活动优秀组织奖。各医院基层团组织结合医院工作实际和青年需求开展各类学术、文体、交流活动：第一医院团委联合皮肤科在校本部及医学部校园开展"中国痤疮周"全国公益性活动；人民医院团委联合离退休工作处举办"青暖桑榆"重阳节敬老活动，组织团干部培训并到中国空间技术研究院学习交流；第三医院团委组织京内高校青年志愿服务团队参与"中国大陆辅助生殖技术成功应用30周年暨生殖医学学术研讨会"会务志愿服务工作；口腔医院团委组织团员青年观看《厉害了，我的国》《红海行动》等影片，组织师生赴北京外国语大学开展义诊咨询，接受国防教育等活动。

党建工作。团委党支部共有党员4人。支部坚持"定期召开支部党员大会、党支部委员会和党小组会，按时上好党课"重要制度，并将"学党章党规、学系列讲话，做合格党员"学习教育常态化、制度化，根据医学部党委要求，将每月10日设定为主题党日，按期召开相关会议和开展党日活动，并以多种形式做好党课学习。3月，支部召开"两学一做"专题组织生活会，并借助微信等新媒体平台，将支部"两学一做"融入日常、抓在经常。3月5日，支部全体党员集中收看十三届全国人大一次会议开幕式。4月，支部联合宣传党支部、保卫党支部参观北大红楼。5月，支部集体参加习近平总书记"5·2"重要讲话精神医学部学习研讨会。7月22日至27日，统筹组织支部全体党员与另外15名基层团学组织代表赴江西干部学院集中研修，深入学习井冈山精神。田鹤获评"北京大学优秀共产党员"。支部还将党务与业务工作相结合，开展"青马工程""勤学笃行见真知，立德树人新时代"等系列主题教育活动。

（郭　雪）

【组织北大医学106周年庆典系列活动】 2018年11月,围绕北大医学106周年庆典,以"热爱北医母校,建设北大医学"为主题,组织系列庆生活动:在医学部下沉广场及部医院后侧宣传栏绘制"我为母校涂色添彩"涂鸦墙;设计制作北医建筑系列定制书签发放给广大师生;组织师生在跃进厅楼下的签名墙写下送给北医106岁的生日祝福;在微信平台上推出北医106生日专属头像,师生更换头像并在朋友圈接力转发;在"北医青言微语"微信公众号平台创办"清韵·一读 北医人特辑"栏目,介绍优秀北医人;医学部学生会创办"这!就是庆生"系列活动;组织吉协、黑池、管弦、手风琴协会等学生社团在学校主干道和下沉广场开展快闪庆生活动。

(郭 雪)

机关党建

【发展概况】 思想建设。机关党委定期组织理论中心组学习,深入学习领会习近平新时代中国特色社会主义思想和党的十九大精神,习近平总书记在北大师生座谈会上的讲话,中央纪委二次全会精神和全国两会精神,认真贯彻落实学校第十三次党代会精神;注重机关党员教育培训体系建设,邀请马克思主义学院党委书记孙蚌珠作"学习党的十九大精神,加强北大机关建设"报告;邀请第十三届全国政协委员、九三学社社员、光华管理学院副院长金李进行"聚焦两会,关注民生——学习两会精神"专题辅导;开展"访大钊故居,循大钊足迹,学大钊品格,扬大钊精神,强个人素质,提机关能力,助学校双创,促民族复兴"专题培训,推动党员更加自觉地为实现新时代新使命不懈奋斗。

党支部建设。1.深入学习总书记视察学校重要讲话。组织党支部通过学习、座谈、研讨等,认真领会习近平总书记"一个根本任务""两个标准""三项基础性工作"和"四点希望"的重要讲话精神,确立扎实办好中国特色社会主义一流大学、培养和引领青年师生的行动指南。2.积极支持党支部主题党日活动。纪委办公室监察室支部参观中共五大会址纪念馆和辛亥革命纪念馆;实验室与设备管理部、科研部和先进院支部分别赴实地开展延安精神学习活动;统战部支部赴北航参观无人机实验室和航空博物馆,进行爱国主义和国防教育;社科部支部赴中国人民抗日战争纪念馆,开展主题为"学习贯彻党的十九大精神,以伟大抗战精神铸就新时代革命信仰"实践教育活动;研究生院支部开展"铭记历史,缅怀先烈,珍爱和平,开创未来"主题实践教育活动。3.严格开展支部工作手册集中检查。集中对各支部会议记录工作手册进行集中检查,并通报发现的问题,督促规范化建设,以贯彻落实全面从严治党要求,进一步提高基层党建工作的规范化水平,加强基层党组织建设,提高党务工作能力,落实好"三会一课"制度。4.认真组织党支部书记述职活动。组织各党支部书记按照学校党委组织部的任务要求围绕六个方面进行工作述职,以切实促进其交流工作,明确工作目标,增强党建工作责任感。

党员教育管理。1.组织机关党员干部参观"改革开放40年"大型成果展。2.积极参加"一二·九"大合唱,机关工作人员与校领导、学生合唱团同台献唱,共同用歌声诠释伟大革命精神。3.做好机关党员发展工作,2018年共发展10名新党员,预备党员转正4名。4.在庆祝中国共产党建党97周年之际,为充分发挥典型示范作用,激励党员做出更大贡献,认真开展优秀个人、先进集体评选表彰工作,获得校级"先进党支部"4个、"优秀共产党员标兵"1人、"优秀共产党员"13人、机关党委"优秀共产党员"13人。5.机关党委开展党员专项困难帮扶活动,对22名困难党员群众进行困难帮扶,表达党委对他们的关怀。

党建创新立项。有效推进"两学一做常态化制度化"。组织参加党委组织部"推进'两学一做'学习教育常态化制度化"基层党建创新立项。共有8个支部申报了9个创新立项:一类2个,二类2个,三类5个。

党风廉政建设。1.以制度规范落实主体责任。进一步修订改进机关工作作风建设、党委工作条例、议事规则等制度文件。2.以做好支部评议考核和民主评议党员工作落实主体责任。认真落实党委组织部布置的"党支部评议考核和民主评议党员工作",贯彻落实全面从严治党要求,进一步规范机关党支部和党员队伍管理工作。3.以构建培训体系和加强党员干部队伍建设落实主体责任。组织支部书记、党员骨干培训,并开展网络学习,强化党风廉政教育宣传工作,提升全校师生廉洁自律意识和能力。共有109人报名参加了廉洁教育宣传月网络自主选学。4.以思想政治和师德师风考核考察评估工作落实主体责任。按照学校相关文件要求,在机关各部门人员招聘、职称(职务)评聘、岗位聘用、评优奖励、人才推荐等方面,切实负起责任,结合各部门的全面核查结果,认真考察评估候选人的思想政治和师德师风情况。

机关工会工作。1.顺利完成机关工会换届与分工。2.继续组织各部门工会开展"爱心基金"捐款活动;积极动员女教师办理互助安康保险;组织参加校运会团体操和项目比赛并取得佳绩,机关分工会获得"精神文明奖",3支代表队进入团体总分前10名;在教工游泳、羽毛球、足球、乒乓球等比赛中均取得优异成绩。机关分工会组织开展特色活动,南石洋大峡谷、大营盘长城户外徒步活动;与环境保护办公室、生命科学学院、校园服务中心联合开展活动,让大家更多了解燕园植物,爱护燕园一草一木,提高环保意识;组织三八节"体验城市园艺——室内多肉植物养护"活动;邀请北京儿童医院专家入校进行儿童呼吸系统疾病防诊治讲座；举办首届机关教职工台球比赛；参加学校第三届"武悦同人"杯太极拳交流赛，获得第二名；在勺园5甲楼、财务部、保卫部、办公楼等地添置健身器材，乒乓球桌、台球桌等，为机关老师提供健身活动场所。3. 涌现一批积极奉献、开拓进取、成绩显著的优秀个人和集体。机关工会获"群众体育工作先进单位一等奖"，校级"优秀工会干部"9人、"优秀工会积极分子"8人，机关分工会级"优秀工会干部"和"优秀工会积极分子"8人；科研部获校级"优秀活动奖"；两办工会获"先进职工小家"。

【组织党员骨干专题培训】 机关党委组织党员骨干于10月19日至20日前往河北省唐山市，开展主题为"访大钊故居，循大钊足迹，学大钊品格，扬大钊精神，强个人素质，提机关能力，助学校双创，促民族复兴"的培训活动。校党委副书记、秘书长安钰峰带领机关部门31名同志全程参与。20日上午，机关党委一行参观李大钊故居和李大钊纪念馆。安钰峰代表机关党委向李大钊先生塑像敬献花篮。20日下午，机关党委一行参观唐山大地震遗址公园，了解唐山灾后重建历史和取得的成就，学习体会唐山人民"公而忘私、患难与共、百折不挠、勇往直前"的抗震精神。

（袁红利）

后勤党建

【发展概况】 组织结构。后勤党委负责后勤系统党建和思想政治工作。截至12月，后勤党委下辖6个党总支、26个党支部，其中在职支部16个、混编支部2个、退休支部8个。

领导班子和干部队伍建设。1. 领导班子认真贯彻执行党的路线方针政策和学校工作部署，坚持正确政治方向，带头开展政治学习。2. 召开好专题民主生活会，征求意见，开展批评与自我批评，制定整改措施并严格落实。3. 坚持民主集中制，重要事项都经过党委会讨论决定，指导监督后勤各单位执行集体议大事制度。4. 坚持群众路线，深入基层，建立为民务实清廉的作风，为群众办实事解难事。5. 做好干部出国（境）证件管理和严格履行出国审批手续。6. 在党风廉政建设方面，突出对领导干部加强教育、完善制度、重点防控，切实提高"一岗双责"的履职能力。后勤系统30余名领导干部参加学校2018年廉洁教育宣传月党风廉政专题网络培训班。2018年无违法违纪问题。

推进"两学一做"学习教育常态化制度化。1. 配合学校党委开展巡视整改落实情况的专项检查。2. 学习习近平总书记在北京大学师生座谈会上的讲话精神。5月14日，后勤8个单位正职负责人，各直属党总支、党支部书记及各单位下属各支部书记40余人参加习近平总书记在北京大学师生座谈会上重要讲话精神工作部署会；5月23日，后勤各直属党总支及在职党支部书记参加由北京市委教工委组织的"首都百万师生同上一堂课活动"；5月29日后勤党委领导班子及各党总支、党支部书记参加北京大学教师、学生党支部书记学习贯彻习近平总书记5.2重要讲话精神报告会。3. 按照学校党委要求，后勤党委及后勤系统各单位开展主题党日活动。3月2日，后勤党委组织后勤党代表、各单位正副职领导和党支部书记参加《初心、使命与源头：从李大钊入北大一百年说起》党课学习；总务部组织全体党员学习习近平在全国宣传思想工作会议和全国教育大会上的重要讲话精神；房地产管理部与光华管理学院2015级本科团支部就习近平总书记在北京大学师生座谈会上的讲话举行专题学习会；基建工程部举行"党章与党的纪律"专题党课学习；会议中心组织党员群众开展以"红色家书诵读"为主题的党日活动；餐饮中心组织党员前往马克思主义学院参观"北京大学与马克思主义主题展览"；动力中心各党支部开展"学习十九大知识问答"活动；公寓服务中心二支部组织党员参观李大钊纪念馆、李大钊故居、唐山地震遗址公园；校园服务中心组织党员参加义务植树活动；总务部退休支部组织全体离退休党员学习习近平总书记在北京大学师生座谈会上的讲话；机关三支部组织离退休老党员共庆北大建校120周年游校园活动。

120周年校庆筹备工作。后勤各部门认真收集并完成学校宣传部计划在校史馆对学校各单位从学校100周年到120周年期间取得的重要成绩及特色工作的展示。参与校庆晚会部分筹备工作。

后勤改革、规范管理和专项工作。1. 与行政一起，继续做好后勤改革和队伍建设。2. 配合校内其他部门，妥善处置舆情事件，确保学校安全稳定。3. 参加"我的校园我做主"沟通座谈会，构建密切联系和服务师生的长效机制。4. 后勤职工优质服务，餐饮经理、公寓楼长、保洁员等中涌现出一批先进典型。

基层党建工作。后勤党委依托基层党支部开展丰富多彩的活动，同时，协调指导党支部做好管理服务党员和基层党建工作。1. 会议中心党总支第一党支部、公寓服务中心党总支被评为校级先进党支部，王晓如、孙重立、李钟、吴军、张胜群、姜晓刚被评为校级优秀共产党员。评选后勤级先进党支部6个、后勤级优秀共产党员36人。2. 按照计划完成发展党员、党员转正工作，参加第13期教职工党性教育读书班11人、毕业11人，接转组织关系44人次、做好社区服务中心党支部、校园服务中心第二党支部、机关三支部3个支部的整建制转出，做好党内统计工作。3. 共产党员献爱心捐款441人23,405元。4. 8人获得"生活困难党员帮扶补助"。5. 9人报名参加第四届青年干部未名论坛。6. 组织在职党员、积极分子及群众骨干观看电影《厉害了，我的国》《青年马克思》及话剧《大钊先生》。7. 按时收缴党员党费及党员捐款。8. 根据组织部要求，开展好在职党员"双报到"工作，做好党员信息库中每月新增或删除党员信息工作。

离退休工作。加强对离退休党组织和党员的管理服务，主动向离退休老同志介绍学校和后勤工作的近期动态与发展变化，向组织部申请困难帮扶补助，关心他们的思想状况和现实困难并帮助解决问题。

工会和青年工作。支持平民学校工作，组织后勤职工参加运动会、文体比赛、爱心基金捐款、"一二·九"合唱等活动。配合校工会做好首都劳动奖章评选推荐工作，2018年后勤1位职工获首都劳动奖章荣誉。指导后勤工会进行换届。指导后勤团委加强对团员青年的教育、引导、服务，推荐"青年文明号"7个，鼓励青年职工参加平民学校班主任志愿服务等，建设有朝气、有热情、能力强、团结上进的后勤青年职工群体。

【开展后勤系统治理能力现代化系列学习培训】 2018年，后勤党委制定《北京大学后勤系统治理能力现代化系列学习培训方案》。10月以来，组织开展后勤系统治理能力现代化系列学习培训，培训对象为中层干部、后勤党委、工会、团委委员和基层党团组织负责人、各单位人事干部。培训采取"请进来""走出去"和专题班等多种形式。截至年底，已经开展10次。

【进一步密切联系群众】 2018年，后勤党委主持制定《北京大学后勤系统关于进一步密切联系群众的若干意见（试行）》。意见体现以职工群众为中心的理念，主要内容包括拓宽联系职工的途径，畅通职工表达意愿的渠道，丰富为职工服务的内容，努力解决职工工作和生活中的实际问题，构建和谐劳动关系等。

（徐　悦）

直属单位党建

【发展概况】 组织机构。北京大学直属单位党委设计算中心、档案馆、教育基金会、教师发展中心、校史馆、歌剧研究院、燕京学堂、校友会（校友办公室）和幼儿园共9个党支部。其中，校友会党支部4月成立，幼儿园党支部5月整建制自后勤党委转入直属单位党委。2018年，直属单位党委共有党员246人，其中正式党员236人，预备党员10人；女党员157人，少数民族党员17人，学生党员27人，离退休党员71人。2018年直属单位党委转入组织关系共计76人，其中整建制转入50人；转出组织关系15人；发展党员6人，预备党员转正6人。党员人数较2017年增加67人。

2018年，直属单位党委积极贯彻落实党的十九大精神，认真学习习近平总书记在北京大学师生座谈会上的讲话和习近平总书记在全国教育大会上的重要讲话，认真贯彻落实学校第十三次党代会精神，围绕学校中心工作，服务大局，努力发挥直属单位党委政治核心和监督保障作用，不断推进基层党组织的思想建设、组织建设、作风建设和反腐倡廉建设。按照上级党委要求，按时完成各项党建和思想政治工作，积极推进"两学一做"学习教育常态化制度化。继续深入贯彻落实民主集中制建设，深入贯彻党风廉政建设责任制。坚决落实上级关于党风廉政建设和反腐败工作的要求，进一步增强党员干部"四个意识"，坚定"四个自信"，同时坚持把"围绕中心抓党建，抓好党建促发展"作为党建工作的出发点和落脚点。通过谈心和召开组织生活会、专题民主生活会，在开展批评和自我批评的基础上，消除分歧、统一认识，形成良好的工作氛围，为各直属单位工作任务的顺利完成提供坚强有力的组织保证。

思想建设。1. 直属单位党委以坚定理想信念为重点加强思想建设，全面学习贯彻党的十九大精神，学习贯彻习近平总书记在北京大学师生座谈会上的讲话和在全国教育大会上的重要讲话，认真贯彻落实学校第十三次党代会精神，围绕学校中心工作，服务大局。党委所属各党支部通过收看大会开幕、闭幕式，通过集体学习、督促自学，通过举办讲座、座谈、知识竞赛、参观、考察等形式深入学习宣传十九大精神，扎实推进"两学一做"学习教育常态化和制度化。2. 注重用理论武装筑牢夯实党员干部思想根基。教育引导党员自觉按照党员标准规范言行，牢记党的宗旨，进一步坚定理想信念，提高党性觉悟。指导所属支部深入领会把握党、国家和学校的方针政策，坚持正确的政治方向和舆论导向，为各项业务工作的有序开展提供思想和政治保障。例如，幼儿园党支部结合支部实际情况，提出"一名党员，一面旗帜"的口号，鼓励党员在各个岗位中发挥先锋模范带头作用，通过组织师德宣讲、遵守"师德"宣誓等教育活动，使总书记讲话精神入脑入心，进一步提高了党员的政治素养。幼儿园党支部孟帆老师在北京市中小幼系统的师德主题演讲比赛中荣获一等奖。

制度建设。从制度层面积极探索加强直属单位党委工作的新思路、新方法。党委严格落实党委会制度和支部会议制度，班子成员职责明确。直属单位党委每个工作月定期召开党委会或党委扩大会，结合直属单位党建工作特点，研究制定党建工作实施活动方案，指导、督促各党支部开展工作。每学期对各支部会议记录工作手册进行抽查，以进一步提高基层党建工作的规范化水平。

作风建设。1. 通过专题座谈和主题党日等活动，进一步激发大家立足本职、创先争优的奋斗精神。号召党员认真贯彻党的群众路线，尊重师生的主体地位，不断提高服务水平。2. 认真落实思想政治和师德师风考察评估主体责任。直属单位党委在各部门职称（职务）评聘、岗位聘用、评优奖励等方面，结合各部门的全面核查结果，认真考察评估候选人的思想政治和师德师风情况。

支部换届。党委认真完成了基金会、幼儿园两个党支部的到期换届工作，指导完成书记、委员不齐全的个别支部班子配备工作。

党员发展。党委充分发挥支部书记、单位领导、老党员的模范带头作用，积极引导德才兼备的职工向党组织靠拢。坚持落实"点对点联系人"和"入党积极分子定期考查"制度，发挥支委、党小组长的"传帮带"作用，吸引新的入党积极分子不断向党组织靠拢，保证党员发展质量。2018年共发展党员6人（计算中心1人，燕京学堂2人，幼儿园2人，教师教学发展中心1人），预备党员转正6人。新发展党员有在校学生，也有一线教学管理人员和专业技术骨干。各支部在发展党员的过程中，工作规范、程序严密、环节完整、档案齐备。

主题党日活动。2018年，各支部结合学习活动和各自工作特点，开展各具特色的主题党日活动。5月17日，校友会党支部与民政部社会组织管理局社团管理二处党小组联合举行"学习贯彻习近平总书记在北京大学师生座谈会上的重要讲话精神"主题党日活动。5月18日，计算中心、档案馆、校史馆、燕京学堂等党支部联合举办"见证重大工程，感悟首都发展"主题党日活动，近60名师生党员参观了正在建设中的北京新机场。10月25日，燕京学堂党支部组织党员、团员赴密云区大城子镇张泉村开展主题党日活动，调研张泉村在党的精准扶贫政策支持下带来的新变化，并瞻仰了苍术会四十八烈士纪念碑。11月1日至3日，基金会党支部以"不忘初心，继续前进——重走一大路"为主题，组织全体党员赴嘉兴、上海一大会址开展主题党日活动。11月上旬，幼儿园党支部和档案馆党支部组织党员和入党积极分子前往卢沟桥抗日博物馆参观。校友会党支部与校友办领导班子举办3次学校校友工作队伍工作坊活动，先后邀请校友会常务副会长王杰、柯杨和原常务副会长吴志攀主讲，提高全体党员的党性认识和工作水平。幼儿园党支部组织全体教工开展"文明礼仪，健康生活"为主题的系列活动，激发教职工员爱岗敬业、幸福生活的热情。

优秀表彰。为进一步营造提振信心、鼓舞干劲、凝聚力量、弘扬先进、选树典型的浓厚氛围，2018年，直属单位党委根据学校要求，讨论并申报燕京学堂党支部为北京大学优秀党支部，申报计算中心党支部的张蓓和基金会党支部的耿姝两位同志为"北京大学优秀共产党员"。档案馆党支部被评为"北京大学直属单位党委优秀党支部"，档案馆党支部的郭鹏、校史馆党支部的黄文一、教师教学发展中心党支部的李志刚、燕京学堂党支部的郭非被评为"北京大学直属单位党委优秀共产党员"。此外，教育基金会、计算中心综合信息系统建设研发团队分别荣获北京大学"青年文明号"荣誉称号。

【爱心捐款】"共产党员献爱心"捐献活动是首都广大党员发挥先锋模范作用，体现党的先进性，弘扬中华民族扶贫济困传统美德、展示北京精神的特色活动。根据北大党委组织部文件精神，2018年，直属单位党委在9个党支部的全体党员中开展捐款活动。活动结束共收到捐款6870元，共计52名党员和入党积极分子参与捐款。

（杨雪）

产业系统党建

【发展概况】组织机构。产业党工委现有2个集团党委，3个三级党委，6个直属党支部。截至2018年12月，共计113个基层党组织（其中党委数5个、党总支数10个、党支部数98个），党员2075名。全年发展党员42名，预备党员转正35名。

产业党工委设书记1人，副书记2人。书记萧群兼任校产业办主任、北大资产经营有限公司董事长；副书记韦俊民兼任北大资产经营有限公司总裁；副书记生玉海兼任方正集团党委书记、董事长。委员由临湖公司董事长朱宏涛、方正集团总裁谢克海、孟庆焱、段震文等企业负责人和代表担任。党工委秘书为马军长。班子成员坚持深入学习总书记讲话精神，定期召开党工委委员会议，进行学习、研究、决议相关事项，深入开展工作企业互动，搭建交流桥梁，走访清华控股、国电投等校外企业，建立班子成员联系企业制度。产业党工委明确"两个主体责任"和"两个责任主体"，坚持把党风廉政建设与反腐败工作纳入校办企业发展和支部建设总体布局，加强校办企业规范管理和专业管理。

制度建设。结合北大校企实际，修订《北大资产经营有限公司章程》。在"章程第四章 董事会"前增加"第四章 党委"的相关规定。产业党工委指导资产公司聘请华夏基石作为第三方中介机构，对产业办、资产公司内部职能、制度、流程进行细化。

群团组织工作。对产业分工会的工会职能进行优化，完善经费制度，强化服务意识，维护员工权益，关心员工成长。部分企业自主举办趣味运动会，开展"高举旗帜跟党走""我和北大产业的故事"主题活动以及三八节、健康义诊、育儿教育、体育比赛、集体过生日、公益献血等活动，增进团队凝聚力。

（马军长）

【首次开展基层书记述职考评】2018年12月24日，产业党工委首次组织8位基层党组织书记进行述职考评，学校党委组织部、产业党工委、资产公司、产业办等相关部门负责同志出席，部分产业系统的学校党代会代表、企业负责人代表、离退休人员代表等列席。考评包括述职、现场问答、评委点评等环节。下属方正集团党委、青鸟集团党委也按照党工委要求开展所属党组织书记述职考评。

（马军长）

【举办产业系统领航新征程专题培训班】 2018年11月至12月，产业党工委组织开展产业系统领航新征程专题培训班。产业系统党务干部、高级管理人员、党员发展对象等187人参加，培训内容包括党性修养、党风廉政、中国文化、战略管理等。由于产业系统办公区域分散，本次培训首次在北大方正软件学院（廊坊）、成都北大资源、上海人寿等6个基层党组织中试点在线考试，通过信息化手段降低培训成本，提高培训效率。

（马军长）

【方正集团助力精准扶贫】 2018年，方正电子运用"人工智能+书法教学"的技术成果，向经济欠发达地区10,000所学校定向提供书法教育支持。方正证券创办36场"智·富大讲堂"，为帮扶县培训近4000人；向贫困县派出12名专兼职挂职干部，接收宁夏回族自治区、河南新县9名金融干部挂职和培训；通过多种金融工具为贫困地区各类实体企业投融资10多亿元。方正证券及其子公司共签约13个省的18个扶贫县，在券商中排名第一。开展扶贫项目60个累计投入3691.55万元，涉及18个省63个国家级贫困县，并设立32个金融扶贫工作站。先后荣获"2017年度扶贫突出贡献奖""2017年度中国上市公司精准扶贫创新案例奖""2017社会力量参与救灾先进单位""扶贫卓越贡献奖""优秀教育扶贫奖"等16个重要奖项。

（许　颖）

后勤管理与保障

总务工作

【发展概况】 组织机构。总务部为北京大学教学、科研和日常工作的正常运转提供后勤保障。下设综合办公室、计划管理办公室、运行管理办公室、人事办公室四个办公室。同时，北京大学爱国卫生运动委员会办公室、北京大学绿化委员会办公室常设于总务部。截至2018年12月，总务系统在职事业编制278人（其中总务部15人）、非事业编制人员2905人（含劳动合同制人员1280人，劳务派遣、劳务外包、合作经营单位人员等1625人），共计3183人。

运行管理工作。2018年，总务部与各中心在后勤保障服务方面，完成如下重点工程：

1.畅春新园学生宿舍浴室改造工程。将楼内48间宿舍改造为淋浴间，免除畅春新园1号至4号楼学生冬季出楼洗浴的不便。

2.畅春新园学生宿舍人行过街天桥维修改造工程。对畅春新园天桥的地胶、栏杆和桥面部分钢结构等进行修缮，消除安全隐患，保证学生的安全通行。

3.北京大学虎皮墙内1:500地形图测绘工程。通过地形图测绘，增加对学校地形、绿地、道路面积的了解。

4.完成2018年其他修缮改造工程。（1）校园部分区域上水、污水管道更新改造。完成理科楼周边污水管更换，8号至13号公寓室外污水管线改造，承泽园104号楼至108号楼室外污水管线更新，红一楼至红四楼室外污水管线更新，解决跑冒滴漏等现象。（2）电力设备更新维护五期。完成北京大学电力设备设施更新，中关园、燕北园更换各楼干线π接盒，电缆检测仪器、电能质量检测仪等设备购买，大讲堂和交流中心广场设置活动用配电箱，改善校内的用电环境。（3）昌平校区35kV电站电力增容改造。完成昌平校区35kV电站电力增容一期项目施工、监理、工程管理的招标及前期协调工作，于2019年正式开工实施。（4）消防设施改造。完成第二教学楼消防泵房更换水泵3套，畅春新园消防泵房更换消防泵4套，畅春新园室外喷淋管道部分维修改造，完成昌平校区图书馆消防设施更新工程。

5.校园基础设施维修、改造。（1）学生宿舍基础设施及设备改造。完成学生宿舍楼基础设施及设备改造项目，包含学生宿舍更换防护栏，学生宿舍灯具更换，学生宿舍45乙楼盥洗室内的吊顶和排风扇进行更换和维修，学生宿舍33楼、41楼、42楼、45甲楼、48楼、60甲楼和61甲楼的出入口及楼道增设监控设施，33号至39号楼、45甲、45乙楼浴室供回水立管更新，学生宿舍卫生间下水管道更新。将勺园4人间改为2人间，为满足学生的使用，配置单人床。（2）畅春园食堂维修改造。对畅春园的排烟罩以及吊顶进行更换，减少吊顶内漏油情况。对食堂内墙面进行粉刷。（3）幼儿园基础设施改造。完成蔚秀幼儿园装修改造，为确保使用安全，对蔚秀幼儿园的墙面重新进行抹灰和粉刷，重新安装墙裙。完成燕东幼儿园铁艺门及铁艺围墙更换，燕东幼儿园屋顶防水，监控设施设备改造。完成燕东幼儿园门口路桩改造工程，按照政府相关部门的要求，在燕东园幼儿园东西两侧大门增设隔离防暴桩，使幼儿园师生出行安全得到保障。完成燕东幼儿园外线电缆更换工程，确保幼儿园供电电源安全、稳定。（4）餐饮中心学五等食堂安装天然气报警装置工程。完成学五等食堂安装天然气报警装置工程，消除天然气使用过程中的安全隐患，为师生就餐创造更加安全舒适的环境。（5）学生宿舍粉刷工程。对近73,000平方米毕业生宿舍及相应的楼道进行粉刷、检修工程。（6）食堂明厨亮灶视频监控改造项目。确保食堂的食品卫生安全，对各食堂增设监控系统。为师生的就餐提供卫生安全保障。（7）教学楼、理科楼群维修改造。完成理科楼空调维修改造，第二教学楼吊顶更换，第三教学楼2部电梯更换，理科教学楼教室空调维修，第二教学楼教室空调系统维修，教学楼残疾人坡道加卫生间改造。（8）校园中心库房及绿化房屋改造。完成校园中心库房及绿化房屋改造，包括燕北园绿化区房屋电路改造、技物系绿化区房屋电路改造、中关园绿化区电路外线改造，理科一号楼地下库房改造。（9）校内建筑物防雷设施改造六期。完成校内建筑物防雷设施改造六期工程，该工程对校内部分楼宇配电系统及信号系统感应雷设施进行改造。（10）部分楼宇屋面防水、外墙砖维修。校内部分楼宇屋顶防水层老化龟裂导致漏水，完成上述楼宇的防水维修工程，确保楼宇在雨季的正常运行；部分楼宇外墙砖部分空鼓脱落，存在安全隐患，完成上述外墙砖修复工程，确保人员安全。（11）技物楼电梯更新项目。原有技物楼电梯不能满足使用需求，根据院系要求进行更新。完成招标工作，后续将进行工程实施阶段。（12）中关园公寓食堂设施设备。完成中关园公寓新食堂厨房机械、调理灶具、电气设备等一系列设施设备的招标、采购工作，保证中关园食堂2018年8月开业及正常运营。（13）餐饮综合楼设施设备购置一期。与餐饮中心共同完成对餐饮综合楼冷库、排烟设备、洗涤消毒设备、消毒化验设备、电气设备等大型设备设施的招标工作。

6.校园环境整治。（1）完成校园环境整治工程，美化校园环境。包括：朗润湖北岸绿地喷灌工程，老法学院周边绿地喷灌工程，未名湖南侧小湖东北角山体整理，26楼绿地改造，25楼绿地改造，校园危险树木修剪，承泽园家属区101楼至108楼绿地改造，承泽园122楼至123楼宇绿化铺装改造，承泽园109楼至111楼宇绿化改造，校园绿地测绘，勺园前绿地改造等。（2）完成校园道路维修工程，包括承泽园方砖路维修工程，民主楼散水修缮，35楼南侧便道路面整治工程，48楼至垃圾站方砖路面整治工程，运输中心至成府路路面修复工程，工学院至成府路道路修复工程。校园柏油路维修改造工程。

节能工作。1. 完成全校公用区域部分水表更新及道路照明改善。

2. 集中供暖锅炉房低氮改造二期工程,将集中供暖锅炉房一期未完成的锅炉进行低氮改造,完成工程招标工作。

3. 学生宿舍楼集抄系统改造。完成对畅春园5栋学生宿舍楼(60甲、61甲、63、64甲、65甲)售电系统进行智能改造,一并改造校内33、34A、34B、45、45甲、45乙、46、47楼电表为一路三控系统。在节约电能的同时实现学生售电系统网上支付功能。

4. 完成北京大学2017年度碳排放报告,并按照北京市发改委要求完成重点碳排放单位2017年度履约工作。

5. 根据北京市发改委、北京市质监局、北京市财政局共同下发的《关于推进在京万家企业和市级考核重点用能单位能源管理体系和碳排放管理体系建设工作的通知》要求,北京大学能源管理体系的第一个认证期将于2019年2月结束,2018年底正式启动能源管理体系再认证工作,并于2019年初获得认证证书。

6. 根据北京市发展和改革委员会和国管局相关文件要求,完成北京大学2017年度能源数据会审工作,并编写能源资源消费状况分析报告。

7. 根据北京市发展和改革委员会和北京市统计局相关文件要求,完成北京大学2017年度能源利用状况报告。

8. 根据北京市发展和改革委员会相关文件要求,完成北京大学2017年度节能目标责任评价考核工作,并编写北京大学《2017年度节能目标责任评价考核自查报告》。

9. 健全学校节能工作机构,制定节能工作计划。

10. 建立学校未来一段时期节能减排工作计划库,按照可行性和效益,每年度安排一定资金额用于具体节能减排技术改造。

11. 重点推进国家、北京市重大改造项目和技术节能工作,落实节能制度化建设和宣传教育。

队伍建设。1. 完善人事管理制度,加强用工管理,做好舆情处置。(1)强化政治建设,落实意识形态责任制,及时排查后勤用工管理和人员风险点,制定和落实风险防控措施。(2)牵头编写后勤人事工作简报。(3)牵头汇总整理后勤各单位用工管理主要风险、用工数据主要变化、关心、服务员工工作和队伍建设情况,向后勤党委、总务部汇报。(4)牵头编写完成后勤系统相对统一的劳务派遣、劳务外包、合作经营协议,为各单位用工管理提供规范的合作协议参考。(5)牵头推进后勤系统人事管理信息化建设,编写完成《人事系统框架简述》。

2. 组织工程技术(后勤/产业)学科组职称评审。1人晋升教授级高级工程师、1人晋升高级工程师、2人晋升工程师。

3. 推荐并获评后勤唐立新奖教金10人。

4. 完成总务部在职人员人事工作。(1)加强领导班子和干部队伍建设。完成班子、干部述职测评和年度考核,民主生活会和重要事项报告,新上岗干部试用期满考核。(2)配齐科室干部和工作人员队伍。部内招聘和校内公开招聘3名科室干部,招聘1名事业编制人员,逐步改变总务部缺员状况,保障中心工作。(3)完成月考勤考核、985岗位考核和续聘、聘期考核和续聘、年度考核等。事业编制人员参加年度考核15人,其中优秀1人,合格14人。完成2名合同制人员试用期满考核及年度考核,其中优秀1人,合格1人。(4)落实总务部独生子女互助医疗、生日庆祝会等薪酬福利。(5)完成总务部机关干部的各种培训、考核、通用岗位申请、职称职务晋升、续聘、薪酬福利,协调解决职工人事问题。

5. 协调服务总务系统中心做好在职人员人事工作。(1)加强干部队伍建设。配合组织部为中心配备正、副职干部,协调做好中心领导班子、干部述职测评和年度考核,民主生活会和重要事项报告,新上岗干部试用期满考核。(2)深化后勤队伍改革,在学校总体招聘指标非常紧张的情况下,完成招聘事业编制人员2名,申报并完成招聘计划5个,加强中心骨干力量。(3)组织中心科室干部招聘。(4)完成通用岗位聘任。(5)做好聘期考核和续聘、年度考核等。事业编制人员参加年度考核278人,其中优秀15人,合格263人,不参加考核2人。(6)协调中心事业编制人员调动、各种考核、职称职务晋升、续聘、工资返还以及职工人事问题协调解决。(7)在人事部的指导下,协调监督中心落实合同制人员的规范管理,规范合同签订、社会保险等用工管理。(8)在学校人事部的帮助下,和中心一同面对合同制职工管理中出现的新问题,处理好相关诉求和劳动纠纷问题。(9)依托各单位组织职工培训,技能大赛,参加平民学校,实施激励机制等。注意加强干部管理、技术骨干和一线职工队伍建设,构建精干高效可靠的后勤队伍。

6. 做好离退休人员服务工作。(1)建立总务部离退休职工微信群,加强沟通、慰问、生活特困帮扶、支部活动等。(2)协调服务总务系统中心服务离退休人员。学校组织的离退休人员政治学习、工资调整政策、活动经费、特困职工补助、"北京大学'老有所为'先进个人"评选表彰等,及时向离退休人员传达和发放。结合后勤特点,完成对当年离退休人员的安排和服务、加强离退休人员思想政治学习、加强生活福利方面的关心、加强离退休党支部工作、对生活困难和遇有难事的离退休人员的关心和帮助、组织年底慰问和团拜等工作。

7. 组织人事干部培训,提高人事干部工作水平。

财务工作。1. 2018年总务系统校级预算经费为16,066.2125万元,预算支出为16,066.2125万元,完成校级预算经费,预算支出如下:供暖费支出为7981万元;零星修缮及日常维修费支出800万元;公用水电费支出2058万元;校园绿化卫生费支出1400万元;学生宿舍管理服务运行费支出900万元；全校水电运行费用支出为2165.8万元；职工班车费支出149.81万元；餐饮中心补贴598.4325万元；办公经费12万元；办公水电费1.17万元

2.2018年完成学校专项资金6,894.59万元，包括校园中心库房及绿化房屋改造、校园绿地及喷灌改造、校园道路维修、幼儿园基础设施改造、食堂基础设施改造、学生宿舍楼内设施改造、上水、污水管道更新改造、电气改造工程、雨水管道改造教学楼、理科楼群维修改造等多项专项工程支出。

3.2018年总务部利用自筹资金549.95万元，用于弥补中心经费，学生宿舍、浴室、食堂、教室、校园绿化保洁、道路维修、校园房屋修缮、公共基础设施的更新改造零星工程等方面。自筹资金补充了学校预算经费的不足，加强了学校后勤运行保障服务。2018自筹经费结余5508万元。

4.2018年总务部中心上交款2,941,011.28元。其中：公寓中心上交2,692,427.69元；动力中心（供暖）上交3,068.08元；动力中心（水电）上交78,793.99元；校园服务中心上交61,160.90元；运输中心上交105,560.62元；

5.2018年各中心工资返还合计5,697,409.5元。其中：（1）餐饮中心：1,812,790元，返还人数27人；（2）动力中心（水电）：826,554元，返还人数12人；（3）动力中心（供暖）：2,536,497.50元，返还人数38人；（4）运输中心：455,971元，返还人数8人；（5）校管中心：65,597元，返还人数1人。

6.2018年上交学校款合计：40,715,755.66元。其中：博雅酒店取暖费3,036,563.51元；中关新园取暖费3,897,283.01元；动力中心（供暖）校外住户取暖费2,637,837.91元；水电费差价17,944,741.59元；供暖燃料补贴7,148,720.02元；中心返还工资5,697,409.50元；勺园地热水费及资源税114,291.98元；中关新园地热水排污费及资源税238,908.14元。

综合工作。1.协调保障工作。与相关部门配合，协调北京大学开放日、全国优秀高中生夏令营、高考阅卷、迎接新生、新生党员培训、军训、毕业生离校、校庆活动、北京论坛、国际文化节等大型活动的后勤保障服务工作；完成开放暑期校园游等校内活动的相关组织协调工作，维护校园秩序，保护校园环境。保证各项活动圆满完成。

2.安全检查工作。（1）总务部牵头，会同保卫部、学工部等6个单位配合学校开展春季、秋季安全教育和联合检查活动。对校本部、畅春新园学生宿舍、万柳学区的消防设施和违章用电现象进行安全检查，排查安全隐患。（2）配合保卫部、燕园街道办，对学校进行年底安全大检查，对学校办公场所重点防火部位和校内商铺进行重点检查，消除校内商户及其他地下空间中的不安全因素。

3.组织会议及对外接待工作。（1）2018年度完成总务长办公会、后勤各中心主任联席会等会议的筹备、议题收集、会议纪要报送工作。（2）组织6次"我的校园我做主"学生代表与后勤系统座谈会，完成议题收集、督办和答复，增进了师生和后勤系统的沟通机制。

4.信息化工作。（1）管理总务部网站，定期更新网站内容，发布相关信息动态至校园门户及总务部网站；（2）"北京大学信息门户"微信公众号中后勤服务模块的需求分析和开发推进工作，推动后勤各中心相关业务上线并平稳运行。

5.其他综合性事务。（1）管理未名BBS总务部账号，对校长信箱版面中针对后勤工作提出的意见和建议进行及时了解、答复、处理。（2）完成爱国卫生委员会工作，做好灭四害的年度计划、购药、消杀、检查监督等相关工作。（3）完成无烟校园建设工作，对控烟活动积极宣传并做好禁烟标识的张贴工作。

（任嘉庆）

会议中心

【发展概况】 组织结构。北京大学会议中心是学校1999年9月决定设立、2000年初正式组建运行的专业化服务实体，下辖对外交流中心、百周年纪念讲堂管理部、勺园管理部和中关新园管理部，设有综合办公室和财务办公室。

业务发展。2018年中心完成北京大学120周年校庆系列服务工作，包括第42届国际大学生程序设计竞赛全球总决赛、习近平总书记与北京大学师生座谈会、"世界一流大学和一流学科建设"建设国际研讨会暨北京论坛（2018）、第二届世界马克思主义大会、北京大学建校120周年纪念大会和文艺晚会、第24届世界哲学大会等重要会议与活动的组织承办或现场服务，策划庆祝北京大学建校120周年系列演出48场，推出"百廿味道"北大系列怀旧菜和其他校庆特色菜品，提供静园五院校庆筹备组驻地服务，并为师生校友和中外嘉宾提供住宿、餐饮接待。2018年中心为泰国公主诗琳通来访、日本首相安倍晋三北京大学座谈会、学校领导班子寒假暑期战略研讨会、七一表彰大会等重要活动提供场地和服务保障等；承办14个国内外重要学术会议；接待36批1400人次海外宾客来访；全年会场使用4496场次，参加会议活动约47.6万人次；举办演出101场，放映电影102场，引进展览20场，观众33万人次；接待中外宾客8.1万人次住宿，75.4万人次就餐；累计接待中外学生3623人，目前在住留学生2028人，国内学生908人，博士后220户。实现总收入2.8亿元，利润8477万元，上缴学校3440万元；为学校和师生免收、减收服务费用203万元。对外交流中心承办自然科学、社会科学等多领域国际学术会议。讲堂推出五四交响音乐会等品牌项目，引进上海沪剧院等海派文艺团体和绍剧、锡剧等地方戏曲；首次举办讲堂新生开放日活动，推出学生优惠购买较好座位演出票政策，与中国音乐学院合作启动"中国音乐学院中乐派高精尖创新中心北京大学百周年纪念讲堂实践基地"；第三次引进欧盟影展获奖艺术电影，策划学术放映计划；讲堂室内合唱团赴日参加第34届宝塚国际室内合唱比赛，讲堂剧团推出北大学子原创打造的小剧场话剧《白走马》。勺园1号至4号楼学生宿舍4人间调整为2人间，举办"母亲节写给妈妈一封信""浓情端午包粽子""暖心毕业季送祝福"等宿舍文化活动，与就业指导中心联合举办"就业速递进宿舍"活动；走进北大附小举办"西餐礼仪及西餐文化"分享课，第二次举办亲子烘焙课堂，在传统节日与教务部极客实验室合作开展教中外师生做月饼和重阳糕等活动，推出北大版中秋月饼礼盒。中关新园组织留学生问卷调查、一对一访谈、集体座谈会等，根据留学生需求设置快递柜，自主创新建成电动车刷卡充电系统，开办毕业季学生跳蚤市场，组织在住留学生和专家学者举办"我眼中的新园美"第一届摄影比赛，开展端午节留学生美食互动课堂和"浓情中秋，温情家园"主题活动。

硬件改造。2018年中心配合学校相关部门推进讲堂多功能厅改造工程，并完成验收，预计2019年投入使用；自筹资金1343万元改造硬件设备设施，包括英杰交流中心会议室设备更新；讲堂舞台机械改造、多功能厅灯带采购安装、自动取票间建设；勺园7号楼外立面、周边环境和大堂区域改造；中关新园科学报告厅和群英宴会厅LED显示屏安装、新建餐厨垃圾房等；继续推进勺园9号楼和中关新园9号楼整体装修改造前期工作。

队伍建设。2018年中心共有员工978人，其中学校编制员工71人（干部15人、工人56人）。2018年学校编制员工新入职1人，退休6人。2018年中心聘任内设一级机构助理及以上人员6人；组织第四期青年骨干训练营，22名40岁以下骨干人员参加；以"展望2023，共话中心发展"为主题举行每年一度的干部研讨会；推进业务技术等级评定和岗位分级管理，经评定，中高级岗位员工共计130人；组织233人次员工代表对中心领导班子和各单位领导班子以及18名班子成员进行民主评议。2018年中心组织培训1147课时、1.4万人次受训，14人参加平民学校学习，36人在职进修大专及以上课程。组织"知校史、明校情、迎校庆"系列培训，召开校庆服务座谈会；定期开展新入职员工培训和中高层管理人员系列培训讲座；支持对外交流中心会议承办专项培训、讲堂艺术管理主题系列讨论交流、勺园"知校史、明校情"知识竞赛和第二届业务技能大赛、中关新园第五届业务技能大赛和管理人员"同读一本书"等特色培训；组织技能大赛和创先评优活动。勺园管理部王宝忠在法国举办的第14届国际美食养生大赛获三项全能金奖，被授予"世界美食药膳名师"称号，并获唐立新奖教金；勺园西餐厅被评为2017—2018年度北京大学青年文明号。2018年中心完善薪资体系；每学期组织1次基层员工座谈会听取员工意见建议；开展对一线员工和病、退人员的慰问走访活动；向学校工会捐赠10万元用于"爱心基金"项目；改善员工住宿条件，勺园宿舍加装洗衣机等生活服务设施，中关新园腾退部分办公和经营用房改建为员工宿舍，并改造探亲房和夫妻房，其中探亲房面向中心各单位员工开放；向全体员工发放价值12万元的文娱活动兑换券，举办庆中秋迎国庆品牌联欢活动，组织员工参加学校运动会、一二·九歌会等，获得教职工游泳比赛总分全校第二名、健身跑活动全校第五名；勺园举办健康大步走、新春游园会等活动；中关新园以运行10周年为契机，举办"十年有你，不忘初心"第二届知识竞赛、第2届员工摄影比赛、首届迷你马拉松比赛、员工烹饪烘焙课等活动。

党建工作。2018年中心共有6个党支部，党员96人，预备党员2人。中心党总支组织干部员工学习党的十九大、习近平总书记在北京大学师生座谈会上的讲话、全国教育大会、庆祝改革开放40周年大会等重要会议和讲话精神；举行"党史我来讲"系列之"红色家书诵读"主题党课活动，组织党员参观改革开放40年成就展、观看主旋律文艺演出和电影等；按程序完成支部党员调整和退休支部换届工作；贯彻中央八项规定精神，落实全面从严治党主体责任，配合学校巡视整改回头看工作，组织对各单位会场预订管理、大型活动审批、账单管理和安全生产情况进行检查；执行办公会会议制度和"三重一大"决策机制。会议中心党总支第一党支部获评2018年北京大学先进党支部、后勤党委先进党支部；张胜群获评2018年北京大学优秀共产党员、后勤党委优秀共产党员；周锋、白焕荣、陈燕、冯治国、王颖、杨继光获评2018年后勤党委优秀共产党员。

内部管理。2018年中心制定修订《会议中心劳动用工管理办法》等3项规章制度。配合学校信息共享平台建设，加入学校网上报修系统，完成网站迁移至学校网站群工作。设立中心发展基金，用于支持各单位重大发展项目、缴纳上交学校利润等；完成中心层面16个招标项目，并协助总务部开展7个招标项目，协助设备部开展4个招标项目；将五金建材供货商纳入联合采购平台。依托OA办公系统、网站、微信公众号等渠道宣传服务管理工作亮点，2018年在学校新闻网发布宣传报道16篇，网站更新新闻动态317篇，微信公众号和微博发布信息804篇。继续开展月度安全检查、应急消防演练、安全教育等工作；配合卫生、食药、城管等行业相关主管部门专项检查和年审工作。中关新园管理部第7次获"海淀区涉外宾馆饭店先进单位"称号；会议中心被评为2018年度北京大学安全保卫工作先进集体，中关新园管理部鞠国锋、讲堂管理部辛攀登被评为2018年度北京大学安全保卫工作先进个人。对外交流中心制定出台2项制度；与计算中心合作搭建会议网页和注册系统；严格落实会场预订责任制，建立安全问题、设施设备损毁问题排查解决的日常工作机制。讲堂管理部制定修订3项制度；多次升级在线售票系统，解决系统卡顿问题；成立演出项目评审组，建立节目引进前期研讨测评工作机制；引进安检设备，开展安检入场。勺园管理部制定出台4项规章制度；调整领导班子分工和总经理办公室、人力资源部等部门职能，完善销售预订、接待收银、房务中心等岗位设置，将总部部更名为工程部；重新布局6号至9号网络结构，建立餐厅、客房区域专属无线网络环境；开通微信支付，增设微信扫码开发票系统；完成7号至8号楼电气火灾监控系统更新改造，实现经营区域电气火灾报警系统全覆盖。中关新园管理部制定修订4项制度；坚持执行晨会、总经理办公会、经营分析会"三会"运行机制；安装留学生公寓人脸识别系统；开展微型消防站业务演练，增换监控摄像头46个；接待兰州大学、清华大学等高校后勤同行参观考察，并赴南京大学、华中科技大学及友谊宾馆、金码大酒店等单位参观学习。

【制定《会议中心2023发展计划》】 2018年11月底，会议中心出台《会议中心2023发展计划》。该计划是继《会议中心2018发展计划》之后，会议中心制定出台的第二个中期发展计划。计划根据《北京大学"十三五"改革和发展规划纲要》《北京大学一流大学建设高校建设方案》等，结合《会议中心2018发展计划》实施情况和建设一流会议中心总体目标，以2019年至2023年为阶段，明确未来5年会议中心的阶段性发展目标和工作任务。计划的制定经过前期酝酿、启动推进、征求意见、完善文本4个阶段。2018年初，中心领导班子决定在全面总结2018发展计划执行情况的基础上，制定2019年至2023年发展计划。4月初，计划制定工作正式启动。经过全面调研、干部研讨、班子专项讨论、征求干部员工意见等环节，11月28日，中心主任办公会审议通过《会议中心2023发展计划》，计划正式定稿发布。计划全文6168字，分为"聚焦服务主业，持续回报学校""强化整体统筹，优化内部管理""打造精干团队，共建和谐集体"3部分，涵盖服务、经营、管理、队伍、文化等方面内容，是指导会议中心发展的重要纲领。

【中关新园运行10周年系列活动】 中关新园于2008年正式投入运行，2018年中关新园以运行10周年为契机，进行中关新园建设和运行亲历者专访，更新制作文化展示墙，举办各类文体活动等。中心以正在或曾在中关新园工作的优秀员工为主要评选对象，向何海燕、苏茜、李建富、赵义、王惠志、皮安丽、邬凤起、祁宏、董理、刘彦峰、孟钊、李春海、鞠国峰、张明跃、陶艳红、杨威、马冬妮等17名员工颁发"会议中心奉献奖"。

（马冬妮）

餐饮中心

【发展概况】 食堂规模。2018年，餐饮中心直管食堂11个（学一食堂、艺园食堂、燕南美食、学五食堂、农园食堂、畅春园食堂、勺园食堂、佟园食堂、中关园食堂、松林快餐厅、最美时光咖啡厅）；校外托管食堂3个（圆明园校区食堂、昌平校区食堂、万柳食堂）。

食品安全。面对非洲猪瘟和诺如病毒影响，中心执行各项食品卫生制度，加强源头管理，所有食材均坚持"主渠道"供应，尤其强化猪肉类产品的采购管理，检疫检验票据审查；在食品加工环节，通过执行"每日晨检、每餐通风、每件消毒"等措施，严防、严管、严控食品安全风险，通过北京市专项检查组的验收。

生产安全。中心统筹利用总务部专项资金和自筹经费，完成畅春园食堂烟道更新及修缮、学一食堂等5个食堂燃气报警装置安装、食堂及宿舍区电动车充电桩和人脸识别系统安装等工程，减少安全隐患。同时，中心通过举办消防安全知识讲座、消防安全演习等方式强化员工消防安全"检查消除火灾隐患能力、组织扑救初起火灾能力、组织人员疏散逃生能力和消防宣传教育培训能力"建设，提高全员安全意识及防范本领。在此基础上，中心开展"分时分重点"的集中巡查，发现隐患及时整改，实现安全生产"零"事故的硬性目标，连续3年被评为"北京大学安全管理标准化建设先进单位"。

人员情况。截至2018年底，中心共有员工1081人，其中：事业编制55人，占员工总数的5%；退休返聘7人，占员工总数的1%；劳动合同制93人，占员工总数的9%；劳务派遣制425人，占员工总数的39%；合作经营及劳务外包单位员工合计501人，占员工总数的46%。

营业收入。2018年1月至12月，伙食营业总收入2.03亿元，比2017年增加1051万元，增幅5.45%，收支总体平衡。

服务情况。2018年，日均服务就餐师生66,000人次（早餐14,240人，午餐28,150人，晚餐23,380人，夜宵2029人）。生均月伙食费（75餐/月以上，数据采自2018年3月）为609.3元/人/月。

食材采购。2018年，食品原材料采购总量合计1521万千克，比2017年增加42.5万千克。中心坚持大宗食材采购均来自北京高校直供基地和北京高校伙食联合采购平台，平台采购量占全年采购总量的73.3%。

伙食补贴。为保持伙食稳定，确保伙食平抑基金的"专款专用"，2018年使用平抑基金补贴款1265.33万元（其中：用于食品原材料补贴983.74万元，用于合同制员工社保补贴281.59万元），比2017年增加432.21万元。

硬件改造。为保证食堂生产加工正常运转，2018年投入基础设施改造、设备购置834万元。

党建和群众工作。2018年，按照后勤党委的统一部署，中心党总支和党支部开展各项学习和党日活动，先后开展学习习近平新时代中国特色社会主义思想、全国教育大会精神等活动，并联合总务部党支部、环境科学与工程学院党支部开展系列主题党日活动。同时，中心领导班子和党支部书记按时参加后勤党委组织的治理能力现代化系列学习培训，进一步提高党员干部的政治站位。为强化廉政意识，党员干部参加上级党委和党总支举行的廉政教育活动。班子成员还利用业余时间报名参加学校党委组织部组织的"2018年廉洁教育宣传月党风廉政专题网络培训"，以"听讲座、写体会"等形式了解廉政建设的重要性。为落实后勤党委关于进一步密切联系群众的若干意见，中心为职工宿舍加装空调，并开展职工集体生日会、棋牌比赛、趣味运动会等活动。

食堂合作经营项目招标工作。2018年，中心配合总务部开展食堂合作经营项目招标。此次招标涉及35个包件，招标难度大（无成熟经验可借鉴）、平稳过渡要求高（无缝对接）。为确保招标工作合力合理合规和供餐稳定，中心反复调研、多次邀请审计室、总务部等部门共同确定招标方案、制定经济政策。最终在总务部、后勤党委、审计室、财务部、校工会等部门的支持下，完成招标工作。招标结束后，中心随即对新入驻服务商开展培训，并处理和回复师生关切，确保新老服务商的平稳过渡和校园餐饮服务稳定。

文化建设与服务育人工作。为贯彻落实全国教育大会精神，突出"服务育人"工作理念，2018年，中心联合校学生会举办妙绝一"食"学生厨艺大赛和"带你看食堂"食堂开放日活动。在厨艺大赛上，学生掌勺做菜、大厨传授厨艺，学生菜品和厨师献艺菜品同台亮相，打造具有北大特色的校园餐饮文化。郝平、王仰麟等亲临比赛现场，并寄语参赛同学"多向大厨学做菜，回家给父母做"。食堂开放日活动中，同学们走进后厨、走进米饭生产车间、走进食品化验室，了解了食堂背后的故事和工作人员的工作。联合校学生会举办校园"十佳菜肴"和"十佳服务员"评比工作。评选采取全校师生线上投票的方式进行，共收集到投票6万余份。最终，农园酱鸭等10道菜肴、勺园杨小芹等11名服务员获评"双十佳"（十佳菜肴、十佳服务员）荣誉。

接受巡查。11月22日至12月14日，学校党委第二巡察组对餐饮中心开展为期22天的巡察。作为全校第一家被巡察单位，中心坚持"不隐瞒、不拖延、不敷衍"的原则，配合和支持巡察组工作，共提供各类材料数百份。

食堂改扩建工程。2018年，中心配合基建工程部、总务部、房地产管理部等部门，推进食堂重点改扩建工程。截至2018年底，餐饮综合楼结构已经封顶、室内装修设计、大型设备招标等正在进行，预计2020年上半年投入使用；成府园食堂功能定位确定，预计2019年上半年投入使用；燕南美食、佟园食堂改造工程立项，预计2020年暑期施工。

【"母校的味道"120周年校庆预热活动】 1月4日至6日，在校庆办秘书处的统一协调下，餐饮中心配合北京伏牛堂店同步推出"母校的味道"套餐。活动期间，校友可凭校友卡免费领取套餐1份，套餐菜品含凤眼丸子、肉片烧茄子等菜品，这些菜品均为北大食堂经典老菜。为增进校友和母校感情，中心既征求老校友和食堂老师傅意见，也多次派技术人员前往活动门店传授菜肴制作方法。

【120周年校庆餐饮服务保障】 5月1日至7日是校友集中返校日，就餐人数多。为完成供餐任务，餐饮中心制定校庆周供餐方案。期间，校内所有食堂临时启用太阳卡机，设置临时餐卡售卖点，开通支付宝收款方式，推出3款"百廿校庆纪念餐卡"，完成1977级和1978级校友返校、第2届世界马克思主义大会、校庆纪念文艺晚会等大型活动的集体供餐任务。校庆期间，中心制售纪念餐卡28,614张，共计服务校友35,000人次。

【120周年校庆美食节】 4月23日至27日，餐饮中心邀请清华大学、浙江大学、同济大学等8所高校优秀厨师代表及9名行业名厨齐聚北大食堂献艺。创造单菜排队长度达300米的记录，沙茶面、手工五彩水饺等餐品深受欢迎，杭州酱鸭、蘸水豆花等热销菜品在食堂保留和售卖。

【制作和发放校庆喜饼】 为北京大学30,000余名同学发放喜饼是百廿校庆重要活动之一。为保质保量完成任务，餐饮中心组建工作团队，从产品确定、包装设计、人员抽调、喜饼运输及储存等环节逐一落实，科室与食堂联动，完成4个品种共计12万块喜饼及西点的制作和发放。

【中关园食堂开业】 学校于2017年7月决定将原常安福宾馆改建为中关园食堂，并将此项工作列为重要的校园民生工程积极推进。在基建工程部、总务部、房地产管理部等相关单位通力合作下，餐饮中心从队伍搭建、设备调试、菜品设计等方面进行筹建工作。2018年8月27日，中关园食堂向全校师生开放试营业。当天，郝平、安钰峰、王仰麟等来到食堂察看食堂运行情况，对食堂如期开业给予肯定，对饭菜质量、就餐环境、食品卫生等表示满意。中关园社区的老师们制作锦旗，感谢学校"情系老教师，造福中关园"。

【标准化精细化信息化建设】 为进一步优化食堂管理流程，2018年，餐饮中心先后实施"明厨亮灶"改造、中关园食堂"整理（Seiri）、整顿（Seiton）、清扫（Seiso）、清洁（Seikeetsu）和素养（Shitsuke）"管理创建、菜肴出品系统研发及物流系统升级等工程，被北京市海淀区食品药品管理局授予北京市"阳光餐饮示范街区"荣誉称号。

（甄 涛）

动力中心

【发展概况】 组织结构。动力中心主要承担北京大学水、电、暖、浴、物业的运行服务保障及水电暖节能收费管理工作，包括水电暖系统的运行、水电暖管网的检修维护、防汛抢险、零星维修、水电暖费用的收缴、浴室的管理服务、公共区域的物业管理服务等。中心下设9个科室：水管科、电管科、节能供暖运行科、综合办公室、财务室、节能收费科、计划修缮科、物业管理办公室、工程管理办公室。2018

年中心共有员工 473 人，其中自有员工 258 人。现有事业编制职工 79 人，劳动合同制员工 166 人，劳务派遣制 12 人，退休返聘人员 1 人，共计：258 人；另劳务外包人员 98 人，供暖季节工 117 人。2018 年共有 8 名事业编制退休。

运行保障工作。截至 2018 年底，学校供水量约 330 万吨；供电量约 1.6 亿度，供暖面积约 219 万平方米。零修跑票约 36,183 次。浴室全年洗浴约 274 万人次，单日可达 13,018 人次。全年制作浴卡 30,562 张；迎新制作浴卡 6612 张。浴室总数 262 间，喷头总量 1348 个。共收取水费 1562 万元、电费 1.03 亿元、外户供暖费 989 万元。1. 排水系统抢修室外给水管道 40 余处，疏通污水主干管 2.2 万余米，更换给水主控阀门 130 多个，修理全校污水泵 43 处，更换室外井盖 81 套，清掏污水井及化粪池 283 个。2. 电力系统确保校园电网全年 8760 小时安全稳定运行。先后完成 110kV 电站和部分开闭站定值更新、试验测试和高低压开关检测。完成 23 座开闭站、29 台室外变压器、200 多处配电室、600 多米家属区架空线、6.5 公里电缆沟道、10 口水井、800 多盏路灯等系统巡视检修工作。3. 供暖系统保障集中供暖锅炉房、蔚秀园锅炉房和燕北园锅炉房燃气锅炉及 26 个换热站设施设备在供暖季稳定运行，完成全校 219 万平方米供暖系统夏季常规检修工作。先后完成蓝旗营换热站、燕北园北线主干管改造，水处理设备、水泵更新等 82 个供暖改造项目。4. 物业管理办公室先后完成教学楼及部分办公楼宇水电系统、电梯系统、空调系统的检修、保养工作，确保学校 4 个消防中控室、10 个消防泵房、80 个消防水泵、57.5 万平方米消防水系统运行正常，完成消防终端设备隐患排查及维保工作。

水电暖基础设施建设工作。2018 年，中心完成学校各类大小维修、改造工程 255 项。其中，加速器大楼水电暖外线工程等基础设施提升工程 65 项；学生宿舍卫生间水房吊顶更换、畅春新园楼内新增浴室等品质校园建设 23 项；畅春园食堂维修改造等修缮类改造 167 项。255 项维修改造工程中，水专业 76 项，重点包括燕南园 57 号院修缮改造工程上下水外线工程、北京大学加速器大楼装修改造工程上下水及消防外线工程、中关园食堂改造工程上下水外线工程等；电专业 70 项，重点包括中关园公寓食堂改造工程电气外线工程、燕东幼儿园电气外线改造工程、图书馆东侧修缮临电工程等；暖专业 109 项，重点包括燕北园暖气主管线更新、集中供暖锅炉房烟气在线监测、畅春园一次、二次供回水阀门更换等。

提升后勤综合安全实力。中心以打造"北大特色物业服务"为目标，以"提高主动服务意识，完善标准化、规范化、专业化管理手段"为己任，提高后勤综合安全实力。1. 保障校庆期间安全稳定，中控实现平稳交接。2018 年接管校内部分中控工作后，中心在最短时间内先后完成对中控主机及远程控制模块、终端设备（卷帘门、烟感、手报等）安全隐患的联动测试及整改报告；消除各类安全隐患 40 余项，确保校内师生安全。2. 摸排辖区设备安全运行情况，建立健全专业化基础台账。消防水系统业务接手后，按照专业化划分，对辖区消防水系统泵房、空调机组泵房、地下车库、配电室等内部设备运行情况检查、记录，建立系统化设备台账，对重点设备和异常设备进行标识、检修，对缺损部件逐项维修。组织系统内维修人员进行岗前培训、岗中教育、岗后反馈。通过短时间内调试，最大限度确保设备的平稳运转。3. 提升安全管理水平，强化培训手段，突出实战能力，开展专项应急演练。全年开展消防水系统、中控、电梯等专业演练 6 次。以现场教学及演练的方式，提高全体工作人员的安全防范意识及操作技能，掌握突发火灾的应变、处置、逃生技能和疏散处理方法，提高全员应对突发事件的能力。

党建工作。2018 年中心党总支有党员 88 人，其中在职党员 29 人，离退休党员 45 人，劳动合同制 14 人，设教工党支部 5 个。中心各个党支部坚持以习近平新时代中国特色社会主义思想为指导，全面贯彻习近平总书记在北大师生座谈会上的重要讲话精神和全国教育大会精神，开展"十九大知识问答"和"听党的报告，回忆党的发展历程"主题党日等活动。

工会工作。2018 年中心工会共有会员 215 人，其中事业编制会员 79 人，劳动合同制会员 136 人。全年主要活动包括：羽毛球活动、女工活动、拔河比赛、健康大步走、篮球友谊赛、棋牌比赛、新春联欢会等。

【供水管网渗漏报警平台建立】 2018 年，动力中心与厦门矽创微电子科技有限公司合作，以校内学生宿舍区为试点，建立供水管网渗漏报警平台，为地下供水管线的漏点检测增添新的手段，解决长期以来地下管网无人监管且难以监管的局面。供水管网渗漏报警平台于 2018 年 8 月建立完成，沿供水管线敷设路径安置探漏设备共计 45 个；用于收集和分析报警信号的基站 3 处；地理信息显示系统设置在水管科维修班组。在该平台投入运行半年左右的时间里，检测出学生区给水支路管线漏点 3 处，主控阀门关闭不严造成的漏水 7 处，为学校挽回不同程度的经济损失，也为地下管网的运行维护工作提供支持。

（马歌行）

【锅炉烟气排放实现实时监测】 2018 年，根据北京市环保局要求，在总务部、设备部等部门的指导和配合下，动力中心进行调研并确定改造方案，克服工期短任务紧的困难，完成招标、施工安装和验收等一系列工作，实现稳定实时监测 4 台 29MW 燃气锅炉的大气污染物的目标。监测项目包括氮氧化物、含氧量、烟气流速、温度、静压、湿度等参数。

（王宪辉）

【后勤服务大厅运行】 2018 年 3 月，动力中心 3319 报修平台、民用收费室和学生售电室统一搬迁至 28 楼地下一层综合服务大厅。中心添置叫号系统和屏显系统，按照业务量大小安排各个窗口办理业务的优先级，改善售电室服务环境，并延长服务时间为每日 8 至 20 时，确保全校师生水电暖缴费业务全年365天不间断。10月，中心学生售电室推出"北京大学用电管理服务号"，可以绑定用电宿舍，进行自助充值缴费、剩余电量查询等业务，实现学生宿舍用电完全实现网上缴费、网上查询、网上报警等功能。

（韩志华）

公寓服务中心

【发展概况】机构设置。公寓服务中心内设机构包括学生公寓办公室、教师公寓办公室、万柳公寓办公室、综合办公室和财务办公室。

服务范围。按照北京大学招生计划，在学校学生住宿工作小组的指导下，协调落实国内学生（包括港澳台生）住宿安排。截至2018年底，燕园校区学生宿舍34栋，建筑面积23.6万平方米，宿舍7552间，住宿学生24,048人。在学校教职工住房管理委员会的领导下，承担教师公寓、博士后公寓的周转住宿服务。共有教师公寓（含博士后公寓）1625套（间），居住教职工（含博士后）1500余人。万柳公寓建筑面积10万平方米，住房953套（间），住宿研究生2750人，教职工467人。

队伍建设。2018年从事学生公寓、教师公寓和万柳公寓服务保障的干部员工共有324人，其中管理人员20余人，综合服务保障一线员工300余人。公寓中心干部职工268人，包括学生宿舍楼长105人，卫生保洁50余人，综合服务、工程维修、运行保障、安保等80余人。服务外包单位员工（安保、消防中控、卫生保洁等）56人。

学生公寓管理。1.完成毕业生文明离校和暑期宿舍综合维修工作。2018年本硕博5917名毕业生安全文明离校。配合总务部完成宿舍粉刷维修1875间，实施畅春新园1号至4号楼博士生宿舍改建楼内浴室工程。2.进行宿舍搬迁调整1853人次；为出国交流学生提供行李物品临时存放服务；在宿舍楼公共区域试点试行电吹风公用插座等。3.配合国际合作部、教务部、招生办公室及相关院系完成暑期学校、世界哲学大会、学科夏令营、招办体验营等20多个项目暑期住宿8300多人次。4.多方协调落实新生住宿方案，对已有学生宿舍及住宿情况进行总结，结合多年住宿安排情况进行分析，完成迎新入住工作安排。2018年本科和研究生新生分期迎新报到，本硕博7089名新生入住宿舍。配送新生卧具3000多套。

开展宿舍文化建设。1.招聘宿舍生活辅导员，指导楼委会开展宿舍文化建设活动。会同学工部开展"安全文明卫生宿舍"和"示范学生宿舍"评选，构筑友爱校园氛围和阳光校园文化。配合校史馆、房产部在28楼地下室建立"北大生活展"老旧宿舍纪念室。2.配合学工部继续推进学生公寓住宿辅导员建设。加强学生公寓中的思想政治工作和宿舍教育，落实全方位育人。3.坚持开展综合检查，在安全秩序、卫生环境以及维修服务等方面，对楼管组、保洁队伍进行培训。会同保卫部共同开展"安全管理先进楼管组"创建和评选。编制《北大楼长工作手册》。

教师公寓管理。1.修订和完善教师公寓管理办法。在与教师开展座谈征求意见和建议的基础上，配合人事部、房地产管理部商讨修订北京大学教师公寓管理办法。2.配合北京大学的人才引进政策，开展"高校青年人才住房状况对其心态影响的研究"，为学校周转住房的政策制定和管理服务提供依据。3.统筹规划、优化利用教师公寓房源，重点保障引进人才的入住申请，同时解决应届来校新教工的入住申请，配合博士后办公室完成博士后进站入住工作。2018年共有158人入住教师公寓。4.逐步改善教师公寓的条件和配套服务，进行必要的装修和家具配备。推进畅春园青年公寓60楼和中关园新标准教师公寓装修改造工程。178套博士后公寓安装空调250台。5.与房产部协作配合、推进校内南门区域19楼至24楼搬迁腾退收尾工作，完成11处历史遗留问题住房的腾退或搬迁安置，剩余4户尚未腾退。6.完成教师公寓及博士后公寓腾退工作，清退违规使用的公寓，提高公寓周转使用效率。教师公寓退房30余套（间），清退公寓或收取房屋占用费20余套（间）。

万柳公寓管理。1.2018年共有直博生531人、校本部16个院系712名专业硕士入住万柳学生公寓，教职工78人入住万柳教师公寓。2.完成毕业生文明离校和暑期住宿安排。2018年1073名毕业生安全文明离校。协助有关院系接待暑期夏令营，共计13个项目1115人入住万柳公寓。3.对服务保障机构与职责进行整合，优化资源配置。整合报修维修以及综合值班，将咨询、服务、报修等电话统一，并启用网络和微信平台。4.加大投入，完成有关设备和建筑防雷检测、门禁系统改造、安装电动自行车充电桩，更新电梯，增加监控设施等，园区24小时安保巡逻。5.师生自治组织开展书法、职场、观影、家装等生活课堂活动十余次。组织宿舍长联谊、迎新晚会、新年音乐会、口腔义诊等多项师生教育与生活服务类活动。师生共同参与宿舍、门厅公共文化空间装饰改造和西门"镜园"小花园建设，共建宿舍文化和品质校园。6.团结协作，加强管理，提升服务，开源节流，2018年上交学校收入2000万元。

党建工作。1.思想政治建设和作风建设。按照学校党委工作部署，学习贯彻习近平新时代中国特色社会主义思想和党的十九大精神，增强"四个意识"，坚定"四个自信"。中心班子成员全部参加学校中层干部集中轮训。按照学校关于开展巡视整改落实情况专项检查工作的要求，针对巡视反馈意见中提出的有关问题和薄弱环节，制定整改措施，规范管理制度，修订《北京大学学生宿舍管理规定》。2.加强基层组织建设。中心党总支组织党员、积极分子、优秀员工等开展"理论学习与实践培训"主题党日和特色活动，红楼寻根、燕园老宿舍、李大钊故居、西南联大旧址、"伟大的变革——庆祝改革开放40周年大型展览"等系列参观实践活动，开展北大历史上的宿舍分布、宿舍条件、生活状况和管理服务工作的考察调研以及改革开放伟大成就的回顾。2018年公寓中心党总支被评为北京大学先进党支部。3. 贯彻落实党风廉政建设责任制，执行"三重一大"和党风廉政建设责任制各项规定，加强制度建设。加强中心班子的思想、组织、作风、制度和党风廉政建设。针对巡视反馈意见中提出的有关管理不规范等内容，进行研究、排查和整改。中心班子成员全体参加北京大学2018年党风廉政建设宣传月党风廉政专题网络培训学习。

工会工作。2018年，中心工会共有会员146人，其中事业编制会员21人，劳动合同制会员125人。全年主要活动包括：组织参加校运动会、平民学校学习、庆"三八"北京大学女教职工环湖接力赛、改革开放40周年接力跑、一二·九大合唱、新春联欢会、保洁员及楼长素质拓展活动。开展消防、安全生产、礼仪以及相关职业技能培训。组织"爱摄影、爱生活"摄影大赛、员工座谈会、大步走、集体生日会、棋类大赛、春节慰问、退休职工欢送会等活动。慰问身患重病的员工，为其申请"爱心基金"。万柳学区增设员工活动室。

【举办北京大学第三届宿舍文化节】 2018年4月21日上午，北京大学第三届宿舍文化节在全球大学生创新创业中心开幕。文化节由公寓服务中心、校友工作办公室、学生工作部、元培学院共同主办。文化节主题为"青春·成长·传承"，突出"宿舍生活自主自理，宿舍文化共建共享"。文化节期间，开展"我心目中的公主楼"、手工制作宿舍门牌、"最美楼长"评选、校友宿舍开放日、宿舍联谊城市定向赛、墨香楼寓诗意校园书画展、宿舍门牌DIY、宿舍楼黑板报展、马克杯蛋糕制作、示范宿舍文集编撰、楼委会素质拓展等系列活动。

【博士生住宿实施申请制】 2018年8月23日，北京大学2018级博士生住宿抽签仪式在计算中心7号机房举行。2018年起，北京大学将新入学的博士生住宿方式由统筹安排改为住宿申请制，鼓励有条件的博士生自行解决在校期间的住宿。在公寓服务中心与研究生院、学工部、计算中心等部门的合作下，1624名博士生通过网上申请和抽签成功分配宿舍。

【万柳学区报修平台上线】 2018年5月4日零时起，万柳学区将原咨询、服务、报修等电话统一为010-62758588（原万柳前台24小时热线）。万柳学区的师生只需要拨打62758588，就可以一次性得到学区提供的各类后勤保障服务。北京大学万柳学区报修平台同步运行，学区同时可以通过微信公众号"北京大学信息门户"和北京大学校内门户接收维修信息。

（李慧娟）

表10-1 2018年学生公寓基本情况一览表
数据统计时间：2018年12月31日

序号	楼号	宿舍间数	宿舍间型（人）	住宿人数	学生类别	建筑年代	建筑面积（平方米）	宿舍面积（平方米）
1	28	291	4	1150	男本	2016	9592	20.5
2	29	161	4	625	男本硕	2015	6063	20.8
3	30	162	4	641	女本硕	2015	6054	20.8
4	31	275	4	1085	男本	2015	9642	20.8
5	32	291	4	1157	女本	2016	9592	20.5
6	33	152	4	616	女本	1998	5894	20.4
7	34	240	4	949	女本硕	1999	8290	20.4
8	35	309	4	1212	男女本	2016	9592	20.5
9	36	228	4	906	男本硕博	2003	8065	21.9
10	37	246	4	966	女本	2003	8319	21.9
11	38	199	4	783	男本	2004	6941	18.8
12	39	248	4	959	男本硕	2004	8206	18.8
13	40	218	4	867	男女本硕	2005	7676	21.9
14	41	213	4	850	女本硕博	2005	8203	21.9
15	42	202	4	805	男本硕博	2005	6698	21.9

(续表)

序号	楼号	宿舍间数	宿舍间型（人）	住宿人数	学生类别	建筑年代	建筑面积（平方米）	宿舍面积（平方米）
16	44	158	4	632	男女本	2014	5406	18.9
17	45	233	2—4	814	女本硕博	1985	6285	14.2
18	45甲	220	4	891	男本	2000	7735	22.8
19	45乙	239	4	956	男本	2003	8423	22.8
20	46	222	2—4	710	男硕博	1985	6034	14.2
21	47	198	2—4	636	男女硕博	1985	5450	14.2
22	48	198	2—4	480	女硕博	1985	5450	14.2
23	畅春园60甲	80	2	158	女博	2007	2252	15.4
24	畅春园61甲	71	2	140	男博	2007	2041	15.4
25	畅春园63	189	2	373	男博	2005	5460	14.7
26	畅春园64	161	2	319	男博	2007	4530	15.4
27	畅春园65	204	2	404	男女博	2007	5308	15.4
28	畅春新园1号	341	2	679	男博	2005	9241	17.1
29	畅春新园2号	399	2	794	男博	2005	10,526	17.1
30	畅春新园3号	475	2	945	女博	2005	12,494	17.1
31	畅春新园4号	365	2	718	男女博	2005	9745	17.1
32	勺园1号	124	2	247	男博	1981	3320	13.6
33	勺园3号	124	2	248	女博	1981	3320	13.6
34	勺园4号	116	2	332	男博	1981	3534	13.6
总计		7552		24,048			235,381	

（管晓宁）

表10-2 2018年教师公寓、博士后公寓基本情况一览表
数据统计时间：2018年12月31日

类别	园区	套（间）数	人数	备注
教师公寓	畅春园及承泽园（含青年公寓）	401	333	3居10套
				2居10套
				1居34套
				标准间347间
	蔚秀园	100	96	4居1套
				3居1套
				2居89套
				筒子楼单间9间
	朗润园	11	11	4居5套
				3居6套
	燕东园（含清华园）	119	118	4居1套
				3居2套
				2居83套
				1居33套
	中关园	293	227	3居135套
				2居67套
				1居91套

(续表)

类别	园区	套（间）数	人数	备注
教师公寓	燕北园	149	148	3居129套
				2居20套
	万柳公寓	404	467	4居4套
				3居38套
				2居104套
				标准间258间
	附中	1	1	2居
	合计	1478	1401	
博士后公寓	畅春园	72	55	标准间
	承泽园	70	52	2居
	中关园	36	30	1居
	合计	178	137	
	总计	1656	1538	

（张 伟）

表10-3　2018年万柳公寓基本情况一览表

数据统计时间：2018年12月31日

房屋类型	使用人	房间数量	人数	备注
学生公寓	专业硕士	583间	2224人	4人间
	直博生	177间	525人	3人间
	留学生	5间	16人	4人间
		1间	1人	标准间
		3套	10人	3居
教师公寓	教职工	258间	235人	标准间
		146套	232人	2居104套
				3居38套
				4居4套
有关院系和部门用房	外国专家、外教、访问学者、挂职交流干部等	41间	—	标准间
		4套	—	3居4套
办公用房	有关院系、单位	6套	—	2居2套
				3居2套
				4居2套
其他用房	外校学生公寓	110间	440人	4人间
	合作单位宿舍	2间	—	标准间
		6套	—	2居5套
				3居1套
	合作单位办公	3套	—	2居1套
				3居1套
				4居1套
总计		953套（间），折合1576间		

（王传成）

说明：上表专业硕士具体包含：法学院690人；光华管理学院317人；对外汉语学院84人；新闻与传播学院92人；城市与环境学院1人；外语学院59人；心理与认知科学学院86人；社会学系65人；考古文博学院54人；建筑与景观设计学院55人；歌剧研究院19人；中国语言文学系75人；经济学院188人；人口研究所33人；数学科学学院127人；新媒体研究院63人；政府管理学院21人；分子医学研究所12人；艺术学院25人；口腔医学院158人。

校园服务中心

【发展概况】 组织结构。2018年校园服务中心适应形势变化，梳理职责任务和内设机构，推进内设机构调整和体制改革。在学校及后勤上级部门的支持下，2018年2月附属幼儿园归入教务系统，拨离校园服务中心，完成人员拨离、经费分离、太阳卡分离等后续工作。7月收发室整体业务移交邮局，机构撤销，完成人员安置、业务移交、办公设备、公章和固定资产报废及保存等后续工作。9月燕园票务中心停止人工售票业务，正式进入注销程序，完成中心人员安置、注销申报、公章、财务账、办公用品及固定资产保存等后续工作。12月电话室业务整体移交中国联通公司，完成审计、人员安置、文档及固定资产交接等后续工作。

队伍建设。2018年中心共有在职员工163人，其中事业编制员工38人，劳动合同制员工125人；离退休人员318人，劳务及事业编返聘27人。团队建设和人才梯队培养工作持续加强。2018年5月，综合办公室、综合事务管理科2个科室主任招聘到岗，绿化环卫管理科科室副主任招聘到岗；6月，校园服务中心1名副主任到任，中心领导班子配齐。干部职工队伍培训工作得到加强，综合素质得到提高，两名职工获2018年"唐立新奖教金"。

党建工作。2018年中心共有党员65人，其中预备党员1人，离退休党员47人。附属幼儿园拨离后，党总支、党支部及党员情况发生变化，中心报请后勤党委完成党总支及支部换届。中心下设3个支部，分别是一支部、二支部和离退休支部。新的党政领导班子带头，落实从严治党要求，党风廉政建设常抓不懈，遵守"重大事项决策、重要干部任免、重要项目安排、大额资金的使用，必须经集体讨论做出决定的制度"，贯彻落实民主集中制，采取主要领导统筹管理、分管领导具体负责、科室落实执行、全体干部职工积极参与的领导体制和工作机制，通过班子扩大会、办公例会、专项工作会等形式强化集体决策。加强纪律建设、作风建设。加强党的群众工作，党政工团共同努力，加强中心文化建设，增强职工的凝聚力和群众的幸福感、获得感。2018年完成2名预备党员转正和2名入党积极分子的发展工作。开展各项学习建设活动，2018年上半年组织党员和积极分子到北京大学昌平校区开展"义务植树"主题党日活动，下半年组织全体党员参观"伟大的变革——庆祝改革开放40周年大型展览"，组织党员干部参加学校党委组织部、后勤党委组织的各项活动及培训，完成120周年校庆等系列重大活动的服务保障任务。2018年中心第一党支部被评为"北京大学后勤优秀党支部"，绿化环卫管理科绿化养护队获"北京大学青年文明号"称号，2名职工获"唐立新奖教金"。

工会工作。2018年中心工会完成换届，选举产生新一届工会委员会。组织开展多种交流和沟通活动，召开一线职工座谈会、中心班组长以上人员大会等；组织开展不同形式文体活动、召开退休职工座谈会、举办职工集体生日会、开展主题讲座，引导职工群众积极参与学校工会、后勤工会组织的活动；关心慰问在职和离退休困难职工，开展系列慰问活动。

业务工作。2018年中心解决历史遗留问题。1.加大工作梳理力度，以问题为导向，对人、财、事、物等方面查找问题和风险，聘请专业法律机构，对规章制度进行查漏补缺，在用工管理方面加强整改，规范管理流程和行为。优化内部行政管理流程，加强和规范人员管理。启动部分劳务外包业务招投标工作，为劳务人员购买商业意外险。修改完善宿舍管理制度，增设宿舍长，加强员工宿舍管理。建立中心领导干部、科室干部、主管及班组长的信息联络网，增加上下信息贯通，避免员工和中心领导之间产生信息断层。2.校园绿化美化方面。完成约85万平方米绿地、10万平方米湖泊（含水生植物）的养护管理及卫生保洁工作；完成500余株古树日常巡视和管理工作；完成昌平200号义务植树责任区3500余亩的山林养护管理任务；完成120周年校庆和节假日期间的校园花卉布置工作，全年共布置约9万盆花卉；完成校园30余项园林工程建设任务，改造恢复绿地约1.03万平方米，种植苗木约8000株、修复路面1430平方米、布置山石景石约210吨；完成1000余株杨柳树飞絮治理工作；配合燕园街道完成多项绿化整改项目；2018年共收到和解决疑难整改问题200余件，恢复绿地约2500平方米。3.环境卫生清扫方面。完成校园约38万平方米道路、垃圾桶、雕塑、庭院座椅等公共设施、两座室外公共卫生间的清扫和卫生保洁工作；完成全校约180余座化粪池清掏工作；完成三座垃圾站值守并协调海淀环卫部门完成垃圾清运工作；完成校园室内灭蟑灭蚊蝇和室外1300余处灭鼠点投放等工作；完成校内无主垃圾渣土杂物的清运工作；校园安置杀虫灯30处、害虫诱捕器40处。4.教学楼和部分办公楼宇保洁管理方面。完成校园教学区8万平方米左右公共教室的保洁工作，其中教室330间、卫生间102个、座位2.4万个左右；与学校60余所院系签订物业及保洁服务，完成30余所院系的临时保洁服务；完成二教、理教部分卫生间的净化器安装工作；协助完成理教卫生间改造、理教更换自习区桌椅及更换楼梯扶手、更换黑板等工作；配合学校完成理教冠名黄延方楼工作；对理教等教学楼外墙玻璃进行了清洁。5.饮水机和开水器维护方面。完成学校37座宿舍楼、7座教学楼、16座办公楼的300余台饮水机的日常巡检、保洁和维修保养工作。6.重大活动保障服务方面。在本科生和研究生迎新中完成环境美化、场地布置、新生接站、行李领取、万柳和圆明园校区班车接送、通讯服务等工作，其中为本科生发放托运行李2800余件，为研究生寄存行李2000余件、发放托运行李800余件；配合学校完成了120周年校庆纪念，研究生考试，阅卷，全国四、六级考试，校友返校，毕业和开学典礼和哲学大会等活动后勤保障工作。7. 车辆运输服务方面。配合学校进行公车改革，承接了一批车辆，报废2辆大型客车并推进申请购置工作；车辆运输全年总运行服务里程739,652公里，保障迎新、两会、班车运行、校内单位公务用车、院系突发用车、学生外埠实习及教职工的临时用车需求；完成家佳物流企业员工安置工作；改善订车服务流程，提高用车满意度。为全校师生订购火车票27,000余张，在新太阳学生活动中心安装自助售（取）票机一台；为学生办理公交卡2764张；完成订票室注销、收发室交由邮局管理的业务交接工作；完成装、移机电话400余部；配合联通公司完成生科院大楼、一公寓食堂、加速器大楼、燕南园、继续教育学院搬迁、外国语学院部分搬迁及光纤改造工作；配合总务部、餐饮中心完成校内电话乱线的清理整改工作；配合学校完成电话室的审计工作，2018年底基本完成电话室部分业务交接给联通公司的相关工作。

提升校园服务水平。2018年加强公共教室卫生间除异味工作，安排专人打扫，采取增加打扫频次、加装空气净化器、喷香器等措施消除卫生间异味，并统一配备卫生纸、洗手液；根据院系的需求和建议，提供个性化的保洁服务，合理安排工作；加强校园环境巡查，特别是对一些环境卫生死角，及时发现问题妥善处理；加入后勤报修平台，对师生反映的环境卫生问题及时关注妥善处理；参与后勤"我的校园我做主"座谈会，对学生反映的问题及时整改；关注未名BBS，及时回应和解决网友的问题及诉求；改进用车服务，加强司机文明用语培训，延长车辆预订服务时间，实行派车和票单电子化，车内增设矿泉水和纸巾等；细化物资管理，安排专人管理设备、器材，购买专门的管理系统。中心多次收到师生、居民赠送的锦旗、表扬信。

（陈贵兵、熊蕾）

医学部总务工作

【发展概况】 组织机构。医学部总务处是医学部行政职能机构，保障医学部教研等中心工作和各项日常工作运转。下设6个办公室和9个部门，承担医学部房产管理、教室及会议服务、水电气暖供应、餐饮服务、修缮维护、绿化卫生、运输服务、医疗保障、幼教服务和社区服务等后勤保障任务。截至2018年底，共有在编人员135人，非在编人员309人。

廉政建设。总务处贯彻落实北京大学、医学部下发的《关于2018年廉洁过春节的通知》《关于2018年端午节进一步深化纠正"四风"问题的通知》等文件精神。5月25日，后勤党委组织党员干部前往海淀区反腐倡廉警示教育基地，总务处共有20余位领导干部参加该活动；9月27日，后勤党委邀请北京大学医学部纪委副书记、监察室主任刘江平，为后勤党员干部作党风廉政教育讲座，总务处共有50余位领导干部参加该学习。按照《北京大学党政领导班子落实"三重一大"决策制度实施办法》精神，总务处坚持处长办公会制度，凡涉及人、财、物等工作事宜，均上会讨论、通报，实行集体评议、民主决策。

制度建设。2018年，总务处相继出台《北京大学医学部总务处会议室使用管理规定》《北京大学医学部总务处非事业编制职工绩效考核办法》《北京大学医学部总务处工作交接管理办法》等制度。

队伍建设。2018年，总务处组织副职处领导做好机关部处副职干部届满考核述职等工作。8月30日，新一届4位副职领导干部全部到位。根据《北京大学医学部科级干部选拔任用管理办法》精神，总务处成立科级干部（主任）选拔任用工作小组，完成科级干部岗位交流工作。打破编制和办公室、实体（中心）界限，总务处会同后勤党委分别于10月23日、11月15日组织办公室科级干部、中心（实体）正副主任的述职考核与选聘工作，总务处共计40余人次参加本次考核与岗位选聘。共有23名同志走上科级干部和中心主任（副主任）岗位，2名办公室人员主动到中心工作，此次上岗干部平均年龄39岁，比往届平均年龄减少8岁；本科以上学历占91%，较往届同等学历所占比例上涨12个百分点。

服务保障。2018年，总务处出台《医学部公用房使用分配交接流程》，同时完善《北京大学医学部公用房管理条例（暂行）》等相关制度。明确会议使用规则，规范会议室使用程序，为下一步整合全校会议室并统一收费管理奠定基础。2018年10月，总务处配合花园路街道和城管大队，拆除北医家属区9号楼南侧私搭乱建违章建筑。2018年4月2日国际自闭症日当天，总务处邀请北京大学常务副校长、医学部主任詹启敏和北京大学副书记、医学部书记刘玉村等领导、专家，共同参加"点亮星灯，携爱同行"大型公益主题活动。邀请专业审计部门进驻医学部医院，对现有药品和医疗设备进行核查盘点，确保师生员工安全规范就医用药。

【完成西北区建设项目搬迁腾退工作】 2018年4月16日，总务处启动西北区平房搬迁腾退，在北京大学、海淀区政府和医学部各部门的支持与配合下，经过76天，于2018年7月10日完成西北区平房搬迁腾退工作。此项工作共涉及腾退居民29户，腾退面积1657.48平方米。为西北区的开工建设奠定基础。

【医学部新锅炉供暖】 医学部锅炉房系统整体改造工程于2018年10月进入收尾阶段。2018年11月2日下午4:00，医学部新锅炉正式开启供暖调试试运行。此次锅炉房改造，供暖锅炉单体由过去的15吨增到20吨，供暖锅炉整体由60吨增到80吨，为未来西北区建设预留供暖余量。2018年12月24日，医学部詹启敏主任莅临锅炉房了解运行情况。

【攻克职工住房历史遗留难题】 因两校合并及国家政策调整等历史原因，医学部部分老职工无法办理房屋产权证。直至2017年12月，总务处以北京大学名义向国家机关事务管理局递交《关于用老办法解决医学部房产历史遗留问题的情况说明》；2018年4月，向国管局报送《关于报送2018年出售公有住房实施办法的函》，并于2018年5月8日收到批复，8月报送海淀区房改办进行备案。截至2018年底，共有6户居民在历时16年后拿得房改房产权证，3户居民的房产证办理中。

【加快建设品质校园】 2018年，医学部建成港式烧鸭王餐厅、教师餐厅、风味餐厅，并于世界杯期间在德园餐厅开办夜宵，同时免费赠送2018届毕业生喜饼糕点，又在冬季推出"深夜食堂"，并举办医学部第二届跨年庙会美食节。2018年5月，总务处推出总务处官方微信公众号"务必行"，并专门设置"意见建议"一栏，由专人负责每天收集意见内容并及时处理。2018年，总务处共收集并处理846条意见建议。2018年，总务处投放60多把"爱心雨伞"供师生共用共享，并会同保卫处于2018年6月引入"近邻宝"智能快递服务公司，为学生送上"毕业季"活动，随后，整合原先快递散摊，建立服务中心和快递柜取件点，于2018年9月正式投入使用。总务处引入"小绿人"电动自行车智能充电桩和充电柜，在教学区和家属区均有设置点。在逸夫教学楼和学生宿舍4号楼安装24小时自助打印机。为北医居民引进"菜篮子"直通车工程。总务处加强师生联系，邀请师生参与服务类项目招标评标过程，反馈学生权益委员会的各类意见建议，参加每月一次的学生信息发布会。2018年，后勤党委开展"匠心筑梦 服务北医"——评选北医后勤工匠活动，总务处共有19位老师入围候选人名单。

（王文雅）

房地产管理

【发展概况】 2018年，房地产管理部开展校园规划、公用房与土地管理、教职工住房管理、"品质校园"建设、新校区拓展、文物保护、家具资产管理、房屋维修等工作，保证学校人才引进，教学、科研等各项事业的进行。2018年4月，经学校机构编制委员会和校长办公会研究决定，文物保护与管理职能从政策研究室划转至房地产管理部，文物保护与管理办公室成为房地产管理部的内设办公室。

公用房调配与管理。1.公用房分配与调整：2018年以来，根据校领导指示精神以及公房配置领导小组有关决议，完成物理学院、化学与分子工程学院、马克思主义学院等校内40多家单位的办公、科研用房的调配工作，安排外国语学院、艺术学院、建筑与景观设计学院大楼改造房屋周转等。2.产业用房回收：结合学校用房分配调整，加大产业用房收房力度，资源东楼和西楼、资源大厦收回80%用房，收回梦桃源餐厅，协调建设校医院食堂。收回社区中心畅春园招待所、4号至7号招待所，改为进修教师宿舍，收回蓝旗营底商、上地14号院商铺。3.地下空间管理：规范地下空间和人防工程管理使用，对28楼至31楼地下空间进行改造，并对29楼至31楼的人防入口加装门禁系统，为相关院系单位分配地下储藏空间，明确各单位的用房责任。联合学校相关部门，多次排查地下空间存在的安全隐患，启动45乙楼后勤员工住宿地下空间改造试点。4.商业用房管理：完成中标商户的签约、交房、前期装修改造、相关证件办理工作等入驻经营工作，完善房屋分割备案、商铺工商经营执照办理，经营活动合法化工作；针对校内师生需求实际情况，与校园规划办公室共同参与学校自助咖啡机、售卖机、打印机等网点布置的签约及安装工作；管理并规范校内生活服务网点的经营活动。5.公房数据管理工作：完成"高基报表"有关土地、公房等方面的数据统计填报工作，推进燕东园、中关园不动产登记。6.信息化建设工作：在计算中心的配合下，预计2019年投入使用公共会议室预约系统；开展公房管理系统维护。

住房日常管理工作。1.办理住房相关手续：办理住房调查表、开具住房证明370余人次，办理减离转单183人次。2.访问学者公寓管理：现有访问学者公寓123套，接受新申请，审核、上会、办理访问学者公寓各项手续87人次（其中新签、续签47人次、退房40人次），收取租金131笔，完成公寓物业管理协议商讨及签订，督促协议落实，完善访问学者公寓信息系统。3.单位临时租借房管理：单位临时租借房在册协议56份，收取房租37笔。4.福利承租住房管理：收取外户承租公有住房房租207笔，外户的承租公有住房也纳入住房管理信息系统管理。

校园置换与腾退。1.平房区搬迁安置房产权手续办理进展：（1）完成校内平房区搬迁腾退项目第二批安置房网签手续的审批与办理，本次搬迁腾退项目居民安置房的网签手续基本完成；（2）枫润家园18户安置房的产权手续办理：在多次与开发商协调沟通后，完成17户居民安置房产权手续的办理工作，仅剩的1户也在积极配合有关工作的进行；（3）配合上林溪小区开发商办理后续安置房产权手续。2.联合燕园街道办事处就蔚秀园区域内部分违建进行拆除，同时，与拆迁公司、燕园街道办事处三方就整治违建问题共同约谈剩余5户平房居民，现场进行勘查并向住户发放、张贴限期拆违通知书；3.蔚秀园平房区由于部分居民尚未搬离且存在部分文保建筑，前期拆除房屋的渣土未进行处理。2018年6月，蔚秀园园区水系景观改造过程中，发现该部分渣土已影响到园区整体环境。房地产管理部与总务部沟通后委托相关公司对蔚秀园区域存在的渣土进行清理；4.平房区搬迁的有关财务工作：（1）完成校内平房区搬迁腾退项目部分居民的补偿款发放手续；（2）完成安置房物业、供暖费用及蔚秀园渣土清理费用的预算及支付手续；（3）完成72户上林溪小区安置居民的2014年度供暖费退费工作。（4）与财务部配合，完成所有支出费用按照搬迁区域的分账工作。5. 向海淀区住建委报送关于北大附中东南角教育预留用地拆迁工作的相关文件。6. 完成建筑与景观设计学院大楼建设项目内公用厕所拆迁补偿相关工作；7. 完成五道口公建改住宅楼相关工作。8. 与法政公司沟通，协调尽快解决双方所有遗留问题。推进上地枫润家园产权相关工作的进展。9. 配合学校上报《高校有历史遗留问题且安全隐患问题突出的平房院基本情况统计表》，对校内外老旧平房小区的相关数据进行梳理。

房屋维修管理。1. 日常维修：2018年，房产部维修办共处理各类房屋报修1125起。2. 教师公寓粉刷检修：共完成教师公寓（含博士后公寓）入住简装检修78套；博士后公寓统一装配空调需电路改造共计200套。3. 安全检查：为避免墙皮脱落造成砸车伤人事件出现，房产部维修办对燕北园、承泽园、燕东园、蔚秀园、畅春园、中关园等各家属院区及校内办公用房进行外墙检查和维修。4. 装修工程：配合基建工程部和公寓中心对中关园25套新标准教师公寓精装修项目的进度进行监督；完成朗润园8号至13号公寓门禁系统改造工作。5. 专项维修：完成理科四号楼、生物工程实验室等屋面防水维修工程；配合房产部公房办对资源西楼风机盘管维修；完成校内37楼和39楼南侧地下粉刷检修工作。6. 鉴定工程：完成北京大学红一楼、红二楼、红三楼和红四楼屋盖木结构现状缺陷安全鉴定；北京大学化学院D区房屋安全鉴定；北大燕北园309楼现状缺陷安全鉴定。

房改工作。1. 肖家河项目涉及原承租公房的补贴核定和发放。为购买肖家河原承租公房面积有变化的136名职工按照测绘面积重新计算其住房补贴，并为该部分职工申请补贴预算，补贴于2018年5月发放至个人名下。完成选购肖家河住宅教职工原已购公有住房回购的相关工作，对选购肖家河职工的原已购公有住房相关材料进行整理，共计复核房屋材料559户。另外参与肖家河人才房的配售工作。2. 学校周边已购公有住房的回购工作。2018年共计对北京大学周边4套房屋按市场评估价格进行回购。3. 向央产房交易办公室报送我校已售住房档案信息。共计报送申请办理继承、共有、校外房上市及抵押等各类房屋及人员信息128户。4. 按照国务院机关事务管理局的相关政策要求，对申请办理上市出售、继承、共有等业务的教职工代为办理专项维修金补交业务，共计为102户住户开具住宅专项维修资金结余情况查询结果告知单。

住房改革资金测算和住房调查及审核工作。为553名新进校职工建立住房档案，对北京大学现有教职工住房档案进行完善。编制上报北京大学住房制度改革支出预决算报表，为3798名在职无房职工和住房未达标职工申报2019年住房补贴资金5978.07万元。

教职工住房补贴发放工作。2018年为3763名无房及未达标教职工发放住房补贴5288.75万元，其中为553名新进职工及时核定和发放住房补贴及临时生活津贴。完成老职工住房补贴拾遗补缺工作，为103名老职工核定和发放住房面积未达标补贴和级差补贴。

家具资产管理。1. 2018年，依照《北京大学家具管理办法》，对16,504件总价值为17,030,388.21元的新购置家具进行审核、建立固定资产账目，打印家具固定资产标签；报废处置3719件价值1,825,557.80元家具；向各院系调拨可再用家具2331件，价值2,501,900元。2. 一次性购置家具总额超20万元的单位，家具办组织以公开招标的方式完成8次家具招标工作，总中标金额为4,964,065.4元，并完成组织和参与家具招标合同的签订及家具的验收工作；对已达报废年限无法再使用的铁质家具，全年进行4次废旧家具招标工作，取得处置收益28,800元，并根据《规范和加强直属高校国有资产管理的若干意见》（教财〔2017〕9号）文件规定，处置收益归归学校，纳入预算，统一管理。3. 根据《教育部关于直属高校直属单位实施政府会计制度的意见》（教财〔2018〕6号）的要求，配合国家关于政府会计制度改革整体工作安排，2018年进行全校范围内的家具资产清查以及家具核查工作。4. 为了配合学校推进政府会计制度改革整体工作的进程，在计算中心的配合下，对"家具管理系统"进行调整与优化，不仅加强该系统的便利性，同时也增加"折旧"功能，进一步加强家具资产管理的规范性。5. 2018年，根据财政部、教育部的要求，完成全校家具资产的统计清查工作，完成填报各个季度《已达使用现限固定资产处置情况汇总表》，向校国资办上报；依据《中央预算单位2017年至2018年政府集中采购目录及标准》（国办发〔2016〕96号）规定，填报2018年政府采购信息统计报表；配合财务部工作完成填报《教育部所属高校2018年度相关审计情况表》；完成填报《2018年行政事业单位资产报表》，向校国资办和财务部上报年末及季度全校家具资产的数目明细和增减状况。

校园规划。1. 规划校区定位，拓展办学空间：研究各校区功能定位，相关思路报战略研讨会等会议讨论；修改完善《北京大学海淀本部校区总体规划》《昌平校区总体规划》；推进昌平新校区拓展工作，启动编制昌平新校区可行性报告；编制挂甲屯区域规划方案，就挂甲屯开发事宜多次与北京市、海淀区有关部门汇报和沟通；配合跟进怀柔科学城研究院空间布局相关工作；与空军火箭军就四季青军工合作项目进行推进，并编制相关规划方案；参与中关村科学城规划。2. 校园规划相关会议工作：对校园规划委员会组成人员进行调整，委员会构成从以职能部门为主转变为以专家和师生代表为主。组织召开校园规划委员会会议2次，审议议题30余项，并通过邮件方式审议多项校园规划议题。完成北京大学学生评审代表委员会全校代表公开征集工作，并组织完成该委员会内多个议题讨论工作。完成公用房出租招标领导小组会议组织工作，并完成该委员会内多个议题审议工作。3. 提升校园品质：拆除红五楼、红六楼前老旧自行车棚并征集相关改造方案，协调推进五四体育场翻修工程、第二体育馆网球场翻修工程立项、设立雕塑、改建纪念石等事宜；与海淀区和中关村街道沟通推动中关村北一街道路打通工程，形成初步方案；推进燕园自然保护小区建设，组织召开燕园自然保护小区工作小组会议，形成近期建设举措；组织完成43楼地下、29楼地下、学生公寓洗衣房等多处商业服务设施招标工作，配合总务部推进快递服务中心等生活配套服务场地的勘查、选址及招评工作；加强对服务设施后期运营的监督管理。4. 校园土地资源规划与使用：沟通完成拆除37号楼西南角占压天然气彩板房事宜，推进并完成院系液氢回收装置、餐饮综合楼天然气调压箱、会议中心餐厨垃圾房、动力中心管道疏通机器等多个项目及设施的规划选址工作；协助完成静园二院、文史楼、静园五院等多处室外设备配置审核工作；会同基建工程部与艺术学院就红六楼北侧修缮改造进行沟通协调；多次与专业设计院、基建工程部对燕东园区域环境整治美化事宜进行踏勘和沟通；与学校相关单位沟通调研设立蔡元培雕塑、设立燕京学堂纪念石、改建"思善苑"纪念石等事宜。5. 公共空间和开放交流场所建设：完善校园公共空间自助咖啡机、小书架、寄存宝、自动售货机、自助打印机等服务设施建设。6. 对校长信箱、信访办公室转来的意见建议和教职工代表大会提案进行回复；参与宣传部校园文化品牌项目材料编写；参加基建工程部、总务部、医学部开评标会约计30次，评标项目60余项次。

文物保护与管理工作。1. 制定并实施《北京大学文物保护管理暂行办法》。该《办法》是结合上级文件精神和北京大学工作实际制定的校内文物保护工作规章制度，《办法》除对文物的清查、管理、保护、相关责任追究等进行明确，也对文物保护区内建筑特别是文物和历史建筑的修缮、装修等审批报备程序进行梳理、规范。2. 推进文物修缮和修复工作。对北京大学西门外石狮子进行修复；推进红三楼、红四楼屋架解危抢修，筹备红一楼至红四楼修缮专项资金申请工作；组织2019年度文物保护专项资金申请工作，2018年度到账专项经费1200万元。3. 为可移动文物增设防护设施。按照北京大学校园规划委员会意见，结合工作实际，推进增设文物安全防护设施工作。选取荷花池北侧半月台诗碑处进行试点工作，并通过相关渠道征求师生意见。4. 推进北京大学内文物标识系统建设。文物保护与管理办公室调动学生社团力量，完善校内现有文物标识管理工作，增加部分文物标识牌（含二维码），通过实物和网络相结合的展示方式，推动文物宣教数字化建设。5. 对北京大学文物建筑内部装修改造进行指导、审批。对静园二院、五院、燕南园、燕东园小楼内部装修改造进行监督指导、审批。6. 加大文物知识的宣传和普及。参与编撰出版并再版《燕园文物》一书，对校内文物信息进行梳理、研究和宣传。同时，逐步完善房地产管理部网站文物信息，增补信息内容，加大文物知识的普及力度，提升师生爱国、爱校情怀。

（林永兴、陈变珍、张　豫、张　怡、于　斐、龚　芸、夏旭东、张　通）

【推进肖家河教师住宅项目相关工作】 1. 完成肖家河丁队27套人才房分配相关工作。2. 成立北京大学人才房分配领导小组，研究肖家河人才房相关事宜。3. 成立肖家河教师住宅购房人联络组，开展前期物业选聘工作。4. 与肖家河项目建设办公室配合，启动肖家河教师住宅车位及储藏间成本核算工作，制定完成车位、储藏间配租方案。5. 完成肖家河一、二、三区住宅入住准备工作，约1500名教职工在2019年寒假前拿到新房钥匙。

（陈变珍）

【推进家属园区加装电梯工作】 房地产管理部与燕园街道办事处配合，完成家属园区加装电梯试点工作，畅春园56楼5单元外挂电梯投入使用。其余电梯安装工作全面展开，40部电梯仍在施工过程中，预计2019年陆续投入使用。

（陈变珍）

【办学空间拓展】 1. 推进利用北京吉利学院校园建设北大昌平新校区相关工作。2. 推进挂甲屯区域规划及利用事宜。3. 推进利用硅谷电脑城拓展学校办学空间相关事宜。4. 与空军、火箭军探讨利用军方所有的四季青镇两个地块建设北大军民融合尖端科技研发中心及高级人才保障住房相关事宜。5. 代表学校参加中关村科学城整体规划制定。6. 参与推动学校在怀柔科学城的规划拓展等。

（林永兴）

【加强文物保护、宣传工作】 1. 推进文物监控系统全覆盖。会同保卫部、燕园街道办事处等相关部门调研并制定方案，逐步增加文物监控数量，2018年底前增加19处监控设施，达到可移动文物全覆盖。2. 文物石碑石刻拓片工作。由于长期风化腐蚀，北京大学现存石碑石刻上部分碑文和纹饰逐渐模糊不清，房地产管理部组织校内专家对校园里现有20余处石碑石刻的文字和重要纹饰制作拓片，记录历史，留存文物资料。3. 推动可移动文物数字化。组织北京大学专家，分批次对燕园内可移动文物进行数字化工作，通过对文物进行拍照和三维扫描，利用技术手段制作三维数字模型，准确、有效记录文物真实信息，进行北京大学建设数字化博物馆的探索。

（张　通）

表 10-4　2018 年北京大学土地基本情况汇总表

序号	资产名称	土地面积（平方米）
1	昌平区十三陵镇泰陵园村东南侧	1938
2	昌平区十三陵镇西山口村南苗圃	11,260
3	昌平区十三陵镇西山口村南	3935
4	昌平区十三陵镇北京大学昌平园区	346,296
5	海淀区北京大学中关园	160,200.68
6	海淀区海淀路 50 号	2150.52
7	海淀区海淀路 46 号	1548.05
8	海淀区海淀路 36 号	589.44
9	海淀区海淀路 38 号	777.79
10	海淀区万柳大学生公寓	23,557.61
11	北京大学 4—7 公寓	15,732.44
12	海淀区骚子营北京大学燕北园	94,472.54
13	北京大学畅春园	60,644.06
14	海淀区中关村 19 号楼	663.66
15	海淀区中关村 23 号楼	651.55
16	海淀区中关村 26 号楼	1045.24
17	海淀区中关村 25 号楼	1017.84
18	北京大学燕东园	185,073.08
19	北京大学蔚秀园	84,851.11
20	北京大学承泽园	58,748.41
21	海淀区海淀路 44 号	132.61
22	海淀区中关村北二条 3 号	13,182.95
23	海淀区海淀路 5 号	1,016,971.11
24	海淀区蓝旗营教师住宅小区	25,323.84
25	海淀区大泥湾北大附中	55,485.32
26	海淀区北京大学畅春新园学生宿舍	19,999.94
27	海淀区中关村北二条街 7 号	1527.07
28	海淀区北河沿 3 号楼	581.68
29	海淀区上地朱房	7529.8
30	海淀区教养局 10 号	353.8
31	海淀区苏家坨镇金仙庵	16,779.39
32	海淀区苏家坨镇金仙庵朝阳院	6667
33	海淀区苏家坨镇寨口村 44 号	1681.83
34	东城区黄米胡同 7 号	837
35	东城区黄米胡同 9 号	400
36	东城区礼士胡同 141 号	375.2
37	东城区东高房胡同 21 号	3093

(续表)

序号	资产名称	土地面积（平方米）
38	昌平区南口镇太平庄村	6667
39	昌平区十三陵镇北京大学昌平园区污水处理池	120
40	海淀区蓝旗营教师住宅小区商建	5964.45
41	海淀区北京大学簸斗桥学生宿舍	7774.67
42	海淀区北京大学成府园	102,212.3
43	医学部	392,305
	总计	2,741,117.98

（林永兴）

表 10-5　2018 年北京大学校舍情况

	学校产权校舍建筑面积（平方米）				正在施工校舍建筑面积（平方米）
	计	其中			
		危房	当年新增校舍	被外单位借用	
总计	2,802,863	13,181			279,617
一、教学科研及辅助用房	981,621	13,181			205,337
教室	101,682				
图书馆	80,359	12,897			
实验室、实习场所	409,148				48,900
专用科研用房	313,246	284			134,437
体育馆	61,252				22,000
会堂	15,934				
二、行政办公用房	93,436				
三、生活用房	898,132				34,580
学生宿舍（公寓）	453,749				
学生食堂	53,483				34,580
教工宿舍（公寓）	160,749				
教工食堂					
生活福利及附属用房	230,151				
四、教工住宅	409,854				
五、其他用房	419,820				39,700

表 10-6　2018 年北京大学教职工住宅汇总表

区片	套数（套）	建筑面积（平方米）
主校园内	96	9834.00
医学部校内	1628	112,417.94
黄庄	108	6000.00
中关园（含科学院）	1286	79,083.00
蔚秀园	817	43,403.00

（续表）

区片	套数（套）	建筑面积（平方米）
畅春园（含青年公寓）	662	31,790.00
承泽园	394	24,961.00
燕东园（含清华园）、北河沿	884	51,698.00
燕北园	1390	96,700.00
蓝旗营	641	77,420.80
西三旗		41,116.24
其中 1、校本部	447	35,322.01
2、医学部	81	5794.23
六道口		7285.9
其中 1、校本部	83	5994.30
2、医学部	18	1291.6
燕东园小楼		2337
燕南园小楼		2101.4
筒子楼		6070.83
其中 1、校本部		4134.00
2、医学部	22	1936.83
平房		1842.02
其中 1、校本部		965
2、医学部	48	877.02
合计		594,061.13

注：校本部教职工住宅中，筒子楼为蔚秀园23楼、科学院19楼；西三旗和六道口建筑面积为产权证面积；燕东园小楼、燕南园小楼不含转办公用房面积及已搬迁安置不再配售面积，建面系数1.52。

基建工作

【发展概况】 组织机构。截至2018年底，北京大学基建工程部在编人员共25人。其中部长1人，副部长3人，综合办公室3人，前期管理办公室4人，计划办公室4人，维修管理办公室4人，工程建设办公室6人。在编人员中副高级职称6人，中级职称及以下19人。截至2018年底，基建工程部党总支共有党员47人，其中（在职）一支部党员为26人（含北京大学建筑设计院5人，肖家河建设办2人），退休支部党员为21人。

基建投资计划与完成情况。截至2018年底，北京大学在建项目（包括新建、改造项目）共有30项，建设总规模303,832平方米，计划总投资192,669万元。新建项目7项，建筑面积236,818平方米，计划总投资154,825万元；改造项目23项，建筑面积67,014平方米，计划总投资37,844万元。其中竣工项目17项，竣工面积为44,489平方米，在建项目13项，建筑规模约259,343平方米。截至2018年底，新建项目累计完成基建投资37,020万元，其中完成中央预算内资金16,125万元，完成自筹资金20,895万元。改造项目共完成维修改造工程投资15,932万元。其中生命科学实验室改造2453万元，图书馆东楼修缮2120万元，俄文楼、外文楼和民主楼三项古建修缮1200万，校史馆陈列与布展963万，光华达园福缘楼装修改造902万，静园1号至6号院改造747万，百年讲堂声场改造650万，昌平园区实验动物临时设施644万，校史馆装修改造511万，加速器大楼改造502万，中关园食堂公寓改造417万，勺园6号楼改扩建416万，讲堂多功能厅装修改造378万，学生公寓44号楼改造352万，继续教育学院达园装修改造351万，朗润园158号院国学中心313万，勺园7号楼装修改造306万，二教东侧下沉广场208万，校景亭等古建专项修缮204万，燕东幼儿园改造187万，燕南园57号院修缮151万，资源西楼1、2层改造114万，91剧场改造101万等。

工程前期报批情况。2018年处于前期报批及设计阶段的主要新建项目有10项，分别是：南门区域教学科研综合楼4、5号楼、工学院与交叉学科大楼2号楼、化学学院E区大楼、东操场体育活动中心及地下车库工程、燕东食堂、理科三号楼改扩建工程、生命科学园连楼（后改为理科四号楼改扩建）、昌平校区环境风洞实验室、昌平校区实验动物中心、塞克勒考古博物馆改扩建工程等。

1. 南门区域教学科研综合楼4、5号楼（58,967平方米）：该项目为教育部"双一流"建设重点项目，承接2017年工作，2018年上半年取得人防初设批复、施工计划，取得建设工程规划许可证，完成施工图设计并于5月送外审。后因校友呼吁保护院落现状，该项目叫停原建设方案。2018年下半年对原有建筑进行修缮改造建设，19楼至21楼修缮后归数学科学学院使用，22楼至24楼尚未明确。

2. 工学院与交叉学科大楼2号楼（69,479平方米）：该项目为教育部"双一流"建设重点项目。2018年上半年取得人防施工图批复、消防审核、园林绿化、项目备案、施工计划批复，取得施工登记意见书，完成施工图设计并已取得施工图审查合格书，完成场地内原建筑的拆除工作，2018年下半年开工建设。

3. 化学学院E区大楼（22,493平方米）：该项目为教育部"双一流"建设重点项目。2018年上半年取得可行性研究报告评估及批复后办理人防初步设计审图等后续手续，招标工作同步进行，预计2019上半年开工建设。

4. 昌平校区实验动物中心（31,000平方米）：2018年初上报项目建议书但教育部暂未批复，下半年陆续开展申报规划条件等前期手续。

5. 东操场体育活动中心及地下车库工程（64,915平方米）：前期取得项目建议书批复、文物影响评估报告。按文物局要求场地需进行考古勘探，2018年底方案重新上报文物局审批。

6. 燕东食堂（24,300平方米）：该项目处于文保核心区，完成文物影响评估报告等工作，2018年底上报文物局审批。

7. 理科三号楼改扩建工程（26,340平方米）：取得建设项目规划条件批复、文物影响评估报告等。

2018年处于设计阶段的改造项目主要有12项，分别是电教大楼改造、光华管理学院达园宾馆改造、红一楼至红四楼修缮、外文楼及民主楼修缮、办公楼改造、勺园9号楼装修改造、中关园9号楼客房装修改造、附中北校区学生食堂改造、昌平校区南平房改造、图书馆东馆修缮、附小教学楼卫生间及教学南楼走廊吊顶改造、附小安防系统改造等。

2018年内新增项目约30项，例如19楼至21楼修缮、22楼至24楼修缮、垃圾楼、燕南美食食堂改造、廖凯原楼地下一层装修、45乙楼地下室装修改造等。

工程招投标情况。2018年在建筑市场共完成2项招标项目（1项施工，1项监理）分别是：附中北校区开闭站工程（中标金额：4,392,256.45元）；化学与分子工程学院E区大楼项目监理（中标金额：2,844,000.00元）。

2018年在学校共完成14项招标项目（8项施工，6项监理）。8项施工招标分别是：1. 百周年纪念讲堂多功能厅装修改造工程（中标金额：6,463,796.61元）；2. 校史馆陈列设计与布展项目（中标金额：31,825,282.55元）；3. 勺园7号楼外立面改造及门前景观（中标金额：4,098,000.06元）；4. 二教内庭院景观工程（中标金额：2,462,757.50元）；5. 北大附中景观工程（中标金额：5,341,104.88元）；6. 昌平园区实验动物临时设施（中标金额：16,183,032.12元）；7. 外文楼及民主楼修缮工程（中标金额：16,530,427.31）；8. 光华管理学院达园宾馆福缘楼内部装修改造工程（中标金额：23,578,225.60元）。6项监理招标分别是：1. 百周年纪念讲堂多功能厅装修改造工程监理（中标金额：210,152.00元）；2. 勺园7号楼外立面改造及门前景观监理（中标金额：135,129.00元）；3. 北大附中景观工程监理（中标金额：174,966.00元）4. 昌平园区实验动物临时设施监理（中标金额：383,095.00元）5. 外文及民主楼修缮工程监理（中标金额：512,920.00元）6. 光华管理学院达园宾馆福缘楼内部装修改造工程监理（中标金额：561,850.00元）。

工程建设情况。2018年竣工工程包括生命科学科研大楼（26,900平方米）、继续教育学院达园宾馆装修改造工程（2415平方米）、生命科学实验室改造、校史馆改造（3100平方米）、燕南园57号修缮（299平方米）、俄文楼修缮（1412平方米）、校景亭等古建修缮、加速器大楼改造（6400平方米）、二教内庭院景观工程、新太阳学生中心91剧场装修（672平方米）、勺园7号楼装修改造（2335平方米）、中关园公寓食堂改造（796平方米）、临湖轩及岛亭修缮工程、北大附中景观工程、附小教学楼卫生间及教学南楼走廊吊顶改造、化学学院外面防水维修、化学学院B区一层大厅装修（160平方米）等17项工程。

2018年在施工程包括：1. 城环与景观设计学大楼（22,300平方米）：该工程于2016年12月开工，2018年一段结构封顶，二段正在进行结构施工，预计2019年底竣工。

2. 国家发展研究院大楼（29,223平方米）：该工程分新建和古建维修两个部分，2016年5月开工，完成文物石桥的托换保护工作后，2018年结构施工封顶，预计2019年底竣工。

3. 实验设备2号楼（23,000平方米）：该工程于2016年6月开工，因使用单位调整功能，机电专业重新设计，于2018年4月底完成结构及外墙施工后停工。新的图纸方案完成，正进行图纸变化、增项部分的投评申报及招投标等程序性工作，预计于2019年底竣工。

4. 附中北校区综合楼（31,314平方米）：该工程于2017

年3月开工，2018年进行室内二次精装修工作，预计2019年9月交工。

5. 餐饮综合楼（34,602平方米）：该工程于2016年12月开工，于2018年上半年结构封顶，完成基坑回填，进行二次结构及机电安装工作，预计2019年9月竣工。

6. 工学院与交叉学科2号楼（69,479平方米）：该工程于2018年6月取得开工证，2018年完成场地的三通一平工作，进入施工准备阶段。

7. 图书馆东楼修缮（26,682平方米）：该工程为学校2017年改善办学条件项目，2017年暑期完成招标，经使用单位对图纸方案的部分调整，于2018年五四校庆后正式开始建设。2018年完成拆除部分工作，正进行结构加固及机电管线的安装工作，预计2020年3月竣工。

8. 太平洋大厦外立面改造（9810平方米）：该工程于2017年5月取得开工证，因施工方案调整，导致工程进展缓慢，在2019年春节前预计可以完成外立面施工，预计2019年4月竣工。

9. 外文楼、民主楼修缮（4454平方米）：该工程于2018年8月开工，民主楼完成屋顶及外墙、窗等修复工作，正在进行装修和机电管线安装。外文楼正在进行屋顶施工。预计2019年5月竣工。

10. 百年讲堂多功能厅装修改造（546平方米）：该工程于2018年3月开工，2018年底基本完工。

11. 校史馆陈列与布展：该工程于2018年3月开工，为校史馆改造的配套工程，2018年底基本完工。

12. 光华管理学院达园宾馆装修改造（6172平方米）：该工程于2018年8月开工，2018年底装修工作进入收尾阶段，面层施工、末端机电设备安装，计划2019年4月完工。

13. 昌平园区实验动物临时设施：该改造工程由于原房无产权证，按照规委管理要求，无法履行报建手续，故设计合同一直不能落实，现场基本处于停工状态。

工程结算审核情况。2018年完成附小体育馆、勺园6号楼改造、物理楼加建改造、朗润园158号院、地学楼改造、圆明园校区维修改造等63项工程结算审核工作，其中送审计42项；结算审核金额约为33,505万元（经监理审核后申报额约为37,626万元，经审核审减4121万元）；结算送审项目返回74项，返回项目送审金额55,950万元，审减585万元，审减率1.04%。

（黎黎、汪竞、高丹、刘文建、王佳曦、苗京楠、刘金成、任慧）

肖家河项目建设

【发展概况】 组织机构。肖家河项目建设办公室（以下简称"肖建办"）是北京大学肖家河教工住宅建设领导小组的办事机构，专职负责肖家河教工住宅项目的报批、拆迁、规划设计和工程建设全过程的组织协调与管理工作，直到项目全部建成并交付校内相关产权机构管理为止。肖建办内设综合管理部、前期管理部、建设管理部、造价合约部、财务部5个部门。有事业编制人员4人，合同制员工25人。

2018年，肖建办围绕教工住宅建设工作这一主线，全面铺开教工住宅及还建商业50余万平方米的建设管理工作，教工住宅一区、二区、三区及还建商业基本完成。

安全保卫工作。2018年，肖建办根据学校各项安保工作安排，成立专项安全领导机构，制定相应安全工作预案，日常逐个办公区排查电气安全隐患，开展消防安全宣传，利用多种渠道和方式提高肖建办工作人员安全防范意识和自防自救本领。

党风廉政建设。2018年，肖建办贯彻落实党的十九大和学校党委会议精神，落实建设党风廉政建设责任制，加强党风廉政宣讲和培训，认真对待群众举报和相关信访案件；贯彻执行"三重一大"的制度，落实集体决策、主任办公会、现场例会决策机制；执行中央八项规定精神，对财务管理、会议管理、接待管理做出相应要求。

拆迁收尾及回迁住宅交付工作。1.宅基地拆迁。2018年，项目没有新签约宅基地拆迁安置的情况，尚余的4个宅基地院落拆除但因各种因素未签订拆迁安置补偿协议。2.国防大学水井房拆迁。该拆迁补偿谈判自2012年起，受多种原因影响，长期未能达成一致。2018年经国防大学与北京大学的推动，并上报中央军委批准，于12月就国防大学水井房拆迁事宜签署协议，筹备水井房地上建筑拆除工作。3.回迁住宅交付及信息上报。截至2018年底，回迁住宅已完成2685套房屋的入住手续办理工作，2018年新增75套，安置签约量达到97%。回迁入住及安置信息根据海淀区住房和城乡建设委员会收办要求整理完备并及时上报，为回迁安置住宅后续产权手续办理打好数据基础。4.处理回迁房阁楼问题。2018年，针对回迁住宅阁楼业主认为阁楼层房屋的舒适度、市场价格等相关条件劣于平层房屋，要求换房并赔偿损失等诉求，肖建办延续改造加适当经济补偿的方案予以解决。截至2018年底，签署《阁楼改造及补助协议》118份，占全部已分配回迁阁楼的三分之二，阁楼层业主对抗情绪有所缓和，2018年未出现阁楼业主不理智表达诉求的现象。

土地手续办理工作。1.划拨手续办理。肖家河项目E、F、G、H、J地块于2017年取得土地划拨决定书，根据市不动产登记中心办理土地产权证流程，在京央企须取得国管局下发"权属审核意见书"和教育部确认"不动产权属来源说明函"。肖建办于2018年完成划拨地块权籍调查，并取得上述"一书一函"文件。2.出让手续办理。肖家河项目还建商业用房和自持经营性配套设施土地需办理出让手续及缴纳土地出让金，涉及建筑面积近14万平方米。2018年肖建办与保诚联合（北京）房地产土地评估有限公司合作，经过相关评估和测算，完成一级开发成本的重新认定，符合北京市规划和自然资源委员会相关规定，并完成土地出让合同签订工作。

外电源建设工作。肖家河项目外电源工程作业线长，时间跨度大，一度停滞。校领导和肖建办赴电力公司等相关单位协调解决外电源施工、发电等具体事项，组织电力公司、施工单位、快轨公司、京港地铁等相关单位每周召开碰头会，集中力量解决各项困难。截至2018年底，外电源过渡电源部分土建施工全部完成，电缆敷设、设备采购、设备安装、发电等工程环节有序推进。推进回迁东侧地块和还建商业的正式用电施工、发电工作。

工程建设工作。2018年，4个教工住宅地块及两个还建商业地块全面施工建设，同期在施的总规模达到50万平方米。截至2018年底，开竣工合计面积达项目总规模的90%以上，教工住宅一区、二区及还建商业基本达到竣工验收条件，教工住宅三区主体结构施工及装修工作基本结束。1.质量控制。2018年肖建办从源头控制施工质量。调动监理公司力量，加大现场巡查力度，落实进场原材料的复试工作，经常与供应厂家沟通，从源头控制材料质量。具体工作中，考察各供应厂家，淘汰不合格的供应单位，采取优胜劣汰，实行动态管理。与行业主管部门联系，随机对进场材料和工程实体委托第三方进行抽检。竣工验收阶段，委托第三方检测单位对单位工程和单项工程各分部工程进行系统性检测和试验，保证工程的功能和安全。2.进度控制。肖建办在坚持保证质量、保证安全的前提下推进工程进度。2018年自有住宅和还建商业各地块均进入装修阶段。肖建办督促总包单位抓住屋面、外立面、小市政、设备调试这一关键线路，推进总承包合同范围内的暂估项、暂估价材料的招投标进度，以满足现场的进度需求。通过各部门配合，完成各地块竣工验收所涉及检测单位的招标和合同签订工作，根据现场进度分阶段与总包单位插入，提前进行相关测量测绘和检测工作。考虑到正式电不能明确供电时间，提前进行临时电改造，保证自有住宅入住前完成联调联试。3.施工现场管理。2018年肖建办加大与总包单位、监理单位的沟通力度，保证沟通渠道的畅通，确保信息得到高效沟通和稳定对接。做好甲方的服务工作，协调参建的监理单位、设计单位和施工单位之间的交流沟通，推进工程进展。定期组织现场监理单位对工程质量、工程进度、安全生产、文明施工进行监督考核；通过巡查、收集资料、拍照片、记日志等方式检查、记录、督促工程施工；在工程过程中进行验收、分阶段验收、隐蔽验收、工程量确认等；组织监理、总包、设计单位对施工过程总发现的问题进行沟通协商处理，并且形成文字进行汇报，在施工过程中随工程进度及时收集、制备各种工程验收、备案资料。4.回迁住宅维保。2018年是回迁住宅维保的最后一年，2018年初肖建办即与物业公司进行联系，要求总包单位制定维保计划，过程中督促落实。年中多次组织相关单位召开协调会议，解决过程中出现的问题，平稳度过维保期。

造价合约管理工作。1.招标工作。2018年根据工程进度，招投标工作重点是组织各工程项目的专业工程和材料设备暂估事项招标及部分配套工程招标。截至2018年底，共计组织公开招标34次（主要为市场公开招标），中标总价款2.85亿元，包括完成F、G、E、S1、S2地块的所有在施工程总包范围内的专业工程暂估和材料设备暂估项、幼儿园总承包工程、外电源二期工程、F、G、S1、S2地块地上地下停车场标识设施及F地块景观园林的招标工作，此外还完成G地块景观园林的施工资审工作。2.合同管理。肖建办重视合同审核环节，重点把控合同范围、合同类型、技术要求、付款条件、结算方式等要素。截至2018年底，共审核各类暂估价招标合同16项，审核肖建办直接签订合同27项。每月定时整理合同和台账的归档，完成整理、编号、登录工作。3.工程量核算及结算。2018年，肖建办每月完成各地块工程进度量的审核及进度款申报工作，完成回迁住宅J、H地块回迁住宅的竣工结算申报及第三方审计后的结算调整工作。还完成其他项目的结算工作。

教工住宅入住准备工作。2018年，肖家河教工住宅项目一、二、三区建设接近尾声。肖建办配合学校房地产管理部开展教工住宅入住准备工作。肖建办每月向房地产管理部提供教工住宅各区的建设形象进度，使用图文方式向教职工业主介绍房屋建设情况，参与购房业主联络组的会议及在线讨论，解答购房教职工关心关注的建设问题。配合教工住宅物业服务单位招投标工作，短时间内梳理、核实大量的设备、设施数据及图纸，并为购房教职工准备《房屋使用说明书及质量承诺书》，踏勘、落实，分区、分户型呈现出结构、电线排布、供暖管道、供水管道等示意图及品牌说明。

信访接待工作。2018年，随着教工住宅的开工建设及交房时限的临近，教职工业主的意见及建议日益增多，肖建办设立教职工意见建议登记簿，记录每一位来访、来电教职工业主的诉求及意见建议，进行解答或最终反馈；每周梳理来电来访接待情况，通过主任办公会渠道向肖建办班子及各部门领导汇报。2018年，肖建办处理来电、来访50余起（其中学校督查室信访办转来案件6起），电话正式回复26起。

法务工作。妥善处理诉讼纠纷。

【样板间开放活动举行】2018年5月5日至7日，肖建办、校工会、房地产管理部联合教工住宅二区施工单位中建三局举办"北京大学肖家河教师住宅毛坯房样板间开放日"活动。活动接待1680户业主家庭，共计3300余人次参观，占教职工业主总数三分之二。活动中，学校工会孙丽主席、肖建办张宝岭主任等赴现场调研指导工作，施工单位中建三局赶制21个户型共计43套样板间，学校计算中心专门研发参观预约系统进行，肖建办、校工会、施工单位等每天派出50余名工作人员进行组织疏导、现场讲解、安保维稳，学校房地产管理部也参与活动筹备。样板间参观活动过程中及结束后，肖建办、工会、房地产管理部等单位陆续收到很多教职工业主对于住宅的咨询和建议。肖建办也通过电话、邮箱、来访等各渠道收集梳理教师的诉求和问询并予以解答、处理。

（肖彬彬）

医学部基建工作

【发展概况】 组织结构。北京大学医学部基建工程处是负责医学部基建工程和大型房屋修缮工程项目的管理部门。主要职能包括编制和实施校园建设总体规划、中长期建设规划和年度建设计划；负责新建、改建、扩建工程以及大型房屋修缮等建设工程项目的质量、进度、成本和安全等全过程管理工作。2018年11月2日，完成职能办公室优化重组，调整后基建工程处下设综合办公室、招标造价管理办公室、建设管理办公室3个科室。共有在编11人，返聘3人，非在编4人，处长余也，副处长何素丽、田广。

制度建设。修订《北京大学医学部工程建设项目招标采购管理及实施规程》《20万元以下二级单位议标项目操作流程》；2018年10月25日医学部部务会讨论同意执行北京大学基建工程部洽商管理办法，原《北京大学医学部基本建设及修缮工程设计变更、洽商管理规定（试行）》废止；制定基建工程处廉政建设制度，修订《北京大学医学部基建工程处落实"三重一大"制度的实施办法》；完善医学部基建工程处工程设计、招标、施工及廉洁自律等方面的规范管理。

党建工作。2018年医学部基建工程处党支部有党员12人，其中在编11人，非在编1人。2018年，党支部利用每周学习例会，组织全体党员学习党章、党的十九大报告、习近平总书记在全国教育大会上的重要讲话、《中国共产党纪律处分条例》等。6月，组织参观马克思诞辰200周年展览、观看青年马克思电影；9月，组织主题党日活动——白洋淀和狼牙山红色教育行；11月29日，组织前往国家博物馆参观"伟大的变革——庆祝改革开放40周年大型展览"。

工会工作。2018年推进非在编人员入会工作。有工会会员共计17人，其中事业编制会员12人，非在编会员5人。全年主要活动包括：组织在职职工、离退休职工的年度例行体检，子女入学信息采集，过节福利品发放，医学部运动会，后勤趣味运动会，"生活·家"演讲比赛，员工生日送爱心，"六一儿童节"组织员工携子女观看电影等。

规划工作。2018年4月12日，北京大学医学部校园规划委员会2018年第一次工作会议召开。会议邀请高校基建项目设计施工经验丰富的业内知名专家参会。主题是听取图书馆改扩建工程、毒理楼改造工程两项目的设计单位方案汇报。与会人员从使用功能、配套设施及校园文化、文化传承、环境协调、新时代图书管理模式、学生对于信息共享和交流研讨空间的需求、空间资源的合理配置等多方面对方案进行讨论，并提出意见和建议，同时指出当前北京市严控发展规模的宏观背景下，应坚持以《北京城市总体规划（2016年—2035年）》为统领原则，抓紧推动项目，将项目落实到工程实施阶段，完善初步设计和施工设计。

建设项目具体情况。1.医药科技园区综合楼，也称北京大学医学科技楼，总建筑面积83,010平方米，该项目于2018年6月开工建设，2018年完成投资11,050万元。体育馆项目有序推进，8月新馆结构封顶，截至2018年底完成内墙二次砌筑施工，进行外墙装饰及内部管线安装施工，2018年完成投资4189万元。项目建成后主要用于医学科研实验、生物样本贮存、动物实验、会议交流、停车及设备保障等。2.图书馆改扩建工程前期工作推进，2018年1月、4月先后获得北京市规划和国土资源管理委员会的规划条件批复、建设工程规划许可证，完成建筑及结构施工图的设计。3.体育馆（综合游泳馆），设计单位北京市建筑设计研究院有限公司、监理单位北京远达国际工程管理咨询有限公司、施工单位中铁建工集团有限公司。项目包括老体育馆改造和新建综合游泳馆，建设新馆的同时完成老馆改造，形成一体化的综合性体育馆，地上2层（最高），地下2层（地下一层含地下一层夹层），建筑高度16.8米，总建筑面积22,000平方米，其中地上建筑面积8912平方米、地下建筑面积13,088平方米。2018年8月，新馆结构封顶，并通过结构长城杯验收。该项目建成后，老馆包含两片篮球场地，可以组织能够容纳1300人观众的非正规篮球比赛或进行2000人的典礼活动，新馆可以开展游泳、羽毛球、网球、排球以及健身等体育活动。2018年组织实施教学科研楼维修改造工程、电增容改造工程、教学场所空气处理及空调购置项目、体育场改造项目和地热井配套设施改造工程、药学楼改造工程六项"中央高校改善基本办学条件专项"资金项目，预算执行率100%。

（梁昀山、王雪菲）

昌平校区管理

【发展概况】 北京大学昌平校区占地面积550余亩，已有建筑面积5.6万平方米。昌平校区管理办公室下设综合办公室、运行保障办公室和安全保卫办公室3个内部机构。截至2018年12月底，昌平校区共有在职职工58人，其中在编职工8名，劳动合同制职工39人，劳务协议职工11人；另有离退休人员9名。

综合管理。1.2018年，昌平校区管理办公室对制度进行重新修订汇编，完成了以下规章制度的草拟：《北京大学昌平校区管理办公室档案管理办法》《北京大学昌平校区管理办公室工伤管理办法》《北京大学昌平校区实验室装修管理办法》《北京大学昌平校区实验室库房管理办法》《北京大学昌平校区实验室废弃物暂存柜管理规定》等。2. 公开招聘行政管理岗职工3人、工勤岗职工8人，并办理7名工勤岗职工的离职；共录入设备系统95件仪器设备、录入家具系统2386件家具，并定期对昌平校区资产进行核查，变更资产信息；加强对昌平校区财务、公章、车辆、电话、信息以及网站维护等的管理，并及时将昌平校区办公会的决议形成通报对外公布。3. 组织职工参加北京大学运动会；参与北京大学工会组织的各项有奖问答、知识竞赛等活动；开展每周大步走活动，组织妇女节户外运动会、点球大战、趣味运动会、拔河比赛、联欢会等活动。

实验室管理。截至2018年12月底，北京大学共有8个院系的38个课题组入驻昌平校区，具体包括信息科学技术学院8个、环境科学与工程学院2个、地球与空间科学学院5个、物理学院1个、化学与分子工程学院4个、工学院12个、生命科学学院1个、城市与环境学院5个。为加强实验室管理工作，昌平校区组织周巡月检工作，对实验室房间使用率、管理合规情况、危险化学品及易燃易爆品管理情况等进行定期检查；开展安全讲座培训，向实验室师生普及实验室安全知识；定期对实验室的名称、科研内容及成果等进行统计，规范实验室信息统计管理；跟进入驻实验室的装修审批及施工过程，完善实验室装修管理；腾退入驻实验室的空置房间，提高校区房屋利用率等。

富余房屋资源利用。2018年，在不影响实验室正常运行的前提下，昌平校区管理办公室与北京明园大学、北京汇聚花生互联网教育科技有限公司、北京四海弘通咨询有限公司、北京德信仁教育科技发展中心、北京市海淀区燕园园丁培训学校、北京京师燕园智能教育科技有限公司、中国政法大学司法考试学院等单位签订房屋租赁协议，约16个班次、1200余人在昌平校区开展培训。

发展联络工作。2018年，昌平校区重点推进35kV电站变电站增容改造项目以改善校区电力基础设施条件，保障校区科研基地定位的用电供给水平。其次，通过网站改版、校园超市招标、校园指路标牌设置、教师公寓2号楼电梯招标、垃圾桶更新等来提升校园体验品质。此外，还组织对周边北京化工大学和北京警察学院等兄弟院校的走访，增进交流，力求实现多校共同发展。

运行保障工作。2018年，昌平校区完成图书馆、教学楼和宿舍楼的部分修缮、翻新工程，推进校园内绿化整地近3800平米，完成甬道、方砖、广场及停车场铺设工程共计4000平方米，实现2号楼、3号楼无线网络覆盖以及小食堂网络接通，新增门禁共11处，歌华有线布线13处，改善校区软硬件基础设施条件和绿化环境。为美化校园环境、提高校园安全水平，展开弱电管沟敷设工程集中埋设弱电电缆。此外，协助国家发改委完成能源审计工作，配合总务部进行新建校区电力开闭站的准备工作，配合基建部展开大电站增容改造、南平房教室改造以及扩建实验动物中心的准备工作，为校区基础设施的进一步完善打下基础。

安全保卫工作。2018年，昌平校区参加各种安全培训会议、开展一系列安全教育讲座，将安全与实验室管理相融合，完善实验室化学试剂统计及废弃物暂存柜的安全使用等工作的部署；紧抓消防、治安和交通安全，组织校区师生参与紧急疏散与灭火消防演练，开展图书馆消防改造工程，及时治理校园乱停车以及轮滑等存在安全隐患的问题，维护并改造道路交通设施；调研并策划校区监控系统翻新工程，保障校园内的人员和物资安全。12月，昌平校区管理办公室获2018年度北京大学安全管理标准化建设先进单位。

党建工作。截至2018年底，昌平校区党支部有17名党员，其中10名在职在岗、6名退休、1名处于医疗期，另有2名积极分子。党支部组织党员学习贯彻党中央等上级组织和学校重要会议及文件精神，包括党的十九大精神和习近平新时代中国特色社会主义思想；学习政府工作报告；学习习近平总书记在北大师生座谈会上的讲话、在纪念马克思诞辰200周年大会的讲话和在全国教育大会的讲话精神；学习《中国共产党纪律处分条例》等。校区党支部关心党员群众利益，组织开展包括定期举办讲座，党总支书记讲党课，组织参观"没有共产党就没有新中国"纪念馆、APEC国际会议中心、国家博物馆"伟大的变革——庆祝改革开放四十周年"大型展览等活动。

（陈佳慧）

社会服务与联络

国内合作

【发展概况】 组织机构。国内合作委员会办公室在北京大学国内合作委员会领导下，统筹协调全校各单位开展国内合作事务，承担对口支援、部省合建高校工作，以及国家定点扶贫政治任务。国内合作办下设对外合作办公室与对口支援办公室。2018年，学校对国内合作委员会办公室领导班子进行调整，陈永利任主任，陈丹任副主任；雷虹不再担任主任，魏姝不再担任副主任。

校地合作。一是立足首都，积极参与"三城一区"建设，支持北京建设全国科技创新中心；二是针对粤港澳大湾区、京津冀、雄安新区、长江经济带等，提出不同的合作主题，探索创新合作路径；三是推动军民融合深度发展，与陆军、海军、国防大学、国防科技大学等保持紧密联系，接待由陆军副司令员带队的陆军代表团来访，开展全方位合作。12月，学校成立北京大学与广东省暨深圳市校地合作领导小组，主动融入国家战略需求，积极参与粤港澳大湾区建设；领导小组办公室设在国内合作办，承担日常工作。2018年，学校先后与吉林省、山西省、四川省签署战略合作协议。学校领导多次前往全国各省市调研访问，与北京、广东、浙江、山西、陕西、山东、福建、云南、吉林、青海等地深入对接省校合作事宜，并先后接待江苏、重庆、海南、广西、四川、西藏、甘肃等地领导来访，实现省校高层会晤，就双边合作达成重要意向。国内合作办还代表学校就校地合作等事务与地方开展具体对接，专程前往无锡协调软件与微电子学院撤回事宜，接待福建省委组织部人才处、内蒙古自治区党委组织部、河南省新乡市政府等单位来访，积极参与协调广西、福建等地在北京大学举办的重大活动。通过一系列合作对接，学校与多个省份在决策咨询、人才培养、干部交流、科技成果转化等方面深入合作，进一步拓展了发展空间，获得了宝贵资源。

制度建设。2月，学校正式启动二级单位与校外单位合作情况调查，并暂停二级单位对外签约，约谈存在问题的院系并责令整改，全校对外合作无序扩张的态势得到有效控制。10月，学校正式发布《北京大学国内合作管理办法（试行）》，进一步规范全校校地合作事务，逐步探索国内合作管理由注重立项审批到全过程监管转型。12月，《国内合作委员会提案审查小组工作规则》通过学校审议，国内合作办公室、校长法律顾问办公室、社会科学部、科学研究部、科技开发部负责人组成预审小组，对上会材料进行预审。国内合作委员会全年共召开4次会议。9月，根据北京大学机构编制委员会审议批复，国内合作办正式成为校内独立建制的正处级职能部门。此外，国内合作办进一步加快信息化建设，已完成网站更新升级并上线发布。

定点扶贫。根据扶贫工作总体部署，2018年，国内合作办积极协调学校领导和有关二级单位深入弥渡，全力推进脱贫摘帽工作。1月，党委常委、副校长龚旗煌带队赴弥渡县调研，慰问贫困户，召开工作座谈会。5月，校长林建华率团赴弥渡县调研，慰问贫困户，现场查阅档案资料，实地检查脱贫攻坚工作并召开北京大学定点扶贫工作座谈会，督促相关院系、职能部门落实好帮扶举措。7月，校长林建华在北京大学毕业典礼上以弥渡扶贫为引，作题为"勇敢担当，学在路上"的演讲，鼓励北大人关注民生，担当作为，在校内外引发强烈反响。同月，党委常务副书记于鸿君赴弥渡县调研，慰问贫困户，看望挂职干部。12月8日，党委书记邱水平听取定点扶贫工作汇报，并做出重要指示。12月11日，学校党委常委会专题研究扶贫工作，对定点扶贫工作再动员、再部署。12月17日，党委书记邱水平前往云南，先后会见云南省、大理州主要领导，深入弥渡看望一线挂职干部，查阅档案资料，走访贫困村镇，慰问困难家庭，并听取弥渡县定点扶贫专题工作汇报。此外，国内合作办积极支持弥渡深入贯彻落实中央精神，将脱贫攻坚与乡村振兴有效结合，逐步以乡村振兴为主要抓手，巩固脱贫攻坚成果，坚决阻断贫困代际传递，确保困难群众不再因教返贫。10月，中央正式启动对包括教育部在内的地方、单位党组织脱贫攻坚专项巡视，国内合作办第一时间召集会议，准备资料，迎巡备检。巡视期间，龚旗煌、国内合作办主任陈永利赴教育部出席"脱贫攻坚专项巡视工作动员会"，国内合作办配合学校组织部、科研部等先后提供5批共计十余项材料，内容覆盖十八大以来扶贫工作全过程。12月，国务院扶贫办、教育部等上级部门开展2018年脱贫攻坚成效考核工作，国内合作办起草并上报了《北京大学2018年定点扶贫工作自评报告》及相关证明材料。

对口支援及部省合建。根据教育部"部省合建"支持中西部14所高校建设的总体部署，积极支持石河子大学、西藏大学、山西大学等高校抓住机遇，实现跨越发展。3月，党委书记郝平、副校长龚旗煌会见石河子大学党委书记夏文斌一行，介绍北京大学发展经验，为石河子大学发展出谋划策；5月，北京大学与石河子大学、南京师范大学共同筹备召开2018年对口支援石河子大学秘书处工作会议；7月，北京大学作为组长单位，牵头协调组织了"2018年高校团队对口支援石河子大学工作例会"，副校长龚旗煌出席会议；8月，学校组织基础医学、临床医学、药学、生态学专家，由常务副校长高松带队分别赴石河子大学、西藏大学调研，听取新疆生产建设兵团教育厅、西藏自治区教育厅，以及两校领导班子关于部省合建工作的汇报，并实地调研，全面了解两校需求与困难；12月，学校举办"石河子大学医药学科研究生导师培训班"，医学部与石河子大学签署《北京大学医学部对口支援石河子大学医药学科第二轮框架协议书》。国内合作办积极为石河子大学、西藏大学联系支教教师，协调石河子大学、西藏大学、大理大学教师来校进修。2018年，北京大学与山西省签署《北京大学支持山西大学建设与发展实施方案》，全面启动对山西大学的帮扶工作。10月29日，党委书记邱水平、常务副书记于鸿君会见山西大学党委副书记李思殿、副校长杭侃一行，就落实方案深入交谈；11月2日，党委书记邱水平、校长郝平、副校长龚旗煌会见山西大学校长黄桂田并举行工作座谈，就尽快启动两校重点合作项目形成初步意见；12月6日，党委书记邱水平、组织部长柴真会见山西大学党委书记符惠明、校长黄桂田，就山西大学的具体合作需求进行协商。此外，北京大学持续探索支援烟台大学、内蒙古大学建设，11月17日，党委副书记、秘书长安钰峰带队赴烟台出席北京大学-清华大学援建烟台大学委员会第十三次会议。

党建工作。5月2日，习近平总书记莅临北京大学考察并发表重要讲话，国内合作办积极参与总书记视察的全程筹备工作，认真传达学习总书记相关指示精神。经学校批准，11月，国内合作办单独成立国内合作委员会办公室党支部，隶属机关党委，陈永利任党支部书记，罗永剑任组织委员，陈丹任宣传委员；单独成立国内合作委员会办公室工会小组，隶属机关工会。国内合作办多次组织全体同志学习全国教育大会、习近平总书记在庆祝改革开放40周年大会上的讲话精神等，围绕高校培养社会主义建设者和接班人的核心使命与加快创建"双一流"的核心任务，研究优化校内校外资源配置，探索国内合作转型升级，积极推动北京大学在新时代扎根中国大地、融入国家发展。

【与吉林省签署省校全方位战略合作协议】 7月14日，北京大学党委书记郝平率队赴吉林长春，会见吉林省委书记、省人大常委会主任巴音朝鲁和省委副书记、省长景俊海，并召开选调生座谈会。北京大学与吉林省签署战略合作协议，双方将在战略研究和决策咨询、科技开发和成果转化、人才培养和干部交流、高等教育和医疗合作等领域开展深入合作。

【与山西省签署战略合作协议】 8月19日至21日，2018年"双一流"建设研讨会在太原举办。期间，北京大学校长林建华与山西省省长楼阳生签署了《山西省人民政府-北京大学战略合作协议》，重点在战略咨询、科技合作、成果转化、人才交流等方面进一步加强合作。北京大学副校长龚旗煌与山西大学副校长张天才签署了《北京大学支持山西大学建设与发展实施方案》，在学科建设、人才培养、科学研究、队伍建设等方面支持山西大学加快发展。

【与四川省签署战略合作协议】 12月4日，四川省人民政府与北京大学战略合作协议签署仪式在成都举行。校长郝平一行会见了四川省委书记彭清华，省委副书记、省长尹力，并共同见证协议签署。根据协议，双方将进一步深化战略决策咨询合作、科技创新与成果转化合作、医疗卫生和文化合作、人才交流与培训合作等，更好地服务于四川经济社会发展和北京大学"双一流"建设。

【推进省校合作与定点扶贫工作】 12月16日至17日，党委书记邱水平率队赴云南省昆明市、大理白族自治州弥渡县调研，研究推进省校合作、定点扶贫等工作。邱水平一行会见了云南省委副书记、省长阮成发，就提升省校战略合作关系，进一步加大对口帮扶力度，加强脱贫攻坚、干部培训、人才交流、医疗卫生等领域的合作进行了沟通交流。邱水平在弥渡县主持召开弥渡县脱贫攻坚工作座谈会，强调脱贫攻坚已到最后决胜阶段，学校将进一步提高政治站位，强化责任担当，认真总结经验，探索创新方法，不断巩固和深化脱贫成果，与弥渡干部群众一起奋斗，确保如期打赢脱贫攻坚这场硬仗。

（李尧星）

科技开发

【发展概况】 组织结构。科技开发部是负责学校科技开发、成果转化与技术转移工作的职能部门，是"国家技术转移示范机构"；作为学校全资的企业法人，由校长授权对外签署技术合同。2011年4月，学校为加强产学研工作，成立产业技术研究院，与科技开发部合署办公。科技开发部/产业技术研究院内设知识产权办公室、经费与信息办公室、综合办公室、企业管理办公室、技术转移中心5个办公室；截至2018年，部门工作人员21人，其中事业编制人员8人，劳动合同制人员11人，劳务合同人员2人。

党建工作。科技开发部/产业技术研究院班子严格落实"三重一大"制度，完善议事规则，部务会会议纪要、会议录音及时存档，决策过程做到科学、民主、透明、公开。扎实开展党风廉政建设，班子成员严格执行廉洁自律准则，坚决反对特权思想和特权现象，严格执行办公用房等方面的待遇规定，注重家教、家风，带头落实中央各项要求；全体成员坚决执行中央关于"八项规定"的要求，认真纠正"四风"，严格遵守会议、走访、出差等日常工作中的各项规定。组织全体成员观看纪录片《厉害了，我的国》；集体学习2018年两会政策解读；学习《中国共产党章程》与《中国共产党廉洁自律准则》；参观"北大理科成就展"，前往马克思主义学院重走习近平总书记视察北大路线；集中学习习近平总书记在北大师生座谈会上的重要讲话精神，传达学校党委《关于认真学习贯彻习近平总书记在北京大学师生座谈会上重要讲话精神的通知》；重温5月2日习近平总书记考察北大的视频新闻，围绕总书记重要讲话中的"一个根本任务""两个标准""三项基础性工作"和"四点希望"进行了详细解读；前往门头沟中关村人工智能科技园开展"北大科技创新，服务京西园区"党建活动；前往国家博物馆参观学习"伟大的变革——庆祝改革开放40周年成就展"。

共建校企联合研发平台。科技开发部与华为技术有限公司、深圳市腾讯计算机系统有限公司、北京百度网讯科技有限公司、台达智能科技（北京）有限公司、北京市商汤科技开发有限公司、深圳神州普惠信息有限公司等多家企业建立了研发合作平台。2018年签署共建校企联合研发平台合同12项，合同金额1.32亿元。科技开发部协同相关院系对校企联合研发平台进行共同管理，保障平台顺利运行。继续推动与海外企业的合作，除与德国拜耳公司和德国BI公司保持合作外，还与德国默克集团和美国辉瑞公司签署了合作框架协议。

重点科技成果推广与转化。科技开发部共收集成熟度较高、适于产业化的项目65项，参加"2018年全国高校产学研合作座谈会""第一届河北省产学研合作创新大会""第二届中国高校科技成果交易会""第十六届中国·海峡项目成果交易会""第十三届中国重庆高新技术成果交易会""第三届兰州科技成果博览会""第七届新加坡科技创新对接大会""第二十届中国国际工业博览会""第五届中国·南皮产学研合作对接洽谈会"等成果交易活动10余次；组织相关院系科研人员进行项目路演、企业对接、成果交易等活动20余次，对接企业100余家；组织民主党派、省市教育系统、高校技术转移联盟的对接活动。2018年，科技开发部签订技术转让合同23项，合同额20,399.44万元，到款3375.94万元。

校地科技合作。科技开发部分别走访生命科学学院、化学与分子工程学院和信息科学技术学院，调研各学院在外地研究院建设中取得的成绩、面临的困难与挑战，重点了解中试基地的建设情况，完成《新型研发机构发展概要及科技开发部在其中应该发挥的作用》与《北京大学现有新型研发机构》两个报告。科技开发部与广东鹤山、四川内江、江苏盐城、河北衡水共建的产学研合作办公室正常运行。多次组织校内科研人员及优秀项目赴各地与科技部门和企业进行对接，促成一批成果的合作与落地。科技开发部在地方设立的产学研办公室重点围绕科技创新、成果转化、企业合作，以北京大学优质科研资源促进地方经济发展。

技术合同管理。科技开发部为校内科研人员提供投标、进出款技术合同签订等法律事务咨询，认真履行北京大学横向技术合同及其他相关合同的审核职责。2018年科技开发部共审核签订合同691项，合同额85,682.64万元，其中进款合同576项，合同额84,115.44万元；出款合同共115项，合同额1567.19万元。其中合同额在100万元以上的大项目进款合同共93项，合同额73,017.73万元，约占进款合同总额的87%。与北京市相关单位签订进款合同303项，合同额34,606.29万元。进款合同按合同类型分：技术开发合同212项，合同额50,058.98万元；技术转让合同23项，合同额20,399.44万元；技术服务及咨询合同335项，合同额13,137.02万元；其他类型合同6项，合同额520万元。技术合同额前三位的院系分别为：物理学院18项，合同额20,046.2万元；信息科学技术学院112项，合同额11,736.50万元；化学与分子工程学院31项，合同额11,471.49万元。全年办理合同免税登记55个，涉及免税的合同总额35,466.99万元，合同免税额1000余万元。

经费管理。科技开发部按照《北京大学科技开发技术合作项目及经费管理办法》对横向科研经费进行规范、统一管理，严格控制风险；积极推进北京大学科研管理信息系统的使用和完善，配合其他部门完成经费网上划拨功能的建设。2018年科技开发部技术合同到款共计29,134.68万元，比上年增加29%。按合同类型分，技术开发合同到款15,181.95万元，占52.1%，同比增长21%；技术转让合同到款3375.94万元，占11.6%，同比增长239%；技术服务与咨询合同到款10,576.79万元，占36.3%，同比增长16%。按院系分，信息科学技术学院到款5629.24万元，生命科学学院到款4057.99万元，计算机科学技术研究所到款2776.11万元，城市与环境学院到款2668.78万元，环境科学与工程学院到款2300.11万元，地球与空间科学学院到款2285.87万元，工学院到款2273.52万元，软件工程国家工程研究中心到款1766.72万元，化学与分子工程学院到款1377.84万元，其他单位到款3998.5万元。

专利运营工作。科技开发部"专利转化基金"资助了"聚氨基酸、蛋白质-聚氨基酸偶联物及其制备方法"等3个专利项目，来自化学与分子工程学院和生命科学学院。自"专利转化基金"设立以来，已累计资助18个项目开展专利评估、保护与推广；举办两场专利培训，主题为"燃料电池领域的专利布局"和"高校成果转化中的著作权及商业秘密问题"，50余位师生参加；编辑出版《高校专利运营实务十讲》。11月，北京大学被北京市知识产权局认定为"2018年北京市知识产权运营试点单位"。

企业整改工作。科技开发部、校办产业管理委员会办公室和资产经营公司三方共同成立科技开发部下属企业规范管理领导小组，对科技开发部下属企业进行分类整改。2018年，科技开发部调取其中8家已吊销企业的工商档案材料；对正常运营的企业发挥股东作用，保障企业规范运行，防止国有资产流失。科技开发部还为教育部、财政部、国家审计署等上级部门提供各类企业信息。

创新创业教育。产业技术研究院为《创业基础》《模拟创业》《新创企业的技术商品化》《Venturing into China: Entrepreneurial Innovation in the 21st Century》四门课程提供教学支持。策划并组织开展多层次的创新创业活动，为学生开拓交流实践的机会。依托课堂教学，研究院组织了"北大&PNP国际创新创业论坛暨跨境项目交流活动"，支持2018年北京大学创业训练实践项目，组织创业课程学生参加首届中国高校智能机器人创意大赛和第二届"内江高新杯"创客大赛，举办"北京大学第七届模拟创业大赛"。

国际交流与合作。科技开发部继续推动国际技术转移工作，2018年共组织和参加5次国际会议：1月23日，科技开发部、北大医疗产业集团、方正医药研究院联合以色列大使馆在北大医疗产业园举办"中以慢性病医疗健康峰会";7月30日至8月3日,科技开发部与台湾磐安智慧财产教育基金会共同举办"两岸技术移转与知识产权管理高级研讨会";8月30日至31日,科技开发部参加日本科学技术振兴机构在东京举办的"创新日本2018中日大学展暨论坛",展出了彭练矛教授团队的"碳纳米管集成电路"技术;11月14日,科技开发部参加中英科技创新大会,就会上推介的6个英国创新项目与项目方进行交流。2018年,科技开发部接待美国圣母大学创新中心、墨尔本皇家理工大学技术转移办公室、韩国釜山市政与韩国多所高校产学研合作团、印度理工大学创新中心、日本论坛21"梅下村塾"代表团、巴基斯坦产学研合作团、日本青年科技代表团等国外代表团参访北京大学,重点围绕国际技术转移合作、高校技术转移模式与产业化、科技创新、知识产权运营、创新创业教育等内容进行交流,达成初步合作意向。

【制定和修订北京大学科技成果转化政策】 为进一步落实国家和地方关于科技成果转化的法律、法规、政策,鼓励北京大学科研人员开展科技创新,推动科技成果转化,科技开发部制定完善了相关管理办法。经过初期调研、拟定草案、政策宣讲、征求意见和反复修改,科技开发部联合财务部制定《北京大学职务科技成果转化现金奖励管理办法》,并于11月21日经校长办公会审议通过,北京大学成为在京高校最早制定职务科技成果转化现金奖励管理办法的高校之一;该管理办法正式实施后,12月底协助相关老师办理个人所得税减免,申报金额1647.76万元,享受税收减免优惠350万元以上。科技开发部还启动《北京大学技术入股管理办法》和《北京大学科技成果评估备案实施细则》起草工作,修订《北京大学技术转让管理办法》。

【入选首批中关村自主创新示范区高校技术转移办公室】 4月26日,在中关村展示中心召开的"促进高校科技成果转化,提升分园创新发展能力"会议上,科技开发部与12家高校技术转移机构被教育部科技司、中关村管委会共同认定为首批中关村国家自主创新示范区高校技术转移办公室,纳入中关村科技服务平台支持体系。以此为契机,科技开发部不断拓宽科技成果转化渠道,汇聚专业机构为北京大学优质的科研成果提供价值挖掘、价值实现等服务;推动北京大学科研成果优先在中关村等地区进行市场验证和推广应用;引入优质社会资金,鼓励孵化机构投资在校师生的创业项目。

【牵头组建北京高校技术转移联盟】 北京大学牵头联合清华大学、北京理工大学、北京航空航天大学、北京交通大学、北京工业大学等30多所高校组建北京高校技术转移联盟(以下简称"联盟"),联盟的宗旨是通过对接资源、搭建平台、推动改革、促进交流,发挥高校资源集聚效应,促进北京高校科技成果转化落地,为北京建设全国科技创新中心贡献力量。4月1日,北京高校科技成果转移转化工作研讨会暨北京高校技术转移联盟第一次会员大会在理工国际教育交流大厦举行,30多所高校的技术转移机构负责人出席了会议。经联盟常务理事会表决,北京大学科技开发部当选首届理事长单位。联盟的成立标志着北京大学科技成果转移转化工作进入高校间协同创新、合作共赢的新阶段。

【设立北京大学成果转化基金】 6月24日,科技开发部与北京市科技创新基金管理机构签署战略合作协议,共同设立由北京大学统筹的科技成果转移转化子基金,支持北京大学原始创新、技术创新和科技成果转化,促进符合首都战略定位的科技成果在京落地转化。

【成立学校科技成果转化工作领导小组】 为全面落实《中华人民共和国促进科技成果转化法》,建立健全科技成果转化重大事项决策机制,推动科技成果转移转化的管理、组织和协调,聚集全校力量提升我校科技成果转化能力,科技开发部提请组建北京大学科技成果转化工作领导小组,并于12月31日经校长办公会审议通过。领导小组办公室设在科技开发部,承担领导小组日常工作。

【开通"北大科技成果"微信公众平台】 12月,科技开发部正式开通"北大科技成果"微信公众平台,持续向公众推送北京大学科技成果、科技开发、校企合作等重点工作内容,拓宽科技成果推广渠道,有效解决了技术供需双方信息不对称的问题。公众平台开通仅一周,已吸引多家企业洽谈合作。

(刘淑媛)

表11-1 2018年度北京大学签订的进款技术合同统计表(单位:万元)

院系	技术开发		技术转让		技术服务与咨询		联合实验室		保密协议和共同投标协议等		合计	
	合同数	合同额	合同数	合同额	合同数	合同额	合同数	合同额	合同数	合同额	合同数	合同额
信息科学技术学院	70	5455.28	5	37.03	28	1044.19	6	5200.00	3	0.00	112	11,736.50
工学院	30	1458.00	7	1089.90	32	1034.04	1	1000.00	0	0.00	70	4581.94
地球与空间科学学院	25	1143.30	0	0.00	38	1713.90	1	500.00	0	0.00	64	3357.20

(续表)

院系	技术开发		技术转让		技术服务与咨询		联合实验室		保密协议和共同投标协议等		合计	
	合同数	合同额	合同数	合同额	合同数	合同额	合同数	合同额	合同数	合同额	合同数	合同额
环境科学与工程学院	5	255.00	0	0.00	58	2621.86	0	0.00	1	0.00	64	2876.86
城市与环境学院	0	0.00	1	10.00	36	3008.07	0	0.00	1	520.00	38	3538.07
教育学院	0	0.00	0	0.00	37	239.90	0	0.00	0	0.00	37	239.90
化学与分子工程学院	7	10,514.50	2	301.50	22	655.49	0	0.00	0	0.00	31	11,471.49
软件工程国家工程研究中心	12	2465.83	0	0.00	16	58.50	2	5500.00	0	0.00	30	8024.33
计算机科学技术研究所	20	1277.00	1	1998.21	1	30.00	0	0.00	0	0.00	22	3305.21
物理学院	5	2126.50	2	16,692.00	9	227.70	2	1000.00	0	0.00	18	20,046.20
数学科学学院	4	147.00	0	0.00	10	352.50	0	0.00	0	0.00	14	499.50
科技开发部	3	20.00	0	0.00	6	165.80	0	0.00	1	0.00	10	185.80
软件与微电子学院	7	230.68	0	0.00	3	191.85	0	0.00	0	0.00	10	422.53
生命科学学院	4	1556.80	1	30.00	4	327.45	0	0.00	0	0.00	9	1914.25
建筑与景观设计学院	0	0.00	0	0.00	8	298.98	0	0.00	0	0.00	8	298.98
心理与认知科学学院	1	4.99	0	0.00	7	112.29	0	0.00	0	0.00	8	117.28
分子医学研究所	2	10,073.11	1	230.00	4	103.00	0	0.00	0	0.00	7	10,406.11
考古文博学院	0	0.00	0	0.00	6	484.00	0	0.00	0	0.00	6	484.00
计算中心	2	15.00	0	0.00	2	26.00	0	0.00	0	0.00	4	41.00
前沿交叉学科研究院	1	80.00	0	0.00	2	105.00	0	0.00	0	0.00	3	185.00
中国语言文学系	0	0.00	3	10.80	0	0.00	0	0.00	0	0.00	3	10.80
校办产业管理委员会办公室	0	0.00	0	0.00	2	73.00	0	0.00	0	0.00	2	73.00
深圳研究生院	1	0.00	0	0.00	0	0.00	0	0.00	0	0.00	1	0.00
法学院	0	0.00	0	0.00	1	10.00	0	0.00	0	0.00	1	10.00
海洋研究院	0	0.00	0	0.00	1	18.50	0	0.00	0	0.00	1	18.50
图书馆	1	36.00	0	0.00	0	0.00	0	0.00	0	0.00	1	36.00
新闻与传播学院	0	0.00	0	0.00	1	190.00	0	0.00	0	0.00	1	190.00
政府管理学院	0	0.00	0	0.00	1	45.00	0	0.00	0	0.00	1	45.00
总计	200	36,858.98	23	20,399.44	335	13,137.02	12	13,200.00	6	520.00	576	84,115.44

(袁敏九)

表 11-2　2018年度科技开发部技术合同到款（单位：万元）

院系	技术开发	技术转让	技术服务与咨询	合计
信息科学技术学院	4100.4	797.03	731.81	5629.24
生命科学学院	3889.97	10	158.02	4057.99
计算机科学技术研究所	768.9	1998.21	9	2776.11
城市与环境学院	210.16	10	2448.62	2668.78
环境科学与工程学院	126.88	140	2033.23	2300.11
地球与空间科学学院	418.87	0	1867	2285.87
工学院	1367.28	217.4	688.84	2273.52
软件工程国家工程研究中心	1564.88	0	201.84	1766.72
化学与分子工程学院	726.19	91.5	560.15	1377.84
物理学院	732.68	11	214.55	958.23
分子医学研究所	413.05	50	53	516.05
数学科学学院	271.88	0	212.7	484.58
其他	64.5	6.48	392.86	463.84
软件与微电子学院	235.32	40	44.37	319.69
前沿交叉学科研究院	190	0	95	285
考古文博学院	0	4.32	247	251.32
教育学院	0	0	194.9	194.9
心理与认知科学学院	4.99	0	189.52	194.51
建筑与景观设计学院	0	0	169.13	169.13
计算中心	96	0	56	152
海洋研究院	0	0	9.25	9.25
合计	15,181.95	3375.94	10,576.79	29,134.68

（朱　梅）

表 11-3　2018年度北京大学签订的100万元以上技术合同（单位：万元）

项目名称	合同类别	项目负责人	合同校外单位	合同校内单位	合同额
"一种基于等离子体透镜的激光离子加速系统及其加速方法"等六项专利的实施许可	专利实施许可转让（技术转让）	颜学庆	北京锐德康科技有限公司	物理学院	16,686
北京大学分子工程苏南研究院创新基金	技术开发合同	张锦	江苏集萃分子工程研究院有限公司	化学与分子工程学院	10,000
北京大学-南京江北新区共同设立"分子医学协同创新专项基金"协议书	技术开发合同	肖瑞平	南京市江北新区管理委员会科技创新局	分子医学研究所	10,000
"北大-台达工业物联与智能系统实验室"	联合实验室	李影	台达智能科技（北京）有限公司	软件工程国家工程研究中心	3500
智慧医疗	技术开发合同	柳军飞	浙江一沙云信息科技有限公司	软件工程国家工程研究中心	2000
北大-湖南汇智医疗信息技术公司智慧医疗联合实验室	联合实验室	柳军飞	湖南汇智医疗信息技术有限公司	软件工程国家工程研究中心	2000
"一种个性化汉字数字墨水的生成方法"等专利和专有技术转让	专利权转让（技术转让）	连宙辉	天津方正手迹数字技术有限公司	计算机科学技术研究所	1998.21
《智能数据分析技术》技术合作协议	技术开发合同	陈薇	成都绿欣科技有限公司	信息科学技术学院	1500

（续表）

项目名称	合同类别	项目负责人	合同校外单位	合同校内单位	合同额
华为-北大智能媒体技术合作框架协议	联合实验室	黄铁军	华为技术有限公司	信息科学技术学院	1500
建立多能干细胞向胰岛β细胞体外分化的实验方法	技术开发合同	邓宏魁	杭州瑞普晨创科技有限公司	生命科学学院	1000
北大-商汤科技 智能计算联合实验室	联合实验室	梁 云	北京市商汤科技开发有限公司	信息科学技术学院	1000
"一种肺癌实体瘤原代细胞的培养方法"等5项专利申请权和专有技术转让	专利权转让（技术转让）	席建忠	北京吉尚立德生物科技有限公司	工学院	1000
1.3GHz超导加速腔样机研制	技术开发合同	全胜文	中国科学院上海应用物理研究所	物理学院	1000
北京大学-温州激光与光电子协同创新中心共建"北大-温州激光与光电子联合研发中心"协议书	联合实验室	陈景标	温州激光与光电子协同创新中心	信息科学技术学院	1000
北大-义马"资源综合利用与污染控制协同创新研究室"协议书	联合实验室	王习东	义马环保电力有限公司	工学院	1000
2X9-cell超导加速单元研制	技术开发合同	全胜文	中国工程物理研究院应用电子学研究所	物理学院	785
北大-辰阔科技智能风控联合实验室	联合实验室	陈 钟	南京辰阔网络科技有限公司	信息科学技术学院	700
北京大学-林肯研究院城市发展与土地政策研究中心开展项目活动的资助协议	技术服务合同	刘 志	Lincoln Institute of Land Policy	城市与环境学院	630
潍坊市城市总体规划（2018—2035年）联合体投标协议书	其他类别	楚建群	中规院（北京）规划设计公司	城市与环境学院	520
《潍坊市城市总体规划（2018—2035年）》编制项目	技术服务合同	楚建群	潍坊市规划局	城市与环境学院	517
北京大学科技开发部（前沿交叉学科研究院）与北京泓信干细胞生物技术有限公司共建"干细胞与生物材料协同创新中心"	联合实验室	汤 超	北京泓信干细胞生物技术有限公司	物理学院	500
北京大学科技开发部（信息科学技术学院）与成都中数数据服务有限公司联合建立"语言智能协同创新实验室"合作协议书	联合实验室	王厚峰	成都中数数据服务有限公司	信息科学技术学院	500
光彩明天——北大磁共振成像研究中心视觉脑功能成像联合研究实验室合作协议	联合实验室	高家红	北京光彩明天儿童眼科医院有限公司	物理学院	500
北京大学科技开发部与北京龙软科技股份有限公司战略合作协议	联合实验室	毛善君	北京龙软科技股份有限公司	地球与空间科学学院	500
北大信科-悉见智能技术联合研究中心	联合实验室	查红彬	北京悉见科技有限公司	信息科学技术学院	500
2018年广州人工智能研究院智慧天眼计划项目	技术开发合同	焦秉立	上海燕昊网络科技有限公司	信息科学技术学院	500
【补充协议】Research on Infiltrating Immune Cells in Hepatocellular Carcinoma by Single Cell RNA Sequencing_单细胞RNA测序技术在肝癌细胞浸润中的研究	技术开发合同	张泽民	Boehringer Ingelheim International GmbH	生命科学学院	382.2
高速以太灰光PHY技术合作项目	技术开发合同	盖伟新	华为技术有限公司	信息科学技术学院	333.03
北京大学-浙江海正联合研究平台	技术服务合同	Zheng Qiang	浙江海正药业股份有限公司	工学院	325

（续表）

项目名称	合同类别	项目负责人	合同校外单位	合同校内单位	合同额
清苑区耕地土壤污染治理与修复工程实施方案编制项目	技术服务合同	叶正芳	保定市环境保护局清苑分局	环境科学与工程学院	311.32
费托催化基础研究	技术开发合同	马丁	中科合成油技术有限公司	化学与分子工程学院	300
"一种人血清白蛋白-阿霉素交联物纳米颗粒及其应用"的专利申请权转让	专利权转让（技术转让）	林坚	浙江海正药业股份有限公司	化学与分子工程学院	300
太赫兹光谱矿物材料研发与治理环境污染应用	技术开发合同	鲁安怀	四川特微能科技有限公司	地球与空间科学学院	300
高性能光抽运铯原子频率标准工程样机研制	技术开发合同	陈徐宗	德隆联创（北京）科技有限公司	信息科学技术学院	300
质子放疗系统直线注入器用ECR质子源与LEBT的研制	技术开发合同	彭士香	上海艾普强粒子设备有限公司	物理学院	296
成都市大气挥发性有机物来源解析与管控措施研究采购项目	技术服务合同	谢绍东	成都市环境保护科学研究院	环境科学与工程学院	289.5
健康中国·佛山未来城可行性研究报告	技术咨询合同	李琦	佛山华康投资管理有限公司	地球与空间科学学院	280
Targeting PTEN-null Prostate Cancer with Darolutamide, Copanlisib and BAY4010 Alone or in Combination	技术服务合同	吴虹	拜耳医药保健有限公司	生命科学学院	267
杭州西湖风景名胜区总体规划（2021—2035）	技术服务合同	宋峰	杭州西湖风景名胜区管理委员会；浙江省城乡规划设计研究院	城市与环境学院	245
滇池流域水污染控制工程评估及精准治污决策系统研究——滇池外海域精准治污决策研究项目	技术咨询合同	刘永	昆明滇池投资有限责任公司	环境科学与工程学院	235.31
"一种飞秒脉冲激光调制器及微型双光子显微成像装置"等8项专利（申请）的实施许可	专利实施许可转让（技术转让）	程和平	北京超维景生物科技有限公司	分子医学研究所	230
深圳市大气臭氧污染成因与防治路线图研究	技术服务合同	张远航	深圳市人居环境委员会	环境科学与工程学院	228.3
"新工科个性化人才培养模式探索与实践"课题项目合作协议	技术服务合同	李咏梅	北京北友教育科技有限公司	工学院	200
锰基富锂材料（GRT）的技术和工程化研究	技术开发合同	夏定国	国联汽车动力电池研究院有限责任公司	工学院	200
北京大学、腾讯公司"青少年编程教育"项目合作协议	技术服务合同	李文新	腾讯科技（深圳）有限公司	信息科学技术学院	200
塔里木盆地下古生界重点层系储层成因、地质建模与评价优选	技术开发合同	刘波	中国石油化工股份有限公司西北油田分公司	地球与空间科学学院	199.82
福州市大气臭氧污染成因及防控措施研究服务采购项目	技术服务合同	谢绍东	福州市环境保护局	环境科学与工程学院	199.5
节点式地震采集系统综合应用软件开发	技术服务合同	何川	中石化石油工程地球物理有限公司装备管理中心	地球与空间科学学院	194
基于硅基光电子技术的光计算系统研究资助项目	技术服务合同	Zhou Zhiping	华为技术有限公司	信息科学技术学院	191.13
安徽文化产业发展战略采购合同	技术服务合同	陆地	中共安徽省委宣传部	新闻与传播学院	190

(续表)

项目名称	合同类别	项目负责人	合同校外单位	合同校内单位	合同额
景迈山村庄规划设计项目合作协议	技术服务合同	陈耀华	云南方城规划设计有限公司	城市与环境学院	190
山区特色小城镇发展模式研究	技术咨询合同	宋豫秦	北京市发展和改革委员会	环境科学与工程学院	178
湖南中烟工业有限责任公司基于互联网思维的企业信息服务模式研究项目	技术咨询合同	林慧苹	湖南中烟工业有限责任公司	软件与微电子学院	176.85
伊拉克 Ahdeb 油田 Khasib 组碳酸盐岩微相及储层非均质性研究	技术服务合同	刘波	中国石油集团科学技术研究院有限公司	地球与空间科学学院	173.06
城市副中心公交线网优化研究项目	技术咨询合同	邓习峰	北京市通州区交通局	信息科学技术学院	170
塔中 4 油田 CIII 油组隔夹层空间展布及其对油气水渗流影响研究	技术开发合同	潘懋	中国石油天然气股份有限公司塔里木油田分公司	地球与空间科学学院	170
合浦汉墓群文昌塔区保护展示、环境整治工程设计服务	技术服务合同	周双林	合浦县申报海上丝绸之路世界文化遗产中心	考古文博学院	165
基于医疗病历数据的自然语言理解与信息提取	技术开发合同	赵东岩	生命奇点（北京）科技有限公司	计算机科学技术研究所	150
太行山（河北段）申报世界遗产可行性研究技术咨询协议	技术服务合同	陈耀华	河北省住房和城乡建设厅	城市与环境学院	150
卫星广播信道模拟器及广播卫星转换软件	技术开发合同	依那	中国电子科技集团公司第二十八研究所	信息科学技术学院	150
Developing an Interactive Analysis and Visualization Platform for Large Single-cell Datasets	技术开发合同	张泽民	拜耳医药保健有限公司	生命科学学院	150
艾兰得营养品公司生产调度排程优化项目	技术开发合同	许晓云	江苏艾兰得营养品有限公司	工学院	150
同步脱氮除磷新材料开发及其应用工艺研究	技术开发合同	吴为中	宁波水思清环境科技有限公司	环境科学与工程学院	150
大浪古城遗址西城墙、北城墙及码头保护展示项目设计服务	技术服务合同	周双林	合浦县文物管理局	考古文博学院	149
太赫兹功能矿物材料机理研究与应用开发	技术开发合同	鲁安怀	浙江微米能环境科技有限公司	地球与空间科学学院	144.2
泰安市大气臭氧污染成因诊断研究项目	技术服务合同	陆克定	泰安市环境保护局；中国科学院生态环境研究中心	环境科学与工程学院	140
武胜县生态基础设施及生态产品战略研究	技术服务合同	李迪华	武胜县环境保护局	建筑与景观设计学院	134
草鞋村遗址手工作坊区保护展示工程设计服务	技术服务合同	周双林	合浦县申报海上丝绸之路世界文化遗产中心	考古文博学院	123
深度学习理论基础研究项目	技术开发合同	王立威	华为技术有限公司	信息科学技术学院	121.8
中国履行《关于汞的水俣公约》国家战略与行动计划制定子项目	技术服务合同	刘建国	环境保护部环境保护对外合作中心	环境科学与工程学院	121.42
行业知识图谱构建核心技术合作协议	技术开发合同	赵东岩	北京北大软件工程股份有限公司	计算机科学技术研究所	120
实时三维场景重建和定位技术合作项目	技术开发合同	查红彬	京东方科技集团股份有限公司	信息科学技术学院	120

(续表)

项目名称	合同类别	项目负责人	合同校外单位	合同校内单位	合同额
基于机器学习的终端软件未公开接口检测技术	技术开发合同	文伟平	华为技术有限公司	软件与微电子学院	119.48
七东1区强非均质砾岩油藏不同渗流介质改善开发效果策略与措施优化研究	技术服务合同	师永民	中国石油新疆油田分公司（勘探开发研究院）	地球与空间科学学院	119.3
准噶尔盆地南缘东段典型油藏解剖和成藏控藏因素分析	技术服务合同	吴朝东	中国石油新疆油田分公司（勘探开发研究院）	地球与空间科学学院	119
BLV3108VS1372RH等器件2018年北大总剂量辐照试验	技术服务合同	翟茂林	中国空间技术研究院	化学与分子工程学院	112.57
《广西悦桂田园文旅系列项目总体策划》项目合作协议	技术咨询合同	吴必虎	北京大地风景旅游景观规划设计有限公司	城市与环境学院	105.45
调度自动化软件安全漏洞与风险实验能力提升关键技术研究	技术开发合同	高庆	国网江苏省电力有限公司	信息科学技术学院	105
碳基集成电路技术研究资助项目	技术开发合同	彭练矛	华为技术有限公司	信息科学技术学院	104.88
基于人工智能技术的金融数据分析与处理	技术服务合同	孙栩	Mizuho Securities Co.,Ltd	信息科学技术学院	102.4
量化投资策略和证券公司客户量化分析研究	技术咨询合同	吴岚	方正证券股份有限公司	数学科学学院	100
肺结节自动检测	技术开发合同	王立威	北京医准智能科技有限公司	信息科学技术学院	100
具有智能存储和防伪识别的液晶复合材料与技术	技术开发合同	于海峰	汕头市恒顺包装材料公司	工学院	100
中文字库版权鉴别技术研发	技术开发合同	连宙辉	北京北大方正电子有限公司	计算机科学技术研究所	100
面向游戏领域的文本自动生成技术研究	技术开发合同	万小军	深圳市腾讯计算机系统有限公司	计算机科学技术研究所	100
精神心理疾病注册登记数据库和临床大数据共享平台	技术开发合同	黄雨	北京大学第六医院	软件工程国家工程研究中心	100
工业固废制备新型装配式建筑材料技术研发与推广应用	技术开发合同	王习东	燕园天健（北京）科技有限公司	工学院	100
开展中小学生在线科普普及与科学教育战略合作	技术咨询合同	高珍	北京学而思教育科技有限公司	化学与分子工程学院	100
法律知识图谱构造技术研发	技术开发合同	赵文	北京北大软件工程股份有限公司	软件工程国家工程研究中心	100
用于数码印刷生产环境的数字水印技术研究	技术开发合同	郭宗明	北京方正印捷数码技术有限公司	计算机科学技术研究所	100
吡啶衍生物用于新结构分子筛合成的基础研究	技术开发合同	孙俊良	中国石油化工股份有限公司	化学与分子工程学院	100
阿尔山自治区级风景名胜区申报文本编制协议	技术服务合同	陈耀华	阿尔山市建设局	城市与环境学院	100
中关村国家自主创新示范区科技服务平台（高校技术转移办公室）	技术服务合同	姚卫浩	中关村科技园区管理委员会	科技开发部	100

（袁敏九）

校办产业管理

【发展概况】 基本情况。2018年，北京大学校办产业管理委员会办公室（简称"校产办"）、中国共产党北京大学校办产业工作委员会（简称"产业党工委"）和北大资产经营有限公司（简称"资产公司"）领导班子团结带领产业系统全体员工，积极贯彻落实党中央关于加强国有企业党的建设的最新要求，切实加强校办企业党的领导和党的建设，坚持贯彻民主集中制和党风廉政建设责任制，落实学校改革发展任务和巡视整改工作要求。

校办产业总体发展情况。截至2018年末，资产总额预计突破4100亿元，比上年增长近10%。2018年度总收入将达到1400亿元，比上年增长约3%。资产公司全年共计收到下属企业上交款1.95亿元，其中方正集团1.2亿元、出版社2200万元、资源集团1200万元、先锋公司734万元、学园公司600万元、科技园有限公司500万元、科技园建设公司500万元、江西科技园公司500万元、维信公司500万元、临湖公司200万元、软件工程公司200万元，其他公司共300多万元。另据不完全统计，校办企业全年向学校及社会捐款、捐物总额超过1.37亿元，累计向国家缴纳各项税费及国有资本经营收益共计55亿元。

常规工作。截至2018年底，校产办、资产公司共收文341件，通过学校OA系统上报文件120余份。召开产管会办公会6次，审议研究81个议题；召开产业党政联席会18次，审议研究100个议题。报送教育部71个经济事项的国资审批项目，其中46项已取得教育部、财政部批复，25项正在审批。

校企监管。按照《公司法》及所属企业公司章程等相关法律法规，结合中央巡视整改要求，校产办根据股权占比梳理，协调资产公司向10家所属企业下发了变更董监事候选人的通知。北大科技园、北大培文、北大学园等7家公司已完成了董监事换届工商变更，另外3家企业正在协调推进。

清理整顿僵尸企业。经学校产管会批准，拟注销的15家企业中，4家已完成或基本完成注销，1家已完成清产核资确认、正在准备评估备案工作，2家基本完成清产核资结果确认工作，2家已完成清产核资立项，1家已启动清产核资立项，4家尚未上报教育部清产核资立项，1家尚未建立有效联系并收集资料。

统一归口监管。经学校产管会批准，计划改制后无偿划转至资产公司的13家企业中，校产办督导资产公司委托北京市盈科律师事务所对北京北大宝石鉴定中心、北京资源燕园宾馆、北京大学印刷厂、北京北大方正电子出版社4家企业的改制事项进行全程辅导，截至年底，4家企业已按律师尽调清单提供了企业基本资料，律师已进驻北京资源燕园宾馆、北京北大宝石鉴定中心进行全面摸底和资料核查，并准备对北京大学印刷厂、北京北大方正电子出版社进行驻场尽调。计划直接无偿划转至资产公司的8家企业中，未名生物农业集团有限公司、北京北大在线网络有限责任公司、北京北大教育投资有限公司、北大医疗产业集团有限公司4家企业已经由学校财务部完成补记账工作，并在12月上报教育部办理无偿划转的审批手续，其余企业后续稳步推进。

规范冠名、整顿办学。在学校的大力支持下，实质性启动规范企业办学行为和取消企业北大冠名工作。起草下发了《北京大学关于规范校企使用学校冠名及使用学校名义对外经营合作的决定》（校发〔2018〕123号）以及《北京大学关于规范校企举办中小学、学龄前教育及在职培训业务的通知》（校发〔2018〕124号）两个文件，明确了学校对企业办学的具体要求；组成工作组，严格审核企业整改方案，形成工作检查台账，并与相关企业签订工作责任书，明确企业负责人的职责，对核实的问题严加问责。

实地督导整改工作。产业党工委、校产办联合资产公司于5月底成立校办产业整改督导组，根据整改工作要求，结合企业的自查整改工作报告，围绕加强企业党建工作、推进巡视和审计整改工作、优化企业内部治理结构等问题，到方正集团、青鸟集团和未名集团等企业开展实地调研、督导。

【北大120周年校庆校企捐赠】 校产办联合产业党工委、资产公司圆满完成北大120周年校庆校企捐赠相关工作，所属校企共计认捐9亿元人民币，2018年底实际到账9520万元。

【中央高校所属企业体制改革工作】 产业党工委、校产办联合资产公司于9月初启动中央高校所属企业体制改革工作，认真学习贯彻落实《国务院办公厅关于高等学校所属企业体制改革的指导意见》《教育部、财政部关于做好中央高校所属企业体制改革试点工作的通知》《教育部、财政部关于印发<高等学校所属企业体制改革政策解读>的通知》等上级文件并及时向下属企业转发。

根据教育部指示，产业党政联席会逐一研究确定资产公司下属企业拟采取的集中统一监管方式，填写《北京大学推进所办企业集中统一监管工作表》，要求资产公司加紧推进此项工作，并敦促下属企业转变思想认识，主动寻找战略合作者，避免被动划转。产业党政联席会还要求医学部和科技开发部研究所属企业拟采取的监管方式，上报学校决策。

（王 颖）

北大科技园

【发展概况】 基本情况。北大科技园始创于1992年，是北京大学为响应国家"科教兴国"战略、"985工程"战略，促进北京大学科研成果产业化而建立的大学科技园，是国家教育部、科技部首批认定的国家级大学科技园之一，定位于北京大学科技成果转化、企业孵化、创新人才培养、高技术产业化发展的服务平台与载体。

园区发展。截至2018年底，国内外已建和在建的园区12个，运营园区面积超过40万平方米，包括北京本部成府园区、北大科技园南区、上地园区、包头园区、江西园区、金华园区、天津园区、石家庄园区、西安园区、台州园区及美国硅谷园区等，扬州项目、宁波项目、南京项目本年度签约落地。

服务体系。北大科技园集聚、融合校内外的优势产学研资源，服务教学科研主业，促进科技服务运营能力的优化迭代，通过"创启未来"双创服务体系为创新者、创业者提供全方位支持，举办创新创业活动近二百场，持续赋能科技创新。与北大创业训练营、闪联国家工程实验室、清控银杏创投等建立全面战略合作；全国业务联动，聚集、对接北京大数据研究院、云投汇众筹（北京）网络技术有限公司、招商银行、北大深研院系统芯片设计重点实验室等多元创新机构资源；成功举办2018国际青年科技创业大赛，吸引、挖掘海内外大量优质创新创业项目；积极开展国际合作，举办中美"创之星"大赛，开设中韩创业孵化营；作为北京大学国家双创示范基地的重要组成部分，被选为北京大学促进创新创业平台服务升级的重要成功案例，参展2018全国双创周成都主会场；石家庄、包头、台州等地方园区众创空间、孵化器获评区域示范性孵化机构。

党建工作。北大科技园党支部在册正式党员30名，预备党员3名，发展对象1名，积极分子3名。入职3个月内转组织关系率95%以上。党支部积极组织学习党的精神，贯彻落实上级要求。2月26日，支部书记以《你的人生没有例外》为题致信全员，阐释了企业与员工互相促进、共同成长的关系。4月6日，支部书记在北大科技园年度党建活动中做了题为《2018，你看见了什么》的主题报告，要求全体员工直面考验，在新时代有新担当、新作为，为科技园实现跨越式发展做出贡献。5月3日，在包头市青山区庆祝"五四"青年节暨"牢记使命初心在，我用青春谱华章"表彰大会上，包头北大科技园团支部被授予"2017年度青山区五四红旗团（工）委"荣誉称号。10月19日，北大科技园企业联合党委新建企业党支部成立大会在中关村红创空间多功能会议室顺利召开，北大科技园企业联合党委第一支部书记宋琪、党委组织委员王学军、北京合思信息技术有限公司CEO马春荃出席了成立大会，进一步落实公司"以党务带动业务、以业务促进党务"的"双孵化"指导思想。11月30日，支部召开年度组织生活会，开展党支部、党员评议考核工作。12月21日，中国共产党新闻网专题报道《台州北大科技园："引、帮、扶"助力大众创业万众创新》，引起园区企业热烈反响。

品牌提升。2018年北大科技园进一步夯实科技服务运营商定位，构建"创业+创新""线上+线下""技术+服务""产学研+商业驱动"的双创服务体系，全面服务国家"创新驱动""双创再升级"发展战略。1月，金华北大科技园被授予浙江省产业园区发展联盟首批成员单位；2月，石家庄北大科技园被授予AAA级电子商务基地；5月，北大科技园被授予2018年"创客中国"国际创新创业大赛战略合作园区，包头北大科技园被授予第一批内蒙古自治区科技服务示范机构（创业孵化服务机构）；6月，金华北大科技园被授予金华市十大数字经济特色园区；7月，石家庄北大科技园被授予河北省大学生创业孵化基地；8月，西安北大科技园被授予台湾大学生实训基地；10月，北大科技园被授予中关村硬科技孵化平台；11月，西安北大科技园被授予2018最贴心孵化机构，同月包头分园先后获得台州市级孵化器及浙江省级众创空间荣誉；12月，北大科技园获得科技创业孵化器贡献奖。

创新研究。北大科技园创新研究院坚持"理念前瞻，理论占先"，开创大学科技园创新理论研究、创新园区建设、创新企业孵化"三位一体"的科技服务新模式；每月刊发《经济与产业研究》；参与中关村科技园区海淀园《海淀区科技服务业发展情况研究（2018）》课题评审；11月发布《中国人工智能产业发展白皮书2018》，多层次、立体化普及宣传人工智能行业发展现状；12月联合发布《2018台州跨境电商出口行业发展报告》等，将创新研究与区域产业创新转型相结合，为京津冀、长三角等区域的发展献计献策。

（包红梅）

【专业化建设】 2018年，北大科技园聚焦前沿科技、深耕产业纵深，率先围绕垂直领域建立多个专业化孵化与发展平台，构建"科技园区、投资基金、产业运营、创新研究"四位一体的科技创新服务体系，为构建特色产业服务链积蓄力量。西安新材料创新中心全面投入使用，以"C919大飞机"技术与产业链发展为主题，聚焦大国重器、材制双全；北京大学人工智能产业化孵化平台致力于建设多学科交叉、产学研融合的人工智能前沿技术策源地，获得首批"中关村硬科技孵化平台"认定；成立北大科技园军民融合专家委员会，集聚各军种、各领域专家，建立智库和军民融合深度发展创新平台，布局上地项目、西安分园、包头分园等，推进产业实体精准对接；在台州市成功举办第一届中国先进材料青年科学家学术论坛，对接企业技术与人才需求，促进科技企业技术创新与地方新材料产业发展。

（包红梅）

【上地项目】 2018年，在北京市、海淀区以及北京大学的全面领导和支持下，北大科技园上地园区项目各项工作取得了重大突破性进展：征地拆迁进入尾声，大市政手续基本完成；北京大学成立专项工作领导小组和产业规划委员会，牵头指导项目产业规划和城市规划全面启动；海淀区政府与北京大学成立项目领导工作组，由双方分管领导挂帅确立决策沟通机制，加快推进项目建设。

（包红梅）

北大方正集团有限公司

【发展概况】 基本情况。北大方正集团有限公司（简称"方正集团"）由北京大学于1986年投资创办，王选院士是集团的技术决策者和奠基人。方正集团秉承自主创新的基因，加快技术与服务创新，逐步形成以信息、医疗、产业金融、产城融合等为核心支柱板块，多产业协同发展的产业格局。方正集团将矢志不移地践行"产学研结合"发展模式，服务教学科研，推进产业报国。

党建工作。2018年，在北大党委和产业党工委的坚强领导下，方正集团党委以习近平新时代中国特色社会主义思想为指引，深入学习贯彻党的十九大精神和北京大学十三次党代会精神，认真落实党建各项重点任务，为集团改革发展提供坚强的政治引领和组织保障，主要表现为八个"新"。第一，坚定理想信念，增强政治意识，学习贯彻党的十九大精神形成新的成果。第二，提高政治站位，坚持履职尽责，落实管党治党责任取得新的进展。第三，强化规范要求，夯实党建基础，基层党组织凝聚力得到新的提升。第四，紧抓学习教育，强化思想武装，企业思想政治工作取得新的成效。第五，融入中心工作，推进创先争优，企业改革发展迈上新的台阶。第六，落实主体责任，笃行廉洁从业，党风廉政建设打开新的局面。第七，践行群众路线，做好党群共建，群团组织功能和作用得到新的发挥。第八，坚定政治担当，抓好精准扶贫，履行社会责任实现新的突破。

业务发展。信产集团：北大医信成功引进BAT；字库业务连续三年以每年30%的速度增长；珠海方正PCB的F7新厂动工；珠海越亚半导体公司在南通始建新厂。医疗集团：枣矿集团旗下四家企业医院、海洋石油医院启动并购交割流程。资源集团：净利润同比翻倍；综合排名进入行业前50强；轻资产业务达到50%份额。物产集团：服务9000家实体企业，比去年增长20%；进出口总额达到9亿美元。方正人寿：队伍突破一万人；新业务价值同比增长54%；代理人同比增长20%；监管评价为A，服务评价为BBB。1月12日，2017年保险公司偿付能力风险管理能力评估（SARMRA评估）结果公布，方正人寿2017年SARMRA得分为82.28分，晋升寿险业第一梯队。方正证券：监管评级从C到A；经纪业务保持行业第一梯队；签约18个扶贫县；客户数突破一千万。苏钢集团：超目标完成经营业绩；获国家科技发明二等奖；特钢进入行业第一梯队。中国高科：教育业务收入占比超过50%；实现零处罚、零问询、零公告更正。

技术进步与产学研结合。北京大学数学科学学院、方正物产、方正证券签约开展产学研合作，三方将从合作研究项目、挂牌设立企业实习基地、建立联合实验室等方面开展产学研合作。北京大学"点石"学生创新创业计划训练基地成立；数字出版技术国家重点实验室通过科技部评估；方正集团企业博士后工作站获评海淀园"最佳潜力设站单位"；苏钢集团中心实验室通过中国合格评定CNAS实验室认可；方正集团资助的"中国计算机学会王选奖"颁发；北大医疗波士顿创新中心启动仪式在美国波士顿举行；北大医疗鲁中医院获得国家医疗器械临床试验机构资质；北大医疗产业园入选第四批国家小型微型企业创业创新示范基地名单；方正证券和中南大学签订校企合作协议；北京大学国际医院获批北京大学第八临床医学院。3月15日，北大医疗与腾讯举行合作签约仪式，双方将不断创新合作内容、拓展更丰富的应用，逐步探索系统化、成熟化的"智慧医疗整体解决方案"，同时加强市场品牌合作，共同将北大医疗打造成智慧医疗标杆范例。3月29日，北大医疗与枣矿集团签署协议成立合资公司，启动并购交割流程，未来将由合资公司作为主体完成枣矿集团旗下四家企业医院、总计超过4000张床位的并购整合。6月13日，方正信产与蒙纳公司（Monotype）举行战略合作签约仪式，方正信产旗下的方正电子、方正手迹将在中国市场与蒙纳全面合作，代理销售蒙纳的西文字体产品。方正电子的企业客户可以使用蒙纳拉丁字体，方正手迹也将开拓海外个人用户市场。

反哺北大。方正集团在北京大学设立"方正奖学金"、"方正奖教金"，已累计奖励2000多名北大优秀师生。2018年，方正集团与北京大学教育基金会签署捐赠协议，捐资5亿元设立北京大学方正博雅讲席教授基金、北京大学方正创新团队基金、特定领域的讲席教授基金，以及北京大学方正春晖基金等基金。大力支持北京大学专题项目，如作为全球钻石赞助商赞助第42届ACM-ICPC国际大学生程序设计大赛；赞助第24届世界哲学大会、原创音乐剧《大钊先生》、中日韩"亚洲校园"等项目。

回馈社会。方正电子墨韵智能、方正人寿保险助学、中国高科关爱山区儿童心理健康等教育扶贫项目，具备一定的社会影响力和号召力；方正证券的"智·富大讲堂"和"自强班"、方正人寿的"方正小讲堂"等品牌活动成为方正集团扶贫工作的名片。方正证券提出的"2+3"精准扶贫模式、四级扶贫联动体系、"N个一"帮扶工程、汇爱公益基金会、扶贫产业基金、"保险+期货"扶贫项目等扶贫模式，得到当地广泛认可，先后荣获"扶贫卓越贡献奖""中国上市公司精准扶贫创新案例奖"等16个重要奖项。目前，方正证券及子公司共签约13个省（自治区）的18个国家级贫困县，在券商中排名第一。开展60个扶贫项目，累计投入3600多万元，并为贫困地区实体企业投融资10多亿元。金融服务足迹已达18个省（自治区）的63个国家级贫困县，建立35个金融扶贫工作站。

企业荣誉。1.方正集团所获奖项：2018人民企业社会责任高峰论坛上获"改革先锋奖";第十届中国企业社会责任年会上获"2018年度最佳责任管理奖";"智·遇未来——第八届创新峰会"上获"2018最具创新管理理念"奖;2018中国经济年度峰会暨中国经济人物盛典上获"2018新时代中国经济领军企业"奖;美通社2018年新传播年度论坛上获"2018美通社新传播大奖'创新传播奖'"。

2. 王选院士及其科研成果所获奖项:"庆祝改革开放40周年大会"上,王选院士被党中央、国务院授予"改革先锋"称号,颁授改革先锋奖章,并获得"科技体制改革的实践探索者"的高度评价;国资委相关媒体发起的"40年40企40人"网络征集活动中,王选院士入选;"创新决胜未来"科普展中,汉字信息处理与激光照排系统入选改革开放40年"40项代表性科技成就";2018北京国际设计周中,汉字信息处理与激光照排系统获"经典设计奖"。

3. 产业集团、直管企业所获奖项:苏钢集团"脉冲磁致振荡连铸方坯凝固匀质化技术"应用项目获2017年度国家技术发明奖二等奖;艾力彼医院管理研究中心组织评选的2017中国非公医院集团80强排行榜中,北大医疗排名第2位;美国《福布斯》杂志发布的"2018年全球最佳雇主榜单"中,方正证券排名第95位;芝加哥商业交易所第三届风险管理论坛中,物产集团获"2018年度治理、合规和操作风险管理企业";中国报业协会成立30周年纪念大会上,方正电子获"中国报业技术创新融合发展奖";"我们在行动"2018中国证券期货业扶贫工作交流大会中,方正证券获"扶贫卓越贡献奖";第四届中国保险业人才发展高峰会暨中国保险行业协会人力资源专委会、教育培训专委会2018年年会中,方正人寿获"2018年度中国保险业人力资源最佳实践案例(卓越奖)";2018年中国人才发展论坛中,方正证券获评"幸福企业建设最佳实践评选百强企业";方正宽带专利获"中国专利优秀奖"。

排名情况。7月31日,2018年中国电子信息百强企业发布会上发布的中国电子信息百强企业中,方正集团名列第8。中国电子信息百强企业是中国电子信息行业联合会在工信部指导下,根据2017年电子信息产业统计年报数据,通过主营业务收入、市场占有率、技术创新力、品牌影响力、企业社会责任等综合指标评价得出。9月2日,方正集团在中国500强企业高峰论坛发布的排行榜中排名160位,创多年新高。方正集团专利数量为4018件,其中发明专利占比高达91.84%。《人民日报》客户端文章称"要向华为、方正集团、中国联通三家中国大企业致敬"——在中国企业500强中,唯有这三家企业的专利数量1000件以上且发明专利占比90%以上。

【脉冲磁致振荡成果获国家技术发明奖二等奖】 1月8日,苏钢集团作为主要完成单位的"脉冲磁致振荡连铸方坯凝固匀质化技术"应用项目在国家科学技术奖励大会上获2017年度国家技术发明奖二等奖。该项目经过反复6次试验,不断改进工艺,并在生产实践中证明适用于连铸生产。国家钢铁检测中心分析抽检显示,应用此技术生产的轴承钢中心碳偏析指数远优于应用其他技术生产的轴承钢中心碳偏析指数。该项目于2015年通过中国钢协科技成果鉴定,并获评:"脉冲磁致振荡成果是冶金领域近年来取得的一项原创性技术突破,具有科学性、实用性、先进性及潜在的重大经济和社会效益,技术总体水平达到国际领先水平。"

【支持北京大学承办第42届ACM-ICPC全球总决赛】 4月,第42届国际大学生程序设计竞赛(简称ACM-ICPC)全球总决赛在北京大学举办。ACM-ICPC大赛是全球最具影响力的大学生计算机竞赛,自1970年举办至今,全球赞助商一直为IBM等国际知名IT公司。2018年,方正集团接棒IBM,作为全球钻石赞助商支持本次总决赛,并因此获得由北京大学颁发的"北京大学杰出教育贡献奖"、由ICPC颁发的"全球服务奖"。

【与北京大学教育基金会签署5亿元捐赠协议】 4月27日,方正集团与北京大学教育基金会在"方正集团支持北京大学'双一流'建设捐赠仪式"上,签署5亿元捐赠协议。此次方正集团捐资新设多支基金,助力北大引进国际知名学者和学术团队,继续支持方正奖学金和方正奖教金,并新设方正新生奖学金;新设方正春晖基金,资助北大离退休教师;支持ACM竞赛及IT人才培养,以及北京大学教学科研建设的其他相关事项,全方位助力北京大学建设中国特色世界一流大学和一流学科。

【方正物产携手恒生电子打造大宗商品金融交易系统】 7月9日,方正物产与恒生电子签署《合作伙伴框架协议》,双方将在系统建设、金融科技及业务探讨方面展开合作,携手打造新时期大宗商品业务、期货业务运营平台,将现货贸易与金融结合,整合金融交易与大宗商品供应链业务。

【中国高科与中国国际商会建设行业商会展开全面合作】 9月19日,"一带一路"中国企业人才培养座谈会暨中国国际商会建设行业商会与中国高科战略合作签约仪式举行,中国高科被授予"中国国际商会建设行业商会创会会长"称号。

【"墨韵智能·书法进校园助力项目"启动】 9月26日,"墨韵智能·书法进校园助力项目"启动仪式举行。该项目运用各地"三通两平台"教育信息化建设基础,发挥国家教育资源公共服务平台的服务功能,借助"人工智能+书法教育"的技术成果,面向全国经济欠发达地区的10,000所学校,以精准帮扶的方式提供书法教育支持,推进区域性书法课整体建设。

【受邀参加国家发改委战略性新兴产业领军企业座谈会】 11月16日,国家发展改革委高技术产业司组织召开战略性新兴产业领军企业座谈会,方正集团相关负责人受邀参加会议,介绍了集团业务布局及发展成果,并就国有企业股权激励、国资审批、战略性新兴产业领军企业榜单编制等方面提出了意见建议。

（杨霁）

北京北大英华科技有限公司

【发展概况】 基本情况。北京北大英华科技有限公司（简称"北大英华"）成立于1999年，是由北京大学投资控股、北京大学法学院创办和主管的高新技术和软件企业，依托北京大学优势资源，致力于法律知识工程、法律人工智能、法律教育培训和法律文化传播事业，竭诚服务于全面依法治国基本方略。

法律人工智能实验室建设。2017年12月，北大英华与北大法学院联手成立法律人工智能实验室，旨在建立国际和国内一流的法律与人工智能产学研一体化基地，努力为法律与人工智能行业发展提供智力支持，并致力于高端法律人工智能复合型人才的培养。

产品开发。2018年，北大英华技术团队依托法律大数据平台，利用人工智能和大数据技术，推出"北大法宝V6""智能立法""智能执法""智能检务""智能法律咨询""智能法务""IP法宝""劳动法宝"等新产品，全面加速发展法律人工智能应用。其中：

1."北大法宝V6"是由北京大学法制信息中心与北大英华联合推出的一款智能型法律信息检索系统，内容涵盖多方面法律信息，特色功能有效提升检索效率和法律信息价值，得到国内外用户的一致好评；

2."智能立法支持系统"是利用海量法律数据资源和互联网技术，为人大法制工作委员会和政府法制办公室量身打造的立法辅助工具，设置九个子系统为立法流程给予技术辅助与支持，包括文件报备系统、文件备案审查系统、法律法规清理系统、法律法规公布系统、立法项目管理系统、草案意见征集系统、立法资料管理系统、立法评估系统、大数据分析系统，系统开发的同时已经在10多个省市的人大系统实施并使用；

3."智能执法"是梳理行政处罚处理流程，围绕行政处罚规范程序建设的智能化行政执法工具，包括智能行政执法助手和智能行政执法平台，有效提升一线执法人员的执法效率，目前已交付美国环保协会使用，得到用户极高的评价；

4."智能检务之法宝智刑"通过对16,000条法律量化建立量刑标尺，提供类案智推、偏离度分析、智能检索等强大功能，为法官、检察官、律师提供智能化刑事办案辅助，目前已在上海市人民检察院、河南省郑州市人民检察院、山西省晋城市人民检察院、浙江省杭州市西湖区人民法院、浙江省高级人民法院等15家法院、检察院上线使用，获得广泛认可与好评；

5."智能法律咨询（法小宝）"提供离婚咨询、劳动纠纷、交通事故、房屋纠纷、借贷纠纷、消费维权、公司经营、医疗纠纷、合同纠纷、知识产权、遗产继承等11个民、商事领域的法律问答支持，是利用人工智能自然语言分析技术及深度机器学习分解海量的法律数据资源后，为广大人民群众打造的一款辅助法律咨询的法律问答工具，出版产品目前已经上线应用，后台不断进行技术升级和业务领域扩充；

6."智能法务"重点围绕法务管理的业务现状和需求，依托多年来积累的海量专业法律大数据，将法律知识库与法务管理过程有机融合，利用大数据和互联网技术为大中型企业建立一套企业级全方位的智能法务系统，业务包括合同管理、纠纷案件、规章制度、法律队伍建设、裁判文书库、合规管理、普法宣传等，采用"基础产品＋定制化"方式满足企业个性化需求，目前已在大型央企应用；

7."IP法宝"是北大英华联手北京大学张平教授团队开发的一款知产及垂直领域的法律信息在线产品，利用法宝码集中展示相关法规、案例、期刊，借助人工智能和大数据技术对案例数据进行智能分析与对比，为知产领域理论和实务工作者提供专业的综合性数据服务；

8."劳动法宝"紧密联系劳动人事实务，构建符合实务工作者工作习惯的模块化、流程化的应用平台，其中的专家问答和风险防控等内容突出了北大英华体系化知识深加工的专业数据库特点。

特色项目。中国大唐集团公司法律事务管理系统是一个面向全集团的智能化法务管理中心，覆盖集团三级责任主体法务管理的所有业务范围，包括合同管理、纠纷案件管理、法律队伍管理、裁判文书库、规章制度管理、法律意见书、普法宣传等。通过法律管理的智能化、模块化、表单化、流程化和集成化，集团可对法律事务进行统一审核、准确监控，子公司可对法律事务进行全过程精细化管理，将依法合规要求固化到业务流程和审批环节中，动态、全景式地展现每一份法律业务的流程进度，增强管理的透明度，提高工作效率，实现资源整合。

经营业绩。2018年销售收入较2017年增长11%；用户总数3000余家，单一用户平均购买力2万元，均较上一年度普遍增加。

回报社会。7月12日，北大英华智慧法学发展基金捐赠仪式暨法律人工智能政产学研合作模式座谈会在北京大学法学院凯原楼成功举行。在北京大学120周年校庆之际，北大英华科技有限公司出资在北京大学法学院设立"北大英华智慧法学发展基金"，用于支持北京大学法律与人工智能研究中心的学术科研和人才培养工作、法律图书馆相关设施建设、法学院学术沙龙及其他科研活动。

资质认证。北大英华6月获得质量管理体系认证证书；7月获得中关村高新技术企业证书；9月获得企业信用等级3A

级证书；10月通过信息系统集成及服务资质三级证书年审。

2018年北大英华相继取得如下产品著作权证书：

北大法宝-专题参考检索系统V6.0 2018SR707511；

北大法宝-英文译本检索系统V6.0 2018SR709480；

北大法宝-司法案例检索系统V6.0 2018SR709488；

北大法宝-律所实务检索系统V6.0 2018SR712538；

北大法宝-检察文书检索系统V6.0 2018SR709493；

北大法宝-法学期刊检索系统V6.0 2018SR712570；

北大法宝-法律法规检索系统V6.0 2018SR705740；

北大法宝-法宝视频检索系统V6.0 2018SR705732；

北大法宝-IP法宝检索系统V1.0 2018SR707514。

【法宝学堂】 依托北大法学院深厚的学术背景和北大英华"北大法宝"30余年来积淀的高新技术，"北大法宝学堂"应运而生，秉持"统一发展理念、深度整合资源、增进社会效益"的原则，运用互联网、大数据、人工智能等新技术，融合线上、移动、线下教育的OMO新模式，生产并传播优质的法律实务和法学知识，致力于建成新时代的智慧法学教育平台。11月9日，北大法宝学堂揭牌仪式暨智慧法学教育论坛在北京大学法学院凯原楼隆重举行。

【与华宇软件、华宇投资签署股权转让及战略合作协议】 4月11日，北大英华与华宇软件、华宇投资股权转让及战略合作协议签署仪式在北京大学法学院圆满完成。双方未来将相互配合、相互支持，深化资本和业务合作，实现资源共享、共同发展，共建法律信息服务领域的新未来。北大资产经营有限公司总经理韦俊民、北京大学法学院党委书记潘剑锋、北大英华董事长乔聪啟、华宇软件董事长邵学及双方股东代表和公司高管与会。

【参加"2018机器人法律与伦理论坛"】 8月18日，由中国科技法学会人工智能法专委会承办的"2018机器人法律与伦理论坛"在北京亦创国际会展中心举行。北大英华受邀参加论坛并发表主题演讲。

【参加常设中国建设工程法律论坛第三次成员大会】 10月13日，常设中国建设工程法律论坛第三次成员大会在石家庄成功举办。大会由石家庄仲裁委员会承办，常设论坛主席、秘书长、成员、观察员代表及工作组成员近百人出席。主席会议就秘书长会议提名的专家咨询委员会增补委员、评价委员会委员增补提名、观察员会员委员增补提名进行表决。北大英华（北大法宝）副总经理唐世亮出席会议并被提名为评价委员会委员。

【"北大法宝-刑事法宝"荣获2018年中国互联网法律服务创新项目】 11月28日，2018（第四届）中国互联网法治大会于北京隆重召开，"北大法宝-刑事法宝xs.pkulaw.cn"会上荣获2018年中国互联网法律服务创新项目。

【荣获"2018年度十佳知识产权运营机构"称号】 6月2日，由强国知识产权论坛组委会和北京强国知识产权研究院共同主办、国际保护知识产权协会与中国国际经济贸易仲裁委员会大力支持的2018强国知识产权论坛在北京国家会议中心举行。北大英华荣获"年度十佳知识产权运营机构"称号，北大英华副总经理何远琼博士在企业家分论坛上做主题演讲。

（姚 娟）

北京北大维信生物科技有限公司

【发展概况】 基本情况。北京北大维信生物科技有限公司（简称"北大维信"）于1994年9月1日创建于中关村高科技园区，是由山东绿叶制药有限公司与北京大学共同合作投资的国家高新技术企业，注册资金8000万元，现有员工742人。公司自成立以来一直致力于天然药物和现代中药的研究、开发、生产和销售。

经营业绩。2018年，北大维信总计实现销售收入2.96亿元，工业总产值3.47亿元，利润2255万元，纳税总额3985万元，资产总额4.57亿元。

研发工作。北大维信坚持以自主创新为导向，致力于中药天然药和固体新型制剂等新药研发。2018年研发投入4850万元，占销售收入的16%。截至2018年底，公司累计拥有有效专利及申请148件，已授权专利107件，其中已授权的发明专利95件。

基础设施。北大维信生产厂区位于中关村永丰高新技术产业开发基地，厂区占地面积2.7万平方米，建筑面积3万余平方米，拥有10万级超净生产车间等一批先进设备，年产胶囊4.6亿粒，片剂0.03亿粒。8月，公司高速包装连线正式投入运行，该高速线拥有国际领先的枕式包装机，成品包装速度可达300盒/分钟。

党建工作。经中共海淀区委海淀园工委同意，北大维信党支部于3月15日召开党员大会，选举王亚峰、石海清、刘炜、范小慧、赵燕斌五位同志组成新一届支部委员会；在随后的新一届支部委员会议上，选举刘炜同志为北大维信党支部书记，并结合公司的具体情况进行了委员分工。企业荣誉。1月，国家统计局北京调查总队召开2017年工业企业统计年报会，北大维信被授予"2017年价格统计先进单位"称号。"价格统计先进单位"每年评选一次，本次在海淀区200多家工业企业中评选出20名先进企业。本次表彰是对北大维信在贯彻实施《中华人民共和国统计法》过程中的统计工作的认可，对公司以及公司财务统计工作的开展具有重要意义。7月，经海淀区消防支队验收合格，北大维信被评选为"海淀区消防先进单位"。7月6日，"第七届中关村质量奖"颁奖大会在海淀区人民政府举行，北大维信等三家单位经过资格筛选、资料审核、现场评审和企业情况社会公示等环节，最终获奖，北大维信质量高级总监孟春玲女士代表公司领奖并在会上发言。中关村质量奖评选由海淀区政府主办，评审标准为GB/T 19580《卓越绩效评价准则》。

【血脂康胶囊取得多项研发进展及权威认可】 2018年，北大维信主要产品血脂康根据FDA的指导原则，已全部完成非临床研究内容，以及在美国健康志愿者中进行的PK研究。4月7日，在2018中国医师协会心血管内科医师年会和中国南方国际心血管病学术会议中西医结合论坛上，全国首部《急性心肌梗死中西医结合诊疗指南》（简称《指南》）正式发布，血脂康胶囊治疗血脂异常写入《指南》。10月25日，国家卫健委发布《国家基本药物目录（2018版）》，血脂康胶囊再次被纳入新版目录。11月，血脂康联合依折麦布的临床研究结果发布。研究显示：无论是血脂康单用、还是与依折麦布联用，均可显著降低低密度脂蛋白胆固醇（LDL-C），联用后的LDL-C降幅更可达到45%；另外，血脂康降低甘油三酯（TG）的疗效也优于化学他汀。12月26日，在"第四届中药大品种论坛暨中药大品种科技竞争力报告（2018版）发布会"上，血脂康胶囊荣获2018年中药大品种科技竞争力排行榜上榜产品、代谢类疾病中药大品种科技竞争力排行榜第一名、北京市中药大品种科技竞争力排行榜第二名等多项荣誉。

【为北大维信希望小学捐赠六一礼物】 5月，北大维信公司为北大维信希望小学的孩子们购置新校服、午睡床、书包、足球等文体用品，为学前班的孩子们购置新玩具，让孩子们欢度六一儿童节。

(李　欣)

北京北大未名生物工程集团有限公司

【发展概况】 基本情况。北京北大未名生物工程集团有限公司（简称"未名集团"）成立于1992年，是北京大学三大产业集团之一，主要从事生物经济体系的建立和生物产业的发展，重点投资生物医药、生物农业、生物能源、生物环保、生物服务、生物智造六大领域。

理论创新。未名集团三大优势的核心是创新的经济体系即生物经济体系。潘爱华著作《潘氏生物经济：理论与实践》于2018年内编写完成，即将由科学出版社出版。9月，人民论坛网连载4篇对潘爱华的专访。集团协助开展森林康养课题，完成未名医药单抗项目可行性研究报告、可仿制药物清单，收集整理生物抗体药物行业及药品CMO调研报告、医疗器械产业报告、通用型CAR-T细胞疗法调研报告，为推进集团大健康产业规划和项目判断提供理论指导。

集团管控。1. 强化管控控底定位，力促内控制度健全。集团管控2018年进入规范阶段，总部应管理能力建设要求进行相应的组织变革、职能调整、人员增补，集团上下围绕管控总纲组织开展对现有制度流程的修订和优化。修订完成《内部控制管理手册（2018版）》及《风险应对措施手册》；开展基于采购业务的内部控制检查；开展结算审核项目7项；开展对秦皇岛未名等三家子公司的常规审计；全年各职能部门拟定管控相关制度规定32个，并于12月开展新制度检查。

2. 推动NC全面上线，力保财务精准核算。2018年集团NC项目基本实现合并，成员企业统一使用NC系统进行账务处理，致力于打造集团的财务共享服务中心。2018年试行职能派驻机制，首批派驻财务管理人员，加强集团内部财务监督管理，规范下属企业财务行为，维护集团整体利益。

3. 推动产权管理，完善风险控制体系。1月，集团成立产权管理部，其职责包括跨层级治理、生产经营管理、统计与信息披露和管控体系管理。产权管理部相继发布《未名集团管控事项实施细则》《未名集团子公司"三会一层"议事规则》《未名集团外派董事监事高管人员管理办法》《未名集团子公司绩效考评管理规定》等产权管理文件，着力推动"产权动态管理系统平台"上线试行，有效压缩管理层级，加强了对下属企业的管理力度。

4. 拓展OA系统功能，突破信息管控困局。年中，集团研拟信息化系统改造规划，着力推动泛微OA办公系统和用友NC核算系统的升级与整合。进一步推动重大事项管理、投融资管理、产权管理、品牌管理信息系统的落地，并以此为抓手建立统一的集团信息化系统管控架构，形成重大事项管理模块、督察督办模块、投融资管理模块、信息综合报送模块，助推管理总部向流程导向型组织转型升级。

未名集团总部及各下属公司基地建设。2018年，未名集团遵循"通过大规模基础设施建设，拉动生物产业和金融发展，打造世界最大的医药企业"的发展思路，在北京、合肥、厦门、保定、深圳、天津、常州等地建成和正在建设的厂房已超过200万平方米。北大生物城H3干细胞土建工程施工按时完成桩基和基础护坡工程，结构工程完成至地上二层；主楼地下室突显"透光、透气、透绿"三透特色的装修改造工程，让园区整体环境得到提升。未名公社一期二层装修改造后，观赏性、功能性和实用性大为提升。未名医药已完成感恩园、静园、沉思园三个区域景观工程的提升改造和配套设施建设，更加凸显人文与环境的和谐。孵化器基坑完成土方开挖和石方割除。中山未名海济完成综合实验楼竣工验收，新增面积5900多平方米，新增产能10亿元。天津未名完成新生产线建设，2500平方米的喷雾剂车间主体工程新建完成。河北未名完成通天河生物产业园生产厂房和行政中心建筑涂料外立面样板段施工，完成C1区16号地块验收。通天湖湿地公园完成环湖地勘工，古北岳森林公园完成大茂山实地踏勘工作。深圳新鹏完成3楼重组人促红素GMP生产车间扩容改造和一楼仓库扩容改造。扩容后，产能销售额将从目前的1.6亿元增至5亿元。秦皇岛未名完成土地证、建设工程规划许可证等手续办理。10月取得生殖医学中心不动产权证。

经营业绩。未名医药销售收入5.06亿元，总资产达19.37亿元；申请火炬、经信、科技等各项政策扶持，获4项荣誉；完成重大新药创制课题"北大之路创新药物孵化基地"财务验收和国家级高新技术企业重新认定工作；NGF治疗创伤性周围神经损伤项目取得临床批件。中山未名海济与天津未名双双实现销售额首次破亿的佳绩。深圳未名新鹏获得广东省"守合同重信用企业"证书，进入深圳南山区科创委国家高新技术企业倍增支持计划；截至11月，国内市场完成销售额1.684亿元，国际市场较去年同期增长40%，完成年计划的106%，较去年增长20%；PO2000IU、3000IU及10000IU进入国家新版基药目录。安徽未名生物医药产业园一期（抗体药基地）项目完成前期手续及环保验收等工作，10月获得国家食药监局下发的阿达木临床批件。未名农业完成10项基因发现和产品开发计划，3项国家专利申请获得审查意见答复。未名利康4月获得6项实用新型专利证书。未名中智发挥品牌和产品优势，深挖区域教育信息化需求，为教育局建设"资源建设、管理及应用平台"和"学习空间人人通平台"。

国际交流。6月，未名集团再次赴美国出席世界BIO大会，搭建特装展台，展示生物经济体系、半汤抗体药CMO基地和新药高速公路等内容，引发国际大型药企、生物技术公司及其他参展人员的广泛关注。展会期间，集团与美日韩等国际大型企业就CMO生产线、设备、产品代工、癌症早期筛查等内容进行深入交流，达成合作意向；访问哈佛大学、MIT、波士顿大学等国际著名大学，拜访蛋白质固相测序的发明人。11月，集团派专家出席在休斯敦德克萨斯医学中心举行的北美华人医生联盟第三届年会，进一步密切与美国华人医生联盟的合作关系。

回报社会。未名集团继续在北京大学生命科学学院设立"沈同奖学金"和"未名杰出科研奖"，用于表彰奖励取得原创性科研成果、为生命科学学院科研发展做出突出贡献的人员。继续捐赠中国高校校办产业协会、中国实验动物学会等机构，助力校办产业研究和生物实验学科研究。

【未名生物医药产业园抗体药CMO项目基本完成安装工程】安徽未名完成生物医药产业园一期全部基建和普通装修，抗体药CMO项目也基本完成安装工程，进入单机调试和联动调试阶段。安徽省委副书记、省长李国英省长指示："全力打造未名生物医药产业基地，将安徽省生物医药产业聚集到未名生物医药产业园平台上。"安巢经开区正努力做好各项服务工作，推动项目早日投产。

（潘 崑）

医学部产业管理

【发展概况】 企业管理规范。2018年，医学部产业管理办公室（以下简称"产业办"）草拟若干关于规范企业管理、相关企业股权重组、关闭清算的文件，上报北京大学、教育部、财政部等有关部门审批；逐步落实中央巡视、国家审计署和各种检查、审计要求的整改措施；完成国有资产产权证的办理和北大冠名权的核查工作；就医药科技开发分公司资产处置、北京北医控股有限公司（以下简称"北医控股"）与北京医大时代科技发展有限公司（以下简称"医大时代"）股权划转问题与北京大学和教育部进行沟通。

产业办梳理医学部所属企业及附属医院所属企业的投资情况，逐一核实与北京大学、医学部的产权关系；以2018年6月30日为基准日，从资产管理、债权债务、经营发展、从业人员等方面进行全面摸底。针对企业漏报、股权结构错误、与教学科研关联程度以及发展思路等重点问题，产业办组织相关培训进行政策解读和问题解答；于12月完成《医学部所属企业摸底情况报告》和《医学部直属附属医院所属企业摸底情况报告》。

企业职业化转型与升级。完成北医控股、北京北医投资管理有限公司、北京大学医学出版社（以下简称"医学出版社"）、医大时代等重点企业的董、监事会的调整与变更工作，并对他们进行职责及履职方面的培训。6月，出版社完成换届工作，组建新一届领导班子。年末，医学部产业管理委员会批准北医控股和医学出版社关于扩大经营范围、设立子公司和租赁房屋的申请，并完成工商局的预审。

维权打假工作。2018年，产业办共处理冒用北京大学医学部名义的举报事件11起，在"维权打假"网页专栏中对影响较大、容易让消费者产生混淆的经营活动发布声明。

企业教育培训工作。2017年事企剥离以后，医大时代公司在管理上进行体系整合、人员优化、管理提升、练好内功，强化激励政策，加强能力建设；在经营上，实行项目核算管理。护理科研项目研发线上课程，首次尝试自媒体运营；自韩国引进"诠医通"项目，构建国内临床医患关系服务新模式；养老照护培训项目保持传统线下方式。构建以"医大时代教育"为首的系列化品牌体系，如"优医课""大医学堂""护研社""诠医通"等。同时，推广相应的微信公众号。

医学出版工作。图书出版品种：650种；造货码洋：1.35亿元；净发货码洋：1.20亿元；销售收入：6800万元；利润总额：1850万元。《北大专家画说泌尿疾病》医学科普丛书获第五届中国科普作家协会优秀科普作品奖金奖，并入选国家科技部2018年全国优秀科普作品；《麦基皮肤病理学（第4版）》《斯滕伯格诊断外科病理学（第6版）》《罗斯曼-西蒙尼脊柱外科学（第6版）》获引进版优秀图书；2个项目增补为"十三五"国家重点图书出版规划项目。2个项目获国家出版基金资助。9种图书入选2018年农家书屋项目库。"北京大学医学科学出版基金"更名为"北京大学医学出版基金"。

阶段性完成临床本科第4轮教材的修订再版工作。承办"全国护理高等职业教育论坛暨教材主编人会议",启动29种全国高等护理职业教育教材的编写工作。

杂志工作。《中国介入心脏病学杂志》《中国糖尿病杂志》《中国妇产科临床杂志》3家杂志社股权清晰、负债合理,企业从30万元注册资金发展到现在总资产规模均已达到500万元以上,每年销售额和净利润均有增长。2018年实现总收入预计分别为451万、960万和410万;净利润预计分别为32万、80万和100万元。

业务学习与职业培训。2018年,邀请多位专家来到医学部对产业管理团队进行专题培训。组织产业管理团队参加"首期全国高校高级技术经理人培训班",到北大科技开发部、北大科技园、北大科技创新孵化器、北大全球大学生创新创业中心(北京大学创业训练营)、北大医疗产业园、江苏启东北大华东产业研究院、四川彭州医药科技园、中关村长春北湖医药科技园等单位调研学习,到医学部各学院及附属医院与对口部门和相关专家对接洽谈,了解情况,学习经验,对接项目。同时在校内加大医学产业的宣传力度。

2018年初,产业党总支组织管理干部和支部书记、支部委员参加医学部网络学习培训班;总支书记讲党课,加深对十九大精神的理解;召开理论学习会和专题学习会,集体学习习近平总书记5月2日考察北大时的重要讲话精神。产业党总支依托上海市宣传系统人才交流中心,举办为期一周的党员干部管理与服务能力专题培训。10月份邀请故宫博物院单霁翔院长给产业人做增强文化自信的专题报告。2018年正值国家改革开放四十周年,产业党政联席会研究决定组织编写《北医产业纪事》(1978—2018),成立编写工作筹备组。10月25日,"北大医学产业"微信公众号正式上线。

职工权益维护。产业梳理不同状况的离退休职工,帮扶大病职工和特困职工。年底,产业党总支、产业管理办公室组成慰问小组,为退休老同志送温暖。对在企业关停并转过程中未能安置的部分职工,做好安抚工作,与人事处协调,保证其考核工作不受影响。与学校沟通协调,解决返还工资职工、待岗职工的养老保险事宜。另外,非在编人员占产业在职职工的三分之二,产业通过组织学习,加强在思想理念、价值追求方面的交流,在信息中心和总务处协助下,为部分非在编人员办理具有部分权限的校园一卡通。

党风廉政建设。定期召开产业党政联席会议决定本单位重大事项。产业重大发展规划、改革方案、财务收支情况等重大问题在职工大会通报。

(王 莹)

【首届健康产业论坛】 12月8日,首届健康产业论坛在北京大学医学部举行。论坛由北京大学医学部主办,医学部产业管理办公室和北京北医控股有限公司承办,北大医疗产业集团支持。论坛以科学研究与成果转化为主题,设置主论坛和5个分论坛。主论坛由北京大学医学部副主任肖渊主持,中国工程院院士、北京大学常务副校长、医学部主任詹启敏通过视频方式为大会致欢迎词,教育部科技司司长雷朝滋,国家卫健委科技发展中心主任李青,北京市科学技术委员会党组成员、副主任郑焕敏,中关村科技园区管理委员会副巡视员刘航,北京市大兴区政府副区长杨蓓蓓,北京大学科技开发部部长姚卫浩等嘉宾分别进行主题演讲。大会在主论坛之后设置五场分论坛,内容涉及基础医学、药学、临床医学、心脑血管疾病、医学知识服务等方面。

(王 莹)

筹资与基金管理

【发展概况】 组织结构。北京大学教育基金会成立于1995年,是在民政部正式登记注册的高教领域非营利性组织,是中国成立最早、运行最完善、发展最迅速的大学基金会之一。理事会是基金会的决策机构,本届理事会由23名理事组成,邱水平任理事长,王博任副理事长。理事会下设秘书处,李宇宁任秘书长,赵文莉、耿姝、胡俊、王勇、赵琳任副秘书长。秘书处设有亚洲事务部、欧美事务部、项目管理部、投资事业部、财务部、行政部、品牌文化部、法务与信息办公室等8个办事机构。基金会设监事会,由3名监事组成,张旋龙为监事长。基金会设投资委员会,王博任投资委员会主任,孙波彬任首席投资官。基金会现有工作人员39人,其中在编人员19人,社会招聘签订劳动合同19人,离退休返聘1人。

筹资工作。基金会以百廿校庆为契机,开拓筹资发展工作新局面,圆满完成"2018筹资挑战计划"筹款目标。全年接收社会捐赠到账金额12.75亿元(人民币,下同);签署捐赠(框架)协议、捐赠备忘录、捐赠意向书等505份,达成捐赠承诺总额约41.53亿元;争取国家高校捐赠配比资金2.23亿元。

涌现多笔力度大、影响广的巨额捐赠,如李彦宏校友夫妇捐资6.6亿元支持人工智能领域的跨学科发展;香港邵氏基金会捐资5亿元支持生命科学前沿研究;陈发树校董捐资5亿元助力北大医学发展;北大资产经营有限公司下属9家企业捐资9亿元全面支持北大"双一流"建设(包括方正集团捐资5亿元,出版社捐资4200万元等);香港黄廷方慈善基金捐资2亿元支持学校整体发展,特别是师资队伍建设;美国博古睿先生捐资2550万美元支持人文社会科学发展;

董氏慈善基金会捐资1亿元支持国际战略研究院建设；李永新校友捐资1亿元支持校园建设和人文学科发展；李革、赵宁校友捐资1亿元支持化学讲席教授基金和生命科学青年研究基金；俞敏洪、于越、莫懿校友分别捐资5000万元全面支持学校的发展建设等。

多笔大额捐赠与学校的学科发展规划布局紧密相关，服务学校发展战略，全面提升北大软硬件实力；同时着眼未来，帮助学校瞄准国家战略、聚焦国际前沿。着力筹集不动本基金，校庆年筹集的捐赠善款中接近一半将以不动本基金的形式，永久支持学校博雅讲席教授、奖学奖教基金、学科发展基金等项目，为学校发展提供不竭动力。多方筹措资金，支持开展校庆大会和晚会、世界哲学大会、世界大学校长论坛等重大活动，成功举办北京大学发展与公益论坛和纽约校庆慈善音乐会等多场慈善活动。努力筹集院系发展基金，实现可持续发展，医学部、生命科学学院、化学与分子工程学院、外国语学院等单位均获得发展基金的重大突破。支持和配合北京大学教育基金会（美国）发展，筹资协议金额7124万美元，到账金额逾2100万美元，取得历史性突破；严格按照美国法律要求，完善组织机构章程及相关规章制度，确保在同类海外公募慈善基金会中的领先地位。

项目管理工作。管理的捐赠项目达3092项，其中本年度新增项目202项。规范开展项目管理，及时发放资金，及时向捐赠方提交项目报告。与相关部门密切合作，圆满完成2017—2018学年度校级奖学金、助学金、奖教金的计划制定和评审工作。共设立社会捐赠校级奖学金、助学金、奖教金180余项，奖励金额约5100万元，奖励人数5230余人，均较上一年度有所提升。加强讲席教授项目的统筹管理，积极落实讲席教授冠名，完善发放流程，研究制定创新团队基金管理办法，推动重点项目落地，服务学校人才引进战略。注重服务院系，解决项目用途变更、项目资金囤积、财务支出等具体问题。完善捐赠人资格审查程序，积极开展境外非政府组织捐赠备案工作，保障境外资金入账合法合规，按期完成教育基金会（美国）资助项目的管理工作。

财务与审计工作。年度公益支出4.74亿元。完成年度例行财务审计和2017年度工作报告的填报工作，配合开展多项审计检查工作，包括民政部委托北京兴中海会计师事务所对基金会前任理事长的离任审计，教育部检查组对中央财政配比资金公益项目的有关检查工作，北京大学审计室受学校党委委托对前任秘书长的离任审计，北京大学审计室对校内10余个二级单位的审计工作。

投资工作。在理事会的领导和投资委员会、顾问委员会的指导下，按照既定的资产配置方案，加强信息收集、尽职调查、投后管理和宏观形势研判，严格控制投资风险，资产配置进一步优化。全年对外新增投资18.51亿元，累计对外投资本金55.50亿元，实现投资收益1.83亿元，所有项目均正常运作，收益如期兑现，实现资产的整体保值。

宣传与信息公开工作。以校庆为契机打造"共襄百廿"和"北大筑梦人"主题活动，加强品牌宣传工作。编制"凝聚爱共筑梦"捐赠画册，采访制作"北大筑梦人"重点捐赠人访谈系列视频，编写《北京大学发展通讯》并创办电子刊物，营造社会各界共庆北大华诞、携手北大发展的良好氛围。根据民政部发布的《慈善组织信息公开办法》，加强信息公开工作，提高基金会工作透明度。

党建工作。基金会党支部现有党员18人。6月，党支部召开全体党员大会，选举产生新一届党支部委员会，胡俊为党支部书记。党支部认真学习贯彻执行党的路线方针政策，牢固树立"四个意识"，坚决维护以习近平同志为核心的党中央权威和集中统一领导。组织全体教职工学习习近平总书记在北京大学师生座谈会上的讲话和全国教育大会讲话；以"不忘初心，继续前进——重走一大路"为主题，组织党员同志和业务骨干赴中共一大会址开展主题党日活动。秘书处领导班子全部参加学校举办的党风廉政教育学习，把党风廉政建设与中心工作紧密结合起来，始终营造风清气正的发展氛围。2018年，基金会被评为"北京大学青年文明号"，耿姝被评为"北京大学优秀共产党员"。

（马宇民）

【"守正创新，引领未来"北大发展与公益论坛】 5月3日，"守正创新，引领未来"北京大学发展与公益论坛暨120周年校庆交流会在钓鱼台国宾馆举行。泰国公主诗琳通、全国政协副主席董建华等400余位长期以来关爱和支持北大的校友和同仁，与郝平、林建华、闵维方、许智宏等学校领导以及北大师生共聚一堂，以"发展"和"公益"为主题，畅叙友谊，共话未来。林建华致欢迎辞。诗琳通、董建华致辞，向北京大学表示热烈祝贺和殷切期望。北京大学林毅夫教授、王缉思教授、刘玉村教授分别就"新时代的中国经济"、"世界政治变化与中美关系"和"北大医学"等普遍关注的问题发表演讲。公益方代表、校友代表也纷纷致辞，表达了对北大的美好祝愿。

（马宇民）

【校庆纽约音乐会】 美东时间5月13日晚，北京大学教育基金会（美国）和北京大学大纽约地区校友会在纽约林肯中心联合举办"Beyond Music：北京大学校庆纽约音乐会"。北京大学学生民乐团、哥伦比亚大学学生艺术团与著名旅美钢琴演奏家殷承宗联袂演出，1000余位旅居海外的校友和同仁共贺北大120周年华诞。中国驻纽约总领事馆教育组徐永吉参赞和王文华等多位教育领事、北京大学的老朋友赵锡成博士和赵小兰女士、北京大学教育基金会秘书长李宇宁、北京大学大纽约地区校友会会长黄河等出席音乐会。本次音乐会的收入将捐赠给北京大学教育基金会（美国），设立"北京大学百廿基金——燕园翱翔计划"，支持北大家庭经济困难学生赴美交流，并资助美国青少年赴中国游学项目，鼓励美国青年一代更深入地了解中国，增进中美两国青年的相互理解与友谊。

(王 婷)

【2018年度奖教金、奖学金捐赠人交流会】 12月14日，"同育英才，共筑宏基——北京大学2018年度奖教金、奖学金捐赠人交流会"在全球大学生创新创业中心举行。近40位捐赠机构代表和捐赠人，北京大学副校长、教育基金会副理事长王博等学校领导、相关单位负责人和获奖师生代表出席。基金会秘书长李宇宁主持仪式。

(王 婷)

【北京大学教育基金会第六届理事会第六次会议】 12月20日，北京大学教育基金会第六届理事会第六次会议在基金会北大之友报告厅举行。北京大学党委书记邱水平、22位理事或其委托人出席会议，监事会监事列席会议。副校长、基金会副理事长王博主持会议。会议审议通过基金会理事会人员调整的建议方案，同意增补邱水平为基金会理事，选举邱水平为基金会理事长，郝平不再担任基金会理事、理事长职务。会议听取基金会秘书长李宇宁做的2018年工作报告，对基金会本年度在筹资、投资、项目管理、财务管理、信息宣传和内部建设等方面取得的成绩表示肯定。会议通过基金会2019年工作计划和投资工作计划，决定聘任赵琳、王勇担任基金会副秘书长，设立投资事业部作为基金会投资委员会的执行机构，聘任孙波彬为首席投资官，增设法务与信息办公室作为基金会秘书处的办事机构。会议审议通过《北京大学教育基金会章程（修订案）》、《北京大学教育基金会项目管理制度》和《北京大学教育基金会信息公开办法》，还审议了其他专项议题，并对下一步的工作进行了讨论。根据《北京大学教育基金会章程》，基金会监事会进行调整，张旋龙任基金会监事会监事长。

(马宇民)

表11-4 2018年北京大学社会捐赠奖教金项目

项目名称
国华杰出学者奖
人文杰出青年学者奖
蓝基金奖教金
大成国学奖教金
曾宪梓优秀教学奖
绿叶生物医药杰出青年学者奖
中国工商银行奖教金
唐立新奖教金
黄廷方信和青年杰出学者奖励基金
王选青年学者奖
方正奖教金
嘉里集团郭氏基金树人奖教金

(续表)

项目名称
杨芙清-王阳元院士奖教金
正大奖教金
北京银行奖教金
宝钢奖教金
陈明-刘卿优俪奖教金
树仁学院奖教金
宝洁奖教金

表11-5 2018年北京大学社会捐赠奖学金项目

项目名称
廖凯原奖学金
明德奖学金
光华奖学金
唐立新奖学金
陈明-刘卿优俪新生奖学金
方正奖学金
陈守仁本科生海外交流基金
大成国学奖学金
工商银行工银星辰奖学金
黄廷方/信和优秀学生海外交流奖学金
福光奖学金
招商证券未来领袖教育基金
嘉里集团郭氏基金奖学金
李彦宏奖学基金
广药王老吉奖学金&海外交流奖学金
林护新生奖学基金
李惠荣奖学基金
金龙鱼奖学金
唐仲英德育奖学金
苏州工业园区奖学金
林振芳奖学金
奔驰奖学金
中国石油奖学金
俞敏洪海外交流奖学金
校友基金海外交流奖学金
蒋震奖学金
海亮奖学金
王胜地励志奖学金
杨芙清-王阳元院士奖学金
戴德梁行奖学基金

(续表)

项目名称
宝钢奖学金
永旺奖学金
巍璘奖学金
周昭庭先生及友人系列奖学金
三星奖学金
中国电科十四所国睿奖学金
华为奖学金
宏信奖学金
西南联大系列奖学基金及奖学金
君远奖学金
深交所奖学金
POSCO 奖学金
三菱日联银行奖学金
章文晋奖学基金
杨辛荷花品德奖
佳能奖学基金
中国航天科技集团公司 CASC 奖学金
NITORI 国际奖学金
SK 奖学金
竞技世界奖学金
笹川良一优秀青年奖学基金
SPRIX 奖学金
帝人奖学金
1997 级 MBA 奖学金
王家蓉-王山奖学金
王沈亚昭奖学基金
高通奖学基金
中国商标专利事务所奖学金
休斯敦校友会奖学基金
三菱商事国际奖学金
Panasonic 育英基金奖学金
房震宇奖学金
冈松奖学基金
费孝通奖学金
鸿升奖学基金
李信麟奖学金
李龙堂-杜淑敏奖学金
明德校友奖学基金

项目名称
酆万韬奖学基金
林超地理学奖学金
季羡林奖学基金
优衣库奖学金
百人会英才奖
张昀奖学基金
钟天心奖学基金
全球数量科学奖学金
庄绍华奖学基金
欧阳爱伦奖学基金
田村久美子奖学基金
吴达元-陈穗翘奖学金
ESEC 奖学基金
顾温玉生命科学奖学基金
乐生奖学金
张海燕奖学金
谢培智奖学基金
张景钺-李正理奖学基金
方树泉奖学基金
侯桂芳-李计忠奖学基金
芝生奖学基金

校友工作

【发展概况】 基本情况。在北京大学 120 周年校庆这一重要历史节点上,新一届校友工作办公室领导班子带领全体员工认真学习贯彻党的十九大精神和习近平总书记在北京大学师生座谈会上的重要讲话精神,在学校领导下,以"构建校友永远的精神家园"为理念,以凝聚、服务校友为核心,充分依托互联网技术和各院系的校友工作力量,重点做好联络、宣传和服务等工作,进一步完善规章制度、夯实数据基础、改革管理体系、壮大工作队伍,圆满完成 120 周年校庆等工作任务,推动校友工作有序发展。

党建工作。2018 年,校友工作办公室与校友会秘书处成立中共北京大学校友会党支部,隶属于学校直属单位党委。党支部成立后,先后组织多次集体学习和党的知识讲座,与民政部社会组织管理局社团管理二处党小组、中国银行北大支行党支部、四川省眉山市彭山区观音镇果园村党支部等联合开展主题党日活动。

内部建设。自北京大学校友会第九届会员代表大会召开以来，校友会深入推动校友工作规范发展，先后修订《北京大学校友会章程》《北京大学校友会财务管理办法》，拟定、完善《地方北京大学校友组织工作指导意见（征求意见稿）》《北京大学院系校友组织管理办法（试行）》等规章制度，并于7月5日、11月26日召开第九届常务理事会一次、二次会议，总结以往工作成果，讨论通过一系列工作提案，明确今后工作思路。

校友组织。截至2018年12月，在校友会备案的各类校友组织共计123个，其中国内（含港澳台地区）校友组织49个，海外校友组织29个，院系校友组织29个，行业兴趣类校友组织16个。

调研工作。走访10余个重点院系，为120周年校庆的校友服务工作打好基础。就修订《地方北京大学校友组织工作指导意见（征求意见稿）》《北京大学院系校友组织管理办法（试行）》分别召开专题研讨会，征求院系和地方校友组织负责人、联络人的意见和建议，进一步完善内部制度。

服务项目。1. 继续推广常规品牌服务项目。北大校友卡改版，全年共办理新版、旧版校友卡1.5万余张。新版校友卡依托校友会微信服务号和"燕缘"网络平台，简化办卡流程，优化使用体验，拓展服务范围。电子校友卡可保存至微信卡包，且与实体校友卡具有同等使用功能。在中国银行北京市分行赞助支持下，首次办理新版实体校友卡实现免制卡费服务。新版校友卡于2018年底开始办理，全年累计发放（包括电子和实体校友卡）6525张。办理中银北大信用卡普卡、白金卡7000余张；继续办理校友电子邮箱（@pku.org.cn）；定期主动及时为海内外校友推送母校热点新闻；日常接待校友来访、来电；组织、协助各类校友组织开展工作。2. 持续开展"北大毕业帮"活动，多方面服务应届毕业生，建立毕业生微信群，对接52家校友企业联合提供专属优惠服务，引导各地方、海外校友组织参与"迎新"，搭建毕业生和当地校友沟通的桥梁，助力校友组织壮大和年轻校友发展。

数据库及网络信息建设。继续加强北大校友网、校友会微信和微博的建设，协助学校相关部门管理和维护北大网络形象，关注、整理和反馈网络舆情，不断完善校友网络体系的功能。1. 全面升级校友数据库。目前已拥有校友数据29万余条，其中有效联系率超过60%，新增、更新校友数据合计3万余条。在长期积累的数据基础上，分类整理校友名单，追踪重点校友信息，发布校友统计报告，完成校友院士名单。2. 设计开发新版燕缘。新版燕缘上线以来，拥有正式注册用户2.4万余人。新版燕缘以校友身份认证、校友查询、校友卡在线办理、微信校友卡、校友活动、校友组织等为主要功能，并提供丰富的校友网络服务功能，目前已办理微信校友卡1.1万余张。3. 宣传工作。利用多种新媒体手段全方位加强宣传工作力度。策划、编辑和运营《北大人》微信订阅号，每周推送5次，全年推送200余次；校友会微信服务号以提供服务功能为主，每月推送1—4次。目前，微信订阅号关注用户4万余人，微信服务号关注用户8万余人，平均每篇文章阅读量5000余次。4. 编辑发行《北京大学校友通讯》2期、《北大人》校友刊物1期。

服务母校和社会。由校友工作办公室运营管理的北京大学全球大学生创新创业中心先后主办、承办、协办各类校园活动173场，其中创新创业类活动53场，学生社团活动34场。接待民政部社团司、中央党校中青班、全国团市委书记进修班等参访57场。从2017年3月15日试运行以来，中心已收到300余个学生创业团队的入孵申请，已有54支具有代表性的学生创业团队入驻新青年创客中心，目前在孵团队28个（其中升孵团队2个），出孵团队26个，进一步服务学校人才培养核心使命，推动校园创业教育与创业实践相结合。

捐赠项目。签订各类捐赠协议13份。山东爸爸的选择健康科技有限公司、李新波先生各捐资50万元设立北大人口述史项目；1984级校友、北京大学重庆校友会分别捐赠20万元设立燕园景致项目。北大原创音乐、重大历史题材美术创作等活动得到了各界校友的支持，捐资合计215万元人民币、4500美元。北京大学厦门校友会、生命科学学院陈洪亮校友、光华EMBA裘峰校友分别向博雅奖学金项目捐赠30万元；设立北京大学王胜地校友发展基金；由李永新校友创立并任董事长的校友企业中公教育集团捐赠1000万元设立北京大学中公校友发展基金。秉承校友工作从在校生做起的理念，北京大学校友基金在学生资助中心迎新绿色通道爱心礼包、学生海外学习项目、2018年毕业典礼暨学位授予仪式门票等方面进行了支持。

（田　萌、李存峰、黄　赟、袁　远、
王　玮、申一博、张　莹）

【北京大学校友会第九届会员代表大会第二次会议暨第十二次工作研讨会】　北京大学校友会第九届会员代表大会第二次会议暨第十二次工作研讨会于11月30日至12月2日在四川眉山召开。来自全球近百个校友组织的300余名校友代表参会。代表们听取《2018年北京大学校友会工作报告》，审议并通过《北京大学校友会章程（修订版）》《关于北京大学校友会第九届理事变更、增补理事的建议方案》和《关于调整北京大学校友会副会长人选的建议方案》，并就校友会工作报告、加强地方与院系校友组织指导与管理等议题展开分组讨论，提出多方面意见和建议。

（田　萌）

【第八届北京大学北美校友大会】　为促进中美交流、弘扬北大精神、凝聚校友力量，10月14日，由北京大学校友会主办、北京大学南加州校友会承办的第八届北京大学北美校友大会在洛杉矶召开，来自美国、加拿大等地的各界校友代表

300 余人共叙燕园情谊，总结交流北美校友工作的成绩和经验，助力母校发展。

（田 萌）

【建校 120 周年校庆"家·年华"校友返校周活动】 4 月 30 日至 5 月 6 日，北京大学校友会联合校内各院系、各部门精心筹备了建校 120 周年"家·年华"校友返校周系列活动，期间共接待返校校友近 5 万人，接待世界各地校友组织负责人 200 余人，开展值年校友活动、院系校友活动以及学术、书画、体育、金融、原创音乐等领域的 200 余场校友活动。

5 月 3 日，主办北京大学建校 120 周年校友交流座谈会，200 余名海内外校友组织代表参会，深入研讨交流校友工作。

推荐、协助邀请并接待 7 位出席"北京大学建校 120 周年纪念大会"的校友演讲嘉宾，分别是数学力学系 1953 级校友陈堃銶，化学系 1962 级校友塔希尔·埃莱兹，数学系 1978 级校友张益唐，信息管理系 1987 级校友李彦宏，数学科学学院 1995 级校友刘正琛，公共卫生学院 2004 级校友李金柏，新闻与传播学院 2014 级校友王亚平。

（田 萌）

【1977—1978 级入学 40 周年纪念大会】 5 月 3 日，北京大学建校 120 周年暨 1977—1978 级入学 40 周年纪念大会在北京大学百周年纪念讲堂隆重举行，来自北京大学 1977—1978 级 23 个院系的 1476 名毕业生及家属参加了活动。北京大学党委书记郝平出席活动，校长林建华出席大会并讲话，经济学资深教授、光华管理学院名誉院长厉以宁教授代表学校教师发表演讲，1978 级数学系张益唐教授代表同学讲话，校务委员会副主任、1977 级经济系毕业生海闻教授主持大会。

（袁 远、田 萌）

【1984 级校友、1988 级校友相关纪念活动】 4 月 30 日，1984 级校友入学 30 周年纪念活动在北京大学百周年纪念讲堂隆重召开，800 余名校友参加，北京大学党委书记郝平，校长林建华，副校长王博，前常务副校长王义遒，校友会执行副会长邓娅，医学部党委副书记、校友会副会长、秘书长、校友工作办公室主任李文胜等出席活动。7 月 14 日，1988 级校友入学 30 周年庆典晚会在北京大学百周年纪念讲堂隆重举行，北京大学常务副校长詹启敏出席了庆典晚会。纪念活动期间，800 余名校友开展了未名湖时尚快闪、五四足球赛、羽毛球赛等多项文体活动。

（田 萌）

【海外校友庆祝母校建校 120 周年系列活动】 3 月 25 日，北京大学 120 周年校庆海外庆典暨北京大学汇丰商学院英国校区启动仪式在英国牛津郡举行，中英两国政府代表、诺贝尔奖得主等国际学者、社会各界知名人士、北京大学师生和校友代表出席活动。

3 月 26 日，北京大学法国校友会"校庆启动仪式"举行。北京大学原校长、中科院院士许智宏，校友会副会长、秘书长、校友工作办公室主任李文胜，中国驻法使馆教育处公使衔参赞杨进，法国国民议会议员、法中友好小组主席陈文雄，巴黎高等矿业学校校长 Vincent Laflèche，巴黎高等师范学院副校长 Yves Laszlo，法国电力集团核电部门全球副总裁 Sylvie Richard 及中国部机构关系负责人、法国四维中国协会（Chine 4D）会长周苏燕，安盛集团科研基金首席运营官 Raphaël Gusdorf 等嘉宾出席了活动。

4 月 21 日，北京大学北加州校友举行庆祝活动，一架带有庆祝北京大学建校 120 周年横幅的飞机环旧金山湾区飞行一圈，将对母校的祝福传遍湾区；加州校友会还举办了快乐接力长跑活动。

5 月 4 日，北京大学新加坡校友会在亚洲文明博物馆举行了隆重而有特色的纪念会，庆祝母校建校 120 周年暨新加坡校友会成立 10 周年。近 300 名政商学界知名人士及北大校友齐聚一堂，在"百廿北大，再谱华章"的祝贺声中，大家一起分享了以北大西门为造型的生日蛋糕。

5 月 13 日，北京大学大纽约地区校友会于纽约曼哈顿中城德勤总部成功举办了北京大学 120 周年校庆纽约庆典，在大洋彼岸集四海校友共同为母校庆祝百廿华诞。

7 月 7 日至 8 日，德国北大校友会在柏林举行年会，并启动了北京大学 120 周年校庆德国站活动，100 多名北大在德校友及清华大学等十几个兄弟院校的代表参加活动。北京大学原副校长、校友会常务副会长王杰教授和校友会常务副秘书长张向英、柏林自由大学副校长 Mühlhahn 教授、柏林孔子学院院长黄立教授、柏林自由大学汉学系 Mechthild Leutner 教授及德国中国银行行长胡善君也应邀出席。

（黄 赟、田 萌）

【青春燕园·归来仍少年——北京大学 2018 后校园原创音乐盛典】 5 月 6 日晚，"青春燕园·归来仍少年——北京大学 2018 后校园原创音乐盛典"在北京大学邱德拔体育馆隆重举行。此次活动用 2 个月的时间在校友中征集了 148 首原创作品，选出 21 首作为音乐会上演出的曲目，所有作品的作词、作曲、演唱全部由北大毕业生完成。音乐盛典上，校友们还为母校捐建首个专业级录音棚作为"北大原创音乐基地"，激励和孵化北大学子的音乐创作。音乐会共分为四个篇章："似水流年·同窗暨同源""不负韶华·青春矜盛年""天之骄子·绽生命之花""博雅氤氲·文脉永相传"。

（田 萌）

【承办国际研究型大学联盟（IARU）第九届校友工作研讨会】 12 月 14 日，由校友工作办公室、国际合作部承办的"国际研究型大学联盟（IARU）第九届校友工作研讨会"在北京大学举行。IARU 校友工作研讨会自 2009 年以来首次在中国举办，北京大学与来自英国牛津大学、瑞士苏黎世联邦理工学院、新加坡国立大学、日本东京大学的校友工作负责人参会，并就校友服务、校友联络、校友捐赠等工作主题展开深入研讨。

（陈韩梅、张 笑）

医学部校友工作暨基金管理

【发展概况】 自身建设。加强校友办团队建设，发挥党支部战斗堡垒作用，采取自学、集中学习、参观访问等方式全面提升人员综合素养，参加北京大学校友会举办的各种报告会，参加教育部举办的社团工作人员集中培训等。9月，校友工作办公室被医学部确定为副处级职能机构。

校友工作。夯实校友会基础性工作，进一步加强校友信息收集、整理和管理，加强北医校友数据库的建设。校友数据库建设专项工作获得学校批准和支持，已完成前期准备工作，进入软件测试阶段；注重北医校友网的新闻编写及日常维护，向校友会理事和优秀校友定期寄送《北医人》杂志；做好校友的日常接待以及服务工作；不断规范校友卡的办理流程和制度，完成近2000张校友卡的相关工作；关注、支持校友个人发展，对取得成绩、获得表彰和荣誉的校友，第一时间以不同形式表示祝贺；配合北京大学校友会完成校友代表大会、北京大学120周年校庆等重大活动的组织、联络和接待工作；每年按时完成教育部、民政部的财务审计、年检及其他任务。在北医校友会的支持和指导下，各地方校友会和校友分会蓬勃发展。医学部领导多次率代表团看望海外校友，与海内外校友会保持密切联系。组织校友返校和聚会活动近20场，邀请校友回母校参加医学部毕业典礼、开学典礼、奖励大会、新年音乐会等活动；继续开展以基础医学院为试点的"传承·筑梦·启航"校友兼职班主任计划；3月，举办以"全球视野洞见前沿，北医专家引领未来"和"精准医学与人工智能"为主题的论坛，持续挖掘校友资源，激励他们回报母校。

筹资工作。根据北大医学中心发展需要，以北大医学科技楼、综合体育馆、图书馆改建等校园建设项目和北京大学120周年校庆、人民医院百年院庆、第三医院60年院庆等捐赠项目为抓手，整合资源，统筹协调，进一步推进基金管理工作的规范化，做好捐赠人的接待服务工作，调研挖掘潜在捐赠人和捐赠项目，完成所有捐赠项目和协议的归档立卷工作。获得发树基金会、老牛基金会和百度集团的重大捐赠项目支持；截至12月31日，医学部共签署捐赠项目42项，签约额56,280.3万元，获得国家配比1708.88万元。

【校友数据库建设】 根据工作需要，校友会办公室于2017年12月底正式向医学部递交关于建设北医校友数据库的立项申请，获得医学部批准，经费支持到位。10月完成数据库软件设计及虚拟服务器的租用，并就下一步数据共享及录入等工作进行部署。预计2019年12月基本完成校友数据的录入工作及校友数据库二级权限开放工作。

（孙莉莉）

医　　院

医院管理

【发展概况】 北京大学医学部医院管理处是北京大学医学部所属附属医院的医疗行政管理部门，承担着北京大学各附属医院医疗管理、监督与协调工作，是北京大学医院管理研究中心、中国医院协会大学附属医院分会的日常办事机构。2018年，共有在职员工7人，工作内容包括：在对接医学部和医院的工作上发挥好桥梁纽带作用；负责与国家卫生健康委员会、北京市卫生健康委员会等上级行政部门的对口联系；布置、完成各级行政主管部门下发的各项医疗任务；与学校有关部处沟通、合作，协调做好医院有关工作；对医学部所属医院进行医疗质量监督、培训与提高；通过信息化等手段整合学校医疗资源；推进"国家医疗服务数据中心"的各项工作；负责协调处理各类医疗来信来访；完成各项干部保健任务；配合北京市政府和北京市卫生健康委员会完成北京市医药分开综合改革的各项任务。

附属医院基本医疗情况。2018年1月至11月，医学部各医院总门诊量15,504,118人次，总急诊量1,172,167人次，总出院量502,986人次。平均住院日进一步缩短，由9.63天缩短至9.14天（详见附表）。

援藏工作。在开展医疗人才"组团式"援藏工作4年来，医学部共派出84名援藏医疗人员赴西藏开展组团式援藏工作，涉及专业22个。2018年派出第四批援藏队员21名，并于7月13日，组织召开医学部"组团式"援藏医疗队员欢送会，并颁发装备和纪念品。另外，医学部组织3家医院讨论2018—2020年医疗人才"组团式"援藏科室帮扶轮转计划，根据实际情况制定新的科室轮转方案；承接并完成国家卫生健康委员会医疗人才"组团式"援藏项目，支援西藏自治区人民医院提升综合实力；准备并完成国家卫生健康委员会医疗人才"组团式"援藏3年工作考核评估的接待和汇报工作；完善医学部"组团式"援藏工作组织构架，成立医学部医疗人才"组团式"援藏工作领导小组和工作小组。

年度医疗检查。医院医疗质量和安全是医院管理的核心，管理处基于已有资源，以医疗工作重点环节为抓手，连续十余年针对医院的急诊应急能力、病房夜间急会诊及总值班在岗情况、围手术期患者管理及预防性抗生素使用、手术室医院感染管理等方面对医学部所属医院实施年度检查，2018年新增对滨海医院和国际医院的检查与评估，并把其中带有普遍意义的问题反馈给各附属医院及时改正，同时也将行业内最值得推荐的做法介绍给各医院，便于相互学习、提高改进。赴深圳医院和滨海医院调研，了解医院的发展现状及需要解决的问题。

北京市医药分开综合改革的组织协调工作。医学部作为归口管理单位之一，高度重视北京市医药分开综合改革工作，责成管理处作为医学部医药分开综合改革主要负责部门，支持并配合北京市全面推开医改工作。截至2018年6月25日"北京医药分开综合改革信息报告系统"暂停上报，管理处对接北京市卫生健康委员会医改相关的收发文、医改数据信息的整理汇总，及时上报学校领导，并将医改文件和会议的要求及时传达到各医院，按照北京市政府及北京市卫生健康委员会要求，上报归口管理的5家医院的各项信息数据，落实各项任务要求，相关工作得到北京市医改部门的肯定。

国家医疗服务数据中心建设工作。管理处是国家医疗服务数据中心挂靠在北京大学医学部的具体办事机构。管理处和医学信息中心相关技术人员协同完成对医学部附属医院的数据收集和分析工作。同时继续加强与国家卫生健康委员会的沟通，探讨未来合作机制。

调整"北京大学医院管理研究中心"构架。经2018年10月29日医学部第27次部务办公会研究同意，根据2011年的组织构架对北京大学医院管理研究中心进行调整，中心办公室设在北京大学医学部医院管理处，下设外联部、培训部、项目部3个部门。

促成北京大学第一医院与马拉维卡姆组中心医院建立对口合作关系。协助北大医学部国际合作处组建"医学部专家代表团"赴非洲马拉维考察，并促成北京大学第一医院与马拉维卡姆组中心医院建立专科领域对口合作关系，对"非洲马拉维国立医院"泌尿外科和眼科的帮扶援助。

医疗保障和保健任务。完成北京大学举办的第24届世界哲学大会国际医疗和急救保障工作；调整北京大学医学部保健领导小组、保健工作小组成员。

召开北京大学所属医院市12,345热线"三率两度"指标完成情况讨论会。根据市12,345热线反馈情况，2018年3月26日邀请在京8家医院召开讨论会，介绍经验、分析原因并提出整改意见。

医疗信访管理工作。为规范医学部信访流程，经征求在京附属医院意见，起草并制定《北京大学医学部医疗信访处理流程》。2018年1月至11月，管理处共接待、处理群众医疗投诉类来访、来信、来电及传真等共计36件次，除重访外，共计16件，比2017年同期减少11件，所有事件都按照程序写出相关报告，得到妥善解决。5年来，各医院医疗投诉事件呈现逐年减少趋势，为医院医疗工作正常运行奠定基础。

党建工作。2018年继续开展党风廉政建设工作，学习《党的十九大报告》《中国共产党章程》《习近平总书记系列讲话精神》；开展自查，针对自查中发现的问题和薄弱环节，采取措施及时改正。继续完善处理固定资产由专人负责管理制度，账务公开制度，执行财务报销制度；重大决策、重要人事安排、重要项目确立、大额资金使用领导班子集体决定，并且记录；定期召开民主生活会，征求群众对领导班子的意见和建议；围绕十九大提出的相关改革目标任务，服务国家战略，参与医疗卫生体制改革，在医疗卫生领域发挥引领作用。

（李 清、夏 静）

【推进北京大学校医院合作工作】 根据中央巡视意见，提升北京大学校医院管理能力和技术水平已经成为北京大学党政领导高度关注的问题。2017年9月，根据北京大学党委常委会关于北京大学校医院合作工作的要求，北京大学医学部领导高度重视，责成管理处等相关部门对校医院现况进行调研，并形成调研报告。同时推进北京大学校医院合作工作落实。自2018年3月起，医院管理处协调北京大学附属医院的学科资源，组织专家到校医院出诊，附属医院专家诊区已运行8月余，共派出18个学科、55位专家出诊（其中主任医师29名，副主任医师26名），截至2018年10月21日共接诊师生员工2696人次，向附属医院转诊197人次，一定程度上满足教职员工对优质医疗服务的内在需求。同时为响应北京大学职代会上教职员工代表提出的"就近医疗"需求，管理处进行可行性调研，对比分析2014年至2017年北京大学与附属综合医院人均费用支出情况，调研北京大学3家综合医院门诊号源情况后，提出可行性方案。撰写完成"关于推进北京大学教职员工便捷就医的调研报告"，同时将在学科建设上进行需求调研，为校医院发展提出可行性建议。

【《北京大学医院医疗管理制度》编撰工作】 2018年启动北京大学医院医疗管理工作制度编写工作，由医院管理处牵头，医学出版社及10家医院医疗副院长、医务处处长、护理部主任、院感科主任、药剂科主任及医学部相关职能部门的负责人共百余人参加编写工作，管理处相关人员作为编写组长协调和组织相关工作。本次编写工作以各医院制度为基础，以提高各医院管理质量为目的，对医院医疗管理工作起到查漏补缺的作用。4月17日编撰工作启动，初稿完成同时与出版社沟通排版，并同步进行制度内容修订，预计2019年初可以正式印刷出版。

【北京大学医学部2018年医院管理工作会】 12月28日召开北京大学医学部医院管理工作会，此次会议邀请国家卫生健康委员会医政医管局局长张宗久、国家医疗保障局医药价格和招标采购司司长钟东波参会并讲话，医学部党政领导及相关职能部处负责人、各附属医院院长、书记及主管医疗、质控、护理、感控、药事和门诊部工作的管理人员共110人参加会议。会议就医疗质量与安全、大学医院学科建设与发展、医院绩效管理与成本控制及专科医院学科发展与建设工作进行交流。

【北京大学120周年校庆之5.12国际护士节表彰活动】 以北京大学120周年校庆为契机，5月11日在北京大学英杰交流中心举办"心的守护·爱的礼赞"为主题的护士节表彰活动。本次表彰活动北京大学10家附属医院全部参选，经各医院评选推荐，共有29名护士长、106名护士被分别授予2017年度北京大学医学部优秀护士长、优秀护士称号。

（李 清、夏 静）

表12-1 北京大学附属医院医疗数据统计表（1—11月）

机构名称	实际床位（张）	总诊疗人次数（人次）	门诊人次数（人次）	急诊人次数（人次）	出院人次数（人次）	住院病人手术人次数（人次）	出院者平均住院日（天）	病床使用率（%）
第一医院	1839	2,444,548	2,286,220	158,328	82,525	44,518	6.84	101.57%
人民医院	1732	2,568,646	2,421,718	146,928	82,954	45,748	7.5	106.60%
北医三院	1774	3,905,694	3,687,593	218,101	100,949	57,630	5.54	93.54%
口腔医院	157	1,503,729	1,421,262	82,467	6931	6465	7.5	98.70%
肿瘤医院	798	602,667	602,667	0	71,372	11,840	3.81	102.30%
第六医院	221	295,535	295,535	0	3041	0	25.41	104.85%
深圳医院	1635	2,659,839	2455,555	204,284	67,745	43,767	7.36	92.71%
首钢医院	944	910,393	826,361	84,032	31,052	6864	9.28	92.37%
国际医院	1072	732,945	683,748	49,197	29,264	16,436	8.97	74.90%
滨海医院	800	1,319,892	1,091,062	228,830	27,153	15,189	9.2	94.60%
总计	10,972	16,676,285	15,504,118	1,172,167	502,986	237,048	9.14	96.21%

（李 清、夏 静）

第一医院

【发展概况】 医疗工作。2018年,北京大学第一医院期末实有病床数1839张,入院总人次90,586,出院总人次90,437,门诊人次2,514,703,急诊人次175,829,住院病人手术人数49,565,出院者平均住院日6.84天。

1. 医政管理工作。2018年,妇产科获评首批"国家孕产期保健特色专科",儿科入选第二批北京市妇幼保健专科示范单位。年内完成对口支援及政府公益性工作,对口支援19家单位;对外合作5家医院;准入医疗技术21项;组织会诊47,872例;终末病历质控4865份;年度停诊率1.4%;实施全预约挂号;新增预约转诊合作社区6家;新开设MDT门诊7个;新发纠纷核定54例。

2. 护理管理工作。获全国"加强人文关怀优质服务示范科室"。护理质量督导100%达标。护理带教1723人次。获批科研基金27项,国家专利18项,发表论文105篇、出版书籍2本。

3. 感控管理工作。全年医院感染无暴发。手卫生依从性94.5%。报告传染病4015例,无迟报、漏报。组织18个卫生日的宣传工作。

4. 医学装备管理工作。完善耗材管理工作;成立保健工程建设项目设备采购工作小组,完成设备开办项目92项。

5. 信息化建设工作。开展信息平台项目建设,完成保健中心信息化初步设计与投资概算项目专家评审,完成院内住院无线网、行政网升级改造。实现线上全流程就医服务。

6. 药事管理工作。实施药品采购"两票制""国家医保谈判抗癌药"配备使用工作;加强合理用药管理,监控重点药品品种,降低药占比;开展9个药师专科门诊。

7. 医保管理工作。加强医保总额预付管理;配合国家"打击骗保"专项行动检查;完成本院职工医疗费用报销流程改造;完成DRGs收付费改革前期工作。

8. 干部保健工作。完成两会、中非合作论坛、宁夏回族自治区成立60周年等大型医疗保障任务及外院应急转运工作。完成国家卫健委保健局医疗保健任务。

教学工作。开展"厚道故事会"系列活动。启动桥梁课教学改革,强化八年制学生科研训练和论文质量。组织第五届研究生学术论坛。深化"胜任力导向住院医师培训"国际合作。开展继续医学教育项目349项。

科研工作。获批国家皮肤病临床医学研究中心,杨莉、吕继成、林志淼获批科技部创新人才推进计划中青年科技创新领军人才。获批纵向课题162项。SCI收录论文390篇,最高IF值23.259分。出版书籍40本。获批部委级奖项6项,个人奖项3项。获授权专利51项,转化3项。承接临床药物试验91项。

后勤管理。完成后勤保障安全生产工作,全年未发生安全事故。完成共计6792台套动力设备的安全运行和日常维保。组织招标论证180项。落实公车改革方案。发表后勤论文6篇。

安全保卫。处置危险废液97桶。签订安全责任书35份,进行消防安全检查、消防设施巡检、消防演习和培训。完成重大活动期间的交通安全保障和集体户籍户口迁出工作。

基本建设。保健中心工程获2017—2018年度"结构长城杯金质奖"。完成保健中心工程新功能设计调整。城南院区(大兴院区)工程初步设计完成、投资概算上报国家发改委。完成评审和监理招标和施工总承包单位资格预审。(完成院区工程初步设计、投资概算评审、监理招标和施工总承包单位资格预审等工作。)

经营管理。全年总收入413,725万元,总支出413,724万元,人员经费/支出占比为40.37%。

党建工作。1. 制度建设。2018年,52名党务干部赴中共一大会址、嘉兴南湖红船进行党务工作培训。明确医院实行党委领导下的院长负责制。培养"双带头人",把政治过硬,业务精湛作为培养干部的目标。执行"两学一做"制度化、常态化,履行党建第一责任人职责。党委委员按季度对《党支部工作手册》进行督导检查,保证"三会一课"的落实。

2. 文化建设。医院宣传围绕学习十九大精神,学习习近平总书记"5·2"重要讲话精神,深入开展"立德树人"思政教育创建"青春的五月"文化品牌。完成发展党员25名,中高级技术职称和研究生学历占到50%以上。完成党外人士后备干部培养、协助各民主党派做好自身建设,1位同志获首都民族团结进步先进个人称号。以党政工共建为抓手,围绕"团结凝聚力量·激情成就梦想"开展工作,获全国基层工会组织"职工之家"建设的最高荣誉"全国模范职工之家红旗单位"称号。

3. 纪委工作。院党委统筹纪委牵头建立健全党风廉政建设责任制体系。执行"中央八项"规定,反对"四风"抬头,对"三公经费"支出严格控制。抓实抓细党风廉政建设的关键环节。医院加大对预算管理等重点领域的内控,完成《医院内部控制手册》的编制修订。加强党风廉政建设宣传工作,营造风清气正的医院廉政文化氛围。纪委监察利用多种渠道、针对不同人群开展警示教育与宣传。

4. 思政工作。为贯彻习总书记"5·2讲话"精神,5月4日下午,医院组织《习近平总书记在北京大学师生座谈会上的讲话》专题学习活动,共计300人通过观看习总书记视察北大的实况报道以及结合当前形势和医院发展学习讲话内容。医院党委书记以《一流大学、立德树人,青春之我、奋斗圆梦》为题,带领全院党员干部学习总书记讲话。2018年青年学生政治思想工作以党建带团建、带学风,以学生素质教育为主线,以主题教育、实践活动为载体。发挥离退休老同志的余热,与青年学生联合,组织一系列离退休党员干部的教育实践活动,发挥老干部德育教育的能力,取得良好效果。

表彰荣誉。在医院管理方面,刘新民院长获2018年"全国十佳优秀住培基地负责人";在科学研究方面,赵明辉教授获"法国国家医学科学院Servier奖",杨莉教授获批科技部创新人才推进计划中青年科技创新领军人才,董捷教授获"国际腹膜透析学会John Maher青年突出贡献奖",崔一民教授获"吴阶平-保罗·杨森医学药学奖"。周福德获中央文明办和国家卫健委推选的"中国好医生",周利群获第十一届"中国医师奖",陈明、盛琴慧、孙葳3位医生获第六届"北京优秀医师",援疆干部、妇产科陶霞获"北京市三八红旗奖章"。同时,郭应禄院士等11位专家获人民网、健康时报主办的第二届"国家名医";姜玉武等9人获环球时报和生命时报主办的"2018荣耀医者"。

（张惺惺、田　雨、戚　晴、张　静、武晓飞）

【举办2018年发展战略研讨会】 2018年2月3日,北大医院2018年度发展研讨会在中共中国工商银行党校召开,发展战略研讨会主题为《不忘初心,牢记使命,不懈奋斗,走向卓越》,会议上干部职工回顾2017年各项工作并对2018年工作进行规划。此后,围绕医院发展,医院召开会议,确立"学术型世界一流大学附属医院"为发展战略。

（张　静、武晓飞）

【执行国家任务】 医院完成各项对口支援工作。2月28日,袁建峰作为"教育部第八批援藏干部"启程进藏,任职西藏自治区人民医院副院长,推动自治区人民医院医疗质量管理水平提升。7月26日下午,第四批医疗人才援藏医疗队踏上征程,执行为期一年的援藏任务,8名医疗队员分别是:消化内科李俊霞、内分泌内科刘林、普通外科张隽、泌尿外科范宇、胸外科林钢、儿科季涛云、肿瘤化疗科田艳、信息中心章磊。9月14日,郝燕捷、熊焰两名女医生执行援疆任务。8月12日至9月11日,医院第四次组建赴内蒙古自治区国家医疗队开展巡回医疗工作,医疗队由12个科（处）室、39名专家组成分别开展四站巡回医疗。

医院对接并落实贫困县医院帮扶工作。医院对口帮扶山西永和县人民医院、河南兰考县中心医院、安徽临泉县人民医院,通过加强临床专科建设、培养合格专业人才、提高医院管理水平、开展远程医疗服务等形式提升县级医院的医疗服务能力。

（张　静、武晓飞）

【获批"国家皮肤疾病临床医学研究中心"】 在军委后勤保障部和药监局确定第四批国家临床医学研究中心建设依托单位评定中,北京大学第一医院皮肤性病科通过专家们综合评审,获批"国家皮肤疾病临床医学研究中心",评审结果通过公示。北大医院妇产科获评首批"国家孕产期保健特色专科",儿科入选第二批北京市妇幼保健专科示范单位。

（张　静、武晓飞）

【实行全预约挂号】 为方便群众就医,北京大学第一医院拓宽预约渠道。自6月起,医院全面实行全预约挂号方式,门诊号源池整合,所有号源均可通过支付宝、微信、自助机、114、社区、诊间预约等多种途径进行预约。为减少患者窗口排队并缩短排队等候时间,医院设立"挂收新模式"。患者在微信和支付宝上可完成线上建卡、预约、挂号、收费等功能,挂号缴费无需取号直接就诊;在自助机上完成建卡、挂号、缴费、报告单打印、查询、采血报到等功能。

（张　静、武晓飞）

【创建"青春的五月"文化品牌】 2018年,医院工会获"全国模范职工之家红旗单位"荣誉,此项荣誉是从全国260余万个基层工会组织中选拔而出,北大医院工会也是全国科教文卫体工会系统中唯一获此殊荣的医院。"青春的五月"是北大医院2018年创建的文化品牌活动。医院固定于每年五月,以不同形式的活动展现北京大学第一医院人精神风貌。2018年5月8日,医院举办2018年"青春的五月"青春歌会。

（张　静、武晓飞）

表12-2　2018年1—12月北京大学第一医院完成的主要任务数、医疗及绩效指标

1	期末实有病床数	1839		
2	入院总人次	90,586	出院总人次	90,437
3	门诊人次	2,514,703	日平均	8299.35
4	急诊人次	1,758,29	日平均	481.72
5	平均病床日均门诊人次（含急诊）	5.34		
6	住院病人手术人数	49,565		
7	麻醉意外人数	0	麻醉死亡人数	0
8	急诊抢救总人次	12,266	抢救成功人次	11,859
9	无菌手术切口甲级愈合率（%）	99.59		
10	病床使用率（%）	100.86		

(续表)

11	出院者平均住院日（天）	6.84
12	病床周转次数（次/年）	54.99
13	平均床位工作日数（天）	368.14
14	尸检率（%）	0.32
15	急诊病人入院率（%）	11.70
16	危重病人急诊抢救成功率（%）	96.68
17	院内感染率（%）	0.94

（张 岩）

表12-3 北京大学第一医院经营管理相关数据（单位：万元）

项目	2018年1—12月	2017年1—12月	增减率%
总收入	413,725	380,753	8.66
总支出	413,724	380,752	8.66
人员经费/支出占比	40.37%	41.58%	-2.91%

（龙翔凌）

人民医院

【发展概况】 队伍建设。2018年，北京大学人民医院共有在岗职工4381名，正式职工2452名，合同制职工1929名。医生1130名，护士1991名，管理人员203名，医技人员641名，研究人员75名。其中正高级职称271名，副高级职称355名。

组织架构。医院设有45个临床科室，17个医技科室，28个行政职能处室。

院区情况。医院有2个院区：白塔寺院区（建筑面积2.2万平方米）和西直门院区（建筑面积11万平方米），编制床位1448张。正在筹建2个院区：通州院区和北院区预计2019年投入使用。

学科建设。医院拥有1个国家临床医学研究中心，11个国家教育部重点学科，18个国家卫生计生委临床重点专科，1个教育部重点实验室，1个教育部工程研究中心，9个北京市重点实验室，2个北京市国际科技合作基地，1个北京临床医学研究中心，5个北京大学研究所，6个北京大学研究中心和2个北京大学医学部研究中心。

医疗工作。2018年，医院门急诊就诊患者282.66万人次；出院患者91,000人次；全年手术52,075台。开放床位1732张；病床使用率92%；出院患者平均住院日7.5天；住院死亡率0.41%。继续健全以《医疗质控周报》《医疗监测指标月报》《药事管理与质控月报》《门诊工作月报》为核心的院级医疗质控管理体系、合理用药监管体系、静脉血栓栓塞症（VTE）综合防治管理体系、手术室效率安全管理体系和门诊质量与安全管理平台。继续完善和优化自助机、APP服务功能，加强门诊导诊服务，提高患者就诊体验。

教学工作。1.医院承担临床八年制、基础八年制、临床研究生等共计16个轨道的教学任务，共计学生1225名，比2017年增加184名。承担基地住院医师、本院住院医师、专科医师、二阶段住院医师、普通进修人员等12个轨道的培训培养工作，共计学员1424名。临床能力培训中心承担常规培训考核任务40,416学时，总培训学员1851人，培训项目涉及98项内容。

2.建立科研训练前移"八年制医学生临床科研培养体系"，鼓励学生在临床本科阶段确定并开展毕业课题，在本科和二级学科阶段选择相同的导师以保证研究课题的延续性，明确提出每个培养阶段的科研培养要求，建立贯穿5年临床教学阶段的科研培养体系，规范训练标准，严格科研培养过程管理。

科研工作。医院负责、参加科研项目共计326项，获科研基金总额1.2亿元。获批科技部项目7项，资助经费为2416.17万。其中，国家重点研发计划项目（课题）5项，科技重大专项子课题2项。国家自然科学基金中标50项，立项项目数创历史新高，总直接费用资助额度为2050万。其中，面上项目20项，青年科学基金30项。在国家统计源期刊发表论文347篇。作为第一作者单位发表SCI期刊收录文献333篇。其中影响因子在10分以上的文章共有7篇，包括 Lancet Oncology、Blood、Nature Communications 等。作为共同第一或共同通讯作者单位发表10分以上文章4篇，包括 Science、Nature 各一篇。医院共有35项专利获得授权；其中授权发明专利20项。

作为第一完成单位获得科技成果奖10项。其中，王建六教授团队研究成果《子宫内膜癌发病微环境及分子机制研究》获中华医学科技奖一等奖。黄晓军教授获何梁何利基金科学与技术进步奖。

11月，"血液系统疾病国家临床医学研究中心"获批第四批国家临床医学研究中心，成为国家级技术创新与成果转化类科技创新基地。"创伤救治与神经再生教育部重点实验室"获批；"移动数字医院系统教育部工程研究中心"建设获教育部验收。

党建工作。1.2018年，医院有3个党总支，53个教职工党支部，4个离退休党支部，7个学生党支部。共有党员1739名，其中包括在职党员1185名，离退休党员328名，学生和研究生党员188名。

2.继续完善党建规章制度。制定《医院关于加强党的建设工作实施方案》落实从严治党要求；修订《北京大学人民医院党支部书记工作职责》《北京大学人民医院党支部书记工作考核办法》《北京大学人民医院党支部书记例会工作制度》。

3.深入推进"两学一做"学习教育。通过在线培训考核系统上线4套试题，共300道题目，培训内容包括十九大报告、习总书记在北大师生座谈会上的讲话、党员必知必会，培训对象覆盖全院在职、学生党员和团员。

4.继续加强党员干部培训。共开展支部书记常态化制度化面对面交流44次，内容涵盖十九大报告、习近平总书记重要讲话等；组织党支部书记赴上海一大、嘉兴红船纪念馆培训学习；制作汇编《北京大学人民医院党支部书记党务工作指南》加强支部书记党务工作能力。

医疗援助。医院派出7名专家组成第四批"组团式"援藏医疗队赴藏进行医疗援助；派出3名专家分赴新疆、青海支援医疗建设。受国家卫健委托，医院继续承担"卫健委西部地区卫生人才培养项目"，接收来自西部13个省、自治区、直辖市和新疆生产建设兵团80名学员来院进行为期半年的临床专业技术培训。开展对口支援工作，共派出基层锻炼医疗队19批次，其中外地11批次，京内8批次，派出队员共计52人，其中副高级职称21人，中级职称31人。

院庆工作。2018年是医院建院100周年。1月27日，在北京大学百周年纪念讲堂举行"百年华诞 岁月如歌"医院百年华诞暨2017年度表彰大会，并颁布百年华诞形象标志、新院徽与院训。2月28日，科教楼三层学术报告厅重新设计改造工程竣工，并正式冠名为陆道培学术报告厅。3月5日，医院百年纪念展厅正式揭幕。8月13日，"医院百年历史长廊"正式揭幕。8月19日，举办"百年华诞 百位名医"首届中国医师节义诊活动。12月27日，举办医学人文

论坛。医院还通过整理百年历史相关文章和史料，编撰《北京大学人民医院百年画册》《北京大学人民医院百年纪事》《北京大学人民医院科室志》。

群团工作。工会推出"互联网家"理念，"互联网家"信息化服务平台获北京市教育工会和北大医学部工会肯定与推广。医院获全国模范职工之家、北京市示范职工之家荣誉称号，并承担北京市教育工会的改革试点项目。医院为离退休人员购买意外伤害险，为离退休人员组织多项文艺、出游、讲座等活动。院团委获评"北京大学医学部红旗团委"称号。

【医院百周年纪念大会】 2018年1月27日，在北京大学百周年纪念讲堂举行"百年华诞 岁月如歌"医院百年纪念暨2017年度表彰大会。全国政协副主席韩启德，北京大学校长、党委副书记林建华，北京大学党委副书记、北京大学医学部党委书记刘玉村，全国总工会教科文卫体工会副主席陈晖，全国总工会教科文卫体工会体育工作部部长刘毅等领导嘉宾与30余家媒体代表莅临大会，共庆医院百年华诞。大会分为"百年新生命""百年新辉煌""百年新启航"三个篇章，回顾医院百年发展历程。在此次大会上医院颁布了百年华诞形象标识、新院徽与院训，韩启德、林建华、刘玉村、姜保国、赵越、陆道培、陈晖、张锦、陈铎、敬一丹等共同为百年华诞形象标识揭幕。

【首届中国医患体验高峰论坛】 5月16日至17日，中国研究型医院学会医患体验管理与评价专业委员会（以下简称"专委会"）成立大会暨首届中国医患体验高峰论坛在北京大学人民医院科教楼陆道培学术报告厅举行，中国工程院院士王陇德、国家卫健委医政医管局副局长焦雅辉、中国研究型医院学会会长王发强、人民日报经济社会部健康版主编白剑峰以及各医院、行业科研协会的领导专家出席大会。"专委会"主要从事政府和医疗机构医患体验管理需求的系统性研究以及医患体验评价基准与流程的标准研究。经无记名投票，姜保国当选首届主任委员。中国研究型学会刘希华副会长兼秘书长宣读《中国研究型医院学会医患体验管理与评价专业委员会成立批复函》和中国研究型医院学会医患体验管理与评价专业委员会主要组成人员名单。王发强为医患体验管理与评价专业委员会授牌。

【国际创伤救治联盟成立】 6月2日，"国际创伤救治联盟"正式成立。联盟由北京大学创伤医学中心牵头并联合"中国创伤救治联盟"创建，汇集全球创伤救治方面的专家学者。中国创伤救治联盟主席、北京大学创伤医学中心主任、北京大学人民医院院长姜保国任联盟主席，Hans-Jörg Oestern（德国）、Bruce Browner（美国）任名誉主席；Elhanan Bar-On（以色列）、Jean-Jacques Rouby（法国）、D.Demetriades（美国）、罗崇杰（中国台湾）、霍文逊（中国香港）、黎檀实任联盟副主席，王天兵任国际联盟常委秘书长。联盟常委会由来自24个国家和地区的41位专家组成。"中国创伤救治联

盟"200多位委员同期成为"国际创伤救治联盟"成员。

【首届中国医师节义诊活动】 2018年8月19日是首个"中国医师节",医院举办"百年华诞 百位名医"首届中国医师节义诊活动,国家卫生健康委医政医管局副局长焦雅辉,北京市卫生计生委党委委员、北京市中医管理局局长屠志涛,北京市西城区人民政府党组成员、副区长郁治,北京大学党委副书记、医学部党委书记刘玉村,北京大学党委委员、医学部党委副书记徐善东,以及北京大学人民医院院长姜保国,党委书记赵越等全体领导班子莅临启动仪式。本次义诊共接待患者2358名,40个临床医技科室的全体学科带头人携科室医学专家共计138人参加本次义诊,通过为民服务、共享健康的方式庆祝节日。

【全国高校附属医院临床实践教育联盟成立】 9月7日,"全国高校附属医院临床实践教育联盟"(以下简称"联盟")在北京大学人民医院正式启动。国家卫生健康委员会副主任曾益新院士,国家教育部高教司吴岩司长,北京大学常务副校长、医学部主任詹启敏院士和北京大学人民医院院长姜保国教授莅临启动仪式。"联盟"隶属于国家教育部全国医学教育发展中心,由北京大学人民医院作为牵头单位发起,成员包括40家高校附属医院,将对临床实践的教育教学理念、师资队伍建设、培养体系构建、教育资源开发等问题进行研究,在师资及学员联合培训、教学现状调研、教学标准制定、资源开发、科学研究、学术交流等方面开展活动。

【举办"临床医学研究高峰论坛"】 10月26日,医院和《柳叶刀》杂志共同举办"临床医学研究高峰论坛",院长姜保国教授与《柳叶刀》杂志高级执行主编William Summerskill先生担任论坛共同主席。《柳叶刀》杂志出版副总监Fiona Macnab女士,《柳叶刀·呼吸医学》杂志主编Emma Grainger女士,《柳叶刀·公众健康》杂志主编Audrey Ceschia女士,爱思唯尔出版公司出版人David Spencer先生,北京大学临床免疫中心主任、北京大学人民医院风湿免疫科主任栗占国教授以及特邀嘉宾中国工程院院士、北京大学第三医院院长乔杰教授先后进行演讲。医院200余名科室主任、临床研究骨干和医学生参加论坛。医院与《柳叶刀》杂志双方达成合作意向,将每年联合举办临床医学研究论坛,在不同领域和专业进行最前沿科研成果的分享与经验探讨。

【举办"医学人文论坛"】 医院举行2018年"医学人文论坛",就医学人文建设展开多角度、多形式的经验交流和人文对话。全国人大原常委会副委员长、全国政协原副主席、中国科学院院士韩启德,原北京大学党委书记王德炳,北京大学校长郝平,国家卫健委医政医管局局长张宗久,北京大学党委副书记、北京大学医学部党委书记刘玉村,北京大学党委常委、副校长陈宝剑,北京市房山区区长郭延红,北京市西城区副区长陈冲,北京市昌平区副区长吴彬,原北京医科大学副校长吕忠生,魏丽惠,王宇,中国工程院院士樊代明,中国工程院院士、北京大学第三医院院长乔杰等嘉宾,以及科技部、国家卫生健康委、北京市卫生健康委、中华医学会、中国医师协会、中国医院协会、西城区政府、房山区政府、昌平区政府、各兄弟医院、北京大学医学部的领导与30余家媒体代表莅临大会。国家卫生健康委员会马晓伟主任、教育部林蕙青副部长为此次医学人文大会做出重要批示。韩启德院士为医院亲笔题字"世纪荣光",作为2018年凤凰卫视拍摄制作的人民医院百年华诞宣传片以及医院百年纪念画册封面。韩启德院士和樊代明院士分别进行医学人文主题讲座。

(张旭光)

第三医院

【发展概况】 基本情况。2018年,北京大学第三医院设有36个临床科室、10个医技科室。拥有中国科学院院士1人、中国工程院院士1人、国家自然科学基金杰出青年基金获得者3人、科技部"973"首席科学家1人、教育部"长江学者特聘教授"2人,1人入选国家级"新世纪百千万人才工程",国家卫生计生委突出贡献专家10人。

机构设置。1月,完成新一届行政班子换届,任命乔杰任院长,李树强、王健全、付卫、沈宁、宋纯理任副院长,李春任总会计师。与北京顺义区人民政府举行《关于建设北京大学第三医院顺义院区合作协议》签约仪式。5月,成立宣传中心;信息管理中心更名为信息管理与大数据中心;医院发展工作委员会更名为医院发展管理部。10月,延安分院签约揭牌。11月底,正式接管并运行机场院区。12月,完成医院中层干部换届。崇礼院区揭牌。

医疗工作。1.基本医疗情况。门诊403.67万人次,急诊26.98万人次;出院111,555人次,床位使用率93.74%,平均住院日5.51天;手术62,988例次。2.医疗质量管理。聚焦手术期安全,聚焦药品、耗材的合理使用,聚焦患者风险评估,持续强化医疗质量安全管理。推进日间手术、治疗,初步探索开放周末手术和检查,全面升级门诊挂号预约系统。落实"医患双中心"多学科诊疗(MDT)模式,优化门诊检验检查流程,丰富住院管理中心项目内涵,改善医疗服务流程。推进线上医疗服务。完善规范医联体建设和远程医疗服务,持续深化药品耗材领域改革,科学控制医疗费用增长,落实深化医改重点任务。加强行风建设与依法执业,在全院范围开展医护人员宣传教育和创建优良行风活动。

教学工作。完成776名医学生6779学时教学任务,在读研究生451人,108人获得学位。在岗博士生导师56人,硕士生导师43人。第一阶段住院医师规范化培训239人,第二阶段培训或专科培训在培125人。各类进修人员1643人,国家级和北京市继续医学教育项目102项。1月12日,医院正式加入"中国住院医师培训精英教学医院联盟",成为该联盟的第九个成员。博士生史尉利获第十一届北京大学"学生五·四奖章";研究生四班获第十一届北京大学"班级五·四奖杯"。段俊滔、司高获北京大学首届"高君宇奖"。研究生2班班主任董非获北京大学优秀德育奖,研究生4班班主任江东获北京大学优秀班主任标兵,2015级科研型博士研究生史尉利获北京大学优秀博士论文(导师为敖英芳教授),2015级科研型博士研究生李娇获北京大学优秀博士论文(导师为樊东升教授),徐智、袁慧书、杨蕊获北京大学教学优秀奖,韩庆烽、谷士贤获北京大学教学管理奖。乔杰院长获"2018年度北京市优秀住培基地负责人"称号;教育处张祺副处长获"2018年度北京市优秀住培管理工作者"称号,骨科周非非副主任医师获"2018年度全国优秀带教老师"称号,麻醉科李正迁医师获"2018年度全国优秀住院医师"称号。消化科段丽萍教授获北京市教学名师奖。运动医学研究所刘玉雷获第八届全国医学(医药)青年教师教学比赛一等奖。

科研工作。1.合理学科分类,构建学科发展群。复旦排行榜中位列第十,生殖医学、临床药学位列第一名。医科院"中国医院科技影响力排行榜"综合排名中名列第九,妇产科蝉联榜首。2.纵向获批经费20,105万元,国家重点研发计划项目4项、国家重点研发计划课题18项,经费总计1.223亿元;国家自然科学基金各类资助项目60项,直接经费5035万元,其中包含面上项目33项,青年基金项目19项,重点项目2项,优秀青年科学基金项目2项,国家重大科研仪器项目1项,重点国际(地区)合作研究项目1项,局室委托软课题2项。资助项目数、资助金额创历史新高。3.获奖情况。北京市科技进步一等奖1项、三等奖1项,中华医学科技奖一等奖1项,教育部高等学校科学研究优秀成果奖科技进步奖二等奖1项、中国体育科学学会科学技术一等奖1项、中国药学会科学技术三等奖1项、谈家桢生命科学奖1项、茅以升北京青年科技奖1项。4.论文成果。影响因子10分以上9篇,其中付卫团队、乔杰团队和北京大学生命科学院汤富酬团队合作研究成果发表在国际顶级学术期刊《科学》(SCIENCE, IF=41.058)。获批专利86项。5.成果转化。成立科技成果转化办公室,举办首届创新转化大赛暨第二届科技成果推介会,9项专利技术成功实现转化,转让金额总计1955万元。

交流合作。4月10日,由荷兰医疗和体育部长布鲁因斯(Bruno Bruins)先生带队的荷兰生命科学和健康领域商务访问团来医院参观访问。11月《英国医学期刊》执行主编Kamran Abbasi一行来访医院。

社会服务。践行社会公益责任,继续组织实施医疗人才"组团式"援藏,选派6名医师作为第四批医疗队进藏开展援助工作;选派2名优秀专业干部赴山西省大宁县分别担任业务副院长和护理部主任;选派34名医师分别赴北京延庆、内蒙古赤峰、贵州安顺、山西大宁等7家医疗机构开展支援工作,选派34名临床医师参与朝鲜黄海北道重大交通事故救援等国家应急工作以及京内外医疗保障任务11次。

党建工作等综合情况。2018年,医院共有73个党支部,设有2个党总支,共计1829名党员。发展党员35名。制定《加强党的建设工作实施方案》;健全党委与行政班子议事决策制度;加强党务、院务公开;强化民主管理与监督;加强基层党组织建设。成立采购监督工作组,形成采购监督合力。开展医院耗材专项检查,发现问题并整改。通过"全国文明单位"复审确认并获得表彰。2018年医院共有工会小组71个,会员5329人;全院有49个团支部,团员1113人。

【60周年院庆】 2018年,北京大学第三医院举行庆祝建院60周年系列纪念活动,在全院范围展开回顾甲子创业历程,总结凝练医院发展模式各项特色活动。编撰完成《甲子薪传》《情系三院》《科教撷英》《名医集萃》《健康指导》《十年回眸》等系列刊物;表彰60年来在医院发展建设过程中150余位优秀同志,并分别授予他们"医院发展特别贡献奖""医院管理突出贡献奖""医院发展奉献奖"和"学科建设贡献奖"。

10月,2018中国医院创新发展峰会暨北京大学第三医院建院60周年学术研讨会召开,来自700余家单位共计3262位嘉宾参加。研讨会包括1个主论坛,12个分论坛在内共计13个板块的研讨活动。发言嘉宾中两院院士7位,国内知名三甲医院院长及管理者达160余位。

【举办生殖健康学术研讨会】 3月31日至4月2日,由北京大学第三医院和中国医师协会主办,中国妇幼保健协会、北京医学会协办的中国大陆辅助生殖技术成功应用30年庆典暨生殖健康学术研讨会在北京召开。

【信息化建设获国家认证】 5月17日,北京大学第三医院信息化建设获国家医疗健康信息互联互通标准化成熟度五级乙等认证,这是目前全国以互联互通标准化成熟度为基础进行医院信息化测评的最高级别。

(第三医院)

口腔医院

【发展概况】 基本情况。2018年,北京大学口腔医院共有职工2576人(在编950人、编外1626人),其中卫生技术人员2056人,包括正高级职称138人、副高级职称203人、中级职称520人、初级师640人、初级士646人。

组织架构。完成行政领导班子换届工作,郭传瑸当选新一届院长,李铁军、邓旭亮、蔡志刚、江泳当选为副院长。落实党委领导下的院长负责制,郭传瑸增补为党委副书记。

拓展建设。医院内东楼建设拟在北京市规划和自然资源委员会立项。与海南省三亚市共同筹建的"北京大学口腔医院三亚分院"办理土地证及相关手续，形成完整方案（第八版）、项目建议书。

取得成绩。在教育部全国首次专业学位评估中列"A+"；连续8年位列复旦版中国医院专科声誉排行榜口腔专科第1名；在2018年QS世界大学学科排名列全球第15名；参评并入围北京市思想政治工作优秀单位；被授予2015—2017年度首都文明单位荣誉称号；国家卫生健康委2018年度部门预算工作一等奖、决算工作一等奖。

医疗工作。1.基本医疗情况。完成门急诊诊疗1,644,747人次，同比增长5.6%。入院7581人次，同比增长6.7%；出院7575人次，同比增长6.7%；完成手术7066例次，同比增长5.9%，占出院总人次的93.3%。平均住院日7.5天，同期下降0.4天。全院实有开放椅位632台，根据教学椅位调整统计椅位444.4台。全院诊椅使用率100%，每医师日均接诊9.3人次，每椅位日均接诊9.3人次。5个病区开放床位157张；床位使用率98.9%，同比增加7.7%；床位周转48.2次，同比增加6.6%。继续落实北京市医改各项工作，做好"一控两降"工作，准备北京市医耗联动综合改革。

推动"国家口腔医学质控中心"工作，全国建立28个省级口腔质控中心（新建4个），152个地市级口腔质控中心（新建17个），288家口腔专业质控的哨点医院，出版第一版单行本口腔质控报告《2018年国家医疗质量与安全报告——口腔医学》。筹备申报"国家口腔医学中心"。推动《医疗纠纷预防与处理条例》贯彻落实，开展依法执业工作，邀请国家卫生健康委医政医管局高新强处长进行专题培训。改善全预约挂号系统、优化各门诊科室导诊分诊流程等。4月，对东城、海淀、丰台、石景山、通州、大兴、房山、怀柔区妇幼保健院的儿童口腔诊疗开放社区转诊服务。

通过国家级"医师资格实践技能考试和培训基地（口腔类别）"复评，完成2018年度北京地区口腔类别医师资格实践技能考试。8月，举行首届"中国医师节"庆祝活动，表彰医师队伍中获奖者。

2.护理工作。护理人员949人。加强护理质量与安全管理，持续改进护理质量，举行护理质量督导检查40余次、夜查房24次，召开护理质量分析会4次、护理病例讨论6次。案例"立足口腔特色，实现精准感控"在2018年国家执行相关医疗标准竞赛中获三等奖。

3.院感工作。开展医院感染管理持续改进工作，开展医院感染管理工作检查及自查工作，职业暴露监测154人次，转运医疗废物22.6万公斤。推动职业病与辐射管理工作顺利进行。

教学概况。1.在校生总数980人，本科生（含八年制）308人，在读研究生347人，其中博士生161人、硕士生186人，进修生143人，住院医师182人。在职申请学位在读27人。7部教材获得北京大学优秀教材奖。获中国学位与研究生教育学会医药科教指委立项2项，医学部研究生课程体系建设项目4项。周永胜教学团队申报的"数字口腔医学教育教学体系的开拓创新与发展"获北京市高等教育教学成果一等奖。"口腔修复学"获中国学位与研究生教育学会医药科工作委员会2018年医药学研究生精品课程。"视听触多感觉反馈口腔虚拟仿真系统在牙周操作培训中的应用"获教育部首批"国家虚拟仿真实验教学项目"。2项课题获中国学位与研究生教育学会医药科教指委立项，4项课题获医学部研究生课程体系建设项目立项，1项课题获医学部研究生教育教学与医疗信息化融合平台建设项目立项，院级教改课题立项15项。

2.八年制本博连读生管理。口腔医学专业前期教学理论课41门次、909学时，提高课115学时，综述汇报18学时；授课教师205人，其中高级职称162人，中级职称42人，初级职称1人。开设口腔医学专业前期教学实习课35门次、1138学时；指导教师138人，其中高级职称38人，中级职称67人，初级职称33人。为5—7年级学生开设口腔医学专业生产实习课，共3612学时．指导教师27人，其中高级职称13人，中级职称13人，初级1人。为2018届毕业生共举办三场毕业生推介会，2018届长学制毕业生36人，就业率100%，本科毕业生6人，就业率98.3%。推进口腔医学本科生多学科课程融合。口腔专业理论课压缩39学时，重新修订教学大纲，提高课压缩85学时，强化公共课和人文课，扩大专业融合课的改革，牙周病学和口腔颌面外科学肿瘤部分融合课程进一步深入融合。加强毕业生学位论文的质量管理。院级层面组织答辩前学位论文匿名评阅，严格培养过程管理。

3.研究生管理。录取研究生132名（其中博士生68名，硕士生64名）；毕业研究生58人（博士生39人，硕士生19人）；接收在职申请学位人员5人（博士4人，硕士1人）；申请答辩的在职申请学位人员3人（博士学位3人，硕士学位0人）；授予学位58人（博士学位44人，硕士学位14人）；获2018年北京大学优秀博士学位论文4篇。首届并轨专硕住院医规范化培训完成。

4.住院医师规范化培训。招录住院医师31人。在北京市一阶段住院医师规范化培训考核中，考生48人，通过率93.7%；医学部二阶段考核中，考生40人，通过率95%。完成2018年北京市口腔科住院医师规范化培训结业临床实践能力考核考点工作，共承接7个培训专业考生，共计230人次。8月，口腔颌面外科确定为国家2018年第二批专科医师培训基地。教育处董美丽、综合治疗二科安娜分别获中国医师协会2018年"优秀住培管理工作者""优秀带教老师"荣誉称号。

5.继续教育。招收进修生223人，其中少数民族16人，西部地区38人，访问学者及基层骨干学员6人，"西部行"计划免费学员2人，招收贵州省"黔医人才计划"第三期免费学员1人，对口支援协议培养33人（其中免费1人），各类免费学员共4人。国家级项目52项，实际举办46项60个班次，参加2359人次；举办北京市区县级项目104项，参加8747人次。

6. 教学其他。组织开展思创导师活动、一把手讲思政课、医学人文大讲堂、医德医风演讲比赛、社会实践总结汇报会等形式多样的学生活动。继续推进口腔医学本科生多学科课程融合，口腔专业理论课压缩39学时，重新修订教学大纲，提高课压缩85学时，牙周病学和口外（肿瘤）融合课试点并推广。孟焕新获北京大学医学部教学名师奖，董艳梅、江泳获北京大学/医学部教学管理奖。

科研工作。1. 平台建设。"口腔数字化医疗技术和材料国家工程实验室"平稳运行，自主研发的"牙体预备机器人"成果与以色列某公司协议共同开展产品转化研究工作；举行国家口腔疾病临床医学研究中心北京大学口腔医院中心启动会，建立以医院为核心，38家医疗机构的口腔临床医学研究团队；口腔数字医学北京市重点实验室顺利通过北京市科学科委组织的北京市重点实验室三年考核工作；"口腔数字医学北京市国际科技合作基地"通过北京市科学技术委员会组织的现场考核；国家干细胞临床研究机构学术委员会完成3项干细胞临床研究项目审查。

2. 科研拓展。召开由北大口腔医院发起的，全国100余家联盟成员单位参与的口腔医学数字技术研究与应用联盟成立大会，促进口腔医学数字领域自主创新研发。

3. 科研项目。项目申请237项，共获资助71项，总计3968万元。其中国家自然科学基金28项，直接经费1070万（面上项目13项，青年科学基金15项）；国家重点研发计划项目2项（增材制造与激光制造、生物医用材料研发与组织器官修复替代各1项），1075万元；北京市自然科学基金12项，240万元（2018面上项目5项，2019年面上项目7项）；首都临床特色应用研究4项，148万元（重点项目1项，特色项目3项）（2017年申报）；首都卫生发展科研专项3项，120万元（自主创新3项）；北京市科技计划2项，260万元（医药协同科技创新研究/市民健康）；教育部联合研究基金1项，100万元；医学部项目17项，955万元（学院建设专项1项，医+X青年专项2项，临床科学家2项，长江学者项目2项，基础研究专项1项，智慧医疗专项1项，学术交流专项1项，青年培育4项，交叉学科种子基金3项）；项目进展、结题及审计调查148项，其中中期检查77项、结题验收38项、项目调查33项。

4. 成果奖励。先天性牙齿发育异常的遗传因素及仿生牙体组织修复的研究项目-冯海兰教授课题组获2018年度中华口腔医学会科技奖二等奖；口腔颌面创伤救治及继发畸形整复的基础和临床研究项目-张益教授课题组获2017年度教育部高校科研优秀成果奖二等奖、2018年度中华口腔医学会科技奖三等奖。

申请专利39项，其中国内发明专利34项，实用新型专利5项；授权发明专利11项，实用新型专利7项；专利转化6项，软件著作权转化1项；完成专利费用减缓备案。

英文论文209篇（其中SCI收录第一作者单位179篇，通讯作者单位14篇；英文非SCI论文16篇）；中文论文197篇；其中中华系列56篇，北医学报52篇，其他杂志89篇；出版著作7部，其中专著3部，编著1部，译著2部，教材1部。

5. 人才培养。15人纳入梯队培养，其中第一梯队6人，第二梯队11人。2018年度完成科研人才梯队三年培养的青年医师共15人，培养期间以负责人身份新增国家自然科学基金3项，省部级科研项目4项；以第一作者或通讯作者身份发表SCI论文67篇，累计相应因子达230。完成第六届院内博士后产出统计工作，37名院内博士后累计产出SCI论文16篇，达到预定的周期末考核标准14人。本年度新纳入培养院内博士后28名

6. 学术活动。举办1个国际学术会议：第11届亚洲儿童口腔医学学术会议。举办4个全国性学术会议，组织教职工参加国际牙科研究会年会（IADR）会议等。

7. 科研支持系统建设。完成医疗器械临床试验机构资格的备案工作。伦理委员会审查项目247项。

党建工作。党支部43个，党员1070名，发展新党员20人、预备党员转正13人。加强公立医院党的建设工作精神，组织召开党委理论学习中心组扩大学习会，在中层干部层面进行政策解读，并部署医院推进落实方案。落实党委领导下的院长负责制，重新修订党委会议事规则、院长办公会议事规则及党政领导班子落实"三重一大"制度办法，12月废止党政联席会，分别召开院长办公会和党委会。强化组织建设，抓好"三会一课"和基层党支部建设；规范党员发展工作，召开党外高知分子入党知识宣讲，吸引优秀人才入党。组织开展党支部书记"不忘初心，牢记使命"专题培训，深刻理解延安精神及其现实意义。加强政治理论学习，开展党员干部学习教育。组织"不忘初心，牢记使命"系列主题党日活动。定期开展理论中心组学习，坚持院长书记讲党课，坚持院周会中层干部培训制度。

孙志鹏作为中组部援疆干部挂任新疆石河子大学医学院第一附属医院副院长，完成一年半援疆工作。

举办"百廿风雨一路走，改革开放伴我行"主题讲述——庆祝建党97周年大会暨2018年党代表年会召开；组织"不忘初心，牢记使命"专题支部书记培训。

规范党支部工作，口腔修复科党支部代表北京大学获评教育部首批全国高校"双带头人"教师党支部书记工作室。

推进《医院文化建设实施方案》，逐步实现三年规划、五年目标，出版《与医院一同成长》系列丛书。举行纪念邹兆菊教授诞辰100周年座谈会。

预防工作。开展参与国家卫生健康委员会等国家项目和

公益项目11项，承担卫计委"全国儿童口腔疾病综合干预项目"的管理工作及技术支持（国家项目办4人和国家技术组3人）；承担全国第四次口腔健康流行病学调查项目专家组、技术组和督导组工作。

社会公益工作。对口支援帮扶工作。与46家医院签署对口帮扶协议，在帮扶医院组织学术讲座/论坛61场次。派出专家130人次，开展会诊、出诊，惠及群众1969人次。派驻医师到内蒙正镶白旗医院支援。向西部贫困地区派驻专家讲师21名、志愿者12名开展帮扶。安金刚医师第4次参加国家应急伤员救治。

援疆干部孙志鹏完成在新疆石河子大学医学院第一附属医院的援疆工作。承接北京市卫计委和民政局组织的"孤残儿童手术康复明天计划"和中华慈善总会的"微笑列车"惠民服务工作，完成52例残疾儿童的唇裂、腭裂修复术以及唇腭裂继发畸形（植骨、鼻唇畸形、腭咽闭合不全等）修复术。

全国工作。1.中国医师协会口腔医师分会工作。举办第三期基层口腔医师学术培训资助活动，其中西部地区33人。举办国家级Ⅰ类继续教育培训项目四项：第十六届口腔医师论坛、第二届口腔医师高端论坛、全国口腔诊疗器械消毒灭菌技术规范培训高级研修班、口腔医师风险防范与权益维护高级研修班。口腔颌面外科俞光岩教授当选中国医师协会新一届理事会副会长。郭传瑸教授当选为中国医师协会理事会常务理事。组织第四届委员会第四次全体委员工作会议，加大口腔医师分会组织建设。

2.中华口腔医学会工作。支持中华口腔医学会"西部行"、孤残儿童项目等公益活动；支撑学会承办全国爱牙日活动和学术年会。

3.中国牙病防治基金会工作。完成"爱牙牙天使行动""粉红行动""口腔健康促进示范幼儿园项目"等多项公益项目。举办第一届中国口腔显微医学大会。

4.世界卫生组织预防牙医学科研与培训中心工作。郑树国代表中国出席在尼泊尔举办的第10届亚洲首席牙医官会议并进行大会发言。

国际交流工作。1.对外交流数据。接待外宾来访61批次，117人次。短期公派出访102批次，204人次。

2.院校交流。与加拿大英属哥伦比亚大学、美国哈佛大学、国际口腔种植学会北京奖学金中心等3所国际知名口腔院校签订或续签协议。与日本东北大学、日本朝日大学、日本明海大学、美国波士顿大学等继续开展海外研修项目，派出33人次，接待海外学生来访42人次。在第96届世界牙科研究协会年会期间首次开设展台。

3.国际项目。申请科技部与日本文部科学省的"樱花科技计划"项目，选派师生到日本三所牙学院交流，对口学校分别为日本姊妹校朝日大学、明海大学以及日本东北大学。

人才工作。2018年增聘教授1人，副教授5人；晋升主系列正高6人，主系列副高16人，非主系列正高1人，非主系列副高3人；晋升中级职务48人。公派出国18人、回国人员18人。组织人员赴基层工作，共计四批次22人次。

信息化工作。深化北京市医药分开综合改革，健全以电子病历为核心的医院信息化支撑，电子病历系统建设与功能应用水平分级评价，数据平台建设及互联互通标准化成熟度测评，推进医院运营管理平台建设（Hospital Resource Planning, HRP）。推进"互联网+"便民惠民服务。

财务审计工作。1.财务工作。实现医院预算的全额管理、全员管理、全程管理；开展具有口腔医院特色风险评估专项工作，构建内部控制新体系；以医院运营管理平台建设、银医、财务信息一体化平台三个项目建设为抓手，促业财融合，促全面预算管理，促成本管理；参与试点，双向深化资产管理职能；贯彻落实新个税法过渡期政策，精准执行及时宣讲，促进个税改革工作推进。

2.审计工作。完成委托预算、结算审计及自审项目30项，审减额122.27万元；审核合同共53份，涉及金额5211.59万元，提出审计建议74条。

医学装备管理。1.设备配置。制定《北京大学口腔医院供应商遴选管理办法实施细则》招标采购15次，涉及174台件（套）设备，价值约7098万元。

2.医用耗材管理。制定《北京大学口腔医院医用耗材准入管理办法实施细则》，医用耗材采购2.8亿元。

3.其他工作。组织中国医学装备协会口腔装备与技术专业委员会第一届第四次全体会议暨学术年会、中华口腔医学会口腔医学设备器材分会第三届第二次全体委员会议暨学术年会等学术会议，参加韩国首尔"中韩口腔医学论坛"并作大会报告。

后勤基建工作。完成低压配电改造项目、污水站改造项目工程。

安全保卫工作。清理号贩子及嫌疑人539人次，其中拘留65人。组织消防培训及宣传教育34次、逃生演练19次。服务患者车辆12余万辆/年，改善院内交通环境，新装LED交通信息显示屏。

廉政工作。党委会专题研究党风廉政建设、支持纪委履行监督责任、制定党风廉政建设主要任务分工、召开专题会议部署党风廉政工作、与中层干部签署党风廉政承诺书、召开党风廉政建设促进会，院党委、纪委进行案例和政策宣讲，警示严守规矩纪律底线。对"三重一大"、重点岗位轮岗制度、院务公开制度落实情况进行监督检查。2018年底开展中层干部述职述廉，进行绩效考核评优，坚持院周会中层干部培训，开展30余期。开展研究生招生复试、转专业专项督查。推进两巡整改，聘请"大型医院巡查"专家组专家对内再督查。

统战工作。推荐党外人士服务社会，邓旭亮教授挂任北京市卫生健康委副主任、乔静挂任门头沟区卫生计生委副主任。

群团工作。1. 工会教代会工作。召开第五届教职工代表大会暨第八届工会会员代表大会第二次会议，征集提案18件、立案12件、建议6件。周永胜被选为北大医学部第七届教代会常设主席团主席及北京大学教代会执委会副主任委员。为613名职工办理重大疾病保险。举办首届教职工技能比赛、"阅读中的美好生活"读书分享会等活动。

2. 共青团工作。口腔医院有团员859人。其中学生团员490人，职工团员369人，党员207人，下设39个团支部。获医学部"红旗团委"、北京大学共青团工作先进集体称号。牵头组织学生社会实践，推荐两支团队获医学部社会实践二等奖、三等奖。开展了社会工作者服务，招募首批30名社会工作者服务群众。在北京大学"演讲十佳"大赛中，3人获"演讲十佳"。

3. 离退休工作。离退休人员490人。举办"夕阳无限好，集体祝寿会""端午节尊老敬老献爱心"等主题活动、出版《夕阳心语》期刊。

【年度人物】 8月31日，中国医学人文大会在京召开。高学军教授获第二届"白求恩式好医生"称号。

（王明亮、王　冕）

肿瘤医院

【发展概况】 组织机构。2018年，北京大学肿瘤医院组织机构作部分调整：确定国内合作与产业处为医院正处级级别；临床规范化培训科更名为临床规范化培训和进修医师管理办公室（院属亚科）；质量管理处更名为质量管理办公室（院属亚科）；成立处亚科科室：挂号室（隶属门诊部）、医学技术人员管理办公室（隶属医务处）。调整后医院有管理科室29个（含工会、团委、北京市肿瘤防治研究办公室），临床科室33个，医技科室13个，基础研究科室16个，教研室7个，国家药物临床试验机构科室2个。

队伍建设。2018年医院有员工2339人，其中在编1158人，非在编1163人，按在职职工管理的博士后18人。有中国工程院院士1名、长江学者2名，教授39名、副教授64名，博士研究生导师53名、硕士研究生导师62名。2018年接收应届毕业生入职29人，其中博士毕业生占93.10%，硕士毕业生占6.90%。2018年晋升高级职称52人，其中正高18人，副高34人。全院职称分布（在编人员）：正高级职称124人，副高级职称211人，中级职称497人，初级职称294人，未定级2人。入选人才项目7项15人次，主要为：张志谦入选科技部创新人才推进计划-重点领域创新团队；郭军、潘凯枫、郝纯毅入选北京市享受政府特殊津贴人员；吴楠入选百千万人才工程市级人选；李文庆入选海聚工程。

医疗工作。2018年医院全年门诊量661,656人次，增长8.1%；工作日日均门诊量2587.2人次，增长6.1%；开放床位793张，增长2.2%；出院78,090人次，增长21.4%；手术15,930人次，增长2.9%；床位使用率102.65%，增长4.87%；平均住院日3.8天，下降11.21%；床位周转98.44次，增长18.7%。门诊预约就诊率95.56%，初诊病人率14.05%，院内感染发生率0.66%。出院病人前10位病种：肺癌、大肠癌、乳腺癌、胃癌、恶性淋巴瘤、食管癌、肝继发癌、恶性黑色素瘤、肝癌、卵巢癌。手术病人前10位病种：乳腺癌、大肠癌、胃癌、肺癌、甲状腺癌、食管癌、肾癌、肝癌、肝继发癌、膀胱癌。全院医疗质量主要指标：出院病人病死率0.08%。无菌切口甲级愈合率99.96%。收治新病人率20.94%。收治恶性肿瘤率98.18%。院内科际会诊量（住院）13,950例。实有护士797人，增长3.78%，其中合同制护士551人，增长6.17%，在编护士246人，下降1.21%。本科及以上学历护士占64.9%。总床护比1:0.99，普通病区床护比1:0.56。

科研工作。2018年医院科研课题获资助106项，科研经费6493万元。完成院内外结题项目46项。管理在研院外课题及人才类项目300余项，院内课题57项。作为第一或责任作者单位发表论文397篇，其中SCI论文217篇，合计IF 874.36分，IF大于5分的论文63篇。获实用新型专利1项，软件著作权1项。作为主编或者副主编出版专著3部。获华夏医学科技奖三等奖1项。10月10日，"北京大学肿瘤医院-德国慕尼黑工业大学共建上消化道肿瘤联合实验室"启动。

教学工作。2018年医院研究生招生89名，其中科学博士34名，临床博士8名，科研硕士17名，临床硕士24名，八年制研究生6名。研究生毕业72名，其中博士41名，硕士31名。获得学位67名，其中获得博士学位38名，获得硕士学位29名。共有在院研究生254名。2018年病理被批准为北京市住院医师、专科医师规范化培训基地，医院共有放射肿瘤、影像、超声、核医学、病理5个培训基地。

学术交流。2018年召开主要学术会议有：第五届北京淋巴瘤国际研讨会、第六届复发转移乳腺癌的管理和综合治疗进展学习班、第十三届全国胃癌学术会议、第十一届肿瘤常见症状规范化处理学习班、第五届全国乳腺癌规范化诊断治疗学习班、第四届北京黑色素瘤国际研讨会、第八届燕京肿瘤临床与PET/CT应用会议、胸部肿瘤中心第三届学术年会、第九届肿瘤精准放化疗规范暨2018全球肿瘤放疗进展论坛、第五届国际微创介入治疗多学科与靶向治疗国际论坛。举行第二届"一带一路"国际肿瘤诊疗峰会暨满洲里论坛，中西医结合暨老年肿瘤科李萍萍教授等参加2018首届马来西亚中国"一带一路"医疗合作研讨会。2018年有外国专家44人次来院短期交流访问，出国交流85人次。

医疗合作。修订《北京肿瘤医院 北京大学肿瘤医院医疗合作管理制度（试行）》制定《全院医疗合作工作绩效考核办法（试行）》。修订《北京大学肿瘤医院远程医疗管理办法》。

与沈阳第五人民医院签订《北京肿瘤医院与沈阳市第五人民医院技术合作协议书》；终止与山东禹城市人民医院合作，2018年底有合作医院项目9个。承担京蒙、京宁及北京市城乡对口支援合作项目4项。开展远程医疗服务覆盖全国25个省市及地区321家医疗机构。成立由北京大学肿瘤医院为核心单位，海淀区21家医疗机构组成的肿瘤专科医联体。

党建工作。实施党委领导下的院长负责制。完成新一届党总支、党支部委员会换届选举，换届后有党总支2个、党支部46个。2018年发展党员6名，预备党员转正10名，转入组织关系71名，转出组织关系32名，2018年底有党员862名。每两周召开一次党委职能部门工作协调会。定期召开研究生思想政治工作协调会。每季度1次中心组学习。举行4次党务干部培训。"共产党员献爱心"捐款活动622名同志捐款56,555.4元。举办入党积极分子学习班。门诊部党支部连续13年开展走进太阳村活动。季加孚教授当选为第十三届全国政协委员。顾晋教授当选为第十三届全国人大代表，沈琳教授当选为第十三届北京市政协委员。全年新增民主党派成员6人。

群团工作。医院工会获北京市教育工会特色工作奖，工会主席许秀菊获北京市优秀工会工作者。工会职工子女托管班自2008年开办10年。中西医结合暨老年肿瘤科获"北京市工人先锋号"称号。开展以颐和园长廊为主题的文化踏青活动，并以此为基础组织"北京大学肿瘤医院工会传统文化大赛"。组织工会干部进行"红色大别山"爱国爱党及廉政教育活动。院团委召开青团第十二次团员代表大会，选举产生9人组成的新一届团委，龚元昆任团委书记，王嘉、赵艺媛任团委副书记。北京抗癌协会第八届会员代表大会选举北京大学肿瘤医院季加孚教授为理事长，朱军教授为副理事长。

医院文化。国家卫生计生委副主任、国务院医改办主任王贺胜来院调研，肯定北京大学肿瘤医院在坚决推进医药分开综合改革和持续改善医疗服务行动等方面所做出的努力。国家卫计委新闻发布会在北京大学肿瘤医院举行，季加孚院长作题为"以患者为中心 弘扬人文关怀 改善医疗服务 提升群众获得感"的新闻发布。举办"北肿心空间"——《曾经》活动，22位科主任投稿并展出。形成心语墙-承载医患寄语、心音坊-专业音乐治疗、心空间-传递崇高精神三心联动的医院文化品牌。举行第六届井盖文化节。

行风建设。实行科室"三重一大"记录本制度，院纪委对86个科室记录进行核查。举行行风建设管理工作部署会，将行风建设管理工作从10个方面进行整体部署。纪委对干部聘任条件、岗位公布、资格审查、组织考察、任前公示等过程履行监督职责。与新任的科室主任、护士长等领导干部进行廉政谈话，签订廉政承诺书与廉政责任书。在医院新员工入职培训中，对新员工进行反腐倡廉宣传教育。

【刘延东副总理观摩北京大学肿瘤医院远程会诊】 1月12日下午，刘延东副总理考察海南博鳌乐城国际医疗旅游先行区，在现场观摩北京大学肿瘤医院季加孚教授、沈琳教授与成美国际医学中心开展的多学科交互式远程会诊，北京大学肿瘤医院放疗科、泌尿肿瘤外科、妇科肿瘤科、医学影像科、内镜中心、病理科等科室专家参与病例讨论。整个远程会诊在北京大学肿瘤医院远程医疗中心完成，刘延东副总理询问北京大学肿瘤医院远程医疗工作开展的情况，对该院的远程医疗实践与模式高度称赞，同时要求该院响应国家所倡导的"健康中国战略"，促进优势医疗资源下沉，惠及更多的省份地区，满足广大群众的就医及健康需求。

【国家卫计委在北大肿瘤医院举行新闻发布会】 2月7日，国家卫计委新闻发布会在北京大学肿瘤医院举行，国家卫计委医政医管局副局长焦雅辉、国家卫计委新闻发言人宋树立、北京市卫计委新闻发言人高小俊、北京大学肿瘤医院院长季加孚分别介绍全国和北京市以及北京大学肿瘤医院改善医疗服务的情况，并回答媒体记者提问。季加孚院长作题为"以患者为中心 弘扬人文关怀 改善医疗服务 提升群众获得感"的新闻发布。中央电视台、新华社、北京电视台等60余家中央及市级主流新闻媒体记者参加发布会。

【郭军教授开出可瑞达国内第一张处方】 9月21日，国内首个获批用于晚期黑色素瘤治疗的PD-1单抗可瑞达登陆中国，同日，北京大学肿瘤医院肾癌黑色素瘤科郭军教授开出可瑞达国内的第一张处方。7月25日，PD-1单抗可瑞达获得国家药品监督管理局批准。这是第一个在中国获批上市的用于晚期黑色素瘤的PD-1单抗。早在2014年，PD-1单抗就在美国获批用于晚期黑色素瘤治疗，因为缺乏中国患者的临床试验数据，在中国上市较晚，郭军教授带领其团队，成立国内最大的黑色素瘤中心，开展临床试验，在黑色素瘤治疗领域实现多个零突破，完成大量的临床试验数据，为中国黑色素瘤患者提供国际水平的治疗。

【中德"上消化道肿瘤联合实验室"启动】 10月10日，"北京大学肿瘤医院-德国慕尼黑工业大学共建上消化道肿瘤联合实验室"启动仪式在北京大学医学部举行。北京大学常务副校长、医学部主任詹启敏教授、北京大学原常务副校长、医学部原常务副主任柯杨教授、北京大学肿瘤医院院长季加孚教授、原院长游伟程教授、山东省临朐县卫生局领导和慕尼黑工业大学医学微生物和免疫学研究所所长Dirk Busch、德国驻中国大使馆科学参赞Herr Jens Hofmann等出席启动仪式。

（王 伦）

第六医院

【发展概况】 基本情况。1. 2018年，北京大学第六医院共有职工416人（在编311人，派遣103人，博士后2人），其中正高级职称38人，副高级职称36人，中级职称156人，初级及未定职称185人。现有教授9名、副教授13名。离退休人员144人。2.医院连续九年获得复旦大学中国医院"最佳专科声誉排行榜"精神医学专科第一，连续四年获中国医学科学院医学信息研究所"中国医院科技量值（STEM）"精神病学排行榜第一。3.医疗设备总值4546.96万元，年内购置医疗设备573.96万元，其中甲类医疗设备无，乙类医疗设备无。2018全年业务总收入32,605.22万元，其中医疗总收入30,534.35万元。

党建工作。1.以党建工作责任制为抓手，加强党委对医院的领导，健全医院管理制度，推进党委领导下的院长负责制，提交医院落实《关于加强公立医院党的建设工作的意见》精神实施办法和时间表，并严格按照时间表内容，修订院长办公会和党委会议事规则。2.完善党支部建设，通过开展"学习领会十九大报告精神——支部书记讲党课"等活动，加强党员教育，丰富学习形式，从理论上不断提高党员的政治修养。健全、规范党支部主题党日制度，不断提高主题党日活动的质量。完成社区报到和医院集体的"双报到"。3.加强党风廉政建设，通过各种党建活动，从领导班子建设、基层党组织建设、医院文化等各方面加强自身建设，认真完成统战工作。4.医院纪委按照事先制定的工作月历表，对每月开展的重点工作进行部署，以加强职工廉洁教育和重点岗位管理为重点，协助党委加强党风廉政建设。

医疗工作。1.组织和落实医改的有关工作和精神；推进落实医改工作，完成医改实施后的数据上报、医改政策的告知和解释工作。按照北京市医疗机构依法执业自查的要求，组织各部门开展自查。配合北京大学医学部，整理和修订北医医疗管理相关制度。2.2018年门诊量为324,163人次，工作日平均门诊量为1296.65人次。其中普通门诊202,472人次，专家门诊90,776人次，特需门诊30,915人次。入院3320人次，出院3311人次，床位周转14.9次，床位使用率105.18%，平均住院日25.55天。出入院陪护率17%，治愈率5.17%，好转率81.78%。年内派遣医务人员实施心理危机干预4次，共派出7名医务人员。3.医疗合作。2018年参与对口合作共计11人，合作医院包括河北省精神卫生中心、海淀精防所、贵州省第二人民医院等；在合作医院外派工作方面，共计向9家医院派出专家31人次（139天）；配合教育处接收合作单位研修和进修人员的轮转，督促病房加强培训；推进海淀区医联体工作。4.医疗纠纷处理。截至2018年12月底，共接待纠纷133起。1起在调解中心调解，2起在法院，1起患方与陪护公司的纠纷在进行中。医院因纠纷承担减免费用5000元。

护理工作。1.护士132人，其中合同护士47人，护理人员中本科学历78人，研究生学历5人。医护比1：0.58，床护比1:0.47。ICU床位无。2.加强重点环节的管理，保障患者安全，提升护理不良事件的管理，2018年护理不良事件护理不良上报率和整改率100%。3.注重骨干护士培养，提升专科护理水平，选送临床科室骨干护士外出培训学习65人次，其中外派出国培训5人，中华护理学会精神科专科护士培训2人。4.完成北京大学医学部护理本科生授课48学时，本科生学生临床实习83人，本科生临床专科护理实践9人，研究生临床实习2人。2018年北京大学第六医院成为中华护理学会精神专委会主委单位，并通过中华护理学会精神科专科护士临床实践基地的评审，接收中华护理学会精神科专科护士临床实践60人，护士进修学习38人。

科研工作。1.项目申请。于欣教授获批国家重点研发计划"重大慢性非传染性疾病防控研究"重点专项1项，获批金额958万元；王向群主任医师作为任务负责人承担重大新药创制科技重大专项课题1项，经费合计364.47万元。共获批10项国家自然科学基金项目，总资助直接经费达2025.78万元。其中陆林教授获批国家自然科学基金国际（地区）合作与交流项目1项，总经费592.4万元；陆林教授创新研究群体项目再获滚动支持，总经费619.7万元；岳伟华教授获批国家杰出青年科学基金项目1项，总经费420万元。组织申报国家卫生健康委、北京市科委、北京市卫生健康委等各类项目，共获批省部级科研项目13项，经费合计959.81万元。2.科研成果。医院人员作为第一作者或通讯作者发表学术论文共计148篇，其中，英文论文56篇，中文论文92篇。作为第一作者或通讯作者，在英文SCI收录期刊中共发表论文54篇，在英文非SCI收录期刊中共发表论文2篇，在中文核心期刊共发表论文48篇，在中文非核心期刊上共发表论文44篇。医院人员主编、主译或参加编写著作共计14部，其中，主编10部，副主编2部，参编2部。

教学工作。1.年内北京市在培住院医师58人，二阶段在培住院医师1人，专科医师规范化培训学员9人。硕士招生19人，博士招生20人，八年制招生2人，同等学力申请硕士学位12人，加强研究生的培养和管理。2.承担北京大学医学部临床医学、预防医学、护理学和部分协和医学院学生精神病学大课及见习教学工作，共完成7个临床教学医院的本科生精神病学教学工作。3.年内共组织申请国家级继续医学教育项目29项，实际举办24项，举办区县级项目（含护理部）59次，共招收专项研修/临床进修人员148名。

学术交流。1.国际合作交流。与美国佛罗里达大学、哈佛医学院等著名大学开展合作交流，并与国际阿尔茨海默病协会世界卫生组织总部和西太区办公室、美国精神病协会、世界精神病协会等国际组织和机构保持密切联系，进行多领域合作研究。2.国内合作交流。主办第五届中国睡眠与心身医学论坛暨2018年北京医师协会精神科学术年会、抑郁症的规范化治疗培训等，国内专家学者1100余人次参会。

公共卫生服务。1.国家精神卫生项目办公室工作。年内中央财政下拨项目经费4.72亿元。截至2018年12月底，686项目总投入经费43.53亿，其中中央累计投入28.38亿，地方配套15.15亿（未含2018年），工作覆盖全国31省（自治区、直辖市）的332个市州及2832个区县，登记并录入国家严重精神障碍信息系统患者599.4万余人，纳入社区随访服务561.5万余人，在册患者管理率93.7%，在册患者服药率80.4%。2.推进全国精神卫生综合管理试点工作，完善国家严重精神障碍信息系统，推动社会心理服务体系建设试点工作方案的出台。

健康教育。加强健康科普培训和宣传工作，利用多种途径进行医院内外精神疾病科普知识宣传。组织派出专家参加北京市"心理健康科普大讲堂"。组织专家参加北京市卫生健康委组织的科普专家培训会。利用院内媒体在医院简报、官方微信公众号、微博、医院官网等发布精神疾病有关科普知识。结合世界精神卫生日等重要活动日，举行健康讲座及义诊活动。与媒体合作协调专家参与科普节目，撰写科普文章。

管理培训。举办"北京大学第六医院第六届精神专科医院管理论坛""精神专科医院院际合作院长论坛"等，加强与国内兄弟医院的合作与交流，推动国内精神专科医院管理水平的提升。

信息化建设。完成医院HIS系统、电子病历系统、门诊分诊叫号系统、无线医护系统、心理测查系统、检验系统、美康医药系统、门禁等系统运维工作。完成医院信息数据统计及上报、信息系统改造、医保相关项目、信息化建设采购等工作，完成国家卫生健康委平台项目相关工作。

【行政班子换届】 2018年7月17日，北京大学第六医院新一届行政班子任命宣布大会举行，任命陆林为北京大学第六医院（精神卫生研究所）院长（所长），岳伟华、司天梅、孙洪强、张霞为北京大学第六医院（精神卫生研究所）副院长（副所长），李秀华为北京大学第六医院（精神卫生研究所）总会计师。

（白　杨）

深圳医院

【发展概况】 发展历程。2018年10月，体检中心和口腔医学中心进驻新址，牙椅数量增加24张，体检中心面积增加2000平方米。急诊楼扩建工程交市建筑工务署施工建设。新增床位192张，增幅13.31%。新开设手术麻醉二部，增加手术间6间；新开设内科ICU，新增重症监护床位9张。医院成为国家卫健委首批建立健全现代医院管理制度试点单位。

队伍建设。2018年医院员工总计2534人，其中在编1372人，非在编1162人。享受国务院特殊津贴1人，国家有突出贡献的中青年专家1人。现有教授18人，副教授27人，博士研究生导师8人，硕士研究生导师110人。医院设立登峰人才高级培训班，选拔学科带头人培养对象36名、核心骨干培养对象54名、青年骨干培养对象15名，共105名进行为期5年的个性化培养。全年共有50名学科骨赴国外进修，人数同比增加1倍以上。引进人才243人，其中正式在编50人、聘用193人、具有博士学位的30人（其中学科带头人4名，海外高层次人才1名，后备级人才2名）。选派22名管理干部（含临床科室主任）赴美国凯克医学中心参加国际管理研修课程。新增各类高层次人才15名，其中广东省医学领军人才1名、广东省杰出青年医学人才7名、深圳市高层次人才和海外高层次人才7名，妇产科吴瑞芳主任还荣获第11届"中国医师奖"。全院高层次人才达42人次。

学科建设。新增国地联合骨科生物力学工程研究中心1个，广东省高水平临床重点专科1个（口腔医学中心）和广东省转化医学和生物医学创新平台建设项目5个。新增"三名工程"团队4个（总计24个），来自北京大学医学部及附属医院系统内的"三名工程"团队增加到14个。口腔医学中心成为广东省高水平临床重点专科；妇产科获批新一轮市重点学科；7个学科（皮肤科、口腔科、整形外科、泌尿外科、妇产科、肾内科、风湿免疫科）科技影响力跻身全国百强。

医院成为深圳唯一同时具备干细胞研究资质和项目准入的医院，开设I期临床病房，获准开展人脐带间充质干细胞移植治疗糖尿病研究。开展华南领先的新技术27项：成功切除7.5Kg巨大腹膜后肿瘤；成功实施华南首例双U缝合胰管空肠吻合术；超声影像科早期乳腺癌前哨淋巴结选择性成像及精准活检达到国际领先水平。生殖医学科成为深圳唯一具备开展第三代试管婴儿技术（PGD）的单位。心血管外科、胸外科、泌尿外科、胃肠外科在全市率先开展经心尖主动脉瓣微创置换术（TAVR）、"免管免禁"食管癌微创手术、人工尿道括约肌植入术和胃肠恶性肿瘤双镜联合根治术。

医疗工作。2018年门诊总量292万人次，同比增长0.41%；开放床位1635张；出院74,095人次，同比增长15.77%；手术48,900人次，同比增长13.84%；床位周转46.35次，同比增长0.66%；床位使用率93.48%，同比下降2.94%；平均住院日7.36天，同比下降0.32天。医院药占比25.91%。

医疗质量。广东省卫健委DRGs大数据分析显示，医院医疗安全得分、中低风险组死亡率分别排名全省第1位和第3位，同时CMI值排名全省第7位。在广东省大型医院医疗质量巡查中，医院医疗质量评分排名深圳综合医院第一位。在广东省三级医院满意度综合评价中，北大深圳医院排名全市综合性医院第一，其中：患者总体满意度84.13%，员工满意度74.39%，且近3年来逐年提升。医院通过智慧医院建设改善患者就医体验的案例蝉联国家卫健委"改善医疗服务行动示范医院"。

护理人员。2018年护士总数共计1103人，其中在编391人，合同制护士712人。其中本科学历904人，占比81.96%；硕士学历10人，占比0.91%。

科研工作。2018年，获得国家自然科学基金11项；获得省级科研立项8项；共获得各级各类科研立项65项，资助金额2319.5万元。启动Ⅰ期临床试验中心建设。在国内外学术期刊发表论文400多篇，其中SCI收录98篇。出版专著8部，获得发明专利9项，实用新型专利63项。联合发表系列高水平论文，肿瘤科、风湿免疫科和妇产科与"三名工程"团队分别在《美国医学会杂志》《科学》和《自然通讯》杂志上发表论文。

教学工作。2018年新招录硕博士研究生64人，其中北医博士3人；毕业研究生56人，其中3人转为北医博士。在院研究生共191人，其中博士7人。完成60名北医八年制口腔医学博士生的桥梁课教学任务。新增影像技术、病理技术2个专业实习生类别，新增3个实习生来源院校，全院共接收218名医疗类实习生和142名护理实习生。2018年新入职规培学员181人（含专业型硕士研究生），在培住院医师达到423人。100名规范化培训住院医师完成结业考核，合格率93%。医院共有50名医师参加北医住院医师二阶段考试，通过率80%。举办2期省级师资培训班，为深圳培养师资近200人。

会议工作。举办2018中国（深圳）智慧医院暨医疗人工智能临床应用高峰论坛；承办"第四届全国阴道镜与宫颈病理大会"；承办"第三届国际肿瘤精准医学高峰论坛"；主办第六届中日（深圳）医学论坛、深港口腔医学论坛和中英北大（深圳）医学人工智能研讨会；开展"科研月"系列活动。

党建工作。2018年，医院获深圳市"五·一劳动奖状"、深圳市"工人先锋号"荣誉称号，并被评为深圳市"创建精神文明先进单位"。医院自主开发医院综合评价管理系统，将患者、员工和科室满意度测评、医患信访诉求管理、医德医风考评、好人好事登记管理等与行风密切相关的指标和数据通过信息化建立完整的实时监督体系和流程化管理。

医院文化。医院先后组织开展"因为有您 助您康复"公益音乐会3场，鼓励各临床科室定期举办"心之翼"患友互助会、深圳康馨乳腺关爱中心、肿瘤患者自助加油站、妈妈学校等医患互动和健康宣教活动。

分级诊疗。全年累计下社康出诊4139人次。在景新社康等4个社康中心开展远程心电会诊和心电监护，完成心电图远程会诊909例，动态血压远程会诊40例。组织3次义诊活动，进行高血压、冠心病、血管性疾病等主题咨询及宣教。全年接收上转患者632人次，数量是去年的2.3倍；下转患者200人次。

对口帮扶。2018年，医院与广西百色田东县人民医院签订对口帮扶协议，与百色市人民医院实现远程会诊的日常化运行。向新疆喀什市人民医院赠送价值20万元的病理检查设备，协助该院开展病理新技术，将国家级继续教育项目送到喀什地区。2018年，医院先后向新疆喀什、广西百色市和田东县、广东紫金、龙川等对口帮扶医院派驻医疗技术骨干25人次。接收对口帮扶单位的短期、中期进修培训的医护人员和中层管理骨干40余人次，为当地开展各类医疗培训和专题讲座10多场次，接受培训的当地医护人员达到500多人次。口腔专业黄云惠医师帮扶紫金县第二人民医院成立口腔科并投入运行。

（深圳医院）

首钢医院

【发展概况】 医院概况。1.基本情况。2018年，北京大学首钢医院职工总计1853人（其中在编职工数984人、合同制人数869人），其中：卫生技术人员数1564人，含正高级职称42人，副高级职称116人，中级职称482人，初级师480人，初级士190人，无职称254人。医疗设备固定资产总值33,914万元，2018年新购置医疗设备总值3554.97万元，其中10万元（含）以上设备34台（套），100万元（含）以上设备9台（套）。甲类无，乙类5台（其中核磁2台，CT2台，DSA1台）

2.机构设置。3月19日，成立北京大学首钢医院放射治疗科。6月5日，将呼吸内科更名为呼吸与危重症医学科。11月27日，成立北京大学首钢医院外周介入科。经12月26日，医院第47次院务会议研究决定，自2019年1月1日起撤销北京益生福林商贸中心机构及职能。

3.改革与管理。3月27日召开第十九届二次职工代表大会，顾晋院长会上作题为《不忘初心 砥砺前行 努力开创北京大学首钢医院发展新局面》的工作报告。6月和12月召开第十九届三次、四次职代会，先后表决通过《北京大学首钢医院事业单位转企改制方案》和《北京大学首钢医院职工安置方案》。医院制订《北京大学首钢医院2018年反腐倡廉主要任务分工方案》等文件，签订《2018年北京大学首钢医院领导人员党风政洁建设责任书》，印发《2018年北京大学首钢医院党风廉政建设责任制检查考核工作方案》。医院共有17位外院医师办理多点执业。11月21日，北京大学公共卫生学院朱广荣教授带领调研组来到北京大学首钢医院，对医院紧密型医联体建设和分级诊疗工作情况进行调研。

医疗工作。1.门急诊量917,059人次，编制床位1006张，实际开放944张，出院患者34,236人次，较2017年增长13%；手术量7598例；病床使用率92.60%，出院患者平均住院日9.2天；药占比36.2%，其中住院药占比27.6%。实施临床路径的19个科室106个病种。全年用血量：红细胞悬液5567单位，血浆3827单位，血小板791单位，自体输血229例，自体输血量154,595ml。

2.预约挂号管理。采取网络预约、微信预约、窗口预约、电话预约、诊间预约、出院复诊预约和社区转诊预约等多种形式，开放号源比例98.5%，预约挂号19,477人次，预约挂号人次占门诊比例约3.14%。开展新技术、新疗法情况。新技术、新项目34项，如心血管内科的《冠状动脉优化旋磨术》、泌尿外科的《全息影像技术在泌尿外科的应用》。

3. 药物管理。加强抗菌药物处方点评工作，强化医师合理用药意识，加强医院抗菌药物临床应用管理。门诊患者抗菌药物使用率13.50%、急诊患者抗菌药物使用率34.38%、住院患者抗菌药物使用率52.58%、住院患者特殊级抗菌药物使用率10.30%、抗菌药物使用强度40.12、特殊级抗菌药物使用强度6.92、住院患者抗菌药物联合使用率39.89%。

4. 医保工作。出院21,668人次，同比增长9.45%；总费用44,798.597万元，出院医保病人次均费用20,672元。

5. 医疗支援。医院与内蒙古宁城县中心医院新建立对口帮扶关系，截至2018年底帮扶医院增至5家，包括内蒙古宁城县中心医院、内蒙古四子王旗人民医院、内蒙古一机医院、北京市大兴中西医结合医院、首钢水城钢铁（集团）有限责任公司总医院。组织5次大型义诊活动，安排骨科、呼吸与危重症医学科、泌尿外科、影像科、妇产科、神经内科等17人次医生驻院对口支援；开展20余例远程会诊，6次多科室现场病例讨论，解决基层问题。医院呼吸与危重症医学科、普外科、泌尿外科每月定期派医师前往首钢水城钢铁（集团）有限责任公司总医院进行对口支援帮扶工作。6月26日至27日，医院党委书记向平超、院长顾晋、副院长王海英带领医院党员和统战人士代表专家团队为首钢京唐公司、迁钢公司、矿业公司开展"不忘初心跟党走 牢记使命护健康"主题党日活动，为一线干部职工和家属进行健康讲座和健康咨询。

6. 医疗纠纷处理。参加医责险1289人，缴费1,004,200元，保险赔付253.24万元。发生医疗纠纷20起，医调委调解15起，法院判8起，调解2起。

护理工作。护士数726人，注册护士数676人、合同护士数579人，本科302人，研究生及以上7人。医护比例0.58:1，重症监护床位45张。开展优质护理情况。根据2017年度北京市优质护理服务评价标准修订医院临床优质护理评价标准和手术室门急诊优质护理服务评价标准并实施。患者对护理工作满意度保持在99%以上，非常满意度90%以上。全年优质护理评分94.38，完成90分指标。"以结构－过程－结果理论为指导的护理不良事件管理改进"项目获得医院管理创新评比二等奖。不良事件上报率98.6%、整改率100%。护士培训工作。外送护士进修5人，接收进修护士2人。血透护士2人、血透技师1人、急诊室护士1人、重症护士1人、静疗护士2人、骨科护士1人、肿瘤科护士1人、老年护士2人、手术室护士1人，共12人参加专科护士取证培训。承担北大方正软件技术学院护理专业临床课教学共4门课300学时。

科研工作。发表论文152篇，其中SCI文章16篇，核心期刊76篇，非核心期刊76篇。在统计源期刊发表的护理论文数17篇。8月，院长顾晋教授带领的胃肠外科科研团队与北京大学生命科学学院李程课题组联合申请的"基于少量细胞的三维基因组技术开发和在肠癌转移研究中的应用"项目获得国家自然科学基金面上项目资助。

6月21日，医院在泌尿大楼八层报告厅举办2018北大医学－北京西部医学论坛。北京大学医学部科研处处长韩鸿宾、首钢技术研究院院长朱国森、首钢技术研究院科研处处长邱冬英以及首钢医院学科建设顾问委员会委员那彦群教授作为特邀嘉宾出席论坛。6月27日，医院在万达嘉华酒店成功举办石景山区首届医疗管理论坛。石景山区卫计委副主任吴丽萍、石景山区卫计委医政科科长乔彦云、北京大学首钢医院副院长王海英及石景山区各医疗机构领导应邀出席论坛。12月27日至29日，医院在泌尿大楼八层报告厅召开第二届医教协同与学科建设研讨会。研讨会主要分为青年医师培训论坛、模拟与虚拟教育教学论坛、学科建设论坛以及血管医学专业发展论坛四部分。

医学教育。本科教育方面，完成2014级生物医学英语专业教学任务和2015级海外口腔专业教学任务，48人935学时；完成2014级西藏大学医学院临床教学实习任务，共20人；完成2013级北京卫生职业学院临床教学实习任务，共4人；完成2015级沧州医专教学实习任务，共15人；完成2015级山西医科大学汾阳学院临床教学实习任务，共3人；完成2015石家庄医学高等专科学校教学实习任务，共10人；完成2015级运城护理学院学校教学实习任务，共7人；其他学校学生4人。医院培养硕士研究生2人、博士研究生2名。

医院参加北京市卫生局专科医师规范化培训的住院医师共90人，其中一阶段34人，二阶段56人。参加继续医学教育的人员1483人；接收来院进修生共47人。举办短期学习班27次，参加人数5200人次。为职工举办学习班132次，年脱产学习244人次。到院外进修21人，出国进修2人。录取研究生17人，其中硕士10人、博士7人。5月9日，北京大学青年教师教学论坛暨第十七届青年教师教学基本功比赛颁奖会在北京大学英杰交流中心举行。

学术交流。2018年接受2名意大利学生来院短期学习交流。6月13日至15日，医院赴宁城县举办"携手奔小康医疗精准帮扶"活动。医护人员为宁城县各乡镇卫生院、县中心医院医护人员进行专题讲座并交流分享经验，并举办对口帮扶定点医院、远程医疗中心揭牌仪式。8月31日，台北医学大学附属医院大肠外科主任、达芬奇手术中心主任、台湾机器人手术学会常务监事郭立人教授一行来医院进行学术交流。12月3日，西藏大学医学院党委副书记旺珍、实践教学科科长比达却来访，与副院长王宏宇教授在泌尿二层第八会议室就教学工作进行交流座谈。

信息化建设。完成住院药房摆药机的控制程序、住院医生移动查房系统等信息系统研发；完成肝胆胰外科智慧病房系统的集成与实施、银医自助机项目一期和移动护理系统等项目建设。落实与石景山区双向转诊信息平台对接的建设，完成医院同社区的诊疗数据共享平台和分级诊疗相关平台建设。集中解决一部分临床反映较多、凸显的业务系统问题，新增一部分对临床工作效率有明显提升业务系统功能模块。与北京联想智慧医疗信息技术有限公司就打造智慧医院开展合作。

基本建设。推进新门急诊医技大楼建设项目，改善优化新门急诊医技大楼三级医疗布局。完成肝胆胰外科、病理科和生物样本库、胃肠镜麻醉恢复室等装修改造项目，启动住院大楼介入中心改造工程，完成病案科和出入院管理处的腾挪改造工程。推进建立一站式后勤服务中心，完成医院液氧站升级改造，建立电气动力安全智能监控平台，美化医院环境，更换医护人员夏季白衣和病房窗帘、病床等设施。

（吴妍彦）

国际医院

【发展概况】 发展历程。2018年1月，国家卫生和计划生育委员会正式发文，批复北京大学国际医院肝脏移植、肾脏移植执业资格。4月17日，北京大学国际医院医疗执业许可证变更，变更后增加肝脏移植项目，肾脏移植项目。2018年分别开展2例肝、15例肾移植手术。5月24日，合并特需医疗部、国际医疗部，成立特需国际医疗部。6月，昌平区卫生和计划生育委员会批复医院为"昌平区药学质量和改进中心""昌平区产科质量控制和改进中心"。11月8日，获批"昌平区区域消毒供应中心"。12月，北京大学批复医院增名"北京大学第八临床医学院"。

队伍建设。2018年全院员工1972人，其中高级职称107人。2018年共招聘应届毕业生94人，其中硕士及以上毕业生占36%。

学科建设。2018年医院共开放63个学科，其中39个学科具备自建自营能力，占总学科比例约62%。学科划分为特色诊疗中心、重点学科、普通学科、平台科室及高端服务。特色诊疗中心为骨与关节中心、神经疾病中心、肿瘤诊疗中心、心脏中心、妇产医学中心、消化医学中心、睡眠医学中心、器官移植中心；重点学科为麻醉科、放疗科、重症医学科、肾内科部、眼科部、普外科部、急诊科、呼吸与危重症医学科、口腔科、口腔颌面外科；重要平台科室为检验科、影像科、病理科、消毒供应中心和药学部。

医疗工作。2018年门急诊总量812,316人次，同比增长26.5%；日均门诊量3249.3人次，同比增长26.0%；2018年开放床位1072张；出院32,278人次，同比增长32.7%；手术20,419人次，同比增长31.9%；床位周转30.5次，同比增长13.4%；床位使用率75.0%，同比增长3.4%；平均住院日8.93天，同比下降0.7天。医院药占比24.6%，同比下降1.3%。

出院病人前20位病种是：恶性肿瘤维持性化学治疗、恶性肿瘤术后化疗、恶性肿瘤术前化疗、老年性白内障、分娩伴会阴裂伤Ⅰ度、不稳定性心绞痛、2型糖尿病伴血糖控制不佳、恶性肿瘤术后放疗、手术后随诊检查、恶性肿瘤联合治疗后的随诊检查、恶性肿瘤术后靶向治疗、恶性肿瘤支持治疗、分娩伴会阴裂伤Ⅱ度、结肠良性肿瘤、烟雾病（脑底异常血管网病）、阻塞性睡眠呼吸暂停低通气综合征、混合痔、新生儿高胆红素血症、剖宫产史的妊娠、化疗后骨髓抑制。

手术病人前20位病种是：会阴产科裂伤缝合术、白内障摘除伴人工晶体一期置入术、子宫下段横切口剖宫产术、玻璃体腔药物注射术、腹腔镜下胆囊切除术、宫腔镜下子宫内膜病损切除术、会阴侧切缝合术、乳房病损切除术、后入路腰椎融合术、皮下组织病损切除术、腹膜后病损切除术、牙源性颌骨病损切除术、腹腔镜下卵巢病损切除术、经尿道输尿管镜激光碎石取石术（肾盂\输尿管）、颞浅动脉-大脑中动脉搭桥术、低位产钳伴会阴切开术、后入路玻璃体切割术、面骨内固定物取出术、膝关节双间室置换术、腹腔镜下阑尾切除术。

2018年全院医疗质量主要指标是：门诊处方合格率96.95%，医嘱点评合格率96.97%；医院感染发病率1.47%，法定传染病报告率100%，住院病人死亡率0.55%，一类手术切口甲级愈合率98.24%。2018年对运行病历书进行全面实时监控提醒，组织终末病历质量月度考核。抽查终末住院病历2210份，甲级病案率97%。2017年7月开始启动临床路径工作，到2018年12月临床路径入径率为41.75%。2018年上报不良事件405例。2018年护士总数913人，护士中硕士学历6人占比1%，本科学历459人占比50%，大专学历448人，占比49%。

科研工作。2018年，发布医院科研基金管理办法，完成首届院内科研基金结题验收工作。主持和承担"国家自然科学基金""首都临床特色应用研究""科技部重点研发计划子课题"等项目。获批纵向课题10项。全年在研课题122项，到位经费682.8万元人民币。2017年发表论文111篇，其中SCI论文23篇，总影响因子48.166。

教学工作。2018年参加北京市一阶段住院医师规范化培训考核人员27人，考试通过率100%；截至2018年11月，二阶段规范化培训住院医师在培人员137名，全年58人参加北京大学医学部住院医师第二阶段规范化培训考核。

2018年，医院开展各类教育培训项目354项，包括"住培师资临床带教能力培训班""第六期胜任力导向住院医师教育师资培训""本科临床PBL师资培训班"等。10月至11月举办"第二届中青年教师教学基本功比赛"（初赛+决赛），推选师资参加"北京大学第十八届青年教师基本功比赛（医科类）"，选手获一等奖。

2018年4月，向北京大学医学部提交本科教学任务请示，12月获批成为"北京大学第八临床医学院"。北京大学医学部已正式下达本科教学任务。

2018年，医院临床能力培训中心开展专科培训12项，完成14,328人学时、3825人次培训；AHA（American Heart Association, 美国心脏协会）基础生命支持和高级心血管生命支持培训基地落地医院临床能力培训中心；完成国家医学考试中心"模拟虚拟技术在专科医师膀胱镜技术实践技能考试中的实证研究项目"。

2018年，医院参加继续医学教育的在册医技人员581人、护理人员917人，实现继续医学教育全覆盖。全年开展国家级项目8项、北京市级项目22项、区县级项目68项以及单位自管项目115项。实现医疗机构法定传染病培训项目线上学习，完成20学时传染病学习任务。完成护理科研课程培训4次，医联体护理人员继续教育项目培训支持32次，操作技能培训10次，完成15名专科护士培训，护士培训54场，共8500余人次。完成医联体护理技能操作大赛1次。2018年，接收进修医师、技师123人；接收包括厦门大学公卫学院等在内15所医学院校160名实习同学，其中医技47人、护理113人。

学术会议。2018年医院主持召开首届血液净化专项能力规范化培训高峰论坛暨昌平区血液净化质量控制和改进中心年度总结大会、北京大学国际医院第一届睡眠医学国际高峰论坛、"创新而为 贴众而行"北京大学国际医院举办改善医疗服务—全国医院擂台赛案例组织特训班、"第三届中国社会办医暨医院管理高峰论坛"、2017年度北京医学会放射肿瘤学年会"、三期北京大学国际医院专家论坛、北京大学国际医院生殖医学新进展学习班。

2018年先后有31人次外宾来访，进行学术交流及合作沟通。6月28日，蒙古国肝病专家团14人来访交流，深化两国间的医疗学术交流。8月17日，与坦桑尼亚莫西比利骨科研究所及莫西比利卫生与联合科学大学签署战略合作协议。10月12日，与日本国立国际医疗研究中心医学交流合作的签约仪式举行，是医院推动国际化进程的重要举措。10月17日，挪威卫生和护理部国务秘书携挪威卫生科技集团、挪威DNV GL公司、Respinor公司到访交流，就医疗技术成果的临床应用、医疗服务等进行探讨。

医疗合作。2018年3月中国初级卫生保健基金会、中国医师协会主办，北京大学国际医院、河南省人民医院共同发起中国初级卫生保健基金会癫痫关爱公益基金暨中国医师协会癫痫关爱培训项目；2018年9月与北京市丽格慈善基金会签署定点医院合作协议。

党建工作。4月完成5个党总支、31个党支部的组织架构搭建，完成全体党员组织关系划转，信息完整程度达100%。2018年转正预备党员4人，完成发展对象培养3人，完成入党积极分子培养23人。推进党委重点工作，召开党委中心学习组会议4次，规范党支部建设，召开党支部书记工作座谈会，完成党支部党员社区"双报到"工作。举办"为祖国骄傲、为时代喝彩"主题观影活动、开展"铭记历史、不忘初心"缅怀革命先烈、大型健康咨询主题党日活动、组织争创"党员示范岗"标兵活动。

社会服务文化建设。2018年，招募志愿者300余人，服务万余小时，为患者提供自助机服务、导诊服务、音乐演奏服务；组织"珍爱生命 远离烟草"世界无烟日主题志愿活动，举办"音为爱 更温暖"音乐治疗志愿服务项目；与北京大学、北京师范大学、北京农学院及北京城市学院签订医务社工实习基地协议，培养医务社工实习生8人，开展社工服务3项；成立"进一步改善患者服务行动"项目组，从门诊服务、公共服务、医疗质量、投诉及满意度管理方面入手改善医院服务质量，同时开展"改善服务百日行"工作。2018年组织开展社区健康教育活动39场，参与人数8600人次。传统媒体（包括报纸、杂志、电视、广播）发布健康教育内容100篇，新媒体（医院门户网、其他网站、博客、微博等）进行科普宣传48篇。

（王 迎）

【获"十大榜样团队"称号】 3月31日，在由北京市慈善义工联合会、北京人民广播电台、北京电视台主办的中国梦·义工情第六届"寻找京津冀最美慈善义工"大型文化系列活动中，经过严格的评委审查，北京大学国际医院"急救善使 在您身边"团队（共计53个团体）获京津冀"十大榜样团队"称号。

2016—2018年，急救善使团队于大型园区、企事业单位、学校、大型商场等地组织活动50场，受众人群达十万余人。重点针对通气、止血、包扎、固定、搬运及心肺复苏术展开形式多样的免费急救知识培训。

（付 琳）

【护士长陈兰兰荣获美丽天使奖】 12月5日，"敬佑生命·2018荣耀医者"公益活动年度盛典在人民日报社举行，北京大学国际医院NICU护士长陈兰兰荣获美丽天使奖。陈兰兰参加国际泌乳顾问核心课程、通过IBCLC考核获得资质，科学推广母乳喂养技能和指导，并带领护理团队，打破传统医院NICU不能探视、母婴分离的冰冷壁垒，开放每日探视、母乳喂养、袋鼠抱，教授新生儿养护知识、技能，进行急救培训指导。"敬佑生命·2018荣耀医者"公益活动最终评选出11个奖项。北京大学国际医院同时获得"优秀组织奖"。

（耿 璐）

【深化一站式全程辅助医疗服务模式】 门诊预约率达到90%以上，自助缴费率达到50%以上，医院人员主动服务患者及家属，患者满意度97%。构建门诊质量安全体系，完善不良事件上报及持续改善机制，开展20项精益持续改善项目，方便患者及家属、减少员工工作量，提升医院运营效率。（20项精益持续改善项目标题：提高门诊预约率、门诊号源分时段管理、检查预约及流程优化、门诊急入院流程优化、门诊异常退费流程优化、气泵传输优化、风险管理之诊凳管理、医院成本控制之A5管理、便民轮椅租借流程优化、病历质控系统优化、各类申请单据管理优化、门诊危急值管理、医学诊断证明书开具管理、预约中心工作优化、医学诊断证明书开具管理、精细管理之电梯服务优化、特需5个项目）解除随患者增加新出现的流程瓶颈，放射检查等候由3周到48小时内完成，超声检查等候由10余天缩减为当日或次日内完成。营造更加温馨的诊区氛围，为患者提供更具价值的医疗服务，新增钢琴区、人文画展、学科宣传栏、地标线等2万余处点位，制作检查项目注意事项小视频46个，更换诊凳260个，开展健康宣教227次，服务近8800余名慢性病患者等。

（王晋豫）

【举办第三届医院管理高峰论坛】 8月24日至26日，"第三届中国社会办医暨医院管理高峰论坛"在北京举行。本次论坛主题聚焦"开放融通变革创新"，由北京大学国际医院、北大医疗产业集团有限公司、健康界等机构联合主办，论坛汇集国内医疗卫生领域权威专家，从管理、学科、投资、服务、产业等多方面共同探讨我国社会办医发展和现代医院管理的路径和图景。

（王 迎）

【举办无偿献血活动】 11月6日，"益起献血、共助生命"—第二届北京大学国际医院"生命联盟"无偿献血活动在北京大学国际医院启动。共有26家企事业单位参加此次献血活动，589人登记，477人献血，共计献血107,200ml，开创无偿献血的新机制和新局面。

（王 迎）

滨海医院

【发展概况】 组织结构。天津市第五中心医院（北京大学滨海医院）是一所集医疗、教学、科研、预防保健、康复为一体的大型综合性三级甲等医院，建筑面积10.80万平方米，在建面积3.57万平方米，编制病床800张。2014年12月9日经北京大学第10次党政联席会研究决定，同意该院使用"北京大学滨海医院"名称，纳入北京大学附属医院管理体系。2018年增设妇联、投诉受理中心、退休干部管理处3个职能部门。

学科建设。医院儿科、骨科、妇产科、普通外科为合作共建重点学科；儿科、骨科、妇产科、神经内科、小儿外科、重症医学科、心血管内科、普通外科为滨海新区医学重点学科；神经外科、麻醉科为滨海新区医学重点发展学科。2018年北京大学医学部共派出45位专家998人次赴医院参与手术、查房、会诊等工作，并指导学科建设。

儿科开展内分泌专业，11月，新生儿科被天津市卫生计生委确定为区域重症转诊中心。

骨科以肩肘、足踝、脊柱、创伤、关节专业为主导带动其他专业共同发展，3月成为天津市创伤学分会副主任委员单位；5月27日，通过国家药物临床试验机构认证，成为滨海新区首批具备GCP资质的医疗机构及骨科基地；12月25日，成为国家卫健委能力与建设和继续教育中心——肩肘专项能力滨海新区培训基地，也是滨海新区首家获此殊荣的综合医院。

心血管内科全面开展房颤中心建设。1月，经中国房颤中心审核成为"第一批中国房颤中心建设单位"，成立滨海新区首家房颤急诊、房颤门诊；逐渐形成以"心房心肌病"为主要研究方向，心肌结构重构为主要研究特色；开展高血压三级分科、数据库建设，同时完善随访工作；4月15日，医院被评定为国家心血管病中心高血压专病医联体滨海新区分中心；8月22日，与药剂科联合开设抗凝门诊，为滨海新区血栓栓塞的患者群体提供抗凝治疗方面规范医疗服务；11月6日，成为第一批"中国房颤中心认证单位"，也是滨海新区首家获此殊荣的综合医院。

普通外科开展腹腔镜胰十二指肠切除术、腹腔镜肝切除术；推广腔镜辅助甲状腺手术、开展甲状腺手术中甲状旁腺素快速检测技术，与胸外科联合完成滨海新区首例腹腔镜联合开胸贲门癌根治手术。

泌尿外科开展经皮肾镜超声弹道/钬激光碎石取石手术、输尿管硬镜及软镜超声/钬激光碎石取石手术等微创高难度手术。神经外科完成滨海新区首例三叉神经球囊压迫术，京津冀地区首例颈7神经移位术促进偏瘫患者患侧上肢功能恢复；开展缺血性脑血管病外科手术治疗（内膜剥脱术、颅内外血管搭桥术等）；首创Innova-CT引导下颅内血肿穿刺抽吸引流术。

消化内科独立完成2例POEM术，8月5日成为"天津市食管规范诊治联盟"协作中心医院。神经内科开设帕金森门诊，开展急性缺血性卒中静脉溶栓、静脉溶栓桥接动脉溶栓及血管内治疗。重症医学科开展血液净化枸橼酸抗凝技术、超声引导下血管内置管技术。眼科开展眼眶肿瘤手术、眼科美容手术；眼球内注射抑制新生血管生长药物联合小梁切除术治疗新生血管性青光眼。超声科开展胃肠声学造影。

1月18日至21日，医院通过ISO15189医学实验室认可首次定期监督评审。3月，成立感染免疫科，设立滨海新区首个风湿免疫专业病房。7月，通过国家药品监督管理局食品药品审核查验中心审查，获得"国家药物临床试验机构资格认定"证书。9月13日，血液肿瘤科通过癌痛规范化治疗病房复审。皮肤科分别在4月21日、9月27日，被中国中西医结合学会皮肤性病专业委员会确定为"中国痤疮临床医疗培育基地""中国湿疹皮炎皮肤过敏研究基地"。12月22日，成为

"国家老年疾病临床医学研究中心协同创新网络成员单位"。

医疗工作。2018年门急诊总量146万人次,同比下降2.5%;出院病人2.98万人次,同比增长7.2%;完成各类手术和操作3.15万例,同比增长40.4%;其中四级手术5097例,同比增长15.6%;平均住院日9.2天,同比下降0.5天;平均病床使用率94.8%,同比提高1.8%。开展临床路径科室22个,纳入病种总数150种,临床路径管理率达到57.33%,完成率达到80.67%。疾病病种数2841,手术病种数1952。药品收入占业务收入比例30.27%,比2017年下降0.96%。接待投诉201例,解决152例,其中医调委调解解决3例,沟通解决149例,结案率为75.62%,医疗事故及医疗损害鉴定2例。

完成天津市疾病、手术编码库统一切换工作;全年病历质检29,764份,甲级病案率100%,在天津市2017年度34所三级医院病案质量检查中取得病案管理质量第二名、病案编码质量第二名、病案首页质量第五名。

护士总数671人,其中合同制404人,同比增加3.86%,在编护士267人,同比减少5.32%。年度护士离职率1.03%,护士中有硕士学历4人,占比0.6%;本科学历357人,占比53.20%。

对口支援。3月6日,选派超声科徐丽伟、普外科马亮亮赴西藏自治区昌都市丁青县人民医院进行为期半年的医疗援助工作;3月19日,选派放射科刘圣源、心血管内科胡圣赴青海省黄南州人民医院进行为期一年半的医疗援助工作;7月2日,选派骨科赵晓涛、检验科寇翰林赴青海省黄南州河南县人民医院进行医疗援助工作。9月20日,选派放射科李磊参加第二十五批卫生部支援非洲医疗队,赴非洲刚果(布)进行为期一年的医疗援助工作。

队伍建设。全院职工1552人,其中在编1049人,非编503人,其中博士14人,硕士359人。硕士研究生导师1名,高级技术人员176人。1人入选"131"创新型人才培养工程第一层次、10人入选第二层次、27人入选第三层次。1人列为国家卫生健康行业经济管理后备领军人才培养人选。2人入选"天津市青年医学新锐"。派出11名医务人员赴北京大学医学部各附属医院和国内顶尖医疗机构进修学习,赴境外学习4人。

科研工作。2018年获批天津市自然科学基金项目1项;天津市京津冀基础研究合作项目1项;天津市医院管理科研项目1项,滨海新区科技项目4项,滨海新区卫生计生委科技项目12项;获批填补滨海新区空白项目29项;获天津市科技成果4项,获得国家专利6项。获得科研资助经费103万元。国内核心期刊发表论文59篇,其中SCI论文12篇。中心实验室首次发现肝癌干细胞中Cx43蛋白能够被SUMO化修饰调控,可达到肝癌化疗增敏效果;首次发现糖皮质激素能够通过调节SALL3蛋白SUMO化修饰途径参与神经干细胞的增殖与分化;获得国际上首只心肌特异性SUMO转基因小鼠和软骨细胞特异性SUMO转基因小鼠。

教学工作。完成规范化培训学员培训及毕业生实习等4000人次,完成24名2015级、29名2016级北京大学医学部检验系学生《临床医学概论》理论教学。获批国家级继教项目5项,省市级继教项目18项,派出22名带教老师参加省市级以上师资培训。组织院内继教项目讲座30次,组织实习生参加院内讲座29场次。

学术会议。1月27日,举办"北大医学—京津冀消化外科论坛";3月1日,举办"感染免疫疾病学术研讨会";4月22日,举办中国创伤生命支持(CLTS)培训会。4月25日,举办国家级内分泌继续教育学习班;7月23日,举行国家心血管病中心高血压专病医联体天津市滨海新区分中心启动会暨基层医生培训会;9月4日,COPD领域专家—英国伦敦大学圣乔治学院呼吸医学教授Paul Jones莅临医院呼吸科进行学术交流活动,此次交流活动面向全国50多家医院现场直播;11月21日,举办第一届天津滨海医疗器械管理论坛;11月24日,举办"基层医师规范化培训及青年医师成才计划项目天津滨海站暨天津市滨海新区第一届肝胆肿瘤规范化治疗高峰论坛"。

党建工作。9月10日,经中共天津市滨海新区委员会批准,杜新平任党委书记,刘明勇任党委委员。2018年发展党员名6名,预备党员转正3名,转入组织关系13名,转出组织关系62名,开除党籍1名,停止党籍1名,死亡2名。截至2018年底,共有党员396人。全年召开党委会14次、民主生活会1次、党支部书记党建工作述职会1次,组织理论中心组学习10次,集体研究党建工作14次,党组织书记讲党课34次。开展不担当不作为专项治理工作,制定《天津市第五中心医院深入开展不作为不担当问题专项治理工作实施方案(2018—2020年)》《天津市第五中心医院2018年深入开展不作为不担当问题专项治理工作计划》。

行风建设。制定《天津市第五中心医院行风建设管理办法》《天津市第五中心医院严肃查处收受"红包"、回扣违法违规行为管理办法(试行)》《医药代表登记备案制度》《医药代表诚信制度》《工作人员擅自接待医药代表处罚规定》《天津市第五中心医院防统方管理制度》。开展行风教育培训11次,召开行风专题会议4次。

群团工作。2018年医院工会下设10个分会,会员1552人。全年1人被评为"天津市优秀工会积极分子",1人被评为滨海新区"三八红旗手"。团委下设7个基层团支部,团员170名。1名青年获得"滨海新区青年"创新创业创优"先进个人荣誉称号,11名团员获滨海新区卫生计生系统"优秀共青团员",3名团干部获滨海新区卫生计生系统"优秀团干部",2个团支部获滨海新区卫生计生系统"优秀团组织"。

文化建设。组织党员参观"利剑高悬"警示教育展览、参观爱国主义教育基地、开展"我们的节日"主题活动、多种形式收听收看直播纪念马克思诞辰200周年大会。组织37个党支部378名在职党员到居住地社区党组织报到,开展扶贫帮困、义诊咨询、健康教育、医疗指导及滨海新区"万人大清整"等志愿服务活动。按照导向性、告知性、宣传性对院内公共区域标识进行分类管理；医院被天津市精神文明建设委员会授予2015—2017年度"文明单位"称号。

基本建设。完成地下车库工程项目主体结构施工、后浇带施工及地下一层二次结构施工；完成门急诊楼项目土建主体结构及二次结构施工，并通过验收；完成医技楼与门急诊楼连通口部主体结构施工；完成原第二住院部改造儿童医院、新建营养食堂项目前期勘查、设计、监理、项目管理招标工作。

（裴征）

【干部人事档案专项审核】 按照滨海新区区委和区卫生计生委对干部人事档案专项审核工作部署要求，1月11日，医院制定《天津市第五中心医院干部人事档案专项审核工作实施方案》，成立专项审核小组和专项审核办公室，召开全院中层干部会议进行动员部署，组织工作人员学习培训，熟悉政策、明确标准、规范操作；提前开展试运行，发现潜在问题、理顺工作流程。此次干部人事档案专项审核工作共涉及1053人，其中中层干部34人，管理和专技岗1004人，工人15人。截至2018年12月31日，有1049名干部的档案全部完成审核，其中1041名干部的档案签字确认，3人待签字，2人信息待确认，3人辞职。经审核共发现2名干部档案存在档案材料涂改、69名存在信息记载不一致，对38名干部的"三龄二历一身份"进行组织重新认定，其中，重新认定出生时间干部27名，重新认定参加工作时间干部13名。部分干部人事档案存在缺少年度考核、职称续聘、党团材料和民主党派材料缺失问题，补充材料528份。

（许荣杰）

【接受第三方评价】 2018年12月17日，接受国家医院管理研究所第三方评价，区卫生计生委主任李长春在启动会上要求各受评医院以此为契机，总结经验和亮点、查找问题和不足，推进合作共建更加深入，推动滨海新区医疗机构管理和卫生健康服务水平提升。国家卫生健康委医院管理研究所所长陈晓红致辞并作题为"问题导向—创新医院管理"的培训，详细介绍本次评审的目的、意义和方法，并解读相关标准。

作为首家受评单位，于12月18日至20日接受评审。管理组张健、曹壮，医疗组李西英，药事组赵怀全，护理组宋葆云，院感组杨芸，财务组朱素云等专家对医院各项工作开展全方位的追踪式评价。20日上午，专家组向医院反馈检查情况。此次评审共走访医院各临床、医技、职能科室167个次，访谈各级各类人员332人次、患者和家属29人次，检查设备199台次，查阅运行病历16份，终末病历4份，处方61张，总结亮点29个，发现问题45项，提出建议23条。专家组组长张健作总结报告。

（裴征）

校医院

【发展概况】 发展历程。2018年12月17日，校医院（北京大学医院）通过医疗机构执业许可证年审。2月1日设立精神卫生门诊、3月1日设立儿科门诊，完善医院科室架构。2018年完成医师执业变更注册6人次、护士执业变更或延续等注册64人次。

队伍建设。2018年医院职工总计365人；事业编制98人，劳动合同制267人；正高职称4人，副高职称46人；医师61人，卫技人员25人，护士136人；2018年正式调入5人，退休7人。医院派出学习进修培训6人。2018年医院在编职工进行岗位聘任考核98人，医院A类岗人员述职考核5人，全体医师通过北京市医师定期考核。

学科建设。2018年医院设有口腔科、体检科、血液透析室3个特色科室；设有内科、外科、急诊室、眼科、耳鼻喉科、中医科、皮肤科、妇产科、儿科、康复科、心理咨询、保健科、麻醉科等24个临床科室；设有放射科、功能检查科、检验科、药房、手术室、供应室、信息科、物资组等8个医技科室；设有综合办、医务科、护理部、财务科、人力资源办、宣教办、离退休接待办、质量管理与控制办、公费医疗管理办、医院感染管理与控制办等23个职能和管理科室。

临床医疗工作。2018年医院门诊量459,267人次，同比增长3.26%；日均门诊量1867人次，同比增长4.07%；急诊27,829人次；住院病人427人次。免疫接种31,742人次，上门医疗服务1330人次，参加学校重大活动医疗保健服务140人次。2018年体检37,599人次，发现教职工健康重大问题并追访702人，筛查确诊肿瘤22人；追访学生体检异常815人，筛查肺结核10人；为无社会养老保障老人及精神疾患病人免费体检58人。口腔科共接诊病102,982人次，开展牙齿种植等手术719例，为中小学生、幼儿园小朋友进行免费口腔检查、涂氟、窝沟封闭3497人次，开展笑气镇静下牙科治疗16例，激光治疗20例。医院超声科诊断并经上级医院手术证实临床或手术诊断肿瘤共74例。

2018年院长业务查房8次，门诊病历、住院病历及处方督导、检查26次，护理查房10次，召开医疗质量管理会议8次，医疗应急演练4次。全年住院甲级病历合格率100%。社区医疗工作。医院常年对传染病进行流行病学调查及密接者应急接种。2018年完成大学生疑似肺结核防病、隔离16人，排查密接工作77次。"疫苗与健康"微信公众号关注人数27,187人。对社区儿童健康管理324人次、妇女及围产保健管理2187人次、重大疾病随访702人次。对发生传染病进行网络直报，2018年无漏报、迟报。

2018年开展健康教育大课堂40次，受益12,333人次；发放领取折页、宣传单等纸面宣传材料45种共计17,160份；

发放自制健康教育宣教材料16种共计13,400份；更换宣传栏6次，通过微博进行健康教育全年受益近102,196人次；医院网站发布健康科普文章15篇；全年举办17场健康咨询活动。

2018年医院与燕园街道、幼儿园及各院系部门协作，家庭医生签约14,667人、老年人健康管理3281人。同时医院自主开发社区慢病管理工作软件，对社区居民建立健康档案并进行管理。

按照学校2018年暑期学生军训工作调整方案，医院48小时内完成3500人本科新生入学体检，并在军训前完成体检报告；配合学工部，完成两批次本科新生军训医疗保障工作。

公费医疗管理。2018年公费医疗门诊报销16,808人次，报销金额131,125,345.30元；住院报销2036人次，报销金额37,304,908.57元。11月通过北京市社保局专项审计。

科研教学。2018年参加"国家重大公共卫生专项""国家自然科学基金""首发基金""北京大学人才启动基金"等项目共计7项。2018年发表论文7篇。医院承担北京大学本科生"大学生健康教育"15学时、2学分公选课。2018年为53名学生开展课程，综合成绩合格率96%，优秀率28%。医院同时承担指导北京大学红十字会学生分会工作。2018年共开展急救培训讲座4次，参与学生412人；开展防艾同伴教育、主题宣传6次，参与学生172人；组织开展无偿献血6次，捐献全血719单位，血小板68.5单位。

学术会议。5月18日至20日，医院与北京大学第一医院共同举办"血管通路"，来自全国30余家医院324人参加3天学习。9月8日，医院与北京大学第一医院共同举办"肿瘤化疗输液港植入技术及并发症处理"，来自全国40余家医院300余人参加学习。12月29日，日本渡边牡蛎社一行4人来访，与医院进行学术交流，确定共同进行改善更年期患者睡眠质量方面研究。

2018年各种业务讲座、培训50场次，全院医技护309人完成在职继续教育学习，达标率100%。

医疗合作。为方便师生就医，3月15日，北京大学附属医院专家诊区在北京大学医院成立并开始接诊学校师生患者。北京大学附属医院专家诊区专家由北京大学第一医院、北京大学人民医院、北京大学第三医院、北京大学第六医院、北京大学口腔医院、北京大学肿瘤医院6所附属医院专家组成，北京大学医院派专人对专家诊区服务及管理。截至2018年底，出诊专家54人，出诊单元421个，接诊学校师生5347人次，初步缓解师生就医困难问题。

党建工作。2018年医院发展党员1名，预备党员转正1名，转入组织关系2名，转出组织关系1名。截至2018年底，共有党员145人。医院党委加强医院班子思想政治建设，提高班子政治素养；学习贯彻落实习近平总书记系列重要讲话和党的十九大会议精神，学习传达北京大学第十三次党代会精神；执行民主集中制和"三重一大"制度及议事规则与决策程序，按时召开民主生活会；落实党政同责、一岗双责制度；完善医院"党风廉政建设责任制"实施办法，执行八项规定精神和执行公务接待标准，开展"廉洁教育"专题培训；加强医德医风建设，开展职业道德教育，发挥医院党委监督作用，纪委委员参与医院内招标，参加医院药事委员会等相关工作；坚持每月召开医院党委会和支部书记例会制度，2018年共召开医院党委扩大会及支部书记例会10次，医院党员大会2次，医院党政联席会11次；严格落实"三会一课"制度，开展支部评议和民主评议党员工作，2018年共18名在职党员评议优秀，外科党支部被评为学校先进党支部，1人被评为校级优秀党员；开展党员学习教育，党委书记带头讲好党课，开展"传承红色精神，坚定理想信念，做新时代合格共产党员"主题党日活动，完成在职党员"双报到"工作；落实巡视整改工作，配合学校对医院开展专项审计与综合审计工作。

群团工作。2018年医院工会有工会小组15个，会员265人。组织工会会员、职工参加春游、秋游、徒步健身、60周年院庆、新年联谊会等活动10次。组织医院职工参加北京大学2018年教工运动会集体操表演，并获精神文明奖。发放困难补助6人，共计83,000元。

2018年医院关心慰问走访离退休职工52次；组织离退休职工"党日活动""游园活动""集体生日"等5次。

医院文化建设。8月19日，医院召开首个中国医师节纪念暨表彰大会，号召全体医护人员"弘扬救死扶伤的人道主义精神，不断为增进人民健康做出新贡献"。行风建设工作。医院加强医德医风教育，培养职工爱岗敬业精神和职业操守。2018年收到表扬信35封，锦旗6面；门诊患者满意度96%，住院患者满意度98%。

【建院60周年纪念大会】 12月28日，北京大学医院建院60周年纪念大会召开，医院在岗和离退休职工近400人参会。云虹院长在纪念大会致辞中表示，始终将"服务师生"确立为北京大学医院未来发展主线，医院在提升"治病"本领同时，要发展"健康教育和疾病防控"职能，把医院以治病为中心转变为以守护师生健康为中心，依托医学部学科优势，在加强健康知识宣传力度、提高师生主动防病意识、保障妇幼健康、为老年教职工提供连续健康管理服务和医疗服务等方面有更大作为。

（姜天乐）

其他单位

图书馆

【**发展概况**】 党建工作。2018年，北京大学图书馆领导班子学习贯彻党的十九大精神和习近平新时代中国特色社会主义思想以及习近平总书记在北大师生座谈会上的重要讲话精神，学习贯彻全国宣传思想工作会议和全国教育大会精神，贯彻落实校十三次党代会精神，牢固树立"四个意识"，坚定"四个自信"，做到"四个服从"。班子成员讲规矩，守纪律，执行党中央决策部署和上级党委决议决定。贯彻民主集中制，落实"三重一大"，制定党政联席会议事规则，实施馆务公开。履行全面从严治党责任，坚决纠正"四风"，严格遵守"八项规定"，认真抓好落实。落实党风廉政建设责任制，严格执行廉洁自律准则，在人员招聘、职称评审、财务管理、经费支出等方面无违法违规现象。

2018年是北京大学建校和图书馆建馆120周年，李大钊先生出任北大图书馆主任100周年。图书馆开展"重温经典明使命，初心不忘北大人——北京大学图书馆藏红色革命文献整理与学习"系列活动、参观北京李大钊故居、组织观看原创音乐剧《大钊先生》、举办"铁肩担道义，妙手著文章——李大钊出任北京大学图书馆主任100周年纪念展"、学习李大钊精神专题讲座等。5月，图书馆组织集中学习习近平总书记在北大师生座谈会上的重要讲话精神。馆长陈建龙作专题报告，图书馆馆务会成员、党委委员、各中心正副主任、各支部书记以及支委参加专题学习会。此外，馆党委组织各支部进行2017—2018学年度基层党建创新立项申报工作并获批。

推进文献资源学科采访。重点解决目前比较突出的"与学科用户沟通不畅、缺乏系统的学科资源建设评估与规划"等问题，加强与学科专家的联系，拓宽读者参与资源建设渠道，逐步实现学科资源建设中的"馆员与用户一体化交互式"发展。初步构建"区域与国别"文献资源布局，加强重点学科文献资源推介，建立学科资源绩效评估机制，通过馆员派驻、业务评估等手段，提供分馆的服务能力。

多渠道优化文献信息服务。1.开发微信应用小程序。5月2日，推出"北京大学图书馆"微信服务小程序。该程序支持读者通过手机微信进行检索、预约、续借馆藏、收藏书目、查询个人借阅状态、扫描书籍ISBN查询馆藏等。12月24日，推出上门服务系统。解决手工复制易出错、无法在线生成清单等问题。12月25日，推出闭架图书叫号系统。

2.校园文化建设工作。举办阅读马拉松·经典阅读活动、"迷影放映"电影系列讲座、实体书展、大雅讲堂系列讲座、文化工作坊、校庆朗读与留声活动、换书大集等品牌活动，其中文化工作坊阅读推广活动获评中国图书馆学会年度"阅读推广优秀项目"，阅读文化推广基地获评北京大学校园文化品牌项目。策划"发现科学之美"科研图片征集评选等活动。结合借阅大数据，在深入分析用户借阅满额、预约排队、馆藏高借阅与零借阅数量等情况的基础上，完成借阅规则调整工作，大幅上调所有读者可借阅图书册数上限，并将所有图书可续借次数上调到5次。

3.古籍研究嵌入教学。12月6日，图书馆召开古文献助力文史哲教学发展讨论会，决定将古籍图书馆作为文史哲相关专业古文献实习基地，古籍图书馆为本科教学提供相应的古文献阅读支持，将古文献信息素养教育嵌入专业教学。古籍图书馆对相关院系利用馆藏古文献的具体需求进行调查，形成古文献助力教学、古文献整理业务与教学实践相互促进协同发展的初步计划：一是加大对重点科研项目的古籍资源保障力度；二是充分征求相关专业教师对古籍数据库与影印书的采购意见；三是放宽本校文史哲相关专业的研究生借阅原版书的权限，为其提供个性化的阅览服务；四是配合中文系古典文献专业恢复古籍整理的理论与实践课程；五是根据馆藏古文献情况，开设专题实习研究课程，由专业馆员指导学生参与编制馆藏古文献专题目录，推进古文献数字化进程，将古文献的文献价值和文物价值分离，实现古籍有效利用与充分保护双赢。

4.完善信息素养分级教育体系。2018年信息素养教育工作已形成线上线下立体化和全媒体的格局，活动包括线上精品视频课、评测平台、新生手游，线下日常讲座、专场讲座、专业课程、搜索达人大赛等。信息素养教育服务分级模式开始试行。

5.构建新的学术生态系统。2018年发布北京大学图书情报、心理学、化学、环境科学与工程、材料科学与工程、大气科学、物理学、计算机科学与技术、生物学、地理学、地球物理学、地质学等12个学科前沿系列报告，并完成中国高校化学、材料科学、物理学、农业科学、计算机科学、工程科学、数学、医学、地球科学、生物学、环境科学和心理学等12个学科前沿报告。经批准成立北京大学知识产权信息服务中心。已签署第一份专利咨询服务合同并发布《北京大学专利竞争力分析报告》（2018年版）。配合学校科研部和计算中心完成科研管理综合信息系统成果子系统的开发及测试。

6.珍贵文献的保护和探索。推进完善古文献保护实验室建设工作，组织人员先后赴国家图书馆、首都图书馆、天津图书馆和北京师范大学图书馆进行调研、学习，了解国内古籍保护实验室发展现状。完成2018年13项实验室仪器设备采购计划。制定古籍保护实验室工作条例，明确业务范围。同时，为配合学校教学工作，开设古文献修复与观摩讲座和专题研究课程，为古文献有效利用和保护夯实基础。截至2018年11月末，累计修复古籍22种278册23,988叶。其中重度破损书叶占51%，濒危古籍书叶占6%，超过修复书叶总量的一半。

7.晚清民国文献保护工作。申请专项经费180万元用于制作保护装具。2018年完成15,669个保护装具的测量制作以及套装工作，其中清末民国报纸3998个、民国期刊2211个、西文善本1070个、革命文献1026个、子民图书室藏书870个、非线装古籍1327个、北大文库胡适藏书及其他民国图书1438个以及书信手稿等共3729个。另外，完成民国报纸合订本907个、胡适中文书信115封的保护盒套装工作。

8. 东楼大修正式启动。年初，针对古籍馆设备设施存在的安全隐患，完成安防系统和部分设备的改造和维修。2月26日启动古籍文献搬迁工作，历时近两个月将150万册/件馆藏古文献安全迁移至古籍分馆地下书库。4月，100多万册古籍安全顺利地迁移至古籍图书馆。阅览、编目、修复、拓片数字化等业务工作逐渐恢复。7月完成东楼修缮的整体移交、全面开工。9月，初步完成典籍的上架清点工作，古籍阅览室重新开放，东楼大修全面启动。东楼修缮先后组织多次施工论证会，并按专家意见完善施工方案，预计于2019年底竣工交付，2020年投入使用。

服务高校及社会。围绕"用户导向，服务至上"主题，图书馆在10月24—25日举办建馆120周年国际学术研讨会。中国高等教育文献保障系统（China Academic Library & Information System，CALIS）通过采编一体化平台建设，建立馆社联盟。中国高校人文社会科学文献中心（China Academic Humanities and Social Sciences Library，CASHL）大力推动人文社科文献信息资源共建共享。配合教育部高等学校图书情报工作指导委员会秘书处推动"高校图书馆事实数据库"的建设工作。《大学图书馆学报》在2017年版《中文核心期刊要目总览》位于图书馆学情报学期刊前三甲。

工会工作。配合党政班子，组织文娱活动，并组织职工参加校工会的各类活动。以全校第一名的评比成绩获"2017—2018年度北京大学模范工会委员会"称号。

人才培养。提升馆员职业素养和服务育人能力。图书馆有针对性地召开系列座谈会，重点关注人才队伍建设、馆员职业发展。

科研立项。2018年图书馆的科研项目共39项，其中新立项15项，完成17项，全年拨入图书馆的科研经费共197.17万元。全年产出90项研究成果。

【召开暑期战略研讨会】 7月17日—18日，图书馆暑期战略转型与发展研讨会召开，会议以"图书馆2035年愿景+2019—2022年行动纲领"为议题，重点思考图书馆在近期和未来的发展目标和方向。

会议还讨论关于国际研究型大学联盟（IARU）图书馆、环太平洋研究图书馆联盟（PRRLA）以及国内主要大学图书馆战略发展情况的调研报告，并邀请信息科学技术学院童云海教授和吴宏玺教授围绕大数据和人工智能分别作专题讲座。

陈建龙馆长分享图书馆2035年愿景和2019—2022年行动计划的思考，党委书记郑清文作会议总结。

会后，图书馆正式制定《北京大学图书馆2035年愿景暨2019—2022年行动纲领》。

【纪念建馆120周年·用户导向的信息服务国际学术研讨会】 10月24日，"纪念北京大学图书馆建馆120周年·用户导向的信息服务国际学术研讨会"开幕式在北大英杰交流中心举行。北京大学校长郝平，党委常委、副校长陈宝剑，国家图书馆副馆长张志清等出席开幕式庆典。百余所高校图书馆、部分公共图书馆长，北京大学知名专家学者代表，学校各部门、各院系负责人、学生代表及北京大学图书馆新老馆员等参加此次会议，其中海外26个机构38名代表，大陆75个机构156名代表，总人数达400余人。开幕式由北大党委副书记、秘书长安钰峰主持。

研讨会就"高校图书馆的本来、外来和未来""高校图书馆的服务与管理转型""'双一流'建设与师生信息需求、信息行为新变化""新时代图书馆员职业素养和用户信息素养培育""高校图书馆用户导向的信息服务"等主题进行专题讨论。10月25日，"第四届全球高校东亚图书馆国际论坛""第12次中文文献资源共建共享合作会议"同期举行。

【2018—2022年教育部高等学校图书情报工作指导委员会成立】 12月1日，2018—2022年教育部高等学校图书情报工作指导委员会（以下简称"图工委"）成立暨第一次工作会议在北京召开。图工委的46名委员，高职高专院校分委员会的主任委员、副主任委员、秘书长，安徽省、贵州省、河南省和新疆维吾尔自治区的图工委主任，各省、自治区、直辖市图工委的秘书长，共80名专家出席会议。

在教育部高教司教学条件处李静处长的主持下，高教司宋毅巡视员为委员们颁发聘书，并作题为"全面发挥图工委作用，全面振兴高校图书馆事业，全面服务新时代高等教育"的讲话。图工委主任陈建龙作题为"传承创新，协同引领，积极发挥参谋、咨询、指导和推动作用"的报告。陈凌秘书长对图工委章程的修订和工作组的设置及分组情况作说明。随后全体委员分为8个工作组，就章程的条款，各组的组名、成员及工作范围，明年的工作计划等，展开讨论。讨论结果成为各工作组制定2019年工作规划的依据。

【CALIS成立20周年纪念大会】 12月4日至5日，由中国高等教育文献保障系统（CALIS）管理中心举办的"从共建共享走向融合开放"学术研讨会暨2018年度CALIS年会在北京大学召开，北京大学原常务副校长、CALIS管理中心原主任王义遒，北京大学副校长王博，教育部高等教育司教学条件处调研员张庆国，教育部高等教育司原教学条件处处长李晓明及来自高校图书馆、学术界、出版界、信息化技术企业的专家学者、行业代表400余人出席开幕式。

会议以"新时代高校图书馆可持续发展的全局性问题"为核心，专家学者围绕"升级资源建设""提升新型服务能力建设""新一代图书馆平台建设"等方面交流新思路、探索新方法。

为纪念和表彰20年来与CALIS共筑高校文献保障体系的优秀参建单位，大会还特设"中国高等教育文献保障系统"项目建设二十周年杰出贡献奖、"中国高等教育文献保障系统"项目建设二十周年突出贡献奖、"中国高等教育文献保障系统"项目建设二十周年专项贡献奖。

【《中文核心期刊要目总览》2017年版出版】 12月，《中文核心期刊要目总览》(2017年版)纸质书正式出版。本版核心期刊定量评价，采用被摘量（全文、摘要）、被摘率（全文、摘要）、被引量、他引量（期刊、博士论文、会议）、影响因子、他引影响因子、5年影响因子、5年他引影响因子、特征因子、论文影响分值、论文被引指数、互引指数、获奖或被重要检索工具收录、基金论文比（国家级、省部级）、Web下载量、Web下载率16个评价指标，选作评价指标统计源的数据库及文摘刊物达49种，统计到的文献数量共计93亿余篇次，涉及期刊13,953种。参加核心期刊评审的学科专家近8千位。经过定量筛选和专家定性评审，从国内正在出版的中文期刊中评选出1983种核心期刊，分属七大编78个学科类目。

该书由陈建龙等任主编，北京地区十余所高校图书馆、中国科学院文献情报中心、国家图书馆、中国社会科学院评价研究院等相关单位的百余名专家和期刊工作者参加研究工作，由北京大学出版社出版。

（游　越）

表13-1　北京大学图书馆2018年度新增文献资源统计

项目（种）		中文		外文		总计	
		（种）	（册/个）	（种）	（册/个）	（种）	（册/件/个）
实体资源	图书	44,353	80,944	14,480	15,300	58,833	96,244
	期刊	2884	6633	1145	1453	4029	8086
	报纸	146	1617	21	0	167	1617
	学位论文	—	—	—	—	7140	7140
	多媒体	—	—	—	—	236	382
电子资源	数据库	222	222	274	274	496	496
	电子期刊	29,065	29,065	37,456	37,456	66,521	66,521
	电子报纸	454	454	973	973	1427	1427
	电子图书	1,004,050	1,004,050	521,080	521,080	1,525,130	1,525,130
	电子学位论文	7,481,074	7,481,074	740,375	740,375	8,221,449	8,221,449

表13-2　北京大学2018年图书馆馆藏累计总量统计

文献种类（种）		总馆		分馆	
		（种）	（册/件/个）	（种）	（册/件/个）
图书	普通图书	3,100,526	5,191,083	—	1,157,845
	学位论文	94,894	94,894	77,729	77,729
	古籍	—	1,230,000	—	—
	拓片	46,887	84,157	—	—
期刊（合订本）		44,030	678,779	—	257,795
电子期刊		66,664	66,664	—	83
电子报纸		1427	1427	—	—
电子图书		2,954,857	2,954,857	—	25,256
电子学位论文		3,950,188	3,950,188	—	—
数据库		696	728	—	35
音像资料		30,863	53,068	—	8497

表 13-3 北京大学图书馆近 5 年读者服务总体情况统计

统计项目	2014	2015	2016	2017	2018
入馆人次	2,162,878	2,084,103	2,071,188	1,482,313	1,216,252
纸本借阅册次	1,000,660	925,167	858,071	690,412	719,639
馆际互借/文献传递（笔）	28,354	28,263	21,927	17,510	17,949
网上咨询（个）	8841	6537	11,636	6361	14,344
课题咨询（个）	862	983	1160	1292	1335
信息素养服务场次	132	116	124	132	114
人文素养服务场次	46	17	36	11	20
电子资源检索频次	119,837,217	179,883,396	174,612,390	148,740,082	334,906,836
电子资源全文下载篇次	19,196,062	27,729,438	28,844,632	32,961,293	42,129,113
多媒体资源在线检索与点播频次	1,922,086	2,083,605	1,825,711	3,657,621	5,009,937

医学图书馆

【发展概况】 北京大学医学图书馆馆舍面积 10,200 平方米，提供阅览座位 600 余个，自助借还机 2 台，自助打印复印机 1 台，电子书机 1 台，阅报机 1 台。

图书馆设有中外文图书阅览室、中外文期刊阅览室、保存本与多媒体室、学位论文室、文艺书报刊借阅室、古籍与特藏室等。除古籍与特藏室外，各阅览室和书库均实行开架服务。馆藏资源以医药卫生和生物类为主，截至 2018 年底，纸质资源方面，共有各类书刊 51 万余册，中外文纸本期刊 5083 余种，报纸 52 种；电子资源方面，订购数据库 280 个，电子期刊 78,762 种，电子书 83,582 种；古籍方面，收藏有珍、善本古代图书 4000 余册，包括中国大陆唯一珍善本（手抄本）《太平圣惠方》一部十函共 100 卷 100 册。

图书馆下设综合业务办公室、采访编目部、系统部、流通阅览部和信息咨询部等 5 个部室，及全国医学文献信息中心（CALIS National Information Center in Medicine）、医学外国教材中心、医学信息咨询中心等 3 个虚体中心。馆长张大庆教授（兼），副馆长王金玲、李维任，馆长助理张燕蕾。截至 2018 年底，图书馆共有正式职工 45 人（张大庆馆长不在医学图书馆编制内），其中硕士研究生及以上学历 26 人，占全馆总人数的 58%；高级职称 11 人，占全馆总人数的 24%。图书馆设有由主要领导组成的馆务会，每周召开馆务会议，遵守重大事项集体讨论的制度。

图书馆主要提供科研数据分析、学科跟踪服务、文献计量分析、书刊阅览、图书外借、科研立项及成果鉴定查新、论文收录引用证明、定题服务、馆际互借、文献传递、数据库检索、文献打印复印等服务。此外，承担各专业本科生、研究生的医学文献检索与利用教学任务，开办新生入馆教育与各类培训讲座，为各学院提供针对性学科咨询等。

北大医学机构知识库是涵盖医学部所属学院、附属医院及独立研究院（所、中心）所有学者发表的各类研究成果的资源平台。知识库以动态可视化的方式展现北大医学的科研成果，并以数字化的方式提供查询与利用。截至 2018 年底，图书馆已完成知识库中药学院知识库的建设试点，其他学院、附属医院的知识库正在建设中。

2018 年，图书馆以北大 120 年校庆、世界读书日、毕业季、新生入学等主要时间节点为切入口，共举办线上线下阅读推广活动 20 场。

图书馆党支部有党员 22 人，王金玲任党支部书记兼纪委委员，殷蜀梅任组织委员，张燕蕾任宣传委员。支部学习注重线上线下相结合，采取集中开会与网络群组、微信平台（北医图党支部）互动等方式开展政治理论学习及教育活动，将学习情况和成果上传医学部服务平台中的党支部管理模块。获评 2018 年度北京大学优秀党支部。

【双一流学科发展状况跟踪分析】 2018 年 4 月起，图书馆组织成立双一流学科跟踪分析与评价项目组，对北大医学相关学科在基本科学指标排名（ESI, Essential Science Indicators）及泰晤士高等教育、美国新闻与世界报道、QS 和 AWRU 世界大学学术排名等主流高校排行榜的表现进行跟踪分析。

【北大医学科研产出计量报告】 2018 年，图书馆发布北大医学科研产出分析计量报告。报告分为七大医学名刊发文计量、北大医学数据分析、附属医院与同行学术绩效比较、双一流学科与同行对比、专利产出分析等五大部分。

【北大医学 2017 年度阅读报告】 2018 年，通过分析医学图书馆读者的借阅数据和门禁刷卡数据，图书馆首次发布北京大学医学部 2017 年度阅读报告，报告分纸质版、网页版和微信版等 3 个版本。

（张燕蕾）

档案馆

【发展概况】 组织机构。北京大学档案馆下设收集指导、管理利用和技术编研3个办公室。2018年档案馆编制13人,现有在编人员12人,其中高级职称2人,中级职称9人,初级职称1人。另有兼职人员1人,返聘人员1人。馆长马建钧,副馆长刘晋伟。

档案馆藏。档案馆馆藏档案设有北京大学、西南联合大学、日伪占领区的"北京大学"、北平大学、燕京大学五个全宗,分为党政、学籍、科研、基建、出版、会计、声像、人物、实物、设备十个门类。现存档案总计293,359卷(件),排架长度为2968.3延米。

档案收集。2018年组织完成全校98个文书归档单位的109名文书档案员的档案归档业务培训会。坚持档案馆工作人员到归档单位现场指导的工作制度,重视档案收集整理,重点指导党办校办、人事部、教务部、国际合作部、继续教育部、研究生院、会议中心、团委、国家发展研究院、新闻与传播学院等单位。截至2018年底,指导、接收、整理、移交各门类档案合计24,717卷(件)。其中:党政文书档案3320卷(件)、学籍档案11,962卷(件)、声像档案8682卷、基建档案280卷(件)、出版档案30卷、科研档案71卷(件)、人物档案188卷(件)、会计档案96卷、资料2件、实物档案15卷、已故人员档案71卷。

王文泉向北京大学档案馆捐赠其个人收藏的所有涉及北京大学相关内容的纸质和电子照片约33万张,涵盖1998年至2017年20年间北京大学科学研究、外事接访、党团建设和校园文化等内容。档案馆安排专人负责此项工作,拟定《王文泉捐赠图片库整理规则》《王文泉捐赠图片库初期整理方法》和《照片专题数据库整理规则》等工作规范,已初步整理照片167,181张。

档案核查入库。2018年档案入库共计11,022卷(件),其中:党政文书档案1851卷(件)、学籍档案8323卷(件)、声像档案95卷、基建档案280卷(件)、出版档案30卷、科研档案71卷(件)、人物档案188卷(件)、会计档案96卷、资料2件、实物档案15卷、已故人员档案71卷。

档案借阅利用。2018年,共提供档案利用1471人次,利用档案5674卷(件)。其中1949年前2712卷(件)、1949年后2962卷(件);用于编史修志388卷(件)、工作查考2282卷(件)、学术研究1250卷(件)、宣传教育794卷(件)、其他类960卷(件);复印档案3456张、扫描3858张、拍摄482张。针对涉及政治敏感内容以及保密级标定错误等档案,档案馆2018年规范相关查阅规定、利用标准以及借阅流程,解决以往这类档案无法正常使用的问题。

档案整理与清查。2018年共整理历史档案459卷(件),完成档案检查、填写存址、数据汇总和上架入库等工作。截至2017年底,档案馆共有12份档案借出未归还记录。2018年通过对每份档案进行追踪和清查,归还3份档案,4份档案在原件丢失的情况下补充留存的复印件,2份档案补交遗失说明,另有3份档案相关单位正在查找中。

档案编研。编辑完成照片库、国立北京大学、燕京大学、西南联大、老北大学生名册和成绩册的自助查询导览视频,并投入使用。建立专项档案目录检索项目。开展"120周年校庆""中美文化交流""1949—1952年课程表"专题等编研工作。与120周年校庆筹备委员会、校史馆联合推出"120周年校庆校史文物捐赠文物展";配合北京大学蔡元培研究会筹办在香港展出的"蔡元培与北京大学"展览。

开通微信公众号。开通"北京大学档案馆"微信公众号,实现档案利用预约查询。档案馆公众号提供档案信息发布、在线咨询、常见问题解疑等多种在线服务。在6月毕业季期间,档案馆公众号和北大官徽上共同推出《毕业生临别赠言专题》,选登历史上北大校长、系主任和教授们的毕业寄语。

开发档案信息系统。在系统开发的项目论证过程中,通过制定和填写《档案管理信息系统的开发与建设学科建设项目申请书》《北京大学档案管理新系统软件购置可行性论证报告》《大型软件购置招标申请书》等,规范档案工作流程,尤其是电子文档接收归档工作的工作流程,为实现电子档案"单套制"奠定基础。6月,档案管理系统开发项目在学科办立项,获得学科办的专项资金支持,系统开发工作正式启动。通过北京中教仪国际招标代理有限公司进行项目招标,11月北京数字认证股份有限公司中标。11月中旬,档案馆组织调研团队,到东南大学、复旦大学、上海自贸区档案馆等部门专题调研档案信息化建设方面的内容。档案馆经过多次项目调研,以及与中标公司进行交流磋商,逐条确定需求说明书和合同条款,并于2018年12月12日签订正式采购合同。

档案数字化工作。2018年继续开展馆藏照片档案数字化工作。全年共扫描照片1052张,筛选照片485张,上传挂接系统电子原文1537张,并对复检发现的127条题名中缺少的611张照片进行补充扫描,对北京论坛的485张电子照片原文做筛选对应处理。

2018年度组织两期北大历史档案的专项数字化工作。第一期完成1946年前北大历史档案共计34,876张的数字化工作,电子原文全部上传挂接到档案系统中,可以提供利用。第二期先后完成"1949—1952年课程表"计12,420页档案的数字化,以及北大历史档案约1万页左右的数字化扫描工作。

2018年继续开展声像档案数字化工作。截至2018年底,共计完成转录录音磁带523卷、633盘,累计约1030小时。至此,经过连续5年多的转录工作,档案馆已基本完成声像档案门类全部数字化工作。

学术交流与合作。2018年档案馆参加北京市高校档案研究会理事会（6月，北京），北京市高校档案研究会学术研讨会（7月，北京），第二届信息化与智慧档案（馆）论坛（8月，乌鲁木齐）；到东南大学档案馆、复旦大学档案馆、上海自贸区档案馆调研档案信息化专项工作；接待浙江省高校档案学会、华东师范大学、台湾大学等同仁业务交流。2018年档案馆工作人员在各类核心期刊发表学术论文5篇，分别为：《基于全程管理的电子文件制度分析》（中国档案，2018年第1期）；《斯坦福大学电子邮件档案管理系统项目（ePADD）及其启示》（档案学研究，2018年第4期）；《1949—1952年北京大学图书馆学专修科档案学教育初探》（大学图书馆学报，2018年第6期）；《高校毕业生学用匹配状况的影响因素及起薪效应》（教育学术月刊，2018年第6期）；《高校档案管理中保密工作的特点及建议》（保密科学技术，2018年第6期）。

安全保卫工作。2018年结合档案馆工作实际情况，先后编写和制定《北京大学档案馆2018年安全隐患台账》《档案馆2018年安全标准化建设自查报告》《2018年消防安全工作总结》和《档案馆应急疏散预案2018》等规章制度和登记文件，修订《北京大学档案馆消防安全管理制度》，加强针对电气火灾综合治理，增加电气火灾消防等方面内容。

为提高火灾监测能力，根据北京市相关文件和保卫部提出的具体要求，于10月安装调试电气火灾监控系统并顺利运行。档案馆获"北京大学2018年度安全管理标准化建设先进单位"称号。

保密和质量体系建设工作。2018年参加学校保密资质换证工作和学校质量体系评审工作，档案质量体系管理顺利通过专家组审查，没有不合格项。

党建工作。档案馆认真按照学校党委和直属单位党委的有关要求开展支部工作。学习贯彻党的十九大精神，学习贯彻习近平总书记在北京大学师生座谈会上的讲话和在全国教育大会上的讲话精神。将业务学习和党建工作相结合，加强党风廉政建设工作。领导班子坚持每周一次的馆务会制度，遵守《档案馆校史馆馆务会议工作规则》《档案馆校史馆馆领导班子落实"三重一大"制度的实施办法》《档案馆校史馆财务工作规则》《档案馆校史馆馆务公开制度及实施办法》等相关规则，研究决定各项工作。坚持每周馆例会制度，布置、研讨、总结、交流、介绍全馆工作，做好馆务公开。

（贾永刚）

医学档案馆

【发展概况】 机构调整。11月，经北京大学医学部部务办公会讨论，同意档案馆由挂靠两办调整为直属单位（无行政级别），现有人员保持职员管理，暂不成立医学部校史馆。11月，档案馆1名工作人员调入北京大学医学部主任办公室党委办公室。

档案管理。2018年，医学档案馆因涉及馆舍搬迁腾挪，暂停大规模档案接收工作。共接收各部门移交的纸质档案179卷，其中教学档案19卷，含教学综合1卷；科研档案50卷；党政档案60卷；出版物50卷册。搜集整理照片共90余张。接收校史资料6本，含手稿1份；北医报合集1册。对外提供查阅、借阅服务836卷/张次。

校史讲解。医学档案馆招募并培训医学部第五届校史志愿讲解员，2018年分春季、秋季两次招募，组织4次试讲，选出2名讲解员。组织开展校史讲解活动41场次。

基础设施建设。3月，档案馆与展览设计公司人员共同完成五年成果展收尾工作。3月至10月，档案馆开展腾挪搬迁工作，先后两次到昌平校区调研，选择档案库房安置空间。调研具备档案外包资质的4家企业及校内多处空间，并将相关调研报告上报医学部。11月，医学部确定档案馆腾挪安置方案：库房通过外包服务的方式安置，办公室安置在会议中心201、202、203室。10月，档案馆协调医学部总务处、校园管理中心、计财处等部门，对百年北医历程展厅进行射灯更换，吊顶加固等维护工作，消除安全隐患。

获奖情况。10月，档案馆获评教育部直属高校档案文化建设先进单位。

【党代会提案落实工作】 3月，医学档案馆收到医学部党代会提案办理通知书，内容是关于对北医历史发展与思想建设有贡献的老同志进行口述记录的建议。3月至5月，医学档案馆协调医学部党委宣传部、团委、离退休工作处共同商议开展口述记录工作方案，讨论采访名单，明确工作步骤，并及时向提案人做出答复。

（王红涛）

校史馆

【发展概况】 展馆概况。校史馆日常主要工作为校史展览、校史研究以及校史文物的征集、保管和展出。校史馆展览分为校史馆首层专题展厅、地下一层"今日北大——北京大学近20年发展成就展"、地下二层"北京大学百年校史陈列"与"北京大学杰出人物展"，以及28楼地下一层"北大生活"陈列展。校史馆地下一层设有多媒体教室、数字化校史资料查询区，地下二层设有影视厅（定期播放校史专题影视作品）。

机构设置。校史馆内设研究室、综合办公室及资料室，编制6人，现有在职人员6人、返聘人员4人，兼职人员

1人。馆长马建钧，副馆长刘晋伟。校史馆党支部包括在职及退休党员共11人。党支部书记为林齐模、副书记为杨琥。

改造改陈。1月，校史馆展陈改造工程招标完成，中标公司天禹文化集团于3月进场施工。2018年底，校史馆馆舍全面改造基本完成，展陈改造接近尾声。展览改陈对校史馆主馆和分馆进行统筹规划，形成以校史馆展览为主、28楼分馆展览为辅的校史展览布局，前者以宏观通史为主，后者以微观片段为主，互为呼应与补充。

参观接待。5月4日至8日，校史馆及分馆配合学校120周年校庆预展5天，接待参观者4000余人。为120周年校庆设计2018年校史台历和校史效率手册。

服务学校。为学校及各单位120周年校庆相关的重要工作和重要项目提供资料支持、学术支持及工作支持，为校庆筹备委员会、党办校办、深圳研究生院、党委宣传部、校友工作办公室、艺术学院、歌剧研究院等提供服务。参与习近平总书记视察北大的接待工作，筹备成果展览和临湖轩接待工作；参与校庆筹备委员会校庆宣传资料的审稿；参与120周年校庆大会会场的布置工作；与深圳研究生院在深圳市博物馆共同举办"北京大学发展成就展（深圳分展）"；参与《与北大同行》纪录片、北大120周年校庆宣传片、《画品北大》画册、官微"北大120个瞬间"等审稿，北大校刊校庆专版策划和校内外新闻媒体的校庆专访；为音乐剧《大钊先生》、清唱剧《北大1918》提供学术支持；参与筹划校友书画协会"北京大学120周年校庆重大历史题材美术创作工程"创作，并提供学术支持；参与筹备的"蔡元培与北京大学专题展览"在北京和香港展出。

校史研究。2018年，推进《北京大学历史上的第一·人物编》《北京大学名贤馆汇编》《北京大学校史读本》《书生本色学者风范（二）》《北京大学校史馆馆藏图录》《北京大学校史馆展览导读》编写工作。《国立西南联合大学图史》完成再版，《联大往事》书稿已提交待出版。组织研究人员以讲座、采访、撰稿等形式宣传北大校史、弘扬北大精神。为《北京大学校报》撰写《北大历史上的校庆纪念》专题文章，组织接受《拥抱四海 走向世界》纪录片、《瞭望》周刊和《中国新闻周刊》的采访，参加通选课"北京大学校史"和"李大钊思想研究"的教学工作，为2018年新入职教职工举办校史讲座，组织参加蔡元培研究会主持的《蔡元培全集》的编校工作，参与西南联大博物馆、中国第一历史档案馆馆史馆、中国科学院院史馆展览大纲的讨论。

业务交流。参加在山西大学召开的中国高等教育学会校史研究分会2018年常务理事会议，在河南大学召开的中国高等教育学会校史研究分会第15届学术年会，中国社会科学院、中国史学会主办的"唯物史观与民国人物"学术研讨会及第三届"西南联大与现代中国"国际学术研讨会。与到访的台湾大学、南京雨花台烈士陵园等业内同行进行交流座谈。组织馆员到留法勤工俭学运动纪念馆进行业务学习。

文物征集与管理。开展多种形式的校史文物征集工作，加强与学校各单位及校友的征集联络工作，妥善完成文物征集回馈工作。校史馆受北京大学120周年校庆筹备委员会委托全面承接办理校史文物征集工作，与房地产管理部、公寓服务中心、校友工作办公室、基建工程部、邱明斤校友等一同发起"北大生活"陈列展藏品征集活动，并发起学校各单位视频资料的征集。2018年共接待校内外近百位人士捐赠或提供校史文物资料，接收北大校史文物资料400余组、2000余件，接收校内单位移交礼品或展品近百件。"北京大学120周年校庆重大历史题材美术创作工程"20幅（组）作品全部入藏校史馆。在文物管理方面，继续开展馆藏文物的数字化工作。2018年，校史馆共有藏品10大类1539件、礼品17类1111件。2018年，共接受校内外人士捐赠北大史文物718件组、电子资料10件组，购买校史文物6件组。校内单位移交北京大学礼品80件组。为宣传校史并回馈文物资料捐赠联系人，设计制作2019年校史台历和校史效率手册。

图书资料。加强图书资料室的规范化管理，对所购买和赠送的新书做到及时编目、上架、出借，并做好新书发布工作，每周定期对社会开放。资料室现有图书4219册、报刊56册，其中中文图书3784种3938册、中文刊131种156册、工具书108种127册。2018年度，接待校内外读者阅览521人次；借阅图书1026册次，室内阅览503人次，咨询82人次。改陈期间，图书资料室迁至勺园5甲401室，暂停对外开放。

内部管理。重视安全保卫工作，连续17年做到"十无"达标。完善安全保卫小组例会制度、安全员巡视制度、消防及电气器材定期检查制度、人员进出登记管理制度、年度消检电检制度、中控员日间消防安全巡查制度以及消防设备月度维保制度。改造期间，校史馆办公室和资料室分别借用勺园5乙314、316、325及勺园5甲401室，同时借用勺园5乙308及畅春新园地下室作为临时库房。及时调整安全管理工作具体实施办法。对临时库房加装监控设备，设置专门岗位实施24小时监控，配置足量消防器材，更换安全门，封闭联通外界的窗户，并对墙缝、门框进行防水处理，提前做好防水地台。坚持人防技防相结合的安全管理模式，监控值守人员大部具有消防中控资质，在监控值守同时也处于消防待岗状态。2018年及时处理3起临时库房漏水的紧急情况，保证藏品及资料安全。

党建工作。校史馆党支部组织党员深入学习贯彻党的十九大精神，认真落实习近平总书记关于纠正"四风"不能止步、作风建设永远在路上的重要指示精神，推进"两学一做"学习教育常态化、制度化，全面落实"三会一课"制度。根据学校部署，组织党员认真学习习近平总书记在北京大学师生座谈会上的重要讲话精神，认真学习新党章、党内政治生活准则、党内监督条例。组织党员参加直属单位党委组织的赴北京新机场建设现场参观、交流活动。重视党风廉政建设工作。领导班子坚持周馆务会制度，坚持贯彻馆务会议工作规则、领导班子落实"三重一大"制度的实施办法、财务工作规则、馆务公开制度及实施办法等制度，坚持民主集中制，坚持馆务公开。认真遵守学校的财务制度，坚持"收支两条线"，不设"小金库"。

（刘 静）

出版社

【发展概况】 组织机构。2018年3月至4月，北京大学出版社经党政联席会议研究，对内设机构进行部分调整，成立数字出版中心，理科编辑室拆分为理科一编辑室和理科二编辑室；公开竞聘社内25个相关部门负责人。

经营情况。北京大学出版社出版图书3856种（其中新书1111种，重印2745种），实现生产码洋8.65亿元，净发货实洋4.54亿元，退货率9.41%。资产总额达10.3亿元，同比增加7298万元，增长7.7%，全年实现回款4.09亿元，资本保值增值率为105.9%，资产负债率为15.1%，流动比率7.1，速动比率4.3。上缴国家各种税费3738.8万元（含音像社53.6万元），上缴国有资本收益763.6万元（含音像社0.2万元），上交学校利润2250万元（含音像社50万元），上交学校捐赠款1300万元。

图书出版。出版的1111种新版图书中，教材新书383种，学术新书471种，大众新书257种。教材、教学参考书和学术著作出版占比为76.87%，比2017年上升3.43%。大众新书品种占比23.13%，比2017年下降3.43%。

音像、电子出版物出版。出版《才斋讲堂第15辑》《汪星撞足球》《地球化学 微量元素》《中国利用外资法律法规文件汇编（2016—2018年）》等10种。

队伍建设。全社员工372人。其中，事业编制46人，其他人员326人；正高职称25人，副高职称49人，中级职称165人，中级以上职称占全社职工人数比例为64.25%；博士学历25人，硕士学历159人，本科学历130人，大专学历22人，硕士研究生及以上学历占全社职工人数比例为49.46%。

重点项目。2018年出版社共承担北京大学立项教材24种、北大规划教材23种。全年累计获批各类出版资助金额2928.07万元。其中国家出版基金年度项目立项5种，国家出版基金主题出版项目2种，国家古籍整理出版资助项目3种，国家社科基金后期资助项目立项38种，教育部哲学社会科学系列发展报告项目出版10种，增补入选"十三五"国家重点出版规划项目4种。"国家发展战略与宏观政策"入选中央宣传部、国家新闻出版广电总局"2018年主题出版重点出版物选题"。

版权引进与输出。2018年引进完成签约的新项目126项，版权输出完成签约175项。推动优秀出版物走向国际市场，与国际一流出版社以及"一带一路"沿线国家出版机构加强合作，输出语种涉及英语、俄语等15种，人文社科类学术著作特别是经管类图书所占比重加大。实现版税收入约133万元人民币。2018年在阿尔及尔国际书展上举办《中国历史十五讲》阿拉伯文版新书发布活动。2018年出版社获得各种"走出去"项目立项13种，《解读中国经济》阿拉伯文版、《中华文明史》韩文版和塞尔维亚文版获2017年度"输出版优秀图书奖"。

党建工作。2018年预备党员转正2名，转入组织关系6名，转出组织关系9名，年底党员人数206人。

1. 制度建设。落实党委会制度，坚持党委会讨论研究重大经营管理事项这一前置程序，全年组织召开党委会或党委扩大会议22次。坚持党政联席会议制度，讨论决定重大事项。领导班子民主生活会制度、党委委员联系党支部工作制度健全。

2. 支部建设。坚持"三会一课"等基本组织生活制度。开展集中学习新党章，"重温《共产党宣言》，坚守共产党员理想信念"主题学习，"如何发挥编辑党员在出版社人才队伍建设中的作用"主题讨论，观看《青年马克思》《厉害了我的国》等电影，欣赏《军歌嘹亮》音乐会，参观"伟大的变革——庆祝改革开放40周年大型展览"等活动，走出去与兄弟出版社组织"发挥党员在出版工作中的模范带头作用"共建活动。社党委组织编辑党员参观微软亚洲研究院。

3. 思想政治工作。执行《北京大学出版社意识形态工作责任制实施办法》《北京大学出版社图书质量管理办法》，坚持选题论证制度，执行重大选题备案制度，落实出版物三审三校制。执行《北京大学出版社新媒体工作管理办法》，规范新媒体平台的建设、运行和管理。在执行社内"博雅讲坛"申请审批流程的前提下，按照学校《关于加强哲学社会科学论坛、讲座、报告会等管理的规定（试行）》的要求，所有讲座、会议等均在学校的管理平台履行申请和备案手续。加强对群团工作的领导，8月召开出版社第二届职工代表大会暨第七届工会会员代表大会，完成职代会和工会换届工作。

4. 党风廉政建设。执行《北京大学出版社党风廉政建设责任制实施细则》《北京大学出版社关于党政班子落实"三重一大"制度的实施办法》。班子成员坚持"一岗双责"，执行廉洁自律准则，带头落实中央八项规定，纠正"四风"，执行公务用车、公务接待、公款出国出境、兼职取酬等方面的制度规定。

出版社荣誉。2月，出版社被商务部、中宣部、财政部、文化部、新闻出版广电总局评为"2017—2018年度国家文化出口重点企业"。全年各类图书获奖项101项，其中省部级奖项34项。《国粹：人文传承书》入选中央电视台、中国图书评论学会2017年度"中国好书"（人文社科类），《风吹草木动》入选中国出版协会2018年度中国30本好书，《〈伊利汗中国科技珍宝书〉校注》获得伊朗伊斯兰共和国第35届国家图书奖暨第25届世界图书奖，《普希金之家》获得俄罗斯政府第四届"阅读俄罗斯"文学翻译奖提名奖，《日益寂静的大自然》《心画：中国文人画五百年》入选第十三届文津图书奖社科类推荐图书。

公益捐赠。出版社党员和群众在"共产党员献爱心"活动中，共有104人捐款14,480元。在为北京大学工会爱心基金的捐款活动中，职工捐款19,315元，出版社捐款20,000元。

出版社全年累计捐赠图书11,601册，码洋874,858.10元：（1）新疆大学1051册，码洋108,804.50元；（2）新疆石河子大学1050册，码洋108,756.50元；（3）教育部离退休干部局380册，码洋29,385.60元；（4）遵义市第十一中学2200册，码洋28,160.00元，（5）云南弥渡县1278册，码洋73,855.00；（6）北京大学120周年校庆1000册，码洋120,000.00元；（7）北京大学图书馆3039册，码洋320,256.00元；（8）湖南环境生物职业技术学院1603册，85,640.50元。

（陈　健、卢旖旎、刘　洋、谢　娜）

【捐资4200万元助力北大】 10月11日，北京大学出版社向北京大学捐赠仪式在教育基金会北大之友报告厅举行。北京大学出版社四年内向学校捐赠4200万元，用于支持学校课程建设、马克思主义与先进文化研究、历史文献数字化整理和设立学术出版专项基金。其中，2018年1300万已到基金会账户。王博副校长为北京大学出版社颁发杰出教育贡献奖。

（陈　健、卢旖旎）

【推进数字出版工作】 2018年，北京大学出版社组建数字出版中心并制定近三年发展规划，调整和确定新的电子书出版和销售流程，对全社现有图书资源的授权进行筛查，完成下一步纸电同步出版的准备工作。融媒体出版取得一定进展，实现扫码付费的数字资源使用方式，并且支持互动的标准化的练习和自我测试。博雅云学堂教学服务平台建设正式启动，通过公开招标确立项目开发商，进入技术实现方案的设计阶段。完成《大仓文库》数据库建设的前期准备工作。

（卢旖旎）

【北大书店重装开业】 2018年5月，校园文化服务分公司（北大书店）在新太阳学生中心重装开业。新北大书店面积约1000平方米，通过书籍展示、体验阅读、主题交流等途径满足受众需求。截至2018年底，已举办20余场次的讲座和读书交流会，参与人数逾1000人次。

（卢旖旎）

燕园街道办事处

【发展概况】 燕园街道成立于1981年12月，属于大院式街道办事处，受海淀区政府和北京大学双重领导。辖区面积约1.84平方千米。燕园街道办事处设有综合办公室、居民民政办公室、劳动和社会保障办公室、城管监察办公室、计划生育办公室、社会保障事务所等6个科室。下设中关园、燕东园、校内、畅春园、蔚秀园、承泽园、燕北园7个社区居委会。燕园街道办事处人员编制隶属北京大学，截至2018年底，共有在编人员16人。

党建工作。2018年，继续学习贯彻党的十九大精神，组织党员干部集中学习十三届全国人大一次会议、区委十二届七次、八次全会精神，开展学习贯彻习近平总书记在北大师生座谈会上的重要讲话精神专题学习会，组织党员干部赴中国国家博物馆参观"真理的力量——纪念马克思诞辰200周年主题展览"。

综合治理。2018年，开展大气污染防治精细化管理工作，建立地区餐饮单位、在建工地、裸露地面、垃圾站、锅炉、非道路移动机械台账，联合城管执法队、食药所等执法部门定期检查。参与第二次全国污染源普查工作，在北大总务系统的支持下，开展锅炉清查、工业园清查、餐饮企业清查，累计核实污染源条目近百条，现场核实点位50余处。拆除校园周边违法建设9处，约2000平米，消除一大批彩钢板、占压输气管线等安全隐患。在家属区进行各类小型公共维修百余处，配合学校园林部门增绿千余平方米，投入50余万元。启动蔚秀园路背街小巷治理，打通断头路，留白增绿，维修排水管线，增加停车位，优化社区交通微循环。配合兄弟街道和公安机关，在北大120周年校庆活动期间，落实辖区及周边阵地控制。针对无证无照、游商摊贩，采取疏堵结合的方式，对校园内50余处配套服务网点出具房产证明替代房产证。2018年共销账无证无照点位8户，清理游商占道等30余户，累计疏解人口30余人。落实北京市公共服务类岗位安置本市农村劳动力就业任务，提供保洁岗位20个，完成安置指标20人。发挥社区微型消防站优势，处理消防安全隐患，组织各社区开展消防安全"五个一"（即排查一遍火灾隐患，清理一次可燃杂物，帮扶一次弱势群体，讲授一堂消防讲座，开展一次疏散演练）。完成六个社区的视频监控维保合同签订及重大活动视频保障维护任务。完成燕东园、中关园第二批智慧门禁系统的招标安装工作。完成街道视联网综治会议系统的安装。全年共完成春节、两会、北京大学校庆、中非论坛、十一国庆等敏感期群防群治社会面等级防控11次。

社区建设与服务。2018年，完成社区服务用房及基础设施修缮更新、社工招考及拓展培训等工作，累计完成500余平米房屋及地面修缮工作，举办社区拓展、知识技能及工作实务培训各1期，推进志愿服务体系建设工作，全年累计开展科普、环保、文化、助老、亲子等主题志愿服务活动40余次，成立多支志愿服务队伍。燕园街道同北京大学环境科学与工程学院、工学院及前沿交叉学科研究院成立"共建共享发展，共绘美丽燕园"共建基地，开展学生助理下社区、挂职锻炼、二对一定点帮扶、生态文明进社区、建设社区书屋、老年大学、爱心家教等共建项目，惠及300余名社区居民。

居委会工作。2018年，举办20余次特色主题活动和精神文明建设活动，完成加装宣传栏、更换社会主义核心价值观展板及社区楼门信息公告栏等项目。培养社区文化组织员，完成各项文化示范区创建指标及迎检工作。组织非物质文化遗产剪纸学习、国学读书会、太极运动与健康推广等特色项目，开展社区优秀影片展映、文化赏析等，共孵育文体团队20余支，举办大小型社区文体活动百余次，开展"老年健步走""燕园重阳颂"等大型活动。

【老旧小区适老化改造】2018年，燕园街道从多方面进行老旧小区适老化改造工作。根据《北京市海淀区人民政府关于本区2017年既有多层住宅增设（适老化）电梯试点工作的实施意见》，坚持"政府引导、业主自愿、免费安装、有偿使用"的原则，通过前期政策宣传与学校多部门的协调配合，经与社区居民的沟通和解释，已建成投入使用电梯1部，已开工建设电梯36部。为辖区内400余户70周岁以上的社区常住户籍老人安装居家环境实用性、通用型强的扶手。采取"北京大学—政府—社区—机构"联动管理养老服务模式，引进睿搏和春晓两个专业社工事务所，成立"家庭助理"和"心理疏导"养老服务项目，成立5支社区为老服务队。

（胡晓珊）

燕园社区服务中心

【发展概况】燕园社区服务中心（以下简称社区中心）成立于1999年，是在学校领导下开展社区服务的实体单位，实行独立核算，坚持自负盈亏、自我积累、自我发展、自我完善。截至2018年底，社区中心共有在编人员36人。

机构改革。2018年按照学校机构改革的要求，社区中心与燕园街道办事处合并。根据北京大学机构编制委员会的批复，改革后社区中心纳入燕园街道办事处管理，保留独立建制，业务上受燕园街道办事处的领导，对接海淀区社区服务中心。

社区中心组织开展"找初心、找使命、找目标、找方向"的学习教育活动。班子领导和干部职工学习中央、教育部、北京市、海淀区和学校的文件精神，提出"11345"新时代北大社区服务理念。"一个标准"：把人民群众对服务工作是否满意作为评价社区服务中心工作的根本标准；"一个目标"：把创建北京市社区服务的标杆作为奋斗的最终目标；"三个转变"：从以经营为主向以服务为主转变、从被动式服务向主动式服务转变、从粗放式服务向精致化服务转变。"四个统一"：把思想认识统一到不断满足人民群众日益增长的美好生活需要上来，统一到学校和海淀区对社区服务工作的要求上来，统一到构建便捷、和谐、美丽、宜居社区的目标上来，统一到服务学校创建世界一流大学的中心工作上来。"五心服务"：为居民提供贴心服务、放心服务、真心服务、耐心服务、暖心服务。

党建工作。2018年社区中心党支部并入燕园街道党工委。按照学校党委要求，党支部开展系列学习教育活动和主题党日活动，引导党员和干部职工学习贯彻党的十九大精神、习近平总书记系列重要讲话精神。在学校党委、纪委的领导下，社区中心狠抓反腐倡廉建设，贯彻落实党风廉政建设责任制。结合工作实际，开展廉洁自律教育，教育全体干部职工坚守纪律底线，不踩法律红线。规范财务制度，加强合同管理，做到抓早抓小、防微杜渐。注意听取居民群众意见，注重民情民生，增强为人民服务的意识。

工会工作。关心职工的工作和生活，组织职工参加校工会的各项活动，并结合单位实际开展职工文体活动。关心离退休职工和贫困职工，在学校支持下，在重大节假日开展走访慰问离退休、贫困职工活动。每年定期组织全体职工体检，维护职工合法权益。

宣传工作。开展"挺胸亮相行动"，向社区居民和广大师生展示社区中心的新面貌、新形象、新风采，便于居民和师生教职工了解社区中心的服务内容。设计制作社区中心宣传海报、便民服务卡、环保手袋等，推进社区中心门户网站建设，加大新闻宣传力度。

便民服务。理发室坚持低价位服务，将畅春园招待所改造为进修教师公寓，将燕东园招待所停业腾退，拟交学校作为办公用房。按照北京市、海淀区政府要求，尽快补齐基层社区生活服务业的短板，构建"一刻钟社区服务圈"，为群众提供更加便捷、贴心的社区生活服务网络。在广泛听取居民和教职工意见的基础上，优先布局符合"六化"方向的生活性服务业设施。加强与超市发集团的合作，推进与"车客家园"等品牌连锁公司的合作，已达成初步合作意向。目前社区服务业涵盖蔬菜零售、便利店（社区超市）、便民维修、家政服务、美容美发、洗染等基本便民商业服务。

服务队伍。1.规范管理。年初对原有服务队进行全面梳理、整顿，邀请社区中心外聘律师审核服务队的营业执照，并起草签订新的合作协议，明确社区中心与服务队双方的权利、义务，防范法律风险，维护双方合法权益；2.价格公示。改变以往服务价格不透明、不规范的情况，社区中心代表居民与服务商进行价格谈判，争取到最低价格后，将服务项目及服务价格表张贴在各社区居委会公示栏进行公示，接受社区居民监督和征询；3. 规范流程。社区中心为服务队制作工服，要求服务人员着工服上门服务。执行派工单制度，服务人员必须持社区中心开具的派工单才能上门服务，方便居民辨识和查询；4. 服务回访。制定服务回访制度，对社区中心提供的上门服务进行随机抽查回访。发现不合格的服务立即要求服务人员返工，对连续3次、全年5次被居民投诉的服务人员和服务商给予解除合作的处理；5. 丰富项目。引入首家家政服务公司，为辖区居民和师生提供住家保姆和小时工等生活服务，填补社区家政服务的空白。

需求调研。深入社区居委会以及居民家庭开展社区居民服务需求大走访活动，召开居民座谈会4次，参与居民500余人次，征询意见建议300余条。利用便民服务活动开展居民服务需求问卷调查，共收集问卷1000余份。对问卷进行统计分析，形成调研报告，作为指导服务工作的基本依据。

热线值守。社区中心便民服务热线电话（62752492）坚持全年不间断人工值守。为居民和教职工提供服务项目多达30余项。2018年，扩展热线电话服务区域，居住在北京城区的北大教职工均可拨打社区中心便民服务热线，享受上门服务和公示的优惠服务价格。便民服务热线全年接听服务电话万余人次，来自七社区以外的教职工服务需求稳步增长。

交流合作。对接海淀区商委，联合举办第16届中关村国际美食节进北大社区活动。在区商委的支持下，中国农垦集团、中国水产集团等一批大型粮油食品企业首次走进北大社区，针对社区居民的需求，精选一批品牌粮油、水产、干果等优质食品，进社区供居民选购。与学校留学生办公室合作，开展留学生家访和中国文化体验课活动。通过组织留学生到北大教师家中吃中国饭，给留学生开设太极、书法、国画、剪纸等具有中国特色的文化课项目，让留学生了解中国文化和北大文化。2018年接待和服务留学生112人次。自2008年以来，该活动已经连续举办了11届。

商业服务。配合北京市在全市范围内开展的"疏解整治促提升"专项行动，在学校的支持和相关部门的配合下，克服所辖社区老旧、配套服务空间紧张、服务资源缺少的困难，在主动拆除违章、整治环境的同时，想方设法对现有资源进行挖潜，解决社区居民尤其是老年人长期反映的购物难等问题。启动商业网点品质提升工程。首先规划新建商业网点，目前计划在中关园、燕北园、蔚秀园新增便利店3家，已经完成空间腾退和规划设计。其次改造现有老旧商业网点，更新燕东园菜店的货架，将改造提升工程列入2019年的重点工作。

菜篮子工程。新建180平米的燕东园便民菜站；在燕东园、中关园、燕北园引进便民蔬菜直通车；在中关园、燕北园便利店搭载果蔬售卖服务；在承泽园通过改造旧车棚新建一家蔬菜店，改变该园区长期以来没有果蔬便利店的状况；适应校内社区的特点，引进自动蔬菜售卖柜。截至2018年底，燕园街道社区菜篮子网点数目已接近北京市、海淀区规定的"每个社区要建设2个蔬菜售卖点"的目标。争取海淀区政府的社区便民商业项目资金补贴，全年申请到海淀区年度生活性服务业品质提升项目资金2.5万元，全部用于补贴社区菜篮子网点的日常运营，确保菜价稳定。

市场监管。与燕园街道办事处配合，清退被群众举报的燕北园无照游商。加强市场每日巡查和监管，确保社区中心所属便民店每天供应新鲜平价的果蔬、水产、肉蛋等生活必需品，保证食品安全。

安全管理。重视社区安全管理工作，加强消防安全、食品卫生管理力度，建立和健全消防安全、食品卫生各项规章制度。社区中心与下属各企业签订安全责任书，按照学校要求在重大节假日开展安全大检查，此外每月进行一次安全大巡查，每次检查均形成台账存档。2018年下半年联系燕园街道食品药品监督管理所，为中心全体商户讲解食品卫生安全知识，确保全年安全生产零事故。

【组织便民服务日活动】 10月20日社区中心首次在畅春园广场组织"便民零距离，服务无极限"社区便民服务日活动。社区中心便民服务日活动，全年共举办6次，覆盖燕园街道下辖所有社区，为社区居民和教职工提供现场服务体验和上门服务。此次畅春园广场便民服务日，社区中心组织校内外20余家服务机构及商户参与其中，为居民提供理发、清洗油烟机、家庭维修、磨刀、医疗咨询、保健、花卉养护、法律咨询等20多项便民服务，基本涵盖居家生活的方方面面。据统计，参加便民服务日活动的居民每场均达1000余人次。

（刘春艳）

附属中学

【发展概况】 组织机构。2018年9月12日，北大附中新一届行政班子宣布会在附中致蕙礼堂召开。根据《北京大学关于附属中学行政班子任免的通知》（校发〔2018〕278号），任命王铮为北京大学附属中学校长，陈伟聪、李冬梅、景志国、李明为副校长。

基本数据。2018年，北京大学附属中学占地面积5.16万平方米、建筑面积4.86万平方米。操场1.20万平方米，体育馆一期及教学北楼3.75万平方米，其中体育馆一期1.98万平方米，教学北楼1.68万平方米，换热站420平方米。图书馆藏书10万册，电子图书与北大图书馆共享。固定资产总值5692.19万元。全年教育经费投入18,192.20万元，其中，国家拨款8001.03万元、自筹经费9352.63万元、事业收入358.39万元。学校信息化经费投入240万元，拥有计算机590台（计算机资产总值386.12万元），多媒体教室座位3000个，校园网出口总带宽1.2Gbps，数字资源量2TB，信息技术课程2课时/周。普通教室145个，其中专用教室127个、实验室18个。教职工386人，包括正高级教师3人，副高级职称115人、中级职称90人，本科及以上学历367人。专任教师309人，包括特级教师7人、北京市学科教学带头人1人、市级骨干教师6人、海淀区学科带头骨干共47人。开设教学班112个，其中初中班35个、高中班77个班。毕业生654人，其中初中231人、高中423；招生900人，其中初中386人、高中514人；在校生2592人，其中初中959人、高中1633人。高中录取分数线（海淀区）550分，应届高考本科上线率100%。

初中部复合型人才培养模式正式形成。2017至2018年间，初中部课外活动课程（俱乐部、选修课、少年行、面面观）参加人数阶梯式递增，截至2018年9月，参加实践课程的学生首超800人。初中部联合三中心教师以及北大附中教育集团共同开拓初中部复合型人才培养模式，从科学课的创立到每年一届的科技节，都为复合型人才培养模式打下基础。

初中部设计双轨制课程方案。借力新中考选考政策，初中部设计"必考+选考"的双轨制课程方案：必考科目以行政班为基本单位，传承多年备考经验，课堂学习与专科答疑相结合；选考科目根据学生选考情况重新编班，实行选课走班制，同时也分配专科答疑时间，其中物化两科在完成全员普及式学习后开展双轨制课程教学。以新中考英语听说机考政策为契机，初中部英语教学在原有基础上进行模块化训练、辅导，利用假期作业与课堂早读等有层级地布置听说作业，帮助学生提升听说能力与应考技巧。第一次听说中考满分率高达82%。

升学情况。2018年附中参加国内高考学生310人，其中700分以上5人，理科1人排名北京市第15名，文科1人排名北京市第2名、海淀区第1名。文理高分段共计154人，较上一年提升30%。正式生理科一本率99%，文科100%。北大清华录取36人，约占全体考生的12%；54%的同学进入双一流大学，70%的同学进入211大学。2018届毕业生一本率保持在99%以上，尖端生成绩高于2017届，全年级50%的文科生排名进入海淀区前10%。

2018年附中国际部出国方向学生139人，其中7位进入美国排名前10及常春藤联盟名校。美国前20的大学和文理学院录取18人次，较上一年提升50%；62.6%的同学被美国排名前50的大学和文理学院录取，其他同学被美国顶尖艺术院校及麦吉尔大学、多伦多大学、早稻田大学、墨尔本大学等世界名校录取。2018届学生共收到录取通知书401份，保持100%的同学收到国外大学录取通知书，较2017届大幅提升世界顶尖大学的录取数量。

学生培养。4月，北大附中初中部举办第三届科技节。本届科技节的主题为"视觉盛宴"，围绕"视觉科技"开展活动，北大心理学系教授魏坤琳、北大医学部教授王凯与知名魔术表演艺术家孙峥同台演说。2018年，由中国航天基金会和青少年国际竞赛与交流中心共同举办的"2018年全国未来学者太空城比赛"，北大附中初中部夺得全国总冠军，并受邀观摩嫦娥四号发射。

9月，初中部首次加入元培学院人才培养1+3项目。该计划旨在通过拔尖创新人才早期培养研究，探索人才贯通培养模式。通过建立初高衔接的课程体系和自主学习课程体系，强调深度学习和自主学习，同时引入导师制取代班主任制，并首次面向学生开发基于OKR模式的目标动态管理系统，实现对学生的个性化培养。经自主报名与面试沟通，2019届30余名初中部学生选择并加入该项目计划，通过自主学习规划、自主目标管理，实现能力的进阶。

9月，高中部启动学生目标管理系统。学生发展目标与学校课程、项目活动、综合实践有机结合，构成目标管理支持下的自主发展培养模式。学生在高中阶段探索自己的学业目标，例如国内就读或海外留学、大学及专业、选考科目等，呈现在目标管理系统平台，在学业导师和成长导师的指导下，学业目标与课程规划、学习评价紧密结合，帮助学生实时自省学业状态及校正发展方向。学业导师负责学生课程学习与评价、课程目标设定与反思，并指导学生开展契约任务。成长导师开设自我认知管理、专业职业探索课程，负责学生学业目标设定的支持，目标与学业状况匹配的筛查沟通及学生自主探索活动的指导。

基础设施建设。7月，北大附中陆续对校园景观工程、公共空间、功能区域及教育空间进行改造升级。此次改造包括东、西、南楼石材区域和透水砖区域及校园沥青路。西门的消防通道改造为全天候塑胶跑道；原篮球场改建为下沉式篮球场，设置观众看台，同时新增一块适合举办集会的场所；新增校友文化墙、传承附中文化、激励全校师生的小景观；复原老校门等。道尔顿学院对高中楼六层教育空间进行整体改造，包括学院办公室、升学指导中心、学生公共区域及美术教室等教学与公共空间的调整与设计，以及各区域家具的定制。10月30日，北大附中体育馆二期及综合楼征收项目启动大会在附中欣健体育馆一层会议厅召开。会议听取海淀区房屋征收办公室关于北大附中体育馆二期及综合楼征收项目的基本情况、机构设置及工作流程的汇报。

集团化办学。为贯彻落实北京大学创建"双一流"战略，北大附中相继举办和承办北达资源中学、北大附中天津东丽湖学校、北大附中石景山学校、北京医学院附属中学、北大附中朝阳未来学校和北大附中海口学校、北大附中台州飞龙湖学校、北大附中新馨学校和北大附中西三旗学校等9所学校，所有分校均纳入北大附中教育集团总校一体化管理，并依托集团化办学优势，向各分校输出优秀师资团队和管理经验。

5月5日，北大附中与台州市路桥区人民政府、区社会事业发展集团有限公司签订合作办学协议，共同举办北大附中台州飞龙湖学校。北大附中台州飞龙湖学校是北大附中教育集团在京外建立的第三所成员校。

8月28日，北大附中海口学校开学。北京大学常务副校长高松出席典礼并致辞。学校设置初中部、高中部及国际部，开展学术类、活动类、实践类与备考类课程研发，并开创课标成绩与表现成就的双轨评价机制。学校通过品牌费、教师成本价购房等方式反哺本部，同时引入本部的教育资源助力分校发展。海口学校是教育集团总校成立后，布局自由贸易岛，建立与政府、企业三方合作新模式，异地开办的第一所学校。

12月，在北京大学的支持下北大附中承办西三旗地区两所学校——北大附中新馨学校和北大附中西三旗学校，发挥北大附中的示范辐射作用，提升西三旗地区基础教育质量和水平，满足地区百姓对优质教育的需求，为国务院机关事务管理局中央国家机关公务员住宅建设和中关村科学城建设提供优质的教育服务保障。

【附中博雅学院实施人文项目】 2018年1月起，附中博雅学院设计实施模拟法庭、公共说理、书院视点、银杏讲坛四大人文项目，提升学生的理性表达、审辨思维、公民意识与社会创新头脑，实践基于真实情境与任务的学习方式。项目引入北大法学院、C计划、GQ等外部资源与校友资源，参与学生累计逾1300人次。模拟法庭模拟真实的审判情境，通过模拟庭审、观影说法、宪法宣传周、校园律政剧等特色模法活动，在体验式学习和案例探究中引导学生用法律人的法律思维和专业素养思考，培养学生的法治精神和公共参与意识。公共说理基于线上平台，开展中学生是否需要使用手机等16个校内外热点话题的讨论。书院视点鼓励学生记录自己、同伴、书院、学校的任何事件、现象、情绪，纂写特稿50余篇，涉及课堂选座、如何自习等专题，部分稿件单篇达万字。同时辅助叙事写作训练。银杏讲坛以"锻炼学生公众表达能力"为宗旨，开展线下活动8场，线上4场，培养"想说，敢说，会说，会倾听"的学生。

【三中心引入优质资源】 3月起，附中艺术中心引入智能钢琴、798美术工作室等资源，借助智能设备与创新技术，探索"双师音乐""创意美术"等新模式；体育中心开设智能健身车项目，该器械能够自动采集检测结果并生成运动处方，正在探索实现无教师化管理的体能训练课程；技术中心在市教委支持下开设MEV机动电能车项目，集机动车设计与制作课程、赛车驾驶活动、人工智能、程序设计、虚拟驾驶等多功能于一体的机动电能车项目为学生搭建创新实践平台。

【"一带一路 我们的未来"国际青少年峰会】 4月20日—22日，北大附中举办"一带一路 我们的未来"国际青少年峰会。本次峰会由北大附中道尔顿学院的学生自主发起，全体师生联合承办。峰会旨在促进青少年间的共同对话、了解与学习，就相关国际问题深入探讨"一带一路"倡议的内涵。来自日本、新加坡和马来西亚等8个国家的113名师生代表齐聚北京，与附中学生围绕"一带一路"倡议开展为期三天的研讨会和文化交流活动。

【课程研发及竞赛、自主招生工作室成立】 7月10日，北大附中课程研发工作室及竞赛、自主招生工作室正式成立。两大工作室的成立是附中课程改革深化与学校集团化发展进入新阶段的标志。课程研发工作室旨在引领建立学科研发队伍，完善学科课程体系和评价方案，提升附中课程品质和教学质量；同时以听评课、讲座研讨等方式支持集团校教师培训。竞赛、自主招生工作室制定学科竞赛、自主招生课程标准及实施方案，打造元培自主学习平台，提供竞赛课程和自招课程的线上学习及评价体系；同时培养青年骨干教师。

【全校推行使用Office365平台】 11月起，北大附中开始全面推行使用Office 365平台。各部门完成新旧文档库云端建设和主页内新闻模块建设，经过行政办公信息化培训，教职工利用部门线上社区进行各类事务讨论，线上社区记录并分析讨论资料与数据。新平台的推行将实现文件资料归类、管理、协作、检索等功能，保护和利用单位数据与个人数据，解决以往办公文件零散、遗失、进度不可查询等问题。

（赵彦芳）

附属小学

【发展概况】 2018年，北京大学附属小学占地面积28,579平方米，校舍建筑面积33,899平方米，体育场（馆）面积12,000平方米。图书馆（室）藏书9.48万册，电子图书220册，订阅杂志、报刊170种。固定资产总值3509万元。全年教育经费投入7963万元，其中，国家拨款3851万元、自筹经费4112万元。学校信息化经费投入1080万元，多媒体教室座位356个，校园网出口总带宽100Mbps，数字资源量20TB，"信息技术"课程1课时/周。普通教室62个、专用教室38个。拥有计算机500台。教职工190人，其中，高级职称24人、中级职称140人。专任教师159人，特级教师4人，北京市骨干教师8人、北京市学科教学带头人1人，本科以上学历188人。开设教学班62个。毕业363人、招生401人、在校生2177人。学校网址：http://www.bjdxfsxx.com。

科研工作。8月，由北大附小尹超、何立新、庄严、贾宁、杨重生合作完成的《生命发展课程的建构与实施》获得教育部基础教育国家级教学成果二等奖。

教学工作。8月16日，在重庆召开的全国青少年科技创新大赛上，北大附小被中国科协授予"全国十佳科技教育创新之星"称号。10月16日，北大附小被中国教育科学研究院STEM研究中心授予"中国教科院首批STEM教育领航学校"称号。10月25日，北大附小承办海淀区上地学区视导课展示活动，北京教科院的专家和来自学区的100多位老师参加此项活动。10月30日，北京市2018年小学数学教学设计总结会暨"图形的认识教学研究"研讨会在北大附小小讲堂召开，来自北京市的300多位教学干部和教师参加此次会议。

艺术工作。5月，北大附小金帆京剧团、武术团共32名师生应中国联合国教科文组织全国委员会、北京市教育学会、北京圣陶教育发展与创新研究院的邀请，赴北欧三国参加"放飞梦想，拥抱未来"中国金帆艺术团文化交流演出活动，在瑞典斯德哥尔摩蓝色音乐厅演出京剧"扈家庄""孙悟空斗罗汉"、武术"掌运乾坤"三个节目。10月，北大附小金帆京剧团参加北京市第21届学生艺术节戏剧展演，京剧节目《春日放牛》获得戏曲类小学金帆组金奖。

合作交流。11月2日，2018年（第五届）全国中小学校长论坛（分论坛）在北大附小举行。本届论坛的主题是"走进课堂，提高质量"。论坛邀请北京教育附属小学教育集团总校长尹超、北京市万泉小学校长景小霞、辽宁省沈阳市启工二校建北教育集团校长李欣欣、南京市红山小学校长赵功伟、山东省东营市胜利实验小学校长兼党支部书记李翠兰等做主旨报告。

基建工作。7月至8月，先后投入1000多万元进行基建改造：1.改造32间卫生间（建筑面积610平方米）以及教学楼2700平方米的楼道吊顶。2.升级除新建体育馆以外的安防监控系统，摄像头数量从297个增加到452个。3.按照国家标准改造2000平方米的塑胶跑道、2060平方米的人工草坪及405平方米小篮球场。4.在体育馆新建"北大附小校园三字经"文化墙。5.改造存在安全隐患的红廊柱校园文化窗展示区。

【第二届小学传统文化教育全国论坛】 5月26日，北大附小承办第二届小学传统文化教育全国论坛暨"我爱古诗词"海淀区小学生诗词大会。会议包括开幕式、主旨报告、学校分享、教学观摩及学生诗词大会等多个板块，从理论探究到实践探索、从区域统筹到学校实践、从课堂教学到学生活动，多角度展示现代学校传承传统诗教的重要性、可能性及可行性。教育部基础教育课程教材发展中心主任田慧生，国务院参事室、中央文史研究馆中华诗词研究院副院长杨志新，北京教科院德育研究中心谢春风，海淀区教工委书记尹丽君，中国少年儿童新闻出版总社副社长刘勇敏等领导出席开幕式。来自全国12个省市的400余名校长、教师参加本次论坛。

【上地学区少代会】 5月26日，北大附小艺术团80余名学生参加上地学区少代会活动，表演系列节目。52位大队干部成为这次少代会的小代表，两位少先队员"关注贫困儿童和留守儿童的提案"得到上级领导的高度重视，在大会上做交流。大会表彰北大附小10位校外志愿辅导员；姚琨、李宏娟、梁跃君三位中队辅导员获得学区优秀中队辅导员；同时，大会还表彰四二中队、五三中队、三八中队为学区优秀中队。

【"核心素养下的课程改革与教学创新"主题研讨】 11月25日，第九届北京市中小学校长课程论坛在北大附小举行。50余位来自全市各中小学的校长、区县教研员、骨干教师以及北大附小老师在附小泡泡馆学术报告厅，共话"核心素养下的课程改革与教学创新"。北大附小教育集团总校长尹超作题为《生命发展课程体系的建构与实施》的主题发言；北大附小李颖、江琳两位教师分别结合各自的教学领域进行主旨发言。在专家点评环节，北京教育科学研究院课程中心副主任王凯研究员从核心素养的落地、课程的环境化、校长的办学之道、课程的实体化建设、课程的创新等多个角度出发，梳理目前中小学教育所急需关注的重点问题。

【"教师阅读与学生阅读素养培养"主题研讨】 12月26日，由北京市海淀区教育科学研究院、北京大学附属小学联合举办的"改革开放四十周年教师阅读与学生阅读素养培养"主题研讨活动在北大附小泡泡馆举行。活动由"开幕致辞""主旨论坛""圆桌对话""课堂观摩""阅读经验分享"等5部分组成，海淀区中小学校长、教育科研管理干部、阅读工程负责人、一线教师及来自北京市其他区县的教师300余人参加此次研讨。

（庄　严）

附属幼儿园

【发展概况】 组织结构。2018年2月27日，北京大学第932次校长办公会审议决定附属幼儿园转入教务系统。4月19日北京大学机构编制委员会2018年第1次会议审议、5月22日北京大学十三届党委第20次常委会讨论决定，北京大学幼教业务从后勤系统独立出来，参照北京大学附属中学、附属小学，归入教务长系统管理，机构名称为法人证书名称"北京大学附属幼儿园"，幼儿园设园长（副处级）1名，执行园长（正科级）、副园长（副科级）共3名。7月16日，学校任命王燕华为北京大学附属幼儿园园长。

北大附幼一园两址，共占地17,693平方米，儿童人均19.02平方米；建筑面积8520平方米，儿童人均9.16平方米；绿化面积4000平方米，儿童人均4.3平方米；户外活动场地面积5500平方米，儿童人均5.91平方米。2018年燕东、蔚秀两园有大、中、小三个年龄段共计29个教学班，在园儿童939名。其中北大事业编制教职工二代及三代适龄子女（3岁以上）占三分之二以上。

队伍建设。2018年幼儿园教职工165名，其中事业编教职工24名，合同制教职工125名，16名退休返聘人员，平均年龄35岁左右。全体教职工100%具有合格学历及各岗位上岗证。91名一线幼儿教师均为大学本科以上学历。领导班子组成为园长1名，执行园长1名，副园长2名，分园设2个分园长，符合北京市示范幼儿园标准。2018年16名教师参加海淀区教师职称评定工作，其中评定为高级教师2名，一级教师4名，二级教师6名，三级教师4名。

2018年完成25名聘任制教职工的聘任工作，其中包括4名研究生，7名本科生，13名大专毕业生，1名高中毕业生（厨师），均符合相关岗位的任职标准，并各有所长。

党建工作。2018年幼儿园党支部正式隶属直属单位党委。党支部共有党员40名，入党积极分子24名，另有7名教师向支部提交了入党申请。2018年，发展2名教师入党，2名预备党员按期转为正式党员，2名党员被评为系统优秀党员。党支部组织学习习近平总书记在北大师生座谈会上的重要讲话精神，开展教职工师德演讲、义务劳动等活动，开展"文明礼仪，健康生活"主题系列党团日活动。2018年11月1日至2日，幼儿园党支部以"红色的旅程，红色的旗帜，红色的中国心"为主题赴卢沟桥开展党日活动。

师德建设。幼儿园加强教师师德建设，参照学校师德师风建设体系，制定《幼儿园教职工师德教育实施办法》《教师师德建设培训体系方案》《幼儿园师德管理制度》，并纳入到《幼儿园安全制度》中。落实《新时代幼儿园教师职业行为十项准则》，开展全员师德宣讲活动，园长带领进行全员师德宣誓，签订师德承诺书。重视日常师德教育工作，发起"我和孩子的故事"全园主题师德教育活动，教师分享与孩子们在一起的快乐、温情与感动，坚持以更加积极正向的心态开展工作、看待孩子，践行师德承诺。

新生工作。2018年幼儿园加大投入，扩充学位，解决教职工子女入园需求。一方面，幼儿园按照分阶段，分步骤，协同完成的工作思路完成新生入园报名工作任务。如：3—4月开展入园学位需求调查，初步了解2018年学位需求状况；4—5月招生领导小组集体研究并确定入园政策，开展网络登记报名相关工作，做好相关咨询；5—6月招生工作小组完成审核验证工作，确定入园名单；6—8月陆续完成入园登记各项手续办理工作，9月完成入园工作。另一方面，结合报名工作的进行，同时开展学位挖潜工作，如：按照市教委精神，适当增加单元班级幼儿人数配额，各年龄班每班增加3—5人；挖掘园内资源进行扩班，腾挪燕东幼儿园原有会议室和办公室，改造为一个小班单元教室使用；在学校支持下腾挪蔚秀幼儿园内心理学院办公区域，将其改造为单元教室。

2018年，幼儿园投入30多万元完成燕东园1个班级的改扩建，全年共计提供三岁小班新生学位310多个、中大班插班生学位20多个。2018年9月，开展新入园幼儿的入园适应活动，关注幼儿的情绪、进餐量、活动量、行为习惯等，帮助幼儿逐步建立良好的生活习惯。

保教工作。完成在园幼儿的全年教育教学工作计划，全园幼儿各项发展指标均达到相关要求。开展个别特殊需要幼儿教育发展的指导。落实教育部坚决杜绝幼儿园"小学化"倾向的要求，坚持以综合主题活动为主要形式，以游戏为主要途径，落实幼儿五大领域发展目标。

卫生保健。落实幼儿卫生保健工作要求，细化幼儿卫生习惯的日常指导与养成。利用专职教师资源，设计并开展丰富多彩的体育活动，加强幼儿日常体能锻炼，完成年度幼儿体能测试工作。

防病宣传。根据季节进行传染病和多发病的宣传。严格消毒和卫生检查制度、公共安全卫生紧急情况预案，预防"手足口病"和"甲流"等一些疾病的发生与传染。保持教职员工上岗体检率、儿童入托前以及定期体检率均达到100%。儿童出勤率达到80%以上。燕东和蔚秀幼儿园均在海淀卫生监督局的督导下获得"幼儿园卫生保健工作量化考核合格证书"。

教师培训。结合实践工作需要，开展教师培训工作。邀请区卫生保健管理人员开展2次教师培训；与北大附小及社区联合进行消防联动培训；开展教师球类项目培训；开展剪纸艺术培训；邀请北京师范大学专家作《同伴介入干预研究》主题培训，邀请北大心理学院专家作《幼儿心理理解能力发展》主题培训；开展新教师一日工作常规及流程培训；参加各项区级网络培训等。幼儿园在"2018年北京市重要民生实事项目——北京市幼儿园园长教师培训工作"中被评为"2018年海淀区幼儿园全员全训工作优秀幼儿园"。

家园合作。完善各级家委会组织，重新组建园级、分园、班级三级家委会，鼓励家长参与园所及班级活动，宣传园内及班级各项工作；邀请家长走进课堂，组织幼儿活动，开展如科学小实验活动、幼儿六一欢乐周、新年活动的策划组织、好书推荐、融合教育亲子秋游等活动；结合保教工作需要，举办三次家长学校，开展口腔保健、眼睛保健、常见传染病预防等方面的家长培训。开设十次免费亲子教育服务。

膳食营养。加强科学膳食管理研究和测算伙食营养量，定期召开伙委会通报相关数据；广泛征求教师和家委会的意见，结合儿童特点，制定科学营养的儿童食谱；创新花色品种，做色香味俱全的食品。伙食费做到专款专用，幼儿的体格发育增长合格率达到100%。幼儿园伙房全年接待40次检查和督查，均获好评。

安全管理。幼儿园与全园工作人员签订安全责任书、师德承诺书，开展安全教育。2018年，加强安防教育科学规范管理，修订《幼儿园安全制度管理》，新增《幼儿园监控室管理制度》《幼儿园监控录像查询登记制度》《空气重污染应急预案》等制度。将意外伤害事故报告流程、部门紧急电话号码等张贴于班级醒目位置。制定和完善各类大型活动安全预案。管理保安人员执行出入园制度，制订《幼儿园出入管理办法》，强化门口出入规范管理，定期巡查园内设备设施，及时发现及时报修和调整。关注幼儿安全教育工作，开展班级安全教育系列主题活动，组织幼儿安全演练，熟悉安全逃生办法及相关逃生路径。组织教师开展"安全教研十分钟"活动，对实际工作中容易出现的幼儿安全隐患进行讨论与研究。

制度建设。坚持职代会制度，定期召开职工代表会议，保障教师行使民主权利。鼓励职工参与幼儿园各项考核和规章制度的制定。

完善环境。7—8月，北大附幼完成燕东园小班楼等7个教室室内地板装修及楼道美化工程。在总务部的支持下，完成蔚秀园幼儿园室内墙壁粉刷及卫生间修缮工作。

经费使用。按计划购置幼儿园教育教学设备设施，安排教职工培训，开展各项园所活动，利用园务会及时沟通专项资金使用情况。

文化活动。组织"共享阅读时光""我是小小北大娃""我要上小学了"等主题活动，以及"快乐六一周"等节日相关庆祝活动。各分园和班级结合课程特色组织小主题活动。如燕东园的"哥哥姐姐讲故事""故事爸妈进课堂""小小图书馆""看见爱"等，蔚秀园的"春日集市""同沐书香，共享快乐"图书交换和"小脚丫进北大"等活动。

结合文化建设需要和北京大学建校120周年庆典活动，鼓励师生参加各种社会活动。如：组织100名师生参加北大教职工运动会及宣传片拍摄；组织幼儿参加中央电视台"智慧树"节目的拍摄活动；组织大班幼儿参加"看见爱"善行者公益活动；组织参加第三届全国布奇乐乐园杯"我来讲故事"作品征集活动，全园提交孩子、亲子、教师讲的故事作品总计达到110份；组织参加北大120周年庆的"小小北大人"绘画展，20名幼儿作品获奖；组织参加第四届全国儿童剪纸展，17名幼儿获奖。2018年7月参加海淀区第七届童心杯征文活动，22名教师获奖。

课题研究。2018年，继续开展由北京大学口腔医院预防科荣文笙教授主持的幼儿园儿童龋齿综合管理项目的合作研究。截至2018年底，在自愿参与研究项目的家长配合下，已完成对212名幼儿的5次口腔检查和防龋保健。据不完全统计，幼儿园参与项目的幼儿的患龋率和新龋率有所下降。继续参加北京师范大学教育学院霍力岩教授主持的"促进幼儿主动学习的游戏材料"课题研究。3—7月课题研究以"文化"为切入点，各年龄班开展"川剧变脸"的区域材料研究。9—12月课题进入阶段成果总结和推广阶段，幼儿园8名业务干部和骨干教师参与该课题。在2018年"张謇杯"全国幼儿园优秀自制文具展评活动中，北大附幼李慧萍、谢珍金、刘扬等3位教师制作的区域游戏材料《小熊光影变化机》获得北京市一等奖，全国二等奖。

（王燕华、刘　燕、余　丽、杨雪杨、
罗　洪、刘雪祁、孟　帆）

【海淀区幼儿园教师培训会】 6月29日，北大附幼作为海淀区干部教师培训基地之一，面向全区一级一类以上幼儿园50余名园长和教师举办主题为"促进幼儿个性开放的体育活动组织和实施"的教学观摩研讨开放活动。活动期间，与会的园长和教师现场观摩幼儿园两节户外开放式体育活动，参与园所教师分组进行的教育教学研讨，并听取专家对体育活动专业的评析。

11月16日，北大附幼承办海淀区幼儿园新任教师和骨干教师培训会。幼儿园2名市骨干教师分别展示语言和音乐特色教学观摩课，幼儿园特教负责人介绍园所融合教育实践工作。

（张玉萍）

人　物

在校院士名录

中国科学院院士

数学物理学部
姜伯驹　张恭庆　陈佳洱　甘子钊　贺贤土　文　兰　杨应昌　陈建生
田　刚　赵光达　徐至展　李政道　苏肇冰　解思深　王诗宬　王恩哥
鄂维南　陈十一　欧阳颀　张平文　谢心澄　李家明　张维岩

化学部
唐有祺　黎乐民　刘元方　周其凤　王　夔　张礼和　黄春辉　高　松
吴云东　刘忠范　严纯华　席振峰

地学部
赵柏林　涂传诒　陈运泰　童庆禧　叶大年　李德仁　张弥曼　秦大河
陶　澍　张培震　傅伯杰　吴立新　郑永飞　周忠和　郭华东

信息技术科学部
杨芙清　王阳元　秦国刚　黄　琳　陆汝钤　梅　宏　包为民　龚旗煌
黄　如

技术科学部
叶恒强　方岱宁　俞大鹏　倪晋仁　魏悦广

生命科学和医学学部
翟中和　韩济生　韩启德　许智宏　朱作言　方精云　童坦君　赵进东
蒋有绪　尚永丰　朱玉贤　程和平　陆　林

中国工程院院士

陆道培　唐孝炎　郭应禄　沈渔邨　庄　辉　何新贵　王陇德　高　文
马永生　王　浩　张远航　丁文华　乔　杰　卢秉恒　甘晓华　詹启敏
李德仁

（人事部）

哲学社会科学资深教授名录

厉以宁 袁行霈 吴树青 叶 朗 马克垚 严文明 严家炎
胡壮麟 梁 柱 梁守德 吴慰慈

（人事部）

长江学者名录

批次	单位	姓名	岗位类别
1	物理学院	龚旗煌	特聘
1	化学与分子工程学院	刘忠范	特聘
1	工学院	陆祖宏	特聘
1	物理学院	欧阳颀	特聘
1	信息科学技术学院	彭练矛	特聘
1	工学院	佘振苏	特聘
1	信息科学技术学院	张志刚	特聘
1	生命科学学院	邓兴旺	讲座/全职
1	数学科学学院	田 刚	讲座
1	数学科学学院	夏志宏	讲座
2	信息科学技术学院	查红彬	特聘
2	工学院	陈十一	特聘
2	物理学院	刘晓为	特聘
2	化学与分子工程学院	严纯华	特聘
2	化学与分子工程学院	赵新生	特聘
2	城市与环境学院	周力平	特聘
2	数学科学学院	鄂维南	讲座/全职
2	数学科学学院	许进超	讲座
3	分子医学研究所	程和平	特聘
3	生命科学学院	邓宏魁	特聘
3	物理学院	孟 杰	特聘
3	城市与环境学院	陶 澍	特聘
3	医学部	王 宪	特聘

(续表)

批次	单位	姓名	岗位类别
3	医学部	叶新山	特聘
3	数学科学学院	张继平	特聘
3	生命科学学院	赵进东	特聘
3	环境科学与工程学院	朱彤	特聘
3	信息科学技术学院	丛京生	讲座
4	地球与空间科学学院	陈永顺	特聘
4	化学与分子工程学院	金长文	特聘
4	化学与分子工程学院	来鲁华	特聘
4	医学部	刘国庆	特聘
4	化学与分子工程学院	刘文剑	特聘
4	物理学院	马伯强	特聘
4	医学部	汪涛	特聘
4	工学院	王龙	特聘
4	数学科学学院	王诗宬	特聘
4	化学与分子工程学院	席振峰	特聘
4	化学与分子工程学院	夏斌	特聘
4	化学与分子工程学院	杨震	特聘
4	生命科学学院	朱玉贤	特聘
4	物理学院	刘征宇	讲座
5	工学院	方岱宁	特聘/非全职
5	城市与环境学院	方精云	特聘
5	地球与空间科学学院	高克勤	特聘
5	化学与分子工程学院	高松	特聘
5	工学院	韩平畴	特聘
5	医学部	尚永丰	特聘
5	生命科学学院	苏晓东	特聘
5	分子医学研究所	肖瑞平	特聘
5	物理学院	俞大鹏	特聘
5	医学部	詹启敏	特聘
5	数学科学学院	张平文	特聘
5	物理学院	汤超	讲座/全职
6	工学院	陈峰	特聘
6	法学院	陈兴良	特聘
6	信息科学技术学院	刘濮鲲	特聘
6	化学与分子工程学院	邵元华	特聘
6	外国语学院	申丹	特聘
6	物理学院	沈波	特聘
6	医学部	王克威	特聘
6	历史学系	王希	特聘
6	工学院	杨槐	特聘

(续表)

(续表)

批次	单位	姓名	岗位类别
6	生命科学学院	张传茂	特聘
6	人口研究所	郑晓瑛	特聘
6	信息科学技术学院	周治平	特聘
6	工学院	刘 锋	讲座
6	医学部	王存玉	讲座
6	化学与分子工程学院	杨伟涛	讲座
6	数学科学学院	郁 彬	讲座
6	国家发展研究院	约翰·施特劳斯（John Strauss）	讲座
7	经济学院	刘 伟	特聘/非全职
7	信息科学技术学院	梅 宏	特聘/非全职
7	中国语言文学系	陈平原	特聘
7	化学与分子工程学院	王剑波	特聘
7	生命科学学院	王世强	特聘
7	艺术学院	王一川	特聘
7	历史学系	阎步克	特聘
7	地球与空间科学学院	张立飞	特聘
7	医学部	张 毓	特聘
7	工学院	张东晓	讲座/全职
7	教育学院	曾满超	讲座
7	物理学院	陈 勇	讲座
7	环境科学与工程学院	何玉山	讲座
8	医学部	杜军保	特聘
8	城市与环境学院	陆雅海	特聘
8	历史学系	彭小瑜	特聘
8	工学院	任秋实	特聘
8	法学院	朱苏力	特聘
8	地球与空间科学学院	宗秋刚	特聘
8	地球与空间科学学院	费英伟	讲座
8	数学科学学院	韩 青	讲座
8	物理学院	李 浩	讲座
8	物理学院	涂豫海	讲座
8	历史学系	王晴佳	讲座
8	医学部	徐清波	讲座
9	数学科学学院	姜 明	特聘
9	生命科学学院	瞿礼嘉	特聘
9	历史学系	荣新江	特聘
9	工学院	王建祥	特聘
9	心理与认知科学学院	余 聪	特聘
9	数学科学学院	郭 岩	讲座
9	工学院	徐 昆	讲座

(续表)

批次	单位	姓名	岗位类别
10	光华管理学院	蔡洪滨	特聘
10	化学与分子工程学院	高毅勤	特聘
10	信息科学技术学院	黄 如	特聘
10	医学部	陆 林	特聘
10	物理学院	朱世琳	特聘
10	数学科学学院	宗传明	特聘
10	医学部	柴 洋	讲座
10	物理学院	林志宏	讲座
10	物理学院	邱子强	讲座
10	生命科学学院	谢晓亮	讲座
10	中国社会科学调查中心	谢 宇	讲座
10	环境科学与工程学院	张人一	讲座
10	中国语言文学系	张旭东	讲座
11	法学院	陈瑞华	特聘
11	城市与环境学院	胡建英	特聘
11	医学部	乔 杰	特聘
11	化学与分子工程学院	宛新华	特聘
11	化学与分子工程学院	吴 凯	特聘
11	信息科学技术学院	夏明耀	特聘
11	数学科学学院	朱小华	特聘
11	地球与空间科学学院	Guillaume Dupont-Nivet	讲座
11	化学与分子工程学院	何 川	讲座
11	数学科学学院	庆 杰	讲座
12	中国语言文学系	陈晓明	特聘
12	心理与认知科学学院	方 方	特聘
12	社会学系	郭志刚	特聘
12	哲学系（宗教学系）	韩水法	特聘
12	经济学院	黄桂田	特聘
12	医学部	黄晓军	特聘
12	生命科学学院	蒋争凡	特聘
12	化学与分子工程学院	裴 坚	特聘
12	城市与环境学院	朴世龙	特聘
12	化学与分子工程学院	施章杰	特聘
12	数学科学学院	史宇光	特聘
12	工学院	谭文长	特聘
12	工学院	夏定国	特聘
12	建筑与景观设计学院	俞孔坚	特聘
12	地球与空间科学学院	李宝生	讲座
12	物理学院	张 冰	讲座
13	工学院	段志生	特聘

(续表)

批次	单位	姓名	岗位类别
13	光华管理学院	龚六堂	特聘
13	环境科学与工程学院	胡敏	特聘
13	化学与分子工程学院	李彦	特聘
13	中国语言文学系	钱志熙	特聘
13	物理学院	孙庆丰	特聘
13	政府管理学院	王浦劬	特聘
13	医学部	王韵	特聘
13	哲学系（宗教学系）	王中江	特聘
13	化学与分子工程学院	张锦	特聘
13	生命科学学院	张泽民	特聘
13	国家发展研究院	赵跃辉	特聘
13	医学部	周德敏	特聘
13	心理与认知科学学院	周晓林	特聘
13	信息科学技术学院	胡振江	讲座
14	工学院	段慧玲	特聘
14	数学科学学院	范辉军	特聘
14	地球与空间科学学院	傅绥燕	特聘
14	心理与认知科学学院	韩世辉	特聘
14	工学院	侯仰龙	特聘
14	地球与空间科学学院	黄清华	特聘
14	国家发展研究院	刘国恩	特聘
14	化学与分子工程学院	刘海超	特聘
14	光华管理学院	刘俏	特聘
14	物理学院	刘运全	特聘
14	光华管理学院	陆正飞	特聘
14	哲学系（宗教学系）	王博	特聘
14	光华管理学院	王辉	特聘
14	历史学系	王奇生	特聘
14	物理学院	王新强	特聘
14	国际关系学院	王正毅	特聘
14	物理学院	吴飙	特聘
14	工学院	吴晓磊	特聘
14	社会学系	谢立中	特聘
14	心理与认知科学学院	谢晓非	特聘
14	化学与分子工程学院	徐东升	特聘
14	北京国际数学研究中心	许晨阳	特聘
14	信息科学技术学院	张路	特聘
14	城市与环境学院	朱东强	特聘
14	城市与环境学院	Philippe Ciais	讲座
14	物理学院	吴军桥	讲座

(续表)

批次	单位	姓名	岗位类别
14	分子医学研究所	许春辉	讲座
15	医学部	邓旭亮	特聘
15	物理学院	胡小永	特聘
15	信息科学技术学院	黄铁军	特聘
15	医学部	焦 宁	特聘
15	数学科学学院	李 若	特聘
15	光华管理学院	吴联生	特聘
15	历史学系	辛德勇	特聘
15	国家发展研究院	姚 洋	特聘
15	化学与分子工程学院	余志祥	特聘
15	中国语言文学系	袁毓林	特聘
15	光华管理学院	周黎安	特聘
15	法学院	常鹏翱	青年
15	法学院	车 浩	青年
15	化学与分子工程学院	陈 兴	青年
15	城市与环境学院	程和发	青年
15	物理学院	傅宗玫	青年
15	数学科学学院	关启安	青年
15	中国语言文学系	贺桂梅	青年
15	心理与认知科学学院	李 晟	青年
15	物理学院	彭良友	青年
15	社会学系	渠敬东	青年
15	医学部	汤新景	青年
15	信息科学技术学院	王兴军	青年
15	生命科学学院	徐冬一	青年
15	国家发展研究院	余淼杰	青年
15	工学院	张艳锋	青年
15	法学院	何其生	青年
15	信息科学技术学院	陈宝权	特聘
16	中国语言文学系	廖可斌	特聘
16	政府管理学院	燕继荣	特聘
16	哲学系（宗教学系）	韩林合	特聘
16	艺术学院	彭 锋	特聘
16	法学院	张守文	特聘
16	历史学系	王立新	特聘
16	哲学系（宗教学系）	仰海峰	特聘
16	光华管理学院	陈玉宇	特聘
16	城市与环境学院	贺灿飞	特聘
16	工学院	郑玉峰	特聘
16	信息科学技术学院	崔 斌	特聘

(续表)

批次	单位	姓名	岗位类别
16	物理学院	王 健	特聘
16	现代农学院	黄季焜	特聘
16	医学部	陈 旻	特聘
16	医学部	孔 炜	特聘
16	法学院	蒋大兴	青年
16	中国语言文学系	董秀芳	青年
16	光华管理学院	路江涌	青年
16	数学科学学院	安金鹏	青年
16	工学院	裴永茂	青年
16	物理学院	廖志敏	青年
16	工学院	邹如强	青年
16	信息科学技术学院	郝 丹	青年
16	物理学院	江 颖	青年
16	北京国际数学研究中心	葛 颢	青年
16	物理学院	何琼毅	青年
16	经济学院	杨汝岱	青年
16	心理与认知科学学院	罗 欢	青年
17	社会学系	邱泽奇	特聘
17	考古文博学院	吴小红	特聘
17	数学科学学院	章志飞	特聘
17	化学与分子科学学院	陈 鹏	特聘
17	生命科学学院	高 宁	特聘
17	医学部	周永胜	特聘
17	中国语言文学系	詹卫东	青年
17	考古文博学院	陈建立	青年
17	工学院	王 昊	青年
17	信息科学技术学院	蔡一茂	青年
17	心理与认知科学学院	魏坤琳	青年
17	数学科学学院	王 嵬	青年
17	信息科学技术学院	刘谡哲	青年
17	城市与环境学院	万 祎	青年
17	物理学院	李新征	青年
17	环境科学与工程学院	陆克定	青年
17	工学院	宋 洁	青年
17	工学院	李忠奎	青年
17	医学部	姜长涛	青年
17	医学部	金红芳	青年

(人事部)

国家杰出青年基金获得者名录

姓名	院系	批准年
彭练矛	信息科学技术学院	1994
赵新生	化学与分子工程学院	1994
方精云	城市与环境学院	1994
陈建国	生命科学学院	1994
王 宪	基础医学院	1994
刘忠范	化学与分子工程学院	1994
张继平	数学科学学院	1995
龚旗煌	物理学院	1995
严纯华	化学与分子工程学院	1995
来鲁华	化学与分子工程学院	1995
赵进东	生命科学学院	1995
周 专	分子医学研究所	1995
寿成超	肿瘤医院	1995
陶 澍	城市与环境学院	1995
林建华	化学与分子工程学院	1996
吕有勇	肿瘤医院	1996
倪晋仁	环境科学与工程学院	1996
王诗宬	数学科学学院	1997
欧阳颀	物理学院	1997
朱玉贤	生命科学学院	1997
昌增益	生命科学学院	1997
黄季焜	现代农学院	1997
耿 直	数学科学学院	1998
甘良兵	化学与分子工程学院	1998
席振峰	化学与分子工程学院	1998
邵元华	化学与分子工程学院	1998
刘张炬	数学科学学院	1999
魏悦广	工学院	1999
王健平	工学院	1999
王 远	化学与分子工程学院	1999

姓名	院系	批准年
王忆平	生命科学学院	1999
胡建英	城市与环境学院	1999
周力平	城市与环境学院	1999
朱 彤	环境科学与工程学院	1999
林作铨	数学科学学院	1999
王 龙	工学院	1999
王楠林	物理学院	2000
马伯强	物理学院	2000
孟 杰	物理学院	2000
李星国	化学与分子工程学院	2000
陈尔强	化学与分子工程学院	2000
苏都莫日根	生命科学学院	2000
程和平	分子医学研究所	2000
栗占国	人民医院	2000
郑晓瑛	人口研究所	2000
俞大鹏	物理学院	2000
张维迎	国家发展研究院	2000
刘培东	数学科学学院	2001
方 竞	工学院	2001
高 松	化学与分子工程学院	2001
吴 凯	化学与分子工程学院	2001
李 毅	生命科学学院	2001
夏 斌	化学与分子工程学院	2001
邓宏魁	生命科学学院	2001
邹德春	化学与分子工程学院	2001
刘濮鲲	信息科学技术学院	2001
陈永顺	地球与空间科学学院	2001
张平文	数学科学学院	2002
佘振苏	工学院	2002
高原宁	物理学院	2002

(续表)

姓名	院系	批准年	姓名	院系	批准年
王剑波	化学与分子工程学院	2002	黄宝春	地球与空间科学学院	2005
吴云东	化学与分子工程学院	2002	徐信忠	光华管理学院	2005
张传茂	生命科学学院	2002	陈大岳	数学科学学院	2006
韩世辉	心理与认知科学学院	2002	朱世琳	物理学院	2006
肖瑞平	分子医学研究所	2002	刘文剑	化学与分子工程学院	2006
尚永丰	基础医学院	2002	瞿礼嘉	生命科学学院	2006
车庆明	药学院	2002	姜保国	人民医院	2006
詹启敏	医学部	2002	李铁军	口腔医院	2006
柳 彬	数学科学学院	2003	陆雅海	城市与环境学院	2006
杨 震	化学与分子工程学院	2003	张东晓	工学院	2006
齐利民	化学与分子工程学院	2003	任秋实	工学院	2006
宛新华	化学与分子工程学院	2003	金 芝	信息科学技术学院	2006
金长文	化学与分子工程学院	2003	黄 如	信息科学技术学院	2006
苏晓东	生命科学学院	2003	史宇光	数学科学学院	2007
张立飞	地球与空间科学学院	2003	张 锦	化学与分子工程学院	2007
姜 明	数学科学学院	2003	陆 林	第六医院	2007
沈 波	物理学院	2003	余 聪	心理与认知科学学院	2007
朱小华	数学科学学院	2004	赵明辉	第一医院	2007
刘玉鑫	物理学院	2004	黄晓军	人民医院	2007
裴 坚	化学与分子工程学院	2004	徐福留	城市与环境学院	2007
黄建滨	化学与分子工程学院	2004	龚六堂	光华管理学院	2007
王世强	生命科学学院	2004	谭文长	工学院	2008
杜军保	第一医院	2004	吴 飙	物理学院	2008
蔡少青	药学院	2004	余志祥	化学与分子工程学院	2008
陈衍景	地球与空间科学学院	2004	刘海超	化学与分子工程学院	2008
傅绥燕	地球与空间科学学院	2004	张 宏	深圳医院	2008
王习东	工学院	2004	乔 杰	第三医院	2008
李伟固	数学科学学院	2005	宋述光	地球与空间科学学院	2008
王建祥	工学院	2005	夏明耀	信息科学技术学院	2008
李存标	工学院	2005	汤华中	数学科学学院	2009
吴学兵	物理学院	2005	郑汉青	物理学院	2009
孙庆丰	物理学院	2005	王 韵	基础医学院	2009
许甫荣	物理学院	2005	方 方	心理与认知科学学院	2009
叶新山	药学院	2005	陈 清	信息科学技术学院	2009
徐东升	化学与分子工程学院	2005	汪国平	信息科学技术学院	2009
唐世明	生命科学学院	2005	张 兴	信息科学技术学院	2009
屠鹏飞	药学院	2005	张志学	光华管理学院	2009
王学军	城市与环境学院	2005	王金霞	现代农学院（筹）	2009
魏春景	地球与空间科学学院	2005	甘少波	数学科学学院	2010

(续表)

姓名	院系	批准年	姓名	院系	批准年
颜学庆	物理学院	2010	戴志飞	工学院	2012
张亚文	化学与分子工程学院	2010	范辉军	数学科学学院	2013
占肖卫	工学院	2010	李 若	数学科学学院	2013
胡 敏	环境科学与工程学院	2010	施均仁	物理学院	2013
贺金生	城市与环境学院	2010	焦 宁	药学院	2013
魏丽萍	生命科学学院	2010	刘鸿雁	城市与环境学院	2013
蒋争凡	生命科学学院	2010	陈 斌	物理学院	2013
黄清华	地球与空间科学学院	2010	曹安源	工学院	2013
胡永云	物理学院	2010	刘 俏	光华管理学院	2013
杨 槐	工学院	2010	席建忠	工学院	2013
陈宝权	信息科学技术学院	2010	王家军	数学科学学院	2014
吴联生	光华管理学院	2010	许晨阳	北京国际数学研究中心	2014
刘运全	物理学院	2011	章志飞	数学科学学院	2014
李 彦	化学与分子工程学院	2011	孙聆东	化学与分子工程学院	2014
高毅勤	化学与分子工程学院	2011	陈 兴	化学与分子工程学院	2014
朴世龙	城市与环境学院	2011	贺灿飞	城市与环境学院	2014
邵 敏	环境科学与工程学院	2011	孟智勇	物理学院	2014
黄富强	化学与分子工程学院	2011	黄铁军	信息科学技术学院	2014
侯仰龙	工学院	2011	陈玉宇	光华管理学院	2014
戴 伦	物理学院	2011	陈 旻	第一医院	2014
周长辉	光华管理学院	2011	张 研	生命科学学院	2014
张 宁	第一医院	2011	杨 勇	第一医院	2014
王 凡	基础医学院	2011	邓旭亮	口腔医院	2014
段慧玲	工学院	2012	王汉生	光华管理学院	2015
陶建军	工学院	2012	古 英	物理学院	2015
徐仁新	物理学院	2012	徐莉梅	物理学院	2015
胡小永	物理学院	2012	彭海琳	化学与分子工程学院	2015
陈 鹏	化学与分子工程学院	2012	黄岩谊	工学院	2015
郭雪峰	化学与分子工程学院	2012	王喜龙	城市与环境学院	2015
李子臣	化学与分子工程学院	2012	谢 冰	信息科学技术学院	2015
朱东强	城市与环境学院	2012	路江涌	光华管理学院	2015
吴晓磊	工学院	2012	胡 俊	数学科学学院	2016
郑玉峰	工学院	2012	吴成印	物理学院	2016
郭 弘	信息科学技术学院	2012	雷晓光	化学与分子工程学院	2016
张 路	信息科学技术学院	2012	汤富酬	生命科学学院	2016
段志生	工学院	2012	刘 瑜	地球与空间科学学院	2016
王新强	物理学院	2012	韩鸿宾	第三医院	2016
孔 炜	基础医学院	2012	宋令阳	信息科学技术学院	2016
时 杰	药物依赖性研究所	2012	王亦洲	信息科学技术学院	2016

(续表)

姓名	院系	批准年
林宙辰	信息科学技术学院	2016
余淼杰	国家发展研究院	2016
徐 明	第三医院	2016
杨 莉	第一医院	2016
王 辉	人民医院	2016
刘若川	北京国际数学研究中心	2017
彭良友	物理学院	2017
冯 济	物理学院	2017
曹庆宏	物理学院	2017
张文雄	化学与分子工程学院	2017
马 丁	化学与分子工程学院	2017
江 颖	物理学院	2017
要茂盛	环境科学与工程学院	2017
秦跟基	生命科学学院	2017
高 宁	生命科学学院	2017
李 晴	生命科学学院	2017
朱 健	生命科学学院	2017
程和发	城市与环境学院	2017
杨海军	物理学院	2017
沈志豪	化学与分子工程学院	2017

姓名	院系	批准年
黄 罡	信息科学技术学院	2017
喻俊志	工学院	2017
叶 敏	医学部药学院	2017
关启安	数学科学学院	2018
田 晖	地球与空间科学学院	2018
刘雄军	物理学院	2018
肖云峰	物理学院	2018
全海涛	物理学院	2018
乔 宾	物理学院	2018
孙育杰	生命科学学院	2018
伊成器	生命科学学院	2018
李铁军	数学科学学院	2018
许 成	地球与空间科学学院	2018
邹如强	工学院	2018
田永鸿	信息科学技术学院	2018
周明辉	信息科学技术学院	2018
廖志敏	物理学院	2018
岳伟华	第六医院	2018

(科学研究部)

百千万人才名录

姓名	工作单位
曾 毅	国家发展研究院
王诗宬	数学科学学院
阎步克	历史学系
赵进东	生命科学学院
王恩哥	物理学院
肖建国	计算机科学技术研究所
赵新生	化学与分子工程学院
申 丹	外国语学院
张继平	数学科学学院
方精云	城市与环境学院
辛德勇	历史学系
陈建国	生命科学学院

姓名	工作单位
顾红雅	生命科学学院
严纯华	化学与分子工程学院
龚旗煌	物理学院
刘忠范	化学与分子工程学院
来鲁华	化学与分子工程学院
柯 杨	医学部
寿成超	医学部
王 宪	医学部
欧阳颀	物理学院
方 竞	工学院
倪晋仁	环境科学与工程学院
席振峰	化学与分子工程学院

(续表)

姓名	工作单位	姓名	工作单位
林建华	化学与分子工程学院	张平文	数学科学学院
蔡少青	医学部	王世强	生命科学学院
万 有	医学部	潘建国	中国语言文学系
汪 涛	医学部	黄 如	信息科学技术学院
刘 伟	经济学院	余 聪	心理与认知科学学院
陈兴良	法学院	王立新	历史学系
周 专	分子医学研究所	黄晓军	医学部
周力平	城市与环境学院	张 弛	考古文博学院
赵世瑜	历史学系	管又飞	医学部
荣新江	历史学系	张 兴	信息科学技术学院
陈章良	生命科学学院	吴 凯	化学与分子工程学院
宛新华	化学与分子工程学院	张守文	法学院
郭 弘	信息科学技术学院	吴小红	考古文博学院
王习东	工学院	陈 清	信息科学技术学院
武阳丰	医学部	朱小华	数学科学学院
赵明辉	医学部	陆 林	医学部
梅 宏	信息科学技术学院	陆雅海	环境科学与工程学院
高 松	化学与分子工程学院	方 方	心理与认知科学学院
刘濮昆	信息科学技术学院	陈瑞华	法学院
柳 彬	数学科学学院	俞可平	政府管理学院
王奇生	历史学系	陈 明	外国语学院
乔 杰	医学部	范辉军	数学科学学院
王 龙	工学院	焦 宁	医学部
尚永丰	医学部	陈宝权	医学部
王正毅	国际关系学院		

(人事部)

万人计划名录

单位	姓名	类别	批次
化学与分子工程学院	刘忠范	杰出人才	第一批
深圳研究生院/信息科学技术学院	刘 宏	科技创新领军	第一批
信息科学技术学院	梅 宏	科技创新领军	第一批
哲学系（宗教学系）	聂锦芳	哲学社会科学领军	第一批
马克思主义学院	孙代尧	哲学社会科学领军	第一批
政府管理学院	王浦劬	哲学社会科学领军	第一批
历史学系	阎步克	教学名师	第一批
生命科学学院	许崇任	教学名师	第一批

(续表)

单位	姓名	类别	批次
物理学院	龚旗煌	百千万工程领军	第一批
数学科学学院	宗传明	百千万工程领军	第一批
心理与认知科学学院	方方	科技创新领军	第二批
生命科学学院	王世强	科技创新领军	第二批
口腔医院	邓旭亮	科技创新领军	第二批
数学科学学院	史宇光	科技创新领军	第二批
城市与环境学院	朱东强	科技创新领军	第二批
物理学院	刘运全	科技创新领军	第二批
数学科学学院	李若	科技创新领军	第二批
化学与分子工程学院	张锦	科技创新领军	第二批
环境科学与工程学院	邵敏	科技创新领军	第二批
工学院	侯仰龙	科技创新领军	第二批
化学与分子工程学院	施章杰	科技创新领军	第二批
化学与分子工程学院	高松	科技创新领军	第二批
化学与分子工程学院	高毅勤	科技创新领军	第二批
人民医院	黄晓军	科技创新领军	第二批
物理学院	颜学庆	科技创新领军	第二批
哲学系（宗教学系）	王博	哲学社会科学领军	第二批
政府管理学院	何增科	哲学社会科学领军	第二批
历史学系	荣新江	哲学社会科学领军	第二批
光华管理学院	蔡洪滨	哲学社会科学领军	第二批
艺术学院	王一川	教学名师	第二批
化学与分子工程学院	郭雪峰	科技创新领军人才	第三批
化学与分子工程学院	付雪峰	科技创新领军人才	第三批
物理学院	孙庆丰	科技创新领军人才	第三批
物理学院	胡小永	科技创新领军人才	第三批
化学与分子工程学院	陈兴	科技创新领军人才	第三批
药学院	周德敏	科技创新领军人才	第三批
药学院	焦宁	科技创新领军人才	第三批
数学科学学院	范辉军	科技创新领军人才	第三批
工学院	段慧玲	科技创新领军人才	第三批
物理学院	王新强	科技创新领军人才	第三批
第一医院	龚侃	科技创新领军人才	第三批
深圳研究生院	翟宏斌	科技创新领军人才	第三批
法学院	张守文	哲学社会科学领军人才	第三批
中国语言文学系	袁毓林	哲学社会科学领军人才	第三批
考古文博学院	吴小红	哲学社会科学领军人才	第三批
物理学院	刘玉鑫	教学名师	第三批
物理学院	何琼毅	青年拔尖人才	第三批

(续表)

单位	姓名	类别	批次
物理学院	林金泰	青年拔尖人才	第三批
分子医学研究所	赵 扬	青年拔尖人才	第三批
基础医学院	姜长涛	青年拔尖人才	第三批
法学院	车 浩	青年拔尖人才	第三批
哲学系（宗教学系）	吴天岳	青年拔尖人才	第三批

（人事部）

教授名录

数学科学学院

教授

艾明要　安金鹏　蔡金星　陈大岳　邓明华　丁 帆　范辉军　房祥忠　冯荣权　甘少波　耿 直　关启安　胡 俊
姜 明　蒋美跃　李 若　李铁军　李伟固　李文威　林作铨　刘力平　刘培东　刘小博　刘旭峰　刘 勇　刘张炬
柳 彬　马尽文　马 翔　莫小欢　庆 杰　任艳霞　史宇光　宋春伟　孙 猛　孙文祥　汤华中　田 刚　王保祥
王冠香　王诗宬　王 崧　王正栋　文 兰　吴 岚　夏壁灿　徐 恺　徐茂智　杨 超　杨家忠　杨建生　杨静平
姚 方　郁 彬　张继平　张平文　张志华　章志飞　郑 浩　周蜀林　周 铁　朱小华

物理学院

教授

班 勇　曹庆宏　陈 斌　陈建生　陈晓林　陈志坚　陈志忠　崔 琦　戴 伦　董晓华　杜瑞瑞　樊铁栓　冯 济
付遵涛　高家红　高原宁　龚旗煌　古 英　郭秋菊　胡小永　胡晓东　胡永云　华 辉　季 航　江 颖　蒋红兵
李定平　李 浩　李 焱　李 智　林志宏　刘 川　刘富坤　刘克新　刘玉鑫　刘运全　刘征宇　罗春雄　马伯强
马中水　冒亚军　孟 杰　孟智勇　牛 谦　欧阳颀　彭良友　钱维宏　邱子强　冉广照　沈 波　施 靖　史俊杰
孙庆丰　谭本馗　檀时钠　汤 超　田光善　王恩哥　王福仁　王宏利　王 健　王楠林　王若鹏　王新强　王宇钢
吴成印　吴军桥　吴学兵　肖立新　谢心澄　徐莉梅　徐仁新　徐至展　许甫荣　薛惠文　薛建明　颜学庆　杨海军
杨金波　叶恒强　叶沿林　尹 澜　于彤军　俞大鹏　张 冰　张朝晖　张国辉　张宏昇　张家森　张庆红　张维岩
赵春生　赵光达　赵 清　郑汉青　朱世琳　朱守华　Adam Peter Showman

研究员

陈建军　林 晨　卢海洋　施均仁　吴 飙

教授级高级工程师

葛愉成　鲁向阳　陆元荣　全胜文　任晓堂　王洪庆　徐　军

化学与分子工程学院

教授

卞祖强　陈尔强　陈　鹏　陈　兴　范星河　甘良兵　高　松　高毅勤　郭雪峰　何　川　黄富强　黄建滨　金长文
来鲁华　雷晓光　李美仙　李　娜　李星国　李　彦　李子臣　梁德海　林建华　刘春立　刘海超　刘虎威　刘志荣
刘忠范　马　丁　马玉国　裴　坚　彭海琳　齐利民　其　鲁　邵元华　沈兴海　施祖进　宛新华　王剑波　王颖霞
王　远　王哲明　吴　凯　吴云东　席振峰　夏　斌　徐东升　严纯华　杨伟涛　杨　震　余志祥　翟茂林　张　锦
张文雄　张新祥　张亚文　赵达慧　赵美萍　赵新生　周其凤　邹德春

研究员

陈家华　杜福胜　孙聆东

教授级高级工程师

谢景林　章　斐　周　江

生命科学学院

教授

安成才　白书农　蔡　宏　柴　真　昌增益　陈建国　陈章良　邓宏魁　范六民　高　宁　顾红雅　贺新强　纪建国
蒋争凡　孔道春　李沉简　李　毅　吕　植　秦跟基　秦咏梅　瞿礼嘉　饶广远　饶　毅　苏都莫日根　苏晓东
汤富酬　陶　伟　滕俊琳　佟向军　王世强　王忆平　魏丽萍　吴　虹　谢晓亮　张　博　张传茂　张　研　张泽民
赵进东　郑晓峰　朱玉贤　朱作言　庄小威

研究员

高　歌　谢　灿　朱　健

教授级高级工程师

郝雪梅　彭宜本　朱德生

城市与环境学院

教授

曹广忠　曾　辉　柴彦威　陈效逑　陈彦光　程和发　邓　辉　方精云　冯长春　傅伯杰　韩茂莉　贺灿飞　贺金生

胡建英　蒋有绪　李本纲　李双成　李有利　林　坚　刘耕年　刘鸿雁　刘文新　陆雅海　马建民　莫多闻　朴世龙
秦大河　阙维民　沈泽昊　唐晓峰　唐艳红　陶　澍　王红亚　王喜龙　王学军　王仰麟　吴必虎　徐福留　杨小柳
张家富　周力平　朱东强　Philippe Ciais

教授级高级工程师

刘雪萍

地球与空间科学学院

教授

白志强　鲍惠铭　曾琪明　陈鸿飞　陈秀万　陈衍景　陈永顺　陈运泰　传秀云　费英伟　傅绥燕　关　平　郭华东
郭召杰　韩宝福　洪　阳　侯贵廷　胡天跃　黄宝春　黄清华　季建清　江大勇　赖　勇　李江海　李培军　刘建波
刘树文　刘　瑜　鲁安怀　马学平　马永生　毛善君　宁杰远　潘　懋　秦　善　宋述光　孙元林　童庆禧　涂传诒
王德明　王河锦　王彦宾　魏春景　邬　伦　吴朝东　晏　磊　叶大年　张东和　张飞舟　张进江　张立飞　张弥曼
张培震　张显峰　张志诚　赵永红　郑永飞　周仕勇　周忠和　朱永峰　宗秋刚　Zhao Li

研究员

林　沂　张　勇

心理与认知科学学院

教授

方　方　甘怡群　韩世辉　李　量　钱铭怡　苏彦捷　王　垒　魏坤琳　吴艳红　谢晓非　余　聪　周晓林

教学教授

耿海燕

建筑与景观设计学院

教授

汪　芳　王　浩　俞孔坚　John Keith Zacharias

信息科学技术学院

教授

曹永知	查红彬	陈宝权	陈 兢	陈景标	陈 清	陈向群	陈徐宗	陈章渊	陈中建	陈 钟	程 翔	程 旭
程玉华	丛京生	崔 斌	代亚非	党安红	邓小铁	邓志鸿	丁文华	杜 刚	段凌宇	封举富	傅云义	高 军
高 文	郭 弘	郭 耀	郝一龙	何 进	何新贵	侯士敏	胡薇薇	胡振江	黄 罡	黄 如	黄铁军	焦秉立
焦文品	解思深	金玉丰	金 芝	康晋锋	李红滨	李红燕	李家明	李文新	李晓明	李正斌	李志宏	梁学磊
廖怀林	林宙辰	刘 宏	刘力锋	刘濮鲲	刘晓彦	刘新元	陆汝钤	罗 武	罗英伟	马思伟	梅 宏	彭练矛
宋令阳	穗志方	谭少华	谭 营	田永鸿	童云海	汪国平	汪小林	王捍贫	王厚峰	王金延	王立威	王腾蛟
王 玮	王兴军	王 漪	王亦洲	王 源	王志军	邬江兴	吴建军	吴 思	吴文刚	吴玺宏	夏明耀	谢 冰
谢昆青	徐洪起	许 超	许 进	许胜勇	杨振川	姚建铨	叶安培	英向华	于晓梅	张大成	张大庆	张 帆
张耿民	张海霞	张锦文	张 路	张 铭	张 兴	张 岩	张志刚	张志勇	赵建业	赵玉萍	周小计	朱柏承

John Edward Hopcroft　Zhou Zhiping

研究员

蔡一茂　曹东刚　陈 婧　杜朝海　盖伟新　何燕冬　解晓东　王为民　张盛东　张 威

教授级高级工程师

段晓辉　冯梅萍　高成臣　何永琪　金 野　李 婷　王兆江　于敦山

工学院

教授

白树林	包 刚	包为民	曹安源	陈 峰	陈国谦	陈 璞	陈十一	程承旗	楚天广	戴志飞	丁希仑	董蜀湘
段慧玲	段志生	方岱宁	方 竞	耿志勇	侯仰龙	黄岩谊	李存标	李德仁	李军凯	励 争	廖荣锦	刘才山
刘 锋	卢秉恒	卢海龙	米建春	任秋实	佘振苏	史建军	史一蓬	侍乐媛	孙 强	谭文长	唐少强	唐永春
陶建军	王建祥	王健平	王金枝	王 龙	王 前	王习东	王 勇	魏悦广	吴立新	吴晓磊	席建忠	夏定国
谢广明	谢天宇	熊春阳	徐 昆	杨 槐	杨 莹	喻俊志	占肖卫	张东晓	郑春苗	郑玉峰	朱怀球	

Zheng Qiang

研究员

王苈祥　杨剑影

计算机科学技术研究所

教授

彭宇新　孙 俊　肖建国　邹 磊

研究员

陈晓鸥　郭宗明　汤　帜　万小军　赵东岩　周秉锋

环境科学与工程学院

教授

蔡旭晖　陈忠明　郭怀成　何玉山　胡建信　胡　敏　黄　艺　籍国东　李文军　李振山　刘阳生　马晓明　倪晋仁
邵　敏　宋　宇　王　奇　温东辉　谢绍东　要茂盛　叶正芳　张剑波　张军锋　张人一　张世秋　张远航　赵华章
郑　玫　朱　彤

研究员

刘　娟　刘思彤

教授级高级工程师

曾立民

软件工程国家工程研究中心

教授

柳军飞　王　平　王亚沙　吴中海

研究员

李　影　张世琨　赵文

中国语言文学系

教授

曹文轩　常　森　车槿山　陈保亚　陈连山　陈平原　陈晓明　陈泳超　戴锦华　董秀芳　杜晓勤　傅　刚　高远东
郭　锐　韩毓海　贺桂梅　胡敕瑞　计璧瑞　金永兵　康士林　孔江平　孔庆东　李　简　李　杨　李宗焜　廖可斌
刘　萍　刘勇强　刘玉才　刘子瑜　潘建国　漆永祥　钱志熙　邵永海　孙玉文　汪　锋　王　岚　王丽丽　王岳川
王韫佳　吴晓东　项梦冰　杨海峥　杨荣祥　于迎春　袁行霈　袁毓林　詹卫东　张　辉　张　剑　张　沛　张旭东
张颐武

研究员

顾永新　李　铎

历史学系

教授

包茂红　陈苏镇　邓小南　董经胜　高　岱　高　毅　郭润涛　郭卫东　何　晋　黄春高　金东吉　李伯重　李　维
李新峰　刘一皋　陆　扬　罗　新　牛大勇　欧阳哲生　彭小瑜　钱乘旦　荣新江　尚小明　王立新　王奇生　王晴佳
王　希　王新生　王元周　吴小安　辛德勇　徐　健　阎步克　颜海英　叶　炜　臧运祜　张　帆　赵冬梅　赵世瑜
朱凤瀚　朱青生　朱孝远　朱玉麒

考古文博学院

教授

陈建立　董　珊　杭　侃　胡东波　雷兴山　李崇峰　林梅村　倪润安　齐东方　秦大树　沈睿文　孙　华　孙庆伟
王幼平　韦　正　魏正中　吴小红　徐天进　徐怡涛　张　弛　张　辛　赵　辉

研究员

陈　凌

哲学系（宗教学系）

教授

陈　波　陈少峰　程乐松　杜维明　丰子义　干春松　韩林合　韩水法　何怀宏　李　猛　李四龙　刘华杰　刘壮虎
聂锦芳　尚新建　孙尚扬　王　博　王　骏　王　颂　王中江　王宗昱　吴　飞　吴增定　先　刚　邢滔滔　徐　春
徐凤林　徐龙飞　杨立华　杨学功　仰海峰　姚卫群　叶　闯　叶　朗　张广保　张学智　张志刚　章启群　赵敦华
郑　开　周北海　周　程　朱良志　Roger Thomas Ames　Thomas Rockmore

研究员

张丽娟

外国语学院

教授

薄文泽　查晓燕　陈岗龙　陈　明　程朝翔　褚　敏　丁宏为　丁　莉　董　强　段　晴　段映虹　付志明　高峰枫
高一虹　拱玉书　谷　裕　韩加明　黄必康　黄燎宇　姜景奎　金　勋　李昌珂　李　政　林丰民　凌建侯　刘　锋
刘建华　刘树森　罗　炜　马小兵　毛　亮　宁　琦　潘　钧　彭　甄　钱　军　秦海鹰　申　丹　田庆生　王邦维
王　丹　王东亮　王　浩　王　建　王　军　王辛夷　王一丹　魏丽明　吴杰伟　谢秩荣　杨国政　喻天舒　湛　如
张　敏　张世耘　张　薇　赵白生　赵桂莲　赵华敏　周小仪

艺术学院

教授
陈旭光　陈　宇　丁　宁　顾春芳　侯锡瑾　李道新　李　松　李　洋　林　一　彭　锋　邱章红　王一川　翁剑青　向　勇

研究员
雷　虹

对外汉语教育学院

教授
汲传波　李红印　刘元满　王海峰　辛　平　徐晶凝　杨德峰　赵　杨

教学教授
施正宇

歌剧研究院

教授
蒋一民　金　曼

教学教授
戴玉强

国际关系学院

教授
查道炯　初晓波　丁　斗　贾庆国　孔凡君　李寒梅　李义虎　连玉如　梁云祥　罗艳华　潘　维　唐士其　王缉思　王　联　王逸舟　王　勇　王正毅　韦　民　许振洲　叶自成　袁　明　翟　崑　张光明　张海滨　张清敏　张小明　张植荣　朱文莉

法学院

教授

白建军　车　浩　陈端洪　陈瑞华　陈兴良　邓　峰　傅郁林　甘培忠　葛云松　郭　雳　何其生　贺卫方　蒋大兴
李　鸣　李启成　梁根林　凌　斌　刘剑文　刘凯湘　刘　燕　马忆南　潘剑锋　彭　冰　钱明星　强世功　邵景春
沈　岿　汪建成　汪　劲　王　成　王　磊　王锡锌　王　新　吴志攀　徐爱国　许德峰　薛　军　易继明　张　平
张　骐　张千帆　张守文　赵国玲　朱苏力

教学教授

楼建波

研究员

李红海　叶静漪

信息管理系

教授

陈建龙　李常庆　李广建　李国新　刘兹恒　祁延莉　申　静　王继民　王　军　王延飞　王余光　王子舟　张久珍
赵丹群　周庆山

社会学系

教授

方　文　高丙中　郭志刚　李建新　刘爱玉　刘　能　卢晖临　卢云峰　陆杰华　马凤芝　马　戎　钱民辉　秦明瑞
邱泽奇　渠敬东　佟　新　王铭铭　谢立中　熊跃根　张　静　周飞舟　周　皓　周　云　朱晓阳

政府管理学院

教授

包万超　高鹏程　关海庭　何增科　黄恒学　金安平　句　华　李国平　陆　军　路　风　沈体雁　宋　磊　王丽萍
王浦劬　萧鸣政　徐湘林　薛　领　燕继荣　俞可平　郁俊莉　赵成根

教学教授

白　彦

马克思主义学院

教授

白雪秋　程美东　顾海良　康沛竹　李少军　李翔海　李毅红　林　锋　刘　军　刘志光　孙蚌珠　孙代尧　孙熙国
王文章　王在全　魏　波　郁庆治　杨　河　宇文利

研究员

夏文斌

教育学院

教授

陈洪捷　陈晓宇　丁小浩　郭建如　贾积有　蒋　凯　刘云杉　马万华　闵维方　施晓光　汪　琼　文东茅　吴　峰
阎凤桥　岳昌君　赵国栋

研究员

郭丛斌　哈　巍　卢晓东　秦春华

新闻与传播学院

教授

陈　刚　陈开和　陈汝东　程曼丽　胡　泳　李　玮　刘德寰　陆　地　陆绍阳　吕　艺　彭　波　师曾志　吴　靖
谢新洲　许　静　杨伯溆　俞　虹

体育教研部

教授

董进霞　郝光安　何仲恺　赫忠慧　李德昌　张　锐

教学教授

张　戈

教育财政科学研究所

教授
刘明兴　王　蓉

经济学院

教授
曹和平　董志勇　杜丽群　胡　坚　黄桂田　李　虹　李连发　李庆云　李绍荣　李心愉　刘民权　刘　伟　刘　怡
平新乔　秦雪征　施建淮　苏　剑　孙祁祥　陶　涛　王大树　王曙光　王一鸣　王跃生　夏庆杰　叶静怡　张　博
张　辉　张　延　章　政　郑　伟　周建波

教学教授
方　敏　吴侨玲

编审
于小东

光华管理学院

教授
陈丽华　陈松蹊　陈玉宇　符国群　龚六堂　黄　涛　贾春新　江明华　姜国华　金　李　雷　明　李怡宗　厉以宁
林莞娟　刘宏举　刘　俏　刘晓蕾　刘　学　刘玉珍　陆正飞　路江涌　马化祥　马　力　彭泗清　沈俏蔚　涂　平
王汉生　王　辉　王立彦　王明进　吴联生　谢　宇　徐　菁　徐信忠　杨云红　姚琦伟　姚长辉　于鸿君　虞吉海
张国有　张红霞　张建君　张一弛　张　影　张　峥　张志学　赵龙凯　周黎安　周长辉　Lu Hai

人口研究所

教授
陈　功　李涌平　穆光宗　裴丽君　乔晓春　宋新明　郑晓瑛

国家发展研究院

教授

陈春花　傅　军　海　闻　胡大源　黄益平　霍德明　雷晓燕　李力行　李　玲　林双林　林毅夫　刘国恩　卢　锋
马　浩　沈　艳　宋国青　唐方方　汪　浩　徐晋涛　姚　洋　余淼杰　张　黎　张维迎　张晓波　赵跃辉
John Strauss　Yang John Zhuang（杨壮）

研究员

范保群

基础医学院

教授

白　云　陈英玉　崔彩莲　崔庆华　杜晓娟　方伟岗　葛　青　韩济生　韩晶岩　韩文玲　孔　炜　刘国庆　刘昭飞
鲁凤民　罗光湘　罗建沅　马大龙　马治中　毛泽斌　梅　林　倪菊华　彭宜红　齐永芬　秦丽华　邱晓彦　沙印林
尚永丰　邵根泽　孙露洋　沈　丽　谭焕然　田新霞　童坦君　万　有　汪南平　王　凡　王　玲　王　露　王文恭
王　宪　王　应　王　韵　王月丹　吴立玲　邢国刚　徐国恒　杨宝学　杨吉春　尹长城　尹玉新　云彩红　张　波
张　君　张　毓　张宏权　张炜真　张卫光　张晓伟　张永鹤　章　京　章国良　赵红珊　赵　颖　朱　毅　祝世功
庄　辉

主任医师

刘从容　石雪迎

研究员

刘新文　祁　荣　吴鎏桢　祝　虹　郑乐民

药学院

教授

蔡少青　姜　勇　李润涛　李中军　梁　鸿　凌笑梅　刘俊义　吕万良　孟祥豹　蒲小平　齐宪荣　史录文　孙　崎
汤新景　屠鹏飞　王　超　王　夔　王　璇　王坚成　王银叶　夏　青　徐　萍　杨晓达　杨晓改　杨秀伟　杨振军
叶　加　叶　敏　叶新山　曾慧慧　张　强　张　烜　张礼和　张亮仁　张庆英　张天蓝　周德敏　周田彦

研究员

车庆明　陈世忠　杜　权　付宏征　郭敏杰　贾彦兴　焦　宁　梁建辉　林文翰　张红梅

编审

黄河清

公共卫生学院

教研系列：教授

郑志杰

教授

安　琳　曹卫华　常　春　陈　娟　陈大方　邓芙蓉　郭新彪　郭　岩　郝卫东　何丽华　胡永华　贾　光　李立明
刘继同　刘　民　吕　筠　马　军　马冠生　马迎华　钮文异　潘小川　孙昕霙　王　红　王　旗　王　燕　王海俊
王培玉　王晓莉　王志锋　吴　明　吴　涛　许雅君　詹思延　张宝旭　张玉梅　朱文丽

研究员

陈晶琦　李可基　李　勇　李智文　刘建蒙　任爱国　王京宇　王琳琳　武阳丰　叶荣伟　余小鸣

护理学院

教授

郭桂芳　李明子　陆　虹　路　潜　尚少梅　孙宏玉　王志稳

公共教学部

教授

丛亚丽　高　嵩　官锐园　郭莉萍　贺东奇　洪　炜　刘大川　孙秋丹　唐文佩　王　岳　王　玥　王一方　吴任钢
张大庆　甄　橙

研究员

王红漫　谢　虹

第一临床医学院（北大医院）

教授

包新华　曹永平　陈　旻　陈　明　陈育青　迟春花　崔一民　丁　洁　丁文惠　董　捷　杜军保　冯　琪　高献书
高　莹　龚　侃　郭晓蕙　郭应禄　洪　涛　黄一宁　侯新琳　霍　勇　贾志荣　姜　毅　姜玉武　蒋　捷　金红芳
金　杰　李建平　李海潮　李海丽　李　航　李若瑜　李　挺　李学松　李　岩　刘　刚　刘梅林　刘　伟　刘新民
刘荫华　刘玉村　刘玉和　刘朝晖　吕继成　潘英姿　乔歧禄　秦　永　阙呈立　任汉云　时春艳　涂　平　万远廉
王朝霞　汪　欣　王东信　王广发　王贵强　王静敏　王荣福　王素霞　王薇薇　王蔚虹　王维民　王霄英　王学美
温宏武　吴　林　吴问汉　吴　晔　吴　艳　席志军　薛　晴　肖水芳　辛钟成　熊　晖　徐小元　晏晓明　杨慧霞

杨　柳　杨艳玲　杨尹默　杨　莉　杨　勇　姚　晨　叶乐平　于　峰　于岩岩　袁　云　余　进　郑　波　张　宏
张路霞　张　宁　张　骞　张学智　张彦芳　张月华　张卓莉　赵　鸿　赵明辉　周利群　周应芳　朱丽荣　朱学骏
邹英华

主任医师
毕　蕙　才　瑜　蔡立新　岑溪南　柴卫兵　常杏芝　陈　建　陈路增　陈　倩　陈喜雪　陈永红　谌　诚　成　虹
崔　昭　董　颖　段学宁　冯珍如　高　枫　耿志宇　龚艳君　韩文科　郝燕捷　何志嵩　贺占举　黄　真　金其庄
李淳德　李　简　李俊霞　李　良　李　梅　李　明　李巧娴　李双玲　李晓清　李　昕　梁芙蓉　梁卫兰　林　健
刘凤君　刘　洪　刘玲玲　刘秀芬　刘雪芹　刘占兵　柳　萍　卢宏章　陆海英　牟向东　孟　磊　马　靖　马晓伟
米　川　年卫东　聂红平　聂立功　潘义生　庞　琳　彭　靖　齐建光　秦乃姗　邱志祥　屈晨雪　曲　元　戎　龙
盛琴慧　邵玉红　宋　毅　孙洪跃　孙　葳　孙伟杰　孙晓伟　孙　瑜　陶　霞　佟小强　汪　波　王爱平　王　刚
王化虹　王建中　王　进　王　军　王宁华　王鹏远　王晓敏　王　平　王全桂　王文生　王　艳　王　颖　温　冰
吴士良　肖　锋　肖慧捷　肖江喜　肖云翔　熊　辉　徐　玲　徐　阳　许　戎　许　幸　杨建梅　杨淑霞　杨新宇
姚红新　姚　勇　叶京明　邑晓东　尹　玲　伊志强　于晓兰　袁戈恒　袁振芳　张　红　张宝娓　张　岱　张家湧
张俊清　张　凯　张澜波　张前进　张清友　张　岩　张宪生　张晓春　张　巍　张志超　赵桂萍　赵　健　赵卫红
周福德　周　菁　庄　岩　曾　争

研究员
程苏华　李惠芳　李敬伟　李六亿　李　岩　吕　媛　马兰艳　潘　虹　戚　豫　王　颖　辛殿祺　杨志仙　张春丽
张庆林

研究馆员
黄明杰

主任药师
孙培红　向　倩　周　颖　赵　侠　梁　雁

主任护师
陈建军　丁炎明　耿小凤　王　群

主任技师
李雪迎　刘静霞　卢桂芝　杨宏云　郝洪军　王　彬

编审
高雪莲　单爱莲

第二临床医学院（人民医院）

教授
白文俊　鲍永珍　常英军　陈　红　崔　恒　冯传汉　冯　艺　高承志　高　杰　高旭光　高　燕　高占成　关振鹏
郭淮莲　郭静竹　郭　卫　韩　芳　洪　楠　黄晓波　黄晓军　纪立农　姜保国　姜冠潮　江　倩　李　澍　栗占国
梁梅英　林剑浩　刘海鹰　刘　健　刘开彦　刘文玲　刘玉兰　刘元生　陆道培　穆　籣　穆　荣　秦　炯　饶慧瑛

沈　浣　苏　茵　孙铁铮　孙秀丽　汤小东　王　辉　王建六　王晶桐　王　俊　王乐今　王秋生　王　杉　王　屹
王　玉　魏　来　徐　涛　许克新　许兰平　许清泉　燕太强　杨　欣　叶颖江　余力生　张建中　张　俊　张小明
张晓辉　张学武　赵明威　赵晓涛　赵　彦　朱凤雪　朱继业　朱家安　左　力　冯淬灵

主任医师

安海燕　安友仲　白　文　蔡　林　蔡美顺　曹宝平　曹照龙　陈　欢　陈　坚　陈建海　陈江天　陈　雷　陈陵霞
陈琦玲　陈　适　陈　瑶　陈　彧　陈育红　陈源源　陈　周　程　琳　程翼飞　戴　林　董霄松　杜　娟　封　波
傅中国　甘良英　高鹏骧　耿　京　关　菁　郭丹杰　郭　杨　郭　远　韩红敬　韩学尧　赫崇军　何　菁　何晋德
何燕玲　洪道俊　侯宪如　黄　磊　贾晋松　贾　玫　贾　园　贾月萍　江　浩　蒋京军　姜可伟　金仲田　赖悦云
李帮清　李大森　李　茹　李厚敏　李剑锋　李　琦　李　清　李　涛　李　伟　李文海　李学斌　李　艺　李永杰
李　运　李　照　梁　斌　梁建宏　梁旭东　梁　勇　刘　波　刘春兰　刘国莉　刘　杰　刘　捷　刘　靖　刘　军
刘兰燕　刘　淼　刘　鹏　刘如恩　刘士军　刘献增　刘彦国　刘　栩　刘月洁　陆爱东　路　瑾　鹿　群　马　慧
马　鑫　马艳良　毛　汛　苗榕生　穆新林　倪　磊　潘　芳　裴秋艳　齐慧君　钱　彤　曲华毅　曲进锋　曲星珂
任泽钦　沈丹华　申金霞　申占龙　石红霞　石　璇　孙宁玲　唐　军　唐　顺　田　莉　佟富中　王　波　王朝华
王传林　王　东　王福顺　王　豪　王　凯　王　龙　王　旻　王　茜　王　殊　王天兵　王伟民　王雪梅　王　昱
王　悦　王智峰　王志启　韦　洮　吴慧娟　吴　夕　吴　彦　吴　燕　夏瑞明　谢启伟　邢志敏　熊六林　徐海林
徐　燕　许俊堂　薛　峰　严荔煌　杨　帆　杨　力　杨　明　杨荣利　杨松娜　杨晓东　杨　毅　叶　华　叶雄俊
尹东辉　尹　虹　尹慕军　于文贞　袁晓培　袁燕林　曾超美　张殿英　张海澄　张乐萍　张立红　张培训　张荣葆
张挺杰　张万蕾　张熙哲　张晓红　张晓蕊　张学民　赵　超　赵　辉　赵　辉　赵慧萍　赵永平　周　波　周殿阁
周　静　周　蓉　周翔海　朱继红　朱天刚　主鸿鹄

研究员

昌晓红　陈红松　陈　颖　戴谷音　郭建萍　黄　锋　李翠兰　李　红　李小平　刘艳荣　路　阳　潘孝本　秦亚溱
阮国瑞　郁卫东　赵　越

主任药师

方　翼　冯婉玉　顾　健　黄　琳　于芝颖　张海英

主任护师

王　泠　吴晓英　应菊素　张海燕

主任技师

李　丹　柳　鹏　马丽萍

编审

李静然　林文玉　尚永刚　王　黛　张立群

第三临床医学院（北医三院）

教授

敖英芳　陈亚红　陈跃国　陈仲强　崔立刚　崔　鸣　丁士刚　段丽萍　樊东升　付　卫　高　炜　郭向阳　韩鸿宾
韩启德　贺　蓓　洪　晶　洪天配　黄永辉　姜　辉　景红梅　克晓燕　李　东　李东明　李　华　李　民　李　蓉

李危石	李学民	李昭屏	凌晓锋	刘剑羽	刘湘源	刘晓光	刘忠军	马彩虹	马芙蓉	马潞林	么改琦	齐 虹
齐 强	乔 杰	孙永昌	田 耘	汪 涛	王贵松	王海燕	王俊杰	王 薇	王 侠	王 颖	王 悦	王振宇
吴玲玲	修典荣	徐迎胜	徐 智	杨 孜	余家阔	袁慧书	曾 鸿	曾 岩	翟所迪	张爱华	张 纯	张 捷
张 冀	张燕燕	张永珍	赵荣生	赵扬玉	郑丹侠	周 方	周丽雅	周谋望	朱 曦	祖凌云		

主任医师

毕洪森	蔡 宏	常 春	常 虹	陈宝霞	陈 文	陈晓勇	陈朝文	陈新娜	迟洪滨	崔国庆	崔丽艳	邓晓莉
窦宏亮	冯新恒	冯学峰	冯 云	傅 瑜	高洪伟	葛辉玉	葛庆岗	龚 熹	顾 芳	郭红燕	郭丽君	郭秦炜
郭昭庆	韩江莉	韩劲松	韩庆烨	韩彤妍	和 岚	洪 锴	侯纯升	侯小飞	胡跃林	黄 毅	霍则军	姬洪全
姜 亮	姜 薇	江 凌	焦 晨	郎 宁	李 比	李 东	李海燕	李红真	李华军	李 强	李天润	李卫虹
李小刚	李 选	李 渊	李在玲	李志刚	李子剑	黎远皋	梁华茂	梁 莉	凌云鹏	刘桂花	刘俊秀	刘 平
刘 平	刘书旺	刘延青	刘瑜玲	刘仲奇	卢 剑	鲁 明	鲁 珊	栾景源	马力文	马青变	马少华	马长城
孟秀丽	苗立英	牛 杰	潘 滔	朴梅花	沈 宁	沈 扬	史成和	宋清华	宋世兵	宋为明	宋志强	孙 宇
唐 雯	田 华	田彦杰	童笑梅	万 峰	王爱英	王昌明	王常观	王 超	王海宁	王继军	王健全	王 军
王 丽	王丽娜	王立新	王少波	王圣林	王 涛	王天成	王 霄	王晓华	王新利	王雪梅	王 妍	王永清
韦 峰	魏 玲	魏 瑗	邬海博	夏志伟	肖春雷	肖卫忠	谢京城	谢志强	胥 婕	徐 懋	徐顺霖	徐 雁
徐 艳	许永根	许艺民	姚 炜	闫 辉	闫 明	闫天生	闫 燕	杨雪松	伊 敏	于 淼	原春辉	袁 炯
曾 辉	张春雷	张凤山	张福春	张 克	张 立	张 莉	张立强	张利萍	张璐芳	张树栋	张卫方	张英爽
张玉梅	张 媛	张 喆	赵 军	赵素焱	赵 艳	甄秀梅	郑 旭	郑亚安	周庆涛	朱 红	朱 丽	朱 昀
庄申榕												

研究员

艾 华	常翠青	邓 敏	董尔丹	耿 力	金昌晓	李 默	李树强	李子健	林 丛	刘薇薇	秦泽莲	沈 韬
宋纯理	田 婵	徐 明	许 锋	胥雪冬	张小为	张幼怡	计 虹	赵一鸣	周洪柱	周 瑞	闫丽盈	杨 莉

主任药师

杨 丽　杨毅恒

主任护师

郭 莉　李葆华　罗永梅　朴玉粉　苏春燕　袁晓宁　张洪君　张会芝

主任技师

吕志珍　游 珂

研究馆员

田新玉

口腔医学院

教授

蔡志刚	邓旭亮	董艳梅	傅开元	甘业华	高雪梅	高 岩	谷 岩	郭传瑸	侯建霞	胡文杰	华 红	贾绮林

江久汇　姜　婷　李翠英　李　刚　李铁军　李巍然　李自力　梁宇红　林久祥　林　野　刘　鹤　刘宏伟　刘　宇　栾庆先　马　莲　毛　驰　孟焕新　聂　琼　彭　歆　秦　满　谭建国　唐志辉　王伟建　王晓燕　王新知　欧阳翔英　王　兴　魏世成　夏　斌　谢秋菲　许天民　徐　莉　徐　韬　伊　彪　俞光岩　岳　林　张　杰　张建国　张　益　张震康　赵玉鸣　郑树国　周彦恒　周永胜

主任医师
安　娜　安金刚　陈　洁　崔念晖　邸　萍　丁　云　樊　聪　高　娟　韩　冰　韩　劼　何秉贤　和　璐　胡　炜　胡晓阳　胡秀莲　姬爱平　纪志农　姜若萍　姜　霞　江　泳　晋长伟　康　军　李斌斌　李良忠　李健慧　李彤彤　李小彤　梁　成　柳登高　刘　峰　刘瑞昌　刘　怡　刘亦洪　刘玉华　骆泉丰　罗　奕　马　琦　马文利　孟娟红　潘　洁　潘韶霞　邱立新　荣文笙　司　燕　孙　凤　孙玉春　佟　岱　王晓霞　王泽泗　王祖华　王尊一　魏　松　寻春雷　阎　燕　闫志敏　杨旭东　杨亚东　翟新利　张汉平　张　豪　张　雷　张　磊　张　清　张　笋　张万林　张　伟　张　晓　张　宇　张祖燕　赵　奇　赵燕平　赵玉鸣　周爽英　周团锋

研究员
李盛林　林　红　单艳华　王衣祥

教授级高级工程师
王　勇

主任药师
郑利光

主任护师
李秀娥　杨　悦

主任技师
陈智滨　吴美娟

临床肿瘤学院（肿瘤医院）

教授
陈晋峰　陈克能　邓大君　方志伟　顾　晋　郭　军　韩淑燕　郝纯毅　季加孚　柯　杨　李惠平　李子禹　梁　军　林冬梅　刘宝国　刘　巍　吕有勇　潘凯枫　沈　琳　寿成超　苏向前　孙应实　唐　磊　王维虎　王晓东　王雪鹃　王子平　吴　楠　武爱文　解云涛　邢宝才　严　昆　杨　薇　杨　勇　张　彬　张力建　张　宁　张青云　张小田　张志谦

主任医师
安彤同　步召德　蔡　勇　陈　辉　陈冀衡　陈衍智　陈　晓　迟志宏　崔　明　崔　湧　邸立军　杜　鹏　樊征夫　范志毅　方　健　高顺禹　高雨农　何自静　季建英　李　健　李　洁　李金锋　李　明　李　囡　李　萍　李　燕　李永恒　陆　明　廖盛日　林宁晶　陆爱萍　马丽华　那　加　欧阳涛　彭亦凡　钱红纲　斯　璐　宋国红　宋玉琴　孙　红　孙　艳　孙　宇　谭宏宇　唐丽丽　涂梅峰　王洪义　王宏志　王　崑　王玉艳　熊宏超　卫　燕　吴梅娜　吴　齐　吴　薇　吴晓江　肖绍文　薛　冬　薛卫成　杨　跃　姚云峰　郑　文　张　霁　张连海　张乃嵩　张晓东

赵爱莲　赵　军　郑　虹　朱步东　朱　军　朱　旭

研究员

高　静　胡亚洲　隗铁夫　陆哲明　吴健民　邢　沫　许秀菊　徐国兵　杨　志　詹启敏　张焕萍

主任药师

张艳华　杨　锐

主任护师

陆宇晗

主任技师

沈　靖

精神卫生研究所（第六医院）

教授

沈渔邨　黄悦勤　刘　靖　钱秋谨　司天梅　孙洪强　王华丽　岳伟华　于　欣　张　岱

主任医师

程　嘉　丛　中　董问天　贾美香　孔庆梅　李　冰　李雪霓　刘　粹　刘建成　刘　琦　马　弘　马燕桃　孙新宇
唐登华　唐宏宇　田成华　王希林　王向群　闫　俊　姚贵忠　原岩波　张大荣　张鸿燕　周　沫

研究员

李晓霓　孙　黎　汪向东　王力芳

主任护师

马　莉　耿淑霞

前沿交叉学科研究院

教授

陈东敏　David Allan Weitz

中国社会科学调查中心

教授

李 强

分子医学研究所

教授

肖瑞平

研究员

程和平　雷 鸣　梁子才　周 专

科维理天文与天体物理研究所

教授

樊晓晖　Luis Chi Ho　Spurzem Rainer

研究员

李立新　于清娟

北京国际数学研究中心

教授

鄂维南　郭 岩　刘若川　许晨阳　许进超　James Andrew Carlson　Zhou Xiaohua（周晓华）

现代农学院

教授

邓兴旺　黄季焜　王金霞

深圳研究生院

教授
朱家祥

党委办公室校长办公室

教授
郝　平　邱水平　王　杰　许智宏　朱善璐

政策法规研究室

研究员
任羽中

纪委办公室监察室

教授
邹　惠

研究员
王　雷

党委组织部

研究员
霍晓丹

党委统战部

教授
张晓黎

学生工作部

教授
杨爱民

保密委员会办公室

研究员
冯支越　刘旭东

教务部

研究员
金顶兵

科学研究部

研究员
蔡　晖　周　辉

社会科学部

编审
刘曙光　郑　园

研究生院

研究员
贾爱英

人事部

研究员
刘　波　王红印

财务部

研究员
郑　庄

国际合作部

研究员
夏红卫　郑如青

总务部

研究员
张宝岭

校办产业管理委员会办公室

教授级高级工程师
王　川　周亚伟

学科建设办公室

研究员
贺　飞

图书馆

研究馆员

别立谦　陈　凌　范　凡　关志英　李　云　刘大军　刘素清　聂　华　汤　燕　王　波　肖　珑　姚晓霞　张春红　张红扬　张明东　邹新明

计算中心

教授级高级工程师

陈　光　陈　萍　李庭晏　马　皓　张　蓓　种连荣

教师教学发展中心

教授

孙　华

教育基金会

教授

李文胜

研究员

邓　娅

出版社

编审

杜若明　冯益娜　符　丹　高秀芹　金娟萍　李　东　林君秀　刘　方　刘乐坚　马辛民　商鸿业　沈浦娜　孙　晔
王立刚　王明舟　杨立范　杨书澜　张　冰　张凤珠　张弘泓　张黎明　周雁翎

校医院

主任医师
李 华　李卫菊　沈 嵩　云 虹

附属中学

正高级教师
李冬梅　王 铮　张思明

附属小学

正高级教师
尹 超

动力中心

教授级高级工程师
李 钟

方正集团

研究员
蒋必金

教授级高级工程师
黄肖俊　汪岳林　王国印

未名集团

研究员
张 华

青鸟集团

研究员
杨 明

教授级高级工程师
叶智勇

医学部党政机关、后勤、直属及产业

教授
方 海　刘晓云　孟庆跃　田 佳

研究员
蔡景一　陈立奇　程化琴　崔 爽　戴 清　邓艳萍　樊建军　范春梅　郭艾花　贾忠伟　李 红　刘穗燕　陆 林
时 杰　王 青　王翠先　王军为　徐白羽　徐善东　殷晓丽　张凤云　张 蕾　朱树梅

主任医师
王晓军　王振宇　张素敏

研究馆员
王金玲　谢志耘

主任技师
田 枫　吴后男　袁 兰　周淑佩　邹霞娟

教授级高级工程师
何其华

编审
白 玲　冯智勇　王凤廷　曾桂芳　张其鹏

（人事部、医学部人事处）

2018 年在教育战线工作满三十年教职工名单

姓名	单位	姓名	单位	姓名	单位
马尽文	数学科学学院	廖可斌	中国语言文学系	孙蚌珠	马克思主义学院
陈晓林	物理学院	朱玉麒	历史学系	萧文革	体育教研部
叶沿林	物理学院	丁一川	历史学系	戴名辉	体育教研部
王宇钢	物理学院	阎步克	历史学系	吴尚辉	体育教研部
任晓堂	物理学院	张弛	考古文博学院	丁宁	艺术学院
曹文田	物理学院	秦大树	考古文博学院	张园	对外汉语教育学院
徐军	物理学院	李少华	哲学系（宗教学系）	李红印	对外汉语教育学院
鲁向阳	物理学院	赵敦华	哲学系（宗教学系）	祖人植	对外汉语教育学院
郑纹	物理学院	韩水法	哲学系（宗教学系）	熊辉	信息科学技术学院
张酣	物理学院	邢滔滔	哲学系（宗教学系）	范京涛	信息科学技术学院
朱星	物理学院	何怀宏	哲学系（宗教学系）	王颖	信息科学技术学院
李峰	物理学院	张学智	哲学系（宗教学系）	李彪	信息科学技术学院
马晓梅	物理学院	方向勤	国际关系学院	孟宪馨	信息科学技术学院
于彤军	物理学院	张小明	国际关系学院	邢惠清	国家发展研究院
张朝晖	物理学院	于小东	经济学院	卢锋	国家发展研究院
徐庆	物理学院	陆正飞	光华管理学院	海闻	国家发展研究院
严纯华	化学与分子工程学院	涂平	光华管理学院	闵维方	教育学院
高松	化学与分子工程学院	季燕铜	光华管理学院	胡成花	人口研究所
王颖霞	化学与分子工程学院	黄慧馨	光华管理学院	穆光宗	人口研究所
王海苤	化学与分子工程学院	太贤淑	法学院	冯金敏	计算中心
张佳平	化学与分子工程学院	白建军	法学院	周文灵	工学院
耿金灵	化学与分子工程学院	邵景春	法学院	吴洁	图书馆
文津	生命科学学院	张骐	法学院	易致	图书馆
焦健	地球与空间科学学院	贺卫方	法学院	李有利	城市与环境学院
韩宝福	地球与空间科学学院	张雅利	法学院	常靖	继续教育学院
曾琪明	地球与空间科学学院	刘凯湘	法学院	傅秀苓	会议中心
鲁安怀	地球与空间科学学院	梁根林	法学院	张顺娟	会议中心
许梅兰	地球与空间科学学院	孙东东	法学院	郭玉荣	会议中心
王垒	心理与认知科学学院	刘剑文	法学院	李青	校医院
何姝	新闻与传播学院	刘东进	法学院	何庆	社区服务中心
陈连山	中国语言文学系	李广建	信息管理系	张启林	社区服务中心
钱志熙	中国语言文学系	王浦劬	政府管理学院	王裕国	社区服务中心
王岳川	中国语言文学系	金安平	政府管理学院	肖庆云	社区服务中心
刘勇强	中国语言文学系	袁瑞军	政府管理学院	李建军	社区服务中心
刘萍	中国语言文学系	陈松岩	外国语学院	梁崇旺	社区服务中心
许红霞	中国语言文学系	于龙珠	外国语学院	梁旭	社区服务中心
李简	中国语言文学系	鲁学彬	外国语学院	刘家农	社区服务中心
邵永海	中国语言文学系	邱尊社	马克思主义学院	于光喜	社区服务中心

(续表)

姓名	单位	姓名	单位	姓名	单位
侯建国	社区服务中心	张 劲	产业管理办公室	田 红	第一医院
刘建国	社区服务中心	苑天舒	产业管理办公室	王瑞华	第一医院
刘玉明	社区服务中心	王卫东	附属中学	李六亿	第一医院
井丽锁	社区服务中心	刘 蓉	附属中学	赵艳春	第一医院
余 焓	社区服务中心	张 涛	附属中学	冯月梅	第一医院
蔡志强	社区服务中心	楼莉英	附属中学	刘向荣	第一医院
马宝春	社区服务中心	赵心红	附属中学	陈 原	第一医院
李建红	社区服务中心	秦占全	附属中学	徐 静	第一医院
郎秋凌	社区服务中心	刘建国	附属中学	刘桂红	第一医院
周 瑾	社区服务中心	梁春玲	附属小学	宿 利	第一医院
李鸿霞	社区服务中心	陶建利	附属小学	王蔚虹	第一医院
李 莲	社区服务中心	杜若明	出版社	张燕军	第一医院
闫翠微	社区服务中心	张弘泓	出版社	宋爱民	第一医院
单淑华	社区服务中心	刘 钺	出版社	王菁丽	第一医院
甄胜利	社区服务中心	许秀丽	出版社	刘 娟	第一医院
何京铁	社区服务中心	任金革	出版社	李 萍	第一医院
罗 洪	幼教中心	董文强	出版社	李 萍	第一医院
张 军	幼教中心	李弘宇	出版社	侯培奕	第一医院
张 怡	动力中心	王东鹰	出版社	贾培红	第一医院
许宝怀	动力中心	李向群	档案馆	张 红	第一医院
刘起春	动力中心	邱玉红	校史馆	岑溪南	第一医院
史 东	动力中心	马建钧	校史馆	刘秋月	第一医院
吴瑞文	动力中心	周秋连	方正集团	金其庄	第一医院
王玉山	校园服务中心	禹宏雁	方正集团	张 颖	第一医院
杜永胜	校园服务中心	宋振英	方正集团	刘丽萍	第一医院
李承禄	公寓服务中心	贺天亮	方正集团	赵 杰	第一医院
于雪松	公寓服务中心	林 峰	方正集团	杨尹默	第一医院
张祖钢	党办校办	卢金鑫	方正集团	关 辉	第一医院
彭湘兰	党办校办	丁学国	未名公司	傅晓瑾	第一医院
吴树青	党办校办	王 楠	未名公司	李 静	第一医院
朱善璐	党办校办	陈志芳	维信公司	王 莹	第一医院
李纬华	学工部	张承进	资源集团	李淳德	第一医院
卜真理	保卫部	张保国	北大青鸟集团	信维强	第一医院
严 军	国际合作部	刘大志	北大青鸟集团	何志嵩	第一医院
赵建国	财务部	李 泉	北大青鸟集团	高 冰	第一医院
安会泳	继续教育部	王 超	第一医院	李 坚	第一医院
张俊学	基建工程部	田 华	第一医院	袁训芝	第一医院
张 建	基建工程部	赵 伟	第一医院	商海燕	第一医院
王 川	产业管理办公室	王莉红	第一医院	范丽欣	第一医院
张力杰	产业管理办公室	冉秀菊	第一医院	尹 玲	第一医院

(续表)

姓名	单位	姓名	单位	姓名	单位
毕蕙	第一医院	贾晓君	人民医院	樊春红	人民医院
武国红	第一医院	万秀玲	人民医院	彭秋生	人民医院
王红梅	第一医院	程冬玲	人民医院	邱月红	人民医院
赵卫红	第一医院	刘彤	人民医院	杨洁	人民医院
雷宇	第一医院	张晓红	人民医院	吴华恩	人民医院
贾节	第一医院	金烨	人民医院	周珺	人民医院
晏晓明	第一医院	王霞	人民医院	阎学梅	人民医院
杨柳	第一医院	张艳丽	人民医院	韩昌红	人民医院
刘凤君	第一医院	黄瑞	人民医院	张继红	人民医院
姜宏艳	第一医院	李慧平	人民医院	刘辉	人民医院
李良	第一医院	游红	人民医院	孙建梅	人民医院
于岩岩	第一医院	温大芳	人民医院	荣燕平	人民医院
张学智	第一医院	朱耘	人民医院	王红艳	人民医院
李雅钢	第一医院	祖丽安	人民医院	邵庆华	人民医院
白羽	第一医院	季颖	人民医院	李慧生	人民医院
王俊红	第一医院	轩力军	人民医院	邹鸿苹	人民医院
郝京梅	第一医院	宋秋静	人民医院	陆雪竹	人民医院
李曼宁	第一医院	种慧荣	人民医院	张明霞	人民医院
魏敏吉	第一医院	张育新	人民医院	才桂春	人民医院
迟春花	第一医院	王静	人民医院	赵华	人民医院
刘洪来	第一医院	郝漪	人民医院	白丽	人民医院
黄真	第一医院	宋庆华	人民医院	冯丽红	人民医院
高辉	第一医院	孙宁宁	人民医院	李威	人民医院
王志燕	第一医院	李蕾	人民医院	易红丽	人民医院
蒋世菊	第一医院	朱继红	人民医院	胡英	人民医院
焦莉莉	第一医院	任丽华	人民医院	谭雪梅	人民医院
孙虹	第一医院	吕君	人民医院	曹文颖	人民医院
孙培红	第一医院	毛卫红	人民医院	于燕	人民医院
马金升	第一医院	杜小秋	人民医院	刘伟	人民医院
赵小兵	第一医院	张怡	人民医院	段连红	人民医院
孟红	第一医院	刘玉霞	人民医院	张旗	人民医院
夏景杰	第一医院	韩红霞	人民医院	李晖	人民医院
曾巧玲	第一医院	王妍	人民医院	赫崇军	人民医院
贾颖	第一医院	陈清	人民医院	戴林	人民医院
李新立	第一医院	王雯	人民医院	张万蕾	人民医院
王海英	第一医院	张汇文	人民医院	毛汛	人民医院
陶力	第一医院	桑梅	人民医院	杨京辉	人民医院
尹虹	人民医院	张利平	人民医院	邢志敏	人民医院
胡亦文	人民医院	刘红	人民医院	蒲卫军	人民医院
宋英	人民医院	杨燕萍	人民医院	朱奇志	人民医院

(续表)

姓名	单位	姓名	单位	姓名	单位
武红旗	人民医院	王红梅	第三医院	王 兵	口腔医院
刘秀峰	人民医院	苗金红	第三医院	甘业华	口腔医院
张学武	人民医院	黎远皋	第三医院	邱立新	口腔医院
刘 彤	人民医院	张 倩	第三医院	张 清	口腔医院
聂玉新	人民医院	葛宝兰	第三医院	孙 凤	口腔医院
高占成	人民医院	王丽华	第三医院	秦 满	口腔医院
苗榕生	人民医院	赵红梅	第三医院	王 勇	口腔医院
付学梅	人民医院	刘春兰	第三医院	李自力	口腔医院
刘 宁	人民医院	李培毅	第三医院	谭建国	口腔医院
康丽萍	人民医院	崔长河	第三医院	徐 莉	口腔医院
李 欣	人民医院	彭玉东	第三医院	樊 聪	口腔医院
谢启伟	人民医院	赵大勇	第三医院	骆泉丰	口腔医院
张文争	人民医院	官 颋	第三医院	陈霄迟	口腔医院
潘咏梅	人民医院	崔艳梅	第三医院	林 瑾	口腔医院
吴 彦	人民医院	刘 君	第三医院	胡健英	口腔医院
陈 欢	人民医院	项 硕	第三医院	尚云霞	肿瘤医院
赵明威	人民医院	陈剑铭	第三医院	江 红	肿瘤医院
贾忠伟	人民医院	仲 源	第三医院	刘 晶	肿瘤医院
周淑红	人民医院	汤淑鸿	第三医院	李 靖	肿瘤医院
赵 辉	人民医院	袁盛兵	第三医院	周立新	肿瘤医院
尹东辉	人民医院	毛联玉	第三医院	赵 敏	肿瘤医院
韩启德	第三医院	穆国荣	第三医院	邓大君	肿瘤医院
张福春	第三医院	金 晓	第三医院	付国强	肿瘤医院
贺 蓓	第三医院	齐 红	第三医院	董晓利	肿瘤医院
克晓燕	第三医院	张 进	第三医院	孙亚玲	肿瘤医院
陈劭燕	第三医院	宁忆梅	第三医院	朱 笛	肿瘤医院
黄 巍	第三医院	叶雪梅	第三医院	朱建华	肿瘤医院
齐 颖	第三医院	秦朝阳	第三医院	张淑慧	肿瘤医院
罗永梅	第三医院	侯旭红	第三医院	孙 艳	肿瘤医院
徐 智	第三医院	敖英芳	第三医院	刘长青	肿瘤医院
陈朝文	第三医院	胡跃林	第三医院	张佶英	肿瘤医院
田淑红	第三医院	陈文庆	第三医院	李文梅	肿瘤医院
付 燕	第三医院	赵一鸣	第三医院	吕有勇	肿瘤医院
刘亚丽	第三医院	夏永红	第三医院	邢宝才	肿瘤医院
杨 红	第三医院	高 京	口腔医院	许秀菊	肿瘤医院
杨 孜	第三医院	姜学群	口腔医院	靳秋兰	肿瘤医院
王 颖	第三医院	周冬梅	口腔医院	康宝琴	肿瘤医院
宋东红	第三医院	张志明	口腔医院	马秀萍	肿瘤医院
李 君	第三医院	聂宇光	口腔医院	李 光	肿瘤医院
周 薇	第三医院	陶永青	口腔医院	刘东升	肿瘤医院

(续表)

姓名	单位	姓名	单位	姓名	单位
张佶轶	肿瘤医院	康海华	第六医院	宋 杰	医学部机关
张永顺	肿瘤医院	姚红萍	第六医院	赵 静	医学部机关
朱建华	肿瘤医院	朱日升	第六医院	宋 申	医学部机关
张玉红	肿瘤医院	刘雪英	第六医院	邵 锋	医学部机关
张书耕	肿瘤医院	齐永芬	基础医学院	张 晶	医学部机关
周 彤	肿瘤医院	吴 俊	基础医学院	陈一松	医学部机关
尹跃华	肿瘤医院	甄红英	基础医学院	李恭茹	医学部机关
甄清兰	肿瘤医院	宋德懋	基础医学院	莫希彬	医学部机关
路翠萍	肿瘤医院	王传社	基础医学院	马 军	医学部机关
张京泰	肿瘤医院	刘新文	基础医学院	高鸣魁	医学部机关
张军	肿瘤医院	李平风	基础医学院	郝宇红	医学部机关
欧阳涛	肿瘤医院	任 红	基础医学院	周淑佩	医学部机关
寿成超	肿瘤医院	夏咏梅	基础医学院	袁 兰	医学部机关
刘 彤	肿瘤医院	叶新山	药学院	杨建茹	医学部机关
尤东哲	肿瘤医院	王孝伟	药学院	穆 悦	医学部机关
叶立平	肿瘤医院	周子君	公卫学院	刘丽京	医学部机关
李 彬	肿瘤医院	詹思延	公卫学院	裴 怡	医学部机关
杜 红	肿瘤医院	胡润华	公卫学院	郑玉荣	医学部机关
丁 曦	肿瘤医院	马迎华	公卫学院	戴 清	医学部机关
郭树冬	肿瘤医院	张玉梅	公卫学院	郝林岩	医学部机关
唐 军	肿瘤医院	闫少芳	公卫学院	刘爱静	医学部后勤
张艳华	肿瘤医院	李 虹	公卫学院	白万祥	医学部后勤
马金凤	肿瘤医院	陈晶琦	公卫学院	白 玲	医学部产业
张 蕾	肿瘤医院	周宇彤	护理学院	李晓君	医学部产业
王 伟	肿瘤医院	梁 爽	护理学院	王建和	医学部产业
路长春	肿瘤医院	杨福际	公共教学部	刘 杰	医学部产业
顾春明	肿瘤医院	单丽英	公共教学部	刘立志	医学部产业
马亚光	肿瘤医院	刘大川	公共教学部	朱国栋	医学部产业
赵红梅	肿瘤医院	周宇菲	医学部机关	田树坚	医学部产业
陈 斌	肿瘤医院	颜玉萍	医学部机关	马西林	医学部产业
柯 杨	肿瘤医院	任智军	医学部机关		

(工会)

2018 年逝世人员名单

姓名	单位	出生时间	去世时间
张炳昆	出版社	1937 年 6 月	2018 年 1 月
敖晓陆	校园服务中心	1948 年 2 月	2018 年 1 月
高 明	考古文博学院	1927 年 12 月	2018 年 1 月
范家骧	经济学院	1924 年 6 月	2018 年 1 月
韩静玉	餐饮中心	1959 年 1 月	2018 年 1 月
彭月华	实验室与设备管理部	1931 年 12 月	2018 年 1 月
孙学英	北大青鸟集团	1934 年 11 月	2018 年 1 月
吴学运	北大青鸟集团	1931 年 7 月	2018 年 1 月
赵匡华	化学与分子工程学院	1932 年 8 月	2018 年 1 月
李 雅	附属中学	1928 年 7 月	2018 年 1 月
崔凤鸣	校园服务中心	1939 年 6 月	2018 年 1 月
韦旭升	外国语学院	1928 年 10 月	2018 年 1 月
陈志明	生命科学学院	1938 年 2 月	2018 年 1 月
王国英	校园服务中心	1934 年 4 月	2018 年 1 月
高作民	国际关系学院	1924 年 5 月	2018 年 2 月
宿 白	考古文博学院	1922 年 6 月	2018 年 2 月
黄印儒	动力中心	1929 年 1 月	2018 年 2 月
华胜祥	校园服务中心	1936 年 4 月	2018 年 2 月
黄福华	工学院	1933 年 2 月	2018 年 2 月
高执棣	化学与分子工程学院	1933 年 10 月	2018 年 2 月
张有福	外国语学院	1923 年 4 月	2018 年 2 月
胡连级	北大青鸟集团	1940 年 9 月	2018 年 3 月
于泽江	校园服务中心	1927 年 7 月	2018 年 3 月
陈德海	北大青鸟集团	1933 年 3 月	2018 年 3 月
张淑秀	校园服务中心	1932 年 3 月	2018 年 3 月
刘宝诚	地球与空间科学学院	1932 年 11 月	2018 年 3 月
辛淑瑞	附属中学	1930 年 2 月	2018 年 3 月
巫宁耕	经济学院	1935 年 6 月	2018 年 4 月
桂玉香	校园服务中心	1929 年 2 月	2018 年 4 月
李桂兰	幼教中心	1943 年 1 月	2018 年 4 月
肖连英	动力中心	1954 年 4 月	2018 年 4 月
周先慎	中国语言文学系	1935 年 12 月	2018 年 4 月
曹永忠	出版社	1966 年 3 月	2018 年 4 月
高崇寿	物理学院	1934 年 5 月	2018 年 4 月
李德齐	哲学系（宗教学系）	1924 年 10 月	2018 年 4 月
翁诗甫	化学与分子工程学院	1946 年 6 月	2018 年 5 月
吴桂芝	校园服务中心	1930 年 5 月	2018 年 5 月
张 主	附属中学	1929 年 4 月	2018 年 5 月

（续表）

姓名	单位	出生时间	去世时间
胡明霞	人口研究所	1939 年 11 月	2018 年 5 月
李 泳	校园服务中心	1956 年 6 月	2018 年 6 月
张 炜	图书馆	1944 年 10 月	2018 年 6 月
李赛君	环境科学与工程学院	1941 年 7 月	2018 年 6 月
周学艺	出版社	1935 年 11 月	2018 年 6 月
岳麟章	政府管理学院	1924 年 5 月	2018 年 6 月
谭兴婷	燕园社区服务中心	1949 年 5 月	2018 年 6 月
鹿庆芳	图书馆	1930 年 1 月	2018 年 6 月
王守信	化学与分子工程学院	1930 年 1 月	2018 年 6 月
那文鑫	北大青鸟集团	1956 年 7 月	2018 年 6 月
杨葭荪	物理学院	1926 年 1 月	2018 年 6 月
车子珍	餐饮中心	1943 年 10 月	2018 年 7 月
许力田	物理学院	1934 年 11 月	2018 年 7 月
林华国	历史学系	1935 年 3 月	2018 年 7 月
韩汝珊	物理学院	1936 年 9 月	2018 年 7 月
沈子林	物理学院	1943 年 9 月	2018 年 7 月
吴兰芳	信息科学技术学院	1951 年 5 月	2018 年 7 月
彭运溪	北大青鸟集团	1943 年 3 月	2018 年 7 月
郭大稳	校园服务中心	1925 年 11 月	2018 年 8 月
喜 勋	体育教研部	1921 年 11 月	2018 年 8 月
张新云	信息科学技术学院	1932 年 4 月	2018 年 8 月
向仍旦	中国语言文学系	1926 年 8 月	2018 年 8 月
岳 栽	化学与分子工程学院	1938 年 4 月	2018 年 8 月
黄懋枢	城市与环境学院	1932 年 11 月	2018 年 8 月
苗 春	基建工程部	1935 年 2 月	2018 年 8 月
刘安武	外国语学院	1930 年 7 月	2018 年 8 月
毕于润	地球与空间科学学院	1932 年 11 月	2018 年 8 月
王文华	校园服务中心	1927 年 12 月	2018 年 8 月
张亚泉	燕园社区服务中心	1952 年 7 月	2018 年 8 月
武建明	地球与空间科学学院	1955 年 1 月	2018 年 8 月
黄 健	外国语学院	1931 年 6 月	2018 年 8 月
陈淑英	校园服务中心	1931 年 10 月	2018 年 8 月
施振才	外国语学院	1932 年 4 月	2018 年 9 月
田改香	餐饮中心	1939 年 7 月	2018 年 9 月
于华英	生命科学学院	1927 年 12 月	2018 年 9 月
朱春明	动力中心	1955 年 10 月	2018 年 9 月
刘明栋	保卫部	1937 年 12 月	2018 年 9 月
沈敏子	地球与空间科学学院	1937 年 10 月	2018 年 9 月
朱梅湘	地球与空间科学学院	1934 年 10 月	2018 年 9 月
戴德良	附属中学	1938 年 5 月	2018 年 9 月

（续表）

(续表)

姓名	单位	出生时间	去世时间
刘春清	生命科学学院	1932年6月	2018年9月
张金铎	信息科学技术学院	1938年9月	2018年9月
谭英春	北大青鸟集团	1942年2月	2018年9月
张绍莹	北大青鸟集团	1938年10月	2018年9月
朱淑英	校园服务中心	1937年9月	2018年9月
韩福胜	附属中学	1934年3月	2018年9月
许宝怀	动力中心	1958年9月	2018年9月
赖华生	北大青鸟集团	1932年2月	2018年9月
贾克林	校园服务中心	1939年3月	2018年9月
王春生	校园服务中心	1945年1月	2018年10月
王雨群	附属中学	1925年1月	2018年10月
叶桐珠	校办产业管理委员会办公室	1943年10月	2018年10月
邱恩田	国际关系学院	1943年9月	2018年10月
吴全福	信息科学技术学院	1936年10月	2018年10月
郑殿成	北大青鸟集团	1929年1月	2018年10月
丁金柱	会议中心	1949年3月	2018年10月
刘文兰	党委宣传部	1930年12月	2018年10月
余泽波	经济学院	1921年4月	2018年10月
褚桂云	校园服务中心	1929年11月	2018年10月
马玉明	动力中心	1929年8月	2018年10月
陈铁梅	考古文博学院	1933年6月	2018年10月
杜 珣	工学院	1932年1月	2018年10月
刘大维	附属中学	1950年5月	2018年10月
王 浩	校办产业管理委员会办公室	1954年9月	2018年11月
刘佩山	校园服务中心	1932年10月	2018年11月
钱祥麟	地球与空间科学学院	1929年11月	2018年11月
李俊霄	校园服务中心	1931年2月	2018年11月
崔统华	历史学系	1925年10月	2018年11月
姚秀琛	方正集团	1939年7月	2018年11月
赵公权	餐饮中心	1928年8月	2018年11月
米 霞	燕园社区服务中心	1963年2月	2018年11月
薛增泉	信息科学技术学院	1937年5月	2018年11月
张信义	餐饮中心	1928年6月	2018年11月
李安模	化学与分子工程学院	1935年10月	2018年11月
欧阳亚	信息科学技术学院	1937年10月	2018年11月
傅 成	外国语学院	1934年8月	2018年11月
魏新全	校园服务中心	1933年1月	2018年11月
滕振寰	数学科学学院	1937年5月	2018年11月
黄杰藩	地球与空间科学学院	1932年9月	2018年12月
张有民	化学与分子工程学院	1933年3月	2018年12月

(续表)

姓名	单位	出生时间	去世时间
于 民	哲学系（宗教学系）	1930年8月	2018年12月
周 光	工学院	1919年5月	2018年12月
邹翠兰	心理与认知科学学院	1934年10月	2018年12月
李俊杰	研究生院	1947年7月	2018年12月
黄敏中	外国语学院	1921年11月	2018年12月
马 瑞	图书馆	1924年9月	2018年12月
孙亦芬	医学部	1926年11月	2018年1月
宋圃菊	医学部	1929年10月	2018年1月
杨连发	医学部	1934年7月	2018年1月
肖 彬	医学部	1939年1月	2018年1月
包坤铎	第一医院	1924年7月	2018年1月
卢义侠	第一医院	1933年4月	2018年1月
陆幼慈	第一医院	1929年9月	2018年1月
宰凤仙	第一医院	1932年3月	2018年1月
朱绍同	人民医院	1929年11月	2018年1月
冯 震	医学部	1925年2月	2018年2月
马美卉	第一医院	1919年6月	2018年2月
谭碧英	第一医院	1920年7月	2018年2月
樊锦蓉	第一医院	1926年1月	2018年2月
周人厚	第一医院	1922年3月	2018年2月
庄宝瑞	第一医院	1930年9月	2018年2月
刘治中	人民医院	1931年9月	2018年2月
陈文秀	人民医院	1932年2月	2018年2月
齐国英	第三医院	1932年9月	2018年2月
侯润之	口腔医院	1920年8月	2018年2月
教蕴琦	医学部	1920年1月	2018年3月
郭中治	医学部	1930年1月	2018年3月
闻永芬	第一医院	1934年6月	2018年3月
杨瑜玲	第一医院	1935年2月	2018年3月
曲绵域	第三医院	1925年4月	2018年3月
鲍卫汉	第三医院	1935年2月	2018年3月
朱有兰	第三医院	1934年12月	2018年3月
彭家栋	肿瘤医院	1955年3月	2018年3月
王黎华	医学部	1925年10月	2018年4月
尹秉懿	医学部	1925年2月	2018年4月
郁友仁	医学部	1927年6月	2018年4月
李二玲	第一医院	1955年9月	2018年4月
渠川琰	第一医院	1931年4月	2018年4月
潘承德	第一医院	1932年4月	2018年4月
马守玉	第一医院	1935年7月	2018年4月

（续表）

(续表)

姓名	单位	出生时间	去世时间
杜燕南	人民医院	1934年9月	2018年4月
孙以开	人民医院	1939年9月	2018年4月
许春生	人民医院	1932年5月	2018年4月
马福英	人民医院	1936年3月	2018年4月
王济民	第三医院	1932年3月	2018年4月
王春娃	口腔医院	1949年4月	2018年4月
杨桂琴	口腔医院	1951年8月	2018年4月
郑 惠	肿瘤医院	1933年8月	2018年4月
张席锦	医学部	1924年4月	2018年5月
张庆超	医学部	1926年10月	2018年5月
张迺蘅	医学部	1930年2月	2018年5月
常 青	医学部	1932年7月	2018年5月
董广禄	医学部	1933年8月	2018年5月
王新礼	医学部	1935年9月	2018年5月
宋淑华	医学部	1939年12月	2018年5月
官汝忠	第一医院	1939年10月	2018年5月
李文英	第一医院	1928年8月	2018年5月
李淑珍	第一医院	1941年1月	2018年5月
张玉芬	第一医院	1953年9月	2018年5月
朱庆霞	第一医院	1941年7月	2018年5月
詹名抒	第一医院	1927年1月	2018年5月
康德瑄	第三医院	1933年4月	2018年5月
杨 慎	第三医院	1929年2月	2018年5月
魏学文	第三医院	1932年11月	2018年5月
褚雅贤	第三医院	1937年7月	2018年5月
伍贻经	医学部	1930年3月	2018年6月
徐培方	医学部	1937年10月	2018年6月
张志文	医学部	1940年2月	2018年6月
凌淑琴	第一医院	1934年8月	2018年6月
张鸣和	第一医院	1931年1月	2018年6月
蔡义清	人民医院	1964年6月	2018年6月
罗德馨	人民医院	1933年3月	2018年6月
王本固	肿瘤医院	1944年3月	2018年6月
程之范	医学部	1922年2月	2018年7月
章 辉	医学部	1930年6月	2018年7月
邹 恂	医学部	1930年8月	2018年7月
王丽德	医学部	1934年3月	2018年7月
陈冠英	医学部	1934年6月	2018年7月
韩振山	医学部	1939年11月	2018年7月
凌仰之	医学部	1940年9月	2018年7月

（续表）

姓名	单位	出生时间	去世时间
李方芬	医学部	1956 年 1 月	2018 年 7 月
刘世瑄	第一医院	1931 年 11 月	2018 年 7 月
张恕润	人民医院	1955 年 1 月	2018 年 7 月
钱正珍	人民医院	1931 年 1 月	2018 年 7 月
刘玉梅	人民医院	1947 年 1 月	2018 年 7 月
陈淑琼	第三医院	1927 年 12 月	2018 年 7 月
计惠玲	第三医院	1934 年 10 月	2018 年 7 月
冯淑芝	第六医院	1953 年 2 月	2018 年 7 月
马元祥	肿瘤医院	1956 年 10 月	2018 年 7 月
周举林	医学部	1938 年 1 月	2018 年 8 月
刘晓江	医学部	1962 年 11 月	2018 年 8 月
陈博华	第一医院	1928 年 11 月	2018 年 8 月
戴瑞辉	第一医院	1932 年 5 月	2018 年 8 月
顾秀珍	第一医院	1935 年 9 月	2018 年 8 月
张 克	第一医院	1935 年 9 月	2018 年 8 月
张新和	第三医院	1956 年 1 月	2018 年 8 月
赵凤云	口腔医院	1932 年 2 月	2018 年 8 月
冯秀芹	第六医院	1947 年 8 月	2018 年 8 月
潘笑虹	医学部	1945 年 11 月	2018 年 9 月
王学美	第一医院	1964 年 9 月	2018 年 9 月
杨振民	第一医院	1928 年 6 月	2018 年 9 月
刘秉锟	第一医院	1930 年 3 月	2018 年 9 月
赵伟	第一医院	1935 年 11 月	2018 年 9 月
霍惟扬	第一医院	1947 年 1 月	2018 年 9 月
王今芳	人民医院	1959 年 2 月	2018 年 9 月
李景武	人民医院	1932 年 2 月	2018 年 9 月
赵芸芬	第三医院	1934 年 12 月	2018 年 9 月
陈敬芝	医学部	1924 年 9 月	2018 年 10 月
王效道	医学部	1928 年 9 月	2018 年 10 月
王冠群	医学部	1930 年 6 月	2018 年 10 月
徐厚恩	医学部	1931 年 11 月	2018 年 10 月
徐凤霞	医学部	1952 年 5 月	2018 年 10 月
韩素瑛	第一医院	1933 年 7 月	2018 年 10 月
周 源	第一医院	1930 年 9 月	2018 年 10 月
王静娴	人民医院	1934 年 4 月	2018 年 10 月
韩秀清	第三医院	1951 年 10 月	2018 年 10 月
陈萍生	第三医院	1939 年 10 月	2018 年 10 月
叶淑敏	口腔医院	1929 年 7 月	2018 年 10 月
王 读	口腔医院	1932 年 11 月	2018 年 10 月
何钟麒	口腔医院	1935 年 10 月	2018 年 10 月

（续表）

(续表)

姓名	单位	出生时间	去世时间
马德增	医学部	1926年2月	2018年11月
孟广润	医学部	1928年1月	2018年11月
刘 荣	医学部	1937年8月	2018年11月
马永刚	第一医院	1925年1月	2018年11月
张汝芳	第一医院	1940年3月	2018年11月
董 宜	人民医院	1924年12月	2018年11月
陈尔璋	人民医院	1936年1月	2018年11月
赵宗彦	人民医院	1929年3月	2018年11月
张万林	口腔医院	1963年10月	2018年11月
张艾琳	第六医院	1939年6月	2018年11月
付云洪	医学部	1930年3月	2018年12月
姜言智	医学部	1933年2月	2018年12月
李孟英	医学部	1943年5月	2018年12月
赵松林	第一医院	1934年12月	2018年12月
李淑文	人民医院	1937年4月	2018年12月
丰 淳	口腔医院	1940年1月	2018年12月
梁琍芬	口腔医院	1941年11月	2018年12月

（人事部、医学部人事处）

2018年授予的名誉博士名单

序号	姓名	性别	国籍	职务	授予日期
1	克莱顿·丹尼尔·牟德	男	美国	美国国家工程院院长	2018年12月15日

（研究生院）

2018年聘请的客座教授名单

序号	姓名	性别	职务	聘任时间	申报单位
1	丁祖辉 Antonio Chofai Ting	男	美国海军研究实验室等离子物理分院激光物理组组长和高级研究物理学家	2018年1月2日	物理学院
2	乌梅仕·加尔格 Umesh Garg	男	美国圣母大学教授	2018年1月2日	物理学院
3	黄居仁 Chu-Ren Huang	男	香港理工大学中文及双语学系讲座教授	2018年1月12日	信息科学技术学院
4	傅无为 Uwe Fleckner	男	德国汉堡大学教授、瓦尔堡研究院院长	2018年5月15日	历史学系

(续表)

序号	姓名	性别	职务	聘任时间	申报单位
5	穆启乐 Fritz-Heiner Mutschler	男	德国德累斯顿大学古典学荣休教授、原人文特聘教授（2011—2016）	2018年5月15日	历史学系
6	约翰·麦克尼尔 John R. McNeill	男	美国乔治城大学校聘教授、美国历史学会主席（2019—）	2018年5月15日	历史学系
7	黄衍介 Huang Yen-Chieh	男	台湾清华大学教授	2018年6月12日	物理学院
8	史蒂文·琼恩·辛克尔 Steven John Zinkle	男	美国诺克斯维尔田纳西大学校长、讲席教授	2018年6月12日	物理学院
9	朱塞培·高里尼 Giuseppe Gorini	男	意大利米兰—比可卡大学物理系教授	2018年6月12日	物理学院
10	白乐桑 Bellassen Joël	男	法国荣誉国民教育汉语总督学	2018年11月6日	对外汉语教育学院
11	盖锋 Feng Gai	男	美国宾夕法尼亚大学Edmund J. 与Louise W. Kahn Term教授，超快光学工艺实验室主任	2018年11月21日	化学与分子工程学院
12	尾崎幸洋 Yukihiro Ozaki	男	日本关西学院大学名誉教授	2018年11月21日	化学与分子工程学院
13	杨皓 Haw Yang	男	美国普林斯顿大学教授	2018年11月21日	化学与分子工程学院
14	仲冬平 Dongping Zhong	男	美国俄亥俄州立大学教授	2018年11月21日	化学与分子工程学院
15	南元佑 Wonwoo Nam	男	韩国梨花女子大学化学与纳米科学系	2018年12月31日	化学与分子工程学院

（党办校办）

党发、校发文件目录

2018年部分党发文件目录

文号	标题
党发〔2018〕6号	关于印发《北京大学共青团改革与青年发展实施方案》的通知
党发〔2018〕12号	关于印发《中共北京大学委员会2018年工作要点》的通知
党发〔2018〕14号	关于印发《北京大学党委领导下的校长负责制实施办法》的通知
党发〔2018〕20号	关于中共北京大学历史学系党员大会选举结果的批复
党发〔2018〕21号	关于中共北京大学数学科学学院党员大会选举结果的批复
党发〔2018〕22号	关于中共北京大学生命科学学院党员代表大会选举结果的批复
党发〔2018〕23号	关于中共北京大学政府管理学院党员大会选举结果的批复
党发〔2018〕28号	中国共产党北京大学委员会关于认真深入学习贯彻习近平总书记在北京大学师生座谈会上重要讲话精神的通知
党发〔2018〕29号	关于印发《北京大学2018年廉洁教育宣传月工作方案》的通知
党发〔2018〕33号	关于调整组建医学部学生工作部的通知
党发〔2018〕35号	关于印发贯彻落实习近平总书记在北京大学师生座谈会上的重要讲话精神任务分解方案和制度建设方案的通知
党发〔2018〕36号	关于印发《中共北京大学委员会关于开展做新时代"四有"好老师和"四个引路人"学习实践活动方案》的通知
党发〔2018〕37号	关于印发《北京大学贯彻落实中央八项规定精神及实施细则的实施办法》的通知
党发〔2018〕42号	中共北京大学委员会关于表彰优秀共产党员和先进党支部的决定
党发〔2018〕46号	关于印发《北京大学公务用车管理办法（试行）》的通知
党发〔2018〕53号	关于印发《北京大学基层党组织书记抓基层党建工作述职评议考核实施办法（试行）》的通知
党发〔2018〕54号	关于印发《北京大学院系级专职组织员配备工作实施办法》的通知
党发〔2018〕55号	北京大学关于校办产业坚持党的领导加强党的建设的意见
党发〔2018〕56号	关于印发《北京大学党委理论学习中心组学习办法》的通知
党发〔2018〕57号	关于印发《北京大学二级单位党组织理论学习中心组学习办法》的通知
党发〔2018〕58号	关于印发《中共北京大学委员会巡察工作实施办法》的通知
党发〔2018〕60号	关于印发《北京大学中层领导人员选拔任用办法》的通知
党发〔2018〕61号	关于印发《北京大学中层领导人员交流轮岗工作暂行办法》的通知
党发〔2018〕62号	关于印发《北京大学中层领导人员在企业和社会团体兼职管理办法》的通知
党发〔2018〕63号	关于印发《北京大学关于干部退岗退休的规定》的通知
党发〔2018〕64号	关于印发《北京大学共青团干部选拔任用办法》的通知
党发〔2018〕65号	关于印发《北京大学关于院（系）党政领导班子职责及工作规则的规定》的通知
党发〔2018〕67号	关于进一步纠正"四风"确保中秋国庆期间廉洁过节的通知
党发〔2018〕68号	关于筹备召开北京大学第七届教职工代表大会暨第十九次工会会员代表大会的通知
党发〔2018〕70号	关于印发《北京大学深入开展"弘扬爱国奋斗精神，建功立业新时代"活动实施方案》的通知
党发〔2018〕72号	关于印发《北京大学加强附属医院党的建设工作实施方案》的通知
党发〔2018〕73号	关于成立中国共产党北京大学委员会巡察办公室、北京大学内部控制管理办公室的通知

党发〔2018〕74号	关于转发《中共教育部党组关于认真学习贯彻全国教育大会精神的通知》的通知
党发〔2018〕76号	关于调整学校领导班子成员分工安排的通知
党发〔2018〕77号	关于印发《贯彻落实全国教育大会精神任务分解方案》的通知
党发〔2018〕85号	关于中共北京大学法学院党员代表大会选举结果的批复
党发〔2018〕89号	关于中共北京大学国家发展研究院党员大会选举结果的批复
党发〔2018〕90号	关于印发《学习宣传贯彻北京市教育大会精神任务分解方案》的通知
党发〔2018〕91号	关于北京大学2018年度落实全面从严治党主体责任暨中央八项规定精神专项检查的通知
党发〔2018〕92号	关于深入纠正"四风"确保元旦春节期间廉洁过节的通知
党发〔2018〕94号	关于中共北京大学医学部后勤党员大会选举结果的批复
党发〔2018〕95号	关于中共北京大学医学部机关党员代表大会选举结果的批复
党发〔2018〕96号	关于成立中共北京大学医学人文学院委员会的通知
党发〔2018〕97号	关于北京大学医学部第七届教职工代表大会、第十二届工会会员代表大会选举结果的批复
党发〔2018〕98号	关于中共北京大学外国语学院党员代表大会选举结果的批复
党发〔2018〕99号	关于中共北京大学环境科学与工程学院党员大会选举结果的批复
党发〔2018〕100号	关于印发《北京大学教职工代表大会实施办法》的通知
党发〔2018〕101号	关于印发《北京大学教师党支部书记"双带头人"培育工程实施方案》的通知

2018年部分校发文件目录

校发〔2018〕1号	关于调整北京大学医学部学术委员会的通知
校发〔2018〕7号	关于调整北京大学校级预算工作小组组成人员的通知
校发〔2018〕9号	关于开展二级单位与校外单位合作情况摸底调查工作的通知
校发〔2018〕17号	关于印发《北京大学2018年北京大学行政工作计划》的通知
校发〔2018〕18号	关于调整北京大学招生委员会组成人员的通知
校发〔2018〕19号	关于成立北京大学法律与人工智能研究中心的通知
校发〔2018〕20号	关于成立北京大学基础教育研究中心的通知
校发〔2018〕23号	关于同意创办《中国医学人文评论》期刊申请的批复
校发〔2018〕27号	关于成立二级单位与校外单位合作情况摸底调查专项工作小组的通知
校发〔2018〕28号	关于现代农学院行政班子任职的通知
校发〔2018〕29号	关于第三医院(第三临床医学院)行政班子任职的通知
校发〔2018〕31号	关于调整北京大学招生工作监督领导小组组成人员的通知
校发〔2018〕42号	关于印发《北京大学继续教育表彰奖励办法(试行)》的通知
校发〔2018〕43号	关于印发《北京大学继续教育督导工作办法(试行)》的通知
校发〔2018〕45号	关于成立北京大学计算社会科学研究中心的通知
校发〔2018〕65号	关于印发《北京大学学位评定委员会职责及议事规则》的通知
校发〔2018〕66号	关于印发《北京大学研究生指导教师管理办法》的通知
校发〔2018〕67号	关于印发《北京大学学位授予工作细则》的通知
校发〔2018〕68号	关于印发《北京大学预算管理暂行办法》的通知

校发〔2018〕69号	关于印发《北京大学校级预算工作小组工作规则》的通知
校发〔2018〕70号	关于印发《北京大学中央高校改善基本办学条件专项资金管理办法》的通知
校发〔2018〕71号	关于印发《北京大学教学科研单位发展状况绩效评估实施方案（试行）》的通知
校发〔2018〕72号	关于印发《北京大学教学奖励办法》的通知
校发〔2018〕73号	关于印发《北京大学教学管理奖励办法》的通知
校发〔2018〕75号	北京大学关于做好双创示范基地评估准备工作的通知
校发〔2018〕80号	关于进一步做好120周年校庆组织工作的通知
校发〔2018〕81号	关于调整北京大学农业转基因生物安全小组的通知
校发〔2018〕82号	关于成立北京大学区域与国别研究院的通知
校发〔2018〕86号	关于印发《北京大学离退休教职工社团管理办法》的通知
校发〔2018〕88号	关于习近平新时代中国特色社会主义思想研究院行政班子任职的通知
校发〔2018〕91号	关于成立北京大学企业大数据研究中心的通知
校发〔2018〕92号	关于成立北京大学分析哲学研究中心的通知
校发〔2018〕93号	关于成立北京大学土耳其研究中心的通知
校发〔2018〕94号	关于终止北京大学中世纪研究中心的通知
校发〔2018〕95号	关于终止北京大学国际东亚学研究中心的通知
校发〔2018〕96号	关于终止北京大学孙子兵法研究中心的通知
校发〔2018〕109号	关于成立北京大学健康医疗大数据国家研究院的通知
校发〔2018〕110号	关于成立北京大学全球卫生研究院的通知
校发〔2018〕112号	关于成立北京大学全国医学教育发展中心的通知
校发〔2018〕113号	北京大学关于同意注销北京红楼计算机科学技术研究所的批复
校发〔2018〕119号	关于环境科学与工程学院行政班子任职的通知
校发〔2018〕122号	关于调整多模态跨尺度生物医学成像国家重大科技基础设施北京大学建设管理机构的通知
校发〔2018〕123号	北京大学关于规范校企使用学校冠名及使用学校名义对外经营合作的决定
校发〔2018〕124号	北京大学关于规范校企举办中小学、学龄前教育及在职培训业务的通知
校发〔2018〕127号	北京大学关于确认上海方兆国际贸易有限公司清产核资工作结果的批复
校发〔2018〕130号	关于做好120周年校庆相关材料及时归档的通知
校发〔2018〕134号	关于终止北京大学现代科学与哲学研究中心的通知
校发〔2018〕135号	关于终止北京大学中国古代思想文化研究所的通知
校发〔2018〕136号	关于终止北京大学中国公益彩票事业研究所的通知
校发〔2018〕141号	关于对北京大学山鹰社予以通令嘉奖的决定
校发〔2018〕154号	关于北京大学社会研究中心变更挂靠单位的通知
校发〔2018〕156号	关于成立北京天然气水合物国际研究中心的通知
校发〔2018〕159号	关于基础医学院行政班子任职的通知
校发〔2018〕160号	关于哲学系宗教学系副主任任职的通知
校发〔2018〕165号	关于口腔医院（口腔医学院）行政班子任职的通知
校发〔2018〕166号	关于印发《北京大学学术委员会章程》的通知
校发〔2018〕169号	关于印发《北京大学中央高校基本科研业务费专项资金管理办法》的通知
校发〔2018〕171号	关于印发《北京大学关于国内公务交往中收受礼品的管理规定》的通知
校发〔2018〕175号	关于公布北京大学本科招生组组长名单的通知
校发〔2018〕176号	关于成立北京大学医学部精准医疗多组学研究中心的通知
校发〔2018〕177号	关于成立北京大学基因组编辑研究中心的通知
校发〔2018〕178号	关于成立北京大学新农村发展研究院的通知
校发〔2018〕180号	关于公布北京大学理工科虚体科研机构整改结果的通知
校发〔2018〕182号	关于印发《北京大学消防安全管理规定》的通知
校发〔2018〕183号	关于印发《北京大学大型活动安全风险评估办法》的通知

校发〔2018〕184 号	关于印发《北京大学人员密集场所人身安全检查办法》的通知	
校发〔2018〕185 号	关于印发《北京大学集体户口管理办法》的通知	
校发〔2018〕186 号	关于印发《北京大学校门秩序管理规定》的通知	
校发〔2018〕188 号	关于成立北京大学康复工程研究中心的通知	
校发〔2018〕200 号	关于成立北京大学首都高端智库理事会的决定	
校发〔2018〕203 号	关于任命大数据分析与应用技术国家工程实验室主任及技术委员会主任的通知	
校发〔2018〕205 号	关于调整北京大学实验室安全委员会暨辐射防护领导小组的通知	
校发〔2018〕209 号	关于考古文博学院行政班子任职的通知	
校发〔2018〕210 号	关于经济学院行政班子任职的通知	
校发〔2018〕212 号	关于成立北京大学教职工住房管理委员会的通知	
校发〔2018〕213 号	关于调整北京大学公用房配置领导小组成员的通知	
校发〔2018〕214 号	关于调整北京大学校园规划委员会的通知	
校发〔2018〕215 号	关于地表过程分析与模拟教育部重点实验室领导班子任职的通知	
校发〔2018〕216 号	关于成立大数据分析与应用技术国家工程实验室常务理事会的通知	
校发〔2018〕218 号	关于生命科学学院行政班子任职的通知	
校发〔2018〕222 号	关于成立北京大学教职工住房管理委员会的通知	
校发〔2018〕223 号	关于调整北京大学公用房配置领导小组成员的通知	
校发〔2018〕224 号	关于调整北京大学校园规划委员会组成人员的通知	
校发〔2018〕234 号	关于印发《北京大学学生奖励评选办法》的通知	
校发〔2018〕235 号	关于印发《北京大学奖学金评审办法》的通知	
校发〔2018〕236 号	关于法学院行政班子任职的通知	
校发〔2018〕237 号	关于地球与空间科学学院行政班子任职的通知	
校发〔2018〕241 号	关于印发《北京大学实验技术人员专业技术职务评审规定》的通知	
校发〔2018〕243 号	关于第六医院（精神卫生研究所）行政班子任职的通知	
校发〔2018〕250 号	关于撤销北京大学国际经济研究所的通知	
校发〔2018〕252 号	关于公布 2018 年度北京大学教材建设立项名单的通知	
校发〔2018〕258 号	关于调整北京大学财政专项资金管理领导小组组成人员的通知	
校发〔2018〕259 号	关于印发《北京大学总务长会议工作规则》的通知	
校发〔2018〕261 号	关于印发《北京大学教学科研职位分系列管理规定（试行）》的通知	
校发〔2018〕262 号	关于印发《北京大学教学系列职位聘任管理实施细则（试行）》的通知	
校发〔2018〕263 号	关于印发《北京大学研究技术系列职位聘任管理实施细则（试行）》的通知	
校发〔2018〕264 号	关于印发《北京大学教学科研人员聘任教研系列、教学系列和研究技术系列职位的实施细则（试行）》的通知	
校发〔2018〕265 号	关于印发《北京大学"国家海外高层次人才引进计划"实施办法》的通知	
校发〔2018〕270 号	关于规范教职工参与培训课程等活动的通知	
校发〔2018〕272 号	关于调整北京大学章程委员会组成人员名单的通知	
校发〔2018〕278 号	关于附属中学行政班子任职的通知	
校发〔2018〕282 号	关于成立北京大学实施政府会计制度领导小组的通知	
校发〔2018〕283 号	关于调整北京大学收费工作领导小组组成人员的通知	
校发〔2018〕284 号	关于印发《北京大学学位授权自主审核实施办法》的通知	
校发〔2018〕285 号	关于成立北京大学人才房分配领导小组的通知	
校发〔2018〕299 号	关于成立北京大学跨学部生物医学工程系的通知	
校发〔2018〕300 号	关于成立北京大学跨学部化学生物学中心的通知	
校发〔2018〕301 号	关于成立北京大学习近平新时代中国特色社会主义思想研究院的通知	
校发〔2018〕308 号	关于印发《北京大学实体研究机构管理办法（试行）》的通知	
校发〔2018〕309 号	关于印发《北京大学国内合作管理办法（试行）》的通知	

校发〔2018〕314号	关于印发《北京大学关于深化"放管服"改革、完善支出管理的规定》的通知
校发〔2018〕315号	关于终止北京大学历史地理与古地图研究中心的通知
校发〔2018〕316号	关于终止北京大学中国传统艺术文化研究所的通知
校发〔2018〕317号	关于终止北京大学中韩历史文化研究中心的通知
校发〔2018〕318号	关于成立北京大学电子商务法研究中心的通知
校发〔2018〕319号	关于成立北京大学国家机关事务研究中心的通知
校发〔2018〕320号	关于成立北京大学宏观经济与金融研究中心的通知
校发〔2018〕321号	关于成立北京大学世界社会研究中心的通知
校发〔2018〕322号	关于成立北京大学拓展与户外研究中心的通知
校发〔2018〕333号	关于数量经济与数理金融教育部重点实验室领导班子任职的通知
校发〔2018〕338号	关于印发《北京大学群团组织与直属附属单位发展状况绩效评估实施方案(试行)》的通知
校发〔2018〕346号	关于印发《北京大学平抑资金使用管理办法》的通知
校发〔2018〕350号	关于元培学院行政班子任职的通知
校发〔2018〕352号	关于调整北京大学学科建设委员会组成人员的通知
校发〔2018〕355号	关于成立北京大学哲学与人类未来研究中心的通知
校发〔2018〕356号	关于成立北京大学科学技术与医学史系暨北京大学中国科协(联合)科学文化研究院的通知
校发〔2018〕357号	关于成立北京大学邵逸夫生命科学研究院的通知
校发〔2018〕358号	关于成立北京大学生物医学前沿创新中心的通知
校发〔2018〕359号	关于国际关系学院行政班子任职的通知
校发〔2018〕367号	关于印发《北京大学职务科技成果转化现金奖励管理办法》的通知
校发〔2018〕369号	关于印发《北京大学教育统计管理办法》的通知
校发〔2018〕370号	关于成立北京大学教育统计工作领导小组的通知
校发〔2018〕377号	关于调整北京大学学术委员会组成人员的通知
校发〔2018〕378号	关于印发《北京大学学生资助工作奖励办法》的通知
校发〔2018〕380号	关于北京大学医学人文研究院医学部公共教学部更名的通知
校发〔2018〕393号	关于调整北京大学文物保护管理委员会组成人员的通知
校发〔2018〕394号	关于成立北京大学第八临床医学院的通知
校发〔2018〕395号	关于终止北京大学儒商文化研究中心的通知
校发〔2018〕407号	关于北京大学国际医院增名"北京大学第八临床医学院"的通知
校发〔2018〕410号	关于成立北京大学与广东省暨深圳市校地合作领导小组的通知
校发〔2018〕412号	关于成立北京大学智库工作领导小组的通知
校发〔2018〕450号	关于成立中国科学技术协会—北京大学科学文化研究院的通知
校发〔2018〕455号	关于心理与认知科学学院行政班子任职的通知
校发〔2018〕460号	关于成立北京大学网络安全和信息化委员会的通知
校发〔2018〕461号	关于成立北京大学网络安全和信息化工作小组的通知
校发〔2018〕462号	关于成立北京大学科技成果转化工作领导小组的通知
校发〔2018〕463号	关于医学人文学院行政班子任职的通知
校发〔2018〕465号	关于印发《空气重污染北京大学应急预案》的通知
校发〔2018〕466号	关于印发《北京大学进一步完善博士后资助体系促进博士后职业发展实施细则》的通知
校发〔2018〕468号	关于印发《北京大学首都高端智库建设经费管理细则》的通知
校发〔2018〕469号	关于艺术学院行政班子任职的通知
校发〔2018〕472号	关于教育学院行政班子任职的通知
校发〔2018〕473号	关于印发《北京大学文物保护管理暂行办法》的通知
校发〔2018〕474号	关于印发《北京大学财政专项资金管理办法》的通知
校发〔2018〕475号	关于印发《北京大学微信公众平台账号、微博账号管理办法》的通知

(党办校办)

表彰与奖励

党建与思想政治工作奖励

上级部门表彰奖励

中组部、教育部基层党组织书记工作优秀案例书目
　　环境科学与工程学院2016级硕士生党支部的"共建共享发展，共爱美丽燕园"案例

全国高校百个研究生样板党支部
　　心理与认知科学学院　学硕党支部

全国高校百名研究生党员标兵
　　工学院　陈善恩

首批全国党建工作标杆院系培育创建单位
　　化学与分子工程学院

首批全国党建工作样板党支部培育创建单位
　　第一医院　泌尿外科党支部

首批高校"双带头人"教师党支部书记工作室
　　口腔医学院　修复科党支部

第十四届北京市思想政治工作优秀单位
　　口腔医院党委

北京大学优秀共产党员标兵

王剑波	化学与分子工程学院党委委员
	生物有机与分子工程教育部重点实验室主任　教授
仲维英	地球与空间科学学院空间物理与应用技术研究所党支部党员　高级工程师
付志明	外国语学院副院长　教授
陈正勋	国际关系学院2017级本科博士生联合党支部书记
孙祁祥	经济学院院长（时任）　教授
阎凤桥	教育学院党委书记　教授
余　浚	督查室主任　信访办公室主任　机关党委副书记　党委办公室校长办公室副主任（兼）　副研究员
董甡伟	药学院化学生物学系　特聘研究员
袁建峰	第一医院对口支援办公室主任　医务处副处长
	感染管理疾病预防控制处副处长　副主任医师
马绪臣	口腔医院院务委员会委员　教授　主任医师
彭亦凡	肿瘤医院胃肠肿瘤中心三病区　主任医师

北京大学优秀共产党员

王钰铭　数学科学学院2014级博士生党支部书记
母艺文　数学科学学院本科生党支部书记
孙赵君　数学科学学院党委副书记　助理研究员
程　雪　数学科学学院概率统计金融数学党支部委员　副教授
王思广　物理学院技术物理系教工党支部书记　副教授
孙庆丰　物理学院量子材料科学中心党支部书记　教授
肖　庆　物理学院党委委员　党政办公室主任　副研究员
张　宁　物理学院2017级研究生第二党支部组织委员
张志科　物理学院行政后勤党支部组织委员　助理研究员
陈怀琳　物理学院基础教学离退休党支部党员
陈　莉　物理学院凝聚态第二党支部党员　高级工程师
林金泰　物理学院大气和海洋科学系教工党支部党员　长聘副教授　研究员
赵　辉　物理学院凝聚态博士生第一党支部党员
贾春燕　物理学院近代物理实验室主任　院工会主席　高级工程师
王中琰　化学与分子工程学院机关后勤党支部书记　高级工程师
李明智　化学与分子工程学院分析化学学生党支部书记
吴小慧　化学与分子工程学院无机化学学生党支部书记
吴　凯　校理学部副主任　化学与分子工程学院教授
张永亮　化学与分子工程学院有机生物学学生党支部书记
陈珺娴　化学与分子工程学院高分子应用化学学生党支部书记
周　江　化学与分子工程学院副院长　教授级高级工程师
刘悦晨　生命科学学院2013级研究生第一党支部书记
刘德英　生命科学学院党委书记　副教授
李川昀　分子医学所教工党支部党员　助理教授
何仁喜　生命科学学院2016级研究生第一党支部书记
陈丹英　生命科学学院细胞、遗传、生理党支部党员　副教授
饶广远　生命科学学院植物生物学与生物技术党支部党员　教授
徐瑞丹　生命科学学院2014级联合培养研究生党支部书记
瞿礼嘉　生命科学学院植物生物学与生物技术党支部党员　教授
王宇凡　城市与环境学院团委书记（副科级）　学生工作办公室主任　讲师
王思雨　城市与环境学院2013级本科生党支部组织委员
刘　飞　城市与环境学院2016级硕士生党支部书记
李一龙　城市与环境学院2015级博士生党支部书记
莫多闻　城市与环境学院地貌和第四纪党支部党员　教授
蒙吉军　城市与环境学院自然地理党支部党员　副教授
任华忠　地球与空间科学学院遥感与地理信息系统研究所党支部组织委员
刘树文　地球与空间科学学院地球化学研究所党支部党员　教授
张　驰　地球与空间科学学院研究生会主席　2015级地质博士生党支部书记
张进江　地球与空间科学学院副院长　教授
熊文涛　地球与空间科学学院工会委员　工程师
李晓鹏　心理与认知科学学院副书记（试用期一年）　讲师
韩扬眉　心理与认知科学学院学硕生党支部书记
王　源　信息科学技术学院微电子教工党支部书记　教授
石琳琦　信息科学技术学院微电子系统集成芯片党支部党员

吕国成	信息科学技术学院电子学教工第一党支部党员　工程师
李紫阳	信息科学技术学院电子学2016级硕士生党支部书记
杨　琦	信息科学技术学院党委人事办公室副主任　助理研究员
汪小林	信息科学技术学院计算机教工第三党支部书记　教授
汪权彬	信息科学技术学院智能科学系博士生党支部书记
罗定生	信息科学技术学院智能科学系副系主任　副教授
周晓慧	信息科学技术学院计算机软件所2015级硕士生党支部书记
赵鑫泽	信息科学技术学院电子学2016级硕士生党支部组织委员　院研究生会主席　院党委组织工作委员会委员
侯士敏	信息科学技术学院副院长　教授
韩　临	信息科学技术学院微电子教工党支部副书记　工程师
谢　冰	信息科学技术学院副院长　教授
王　剑	工学院团委副书记　助教
王　博	工学院2017级博士生3班党支部书记
卞舒惠	前沿交叉学科研究院生命联合中心2015级1班硕博党支部书记
刘才山	工学院航空航天系副主任　教授
刘　丹	前沿交叉学科研究院生命联合中心2016级1班硕博党支部书记
张子卓	前沿交叉学科研究院2016级数据科学1班党团支部书记
陈善恩	工学院2016级硕士班党支部书记
周伟涛	工学院2017级博士生1班党支部书记
夏定国	工学院党委副书记　教授
叶志远	计算机科学技术研究所直属党支部书记　副所长（兼）　高级工程师
杨瀚文	软件与微电子学院2016级经管四苑硕士生党支部书记
张义日	校第十三次党代会代表；软件与微电子学院2016级科技四苑硕士生党支部书记
陈　曦	软件与微电子学院2017级经管四苑硕士生党支部书记、第30期党的知识培训班领队辅导员
谢若昀	软件与微电子学院2017级经管五苑硕士生党支部书记
褚伟杰	软件与微电子学院学生工作办公室主任　讲师
陈乾坤	环境科学与工程学院团委副书记　2016级硕士生党支部书记
林官明	环境科学与工程学院教工第一党支部书记　高级工程师
郭峻瑜	环境科学与工程学院2014级博士生党支部书记　院团委书记助理
徐梓岚	中国语言文学系团委常务副书记　学工办副主任　助教
雷瑭洵	中国语言文学系2016级博士班班长
黎潇逸	中国语言文学系2014级博士研究生党支部书记
潘靓慧	中国语言文学系2014级本科生党支部党员
何　晋	历史学系党委副书记　副主任　教授
侯亚杰	历史学系党委秘书、外事秘书、继续教育办公室主任　研究实习员
黄　鸿	历史学系团委常务副书记　本科生联合党支部书记
户国栋	考古文博学院党委副书记　讲师
刘　坦	哲学系团委常务副书记　助教
杨偲劢	哲学系2015级博士生党支部书记
段智程	哲学系本科生党支部书记
王　丹	外国语学院朝韩语系教工党支部党员　教授
王世杰	外国语学院2014级本科生党支部书记
刘建华	外国语学院英语系专业英语党支部党员　教授
张叶秋晓	外国语学院2016级硕士生第二党支部书记
周海燕	外国语学院俄语系教师党支部书记　副教授
咸蔓雪	外国语学院东南亚系系主任　副教授

王　蓓	艺术学院办公室主任　教工党支部书记　助理研究员
王添淼	对外汉语教育学院党委副书记　副教授
辛芳哲	对外汉语教育学院2017级硕士生党支部书记
刘莲莲	国际关系学院国际政治教研室党支部书记　助理教授
高　静	国际关系学院团委书记　讲师
郭　洁	国际关系学院比较政治系党支部书记　副教授
王华磊	人口研究所2017级研究生党支部书记
刘　洁	经济学院办公室主任　副研究员
李　权	校工会委员会常委、教代表　经济学院党委委员　院工会副主席　副教授
李昀祉	经济学院2017级保险税务国商专业硕士生党支部书记　2017级保险硕士团支部书记　校学生工作部教育宣传办公室学生助理
韩晨宇	经济学院2015级博士生党支部书记
马　骁	光华管理学院应用经济学硕博党支部书记
王　欢	光华管理学院行政教辅党支部组织委员　院学生发展部主任
刘小溪	光华管理学院企业管理学硕博党支部书记
刘明辰	光华管理学院2015级本科党支部书记
陈文生	光华管理学院会计金融学硕博党支部书记
徐敏亚	光华管理学院管理科学与商务统计系教师党支部书记　副教授
曹凤岐	光华管理学院金融与证券研究中心名誉主任　教授
杨诗翰	法学院2017级法律硕士（法学）党支部书记
陈一峰	法学院国际法党支部党员　副教授
陈永生	法学院诉讼法党支部书记　副教授
陈志红	法学院图书馆馆长　馆员
金锦萍	法学院民商法党支部委员　副教授
姚志高	法学院2016级法律硕士（非法学）第四党支部书记
徐　俊	法学院2014级法学博士党支部书记
蒋大兴	法学院经济法党支部书记　教授
曾军翰	法学院2017级法学硕士第一党支部书记
湛中乐	法学院宪法行政法党支部党员　副教授
蔡晶潼	法学院2015、2016、2017级本科生联合党支部书记
刘　畅	信息管理系党委委员　副教授
王　迪	社会学系在职教职工党支部党员　副教授
童飞飞	社会学系2015级硕士生党支部书记
王怀乐	政府管理学院2017级博士生党支部书记
严　洁	政府管理学院政治学教师党支部党员　副教授
张　辰	政府管理学院2017级硕士生党支部书记
陈俊廷	政府管理学院本科生党支部书记
史春风	马克思主义学院马克思主义中国化研究所党支部书记　副教授
孙熙国	马克思主义学院执行院长　教授
李　欣	马克思主义学院办公室主任　助理研究员
刘鑫桥	教育学院博士生党支部书记
王　玮	新闻与传播学院综合办公室主任　教工第二党支部书记　讲师
邓　筱	新媒体研究院2016级硕士研究生党支部书记
刘雁翎	新闻与传播学院博士生党支部书记
蒋少翔	国家发展研究院团委书记　讲师
郝光安	体育教研部直属党支部组织委员　教授

廖来红	继续教育学院党总支委员　院长助理　市场开拓办公室主任　企业培训中心主任（兼）　助理研究员
沙丽曼	元培学院教工党支部书记　讲师
毛　娜	深圳研究生院教工汇丰商学院党支部党员
仇　蕾	深圳研究生院教工机关党支部党员
史　戈	深圳研究生院2016级城规学院硕士生党支部书记
仝　德	深圳研究生院教工城市规划与设计学院党支部党员　副教授
吴忠振	深圳研究生院教工新材料学院党支部党员　讲师
陈柯如	深圳研究生院教工文科党支部党员
周利艳	深圳研究生院教工化学生物学与生物技术学院党支部党员
曹润泽	深圳研究生院2016级环能学院硕士生第一党支部书记
曹珺然	深圳研究生院2016级社会工作硕士生党支部书记
马　信	学科建设办公室项目管理办公室主任　副研究员
王　卫	教务部教务办主任　副研究员
王明慧	学生工作部综合办公室主任　讲师
王周谊	社会科学部副部长　学科建设办公室副主任（兼）　保密委员会办公室副主任（兼）　副研究员
石长翼	校团委副书记　助理研究员
李　伟	党委组织部干部考评办公室主任　助理研究员
张　宇	工会文化体育青年女工部部长　工会党支部宣传委员　助理研究员
张魁元	继续教育部非学历教育办公室主任　助理研究员
陈　丹	政策法规研究室法规与制度建设办公室主任　助理研究员
陈秋媛	研究生院学位办公室副主任（副科级）　助理研究员
邵　莉	财务部副部长　高级会计师
姚卫浩	产业技术研究院常务副院长　科技开发部常务副部长　副研究员
雷洋昆	审计室副主任　高级审计师
王晓如	餐饮中心副主任
孙重立	总务部副部长　高级工程师
李　钟	动力中心主任　高级工程师
吴　军	房地产管理部副部长　审计师
张胜群	会议中心主任　副研究员
姜晓刚	公寓服务中心主任　房地产管理部副部长（兼）　特殊用房管理中心主任（兼）　副研究员
王艳丽	北大青鸟研究院教育经理　青鸟集团第四党支部组织委员
仇　寅	北大方正电子有限公司字库业务部字体开发部部长　高级字体设计师
刘俊英	校产办机关党支部书记　校产办企业管理部主任　产业系统人事管理干部　副研究员
李　岱	方正集团办公室职员　工程师
杨　滨	北京大学国际医院骨科部副主任医师　骨与关节疾病中心党支部书记　副主任医师
罗志良	资源集团临湖科技发展有限公司总裁　副研究员
胡晓芳	北大资源集团品牌管理部总经理　工程师
张　蓓	计算中心主任　教授级高工
耿　姝	教育基金会副秘书长　助理研究员
李婷婷	图书馆馆员
游　越	图书馆综合管理与协作支部书记　图书馆工会副主席　馆员
陈　健	出版社总编室主任兼《国际经济法学刊》编辑部主任　编辑中级职称
曹永忠	出版社办公室主任　助理研究员
牛学明	校医院党委委员　党委秘书　校医院放射科医师　主治医师
李泊桥	燕园街道办事处副主任　助理研究员
张玉芳	燕园街道办事处承泽园党支部书记兼居委会主任　会计员

张琳娜　燕园街道办事处综合办公室人事干部　畅春园社区党支部书记
杨　静　附属中学中心党支部书记　一级教师
徐雪梅　附属中学预科部文科首席导师　高级教师
段燕梅　附属小学年级主任　一级教师
于佳弘　基础医学院本科生党总支第三党支部书记
刘风雨　基础医学院神经生物学系党支部书记　副教授
刘永振　基础医学院病原生物学研究生党支部书记
李　慧　基础医学院药理学系党支部宣传委员　讲师
张小燕　基础医学院细胞与遗传学系党员　主管技师
张　滢　基础医学院机关党支部组织委员　助理研究员
柳　絮　基础医学院本科生党总支副书记　讲师
韩晶岩　基础医学院中西医结合基础学系主任　教授
叶新山　药学院党委委员　副院长　教授
杨　珊　药学院药事管理与临床药学系党支部党员　主管技师
沐黎敏　药学院2016级药剂学专业博士生
黄　卓　药学院分子与细胞药理学系党支部书记　特聘研究员
刘欣然　公共卫生学院2015级营养与食品卫生学系硕士生
许雅君　公共卫生学院营养与食品卫生学系教工党支部书记　公共卫生学院院长助理　教授
李立明　公共卫生学院流行病与卫生统计学系　教授
张景怡　公共卫生学院行政党支部书记　学生党总支副书记　学生办公室主任　讲师
高晓莹　公共卫生学院2014级本科生党支部书记
孙玉梅　护理学院党委委员　副教授
郭永青　公共教学部医用理学系计算机教研室　副教授
韩　巍　公共教学部党委委员　副主任　副研究员
丁炎明　第一医院党委委员　护理部主任　主任护师
王广发　第一医院呼吸科主任　主任医师　教授
王荣福　第一医院核医学科主任　主任医师　教授
付志方　第一医院老年病内科　副主任医师
关　辉　第一医院整形烧伤科党支部书记　整形烧伤科病房护士长　护师
孙永安　第一医院神经内科党支部书记　副主任医师
孙　瑜　第一医院妇产科副主任　主任医师　副教授
李春伟　第一医院神经外科　主治医师
邱建星　第一医院医学影像科　副主任医师
汪　旸　第一医院皮肤性病科　副主任医师　副教授
张　宏　第一医院肾脏内科副主任　主任医师　教授
林乐涛　第一医院2011级学生党支部书记
周福德　第一医院肾脏内科副主任　主任医师　副教授
赵秀莉　第一医院感染管理—疾病预防控制处党支部书记　主管护师
姜一梦　第一医院临床研究生第一党支部书记
姚　晨　第一医院科研处医学统计室主任　教授
秦　永　第一医院耳鼻咽喉—头颈外科党支部书记　科副主任　主任医师　教授
展　翘　第一医院2017级科研博士班党支部书记
梁　雁　第一医院药剂科　主任药师
韩文科　第一医院泌尿外科副主任　主任医师
潘英姿　第一医院眼科副主任　主任医师　教授
穆　莉　第一医院手术中心党支部书记　护理部副主任　二部手术室护士长　主管护师

王天兵	人民医院院长助理　创伤救治中心执行副主任　人民医院通州院区执行院长　药物临床试验基地主任　主任医师
王建六	人民医院副院长　妇产科主任　妇产科教研室主任　主任医师　教授
刘　栩	人民医院风湿免疫科　副主任医师
杜　昌	人民医院急诊科　主治医师
李　虎	人民医院骨关节科支部委员　副主任医师　副教授
张晓辉	北京大学血液病研究所副所长　教授　主任医师
陈　明	人民医院机关一支部委员　助理研究员
罗樱樱	人民医院内分泌科支部委员　副主任医师
郑宏伟	人民医院耳鼻喉科支部委员　副主任医师
姚海红	人民医院风湿免疫科　副主任医师
秦　红	人民医院肝病科护士长　主管护师
秦　炯	人民医院儿科主任　主任医师　教授
莫晓冬	人民医院血液科　副主任医师　副教授
高占成	人民医院呼吸与危重症医学科主任　教授　主任医师
郭　卫	人民医院骨肿瘤科主任　骨科教研室主任　教授　主任医师
唐菲菲	人民医院血液科　主治医师
程　琳	人民医院乳腺外科支部书记　外科教研室副主任　主任医师
暴　婧	人民医院呼吸内科支部书记　主治医师
王　成	第三医院运动医学研究所党支部副书记　分工会主席　副主任医师
王慧卿	第三医院人事处党支部宣传委员　副处长　副研究员
卢　睿	第三医院保卫处党支部组织委员　交通安全办公室主任
李葆华	第三医院护理部党支部书记　护理部主任　主任护师
李　蓉	第三医院生殖医学中心　妇产科副主任　教授　主任医师
迟洪滨	第三医院生殖医学中心党支部副书记　副教授　副主任医师
周庆涛	第三医院呼吸内科　主任医师　副教授
周非非	第三医院骨科党支部宣传委员　副主任医师
周　瑞	第三医院经营管理办公室主任　海淀院区副院长　总会计师　管理研究员
赵荣生	第三医院工会常务副主席　药剂科副主任　主任药师　副教授
姜　薇	第三医院皮肤科党支部书记　主任医师　副教授
夏宇曦	第三医院医务处工会组长　助理研究员
郭　莉	第三医院护理部副主任　手术室科护士长　主任护师
黄永辉	第三医院延庆医院副院长　消化科副主任　副教授
梁华茂	第三医院妇产科副主任　副主任医师
童笑梅	第三医院儿科主任　主任医师　副教授
鲍慧玲	第三医院儿科　副主任医师
翟所迪	第三医院药剂科主任　教授　主任药师
黎远皋	第三医院口腔科副主任　主任医师
王新知	口腔医院修复科　教授　主任医师
李秀娥	口腔医院党委委员　护理部主任　主任护师
金姗姗	口腔医院口腔正畸研究生党支部书记
郑树国	口腔医院预防科主任　主任医师　教授
单艳华	口腔医院科研处处长　副研究员
施祖东	口腔医院医务处处长　纠纷办主任　副研究员
姜　霞	口腔医院门诊部　主任医师
袁临天	口腔医院口腔修复研究生党支部书记
葛凤庆	中华口腔医学会继教部副部长

魏　莉　口腔医院口腔颌面外科三病区护士长　主管护师
石　琦　肿瘤医院研究生第二支部书记
李子禹　肿瘤医院党委委员　院长助理　胃肠肿瘤中心一病区支部书记　主任　主任医师
张　萍　肿瘤医院胃肠肿瘤中心二病区党支部宣传委员　主管护师
林本耀　肿瘤医院离退休人员　主任医师
岳海振　肿瘤医院放疗科　工程师
柯　杨　肿瘤医院遗传室主任　研究员
隗铁夫　肿瘤医院党委副书记　纪委书记　人力资源处处长　研究员
马　宁　精神卫生研究所公共卫生事业部主任　副研究员
李江华　精神卫生研究所儿童科护士长　副主任护师
赵来升　精神卫生研究所综合维修科　技师
邓连府　医学部计财处党支部书记　会计核算科主任　会计师
田　鹤　医学部团委组织部部长兼志愿者与社会实践工作部部长　讲师
冯江星　医学部机关团总支委员　党委统战部干部　助理研究员
张永明　医学部党委组织部党校党支部副书记　组织部办公室主任　助理研究员
陈子豪　医学部机关团总支书记　两办党支部组织委员　助理研究员
赵春辉　医学部科研处综合办公室主任　助理研究员
王双佳　医学部总务处饮食管理办公室副主任　助理研究员
宝海荣　医学部副主任　助理研究员
吕廷煜　医学部产业管理办公室主任　副研究员

北京大学先进党支部

数学科学学院党委2016级博士生党支部
数学科学学院党委行政实验室党支部
物理学院党委行政后勤教工党支部
物理学院党委现代光学党支部
物理学院党委凝聚态博士生第一党支部
化学与分子工程学院党委化学生物学系党支部
化学与分子工程学院党委分析化学学生党支部
生命科学学院党委2014级本科生党支部
生命科学学院党委公共仪器中心党支部
城市与环境学院党委2015—2017级本科党支部
城市与环境学院党委行政党支部
地球与空间科学学院党委地球物理博士生党支部
地球与空间科学学院党委教辅党支部
心理与认知科学学院党委专硕党支部
信息科学技术学院党委计算机软件所博士生第一党支部
信息科学技术学院党委电子学2016级硕士生党支部
信息科学技术学院党委电子学教工第一党支部
信息科学技术学院党委微电子教工党支部
工学院党委2016级博士3班党支部
工学院党委2017级硕士生党支部
工学院党委前沿交叉2016级数据1班党支部

工学院党委前沿交叉教工党支部
计算机科学技术研究所直属党支部
软件与微电子学院党委 2016 级科技一苑硕士生党支部
软件与微电子学院党委 2016 级科技四苑硕士生党支部
环境科学与工程学院党委 2016 级硕士生党支部
中国语言文学系党委 2014 级本科生党支部
中国语言文学系党委 2016 级硕士生党支部
历史学系党委 2017 级硕士生党支部
考古文博学院党委博士生党支部
哲学系党委 2016 级硕士生党支部
外国语学院党委 2015 级本科生党支部
外国语学院党委行政党支部
艺术学院党委 2016 级硕士生党支部
对外汉语教育学院党委 2016 级硕士生党支部
国际关系学院党委 2015 级博士生党支部
国际关系学院党委行政党支部
经济学院党委 2014 级本科生党支部
光华管理学院党委离退休教师党支部
法学院党委本科生联合党支部
法学院党委 2016 级法律硕士（非法学）第四党支部
法学院党委行政图书馆党支部
信息管理系党委博士生党支部
社会学系党委 2014—2017 级本科生联合党支部
政府管理学院党委本科生党支部
马克思主义学院党委 2017 级硕士生党支部
教育学院党委 2017 级硕士生党支部
新闻与传播学院党委新媒体研究院教工党支部
国家发展研究院 2016 级研究生党支部
体育教研部直属党支部
继续教育学院党总支教工一支部
元培学院党委 2014—2015 级本科生联合党支部
深圳研究生院党委 2017 级化生学院硕士生党支部
深圳研究生院党委 2017 级信工 4 班硕士生党支部
深圳研究生院党委教工信息党支部
机关党委人事部党支部
机关党委财务部党支部
机关党委保卫部党支部
机关党委党办校办党支部
后勤党委公寓服务中心党总支
后勤党委会议中心党总支一支部
校办产业党工委北大方正集团方正中期期货党总支
校办产业党工委青鸟集团第二党支部
直属单位党委燕京学堂党支部
图书馆党委古籍特藏党支部
出版社党委编辑二支部
校医院党委外科党支部

燕园街道党工委机关一支部
附属中学党委中心党支部
附属小学党委第一党支部
基础医学院本科生党总支第三党支部
基础医学院细胞生物与遗传学系党支部
基础医学院神经生物学系党支部
药学院药物化学系党支部
药学院研究生第四党支部
公共卫生学院2014级本科生党支部
公共卫生学院生育健康研究所教工党支部
护理学院教工第三支部
公共教学部行政与艺术联合党支部
第一医院儿科党支部
第一医院医学影像科党支部
第一医院肾脏内科党支部
第一医院泌尿外科党支部
第一医院党院办党支部
人民医院机关五支部
人民医院肝病研究所党支部
人民医院急诊科党支部
人民医院退休三党支部
第三医院儿科党支部
第三医院运动医学研究所党支部
第三医院骨科党支部
第三医院总务处党支部
口腔医院正畸科党支部
口腔医院护理部党支部
口腔医院第三门诊部党支部
肿瘤医院乳腺中心党支部
肿瘤医院基础二党支部
精神卫生研究所研究室第一党支部
医学部图书馆党支部
医学部医药卫生分析中心党支部
医学部基建工程处党支部
医学部产业党总支出版社党支部

北京大学十佳学生党支部书记

王钰铭　数学科学学院2014级博士生党支部书记
张子瑞　生命科学学院2014级本科生党支部书记
李紫阳　信息科学技术学院电子学2016级硕士生党支部书记
陈善恩　工学院2016级硕士生党支部书记
陈乾坤　环境科学与工程学院2016级硕士生党支部书记
李姝凝　历史学系2016级硕士生党支部书记

梁义钦　经济学院2014级本科生党支部书记
蔡晶潼　法学院2015、2016、2017级本科生联合党支部书记
梁　宇　政府管理学院2016级博士生党支部书记
刘爽健　新闻与传播学院新媒体研究院2017级硕士生党支部书记

（组织部）

集体和教师奖励

北京大学2018年享受"政府特殊津贴"人员名单

姓名	单位	姓名	单位
田　刚	数学科学学院	董志勇	经济学院
沈　波	物理学院	周德敏	药学院
谢晓非	心理与认知科学学院	郭　卫	人民医院
陈徐宗	信息科学技术学院	余家阔	第三医院
胡建信	环境科学与工程学院	郝卫东	公共卫生学院
刘勇强	中国语言文学系	杨慧霞	第一医院
王新生	历史学系	王向群	第六医院
孙　华	考古文博学院	范辉军	数学科学学院
尚新建	哲学系（宗教学系）	陈　明	外国语学院
谢立中	社会学系	焦　宁	药学院
孙蚌珠	马克思主义学院		

（人事部）

北京大学荣获2018年求是杰出青年学者奖名单

姓名	单位
田志宇	北京国际数学研究中心
王　潇	化学与分子工程学院
胡家志	生命科学学院

（人事部）

北京大学荣获 2018 年北京市工人先锋号名单

肿瘤医院中西医结合暨老年肿瘤科

（工会）

北京大学荣获 2017 年北京市"三八"红旗集体名单

护理学院
人民医院乳腺外科

（工会）

北京大学荣获 2018 年首都劳动奖章名单

张海霞　信息科学技术学院
周洪柱　第三医院
张海峰　动力中心

（工会）

北京大学荣获 2018 年北京市师德榜样名单

孙祁祥　经济学院
柯　杨　肿瘤医院

（工会）

北京大学荣获 2018 年北京市师德先锋名单

韩茂莉　城市与环境学院
谢昆青　信息科学技术学院
邓小南　历史学系
王立彦　光华管理学院
敖英芳　第三医院
郝卫东　公共卫生学院
高占成　人民医院
马大龙　基础医学院
段燕梅　附属小学

（工会）

北京大学荣获2018年北京市"三八"红旗奖章名单

黄　如　信息科学技术学院

（工会）

北京大学荣获2018年国家教学成果奖名单

成果名称	完成人	获奖等级
教学、实践、科研相结合的语言学培养模式	陈保亚　汪　锋　董秀芳　叶文曦　李　娟	一等奖
我国本科医学教育标准的修订及临床医学专业认证制度的实施与完善	程伯基　柯　杨　王维民　谢阿娜　蔡景一　鲁映青　杨棉华 汪　青　杨立斌　厉　岩　曲　波	一等奖
外语专业国际体验教学管理模式的创新与实践	宁　琦　程朝翔　赵华敏　黄燎宇　王　丹　郑清文　崔桂红	二等奖
通识教育和专业教育相结合的本科教育体系建设——北京大学本科教育改革探索	高　松　裴　坚　金顶兵　董志勇　董　礼　王海欣　方新贵 李晓明	二等奖
中国建筑的科学认知：北大文物建筑田野记录与价值发现课程体系的创新与实践	徐怡涛　杭　侃　孙　华　王书林　张剑葳	二等奖
多措施并举，把科研优势转化为教学优势，培养优秀创新型人才	刘玉鑫　朱守华　张朝晖　穆良柱　董晓华　欧阳颀　谢心澄 陈晓林	二等奖
课赛结合 iCAN+iSTAR 任务驱动创新工程实践慕客空间协同育人新模式	邢建平　张海霞　王卿璞　陈　江　王震亚　马金平　尚俊杰 陈桂友　黄文彬　孟令国　陈言俊　王洪君　朱瑞富　张　熙 邢梅萍　范继辉	二等奖

（教务部）

北京大学荣获2017年北京市教学成果奖名单

成果名称	成果完成人	奖项
"艺术与审美"系列人文通识混合式共享学分课	叶　朗　王一川　彭　锋　陈旭光　顾春芳	特等奖
北京大学外国语言与外国历史跨专业课程建设	付志明　何　晋　苏彦捷	一等奖
多措施并举，把科研优势转化为教学优势培养优秀创新型人才	刘玉鑫　朱守华　张朝晖　穆良柱　董晓华　欧阳颀　谢心澄 陈晓林	一等奖
我国本科医学教育标准的修订及临床医学专业认证制度的实施和完善	程伯基　柯　杨　王维民　谢阿娜　蔡景一　鲁映青　杨棉华 汪　青　杨立斌　厉　岩　曲　波	一等奖
以大班授课、小班讨论为中心的哲学本科教学改革	吴　飞　杨立华　李　猛　郑　开　吴增定　先　刚　吴天岳 刘　哲	一等奖
中国建筑的科学认知：北大文物建筑田野记录与价值发现课程体系的创新与实践	徐怡涛　杭　侃　孙　华　王书林　张剑葳	一等奖
科学、系统、可持续发展的国际关系本科课程体系的构建与实践	唐士其　王正毅　李义虎　许振洲　朱文莉　闫　岩　张小明 汪卫华　张清敏　张海滨　初晓波　项佐涛　祝诣博　梅　然 徐建春	一等奖
以实践能力提升为中心的法科学生培养综合创新	潘剑锋　葛云松　郭　雳　邓　峰　车　浩　杨　明	一等奖
教学模式的探索与创新：发展心理学的实践	苏彦捷　孟祥芝　张　昕	一等奖

(续表)

成果名称	成果完成人	奖项
学科前沿的探索——北大教育技术前沿暑期学校8年历程	尚俊杰 吴 峰 贾积有 汪 琼 赵国栋 缪 蓉 吴筱萌 王爱华 郭文革 侯华伟 徐未欣	一等奖
外语专业国际体验教学管理模式的创新与实践	宁 琦 程朝翔 赵华敏 黄燎宇 王 丹 郑清文 崔桂红	一等奖
教学、实践、科研相结合的语言学培养模式	陈保亚 汪 锋 董秀芳 叶文曦 李 娟	一等奖
中国古代小说的多维考察与教学	刘勇强 潘建国 李鹏飞	一等奖
计算+社会科学：一门交叉学科课程的建设与推广	李晓明 邱泽奇 王卫红 杨 智 陈立军	一等奖
"普惠中拔尖"：面向优秀学生的本科计算机人才国际化培养体系	李文新 郭 耀 张 铭 陈一峯 王 韬 梅 宏 谢昆青 邓志鸿 陈 钟 黄铁军 杨朝晖 董晓晖 李 享	一等奖
基于慕课的生物信息学混合式教学实践	高 歌 魏丽萍	一等奖
高层次全科医学人才培养体系的构建与实践	柯 杨 段丽萍 迟春花 郑家强 董爱梅 苗懿德 曾 辉 崔 爽 贾金忠	一等奖
数字口腔医学教育教学体系的开拓创新与发展	周永胜 王 勇 刘云松 赵一姣 孙玉春 谭建国 刘建彰 侯建霞 吕培军 陈 立	一等奖
"政府与法治"课程改革和建设	白 彦 甘培忠 白智立 塔 娜	一等奖
北京大学通识教育核心课程建设	傅绥燕 强世功 曹 宇 冯倩倩 于瑞霞 李 祎 董南燕	一等奖
辐射优质教育资源，促进教育教学改革——北京大学慕课实践	李晓明 冯雪松 冯 菲 王胜清 何 山 刘 玲 曾 腾 王 凯 于青青	一等奖
通识教育和专业教育相结合的本科教育体系建设——北京大学本科教育改革探索与实践	高 松 裴 坚 金顶兵 董志勇 董 礼 王海欣 方新贵 李晓明	一等奖
北京大学"国培计划"的实践与探索	章 政 李 胜 杨 虎 常 靖 张 丽 杨雯宇 朱伶俐 王瑞娥	一等奖
世界史国家精品课的教学与提高（2005—2016）	朱孝远 李隆国 黄春高 颜海英 彭小瑜	二等奖
培养创新意识，加强方法训练——世界史小班课教学新探索	李 维 彭小瑜 董经胜 李隆国	二等奖
开放办学，探索经济学人才整合培养模式	孙祁祥 董志勇 锁凌燕 叶静怡 王跃生 王一鸣 郑 伟 刘 怡 张鹏飞	二等奖
课内外一体化体育育人探索	李 宁 吴 昊 钱俊伟 袁睿超 曹晓培 周正卿	二等奖
中东研究复合型人才培养模式	林丰民 付志明 谢秩荣 吴冰冰	二等奖
实现跨学科自然地理综合教育，树立地球系统科学的世界观	陈效逑 蔡运龙 赵昕奕 蒙吉军	二等奖
充分发挥学科优势，促进拔尖人才全方位成长——北京大学化学实验实践教学体系建设	李维红 张奇涵 高 珍 吴忠云 裴 坚	二等奖
与科研平台相结合的计算概论实验班课程建设	胡俊峰	二等奖
计算思维创新教学实践：数据结构与算法	陈 斌 张 铭	二等奖
信息学科本科生创新科研训练体系的探索与实践	王 源 李文新 王 韬 邓志鸿 谢昆青 胡薇薇 王志军 陈一峯 陈章洲 杨朝晖 董晓晖 李 享	二等奖
面向创新型和个性化人才培养需求的软件工程课程体系建设	孙艳春 黄 罡 刘譞哲 陈泓婕	二等奖
胜任力导向的本科临床医学教育综合改革实践	李海潮 王 颖 余奇志 马明信 刘 刚 李 岩 高 嵩 刘占兵 徐 阳 齐建光 周国鹏 屈晨雪 秦乃姗 王荣福 王 玮	二等奖
胜任力导向毕业后教育体系的建设与实施	刘玉村 李海潮 柯 杨 高 嵩 王 颖 李 岩 周国鹏 刘 刚 徐 阳 齐建光 刘占兵 余奇志 冀 涛 于岩岩	二等奖
促进生殖健康，服务国家卫生发展战略需要：生殖医学课程体系建设	乔 杰 马彩虹 李 蓉 刘 平 王 妍 赵扬玉 郭红燕 杨 艳 黄 铄	二等奖
艺术学本科人才培养暨"人文科学实验班"探索	陈旭光 李道新 向 勇 李 洋 刘 晨	二等奖

（续表）

成果名称	成果完成人	奖项
"赛课合一"创新实践教育模式的实践与探索	张海霞　陈　江　尚俊杰　黄文彬　叶　蔚　李　戈　路江涌	二等奖
立德树人，实践育人——临床医学生职业精神培养体系的建设与实施	张斯琴　王建六　陈红松　李　红　石淑宵　张晓蕊　郝徐杰　付　瑶　关　婷　岳思峰　徐　燚	二等奖
跨学科本科专业建设的实践与理论探索：2007—2016年	卢晓东　苏彦捷　刘建波　张　健　李力行　李四龙　彭小瑜	二等奖

（教务部）

北京大学2017年教学成果奖名单

成果名称	成果完成人	完成单位	奖项
通识教育和专业教育相结合的本科教育体系	高　松　裴　坚　金顶兵　董志勇　董　礼　王海欣　方新贵　李晓明	北京大学	特等奖
以实践能力提升为中心的法科学生培养综合创新	潘剑锋　葛云松　郭　雳　邓　峰　车　浩　杨　明	法学院	特等奖
多措施并举，把科研优势转化为教学优势培养优秀创新型人才	刘玉鑫　朱守华　张朝晖　穆良柱　董晓华　欧阳颀　谢心澄　陈晓林	物理学院	特等奖
我国本科医学教育标准的修订及临床医学专业认证制度的实施和完善	程伯基　柯　杨　王维民　谢阿娜　蔡景一　王景超　鲁　曼　袁丽佳　王媛媛	医学部	特等奖
古代小说的文体、发展、批评与名著导读	刘勇强	中国语言文学系	特等奖
以大班授课、小班讨论为中心的哲学本科教学改革	吴　飞　杨立华　郑　开　李　猛　先　刚　吴天岳　刘　哲　吴增定	哲学系（宗教学系）	特等奖
北京大学国际关系学院本科课程体系的构建与实践	唐士其　王正毅　李义虎　许振洲　朱文莉　闫　岩　张小明　汪卫华　张清敏　张海滨　初晓波　项佐涛　祝诣博　梅　然　徐建春	国际关系学院	特等奖
开放办学，探索经济学人才整合培养模式	孙祁祥　董志勇　锁凌燕　叶静怡　王跃生　王一鸣　郑　伟　刘　怡　张鹏飞	经济学院	特等奖
外语专业国际体验教学管理模式的创新与实践	宁　琦　程朝翔　赵华敏　黄燎宇　王　丹　郑清文　崔桂红	外国语学院	特等奖
"艺术与审美"系列人文通识混合式共享学分课	叶　朗　王一川　彭　锋　陈旭光　顾春芳	艺术学院	特等奖
"普惠中拔尖"：面向优秀学生的本科计算机人才国际化培养体系	李文新　郭　耀　张　铭　陈一峯　王　韬　梅　宏　谢昆青　邓志鸿　陈　钟　黄铁军　杨朝晖　董晓晖　李　享	信息科学技术学院	特等奖
"赛课合一"创新实践教育模式的实践与探索	张海霞　陈　江　尚俊杰　黄文彬　叶　蔚　李　戈　路江涌	信息科学技术学院	特等奖
构建化学实验课程助教培训体系，助力学生全方位成长	李维红　张奇涵　高　珍　吴忠云　裴　坚	化学与分子工程学院	特等奖
虚拟现实技术在地质学本科人才培养中的研究与实践	郭艳军　陈　斌　崔　莹　熊文涛　张志诚　李　梅　张进江	地球与空间科学学院	特等奖
辐射优质教育资源，促进教育教学改革——北京大学慕课实践	李晓明　冯雪松　冯　菲　王胜清　何　山　刘　玲　曾　腾　王　凯　于青青	教师教学发展中心	特等奖
北京大学通识教育核心课程建设	傅绥燕　强世功　曹　宇	教务部	特等奖
思政课"大班授课、小班讨论"教学创新模式	王久高　刘志光　康沛竹	马克思主义学院	特等奖
胜任力导向毕业后教育体系的建设与实施	刘玉村　李海潮　柯　杨　高　嵩　王　颖　李　岩　周国鹏　刘　刚　徐　阳　齐建光　刘占兵　余奇志　冀　涛　于岩岩	第一医院	特等奖

(续表)

成果名称	成果完成人	完成单位	奖项
高层次全科医学人才培养体系的构建与实践	柯 杨　段丽萍　迟春花　郑家强　董爱梅 苗懿德　曾 辉　崔 爽　贾金忠	医学部	特等奖
建设规范化医学模拟教学体系，提高医学人才培养质量	王建六　姜冠潮　刘 婧　梁书静　路 阳 冯 艺　朱凤雪　陈江天　赵 彦　曾超美	人民医院	特等奖
世界史国家精品课的教学与提高	朱孝远　李隆国　黄春高　颜海英　彭小瑜	历史学系	一等奖
历史建筑田野记录与价值发现课程体系	徐怡涛　杭 侃　孙 华　王书林　张剑葳	考古文博学院	一等奖
经济学教学模式改革的有益尝试——从黑板式教学到实验教学	董志勇　张元鹏　崔 巍	经济学院	一等奖
北大社会学系民族宗教课程体系建设	卢云峰　马 戎　高丙中　方 文　王铭铭 王 娟	社会学系	一等奖
外国语言与外国历史跨专业课程建设	付志明　何 晋　苏彦捷	外国语学院	一等奖
艺术学院人才培养暨"人文科学实验班"探索	陈旭光　李道新　向 勇　刘 晨	艺术学院	一等奖
《西方美术史》教学	丁 宁	艺术学院	一等奖
学科前沿的探索——教育技术前沿暑期学校9年历程	尚俊杰　吴 峰　贾积有　汪 琼　赵国栋 缪 蓉　吴筱萌　王爱华　郭文革　侯华伟 徐未欣	教育学院	一等奖
面向创新型和个性化人才培养需求的软件工程课程体系建设	孙艳春　黄 罡　刘譞哲　陈泓婕	信息科学技术学院	一等奖
"以赛促改"嵌入式系统课程建设十五年	杨延军　段晓辉　王志军　陈 江　吕国成	信息科学技术学院	一等奖
基于慕课的生物信息学混合式教学实践	高 歌　魏丽萍	生命科学学院	一等奖
基于混合式教学法引导学生从地理学的视角观察和分析世界文化景观	邓 辉	城市与环境学院	一等奖
跨学科本科专业建设的本土实践与理论探索：2007—2014	卢晓东　苏彦捷　刘建波　张 健　李力行 李四龙　彭小瑜	教务部及各院系	一等奖
北京大学多元化全过程本科教学质量保障体系建设	刘建波　董 礼　魏思琦　陈 虎　蒋晓涛 洪星星　宋 鑫	教务部	一等奖
《身边的营养学》慕课及翻转课堂	许雅君	公共卫生学院	一等奖
数字口腔医学教育教学体系的开拓创新与发展	周永胜　王 勇　刘云松　赵一姣　孙玉春 谭建国　刘建彰　侯建霞　吕培军　陈 立	口腔医院	一等奖
胜任力导向的本科临床医学教育综合改革实践	李海潮　王 颖　余奇志　马明信　刘 刚 李 岩　高 嵩　刘占兵　徐 阳　齐建光 周国鹏　屈晨雪　秦乃姗　王荣福　王 玮	第一医院	一等奖
教学与科研相结合的语言学课程体系建设	陈保亚　汪 锋　董秀芳　李 娟　叶文曦	中国语言文学系	一等奖
培养创新意识，注重研究方法——世界史小班课教学新探索	李 维	历史学系	一等奖
"政府与法治"课程改革和建设	白 彦	政府管理学院	一等奖
北京大学—早稻田大学本科生双学位项目	归泳涛　唐士其　许振洲　王 卫　李寒梅 闫 岩　范士明　梁云祥　董昭华　徐建春	国际关系学院	一等奖
沃土计划	龚六堂　滕 飞　张 峥　潘 援	光华管理学院	一等奖
刑事证据法学（教材）	陈瑞华	法学院	一等奖
《情报分析》课的情景教学探索	王延飞	信息管理系	一等奖
在课堂与田野中完成社会研究方法的训练	卢晖临　王 迪	社会学系	一等奖
夯实基础重实践，培养高素质英才——俄语专业基础核心课程十年教学探索	周海燕　单荣荣　黄 颖　王彦秋　王 帅	外国语学院	一等奖

（续表）

成果名称	成果完成人	完成单位	奖项
中东研究复合型人才培养模式	林丰民　付志明　谢秩荣　吴冰冰	外国语学院	一等奖
《20世纪西方音乐》：趋于慕课技术与跨学科	毕明辉	艺术学院	一等奖
东亚三国跨文化传播前沿研究	王昇虹	新闻与传播学院	一等奖
一门计算与社会科学交叉课程的建设与推广	李晓明　邱泽奇　王卫红　杨智　陈立军	信息科学技术学院	一等奖
"电路分析原理"小班研讨教学改革	蒋伟　胡薇薇　陈江　马猛　王志军　鲁文高　杜朝海　盖伟新	信息科学技术学院	一等奖
与科研平台相结合的计算概论实验班课程建设	胡俊峰	信息科学技术学院	一等奖
北京大学信息学科本科生科研成果展示会的实践和探索	王源　李文新　王韬　邓志鸿　谢昆青　胡薇薇　王志军　陈一峯　陈章渊　杨朝晖　董晓晖　李享	信息科学技术学院	一等奖
《数据结构与算法B》计算思维教学实践	陈斌　张铭	地球与空间科学学院	一等奖
创建量大面广、优质高效的地震概论课程	赵克常	地球与空间科学学院	一等奖
构建"D12"教学体系，全方位培养环境专业复合型领军人才	王奇　朱彤　刘兆荣　郑玫　刘永	环境科学与工程学院	一等奖
实现跨学科自然地理综合教育，树立地球系统科学的世界观	陈效逑　蔡运龙　赵昕奕　蒙吉军	城市与环境学院	一等奖
教学模式的探索与创新：发展心理学的实践	苏彦捷	心理科学与认知学院	一等奖
课内外一体化体育育人探索	李宁　吴昊　钱俊伟　袁睿超　曹晓培　周正卿	体育教研部	一等奖
元培学院新生教育的探索与实践	苏彦捷　鄂维南　雷兴山　吴跃　于艳新	元培学院	一等奖
北京大学"国培计划"的实践与探索	章政　李胜　杨虎　常靖　张丽　杨雯宇　朱伶俐　王瑞俄	继续教育学院	一等奖
提升教学支撑服务，优化教学资源建设——北大教学媒体制作环境与模式的实践应用	何山　王肖璐　曾腾　刘志勇　王凯　孙中楠　于青青　赵柳婷　李志刚	教师教学发展中心	一等奖
北京大学创建世界一流大学过程中自由选课制度的构建与实施	金顶兵　孙燕君　黄艺燕　来天平　王卫　贺熙	教务部	一等奖
北京大学医学部教育评价体系研究与实践	王维民　蔡景一　俞赤卉　刘理　李峰	医学部教育处	一等奖
立德树人，实践育人——临床医学生职业精神培养体系的建设与实施	张斯琴　王建六　陈红松　李红　石淑宵　张晓蕊　郝徐杰　付瑶　关婷　岳思峰　徐燚	人民医院	一等奖
基于妇产科传统教学，建立新型生殖医学交叉学科教学体系	乔杰　马彩虹　李蓉　刘平　王妍　郭红燕　赵扬玉　杨艳　黄铄	第三医院	一等奖
住院医师基础外科技能培训课程开发与实践	李岩　刘玉村　李海潮　王颖　刘占兵　高嵩　周国鹏　齐心	第一医院	一等奖
全面推进医教协同，深化口腔医学教育和人才培养模式改革	郭传瑸　李铁军　江泳　董美丽　潘洁	口腔医院	一等奖
以目标为导向的公共卫生教育改革	孟庆跃　许雅君　吕筠　王晓莉　常春　吴涛　王海俊　刘晓云　陈娟　简伟研　张玉梅　王志锋	公共卫生学院	一等奖
以护理职业能力为导向的本科生《内科护理学课程》建设	李明子　陆悦　孙玉梅　江华　李湘萍　李利	护理学院	一等奖
通识教育核心课程《伊斯兰教与现代世界》	昝涛	历史学系	二等奖
核心通识课《逻辑导论》教学总结	陈波	哲学系（宗教学系）	二等奖
通过互动式教学方法调动学生的学习主动性和参与感	吴侨玲	经济学院	二等奖

(续表)

成果名称	成果完成人	完成单位	奖项
知识产权法（教材）	刘银良	法学院	二等奖
《现代图书馆管理专论》课程建设	刘兹恒	信息管理系	二等奖
"中国—东盟博览会"实践教育活动	咸蔓雪　吴杰伟　金勇　史阳　郗莉莎　张哲	外国语学院	二等奖
提升英语语言能力，服务一流大学建设：元培学院大学英语教学改革实践	柯彦玢　李淑静　刘红中　张敏　马乃强　马小琦　Thomas Manson Randol Francis　陈冰　闻钧　董欣　刘瑾　许娅　郑芳	外国语学院	二等奖
零基础法语阅读训练（2+2教学法）	孙凯	外国语学院	二等奖
艺术学本科专业核心课《创意写作》探索	陈均　陈旭光	艺术学院	二等奖
音乐剧剧目排演《元培校长》	周映辰	艺术学院	二等奖
"教育法概论"作为小班研讨课的经验探讨	张冉	教育学院	二等奖
慕课研发工作室：精专人才培养加速器	汪琼	教育学院	二等奖
打破学科壁垒，实现计算机程序设计通识教育——Scratch趣味程序设计与计算思维课程建设	纪晓璐	信息科学技术学院	二等奖
普通化学英文班课程建设	杨娟	化学与分子工程学院	二等奖
矿床地球化学导论（教材）	朱永峰	地球与空间科学学院	二等奖
高级遥感数字图像处理数学物理教程（教材）	晏磊　刘绥华　赵红颖　王明志	地球与空间科学学院	二等奖
环境科学与工程专业本科生综合实习	刘兆荣　赵智杰　孙卫玲　董华斌　梁宝生　许伟光	环境科学与工程学院	二等奖
简化太极拳理论与实践（教材）	吴昊	体育教研部	二等奖
本科新生训练营	陈征微　李晓鹏　张莹　戴玉娇	学工部	二等奖
基于胜任力的护理学专业本科人才培养模式的构建与实践	孙宏玉	护理学院	二等奖
建设临床医学教育精细化管理体系，全面推进医教协同体制改革	高炜　韩庆烽　谷士贤　李颜　王妍　王薇　张祺　曾辉　霍刚　张爱京　汪恒　王冠	第三医院	二等奖
构建医学生人体解剖学科的感恩教育教学体系	张卫光　郭琦　秦丽华　刘永寿　谷培良　刘胜勇　柳絮　张宏权　万有	基础医学院	二等奖
应用型高级药学人才培养体系的探索与实践	叶敏　徐萍　史录文　崔一民　翟所迪　冯婉玉　赵幅英　陈欣　韩健	药学院	二等奖
标准病人SP参与标准病例脚本撰写的临床教学实践和应用	张媛媛　刘玉兰　陈江天　张黎明　吴芸	人民医院	二等奖
护理学本科人才临床能力培养体系的建设与实践	尚少梅　孙宏玉　路潜　李明子　金晓燕　侯淑肖	护理学院	二等奖
以需求为导向、健康素养为目标、互动参与体验为方法、科普为追求的通选课	钮文异　王燕玲	公共卫生学院	二等奖
以能力为导向的长学制医学生基础医学阶段考核评价体系的构建与实施	王韵　吴立玲　王月丹　倪菊华　宋德懋　张燕　蒲丹	基础医学院	二等奖
将临床专业型研究生教学与临床专科建设相结合的教学实践	王晓燕　王祖华　董艳梅　高学军　岳林　梁宇红　田福聪　陈晓播	口腔医院	二等奖
"药物化学"理论教学体系改革	徐萍　吴艳芬　牛彦　梁磊　李正香　关注　许凤荣	药学院	二等奖

（教务部）

北京大学荣获第十四届北京市教学名师奖名单

付志明　外国语学院
段丽萍　医学部

（教务部）

北京大学荣获第二届北京市青年教学名师奖名单

吴　飞　哲学系（宗教学系）
归泳涛　国际关系学院
许雅君　医学部

（教务部）

北京大学教学成就奖名单

阎步克　历史学系
祝学光　人民医院

（教务部）

北京大学教学卓越奖名单

赵达慧　化学与分子工程学院
陈　斌　地球与空间科学学院
葛云松　法学院
郑　伟　经济学院
刘家瑛　计算机科学技术研究所
张卫光　基础医学院

（教务部）

北京大学优秀教学团队奖名单

所在单位	课程名称	带头人
考古文博学院	田野考古实习	雷兴山
外国语学院	梵语、巴利语、中亚古代语言相关课程	段　晴
医学部	创新思维训练课程	王　韵

（教务部）

北京大学2017—2018年度教学优秀奖（本科）名单

获奖者	单位	获奖者	单位
王福正	数学科学学院	任　菲	光华管理学院
柳　彬	数学科学学院	车　浩	法学院
朱怀球	工学院	金锦萍	法学院
曹安源	工学院	张　积	新闻与传播学院
李湘庆	物理学院	严富昌	新闻与传播学院
Ryuichi Shindo	物理学院	陶　林	社会学系
刘让哲	信息科学技术学院	周海燕	外国语学院
杨延军	信息科学技术学院	林　锋	马克思主义学院
张奇涵	化学与分子工程学院	史春风	马克思主义学院
杨　娟	化学与分子工程学院	顾春芳	艺术学院
魏文胜	生命科学学院	赵　波	国家发展研究院
肖俊宇	生命科学学院	吴　昊	体育教研部
田　原	地球与空间科学学院	余　潜	体育教研部
江大勇	地球与空间科学学院	李海燕	对外汉语教育学院
邓　辉	城市与环境学院	李　鸿	歌剧研究院
孙卫玲	环境科学与工程学院	韩茂莉	城市与环境学院
张　昕	心理与认知科学学院	宋德懋	基础医学院
姚　翔	心理与认知科学学院	张英涛	药学院
吴晓东	中国语言文学系	魏雪涛	公共卫生学院
李　杨	中国语言文学系	吴　雪	护理学院
陈斯一	哲学系（宗教学系）	徐　智	第三医院
徐怡涛	考古文博学院	何琼毅	物理学院
孙铁山	政府管理学院	辛广伟	生命科学学院
李扬帆	国际关系学院	高　博	外国语学院
吴泽南	经济学院	杨　蕊	第三医院
袁　诚	经济学院	赵子臣	首钢医院
马　力	光华管理学院		

（教务部）

北京大学2017—2018年度教学优秀奖（研究生）名单

获奖者	单位	获奖者	单位
林作铨	数学科学学院	张广钦	信息管理系
丁　帆	数学科学学院	郭金华	社会学系
李新征	物理学院	路　风	政府管理学院
王宇钢	物理学院	关海庭	政府管理学院

(续表)

获奖者	单位	获奖者	单位
江 颖	物理学院	郑 萱	外国语学院
梁德海	化学与分子工程学院	李 宁	体育教研部
阎 云	化学与分子工程学院	刘元满	对外汉语教育学院
饶广远	生命科学学院	徐期勇	深圳研究生院
冯仁青	生命科学学院	Kevin Chastagner	深圳研究生院
刘树文	地球与空间科学学院	雷 凯	深圳研究生院
董 琳	地球与空间科学学院	肖 臻	信息科学技术学院
陆昌勤	心理与认知科学学院	魏贤龙	信息科学技术学院
莫 同	软件与微电子学院	岳昌君	教育学院
王维佳	新闻与传播学院	莫凡洋	工学院
金永兵	中国语言文学系	宋 洁	工学院
唐利国	历史学系	王雪松	环境科学与工程学院
林梅村	考古文博学院	张秀琴	分子医学研究所
杨学功	哲学系（宗教学系）	李中军	药学院
范士明	国际关系学院	常 春	公共卫生学院
朱南军	经济学院	甄 橙	医学人文研究院
徐敏亚	光华管理学院	袁慧书	第三医院
宋 英	法学院	冯 琳	口腔医学院
陈一峰	法学院		

（教务部）

北京大学 2017—2018 年度教学管理奖名单

获奖者	单位	获奖者	单位
袁 燕	数学科学学院	陶 然	教育学院
张 婧	数学科学学院	刘博谦	国家发展研究院
朱若珊	工学院	王 虹	国家发展研究院
谢 宁	物理学院	何仲恺	体育教研部
王革新	物理学院	张凡珊	深圳研究生院
肖 黎	物理学院	潘志然	深圳研究生院
金莲玉	信息科学技术学院	刘 宁	继续教育学院
戚 莉	化学与分子工程学院	张 丽	继续教育学院
李 娜	化学与分子工程学院	张 雨	继续教育学院
聂晶晶	地球与空间科学学院	张玫玫	继续教育学院
江 颖	环境科学与工程学院	吴晓峰	继续教育学院

（续表）

获奖者	单位	获奖者	单位
闵 锋	中国语言文学系	岳 枫	继续教育学院
谢红梅	哲学系（宗教学系）	段艳平	继续教育学院
施文博	考古文博学院	梅荣君	计算中心
闫 岩	国际关系学院	蒋晓涛	教务部
张韫之	经济学院	王海欣	教务部
欧 阳	光华管理学院	易 昕	教务部
费海妮	法学院	瞿毅臻	研究生院
陈 岩	法学院	李 萌	研究生院
粘怡佳	法学院	蒲 丹	基础医学院
于小萍	社会学系	魏征新	护理学院
赵晓梅	社会学系	王 颖	第一医院
李 博	政府管理	路 阳	人民医院
李 宁	外国语学院	韩庆烽	第三医院
张臣武	外国语学院	谷士贤	第三医院
杨玉娟	艺术学院	董艳梅	口腔医学院
高忠欣	新闻传播学院	江 泳	口腔医学院
张蓉丁	新闻传播学院	何小芹	航天临床医学院
徐未欣	教育学院	杨 英	医学部继教处

（教务部）

北京大学获 2017 年国家精品在线开放课程名单

课程名称	课程团队负责人	主要开课平台
刑法学总论	王世洲	华文慕课
翻转课堂教学法	汪 琼	爱课程（中国大学MOOC）
游戏化教学法	尚俊杰	爱课程（中国大学MOOC）
Chinese for Beginners	刘晓雨	Coursera
民俗学	王 娟	华文慕课
西方文明史导论	朱孝远	智慧树
生物演化	顾红雅	华文慕课
生物信息学：导论与方法	高 歌 魏丽萍	华文慕课
生物数学建模	陶乐天	edx
C# 程序设计	唐大仕	爱课程（中国大学MOOC）
程序设计实习	刘家瑛 郭 炜	华文慕课
操作系统原理	陈向群	华文慕课
计算机组成	陆俊林	华文慕课
操作系统与虚拟化安全	沈晴霓	华文慕课

（续表）

课程名称	课程团队负责人	主要开课平台
艾滋病、性与健康	王登峰	智慧树
流行病学基础（一）	吴涛 李立明	爱课程（中国大学MOOC）
艺术与审美	叶朗	智慧树
"非遗"之首——昆曲经典艺术欣赏	顾春芳	智慧树
人群与网络	李晓明	华文慕课
军事理论	孙华	智慧树
创新工程实践	张海霞	智慧树

（教务部）

北京大学2018年优秀教材名单

教材名称	主编姓名	主编单位	出版单位
点集拓扑与代数拓扑引论	包志强	数学科学学院	北京大学出版社
泛函分析（上下册）	张恭庆 林源渠 郭懋正	数学科学学院	北京大学出版社
数学物理方法（第二版）	吴崇试	物理学院	北京大学出版社
现代量子力学基础（第二版）	程檀生	物理学院	北京大学出版社
气象统计分析与预报方法（第三版）	黄嘉佑	物理学院	气象出版社
电磁学	陈秉乾	物理学院	北京大学出版社
天气学	钱维宏	物理学院	北京大学出版社
化学实验室安全知识教程	北京大学化学与分子工程学院实验室安全技术教学组	化学与分子工程学院	北京大学出版社
辐射化学基础教程	彭静	化学与分子工程学院	北京大学出版社
综合自然地理学（第二版）	蒙吉军	城市与环境学院	北京大学出版社
矿床地球化学导论	朱永峰	地球与空间科学学院	北京大学出版社
矿物学基础	秦善 王长秋	地球与空间科学学院	北京大学出版社
物联网应用与解决方案	张飞舟 杨东凯	地球与空间科学学院	电子工业出版社
大气环境化学（第二版）	唐孝炎 张远航 邵敏	环境科学与工程学院	高等教育出版社
环境规划学（第二版）	郭怀成 尚金城 张天柱	环境科学与工程学院	高等教育出版社
人力资源管理	王垒	心理与认知科学学院	北京大学出版社
社会心理学（第三版）	侯玉波	心理与认知科学学院	北京大学出版社
电子技术与数字电路（第二版）	王克义	信息科学技术学院	北京大学出版社
Java程序设计（第二版）	唐大仕	信息科学技术学院	清华大学出版社 北京交通大学出版社
超大规模集成电路分析与设计	王源 贾嵩 崔小欣 王润声 甘学温	信息科学技术学院	北京大学出版社
操作系统安全设计	沈晴霓 卿斯汉 等	软件与微电子学院	机械工业出版社
网络程序设计——ASP（第三版）	尚俊杰	教育学院	清华大学出版社 北京交通大学出版社

(续表)

教材名称	主编姓名	主编单位	出版单位
微课、翻转课堂和慕课实操教程	赵国栋	教育学院	北京大学出版社
大学体育教程	郝光安 冯青山	体育教研部	人民体育出版社
中国当代文学主潮（第二版）	陈晓明	中国语言文学系	北京大学出版社
语音学教程（增订版）	林焘 王理嘉 著 王韫佳 王理嘉 增订	中国语言文学系	北京大学出版社
实验语音学基础教程	孔江平	中国语言文学系	北京大学出版社
大学国文选本	漆永祥	中国语言文学系	北京大学出版社
中国古代官阶制度引论	阎步克	历史学系	北京大学出版社
日本简史（增订版）	王新生	历史学系	北京大学出版社
史学概论	李隆国	历史学系	北京大学出版社
逻辑学导论（第三版）	陈波	哲学系（宗教学系）	中国人民大学出版社
政治学基础（第三版）	王浦劬 等	政府管理学院	北京大学出版社
美国与东亚导论	张小明	国际关系学院	北京大学出版社
比较政治学理论与方法	潘维	国际关系学院	北京大学出版社
西方政治思想史（修订版）	唐士其	国际关系学院	北京大学出版社
保险学（第五版）	孙祁祥	经济学院	北京大学出版社
发展经济学（第二版）	叶静怡	经济学院	北京大学出版社
农村金融学（第二版）	王曙光	经济学院	北京大学出版社
微观经济学中级教程（第二版）	张元鹏	经济学院	北京大学出版社
国际贸易	海闻 P.林德特 王新奎	国家发展研究院	格致出版社 上海人民出版社
国际贸易学 理论、政策与实证	余淼杰	国家发展研究院	北京大学出版社
知识产权法（第二版）	刘银良	法学院	高等教育出版社
财税法——原理、案例与材料（第二版）	刘剑文	法学院	北京大学出版社
环境法学（第三版）	汪劲	法学院	北京大学出版社
侵权责任法（第二版）	王成	法学院	北京大学出版社
企业与公司法学（第七版）	甘培忠	法学院	北京大学出版社
国际私法论（第二版）	张潇剑	法学院	北京大学出版社
俄语应用文写作	周海燕	外国语学院	北京大学出版社
中韩翻译教程（第二版）	张敏 金宣希	外国语学院	北京大学出版社
美国政治家及其演说述评	黄必康	外国语学院	北京大学出版社
大学韩国语语法	王丹	外国语学院	北京大学出版社
修辞学教程（第二版）	陈汝东	新闻与传播学院	北京大学出版社
病理生理学（第二版）	吴立玲	基础医学院	北京大学医学出版社
生物化学（第三版）	李刚 马文丽	基础医学院	北京大学医学出版社
药理学（第二版）	李学军 杨宝学	基础医学院	北京大学医学出版社
大学基础化学（生物医学类）	杨晓达	药学院	北京大学出版社
药物化学	雷小平 徐萍	药学院	高等教育出版社
药用植物学	艾铁民	药学院	北京大学医学出版社
医学史（第二版）	张大庆	公共教学部	北京大学医学出版社

（续表）

教材名称	主编姓名	主编单位	出版单位
传染病学（第三版）	徐小元 祁伟	第一医院	北京大学医学出版社
耳鼻咽喉科学	李学佩	第三医院	北京大学医学出版社
牙体牙髓病学（第二版）	高学军 岳林	口腔医学院	北京大学医学出版社
口腔修复学（第二版）	冯海兰 徐军	口腔医学院	北京大学医学出版社
口腔颌面外科学（第二版）	张震康 俞光岩	口腔医学院	北京大学医学出版社
口腔颌面部解剖学（第二版）	赵士杰 皮昕	口腔医学院	北京大学医学出版社
口腔颌面医学影像学（第二版）	马绪臣	口腔医学院	北京大学医学出版社
口腔修复工艺学	周永胜 佟岱	口腔医学院	北京大学医学出版社
临床牙周病学（第二版）	孟焕新	口腔医学院	北京大学医学出版社

（教务部）

北京大学获2018年度国家科学技术奖名单

奖励类别	获奖等级	单位排序	获奖者	项目名称	校内单位
国家技术发明奖	1	1	梅宏 黄罡 张颖 刘譞哲 郭耀 熊英飞	云端融合系统的资源反射机制及高效互操作技术	信息科学技术学院
	2	1	沈波 康凯 王新强 童玉珍 陈志忠 付星星	氮化物半导体大失配异质外延技术	物理学院

（科学研究部 郑英姿 整理）

北京大学荣获2017年何梁何利基金科学与技术奖名单

科学与技术进步奖　姜保国　人民医院

（科研部）

北京大学2018年高等学校科学研究优秀成果奖（科学技术）名单

奖励类别	获奖等级	单位排序	获奖者	项目名称	校内单位
自然科学奖	1	1	侯仰龙 高松 马丁	磁性纳米材料的化学设计、控制合成及其应用基础研究	工学院
	1	1	胡敏 吴志军 何凌燕 郭松 黄晓锋 曾立民 张远航	大气复合污染条件下新粒子生成与增长及其致霾机制	环境科学与工程学院
	2	1	岳伟华 张岱 郁昊 李俊 王力芳 郑凡凡	精神分裂症的遗传易感性研究	第六医院

（续表）

奖励类别	获奖等级	单位排序	获奖者	项目名称	校内单位
	2	1	邹德春 吴 凯 范 兴 蔡 欣 彭 鸣 傅永平 侯绍聪 吕志彬	纤维形态光伏及能量储存器件	化学与分子工程学院
	2	1	方哲宇 朱 星 祖 帅 李梓维 康义敏 肖英东	新型微纳光子器件原理及应用研究	物理学院
	2	1	王建六 魏丽惠 万小平 李小平 王志启 贺银燕 赵丽君 周 蓉 郝 娟 张 果 王春芳 陈勇华	子宫内膜癌分子特征及发病分子机制研究	人民医院
科技进步奖	1	1	张 宏 吕继成 师素芳 刘立军 朱 厉 周绪杰 王素霞 陈育青 鲍云非 隋桂丽 侯 平 徐大民 侯婉音	IgA肾病序贯治疗策略及临床应用	第一医院
	2	1	洪 晶 肖格格 冯 云 彭荣梅 曲洪强 郭雨欣 邱 媛	角膜内皮移植手术技术的创新及临床应用	基础医学院
青年科学奖			彭海林	无	化学与分子工程学院
			高 宁	无	生命科学学院
			肖云峰	无	物理学院

（科学研究部　郑英姿　整理）

北京大学获2018年度中华医学科技奖项目

获奖等级	单位排序	项目名称	获奖人	完成单位
1	1	子宫内膜癌发病微环境及分子机制研究	王建六 魏丽惠 薛凤霞 万小平 李小平 王颖梅 贺银燕 王志启 赵丽君 周 蓉 周静怡 郝 娟 张 果 李双弟 田文艳	人民医院
1	1	生殖细胞发育的表观遗传调控机制及体外干预方法研究	乔 杰 汤富酬 严 杰 赵 越 李 蓉 闫丽盈 于 洋 黄 锦 黄 颖 朱小辉 刘 平 马彩虹 卢翠玲 郑晓英	第三医院
2	1	HIV/HCV共感染及HIV单独感染者临床特点及发病机制研究	徐小元 张 彤 吴 昊 于岩岩 陆海英 张玉林 吴赤红 霍 娜 于 敏	第一医院
3	1	急性冠脉综合征早期预警和规范化防治的探索与实践	陈 红 李素芳 宋俊贤 李忠佑 任景怡 耿 强 张 锋 张 静	人民医院
3	1	高发、新发难治性耐药菌遗传进化机制研究及综合防控平台的创建	王 辉 陈宏斌 赵春江 李荷楠 王晓娟 张雅薇 王 启 张菲菲 王占伟 刘昱东 贺文强 陈民钧 李曙光 刘亚丽	人民医院
国际合作	1	无	张炜真	基础医学院

（医学部科研处　张秋月　整理）

北京大学荣获 2018 年北京市科学技术奖名单

获奖等级	单位排序	获奖者	项目名称	校内单位
1	1	籍国东 谢崇宝 封华强 朱先芳 张国华 殷国玺 直伟 罗忠新 李仰斌 沈小峰 王红雷 杨中华 白雪原 王杰 吴淑芳	饮用水源总氮污染防控与修复关键技术及应用	环境科学与工程学院
2	1	侯仰龙 张辰振 穆罕默德·纳赛尔 钱文 郝瑞 尹涵	碳基纳米复合材料的制备与性能调控及其应用基础研究	工学院
3	1	刘若川	p 进霍奇理论及其在算术几何与代数数论中的应用	数学科学学院
3	1	魏文胜 袁鹏飞 朱诗优 周悦欣 蔡昌祖 任庆鹏	基于 CRISPR/Cas9 高通量研究编码及非编码基因功能的新技术及应用	生命科学学院
1	1	刘忠军 蔡宏 王彩梅 郑玉峰 张克 刘晓光 张卫平 田华 韦峰 姜亮 孙垂国 孙宇 成艳 李健 刘爱国	3D 打印钛合金骨科植入物的临床应用与关键技术研究	第三医院
2	1	张强 吕万良 王学清 刘瑜 林志强 刘亚欧 周田彦 崔纯莹 郑爱萍 赵侠	局部注射和黏膜用载体给药系统的应用基础研究	药学院
2	1	谢秋菲 姜婷 曹烨 李健 杨广聚 徐啸翔 傅开元 甘业华 易小松	咬合疾病致口面痛的外周和中枢机制、对颅颌系统的影响及防治研究	口腔医院
2	1	袁云 张巍 王朝霞 吕鹤 吴丽娟 李越星 高枫 郝洪军 贾志荣 孟令超	外周组织微创病理在神经系统罕见病诊断中的临床研究及推广应用	第一医院
2	1	郭新彪 邓芙蓉 吴少伟 黄婧	大气颗粒物短期暴露对心血管和呼吸系统的影响特征及其机制研究	基础医学院
3	1	李华 杜权 周翊峰 梁华茂 易凡 王晓霞	遗传变异在女性恶性肿瘤发生发展过程的分子机制及应用的研究	第三医院
3	1	李学松 周辉霞 张骞 王刚 叶雄俊 张崔建	上尿路修复技术的改良创新及推广应用	第一医院
3	1	冯海兰 韩冬 王衣祥 刘浩辰 刘洋 宋书娟	遗传性牙齿发育异常致病新基因的确认及分子机制研究	口腔医院

（科学研究部 郑英姿 整理）

北京大学荣获 2017 年中国高校十大科技进展奖名单

项目负责人	入选项目名称	校内单位
龚旗煌	非对称微腔光场调控新原理研究	物理学院
彭练矛	5 纳米碳纳米管 CMOS 器件	信息科学技术学院

（科研部）

北京大学荣获第十五届中国青年科技奖名单

姓名	奖项	单位
关启安	特别奖	数学科学学院
杨 莉	特别奖	第一医院
江 颖		物理学院
张志勇		信息科学技术学院

北京大学荣获 2018 年第十五届中国青年女科学家奖名单

姓名	单位
刘 颖	生命科学学院

北京大学荣获 2018 年第二十一届茅以升北京青年科技奖名单

姓名	单位
李 蓉	第三医院
杨 超	数学科学学院

（科学研究部 郑英姿 整理）

北京大学荣获第七届吴玉章人文社会科学奖名单

葛晓音 中国语言文学系
陈苏镇 历史学系
余淼杰 国家发展研究院

（社科部）

北京大学荣获第四届思勉原创奖名单

陈平原 中国语言文学系
邓小南 历史学系
李伯重 历史学系

（社科部）

北京大学 2018 年度实验室工作先进集体奖名单

获奖集体	所属院系
激光等离子体实验室	物理学院
物理演示实验室	物理学院
有机化学实验室	化学与分子工程学院
公共仪器中心	生命科学学院
矿物环境功能北京市重点实验室	地球与空间科学学院
微电子工艺实验室	信息科学技术学院
实验动物中心	生命科学学院
儿科实验室	北京大学第一医院
北京大学血液病研究所、造血干细胞移植治疗血液病北京市重点实验室	北京大学人民医院
运动医学关节伤病北京市重点实验室	北京大学第三医院
恶性肿瘤转化研究北京市重点实验室	北京大学肿瘤医院
中心实验室	医学部公共卫生学院

（实验室与设备管理部）

北京大学 2018 年度实验室工作先进个人奖名单

获奖者	所属院系	所属实验室
楼建玲	物理学院	核物理与核技术教学实验室
张 焱	物理学院	凝聚态所
赵研英	物理学院	重离子所
李梦圆	化学与分子工程学院	分析化学实验室
童廉明	化学与分子工程学院	物理化学研究所
鞠 晶	化学与分子工程学院	分析测试中心
徐烜峰	化学与分子工程学院	化学基础国家级实验教学示范中心
章 斐	化学与分子工程学院	分析测试中心中级仪器实验室
丁竑瑞	地球与空间科学学院	环境矿物学实验室
崔 莹	地球与空间科学学院	地球科学国家级实验教学示范中心
熊文涛	地球与空间科学学院	地球科学国家级实验教学示范中心
蔡 鹏	心理与认知科学学院	认知心理学实验室
崔剑锋	考古文博学院	科技考古实验室

(续表)

获奖者	所属院系	所属实验室
郭俊敏	信息科学技术学院	微米/纳米加工技术国家级重点实验室
岳双林	信息科学技术学院	微纳加工实验室（校级公共平台）
吕国成	信息科学技术学院	电子与通信实验室
龙新征	计算中心	计算中心
邓昌明	计算中心	计算中心
朱江玲	城市与环境学院	地表过程与模拟教育部重点实验室
陆思华	环境科学与工程学院	环境模拟与污染控制国家重点联合实验室
金莉	分子医学研究所	信号转导室
郝洪军	第一医院	神经免疫室
昌晓红	人民医院	妇科肿瘤研究室
胡晓青	第三医院	运动医学关节伤病北京市重点实验室
王嫣	肿瘤医院	分子肿瘤学研究室
宋青	基础医学院	细胞生物与遗传综合实验室
李劲	公共卫生学院	公共卫生学院流行病遗传实验室
韩凤萍	护理学院	护理学实验教学中心
钟丽君	医药卫生分析中心	蛋白质组学实验室

（实验室与设备管理部）

北京大学2016—2017年度"唐立新优秀辅导员奖"获奖名单

姓名	职务
杨立江	化学与分子工程学院2015级本科生年级主任
王宇凡	城市与环境学院学工办主任、团委书记
石运佳	校团委学术科创部部长
张勇	青年研究中心副主任
魏朋	前沿交叉学科研究院学工办主任、团委书记
王艳超	外国语学院团委书记
杨薏璇	中国语言文学系2015级本科生班主任
秦艳龙	信息科学技术学院学工办副主任
张莹	学生工作部教育宣传办公室副主任
滕飞	光华管理学院党委副书记

（学工部）

北京大学2016—2017年度"嘉里集团郭氏基金优秀辅导员奖"获奖名单

姓名	职务
田丽	新媒体研究院班主任
田原	地球与空间科学学院班主任
刘雨龙	数学科学学院党委副书记、副院长
张久珍	信息管理系党委书记
郑清文	外国语学院党委副书记
侯华伟	教育学院党委书记
姚静仪	政府管理学院党委副书记、副院长
董晓华	物理学院党委书记
张莉鑫	学生就业指导服务中心主任
陈征微	学生资助中心主任

(学工部)

北京大学2017—2018年度优秀德育奖名单

获奖者	单位	获奖者	单位
董子静	数学科学学院	吴筱萌	教育学院
贾方健	物理学院	李洋	艺术学院
许酉	地球与空间科学学院	陈鹏	前沿交叉学科研究院
杨越	工学院	张蕾	人口研究所
李子奇	信息科学技术学院	蒋少翔	国家发展研究院
张舒	化学与分子工程学院	王添淼	对外汉语教育学院
饶广远	生命科学学院	朱亮亮	建筑与景观设计学院
蒙吉军	城市与环境学院	王秀丽	新媒体研究院
占子玉	环境科学与工程学院	李贵才	深圳研究院
邵枫	心理与认知科学学院	戴玉娇	学生工作部
徐梓岚	中国语言文学系	蔺芳	青年研究中心
苗思安	历史学系	林思聪	学生就业指导服务中心
户国栋	考古文博学院	刘海骅	心理健康教育与咨询中心
李林	哲学系(宗教学系)	何瑾	心理健康教育与咨询中心
宋昊天	国际关系学院	纪小慧	学生资助中心
林琪贺	经济学院	曹蓓	学生资助中心
李琦	光华管理学院	王丽雅	校团委
侯乐	法学院	陈平	药学院
田耕	社会学系	陈娟	公共卫生学院
张妙妙	信息管理系	张皓	第一医院
姚静仪	政府管理学院	黄晓波	人民医院
王艳超	外国语学院	董菲	第三医院
宋朝龙	马克思主义学院		

(学工部)

北京大学 2017—2018 年度优秀班主任标兵名单

获奖者	单位	获奖者	单位
吴 晟	物理学院	田 原	地球与空间科学学院
郝 丹	信息科学技术学院	汪卫华	国际关系学院
厉 行	光华管理学院	王 娟	社会学系
严 洁	政府管理学院	万悦容	外国语学院
马莉萍	教育学院	缑文强	新闻与传播学院
徐世林	深圳研究生院	张继英	护理学院
江 东	第三医院	宋广瀛	口腔医院
高 芳	第五临床医学院		

（学工部）

北京大学 2017—2018 年度优秀班主任名单

获奖者	单位	获奖者	单位
戴 波	数学科学学院	邹如强	工学院
黄 海	数学科学学院	边凯归	信息科学技术学院
李天鹏	数学科学学院	陈 江	信息科学技术学院
叶茂源	数学科学学院	纪晓璐	信息科学技术学院
张 磊	数学科学学院	陆俊林	信息科学技术学院
刘龚熠	物理学院	宋令阳	信息科学技术学院
念 达	物理学院	王亦洲	信息科学技术学院
王成功	物理学院	熊英飞	信息科学技术学院
王 星	物理学院	刘子豪	化学与分子工程学院
谢伟滨	物理学院	夏陈马雅	化学与分子工程学院
刘之湄	物理学院	董 巍	生命科学学院
黄宝琦	地球与空间科学学院	杨 竞	生命科学学院
张献兵	地球与空间科学学院	岳 頔	生命科学学院
董 琳	地球与空间科学学院	张 立	生命科学学院
张海明	地球与空间科学学院	张启明	生命科学学院
熊文涛	地球与空间科学学院	张桐语	生命科学学院
田 晖	地球与空间科学学院	吴文婧	城市与环境学院
刘 进	工学院	戴林琳	城市与环境学院
马望博	工学院	张照斌	城市与环境学院
王 剑	工学院	陈效逑	城市与环境学院
谢天宇	工学院	刘 娟	环境科学与工程学院
杨延涛	工学院	刘兆荣	环境科学与工程学院
罗 欢	心理与认知科学学院	南 燕	外国语学院
李轶男	中国语言文学系	王 靖	外国语学院
黎潇逸	中国语言文学系	王 宇	外国语学院

(续表)

获奖者	单位	获奖者	单位
唐利国	历史学系	修立梅	外国语学院
李家福	考古文博学院	许彤	外国语学院
方博	哲学系（宗教学系）	赵顺	马克思主义学院
陈斯一	哲学系（宗教学系）	贾积有	教育学院
陈芳	国际关系学院	刘岚	人口研究所
罗杭	国际关系学院	谢绚丽	国家发展研究院
崔小勇	经济学院	索天艺	对外汉语教育学院
方敏	经济学院	陈旭光	艺术学院
郝煜	经济学院	王维佳	新闻与传播学院
王圣博	经济学院	李鑫宇	元培学院
姚奕	经济学院	王昊	元培学院
雷莹	光华管理学院	乔元姬	元培学院
李慧华	光华管理学院	朱健	前沿交叉学科研究院
刘笑瑜	光华管理学院	陆剑	前沿交叉学科研究院
王冰山	法学院	葛鉴桥	前沿交叉学科研究院
杨明	法学院	刘云淮	前沿交叉学科研究院
王新	法学院	蔡旻恩	前沿交叉学科研究院
李红海	法学院	刘钿	建筑与景观设计学院
侯猛	法学院	李玮	新媒体研究院
贺剑	法学院	郝玥	燕京学堂
化柏林	信息管理系	褚伟杰	软件与微电子学院
汤大华	政府管理学院	刘美华	深圳研究生院
廉超群	外国语学院	李佩佩	深圳研究生院
梁晶晶	外国语学院	吴华南	深圳研究生院
刘洪波	外国语学院	向杜春	深圳研究生院
罗湉	外国语学院	郑李欣	深圳研究生院
钟小金	深圳研究生院	唐新宇	深圳医院
张莉娟	医学部教育处	梁国平	航天临床医学院
杨恩策	基础医学院	王硕	航天临床医学院
王嘉东	基础医学院	何汇忱	民航临床医学院
任红	基础医学院	谢英	药学院
徐兰	基础医学院	苟宝迪	药学院
王心彤	公共教学部	宋洁云	公共卫生学院
刘亚军	第一临床医学院	宝辉	人民医院
太善花	第四临床医学院	陈扬霖	临床肿瘤学院
孔俊彩	第五临床医学院	肖绍文	临床肿瘤学院
沈勇	口腔医学院	唐妮	精神卫生研究所
张进瑜	护理学院	刘璐	精神卫生研究所
魏征新	护理学院	廖新	深圳北京大学香港科技大学医学中心
程崴	深圳医院		

（学工部）

北京大学"我爱我师——最受学生爱戴的老师"暨"十佳教师"获奖名单

获奖者	单位
高一虹	外国语学院
雷少华	国际关系学院
裴　坚	化学与分子工程学院
史一蓬	工学院
王学军	城市与环境学院
张　鸣	中国语言文学系
燕继荣	政府管理学院
齐建光	第一医院
郭莉萍	医学人文研究院（公共教学部）
简伟研	公共卫生学院
孙玉梅	护理学院

（团委）

北京大学2017—2018年度青年文明号获奖集体名单

获奖团体	单位
党委办公室校长办公室综合室	党委办公室校长办公室
信息素养教育团队	图书馆
学五食堂	餐饮中心
绿化养护队	校园服务中心
教育基金会	教育基金会
电管科电气零修班	动力中心
学生综合信息系统建设研发团队	计算中心
政策法规研究室党支部	政策法规研究室
"平安燕园"校园安全服务团队	保卫部
项目与重大项目办公室	先进技术研究院
配电站电气维修组	特殊用房管理中心
运行管理办公室	总务部
学生资助中心	学生工作部
勺园西餐厅	会议中心
师资人才办公室	师资人才办公室
项目办公室	科研部
学生服务团队	财务部
成长与实践体验中心	附属中学

（团委）

北京大学荣获2017年北京市优秀工会工作者名单

顾 芸　医学部
许秀菊　肿瘤医院

（工会）

北京大学荣获2017年北京市教育工会先进单位奖名单

北京大学工会
第一医院工会

（工会）

北京大学荣获2017年北京市教育工会综合考评奖名单

人民医院工会
第三医院工会

（工会）

北京大学荣获2017年北京市教育工会特色工作奖名单

获奖单位	获奖工作
北京大学工会	群众体育积分制度推动健康校园建设
第一医院工会	民生情怀筑梦多彩童年 亲子活动传递人文关怀
人民医院工会	舌尖与"心间"的碰撞——职工健康餐饮保障持续改进工程
第三医院工会	让工会工作更加"智慧"——打造"互联网+智慧型"工会服务体系
口腔医院工会	弘扬中国传统文化，提升职工文化修养
肿瘤医院工会	"大漠孤烟直，大医精诚至"主题宣讲
第六医院工会	切实履行维护职能 全心全意为广大教职员工服务

（工会）

北京大学荣获2017年北京市教育工会先进教职工小家名单

附属中学工会
化学与分子工程学院分工会
数学科学学院分工会
第一医院泌尿外科工会小组

人民医院创伤骨科工会小组
口腔医院第三门诊部
基础医学院分工会

（工会）

2017年度北京大学模范工会主席名单

数学科学学院	孙赵君
化学与分子工程学院	王海莅
生命科学学院	张湘波
信息科学技术学院	韩德栋
历史学系	王忠立
社会学系	赵晓梅
马克思主义学院	秦维红
北大附中	崔 岩
深圳研究生院	赵亚波
护理学院	张进瑜
第六医院	刘 靖

（工会）

2017年度北京大学优秀工会干部名单

数学科学学院	郑春鹏	钮凯福		
物理学院	刘国超	肖 黎	曹文田	张志科
化学与分子工程学院	高 杨	孙荣华	马 丁	
生命科学学院	许海芬	杨 泉	王 昊	
地球与空间科学学院	孙荣双	熊文涛	许梅兰	
信息科学技术学院	秦艳龙	毛新宇	王 媛	管雪涛
工学院	王昕昕	张兰英	朱凤荣	
环境科学与工程学院	占子玉	刘兆荣		
历史学系	李隆国			
外国语学院	张冬梅	刘 军	鲁学彬	李 宁
对外汉语教育学院	郭素琴			
国际关系学院	陈 阳			
法学院	粘怡佳	贾薇薇		
信息管理系	邓佳佳			
体育教研部	唐 彦			
经济学院	肖治合	郝 煜		
光华管理学院	罗 炜	翟 昕		
国家发展研究院	蒋少翔	沈成铃	韩文昊	张宇伟
深圳研究生院	严建花	戈 叶	冯 凝	

继续教育学院	张浩疆	王文彦		
图书馆	游　越	张丽静		
计算中心	杨　眉	高回忆		
校医院	张　炜	牛　清	魏芳震	
燕园街道办事处	解利艳			
附属中学	刘影子	冯　璐		
学生就业指导服务中心	李　妍			
保卫部	郭京京			
教务部	孙燕君			
科学研究部	王纬超			
社会科学部	李　净			
继续教育部	张　卉			
人事部	王　华			
财务部	蒋　锴			
实验室与设备管理部	荆明伟			
房地产管理部	杨燕华			
会议中心	李建富	刘　艺		
校园服务中心	吴来顺			
餐饮中心	张　琨			
动力中心	解　芳			
公寓服务中心	王永强	郭舒娅		
燕园社区服务中心	宗宝利			
第一医院	卢薇薇	张　园	刘媛媛	任　翼
人民医院	李　沂	郭轶含	李　楠	张　征
第三医院	王　威	王玲芳	由德勃	薛维猛
口腔医院	高雪梅	刘　倩	苑瑞华	
肿瘤医院	何英剑	李　喆	李思明	
第六医院	佟　放	李静静	骆　蕾	
基础医学院	王　丹	屠　静	任　红	
药学院	谢　英	王　欣		
公共卫生学院	潘　文	王　涛		
护理学院	任国华			
医学部公共教学部	李彦昌	尹秀云		
医学部机关	杨韶军	杜伟钊	黄宁玉	
医学部后勤	江书省	张锡荃		
医学部产业	孙　斐			
医学部工会	易　慧			

（工会）

2017年度北京大学优秀工会积极分子名单

数学科学学院	徐　婷	马尽文	
物理学院	杨　爽	胡晓东	孟　策

单位	姓名			
化学与分子工程学院	张亚文	包倩红	刘亚萍	
生命科学学院	刘轶群	王国鹏	耿 爽	
城市与环境学院	宫彦萍			
地球与空间科学学院	郭召杰	赵永红		
信息科学技术学院	李 斗	邓习峰	董晓晖	薛 萍
工学院	陶建军	董蜀湘	王 昊	
计算机科学技术研究所	冯 浩			
环境科学与工程学院	刘 军			
国际关系学院	曹宝萍			
社会学系	龚 芳			
体育教研部	钱永健			
经济学院	姜 帆			
光华管理学院	唐 遥	肖 婷	王君芳	李娅思
深圳研究生院	陶国华	张 欣	李明明	
燕京学堂	郝 玥			
继续教育学院	乐征征	牛可义		
图书馆	龙智慧	李晓丹		
计算中心	王梦淑			
校医院	杨啊晶	张 彤	谢广艳	
附属中学	刘丽燕	张银线	王惠琴	葛 伟
党办校办	郭 超			
政策法规研究室	杜津威			
纪委办公室监察室	赖林涛			
党委组织部	孟宪伟			
党委宣传部	高 雷			
保卫部	赵 琳			
研究生院	李 爽			
人事部	孙 翀			
总务部	钱 群			
基建工程部	左 丹			
会议中心	林立红	侯金凤		
校园服务中心	徐 岩			
餐饮中心	曹志刚	宋 沛		
动力中心	连 纬	汪一波		
公寓服务中心	于雪松	孙广峰		
燕园社区服务中心	牛晓云			
第一医院	闫 欢	刘凌宇	吕 进	龙翔凌
人民医院	李 立	穆 籣	史建新	温大芳
第三医院	赵春霞	郭利霞	张晶明	张 艳
口腔医院	王 冕	吴佶园	曹 莹	
肿瘤医院	丁慧荣	何 雯	顾凤英	
第六医院	王宏山	左有良		
基础医学院	金 容	王 珂	沈 蕾	
药学院	关 注	陶海燕		
公共卫生学院	王铸清	崔 涛		

护理学院	陆 悦	王 艳	
医学部公共教学部	黎润红	陈靖华	
医学部机关	田 鹤	徐 速	王兆怡
医学部后勤	杨振雄	王 朔	李光义
医学部产业	邱祥玉	林强庆	
雏鹰公益社	杨公义	谢 芹	钱俊伟
教职工户外健身协会	魏江林	彭湘兰	
教工舞蹈团	陶 静		
教工足球队	李 赫	陈耀华	
教工健美操团	潘丽娜	吴桃李	

（工会）

北京大学荣获全国第七届医学（医药）院校青年教师教学基本功比赛一等奖名单

杨 航 第三医院

（工会）

北京大学第十八届青年教师教学基本功比赛获奖名单

一等奖
人文社科类
冯凯杰 体育教研部
唐宏峰 艺术学院
张闫龙 光华管理学院
罗 杭 国际关系学院
理工科类
穆良柱 物理学院
李 晟 生命科学学院
孙 伟 信息科学技术学院
张文彬 化学与分子工程学院

二等奖
人文社科类
刘 晨 历史学系
金美玲 哲学系（宗教学系）
吕 帆 新闻中心
仲为国 光华管理学院
Lindsey Kurtz 深圳研究生院
李宛霖 外国语学院

理工科类
杨玉超　信息科学技术学院
郭　松　环境科学学院
陈　弦　物理学院
朱露莎　心理与认知科学学院
朱　彪　城市与环境学院
张　青　工学院

三等奖
人文社科类
刘　玥　深圳研究生院
晏介中　深圳研究生院
张慧瑜　新闻与传播学院
张　颖　考古文博学院
邢剑炜　国家发展研究院
王　熙　经济学院
理工科类
法文哲　地球与空间科学学院
吴朔男　数学科学学院
季　雄　生命科学学院
杨　竞　生命科学学院
刘　剑　化学与分子工程学院
胡　玮　计算机科学技术研究所

优秀奖
人文社科类
范晶晶　外国语学院
魏一璞　对外汉语教育学院
徐敏亚　光华管理学院
岳远坤　外国语学院
凌　鹏　社会学系
理工科类
崔　悦　工学院
陈立翰　心理与认知科学学院
孔雨晴　信息科学技术学院
肖荫果　深圳研究生院

优秀教案奖
人文社科类
唐宏峰　艺术学院
理工科类
李　晟　生命科学学院
张　青　工学院
穆良柱　物理学院

张文彬　化学与分子工程学院

优秀指导教师奖
人文社科类
吴　飞　吴　昊　体育教研部
王一川　艺术学院
吴联生　光华管理学院
唐士其　国际关系学院
理工科类
刘玉鑫　朱守华　物理学院
王戎疆　生命科学学院
胡薇薇　信息科学技术学院
马玉国　化学与分子工程学院

优秀组织奖
信息科学技术学院
生命科学学院
深圳研究生院
光华管理学院
物理学院
化学与分子工程学院
外国语学院
艺术学院
心理与认知科学学院
体育教研部
国际关系学院
工学院

组织奖
哲学系（宗教学系）
历史学系
环境科学学院
城市与环境学院
新闻与传播学院
数学科学学院
考古文博学院
经济学院
计算机科学技术研究所
国家发展研究院
地球与空间科学学院
社会学系
对外汉语教育学院

（工会）

教师奖教金

北京大学2018年度奖教金名单

国华杰出学者奖（2017年）

环境科学与工程学院
张远航

城市与环境学院
方精云

中国语言文学系
葛晓音

法学院
吴志攀

肿瘤医院
柯　杨

药学院
张　强

人文杰出青年学者奖

中国语言文学系
陈宝贤　陈晓兰　程苏东　顾永新　蒋洪生　金永兵
林幼菁　林　嵩　秦立彦　宋亚云　万艺玲　汪　锋
王丽丽　张丽华　张　沛　朱　彦

历史学系
党宝海　韩　巍　何　晋　李隆国　李　维　李新峰
唐利国　叶　炜　赵冬梅　昝　涛

考古文博学院
曹大志　陈　冲　崔剑锋　董　珊　方笑天　倪润安
曲彤丽　徐怡涛　张剑葳　张　颖

哲学系（宗教学系）
程乐松　李　猛　李四龙　刘　哲　孟庆楠　宁晓萌
王　颂　王彦晶　吴　飞　吴天岳　吴增定　先　刚
杨立华　周学农

蓝基金奖教金

中国语言文学系
董秀芳　贺桂梅　卢　伟　詹卫东

历史学系
Hendrikus Antonius van Wijlick　陈侃理

考古文博学院
胡　钢　孙庆伟

哲学系（宗教学系）
陈斯一　李麒麟　王　鑫

政府管理学院
段德敏　刘　霖　薛　领　张长东

外国语学院
卜　珊　凌建侯　刘　璐　马　剑　潘　钧　文丽华
吴冰冰　熊　燃　张亚冰　周　荇

曾宪梓优秀教学奖

数学科学学院
姜　明

物理学院
吴成印

心理与认知科学学院
苏彦捷

国际关系学院
归泳涛

光华管理学院
张一弛

信息管理系
王子舟

		社会学系			国际关系学院
鄢盛明			潘　维		
		外国语学院			光华管理学院
黄必康			孟涓涓		
		对外汉语教育学院			外国语学院
蔡云凌			刘红中	余苏凌	
		信息科学技术学院			对外汉语教育学院
曹东刚	胡又凡 叶 乐		董琳莉		
		计算机所			人口研究所
刘家瑛			乔晓春		
		工学院			工学院
史一蓬			董蜀湘		
		城市与环境学院			城市与环境学院
唐志尧			蒙吉军		
		环境科学与工程学院			环境科学与工程学院
胡建信			吴为中		
					党办校办

绿叶生物医药杰出青年学者奖

李　航

化学与分子工程学院

陈　鹏　蒋尚达　刘志博　张文彬

财务部

尹海莺

生命科学学院

胡家志　李　晟　钱伟强

黄廷方/信和青年杰出学者奖

工学院

周欢萍

数学科学学院

王　岚

分子医学所

陈　雷　刘　颖

物理学院

乔　宾

医学部

周　源　程　伟　熊德彩　王　晶　丛　馨　黄　晶

地球与空间科学学院

法文哲

中国工商银行奖教金

新闻与传播学院

刘新传

国家发展研究院

张晓波

国际关系学院

节大磊

经济学院

刘　怡　叶静怡

马克思主义学院

李　健

光华管理学院

金　李　沈俏蔚

艺术学院

刘　晨

国家发展研究院

王　敏　赵　波

教育学院

马莉萍

物理学院

孟　策　吴孝松

工学院

郭少军

地球与空间科学学院

黄宝春　雷　军

城市与环境学院

朱　彤

医学部

谢正伟　吴少伟　魏潇凡

王选青年学者奖

	物理学院
林金泰	
	社会学系
田　耕	
	外国语学院
苏　祺	
	医学部
高　培	

唐立新奖教金

	物理学院
徐莉梅	
	生命科学学院
朱　健	
	地球与空间科学学院
刘建波	
	心理科学与认知学院
王　垒	
	外国语学院
李　政	
	体育教研部
杜军明	
	对外汉语教育学院
李　丽	
	信息科学技术学院
胡薇薇　张史梁	
	城市与环境学院
宋　峰	
	餐饮中心
庞福欣	
	会议中心
王宝忠	
	动力中心
汪一波	
	校园服务中心
王玉山　吴来友	
	公寓服务中心
管晓宁　李承禄	
	房地产管理部
于　斐	
	基建工程部
李爱民	

	总务部
董小莉	

方正教师奖

	工学院
魏悦广	
	数学科学学院
周　铁	
	物理学院
王树峰	
	地球与空间科学学院
宗秋刚	
	新闻与传播学院
王秀丽	
	法学院
薛　军	
	信息管理系
许　欢	
	社会学系
佟　新	
	马克思主义学院
王文章	
	体育教研部
车　磊	
	对外汉语教育学院
施正宇	
	信息科学技术学院
管雪涛　李　斗	
	教育学院
施晓光	
	医学部
王　玲　许雅君　周德敏　邢宝才	
	学工部
蒋广学	
	保卫部
张福旺	
	人事部
曹冠英	
	国际合作部
马　博	
	街道办
严敏杰	
	医学部
朱树梅	

嘉里集团郭氏基金树人奖教金

姓名	单位
刘旭峰	数学科学学院
曹庆宏	物理学院
汤富酬	生命科学学院
赖勇	地球与空间科学学院
孙祁祥	经济学院
梁根林	法学院
郝丹 李志宏	信息科学技术学院
方竞	工学院
胡敏	环境科学与工程学院

杨芙清—王阳元院士教师奖

姓名	单位
孟杰	物理学院
范后宏	数学科学学院
李维红	化学与分子工程学院
张博	生命科学学院
黄桂田	经济学院
郝光安	体育教研部
林一	艺术学院
曾钢	信息科学技术学院
万小军	计算机所
鲍威	教育学院
蔡旭晖	环境科学与工程学院
马森	软件工程中心

姓名	单位
江倩 徐明 刘刚 王华丽 师俭	医学部

正大教师奖

姓名	单位
黎卓 刘国超	物理学院
吕明泉	化学与分子工程学院
王青松	生命科学学院
任华忠	地球与空间科学学院
韩世辉	心理科学与认知学院
祝帅	新闻与传播学院
孔凡君	国际关系学院
苏剑	经济学院
雷莹	光华管理学院
江溯	法学院
卢白羽	外国语学院
宋朝龙	马克思主义学院
李杰	体育教研部
路云	对外汉语教育学院
张化瑞 张勤健	信息科学技术学院
谢绚丽	国家发展研究院
席建忠	工学院
曹广忠	城市与环境学院
薛安	环境科学与工程学院
张磊	数学中心

北京银行教师奖

数学科学学院
包志强

物理学院
卢海洋

化学与分子工程学院
关　妍　余志祥
蔡　宏

生命科学学院
何　涛

地球与空间科学学院
甘怡群

心理与认知科学学院
周忆军

新闻与传播学院
张海滨

国际关系学院

光华管理学院
罗　炜

法学院
洪艳蓉

社会学系
周　皓

政府管理学院
白　彦

外国语学院
岳远坤

体育教研部
萧文革

信息科学技术学院
张云峰　闫宏飞

国家发展研究院
张丹丹

教育学院
尚俊杰

工学院
楚天广

宝钢教师奖

医学部
李海潮

信息科学技术学院
许辰仁

工学院
康　炜

化学与分子工程学院
赵美萍

城市与环境学院
刘雪萍

陈明、刘卿伉俪奖教金

法学院
曹志勋　车　浩　贺　剑　章永乐　张智勇

树仁学院教师奖

物理学院
班　勇

经济学院
杜丽群

光华管理学院
王明进

信息科学技术学院
盖伟新

人口研究所
张　蕾

宝洁教师奖

数学科学学院
卢　朓

物理学院
叶　堉

化学与分子工程学院
蒋　鸿

信息科学技术学院
康晋锋

工学院
张信荣

（人事部）

学生奖励

2018年度北京大学优秀博士学位论文（99篇）

作者姓名	院系	论文题目	指导教师
韦东奕	数学科学学院	轴对称 Navier-Stokes 方程与无粘阻尼问题	田 刚
王亚平	数学科学学院	几类试验设计的最有性质研究	艾明要
匡阳钰	数学科学学院	狭义相对论玻尔兹曼方程的全局双曲矩模型	汤华中
韩京俊	数学科学学院	双有理几何中的奇点与极小模型纲领	田 刚
王渝西	数学科学学院	Prandt 1 方程的适定性和 Navier-Stokes 方程	章志飞
赵怡程	物理学院	高效/稳定钙钛矿太阳能电池的研究与制备	赵 清
王鹏飞	物理学院	高分子潜径迹纳米孔膜的制备及离子输运特性研究	王宇钢
任 霄	物理学院	用拉曼散射研究关联电子材料中的相变问题	李 源
杨肖易	物理学院	激光离子束轨迹探针的初步研发	肖池阶
李彩珍	物理学院	狄拉克半金属纳米结构-超导体异质结的量子输运性质	俞大鹏
王 栗	物理学院	铌酸锂非对称微腔制备与腔内模式统计研究	肖云峰
周恩平	物理学院	用数值相对论研究致密星物态	徐仁新
汤富杰	物理学院	界面水的结构与动力学	徐莉梅
王晓威	化学与分子工程学院	蛋白质索烃的生物合成与性质	张文彬
叶森云	化学与分子工程学院	低成本高性能有机-无机杂化钙钛矿太阳能电池的研究	卞祖强
张永亮	化学与分子工程学院	金属杂螺芳香化合物的合成探索及结构研究	席振峰
魏连环	化学与分子工程学院	拟南芥 m6A 结合蛋白 ECT2 功能研究	何 川
高 鑫	化学与分子工程学院	石墨双炔薄膜的合成与应用探索	张 锦
吴 谦	深圳研究生院	基于氧酰胺基团多功能性的合成方法学研究	赵 劲
王旭升	化学与分子工程学院	高性能金属硫族化合物储钠负极研究	陈继涛
辛 娜	化学与分子工程学院	单分子器件的功能设计及性能研究	郭雪峰
葛增祥	生命科学学院	RALF-BUPS-ANXUR 复合体调控拟南芥花粉管完整性与精细胞释放	瞿礼嘉
郭心怡	生命科学学院	基于单细胞测序的非小细胞肺癌 T 细胞免疫特质研究	张泽民
黄小帅	分子医学研究所	超快、长时程海森结构光照明显微镜	陈良怡
魏梦萍	生命科学学院	ABHD6 调控 AMPA 受体膜转运和突触功能	张 晨
李 莉	生命科学学院	人类胚胎生殖细胞的转录组及表观遗传学调控机理研究	汤富酬
柴祖映	生命科学学院	大鼠感觉神经元中钙离子不依赖但电压依赖的分泌机制研究	周 专

(续表)

作者姓名	院系	论文题目	指导教师
胡方泱	地球与空间科学学院	南秦岭构造带中段花岗质岩浆作用与造山带演化	刘树文
任 杰	地球与空间科学学院	超低频波对内磁层中低能粒子影响的观测研究	宗秋刚
王 潮	地球与空间科学学院	新太古代碰撞造山和古陆核的再造：以绥中花岗岩为例	宋述光
张成业	地球与空间科学学院	铜胁迫下的植被高光谱特性与遥感信息提取研究	秦其明
朱紫云	心理与认知科学学院	视觉拥挤效应的减弱及其神经机制	方 方
王启玮	中国语言文学系	北宋仁宗朝政治文化转型中的庆历士大夫及其文学研究	张 鸣
张学谦	中国语言文学系	河洛与七纬：东汉图谶的文献学研究	刘玉才
任 荷	中国语言文学系	"名词动用"与上古汉语名词和动词的语义属性	胡敕瑞
孙尧天	中国语言文学系	"本根"之问：鲁迅的自然观与伦理学（1898—1927）	吴晓东
苗润博	历史学系	记忆·遗忘·书写：基于史料批判的契丹早期史研究	张 帆
李小波	历史学系	明代会议制度研究	郭润涛
吴 愁	历史学系	信仰与权力：帝国城市奥格斯堡宗教改革政策演变研究（1518—1537）	朱孝远
李云河	考古文博学院	关中地区东汉至北周墓葬的考古学研究	杨哲峰
李 震	哲学系（宗教学系）	邵雍哲学思想研究	杨立华
戚强飞	哲学系（宗教学系）	伊本·西那论灵魂与理智	张志刚
白辉洪	哲学系（宗教学系）	物之终始——以王弼《周易注》为中心的讨论	郑 开
陈 永	国际关系学院	军官团与海军建设：美国海军崛起的过程研究	张小明
傅虹桥	国家发展研究院	医疗卫生体制、激励机制与改革效果——基于中国医改的实证研究	李 玲
刘 畅	光华管理学院	公共部门的强激励	周黎安
赵亚萍	工学院	异质并行机环境下随机客户订单优化问题研究	许晓云
江嘉骏	光华管理学院	消费金融中的行为偏误研究	刘玉珍
张其鉴	法学院	认缴资本制下的股东出资义务——基于债法的分析路径	刘凯湘
王首杰	法学院	公司能力的法律规制——从私法到公法	蒋大兴
赵元斌	信息管理系	姚名达学术成就研究	王余光
张巍卓	社会学系	"伦理文化"——滕尼斯社会理论的思想史基础及其伦理旨向	谢立中
景 晶	政府管理学院	东晋南朝佛教与世俗政权关系研究——以《弘明集》为中心	袁 刚
沈安妮	外国语学院	跨媒介的审美现代性：石黑一雄的三部小说与电影的关联研究	申 丹
孙晓雯	外国语学院	沙特萨拉菲主义运动研究	吴冰冰
黄 斐	马克思主义学院	英国新左翼的社会主义思想研究	孙代尧
张 雪	信息科学技术学院	表面谢尔宾斯基三角分形结构的STM研究	王永锋
李骏之	信息科学技术学院	基于信息利用的烟花算法研究	谭 营
陆光易	信息科学技术学院	高健壮性片上ESD保护设计研究	张 兴
杨文瀚	信息科学技术学院	基于学习的低质图像重建研究	郭宗明
江佳伟	信息科学技术学院	机器学习算法的分布式梯度优化研究	崔 斌
谈仲纬	信息科学技术学院	短距离光纤通信系统关键问题研究	王子宇
缪静敏	教育学院	慕课学习者基于文本的同步互动模式与合作学习体验研究——以某教师专业发展类课程为例	汪 琼
王 杰	前沿交叉学科研究院	基于脱笼策略的蛋白质在体激活新方法	陈 鹏

(续表)

作者姓名	院系	论文题目	指导教师
王林娟	工学院	时空耦合非局部弹性理论的一些基本问题研究	王建祥
杨 艳	工学院	等离子体湍流的能量传输及耗散	史一蓬
赵天山	工学院	新型超原子的设计及其应用研究	王 前
瞿 冲	工学院	金属有机骨架及其衍生材料的超级电容器性能研究	邹如强
邓亚骏	工学院	矿物晶体表面微尺度润湿特性研究	卢海龙
姚松柏	工学院	连续爆轰发动机进气、起爆和稳定过程的数值模拟研究	王健平
刘俊义	工学院	新型碳硅锂离子电池负极材料的模拟设计和性能研究	孙 强
郑国贸	城市与环境学院	有害化学物质的体外代谢行为及生物蓄积性研究	万 祎
吴佳雨	城市与环境学院	中国保护地空间管制的利益还原机制研究	林 坚
王海潮	环境科学与工程学院	北京大气 NO_3 自由基和 N_2O_5 化学机制研究	陆克定
冯君楠	医学部	VEGF 受体长效拮抗肽 F56-CM 及土茯苓分离单体 Aiphanol 的抗肿瘤效应及相关机制研究	寿成超
赵桂珍	医学部	XBP1u 维持血管平滑肌细胞的稳态和抑制主动脉瘤的形成	孔 炜
许炜智	医学部	非组蛋白的乙酰化及巴豆酰化修饰在肿瘤中的功能和机制研究	张宏权
袁富文	医学部	CSIG 通过影响 NOLC1 mRNA 稳定性参与细胞衰老及肝癌细胞增殖调控	童坦君
陈素芳	医学部	补体 H 因子在抗中性粒细胞胞浆抗体相关小血管炎发病机制中的研究	陈 旻
张加敏	医学部	DPEP1 基因在 B 系急性淋巴细胞白血病中的预后意义和生物学机制研究	刘开彦
裴旭颖	医学部	过继回输入巨细胞病毒（HCMV）特异性 T 细胞抗造血干细胞移植后 HCMV 感染的作用及机制研究	黄晓军
徐丽玲	医学部	Tyro3 受体酪氨酸激酶和 GrB+ Breg 细胞在类风湿关节炎中作用的研究	苏 茵
张 达	医学部	硫化氢抑制肺动脉内皮细胞炎症反应的分子机制研究	杜军保
李 娇	医学部	常见变异及罕见变异与神经系统变性疾病发病风险和临床表型关联性研究	樊东升
冯 程	医学部	遗传性大疱性表皮松解症新致病基因的鉴定及发病机理研究	杨 勇
李 佼	医学部	mTOR 抑制剂依维莫司联合新型 BTK 抑制剂 PLS-123 抗套细胞淋巴瘤作用的研究	朱 军
史尉利	医学部	结构和功能优化的天然材料修复软骨损伤研究	敖英芳
张 玥	医学部	麻醉药物选择和术前维生素 D 水平对老年恶性肿瘤患者术后认知功能并发症的影响：随机对照研究及二次分析	王东信
杨文文	医学部	Epiregulin 通过外泌体促进唾液腺腺样囊性癌肺转移	李盛林
张 鹏	医学部	细胞因子调控三叉神经节钠离子通道 1.7 表达的研究	甘业华
李文悦	医学部	以人脂肪干细胞源外泌体构建组织工程骨的研究	周永胜
刘福良	医学部	力学介导的内源性硫化氢参与调控正畸牙齿移动的研究	周彦恒
孟若谷	医学部	生命早期饥荒暴露与成年期主要慢性病流行病学	李立明
隽 娟	医学部	GWAS 提示阳性和 microRNA 相关基因位点与缺血性脑卒中的家系研究	胡永华
李 媛	医学部	补肾活血方改善糖尿病 KKAy 小鼠认知功能障碍的作用及初步机制研究	王学美
刘建忠	医学部	芳烃的简洁高效伯胺化反应及新型胺化试剂探索	焦 宁
李 磊	医学部	Galanthamine 类、柯楠因类和 Phalarine 生物碱的合成研究	贾彦兴
李 凯	医学部	光果甘草的活性成分及 C- 糖基转移酶研究	叶 敏
吴 勇	医学部	结核分枝杆菌细胞壁多糖 Arabinogalactan 的全合成	叶新山

2018年北京市普通高等学校优秀毕业生

数学科学学院
韦东奕　陈　喆　季　策　包诚杨　张子筠　丁允梓
姜杰东　郭润晨　房正阳　韩善鑫　邱日明　高　超
吴俊吉　姜宰栋　陈志茹　傅晶雪　张　楠　陈　里

物理学院
陈弘毅　孙金钊　汪　前　张　昊　潘岱松　袁智扬
王鹏飞　李彩珍　朱哲毅　王国庆　项晶罡　罗杨程
陆　星　赵怡程　侯瑞祥　王希睿　赵　辉　王逸伦
吴嘉懿　潘圆圆　司懿东方

化学与分子工程学院
杜锦超　周浩文　胡俊男　王瑞琪　陈昱光　胡铭秋
刘沁哲　贺麒霖　张永亮　周　胜　于秋红　吴小慧
张　丰　高雪冬

生命科学学院
薛瑞栋　杨传真　邵世鹏　郭心怡　冯莎莎　刘立洋
曹　铄　魏静怡　房　苑　王玉阁

地球与空间科学学院
黄知劼　吴逸夫　周　杰　龚旭日　鲁　昊　杜书恒
张成业　安圣培　任　杰　金　续

心理与认知科学学院
尚思源　席可颂　陈乐天　张吉远　温　旭　田　琳
韩晓春

软件与微电子学院
马嘉桧　欧阳纯　陈　尧　徐超越　刘严鸿　王天云
张晓娜　牛江盼　白云鹤　徐　鑫　张朝卫　陈雪君
杨　池　罗思琦　董　荻　宣梦雨　完欣玥　任建新
李　贺　田　青　王标悦　杨　彬　刘佳颖　张　璐
唐菲雪　李金哲　周　浪　张定发　蒋　也　蔡　程
张思顿尼　王庆涛

新闻与传播学院
翟秀凤　安晶丹　贾宸琰　崔晨枫　童淑婷　曹　星
金　越　赵　坤　田林鑫　张　琳

中国语言文学系
董　越　李　征　向思琦　金琪然　姜　蕾　黄冬笑
潘靓慧　焦一和　林少芳　薛　静　边明江　刘家玮
张明瑟　李　珣　李　喆　张　帅

历史学系
赵　宇　苗润博　陈烨轩　姜瑞雯　宋舒杨　布侬宁

考古文博学院
高　玉　杜圣伦　管文韬　何　康　卢亚辉

哲学系（宗教学系）
王　淼　王　坤　丛孟晗　刘勉衡　王艺洁　钟治民

夏崧泽　孟雨桐　苏兴池

国际关系学院
金佳莉　王牧良　余物非　余　欣　李晓蒙　段陶然
丰　峰　夏雨佳　洪　叶　吴诗卉　郭　澜　胡康琪
熊文雪　杨黎泽　程浩然　刘庆龙　王　钊

经济学院
王　镝　段志明　何西龙　许茹纯　谌泽昊　章　森
钟泽铭　叶子萌　尚用馨　韩甜甜　侯　戎　钱留杰
梁义钦　魏文晗　王梦瑶　樊思鸣　刘宇璠

光华管理学院
杨　坤　田乙豆　宋　佳　白礼晴　李　云　林心悦
李佳奇　谢昀廷　李任平　何昕迪　欧阳萌淞　寇雨婷
傅小勇　余　音　王梓雄　吴宇晨　薛晓诺　高溢彤
郭弘毅　韩　超　黄宇健　仲崇然　王　楠　何　蕾
管经纬　秦　悦　王秋霞

法学院
余今朝　刘力帆　吴俞阳　李一鸣　苏林璐　贺予希
黄雅冰　朱子琳　金曼特　何　朕　韩屹青　王　旭
李则达　曾文文　邓博文　陈　洁　何　昕　解　琛
李倩芸　沈　祎　童志文　邵旖旎　庄慕平　徐榕玲
赵倾伊　李佳澎　张录发　蔡心怡　徐　俊　金　曼
董学智

信息管理系
祝振媛　严心月　张　亮　秦　玥　陈　晨　梁宵萌

社会学系
许一鸣　张雨欣　李澄一　黄　鹏　孙　超　牟思浩
赵代博　刘仕豪

政府管理学院
陈俊廷　梁贞情　张钦惠　何邦振　杨　翔　李广兴
刘海文　贾润东　肖　波　张玉佩　王　哲

外国语学院
陈志男　后博文　朱亚洲　尹子尤　许文迪　陈　博
杨　宁　席琪婧　王舟飕　郭奕佶　满　园　刘　畅
李　豪　张雅能　包尉歆　卜晓晖　吴　扬　沈安妮

马克思主义学院
谢超林　樊静蓉

体育教研部
付小青

艺术学院
刘家辰　祝子建　王　硕　李尽沙

对外汉语教育学院
陈　婧　冉　兰　田晓萌　陈诗琦

元培学院
张浙航　王彬旭　何臻智　沈凌峰　赵宇飞　吴语嫣
程　宬　王伟涛　邱丽颖　陈一潇

深圳研究生院
耿　浩　高静楠　韩　谓　周　杰　应振强　白　燕
王迪松　张乐陶　吴　谦　张鹏鹏　王传胜　江　东
林雄斌　钟奕纯　赵宜博　胡江涛　李思白　王海峰
汤学章　夏子乔　林歆睿　李英祥　张　晨　潘苏亿
林正衡　孙　翼　邵明夏　牛冬晓　徐文静　邓帅帅
张　伸　孟　杉　姜培扬　朱丽娴　袁子焰　李一丹
伍惠子　卢　晔　邓志聪　李妞子　曹珺然

信息科学技术学院
栾　添　陈海涛　杨宇喆　曾书豪　张梦晓　顾家远
赵钰迪　谢小龙　朱嘉迪　董　镇　李骏之　林泽辉
曹雁彬　唐良晓　王宏宇　姜宛彤　张可欣　谭继伟
张剑坤　仲东来　王云鹤　马　阳　罗荣亚　黎文浩
杨　潍　顾小影　张舒汇　刘航帆　江佳伟　胡夏蒙
官　勇　任泓宇　刘春晖　陈一茹　史榤绮　沈　洋

国家发展研究院
傅虹桥　傅秋子

教育学院
孙永臻　何冰冰

人口研究所
李　响　汤子健

前沿交叉学科研究院
刘　琨　李梓维　刘　旸　亓　月　周　旭　王　杰

工学院
杨旭三　李昕宇　张　钰　吴林佳　司济沧　翟锦鹏
徐致远　黄晟林　杨艳冉　吴金根　姚松柏　孙东哲

城市与环境学院
刘慧颖　董英伟　李　东　张晓华　刘素素　王照宇
余　彤　要伊桐　宋　萌　许重阳　汪　浩

环境科学与工程学院
李垚纬　汪卓群　张照男　吴　丹　王梓元

分子医学研究所
李明立　黄小帅

歌剧研究院
毕　航

建设与景观设计学院
郭　嘉

新媒体研究院
邓　筱　刘松吟

燕京学堂
韩　鑫　周天尧　徐　杨　钟　京　邓程程

基础医学院
赵桂珍　郭思思　许炜智　范晓岑　沈从乐　俞　冰
杨　珂　李如菲　李柄桦　李　扬　朱素杰　谢　喆
杜亚琴

药学院
张逸群　匡　易　韦蒙熳　林兆晗　姚　望　郑小青
李　凯　李　磊　薛雨晴　徐源蔚　陈斌龙
海沙尔江·吾守尔

公共卫生学院
徐荣彬　周诗源　李昕怡　赵　琳　杨晨璐　吴士艳
程之远　邢慧媛　苏彬彬　马　俊

护理学院
李妞妞　陆薪莲　张　楠　唐项涛　金秀丹　余欣鑫
刘聪颖

公共教学部
王丽莹　廖美霞　刘　淙

医学人文研究院
李志芳

第一临床医学院
王若珺　钟文龙　饶小龙　易圣果　陈善稳　张　达
陈建宏　邱　磊　史宗明　逄　璐　王誉涵　林云飞

第二临床医学院
令狐丹丹　幸华杰　钟晓珠　裴旭颖　张加敏　徐丽玲
张维宇　朱晓璐　王　超

第三临床医学院
余　翔　冀　拓　李璐瑶　姚丽红　陶连元　史尉利
杨　霞　周思佳　廖艺璇

第四临床医学院
王　颢

口腔医学院
彭丽颖　胡心怡　杨文文　姜玺军　周培茹　易小松
郑小雯

精神卫生研究所
张　晓　陈斯婧

临床肿瘤学院
吴晓雯　刘　菲　闫君雅　王雅坤

第五临床医学院
文鹏飞　贾适瑜

中日友好临床医学院
原亚莉　万伏银

第九临床学院
宋继鹏

深圳北京大学香港科技大学医学中心
蔡旖斐

（学生工作部）

2018 年北京大学优秀毕业生

数学科学学院
韦东奕　林志明　王倩雯　陈　里　张　楠　王亚平
韩京俊　吴　迪　王奇超　付建婷　刘　璐　邱日明
肖泰洪　柳红亮　陈志茹　王　欣　胡展培　刘兆怡
姜宰栋　沈梦瑞　吴俊吉　高　超　汪子冲　兰　添
傅晶雪　丁允梓　陈　成　杨浩艺　浦鸿铭　姚嘉豪
李佳颖　包诚杨　李心雨　刘浩然　张　钺　柳伊扬
林大超　黄　洋　房正阳　唐　敦　姜杰东　陈　喆
马思源　郭润晨　季　策　张子筠　严煜凌　张明嘉
甘　坦　李亚强　韩善鑫　罗明康

物理学院
周　易　郭钞宇　陈弘毅　倪　相　任娟娟　潘圆圆
李彩珍　张银峰　赵　辉　栗宇航　吕　鹏　任　霄
潘廷瑞　汤富杰　王鹏捷　吴嘉懿　王逸伦　侯瑞祥
陆　星　刘堂昊　容科秀　项　玉　程宇清　白兰强
邓　欣　赵园红　黄亦鹏　陈晓菲　王鹏飞　胡荣豪
朱晓文　李晨光　周小朋　朱　磊　章　亮　赵怡程
项晶罡　潘岱松　戴嘉为　戴必玮　张　昊　梁致源
王天也　李瑞鹏　朱哲毅　袁智扬　汪　前　洪佳韵
王希睿　孙金钊　罗杨程　王国庆　张亦康　王李鹏
陈文杰　沈学简　曹睿枭　司懿东方

化学与分子工程学院
王　熠　于雪荣　高雪冬　李方园　辛　娜　张　丰
张永亮　张云飞　周　胜　黄芙蓉　吴小慧　申森森
娄　宁　葛　韵　李林楠　于秋红　顾克骅　何逸仕
许佳儒　于静雯　周浩文　柳晗宇　贺麒霖　米天雄
彭零航　杜锦超　刘沁哲　周涵韬　毛　威　蓝　童
胡俊男　毛承杰　陈俊含　靳汝湄　彭　诚　张　宁
封　凡　常丹琪　胡铭秋　商纪元　陈昱光　王瑞琪
徐紫菀

生命科学学院
胡莉莉　马翠艳　杨佳怡　管　哲　薛瑞栋　郭　羽
杨传真　刘晓萌　邵世鹏　郭心怡　魏梦萍　宋靖慧
李　莉　程斯进　杨晓旭　葛增祥　冯莎莎　陈金琳
白　珂　刘立洋　李嘉冕　曹　铄　魏静怡　郑昱豪
房　苑　温凯隆　李　慧　夏宁静　王逸颖　王玉阁
李小雨　田　梦　黄司昊

地球与空间科学学院
陈　彦　任　杰　张成业　段站站　胡方泱　秦　霏
杨　婷　杜书恒　程　静　徐劭懿　黄亦磊　于　杰
杨金福　王　霄　赵　炜　金　续　周恩波　鲁　昊
安圣培　温景充　刘志扬　龚世泽　龚旭日　苏瑞冰
周　杰　赵琰喆　吴逸夫　段鉴书　康峻俊　黄知劼
陆　杰

心理与认知科学学院
尚思源　韩晓春　孔改清　陈丽君　张吉远　韩扬眉
毕宇晴　何欣露　吕美祯　田　琳　温　旭　吴　汉
陈乐天　曹馨月　陈冠鹏　田　玥　席可颂

软件与微电子学院
马　群　李　超　贾　琼　罗　杨　叶振旭　张　鹏
和　喆　贾修毅　蒋　也　刘　君　唐菲雪　杨佳文
田泽文　完欣玥　王标悦　李立敏　周妍玲　王天云
乌天骄　邱玉钦　任建新　曾　灏　徐超越　徐　鑫
王伟男　杨　彬　杨　池　王奕超　宣梦雨　董　荻
冯　洋　张凯云　周志奋　高静怡　余　康　袁　琳
张　晗　赵栖泽　赵侦蓉　钟沁芳　李　贺　李田田
刘　昊　刘佳颖　刘严鸿　马依莲　曹露阳　陈　尧
陈愉快　刘昱含　丁　然　马嘉桧　邱鸿淼　成莉婧
丁伟杰　彭俊伟　郑　薇　陈雅宸　余凌菲　王一博
张玉灶　张　璐　周　浪　李金哲　张朝卫　陈士海
李泽铭　张晓娜　徐翊榕　彭立彬　杨永帅　王　志
张定发　华传洲　李存伟　迟蕊沂　黄朝镇　任师攀
彭　晨　罗思琦　贾春燕　桑海静　张亚通　欧阳纯
冯　征　田　青　牛江盼　顾思雅　陈雪君　刘玥杉
白云鹤　曹翔东　许　昕　苗　增　万涛涛　蔡　程
王庆涛　张思顿尼　孟从伍　郑浩燃

新闻与传播学院
翟秀凤　王龙啸　蒋齐光　卢　敏　姚　源　安晶丹
许　诺　贾宸琰　王雨萱　崔晨枫　马丽娟　童淑婷
吴心怡　王明慧　曹　星　佟金恒　何珺瑶　邬楚钰
金　越　刘彦君　吴　悠　明淳露　艾新雅　任雅菲
赵　坤　田林鑫　张　琳　于子悦　熊成帅　李静爱

中国语言文学系
焦一和　林少芳　刘　彬　李远达　高寒凝　薛　静
边明江　张明瑟　张　帅　程珊珊　林悠然　刘　倩
夏　雪　向筱路　刘家玮　唐海嘉　丁文静　张文倩
李　珣　李　喆　陈华晓　项　蕾　吴　比　丁彧藻
李　涛　李亚祺　刘晓晗　董　越　涂琬洋　苏　鑫
向思琦　孙慈姗　黄馨怡　潘靓慧　杨小又　汪芯竹
姜　蕾　黄冬笑　李佳媛　金琪然　李　征　萧歆怡
张家昱　黄敬凯　颜嘉慧　张颖惠　金昭延　朴茶愿

历史学系
田卫卫　苗润博　赵　宇　高翔宇　陈烨轩　赵　茜
刘欣然　伍智东　岳昕灿　亓浩然　刘佑民　布依宁
宋舒杨　姜瑞雯　黄　甜　牟维苗　孙唯瀚

考古文博学院
高　玉　金智铉　卢亚辉　王思渝　何　康　章亿安
罗登科　王　晶　黄子文　管文韬　李芃芃　杜圣伦

陆文琦　林　忻

哲学系（宗教学系）

王　淼　孙海科　王　坤　刘　璐　王　苊　史少秦
钟治民　文　晗　夏崧泽　杨祖荣　董　皓　方凯成
毛蕊洁　柳　帅　孟雨桐　王冠军　苏兴池　杜贵宇
刘名再　巩天成　康维阳　丛孟晗　刘勉衡　程明皓
王艺洁

国际关系学院

辛诗旸　陈　永　曹德军　王　钊　范佳睿　马　媛
董聪利　夏雨佳　周晓丽　洪　叶　李婷婷　尚逸峰
施润茜　郭大平　黄玉堃　杨黎泽　胡康琪　吴诗卉
刘庆龙　熊文雪　程浩然　杨芷宁　郭　澜　刘晏端
张　雪　甘楚巾　杨晟子　陈博文　金佳莉　王牧良
王碧佳　徐雨佳　董　榕　余物非　余　欣　杨子欣
陈　勇　王立波　李晓蒙　郭声霖　何　山　庞　祎
李典易　符雪纯　段陶然　丰　峰　李志谦

经济学院

王　镝　何明洋　宋　煜　段志明　韩佳伟　何西龙
唐奕波　刘华山　许茹纯　汪欣怡　谌泽昊　章　森
康倬群　柳　林　钟泽铭　孙　宇　任　淦　韩　笑
谢　杰　叶子萌　何思思　李玉婷　黄雪菲　严云扬
陈　帆　尚用馨　韩甜甜　刘思源　詹佳佳　冯　达
黄　叶　吴雨桐　唐昱阳　成琪然　李文康　侯　戎
段埋郴　邹海宁　赵煦风　关焱天　钱留杰　梁义钦
魏文晗　王梦瑶　刘家瑞　张守玉　王志明　吴宏毅
樊思鸣　刘宇璠

光华管理学院

杨　坤　余　音　王梓雄　成　也　王雪芳　李江雁
周咏龙　蒋邦国　曹成龙　吴宇晨　王百强　姜海纳
张晓鸽　杨　钢　王　磊　崔世语　陈　渺　林炉生
黄宇健　许志超　邓　喆　孙华泽　王依诺　仲崇然
韩　超　王秋霞　王晓宇　何　蕾　施恒彬　张一凡
刘　悦　高溢彤　管经纬　黄清扬　郭弘毅　王红亮
秦　悦　莫思纯　蒋能三　王　楠　冯　桓　苏祖弘
林心悦　张力培　魏　卓　李佳奇　唐艾妮　黄琬怡
李　琳　刘德斐　邱昕瑶　缪劲松　田乙豆　丛泽平
刘子加　何昕迪　欧阳萌淞　耿宗泽　郑怡婧　傅小勇
白礼晴　寇雨婷　谢昀廷　李任平　黄静贤　晏子清
马　婵　徐　曼　王苏欣　宋　佳　付振泽　李　云
黄一泓　胡靓婧　张馨文　邓玉婷　张炎蒸　薛晓诺
胡亚辉

法学院

童志文　王北辰　王　悦　徐榕玲　于　悦　张皓茹
张　莘　赵倾伊　周诚欣　庄慕平　曾诗洋　曾文文
陈　洁　孙邦娇　戴明明　邓博文　董　柯　赵育才
葛　迎　何　昕　黄其杰　姜　军　蒋睿鹏　解　琛
李倩芸　李仁睿　李云舒　刘小冬　罗　慧　马毅豪
彭粒一　沈　祎　施洁雯　苏秋纳　孙经纬　余梦嘉
张　强　朱学磊　蔡　仙　金　曼　袁　琳　董学智
徐　俊　廖秋子　王晓萱　韩妍婷　武　宁　姚一凡
李则达　何　朕　石国玺　金曼特　韩屹青　陈琰琳
方若冰　蔡心怡　任孝民　陈陌阡　钱梦珂　易　鸽
田浩宇　王　旭　刘宜矗　李佳澎　张录发　汪睿恒
邵旖旎　陈思齐　郭天琦　张钰羚　苏林璐　张仕锦
余今朝　袁东筱　吴俞阳　邹史超　马一丹　陈楚晗
刘力帆　陈月明　李一鸣　黄雅冰　刘利柯　姜　琪
岳　媛　贺予希　阙涵宇　朱子琳　曹　远　范晓璐
牛伟强　郝韵珊　李晓璇　朱笑芸　胡敏喆

信息管理系

祝振媛　梁宵萌　王　伟　姚玲苗　陈　晨　曾丽莹
张　帆　秦　玥　焦祎凡　张　亮　油梦圆　赖纪瑶
赖　婷　邓灵敏　严心月

社会学系

开　源　赵代博　李　静　牟思浩　周　颖　王文澜
孙　超　金炜玲　王伶鑫　邢　雯　刘仕豪　彭海路
许一鸣　张雨欣　符安之　李澄一　黄　鹏　黎书豪
曾　卓　赵鹏程　卓　越　赵雨红　吴而为

政府管理学院

张夏蕊　洪　治　毛丽娟　徐　珊　郭　洁　刘江远
王　哲　郭　科　张玉佩　郭晟豪　王致博　王　斌
武雪健　伍叶露　杨　翔　肖　波　何邦振　张钦惠
贾润东　张　赫　刘海文　夏梦美　李广兴　黄　磊
李　磊　郑雅文　陈俊廷　彭志斌　姚昕言　陈　耕
梁贞情　袁旋宇　马若凡　盛姜月　郑韵含

外国语学院

吴　扬　唐　格　张佳欣　徐　涵　张雅能　包尉歆
满　园　李　豪　刘　畅　商小琦　张　磊　卜晓晖
沈安妮　李　芳　浦雨蝶　杜贺裕　王　晗　王楚童
涂瑾瑜　张叶秋晓　张　源　刘小青　李贝贝　王　梓
司雨萌　王　欢　叶陈宁　后博文　李一杨　尹子尤
龚哲浩　陈志男　周思吉　杨　宁　何健榕　郭奕佶
叶田恬　孟夏伊　朱亚洲　韦　彤　王漪清　席琪婧
李楚冰　张义荀　黄田依　周惠莹　黄韵颐　李　瑾
戎思蘅　陈　博　赖坤元　许文迪　陈仁靖　王舟飏

马克思主义学院

谢超林　华　安　林圣哲　樊静蓉　陈皖驹　张泽坤
邓　佳

体育教研部

付小青

艺术学院

年　悦　李尽沙　陈雨人　娄　逸　王　硕　吴　键
刘芳宁　黄羽婷　刘展宏　刘家辰　祝子建

对外汉语教育学院
陈婧　冉兰　徐萍　陈诗琦　丁丹妮　黄欣雨
田晓萌　谢晓萌　刘路

元培学院
张浙航　王彬旭　何臻智　沈凌峰　孙浩　赵宇飞
谭祎宁　吴语嫣　常颖　孙一先　程宬　白菊
熊熙然　张玉滢　孙菲　王伟涛　孙雨东　马大任
邱丽颖　黄殊晏　陈一潇　王孟儒　沈浩然　户俊鹏
张明佳美　伏贵荣　葛楠　李星辰

深圳研究生院
邵文斌　李淑君　刘德芳　耿浩　徐韬　徐卓楠
杨阳　康艺馨　张晨　张晨　张菌兮　张伸
王伟　吴光周　包诣函　邓帅帅　张紫欣　章慧珍
胡媛媛　贾宇亮　赵宜博　钟奕纯　郭怡彤　李思白
牛冬晓　权利　汪思慧　徐睿　徐文静　姚爽
丁德东　高静楠　韩谓　白婧　简子云　常悦
陈思成　储庄　卢鹏　黄顿　黄晓璇　江悦婷
姜培扬　李英祥　刘馨宇　王凤阳　林歆睿　林正衡
孟杉　潘荪亿　邵明夏　邵哲文　孙翼　王晓璇
熊莹萌　徐健荣　单良　张鹏鹏　邓志聪　杜明怀
何佩　胡靖杭　李一丹　厉越然　刘国威　伍惠子
袁子焰　周臻畅　孙栋瑜　郑欣嘉　林雄斌　鄢春华
张乐陶　胡钊　肖舒　张祺　江东　牛志远
王经臣　曹倩雯　葛建梅　李凤清　李俐娇　汤学章
王海峰　夏子乔　许鹏　张硕　张泰玮　周杰
白燕　陈诗雁　范梦迪　郝磊　李科浇　苏琛
王迪松　应振强　钟尚儒　周小群　代兵兵　张运崇
范怡　王传胜　蔡重阳　邹晓航　吴宗勇　李强
孙睿　李妞子　曹珺然　彭思宇　朱丽娴　廖林萍
余敏　王珍　熊略宏　胡江涛　姚飞　金超
张哲源　梅塔勒　卢晔　吴谦

信息科学技术学院
栾添　林再盛　张炜其　朱子骁　刘航帆　陈维政
杨文瀚　潘多　黎文浩　王积银　罗荣亚　马靖寰
张剑坤　胡夏蒙　沙磊　谭继伟　赵钰迪　谢小龙
王云鹤　李骏之　唐良晓　顾小影　郑重　王宏宇
张衍　江佳伟　郭少锋　王宗巍　陆光易　宋爽
王聪　胡志强　林丽静　马阳　魏亮晨　许奕星
赵彤　陈菲雅　林逍　刘圣尧　杨潍　杨廷翰
侯党鑫　周岚　李安然　王然　张舒汇　周晓慧
李帮怀　厉扬豪　罗炳峰　谢澜　邓逸安　向国庆
李宇琦　仲东来　李美杰　陈伟　官勇　张浩
石昊悦　沈洋　张梦晓　任泓宇　顾家远　吕凯晨
方旭旸　崔健　魏薇　董镇　余启航　郑佳慧
陈涼靓　林泽辉　黎才华　吴萤西　吴文俊　周昱杉
曾书豪　曹雁彬　张峻伟　贾宝雄　于晓凡　白荻
姚思羽　杨东升　姜宛彤　张可欣　马荣　王欣欣

林正晗　王伦　尉方音　刘春晖　高敬月　樊乃嘉
朱嘉迪　陈一茹　徐子扬　陆怀希　朱路阳　陈海涛
史桀绮　杨宇喆　陈鹏　买钰鑫

国家发展研究院
傅虹桥　李欣　崔静远　傅秋子　刘浩

教育学院
游蠡　曾妮　吕莘　何冰冰　徐颖　孙永臻
高东旭

人口研究所
叶徐婧子　程昭雯　林是琦　汤子健　李响

前沿交叉学科研究院
董璐　刘琨　胡玥　叶永鑫　于俊韬　孟令伟
邵丽娃　王杰　李梓维　周旭　李茂东　亓月
吕骏　刘旸　陈号天　王奕蓉

工学院
杨成　杨旭三　赵天山　黄晟林　李安　徐致远
杨艳冉　姚松柏　张珅　吕跃祖　孙东哲　郭亚光
吴金根　赵亚萍　严岑琪　汤颖婷　郭文臣　张静
段野　张宏源　司济沧　周金辉　吴林佳　石哲
李昕宇　侯江东　刘沛婧　李帅　薄童　张钰
周佳慧　翟锦鹏　孙北奇

城市与环境学院
高璟　刘慧颖　许重阳　王涛　李羿　陈康琳
李圣晓　宋萌　刘卓　王塱迪　要伊桐　陈培培
余彤　程颖　钟奇瑞　汪浩　李一溪　杨凌
董英伟　李东　张子骄　王思雨　刘素素　黎一鸣
吴婧一　孟丽婷　王照宇　张晓华　于国帅　郑嘉睿
项苏楠

环境科学与工程学院
李冰心　秦孟儒　提博雯　汪卓群　张照男　王雷
周宇轩　王梓元　党晨原　吴丹　王海潮　郑云昊
刘福洋　董舒心　徐晔楠　李垚纬

分子医学研究所
李明立　顾凯丽　黄小帅　吴一荻

歌剧研究院
毕航　裴修文

建筑与景观设计学院
常贺星　郭嘉　贺然

新媒体研究院
师晨　钟旺　邓筱　余翔　刘松吟　赵加仑

燕京学堂
韩鑫　马莹祎　陈炜　牛弘昊　付书娜　周天尧
章柔怡　江安吉　徐杨　徐淑瑜　钟京　李思聪
邓程程

基础医学院
赵桂珍　于震维　李莹璐　郭思思　许炜智　张云鹏
袁富文　吴浩铭　范晓岑　沈从乐　俞冰　李范红

杨 珂	李如菲	汪雨晴	郑 璨	董 昭	李柄桦
张 琛	孙舒宁	伏紫冰	加 焱冰	赵超然	周骏拓
安 宇	李 扬	王 渴	杜亚琴	刘雪静	朱素杰
贾英丽	江颖颖	何 林	高 健	谢 喆	张添卓
姜 海	周滋晶	翟子超	阿布都热依木江·艾力		
阿曼妮萨·图尔荪托合提					

药学院

张逸群	田振宇	匡 易	李 灏	韦蒙燡	王瑶琪
林兆晗	梁广楷	常 坤	吕锦添	姚 望	郑小青
李 凯	刘建梅	李 磊	薛雨晴	徐源蔚	梁钧鋆
楼亚萌	王 婕	张笑天	马晓丽	陈斌龙	孙阿宁
赖世荣	刘建忠	潘良坤	邹 洋	张 菡	宋小敏
高 也	李俊蕾	王艺瞳	徐兴农	海沙尔江·吾守尔	

公共卫生学院

徐荣彬	胡 康	孙美平	廖春晓	周诗源	刘雨宁
靳丹瑶	李昕怡	李淑惠	王 烁	田 霖	赵 琳
隽 娟	项 骁	朱怡冰	金音子	杨晨璐	霍文华
王梦莹	吴士艳	程之远	刘 伟	刘欣然	李怡雪
邢慧媛	苏彬彬	马 俊	何丽月		

护理学院

杨晓爽	李妞妞	秦 丹	赵雅洁	张 欣	陆薪莲
张 楠	唐项涛	魏 霞	谢威富	王晨阳	庞欣欣
林 倩	苟华君	金秀丹	肖海虹	余欣鑫	郭 淼
高尚尚	李钊杨	刘聪颖	刘珂珂	王玉洁	

公共教学部

王丽莹	周逸儒	牛一锋	刘 淙	廖美霞	全 芳
张森冰					

医学人文研究院

柳之啸	李志芳

第一临床医学院

王若珺	欧阳雨晴	谢 玥	杨菁华	何培欣	钟文龙
周 斌	饶小龙	王 飒	顾秋华	陈素芳	易圣果
杨 洋	陈善稳	张 达	傅晓娜	陈建宏	郭唯一
邱 磊	李腾宇	史宗明	顾晓斌	逄 璐	秦冉冉
王振华	高 畅	白 薇	施秋萍	王世轩	白坤昊
王誉涵	赵亚雯	陈宇珂	林云飞	郭润碛	

第二临床医学院

李章来	令狐丹丹	幸华杰	钟晓珠	冉姗姗	韩侨宇
史晨辰	陈小锋	张雅薇	郭延秀	徐 俊	裴旭颖
张加敏	徐丽玲	邢 丹	苏 晴	杨 璐	张维宇
李 沼	高学营	朱晓璐	王利娟	张 鹏	王 超
张龙辉	李天琦				

第三临床医学院

张稚琪	张元鸣飞	余 翔	冀 拓	聂 丹	伍楚君
李璐瑶	杨林承	王晓晓	李 娇	姚丽红	朱雨桐
于昕洋	高 娟	张 稳	陶连元	史尉利	张睿怡
李 琪	管志远	杨 霞	耿 姣	周思佳	廖艺璇
崔 宁	李映昱	葛喜凤	张家豪		

第四临床医学院

王 颢	郑汉龙	王 玲

口腔医学院

彭丽颖	张 瑞	柳 英	沈惠丹	文 曦	胡心怡
杜仁杰	荀 喆	杨文文	叶 欣	李文悦	刘福良
黄 燕	姜玺军	肖 娜	周培茹	汤祎熳	易小松
郑小雯	刘 洋	刘国景			

精神卫生研究所

张 晓	徐德峰	岳晶丽	赵琦华	陈斯婧

临床肿瘤学院

孟 玥	冯君楠	吴晓雯	刘 菲	李 佼	付 佳
许天笑	王静远	闫君雅	石 晨	王雅坤	

第五临床医学院

文鹏飞	李怡婧	贾适瑜	张毓艺	王 玉

中日友好临床医学院

王 琦	原亚莉	高 桐	王 涛	赖世聪	万伏银

第九临床医学院

王 芸	宋继鹏

航天临床医学院

莊芷榕	陈思吟	单 勇

首都儿科研究所

于方圆

深圳北京大学香港科技大学医学中心

蔡旖斐	高宏彬	姚 绿	刘雅菁

地坛医院

周 利

北京回龙观医院

张 苹

民航临床医学院

何简涛

（学生工作部）

2017—2018学年北京市三好学生名单

姓 名	学 院	年 级	姓 名	学 院	年 级
赵朝熠	数学科学学院	2015	张 涛	信息科学技术学院	2015
万 逸	物理学院	2014	郑峰屹	信息科学技术学院	2015
王 硕	物理学院	2014	黄 青	国家发展研究院	2017
马 雯	化学与分子工程学院	2014	王辞晓	教育学院	2017
潘加伟	生命科学学院	2013	金 鑫	人口研究所	2016
韩潇霖	地球与空间科学学院	2016	曾健智	前沿交叉学科研究院	2015
黄哲凡	心理与认知科学学院	2017	李德龙	城市与环境学院	2015
陈 曦	软件与微电子学院	2017	张博雅	环境科学与工程学院	2016
杜 正	新闻与传播学院	2016	刘 钊	建筑与景观设计学院	2017
杨薏璇	中国语言文学系	2017	张 成	燕京学堂	2017
吴淑敏	历史学系	2015	洪 鹏	第一临床医学院	2011
胡好玥	考古文博学院	2017	张春峰	公共教学部	2014
嘉若曾	哲学系（宗教学系）	2017	方 喆	公共卫生学院	2014
陈正勋	国际关系学院	2017	田耀华	公共卫生学院	2015
张富瑜	经济学院	2015	刘正阳	基础医学院	2014
关嘉昊	光华管理学院	2015	李煜子	基础医学院	2016
李梦梅	法学院	2017	孟沛琦	口腔医学院	2011
张一舒	法学院	2015	刘 硕	口腔医学院	2018
杨 絮	信息管理系	2017	阿依江·伊斯马衣	药学院	2015
杨 锐	社会学系	2015	朱凯茜	公共卫生学院	2017
宁 晶	政府管理学院	2017	丁广宇	临床肿瘤学院	2015
孟 瑶	外国语学院	2015	牛宏涛	中日友好临床医学院	2016
刘书含	马克思主义学院	2017	王文静	第三临床医学院	2016
倪范晶	艺术学院	2015	武瑞君	药学院	2014
蔡炜浩	对外汉语教育学院	2016	张正奎	第一临床医学院	2014
张栋杰	元培学院	2015	王 宇	第二临床医学院	2011
曹润泽	深圳研究生院	2018	李 洁	护理学院	2016
刘同超	深圳研究生院	2014			

（学生工作部）

2017—2018学年北京市优秀学生干部名单

姓 名	院系专业	年 级	姓 名	院系专业	年 级
张 岩	地球与空间科学学院	2016	卢梦婕	法学院	2015
席中海	心理与认知科学学院	2017	魏子元	考古文博学院	2015
辛 星	光华管理学院	2015	陆建洲	工学院	2014
周 弘	新闻与传播学院	2016	张冠鹏	元培学院	2015
王昱博	国家发展研究院	2016	孙轶斌	城市与环境学院	2015
张沛阳	经济学院	2017	山 冲	哲学系（宗教学系）	2015
董逸帆	化学与分子工程学院	2015	宋金洋	药学院	2017

姓　名	院系专业	年　级	姓　名	院系专业	年　级
代　聪	公共卫生学院	2016	杨　帅	基础医学院	2016
耿晓强	基础医学院	2015			
陈　鹏	口腔医学院	2014			

（学生工作部）

2017—2018学年北京市先进班集体名单

燕京学堂　2017级硕士生一班
地球与空间科学学院　2015级地质地化一班
化学与分子工程学院　2017级本科生1班
生命科学学院　2016级研究生3班
法学院　2017级本科生2班
物理学院　2016级本科生4班
信息管理系　2017级硕士生班
经济学院　2015级本科生风保系班
对外汉语教育学院　2017级汉语国际教育硕士生班
新闻与传播学院　2017级本科生班
外国语学院　2015级本科生希伯来语班
环境科学与工程学院　2017级硕士生班
城市与环境学院　2015级本科生环科班
政府管理学院　2016级本科生班
第三临床医学院　研究生5班
公共卫生学院　流行病与卫生统计学系研究生班
第一临床医学院　2014级临床一班
口腔医学院　2015级口腔二班
公共教学部　2017级医学英语班

（学生工作部）

2017—2018学年北京大学学生个人奖励获奖名单

三好学生标兵

数学科学学院

代洪龙	任一诺	安　捷	李昊亚	李知含	肖婷婷
吴林桐	罗金玥	金子捷	赵朝熠	赵嘉熹	段剑儒
段资政	姜　帆	夏润禾	夏铭涛	唐珑珂	蒋易惊
简旺健					

物理学院

万　逸	马　达	王天乐	王亚坤	王　所	王　硕
亓瑞时	卢　骁	仝　鑫	朱倩泽	庄明阳	刘　霄
汤玮辰	李一一	李　然	杨纪翔	汪　茂	张　洁
陈颖天	郁　言	罗德映	岳　莉	孟　璐	俞启威
聂彧奇	黄馨瑶	曹端云	韩　冬	路裕焜	

化学与分子工程学院

马　雯	王子奕	庄方东	刘　莹	刘静嘉	江意达
孙德恩	李元鹤	张旻烨	赵欣书	顾春晖	郭健庭
郭　毓	黄志贤	常泰维	崔竞蒙	董博为	鲜东帆
熊　杰					

生命科学学院

| 王依琛 | 厉威池 | 吕默含 | 刘宗壮 | 刘悦晨 | 张　书 |

张美玲	胡艺馨	钟睿琦	徐佳伟	凌弘毅	黄祖贤
常　蕾	董梓琪	潘加伟	鞠艳敏		

城市与环境学院

邓涵朵	邓鲁川	刘茂甸	李湘怡	李德龙	连　旭
吴　双	赵　昭	胡熠娜	洪松柏	秦晓宇	徐　帅
童培峰					

地球与空间科学学院

于曦彤	王晓雯	王倩茹	尹泽藩	田崇瑞	冯雨宁
伍昕钰	刘嘉辉	李佳益	吴桐雯	林　荣	胡兴帮
祝佳琪	党　卓	韩潇霖	程　潇		

心理与认知科学学院

江皓斌	苏金龙	郎峻嵩	高晓雪	黄哲凡	蒋雨蒙
樊浩雪					

建筑与景观设计学院

刘　钊

信息科学技术学院

于力军	马辛宇	王　钊	邓康乐	石琳琦	叶珈宁
冯雅姣	吉如一	朱孟泽	朱逸萧	刘关玉	许晟伟
许晶晶	孙奕灿	苏　灿	李卓翰	吴建龙	汪权彬
张远行	张芳芳	张泓亮	张　烨	张　涛	张浩威
陈拓潮	陈　珙	陈颖婕	陈睿聪	陈震鹏	林天梁
周子鑫	周清逸	郑峰屹	赵义凯	赵至真	姜　双
贺义鸣	袁昊琦	特古斯	黄铁军	詹冠其	綦金玮

工学院

王　迪	王嘉宇	朱浩然	朱润与	刘嘉牧	汤斯奇
孙　翰	杨艳涛	吴小虎	张智琅	陈佳青	陈　斌
林　峰	易俊何	周　宁	於中良	赵　宇	赵　枫
宦　强	程　斌	滕郁骏			

软件与微电子学院

王子微	王　骞	田晓珏	刘柔佳	刘　晗	刘　晶
刘程成	李昊尘	李　佳	李欣如	何一江	宋　睿
张世泽	张忠萌	陈少波	陈明镜	陈　曦	林　宇
郑　楠	钟　琦	洪志龙	秦莉智	袁砚嫣	袁　聪
徐　宇	唐继婷	矫叙伦	彭　森	董海林	谢若昀
窦　健	薛紫臣				

环境科学与工程学院

朱　颖	苏志国	宋　锴	张博雅	周　昊	崔嘉楠

中国语言文学系

王佳明	刘　东	孙子绚	李轶男	李晓蓉	杨薏璇
吴星潼	何诗航	张灵凤	陈晓蓓	林　子	顾甦泳
程格格	程梦稷	鄢予晨	魏珞宁		

历史学系

王子月	王丹妮	韦　翔	吴淑敏	张蓝天	周程祎
姚念达	高正亮	傅雪鸶			

考古文博学院

马仁杰	王可达	吕雪妍	李　楠	周　杨	胡好玥

哲学系（宗教学系）

王群韬	白宗让	曲铁男	朱子建	李　科	李靖新弘
徐亚豪	梁　时	嘉若曾			

外国语学院

向　伟	向　洋	向嘉炜	刘雅悦	许馨匀	李睿恒
何　璠	张韦康	张　源	范开歆	林俊旸	孟　瑶
胡　榕	殷一果	郭　锐	唐　颂	涂辰宇	葛思嘉
曾　悦	褚孝睿	魏子义			

艺术学院

毛天与	李诗语	李琛琪	周若菲	倪范晶	

对外汉语教育学院

孔德然	辛芳哲	蔡炜浩			

歌剧研究院

廖天宇

国际关系学院

王怡旺	毛　惠	邓　涵	田　恬	杜哲元	何宛玲
张诚杨	张婷鸽	陈正勋	陈寓理	胡昕阳	柳凌华
侯炫佚	黄蕴仪				

法学院

王　未	王　栋	王海燕	王　晨	田俊鑫	朱艺浩
朱艺楠	任雪彤	华立成	刘环宇	严丹华	苏子婵
杜清流	李　忱	李昊林	李梦梅	李　越	杨文艳
张一舒	陈英齐	林茵琪	林溢呈	周宫炜	赵雪杉
胡　翔	姜王豪	高　莹			

信息管理系

刘姝雯	杨　絮	尚闻一	赵　晓	钟嘉豪	彭晗琦

社会学系

许天怡	杨　锐	沙　迪	迟孟昕	尚　书	赵琏健
袁　琳	徐毅萌				

政府管理学院

史俊杰	付瑞昊	宁　晶	李照青	何家唯	张　骥
林　禾	黄　琳	谢予昭			

马克思主义学院

刘书含	张　懿				

教育学院

王辞晓	李潇潇	曾嘉灵			

新闻与传播学院

王子宁	王　帆	兰文浩	年　欣	刘子晴	许慧娟
杜　正	杨紫晨	曹雪盟			

体育教研部

王一然

新媒体研究院

张华麟	罗云丰				

经济学院

王任远	邓博文	朱　彤	刘　瑞	江弘毅	沃　迈
沈心怡	张皓辰	张富瑜	陈思宇	林雨昕	施林彤

崔　琨　　隋诗华　　程陶然　　谭安然

光华管理学院

Kendrick, Jonathan Jack　　马诗阳　　王巍淇　　冯沁雪
尼艾含　　刘圣明　　刘婧滢　　关嘉昊　　孙殿咏　　李世豪
李志冰　　李尚宸　　杨洪智　　肖韦俐　　陈麦琪　　陈妍汀
范欣欣　　林奎朴　　林淑君　　赵芸笛　　徐　豪　　席子涵
谢笑旸　　滕　冉　　戴亦舒

人口研究所

金　鑫　　贾　娟

国家发展研究院

王诗卉　　任昶宇　　吴宛睿　　黄　青

元培学院

王东宇　　王宇飞　　王思彤　　王浩男　　包晓东　　伍维晨
牟鸿禹　　苏比丁·塔依尔　　李　健　　肖正康　　辛青融
张宏毅　　张栋杰　　陈泽均　　罗开诚　　金则宇　　高　孜
曾锶娴　　管鸿钊

燕京学堂

王黎飒　　张　成

前沿交叉学科研究院

朱亚南　　刘　灿　　刘　莹　　杨鹏程　　宋　阳　　张金灿
陈　杰　　徐　举　　高　玲　　高晋君　　曾健智　　鄢江龙

分子医学研究所

孙素华　　李玉梅

深圳研究生院

门钰滢　　王雨萌　　王佳易　　王　莹　　王家鑫　　冯　波
朱春彪　　朱润泽　　刘　力　　刘同超　　刘清华　　吴昊南
张凤鸣　　张知微　　张娇娜　　张博雅　　陈杨干　　陈弼锴
郁　文　　国　政　　郑晓梅　　郑涵希　　钟家兴　　姚露露
秦士杰　　袁鹏飞　　徐　蕾　　桑隽漾　　黄好晴　　黄靖佳
黄璟菲　　黄　蕾　　曹润泽　　曾金伟　　路嘉豪　　颜科帆

基础医学院

马龙雨　　王　妍　　王莹洁　　刘正阳　　刘永振　　刘旭骏
刘欣畅　　池熙炎　　孙斯曼　　杜明昊　　李艳然　　李煜子
李嘉琪　　杨　娟　　佘坚祺　　张道宁　　陆丹娟　　陈　丹
陈　宇　　陈元翀　　陈钦钲　　陈雪龙　　林伊雯　　周佐邑
赵明明　　祖丽阿耶提·阿卜杜杰力力　　袁　硕　　郭心卉
曹阳坡　　康晨璐　　葛逸盟　　韩天晓　　赖建豪　　虞千瑶

药学院

成羽溪　　刘当亮　　吴　爽　　邹　优　　张　军　　张书源
阿依江·伊斯马衣　　武瑞君　　侍一强　　周瑞瑞
周鹏翔　　庞　宁　　赵旭洋　　贾盼盼　　倪冰玉　　曹南开
梁端韦　　靳　尧　　靳雪芹　　潘美洁

公共卫生学院

王万州　　王政和　　方　喆　　申　洋　　田耀华　　朱凯茜
刘　宇　　李　钦　　李玥颖　　汪亚萍　　宋宿杭　　胡贵平
段骁骁　　姚晓莹　　珠　娜　　郭菀芊

护理学院

李　洁　　李明远　　余洪钏　　张靓囡　　温俏睿

公共教学部

汤恩泽　　张春峰　　韩明月

第一临床医学院

丁光璞　　石鑫淼　　孙晓菁　　张正奎　　张宇慧　　张钰洋
张喆楠　　陈雪晶　　洪　鹏　　洪保安　　黄　聪　　彭　鼎
董晓琴　　薛　姣

第二临床医学院

于　斐　　王　宇　　王姊娟　　王若冰　　吴　哲　　卓钟灵
赵红艳　　皇秋莎　　袁艺琳　　徐　帅　　谢文勇　　靳龙阳

第三临床医学院

王　奔　　王文静　　王滨帅　　王震宇　　冯晔囡　　刘雨诗
刘容均　　张家慧　　陈艺璐　　林　矗　　海　宝　　崔智勇

口腔医学院

于子杨　　吕鸣樾　　刘　硕　　许梦茹　　李　硕　　李文静
杨　洋　　杨雨卉　　陈　思　　周莹莹　　孟沛琦　　富晓娇
睢　意

临床肿瘤学院

丁广宇　　于佳怡　　王　林　　聂梦林

精神卫生研究所

李　卉　　林靖宇

中日友好临床医学院

牛宏涛　　刘　创　　韩　钧

第四临床医学院

陈　曦　　黄越龙　　谢　通

第五临床医学院

杨明子　　韩敬丽　　韩雅婷

第九临床医学院

金　丹

航天临床医学院

李珂璇

首都儿科研究所

徐兆慧

回龙观医院

刘思佳

深圳医学院

郭　静

港澳台学生

朱小雅

三好学生

数学科学学院

王子轩　　王业隆　　王迩东　　王炜飚　　王逸轩　　王　瞻
仇嘉泽　　户　将　　石茂国　　卢维潇　　卢煜腾　　田　田

田舒丹	史翔宇	朱文浩	朱 峰	伍天一	刘 上	梁艳霞	蒋同欢	蒋 瞧	韩佳星	韩政沅	程浩天
刘水根	刘立伟	刘永杰	刘砚芳	刘 静	刘镇源	傅浩宸	舒昱滔	熊日晨	熊斌武	樊耀塬	潘江辉
江元旸	杜予聪	李羽航	李若泰	李泽兴	李勇锋	潘志伟	潘 瑞	鞠婷婷			

化学与分子工程学院

李通宇	李梦阳	李 隆	李鼎权	李 影	李 臻
杨 丰	杨宇轩	杨昊桐	肖新宇	吴雨航	吴京风
何天成	何 顺	余佳弘	余 璞	沈舜麟	张文龙
张宁馨	张科伟	张 敏	张喜悦	张嘉琦	张 纛
张慧铭	陆一平	陈子恒	陈 飞	陈自元	陈宇凡
陈 坤	陈奕行	陈 舒	陈鑫犇	苗淳瑞	苑之宇
林 挺	陈秋实	罗 昊	罗承尧	罗 霄	季怡轩
金意凯	周行健	周康杰	周毅皓	郑 重	郑奥扬
孟 响	赵林杰	赵美涵	郝天泽	胡 兰	侯霁开
贺 笑	袁弘睿	袁铭泽	贾泽宇	夏晨曦	顾永豪
徐林霄	徐 诗	殷鉴远	留方圆	郭晓露	郭 鹏
席国栋	黄译旻	崔圣宇	康 展	梁宇辰	彭 超
葛语辰	董祎婧	蒋海立	韩 啸	景闻博	傅瑞得
傅颢硕	鲁一逍	谢添雨	谢楚焓	虞 俊	鲍怀锋
窦泽皓	蔡天乐				

物理学院

于营丽	门云鹏	马 扬	马骏超	王 玉	王任飞
王宇飞	王辰宇	王利博	王 昆	王秉琰	王泓杰
王春光	王 威	王虹宇	王秋原	王勉齐	王 峻
王 铎	王 准	王竞先	王 浩	王浩苇	王海鄰
尤一龙	毛子涵	方 苑	方 俊	尹 超	邓琪敏
甘娉娉	白怀勇	闪普甲	宁远航	毕嘉川	朱尧峥
乔天宇	乔冠一	乔瑞喜	伏 睿	刘巧梅	刘圣辰
刘芃妤	刘 伟	刘华鹏	刘 兴	刘宇堂	刘雨轩
刘 畅（16本）	刘 畅（16博）	刘明明	刘 洋
刘校强	刘海鑫	刘 越	刘超飞	刘媛琪	池昱霖
池 骋	汤 灿	祁 卫	许昭鉴	许博岩	孙风潇
孙忠鹏	孙 博	寿寅任	杜进隆	李亦璠	李齐治
李如梦	李林蔚	李泊宁	李夏冰	李晓晴	李倩惠
李海鹏	李继行	李嘉轩	李聪乔	李 磊	杨玉姣
杨京寰	杨炎峰	杨晓宇	杨 越	肖振宇	吴天海
吴早明	吴 典	吴 珊	吴 晟	吴家昊	吴善进
吴 蒙	邱远航	余晓阳	言浩雄	沈晓飞	宋化鼎
宋祁钰	张玉雪	张巧慧	张 帆	张建峰	张思捷
张思维	张梦瑶	张 淇	张 涵	陆 易	陈 术
陈伟杰	陈远微	陈恩泽	邵珠印	武文斌	茆 峻
林本川	林冠达	易近民	罗明迪	和世平	念 达
周天罡	周丽颖	周彦峰	庞 画	宓则含	孟凡强
孟 聪	赵云彪	赵洲峤	赵 罡	郝鹏翔	郝 赫
胡文翔	胡召一	胡京津	茹星语	钟 山	侯 哲
姚凤蕊	党203博	倪睿婧	徐小峰	徐凌霄	徐紫嫣
殷克迪	高学诗	高祖铖	郭金康	郭彦君	唐水晶
黄彦琦	黄 璜	曹宇创	龚文婷	龚 畅	康志伯

于思颖	于梦虹	马 骋	王艺洲	王 成	王茗涵
王禹菲	王健博	王 硕	王瑞琦	王腾辉	王睿轩
孔令然	邓 兵	邓毓晨	邓璟雯	卢 阳	田枢衡
史 歌	冯 凡	毕晓天	朱明轩	朱理源	行凌波
刘士博	刘卡尔顿	刘志亮	刘环宇	刘泽宇	刘俊杰
刘浩源	刘 舒	刘 聪	齐浩宇	齐 翔	江雨翔
孙泽昊	苏鼎凯	杜山山	李天然	李芯仪	李明智
李和昀	李海生	李家毅	李涵潇	杨 悦	肖 锐
肖 熠	邹林虎	沈星宇	张宇婷	张欣睿	张泽岳
张诗舒	张绍然	张 娜	张 哲	张 睿	张瑾轩
张 澈	张 蕾	陈召龙	陈丽芳	陈学敏	陈梓鸿
陈 影	武江波	武振强	林廷睿	林德武	昌珺涵
金红君	周万强	周彤辉	周君仪	周 奇	周倩羽
周家华	郑博元	赵自然	荣自超	南天龙	邰云鹏
施昌霞	施蒂儿	姚泽凡	贺 鑫	袁 堃	莫怡青
贾国赓	高 博	涂 腾	曹宇辉	常文英	常昊婧
梁 轩	葛文东	葛志强	董辰龙	董学洋	董 斌
覃 珂	程超然	童瑜洁	谢佳君	赖书畅	雷哲轩
蔡奕腾	臧芷育	谭 禹	谭淞宸	熊世杰	樊 星
黎华杰	戴昱民				

生命科学学院

王天贺	王志娟	王 萍	车 瑞	卞 展	叶一帆
叶小洲	叶思达	冯素敏	宁少楷	吉雅晴	吕梦泽
朱家祺	全宇轩	刘凤麟	刘玉婷	刘 旺	刘明珊
刘 洋	刘栩豪	刘晓丹	刘菁菁	孙芳妙	苏嘉昱
杜 硕	李言达	李佳芊	李金超	李炎梦	李 悦
李梦彤	李 琳	李 博	李 瑞	杨超娟	吴小天
吴奕忱	吴博理	邱伟林	邱圆圆	汪 睿	宋 璞
张开鹏	张文博	张东慧	张宇博	张园园	张 宏
张嵩元	陈庆洲	陈峻松	陈雪雁	林 沐	金善钊
居年盛	孟令仪	孟晓萱	降 帅	赵梓伊	郝 宸
柳溪溪	段佳丽	姜焱晨	贺禹涛	柴培远	徐至韵
徐瑞丹	凌梓涵	高 云	高俊鹏	高胜贤	高培翔
郭仲龙	唐泽方	唐嘉祥	黄 盖	梅文彬	戚 志
续 然	彭嘉慧	董 骥	蒋启飞	韩冰舟	程振朝
鲁双嘉	曾 虎	谢梦汝	赖其梁	窦圣乾	蔡甜甜
管仪婷	黎 波	潘 登	潘 颖		

城市与环境学院

于 昭	于家烁	万 婕	马昕琳	马奕欣	王子涵
王正陆	王凌越	王 婷	王 鹭	毛 康	方 琰
叶子君	冉泽泽	付 萌	白云昊	兰心宇	权 璟
朱文媛	朱晨怡	朱 晗	邬紫荆	刘云鹏	刘国华

刘航	刘强	江文君	江颂	杜伟	李伟	任宣丞	任笑萱	华晨彦	邹涵博	刘卢琛	刘江雨
李亦超	李捷	李跃	杨秀云	杨玮琳	杨莹	刘欢	刘沛西	刘泽学	刘添翼	刘超	刘葭蔚
杨萌祺	杨皓哲	张世恬	张若竹	张雯逍	张蛟迪	刘辉	刘强强	刘潇	刘瀛成	关乃清	关智超
张豪	陈笑	陈雪琦	陈博洋	陈瑞	林慧铭	许严	许烨闻	许逸伦	许智敏	阮小可	孙本元
欧阳礼彬	易丽瑾	易侃	金安琪	周萤	周韫卓	孙雨奇	孙泽宇	孙闽旋	孙新昊	麦辉煜	杜仑
赵晔	郝昕	胡天汇	柳璨	俞国军	俞建江	杜华阳	李玉林	李世成	李刘年	李拙	李若宁
袁钰莹	贾文晓	贾润泽	徐炜	徐怡怡	徐赫	李炜	李哲	李晟洁	李豹	李硕轲	李紫阳
高瑜堃	郭永沛	陶印华	黄玲	黄晓红	黄慧婷	李嘉豪	杨帆（14博）	杨帆（17博）	杨庆龙	杨雨成	
阎蕴运	梁雍祺	曾文静	谢金芯	詹子歆	管晏粉	杨雨思	杨凯程	杨程旭	豆旭桉	肖命清	肖特特
谭卓立						时向辉	吴克文	吴侃	吴钰晗	吴梦	吴翊

地球与空间科学学院

丁杨	万杰	马雨轩	马浩然	马博	王家林
王斌昊	王媛	牛菁菁	方先君	方景行	孔淑媛
邓淼	石晓霏	田罡	付天尧	冯禧	宁湘宇
朱英杰	朱递	任桂平	刘丽萍	刘茂林	刘雨薇
刘钰洋	刘璐	江世豪	许晓明	孙元	孙国正
孙曼仪	纪晴	李灵慧	李杰	李昊天	李泉翰
李莉	李爱军	李高峰	李想	杨一龙	杨子珍
杨子浩	杨扬	杨柳	吴红红	闵阁	闵靖涛
汪诗舜	汪贺	沈瑛楚	张君曼	张思源	张修远
张浩源	张家港	张靖雯	张博	陈丹丘	武于靖
金恬	周一剑	周子闵	庞姗	郑绪君	郑智嘉
项洋	赵守江	赵泽严	胡圣懿	胡禛海	段艳廷
侯远樵	姜金廷	宣泽远	祝奇文	姚欣	姚照原
袁冠	柴宝惠	郭晓晔	郭浩	唐建洲	姬泽佳
曹文溥	麻伟娇	隆松伯	董金龙	蒋一然	蒋久阳
程俊毅	程楚云	焦梦瑶	甯濛	裴召文	黎晏彰

心理与认知科学学院

马鸣新	王文佳	王协顺	王原野	王瑾	毛新瑞
文雯	兰起丽	朱呈呈	刘一羽	刘在田	刘建勋
刘彦韬	安乔	孙一玮	孙岚	李天碧	李红霞
李雨瞳	李海虹	杨敏文	应宗珣	张汉其	张金铭
陈一笛	陈籽熹	陈潇爽	茅静	林逸晴	罗敏
周浩	周静仪	郑楚华	郑磊	孟爽爽	赵芷洁
胡艺萧	钱秭澍	郭丁荣	黄佳雨	曹阅微	颜志强

建筑与景观设计学院

王思睿	王舜奕	方瑾	李纪臻	李嘉宁	聂聪

信息科学技术学院

丁可	于博成	于博涵	门怡芳	卫思为	马龙
马连韬	马知遥	王子龙	王丰	王驭捷	王尧
王佩	王春晖	王星瀚	王科	王家恒	王逸之
王琬璐	王韵	牛临潇	毛心旻	仇晓明	方聪
尹瑞苑	孔心皓	邓若琪	邓茵琳	卢丽强	叶思源
叶振涛	田晶晶	史业民	史田田	史百丰	冉德智
代达劢	白宗磊	包慧语	冯哲	皮旺	边慧琦
曲韦霖	吕栋杰	朱佳	朱浩	朱熠恺	任旭彤

工学院

Bhattarai,Pravin	Hameed,Sadaf	于学成	马壮	王泽坤	
王勃	王润森	王博	王淼妍	王强中	王榕金子
方浩明	邓伟	甘云冲	石智宇	石腾飞	石蔚骅
卢裕文	叶继开	付思杰	冯仰刚	冯宇婷	冯韵迪
宁芳华	朱文清	朱为元	朱亚路	向天瑞	刘俊杰
刘谦益	江伟权	汤洁	安子訸	许东方	苏鹏程
杜坦坦	杜政远	李肖音	李佳桐	李依霖	李海月
李博韬	杨振洲	吴龙凯	吴若楠	吴妮尔	吴涛
吴梓川	邹达	邹明初	应亚宸	辛旭东	汪硕
汪靖	张天昊	张亚飞	张驰	张育宁	张妮丝

张春一	张珂新	张亭亭	张闻熙	张盛涵	张 强	田 欣	白浩东	冯 瑛	玄晓宁	刘宇心	刘佳驹
张 雷	张 聪	张瀚文	陈子威	陈岩亮	陈佳玉	安 芮	孙海盟	严 宇	李宁宁	李旭文	杨昭林
陈钧伟	陈 梅	陈铭桐	陈望桥	陈婉雯	陈 策	吴雅珍	岑仕鹏	何 蕾	张子敬	张梦雅	张晨阳
陈善恩	武 翔	尚秋宇	岳 威	金录嘉	金瑞杨	陈建妃	陈 洁	陈乾坤	陈 翔	周厚华	屈 坤
郗 瑜	周一鸣	周伟涛	周 蒙	郑兴文	郑煜衡	赵云鹏	郝宇放	胡裕民	柯彦楚	姚 媛	袁沁妮
孟 伟	孟凯鑫	赵雨浓	胡子伦	胡依雯	胡战超	贾翔宇	徐 薇	唐荣志	黄木柯	管增富	

段培虎 姜 喆 姚梦碧 贾博宇 夏 冬 钱佳琛

中国语言文学系

徐 政 徐 浩 徐逸凡 徐瑞宇 高晓荟 高翔宇

丁 琳	卜天泓	王可心	王平夷	王浞尘	王 翊
王婧雯	王 璐	尹径励	田 彤	冯天禹	吉云飞
朱凯欣	任晓珊	华天韵	刘 文	刘文欣	刘运晨
刘雨晴	刘明洋	刘 育	刘美惠	刘敬一	关 静
孙大海	孙浩浩	李文曦	李衍颖	李梦馨	李 强
杨思思	杨 照	肖钰可	何 骆	余聪颖	沈相辉
张 平	张汐莹	张钰涵	张铭益	张曦月	陈双羽
陈沛祯	陈雪玲	陈敬谦	陈雯琦	青子文	林爱霓
金亦姗	周文妃	周观晴	周 旻	郑涵颖	赵汗青
赵晓华	赵瑶瑶	郝 琦	郝德娜	胡海洋	胡晨曦
钟灵瑶	贺同越	秦雪莹	袁乐琼	袁苗苗	贾 璇
钱墨痕	徐 刚	徐自若	徐 佳	徐梓贤	高著原
高 策	郭亭利	唐枭雄	唐 琪	陈俊谕	黄竹莎
黄多永	黄海斌	康宇辰	彭一沁	葛睿祺	董晓梦
董慧慧	程 悦	童宛村	童 莹	曾笑盈	谢云开
谢可欣	谢欣玥	谢蒙恩	缑清睿	赖 婷	雷 宁
谭 菲	缪 颖	樊迎春	刘修齐	魏 婉	

梁子彬 梁思聪 储昭强 谢书猛 解家琪 翟 盛
滕益华

软件与微电子学院

丁 丁	于 鸿	马文迪	马 畅	马原青	马逸涵
马路遥	王一君	王 天	王宇虹	王寻寻	王林秋
王 凯	王 茜	王顺明	王 敏	王超（软件工程）	
王超（电子通信）	王鹏飞	王嘉琳	王馨萍	从平平	
文 蕾	尹琦玮	孔丹晨	孔冠男	邓文涛	邓杰荣
邓洋洋	邓颖哲	石明晖	石思睿	叶 子	叶 艺
申攀英	白 杨	白强伟	冯枭英	邢一路	吕士龙
吕家力	朱 旭	朱 莲	任维强	华倩婷	华 航
向 往	刘 波	刘思奇	刘培阳	刘鸿辉	刘博畅
闫少光	江雪昕	祁 永	许志鹏	孙小惠	孙庆锋
纪 喆	苏一丹	杜英杰	杜 颖	李云号	李丹霞
李兰君	李汶颐	李英杰	李昌晋	李易瞳	李 昂

历史学系

于 悦	卫子轩	王一哲	王四维	王 尔	王 苗
王佳丽	王泽钧	王雪霏	王琚媛	王嘉锐	车永全
尹佳宁	宁 飞	吕成敏	刘钊希	刘宏泰	刘 祎
刘 俊	刘 敏	刘榕晟	许哲铭	纪浩鹏	杜姝格
李玉蓉	李伟玉	李孟泽	李彦楠	李博涵	吴思贤
张艺维	张 良	张柏惠	陈少卿	陈 功	陈祥军
努丽亚·卡迪尔	邵如阳	林 果	林鼹宇	罗亦宗	
周天羽	郑叶凡	项浩男	赵超洋	郝仁娜	胡梦瑶
贾月洋	徐 铖	徐紫昭	梁馨蕾	董 雨	曾芬甜
谢继帅	谢博闻	潘欣源			

李怡然 李宗朝 李 宜 李昱珂 李信寛 李俊希
李 倩 李凌志 杨亚萍 杨 军 杨寒冬 吴同娟
吴美希 吴 燚 钊 洋 余汇宇 余 佩 邹雨哲
宋采娟 张天凤 张 龙 张华珺 张雨宁 张雨童
张凯悦 张炜驰 张学文 张晓勇 张晓晗 张宸宁
张梦宇 张雪薇 张逸龙 张 琪 张 琦 张斯萌
张楚云 张 煜 张 鑫 陈为通 陈佩珊 陈炳吉
陈超凡 陈筱旸 陈新华 陈福一 陈静茹 陈嘉钰
武 翔 苗炳祺 范禄林 林雷城 易嵘峰 罗 琦
周 普 郑洪东 郑晓东 郑娴琦 赵利梅 赵振宇
赵真睿 胡至平 胡 宇 胡家源 胡 超 柏梦婷
钟 威 姜振东 姜 超 洪 婕 秦东风 耿晓东

考古文博学院

马永超	王子寒	王 音	艾沁哲	田雪瑶	冉智宇
刘丰源	刘云聪	羽紫琪	李 凯	李艳红	李 唯
李博含	李曈岳	肖红艳	吴琪瑶	宋 殷	张天宇
张 吉	张致斌	范宗祥	周雪琪	周逸航	赵小雯
赵雅婧	赵献超	赵 毓	郝春阳	胡文怡	钟燕娣
耿 茜	徐艺菁	崔孟龙	蔡 宁		

桂 杨 索安然 夏春雨 钱文君 徐 伟 徐凯华
徐思文 徐 蕾 徐 璐 陈郁文 陈冠丞 陈韋仁
陶辛茹 陶俊明 黄文婷 黄永森 黄坚强 黄绍珂
黄钦印 黄家梅 黄淀一 曹 路 崔一帆 崔曜轩
章雨幸 阎钰璠 梁煜彬 董海军 韩广芝 韩 凌
喻 凯 焦诗雨 温天麟 谢利娟 谢良伟 谢贤彬
谢 琛 谢 楦 杨仕豪 杨 曙 蔡易伦 蔡易儒

哲学系（宗教学系）

王一楠	王少川	王 丹	王书文	王曦璐	石沁梓
田 妍	皮佳佳	吕天择	仲 威	刘慧珉	闫琦琛
闫 磊	祁 箫	许可	许 瑞	孙兆程	孙嘉阳

蔡宜君 熊小龙 戴俊奕 魏晓聪 颜崎展

环境科学与工程学院

干雅岚 马 丁 马知遥 井泽华 毛 璐 龙治锦

杜敬婷	李牧今	李　星	李浩田	李寒冰	李　源
杨偲劢	吴　瑶	张　丁	张英飒	张　怡	张晓天
张高博	张焱森	张　璟	张鑫磊	陈　栋	陈辞达
陈嘉康	苗　玥	岳鹭遥	周　敏	周敏萱	郑　植
孟繁昊	赵文涛	侯　莹	施世泉	姜明佳	洪哲泓
姚　瑶	袁　恬	徐璟萱	黄光旭	许家瑜	康雅琼
韩雪梅	傅志伟	舒　展			

外国语学院

丁灵劼	刁慧琳	万明远	马　骁	马浩成	马　骧
王佳晨	王思炜	王　恺	王夏萱	王梓寒	王逸微
王嘉璐	尤丹倩	毛　旭	卞　鹏	方　懿	甘文雯
卢宇嘉	田思佳	乐石滢	冯丽平	冯筱航	邢　旭
吕如羽	朱　晨	伍小凡	庄思腾	刘娅颉	刘浩瀚
许文婷	许阳莎	阮诗芸	孙　一	孙雨奇	孙　睿
远　思	李中慧	李心怡	李沅鑫	李坤逸	李牧翰
李宛凝	李洋洋	李晟泽	李陶源	李啸宇	杨雨菁
杨泽坤	杨睿颖	吴张心安	吴　迪	吴奕凯	何凤仪
余晓慧	谷雨薇	邹文卉	汪靖尧	宋心怡	宋奕璇
张江龙	张育铭	张泽懿	张怡轩	张桐川	张博桢
张皓莹	陈必豪	陈　溯	林依莉	金郁昂	金骁枫
周一帆	周　佳	周宜婧	周　孟	周桂榕	周悦峤
郑友洋	郑可欣	单　晨	房一品	封晓华	赵心悦
赵　娜	赵彬宇	胡子琦	胡　沐	胡　玥	胡昕怡
胡南夫	柳　媛	段洵美	姜齐豫	秦子童	钱曾一
倪梓璇	郭笑遥	郭娟娟	唐书博	唐羽影	陶　然
黄天怡	黄灿琦	黄博典	盛新琳	常洋铭	崔紫微
章震尧	梁颖怡	蒋天若	程兰岚	程芷薇	程潇雨
赖雨琦	甄大千	解　村	廉欣然	滕小涵	潘啊嫒
潘晨希					

艺术学院

丁艺淳	王亚群	王雅涵	叶　馨	白晓晴	朱　也
朱钧霞	刘梦然	孙茜蕊	李斯扬	岑天翔	何雨霏
何愉棋	宋　洁	张艺璇	张立娜	张　薇	陈小琪
周若瑾	周婉京	郑中华	赵雅杰	栾琬婷	黄川夏
曹书航	康　笛	蒋含韵	漆袁雯		

对外汉语教育学院

于小珊	王思雨	孙百彤	芮旭东	李　水	邱新仪
邹雨彤	张子璇	张华韵	张钰钗	徐畅溪	郭瑞丽
蒋思艺	韩澍芃	雷　菱	蔡汉斌		

歌剧研究院

李佩佩	迟媛媛

国际关系学院

于佳鑫	于脱颖	于舒婷	王心怡	王　冉	王君莹
王诗语	王　博	王瑜贺	左正浩	卢雨枫	冯　凡
毕蔚兰	朱睿晗	仲九真	刘兴沛	刘雷蕾	汤晓路
许学人	孙大权	孙　冰	孙思洋	负　晓	买　玲
苏靖然	李依菲	李欣达	李金洋	李嘉钰	杨雨洁
杨炎哲	杨美姣	杨晨桢	吴昊昱	汪国彰	沈雨怿
沈家璇	宋一苇	张力今	张乐齐	张宇轩	张　纤
张　硕	张琼星	张焯晞	张渝嘉	张富媛	张　鹏
张　蕾	陈　凤	陈桂华	陈得春	范静远	尚　斐
尚　旸	罗子晴	罗　兰	罗咏欣	罗雅如	金旻河
周子祺	宗晨曦	孟文婷	赵修杰	胡宝艺	胡梦珏
施文律	姜孜元	索　尔	殷逸煊	郭惠清	郭雅欣
黄　震	龚若菌	梁　鸿	梁舒淇	傅泽雨	谢天屹
靳高灿	赖雯燕	熊珮雯	黎畅畅	霍宸霄	

法学院

丁晨妍	于文林	于玥晗	于浩洋	于楚涵	万子芊
马　悦	马铭鸿	王一帆	王天雨	王丹文	王　宁
王宥人	王宥力	王晓臻	王倩男	王　烨	王淑馨
王　琛	王嘉钰	王　磊	支玉晨	文玉婷	方柏兴
甘兆敏	龙继伟	卢亮辰	叶李庆	田　园	包思雨
包康赟	冯思邈	冯韩美皓	冯紫薇	宁婧辰	邢文升
吕　晓	任一桐	刘汉堂	刘行止	刘译矾	刘　岩
刘厚澎	刘静涵	刘嘉玮	孙的妮	孙宝新	孙笑涵
孙梦迪	孙甜甜	苏　宇	杜中华	杜金峰	杜　茵
李亚鹏	李志恒	李君强	李枚远	李卓倩	李昕航
李洪威	李　莹	李梦帆	李逸斯	李　琳	李博涵
李舒豪	李婷婷	杨欣媛	杨润润	杨婉仪	连　婧
余元帅	余瑞麒	邹星光	汪　琴	宋熠雯	张宇诗
张萌萌	张维营	张　璐	陆雯菁	陈至仪	陈卓唯
陈欣怡	陈海雯	陈清云	陈嘉敏	陈漳林	陈　璨
邵　聪	苑梦觉	范桁端	林玉萍	林惠妮	林　雯
林舒阳	林鹰谷	卓懿伟	罗仪涵	季冬梅	岳淑卿
金昊宇	庞　颖	郑心怡	郑烨烨	郝家慧	胡　松
南红玉	钟鑫雅	俞　笑	姜贺文	祝梦真	贺晓朦
贺　朝	秦中元	袁一绮	聂煦东	夏江皓	钱若凡
徐依兰	徐美玲	徐浩哲	徐盛阳	徐章航	翁雯雯
高　莹	唐瑛培	涂欣筠	黄宇骁	梅奕来	曹湘宸
龚立雯	龚浩川	符怡然	康　骁	彭　宁	彭雨溶
彭思涵	彭香怡	黄愉翔	葛　红	董　洁	董　宸
蒋雨璇	韩之琳	韩昌峻	韩倩旎	程　庆	温宇璇
谢可晟	靳澜涛	雷　琦	路自宽	满艺姗	蔡云飞
蔡晶潼	谭　晨	潘　宁	潘　玲	戴俊峰	魏昭睿

信息管理系

马佳萌	王凤翔	王越千	车尚锟	朱恩泽	刘千慧
	刘　奕	刘　莹	刘晓慧	刘　悦	刘涵蕊	李佳红
李孟阳	杨明仪	宋筱璇	张一心	张恂达	张晓芳
张　影	陈一新	陈美华	苗美娟	岳铁骐	赵柯然
胡云怡	洪采菲	高嘉骐	郭一潇	桑裕臻	曹　旺
崔　汭	彭　婉	燕道德			

社会学系

王赟翔	毛彦丁	文　雯	叶　涛	代小雪	宁嘉慧
朱颖哲	乔天宇	任鹤坤	刘大权	刘林青	刘雪伶

闫可依	孙梦圆	李凯琪	李适源	李彧强	李晓菁	李子安	李心怡	李东霖	李昊颖	李　欣	李润新
李淳墨	杨云渊	吴文馨	吴柳财	何奇峰	宋一璐	李婧宜	李　想	杨静怡	吴丹阳	吴江玥	何颖桢
张　月	张世亮	张雨晴	陆腾莹	阿依努尔·艾尼		余　航	汪子健	沙学康	张宁川	张雨萱	张　昂
瓦尔	邵　嶷	林小燕	欧玄子	罗　祎	罗漪涵	张菀玲	张　逸	张琳颖	张慧琳	张瀚垚	张馨月
金　杰	赵远帆	赵启琛	赵珮昕	赵　璐	俞　彬	陈明华	林良杰	罗晓萌	周凌云	郑宇西	房星妍
倪羌頔	唐睿清	黄诗曼	康　昕	梁佳成	黑若琳	孟　洁	赵家琪	赵康辰	赵新玉	胡心屹	胡雨昕
程令伟	善禹菁	蔡洪波	熊志颖			胡峻熙	侯思捷	俞文奇	施艺	姜彦文	姚扬帆

政府管理学院

于　欢	马佳磊	王　明	王　晨	古恒宇	史洪阳
西莉亚	吕　爽	朱玉慧兰	刘明月	刘怡君	刘超飞
汤　彬	孙　响	孙　硕	孙照哲	牟春晖	李　亮
李雪纯	李颖妍	李　靖	李嘉晖	杨　涛	吴雨坤
吴笑葳	何　琦	汪欢颜	沈奕彤	宋昌耀	张守刚
张　禹	张唯一	张耀之	陈小凡	林靖欣	尚俊颖
周逸凡	郑秋怡	孟　鑫	柏艾辰	钟林睿	姜　研
姚清晨	徐梓原	高　波	黄　泽	黄昱然	黄思敏
彭炼哲	曾奕婧	曾楚原	谢长村	黎　泉	

骆宇帆 袁洛琪 夏　楠 徐　萌 郭一帆 黄子洋
黄兆瑞 黄苏荣 黄诗婷 曹毓倍 戚逸康 梁银鹤
尉银杰 董婧延 董靓钰 韩晨宇 韩　森 程宇畅
曾伟盈 窦雨童 谭伊静 潘思成 魏辰皓

光华管理学院

丁兆强 马　悦 马雪静 马德隆 王一凡 王　月
王至纯 王宇飞 王宇晴 王　寅 王瑞思 木乙羽
邓若芸 龙小鹏 卢礼威 卢昱周 叶子彰 白惠天
朱宇昕 朱　妮 朱俊瑞 朱菲菲 朱　攀 刘力文
刘夕黎 刘吉宁 刘雨心怡 刘明辰 刘明皓 刘　欣
刘函宇 刘峻豪 刘晨曦 刘靓晨 刘解语 汤　杰
汤晶淼 许　可 许睿谦 孙凯风 孙锡萌 严志远
严　瑾 苏静仪 杜佳宸 李　力 李子晗 李世瑶
李可航 李　仪 李育松 李泽远 李珍言 李津宇
李　浩 李浩民 李　野 李敏宽 李靖怡 杨成琳
杨欣翰 杨思琪 杨梓琳 杨雅欣 吴佳颖 吴　瑶
吴　蝶 邱钰清 何玉麟 冷文浩 闻浩楠 闵亦杰
汪文佳 沈铂涵 沈歆璐 沈　睿 初佳慧 张兴华
张佳阳 张俊锋 张凌瑄 张　晗 张　锐 陆天寅
陆哲皓 陈晓珩 陈梓林 陈　晨 林　欢 林颖倩
郁书扬 欧　一 卓佳如 罗　杨 金子歆 周若馨
周　茜 周慧珺 郑翔宇 孟凡英 孟舜英 赵木语
赵扶扬 赵健宇 赵梓博 赵　晗 赵　瑞 赵聪聪
荣一郎 柯宇琦 柯博帏 钟也楠 俞　燕 施知序
闻人贝妮 姜　畅 姜舒文 宫　蕾 费怡凡 秦　意
袁玮婷 袁　悦 贾竞航 徐安如 徐铭威 高一丹
高瑞翎 郭力源 郭東周 郭孟禹 郭　理 涂涴童
黄　楠 曹成龙 曹好吉 常啸天 常雅玲 望熙晨
董书凡 韩　雪 程　宇 曾昱顺 谢晓薇 靳　菲
蓝爱真 雷双霜 雷雨佳 蔡晓雨 穆涵文

马克思主义学院

王继华	田青禾	付锦睿	冯德昕	司明宇	毕照卿
任培艺	张玉杰	陈艺文	金德楠	周　泉	侯春兰
梅沙白					

教育学院

卜尚聪	王小青	王梦倩	王晶心	白一平	乐惠骁
邱文琪	沈裕挺	张心悦	张沛康	张静蓉	陈东阳
欧阳嘉煜	郑　琦	郝晓伟			

新闻与传播学院

马晓龙	马静雅	王梓璇	邓方梓琳	邓玉成	邓陈晖
皮家璇	巩　固	吕安琪	吕惠之	朱盈臻	向灵柯
刘玉涵	刘　晨	刘　婵	安孟瑶	杜羿萱	李　洋
杨轶佳	邱渝湘	何芷桐	邹　彤	邹慧玲	张　艺
张冉玥	张晓辉	张润芝	张诺娅	张越扬	陈哲奕
陈　晨	罗　毅	金　巾	周　洁	郑江浩	郑深宇
河原真由美	赵静贤	荣赛波	莫慧娟	徐元正	徐凌峰
郭雨辰	曹　萌	蒋乐来	虞　悦	阙佳欣	蔡雨洋
蔡依依					

体育教研部

| 杨　涵 | 沈璟婷 | 彭佳乐 |

新媒体研究院

| 及　桐 | 刘爽健 | 肖贤明 | 张博令 | 张露瑶 | 周德鹏 |
| 孟艳芳 | 段雨濛 | 谢宇程阳 | 褚建慧 | | |

人口研究所

丁若溪 王华磊 刘　艳 李　君 张　雯 陈　杭
邵镜儒 郑翾翾 赵艺皓 胡雅坤

国家发展研究院

王　骞 申雪婧 邬昕瑞 刘　曼 李思麒 杨笑寒
陈歆昱 林　宇 沓钰淇 孟星辰 赵艺迪 袁锡林
聂　卓 黄和清 樊仲琛

经济学院

马张弛	王一凡	王飞宇	王　帅	王立夫	王雨薇
王茜雯	王雪斐	王　璐	王瀚洋	尤　浩	石　琳
冯文君	毕子珑	毕　悦	吕有吉	朱可彦	朱启晗
刘中兴	刘宇晴	刘昱靖	刘泉锐	刘　夏	刘　琪
刘朝煜	许婧婷	许　旸	孙可然	孙兆昕	苏治成

元培学院

| 卜禹超 | 马长宙 | 马若尧 | 马欣然 | 王心怡 | 王雨琪 |

王鹿笛	王博宇	王　寒	方　舟	方嘉齐	尹志祐	孔祥蔚	邓　扬	邓新新	左　泽	石　伟	石林林
卢鹏举	叶天瑶	申智惠	田童话	付昊皓	冯妍慧	石黎梦	叶方舟	叶伟健	叶羽砚	叶路奇	田聿申
朱　戈	朱玉婷	朱寅杰	刘允洁	刘书铭	刘　波	史晓东	付天钰	白　波	包鹏巍	皮嘉勇	曲恬甜
刘奕好	刘梦茹	刘堂兴	刘婧姝	刘雅榕	刘德欣	朱亚楠	朱存正	乔　莎	乔雪姣	任文举	任丛雅旭
许成伍	许瑞晗	阮良旺	苏　婕	苏敬童	苏　睿	任玥玮	任俞睿	任逸哲	向仕杰	刘久炜	刘云舒
李卓然	李欣然	李南鸽	李奕威	李彦熙	李　哲	刘钊祎	刘孜威	刘金泉	刘春怡	刘菁菁	刘梦然
李原榛	李倩怡	李雪莱	李晨光	李　蒙	李璐瑶	刘　颖	闫加磊	关文婕	江意翔	汤国柱	安子轩
杨　依	时　畅	邱　玮	何忠昱	汪　毅	沙　非	安　珂	许亦靖	许郁冰	许　睿	孙书豪	孙博轩
张习书	张　正	张宇航	张　良	张欣妍	张怡文	苏艳平	杜文杰	杜依杭	李广阔	李长霖	李文军
张　峻	张瑞石	张煜婕	陈一宁	陈思禹	陈　鹏	李可可	李　沁	李　昂	李昱洁	李　桐	李　夏
苗子壮	范瀚允	罗天创	罗延桢	周扬帆	周　舟	李超凡	李超清	李　想	李嫣婷	杨　光	杨　丽
周雨飞	周毅京	孟若为	赵兰昕	赵海琰	赵睿文	杨　昕	杨晓雨	杨　瑞	杨璐宁	肖晓楠	肖康林
胡诗云	钟希妍	段雨璇	段敏萱	施季青	贺芸柯	吴小宇	吴松柏	吴奇宏	吴　炫	吴细艳	吴锗珊
贾晓文	夏天茹	夏心怡	顾开元	倪彦俊	倪梓强	邱淑娴	余巧垠	谷翼涵	汪一凡	沈小雪	张双双
徐旭阳	徐银樨	徐敬旭	郭东麒	郭昭清	郭　奕	张立羽	张林瑞	张佳柠	张泽政	张晓宁	张　涛
唐　妍	黄北辰	黄金迪	黄道吉	章炜翊	梁璐琪	张菲菲	张　晨	张曼玉	张　敏	张　琦	张　辉
董　亮	蒋嘉毅	韩思岐	程翊华	曾宝熠	谢昊洋	张　瑶	陆小婵	陈风雅	陈亚杰	陈　成	陈佳鑫
谢璐阳	裴　钰	翟颖佳	魏　来			陈　茜	陈雪（16硕）	陈雪（17硕）	陈道源		

燕京学堂

邓沛菱	艾娜泽	刘新宇	许悦驰	李梦冉	李梦真
杨仲舒	余沛捷	赵夑莹	高梅芸	唐晓周	黄思卓
蒋隆文	管宏宇	戴丽天			

陈　静	陈　瑶	陈嘉明	邵蕙婷	武丰瑾	范　欣
林　凯	林　莺	林　桐	卓　楠	易水平	罗丹青
罗方焓	周丝雨	周宇进	周　洁	庞　璐	郑　宇
郑虹倩	屈刚毅	项　琳	赵　可	赵　岩	郝梦宇
胡凌彦	胡锦浩	段　阳	施薛优	姜瑞铃	姚欢宸
贺　玉	秦　璇	贾雪雷	贾博丽	倪永红	倪莉莉
倪　想	徐天娇	徐　传	殷语阳	翁谋毅	高盼盼
郭升晖	郭柏宏	涂娟辉	陶卓霖	黄加耀	黄荣乐
黄济乐	黄　超	戚佳玥	龚昕月	崔宛龙	崔璐婷
章梦珣	章　葳	梁园梅	董宁钢	覃　孟	程雨婵
程敬徽	童莎莉	曾　惠	谢　忱	靳兆晨	虞梦雪
鲍秦杰	蔡　丹	蔡佳宇	蔡爱玲	蔡锐帆	雏义凡
谭诗凡	熊　乐	熊　威	潘丹阳	薛　晗	霍新新
衡喜丽	鞠　俊				

前沿交叉学科研究院

于欣欣	于智薇	马　力	王三山	王文佳	王协盼
王安琪	王妍坤	王英英	王雨薇	王泽群	王乾东
王　媛	石　阳	田永路	田艳华	冯丹蕾	任祥娟
刘正鑫	刘梦豪	孙汉涛	孙　科	孙　辉	孙　霄
严智强	李辰威	李　响	李逸坦	李博文	李瑞风
李静云	李　聪	杨明瀚	时旼旼	吴兴龙	吴　蔚
余星星	张书文	张益豪	张　菁	张　超	张博玮
张鲁杰	张嘉宾	张　慧	张　默	陈依东	陈学先
尚明月	罗祖源	周文昊	郑宇轩	郑良涛	赵悦楷
胡凌寒	段元格	姜晓静	莫　测	原荣荣	徐云雪
徐优俊	翁昕钰	高帅师	黄　荣	梁　凯	梁　晶
董一名	蒋婉莹	程　淼	谢雨彤	雷芷芯	熊旭深
熊　盼					

分子医学研究所

丁晚秋	王英凡	牛延革	邬德超	杜莉莉	张婕婕
欧宇辉	岳晏竹	郑如意	赵志华	郭　强	蒋晓涵
温　蔚				

深圳研究生院

于佳琳	马丽滢	马建兰	马洁茹	马斯琴	王　山
王子剑	王艺霖	王　宁	王旭辉	王　宇	王　羽
王志鹏	王昊炜	王　佳	王怡宁	王闻博	王　娅
王夏峰	王萌岚	王蓝苹	王　骞	王嘉政	毛艺霖
文纾可	文金元	方　黎	尹文杰	孔伟杰	孔　宸

基础医学院

吕天节	于周龙	马　骁	马宁宁	王　林	王　悦
王　麟	王子禛	王云霞	王世琦	王安意	王君佩
王昊敏	王迦南	王俊博	王铭钦	王智炜	王雷婕
王鹏程	牛　钦	卞文杰	计　欣	邓心玥	邓兴宇
邓宇轩	邓常文	左　炜	卢彦宇	田怡雪	代妮妮
白永泰	包　洁	冯　薰	冯金秋	师千与	吕雨涵
吕琳婷	朱奕彰	朱梓铭	任金玲	华文轩	刘　轲
刘　真	刘万利	刘小荃	刘艺涵	刘玉彤	刘怀存
刘泽祥	刘姝婉	刘雪松	刘晨虹	刘聪聪	闫会萃
闫海江	关苏敦	孙　嘉	孙兆猛	孙周杰	孙晓婉
孙儒雅	阴雯臻	苏　昊	苏兰馨	苏坤旗	苏明泽
杜　喆	李　闻	李　琴	李　想	李天翊	李云乔
李心楠	李传宇	李芷晴	李丽丽	李佳宇	李佳曦

李振宇	李晓菲	李晓鹏	李铭扬	李静煊	杨　慧	朱蕴卿	任　贺	庄振煌	刘　琰	闫泽玉	孙一鑫
杨　鑫	杨明达	杨旻谌	杨泽亮	杨春雪	杨婧琳	孙至佳	苏梦凡	李　杰	李　曼	李　琦	李　颖
杨瑾裕	杨霖健	肖　楚	肖宇嘉	吴　芃	吴伟强	李伟豪	李秀翠	李闵涛	李宏宇	李柴全	杨明芳
吴宇霏	吴丽琨	吴冶君	吴漫琪	邱卫鹏	何睿哲	吴　曼	吴昀效	吴荣山	沈玉卿	张　幸	张　亭
佘少平	余骉亿	沙木哈·巴合提别克		张　羽	张　凯	张　涛	张　雪	张　黎	张文楼	张圣捷	张佳伟
张　博	张　蔚	张　璐	张月明	张巧玲	张庄宜	张建芬	陈　娟	陈媛媛	林力孜	岳芷涵	金怡晨
张苏欣	张昕玮	张泽铭	张学超	张孟钦	张宽根	金楚瑶	周　仁	周　迪	周书铎	周庆欣	周吴平
张展奕	张曼泽	张铭津	张渝昕	张嘉昕	张燕丽	宗艳妮	侯星朵	侯晓鸿	贺冰洁	莫云辉	倪文丽
陆　璐	陈　展	陈红艳	陈雨萌	陈怡然	陈珂彦	徐凌璐	高　迪	郭雪儿	黄吉科	曹亚英	常新蕾
陈思睿	陈思鹭	陈琦婧	陈嘉怡	林浩东	和晓堃	康良钰	梁思园	彭远舟	董　伟	董彦会	韩冰峰
金　彤	金　昭	金　煜	金滋润	金默然	周长萍	韩沛恩	景正伟	智翠娜	程　思	曾芷青	曾剑英
周伯丞	周晓佳	周晨昱	周敏琪	庞智屿	郑茜宁	雷园婷	蔡　豪	蔡志环	樊萌语	魏玉虾	

护理学院

宗　艺	孟　畅	孟　佳	赵宁睿	赵安娜	郝俸锌
胡忠林	钟启航	侯　超	侯郡潇	昝金灿	耿嘉懿
夏华钦	原逢杰	党婉文	倪坤明	徐晨忠	高尔雅
高佳宁	高璐阳	高瀚男	郭邵逸	涂　雅	陶昶煜
黄之贞	黄蓉婷	常　芬	常祥文	崔昌婷	崔春梅
脱毓蓉	麻宇颉	章琳琪	彭贤龙	彭靖予	葛　玲
董　理	蒋　旸	程晓雷	曾婉嘉	温含璐	游环宇
游铠强	谢江淼	谢思安	褚文慧	臧　瑶	廖章正
翟福骏	滕　霞	薛亦伟	霍燕斐	穆丹妮	魏示若
瞿赛思					

于　淼	马素然	王　琴	王若愚	王崇锟	龙天雪
兰　悦	乔笑莹	刘沛源	刘偲佼	苏　叶	李佳钰
李诗嘉	李梦诗	邹凯乐	张　乐	张　利	张　欣
张力川	张雪儿	陈相如	林　川	周　璇	屈　萌
赵小燕	赵元萍	侯罗娅	郭梦岩	黄　忻	梁　杰
谢桂兰	靳　帅	蔡　燕	颜永阳	潘沙沙	瞿水香

药学院

丁焕弟	于　晶	万彦军	马昕玥	王　宇	王　妍
王　贺	王子龙	王心雨	王伟琎	王国英	王昱曦
王俊雨	王浩领	王翰轩	左　翼	田　野	付川询
代振凤	朱月洁	朱玉超	朱宇豪	刘　谈	刘　曼
刘　溪	刘　睿	刘永清	刘晓昕	刘晓艳	刘晓莺
刘海超	刘慧颖	刘凝丰	孙亚楠	扶　宇	苏晓璇
李　芮	李　铮	李　腾	李光耀	李宏月	李卓越
李茜茜	李奕言	李晓桐	李嘉嘉	杨　金	杨　辉
杨立鑫	杨红帅	杨芳迪	杨璨羽	吴柏林	何　田
谷延伦	沐黎敏	宋　宇	宋再伟	张　肖	张　坦
张　泸	张子沛	张丰哲	张守祺	张建平	张婵娟
张敬茹	陈　逸	陈　颖	陈文君	陈昌买	陈思聪
陈晓玲	陈梅芳	苑广涵	范明华	金　润	周瑜珍
郑　强	郑天歌	屈静晗	郝艳丽	胡利明	贺俊斌
秦　波	耿　泽	莫玉霖	徐　帅	徐金祥	郭昱辰
郭楚宁	席　蕾	陶宸冉	黄　涛	曹丹丹	曹亚飞
梁文君	梁海珍	董伟东	韩　琳	韩梦仪	韩蕙泽
程佳路	储志远	蔡庆徽	蔡思娜	熊剑亮	颜雯璐
魏琦佳					

公共卫生学院

于　欢	马雨佳	马佳卉	王月清	王冬萌	王利康
王宗斌	王紫荆	王鑫培	毛瑞雪	申嘉澍	田　甜
付张萍	白安颖	冯慧敏	皮　鑫	朱　正	朱淑静

公共教学部

马庆华	王子轩	王羽琪	王茜雅	孔　悦	邓奥弋
龙天音	刘　姝	刘润青	李　莎	李明月	李佳怡
杨　乐	来晓真	张　羽	张靖宇	陈其佳	赵亚婷
顾晴晴	傅淼渟	熊华仪	薛　晓	魏　佳	

第一临床医学院

于　娜	于　靖	于冰心	马　帅	马永琛	王　琪
王向熙	王兆伦	王安琪	王怀玉	王佳平	王竞雪
王银浩	王超卉	王紫薇	毛乐乐	方　舒	邓　会
卢星星	戎　欣	朱冬冬	朱丽娜	延会芳	全　葳
刘　义	刘　水	刘　怡	刘伟康	刘应南	刘雨奇
刘振华	刘雯雯	江　路	孙　超	孙晓莹	孙蓬飞
杜晓婉	李　猛	李一帆	李佳润	杨　凡	吴　靓
吴培莉	冷方达	宋海峰	张　静	张木蕃	张晓明
陈　岩	陈玉迪	陈旭豪	陈米芬	陈佳慧	陈泽洋
陈顺伦	邵　锦	范燕彬	林　莉	林乐涛	罗江滢
金　巧	周　玲	赵自芳	赵晨旭	赵婧祎	钟伟龙
姜一梦	洪金妮	秦胜堂	耿悦航	殷　亮	郭芳芳
龚　潘	崔　明	梁荣月	塔拉提百克·买买提居马		
彭　程	彭意吉	葛　琳	董　博	蒋奕潇	景晨迪
焦　洋	谢文慧	谢志颖	詹永豪	樊　勇	潘玉雪

第二临床医学院

丁　奇	王　涛	王　琴	王宜旭	王振帆	王晓晓
牛庆雨	尹　平	尹玉瑶	龙　泽	包道日娜	刘小扬
刘丽华	刘明远	刘佳佳	刘航齐	刘硕硕	孙　婧
苏丽娜	李　夏	李佳卿	李梦洋	杨　甲	杨　璐
杨凤泊	杨文博	杨致远	吴　恬	吴利新	吴雪玲

汪星霖	张 思	张 钰	张 琛	张沛阳	张国栋
张建港	张琳崎	陆美秋	陈 曦	陈家丽	苗泽群
林燕莺	周亚兰	郑雅莉	孟漱石	秋宇典	袁玉松
贾晓璇	徐郑丽	高 悦	郭静静	黄子雄	黄秀婷
黄博轩	曹乐清	曹谢娜	曹婷婷	龚 晨	崔浩然
康冠楠	彭 芬	蒋欣彤	蒋洪朋	蒋真斌	喻冠杰
智 慧	曾巧珠	靳 睿	虞 亮	蔡 璇	蔡家惠
熊玮珏					

第三临床医学院

丁 蕾	万 雨	马闰卓	王 硕	王 超	王 犇
王 攀	王冰炎	王关卉儿	王宇宸	王岳鑫	王婵娟
叶圣龙	丛竹凯	乐云逸	朱诗玮	朱培秋	任佳琦
刘耘充	刘艳艳	刘珺玲	刘梦苑	闫艺之	孙 洋
李 飞	杨 朋	杨嘉瑞	杨馨蕊	肖 丹	肖若陶
肖琪严	何林辉	宋亚男	张丽娇	张季蕾	张剑姝
张高祺	张梦倩	张馨田	陈 晨	陈君逸	苗欢欢
范道洋	范蒙洁	林艺华	金 兴	周思宇	郑丹蕾
赵梦林	郝有亮	姜 帅	姜蔚蔚	祝俊雄	秦 萌
袁 磊	耿 霄	倪凯文	徐慧敏	高冠英	郭怀珠
陶河清	黄 昕	曹 琳	常晓丹	韩耕愚	温 杰
甄敬飞	雍 磊	管志远	潘亚静	魏庆广	魏枢华

口腔医学院

于 敏	王 禹	王 楠	王一铭	王贵燕	王晨新
王睿捷	邓珂慧	石 梦	卢洪叶	吕婉琪	危伊萍
刘 佳	刘 朋	刘雪楠	刘颖君	齐亚平	关筱媛
李 金	李 峥	李 晶	李伟伟	李秋菊	李晓蓓
李梓萌	李博文	杨 溢	杨 帆	杨乔林	杨明媚
杨聪翀	吴 训	吴政达	佟佩远	余 淼	张一凡
张云帆	张亚琼	张国昊	张凌云	张浩筠	张梦琦
陈欢欢	陈浩天	陈慧中	国 慧	岳慕心	周 东
郑 燕	赵 映	郝柯屹	胡鑫浓	钟雯婕	闻一凡
姜 淞	袁临天	夏 龙	徐田松	郭小龙	郭思琦
郭燕宁	黄 燕	黄华明	梁雅婧	揭伟萍	彭 俐
彭扬帆	韩子瑶	曾 蕾	鄢 祥	蓝 璘	雷 蕾
翟 墨	薛竹林				

临床肿瘤学院

王 鲁	王言焱	王怀宇	王晓航	石晋瑶	白秀梅
乔 梦	刘亚璐	杜晓娟	李排云	张盼盼	张攀攀
陈心怡	陈祖华	林小婷	帕拉沙提·合依力木		
赵 倩	徐晓霞	高 畅	高 品	高哈尔·卡德尔汉	
郭晓轶	崔 璨	韩子翰	谭 琴	魏晓婷	

精神卫生研究所

王 骁	汤欣舟	孙娅京	李 磊	汪子琪	陈彩丽
邵 岩	罗翔升	岳鑫鑫	周 琪	阚建宇	潘美蓉

中日友好临床医学院

王 峰	邓益森	叶利芳	田 敏	李 颖	李拟东
杨红霞	何宇辉	宋 锴	张 萌	张 頔	苗朝阳
禹汶伯	聂强强	原 昊	顾鑫蕾	矫宾宾	彭 越

第四临床医学院

马一凡	王宇鑫	卢 帅	乐晓峰	伍庭芳	刘 路
孙伟桐	孙仰仰	李秋雅	杨舒雅	张志军	陈依民
陈紫晗	周小婷	高向阳	曹梦琢	潘少容	戴一博

第五临床医学院

刁统祥	王贝宁	朱婉榕	刘东明	苏晓凤	李 锐
李 慧	李丹霓	杨春晓	肖 宇	张悦怡	罗诗雨
袁一迪	唐月明	韩惠秀	程嗣达	曾 怡	潘雁楠

第九临床医学院

王 亮	郑 兴	胡继立	郭懿樊

航天临床医学院

王鼎元	卢亚辉	史安腾	李 可	李竹君	张 洁
张存正	陈瑞伟				

首都儿科研究所

王圆圆	李 森	周瑞洁

地坛医院

宋 歌	张 健

解放军302医院

孙子健	李甜甜	姜 楠

回龙观医院

赵 青	谢 婷

深圳医学院

王方曦	邝昊悦	李子卓	杨晴晴	吴宏伟	张 龙
赵思萌					

首钢总医院

赵霄潇

港澳台学生

陆玄女	林欣颖	敖晓晴	黄贞华	黄丞贤	薛毓琦

优秀学生干部标兵

物理学院

李菁桢	邹 瑜

化学与分子工程学院

董逸帆

城市与环境学院

孙轶斌

地球与空间科学学院

张 岩

心理与认知科学学院

席中海

信息科学技术学院

伍洋君	赵鑫泽

工学院
陆建洲　赵　磊

环境科学与工程学院
周丽玮

历史学系
王　莹

考古文博学院
魏子元

哲学系（宗教学系）
山　冲

外国语学院
卢　赫　李佳盈

艺术学院
高　琰

对外汉语教育学院
徐杨佳文

国际关系学院
王芷嫣

法学院
卢梦婕

社会学系
庄忠青

政府管理学院
张　辰

教育学院
杨　瑞

新闻与传播学院
周　弘

新媒体研究院
周　伟

经济学院
张沛阳

光华管理学院
王　琛　辛　星

国家发展研究院
王昱博

元培学院
张冠鹏

前沿交叉学科研究院
梁如琪

深圳研究生院
王　平　赵　旭

基础医学院
李宇轩　杨　帅　周庆庆　耿晓强

药学院
宋金洋　郭相孚

公共卫生学院
代　聪　吕瑾茛

护理学院
徐　畅

第一临床医学院
罗　皓

第三临床医学院
潘晓宇

口腔医学院
陈　鹏

优秀学生干部

数学科学学院
于翔宇　王　亮　王钰铭　杨云帆　杨帅杰　佘煜轩
陈佳森　罗　艺　竺仕鹏　崔　畅

物理学院
刘丹烁　刘轶男　孙博爱　肖　丽　汪子龙　张　宁
陈　平　陈阳阳　孟子轩　邹瑞啸　梁　博　韩天洋
魏　来

化学与分子工程学院
于小淞　王文韬　艾万鹏　李　琛　李皓宇　余侨林
赵银花　夏陈马雅　臧士豪

生命科学学院
幺旻珺　朱　舟　关嘉良　何仁喜　张　禾　金婉婷
袁玮鸿　谭一敏

城市与环境学院
申子靖　刘　可　李一龙　张新悦　聂艺菲　蔡　茂
廖奕楠

地球与空间科学学院
王泽鑫　刘庆彬　齐厚基　孙唯一　宋思宇　姚健鹏
程传宝

心理与认知科学学院
王　婧　汪雪莹　赵　楠

建筑与景观设计学院
李羿蒲

信息科学技术学院
于筱涵　王树民　史晨策　向东伟　刘　帅　杨昊璋
肖寒琼　沈迪曼　张博闻　林　洋　周叔欣　庞博琛
胡逸轩　邵红叶　倪星宇　高云峰　高翘楚　曹雁彬
麻莉雅　谢志渊

工学院
孙思嘉　李雅娜　陈艳艳　陈　敏　武逸峰　徐劲草
黄　欧　漆　锟

软件与微电子学院
王　帆　王雨梅　石旻瑜　代青青　包立新　李杨珺

李浩嘉　李　惠　肖　晶　张　飞　陆　璐　林德鑫
程　森　谢钰呈　蒲蕾颖　槐　旭

环境科学与工程学院
赵　晨　郭佳宝

中国语言文学系
吕思婷　邹　翔　张　萌　陈牧川　周思睿　胡玉洁
徐韫琪　徐漪清

历史学系
李　墨　张佳宁　陈思危　徐一臻

考古文博学院
刘晟宇　阮可欣

哲学系（宗教学系）
丁毅君　刁超群　高　源　董书海

外国语学院
于都敬文　王乃伟　苏俊敏　宋展旭　张　璀　陈文萱
夏康静　高泽宇

艺术学院
王　志

歌剧研究院
王春然

国际关系学院
付　越　伊　诺　池广杰　李天旭　胡玉锦

法学院
丁　乙　王钰灵　邓　颖　朱子豪　阳雄剑　李婉玉
肖雨林　张　楠　陈宗庆　陈康辉　黄　涛　谌静玮

信息管理系
余贝迪　徐梦如　蒋天骥

社会学系
玄子奇　肖亚宁　张　恒

政府管理学院
王志杰　苏中富　李闻笛　邹瑞阳　郭　晨

马克思主义学院
韩绮颜

教育学院
寇焜照

新闻与传播学院
刘雨田　李松晓　张嘉媛

体育教研部
丁怡清　李敬敬

经济学院
王　昕　王耀东　苏仁哲　李昀祉　张可心　张涵露
寇腾腾

光华管理学院
马　骁　刘小溪　李玥静　李晓彤　张琛睿　侯秋昊
黄　浩　曹光宇　程　墨　曾敬诚　蒲　乐

人口研究所
王泽浩

国家发展研究院
陈叙同

元培学院
韦苏婉　毛基恒　伊木兰·沙塔尔　杨其方　陆道炜
罗世通　蔡雨玹　潘新宇

燕京学堂
解昌明

前沿交叉学科研究院
卜舒惠　刘　冰　张子卓　陈　嘉　童小伟

分子医学研究所
张晓姗

深圳研究生院
门·新纳　马　浩　文海燕　石　诚　白海鹏　汤　骅
李甲森　张　伟　赵娟娟　皇　倩　宫一玮　鹿方圆
程　鹏　詹家鳍语　樊　洋　潘文敏

基础医学院
于华婧　王进杰　任超群　江振东　张　顺　张沁馨
张海鹏　周　锐　贾娜·木海　樊　笑　樊轩扬　燕　宇

药学院
刘邦媛　李　曼　张　梦　张力敏　陈　祎　周新洋
魏　巍

公共卫生学院
方嘉堃　李艳辉　杨云浩男　何海珍　陈　奕　孟　莹

护理学院
周　楠　符　鑫

公共教学部
代恒森　林　琳　普秋榕

第一临床医学院
于泽谋　王　娜　叶　欣　李　勇　李新飞　彭雪儿
靳　松

第二临床医学院
刘潇阳　安宇昂　杨丰菁　葛晓芬

第三临床医学院
王跃申　付佳钰　刘凯茜　李天杰　李司柱　汪羚利
蔺雨萱

口腔医学院
王　玥　杨　振　陈一铭　赵华翔　逄丽萍

临床肿瘤学院
周　婷　戴　瑢

精神卫生研究所
王　瀚

中日友好临床医学院
吕晓烁　李君禹

第四临床医学院
马祝一

第五临床医学院
王承夏　宋世博

航天临床医学院

宁　洁

深圳医学院

陈伟荻

优秀科研奖

数学科学学院

丁梦瑶	王　超	孙振尧	李江涛	李尚婷	李　特
杨凡意	肖非依	吴大庆	张　帅	张　雨	张静茹
陈文集	陈　冲	林君仪	周正雍	郑　涛	房庄颜
赵政辉	胡文鹏	胡晓玉	段俊明	徐兴成	高一帆
高家兴	陶雪妍	黄家盛	戚　鲁	韩雨岑	韩素珍

物理学院

弓　正	马远卓	马腾昊	王子潇	王云祥	王　中
王宏章	王非凡	王国兴	王明星	王奕涵	王铂钧
王　雪	王得地	王慕雪	王　璟	云沿淞	牛欣翔
公静霞	邓妙怡	甘峰源	龙天云	龙云飞	史博文
白世伟	冯晓曈	邢文宇	乔　宏	任政学	任　燕
刘士琦	刘允启	刘志鑫	刘晓楠	刘浪天	刘清元
闫占峰	江　鹏	许英伦	孙运生	孙志鹏	孙　健
严嘉欢	芦春洋	李文明	李正阳	李郁博	李佳男
李　盼	李　琪	李源波	李潇斐	杨千姿	杨宁选
杨宇晨	杨　灿	杨国元	杨焕州	肖相如	时立宇
吴仁华	吴明阳	吴旻剑	何朝雄	余忠德	汪碧涛
沈博文	张一镇	张文昊	张　亚	张亦侬	张志斌
张国瑞	张春风	张哲鹏	张晓玥	张景丰	张黎莉
陈　可	陈先丽	陈华洲	陈欣懋	陈翀尧	陈　澄
邵智轩	林　威	周智勤	周慧斌	郑　沄	郑莎莎
郎　永	孟　雨	赵文彬	赵丽宸	赵忠海	赵　耀
胡杨林	查　亮	钟循启	段雪珂	俞钟承	姜美玲
姚伟良	姚伟鹏	秦光辉	莫崇杰	贾　赫	顾强强
徐田超	徐霖强	翁新震	黄天奇	梅竹松	曹世民
曹传午	曹沁芳	常叶笛	梁卓轩	葛佩佩	蒋　进
韩　猛	辜　琦	曾宪哲	曾耀萱	温　特	温　琴
谢静雅	赖佳伟	窦　晶	臧之昊	谭秋云	樊振豪
潘志明	薛宇轩	薛明珠	魏甜甜	魏嘉琪	

化学与分子工程学院

于　丽	于　淼	王立刚	王李玎	王茂林	王　珍
王　烨	王雪娇	王淑铖	方煜新	石　栋	宁莹莹
权　慧	吕晓林	乔卓然	任士钊	刘　慧	刘　璐
关键鑫	阮　浩	孙思原	孙斯达	苏　凡	李纪元
李　迪	李岭高	李思伟	李颂悦	杨　成	杨　军
杨昱升	吴　凡	吴卓彦	吴　珂	吴　梅	邱亚明
何姗姗	张家婧	张　简	陈熙邦	范英杰	罗龙飞
金　灿	周子硕	周君豪	郑黎明	赵香香	赵　娜

赵博钦	侯颖钦	饶海霞	袁劲松	徐　植	殷剑昊
殷珠宝	郭亦坙	崔凌智	庾星驰	章　炜	董武杰
程　熠	傅有全	游浩扬	谢　肖	简繁冲	裴晓静
燕孜嘉					

生命科学学院

王　欢	王欢欢	王　坤	王雨纯	毛雨诺	田晓宇
庄腾寒	刘一穹	刘金鑫	刘铭玉	许　萍	孙超英
纪成功	杨永烽	吴辉辉	何晨晖	佟诗妍	沈初泽
张　迪	张　健	张　超	陈泽欣	罗翊雯	岳宗伟
赵轶凡	荆碧洋	相　楠	贾璐萌	梁文洁	韩　雪
蒿慧文	臧维成				

城市与环境学院

丁梦雨	于铖浩	马志远	王女英	王艺臻	王映辉
龙玉清	田　海	冯婵莹	刘洁敏	安外尔·艾则孜	
阮军儒	张叶笑	张立旭	张亚彤	张倩茹	张　甜
武　婷	林浩茹	罗彩访	庞　亮	单正英	孟文君
胡秀蓉	施赛男	姜梦迪	徐梦冉	郭焱培	陈映臻
黄紫东	覃筱馨	谢爱丽	简小虎	蔡兴瑞	蔡高明
薛佳鑫	戴景钰				

地球与空间科学学院

万　伟	弓明月	习文强	马小涵	王玉霞	王平川
王　杨	王海滨	王　雪	王　雯	冯婉仪	匡光喜
匡伟康	曲华祥	吕平洋	朱星宇	朱　莹	任　翔
刘思远	刘菲菲	孙　帅	苏　悦	杜守基	李　彤
李　威	李显伟	李　骞	杨立明	杨志强	吴思弘
汪子豪	汪凯翔	沈泽东	宋肖汉	张添源	陈逸然
邵媛燕	林士扬	易　超	周辰傲	庞　磊	赵少杰
赵浩男	赵　聪	胡　玲	胡雅璐	柯元楚	姜　晰
骆梁宸	秦　敏	栗　进	贾舒斐	柴　珺	晏　玉
徐　严	徐晓宇	凌逸云	高　磊	郭明珠	黄圣轩
黄建东	崔一鑫	彭立华	雷雨婷	管　文	潘东晓

心理与认知科学学院

王牧之	王佳萌	王雪娜	王　铖	甘琳琳	刘晓萍
杜　伟	李　莉	杨鑫跃	吴依泠	吴桃宇	何　欣
张文硕	张文赫	张　阔	张　婷	范　莹	林令瑜
罗霄骁	周雨青	周　然	庞焯月	赵海腾	娄宇阁
聂劭质	徐妍芝	高美琪	唐　斌	黄　燕	谢东杰
黎翠红					

建筑与景观设计学院

孟斯岸

信息科学技术学院

于润泽	马树铭	马凌霄	马银萍	王　干	王文军
王　阳	王易檀	王　柯	王思薇	王梦迪	王　敏
王　燕	尤安升	牛育泽	毛航宇	石弼钊	叶　天
白金泽	冯　璐	吕佳欣	吕垠轩	吕晓钟	朱芃蓉
朱琪豪	朱景龙	伏　臻	任路遥	伊恩泽	向耀程

刘天宇	刘 芳	刘泽群	刘炳言	刘晓涛	江 月
祁俊昆	许朋程	阮思凯	阮恒心	孙之清	孙鹏晖
孙耀峰	麦 景	严克强	苏嘉俊	杜尚宸	杜逾凡
李天翼	李云涛	李伟康	李 昕	李佳蔚	李 荟
李锐杰	李瑞麟	李 赫	李慧津	杨天猛	杨宇航
杨 安	肖倾城	肖博文	吴士荀	吴凡毅	吴雨婷
吴秉哲	吴 蒙	何诗怡	何 娴	邸博雅	邹达明
邹雨恒	邹逸雄	宋 宇	宋 涛	张之远	张天远
张正超	张伊凡	张雨思	张欣勃	张添诚	陆 璇
陆灏源	陈小康	陈 旭	陈冰影	陈汪勇	陈荟萃
陈俊洁	陈逸人	范旻昊	罗天歌	罗煜楚	罗福莉
罗睿轩	岳成磊	金圣杰	金 明	金美岑	金逸伦
金 朝	郑钦佩	郑琪霖	郑雅菁	孟 鑫	赵 杰
赵 磊	郝秀成	胡静远	柳 晨	钟易澄	钟 敏
郜 哲	娄一翎	袁之航	袁志超	袁 珂	贾川民
贾德林	夏思烽	倪天炜	徐昕宇	徐经纬	徐晓烁
徐 琳	徐瑞帆	郭健元	郭 锐	陶宇凡	陶 明
黄 鑫	黄鑫鑫	曹奕远	曹琳琳	盛 凯	常亦谦
崔修萍	崔 静	崔 磊	商浩森	梁堃昌泰	谌灼杰
葛大伟	董 晓	韩润泽	韩 硕	程 旂	童 派
曾清华	詹 源	谭 鑫	翟翀昊	黎舜尧	潘丽晨
穆子晗	穆嘉楠	戴 拓			

工学院

Ali,Zeeshan	Walayat,Khuram	王北辰	王 刚	王 伟
王国昌	王明祥	王培育	王 琦	毛雪梅	文家燕
石雨萍	申宇鹏	田玲玲	田浩朋	史朝义	兰若尘
巩苗然	吕 帆	庄煜洲	刘 杰	刘泽宇	刘彦江
刘晓德	刘 彬	刘 焕	刘雁韦	刘鲁峰	孙晓彤
阳佳蓓	苏 奇	杜 娟	李真成	李腾飞	杨 乐
杨聪睿	肖 越	肖雅婷	吴钧杰	吴奕增	邱凯旋
余 龙	余昊明	沈真全	张广杰	张开端	张 文
张炜钰	张 琨	张 磊	陈云天	陈李嵘	陈怡华
陈奕君	邵美佳	武籽臻	林 彤	周文洋	周 雷
郑志学	郑 丽	郑君政	孟 晋	赵羚伊	胡 昊
相耀磊	贺晓东	秦晓宇	耿鲁超	夏之杰	徐一洲
唐鹏飞	孙碧霞	黄 帅	黄 琨	黄 锋	符翊君
梁 霄	董珮瑶	傅文泽	舒子云	曾仁豪	谢忠杰
楼 雨	鹏乃夫	谭 洁	熊诗颖	潘 欣	薛佩瑶
魏小倩					

环境科学与工程学院

于 丹	马雪飞	王佳文	王 腾	王 蕾	卢昕悦
叶方舒	史咲顿	付正辉	戎海凤	伊丽颖	刘心怡
祁应军	许朝凯	孙 美	李春萌	况彩菱	宋璨江
张晓东	陈 龙	陈佳霖	陈黎皓锟	贺玎玲	秦 璇
敖 琦	柴立伟	徐一凡	郭峻瑜	蒋青松	廖可人
潘珏君					

中国语言文学系

王 勇	石 筝	刘凯健	许 婷	李泓霖	杨一多
杨海潮	肖映萱	吴 倩	吴 影	余建平	陈若谷
柴向荣	倪志佳	高 薇	寇 鑫	程海伦	黎潇逸

历史学系

于志霖	朴多晶	刘 媛	严世伟	李屹轩	李姝凝
李根利	张凯悦	张 毅	侯雨辰	姜子浩	袁晶靖
高 曦	黄承炳				

考古文博学院

刘逸堃	杜 杨	张宇昕	欧阳冬晨	周思言	胡毅捷
钟俊宁	唐 博				

哲学系（宗教学系）

王 硕	尹昌杰	闫培宇	许 玲	杨舒娅	吴 丹
张 勇	袁 伟	顾心怡	陶思圣	黄亮亮	梁 田

艺术学院

王清林	冯 晔	汪雪倩	张泽君	张馨元	林 蓉
高敬涵	黄凌子	黄嘉莹	裴 蕾		

对外汉语教育学院

| 杨诗雨 | 柯 俊 | 洪韵雅 | 姚秋宇 | 顾逸超 | 曹佳鸿 |

歌剧研究院

钱 赫

国际关系学院

龙萌瑶	刘 宁	许文芳	杜艳娇	李羽睿	杨 柳
张晓伟	张 萌	张雪君	陈玮克	范晓寒	林文昕
罗 楠	徐炜丹	殷金琦	郭玉瑶	童宇韬	

法学院

苏晖阳	阿依波·达因别克	郭 程	黄庆余
黄珊珊	薛前强		

信息管理系

王若佳	王莞菁	刘 记	闫增旺	严承希	李沁芯
耿瑞利	聂 磊				

社会学系

马志谦	王思凝	王嘉鑫	王馨雨	加娜古丽	
任鼎鼎	向 鸿	刘 畅	刘瑞平	张可欣	陈玉佩
林岱仪	欧阳明雪	罗兆勇	周 珏	赵如婧	聂矜诚
徐以轩	郭正蒙	谈 磊	萧舒文	崔允瑞	章高荣
董彦峰	薛芳璿				

政府管理学院

马文婷	王志行	王志浩	王 俊	王舒启迪	孙宇辰
李帅帅	李君然	李 强	张晓林	陈浩宇	林丹阳
罗心然	金紫薇	孟鑫禹	赵 琦	赵静波	高誉耀
曹 盟	彭 柳	雷渌璠	魏忠凯		

马克思主义学院

| 王 蔚 | 张宇晶 | 易佳乐 | 崔琳菲 | | |

新闻与传播学院

| 丁远哲 | 马 遥 | 刘雁翎 | 苏 杭 | 李东宝 | 吴梓硕 |

冷君晓　张泽钰　张诗淇　陈秋心

新媒体研究院

伍振彤　刘　畅　李　飞　陈奕霖　陈　曦　周　晋
郑超月　赵珞琳　夏　坤　黄雨婷　熊倚加

经济学院

冯钰宸　杨　铭　何　佳　张轶龙　周心怡

光华管理学院

叶永新　杨光艺　肖　娴　吴立元　罗楸心　赵玮璇

人口研究所

刘祖源　李佳佳　吴超超　罗雅楠

国家发展研究院

宋光祥　陈方豪

燕京学堂

陈伟婷

前沿交叉学科研究院

丁　典　丰高敏　王萌萌　王雪征　王惠敏　王　锐
车金腾　牛富增　方臻成　尹健行　邓玉豪　左琳彧
吕中石　朱家亮　朱　翙　任哲玄　全天飞　刘佳莎
刘锦阳　孙　鑫　杜逸飞　李明强　李俊涛　杨　柳
吴林东　吴晓璇　张垚煜　张思琪　陈国庆　陈　虹
陈　静　苗　笛　林　锋　周伯洲　郑吕钦　孟丽莹
赵玉玲　郝　熠　胡淑美　侯英萍　洪佳音　贺　博
袁　凯　夏文圣　徐振辉　高照旭　郭安南　淦晶波
隋秀文　程　婷　傅　瑶　舒　彧　曾　欣　蒙　皓
慈海娜　熊罗星

深圳研究生院

丁恺昕　王　川　王代兴　王学颖　王　前　王富民
史　戈　冯　兆　兰海鹏　司　南　刘丽红　刘轩奕
刘　苗　江翠情　安小凯　杜一萌　李文君　李军祥
李　辰　李振发　杨飞丽　杨育坤　吴福松　岑振豪
邱恒达　余　杰　余晓铭　邹程龙　张文豪　张玉杰
张　烨　张　婉　张　瑜　张　翼　陈　杰　陈泽晗
范飞飞　郑志雄　赵　冉　赵晨阳　胡广晓　钟　莉
禹心郭　施宇豪　姜和明　姚晓东　袁小龙　袁凯琦
夏雅娴　高茂尚　高　静　郭志强　郭　凯　黄均荣
黄宝莹　黄继攀　曹礼明　曹菊鹏　裴润雯　熊思琴
熊琴思　熊　瑶　穆新鹏　魏潇赟

基础医学院

于　畅　于　颖　马　集　马知行　王　哲　王　铖
王艺达　邓靖程　龙　帅　史　姝　付　苏　宁　静
吕嘉欣　朱肖琪　任梦梦　刘　媛　刘超华　刘婷婷
孙小然　孙浩杰　孙馨培　杜帅樊　李　昕　李方周
李海爽　李曼郁　李晗笑　杨　晗　杨卫利　杨齐岳
杨建国　吴　佳　昕　夏　张　婧　张　璇　张子贤
张艺璇　张洋铭　张艳菲　陈　诗　陈　璐　陈立烨
邵世豪　周　筱　郑　申　郑雨田　赵晶晶　胡志文

姚孟飞　袁若诗　袁珠琳　容颖雪　黄鸿鑫　曹正意
曹亚楠　曹璐璐　梁炜薇　韩炳轩　蔡泽宇

药学院

马学洋　王　攀　王佳星　王祉祺　王舒鹤　方　芳
尹雨桐　邓　博　史中花　代　宏　白　曼　白　婧
仝　乐　冯　琰　吕传宇　朱本聪　仲　亮　伊　欣
庄若璇　刘　芹　刘　杰　刘阿琴　刘德春　刘燕萌
孙晓志　孙筱禹　阳明春　苏文博　李　鑫　李海伟
杨雪滢　吴雪胜　邱　崇　汪　洋　张　爽　张　箭
张西武　张新然　张嘉远　陈　倩　陈永明　陈安琪
陈樱璎　林巧楠　金庆庆　官海静　赵玮璇　胡华杰
胡志敏　胡建星　徐　莎　凌鑫宇　高泽宇　席丹丹
黄雨佳　盛　荟　盛伊娜　崔仕贺　梁宇杰　梁烁斌
詹　颖　樊志璞　薛钧升　魏佳良

公共卫生学院

王　瑞　王俊锋　王美辰　王曼丽　史乔心　朱　安
朱一民　任中夏　刘子琪　刘晓东　安美静　孙雨晴
杜　鹃　李晨雄　杨　迪　邹永秋　陈　博　陈天麒
武子婷　周宇奇　周雅琳　郑启文　郝明媚　段淑敏
宫会婷　袁浩文　顾学琳　高　乐　郭苏影　康陈萍
蔺　轲　廖　冉　魏　田

公共教学部

郑　国　殷若宇　魏　玮

第一临床医学院

于伟伟　马　举　马嘉翼　王　杰　王　翔　王　毅
王　旭　王天爽　王宇辰　王珂欣　王灏琛　石　真
龙　爽　白　璐　向　鹏　向泓雨　刘　芸　刘　敏
刘　誉　刘凤洁　刘志华　刘昊天　阮亘杰　孙一冰
孙名帅　孙姿君　孙萍萍　苏萌萌　李　翔　邱建辉
张　逸　张九丰　陈　曦　陈志聪　陈思霜　陈晓凡
欧尾妹　周亚彬　赵少阳　相陨文殊　钟益珏　姜妍馨
秦晨琛　栗金亮　郭化虎　郭林红　郭冀帆　黄思夏
揭起强　韩莎莎　程方骁　蔡方豪　裴仁广　潘子涵

第二临床医学院

王白成　毛雨鸽　田周俊逸　张　建　庞仪琳　胡宇晴
蔡如意

第三临床医学院

刁文琦　王文景　王河清　田英轮　吕博洋　任一昕
刘冰川　李　莹　李艾为　何观平　余　婷　余慧镭
张　琪　张书铭　陈丽雯　周　璐　郑丹妮　郎　杉
建磊磊　赵　玥　胡　南　胡凯伦　柳小珍　贾国华
郭晨霞　梁　辰　葛力源　喇高燕　鞠延娇

口腔医学院

马驷骏　王　兴　王思仪　王彦瑾　付　敏　白云洋
白向松　吕汶谊　朱　原　任　燚　刘　娟　刘　梦
刘焱萍　闫子玉　李文文　李文君　李忠义　李振宇

李琳琳　辛天艺　闵赛南　张倩莉　林春平　周志芳
周迷迷　孟　圆　饶南荃　莫思怡　郭润智　萧　宁
韩奕能　程梦琳　靖无迪　臧晓龙　樊壮壮

临床肿瘤学院

宋马小薇　姜安娜　阎　靓

精神卫生研究所

王红丽　刘　蕊　沈　芮　张　天　张　莹　郭晓杰
程维秋

中日友好临床医学院

王国辉　左　伟　冯冬萍　任鹏鹏　刘　晓　安　柯
李腾奇　杨文艳　汪琪伟　罗　娜　隗思媛

第四临床医学院

邓　旺　周报春

第五临床医学院

王　静　王菁菁　田馨园　张　威　韩冠鹏

航天临床医学院

史宛瑞　张　悦

首都儿科研究所

屈　潇

地坛医院

麦维利

解放军302医院

穆秀颖　李　鑫

回龙观医院

宋佳起

民航医学院

王　媛

深圳医学院

韩京宏

学习优秀奖

数学科学学院

卜　昊　王　亚　王刚华　王　昶　王哲辉　王浩然
王诺舟　王鲁琦　韦思源　孔潇然　古浩田　龙吉昊
叶林发　兰倬铭　考图南　吕青峰　朱宇轩　庄子杰
刘一奇　刘炫德　江屿山　江景星　许准阳　孙家进
纪一博　李子辉　李　屹　李明远　李　弢　杨运昌
杨诗琪　杨嗣祺　杨德鼎　肖逸南　吴天昊　吴逸飞
邱　添　何胜毅　汪祎非　张人文　张之奕　张钊森
张良宇　张　凯　张佳昕　张海翔　张淞源　张程翔
陈子昂　陈子瞻　陈方轶　陈轶凡　陈致远　陈　琦
武夷山　范佳琪　林立聪　罗月桐　罗姗姗　金仲宇
郑迪文　赵一懋　赵川喆　赵书海　赵陈菲　胡文杰
柏旻皓　俞　炳　饶正昊　姚　瑶　柴劲航　倪成卓
高瑞奇　唐山茗　陶钰婷　黄凯旋　黄峰凡　黄　桢
曹　阳　梁逸舟　董昕妍　韩如冰　喻旭东　程晓鸥
舒亦展　曾文欢　曾　奕　解　禹　薛庆源

物理学院

万昊越　马清川　王子豪　王天冶　王元康　王壮飞
王　杏　王启盼　王明钊　王　舜　毛文志　计宇诚
石乃琛　叶兴国　叶树森　付伟中　冯曦林　吕子健
朱　杰　任　和　刘怡然　刘津江　孙怡宁　苏恺翔
巫振波　李佳宸　李政融　李思璇　李海龙　李　韬
李嘉镛　杨涵崴　杨璧瑞　何染尘　谷平凡　汪弘毅
汪品源　宋振豪　初纯光　张一啸　张也阳　张文杰
张烨冰　张家伟　陆仲豪　陈昊彦　陈泓杰　林益浩
欧阳云浩　金　瑜　周正清　赵今超　赵　帅　赵彤阳
赵鑫淼　柳　博　姚睿骁　顾理想　郭稼轩　唐一朝
唐　铖　陶朗毅　黄　劼　崔伟杰　阎述辰　董昱林
韩书朋　景博暄　童　辉　鄢语轩　赖文昕　熊昌睿
熊慧鑫　缪健翔　颜子翔　潘学海　魏　啸

化学与分子工程学院

才智赫　王　月　王世伟　王乐天　王重臻　王炳寒
王晓鸽　王琪媛　王靖翔　王新宇　王　聪　付鹏翔
冯汕城　吕泽玉　朱天宇　朱依诺　刘　畅　江杰章
汤俊宸　孙阳勇　李树森　李　威　李博文　李　濛
杨子江　杨良伟　杨俊峰　杨　琪　吴　恺　余佳黛
汪尘微　宋楚涵　张李佳琦　张沅聿　陈力天　陈子京
陈风华　武明睿　林　畅　周海森　赵效乐　胡悦聪
洪楠棋　姚艺希　贾凤艳　顾超越　徐海齐　高田昊
高啸寅　高铭齐　曹若辰　梁君岳　蒋志威　程　瑶
傅　裕　鲁　亮　雷寅嘉　蔡思良　滕　达　潘高翔
薛荣荣　冀　怡　戴沈镔　魏旭炎

生命科学学院

马　昭　王天宁　王龙腾　王利珍　王春慧　王闽铭
王凌妍　王添艺　牛佳浩　方美琛　石国君　石　强
田　武　付云天　朱　宜　朱思雨　朱筱晗　庄　元
刘烨丹　刘家怡　刘家琪　刘梓轩　刘晨露　刘静言
孙　东　孙绍霖　杜小敏　李西莹　李伯源　李梦尧
李　曼　杨松霖　杨珮琳　吴　帆　吴鑫凯　邹雨宏
宋凯宏　张云帆　张立光　张伊凡　张如兰　张　羿
张景亮　张毓昕　陆杨帆　陈子玉　陈　迪　陈珂旸
陈家悦　范家豪　茅傲岳　卓婉清　金亦腾　周雅轩
周　蓉　郑明航　郑佳佳　赵亚冉　胡晨蕾　侯　婕
徐艺维　徐　华　徐佳俊　殷会佳　唐小鹿　谈嘉程
黄　钰　黄润洲　屠鑫明　谢霄鹤　靳　学　简依敏
廖冯昌　廖礼铭

城市与环境学院

于家乐　万山铨　王　禹　王　博　毛兴台　冯祉烨
刘　晨　汤　鑫　孙牧晨　李亚玲　吾拉哈提·阿达
力别克　肖　亮　吴语萱　余题凡　沈　昕　宋尚周

张子玥	张书阳	张可尔	张志皓	张思涵	张琛浩
陆曾希	拉巴卓玛	罗业典	周卓汉	周俊松	郑乐怡
郑树杰	孟佳慧	赵冰	赵明月	赵桂芳	钟会民
侯雨	夏星炫	徐超伟	郭文哲	唐金潼	康启越
彭文奕	彭若男	韩宾洁			

地球与空间科学学院

丁晓楠	丁聪	于鑫	万紫荆	王冠力	王筱煜
方书玮	卢国军	冉瑾瑜	伍晗	刘梓铭	许午川
许严	许鹏程	许靖	李然好	李韵秀	吴宜谦
吴政霖	张宁远	张懿卓	陈羲	孟浩瀚	孟绿汀
胡俊杰	柯赵轲	聂宇靓	顾书纶	柴光胜	徐运铎
翁纪伦	凌坤	常啸寅	彭卫刚	彭镜宇	蒋衍
惠健	傅昊博	薛苾治	魏秋实		

心理与认知科学学院

白冰玉	孙若铭	张钧博	张晓玥	罗明浩	周莉
顾思义	葛瑞				

建筑与景观设计学院

于晴文	骆峻男	褚望舒	缪应璐

信息科学技术学院

马明远	马翔天	王丰	王文涛	王心茹	王宇萱
王远非	王希豪	王玥	王恒屹	王卿云	王捷
王靖博	毛舒宇	孔浩宇	石永杰	石屹宁	叶钊珲
田畅	史梦芝	史默臻	付天跃	冯雨龙	冯易成
冯浩然	司佳	朱霆	向立	邹榄鸽	庄月清
刘天翊	刘姝涵	刘皓华	许灵筠	孙志玉	孙梅
孙鹏斐	孙靖渊	芮静姝	严元可	苏超	李天
李书恒	李昊霖	李和倚	李佳宁	李振文	李浩辰
李家伟	李超	李慕宇	杨凡	杨文元	杨凯翔
杨晨阳	杨超	杨超凡	杨雁麟	肖珊	吴松隐
吴迪	吴铭东	吴睿海	何昊	何逸飞	余卓擎
沈佳	宋苑铭	宋明洁	张文涵	张茂森	张昊
张恒	张哲瑞	张航	张晨滨	张寅达	张博杰
张霞	张馨月	陈子谦	陈仁泽	陈方源	陈正胤
陈浩然	陈浩澜	陈野	陈署	陈静	陈燕琼
邵俊宁	邵嘉伦	武欣	武俊宏	林远振	卓立典
季陆炀	金钊	周目清	周昊晟	周昱晨	周新哲
孟尧	孟学苇	赵云飞	赵宇瑄	郝有峰	胡家琛
胡敬植	胡镇炜	查玉安	钟方威	段志健	姜淮钧
洪华敦	姚惠涵	秦汉民	秦雨轩	聂平	栗楠
贾云杉	贾仲凡	贾润东	夏晓丽	钱智寅	徐晟
徐梓楠	栾云腾	高宇泽	高恺	高健博	郭星月
唐天意	陶渊政	黄志杰	黄挺	梅继林	曹响
曹俊杰	曹胜操	曹浩天	崔宏伟	渠吉超	梁书豪
梁浩	蒋天夫	蒋钰钊	蒋逸	韩佳衡	程轶
程晟	傅伟廷	游优	谢悦琪	谢睿峰	訾亦然
翟润天	樊泽嘉	潘兴禄	魏安江		

工学院

于昊	马鑫	王天骄	王国丞	王浩宇	王康
孔令宇	白玉琦	宁淳	邢家诚	任媛媛	刘文涛
刘旭	刘莹	闫丽吏	孙博天	李锡英	杨昌赫
杨祖堤	邱伟伦	邱旭汶	邱彬	余曼卿	余翔
余港龙	汪永毅	汪昀鸿	宋喆人	张铤林	张傲杰
张慊	陆政元	陈晓天	陈嘉俊	罗力	周荣波
郑骁键	胡玉发	饶诗杭	姚琛	袁磊祺	钱敞
倪超	黄旭	黄奇正	黄黎明	章煌创	程进前
谢晨阳	阚思仪				

软件与微电子学院

于涓	马炀	马涛	王伟男	王佳胜	王怡
王诗慧	王美颖	王然	王道	王赛	孔昆
孔姝	艾国炬	古忠文	叶森	付美琦	冯钰昕
过群	吕简曼	朱子翔	朱现蕾	朱建峰	向威霖
刘文泉	刘阳	刘雨	刘峻榜	刘慧浚	阮方祺
孙越	孙豪	纪道明	严浩	苏蕊	杜树强
李炜双	李晖	李聪	李燈辉	杨吉凯	杨晓
杨睿	肖熊锋	吴佳伟	吴诗晨	吴绩伟	吴聪
何艾琛	何柳	佟鸣	余亚恋	余星星	汪雅丽
宋梓源	张文杰	张华雪	张宇婷	张阳照	张振娜
张悦宁	张通	张程博	张程鑫	张瑞宣	张磊蕾
张馨元	陈佳欢	陈建新	陈修国	陈洪翔	陈勇维
陈雪	陈媛媛	范文颖	范英杰	林语晨	金竹
周昆	周亮	周博	孟映彤	赵仓	赵玉菲
赵帅华	郝传鑫	郝梦朔	胡鸿	胡翾	段富尧
侯成龙	秦澍	晏梓航	钱龙	徐力航	郭震方
陳芘君	陶紫洁	黄南雄	黄焱军	龚姚华	盛中昊
康雨城	张懷元	黄培谕	曾豪	谢晓嫚	谢涛敏
雷阳	谭周兴	翟佳鹤	熊峥	黎梦	

环境科学与工程学院

马若绮	刘元洋	刘炜祺	刘悦	刘毅	汤睿
芦玉	张思露	彭汉唐			

中国语言文学系

马英杰	马露戈	王景	王精松	叶天成	叶唯简
田淼	丘雨柔	白升圭	冯宇宽	冯锦媛	宁传韵
朴素美	朱垠花	刘梦秋	刘瑷碧	刘馨遥	江怡
孙永强	孙竞	李成城	李林倩	李哲美	李晶
李煜哲	邱彦琦	何亦舒	邹泓	汪静之	宋月玥
张夏妍	张菁洲	张鸿鸣	陆敏秋	陆墨梅	陈艺譞
陈汝嫣	陈焕茂	武悦	范语晨	罗峻	罗倩
金秀彬	周昱均	周靖雯	赵理扬	赵晨蓉	胡亮宇
南旭晨	柯丽珍	倪文婷	高银美	唐小林	黄泽禹
梁丽	彭秋雨	赖钰	蔡婧怡	廖香玉	

历史学系

马成霞	王杨	王牧遥	王竣	文一宇	尹明慧

邓 成	冯斌涛	刘明希	刘泽辉	刘翔鹏	许天赋	姚 程	徐 萌	曹洪豫	崔 言	傅 薇
李子然	李 芬	李怡青	李振宇	李 涵	李嘉年					

歌剧研究院

孙敏雪

杨 光	杨瑗瑄	何 天	何天白	张国帅	张易和
张 哲	张悠然	张锦宇	张辞修	张 慧	陈 航
陈嫈嫈	林詠莎	周聪琪	庞 博	郑 鑫	孟熙元
赵静涵	郝思嘉	胡 斌	顾菱洁	黄明浩	盛 夏
章会凌	章名未	霍秀毅			

国际关系学院

山崎启伍	王至月	王承玥	王福星	文 浩	方 萌
卢伟杰	白朗德	朴祥浚	刘 书	刘宇坤	刘 珍
阮垂芝	杜 青	杜卓琼	李子沛	李自清	李凯龙
李依杨	李京珍	李照清	杨芳菲	杨诗涵	杨都乐
张 影	张豫洁	陈右任	陈志颖	邵卓然	林之嫣
罗波伶	罗梦蝶	佳 依	金辰映	金珪范	周润人
泊利福	承丽娟	徐秀祯	郭家书	郭新宇	萧静怡
崔艺率	符欣荷	博尔琛	渡边浩司	赖永祯	蔡淳名

考古文博学院

王云飞	王正原	王雨晨	王静雪	付诗怡	任林梅
向桐葳	刘亦方	刘绎一	刘 婷	汤 超	李萌慧
李嘉妍	杨 菁	吴 桐	邹钰淇	张保卿	陈宇轩
陈 鑫	季 宇	周昕语	周珂帆	周振家	周 钰
侯柯宇	娃斯玛·塔拉提		崔秀琳	韩蕙如	程独伊
熊 睿					

法学院

丁 璐	于 淼	马振华	王玉锦	王林册	王依琪
王 崟	王钰婵	王晨焕	王鹏飞	王 慧	韦嫣婷
左文婕	石 丹	冉红丽	白 芸	吕 雯	任 洋
刘一玮	刘育珅	刘泊宁	刘春雨	刘赳赳	刘梦馨
刘 硕	刘雅臻	许有为	许 靓	孙 天	孙 浩
严婉怡	苏阳阳	李思佳	李晓琳	李家杰	李梦涵
李 婕	李 慧	杨丹妮	杨廷婷	杨佩龙	杨诗翰
杨秋宇	杨 哲	吴维锭	何冰杰	何红岩	余朝晖
邹仪威	沈亦铭	宋 悦	宋 瑞	张方方	张玉凯
张钰涵	张 航	张菁菁	张梓涵	张 曼	张晶晶
张集森	陈俊晓	陈 格	陈婉婷	陈 德	陈露薇
邵丹银	林金谷	林嘉珩	杭 威	易 涛	岳芳好
金飞艳	金元媛	金星野	周旺旺	单葆威	孟 醒
赵申豪	赵铮言	胡安琪	柳昊芃	姚志高	敖旻昱
袁艺殷	钱玟蓉	徐兴涛	徐紫寰	高 阳	郭伟姗
唐 诗	浦仕通	黄宇宸	黄肇婷	梅玮凌	曹 烁
梁 忠	梁雯菁	喻 清	程海宁	曾颖瑶	赖宝莹
蔡丹彤	蔡斐然	潘 祎	籍 婷		

哲学系（宗教学系）

万子牧	王一鸣	王康桥	王 强	付 娆	冯骏豪
司 晨	刘元慧	刘妤欣	刘诗霄	孙永为	杜佳怡
李明曈	李 眈	李翰阳	肖明矣	吴 娱	张天航
阿思汗	陈方舟	邵世恒	林丛宇	金昊玥	周兆霆
郎 青	赵洪彬	郝董凡	胡兰双	柳 舟	钟孔鹭
姚裕瑞	黄一洲	黄雯睿	常 琛	程 翔	廖 城
戴森宇					

信息管理系

马铁军	马 瑶	王汉桢	王明朕	王 洋	付 强
朱亦纯	刘佳颖	李红澄	李昕雨	杨子傲	杨旭航
肖 瑶	张紫婧	张 瑶	陈晓龙	陈 诺	保 雯
贺 博	高浩然	高 铭	黄 骁	蒋 谦	储 晗
靳雨欣	赖拥庆	雷 苗	腾 菲	蔡泽满	冀伟浩

外国语学院

于迪阳	马尧力	王子璇	王年军	王 迟
王 玥（15本）		王 玥（17本）	王佳妮	王逊佳
王 菁	王梦洋	王雅轩	王舒羽	王 露	方 涵
尹 馨	邓晓程	石 砾	叶永青	白佳玉	乐 恒
冯永腾	冯莉雯	曲翔前	刘一杉	刘子辰	刘汐雅
刘肖琪	刘贻伟	江 澜	许 臻	孙 淼	严牧心
苏冠宇	李 上	李子硕	李夏菲	李晓楠	李雅欣
李毓琦	杨 欢	杨依然	时 秋	吴俣彤	何星原
宋可欣	张丰硕	张可佳	张雨鹍	张 垚	张 品
陈宇珂	陈 铭	陈 敏	陈雅园	邵梦琪	林晨昭
罗永莲	季雨亭	於 航	郑芳华	柳雨薇	段致佑
侯孟君	祝婧琦	姚 圣	袁 婧	夏玲玲	夏 禹
顾新亚	徐 琼	徐源培	徐 旖	卿子凡	高扬然
高泽欣	高漫漫	郭甲一	郭佳蕾	黄莉欣	曹 健
康欣悦	章烨雷	商 陆	梁洛嘉	彭国珍	彭 倩
董相龙	蒋博翔	韩翌旸	韩舒赫	程 烨	鲁雨涵
曾炎鑫	廖思雨	熊琬玲	薛仅一		

社会学系

马俊男	王 婧	王斯佩	付骥潇	乔 墩	关山月
汤欣哲	李心璇	杨乾宇	谷俞辰	邹 靖	邹璟怡
袁李昕	梁维聪	程云飞	薛雯静	冀 星	

艺术学院

王一哲	王 乐	王京晶	邓乔中	石 昆	石欣然
代丽娜	冯 舒	朱洁冰	李不言	李佳怡	武 杨
罗玥沁	郑雨琦	洪知永	高 源		

政府管理学院

王艺樾	王宇澄	叶可欣	冯一平	刘立伟	刘松顾
江明昱	苏 楠	巫曼琳	李子墨	李 帆	李沅曦
李俊杰	杨天滢	杨皓然	汪暄极	张玉洁	张津萌
张慧艺	陈雨亭	胡明明	施 悦	姚心宜	黄敬纭

对外汉语教育学院

王童瑶	李敏苑	李静文	陈宗真	陈 烁	茂野瑠美

喻圣豪	谢妤卓	雷东明	翟梦溪	黎欣燕

马克思主义学院

刘洋	李洋	李钰	邱华宇	何娟	倪雯
徐冠宇	黄敏				

教育学院

王晓娜	卢可伦	刘姗姗	孙博凡	李树玲	杨颖晨
武静怡	罗蕴丰	郑力	贺凌	诸嘉斌	黄明东
黄颖					

新闻与传播学院

马婷	王子萌	王东雷	王佳音	王学民	石诗语
冉雅涵	丛秉乾	华思琦	向芝谊	刘欣越	许文静
麦田	严家豪	李彤	李维维	肖瑜景	吴佳秋
吴燕霞	张良	张雪明	张媞媞	张靖涵	张蕴灵
金璐	赵宇嚞	钟明晗	骆有容	郭亚伟	姬皖莹
黄凯欣	谢莹				

体育教研部

赵梦晨	贺群	韩京

经济学院

万泓伶	卫栎	王一晴	王小溪	王艺霖	王含
王品达	王敬一	王然	王楠	王嘉玮	王睿
牛嘉蕙	孔曦晨	邓可瑶	玉澄丰	左嘉璐	叶智霖
田淦	宁依华	朱律璋	朱倩瑜	朱腾	刘思缇
刘婕	关菁菁	孙雨辰	孙婕	孙琦	孙嘉澍
牟星奕	杜雨辰	杜思臻	李常昊	李婧	李睿
杨清承	冷泓霆	汪国庆	沈博	张妍	张晓榕
陈玥卓	陈明	陈姝蝶	奉恒纬	范炘宜	林奕昕
欧铭浩	季祥君	周一行	周之瀚	郑豪	胡亚峰
胡超	侯婉薇	姜腾凯	洪曹斌	姚雨	秦雪莹
秦颖	夏济舟	倪文青	殷克非	高震男	郭天睿
唐晨	诸宇灵	黄茜	黄鐏子	彭雯静	韩旭
韩畅	谢阳	廖梓烨	翟翟	樊凯欣	魏嘉蒙

光华管理学院

于也雯	于思艺	马海超	丰盛	王子妍	王月
王申彦	王成龙	王陈豪	王若愚	王雨露	王荟莹
王思远	王琳	王瑞瑶	王腾慧	王颖	方帅
邓晓	左伟	石玉山	叶婧	田依凡	史雅菲
丛溢明	包岱秦	冯羽	冯涵嫣	朴商洙	成月
尧旻昊	毕钰坤	吕高燕	伍洪江	任李理	任青青
任思杰	华胜亚	刘子攸	刘羽飞	刘林佳	刘佳伟
刘峰	刘骏	刘智昕	刘强	刘蓝予	许晓蓓
阮晨晗	杜张韬	李一铭	李元哲	李冉冉	李伟轩
李庆泓	李吟秋	李妤轩	李昕蔚	李梦萍	李偲祺
李斐儿	李默宜	李璨	李曦纳	杨明真	杨映雪
杨婧琳	杨慧琴	吴冬晗	吴明轩	吴隆昊	吴越
邱楚棱	何明义	佟明轩	余天骄	余盈颖	谷畅
汪思韦	沈赵驰	宋禄霖	张劲哲	张玥	张昊
张诗嫒	张洋	张琰玲	张瑞萱	张静远	张禛
张澍一	张馨蕊	陈书慧	陈宇洋	陈泽阳	陈剑寒
邵弋	邵如琛	邵梦玥	范子仲	林婧颖	林睿
易酿	周瑞民	郑钰云	郑嫒洁	赵宁	赵泽宇
赵健宇	赵晴柔	荣建华	胡偲妍	胡燕妮	俞晨露
施浪	施培德	施景佩	姜天予	贺贝奇	袁程悦
徐旺达	徐洁敏	徐梦迪	徐琳娜	徐博睿	翁昱昊
高梧桐	高翔	郭麦菊	黄婕	黄鑫铭	曹宇涵
盛夏	梁姝怡	梁煦	彭舒怡	董文琪	韩润蕾
焦一桐	鲁毅	童谣	曾心怡	游威	谢树珏
谢雅婷	蔡子孚	蔡林海	翟旭扬	暴嘉伟	魏冬

人口研究所

李重达	应冰洁	张远	范宇新	赵新超	常蔚青
程芳振					

国家发展研究院

王雪	卢鹏宇	刘子毅	李晨希	李鸿丞	李翔
张维晟	林雨晨	夏宏远	蒋昊	戴圣涛	

元培学院

于子轩	万钊宏	卫珉璇	马维绎	马嘉宁	王亦丁
王轩宇	王珂（政经哲）		王珂（会计学）		王垠浩
王海飞	王颉	王紫薇	王瑀晖	王豪凯	王霄
韦铭杰	牛璐瑶	邓哲承	甘浩辰	古宇昕	史海钧
毕航睿	吕婉琴	刘子辰	刘竹	刘彦麟	刘洵
刘振宇	刘馨云	安琪	孙昕凯	李子尧	李芘蓓
李欣然	李相廷	李星宇	李昱洁	李涵渊	杨思汀
杨胜涛	杨晨鑫	杨璐	杨霞	吴小希	吴东蔚
吴昊天	吴怡凡	吴梓钦	余逸伦	余越	汪雪岑
沈志浩	宋晨蕾	张若禹	张雨桐	张旻昊	张迪威
张语菡	张宸博	张曦予	陈金浩	陈思如	陈彦霏
陈峻柯	陈竞立	武朔南	苗彦豪	林紫君	罗妙琳
金宇烽	金桢杰	周洋	周墨	郑炜强	郑祺鑫
郑新异	赵心源	赵柏瑞	柯子蕴	侯宇欣	姚豫飞
袁元	倪临赟	徐佳颖	殷玥	郭永康	唐菁
唐逸云	黄乔	黄康佳	黄楚妍	曹王炜	曹蜀阳
康怡安	敬无为	蒋莹	韩熙如	惠雅婕	喻成源
喻恩帅	焦毅磊	鲁雨锦	谢安琪	谢婉怡	雷春妍
詹志坚	蔡耀辉	潘洋洋			

燕京学堂

邵薪羽	施文纳	郭尤子

前沿交叉学科研究院

尹琛	孔文佳	朱凯	刘康平	安健	杨德川
何以琳	宋启迪	张文涛	张欢	张诗杰	张智宏
范申奇	易可欣	郑亦嘉	单婧媛	房巧	施若平
秦嘉	盛南	程赟绿	傅偲	谢娟	

分子医学研究所

王庆龙	王绍华	王潇	方欢	邓秋萍	刘岱儒

李　真	李　鑫	杨正浩	杨帼一	郑丽霞	胡雪婷	薛怡佳	魏大力
侯俊杰	姚静斐	袁　野	高凯瑜	薛凯丽			

深圳研究生院

丁雨婷	卜　凡	王力豪	王月影	王秀芝	王　玥
王　涛	王海锐	王　菌	王梦瑶	方鸿业	孔维佳
邓丽平	卢奥博	叶映荷	叶霄麒	冯　杨	冯甬博
年永威	朱伟豪	朱殿濛	庄苑文	刘俊诚	刘浩然
刘宸缨	许诣铃	许朝军	孙　浩	孙家聪	孙　越
孙榕蔚	孙　歌	纪雪云	杜雅云	李一迪	李光宇
李秀杰	李昕达	李　凯	李佳雯	李虹达	李梦姣
李婧贤	李翘楚	杨麒麟	肖凌波	肖植阳	吴晓春
吴　倩	吴　淦	吴璐璐	岑松皓	汪芸锐	汪新博
宋美佳	宋墨含	张亚坤	张诗琪	张振邦	张黄澜
张　敏	张　超	张紫湜	陈　广	陈开熠	陈　芃
陈　创	陈炜琳	陈鸿铭	苗　月	林逸夫	罗　飞
罗乐文	金霄佳	金德弘	周容宇	周毅成	郑于群
房　幸	赵椿萱	胡云升	胡　双	胡　萌	施　明
都闻心	夏　远	顾容之	倪瑞章	徐　菁	唐伟男
黄少汶	黄　杰	黄俊琳	黄雪芳	黄笛雨	梁康华
彭　昊	程之又	谢卫萍	谢悦湘	蓝星宇	雷佳媛
蔡俊傑	蔡添怿	熊　镭	霍尚义	戴安娜	戴　雯
魏　静					

基础医学院

王一帆	丁　卯	丁林垚	丁佳楠	丁泽华	于诗淼
马子涵	马丹宁	马玉环	王　磊	王文豪	王思远
王晓宇	王雪珩	王鹿玄	王嘉怡	毛晨峰	方亚宇
尹　莎	邓睿歆	甘奕萧	史书毓	付江楠	代孔旭
冯天歌	冯潘婷	朴　阳	朱玲玲	任　捷	任钰莹
刘　旸	刘　慧	刘　瞺	刘帅帅	刘宇廷	刘佳钰
刘承驾	刘晓涵	汤润泽	许砚耕	孙发辉	孙志明
李　哲	李　赫	李丹彤	李文强	李双双	李远婷
李易为	李咏枫	李佳怡	李怡宁	李星雨	李盈佳
李晟铭	李梦石	李渊韬	李博涵	李雅倩	李兴雯
杨圆圆	杨程雨	吴　彤	吴锦欣	何　杏	何子扬
何云娇	应沂岑	沙廷珺	张　泽	张　茜	张　煜
张天旭	张生华	张泽宇	张宜可	张娜娜	张曦公
阿合米尔·阿布都		马那甫	孜巴古丽·吾布力卡斯木		
陈长风	陈汀蕙	陈芳漫	陈玟君	陈柏荣	陈梦瑶
范丽婷	林怡婷	罗　兰	帕力旦	和凌媛	邱俊扬
周佳卉	赵　帅	赵川榕	胡雪嫣	胡耀文	侯翔宇
贺巾钊	骆静涵	袁婧楚	莫亚倩	夏　利	顾阳阳
顾耀文	倪　强	徐春玲	高　峰	高雅晴	郭璇骏
郭聪婷	黄　齐	黄小敏	黄宇星	黄浩歌	崔　奇
崔春雪	梁振辉	董　姗	程心仪	程杨畅	焦影倩
靳　健	赖鑫源	詹珺斯	鲍　蕊	窦　贾	蔡青云
廖亦可	廖馨悦	樊　婧	樊贻铭	潘　媛	潘孟乔

药学院

万方劼	马　爽	王　慧	王乐淇	王亚帅	王光雪
王红岩	王弯弯	王彦行	王悦含	王韬博	王嘉程
尹　婷	石　洋	巩志文	刘　夏	汤雪健	许　琦
孙　桐	麦艳娜	李克远	李明慧	李晓北	杨　晔
杨　倬	余宇彤	张中义	张晗玛	陈镇南	陈鹤丹
范珊珊	罗兆祥	和子超	周　瑜	郑哲涛	赵　琳
赵慧慧	哈拉莉	姜雨彤	骆煜堃	袁　田	耿彤彤
夏鹤铭	高　华	高世桁	涂心宇	黄　聪	黄熙凯
梁明昊	程安琪	廖　媛	霍怡然		

公共卫生学院

万时雨	王　实	王伽婷	王晓琪	王敬元	王嘉豪
尤　美	申贵元	田　欣	史涵旭	代晓彤	巩　超
刘思奇	刘秋萍	刘雪晴	刘雅倩	闫会娜	杜　敏
李玉欢	杨　帆	杨　腾	杨贝妮	吴　俣	吴宜瞳
吴晓燕	佟明坤	宋沁峰	宋绮莹	张亚丽	张明轩
陈　俏	陈　璐	陈迈克	陈松建	卓　琳	岳东洋
赵雨佳	赵寓藏	郝永秀	段宇祺	祝楠波	姚　玺
姚海舟	贾晓倩	倪冰莹	徐　琳	郭英男	郭煌达
黄晓婕	黄紫婷	赖雪峰	廖紫珺		

护理学院

于文华	马晓晓	王祉豪	王晶玼	王韵璘	文　婧
邓　遥	田双月	田美玲	朱博妍	乔　路	乔佳琪
向思婷	刘晓瑞	闫凤玲	李　欣	李凤莲	李灿莹
杨　娇	杨茹侠	杨聪颖	肖红梅	吴家荟	张　洁
张　澳	张卓越	张婉雪	张鹤立	陈东贤	陈泓伯
陈俊佳	陈嘉雯	罗少焓	庞金桃	赵　媛	郝英雪
侯燕玲	袁辰蔚	袁洁铃	夏小倩	晏　熠	高　琦
黄文初	黄德夫	韩晓旭	鄢　嫣	詹佳欣	黎秋宏
潘海浩					

公共教学部

马层思	王　伟	邓添艺	朱莉雯	乔　丹	米卓琳
孙　言	李　瑶	张雅文	陆亦凡	陈素会	陈雪扬
金琪灵	姚秋琦	徐嘉琪	颜文庆		

第一临床医学院

马玮麟	马明明	王　伟	王金贵	王洁初	甘良雨
卢文婷	邢茂炜	巩皓琳	朱伟杰	仲崇琳	任汐鹰
刘　真	刘　鑫	刘怡然	刘嘉懿	孙　雯	孙佳玉
李　灿	李育蓉	李映依	李秦汉	李斯言	杨之辉
狄　娜	张　瑜	张　杨	张小娇	张文浩	张尚卿
陈之杰	陈卓靖	林紫珊	赵旭彤	施逸怡	费金韬
原梦昕	徐菱忆	高丙晶	高田敬	郭璎漫	曹爽婕
崔　嵬	越　雷	程　浩	谢　淼	谢安智	雷向宇
廖子桓	颜　榕				

第二临床医学院

丁镇涛	王　宇	王　青	王　铎	王　璐	王宇轩

王知任	韦仁杰	尤旭杰	石　琳	白明欣	刘思尧
许晓月	李　龙	李　杨	李文睿	李星辰	李晓鹤
杨子瑶	张　静	张长坤	张苏杰	张哲栋	陈俊臣
陈淑文	林楚童	宓嘉辉	居家宝	赵　昱	赵志庆
胡　丹	胡梦蝶	胡媛媛	殷华奇	郭紫玉	黄思议
符师宁	彭嘉婧	蒋丽蕾	韩　烨	喻　言	靳家扬
蒙星烨	蔡震宇	翟铭雅			

第三临床医学院

马凯明	马佰凯	马衍鹏	马婧玥	马新然	王　丰
王佳佳	王晓宇	王鑫光	石媛媛	卢　青	叶　凯
申宗颜	邢继尧	刘一昀	刘家诚	孙彬佳	苏　同
李　彤	李　杰	李　珊	李廷翠	李芙蓉	李佳孟
李欣艺	李泽丽	杨　静	杨　臻	杨晓松	吴明洪
谷良标	邹　达	沈　静	宋　航	张云霄	张艺阳
张逸璇	陈　勇	范天奇	金秋子	孟素坤	赵心悦
赵振达	胡　静	原福贞	郭翼宁	梁宇鹏	葛雪飞
景兰凯					

口腔医学院

刁　婧	马张珂	马珂楠	王　威	王天骄	王逸君
毛茜漾	方高峰	石姝雯	卢思成	代云飞	朱文瑄
刘　浩	刘昊宇	汤　瑶	汤梓艳	许　宁	孙崇珂
杜文瑜	李　榕	李文锦	李庆祥	李梦迪	杨　爽
杨慧丽	张　文	张子一	张瑞娟	陈俊鹏	范莹莹
国丹妮	易　科	金姗姗	胡末豪	柳星辰	高涵琪
黄豆豆	黄桂彬	曹　沛	崔新悦	商菲菲	程雅雯
曾　菲	曾文敏	曾雪晴	窦桂丽	滕　飞	潘怡湘
魏迪洋					

临床肿瘤学院

于金玉	王　帅	王子鸣	王敏敏	王鑫宇	毕继旺
刘雁飞	齐忠慧	江维洋	李　想	李拂晓	吴一凡
宋庆如	宋金龄	阿丽亚	陈善梅	武梦娇	范英聪
赵　博	姜彬彬	贺怡子	热依扎·努尔苏力坦		栾凤鸣
郭　阳	黄泽凯	盛雪晴	绽春蕊	彭　琳	雷　雯
雷小康	管晓庆				

精神卫生研究所

马玉努	王　晗	刘　珮	孙婷婷	阳雨露	陈　维
岳九燕	钟苑心				

中日友好临床医学院

于春子	马善吴	布特格勒其	叶项希	叶清华	李红雯
张　萌	武　娟	段瑞瑞	彭畔新		

第四临床医学院

王　璐	吕卓恒	花克涵	杨若培	张　恒	张　铨
陈思运	范春杨	赵晓熠	郝志鑫	姜金鑫	姚东晨
敖进涛	郭　澜	常徐尧	彭舒晨	蒋徽豪	覃一朗
蔡晨希					

第五临床医学院

马嘉健	方创森	艾　忻	邢珍珍	李　强	张　旸

张晓岚	邵雅昆	林萍萍	季　祥	姜雨薇	续彦婷
谢双莲					

第九临床医学院

王文萍	李　燕	张　玥	罗　楠	赵晴晴	蒋　珺

航天临床医学院

李伊凡	邵达明	秦京京	黄　城	黄姝伦	韩柏林
程卫东					

首都儿科研究所

王忻宇

地坛医院

杨晓宇

解放军302医院

孙　超

回龙观医院

王蕾蕾　赵文暄

深圳医学院

王　晗	王海霞	孙俪绮	孙晶晶	邹　丽	张一丹
周　盟	梁晓凌	蒋衍亿			

首钢总医院

蓝　洋

港澳台学生

王淑盈	刘泳妤	孙仪芳	李雅秀	林芳汝	欧阳大方
郭芷均	黄　燕				

实践公益奖

物理学院

应　同　徐奕放

化学与分子工程学院

马亦然	王艺蒙	刘星驿	许世臣	李仕超	李　奔
杨宇舒	肖超玲	陈　起	陈　煜	周　亮	赵京梁
施江陵	徐雪雯	郭妍如	韩　含		

生命科学学院

孙　磊　杨培文

城市与环境学院

王一萌	吕博文	杜悦悦	陈昱锜	郑昌辉	徐耀亚
黄珊蕙	彭　旭	蒋浩琼	靳杰一		

心理与认知科学学院

张梓汐　张馨遇　宫林林　倪　玮　蒋冬冬

建筑与景观设计学院

张柳欣

信息科学技术学院

王业鑫	王泳诺	王博文	周　荆	赵广洋	胡晨刚
胡黔江	袁　野	顾亦宁	凌思捷	程　卓	

工学院

王允松　刘　乔　李美琪　沈长丰　沈如申　侯士钊

俞　玥

环境科学与工程学院
同颖茜　安民得　那天行　董奇奇　穆　钰

中国语言文学系
王兰苓　杨悦施　周琬琳　郑　林　赵雨格

历史学系
徐佳淳　蓝睿妮

考古文博学院
李春霞

哲学系（宗教学系）
丁　洛　韦海怡　张　航　邵　风　黄越泓

外国语学院
王静妍　吕梦娜　韩承轩

艺术学院
王　伊　石小溪　朱　钰　陈璐涵　黄彬彬　潘洁馨

对外汉语教育学院
刘惠珍　李汉军　黄海英

歌剧研究院
黄宝杰

国际关系学院
王妤心泓　白思雨　李栩源　吴思敏　张睿阳　陈柏男
拉海荣　周　璇　贺烈熙　钱　婧　瑞安妮

法学院
万星辰　马　骁　马晓宇　马歆懿　王　婵　王新宇
卢　漫　叶慧敏　刘丝雨　刘恖祎慧　许译文　芦思明
杨慧敏　辛秋蓉　张玉琢　张铭航　张嘉倩　陈　扬
陈　纯　陈　萍　林和妹　和朕宇　周子越　赵文珏
洪亦清　贾萌萌　夏雨昕　徐　悦　梁宏懿　蒋瀚云
蒋　露　谢雪倩

信息管理系
李思彤　赵炜铭　袁　婷　徐　敏

社会学系
王星宇　王　露　冯　鑫　曲绍航　汤文博　许立欣
邱辰昕　阿依波塔·叶尔肯
陈亦琪　蔡煜晖　谭嘉唯

新闻与传播学院
张馨予　陈之殷　廖梦茹

经济学院
王子怡　王志强　王笑雨　王浩然　冯语涵　刘琢玮
刘颖颖　孙艳楠　吴湫华　邹腾辉　罗　杰　周　辉
赵启宁　祝丽丽　袁世吉　袁梦雨　郭　婷

光华管理学院
汪子慧　郝　莹　嘉　丹

国家发展研究院
李　硕　黑　烨

燕京学堂
舒　梦

深圳研究生院
王伟健　刘明蕾　廖雨晴

基础医学院
马舒蕾　石庆阳　冯晓雨　杨一帆　杨流畅　何　阳
余沐洋　汪一诺　张　可　张　波　张丹阳　陈　彤
陈　然　欧怡纯　梁双依　覃潆玉

药学院
王天雨　李雁冰　张　琦　鲍杨讴捷

公共卫生学院
王　战　叶徐丰　白　旭　刘　巧　李文咏　杨　帆
宋　菁　赵心田　赵禹碹　段蜚蕃　高　鹏　郭　群
黄　芸　鲁欣然　曾雪扬

公共教学部
左　右　赵嘉琳　倪秉泽　翁小芳　曾　治　靳亚男
蔡　婷

第一临床医学院
莫　然

第二临床医学院
朱星昀　刘苗雨　孙昊哲　李　敏　李　博　李松芳
张　颖　陈峥屹　赵　宁　赵　芃　侯嘉茵　洪凡凌
徐丽娟　高嘉翔

第三临床医学院
任洪成　张　曦　张健维　陈　欣　陈雁容　庞　萌
钟若忻

口腔医学院
田雅婧　冯诗阳　黄　超

中日友好临床医学院
王　晨　赵　豪　黄杨钰

第四临床医学院
冯　峥　刘志福

第五临床医学院
杜俊杰　张　帅　张　莹　孟　晨　栗向辉　曹　阳

航天临床医学院
李雪君

首都儿科研究所
孟　莉

地坛医院
曾永秦

社会工作奖

数学科学学院
马英浩　马赛玥　王　波　王　钰　王海燕　韦静蓉
牛泽惠　叶　帆　白　成　冯多多　冯敏立　朱　旭
朱枫怡　刘宇林　孙元逊　孙浩轩　杨柳霏　吴　姚
沈铮阳　张天赐　周国庆　周　航　赵　芯　赵　秦

侯喆文　俞辰捷　施炜琛　徐智韬　郭义销　黄海文
黄翔宇　董佶圣　潘文初　魏易凡

物理学院

王　楷　冯　旭　刘宏超　李克谦　李　昆　杨　彪
吴　达　何必硕　张敏中　陈璐璐　林海芃　周志谋
周　密　姜中景　骆佳伟　葛博文　蒋　颖　樊　勇
檀望舒

化学与分子工程学院

王帅宇　石梦妮　朱凯煜　刘子豪　阳彝栋　袁　浩
谭灏诚

生命科学学院

印　蕾　孙雨傲　李　想　杨明轩　杨悠然　吴大木
张　冲　张启明　郑心和　郑阳臣　郑馨慧　姜舒鹤
曹配懿　龚梓桑　韩瑾仪　鲁朕江　蓝添翼

城市与环境学院

于　波　王浩舒　王　曼　关键行　李龙盛　李宁汀
李昀瓒　李晓乐　李新月　杨天铭　陈优芳　罗　耀
金　川　梁　泽　舒业硕

地球与空间科学学院

王轶铃　王　辉　王强茂　王　静　方唯振　叶　勃
包　涵　吕悦琪　朱玉源　任龙龙　任　淼　刘　晗
衣可心　孙逸渊　李修贤　杨立辉　宋筱泊　张　驰
罗哲楷　罗清清　耿　力　揭　宇　魏论研

心理与认知科学学院

马继昌　王　倩　兰　雪　刘悦琳　李东辉　李卓扬
杨晓东　杨鹏程　吴嘉怡　张泓昊　陈雪瑶　孟秋辰
郭子涵

建筑与景观设计学院

朱钟炜　陈学璐

信息科学技术学院

王子睿涵　王梓蕙　王嘉睿　任　梦　孙艺哲　杨芳源
张石然　陆　睿　南德侯尧　龚　晨　常　远
舒　斌

工学院

王　帅　叶　帆　史美程　李　根　张　青　张　垚
张灏宇　陈　洋　郝进华　倪　悦　樊建树

软件与微电子学院

丁羽珊　丁伟轩　上官懿俊　弓少宇　马钦泓　马跃驰
王　扬　王庆庆　王　轩　王利兴　王若虹　王怡茗
王晓旭　王窑生　王閔玄　王道鹏　王裕铭　公　维
方　顺　尹雯静　龙　丹　田旭彤　史楚玉　冯琳钦
成相翼　朱文玉　朱再平　朱　军　朱哲义　伍家纬
任振川　刘文昊　刘邺涵　刘振湘　刘　辉　刘　露
齐荣锋　关家志　许　寰　杜牧寅　李宁静　李训涛
李志壮　李　芮　李　昊　李　凯　李　净　李春雷
李政鸿　李胜宇　李　莹　李　楚　杨　政　杨　洋

杨　腾　吴冉洪　吴　静　吴静仪　何学渊　何　睿
何贤榛　张大鹏　张灵杰　张秋迪　张琬琳　张　鹏
陈　宇　陈　朋　陈积铨　陈　浩　邵　雪　林戈阳
林　杨　周绍阳　冼承钧　赵　珊　赵　晋　柳茗千
侯　莎　姜卫卫　姜　彤　姜　博　洪　亮　洪　笙
姚易哲　秦　芳　徐天阳　徐　纲　徐姗姗　徐思远
徐博涵　徐程颖　徐铭鸿　高翊凡　郭后军　郭益君
郭　焱　唐　灯　陈益祥　姬银秀　黄丞麒　梁诚鑫
张唯扬　彭珺洁　黄建晟　叶芷吟　叶景成　蒋佳惟
蒋　智　程　鹏　温冬阳　谢　豪　杨　涵　雷　驰
蔡惠竹　廖家伟　潘俊松　苏伦纬

环境科学与工程学院

王雨琪　王奕瑶　朱弘琳　肖　瑶　张祥伟　陈肖睿
苗　荻　周慧婵　赵嫣然　钱　茜

中国语言文学系

马竟轩　王羽端　王佳琪　王晓婷　王　逸　王塞北
古　焰　曲　楠　朱家碧　刘雨晴　刘雯昕　许典琳
阳隽仪　李缘晴　李　楠　李慧文　杨心仪　杨晓清
杨熙程　迟婧伊　张入梦　张佳婧　张泽宇　张清莹
陆秋霞　陈雨辰　陈　虎　陈曼菲　陈慕雅　罗　舒
金敬珉　周丽琪　周诗语　周嘉雯　赵月月　赵莹钰
柯　雪　柳元华奈　施楠楠　姜政薰　莫凡妮　徐子兴
高灵毓　郭天骄　唐冬冬　曹　姗　蒋　姗　韩　潇
童梦园　谢　蝶　蔡坤铭　裴蕙莲　戴莹钰　鞠　晨

历史学系

田佳轩　仲　琼　刘　霆　李思成　杨　坤　吴诗婷
张闰嘉　姚雨昂　徐　姝　蒋梦黎　韩　耕　滕　菲
薛尔清

考古文博学院

朱文羽　朱斯妤　李卓朋　谷煜农　徐僡婧　黄　希
蔺诗芮

哲学系（宗教学系）

王子瑜　王君菲　孔博琳　史　雨　成　果　刘　泽
刘　默　关　雷　孙留洋　孙　婷　李梦寻　何振泓
陈晗倩　柳成雅　倪　鹏　高　珂　高晓梦　郭清飞
陶婧漪　魏　宇

外国语学院

马瑞婕　王乃懋　王子元　王艺涵　王中煜　王忠宇
王映昆　方　艳　古云英　石晚汀　卢建璋　白　野
尼　森　边慧媛　伍雨荷　刘可馨　刘　昊　刘佳玥
刘　洋　闫泽宁　安梦琪　孙维娅　孙　琪　纪景闻
李欣然　李诗奇　李润华　李麟寅　杨　艳　何一丹
宋春晓　张芷瑶　张姣姣　张骁瀚　张淑雅　张智颖
张楚璇　张　燕　陆黛丽　陈尚敏　陈昕璐　陈星竹
陈　昱　罗思誉　周少波　房　聪　屈　波　赵宇丹
赵　楠　荆晓霞　胡佩凡　胡思茹　殷中一　殷　达

曾惠兰　赖　微　赖　瓅　蔡子鑫　潘昕宸　薛亘华
戴卓琳

艺术学院
任靳珊　靳子玄　薛　熠

对外汉语教育学院
李　扬

国际关系学院
上官瑶婷　王一歌　王梦娇　王斯沛　王馨安　毕　成
毕嘉鑫　朱　睿　危思安　孙　滢　李怡柔　杨冰夷
杨　柳　陈章萍　陈　潇　武芸如　罗天灵　周　可
郑舒瀚　胡　欣　胡　悦　涂针华　张　琳　董金格
韩鑫阳　蔡炎通　薛雅文　赖涵郁

法学院
丁嘉彬　马伯韬　马旺资　王艺楠　王冰山　王　松
王　咪　王惠一　王　雷　王　翼　方铭璐　尹雯丽
艾　苗　左小平　龙腾辉　田若妍　田　炼　付丽炜
白　雪　刘二源　刘　帆　刘　冲　闫　瑞　江　涵
祁　慧　许　可　孙一鸣　严明雯　苏为韬　杜雨林
李艾阳　李　玥　李洺贤　李　淳　杨玉冰　肖　雨
吴亦九　吴晓煜　何婧涵　沈林桐　宋泽毅　张心颜
张　冰　张钧松　张恒基　张　琦　张碧凝　陈泰男
陈祯卿　陈雯怡　林浩阳　杭雅伦　尚子玉　周文灏
周　欢　周　欣　周梦瑶　郑睿竹　孟繁哲　赵先龙
赵雪松　姜天成　姚　远　秦钰洁　耿仕缙　夏存兵
柴文龙　徐晓睿　栾书剑　高悦然　唐兵汭　龚　文
逯　冬　喻　洋　潘　宇

信息管理系
张　鑫　赵　辉

社会学系
马　刚　韦　婷　代　颖　冯　雅　刘　艾　刘　杰
刘栩江　苏琪红　杨　飒　肖上上　胡潇予　袁艺丹
徐春蕾　高正予　高泽庆　唐梓钧

政府管理学院
马楷原　王　伟　王怀乐　王　睿　冯子欣　曲嘉文
刘禹含　苏鹏飞　李志斌　杨守伟　杨琳娜　邱　飞
张智广　陈雨昕　依力亚尔·牙力昆　赵　彤　姚俊超
高平平　高　勇　郭宏樟　梁　宇　韩　剑　樊　昕
潘　湃

马克思主义学院
王萌苏　孙梦婵　李文豪　张艳萍　陆豪青

教育学院
丁洁琼　朱彦臻　刘鑫桥　米拉·居尼斯　李晓丹
杨海燕　杨雅程　荣怡媛　黄天伦　董　倩　谭　越

新闻与传播学院
于雅茹　毛殷平　邓倩如　甘诗卉　印秀绚　孙晓炎
李　莹　杨　涔　邱凯柔　何丽琼　辛嘉荷　张文杰

张斌禄　范书钥　胡雅琳　徐子涵　彭予阳　曾　辰
蔡斐然　谭影子

体育教研部
朱　赫

新媒体研究院
单光煜

经济学院
韦雪娜　毛佳纯　白柠瑞　边恩民　吕瑞石　刘志睿
刘　灿　李雨佳　杨天伊　沈　蓉　宋若冲　林楠茜
郝光昊　钟　尧　袁哲辉　黄律晓娜　梁正则　张芷若
曾依雯

光华管理学院
丁昊东　刁翊航　马　欢　马嘉璐　王文博　王皖豫
仇博兵　朱子沛　刘丹妮　衣龙雨　汤　雯　李宇恪
李彦波　李润珩　连　旭　何方竹　宋玉婷　张　可
张妍紫　张　诠　张洪攀　张晓宇　张　超　张　博
张惠君　张　喻　张楚桐　陈　卓　邵冠棋　周安琪
赵昕玥　赵柏清　郝若男　胡　昊　贾　璇　徐芳悦
梁子凌　梁　宇　梁欣怡　韩　啸　谭天禹

人口研究所
闫晶宇　吴振东　陈　铭

国家发展研究院
王浩洁　王婕茹　王照光　刘佳佳　吴派欧　张晗雨
郑纯如　袁　见

元培学院
于元博　于佳永　马梓涵　王泓丁　王剑桥　邓　唯
田非凡　田金阳　付紫璇　朱博文　朱　磊　任　为
刘昊棠　刘昱旻　刘　添　刘　然　孙天也　孙舒羽
李子涵　李垣龙　杨正颖　杨惠心　张文瀚　张　弛
张雪洽　张煌昭　陈启航　苗　润　金　昊　赵依阳
赵　雷　段宇光　徐星靖　郭嘉明　唐宇博　梅鑫洋
蒋雨楠　程晓雨　楚显琨　窦文韬　蔡家骥

燕京学堂
金胡屹

前沿交叉学科研究院
王妍妍　王楚然　王　磊　刘　丹　米青天　孙　悦
李　晓　佟云鹤　汪　璐　沙梦吟　沈雯婷　邵心阳
郭　行　郭梓聪　黄士菡　彭　冰　董润峰　雷　阳

深圳研究生院
于　尧　马　骁　王大为　王　可　王可怡　王　杰
王建鑫　王俊瑶　王烁康　王宵妮　王博文　文厚德
甘弼家　史建伟　付敏言　邢　行　朱　永　朱凯琪
朱岳灿　朱媛韬　朱筱茜　庄麟升　刘云星　刘　聪
闫立志　汤杰强　孙钟涟　孙煜航　苏　欣　杜幸芝
李大伟　李子睿　李文曦　李先亮　李　壮　李极恒
李青林　李佳奇　李　洋　李　恒　李笑玥　李薇薇

肖远进	吴莹颖	吴陶然	吴焱斌	何进阳	但 喆	娄新哲	黄 港	宿 骞
汪 雨	张云鹤	张 文	张乐纯	张 冰	张羽晴		中日友好临床医学院	
张 丽	张 威	张闻捷	张峰旗	张敏敏	张 粲	刘千祺	张智昱	
张静怡	陆正昌	陈又铨	陈城杰	陈思佳	陈斯嘉		第五临床医学院	
范姝璐	林大川	林 炜	林秋君	虎 晨	罗钦宏	王博浩	张天玥	
金一丹	金原赏	周方圆	郑妍妍	郑佳宝	孟 鑫		航天临床医学院	
胡尹超	胡明宇	胡雅云	胡蓓蓓	钟振鹏	侯忻妤	李晶欣		
贺 鑫	都业达	夏诗霖	徐 可	徐炳琳	徐莹莹		首都儿科研究所	
殷卓君	栾碧莹	郭鑫阳	唐 珊	唐榕泽	黄文超	马晶晶		
黄善迎	黄 赞	梅思钰	戚宏磊	梁欣悦	彭 晨			
敬海兰	蒋文璐	韩 煜	焦 航	谢郁舒	雷 鹏		**五四体育奖**	
鲍星宇	樊 优	樊卓宸	潘彦辰	薛 兆				
		基础医学院					数学科学学院	
马 琳	王子洋	王泽怡	王婧漪	王璐薇	韦逸肖	杨钦宇	陶炳学	
付宇航	冯倩倩	朱家平	仲解健	刘 悦	刘天赐		外国语学院	
刘舒婷	许晓峰	阮丹卉	孙小砚			郑文思	徐钦禹	
买热排提·哈力木拉提		苏 雅	李 江	李怡萱			国际关系学院	
李驿馨	李柏翰	李彦璋	肖泽睿	何坤香	张 轩	闫宗博	张文静	张华庆　徐天赐
张 奥	张选俊	林汐蓬	金岳圻	周 艳	郑立威		经济学院	
郎 敏	贾涵芝	胡玉鹏	柳诗雅	娄新琳	胥切实	卢诗钰	张玲玉	
袁梦宁	夏佳霖	夏楚钰	徐杨恺	郭 萌	黄少栋		基础医学院	
黄竑远	崔若冰	梁智健	韩 通	程凯远	谢宇君	梁贤毅		
解紫钧	谭忠州						药学院	
		药学院				汪小清		
马云媚	王大宽	王壮飞	卢予祺	吉 翔	吕博晨		口腔医学院	
刘玥彤	刘雅文	李 浩	李锴森	陈 坤	陈和祺	丁梦坤		
周斯加	秦 川	袁 泉	夏虤林	黄振城	梁紫妍			
简伟哲	薛 婷						**红楼艺术奖**	
		公共卫生学院						
朱 赫	李谊澄	余君尤	邹思雨	张 玥	陈晰雯		城市与环境学院	
陈慧婷	范 梦	林 瑜	罗 颜	金宪宁	周 川	郑钞月		
周 密	姜 萍	徐金辉	曹桂莹	梁梓桦	程昊哲		历史学系	
奥 群	熊秀琴	霍家康	魏婷婷			吴心怡		
		护理学院					哲学系（宗教学系）	
刘文静	孙 萌	杨 璇	周晓玲	崔东琪	曾方艺	张健伟		
		公共教学部					艺术学院	
马 尚	刘泽辰	李 洒	张卜予			王文笛	贝拉蒙	
		第一临床医学院					国际关系学院	
刘子轩	刘梦桐	许芊芊	张浩然	陈佳琰	夏雨奇	孙延武		
		第二临床医学院					法学院	
马慧云	冯 昊	刘显平	程 功			范月影		
		第三临床医学院					社会学系	
王文东	司 高	李 响	李 赓	李鹏飞	肖士渝	王 妍		
张启鸣	邵 睿	周乐群	夏海缀	翟 帆			政府管理学院	
		口腔医学院				陈 瑾		
王一凡	王延峰	王鹿鸣	刘行云	李雪滢	沈琳慧		经济学院	
						李汉文	宋曼嘉	

基础医学院
吴碧涵

药学院
覃思蓓

学术创新奖

数学科学学院
丁梦瑶　代洪龙　孙振尧　黄峄凡　董佶圣　熊云丰

物理学院
王雪韵　刘轶男　汪　茂　林本川　罗德映　姚凤蕊
唐水晶　黄　艳　黄馨瑶　曹端云　梁艳霞　韩天洋
韩　冬　韩　猛　赖佳伟

化学与分子工程学院
吕晓林　孙阳勇　陈召龙　陈　影　邰云鹏　袁晓莹
顾春晖　董武杰　董博为　裴晓静

生命科学学院
刘　旺　刘明珊　刘悦晨　孙芳妙　李梦彤　张园园
居年盛　董　骥

城市与环境学院
兰心宇　刘茂甸　李德龙　贾文晓　黄萌田　阎蕴运
曾文静

地球与空间科学学院
牛菁菁　伍昕钰　刘嘉辉　李　莉　杨立明　杨志强
胡　玲　高　磊

心理与认知科学学院
王原野　苏金龙　高晓雪

信息科学技术学院
王　韵　司　佳　朱泽宇　向　立　阮恒心　李　超
李嘉豪　李　赫　杨　凡　杨天猛　宋　宇　张　恒
张尉东　陈震鹏　郑峰屹　徐志华　徐　琳　高　旭

工学院
汤斯奇　孙　翰　李腾飞　杨艳涛　吴小虎　张智琅
郑兴文　黄　帅　程　斌　漆　锟

软件与微电子学院
邓文涛　李　昂　张楚云

环境科学与工程学院
申恒青　李博抒　杨新平

中国语言文学系
王玉玉　曲　楠　余建平　宋　雪　张　驰　陈子丰

历史学系
纪浩鹏　姜子浩　寇博辰

考古文博学院
张　吉

哲学系（宗教学系）
闫培宇　李　星　侯杰耀

外国语学院
毛　旭　刘雅悦　阮诗芸　林俊旸

艺术学院
李诗语　黄凌子

对外汉语教育学院
李姝姝

国际关系学院
安思齐　孟文婷　龚若菡

法学院
王　磊　石　丹　朱艺浩　刘泊宁　赵申豪　胡　翔
徐美玲　郭昌盛

信息管理系
赵柯然　赵　晓

社会学系
李晓菁　章高荣

政府管理学院
古恒宇　宁　晶　李君然　曾奕婧

马克思主义学院
司明宇

教育学院
王辞晓　刘　霄

新闻与传播学院
涂俊仪

经济学院
王任远　侯婉薇　梁银鹤　韩晨宇

光华管理学院
刘圣明　刘峻豪　刘靓晨　李世豪　李志冰　沈　睿
张澍一　赵扶扬

国家发展研究院
张　睿　童　晨

前沿交叉学科研究院
孙禄钊　闵喆莹　陈　坤　秦　为

分子医学研究所
李玉梅

深圳研究生院
王　莹　史晓东　朱春彪　刘云松　刘春怡　江意翔
李文君　武丰瑾　郁文国政　罗方焓　赵　岩
姚露露　袁鹏飞　黄靖佳　曹礼明　梁园梅　熊　威

基础医学院
王　麟　王君佩　王雷婕　杨　鑫　宋　佳　张　楠
程晓雷　谢思安　赖建豪

药学院
朱月洁　朱玉超　李昕伟　张　军　张　肖　张建平
张晓雯　张敬茹　陈昌买　武瑞君　易湛苗　庞　宁
贺俊斌　梁端韦

公共卫生学院

沈 莹　周 仁　倪文丽　曹 冰　董彦会

第一临床医学院

王怀玉　王鼎予　邓 会　石鑫淼　延会芳　孙晓菁
吴 靓　吴培莉　张宇慧　洪 鹏　洪保安　彭 鼎
詹永豪

第二临床医学院

王若冰　吴 哲　赵红艳　蒋欣彤　靳龙阳

第三临床医学院

王 奔　王文景　王岳鑫　任一昕　刘珺玲　何观平
沈 静　胡凯伦　崔智勇

口腔医学院

王 玥　许 晓　李晓蓓　辛天艺　陈 思　赵华翔

钟雯婕　曾 蕾

临床肿瘤学院

于佳怡　陈心怡　陈祖华　徐晓霞

第四临床医学院

詹惠荔

第五临床医学院

孟令峰　曾 怡

解放军306医院

韩燕菲

深圳医学院

庄成乐

（学生工作部）

2017—2018学年北京大学"示范班集体"获奖名单

院系	班级
燕京学堂	2017级硕士生1班
地球与空间科学学院	2015级地质地化1班
化学与分子工程学院	2017级本科生1班
生命科学学院	2016级研究生3班
法学院	2017级本科生2班
物理学院	2016级本科生4班
信息管理系	2017级硕士生班
经济学院	2015级本科生风保系班
对外汉语教育学院	2017级汉语国际教育硕士生班
地球与空间科学学院	2017级遥感硕士生班
物理学院	2017级本科生2班
新闻与传播学院	2017级本科生班
外国语学院	2015级本科生希伯来语班
环境科学与工程学院	2017级硕士生班
城市与环境学院	2015级本科生环科班
政府管理学院	2016级本科生班
信息科学技术学院	2017级本科生1班
中国语言文学系	2017级本科生2班
国际关系学院	2017级本科生1班
外国语学院	2017级日语翻译硕士生班
考古文博学院	2016级博士生班
法学院	法律硕士（非法学）2017级1班

(续表)

院系	班级
历史学系	2017级本科生班
教育学院	博士生班
城市与环境学院	2017级硕士生人文班
软件与微电子学院	2017级燕南一苑
元培学院	2017级本科生2班
国家发展研究院	2017级研究生班
工学院	2016级硕士生班
社会学系	2017级本科生班
信息科学技术学院	2017级本科生8班
光华管理学院	2017级博士生班
深圳研究生院	环能学院2017级环工班
深圳研究生院	新材料学院2016级硕博班
医学部	第一临床医学院2014级临床1班
医学部	口腔医学院2015级口腔2班
医学部	第三临床医学院2014级临床5班
医学部	第三临床医学院2015级临床3班
医学部	药学院2016级药学4班
医学部	航天临床医学院2015级临床9班
医学部	药学院2017级药学4班
医学部	公共教学部2017级生物医学英语
医学部	第三临床医学院研究生5班
医学部	公共卫生学院流行病与卫生统计学系研究生班
医学部	第三临床医学院研究生3班

(学生工作部)

2017—2018学年北京大学"先进班集体"获奖名单

院系	获奖班级
数学科学学院	2017级本科生5班
数学科学学院	2016级本科生5班
数学科学学院	2016级硕士生1班
数学科学学院	2017级本科生2班
物理学院	2017级本科生6班
物理学院	2016级本科生5班
物理学院	2017级大气与海洋科学系研究生班
化学与分子工程学院	2017级本科生5班

(续表)

院系	获奖班级
化学与分子工程学院	2016级本科生4班
化学与分子工程学院	2016级本科生2班
生命科学学院	2016级研究生2班
生命科学学院	2015级研究生1班
生命科学学院	2017级本科生1班
地球与空间科学学院	17地质硕士生班
地球与空间科学学院	16本地质地化1班
心理与认知科学学院	2016级本科生班
心理与认知科学学院	2017级博士生班
心理与认知科学学院	2017级学硕班
软件与微电子学院	2017级朗润一苑
软件与微电子学院	2017级博实一苑
软件与微电子学院	2017级博雅二苑
软件与微电子学院	2017级燕南四苑
新闻与传播学院	2017级学硕班
新闻与传播学院	2017级专硕班
中国语言文学系	2017级创意写作班
中国语言文学系	2017级学术型硕士班
中国语言文学系	2017级本科生1班
历史学系	2017级硕士生班
历史学系	2016级本科生班
考古文博学院	2015本科生班
考古文博学院	2017本科生班
哲学系（宗教学系）	2017级硕士生班
哲学系（宗教学系）	2017级本科生班
哲学系（宗教学系）	2017级博士生班
国际关系学院	2017级本科生2班
国际关系学院	2016级本科生2班
国际关系学院	2016级本科生1班
经济学院	2017级本科生6班
光华管理学院	2017级本科生1班
光华管理学院	2017级本科生6班
光华管理学院	2017级本科生5班
光华管理学院	2015级本科生6班
法学院	2016级本科生1班
法学院	法律硕士（非法学）2017级2班
法学院	2016级本科生4班
信息管理系	2016级本科生班

(续表)

院系	获奖班级
信息管理系	2017级本科生班
社会学系	2016级本科生班
社会学系	2017级社会工作硕士生B班
政府管理学院	2017级本科生班
政府管理学院	2017级硕士生班
外国语学院	2016级本科生俄语班
外国语学院	2016级本科生阿拉伯语班
外国语学院	2017级本科生菲律宾语班
马克思主义学院	2017级硕士生班
艺术学院	2016级本科生班
艺术学院	2017级本科生班
艺术学院	2017级博士生班
对外汉语教育学院	2017级语言学班
对外汉语教育学院	博士生班
元培学院	2017级本科生3班
元培学院	2017级本科生4班
元培学院	2017级本科生5班
深圳研究生院	国际法学院2017级法硕班
深圳研究生院	化学生物学与生物技术学院2014级研究生班
深圳研究生院	信息工程学院2017级1班
信息科学技术学院	2016级本科生2班
信息科学技术学院	2016级本科生7班
信息科学技术学院	2015级本科生4班
国家发展研究院	2016级本科生班
教育学院	2017级硕士生班
人口研究所	2017级社会工作班
前沿交叉学科研究院	常代班
前沿交叉学科研究院	2017级CLS 2班
前沿交叉学科研究院	2016级大数据科学1班
前沿交叉学科研究院	2016级CLS一班
工学院	2017级博士生1班
工学院	2016级博士生3班
工学院	2016级材料航天班
工学院	2017级硕士生班
城市与环境学院	2014级博士生班
城市与环境学院	2016级本科地生班
环境科学与工程学院	2017级博士生班
环境科学与工程学院	2017级本科生班

(续表)

(续表)

院系	获奖班级
新媒体研究院	2017 级硕士生班
燕京学堂	2017 级硕士生 2 班
燕京学堂	2017 级硕士生 4 班
医学部	护理学院 2016 级护理 2 班
医学部	基础医学院 2015 级基础医学 2 班
医学部	第一临床医学院 2015 级临床 1 班
医学部	基础医学院 2016 级口腔 1 班
医学部	基础医学院 2017 级基础医学 1 班
医学部	公共卫生学院 2017 级预防医学 2 班
医学部	基础医学院 2017 级临床 1 班
医学部	公共卫生学院儿童青少年卫生研究所研究生班
医学部	口腔医学院口腔正畸研究生班
医学部	第二临床医学院研究生 1 班
医学部	药学院研究生 5 班
医学部	临床肿瘤学院研究生 2 班

(学生工作部)

2017—2018 学年北京大学"示范学生宿舍"获奖名单

宿舍楼	院系	学生类别	宿舍成员姓名
37#432	国际关系学院　中国语言文学系　社会学系　外国语学院	本科生	王子月　周嘉雯　王霄鸿　葛思嘉
30#113	信息科学技术学院	本科生	邬榄鸽　朱艽蓉　黎舜尧　麻莉雅
31#265	城市与环境学院	本科生	孙轶斌　郑树杰　李鹏程　潘宇轩
37#645	历史学系	本科生	陈琬睿　陈锐霖　雷亚倩　唐慧伶
36#112	外国语学院	本科生	董嘉恩　王乃懋　张英杰
28#648	物理学院	本科生	叶子凌锋　柳博　刘津汀　亢议

(学生工作部)

学生奖学金

北京大学2018—2019年度博士研究生校长奖学金获奖名单（共528人）

数学科学学院

李　徽　何俊材　周沛劼　陈珍珠　金　晓　冯怡珺
黄译旻　周楚宇　李　旸　龙子超　孙振尧　李　屹
李鼎权　林君仪　陈　冲　陈天遥　赵洪鑫　陈　琦
李　特　王　毓　朱锦天　段俊明　李勇锋　熊云丰
李　隆　钱　力　杜予聪　郭靖邦　李鹏程　王　坤
殷鉴远　张喜悦　林秋实　白瑞祺　唐　乾　周忠鹏
刘浩洋　杨亦晨　陈辰阳　刘俣伽　蔡晓榕　李　翔

物理学院

王辰宇　王宇飞　方　俊　任政学　沈晓飞　杨　灿
潘　瑞　万　逸　王　硕　孔令剑　张　茜　周智勤
李潇斐　方　苑　孟　璐　马远卓　梁艳霞　陈文明
陈怡帆　费兆宇　孙风潇　韩　猛　徐紫嫣　陈　平
张慕容　陈优帆　伏琰军　弓　正　刘　霄　李郁博
王云祥　付敬原　丁石磊　沈剑飞　张黎莉　牛欣翔
胥　恒　黄　涵　张　铭　葛　伟　肖朝凡　郝鹏翔
马驰川　徐小峰　梁　昊　余阳阳　刘上锋　刘士琦
陈俊延　岑哲航　姜旭航　马　尧　何任川　陈文杰
成　星　宫　明　洪嘉妮　黄志豪　吉　源　季浩然
时若晨　宋易知　王　善　王朕铎　袁　帅　陈晓炯
张沛吉　高　勇　孔　浩　任阳泽　苏士皓

化学与分子工程学院

何姗姗　李思伟　马　雯　潘洪兵　齐　翔　谭俊彦
肖　雨　杨程凯　杨小雨　张家婧　张　简　张瑾轩
郑鑫遥　邓　兵　顾春晖　张　娜　陈　维　邰云鹏
郭妍如　郭　毓　黄　铃　李元鹤　唐毓良　周倩羽
关键鑫　刘歆子建　姚泽凡　蔡思良　程　瑶　程　熠
贾凤艳　李博文　李树森　李颂悦　李　威　王李玎
杨昱升　殷珠宝　郑黎明　庄方东　陈召龙　苏　姗
陈思聪　陈昱光　郭怡兰　华汪德　刘宏宇　沈弈寒
孙怀洋　唐　麒　武桐玥　谢思宇　谢　颖　张亦弛
肖　锐　林德武　刘雅杰　杨　帆　罗　越

生命科学学院

王志娟　张　姗　贾漠野　刘一穹　管仪婷　张东慧
杨彦芝　徐至韵　杨永烽　蔡甜甜　李　琳　窦圣乾
贾璐萌　董　骥　宁少楷　蒋陈焜　李金超　潘　颖
邵昕宁　张　书　张美玲　徐永萍　臧维成　王　欢
黎　波　柏东生　张心怡　樊　德　姚升泽　汤飘飘
王欢欢　韩冰舟　张延松　康博熙　钱统瑞　邓雅方
段文嘉　黄　颖　王荣羿　王　信　陈　欣　陆明傲

地球与空间科学学院

张修远　常丁月　李显伟　张　扬　孙　帅　任桂平
史忠奎　张添源　王冠玉　蒋久阳　李　骞　许晓明
刘嘉辉　徐安东　郝以鑫　弓明月　马云璐　倪培刚
段艳廷　柴宝惠　朱　递　陈亚杰　邓　淼　麻伟娇
马　健　闵　阁　刘茂林

心理与认知科学学院

颜志强　郑楚华　李天碧　毛新瑞　郑　磊　胡艺箫
王协顺　王一伊　谢丹丹　朱敏帆

软件与微电子学院

李文婷

新闻与传播学院

方晓恬　涂俊仪

中国语言文学系

黎潇逸　余德江　刘　文　程　悦　周　旻　关　静
雷瑭洵　张姣婧　罗雅琳　孙　竞　沈相辉　李　强
张　钊

历史学系

徐　鹏　滕凯炜　张　良　张国帅　黄承炳　杨园章
李振宇

考古文博学院

张保卿　李文成　赵献超　张　吉　郝春阳　周逸航
哲学系　周巍卫　秦晋楠　宫志翀　刘子琪　闫培宇
胡兰双　王一楠　张　勇　徐亚豪　傅志伟　王曦璐

国际关系学院

王瑜贺　杜哲元　吴昊昙

经济学院

冯文君　李　睿　余　航　王任远　刘子宁　陈思宇
周凌云　高震男

光华管理学院

李志冰　周若馨　刘靓晨　刘圣明　沈　睿　林淑君
赵健宇　李世豪　赵扶扬　叶永新

法学院

王　栋　方柏兴　李　敏　黄宇骁　刘泊宁　刘译矾
蔡培如　崔梦溪

信息管理系
严承希　宋筱璇

社会学系
张阳阳　林小燕　吴柳财

政府管理学院
张　骥　宋昌耀　梁　宇　宁　晶

外国语学院
牟　童　任小华　周春悦　曾　悦　郑友洋

马克思主义学院
金德楠

艺术学院
王　乐　冯　晔　李　卉

对外汉语教育学院
邵明明

信息科学技术学院
张　恒　程晓亮　朱逸萧　白博文　邱博雅　郑子杰
陈俊洁　何相腾　游　山　李　超　向　立　刘泽学
宋　宇　郑峰屹　潘　石　胡智文　张远行　宋伊萍
陶重阳　李若宁　蔡琳琳　张　腾　仇晓明　张泓亮
刘天宇　娄一翎　崔　静　王　钊　李国政　沈　睿
缪立明　盛　凯　杨　帆　胡敬植　卢丽强　栾云腾
潘丽晨　邹达明　陈　旭　方　峥　袁　锐　周　航
陈心羽　管鹏鑫　陈震鹏　沈剑豪　谢　旭　柴　梓
宋默弦

国家发展研究院
金　洋　童　晨

教育学院
王辞晓　刘　霄　刘鑫桥

人口研究所
罗雅楠　谭文静

前沿交叉学科研究院
梁　凯　莫　测　于欣欣　原荣荣　张　菁　段元格

胡凌寒　雷芷芯　林　潇　王乾东　徐云雪　严智强
张益豪　黄　甜　张哲朋　罗祖源　徐优俊　沈靖翔
赵梦迪　陈　坤　王　配　吴润龙　朱马光　杨鹏飞
范盈盈　郑亦嘉　张雅文　杨　晨　蔡臣静　刘晓婷
李　响　王三山　李辰威　安　健　梁中新　张欣怡
李杨立志　匡翔宇　王蓄锐　卫潇茗　邹卓宁　林大超
冯志恒　周　帆　林艳霞

工学院
相耀磊　吴小虎　康林林　杨　任　冯宇婷　梁　霄
杨振洲　杜　娟　宦　强　刘泽宇　鹏乃夫　黄　旭
段培虎　李肖音　储昭强　王允松　姚梦碧　杨艳涛
王伟豪　王强中　郭先文　李海月　罗建阳　翟　盛
李　巍　梁子彬　陈怡华　吴大卫　熊佳铭　陈佳青
吴佳熙　党向新　童文文　吴志鹏　白玉琦　李冠男
宋　进　张珂新　王冠邦　毛诗琦　张　帆　陈　芳
隋昊男　章盛祺　王　璇　周金辉　陈为彬　侯江东
马中天

城市与环境学院
彭　旭　李　跃　刘茂甸　陈薇晓　杜　伟　郭焱培
李德龙　刘　强　刘来保　毛　康　贾文晓　黄琳珊
易　侃　徐　炜　胡熠娜　洪松柏

环境科学与工程学院
郭峻瑜　王　蕾　付正辉　刘玥晨　王佳文　陈　洁
唐荣志　赵云鹏　孙海盟

分子医学研究所
吕　佳　郭文君　汤晴麟　崔巍祎　喻　菁　马　璐
赵士群　段菲菲　庞美俊　许柏林　李映林　李柳菊
李　杰

新媒体研究院
朱垚颖

（学生工作部）

2017—2018学年北京大学奖学金评审名单

CASC奖学金一等奖

物理学院
汤玮辰

心理与认知科学学院
张汉其

前沿交叉学科研究院
徐优俊

CASC奖学金二等奖

地球与空间科学学院
王玉霞　李昊天　赵守江　刘茂林　冯　禧　胡圣懿

城市与环境学院
柳　璨　欧阳礼彬

CASC 奖学金三等奖

物理学院

吴早明　李海鹏　刘校强　温　特　杨玉姣　臧之昊

地球与空间科学学院

闵靖涛　石晓霏

工学院

马　鑫　陆政元

ESEC 奖学金

外国语学院

孙　淼　卞　鹏

Panasonic 育英奖学金

数学科学学院

蒋易惊

新闻与传播学院

邱渝湘

信息管理系

彭晗琦

外国语学院

杨睿颖

信息科学技术学院

马辛宇

POSCO 奖学金

数学科学学院

袁弘睿　蔡天乐

化学与分子工程学院

张　睿　刘　聪

生命科学学院

林　沐

新闻与传播学院

王梓璇

中国语言文学系

程格格　金亦姗

国际关系学院

汪国彰

光华管理学院

杨思琪

元培学院

方　舟

信息科学技术学院

朱熠恺　邬涵博

城市与环境学院

杨萌祺　高瑜堃

SK 奖学金

物理学院

马　扬　王　玉

化学与分子工程学院

赵　娜　李涵潇

光华管理学院

赵　瑞　费怡凡

外国语学院

吴奕凯　张桐川

信息科学技术学院

吴凡毅　金玉杰

宝钢奖学金

数学科学学院

陈子恒　李子辉

生命科学学院

鞠艳敏

中国语言文学系

青子文　陈牧川

国际关系学院

杨炎哲

社会学系

吴文馨

信息科学技术学院

钟之声

前沿交叉学科研究院

牛富增

戴德梁行奖学金

数学科学学院

杨运昌　余佳弘

物理学院

熊斌武　沈晓飞　武文斌　赵　耀

中国语言文学系

何诗航　徐　刚　王　璐

历史学系

徐一臻

国际关系学院

于脱颖　姜孜元　谢天屹　于佳鑫　朱睿晗

社会学系

任鹤坤　马　刚　刘林青

信息科学技术学院
郭旸泽　肖倾城　王　佩　费天一　刘姝涵

教育学院
张静蓉　邱文琪

前沿交叉学科研究院
张思琪

工学院
杜　娟　潘　欣　周　雷　梁子彬

方树泉奖学金

信息科学技术学院
翟翀昊　杨宇航

方正奖学金

数学科学学院
仇嘉泽　郑　重　王子轩　李泽兴　孙家进　石茂国
饶正昊　黄峄凡　朱宇轩　纪一博　刘炫德　程晓鸥
杨德鼎　张　凯

物理学院
杨千姿　邢文宇　张梦瑶　郭彦君　张巧慧　樊振豪
刘　伟　林　威　孙志鹏　张文昊　马骏超　蒋　进

化学与分子工程学院
赵香香　邱亚明　吴　恺　罗龙飞　刘　慧　周君豪
吴　珂　吴卓彦　常文英　冯汕城　燕孜嘉　葛文东
臧芷育　齐浩宇　张泽岳

地球与空间科学学院
吴红红　杨　扬　董金龙　马浩然　麻伟娇　闵　阁
蒋一然

心理与认知科学学院
郎峻嵩　郑　磊　茅　静　文　雯

新闻与传播学院
刘雁翎　张润芝　廖梦茹　曾　辰　徐元正　张　良
曹　萌　邹　彤　杜　正　莫慧娟　向灵柯　吕惠之
张冉玥　陈　晨　张诺娅

中国语言文学系
李成城　张钰涵　张曦月　陈晓蓓　朴素美　陈敬谦
冯锦媛　陈双羽

历史学系
王琚媛　王嘉锐　李博涵

考古文博学院
李疃岳

哲学系（宗教学系）
李牧今　张　璟

国际关系学院
孙大权　于舒婷　张宇轩　王承玥　沈雨怿　霍宸霄

法学院
苏阳阳

信息管理系
刘　莹

社会学系
张雨晴　赵　璐

外国语学院
周一帆　章震尧　张博桢

艺术学院
张立娜　李斯扬　曹书航　王雅涵　陈小琪　朱　也
汪雪倩　栾琬婷

对外汉语教育学院
张钰钗　雷　菱　芮旭东

元培学院
刘　润　张煜蕾　宋晨蕾　张宸博　时　畅　李卓然
曾锶娴　杨晨鑫　陈彦霏　苗彦豪　孙昕凯　裴　钰
管鸿钊　陈一宁　苏　婕　朱玉婷　阮良旺　毕航睿
郑炜强　李　哲　马嘉宁　赵睿文　夏心怡

深圳研究生院
安子轩　曲恬甜　王佳易　薛　晗　王　娅　张博雅
李长霖　张林瑞

信息科学技术学院
刘江雨　宋伊萍　高　旭　谭　鑫　田晶晶　高　恺
赵一辙　肖特特　张一舟　魏　晨　张文军　梁汐然
章沈键　包慧语　王　捷　庞子奇　姚贺源　史百丰
王宇萱　王驭捷　芮静姝　俞昊君　颜　开　张哲瑞
关智超　李世成　张　晨　王星瀚

前沿交叉学科研究院
董一名　刘佳莎　刘正鑫　单婧媛　朱家亮　王妍坤

城市与环境学院
刘国华　徐　炜　杨秀云　曾文静　周　莹

环境科学与工程学院
刘宇心　陈乾坤　陈建妃

建筑与景观设计学院
缪应璐　陈学璐

新媒体研究院
伍振彤

燕京学堂
李梦冉　管宏宇　蒋隆文

基础医学院
高璐阳　黄之贞　李传宇　李佳曦　刘小荃　牛　钦
彭贤龙　邱卫鹏　陈怡然　孙周杰　田怡雪

药学院
陶宸冉

公共卫生学院
曾芷青　程　思　申嘉澍　宗艳妮

冈松奖学金

数学科学学院

物理学院

舒亦展

化学与分子工程学院

尹　超

生命科学学院

张旻烨

信息科学技术学院

曾　虎

城市与环境学院

林文心

环境科学与工程学院

蔡高明　陈博洋

玄晓宁

顾温玉生命科学奖学金

生命科学学院

谭一敏　吴辉辉

光华奖学金

数学科学学院

| 张　雨 | 贾泽宇 | 崔圣宇 | 吴林桐 | 李羽航 | 张文龙 |
| 邱　添 | 陈奕行 | | | | |

物理学院

李菁桢	陈阳阳	赵云彪	陈　术	王　楷	王春光
陈　可	伏　睿	乔瑞喜	李　盼	时立宇	余晓阳
王利博	王子潇	王　威	朱尧峥	王　准	

化学与分子工程学院

林廷睿	顾超越	韩　含	殷剑昊	庾星驰	周子硕
王新宇	杨良伟	陈学敏	李岭高	关键鑫	王瑞琦
高　博	陈丽芳	林德武	王　珍	邹林虎	昌珺涵

生命科学学院

| 刘一穹 | 蔡甜甜 | 贾璐萌 | 韩　雪 | 张启明 | 田晓宇 |
| 王　欢 | 张　超 | 张美玲 | 梁文洁 | 李　瑞 | 吴小天 |

地球与空间科学学院

| 李　杰 | 牛菁菁 | 胡　玲 | 姚照原 | 王冠力 | 杨一龙 |

心理与认知科学学院

| 徐妍芝 | 陈籽熹 | 张金铭 | 孙一玮 | 张晓玥 | |

新闻与传播学院

| 年　欣 | 马　遥 | 黄凯欣 | 马晓龙 | 巩　固 | 兰文浩 |
| 杨轶佳 | 陈哲奕 | | | | |

中国语言文学系

雷　宁	钟灵瑶	缑清睿	黄竹莎	李文曦	周靖雯
李泓霖	胡海洋	何　骆	周观晴	王兰芩	张汐莹
陈雪玲	谢可欣	宋月玥	郑涵颖	王婧雯	郭亭利

国际关系学院

| 王馨安 | 贠　晓 | 张婷鸽 | 买　玲 | 李依杨 | 宗晨曦 |
| 殷逸煊 | 范静远 | 张富媛 | 周润人 | | |

经济学院

| 孙兆昕 | 李润新 | 骆宇帆 | 牛嘉蕙 | 孙可然 | 李子安 |

光华管理学院

| 林婧颖 | 龙小鹏 | 杨婧琳 | 马诗阳 | 沈铂涵 | 李昕蔚 |
| 郁书扬 | 初佳慧 | 王思远 | | | |

法学院

| 夏江皓 | 涂欣筠 | 袁一绮 | 满艺姗 | 高　莹 | 胡　松 |
| 刘梦馨 | 李枚远 | 陈海雯 | 杨润润 | 冯思邈 | 王　宁 |

信息管理系

| 刘姝雯 | 王凤翔 | 李孟阳 | 刘　奕 | | |

社会学系

| 加娜古丽 | 吴柳财 | 康　昕 | 周　珏 | 薛雯静 | 邹　靖 |
| 王思凝 | 黑若琳 | | | | |

外国语学院

甘文雯	吕如羽	王嘉璐	唐羽影	柳　媛	赖雨琦
封晓华	章烨雷	孙　一	程潇雨	马　骁	崔紫微
许文婷	刁慧琳	冯筱航	金郁昂	王雅轩	陶　然
王佳晨	钱曾一	姜齐豫	李洋洋	赵心悦	胡昕怡
杨雨菁	李沅鑫				

体育教研部

沈璟婷

艺术学院

| 贝拉蒙 | 朱钧霞 | 何愉棋 | 黄川夏 | 毛天与 | 刘梦然 |

元培学院

李星宇	张语菡	于子轩	张宏毅	吴东蔚	王宇飞
李原榛	冯妍慧	史海钧	毛基恒	吴梓钦	周雨飞
李欣然	顾开元	董　亮	沈志浩	张　峻	黄　乔
李相廷	罗天创	古宇昕	包晓东	余　越	李欣然
张　正	王心怡	金宇烽	殷　玥	胡诗云	黄金迪

深圳研究生院

闫加磊	陈　雪	刘　颖	黄妤晴	易水平	朱殿濛
文纾可	王志鹏	夏　远	周丝雨	叶方舟	张泽政
李　昂	王夏峰	郁　文	熊　威	曹润泽	刘云松

信息科学技术学院

方　聪	贾德林	高　铮	周昱晨	岳　宇	徐燮阳
张孝帅	孙新昊	肖博文	代达劢	吴　侃	刘瀛成
周铭洵	王梦迪	张云帆	王子龙	麦辉煜	孙雨奇
侯家恒	孟逸白	陈代超	徐思睿	陈锦伟	冉德智
张佳琪	卫思为				

人口研究所

胡雅坤

前沿交叉学科研究院
慈海娜　吴林东　张书文

工学院
杨振洲　汤　洁　周伟涛　吴妮尔　尚秋宇　张育宁
石蔚骅　徐　浩

城市与环境学院
徐怡怡　贾润泽　吴　双　童培峰　马奕欣　陈　瑞

燕京学堂
邓沛菱　张　成　杨仲舒　艾娜泽　王黎飒

基础医学院
马　骁　王子禛　吴丽琨　吴伟强

药学院
左　翼　刘　夏

公共教学部
代恒森　熊华仪

黄昆李爱扶奖学金

物理学院
杨　越

季羡林奖学金

新闻与传播学院
邓陈晖

外国语学院
胡子琦　冯丽平　黄灿琦　秦子童

佳能奖学金

数学科学学院
李　弢　傅颢硕　席国栋

物理学院
张春风　韩政沅　茹星语

化学与分子工程学院
苏鼎凯　张宇婷

哲学系（宗教学系）
皮佳佳　张　丁

信息管理系
桑裕臻　洪采菲

外国语学院
滕小涵　李欣然

信息科学技术学院
杨　安　罗福莉　季卫明慧　张潞璐

环境科学与工程学院
周　昊　白浩东

金龙鱼奖学金

生命科学学院
董梓琪　王雨纯　陈峻松　钟睿琦　胡艺馨

经济学院
刘　瑞　胡心屹　林雨昕　沃　迈　江弘毅

光华管理学院
闻人贝妮　曹妤吉　秦　意　陈宇洋　李育松

信息科学技术学院
郑思泽　于力军　关乃清　张　烨　黄致焕

工学院
周　蒙　谢书猛　梁思聪　卢裕文　吴梓川

环境科学与工程学院
陈　翔　贾翔宇　张子敬　龙治锦　岑仕鹏

乐森旬白顺良奖学金

地球与空间科学学院
刘　璐

乐生奖学金

外国语学院
唐书博

元培学院
武朔南

李惠荣奖学金

数学科学学院
徐智韬　韩雨岑　周正雍

物理学院
刘超飞　魏甜甜　张　帆　寿寅任　池　骋　史博文
刘巧梅　王　浩　杨晓宇　张志斌　李倩惠　李如梦
刘晓楠　胡文翔　吴　典　罗明迪　王任飞　毛子涵

化学与分子工程学院
崔凌智　于　淼　陈风华　阮　浩　任士钊

国际关系学院
王一歌　杨晨桢　刘雷蕾　黄　震　孙思洋　梁舒淇
张渝嘉

法学院
连　婧

元培学院
王　颉　王东宇　刘书铭　刘堂兴　吕婉琴　陈泽均
焦毅磊　钟希妍　蒋　莹　黄道吉　罗开诚　周　洋
苗子壮　王垠浩　刘振宇　张　良

信息科学技术学院
杨文元　刘卢琛　徐威迪　杨　凡　曾清华　李　超
徐志华　吴　梦　蒲　鸿　庄月清　宋军帅　逄　博
何建忠　马银萍　韩润泽　李慧津　肖　珊　孔心皓
潘彦成　冯　哲　马　龙　陈沛庆

前沿交叉学科研究院
张嘉宾　陈　静　任哲玄　车金腾　范申奇

工学院
王培育　毛雪梅　江伟权　方浩明　郭金兰　陈岩亮
贾博宇　王泽坤

分子医学研究所
刘岱儒　杨正浩　杨帼一

李彦宏奖学金

数学科学学院
周康杰

物理学院
王　峻

化学与分子工程学院
孙泽昊

生命科学学院
苏嘉昱

地球与空间科学学院
王斌昊

心理与认知科学学院
杨敏文

新闻与传播学院
王东雷

中国语言文学系
周思睿

历史学系
韦　翔

考古文博学院
赵小雯

哲学系（宗教学系）
嘉若曾

国际关系学院
胡昕阳

光华管理学院
林　欢

法学院
林茵琪

信息管理系
钟嘉豪　朱恩泽

社会学系
袁　琳

外国语学院
尤丹倩

艺术学院
高　琰

元培学院
牟鸿禹

信息科学技术学院
李　拙　苏　灿

工学院
赵　宇

城市与环境学院
权　璟

环境科学与工程学院
吴雅珍

廖凯原奖学金

数学科学学院
韩素珍　张钊森　傅瑞得　黄凯旋　任一诺

物理学院
乔冠一　赵　罡　刘明明　方　苑　庄明阳　王竞先
潘江辉　杨炎峰

化学与分子工程学院
谢佳君　刘志亮　张瑾轩　薛荣荣　贺　鑫　田枢衡
蔡奕腾

生命科学学院
潘　颖　陈庆洲　汪　睿　窦圣乾　高　云　王天贺
张开鹏

地球与空间科学学院
袁　冠　姬泽佳　刘雨薇　骆梁宸　杨子浩　张思源

心理与认知科学学院
王协顺　胡艺箫　刘在田　黄哲凡

新闻与传播学院
邓玉成　安孟瑶　邹慧玲　王子宁

中国语言文学系
李轶男　王可心　魏珞宁　叶天成

历史学系
于　悦　吴思贤

哲学系（宗教学系）
杨偲勖　许家瑜　仲　威　王一楠　李　源　李寒冰
陈辞达　周　敏　李靖新弘　孟繁昊　王书文　闫琦琛
李浩田　山　冲　张英飒　舒　展　岳鹭遥　石沁梓
韩雪梅　孙兆程

国际关系学院
杜哲元　卢雨枫　罗波伶　李自清　陈寓理

经济学院
王　璐　梁银鹤　张宁川　韩晨宇　周凌云　石　琳

戚逸康	曾伟盈	曹毓倍	杜思臻	施 艺	杨静怡
王立夫	刘朝煜	周之瀚	王 帅	王瀚洋	李 想
崔 琨	王雪斐	田 淦	王 然	魏辰皓	张慧琳
姜彦文	李昊颖	韩 森	董靓钰	刘思缇	谭伊静
沙学康	张瀚垚	姚扬帆	朱可彦	潘思成	尤 浩
毕子珑	李 欣	王飞宇	刘 夏	许 玚	黄子洋
吴丹阳	刘 琪	张菀玲	王茜雯	许婧婷	吴江玥
胡峻熙	林良杰	窦雨童	李婧宜	黄兆瑞	俞文奇
汪子健	刘宇晴	房星妍	王雨薇	李心怡	尉银杰

法学院

彭 宁	方柏兴	林舒阳	翁雯雯	于文林	徐盛阳
李亚鹏	杨欣媛	李逸斯	黄宇骁	张维营	李 莹
李洪威	杜金峰	徐浩哲	林惠妮	王宥人	谭 晨
徐美玲	叶李庆	戴俊峰	支玉晨	孙宝新	南红玉
钱若凡	卢亮辰	黄愉翔	林玉萍	李昕航	田 园
雷 琦	包思雨	孙笑涵	钟鑫雅	李婷婷	温宇璇
林鹰谷	彭雨溶	曹湘宸	丁晨妍	路自宽	陈 璨
于楚涵	陈欣怡	贺晓朦	董 洁	苏 宇	马铭鸿
刘行止	李舒豪	罗仪涵	范桁端	李卓倩	余瑞麒
韩之琳	魏昭睿	韩昌峻	任一桐	李 琳	李博涵

信息管理系

刘 悦

社会学系

乔天宇

政府管理学院

王志行	林丹阳	李 强	曾奕婧	曹 盟	黄昱然
谢予昭	宋昌耀	魏忠凯	黎 泉	孙宇辰	陈小凡
高誉耀	李君然	黄思敏	李志斌	汤 彬	王志杰
张晓林	孙照哲	姚清晨	张 禹	姜 研	杨守伟
张守刚	王舒启迪	王志浩	赵 彤	高 勇	古恒宇
苏 楠	冯一平	巫曼琳	陈雨亭	李照青	李俊杰
郭 晨	吴笑葳	史俊杰	苏中富	朱玉慧兰	刘松顾
张玉洁	刘怡君	彭炼哲	沈奕彤	黄敬纭	张津萌
杨皓然	张慧艺	郑秋怡	王艺樾	江明昱	王 睿
付瑞昊	柏艾辰	王宇澄	马佳磊	谢妤卓	孙 硕

外国语学院

张江龙	张怡轩	周宜婧	王逸微	赵 娜

马克思主义学院

司明宇

艺术学院

黄凌子	李琛琪	张艺璇

对外汉语教育学院

于小册

元培学院

李 蒙	周扬帆	方嘉齐	辛青融

信息科学技术学院

刘天宇	史田田	陈睿聪	胡新宇	单俊杰	周闻达

教育学院

曾嘉灵

人口研究所

张 远

前沿交叉学科研究院

孙 霄	罗祖源	张 慧	高帅师	尚明月

工学院

张春一	梁 霄	陈 策	黄 松

城市与环境学院

杨 莹	杨玮琳	洪松柏	王 婷	谢金芯	王 鹭

环境科学与工程学院

何 蕾	徐 薇

分子医学研究所

王 潇

建筑与景观设计学院

王舜奕

基础医学院

何睿哲	金默然	薛亦伟

公共卫生学院

郭菀芊

药学院

潘美洁

林超地理学奖学金

地球与空间科学学院

张修远	伍昕钰

城市与环境学院

郝 昕	王凌越

林振芳奖学金

中国语言文学系

郝 琦	程梦稷	肖映萱	陈若谷	樊迎春	赵瑶瑶
刘 东	吉云飞				

历史学系

梁馨蕾	努丽亚·卡迪尔	刘 敏	王 尔	李玉蓉
王四维	谢继帅			

考古文博学院

蔡 宁	李 唯	汤 超	胡毅捷	宋 殷	周逸航
李 凯	郝春阳				

哲学系（宗教学系）

袁 恬	郑 植	李 星	吕天择	孙嘉阳	康雅琼
张焱森					

欧阳爱伦奖学金

生命科学学院

王　坤

外国语学院

甄大千　吴张心安

三菱东京日联银行奖学金

化学与分子工程学院

史　歌　刘　舒　杨　琪　程　熠　王　烨

生命科学学院

刘晓丹　沈初泽　牛佳浩　张立光　刘玉婷

中国语言文学系

刘敬一　秦雪莹　余聪颖　孙浩浩　贺同越

经济学院

李　婧　卫　栎　朱倩瑜　陈玥卓　欧铭浩

光华管理学院

朱　妮　吴立元　成　月　刘小溪　刘　强

法学院

赵申豪　杜　茵　黄宇宸　季冬梅　谢可晟

三菱商事国际奖学金

国际关系学院

黄蕴仪　王怡旺　王诗语　张琼星

经济学院

孔曦晨　苏治成　赵家琪

光华管理学院

滕　冉　翁昱昊　施景佩

三星奖学金

数学科学学院

李通宇　苗淳瑞

物理学院

龚文婷　樊耀塬

化学与分子工程学院

沈星宇

光华管理学院

吴明轩

法学院

蔡云飞　王一帆

社会学系

宋一璐　朱颖哲　唐睿清

外国语学院

宋奕璇

信息科学技术学院

罗天歌　商浩森　张泊洋　叶思源　常　卓

沈同奖学金

生命科学学院

李　悦

苏州工业园区奖学金

数学科学学院

孟　响　吴雨航　郑奥扬　刘水根

物理学院

蒋　瞧　孙风潇　王亚坤　吴　珊

化学与分子工程学院

杨　军　王立刚　王子奕　张欣睿　雷哲轩　刘璐

生命科学学院

黄　盖　冯素敏　张文博　王欢欢　李炎梦　黄润洲

叶小洲　陈雪雁　张　健

地球与空间科学学院

姚　欣　段艳廷　郑绪君

信息科学技术学院

李　豹　田　畅　张煜皓　钱　瑞　洪华敦　刘添翼

工学院

朱亚路　冯仰刚　胡子伦　储昭强　石腾飞　刘　杰

城市与环境学院

邓涵朵　易丽瑾

唐立新优秀学生标兵奖学金

数学科学学院

李　影

生命科学学院

刘　洋

化学与分子工程学院

黎华杰

地球与空间科学学院

孔淑媛

新闻与传播学院

蔡雨洋

对外汉语教育学院

徐畅溪

元培学院

张怡文

信息科学技术学院

龚林源

前沿交叉学科研究院

李逸坦

分子医学研究所

邬德超

唐立新优秀学生干部奖学金

物理学院

龚　畅

生命科学学院

唐泽方

新闻与传播学院

杜羿萱

中国语言文学系

王佳明

考古文博学院

胡好玥

国际关系学院

陈正勋

法学院

张宇诗

信息管理系

徐梦如

社会学系

冀　星

工学院

赵　磊

田村久美子奖学金

中国语言文学系

曾笑盈　郝德娜　魏　婉

王家蓉-王山奖学金

光华管理学院

戴亦舒　李志冰　张澍一　黄　楠　靳　菲　周　茜

吴达元-陈穗翘奖学金

信息管理系

崔　汭

外国语学院

汪靖尧

西南联大国采奖学金

经济学院

侯思捷

光华管理学院

朱菲菲　冈亦杰　石玉山

国家发展研究院

赵艺迪

西南联大奖学金

数学科学学院

赵朝熠

物理学院

路裕焜

化学与分子工程学院

常泰维

中国语言文学系

吴星潼

历史学系

王子月

哲学系（宗教学系）

曲铁男

西南联大吴惟诚奖学金

地球与空间科学学院

庞　姗

西南联大曾荣森奖学金

化学与分子工程学院

吴　凡　刘环宇

谢培智奖学金

历史学系

郑　鑫

休斯敦校友会奖学金

化学与分子工程学院

于思颖

地球与空间科学学院

赵泽严　项　洋

元培学院

周　墨　郭昭清　郭永康

信息科学技术学院

陈天宇　谷典典

药学院

王浩领　苑广涵

杨芙清-王阳元院士奖学金

数学科学学院

罗金玥　刘镇源

生命科学学院

姜焱晨　贺禹涛

软件与微电子学院

李　惠　陈嘉钰

中国语言文学系

华天韵　刘雨晴　徐　佳　周文妃

历史学系

李孟泽　徐　铖

信息管理系

赵　晓　张晓芳

元培学院

李彦熙　马维绎　张雨桐

信息科学技术学院

郑　凯　陆　璇　林刘子轩　韩佳良　王梓慧

工学院

胡依雯　应亚宸　金瑞杨

城市与环境学院

王映辉　李　捷　江文君　朱文媛　陈雪琦

环境科学与工程学院

朱　颖　周厚华

杨辛荷花品德奖

数学科学学院

于翔宇

化学与分子工程学院

戴昱民　莫怡青

生命科学学院

赖其梁

中国语言文学系

李衍颖　刘明洋

历史学系

王泽钧　蓝睿妮

考古文博学院

冉智宇　范宗祥

哲学系（宗教学系）

洪哲泓　郝董凡　周兆霆　肖明矣

国际关系学院

王福星

光华管理学院

涂涴童

外国语学院

倪梓璇　马浩成

信息科学技术学院

童　派

城市与环境学院

徐　赫

优衣库奖学金

考古文博学院

王可达

哲学系（宗教学系）

史　雨

国际关系学院

郭家书

外国语学院

何一丹

信息科学技术学院

黄从舒

张景钺-李正理奖学金

生命科学学院

陈　迪　王凌妍

张昀奖学金

生命科学学院

何仁喜　吉雅晴　全宇轩　朱　舟

地球与空间科学学院

王　雪

章文晋奖学金

化学与分子工程学院

郭　毓

心理与认知科学学院

刘一羽　李雨曈

历史学系

车永全　尹佳宁　刘榕晟　张　慧

国际关系学院

杨美姣　陈章萍　傅泽雨　王至月

社会学系

李凯琪　赵启琛　梁佳成

外国语学院

郭娟娟　胡南夫　方　懿　王　玥

工学院

巩苗然　张珂新

芝生奖学金

历史学系
王雪霏

工商银行星辰奖学金特等奖

经济学院
冯文君　王任远　沈心怡

光华管理学院
辛　星　杨光艺　郭　理　孙殿咏

国家发展研究院
陈叙同　王　雪　吴宛睿

工商银行星辰奖学金优秀奖

经济学院
樊凯欣　赵新玉　张琳颖　夏　楠　朱启晗　董婧延
徐　萌　程宇畅　胡雨昕　袁洛琪

光华管理学院
曹光宇　姜舒文　曾敬诚　余天骄　苏静仪　李子晗
吴　瑶　周慧珺　林颖倩　蔡晓雨　邓若芸　陈晓珩
陆哲皓　董书凡　任李理　吴　蝶　望熙晨

国家发展研究院
张维晟　张晗雨　李晨希　沓钰淇　刘　曼　林　宇
樊仲琛　李　翔　李思麒　林雨晨　宋光祥　邹昕瑞
袁锡林

中国石油奖学金

数学科学学院
康　展

物理学院
温　琴　张一啸

化学与分子工程学院
常昊婧　冯　凡

地球与空间科学学院
刘钰洋　姜金廷

信息科学技术学院
仇晓明　邓茵琳

工学院
王淼妍

基础医学院
游环宇

药学院
金　润

钟天心奖学金

历史学系
寇博辰　胡梦瑶

外国语学院
王乃伟　周悦峤

共雅奖学金

经济学院
马张弛　何颖桢

光华管理学院
丰　盛

外国语学院
陈雅园　周桂榕

五四奖学金

数学科学学院
金仲宇　赵林杰　李　屹　黄家盛　徐兴成　王哲辉
留方圆　王鲁琦　陈　琦　李　隆　杜予聪　季怡轩
朱枫怡　张喜悦　罗承尧　罗　霄　胡文鹏　沈舜麟
梁逸舟　俞　炳　喻旭东　陈　飞　曹　阳　张海翔
武夷山　柏旻皓　王刚华　金意凯　王　昶　张良宇
刘砚芳　胡文杰　江屿山　高瑞奇　卜　昊　刘　上
潘文初　韩如冰　唐山茗　吴天昊　江元旸　夏晨曦
张之奕　庄子杰　谢楚焓　柴劲航　苑之宇　罗　昊
谢添雨　黄　桢　杨昊桐　考图南　张宁馨

物理学院
张一镇　张　涵　骆佳伟　赵丽宸　门云鹏　吴仁华
吴明阳　曹沁芳　魏嘉琪　熊昌睿　顾理想　刘志鑫
缪健翔　赵今超　张亦依　潘学海　汪子龙　舒昱滔
王得地　王秉琰　程浩天　秦光辉　应　同　吴天海
魏　啸　王浩苇　潘志伟　池昱霖　石乃琛　唐　铖
姚睿骁　黄　劼　康志伯　计宇诚　蒋同欢　曾耀萱
茆　峻　张也阳　杨璧瑞　陈恩泽　杨涵崴　冯曦林
汪弘毅　曹宇创　王泓杰　孟凡强　万昊越　忞则含
刘雨轩　熊日晨　刘宇堂　何染尘　尤一龙　吴家昊
王勉齐　钟　山　陈远微　乔天宇　张文杰

化学与分子工程学院
艾万鹏　董逸帆　吴　梅　于小淞　夏陈马雅　余侨林
江杰章　宋楚涵　高田昊　梁　轩　臧士豪　贾国赓
朱理源　李家毅　李皓宇　徐　植　李和昀　张　哲
傅　裕　王文韬　游浩扬　高啸寅　李　琛　王茂林
南天龙　简繁冲　王淑铖　王　聪　王帅宇　曹宇辉
蒋志威　赵效乐　江雨翔　武明睿　李芯仪　刘　畅

王禹菲　程超然

生命科学学院

刘金鑫	程振朝	徐佳俊	郑馨慧	廖礼铭	刘烨丹
吴大木	高俊鹏	车　瑞	张宇博	梅文彬	李佳芊
鲁双嘉	周雅轩	李　博	叶一帆	陈子玉	吴奕忱
屠鑫明	张嵩元	彭嘉慧	范家豪	唐嘉祥	朱筱晗
刘栩豪	孟晓萱	谢梦汝	高培翔	陈珂旸	张伊凡
靳　学					

地球与空间科学学院

杨　柳	任　翔	冯婉仪	李爱军	许晓明	吴桐雯
张婧雯	孙国正	弓明月	王晓雯	焦梦瑶	党　卓
方书玮	孙　元	伍　晗	于曦彤	尹泽藩	张家港
凌　坤	祝奇文	李然好	常啸寅	江世豪	胡俊杰
宁湘宇	胡禛海	吴宜谦	蒋　衍	许　靖	

心理与认知科学学院

孙　岚	郑楚华	孟爽爽	毛新瑞	高美琪	钱秭澍
蒋冬冬	刘晓萍	黄佳雨	郭丁荣	应宗珣	兰起丽
王文佳	杨鑫跃	张馨遇	罗　敏	倪　玮	周　然
林逸晴	陈潇爽				

软件与微电子学院

李信宽	刘鸿辉	石旻瑜	李昱珂	崔一帆	张逸龙
蒋　智	谢　琛	韩广芝	黄家梅	张　琪	王　茜
尹琦玮	肖　晶	白强伟	从平平	吴同娟	王鹏飞
温天麟	夏春雨	林德鑫	徐　璐	陈韦仁	黄永森
刘博畅	姜　超	张雨宁	钊　洋	李易瞳	陈炳吉
马路遥	华倩婷	颜崎展	祁　永	吴　燚	文　蕾
于　鸿	谢良伟	张炜驰	张学文	纪　喆	刘思奇
槐　旭	邓颖哲	李浩嘉	张梦宇	罗　琦	李俊希
王　帆	李　昂				

新闻与传播学院

刘　晨	向芝谊	李松晓	吕安琪	刘　婵	河原真由美
吴梓硕	郑江浩	罗　毅	谭影子	张斌禄	金　璐
郭亚伟	杨　涔	徐凌峰	张嘉媛	范书钥	胡雅琳
王佳音	徐子涵	蔡斐然	刘玉涵	郭雨辰	

中国语言文学系

刘　文	程　悦	关　静	冯天禹	袁乐琼	韩　潇
袁苗苗	高　薇	周诗语	程海伦	周　旻	王浥尘
杨　煕	沈相辉	黄海斌	缪　颖	高著原	王心仪
谢云开	杨思思	叶唯简	彭秋雨	赵汗青	裴蕙莲
林爱霓	肖钰可	陈雯琦	王　翊	李梦馨	宁传韵
尹径勋	朱垠花	武　悦	贾　璇	王羽端	陈沛祯
朱凯欣	李　强				

历史学系

张柏惠	董　雨	贾月洋	刘　俊	陈祥军	陈少卿
滕　菲	赵超洋	郑叶凡	陈蓁蓁	文一宇	李伟玉
顾菱洁	庞　博	赵静涵	王　杨	吴心怡	马成霞

林　果	卫子轩	杜姝格	谢博闻	张　哲	刘钊希
王　莹					

考古文博学院

刘　婷	邹钰淇	周昕语	陈　鑫	周珂帆	周　钰
钟俊宁	阮可欣				

哲学系（宗教学系）

冯骏豪	黄光旭	刘　默	王少川	张晓天	王　丹
孙永为	赵洪彬	陈　栋	郎　青	程　翔	许　可
吴　瑶					

国际关系学院

梁　鸿	邓　涵	刘　宁	山崎啓伍	金辰映	张力今
刘　珍	王君莹	赖永祯	罗子晴	李依菲	毕蔚兰
侯炫佚	张　萌	杜　青	李子沛	郭惠清	郭新宇
白思雨	殷金琦	王　博	毕　成	赖雯燕	柳凌华
周　可	李天旭	左正浩	沈家璇	宋一苇	

经济学院

孙嘉澍	牟星奕	陈姝蝶	林奕昕	张雨萱	张馨月
邓可瑶	廖梓烨	刘泉锐	殷克非	姚　雨	张　逸
王　睿					

光华管理学院

李　野	肖　娴	刘吉宁	丁兆强	张　禛	李世瑶
盛　夏	任青青	钟也楠	冯涵嫣	马　悦	杨洪智
暴嘉伟	张凌瑄	赵梓博	孟凡瑶	梁　煦	李一铭
欧　一	谢树珏	朱俊瑞	陈梓林	沈歆璐	孙凯风
金子歆	张诗媛	王荟莹	袁程悦	王子妍	张瑞萱
陈妍汀	张俊锋	翟旭扬	杨成琳	赵晴柔	李吟秋
赵　晗	李珍言	曹成龙	徐铭威	邰梦玥	于思艺
李庆泓	王　寅	荣一郎	杨明真	贺贝奇	高　翔
曾心怡	伍洪江	许晓蓓	张　洋	杜张韫	周瑞民
汤　杰	佟明轩	何明义	李斐儿	陈书慧	韩　雪
马　骁	张　昊				

法学院

邵　聪	孟　醒	龚浩川	徐兴涛	韩倩旎	卓懿伟
金昊宇	姚志高	汪　琴	郑心怡	徐依兰	刘一玮
孙梦迪	刘泊宁	靳澜涛	冯紫薇	吕　雯	钱玟蓉
白　芸	刘春雨	邵丹银	金飞艳	李君强	符怡然
李梦涵	刘　岩	邹仪威	宁婧辰	孙甜甜	胡安琪
宋　瑞	吴亦九	秦中元	李梦帆	杨廷婷	岳淑卿
沈亦铭	许有为	张嘉倩	袁艺殷	梅玮凌	梁雯菁
陈婉婷	曹　烁	李婉玉	许译文	王淑馨	宋熠雯
杨丹妮	孙　天	陈卓唯	杭　威	单蝶威	马旺资
周　欢	姚　远	陈　格	徐紫寰	柳昊芃	张方方
董　宸	赵铮言	孙的妮	陈嘉敏	苑梦觉	周旺旺
陈俊晓	张　航	金元媛	王晓臻	夏雨昕	岳芳好
马　悦	于　淼	王鹏飞	张钰涵	孙　浩	

信息管理系
肖 瑶	张 影	马佳萌	杨明仪	车尚锟	高嘉骐
曹 旺	燕道德	陈一新	王汉桢	陈晓龙	岳铁骐
王 洋	腾 菲	郭一潇			

社会学系
崔允瑞	杨云渊	何奇峰	林小燕	刘大权	刘瑞平
张世亮	李淳墨	杨 锐	王嘉鑫	罗兆勇	付骥潇
谈 磊	袁艺丹	汤文博	玄子奇	杨乾宇	邱辰昕
阿依波塔·叶尔肯	谷俞辰				

政府管理学院
刘禹含

外国语学院
潘啊媛	赵彬宇	马 骥	田思佳	李坤逸	乐石滢
宋心怡	伍小凡	常洋铭	孙 睿	郑友洋	李啸宇
黄博典	李中慧	吴 迪	程芷薇	江 澜	邹文卉
郭笑遥	李毓琦	庄思腾	杨依然	潘晨希	胡 玥
王佳妮	胡 沐	程兰岚	杨泽坤	李牧翰	王夏萱
高扬然	余晓慧	季雨亭	梁颖怡	许 臻	丁灵劼
伍雨荷	屈 波	金骁枫	薛仅一	孙雨奇	

马克思主义学院
王继华	田青禾	韩绮颜	李 洋

体育教研部
杨 涵

艺术学院
石小溪	蒋含韵	周婉京	丁艺淳	王亚群	孙茜蕊
宋 洁	康 笛	陈璐涵	周若瑾	罗玥沁	何雨霏
李不言	王一哲	郑中华			

对外汉语教育学院
郭瑞丽	杨诗雨	柯 俊	曹洪豫	黄海英	茂野瑠美
蒋思艺	徐 萌				

元培学院
杨思汀	许成伍	王 霄	刘 波	金桢杰	康怡安
喻成源	贺芸柯	张栋杰	蔡雨玆	田童话	谢璐阳
孟若为	刘梦茹	高 孜	贾晓文	付紫璇	赵心源
郑祺鑫	林紫君	付昊皓	李晨光	潘洋洋	罗妙琳
张习书	王 珂	韩思岐	于佳永	邓哲承	王亦丁
程晓雨	张瑞石	王海飞	程翊华	郑新异	陈峻柯
杨 璐	刘子辰	魏 来	杨胜涛	赵海琰	柯子蕴
牛璐瑶	曹蜀阳	唐逸云	曾宝熠	夏天茹	陈竞立
徐旭阳	张若禹	吴昊天	张迪威	侯宇欣	敬无为
苏敬童	范瀚允	卢鹏举			

深圳研究生院
包鹏巍	任玥玮	王萌岚	石林林	章梦珣	苏艳平
许 睿	史 戈	徐 蕾	雒义凡	谭诗乐	靳兆晨
吴奇宏	叶路奇	吴福松	郭升晖	赵 可	邓 扬
陈道源	霍新新	张 辉	郭志强	冯甬博	蔡锐帆

许诣铃	贺 玉	李 桐	鲍秦杰	马建兰	刘 苗
吴锗珊	李可可	杨 光	朱亚楠	殷语阳	屈刚毅
胡 双	朱存正	徐天娇	高 静	杨 丽	颜科帆
黄加耀	张双双	郑涵希	王怡宁	乔雪姣	林 凯
陈 雪	王旭辉	贾雪雷	石黎梦	马洁茹	程雨婵
孔 宸	胡锦浩	蔡 丹	熊 乐	张曼玉	倪 想
谢 忱	黄 蕾	段 阳	孙书豪	刘钊祎	路嘉豪
安 珂	陈 成	吴小宇	倪永红	李文军	张 涛
司 南					

信息科学技术学院
涂菲菲	杨 帆	李嘉豪	史业民	洪申达	郝秀成
柳 晨	吕垠轩	阮恒心	王 干	邱博雅	孙 梅
徐 琳	孙艺哲	余卓擎	都长平	牛临潇	阮小可
李晟浩	杨雨成	毛心旻	孙鹏晖	赵 杰	王 丰
常 远	陈 帅	马明远	马紫阳	向 立	李玉林
伏 臻	吴雨婷	陶 明	初 旭	曾有为	郑琪霖
宋永鑫	蔡懿韬	叶 天	皮 旺	游 优	刘晓涛
曹胜操	秦雨轩	邓若琪	程 旞	张茂森	黎舜尧
朱琪豪	蒋钰钊	杨庆龙	苏 超	许逸伦	唐天意
周昊晟	陶宇凡	杜尚宸	王家恒	吴睿海	吴克文
张天远	王业鑫	胡家琛	胡逸轩	曹 芃	李天翼
王恒屹	赵云飞	梁 浩	李 天	石屹宁	许灵筠
陈智斌	杨晨阳	孙泽宇	胡晨刚	杨凯程	张文涵
陈 洋	袁 野	杨芳源	张石然	谢睿峰	樊泽嘉
曹奕远	石弼钊	龚 晨	曹 响		

教育学院
黄 颖	贺 凌	诸嘉斌	刘鑫桥	刘姗姗	武静怡

人口研究所
张 雯	赵艺皓	郑翩翩	刘 艳

前沿交叉学科研究院
杜逸飞	洪佳音	孙 鑫	王雪征	熊罗星	袁 凯
张智宏	程赟绿	孙禄钊	卞舒惠	高照旭	胡淑美
张诗杰	刘锦阳	秦 嘉	郑亦嘉	曾 欣	周伯洲
尹 琛	贺 博	林 锋	陈国庆	朱 凯	吴晓璇
丰高敏	夏文圣	易可欣	安 健	盛 南	侯英萍
郑吕钦	吕中石	杨德川	徐振辉	王萌萌	陈 虹

工学院
相耀磊	魏小倩	姜 喆	Walayat,Khuram	姚梦碧	
邹 达	张亭亭	邵 瑜	黄 锋	刘 彬	朱文清
李海月	刘泽宇	任媛媛	陈铭桐	武 翔	张亚飞
沈如申	姚 琛	王国昌	张 强	邢家诚	胡 昊
饶诗杭	李佳桐	张 文	王国丞	邱旭汶	黄奇正
汪昀鸿	孙博天	叶 帆	张灏宇	王 康	刘 旭
杨昌赫	汪永毅				

城市与环境学院
赵明月	安外尔·艾则孜	方 琰	毛 康	于家烁

冉泽泽	刘 航	易 侃	叶子君	徐梦冉	江 颂
林慧铭	张蛟迪	赵 冰	戴景钰	徐耀亚	黄慧婷
杜悦悦	林浩茹	黄紫东	张 豪	简小虎	周韫卓
金 川	周俊松	陈昱锜	张志皓	俞建江	秦晓宇
朱 晗	张世恬	张子玥	王 博	张书阳	

环境科学与工程学院

郝宇放	李博抒	李宁宁	周丽玮	刘佳驹	赵 晨
杨新平	安民得	况彩菱	安 芮	严 宇	杨昭林
干雅岚	柯彦楚	井泽华	许朝凯	张思露	马 丁
汤 睿					

分子医学研究所

高凯瑜	王绍华	李 鑫	薛凯丽	邓秋萍	侯俊杰
袁 野					

歌剧研究院

钱 赫	黄宝杰

建筑与景观设计学院

孟斯岸	朱钟炜

新媒体研究院

李 飞	熊倚加

燕京学堂

刘新宇	许悦驰	佘沛捷	高梅芸	黄思卓

基础医学院

陈 展	陈嘉怡	陈思鹭	陈思睿	崔若冰	邓宇轩
金 煜	靳 健	李佳宇	李振宇	廖章正	林浩东
耿嘉懿	黄浩歌	刘承咢	刘姝婉	刘万利	吴宇霏
倪坤明	师千与	苏兰馨	孙晓婉	涂 雅	王世琦
陆 璐	吕雨涵	肖宇嘉	杨霖健	张 可	张 煜
张曼泽	张苏欣	周佳卉	周庆庆	左 玮	

药学院

蔡庆徽	付川询	耿 泽	刘凝丰	马昕玥	徐金祥
杨 辉	张丰哲				

公共卫生学院

陈媛媛	付张萍	黄吉科	吴昀效	岳芷涵	赵禹暄
朱 正					

公共教学部

傅淼淳	刘润青	龙天音

国家奖学金

数学科学学院

孙振尧	李鼎权	王 超	朱文浩	简旺健	张科伟
戚 鲁	王炜飚	李 特	张慧铭	丁梦瑶	胡 兰
韦思源	陈文集	段资政	卢煜腾	余 璞	夏铭涛
李昊亚	赵朝熠	唐珑珂	王逸轩	卢维潇	李知含
林 挺	段剑儒				

物理学院

赖佳伟	吴 蒙	曹端云	唐水晶	徐凌霄	姚伟鹏
和世平	黄彦琦	杜进隆	黄 璜	张 洁	王 所
韩天洋	黄馨瑶	周智勤	鞠婷婷	卢 骁	韩 冬
汪 茂	殷克迪	刘轶男	谢静雅	姚伟良	徐田超
林本川	许博岩	严嘉欢	罗德映	邱远航	陈 平
路裕焜	杨纪翔	王天乐	仝 鑫	聂彧奇	陈颖天
亓瑞时	郁 言	李一一	朱倩泽		

化学与分子工程学院

覃 珂	于 丽	周 奇	苏 凡	袁劲松	邓 兵
顾春晖	谢 肖	陈 影	侯颖钦	李思伟	王艺蒙
吕晓林	张诗舒	董博为	杜山山	宁莹莹	饶海霞
裴晓静	常泰维	陈梓鸿	王健博	黄志贤	郭健庭
谭淞宸	熊 杰				

生命科学学院

董 骥	张园园	李金超	刘悦晨	居年盛	刘明珊
赵梓伊	高胜贤	李梦彤	刘 旺	潘加伟	徐佳伟
吕默含	续 然	管仪婷	李 琳	张 宏	孙芳妙
黎 波	李言达	王依琛	刘宗壮	吴博理	凌弘毅

地球与空间科学学院

李显伟	王家林	孙 帅	任桂平	万 杰	蒋久阳
黎晏彰	陈逸然	刘丽萍	马 博	李泉翰	刘嘉辉
李 莉	王 媛	唐建洲	周一剑	黄圣轩	郑智嘉
孙曼仪	郭 浩	纪 晴	韩潇霖	方景行	宣泽远

心理与认知科学学院

颜志强	苏金龙	蒋雨蒙	王原野	周 浩	席中海
安 乔	樊浩雪	江皓斌			

软件与微电子学院

陈为通	陈少波	向 往	袁砚嫣	矫叙伦	袁 聪
陈 曦	张晓晗	王子微	陈福一	李昊尘	王 敏
秦莉智	李云号	刘柔佳	张 煜	苗炳祺	李欣如
董海林	张世泽	王雨梅	陈超凡	章雨幸	马原青
郑 楠	谢若昀	陈明镜	何一江	陆 璐	钟 琦
李 佳	窦 健	刘 晶	叶 子	程 森	洪志龙
薛紫臣	张忠萌	徐 宇	王 骞	田晓珏	郑娴琦
蒲蕾颖	宋 睿	唐继婷	徐思文	邓文涛	邓洋洋
李 宜	林 宇				

新闻与传播学院

王 帆	杨紫晨	曹雪盟	皮家璇	李 洋	苏 杭
周 弘	张越扬				

中国语言文学系

黎潇逸	王玉王	杨海潮	余建平	唐枭雄	张清莹
邹 翔	许典琳	曲 楠	寇 鑫	徐韫琪	顾甦泳
王佳琪	杨薏璇	林 子	鄢予晨	刘文欣	谢蒙恩
吴星潼	徐梓贤				

历史学系

吴淑敏	李 墨	张佳宁	高正亮	陈 功	纪浩鹏
项浩男	李屹轩	王一哲	李彦楠	傅雪莺	王子月

张蓝天

考古文博学院

李　楠	张保卿	周　杨	马仁杰	王藏博	吕雪妍
王子寒	秦　博				

哲学系（宗教学系）

白宗让	王群韬	朱子建	张　怡	刘慧珉	李　科
田　妍	王曦璐	傅志伟	徐亚豪	杜敬婷	祁　箫
梁　时	曲铁男	侯　莹			

国际关系学院

陈　凤	王瑜贺	付　越	龚若菡	张　蕾	何宛玲
张　纤	李金洋	赵修杰	张乐齐	田　恬	张诚杨

经济学院

李　睿	余　航	陈思宇	张　昂	赵康辰	隋诗华
黄诗婷	邓博文	罗晓萌	张富瑜	程陶然	毕　悦
谭安然	郭一帆	施林彤	朱　彤	刘昱靖	褚方圆

光华管理学院

李浩民	马雪静	白惠天	许　可	李　力	刘婧滢
刘晨曦	赵泽宇	闫浩楠	李元哲	罗棪心	袁玮婷
施知序	高一丹	郑翔宇	谢晓薇	刘峻豪	李尚宸
王宇晴	王　月	木乙羽	冷文浩	俞　燕	冯沁雪
赵芸笛	杜佳宸	王一凡	朱　攀	肖韦俐	孟舜英
常啸天	王宇飞				

法学院

王　栋	王　磊	王海燕	杨文艳	潘　宁	王　未
刘译矾	任雪彤	庞　颖	程　庆	胡　翔	李　忱
田俊鑫	王　晨	朱艺浩	李　越	苏子婵	朱艺楠
刘嘉玮	刘环宇	杜清流	李梦梅	蒋雨璇	高　莹
郭昌盛	李佳成	余婉绮	吴俞阳	陈　晗	严丹华
李昊林	张一舒	陈英齐	赵雪杉	周宫炜	华立成
姜王豪	张韵可				

信息管理系

苗美娟	杨　絮	余贝迪	蒋天骥	张一心

社会学系

章高荣	熊志颖	尚　书	李晓菁	邵　嶷	迟孟昕
沙　迪	汤欣哲	许天怡	徐毅萌		

政府管理学院

张　骥	梁　宇	彭柳宁	晶	林　禾	林靖欣
张　辰	何　琦	钟林睿	张唯一	凌英凯	

外国语学院

涂辰宇	许阳莎	张韦康	刘雅悦	张　源	向　伟
解　村	曾　悦	何凤仪	李睿恒	阮诗芸	刘浩瀚
李晟泽	林俊旸	胡　榕	范开歆	向嘉炜	郭　锐
唐　颂	向　洋	魏子义	许馨匀	褚孝睿	何　瑶
殷一果					

马克思主义学院

金德楠	张玉杰	毕照卿	陈艺文	张　懿

体育教研部

王一然

艺术学院

薛　熠	叶　馨	李诗语	漆袁雯	周若菲

对外汉语教育学院

徐杨佳文	李　水	辛芳哲	孔德然

元培学院

张欣妍	徐银樾	李　健	谢昊洋	王博宇	施季青
陈思禹	章炜翊	郭东麒	李雪莱	周毅京	王　寒
马长宙	金则宇				

深圳研究生院

刘宸缨	卢奥博	程之又	刘清华	卓　楠	庞　璐
都闻心	谷翼涵	陈　创	刘春怡	罗方焓	梁康华
年永威	周毅成	李广阔	禹心郭	王力豪	叶霄麒
孙　歌	郑　宇	胡广晓	刘俊诚	余巧垠	王　莹
刘久炜	涂娟辉	孙榕蔚	戴安娜	徐　菁	钟家兴
姚露露	覃　孟	熊　镭	黄雪芳	陈杨干	史晓东
袁鹏飞	江意翔	张娇娜	丁雨婷	张诗琪	戴　雯
林逸夫	黄少汶	房　幸	李梦姣	吴　淦	蔡爱玲
汪新博	陈弼锴	黄　超	孙　浩	武丰瑾	李文君
朱春彪	张　超	黄靖佳	刘同超	陶卓霖	王　宁
刘梦然	梁园梅				

信息科学技术学院

陈俊洁	何相腾	吴建龙	张　恒	陈　珙	石琳琦
朱逸萧	张远行	张　涛	徐梦炜	汪权彬	曲韦霖
司　佳	杨　超	黄炎坤	王　钊	张泓亮	黄铁军
华晨彦	綦金玮	蒋天夫	王　阳	马树铭	边慧琦
张元冬	蒋明轩	冯雅姣	吴秉哲	徐力有	魏龙辉
董俊辰	宋　宇	刘关玉	陈方平	王　丰	康　健
潘　成	王　韵	朱孟泽	李卓翰	陈颖婕	宋博宁
周清逸	陈拓潮	吉如一	张浩威	邓康乐	刘　潇
林天梁	赵义凯	孙奕灿	叶珈宁	周子鑫	叶振涛
袁昊琦	詹冠其				

国家发展研究院

任昶宇	黄　青	杨笑寒	王诗卉	孟星辰

教育学院

王小青	白一平	李潇潇	王辞晓	张沛康

人口研究所

金　鑫	丁若溪	贾　娟

前沿交叉学科研究院

刘　灿	张金灿	朱亚南	孙　辉	陈　杰	高晋君
高　玲	刘梦豪	秦　为	宋　阳	田艳华	曾健智
鄢江龙	张　默	赵悦楷	闫喆莹	徐　举	杨鹏程
陈昕枫	张　超	刘　莹			

工学院

陈　敏	吴小虎	林　峰	王嘉宇	高翔宇	於中良

程　斌	漆　锟	杨艳涛	张妮丝	王　勃	张智琅
陈佳青	汤斯奇	周　宁	孙　翰	王　迪	刘谦益
章亚磊	李依霖	陈　斌	宦　强	滕郁骏	刘嘉牧
易俊何	赵　枫	朱浩然	朱润与		

城市与环境学院

刘茂甸	李德龙	刘　强	连　旭	杨皓哲	贾文晓
阎蕴运	张若竹	李　跃	赵　昭	胡熠娜	李湘怡
赵　晔	徐　帅	孙轶斌	王子涵	邓鲁川	

环境科学与工程学院

| 申恒青 | 马知遥 | 朱弘琳 | 王雨琪 | 冯　瑛 | 崔嘉楠 |
| 苏志国 | 宋　锴 | 胡裕民 | 陈灏轩 | | |

分子医学研究所

张婕婕　孙素华　杜莉莉　李玉梅

歌剧研究院

孙敏雪

建筑与景观设计学院

刘　钊　李嘉宁

新媒体研究院

赵珞琳　周　伟　刘爽健

燕京学堂

解昌明

福光奖学金

物理学院

赖文昕　杨宗霖

化学与分子工程学院

李梓焓

中国语言文学系

黄亦陈

经济学院

李　静

光华管理学院

詹文茜　朱志博　陈　双　游　威　苏雨蓝　刘黎靓
刘黎靓

元培学院

詹志坚　丁泓馨

信息科学技术学院

詹　源　黎善达

唐立新奖学金

数学科学学院

单敏捷　周沛劼

物理学院

韩　猛　陈华洲　王　星　易近民

化学与分子工程学院

刘卡尔顿　朱　胜　崔竞蒙　刘静嘉　武江波

生命科学学院

常　蕾　黄宇翔

地球与空间科学学院

郝以鑫　朱　递　华思博　金　恬

软件与微电子学院

刘　璨

新闻与传播学院

李　彤

考古文博学院

邹冠男

国际关系学院

牟　舣　刘兴沛

经济学院

王耀东　张皓辰

光华管理学院

赵扶扬　雷　玮　杜佳宸　王一凡　卢礼威　席子涵

法学院

戴　枞　耿　颖　邱遥堃

信息管理系

王冰璐　尚闻一

社会学系

郭正蒙　曲绍航

政府管理学院

徐梓原　罗心然

外国语学院

张泽懿　单　晨　郭　锐　夏　禹　苏冠宇

马克思主义学院

韩致宁　曹金龙

艺术学院

倪范晶

对外汉语教育学院

蔡炜浩

元培学院

张冠鹏　伍维晨　倪彦俊　陈　鹏

信息科学技术学院

李豁然　李　佩　赵至真　吉如一　邓康乐　林天梁

国家发展研究院

张　睿

人口研究所

温　煦　张吴璠

深圳研究生院

李　豪　刘同超

工学院

俞　玥　于学成　陆建洲

城市与环境学院
马昕琳　申子靖

环境科学与工程学院
刘明旭　张朴正　袁沁妮

新媒体研究院
柏小林

基础医学院
孙斯曼　袁　硕　宋　佳

中日友好医院
王韦迪

航天中心医院
李珂璇

奔驰奖学金

物理学院
郝　赫　刘　洋　李夏冰　宁远航　胡杨林　陆　易
孙忠鹏　王秋原

经济学院
姜腾凯　王艺霖　沈　博　郑　豪　郑宇西　王敬一
刘中兴　孟　洁

光华管理学院
雷双霜　罗　杨　李冉冉　王瑞思　邱钰清　李敏宽
刘雨心怡　刘明皓

外国语学院
远　思　徐　旖　李夏菲　朱　晨　张皓莹　万明远
邢　旭　刘娅颉

信息科学技术学院
刘　超　李和倚　杨　帆　郭健元　谢欣彤　胡　楠
魏智德　赵怡浩

工学院
胡战超　Hameed,Sadaf　张　雷　邵美佳　袁磊祺
余港龙　岳　威　石智宇

唐仲英奖学金

数学科学学院
肖新宇

物理学院
张程皓　鲁　霓　耿　磊　吕子健　操中阳

化学与分子工程学院
董学洋　才智赫　余佳黛

生命科学学院
宋凯宏　王新铭

地球与空间科学学院
武于靖　高宇航

心理与认知科学学院
刘彦韬

新闻与传播学院
周　洁　张文杰

中国语言文学系
詹　婧　吕思婷　魏佳俊　周雪婧　徐自若

历史学系
李　芬　文　岩

考古文博学院
凌亮优　朱文羽

哲学系（宗教学系）
邢逸旻

经济学院
刘琢玮　邵锐成　邹赛云　龚敏学

光华管理学院
袁清晗　何玉麟　徐　豪

信息管理系
李佳红

社会学系
徐春蕾　李适源

政府管理学院
吕　爽

外国语学院
孟　瑶　蒋天若　孙维娅　黎维君　董相龙

艺术学院
李林静　郑雨琦

元培学院
罗世通　倪临赟　刘彦麟

信息科学技术学院
方鸿宇　武家伟

国家发展研究院
张浩嵩　程丹旭　郭天翊

城市与环境学院
谢　杨　郭文哲

环境科学与工程学院
吴　坤　蔡开奎

基础医学院
刘佳钰

公共卫生学院
李梦瑶

第三医院
许志浩　李嘉浩

曾宪梓奖学金

数学科学学院
姜志承　刘德斌　韩雨泽　鲍怀锋　易　广

物理学院

袁文强　陈满堂　宋天奇　朱　杰　熊慧鑫　李　昊

化学与分子工程学院

林恒宇　杨　嵩　毕晓天

生命科学学院

饶思源　唐期望

地球与空间科学学院

赵兴鑫　李京寰　黄　杰　杨江南　王　宁

中国语言文学系

张沙洲　覃芬芬　孙永强

国际关系学院

李嘉钰　胡玉锦

经济学院

樊宇成

光华管理学院

徐玉颖　阳　磊　汪　川　王宏浩

信息科学技术学院

戴　拓

城市与环境学院

郑钞月　于欣源

费孝通奖学金

国际关系学院

文　浩　王　冉

社会学系

黄诗曼　闫可依

政府管理学院

刘立伟　曲嘉文

中营奖学金

深圳研究生院

王　骞　周　洁　王艺霖　陈炜琳　倪莉莉　秦士杰
鞠　俊　李振发　吴陶然　蔡佳宇　兰海鹏　胡凌彦
范　欣　关文婕　孔祥蔚　张佳柠　王昊炜　王闻博
韩　煜　罗丹青　李军祥　杨晓雨　黄荣乐　王嘉政
曾金伟　金德弘　陈风雅　黄宝莹　章　葳　文金元
张凤鸣　吴细艳　李嫣婷　任丛雅旭　刘金泉　焦　航
桑隽漾　陆小婵　秦　璇　叶伟健　陈佳鑫　朱润泽
李　夏　童莎莉　岑松皓　邓新新　孔伟杰　许郁冰
姜瑞铃　李佳雯　丁恺昕　董宁钢　龚昕月　杨璐宁
汪一凡　陈开熠　程敬徽　王子剑　郭柏宏　王家鑫
石　伟　肖康林　任文举　翁谋毅　田聿申　熊思琴

帝人奖学金

数学科学学院

葛语辰　夏润禾

地球与空间科学学院

栗　进　马雨轩

心理与认知科学学院

王　倩　马鸣新

前沿交叉学科研究院

于智薇

城市与环境学院

管晏粉　陶印华

电科十四所国睿奖学金

数学科学学院

陶雪妍　何　顺　高一帆　杨凡意

物理学院

张玉雪　胡召一　刘　畅　江　鹏

软件与微电子学院

张　飞　王宇虹

光华管理学院

严　瑾　高瑞翎

信息科学技术学院

夏思烽　王逸之　董　晓　陈震鹏

社会育才张海燕奖学金

历史学系

潘欣源

哲学系（宗教学系）

施世泉

西南联大张炳熹奖学金

数学科学学院

张　帅

华为奖学金

数学科学学院

陈　冲　罗　艺　彭　超　肖婷婷　赵陈菲　古浩田
赵嘉熹

软件与微电子学院

钱文君　吕士龙

信息科学技术学院

陈子扬　门怡芳　郑潇龙　陈宇非　赵宇昕　肖命清
张　鑫　周剑云

侯桂芳-李计忠奖学金

生命科学学院

刘菁菁

SPRIX 奖学金

国际关系学院
王　璐　谢慧敏　罗雅如

经济学院
何　佳　高舒曼　范炘宜

法学院
阮筱姝

外国语学院
葛思嘉　李陶源　卢宇嘉　黄莉欣　王梓寒　刘一杉
张育铭

海亮奖学金

物理学院
白怀勇　王　铎　薛明珠　赵彤阳

化学与分子工程学院
章　炜　谭　禹

生命科学学院
罗翊雯　吕梦泽　金善钊　戚　志　孙　磊　段佳丽

地球与空间科学学院
汪子豪　易　超　李灵慧　方先君　李佳益

新闻与传播学院
陈秋心

历史学系
陈思危　王佳丽

信息管理系
王莞菁　宋筱璇

社会学系
苏琪红

外国语学院
周　孟

马克思主义学院
周　泉

信息科学技术学院
娄一翎　陈汪勇　段亚文

教育学院
杨海燕　王梦倩　乐惠骁　王晓娜　杨颖晨

前沿交叉学科研究院
李俊涛　舒　彧　谢　娟

工学院
赵雨浓

城市与环境学院
梁雍祺　黄晓红

环境科学与工程学院
张博雅

鸿升奖学金

考古文博学院
李萌慧　吴琪瑶

信息科学技术学院
孙本元　白宗磊

工学院
邹明初　邓　伟

巍璘奖学金

数学科学学院
王迩东

物理学院
郭金康　刘　畅

化学与分子工程学院
王腾辉

生命科学学院
朱家祺　潘　登

地球与空间科学学院
彭镜宇　翁纪伦

心理与认知科学学院
周静仪　赵芷洁

中国语言文学系
刘运晨

历史学系
薛尔清

社会学系
张可欣　文　雯

政府管理学院
李颖妍

元培学院
徐敬旭　鲁雨锦　肖正康

信息科学技术学院
吴钰晗

工学院
钱佳琛　高晓荃　徐瑞宇　张　琨　张瀚文　谢晨阳
叶继开　张盛涵　苏鹏程

城市与环境学院
付　萌　白云昊

永旺奖学金

数学科学学院
韩　啸　朱　峰

物理学院
毕嘉川　李嘉轩

心理与认知科学学院

赵 楠

中国语言文学系

童 莹　孙子绚　张灵凤

考古文博学院

艾沁哲

国际关系学院

尚 斐

光华管理学院

陈麦琪　王巍淇　曾昱顺

外国语学院

林依莉　段洵美

宏信奖学金

光华管理学院

王雨露　Kendrick, Jonathan Jack　汪思韦　宋禄霖
郑钰云　李曦纳　谷 畅　范欣欣

新媒体研究院

罗云丰　单光煜　谢宇程阳　陈 曦

君远奖学金

数学科学学院

陆一平

物理学院

王海粼

哲学系（宗教学系）

陈方舟

经济学院

陈明华

光华管理学院

张佳阳　李偲祺

法学院

陈雯怡　梅奕来

社会学系

宁嘉慧

外国语学院

陈 溯　盛新琳

元培学院

叶天瑶

深圳研究生院

向仕杰

信息科学技术学院

魏安江

前沿交叉学科研究院

刘康平

中国商标专利事务所奖学金

化学与分子工程学院

高铭齐

生命科学学院

邱圆圆

哲学系

张高博　姚 瑶

光华管理学院

王至纯

法学院

林溢呈

柏莱诗奖学金

法学院

王 烨　余元帅

外国语学院

谷雨薇

深圳研究生院

姜和明　曾 惠

潮商会十一兄弟奖学金

外国语学院

廉欣然　郑可欣

元培学院

王鹿笛　李南鸽

深圳研究生院

刘云舒

柯创龙奖学金

光华管理学院

卓佳如　赵聪聪

信息科学技术学院

盛楷文　吴松隐

深圳研究生院

赵 岩

龙元长泽奖学金

外国语学院

李心怡

元培学院

许瑞晗

深圳研究生院

张　琦　张黄澜

信息科学技术学院

赵　磊

吴育庭奖学金

物理学院

宋祁钰

地球与空间科学学院

齐厚基

深圳研究生院

林　莺

信息科学技术学院

许　严　袁志超

1997级MBA奖学金

光华管理学院

李　仪　柯博帏　张　锐　常雅玲　刘夕黎

马克思主义学院

侯春兰　梅沙白　刘书含

NITORI国际奖学金

物理学院

林冠达

地球与空间科学学院

林　荣

国际关系学院

卢伟杰　仲九真　杨雨洁

外国语学院

郭甲一　王　玥　马瑞婕　邓晓程　王思炜

大成国学本科生奖学金

中国语言文学系

董慧慧　彭一沁　王精松　刘瑗碧

历史学系

宁　飞　王　苗　邵如阳　罗亦宗

考古文博学院

崔孟龙　肖红艳　张致斌

哲学系（宗教学系）

徐璟萱　张鑫磊　付　娆　周敏萱

广药王老吉奖学金

数学科学学院

鲁一逍　王浩然　陈自元　董昕妍

物理学院

李亦璠　李泊宁　刘圣辰

地球与空间科学学院

张　岩　丁　杨　沈瑛楚　朱英杰　柯赵轲　宋肖汉

心理与认知科学学院

刘建勋

中国语言文学系

张铭益　胡晨曦　卜天泓

历史学系

徐紫昭　吕成敏

考古文博学院

王雨晨　刘亦方　刘逸堃　王静雪　李春霞　李卓朋
羽紫琪

光华管理学院

叶子彰　李默宜

法学院

张　璐　聂煦东　王丹文

信息管理系

刘千慧　王越千

社会学系

高泽庆　王　婧　王赟翔

元培学院

谢安琪　王　珂　张旻昊

信息科学技术学院

张尉东　谌灼杰　张　昊　胡敬植　李硕轲

工学院

刘鲁峰　冯宇婷　段培虎　吴　涛　周一鸣　陈　梅
杨聪睿　徐　政

城市与环境学院

李亦超　胡天汇　刘云鹏　万　婕　邹紫荆　詹子歆

环境科学与工程学院

黄木柯　张晨阳

全球数量科学奖学金

数学科学学院

叶林发

信息科学技术学院

李刘年

深交所奖学金

软件与微电子学院

魏晓聪　谢钰呈　陈静茹

信息科学技术学院

杜华阳　刘强强　任笑萱　高成良　张博杰　任　梦

高　山　高宇泽　丁　可　孙闽旎

王胜地励志奖学金

物理学院

李齐治　傅浩宸　党郅博　许昭鉴　孙　博　高学诗
刘芃妤

经济学院

黄苏荣　倪文青　李东霖　王一晴　王一凡

光华管理学院

吴隆昊　尼艾含　徐安如　柯宇琦　徐洁敏　高梧桐

法学院

于浩洋　蔡晶潼　张萌萌　陈至仪　刘静涵　郝家慧

信息科学技术学院

倪天炜　任旭彤　陈逸凡　刘　辉　杨程旭　林　阳
于筱涵　林远振

竞技世界奖学金

信息科学技术学院

鲁云龙　钱智寅　朱　浩　吕栋杰　陶渊政　程　晟
郭效君　于博涵　韩启申　陈炤桦

工学院

郑骁键　陈佳玉　曹禹凡　付思杰　于　昊　向天瑞
解家琪　徐逸凡　李博韬　杜政远

（学生工作部）

毕业生名单

本科毕业生名单

一、概　况

2018届本科及第二学士学位毕业生毕业审查和学历证书发放工作，在各院系和教务部的共同努力下，于7月初基本结束，现已总结统计完毕。

北京大学校本部2018届应届普通本科毕业生总数2811人，经审查：

——本科毕业2703人，其中毕业并获得学士学位2689人（含软件工程二学位56人），毕业但不符合授予学位条件的14人。

——本科结业86人，其中86人可按规定在两年内修满学分申请换发毕业证书；其中85人符合学位授予条件的，可授予学士学位（含软件工程二学位7人）。

——专科毕业16人。

——肄业6人。

北京大学校本部2018届外国留学生应届毕业生279人，经审查：

——本科毕业263人，其中毕业并获得学士学位263人。

——本科结业14人，其中14人可按规定在一年内修满学分申请换发毕业证，符合学位授予条件的，可授予学士学位。

——肄业2人。

校本部本科毕业并获得学士学位的共计2952人，具体分布如下：

——法学学士423人（含留学生75人）；

——工学学士200人（含留学生4人）；

——管理学学士170人（含留学生28人）；

——经济学学士359人（含留学生35人）；

——理学学士1158人（含留学生7人）；

——历史学学士101人（含留学生15人）；

——文学学士451人（含留学生88人）；

——艺术学学士34人（含留学生10人）；

——哲学学士56人（含留学生1人）。

北京大学医学部2018届应届普通本科毕业生总数729人（含春季毕业生7人），经审查：

——本科毕业715人（含春季毕业生6人），其中毕业并获得学士学位的701人（含春季毕业生6人）。

——本科结业14人，其中14人可按规定在一年内修满学分申请换发毕业证书，符合学位授予条件的，可授予学士学位。

北京大学医学部2018届外国留学生应届毕业生41人，经审查：

——本科毕业37人，其中毕业并获得学士学位37人。

——本科结业4人，可按规定在一年内修满学分申请换发毕业证，符合学位授予条件的，可授予学士学位。

北京大学医学部 2018 届港澳台应届毕业生 21 人，经审查：
——本科毕业 17 人，其中毕业并获得学士学位 17 人。

北京大学医学部本科毕业并获得学士学位的共计 687 人，具体分布如下：
——理学学士 309 人（含春季毕业生 5 人）；
——医学学士 456 人（含春季毕业生 1 人、港澳台、留学生 54 人）；

学校共授予 1096 人双学士学位，有 154 人获得辅修专业证书。其中：
——社会学系社会学专业双学位 39 人，辅修 1 人；
——国际关系学院国际政治（国际政治经济学方向）专业双学位 17 人；国际政治专业双学位 47 人（含早稻田大学项目 20 人），辅修 5 人；外交学专业双学位 2 人；
——国家发展研究院经济学专业双学位 683 人，辅修 34 人；
——数学科学学院数学与应用数学专业双学位 104 人，辅修 17 人；
——物理学院物理学专业双学位 4 人，辅修 1 人；
——心理学系心理学专业双学位 63 人，辅修 14 人；
——信息科学技术学院微电子科学与工程专业辅修 1 人；计算机科学与技术专业双学位 21 人，辅修 14 人；
——历史学系历史学专业双学位 22 人，辅修 7 人；
——中国语言文学系汉语言文学专业双学位 37 人，辅修 10 人；
——艺术学院艺术史论专业双学位 27 人，辅修 6 人；
——哲学系哲学专业双学位 10 人，辅修 4 人；
——光华管理学院工商管理（创新创业管理方向）专业双学位 16 人，辅修 5 人；
——外国语学院日语专业辅修 10 人，德语专业辅修 10 人，法语专业辅修 12 人，波斯语专业辅修 1 人；
——生命科学学院生物科学专业双学位 4 人；
——地球与空间科学学院地质学专业辅修 2 人。

二、校本部普通本科毕业生授予学士学位名单

法学学士学位 348 人

法学专业 161 人

曹远	常颖	陈陶	崔山	邓菓	丁卉
杜漫	高展	顾玲	姜琪	江山	李昂
李力	李鑫	刘芬	刘颖	刘玉	陆迪
罗毅	麻思	潘媛	庞湃	史珂	苏靖
苏鑫	唐丽	涂丽	王起	王钦	吴琪
谢巍	谢雪	徐婧	徐蕾	尹航	袁璐
岳媛	于娜	张鼎	郑琪	郑仪	宗扬
白宗战	陈楚晗	陈海燕	陈青青	陈识远	陈文萱
陈月明	陈梓贤	邓金朋	丁天宇	董天赐	杜智宇
范思远	樊晓静	范晓璐	高亚妮	苟怡然	郝韵珊
贺予希	何一琳	胡敏喆	胡芮铭	黄国鸾	黄启皓
黄晓瑛	黄雅冰	金雨萌	康溪馨	李乐寒	李瑞雪
李若雪	李思颖	李晓璇	李欣悦	李一鸣	李卓慧
林元媛	刘力帆	刘利柯	刘明艺	刘益佳	刘思靓
陆世娇	罗佩珊	马瑞范	马维敏	马文卓	马一丹
马子朔	毛升平	苗露阳	吴志强	牛伟强	潘风畅
朴妍美	阙涵宇	沈卓韵	石佳丽	施明宇	苏林璐
孙一先	田雪薇	王传竣	汪慧泳	王建平	王梦名
王睿宇	王诗琴	王思琪	王雪薇	王怡敏	王一明
韦吉隆	吴思婕	吴昕悦	吴俞阳	谢毅敏	熊锦妍
修智夫	许辰扬	徐丁睿	徐恩迪	徐龙飞	许文韬
许心晴	薛岩青	闫立强	杨嘉仪	杨牧野	杨善琛
杨诗君	杨舒皓	杨祖睿	余今朝	余鑫甜	余志红
袁东筱	袁易鑫	张东晓	张仕锦	张舒钦	张小翠
赵贺怡	赵宇璐	郑怡硕	郑昕宜	朱梦圆	朱笑芸
朱子琳	庄景琳	邹史超	次旺吉拉	欧阳妤璐
平措顿珠	唐李蕊乡	杨杨冬琪	吉·伊如多蓝

依力亚尔·艾热提　仙都哈西·阿斯哈尔

国际政治专业 31 人

陈　勇　董　榕　李　峥　刘　筠　吴　谆　张　驰
张　雍　陈安琪　周楚乔　方承启　符雪纯　高绰璟
胡正琛　李典易　李官阶　李润雨　梁浩然　刘迪雅
刘一博　石可可　蔡冰尔　蔡旖旎　万圣伟　王鑫淼
汪以旻　杨子欣　于海莹　章宸月　钟晓萌　周亦炘
格桑卓玛

国际政治（国际政治经济学方向）专业 48 人

丰　峰　韩　擎　韩　旭　何　山　胡　炜　刘　今
罗　建　庞　祎　陶　鑫　王　超　王　珊　余　欣
张　新　张　茜　朱　晨　陈博文　陈博闻　陈子捷
段陶然　付佳玉　付寥涉　高经纬　葛佳琪　郭声霖
胡斌祺　黄晓婷　贾鸿遥　金佳莉　李晋禧　李晓蒙
梁宝月　刘京乐　仇可欣　舒亚若　宋婉玲　王碧佳
王立波　王牧良　肖喻心　徐凤仪　徐雨佳　杨海天
曾维涵　张博宇　张承妤　张天禄　赵鼎轩　赵江宇

国际政治经济学专业 2 人

唐　青　马孰若

社会工作专业 5 人

周　航　李美霖　孟凡辉　黄乐妍　吴可染

社会学专业 58 人

黄　鹏　林　楠　刘　林　刘　楠　罗　淇　孟　奇
王　浩　王　屏　许　姜　薛　韶　曾　卓　卓　越
才子雯　陈浩樱　陈思玉　崔健一　符安之　龚嘉琛
郭雨萌　侯若溪　李澄一　李静钰　李金晔　黎书豪
李书琦　李晨婷　刘星铄　鲁幸运　吕士龙　马紫钰
聂冠华　彭钟黎　齐浩楠　乔诗钦　覃思源　任奕瑾
宋丹丹　谭晨昕　王明磊　王少甫　吴而为　徐亮迪
许一鸣　易莉萍　由人文　曾筱萱　张昆贤　张蓝月
张琦英　张心宇　张雨欣　赵茗格　赵鹏程　赵弋斐
赵雨红　郑思琳　周子青　摩西安琪

外交学专业 8 人

和　悦　齐　纪　何凌云　林小暖　曲一鸣　余物非
郑蕙莹　朱文玥

政治学、经济学与哲学专业 26 人

白　菊　程　宬　苏　涵　张　阳　张　照　黄文力
蒋彧顿　李新瑶　李郁丛　李庄威　林子曛　刘毅舟
罗瀚宁　全太明　沈凌峰　谭祎宁　吴语嫣　熊熙然
殷文翔　袁一沣　张凌云　张玉滢　张浙航　赵宇飞
赵子煜　朱远航

政治学与行政学专业 9 人

陈　耕　陈家乐　陈亚坤　贺承然　黄尧胜　梁贞情
马若凡　涂仕涛　杨文轩

工学学士学位 196 人

材料科学与工程专业 12 人

陈　臻　龚　盛　李　淳　石　哲　童　乐　张　钰
吕瑞聪　沙鹏举　沈祎恒　姚雪松　张居宸　周金辉

城乡规划专业 39 人

陈　瑞　何　昊　胡　佳　李　东　李　瑞　毛　雯
彭　晓　肖　灵　熊　韦　徐　郡　杨　凌　张　荷
曹毓书　陈荧莹　陈宇枫　董英伟　郭诗诗　黄圣义
黄子川　蒋丹凝　焦梦菲　李常健　李春江　李一溪
陆金磊　孟珈民　孙永樾　王思雨　韦长传　许华轩
徐双余　杨少栋　张子骄　赵钰浓　郑楠舰　周维安
周心怡　哈尔西哈·库尔曼江　阿斯拉依·巴合提别克

工程力学（工程结构分析方向）专业 10 人

曹　迪　李　帅　熊　怡　樊振强　郭鑫星　韩旭东
廖佳文　刘向阳　邱佐林　翟锦鹏

航空航天工程专业 10 人

蔡　冲　邓　琛　毕景会　崔旭杰　侯江东　李昊政
李强强　王庆法　张烜通　杨周剑云

航空航天工程（航空科学与技术方向）专业 21 人

郭　曜　景　聪　任　臻　白云泽　陈奥兴　郝振兴
姜百达　金立彤　李村田　李振铭　梁锦涛　李明洋
刘知远　梅肖林　秦家旺　谭俊杰　王观琦　王培印
王晓畅　王一鼎　朱一鑫

环境工程专业 15 人

彭　强　秦　潇　郭静远　胡可君　胡梦辰　廖胤皓
刘福洋　刘晓瑞　宋庆轩　童天丽　吴俣璇　徐晔楠
杨子健　张启明　赵佳茵

能源与动力工程（能源与资源工程方向）专业 25 人

彭　欣　覃　彬　熊　睿　于　江　陈秋怡　陈智雄
刁一飞　范文力　付炳润　贺俊峰　胡颖聪　华韫辉
黄翰鑫　李笑含　李臻超　罗小进　彭兆睿　司济沧
孙北奇　孙铭馗　王英健　吴林佳　张朝晖　周佳慧
朱海玉

软件工程专业 56 人

蔡　程　程　畅　李　然　刘　冲　柳　丹　苗　增
祁　弦　唐　岩　王　昕　王　瑶　许　昕　曾　琪
张　翔　张　镇　赵　博　曹翔东　陈茂林　杜张瑞
韩玉乐　贾吉龙　简维凤　李茂宇　李少林　梁傅淇
刘春晓　路明杰　梅言蹊　孟从伍　秦馥蕊　石振兴
宋燕婕　孙小茹　孙雪涛　唐子立　万涛涛　王海洋
王林飞　王庆涛　王振东　文立毅　闫骏达　叶雪梅
翟启东　张家华　章进城　张书萍　张小玲　张栩晨
赵金梅　赵凯阳　郑浩燃　郑鸿业　郑舒元　郑照宇
周莉敏　张思顿尼

生物医学工程专业 5 人

杨　迪　樊福新　韩逸伦　秦加航　王晨曦

通信工程专业 3 人

葛　松　邓江睿　曾书豪

管理学学士学位 142 人

城市管理专业 18 人

田　雅　张　越　周　歆　朱　婷　陈俊廷　李佳琦
李敏睿　李雅洁　彭桂蓉　彭志斌　孙言佳　徐星宇
杨浩天　姚昕言　袁旋宇　郑雅文　郑韵含
美热义·赛尔江

行政管理专业 30 人

马　乐　聂　宁　王　玥　杨　柯　安永萍　韩运运
何鹏宇　金艺铭　李鉴兴　林梦瑶　刘雪萌　刘昱宏
马金元　米登位　曲雪薇　盛姜月　孙玉洁　王博文
王琬莹　王文侠　王雪红　魏春雨　温海娜　张俊康
张华英　张远鑫　赵信祐　多吉班丹　买热叶木·艾拜
艾克丹·艾尼瓦尔

会计学专业 35 人

高　思　巩　婕　卢　阳　覃　宇　苏　悦　苏　喆
王　晴　魏　卓　项　东　尹　娜　禹　婷　张　楠
张　贤　张　翾　郑嘉琪　陈昕悦　陈子逸　杜汶鹤
胡诗雨　黄依琳　江冰森　姜润琦　李乐文　梁端玉
梁方仪　缪劲松　齐华瑞　饶浴阳　王明珠　吴高菲
向秋菊　许心怡　杨舒涵　郑璐瑶　邹晨媛

市场营销专业 15 人

秦　瑜　叶　薇　白婉莹　陈君仪　何臻智　刘人榕
沈浩然　邓玉婷　汪嘉倩　王献阳　吴呈杰　杨启凡
张文馨　张武豪　张馨文

图书馆学专业 5 人

柴　腾　安佳鑫　韩豫哲　滕依霏　王梦奇

信息管理与信息系统专业 39 人

丁　一　赖　婷　李　恬　李　怡　彭　悦　钱　丰
秦　玥　肖　鲲　曾　琪　张　亮　白浩东　陈德里
邓灵敏　杜广振　杜婉莹　高振宇　龚成玥　侯自杰
黄碧婷　焦祎凡　赖纪瑶　梁昌豪　刘兴宇　吕瑜婷
马晨一　牛芊宇　邱云岫　唐惠钰　魏思仪　王艳卿
吴诗慧　徐乐蒙　严心月　油梦圆　余冬安　张曼曼
张姝婷　张志豪　钟郁杉

经济学学士学位 324 人

保险学专业 28 人

陈　琳　葛　楠　刘　畅　刘　培　刘　源　汪　煜
陈俊蕾　崔嘉伟　狄则徐　丁一凡　樊思鸣　胡雅晴
李思佳　李文康　李钰馨　骆祥民　汤泽芬　王海峰
王伟涛　汪文渊　王云龙　巫梦洁　吴明琨　向志华
徐威宇　叶昱彤　邹海宁　林呼贤至

财政学专业 16 人

方　超　孙　菲　温　舒　张　月　亢依然　刘丹琪
钱留杰　任庆杰　汤思连　王嘉鑫　王志明　肖雯宇
曾倩怡　张孟越　赵煦风　朱慧灵

国际经济与贸易专业 12 人

黄　叶　刘　璞　刘　筝　谭　祺　杨　铭　张　贺
郭占元　韩甜甜　李佳怡　刘雪吟　单宠达　吴雨桐

金融学专业 220 人

安　琪　白　琰　班　昊　陈　城　陈　帆　种　羽
崔　婷　杜　晗　段　莹　郭　宁　贺　衍　贺　琰
贾　蕾　江　南　姜　鹏　李　琳　李　琬　李　云
李　仲　梁　爽　林　达　刘　阳　路　易　马　婵
马　蓁　彭　宸　商　恒　施　玥　宋　佳　唐　博
王　晨　王　宇　夏　玥　向　南　肖　荷　肖　晓
谢　忱　修　忆　徐　曼　杨　晨　杨　藩　杨　坤
杨　巍　叶　晗　袁　宝　张　弛　张　玥　朱　悦
白静雅　白礼晴　毕新宇　边正阳　蔡进逸　蔡曼琳
蔡晓琳　柴冰倩　陈博川　陈楷民　陈晓旭　陈雪菲
陈则尧　程超意　成琪然　迟宇鑫　丛泽平　崔旭杨
代佩霖　狄伊烜　董吉洋　董奕辰　杜宜学　杜煜东
段埋郴　凡志迎　方辰左　傅小勇　付振泽　高佳伦
高雯迪　耿慧敏　耿宗泽　龚晓曦　关焱天　郭佳佩
韩艺华　何家棋　何佳裔　何晓剑　何昕迪　何益煌
何致远　胡靓婧　胡顺昕　胡一征　黄崇渊　黄静贤
黄可欣　黄殊晏　黄思川　黄琬怡　黄一泓　黄宇尘
黄泽瑞　姜星宇　景昊天　孔维诚　寇雨婷　赖贝琪
李嘉路　李佳奇　李金玺　李克曼　李任平　李昀垚
梁瑞琛　林大宇　林心悦　林中王　林子晗　刘德斐
刘丁侨　刘逢源　刘翰林　刘芮博　刘闰玖　刘旭阳
刘宇瑶　刘运昌　刘子加　罗曼诗　罗政灵　马大任
马雪楠　马赢超　孟宪丰　牟晋之　彭佳鸣　彭思皓
彭泽宇　朴雪英　蒲定磐　齐思涵　秦浩然　邱丽颖
邱昕瑶　石曜丞　宋甘霖　宋天骄　苏新尧　苏炫昊
睦钟云　孙逸非　谭子键　唐艾妮　田乙豆　王嘉鑫
王利平　王梦笛　王孟儒　王梦瑶　王棋明　王苏欣
王晚晴　王星程　王亚南　王言标　王艺杰　王卓隽
卫同基　魏文晗　魏一帆　吴炳蔚　吴岑琛　吴楚川
吴宏毅　吴湘雨　吴学桐　谢弘昕　谢潘宜　解诗迎
谢亦桢　谢昀廷　徐名琛　徐世宇　薛梦琛　晏子清
杨诗园　杨松霖　杨万卓　叶宇瑶　郁华瑜　余之一
曾皓原　曾颖青　翟祎雯　张丛微　张靖宇　张锦源
张抗抗　张立坤　张力培　张首登　张思翼　张雅洁
张炎蒸　张智尧　张中旭　赵明祥　郑怡婧　周俊文

周斯宇	周也天	周一航	周子昂	朱婧姝	朱睿宇
邹文娇	欧阳碧川	欧阳萌淞	沈李美慧		

经济学专业 41 人

冯达	何情	侯戎	黄兴	鞠铭	李真
刘璐	秦臻	王欢	赵洛仪	陈越儿	承子珺
蔡纪龙	韩清扬	何雨辰	户俊鹏	胡念泽	黄珏璞
李冰墨	李逸恺	梁义钦	刘家瑞	刘思源	刘馨雅
刘铮婷	牛逸婕	尚用馨	邵建隆	孙雯倩	王孟洁
王皖嘉	邬晶秀	谢缅尊	詹佳佳	张竞一	张眉慧
张千杨	张歆哲	赵玛瑶	赵梓廷	欧阳裕德	

资源与环境经济学专业 7 人

陈丽丽	冯艳艳	郝俞植	宋泽元	唐昱阳	于浩东
张守玉					

理学学士学位 1151 人

材料化学专业 57 人

龚莉	黄薇	金瑜	彭超	商量	宋桐
王言	张宁	毕锦程	常丹琪	陈冰雅	陈方正
陈俊含	陈世祺	陈昱光	陈煜楠	方培玉	付旭正
贺麒霖	胡俊男	胡铭秋	焦浩洋	蓝大为	李贺楠
李嘉豪	李嘉文	林宸剑	林庆霖	柳晗宇	柳何栩
刘四维	毛承杰	孟心甜	米天雄	史美琪	宋奥野
孙怀洋	孙克乙	王淦麟	王瑞琪	王乐涛	吴锐恒
武桐玥	谢芳柏	谢丰羽	谢泽威	徐紫菀	杨圣松
余子迪	岳琪沣	张金霞	张宇轩	周涵韬	周宏伟
周劲松	朱庆业	阿里木江·买合木提			

大气科学专业 8 人

凡达	孔浩	胡泽远	罗杨程	吴振鹏	任阳泽
王子维	赵威伦				

地理信息科学专业 15 人

黄翔	蒙聪	钟涛	蔡天泊	陈跃毅	龚世泽
龚旭日	兰云飞	李搏扬	柳晓萱	唐启浩	吴浩波
吴梦彤	杨冬偶	虞志刚			

地球化学专业 7 人

陈春含	李嘉琪	仇立松	唐钰开	武化雨	吴逸夫
赵芳珩					

地球物理学专业 20 人

曹越	董森	贾博	王静	周杰	葛天雨
韩甲源	黄如许	姜鹏飞	李能韬	卢思奇	彭玉环
石永祥	王慧君	温景充	吴永祺	肖万博	杨礼萌
运乃丹	赵琰喆				

地质学专业 25 人

冯禄	韩露	何宇	李庆	刘杰	刘璇
陆杰	明波	杨润	车元孟	段鉴书	付帆飞
贺海军	黄天正	黄知劭	黄智强	贾昊凝	康峻侥

李昆鹏	刘嘉栋	彭玉恒	尚昊成	谭陈东	章美希
仲启蒙					

电子信息科学与技术专业 49 人

陈鹏	崔健	冯春	贺凯	刘天	王博
魏来	白子轩	毕乘乾	曹书阳	陈桂旭	陈海涛
陈思飞	程杨辉	丛书畅	付钰城	桂世林	郭晓雪
何琦琛	胡彬彬	黄彦博	姜星合	姜仲毅	金万琳
李海思	李隆坤	李彦锟	李泽凡	刘士鑫	刘朝晖
马梓众	买钰鑫	师文浩	税鸿冕	王润泽	王子宁
魏梦麟	魏钦远	吴振南	肖国文	徐子轩	杨劲松
杨宇喆	叶瑞祺	余天瑞	于晓凡	曾赫男	张华龙
张峻伟					

化学专业 54 人

成挺	程振	黄震	季悦	蓝童	刘晟
毛威	彭诚	史策	孙玥	杨帆	张楠
张意	职政	曹子颖	谌东伟	陈胤霖	邓卓锴
邱昊然	杜锦超	付天宸	付子豪	甘家宁	高珺贤
高文昊	官焕钦	韩子程	贾之恒	靳鹏飞	靳汝湄
来天成	李辰帅	刘牧云	刘一苇	逯万鹏	罗天佑
彭骁湘	商纪元	沈弈寒	孙晗力	孙闻涛	万中一
夏咏嘉	徐文浩	杨珺中	杨子煜	遇勃铭	袁晨悦
张瑞祺	张亦弛	赵嘉云	赵前程	周浩文	邹程浩

化学生物学专业 15 人

封凡	李逸	唐麒	蔡雨萱	刘锦民	刘沁哲
刘雅溪	彭零航	沈一航	许宽达	闫树鹏	杨远帆
杨中天	周之仪	邹钟毓			

环境科学专业 28 人

贺勇	苑雯	张路	白梦灵	陈紫虞	程思宇
董舒心	段会卓	黄钰婷	贾映亭	菅艺伟	李敬尧
李垚纬	罗俊杰	彭思源	任雨昂	沈睿哲	史云岫
王长庚	王思涵	文家豪	吴婧一	武心依	毋泽鹏
于国帅	岳珈丞	张晓华	张宇轩		

计算机科学与技术专业 176 人

白荻	崔唱	符尧	高俊	高煜	何干
胡琳	李丰	李荆	李恬	李炎	刘灿
刘晖	刘澎	吕宸	马荣	潘虹	平炎
邱耶	沈晟	沈洋	唐毅	滕晴	田然
王潮	王迪	王伦	魏薇	谢旭	徐品
杨垒	姚洋	叶根	叶元	尹航	岳越
张亮	赵锴	钟原	周洋	曹帮帮	曹雁彬
曹志鑫	陈淙靓	陈骁宇	陈一茹	戴舒琪	代永杰
丁菲菲	樊乃嘉	方旭旸	符芳诚	付振新	高敬月
高嗣昂	龚俊之	关玉烁	韩若冰	洪峰伟	侯文彬
胡亦旻	胡越予	胡子牛	黄非凡	黄佳雯	黄文豪
黄一伦	季凯航	贾宝雄	贾连成	姜宛彤	江振升
黎才华	李皓琳	李宏亮	李红旺	李佳惠	李济洲

李林轩	李鹏程	李鹏程	李庆涛	李天一	李汪洋
李星辰	李彦达	李岩昊	李奕纯	李卓涵	李卓津
廖雨泽	林福气	林心宜	林旸焜	林泽辉	凌春阳
刘春晖	刘德明	刘芳辰	刘汉彻	刘佳凡	刘鑫远
刘子华	刘子钰	马浩迪	马雪璇	伍炜怡	倪蕴哲
屈笑如	任泓宇	单中原	商一雄	邵昱桐	师浩然
史姝绮	苏勖斌	孙小涵	唐家梁	汤济之	唐翔昊
田得雨	王海滨	王佳麟	王嘉麒	王君珊	王璐瑶
王仕雄	王笑予	汪益成	王一雪	王泽宇	王子昌
王子辰	王子禾	魏守鑫	吴庭熙	吴文俊	吴萤西
肖克成	谢佳明	谢佩辰	邢新宇	徐辰曦	许鹤馨
徐瑞健	徐伟鹏	徐子扬	闫永飞	杨东升	杨可静
杨兆程	姚思羽	叶钊达	余启航	曾家梁	曾沐焓
张家铭	张可欣	张乐聪	章玄润	张子祺	赵恒昶
赵明睿	赵颂歌	赵泽龙	郑佳慧	郑舒予	郑予凡
钟域人	周唐麟	周子凯	朱路阳	朱兆成	庄泽浩
卓正颜	上官吴凡				

空间科学与技术专业 10 人

汪 颖	高鸿宇	黄驰琳	李顺吾	廖宸睿	刘志扬
苏瑞冰	谭光钰	熊建学	赵玫桐		

理论与应用力学专业 21 人

薄 童	陈 鹏	丁 瀚	肖 威	岳 壮	章 昊
朱 熙	丁明谦	海旭升	胡泉汗	柯旭瑜	李国睿
李昕宇	刘沛婧	刘运谋	邱泓恬	孙泽正	邢维哲
张宏源	章盛祺	吴王鸿志			

人文地理与城乡规划专业 19 人

杨 婕	高湛凝	郭金鑫	韩博宇	何颖雯	黄博浩
林冰雨	刘松瑞	刘素素	罗荣波	牟雯瑶	彭荣熙
王梅梅	吴婉金	项苏楠	张安迎	张琦楠	张玄同
郑嘉睿					

生态学专业 12 人

甘 沛	王 馨	陈候清	顾慧洁	桂汉成	蒋锡辰
李朴涵	王照宇	张家举	张思怡	周凌宇	
帕丽扎·艾热布勒					

生物科学专业 109 人

白 珂	曹 铄	曹 源	丁 宁	房 苑	耿 奇
龚 尧	黄 韵	霍 鑫	金 铃	李 承	李 航
李 慧	李 铀	钱 翀	苏 馨	谭 璐	唐 韬
田 梦	田 康	王 旭	杨 楠	章 昕	郑 冲
周 哲	艾宇熙	白罗兰	卜思涵	曹嘉明	陈航通
陈金琳	陈熙尔	陈心悦	陈艳萍	董铭棋	董正一
段光兴	范操琦	范启东	冯莎莎	郭孟曦	郭伟杰
郭玮仑	郭岳峰	贺雨岑	胡梦玮	黄司昊	江静媛
高诗铠	李广明	李嘉冕	李沐航	李诗源	李小雨
刘灏文	刘佳明	刘立洋	刘鸣章	刘天朗	刘昕玥
刘沿江	卢明皓	卢如森	罗世行	吕钰麟	吕筱惠

马鸿浩	倪睿阳	裴盈珍	彭晓韵	宋生升	宋一民
田一杰	王大元	王福霖	汪其霖	王荣羿	王诗莹
王蕾锐	王逸颖	王玉阁	王玉璞	王子璇	魏静怡
温凯隆	夏宁静	燕国智	杨昌儒	杨明钰	杨闻晴
杨晓宇	杨炎锦	姚欣敏	张晨阳	张弘韬	章将国
张思源	张伟力	张向辉	张学平	张中天	张子瑞
赵世俊	赵依阁	郑昱豪	周竞宇	周子力	拉毛切忠
刘周泽蕊					

数据科学与大数据技术专业 16 人

胡 晟	任 浪	陈俊杰	房正阳	韩金瑞	何宇健
林浩彬	马思源	孟昱先	彭涵洋	秦天承	沈剑豪
王家超	王祎竹	许子平	张浩然		

数学与应用数学专业 76 人

陈 成	甘 坦	何 阳	黄 洋	季 策	陆 洲
钱 铖	沈 润	唐 敦	王 康	张 铖	包诚杨
蔡晓榕	蔡宗宇	陈辰阳	陈家栋	陈凯文	陈奕南
戴昕悦	邓宇昊	董子超	樊申祺	符张纯	郭乃瑶
郭润晨	洪任之	黄若谷	黄臻翔	霍煜琨	贾茗凯
贾茗翔	姜德青	姜杰东	李鹏程	李文远	李心雨
李忠羿	李卓琳	廖宇轩	林大超	刘定鸿	刘浩然
刘沛江	刘育烜	刘之诚	吕世极	毛沈艺	潘志荣
饶家鼎	王怀正	王振宇	吴金凡	夏小煜	谢雨沛
熊博远	修格致	徐浩源	许云贝	杨子杰	尹梅妮
张怀公	张明嘉	张鹏飞	张鑫垚	赵伯钧	赵雅婧
赵颖珊	赵梓文	郑亦如	周迎超	周忠鹏	朱昊东
朱泱辰	邹昊霖	欧阳嘉林	欧阳王剑		

天文学专业 22 人

冯钰庭	何震子	何子麒	黄子璁	焦文裕	李柏睿
李铁义	李文秀	黎旭翔	李智慧	刘明俊	陆家明
宋子伯	孙凤梧	陶韫琦	王柄荃	吴雅如	许鑫杰
姚雨含	张光帅	张昊文	司懿东方		

统计学专业 41 人

安 曼	方 程	高 铭	李 翔	田 超	辛 未
徐 铖	徐 述	杨 帆	于 淼	于 鹏	赵 越
周 鑫	白沅鹭	曹俊杰	陈凛楠	陈孟起	鄂潇原
黄志鹏	郎劲童	李佳颖	李兴远	李宝华	刘驰洲
刘齐家	牛泽昊	浦鸿铭	任卓涵	宋嘉俊	王飞骋
徐莞悦	薛宋恺	严煜凌	杨浩艺	杨文昊	杨珠珠
张耿宇	郑钥方	钟彦杰	周子堃	邹聪仕	

微电子科学与工程专业 32 人

董 镇	高 畅	郭 凡	李 懿	梁 桢	孙 雨
谭 毅	徐 涵	徐 辉	衣 壮	钟 毅	周 航
周 晔	陈宇峰	程楷立	郭业昌	黄舒婷	金生雷
李一庆	林正晗	凌尧天	刘柄辛	刘力桥	刘明昊
陆怀希	王欣欣	吴瀚翔	叶子巍	张馨月	张逸舟
朱嘉迪	祝润坤				

物理学专业 190人

边　毅	陈　成	陈　实	成　星	方　正	傅　杨
韩　霄	胡　啸	蒋　伟	李　昂	李　根	李　浩
林　杰	刘　洲	娄　媛	马　凯	南　巍	孙　浩
田　勇	屠　锐	汪　前	王　爽	王　雯	汪　远
相　成	相　腾	熊　珂	徐　帅	杨　光	杨　涵
杨　航	喻　佳	袁　琪	张　超	张　昊	张　铱
赵　青	钟　林	周　洲	朱　楠	卓　笑	白根铭
包觉明	蔡子东	曹睿枭	陈锦峰	陈偲涵	陈文杰
陈兴炎	陈一潇	陈朝晖	陈哲峰	程舒羽	戴必玮
戴嘉为	邓翔天	邓又铭	丁雪浩	杜世康	盖英达
耿佳雨	辜宸阳	谷昊铖	顾斯祺	顾羽中	郭昊晟
郭伟轩	郭阳观	郭一江	韩兆宇	何梦云	何任川
洪佳韵	胡希瑶	黄代强	黄佳旺	胡义涵	姜明君
姜旭航	蒋耀湘	江永涛	江嘉杰	劳怡楠	雷孟铼
李博婷	黎晨远	李佳明	李嘉宇	李凯悦	李瑞鹏
李向荣	李奕锋	李岳钊	李宇帆	李宇星	李兆涵
李征儒	黎子凌	梁力搏	梁致源	廖思棋	刘佳鑫
刘秋实	刘笑桐	刘耀忠	刘宇杰	刘至远	刘祝崧
龙卓青	马伟恩	茅钰才	南威克	聂靖昕	潘博洋
潘岱松	邱千里	陕思宇	沈学简	石智方	司鑫宇
苏士皓	孙金钊	孙彰昊	童心言	脱心宇	王彬旭
王国庆	王海霄	王建威	王劼文	王锦天	王军霞
王李鹏	王清杉	汪嵩博	王天也	王新羿	王希睿
王奕晟	王宇初	王宇晗	王泽奇	王朕铎	王政国
王子超	王子鹏	魏世源	吴葆春	吴天玮	吴志成
项晶罡	肖水生	谢律成	许昌龙	徐匡奕	许玮璇
薛尚捷	杨蓓斯	杨子宸	姚笑寒	姚屹林	叶亚杰
殷若瑜	余泓烨	于天旻	俞文锦	俞旭东	袁智扬
曾俊邦	张博昊	张景云	张铭哲	张鹏宇	张思源
张亦康	张湛伯	赵辰宇	赵嘉佶	赵雅歌	郑宇凡
周晨昊	周冲琪	周佳欣	周璟鑫	周炜杰	周新宇
周泽瑞	朱哲毅	朱子杰	张明佳美		

心理学专业 37人

郝　洋	李　想	宋　玺	田　玥	王　珺	肖　瑶
赵　晨	蔡泽昆	曹馨月	陈冠鹏	陈乐天	周骏伟
邓彼岸	丰丹宁	郭家栋	郭婺卿	许少斌	侯芊宇
胡之洲	林倩如	李昊宇	李岩岩	史顺宇	宋永前
孙弋雯	万熙宇	王笑楠	王潇欧	席丹荔	席可颂
杨诗翰	张冬雪	张梦茹	张欣怡	赵梦尧	朱镜榆
朱敏帆					

信息与计算科学专业 36人

陈　喆	谢　玛	杨　川	曾　量	张　雨	陈博涵
陈芳玮	丁允梓	伏贵荣	韩善鑫	孔冠桥	李冠淳
李少晗	李亚强	李正一	刘倩莹	柳伊扬	刘子不
罗明康	母艺文	沈心怡	孙纬地	王赫彬	王庆华
汪懿洲	王俞涵	吴斯捷	吴伟森	徐子睿	杨春雪
杨文聪	杨亦晨	姚嘉豪	张江东	张孝昌	张子筠

应用化学专业 9人

饶　禹	郭涛涛	毛汉源	戚伊吕	王伟川	邢三威
殷智斌	钟守超	周振汉			

整合科学专业 15人

陈　前	方　睿	霍　雨	李　澳	王　彬	张　祎
姜家隆	李春雨	林梓熙	骆人杰	申云逸	石玉洁
叶雅晴	朱昊东	朱宇森			

智能科学与技术专业 43人

邓　枭	顾　蕴	李　尚	卢　帅	沈　程	杨　旭
张　颂	张　韬	陈明辉	邓子卿	丁哲章	方盛元
顾家远	郭思敏	侯斯琪	胡小龙	黄少飞	冷含莹
李红改	李玉轩	李子沫	李宗儒	刘昊坤	刘天旸
刘智超	吕凯晨	毛书南	石昊悦	孙迪雅	汤玮杰
尉方音	魏姚瑶	温林丰	徐立鼎	徐志荣	杨昌和
杨文逸	杨智博	张路歆	张梦晓	张子璐	周昊天
周昱杉					

自然地理与资源环境专业 9人

林　熹	杨　静	黎一鸣	刘超颖	孟丽婷	王先达
熊梦莹	杨家帅	强巴卓玛			

历史学学士学位 86人

考古学专业 25人

陈　婷	梁　硕	乔　杰	杨　杰	摆世萍	陈清清
邓阿莲	邓松宁	杜圣伦	冯文鹏	耿文涛	管文韬
韩英博	何柯欣	黄子文	李晓敏	陆文琦	王路凝
王诗雨	许丹阳	杨若梅	钟雨婷	周颖颖	索南桑姆
向曲巴姆					

考古学（文物建筑方向）专业 12人

郭　勉	黄　鑫	马　力	邱琼仪	黄楚君	李芃芃
马青龙	马思蒙	施一泓	王藏博	席雅卿	杨佳帆

历史学专业 30人

陈　皓	黄　甜	李　佳	李　颖	刘　璐	刘　钘
马　壮	宛　盈	王　楠	王　溥	布依宁	车佳敏
陈秋昊	丁国宗	高梓峻	韩茹冰	黄天宇	姜亥峰
姜瑞雯	金璐璇	井永馨	李丹阳	孟楷卓	亓浩然
孙唯瀚	王子芊	魏文俊	吴雪琪	喻仁伟	袁春红

世界史专业 11人

陈　瑶	张　翼	高子牛	李梦怡	刘小雨	牟维苗
史方正	王骞禹	王琪瑶	王紫荆	张雅忆	

外国语言与外国历史专业 6人

贾春梅	刘佑民	时硕晨	宋舒杨	张莹玥	赵文东

文物与博物馆学专业 2人

林　忻	郭洋梦莎

文学学士学位 363 人

阿拉伯语专业 14 人

兰宇　　王硕　　张昊　　张潇　　陈志男　龚哲浩
黄国明　靳珂欣　李世雄　缪倩月　史雨然　王歆赜
杨小亮　张若枫

朝鲜语专业 17 人

彭玮　　陈奋龙　后博文　黄慧诗　李一杨　桑雅芳
孙粲钰　王浚栩　王斯立　许文菲　叶陈宁　张家诚
张煜雪　张祖悦　郑泽星　朱嘉懿　朱珠娜尔

德语专业 21 人

阚雨　　俞婕　　高毅菲　胡乔雪　李金珂　李越儿
陆晨航　孟夏伊　钱瑞馨　邵一帆　申时童　王天予
杨鹤逸　叶田恬　郁雅寒　张童童　张为杰　张子玥
赵冰洁　朱炜琦　朱亚洲

俄语专业 15 人

杨宁　　姚睿　　喻言　　陈文基　谌皓碧　关子宁
李木子　刘永成　钱其沁　裘蓉蓉　王继武　吴嘉亨
徐苗苗　张穆清　周思吉

法语专业 20 人

陈煦　　符律　　田冉　　王卉　　韦彤　　冯舒琦
龚翰文　裴丹云　谭明露　王佳俊　王基权　王世杰
王漪清　王子欣　吴乐冰　席琪婧　杨启祺　曾肖毅
张才俊　朱思橙

梵语巴利语专业 6 人

郭敬　　袁勇　　蹇梦虎　刘思聪　吕江仪　王加骥

菲律宾语专业 7 人

许洋　　方心怡　韩宜晴　秦若愚　时菁男　尹秋实
尹子尤

古典文献学专业 10 人

刘扬　　张亿　　张钊　　黄宜铖　李佳媛　李新新
李泽凡　李子卓　刘晓晗　任子珂

广播电视学专业 18 人

金越　　李姝　　汪媛　　张松　　陈会娟　杜松涛
高心语　何珺瑶　黄展豪　农建娇　沈清晖　史玉佳
田蔓菁　佟金恒　王佳慧　张洪瑶　边洲斓轩　古丽纳扎·阿尔斯兰

广告学专业 36 人

丁炎　　李研　　刘弢　　陆风　　王洁　　吴萌
张皓　　张琳　　周燚　　陈雪梅　付佳宁　傅艺兵
贡雨婕　顾倍源　郭婉卿　郭文君　胡怡帆　黄祎蕾
李晓冉　李欣遥　梁新意　柳美娜　刘彦君　吕正翰
明淳露　彭家苑　任雅菲　宋明真　汤至纯　田丹迪
邬楚钰　吴尹君　杨旷奇　张思源　周月昕　叶·苏日娜

汉语言专业 20 人

胡嘉　　孙慧　　曹汶静　陈芳荣　陈墨玉　都姝含
郭伊阳　郝娴宇　黄冬笑　金琪然　李乐怡　刘世琪
盘怡萱　孙先成　涂琬洋　魏雅玲　向思琦　谢晓慧
杨小又　张沐舒

汉语言文学专业 62 人

白玲　　曹直　　陈骁　　程红　　董越　　朵悦
葛亮　　黄菊　　吉淳　　姜蕾　　李征　　刘岩
马说　　苏鑫　　王越　　肖航　　徐懿　　余点
张琳　　张萌　　张芯　　张馨　　陈天一　杜思佳
段晓宇　范雯玲　高秋实　胡梦雪　黄馨怡　李皓颖
李奇蔚　李若白　林咪啦　刘丁宁　刘家铭　刘心怡
刘旭都　罗茂轩　毛士奇　潘靓慧　孙慈姗　孙亦薇
王敏琪　王顺利　王晓晓　汪芯竹　王艺遥　王远平
王钰琳　王梓晗　王子怡　肖吉雅　徐思澄　杨李佳
余萌萌　俞明雅　曾必瑜　张丰楚　张明剑　赵诗情
郑君仪　朱励瑶

日语专业 15 人

高希　　郭扬　　李祎　　郭奕佶　何健榕　焦易博
令尚承　鲁铭钰　毛俊暖　庞瑞麒　司雨萌　赵宇翔
郑亚天　郑雨荷　周丹宁

泰语专业 14 人

辛苑　　陈仁靖　洪鸿源　胡佳典　纪东鸿　李佳仪
李晋梁　潘女甲　王浩东　王馨漪　胥德胜　许文迪
张晓桐　张宇航

外国语言与外国历史专业 1 人

王世蓉

乌尔都语专业 5 人

钱华　　陈卓涛　王旷辰　王乾宇　王舟飚

西班牙语专业 19 人

崔旻　　李瑾　　熊畅　　杨茜　　程子怡　邓卓元
龚若晴　郭一帆　黄韵颐　江鉴玲　李雪冰　孟伟健
戎思蘅　田思雨　王丹洋　王琦萱　文姝祺　肖舶远
徐彦俊

新闻学专业 19 人

曹星　　方方　　任玲　　吴悠　　肖彤　　赵坤
艾新雅　戴林杰　韩宇星　孔煜也　刘昱辰　斯姝华
田林鑫　王润萌　魏晗博　熊成帅　徐仕佳　于子悦
张宏璟

印度尼西亚语专业 12 人

陈博　　丁榕　　岳昕　　谷禹丰　何俊德　胡亚洁
赖坤元　温华翼　夏方波　谢泽中　于子钰　周玉财

英语专业 31 人

丛乾　　高莉　　黄琳　　康来　　王菲　　王欢
王越　　杨洋　　游雅　　陈冠兰　陈一帆　顾苇亭
黄田依　纪羽纯　金泽旭　李楚冰　李范哲　荣丹靖
商宝月　孙昊炜　唐隽雯　田晓田　文思滢　萧语涵
谢昌立　熊婉琪　张书嘉　张义荀　张子衿　郑锐鑫

周惠莹

应用语言学专业 1 人
陈　龙

艺术学学士学位 24 人

广播电视编导（戏剧影视文学方向）专业 4 人
姜　来　张　晨　王思懿　祝子建

艺术史论专业 8 人
洪可心　胡玉颖　黄羽婷　冀千鹤　刘家辰　岳思宇
周俊杰　朱明静

艺术史论（文化产业管理方向）专业 12 人
邓　艺　张　瑜　曹林菁　陈舒萍　侯思源　黄露莹
黄思嘉　李晓龙　刘芳宁　刘展宏　牟晓晨　张樱子

哲学学士学位 55 人

哲学专业 51 人
陈　琳　邓　艳　符　悦　黄　宇　李　宸　秦　芳
任　晋　谭　洁　王　金　杨　帆　曾　炯　赵　旭
赵　云　程明皓　丛孟晗　杜贵宇　巩天成　黄北南
黄培宏　江湛瑶　康维阳　李婉婷　李欣禾　李嫣然
廖志民　刘名再　刘子豪　罗歆媛　吕绚黎　彭清露
孙雨东　谭鸿渐　谭晓男　唐心怡　汪媛媛　王安然
王李游　王维昊　王艺洁　徐慧敏　徐献杰　徐玄灵
颜海燕　杨宇静　杨泽毅　张翊彬　张云起　钟晨宁
周舟航　朱江成　朱珊珊

宗教学专业 4 人
刘　梁　段智程　刘勉衡　王泰蒙

三、校本部本科留学生授予学士学位名单

法学学士学位 75 人

法学专业 16 人
蓓　珉　裴芮华　河日镐　韩瑞敬　张愚奭　郑柔旼
康润城　王婉儿　金丹菲　金贞贤　李晓蓝　吕卓远
罗士闵　朴贞炫　肖咏梅　袁兆谦

国际政治专业 11 人
达　莎　艾　妮　玄政勋　成生杰　李志谦　罗道勋
片艺瑟　安君傲　陈韵汇　吴震宇　所山友树

国际政治（国际政治经济学方向）专业 26 人
陈　圆　车荣润　蔡旼琇　周丽君　张树敏　高佑思
海梦媛　何宜贤　赵红树　张美娜　马心刚　金炫志
金柳正　李忠吉　李高恩　李尚珉　李昇勳　毛岸卓
吴承炫　胡财华　朴有珍　谢嘉裕　梁恩彩　铃木基井
渡边荣香　Kayo, Celia

国际政治经济学专业 4 人
陈姗姗　金相龙　李真赫　李钟建

社会工作专业 2 人
陈姝颖　丁月天

社会学专业 10 人
安敏準　黄恩枇　金竝千　金韩率　金旼容　金修延
金佑永　李世铉　陈思贝　曾仪娉

外交学专业 4 人
韩旻赫　白云莹　陈秋忠　李慧敏

政治学、经济学与哲学专业 1 人
黄手炫

政治学与行政学专业 1 人
金南赫

工学学士学位 4 人

工程力学（工程结构分析方向）专业 1 人
罗家伟

环境工程专业 1 人
梁弘烈

能源与动力工程（能源与资源工程方向）专业 2 人
蔡庆和　何倬漫

管理学学士学位 28 人

城市管理专业 2 人
吉政奎　金贤镐

行政管理专业 4 人
蒙　鑫　阿丽莎　崔炯晢　都广杓

会计学专业 4 人
白智惠　黄守寅　全姬贞　李珪赫

市场营销专业 9 人
尹　铉　卢铁汉　韩裕彬　何于扬　金镐辰　鲁河银
胡欣仪　朴英宣　鲜于栋熏

信息管理与信息系统专业 9 人
安秀焕　裴兹贤　全佑辰　郑周昊　李在胤　刘杰西
玉汰勋　申泳国　新田耕丰

经济学学士学位 35 人

保险学专业 1 人
叶飞翔

财政学专业 3 人
安广浩　李光鲁　林德文

国际经济与贸易专业 13 人
何　塞　阿　蒂　顾思瑜　姜仁佑　姜善荣　奇槿度
金南珍　高智勋　李知洹　李云泳　柯靖曼　陈政煊
陈素婷

金融学专业 18 人
安　毅　程梦瑶　崔慧彬　崔智浩　朱彦宁　简依蓝
金京谋　李昇玹　李升炫　李昂城　林怀昱　林士伟
朴措恩　朴株荣　李恩植　松本英幸　溝渕真一
Ong, Natalie

理学学士学位 7 人

计算机科学与技术专业 2 人
朱慧莹　陈继业

空间科学与技术专业 1 人
张恩珍

生物科学专业 1 人
郭珉硕

物理学专业 1 人
张胜天

心理学专业 1 人
金又英

应用化学专业 1 人
刘蜜美

历史学学士学位 15 人

考古学专业 3 人
李钰虹　刘俊文　梁时英

历史学专业 10 人
李　桓　王　淦　张利相　崔允赫　郑丞然　东宪广
金东炫　李施恩　邓世轩　柳炯准

世界史专业 1 人
郑昭昕

文物与博物馆学专业 1 人
夏罗睿璟

文学学士学位 88 人

广播电视学专业 7 人
白承勋　郑善珠　金成恩　李真珠　卢载宪　柳昭妍
樱井智美

广告学专业 29 人
陈　璐　菲　一　许　敬　任　锐　安慧玲　阮学有
蔡德皓　郑喜秀　高温蒂　韩圭映　泰泰珊　姜智明
金亨晋　金正珠　金庆泰　金耀夑　孔振熙　李静爱
李娅娜　林美怡　陆米琪　吴昌俊　申有林　孙旻我
宋阿兰　宣有林　杨恩菲　尹瑞涓　海野瑞美

汉语言文学专业 51 人
李　翱　森　龙　文家辉　王俊莎　甘妮达　池凯欣
崔原赫　崔宁真　颜嘉慧　韩起宪　丰志成　全宣美
丁瑟雅　赵奎待　郑有珍　姜智岸　金钟宇　金修斌
金仁式　金正洙　金钟沅　金忞俊　金文荣　金信灿
金昭延　金兑夑　李宜幸　文荣恩　南恩河　南洪植
黄敬凯　黄秋怡　朴荼愿　朴廷范　朴泰焕　罗静恩
黄爱珠　薛晓照　申烘周　慎兑银　萧歆怡　韦紫明
陈怡蒨　张颖惠　张家昱　林仙月　梁承哲　余文慧
袁旖嫔　管容那子　杨可丽欧

日语专业 1 人
赵城辉

艺术学学士学位 10 人

广播电视编导（戏剧影视文学方向）专业 8 人
全城宽　金亨中　金旻会　李在浩　廖梓珺　蔡承德
罗美姗　吴睿智

艺术史论（文化产业管理方向）专业 2 人
刘于祯　延善洪

哲学学士学位 1 人

哲学专业 1 人
姜京模

四、校本部 2017 年毕业、2018 年授学士学位名单

校本部 2017 年毕业、2018 年授学士学位学生名单 14 人

国际政治专业 1 人
张一鸣
材料科学与工程专业 1 人
李泽源
金融学专业 1 人
汤宗瑜
材料化学专业 2 人
于 涵　王淇伟
电子信息科学与技术专业 1 人
李昊尘
环境科学专业 1 人
王书翰
生物科学专业 1 人
杨 露
世界史专业 1 人
卢晓宁
英语专业 1 人
杨浩晨
汉语言文学专业 4 人
金炼勋　林汉俊　青木优汰　荒井由美

五、校本部 2017 年结业、2018 年换发毕业证书名单

本科结业换发毕业证书授予学位证书 91 人

法学专业 5 人
张 璐　丁立人　王首道　文于凡　赵一航
国际政治专业 1 人
安仲尼（留）
国际政治经济学专业 1 人
康钟允（留）
社会学专业 1 人
韩仁国（留）
材料科学与工程专业 1 人
黄中玉
城市规划专业 1 人
曾 淼
工程力学（工程结构分析方向）专业 2 人
李 睿　杨抒展
能源与动力工程（能源与资源工程方向）专业 1 人
陆树梁
信息管理与信息系统专业 1 人
李元圭（留）
财政学专业 1 人
朴昌俊（留）
会计学专业 1 人
黄安迪（留，2016 年结业）
市场营销专业 1 人
张忆雪
图书馆学专业 1 人
朱昱环
金融学专业 3 人
宋 洁　许长发　姚绪增
经济学专业 1 人
周宇坤
资源与环境经济学专业 1 人
杨鼎寓
材料化学专业 6 人
苏 杭　张 翔　宫瑞龙　刘曦廷　奚俊聪　梁盛进
（留）
大气科学专业 1 人
王立羽
地理信息科学专业 1 人
金 扬
地质学专业 1 人
曾 繁
电子信息科学与技术专业 1 人
吴宇飞
化学专业 3 人
董陈杰　李征洲　王裕栋

化学生物学专业1人

王鑫予

环境科学专业2人

柴佳琪　邓子房

计算机科学与技术专业8人

陈　睿　王　冲　党伟健　史慧杰　王照祎　吴宜庭
钟金吾　周誉昇

理论与应用力学专业1人

陈卓东

生物科学专业7人

詹　煌　周　涵　段麟飞　方殊涵　林宇鹏　李韩美
（留）　潘星宇（留）

心理学专业1人

李城勋（留）

数学与应用数学专业3人

向志敏　姚金江　张轩铭

天文学专业1人

王　政

统计学专业2人

张　显　唐彦涛

微电子科学与工程专业2人

罗胤芳　王崎丁

物理学专业7人

马　源　赵　越　陈东文　楚鸿豪　郭雨源　侯在钧
马艺铭

信息与计算科学专业1人

胡雪靓

应用化学专业3人

张　飞　代卓越　吕竞飞

智能科学与技术专业1人

高诗语

历史学专业1人

俞善雄（留）

世界史专业1人

佐藤健（留）

外国语言与外国历史专业1人

余铭鑫

汉语言文学专业1人

朴宰孝（留）

广播电视编导专业3人

李星悦（留）　金珍娥（留）　朴周荣（留）

编辑出版学专业1人

马芹芹

日语专业1人

周志伟

西班牙语专业1人

於丹茗

应用语言学专业1人

任　帅

哲学专业2人

崔秀镐（留）　李成主（留）

宗教学专业2人

罗杨智　蒙永超

六、医学部毕业生授予学士学位名单

普通全日制本科生授予学士学位711人（含春季毕业生6人）

文学学士学位34人

生物医学英语专业34人

杨鸿滔　张　晨　周逸儒　杜佳聪　沈威宇　申舒廷
吕　燕　陈　萍　胡鸣谦　李术凯　牛一锋　黄宇亮
王雨濛　刘香君　邓玖斌　张泽恺　赵金山　薛天娇
吴天昊　张　驰　刘　凉　王　宇　冯宇航　唐诚尧
胡云天　廖美霞　李明玥　全　芳　龙靖淼　邹旭光
刘心怡　王佳雯　李博伦　张森冰

理学学士学位270人（含春季毕业生5人）

医学实验技术专业41人

付佳明　翟文博　徐继轩　李柄桦　李昊旻　张露辉
张美欣　李明奕　唐蕴荻　张　琛　姚义凡　张维一
张学红　胥津歌　孙舒宁　伏紫冰　顾洁予　王静甜
李文瀚　叶　灿　白青云　张乘瑞　刘宇晴　加焱冰
吴靖东　王峙霖　赵惠聆　胡克新　于富海　王正臣
刘宇娟　高　晨　王汉卿　郭丽凯　王　萍
马尔马尔·托乎塔尔别克　阿曼妮萨·图尔荪托合提
努尔麦麦提·买合木提　阿卜杜热西提·阿卜来
迪力达尔·阿布都热合曼　穆合塔尔江·麦提赛迪

医学检验技术专业24人（含春季毕业生1人）

李芊子　朱雨桐　于昕洋　袁　梦　王　宇　周子豪
高　唯　王永超　刘芃菲　蔡　勐　张　艺　谢豫豪
孙世俊　陶淇惠　张腾瑞　肖烨翡　李天萌　王心蕊
何溇波　哈飞再　周彦彤　普　珍　别热克·卡玛力江
于鹏飞（春季）

药学专业96人（含春季毕业生1人）

吕锦添　杜芮萱　张博文　张　梦　罗道皇　周若婧
李紫鹏　江瑶瑶　李啸楠　刘新宇　符锦平　薛雨晴
邹　悦　马　爽　王范冰　曹月盈　王子英　刘　琦
张　俊　章　迟　秦　川　李　芮　李　菁　王大宽
苏　珊　郭世豪　蔡新县　倪冰玉　马子跃　张泽轩
武泽宇　柴新宇　代君健　史世彬　胡利明　黄熙凯
罗　潇　王定坤　张　莹　李明娜　陈　逸　李　惠
安彭塔娜　李　翼　戴偏玥　宋浩浩　齐立君　鹿梦秋
王建刚　王岩航　谌宣蓁　孔大明　张　钊　王彦行
曹丹丹　张圣业　金雨晨　李玥璇　梁胜锦　徐源蔚
王　浩　黄振城　李锴森　高　鹏　魏绍鹏　刘思沫
刘馨忆　常　坤　喻峥嵘　梁钧鋆　李明慧　吴　童
董泽源　吴　爽　李卓越　韩壶壶　郑家怡　崔一诺
万方劫　楼亚萌　刘　曼　赵　绥　司夏利　赵文健
宋雨欣　雍　灵　孙　遨　刘雅婕　王　茹　苏展博
潘鹏名　蔡冠星　祖力亚尔·斯拉甫
夏热帕提·铁力瓦尔迪　谢克扎提·乌苏曼江
王东岳（春季）

护理学专业112人（含春季毕业生1人）

陈　娇　梁　熠　杨晓爽　程秋霞　姚庚鑫　陈丽荃
董安红　陈　静　罗日生　李妞妞　朱仕琦　郭冠辰
周　天　杨俊杰　张晓雅　郝晋伟　鲁　寒　郭佳玉
朱　丹　刘立立　秦　丹　薄祎凡　张　静　辛　宇
覃德清　赵雅洁　张　欣　熊芳菲　秦莉媛　张铃亚
龚　德　杨　媛　赵怡然　张美娜　陈擎仪　张学颖
郭　琪　周丹丹　覃显慧　陆薪莲　郭志旭　赵晨旭
刘加欧　张　楠　郭旭芳　侯晓莹　黄东旭　刘　琳
徐　翔　田　斌　秦　锦　夏　雪　温健文　杨　阳
唐项涛　魏　霞　谢威富　赵　静　王晨阳　葛青青
于思放　王梦潇　何　丹　庞欣欣　宋丽颖　史佳豪
李　浪　郭　淼　刘云梦　张　琦　邓　振　白宇欢
杜晓东　田晓蓓　谢　钰　徐思梦　严安琪　王玉浩
王　妮　强冰雪　马　欣　马　蓉　唐中华　彭　浩
黄仁东　邓　欢　陈碧云　李　浩　徐安琪　林　倩
安　童　颜世龙　苟华君　姜玉德　叶　甜　金秀丹
王银平　张婧姝　张　馨　谭华超　尚　丽　高尚尚
肖海虹　刘婷婷　李　军　余欣鑫　何学婷　陈　红
闫明辉　张亚男　王一卓　李德成（春季）

生物医学英语专业2人（春季）

王丽莹　张　熠

医学学士学位401人（含春季毕业生1人）

临床医学专业196人（含春季毕业生1人）

巩皓琳　李思恒　许　多　王　婧　牛建华　刘勤一
苗玉麒　杨博昊　李斯言　刘　钊　张　咪　叶　欣
宋帛伦　李泽华　耿悦航　蒋奕潇　冷方达　刘子轩
李思佳　李映依　杨　姗　郭雪君　任汐鹰　尹　路
王　洋　闫钇岑　王兆伦　莫　然　王竞雪　郑天峰
梁　磊　张泽菲　王子欣　李雨贤　崔　东　魏朴婴
王　婷　唐炳钧　司家章　张于飞　魏姗姗　张　涵
程泽正　林子楹　李宗翰　金蕴怡　曹自强　张　爽
李　腾　黄新绿　王贝宁　王东旭　邓凯鑫　刘东明
续彦婷　张晓岚　李兆悦　任笑天　李文金　赵桉煦
姜迪菲　聂尚姝　林萍萍　周　韵　殷顺媛　廖　玥
苏　林　王斐文　贺　斌　王雨彤　马嘉健　汤玉飞
王颖颖　申宇晓　刘金辰　郑蔚然　程嗣达　王　瑶
刘瑞生　尹志豪　姜金鑫　谢　培　王祺龙　张舒沁
伍庭芳　王　璐　谢　通　殷悦涵　张　铨　吴倩如
廖文奇　杨瀚元　陈　曦　谭哲伦　刘鼙昊　马凌宇
倪乾坤　李长润　马　宁　邬　茜　阎慧凝　陈小锋
毛雨鸽　孟漱石　郭　苇　聂云韬　汪　莎　朱星昀
代睿宁　马利加　王　淇　许　可　朱慕诚　戴　翔
张子宵　苗泽宇　周心宇　洪凡凌　泉　源　廖念西
宋子琪　皇秋莎　赵宇彤　王白成　张苏杰　李永钦
王智雄　鲍雪儿　黄思议　刘宝聪　王　晨　郭鸿宇
龙　泽　唐天一　陈家瑜　张天宇　张　建　崔浩然
智　慧　刘凯琳　刘增义　周　沛　禹　琛　李　超
鲁芊铄　张舒玮　周　鹏　罗　刚　刘杉杉　林　矗
巩师毅　樊梓怡　谷京霖　李文雄　张梦倩　孙素花
于　洲　陶河清　张潇月　吕炜康　张　文　张逸璇
张季蕾　蔡得胜　原　备　尹积鹏　曹　汐　马婧玥
付　嘉　翟浠烨　魏林苇　纪　青　张有余　万　雨
周　晨　陈科源　刘梦苑　李舒扬　季尚蔚　王　伟
张雪阳　朱时雨　黄宇童　邢继尧　葛欣宜　葛佳辰
蔺雨萱　李芙蓉　弓伊宁　马源培　李　彤　董骐源
李　瑶　木叶林·木拉提　麦日排提·阿不力克
赵鸿宇（春季）

预防医学专业80人

朱垚吉　刘　扬　张京舒　张　宁　刘美岑　刘　姜
吴玥娇　钟无限　田　欣　柳京伯　冯宇轩　孟　莹
曾剑英　姚珊珊　周诗源　郭沫凡　赵　澜　彭婷婷
高琰钧　周泽宸　于孟轲　汤猛猛　刘雨宁　秦　勇
李　宁　陈　俏　杨菁菁　李亦斌　曲雪琪　靳丹瑶
刘晓非　王哲斌　王兆年　张俏篪　祁宇泽　陈春屹
毛　帅　邓思危　曾　朗　朱　路　陈云利　谌静宜
吴博浩　苗慧军　贺　鑫　赵岚岚　魏　婧　高　萌

宋 爽	寇鸣昊	谢家磊	赵光义	郭 恺	陈嘉惠	丁梦坤	卢 汉	胡耒豪	姜 淞	王安琪	李若竹
赵经纬	房庚雨	汤文郡	康家伟	李昕怡	吴 瑶	赵 笑	连晓敏	曹 悦	黄丽萍	黄华明	黄 港
温 勃	金楚瑶	李满诗	陈 瑶	付大维	罗飞扬	温 静	张云帆	萧 宁	徐田松	李梦迪	王 玥
罗冬梅	马郡雄	魏玉虾	李淑惠	尹 杨	任梦圆	方 鑫	王 铮	周 易	吕伟佳	杨 晨	李 智
王陶陶	张东旭	潘亚权	孟 陆	王泽敏	吴静依	张胜男	李诗璐	田璧君	任启迪	丁 敏	史佳敏
郑鸿尘	申泽薇					王心雯	揭璧朦	付肖依	吕航苗		

基础医学专业68人

港澳台及留学生获得学士学位54人

医学学士学位54人

牛 瑀	任立伟	于彦秋	杨冠男	李范红	杨永飞
杨建潇	陈 博	余春雨	谢国光	俞双双	夏冯雨
陈莘莹	黄深明	熊云东	白清扬	李如菲	黄杨洋
刘向阳	何舒雅	邹 军	师浩哲	江志同	黄波月
崔宏图	张银连	赵英池	周 喆	羊 鑫	郑明洁
马小龙	龚 泽	程 笑	汪雨晴	张铃杰	杨 珂
王旭冉	周名雅	聂 臣	兰国钰	刘词航	罗创维
刘帅帅	张 群	王雪梅	金嘉琪	成彧宁	陈同生
刘儒昶	李思煜	刘小平	齐雪涛	席婧媛	张泽远
刘天宇	施 展	肖黎明	顾斯萌	刘 昊	闫慧格
代荣波	于佳弘	王琰璞	吴中严	魏天娇	姜 喆
黄 洲	王宇琪				

临床医学专业44人

奥运诺明	张莉莉	徐云泽	一氏英人	湖山俊石	
高桥优好	酒井泽音	黑田爱美	铃木妙实	森 巴	
吴佳萍	梁玉君	陈思吟	郝哈维	孟宰永	全进铉
李文祥	祁丽亚	尹汉秀	李施雅	金瀚拿	张报恩
吴芝沅	王一川	何简涛	何晓霖	牛源源	赖 友
卓灏柏	庄芷榕	黄翊宁	韦 暟	曹华辉	刘雪娇
李泳桦	廖指仪	王申亨	陈雅筑	刘惜承	林羽洁
张恩恩	郭姿兰	许雍棠	谢孟杰		

口腔医学专业58人

吴季霖	张 雯	邹沛辉	贾宽宽	代云飞	陶 畅
黄 莹	张刘陶	张楚人	韩子瑶	叶雨阳	鲁明星
杨 随	王怡平	曾文敏	慕创创	陈浩天	富晓娇
薛盛豪	毛铭馨	房硕博	董 霜	杜长江	盛春辉

口腔医学专业10人

崔泫虎	尹楠锡	朴邵衍	申海智	金曝焕	朴施然
金莹昊	林映霈	黄川真	岳倩儒		

七、医学部2017年毕业、2018年授学士学位名单

口腔医学专业1人

陈 晔

预防医学专业1人

庞海亮

八、医学部2017年结业、2018年换发毕业证书名单

本科结业换发毕业证书授予学位证书8人（含春季毕业生4人）

临床医学专业3人（留学生）

赵叡琳　松本京子　黄柏尧

护理学专业1人

杜 康

药学专业2人（含春季毕业生1人）

赫然·哈斯木（春季）　黄依然（2016年结业）

预防医学专业1人（春季）

唐 楚

生物医学英语专业1人（春季）

丁新月

九、校本部获得双学位及辅修专业证书名单

校本部学生获得双学位证书745人

法学学士学位81人

国际政治专业27人

黄　琳	刘　梁	陆　迪	魏　卓	卜思涵	陈晓旭
冯舒琦	李雪冰	刘展宏	吕江仪	缪倩月	钱其沁
秦若愚	任奕瑾	时菁男	王琦萱	王一鼎	王怡敏
文姝祺	肖吉雅	张若枫	张翊彬	张智尧	郑泽星
郑丞然（留）	佐藤健（留）	邓世轩（留）			

国际政治（国际政治经济学方向）专业17人

郭　宁	许　洋	张　芯	谌皓碧	郭占元	侯芊宇
纪东鸿	田乙豆	王艺遥	武化雨	谢泽中	翟祎雯
张立坤	张童童	张晓桐	周振汉	沈李美慧	

社会学专业35人

李　云	陆　风	彭　玮	秦　瑜	秦　臻	岳　昕
张　翾	陈子逸	段埋郴	方承启	高子牛	顾倍源
郭婉卿	黄慧诗	冀千鹤	贾昊凝	刘德斐	刘小雨
尚用馨	石曜丞	唐艾妮	田丹迪	王嘉鑫	王梦奇
王奕文	王子欣	巫梦洁	项苏楠	余元帅	曾倩怡
张梦茹	张琦楠	张婷鸽	朱嘉懿	祝子建	

外交学专业2人

谢昌立　李施恩（留）

管理学学士学位14人

工商管理（创新创业管理方向）专业14人

孙　浩	陈思宇	高梓峻	贾鸿遥	李心雨	李晨婷
林心宜	柳何栩	刘笑桐	刘兴宇	米登位	宋泽元
许文迪	李静爱（留）				

经济学学士学位414人

经济学专业414人

白　玲	薄　童	曹　星	陈　成	陈　琳	陈　鹏
陈　陶	陈　勇	丁　卉	董　榕	冯　春	封　凡
甘　坦	韩　霄	韩　旭	黄　鹏	姜　琪	金　越
赖　婷	李　昂	李　东	李　丰	李　帅	李　恬
李　翔	李　颖	林　楠	刘　灿	刘　弢	刘　颖
刘　洲	刘　晟	罗　毅	马　乐	毛　威	孟　奇
彭　超	彭　欣	彭　悦	秦　琳	秦　玥	任　晋
任　玲	沈　晟	王　丹	王　浩	王　溥	王　册
王　馨	汪　远	王　玥	魏　来	吴　萌	夏　坤
肖　灵	谢　巍	谢　雪	熊　韦	许　姜	徐　郡
徐　蕾	徐　述	杨　凌	杨　露	杨　宁	杨　旭
姚　睿	喻　佳	俞　婕	于　鹏	曾　炯	曾　量
张　荷	张　亮	张　翼	张　祎	张　瑜	张　越
赵　锴	赵　坤	赵　旭	赵　越	周　杰	朱　婷
白梦灵	白沅鹭	白子轩	毕乘乾	曹林菁	曹　馨月
曹毓书	曹子颖	常丹琪	陈安琪	陈博涵	陈博闻
陈楚晗	谌东伟	陈冠鹏	陈海燕	陈航通	陈俊廷
陈舒萍	陈伊荻	陈一茹	陈月明	陈煜楠	陈志男
陈之殷	陈卓涛	陈紫虞	程明皓	邓灵敏	邓松宁
邓翔天	邓又铭	邓宇昊	邸昊然	丁天宇	董陈杰
董舒心	董英伟	杜锦超	段鉴书	段陶然	樊仁敬
范思远	范晓璐	符安之	付炳润	付佳玉	符雪纯
符张纯	高经纬	高湛凝	葛天雨	龚哲浩	谷昊铖
顾苇亭	郭金鑫	郭润晨	郭声霖	郭文君	郭　鑫星
郭阳观	郭奕佶	韩宜晴	韩子程	郝韵珊	何健榕
何俊德	何珺瑶	洪佳韵	胡斌祺	胡佳典	胡可君
胡梦雪	胡敏喆	胡乔雪	胡亚洁	胡怡帆	胡玉颖
胡正琛	黄尧胜	黄佳旺	黄露莹	黄如许	黄思嘉
黄天宇	黄展豪	黄子川	霍煜琨	贾茗凯	菅艺伟
蒋丹凝	焦梦菲	焦祎凡	赖纪瑶	赖坤元	李常健
李澄一	李冠淳	李昊政	李佳颖	李嘉宇	李芃礼
李瑞鹏	李瑞雪	李向荣	李笑含	李晓蒙	李星辰
李欣遥	李昕宇	李垚纬	李一鸣	黎一鸣	李宇星
李臻超	李子沫	梁宝月	梁浩然	梁新意	梁致源
林梦瑶	林小暖	凌春阳	刘超飞	刘驰洲	刘德明
刘芳宁	刘福洋	刘佳凡	刘利柯	刘名再	刘沛婧
刘沁哲	刘秋实	刘世琪	刘朔岑	刘松瑞	刘昱宏
刘之诚	刘子华	陆怀希	卢嘉威	陆金磊	吕瑜婷
吕凯晨	马晨一	马若凡	马思源	马伟恩	马一丹
毛升平	毛沈艺	孟珈民	孟丽婷	蒙亭伊	孟夏伊
牟雯瑶	潘靓慧	彭桂蓉	彭涵洋	彭思源	彭骁湘
彭晓韵	彭玉环	彭志斌	齐浩楠	亓浩然	乔诗钦
裘蓉蓉	阙涵宇	任雅菲	戎思蘅	陕思宇	尚昊成
沈卓韵	盛姜月	史方正	施明宇	施一泓	舒亚若
斯姝华	宋明真	宋生升	宋婉玲	苏林璐	苏瑞冰
孙克乙	孙铭馗	田林鑫	田蔓菁	佟金恒	童天丽
涂仕涛	汪媛媛	王碧佳	王博文	王海滨	王海霄
王家超	王浚栩	王旷辰	王李鹏	王路凝	王梅梅
王牧良	汪其霖	王琪瑶	王瑞琪	王润萌	王斯立
王思琪	王思雨	王琬莹	王伟川	王笑予	王歆赜

汪芯竹	王一明	王逸颖	王泽奇	王泽宇	王朕铎
王舟飏	王子超	尉方音	魏思仪	温华翼	文家豪
吴葆春	吴嘉亨	吴婧一	吴林佳	吴诗慧	吴婉金
武心依	吴逸夫	吴尹君	席可颂	席琪婧	夏方波
夏咏嘉	许华轩	徐慧敏	徐仕佳	许文菲	徐星宇
许鑫杰	徐晔楠	许一鸣	薛岩青	严澄峰	燕国智
杨蓓斯	杨浩天	杨鹤逸	杨嘉仪	杨李佳	杨闰晴
杨少栋	杨亦晨	杨宇静	杨泽毅	杨珠珠	杨祖睿
姚昕言	叶恺昱	叶田恬	尹子尤	于国帅	于海莹
余今朝	余启航	于天旻	余鑫甜	于永达	袁东筱
袁旋宇	岳珈丞	张安迎	章宸月	张宏璟	张华英
张家诚	张昆贤	张曼曼	张穆清	张仕锦	张伟力
张晓华	张欣怡	张宇航	张雨欣	张子骄	张子筠
赵辰宇	赵贺怡	赵江宇	赵嘉云	赵鹏程	赵颂歌
赵弋斐	赵颖珊	赵钰浓	郑嘉睿	郑楠舰	郑雅文
郑钥方	郑韵含	周佳慧	周劲松	周竞宇	周思吉
周心怡	周昱杉	周泽瑞	周子莹	朱江成	朱镜榆
朱梦圆	朱敏帆	朱珊珊	朱笑芸	朱亚洲	朱子琳
邹昊霖	邹史超	杨杨冬琪	金佑永（留）	陈 璐（留）	
阿斯拉依·巴合提别克					

理学学士学位 155 人

计算机科学与技术专业 21 人

贺 衍	陆 畅	钱 丰	白浩东	曹睿枭	陈德里
陈乐天	杜世康	龚成玥	郭 江	胡顺昕	黄殊晏
李正一	刘倩莹	刘齐家	马赢超	仇立松	叶亚杰
张浩然	张向辉	朱嘉鑫			

生物科学专业 3 人

|贺 勇|李敬尧|武桐玥|

数学与应用数学专业 86 人

白 珂	白 琰	陈 龙	龚 莉	郭 赫	贺 琰
李 琳	李 响	李 想	刘 源	唐 韬	万 昆
谢 忱	修 忆	袁 宝	张 弛	张 宁	毕新宇
柴闫明	陈世祺	陈兴炎	陈跃毅	蔡纪龙	狄伊烜
狄则徐	董吉洋	杜宜学	傅小勇	付振泽	何佳裔
何致远	户俊鹏	黄静贤	黄思川	黄司昊	黄一泓
李任平	李思佳	李修贤	李彦锟	李逸恺	李钰馨
刘婧滢	刘馨雅	刘子加	卢思奇	毛书南	邱昕瑶
邵建隆	沈一航	宋永前	孙雯倩	谭子键	王海峰
王梦笛	王孟儒	王梦瑶	王棋明	王清杉	王星程
王亚南	王禹石	王梓馨	卫同基	温林丰	吴宏毅
吴锐恒	谢潘宜	谢亦桢	徐名琛	晏子清	杨昌儒
杨礼萌	杨明钰	姚绪增	余泓烨	曾皓原	张梦晓
张雅洁	张亦康	赵艺轩	周一航	周子昂	庄泽浩
刘周泽蕊	欧阳萌凇				

物理学专业 3 人

|陈 喆|姜杰东|罗世行|

心理学专业 42 人

常 颖	丁 榕	梁 爽	刘 楠	苏 杭	王 屏
王 越	袁 璐	张 雍	张 玥	周 航	卓 越
安佳鑫	陈仁靖	丛孟晗	代卓越	邓卓元	胡雅晴
黄雅冰	李春江	李金珂	李乐怡	梁昌豪	逯万鹏
聂靖昕	彭荣熙	彭思皓	齐思涵	秦加航	王诗莹
王思懿	王云龙	王照宇	谢佳明	熊锦妍	徐子轩
杨启祺	杨文轩	张竞一	张雅忆	郑昕宜	朱珠娜尔

历史学学士学位 16 人

历史学专业 16 人

柴 腾	李 澳	李 瑞	吴 谆	向 林	张 月
李凯悦	梁方仪	王利平	余天瑞	于子钰	袁晨悦
曾必瑜	张守玉	周宇彤	邹海宁		

文学学士学位 30 人

汉语言文学专业 30 人

姜 来	江 南	钱 华	夏 玥	徐 曼	周 歆
艾宇熙	龚翰文	宫瑞龙	管文韬	李晨希	李鹏程
李岩昊	李嫣然	李越儿	林心悦	缪劲松	宋丹丹
田一杰	王欣欣	吴呈杰	毋泽鹏	向秋菊	谢弘昕
杨舒涵	余之一	曾颖青	张武豪	张馨文	朱明静

艺术学学士学位 25 人

艺术史论专业 25 人

曹 远	陈 骁	王 宇	张 琳	郑 琪	白礼晴
丛泽平	郭佳佩	胡之洲	李佳仪	马紫钰	明淳露
彭家苑	王传竣	汪嘉倩	王乾宇	王诗雨	吴乐冰
席雅卿	谢昀廷	杨舒皓	姚思羽	张慧琳	
艾克丹·艾尼瓦尔	仙都哈西·阿斯哈尔				

哲学学士学位 10 人

哲学专业 10 人

陈 博	李 洋	吴 悠	杨 坤	黄羽婷	金雨萌
潘风畅	王雨珊	熊成帅	郑君仪		

早稻田大学项目获得双学位证书 20 人

法学学士学位 20 人

国际政治专业 20 人

|李钟律|张嬿真|柳东辉|寺田康贵|鸭野真帆|

末永君慧　户口章平　安常佑　　高岛方达　高桥豪
菊田润二　吉川雄太　东绮倍　　形部友哉　棚村友词
李珮烨　　朴哲秀　　小野田纮之　川内丸未和　山田晃太郎

外校学生在校本部获得双学位证书177人

经济学学士学位177人

经济学专业177人

陈　铖　陈　聪　陈　曲　程　翔　丁　宁　段　垚
高　旭　高　源　龚　辉　郝　旭　何　怡　胡　杰
李　昊　李　桐　李　阳　李　怡　李　颖　李　妤
刘　冲　刘　莹　卢　依　潘　斌　孙　妍　王　单
王　晖　王　沈　王　颖　文　婧　翁　杨　武　辉
谢　鹏　徐　赫　徐　翲　徐　特　徐　阳　杨　静
姚　宇　叶　枫　伊　珊　俞　畅　于　超　曾　妮
张　安　张　琪　张　生　甄　妮　郑　岚　朱　珂
白敬锋　柏正奇　常宇豪　车碧轩　陈安琪　陈博文
陈世臻　陈伟榕　陈馨怡　陈忆馨　陈子豪　程雨涵
仇楚钧　戴嘉祺　戴亚奇　丁立萍　董逸韬　段宛辰
范天宇　冯雅璐　高鹏宇　龚曼佳　管悦涵　郭梦璐
郭智雯　韩培东　侯时雨　胡秋月　胡艺鸽　黄河清
黄虹霄　黄珈颖　黄羚峰　黄彦钦　黄子瀚　纪子钰
贾超颖　贾吉龙　贾泽坤　江鸿震　蒋旌帅　姜蔚蔚
蒋煜卿　金泽慧　康子啸　李锐熙　李思然　梁馨予
廖振晔　刘璐璐　刘明月　刘庆丰　刘诗阳　刘湘婷
刘旭桐　刘子宇　龙梦竹　陆琛宇　陆俊如　罗大韧
罗筱林　罗韵晨　聂榕序　欧阳喆　庞宇杰　彭丹蕾
邱安安　曲家增　屈一军　任亚辉　沈家全　沈稚乐
施知睿　孙少艾　孙曦萌　王好好　王吉明　王进卓
王可昕　王焜腾　王芊越　王润昊　王诗博　王爽达
王添翼　汪文强　王玺坤　王雅栋　王义峰　王祎阳
王月君　王则衡　魏嘉颐　吴奇多　吴尚明　吴晓玲
邬云鹏　吴紫怡　肖晓越　熊建文　许辰璋　徐浩然
许泽宇　徐子璇　杨静茹　杨振辉　臧子明　张浩波
张昊群　张竞霜　张静雯　张乐尧　张璐瑶　张琦杭
张润丰　张天白　张文隽　张馨月　张亚坤　张悦枫
张宇涵　赵君怡　赵雪影　赵耀民　赵泽宇　赵泽宇
郑天予　周舒玥　周甜甜

校本部学生获得辅修专业证书131人

波斯语专业1人
李典易

德语专业6人
樊福新　黄宜铖　毛　雯　涂琬洋　张冬雪　赵　晨

地质学专业1人
李能韬

法语专业11人
曹　源　丁　璐　符　悦　黄颂祺　李　恬　罗佩珊
罗荣波　毛士奇　吴俞阳　萧语涵　张　晨

工商管理专业（创新创业管理方向）专业4人
符　尧　高　畅　邬楚钰　赵信祐

国际政治专业4人
李许源　刘永成　欧阳妤璐　王子怡

汉语言文学专业8人
安　琪　陈则尧　冯艳艳　龚若晴　侯思源　李汪洋
陆　杰　张　驰

计算机科学与技术专业14人
陈一潇　丁　瀚　鄂潇原　伏贵荣　龚旭日　黄泽瑞
寇雨婷　兰云飞　汪懿洲　吴楚川　肖　威　杨　川
杨周剑云　章　昕

经济学专业29人
陈奋龙　樊乃嘉　高　俊　关玉烁　黄　甜　贾宝雄
江鉴玲　李丹阳　刘素素　刘曦廷　柳美娜　罗俊杰
牛泽昊　谭　璐　王继武　王建平　王军霞　王笑楠
王宇晗　韦　彤　肖　瑶　辛　苑　许子平　杨　迪
由人文　于　娜　张博宇　周子青　朱洮辰

历史学专业4人
郭涛涛　萧歆怡（留）　张浙航　张紫剑

日语专业10人
杜思佳　耿　奇　郭诗诗　韩　露　黄舒婷　李贺楠
沈弈寒　田　玥　汪以旻　王蓄锐

社会学专业1人
李　怡

数学与应用数学专业16人
董奕辰　方旭旸　耿慧敏　韩清扬　郝俞植　何臻智
李岳钊　刘芮博　龙卓青　欧阳旭峰　王卓隽　吴岑琛
张锦源　张开元　钟金吾　周琪玮

物理学专业1人
郎劲童

心理学专业11人
高　思　焦浩洋　李卓琳　美热义·赛尔江　聂冠华
王佳琪　王明珠　王天予　肖　彤　余志红　张逸舟

艺术史论专业6人
何凌云　李佳怡　孟令宜　田晓田　张琦英　张　馨

哲学专业4人
陈天一　刘　今　王文超　王远平

十、医学部学生在校本部获得双学位及辅修专业证书名单

医学部学生获得双学位证书 154 人

法学学士学位 4 人

社会学专业 4 人

刘　扬　　杨淞淳　　朱垚吉　　麦日排提·阿不力克木

管理学学士学位 2 人

工商管理（创新创业管理方向）专业 2 人

秦　川　　周诗源

经济学学士学位 92 人

经济学专业 92 人

常　坤	陈　红	邓　振	高　唯	郭　恺	贺　鑫
李　芮	刘　淙	刘　曼	全　芳	宋　爽	田　欣
王　茹	王　宇	魏　霞	徐　翔	尹　杨	袁　梦
张　晨	张　涵	张　楠	赵　静	蔡冠星	曹自强
陈同生	陈云利	程秋霞	戴偏玥	邓思危	丁新月
冯宇轩	荀华君	韩壶壶	何溟波	皇秋莎	加焱冰
金秀丹	李柄桦	李明慧	李润政	李亦斌	李玥璇
李卓越	廖美霞	刘加欧	刘美芩	刘思沫	刘天宇
刘欣越	刘雨宁	刘云梦	罗冬梅	罗飞扬	吕锦添
苗慧军	倪冰玉	倪乾坤	彭婷婷	祁宇泽	覃德清
沈威宇	宋佳芳	唐项涛	王晨阳	王东旭	王雨濛
肖海虹	肖黎明	谢国光	谢威富	徐田松	薛盛豪
薛雨晴	杨鸿滔	杨菁菁	杨晓爽	殷顺媛	于佳弘
于孟轲	余欣鑫	曾剑英	张美娜	张苏杰	张晓岚
张学红	张泽恺	赵金山	钟无限	周若婧	周逸儒
朱雨桐	叶林·木拉提				

理学学士学位 41 人

生物科学专业 1 人

王翰轩

数学与应用数学专业 18 人

温　勃	曾　朗	陈嘉惠	杜佳聪	黄振城	李术凯
柳京伯	刘晓非	申舒廷	汤文郡	魏绍鹏	吴天昊
谢文军	谢豫豪	姚珊珊	余春雨	张腾瑞	邹旭光

物理学专业 1 人

黄宇亮

心理学专业 21 人

高　萌	张　宁	张　琦	张　欣	陈春屹	郭冠辰
李妞妞	李思恒	李昕怡	刘勤一	陆薪莲	马婧玥
马源培	申泽薇	王玉洁	伍庭芳	于昕洋	张京舒
赵光义	赵岚岚	赵怡然			

历史学学士学位 6 人

历史学专业 6 人

李　宁　　寇鸣昊　　李范红　　李淑惠　　肖烨翡　　张临希

文学学士学位 7 人

汉语言文学专业 7 人

谢　钰　　郝晋伟　　刘小平　　刘心怡　　王宇琪　　吴静依
张舒玮

艺术学学士学位 2 人

艺术史论专业 2 人

叶　甜　　李智宇

医学部学生获得辅修专业证书 23 人

德语专业 4 人

毛雨鸽　　王　玥　　张梦倩　　周　鹏

地质学专业 1 人

房庚雨

法语专业 1 人

陈小锋

工商管理（创新创业管理方向）专业 1 人

朱　路

国际政治专业 1 人

林　倩

汉语言文学专业 2 人

陈　萍　　唐诚尧

经济学专业 5 人

陈　娇　　胡克新　　刘增义　　龙靖淼　　邹　悦

历史学专业 3 人

胡云天　　王　宇　　张铃亚

数学与应用数学专业1人		心理学专业3人
李博伦		杨　扬　张　群　邹沛辉
微电子科学与工程专业1人		（教务部）
赵博轩		

研究生毕业生名单

毕业硕士生名单

数学科学学院

涂代源　王垚犇　杨恒龙　肖泰洪　商世杰　刘璐曦
付建婷　陈佳杰　张瀚文　王　欣　刘　璐　何爱玲
刘碧铎　彭　博　王奇超　田思达　曾　鑫　张茜茜
焦骏鹏　邱日明　洪佳鹏　邓　傲　胡润杰　吴　极
潘　昊　陈鹭鹏　陈　康　黄　晨　雷子涵　隆璐帆
邸睿达　吴晨晖　王　欣　陈思羽　曹　洋　姜宰栋
张乐涛　夏　凡　肖　骁　詹雅婷　孙溪曼　卢思佳
郑一荻　韩　晳　张婧颖　齐晓龙　谢丽娜　池兆欣
张　扬　贾　亮　张鸿铭　黄婉晶　尹伯亚　禹皓博
冯世佃　柳红亮　郑明明　周逸云　郝文学　郑云溢
杜博遥　于从从　张　希　周　游　林杰胜　唐涌翔
汪　湛　周忍俊　杨柳绦　陈春滔　沈梦瑞　杜承宇
李鹏辉　邢　阳　高　超　南金汐　马　婧　张　涵
颜　彬　董宇宸　刘兆怡　颜　涵　张嘉宜　肖诗怡
胡展培　卓　鑫　谷青春　汪子冲　任镜桥　李冠楠
徐　楠　龚熙雄　兰　添　马　磊　吴俊吉　陈　鑫
陈志茹　谢凌男

物理学院

周　易　高　伟　谭敬丰　杜智远　司尚禹　王士博
姚　杰　刘宇丹　郑舒文　崔震崴　何少坤　黄　超
左致玮　刘双龙　孙绍辉　陈新涛　薛兴泰　薛宇航
张若曦　吴嘉瑞　乔　颢　白贤正　周德军　张志温
陈　倩　叶冯俊　冷长志　赖有方　唐晓静　温佳美
李英强　袁　影　刘梦云　刘　明

化学与分子工程学院

黄　山　赵　晓　黄芙蓉　卜佩璇　金　欣　王方元
许晓锐

生命科学学院

孟宇琦　吴绍函　刘仁路　常子烨　王　扬　于　洋
李　沁　张轶伟　马春萌

地球与空间科学学院

刘　杨　孙　鹏　马宇岩　刘天时　曹　鹏　孙　鹰
金　续　王环环　詹朝晖　郑　淼　刘　菊　宋　超
张　凯　朱逸馨　孙晓宇　刘　旻　商　姗　王雯夫
张　慧　韩凯莉　杨金福　赵　炜　黄亦磊　刘思叶
宋子豪　陈　聪　付昌鸿　姜　文　何　勇　王　喆
师俊峰　周恩波　张萌丹　周叶骏　晏艺真　于　杰
张　楠　王　霄　贠晓瑞　刘　典　谭　宇　齐澄宇
刘偌麟　崔　瑜　庞　菲　蔡振宇　徐劭懿　袁　帅
王世超　王　凯　汪晓楠　周思杰　陈惠昌　孟楚洁
甘立胜　高仁强　柴智鹏　程　静　柯子博　王明粲
蔡永川　马文婷　崔丛越　王义武　吴春霖　赵　晔
郎需辉　齐程元　杨再巧　马海全　陈　涛

心理学系

李希琳　李天晴　陈悦悌　张吉远　冯富荣　薛巧凤
陈凌虹　邱丽容　刘树榆　刘启烁　李　飞　韩扬眉
吴　双　张　驰　陈丽君　欧颖茵　魏　祺　俞晨芳
张　晔　吴　汉　王一丹　缑梦克　李晓杰　郭小迪
唐　潮　赵　爽　王　惟　黎玮轩　赵星楠　张伊汀
吕美祯　石沐畦　牛长菁　范穹宇　刘丁睿　宋　琦
吴　薇　鞠金洋　裴欢昌　林丽清　李孟君　吴　桐
张梦洁　周晨琛　任红旭　唐文杰　杨安琪　何欣露
刘富丽　田　琳　龚云清　刘　婷　刘斌砚　牟惊雷
王雅琦　谷静阳　温　旭　毕宇晴　宋晓玉　孔苏玮

软件与微电子学院

周鸿博　张骏宇　吴玠志　杨　哲　许嘉安　钟毅军
高廷瑄　杨　贺　李颖华　王勤晓　马　群　卢　旻
边　杰　贾　琼　徐宥安　王鑫宇　宗超杰　刘永晴
李　超　苏　阳　黄景怡　陈　纯　何　芸　李　尚
余　瑶　范　伟　丁　楠　林易霆　张守一　尹航飞
张　鹏　邱　源　胡　杰　龚芯沂　谢亚廷　赵宽居
何宗智　林暐智　陈亚辉　王　晨　杨明哲　赖红珍
张胜军　李宏强　周　航　何　威　刘　强　岳贯集
陈才源　岳　阳　濮阳天　廖宁林　余明霞　汪腾野

李崇玮	贺超毅	钱雪婷	谢义泓	曾伊蕾	马　璇	李　莉	姚　尧	谢　峰	李士迪	冯　燚	赵　虎
王耀亚	刘　扬	杨沐易	郭凌云	植天宇	戴晓静	张　磊	万泽宇	涂　梦	宋雅雯	冯　洋	朱思敏
唐菲雪	邱玉钦	王子心	陈若薇	郑　薇	黄汉煜	原利鹏	游　涛	吴子强	章余林	李永赫	陆　洋
丁永伟	刘　凯	赵　东	周晓霜	张大明	梁学聪	陈曾华	黄凯凯	盛意林	贾修毅	刘　洋	王　哲
李梅娟	杜梅一	帅远华	谭　园	李泽铭	仝智勇	王　顾	常鹏媛	刘亚迪	巫思杏	完欣玥	冯伟伦
桑亚东	杨宇宁	孟瑶玥	林凤怡	唐敬之	刚占慧	秦　鋆	吴建億	刘　泽	张晓娜	王哲慧	马凯强
高静怡	李言言	阎进文	过　正	董　雪	彭勤学	陈伯章	张　璐	张耀元	方一凡	李逍祥	赵栖泽
马培洲	舒星皓	姚信宇	戴函彤	王振鹏	吴碧薇	徐超越	梁春令	郭冠利	戈　扬	王淑惠	谭子珞
罗仁豪	林　奋	刘书元	刘　璐	王凯莉	吴丽曼	王　超	阎明洲	张伟超	刘若愚	宁旭冉	刘曲文
刘力岩	赵偲涵	陈佳慧	段　然	郑隽聿	李海涛	邹　瑞	田晓刚	林　畅	万梦玉	张凯云	张　璐
欧阳新荣	张付文	王陆宇	冯新宇	王伟男	刘彬彬	宋行明	李慧敏	彭俊伟	肖云峰	朱　统	郭耀文
张　鹏	王一博	李金哲	王英智	陈泓君	郭峻廷	白　洋	黎浩然	张　磊	孙建华	李佳佳	孙沛鑫
王春东	高志锋	徐荣涛	何　强	邹勇杰	赖祺清	刘天宇	许加佳	桑海静	胡艺伟	张群朋	刘　君
吴思航	陈银恺	吴　琼	林文杰	钟梦俐	黄家奇	白云鹤	吴秉宸	欧阳纯	林泽嫩	闻征涛	尚　丹
霍凯月	王亚薇	于　婵	丁泽武	刘昱伶	刘世泽	罗　霄	侯昌梦	石化顺	董　荻	陈俊文	李　贺
贾春燕	曹宇阳	郭莉莉	李安锴	李　威	黄志达	罗凌子	荣　豪	孟凯悦	胡先军	刘艺霞	曹圣明
黄耀毅	任　旭	赵浩新	谭紫蝶	辛　颖	彭正宇	尤　冲	高　参	谷　涓	杨雪松	陈玟君	刘博文
徐靖凯	刘　浩	陈　颖	吴玄元	邱玄伟	曹　鑫	陈建铭	韩泽洋	徐丹萍	李　晟	曾　超	杨　璨
翁　健	赖　涛	候转转	李　阳	宋雪羽	杨宗睿	翟金颖	江振滔	张亚通	于程程	陈松颖	冯　征
石雪莲	蒋　也	文　雯	杨月洁	余凌菲	陈航航	赵　烜	王奕超	郝建勇	颜　瑞	吴　丹	邱德威
陈锦培	沈六一	熊知凡	谷　欣	郑　磊	牛江盼	陶永纲	赵　波	孔　润	叶振旭	华传洲	李志华
林佑禧	尚　琨	肖小兵	张定发	杨　淳	李　婧	周志奋	黄　颉	原寅娇	迟蕊沂	冷春雨	唐方凯
袁　琳	高耀坤	衣天旭	徐翊榕	钟沁芳	谢　亮	余　康	陈碧璇	曹赟程	廖立楷	刘毅鹏	银　萍
黄涵宇	宣梦雨	陈靖野	徐　腾	余明凯	薛周鹏	罗博文	牟秋洁	张朝卫	姬月华	郑胜群	王洁若
李仕聪	钱克苍	贾世琳	马　婧	陈俊熹	刘芳兵	庞华丽	刘　留	马宏达	舒　心	吕丛锁	李智博
刘玥杉	汤亚玮	邱鸿淼	崔倩莹	杨永帅	田　青	陈　尧	孙智鹏	刘新星	于勤思	胡云川	张启东
刘京京	黄　健	赵华夏	刘　辉	徐　航	吴汉翔	孙　彬	章　伟	闫晓丽	汪恩同	陈　楠	徐嫚君
唐弘毅	罗思琦	汪祉良	宫翠峰	蓝琰佳	张耀伟	张　宇	杨　晓	冯辰翔	饶珮芸	邓中洋	李佳虹
刘阳阳	唐嘉良	张靖翎	黄翊轩	吕家庆	郭元歆	周业胜	李文婷	付筱嵛	赵建斌	郭　岩	黄亚华
郑明磊	王兴龙	秦　楠	冯继恩	黄琬甯	刘　永	孟祥哲	張伶仔	刘倩琦	梁　彪	同二鹏	赵小川
邓　杰	胡　煌	付　鲲	童岚涛	张书豪	喻思远	张江南	刘昱含	程　权	夏　延	华希希	周妍玲
刘悦颜	姜　昊	丁　然	秦川雨	邵甲坤	张　弛	徐　鑫	潘启慧	陈宏业	李明明	吴庆祥	李　婧
丁一凡	谢云腾	韩　笑	杨　超	唐小媚	任建新	胡炎辉	高　歌	韩　秋	王欣悦	梁景熙	程　杰
刘相兰	范小烨	张　湧	李　娜	李　贺	戴晶晶	韩　进	王标悦	顾思雅	朱铭健	田泽文	郑雅容
王永立	陈庆平	彭　晨	李建锋	唐珂欣	白鹤松	严　彬	蔡宗强	姚慧敏	甘　泽	陈善浩	孔祥稀
王　晶	李爱铃	衡昱帆	段伟帝	赵泽江	林国森	曹天元	董　利	苏新嵋	张玉灶	李健源	陈计云
陈雅宸	林雄辉	崔　华	邵晨阳	马嘉桧	莊翌聖	李存伟	李小璐	徐成刚	胡利奎	黄义珊	李忆秋
张　晗	李田田	翁　霖	丛睿娇	汪佳歆	乌天骄	姚　远	程志强	易欣欣	赵恩辉	黄怿晟	杨思佳
许芳芳	張宥凱	魏烙颖	黄朝镇	高鸿宾	柳　豹	司方豪	罗永鸿	成莉婧	胡　翼	张颐宗	李　伟
韩旭雯	普筱越	杨　池	王可颖	陈愉快	周　浪	李佳音	金　乾	刘严鸿	雷文雨	崔迎迎	王君妍
吕逢娇	闫晓宁	闫晓靖	李海林	刘　昊	魏啸亮	胡婉莉	朱鹏程	苏大达	冯砚博	曾凡杰	张玉英
夏雄尉	胡光洲	蔡侑宸	刘　翀	马晓波	张记袁	任师攀	罗锦文	郑黎明	李诗瑶	刘亚雄	石　斌
彭立彬	王　炜	曹　轲	曾　灏	陈雪君	董　志	孟玮天	吴鸿胎	屠晨峰	赵侦蓉	于　卓	李世馨
杨　梦	潘依南	陈士海	陆洁权	刘亚锋	于昌和	和　喆	闫　森	魏钊旸	隋春宁	朱闪闪	杨成郎杰
谢年韬	赫嘉欢	汪华杰	黄爽爽	王康瑾	杨　彬	李立敏	宋传江	曹　威	刘伊琳	吴　辉	王文杰
王　喆	滕佳乐	艾艳芳	张　然	曹露阳	刘　璐	马　腾	馬依蓮	张　璐	张羽翔	马熠东	周晓明

尹　雨	林梓涵	林意洋	林少杰	韩松澄	屈中山	陈婧修	陈依琳	王　晶	邹非池	樵馨蕊	李松阳
陈嘉云	丁伟杰	王天云	王　志	杨佳文	刘佳颖	杨鹏宇	何　康	章亿安	谢依伊	黄天翊	丘松鹤
孙　晴	李　欣	梁　爽	阎泽群	何岳翰	胡伟佳	孙曦萌	于　策	郭三娟	安妮娜	刘思源	黄青岩
汤　炀	刘珈池	陈　斌	冯　杰	张　楠	高翮然	高海彦	汪　淼				

新闻与传播学院

哲学系（宗教学系）

赵天舒	许　诺	肖　岚	李金昱	曹慧瑜	魏文韬	林　芳	孙海科	张婉青	董　皓	阮汉樑	卢洛天
陈　沫	曲　韵	布尔兰·阿布勒哈孜		段慧琳	刘　烨	王亚凤	方凯成	李　丹	张琬容	刘纪琪	李伟伟
纪乃琰	李　晴	孙　欣	安晶丹	付　涵	陈文汇	王子剑	毛蕊洁	依丽娜	马兰蕊	孟雨桐	董思伽
吕斐洋	卢南峰	马蕴瑶	潘力军	贾宸琰	卢　敏	李晗雪	罗双双	韩慧云	马森棋	陈逸然	秦皖梅
胡冬梅	张示璇	柯冠鑫	张梦媛	谭东方	刘馨宜	杨广泽	王晓旭	赵真泽	强文玥	张　齐	段　锐
陆　辰	姚　源	蒋齐光	杨若兰	唐国荣	唐筱杰	刘欣蔚	左冠英	张月青	江之韵	朱思婧	邱信翰
赵　丹	王登丰	杨文轶	许哲淇	马丽娟	张鑿一	吕　立	苏兴池	佟欣妍	虎嘉瑞	王冠军	焦崇伟
魏丹阳	周　煜	崔晨枫	王明枭	宋子节	吴心怡	王冠霖	张　荷	周淳钧	王　悦	岳圣豪	徐　羽
钱伟玲	李　冰	魏岐如	张　蕊	吴　鑫	徐书馨	柳　帅					
兑妍樺	杨　柳	王　阳	曹　祯	韩　旭	王雨萱						

国际关系学院

邓驰旻	杨　杉	林苗苗	赵　冰	李晓瑶	王　颖	周玫琳	路婉楠	甘楚巾	马　婕	陈冠维	田　琳
赵志慈	吴佳倢	王龙啸	孙瑜淼	张　晨	刘雨哲	黄玉莹	王丹逸	胡康琪	陈剑煜	李卓尔	李矛宁
杨　赞	刘成硕	于蒙琦	王明慧	张晓宇	李思靓	刘念鸿	刘　茹	韦冲霄	王浩丞	李少文	杨黎泽
季佳歆	肖楚璇	童淑婷				王珈玥	赵同慧	景丹阳	王浩臣	章一柳	郭　澜

中国语言文学系

						蔡雨晴	尚逸峰	刘　昕	郑晴云	李婷婷	陈正楠
阎国栋	马可翘	潘治衡	丁程辉	彭　渤	方一君	耿炎焱	夏雨佳	程浩然	成泽东	尹兴运	张俊威
尹常乐	王煜婕	孙巧智	咸慧洁	文若暄	刘　倩	吕圆圆	施润茜	杨芷宁	李　恒	周晓丽	徐　可
岳　灵	夏　雪	张明瑟	李　喆	曾志明	武　顿	吴诗卉	黎广志	陈莹莹	陈郁婷	甘　甜	
刘　伟	高幼丰	程珊珊	吴玫瑾	盛立言	陈嘉琳	阿迪力江·阿卜杜萨拉木		史翔坤	闫盈盈	范佳睿
李　涛	林悠然	邓双军	赵　月	向筱路	赵　贤	辛诗旸	杨　旸	左容容	阎兴陵	梁筱璇	熊文雪
丁文静	张鹏瀚	魏胜昆	崔叶子	勾彦岌	李　派	程梦圆	洪　叶	刘　婕	杨宜欣	计明洲	苑子豪
张　凡	樊佳燕	董　瑶	蔡谨竹	王亭钧	高国丽	梁　轩	张弋诏	邓志军	吕　楠	谢　薇	林　玥
毛锦旖	杨　芳	王志浩	孙　珺	张小玲	王　璐	罗　列	刘庆龙	张建立	马　媛	杨晟子	张景铖
张　帅	李举创	王萧依	胡明哲	郑佳琳	张　彧	董聪利	阿依别克·阿斯哈尔		马　千	李燕徽	闪　睿
殷婉莹	唐姤嘉	杨　宸	王梦皎	魏久乔	宋　爽	王大林	秦晶晶	刘晏端	张　雪	凌　凤	曾文洁
孙雅馨	刘家玮	赵一鹤	张梦婕	王登鑫	马　琳	李晓鹏	杨冰竹	李　萌	刘真一	崔　杰	陈冠霖
王心谨	吴　比	王瑞扬	肖晨露	王思萌	李　珣	黄钇淼	吴珊珊	韩　赫			
王　珺	王君竹	杨采晨	王博雅	王瀚慧	沈婧楚						

经济学院

张　林	庄晓莉	杨玉婷	陈华晓	徐慧瑶	王　鑫	邹　舜	汪欣怡	齐鹏飞	康倬群	孙　宇	梁凤洁
彭笑笑	黄绮丽	项　蕾	章紫璇	李　夏	吴悦慈	谢　杰	晏珅熔	白　露	马皓喆	漆岳晖	侯明威
朱启明	高　源	张文倩	刘　佳	郝子涓	陈思宏	张中弛	轩兴埜	刘子琰	高　鸣	柳　林	谢丽燕
巩　俐	俞培源	孟纹凤	林湘瑜	王知非	郭书妤	曹钰宁	杨　顿	章　森	孙琪松	常丁凡	林建霖
秦　雪	刘一凡	钱宇航	王云超	宋美霖		文　景	樊千瑜	王若愚	谌泽昊	屈海滨	杨　尊

历史学系

						周岱岳	任　淦	钟世翔	税诗皓	王国信	陈宁静
孔　洋	岳昕灿	张照阳	屠含章	林世培	伍智东	李　曦	薛京欣	陈皇旅	刘旺琳	兰佳雨	李玉婷
杨雅婷	赵玉骏	路子正	徐小建	林烨轩	干润森	吴贤隆	孙瑄梓	何思思	杨　欢	唐奕波	宫　颖
蒋四伟	张雪禾	杨泽江	赵　茜	郭欣韵	袁德康	赵　妍	郝艳东	王雨鸥	李昕宇	李　铮	查　涛
邓哲远	武嘉玥	叶可宁	徐维焱	刘沐轩	邢益波	占海伟	莫　凯	王　茜	郭碧莹	卢志浩	林昱昊
张　弛	林　洁	鹿　琦	刘欣然			顾雨斐	李欣洁	许茹纯	曹来福	王晓梦	钟媛媛

考古文博学院

| | | | | | | 曹哲亮 | 杨梦萍 | 王琼慧 | 朱成成 | 陈星宇 | 陆晓天 |
| 赵可益 | 路双嘉 | 王一臻 | 罗登科 | 廖润贤 | 刘　畅 | 钟泽铭 | 杨　阳 | 陈　静 | 毛润民 | 李　浩 | 温竣渍 |

吴若璇 王裕凯 叶子萌 宋　叶 严云扬 柳惠泽 张佩成 李　哲 黄易旻 祁自帅 路　茜 覃文闯
于俊涵 朱晓童 陈益达 邓尚律 唐至睿 黄雪菲 高　鹏 史红萍 罗　鹏 陈　雷 刘兴强 曹成龙
付昊东 陈玫伊 粟　敏 刘华山 吴志强 牛犇犇 扶　庆 于　丽 国　洋 曾秋菊 丁光儒 吴立平
杜雨桐 郭钰伦 蔡随宝 陈如意 牛晓雨 王沛韬 王丽华 侯小刚 王兰兰 马文胜 黄诗乔 李　彬
丘欣平 徐令仪 韩　笑 李治琴 鹿　溪 李依晨 杨　威 孙婷婷 祁　枫 刘宏利 罗钧升 王　鹏
乔　宁 邓诗萌 张　磊 罗少文 郑玉祥 张艺凡 李　晋 王文臣 叶　颖 丁　雯 庞　舰 韩　超
沙国庆 　　　 　　　 　　　 　　　 　　　 史　辰 郭　旭 徐　弘 秦星星 李　迎 杜　鹃
　　　 光华管理学院 　　　 　　　 　　　 　　　 黄　旭 郑　炜 吴　帆 翟松刚 孙　睿 白华杰
徐宝龙 杨　坤 李小龙 张　男 张　悦 吴显威 温超越 满　盈 刘素欣 荣本耀 高　卉 莫思纯
马　娜 吴旭初 卢　俊 杨　霞 谷建鑫 张小娟 孙　超 李智康 韩　巍 何　超 陈　培 彭　怡
徐文林 牛继中 李　娜 宋应真 廖敏夫 邬　剑 刘保君 方　瑜 师伟恒 郭　嘉 李子聪 罗鑫麟
吴若琳 董　文 朱　冰 黄　伟 崔运涛 崔云路 黄　澜 彭飞凌 郑钰博 刘晓东 王　楠 王　郁
郝培实 艾　琰 陈永刚 魏　斌 王　曦 董义美 周　瑾 蒋邦国 赵　峰 罗　巍 吴社杰 曹翼飞
李　晨 罗　平 曾彦琪 袁静婷 章鸿飞 周欣仪 李　扬 刘泰然 王　琳 郭　齐 李　红 李　胤
杨　兵 班旭东 黄清扬 张一凡 吴　禹 李隽卷 赵　娜 李熙泽 刘　童 王　聪 万正华 王　峰
宿家瑞 李　越 李鹏杰 邓　喆 薛晓诺 樊星星 严晔楠 程　远 谢泽南 李　扬 宫紫天 赵　熙
杨鸿源 刘　琦 王慧男 洪润泽 陈启慧 蒲劲秋 杨惠瑄 曹代勇 孙慧军 郑荣良 王倩岚 邱　磊
崔　馨 韩思旭 王婉怡 陈红宇 王博文 胡邦毅 章金平 蒋能三 计　璐 左爱华 李　梅 李爱芬
董小华 朱怡爽 马玉坤 胡亚辉 高溢彤 林佩玟 赵　凡 周　翔 李苑红 张云溪 员振军 刘恬静
康　超 马晓冬 曲瑞洁 祝华蔚 苏玉晶 何缅芝 张　帆 孙志洋 刘少纯 刘　铮 臧　婧 戴　梅
陈　飞 张思思 唐　峥 方春晖 李　昕 范海峰 刘　凯 王　帆 刘家琳 张　姮 康　宇 李　淳
解孝文 金　颖 向　梅 刘　夏 赵雪吟 周　煊 王　静 赵明辉 马　欣 谢天娇 柳昆池 石谷雨
李　伟 吴新花 郭东栋 李　立 常晓薇 王　蕊 张云祥 王　宁 徐　波 李有伟 张　川 戚峰玮
谢孟洁 王红亮 曹　宁 叶建荣 金嘉宁 罗志薇 高晟轩 冯　桓 郑东凤 刘　颖 李永志 杨远沛
尹东方 江佳翰 任新航 方静怡 郭弘毅 张焕岭 李　娜 唐东波 侯　宾 岳　瀚 丁　超 宋　扬
刘紫莹 管经纬 杨　路 刘　梦 马鹏飞 闫彩明 孙俊辰 徐　坤 周　异 赵梦迪 李　巍 高　翔
杨　钢 张媛媛 肖　莎 黄鹏飞 刘尧远 周丹升 苏梦泽 陈耀宗 陈智雅 王鑫淼 杨　洋 林婷婷
林子博 杨　霖 申　倩 曹玉萍 仲崇然 蓝　勇 王仁钧 刘宇轩 张子超 沈　洁 李明三 李宇辉
姜一丹 邹永南 孙华泽 赵　楠 崔华娟 徐　皎 孟倩如 冯　斐 杨　飞 赵紫妤 肖　慧 张建勋
刘　悦 纪　元 黄詣淳 鞠春杨 余　恬 孟　妍 黄　坚 王　磊 赵婉媚 周　丹 张朝洲 李江源
史鹏琛 郑文男 田维希 苏　澍 龙韬然 丁　豪 杨　斌 张晓鸽 苏　磊 李　佳 安传军 王　伟
夏术全 尉少军 曹丁文 周海林 何　荡 魏　超 何祎博 谌红梅 陆　巍 葉詠馨 王纪锋 王梓键
邓皓琪 严　能 刘亚雄 王植萌 袁一丁 徐浩然 杨　柳 阎　鸿 谭嘉竣 许光宇 徐宇佑 李　洋
赵　辰 张耀冈 郑　冉 张志刚 刘　鑫 孙　楠 石　勇 王向远 徐江涛 肖楷锋 杨　波 于宏旭
邱梁艳 邴丽楠 古容容 曹　婧 张　晨 许　超 任鹏飞 肖　扬 付国义 楚　楠 王　凯 陈　翔
栾　慧 王姝影 杨　阳 任　豪 邵举洋 李　赛 李　思 丛连吉 康友林 杨　迪 陶　曦 梁泉清
赵久红 孙成昊 何　羽 崔世语 冯　帆 苏祖弘 于晓航 程　鹏 董月霞 晋　娟 陈思远 郝建莉
刘　寅 龙　宇 李　昂 马隽卿 武淑娟 李　杰 刘　斌 黄　凡 孟　鑫 曾焕博 马　龙 金珠龙
赵　策 李坤阳 林汉洋 马文婧 孙　菁 柏林甫 管乐鑫 阮海博 徐丽维 郭怡君 林炉生 曾子琦
赵伟光 毕文修 张　晔 黄一舟 王依诺 郑芸佩 许亦莹 杨婷婷 孙馨博 杨　戎 黄俊杰 刘婉娇
关旭楠 孙　昊 许志超 萧　鹏 杨　斌 邵　冉 孙甲强 窦昊明 郑诗漪 王　涛 马　韬 刘笑男
刘　佳 徐　莉 陈玉齐 乔亿源 张冀阳 马　凯 郭英俊 姜洛智 罗安祺 李子龙 倪尉东 戴逸波
任　铮 丁　震 李彦超 王雁飞 邹　亮 辛　意 陈　渺 潘　佳 吴　潇 陈　文 刘思嘉 武　雪
赵万荣 甘　堃 王晓萍 马振国 构鹏飞 陈　锟 杨　洋 陳冠瑀 姜秉泽 赵华超 张学磊 吴颖瑛
吴　昊 秦　悦 姜　南 施恒彬 吴施琴 符双柳 高　洋 李亚夫 龚　涛 王　慧 杨　帆 王国辉
黄宇健 杨　帆 朱秉熙 刘飔颖 朱　然 刘鸿溶 杨　欣 叶潇蔓 何　蕾 苏亚昆 王秋霞 刘海凤

李 东	韩 吉	罗 剑	褚 壮	杨天笑	孙 杰	钟 雯	陈 笑	解 琛	高 健	马毅豪	朱 颖
郭浩彬	张 媛	张开亮	楚振强	程明玮	李鹏利	张 莘	葛蔚宁	尹玉萍	吴 鑫	刘 涛	王修竹
陈 亮	邵 华	宋宁笛	方梦旋	闫欢欢	胡成洁	唐克威	王骁健	李强强	朱华艺	奕 琳	孙耀明
赵鹏飞	罗熙枫	彭 博	王一宁	刘 艳	彭晓婷	王佚菲	夏 聪	郭艺聪	蔡 腾	王一帆	杨春白雪
王振威	胡安庚	史思远	李 睿	刘 健	肖辉飞	黄积严	韩 梅	杨璟颖	胡 悦	张恒达	王 悦
王 卓	王晓宇	丛子寒	陈 驹	杨雨菲	陆思岑	赵继尧	章 璐	刘佳汇	王盟茹	牛方佳	孙亚威
孙 超	孟 曦	李 瑾	刘雅茵			朱 率	单 婷	施洁雯	王晓栋	马 腾	麦联俊

法学院

						陈 敏	王北辰	冯济舸	张敏捷	赵卿梦	姚 洁
杨美娇	陈 锦	陈 铭	龙 颖	李晓青	罗 策	黄 佳	黄其杰	劳晓玲	张潇雨	胡建凯	余 奔
宋 璇	李则达	郭经纬	沈罗怡	李蒙娜	崔曦予	邱雨晴	谭 军	徐梦堃	于景灏	常兆睿	李 硕
何 朕	彭慧琳	汪怡安	吴蔽余	荆佳杰	李 扬	武 岳	范文艺	王铧翊	程 娇	郑舒倩	江 敏
焦永秋	吕 韵	李 澜	陈琰琳	易 鸰	田浩宇	邵旖旎	周怡航	金 花	王月震	王林萍	李苏晖
黄蓬北	张恺箫	窦周元	彭龄萱	吴昭濑	王 旭	李昌昊	王 楠	王业飞	孙明月	陈静雯	采诗越
吕雅馨	郑力海	汪睿恒	张瀚天	苏 叶	汪晋楠	翟志杰	旷 瑾	王浩然	童志文	欧 恬	周境宜
文 婷	金曼特	宋佳兴	寇梦晨	葛奕君	秦晓蒙	庄慕平	刘 伟	王金旺	张治红	王阳阳	张蓉蓉
郑 媛	方若冰	李彦恺	姚 航	韩妍婷	张天白	刘 歆	范 颖	于若楠	李文婷	韩 笑	张美怡
王美月	冯泰来	范 维	任孝民	蒋振馨	梁挪亚	郭天琦	蔡文苑	胡 睿	何 南	赵 琪	陈伟克
谢 捷	胡玲玲	于 浩	王红红	于子豪	杨博文	宋立伟	白云峰	王慧群	潘卓希	徐励楠	邓 晔
黄曼兮	彭雨晨	纪 东	韩屹青	俞 静	薛小溪	姜 军	刘宜矗	付玢玢	庄晓月	龙慧华	鲁 玉
赵丽梅	武 宁	王俪璟	蒋曾鸿妮	毕敬广	符舒程	田 坤	任 静	吴碧茜	李艺凝	范令箭	袁振飞
徐 亚	石国玺	田 甜	肖炜霖	李 盼	陈陌阡	陈 璐	邓博文	穆 申	丁明阳	曲建婷	潘月强
高 照	俞巧华	韩励豪	徐源璟	陈德文	邱云祥	马维杰	王丽茹	李雨楼	丁 礼	刘星雨	周锦琳
王宇博	马海桓	郑淑凤	秦 洋	王 硕	李金龙	唐褚怡	杨 洁	韩圣与	吴 悠	冯文琦	兰海莹
崔 斌	陈 琦	钱梦珂	李 想	张 雪	闵 敏	孙 靖	马梓洋	丛昊学	李云舒	田娅娟	高 捷
吴雅琼	马思萌	徐晨顿	黎静怡	刘 楷	李雨晨	李佳澎	张文峰	吴蕙予	孙玮琦	万 权	李 蕊
葛 迎	陈思齐	彭粒一	于 悦	郭 鹏	王梦蝶	石 伟	姜 萌	吴雷焱	朱 亮		
李仁睿	王乐玺	沈凯月	韩康麒	张赛磊	孙乐怡						

信息管理系

曹 颖	裴雪佳	高 嵩	郑 娜	陈佳汝	高舜子
杨单璇	郝杰灵	朱时瑶	高广童	尹惠桐	莫锐华
高婷婷	赵轶君	马嘉祯	潜 硕	李 玮	范文迪
张冰凌	戴玉婷	薛 祯	陈 宸	陈 栋	余彦偲
刘东遥	王 程	刘文娟	李沐函	李倩芸	曾焱梅
张 巍	罗 慧	张皓茹	孟维治	冯璟钰	蔡心怡
王宝鑫	侯力嘉	焦 阳	赵 燕	孙邦娇	董 柯
曹 芳	宋天一	王彦光	李慧玥	陈 洁	赵佳琦
冯慧泽	梁浩玮	艾 慧	冯玉洁	李 琳	李杏子
殷 实	何 昕	苗继宇	符淑娴	曹青源	闫景田
常毅殷志	付昊章琪	郝朋宇	黎俊志	杨 城	
张 倩	何俊莹	苏秋纳	李梦可	刘屹坤	马驷牧
罗 超	田懋乾	姚一凡	赵睿璇	郭小瑜	陈毓坤
张晓乐	鲁昊源	燕倩倩	郑荣圣	沈 祎	彭乐娜
安景旭	张录发	余梦嘉	詹天闽	王林燕	万 宇
王晓萱	张晋生	曾文文	戴明明	陈安妮	唐俊烈
蒋睿鹏	王靓迪	魏顾瑶	邓海曼	孙经纬	满红位
徐榕玲	吴幼铭	曾诗洋	周诚欣	王健斌	赵育才
吴 桐	赵倾伊	张 帅	李一茗	郭易卉	刘小冬

李 梅	卜宇超	邱 勇	黄巧芳	杨玉宇	陈润文
罗 倩	王 伟	蒋中仪	张 歌	邹丽霞	孙家璇
周 菊	赵怡然	娄 丹	渠性怡	姚玲苗	张 帆
王慧孜	殷 鸽	李 然	王伟佳	江静怡	陈 晨
曾丽莹	许雅晴	曾兰馨	宋艳美	王丹雪	

社会学系

林庭萱	张 楠	开 源	孙倩璐	贾晗琳	李 静
裘一娴	徐海翔	孙朔晗	王文澜	牟思浩	廖梦莎
梅嘉禾	余朋翰	凌海燕	唐晓朦	韩礼涛	霍颖康
童飞飞	邓 琳	刘 偲	李莉萍	高晓蕾	周文杰
刘永博	赵晓航	陈敬国	赵代博	周 颖	浦利文
梁艳芳	达 祺	李 然	向 舒	陈 忠	彭海路
黄明珠	周兴晨	米尔扎提·木莎	刘仕豪	冀昌宏	
张益豪	苑子文	何李霸	王 汐	鲍佳妮	康厚艳
邢 雯	朱永强	庞子钰			

政府管理学院

解 强	刘 雯	米 兰	王 晨	谭楚妍	李钦帅
黄锦泓	周银圣	吴泽民	罗浩月	郝 浩	韩 婧
陶治旭	瞿湘玉	李丰耀	潘 萍	王 斌	陈方俊

芦艺洋	葛 恬	许弘铠	陈宥伶	李 磊	韩赵晶			外国语学院			
何邦振	钱维胜	张 赫	刘海文	黄 磊	柯 杰	李 芽	汤 晨	杨司奇	洪瑾瑶	董沁纹	翟新超
夏梦美	伍叶露	姜 燕	张钦惠	刘慧玲	师雅楠	刘 畅	张佳欣	王 可	焦 丛	何英杰	闫敏佳
杨 翔	梁子豪	贺 丹	赵家宁	邓舒瀚雅	周子浩	田文娟	吴 扬	卢彩英	陈 羲	商小琦	贾雪婷
赵翌捷	苏永宁	武佩静	李广兴	王 卓	朱华辉	宋 珅	丁文俊	王 东	张 磊	潘 琴	徐显力
李叶钦	蒋欣佳	朱昱玮	王 菲	贾润东	王溪鑫	赵浩儒	欧阳诗怡	陈砚清	张雅能	古 欣	申明钰
刘 璐	王怡婷	雷 琛	武运帅	范文琦	路 城	张兴艺	曾立孚	于 琛	管 浩	唐 格	程 露
陈沛芊	连 昊	武雪健	何 瑾	侯立娟	李少为	徐 涵	顾佳晖	刘 晨	吴红飞	任万虎	刘昕宇
王 蕊	于 瀛	邱是闻	阎晓韵	廖梓豪	刘芸芸	喻奕琳	贺晓璇	李 豪	包尉歆	刘 虹	王 梓
林佺伃	李 昶	韩建宾	王致博	王江洲	杨 平	魏已然	胡钧杰	吴雨阳	万秭兰	杨 帆	张振宝
郭俞杉	黄伟玮	王晓琛	李武凤	吴敬能	孙昌明	魏珂昕	颜紫薇	王诗敏	倪栋棋	曾 琳	张思颖
朱溢珂	袁玉龙	陈 皓	刘怡欢	李钦羽	曹晓宁	王 芳	宋 捷	陈超逸	付红艾	刘 岑	徐雪纯
赵丽花	刘思聪	白宗杰	王 捷	迟 语	宋国宏	农 熙	刘丽文	李金剑	郑莉莉	卜晓晖	董欣然
张星瞳	王烨昕	陶海廷	朱军伟	王艺蒙	蔡 玮	许艺川	黄彩云	顾筠安	周颖素	韩 琼	曹梦玥
解志亮	寿恩滔	韩 溪	颜 冰	陈 嘉	刘 贺	沈 悠	霍晶晶	费高扬	梁雨婷	王文涛	满 园
胡译匀	柯剑强	魏志良	金睿奇	吴鹰鹏	王泽琦	康 宇	黄海林	李 玥	黄雅妮	田亚楠	刘燕清
栾 茜	王永顺	刘 缓	李泽琛	孔繁羽	邱 玥	李子先	付天祺	王天羽	李雨蒙	晋 也	王 霞
熊 丽	沈娱姝	崔玉斌	游礼臣	李逯皓	李丹迪	王凌凯	涂星莹	王相宜	彭 丹	刘小青	张叶秋晓
周振红	胡恩力	李 楠	杜 雨	李 彦	畅绍丽	毕梦静	杜贺裕	李贝贝	丁子宸	张 源	曾子芮
费海泽	戴映雯	贾锐智	王永吉	乔腾飞	邹 瑜	朱若菡	唐梦莲	康 煦	刘颖青	蔡琳凌	杨 倩
孙 波	王晨彪	孙宏基	李佳琪	程诣涵	张 妍	吴 彤	张英杰	况霍凌霄	卢胜男	王 晗	段 愿
肖乐政	黄培湘	朱晓羽	倪 宁	林 晖	游海雾	凡萦慧	黄馨蔚	芦 毅	亢玉珍	杨颜齐	万斯佳
吴 丹	郎瑞雪	吴雷鸣	郝亚男	张克雍	王 璿	王舟颖	王炜先	邱智文	顾 焌	聂晓萌	浦雨蝶
王 晓	张夏蕊	刘 力	吴 茜	张寒晴	文洪波	付文娟	李家祺	王楚童	刘 晓	赵美园	杜秀青
郑 江	周冰清	徐 珊	王 菁	张哲宇	杨冰茜	郭子文	耿源哲	高伟健	涂瑾瑜	谢怀栋	张大维
李顺强	何顺红	侯宇宁	石 鹏	张国园	李 庚	淡冰冰					
陈玥君	兰 正	刘翔宇	顾豪杰	杨冠宇	魏 举			马克思主义学院			
董珊珊	张秋实	陈 爽	刘小瑜	张 娜	陈小桢	赵梓辰	薛 鼎	刘 颖	李 冰	盛飒飒	邓 佳
陈玉闯	王 进	张品花	李 硕	房立垟	靳崇梅	卢 豫	蔡静雯	王剑东	陈皖驹	何思谊	郭俊丽
谭 璐	郝迎川	杨达奇	李 婷	高葛琳	梁力强	汤 博	赵晨希	李 汀	刘照峰	李并柯	林圣哲
李 跃	荣 亿	李晓琪	徐 盼	逄金烁	汪佑福	唐 潮	章 柳	樊静蓉	李琦莹	周龙辉	郑国平
毛丽娟	曹文苑	金 雪	田超飞	张 伊	魏 敏	盛海量	张泽坤	杨世禹	毛东玥	王卓群	
肖 波	李 强	董 璐	陈如意	李水起	丁 诚			体育教研部			
胡 晨	蒋 川	朱 利	李冠群	程 羽	王凯丽	刘 璐	马渲会	邢伟康	李 娜	付小青	
褚茜茜	侯 哲	赵霄钰	王京京	刘 博	刘福成			艺术学院			
李 冉	苏 婕	常阳阳	王 华	宋长虹	刘 政	蒋欣儒	朱冰贞	吴 俊	钱 玲	李 滨	庄梦瑶
常天娇	臧 菁	苏明明	赵思思	单 珊	高 琳	陈雨人	黄嘉文	张 锐	杜若飞	闫晓颖	李 娜
石 天	姜伯平	李 中	由 翔	耿中阳	马晓烨	鞠 起	吕 宸	王也文	徐甡敏	苏晨风	晏 然
李红宁	吴光波	原彦斌	张 弛	王 瑭	刘 霄	李尽沙	娄 逸	蔡一晨	姚 瑶		
闫怡霖	刘子昂	王惠丽	姜 星	崔 鹏	毋曾珍			对外汉语教育			
易潇潇	高楚捷	江瑞云	靳全权	王雨辰	黄意得	陈 婧	冉 兰	郭倩玉	万 谦	杨鸿禄	徐 萍
刘春晓	尹 翔	杨丰羽	王 砚	申秀竹	彭金波	逯芝璇	王珊珊	黄欣雨	郝 雪	习 颖	任 喆
郑 凯	易艳刚	曾佼佼	赵允祯	洪 治	杨天一	杜丹平	吴程前	张媛媛	储潇潇	赵文鹏	朱 琳
雷 越	朱 峰	李巧玲	莫 LI	杨 延	牛 辕	阚 靓	张娅璐	李 鑫	陈诗琦	宋艳君	王成英
李 敬	谢书博	王玉倩	丛 琳	孙娅菲	李梦馨	邓彧君	崔丽丽	谢晓萌	田晓萌	郑又嘉	丁丹妮
徐怡雯	姜 倩					李 尚	马 玥	李贺昕	张 莹	钟 泱	胡 淼

深圳研究生院

侯连喜	凌寒	舒文博	马玉静	田增英	张添宏	周佳宁	鲍铭业	程玲	朱波	薛晶	邱杨
董一荻	苏明亮	陈泽斌	刘嘉凡	漆淼	孙争建	原帅	左宜平	林忠敏	钟玲	阳赛	张哲源
胡亚玲	孔甜	李慧颖	崔璨	李曼婷	李淑君	杨明正	朱玉娟	裴超	王茜月	李翔宇	陈月朝
杨云帆	周亚秋	张帆	马敏	张馨心	步兵	谢锐彬	陈扬	邵晓茹	司尚春	王代银	袁梅
张嘉麟	康礼	郭小楠	黄健	沈承曦	张强	曹倩雯	刘朝坤	陈斯典	杨维维	佟圣楠	王子翌
刘彦伶	张光星	王经臣	曲欢	马一华	黄惠伶	洪嘉悦	朱立文	黄茜	唐涛	秦宣龙	高融坦
雷建容	金时昱	杨渊	邵晴	陈诗雁	李永深	肖伟集	郭怡彤	蒋晓伟	林佩琪	杨旸	贾靖雷
朱敏	钟尚儒	汤佳音	高小丽	廖蕾	陈桂康	范庆辉	牛志远	田米忍	高琦	王立华	代兵兵
张鹏志	陈永乐	应振强	王少华	朱帅	康艺馨	刘梦甜	王宝岩	陈方兵	张亦男	刘文光	白燕
李杨	邓帅帅	吴学众	刘立洲	罗蔓	汪丹亚	黄乔	徐媛	毕志超	温德斯	金永庆	罗步景
李思白	马佳瑶	柴俊	罗文	王晗	杨秋硕	刘丰将	韩梁	黄伟鹏	陈丽竹	王刚	李靖宏
王璐	王贤桂	郑亦婷	许晓特	李好	沈耀晟	蒋欢	邱蓝潆	杨依平	江东	韦宏	郭芳君
楚思思	周杰	徐丽薇	张灿	陈雯廷	方馨	马俊青	汤学章	孙宇彤	陈浩	施偕里	牛昭
张祺	谈国禹	严娇娇	乔双	段滢	黄俊贤	李鑫	石涧	钟奕纯	杨力维	刘亮亮	邢捷
宋德宾	张泰玮	卢鹏	杨泊远	叶天鸣	陈心怡	梁宏飞	季沫含	叶成春	王世震	张浩东	张徐毓
宋晓	翁宇昌	赵喆	刘大勇	魏伶如	沈楠	彭智	张晓东	简子云	张奕豪	范一鸣	赵宜博
许鹏	陈琳	杨霁芳	翟荣宾	张毅伟	李育原	张小虎	唐汉庭	周凯文	孟令男	李佰恒	戴广大
刁励玮	王建越	汪思慧	姚琦琦	张魁民	侯昌韬	韩谓	张彦	蒲津川	张伟奇	杨倩	徐文静
梁婷	陶欢欢	李冉	朱振国	王陆一	陈默	何侵嵚	刘慧青	张丽珠	张茜	张琪	徐成
姚爽	张朴华	张留信	刘晨光	兰银河	袁甜	吕丽莎	李茂帆	高月	郝磊	曹美娜	吴袁健
甘甜	林俊强	宋玮	王倩雯	钟明洋	胡丹	王菁	单鹏	马媛	邵燕华	金彤	石宛梓
郭翠翠	马芳	邹琦	张安琪	李松潞	李淑筱	董香寒	宋芳	郭夏霖	邵蕴奇	黄志模	周秦
赵师楠	马菱	王竞峰	徐丽妹	王海峰	罗霄	陈飞翔	余翔	胡毅龙	胡博	徐梦辰	李欣蓉
吴晓芳	付亚章	张汉雨	黄帅斌	卞伟	吴越	孙佳明	张婉星	刘晨茹	田咏	黄琳茜	王卓
陈倪垚	汤芬芬	韩辞	李鑫	杨扬	董培磊	王冉	陈玉兰	尹杰	姜博	唐铭松	申萍
饶翊汉	郑泽华	贾宇亮	鲁顺子	伍灵晶	黄馥	朱振民	张瀛文	江悦婷	庞雅心	寇尚洋子	许祎野
张京京	宋菲菲	孙超	赵情	李杨	黄吉	魏金玲	黄顿	蔡莉丽	敬婷婷	袁子焰	李国庆
乔芳芳	于思远	张英	谷江涛	刘纯量	张运崇	郑小兵	丁一凡	石富生	严冬	王里刚	冯雪云
马冰澄	张凯帝	蒋咏	权利	廖志强	刘心雨	万振豪	罗克义	徐明	鲁蕾	覃明杰	陈恬
李俐娇	谢文聪	李微硕	李雪莱	蒋毅	范梦迪	苏日娜	李娟	李琳哲	罗莉莎	刘凯豪	徐椰香
李丽	冯晓	范怡	李凯	王安阔	许红周	厉越然	徐韬	任彦嘉	马嘉翎	杜佳音	邓静之
倪虹	罗益池	赵强	曹芮	周易	谢偰伟	路遥	闫自超	吴婧	高阳	夏雨	丁稳场
闫涓涛	杨青霄	贺思颖	李科浇	李思濛	罗梦颖	邱敏	赵君妍	张盟	徐卓楠	杨铭	张紫欣
李哲	刘雪瑞	郭莎	黄艺驰	万文波	张琼晶	袁辉	曹洁	佘曼丽	郑银鹏	张琪	林歆睿
徐睿	冯婷	温泽坤	任林礼	吴光周	辛晨	乔贝贝	许勇	张泽昌	吴小红	杜明怀	杨雨田
高静楠	王伟	丁德东	王刚	闫柯旭	刘泽瑢	江旭初	孙继全	陈颖	左金宇	赵硕	苏正
马海鹏	关乔	包诣函	王迪松	招熙琳	陈强	王静	尚春雪	何佳欢	贺湘南	杨薛融	杜鹏
王玥	周小群	王之芬	周宇锋	王秀玲	范鹏程	刘颖	连伟航	熊莹萌	刘艺涵	廖琦	贾敏
王艳梅	武文欢	高立钊	尚广豪	朴雪威	王传胜	徐文颖	赵金	陈彬彬	商雪莹	邹晓航	尹文欣
王萌	张艳婷	葛建梅	顾越	程云鹤	夏子乔	李奇	鲍扬	邵春雨	李旭	徐健荣	张紫晶
牛冬晓	李昊鹏	李沁人	田璐	刘晖	刘琳琳	吴应美	舒维康	许里旎	张瑞昕	孟德俏	赵锐
张海洋	张超	徐悦来	徐小燕	谢民争	卓锦新	姜欣欣	陈焱	张帅	倪金娣	刘丽云	朱斌
马力	刘宾杰	陈泰吉	张飞	王悦名	施媛	邹显奇	周婉清	刘祎娜	张菡兮	吕周谨	毛赞富
张硕	欧阳廷炳	郑理文	朱继	肖利波	胡嫒嫒	韩世俨	林雅芳	李雪	邓堪伟	朱丽娴	赵利建
梁裕彤	李凤清	陈航航	苏琛	陈靖	姚飞	孙宁	邹明	陈盛	刘雨琦	吕晴	程湜
						曹珺然	吴林蔚	林志华	刘思宇	孙栋瑜	邴璐颖

刘玉宁	付湘君	王若林	张　晨	张静娴	蔡　轩	**信息科学技术学院**					
宋　扬	王娅婕	刘　强	王文博	陆妙兰	孙　睿	李　文	尹　兵	宋道亮	张炜其	徐源盛	武聚凡
马宏健	曲睿莹	吕佳泰	檀颖慧	周臻畅	金　吻	白茹梦	马列飒	陈恒佳	岳星兆	孙海萌	何鸣晓
李　玉	王天阳	刘　季	董逸文	米刚刚	王　辉	许奕星	陈泽宇	姚丽丽	王小西	张璐瑶	罗炳峰
徐小东	蓝　仝	齐雪蓉	徐煜晖	叶　亮	王　源	魏　爽	高坤伦	欧远昶	李宇琦	程　建	衡　稳
梁瀚宇	张琳梓	章　涛	李　莹	王樱洁	倪　涛	翟　锐	周思路	陈怡然	邵　伟	阳庆红	孙若愚
胡冰心	贺　佳	陈之昀	蒙诗霞	宋　宇	邹鸿雁	张锦华	刘圣尧	朱纪乐	姬　晓	邓云紫微	马　阳
刘馨宇	邓发鑫	钟　洁	徐　阳	李梦华	徐奇元	徐昊文	丁浩钰	陶玉昆	安　东	何哲琪	王　聪
谢棠雯	吴宗勇	刘玉珊	章慧珍	付　婷	蔡重阳	张梦帆	李海达	陈修司	张栌兮	何　旭	谢　澜
甘小龙	胡德智	李松林	张　晨	林艺杰	李　泽	李美杰	邵　鑫	易晓涵	赵　澈	韩志鹏	王　然
王晓璇	孙梓涵	彭家欢	王晨竹	孙士林	安晴雨	吴　丹	陈　瀚	李文鹏	梁竞月	徐　奎	李子金
李胜刚	黄　婕	李昌鸿	曹雨轩	潘晓青	李艳萍	辛诗苑	严石伟	曾　湘	黄祎程	吕　竹	贾　灏
孙　骏	韩明波	刘　戈	李树建	马　煌	金　超	曹沁阳	靖　奇	姜佳岐	齐晓宇	周　岚	韩　凯
余瑞华	何　佩	郑广源	姜培扬	车茂立	王敷阳	李　烨	胡永泉	董　未	朱　峰	顾乾辰	黄梓铭
凌　哲	李铭瑞	张　璟	李英祥	李　榕	杨　枭	侯党鑫	郑淇木	黄　震	李鹏宇	张雪松	叶孝慈
邹佩轩	张睿骁	林正衡	张海芳	李林健	阮晓男	田树一	敬　杰	李志伟	王一博	周以峰	赵天骄
周　琴	冯苹泖	袁浚诚	欧阳琦	阴　越	张一川	郝培霖	卢思颖	余睿玲	高　凯	厉扬豪	胡　涛
杨　晰	李志姣	马国凤	吴　琦	左孙立	龚婷梅	张竟枢	黄亚蒙	高绍钧	陈逸鹏	黄诗尧	刘孟泽
彭丽叶	李一丹	吴一昊	郭竟谷	赵腾飞	王　菲	江忻玺	林　敏	张　雨	张高翔	杨叶康	张舒汇
梁锦培	张　浩	郑欣嘉	潘荪亿	薛　姝	黄　帆	许兆鹏	刘沛东	王春光	辛　超	姚　超	张晓霖
苏　丹	夏　炎	游骏伟	吉　阳	黄奕彬	周扩军	王　卓	郭怀印	钟　威	马云龙	周晓慧	钟　舫
申　华	何　建	刘国威	杨要武	齐　昕	李天一	刘子钊	李帮怀	黄　申	卜雨洁	葛钟书	王佳康
王晓明	袁　帅	王思櫂	吴　俊	罗立喆	李　强	张建敏	唐可文	邓逸安	曹兴超	陶　砺	蒙　力
黄雪雨	潘美娜	何一民	杨　华	张树阳	齐悦如	林丽静	侯深化	艾永琦	何佳恒	王羚宇	吴　迪
苏子健	温锡展	曾薪燚	徐　赫	刘玉鑫	王　珏	李香婷	邱昭鹏	段祎纯	董　平	张小飞	潘　涛
苏九卉	孟　杉	金晓月	王星月	王琦雯	李思烨	邓　圣	崔治丞	刘少飞	王　敬	吕彬彬	林宇澄
杨　阳	周　倩	程澄琳	常　悦	徐凯舟	邓启程	章　研	贾　放	李首扬	戴鹏飞	卢　岚	陶　洁
吴　瑕	刘　茜	蔡　雪	王　康	郝佳露	王天祺	秦　强	丁　岩	杨瑞超	陈思远	周钊平	倪烨文
杨光志	易　毅	李妞子	杨　洲	宋嘉怡	闫雪怡	孙泽远	蒋德林	朱天枢	李　明	郭　晓	黄　腾
张　侃	宋卫普	伍　珺	沈睦钧	邓梦雨	潘　特	杨　潍	袁玉鑫	尚泽宇	李喜莲	赵创钿	杨广远
江雪松	张　伸	王凤阳	赵江云	马亚东	刘志花	龚　卓	张婕蕾	张　恬	廖　媛	白晓旷	张　昭
李长见	彭钰敏	孙思瑶	郑雯文	危孟泱	梁　雅	张知凡	肖文浩	朱憧斌	成　丰	张　衡	蒋　禹
王芳琳	伍惠子	王　爽	宋源峰	马贞观	彭　民	周建超	付　杰	王咪咪	周奇特	刘粮魁	单旭东
扈　迪	胡　悦	陈思成	翟俊宇	周怡彬	韩文博	邹新昊	赵　彤	李安然	骆宇冲	文　吉	孙　博
李婷婷	江　军	缪加东	代文俊	金若尘	王惟琪	陈菲雅	陈嵩松	陈　伟	郭　婷	赵晓瀑	黄雅欢
包　恺	刘　雯	张若权	汪雅琪	邓志聪	邓永宁	林武桃	胡志强	阮　翀	高　瞻	杨廷翰	唐子豪
何　熊	郭荣强	汪雅琪	王汝丹	王　艺	胡靖杭	罗光涵	宋　爽	周一一	林　逍	范泽新	宋嘉文
赵荣坤	赵　炫	邱　蕊	徐金芝	王雨洋	吴贻根	张　爽	李　健	徐　鹏	倪　焱	徐龙龙	谢文京
范昌瑞	秦建飞	林君茹	王媛媛	李泽烙	单　良	李　奕	宋文凯	刘文利	杨必琨	魏亮晨	颜秉坦
蔡成林	白　婧	黄楚晖	黄雪群	郑海健	谷子樵	张　津	贺博欣	赵俊杰	章扬斌	倪际楠	陆　伟
王心一	孙　翼	杨美明	胡周可	刘怡萍	胡　晴	王文辉	曾　颖	殷明慧	杨弘颖	张开伟	
吕鸿见	陆歆歆	王　茹	杨晓丹	邵明夏	袁　洁	**国家发展研究院**					
李佳颀	储　庄	邵哲文	樊丹悦	孙艺心	黄极舒	傅秋子	王梦琦	崔静远	张春晓	林大卫	罗蔚然
蔡金兰	张雨轩	彭　琪	刘一达	汤少华	熊略宏	梁之昀	张新磊	王　可	卢智坤	葛　润	王俊之
官　贺	徐定之	张杨青	刘亦轩	黄晓璇	董美璇	黄煜阳	顾　洋	魏金霖	慕天实	马玉玲	邹　舟
冯惠姣						向　为	陈鹿鸣	衣雪洁	郭　巍	王　薇	李　宇

刘　浩　　黄水华　　崔含笑　　孙铭佐　　刘　超

教育学院

王　洋　　包国军　　崔　彦　　王琼琼　　吕伟聪　　邵婉媞
王小越　　张一凡　　欧阳添艺　吕　莘　　岳铮男　　董婧嘉
高东旭　　杨　筝　　孙永臻　　孟硕洋　　宋宇齐　　张必兰
郭紫倩　　罗淑芳　　关淑君　　张东明　　李　欣　　戴君华
江婧婧　　李元正　　王赫男　　李　静　　徐　颖　　钱晓君
占雯燕　　吴宣衡　　黄琬萱　　何冰冰　　卓　晗　　降初卓玛

人口研究所

王本喜　　耿　聆　　李　姝　　李枋瑾　　韦祐新　　林芸伊
阮航清　　叶徐婧子　司徒颖雪　张君榕　　袁倩兰　　雷介波
蔡旻桦　　王晓玮　　乔若杨　　樊儒经　　张钰莹　　丁盈盈
汤子健　　迟敏敏　　王笑寒　　李佳怿　　李　懋　　薄丹丹
闫嘉钰　　肖溢文　　刘尚君　　崔晓娜　　王　妮　　廖梓均
李　响　　林是琦　　熊晓旭　　徐　曼

前沿交叉学科研究院

郝天祎　　徐昊文　　单　俍　　陈明明　　徐　桐　　贺　桥

工学院

马　杭　　刘奕彤　　徐晓晓　　何叶冰　　李师尧　　程吉祥
周　琪　　周　斌　　储鹏程　　赵未央　　沈建华　　黄晟林
杨　现　　袁　越　　付如彬　　徐致远　　陈　煜　　李　安
黄静思　　张　晗　　徐　桓　　李佳航　　周　晶　　冯大鹏
杨艳冉　　高蓬来　　游军杰　　杨肖宁　　曾　袆　　薄云天
白　萱　　向　上　　韦东博　　吴　彬　　罗　鹏　　董　鑫
陈友琨　　孔祥海　　任　杰　　景慎斌　　张　伟　　张　静
崔　健　　孙洪洋　　杨　欢　　肖　纯　　翟力镔　　牛小芬
谭佳盈　　吴　疆　　段　野　　任　朔　　范博学　　张长亮
刘晋知　　王立强　　王威力　　谭杰夫　　汤颖婷　　曹伟业
张　洋　　闫　琛　　李岩峰　　翁姚建　　郭文臣　　刘　颖
张玉禄　　谢立华

城市与环境学院

王宁宁　　王嘉懿　　杨　森　　张　艳　　高硕硕　　杨　雯
刘　卓　　张逸凌　　焦　扬　　陈培培　　蒋旻炜　　王堅迪
周　彤　　张　荣　　周　琳　　张　洁　　罗泊宁　　吴宇翔
要伊桐　　颜燕燕　　赵　辉　　孙思佳　　陈丽芳　　肖　雯
刘腾宇　　叶　竹　　杨文韬　　雷　夏　　李圣晓　　罗靖波
符祥文　　郦天映　　楼梦醒　　陈康琳　　王　凤　　方晨子
陈　吟　　宋　萌　　宋　帆　　江许婷　　肖　菁　　王晓玥
黎　明　　邓　可　　周序力　　李　好　　许　阳　　范淼荣
刘　敏　　王嫒嫒　　白　羽　　张　昂　　尤南山　　孔　璐
上官淮亮　邹东廷　　尹燕平　　余　彤　　刘伯初　　张释义
罗　芊　　邱安安　　刘安榕　　王　涛　　杨　帆　　熊冠男
李　羿　　金璐璐　　周加欢　　黄先可　　蒋　晨　　赵　倩

环境科学与工程学院

谢天宁　　梁　昱　　秦孟儒　　马　源　　冯艳琳　　汪若宇
赵颢瑾　　于津婷　　赵梦可　　葛　智　　匡舒雅　　周宇轩

董　玥　　吴思枫　　王雪娇　　刘艳秋　　邓媛元　　李冰心
庄　嘉　　缪婧雯　　姜加龙　　朱汝谌　　王　钦　　乔　凯
王　雷　　汪卓群　　邹青青　　提博雯　　张照男　　王海英
赵旭飞　　孙　文　　张　翔　　王晓静　　杜　品　　王如凡
臧弘美　　席　玥　　谢羽倩　　蒋美青　　张燕青　　赵　欣
陈　思　　张路遥　　范茜茜　　魏婧淼　　包堉含

分子医学研究所

高　晗　　张金佩　　余　忠　　莘少红　　方　甜　　邱雅姿

歌剧研究院

罗岚馨　　赵　鹏　　毕　航　　于恒源　　张　龙　　裴修文
卢超逸　　林　艺　　杜星诺　　王　冬

建筑与景观设计院

吴宜洁　　崔文睿　　梁春雪　　李　蒙　　黄彬凌　　徐传语
郦宇琦　　常贺星　　郭　嘉　　徐诗文　　贺　然　　赵　妍
杜舒婷　　钱宇阳　　刘清愔　　徐素雅　　路丽君　　朱丹妮
胡文颖　　袁振宇

新媒体研究院

钟　旺　　孟佳惠　　孙丽丽　　于惟熙　　刘松吟　　熊悠竹
王泽奇　　吕同申　　许志源　　梅元龙　　杜　燕　　顾嘉杨
陈韵竹　　师　晨　　严　开　　朱俊炜　　余　翔　　张　政
李　谦　　王茂林　　蒋　林　　祁　豫　　王　品　　张　磊
王宇寒　　王学琛　　闫俏秀　　洪　燕　　赵加仑　　罗敏纯
邓　筱　　陈楠涯　　关惠元　　成可欣　　杨舒晗　　何思瑶
尹　鹛　　朱　娟

燕京学堂

钟　京　　韩　鑫　　吴一凡　　邓程程　　陈　庄　　艾　荻
胡晓艺　　徐　杨　　唐　尧　　徐　芮　　赵朕瑶　　刘若曦
周天尧　　马莹祎　　林　丹　　江安吉　　丁凌霄　　张　璐
王子宇　　徐淑瑜　　李思聪

第四临床医学院

周　衡　　武　斌　　陈洪群　　刘　波

口腔医学院

张又文　　赵阳阳　　徐　韬　　张碧茹　　邓雅奇　　袁晓静
黄　燕　　叶克强　　胡孟龙　　赵忠芳　　李　丹　　岳　奇
黄　婧　　张哲玮　　姚心韵

精神卫生研究所

赵琦华　　范自立　　梅　婷　　孙　霄　　王琳彦　　张于亚楠
孙雅馨　　张　月　　张记春　　陈斯婧　　马运东　　刘　媛
王祎然　　王玉璐

临床肿瘤学院

韩　霄　　袁　帅　　柳　霞　　杨　扬　　付　佳　　高微波
于　欢　　陈冬芍　　许天笑　　林彧夫　　杨　洁　　苏丽明
冯冬冬　　李北芳　　王静远　　李思敏　　闫君雅　　库雯静
金成根　　潘　放　　司振铎　　闫国军　　李　帅　　何国礼
张屹然　　侯文运　　王　琦　　王　惠

第五临床医学院

李　昱　　贾适瑜　　范鸿儒　　何　碹　　晁颖颖　　梅　迪

史林平　李　明　王　欢　江　炘　赵旭伟　刘　颖
张毓艺　王　玉

中日友好临床医学院

原亚莉　张　媛　赵婷婷　高　桐　郑晓晓　王　涛
曹　凡　王维雪　张丁丹　张科文　邓　维　臧晓慧
魏　妍　张传鹏　时利军　赖世聪　张　创　杜　雷
刘　会

第九临床医学院

李红彬　宋　玉　何亚男　姜静雯　王　琳　滕浩波
庄文娟　邱　涛　宋继鹏　刘志晨　卓德义　韩思圆

航天临床医学院

许天琪　史瑞崎　周　航　李德善　单　勇　凌　霞
李美辰　孟晓暄

首都儿科研究所

于方圆　李晶晶　张　骞　曹佳捷　李　丹　张　静

民航临床医学院

宁玉东

北京大学/香港科技大学医学中心

程　冉　杨　静　黄莉敏　高宏彬　贾静静　孙军营
姚　绿　范龙龙　张延强　栾昕宇　刘　俊　李晓坤
亓　月　贾会真　李志韡　孙梓灵　刘雅菁

首钢总医院

鞠文浩　郑繁荣

北京地坛医院

张曼卡　汪　笛　曹卫华　宋凯丽　叶小慧　蔡胜男

解放军第302医院

刘佳梁　吴海沁　高苗苗　邵金曼　赵　爽　董颖婕
王丹丹　林晶晶

北京回龙观医院

玄　燕　张　苹　张　蒙　钱　程

基础医学院

李　璐　何静宇　杨玉林　陈　霁　赵　茜　张　萌
王　琴　张伟文　杜宁宁　王丽萍　吴瑀峰　王　俊
谢　喆　齐雪唯　张　欣　张　含　姚美男　赵　扬
安全明　夏　艳　彭书杰　王　滢　戴玉川　张添卓
李欢欢　陈重九　刘　娥　姜　海　吴　勔　蒋春梅
刘凌超　郑凤娇　施江程　冯标琪　沈奇杨　崔雨萌
刘子涵　赵　苗　曹旖旎　史运迪　陈　琳　张亦楠
陈曼丽　叶　晖　邓金海　孟晓璐　张梦想　周滋晶
蔡小娥　尹湘莎　韩海潮　高　天　翟子超　李明浙
吴崇阳　班艺倩　王　婷　杜亚琴　赵超然　苏　铭
顾友余　史　超　霍　然　赵红岩

药学院

王　聪　吕　卓　韩子飞　沈燕君　张　烨　安　邦
陈芝婧　范子博　吕　鹏　赵玉琼　刘晏博　周雨梅
李　晨　李远恒　金滋力　张逸群　满春霞　王　冬

姚　烨　田振宇　范洪玮　张伊楠　许　斌　何　娜
朱　凯　陈　欢　徐彬瑗　郝亚萌　李飘飘　刘禹希
文晓进　崔泽旭　匡　易　李欣然　彭光华　李子圆
张婧莹　阙梦圆　刘　婷　詹　威　张婧媛　陈　宽
王栩达　刘　纯　周雪莹　李　灏　殷一凡　韦蒙熳
张文杰　张世林　梁舒瑶　万　琪　程士轩　王明瑞
梁启慧　赵　勋　郑怡然　李　岩　杨　睿　邓运强
杜筱雯　王瑶琪　傅孟元　林兆晗　梁广楷　薛　杨
尹雅杰　杨　琦　杨岸蒲　陈　曦　卜英子　潘　军
江　澜　张圊铭　王玉鹏　萧　阔　邱凌琪　孟　帅
卢文博　王增辉　李亦博　刘锦荣　李丽丽　张军英
仝令坤　孔秋云　龚　娇　王康华　周梦洁　郑倩南
刘芸奇　牛振岚　孟　盈　黄宗泽　王志鹏　黄慧霞
潘良坤　雷　丽　贺佳楠　王　帅　许青霞　韩　雅
孟雨晴　宋茂远　闫　仪　黑　玉　潘安妮　邹　洋
何楚瑜　郭李盈　张　珂　李昀倩　豆晓东　李文超
张　菡　周童亮　李　灿　郭　宁　薛良敏　杨　冰
张乐天　苏　红　付　毓　王金龙　宋小敏　张文茜
王　兴　高　也　杨　聃　梁欢欢　余　林　徐晓江
郑丹萍　黄文慧　房舒舒　张　璐　李俊蕾　王学阳
刘立平　陈　晴　安雅晶　张　楠　文　程　王睿晴
李　敏　赵　莹　高菲菲　顾歆纯　王利群　王艺疃
于小桐　张询研　金　晶　张　雪　洪　妍　田芳芳
王　蒙　徐兴农　王漫雪　王　琦　张笑天

公共卫生学院

李鹏程　史末也　刘博涵　齐慧颖　帕拉赛提·阿地力
杨　俊　赵厚宇　黄可慧　黄　超　黄　辉　张敏佳
徐荣彬　高雅静　火　达　赵丽君　司亚琴　胡升星
张永亮　周　景　刘佳兴　赵思雨　陈　思　王梦楠
乔怡然　窦长松　王　裕　谢　婧　董宇琪　任锦丽
黎　力　程子茜　金冠一　王鑫岩　马　爽　程祎明
高　鹏　李嘉琛　张　健　王宇晴　田　园　王　琦
吴震天　钟倩雯　郭铭烟　王　童　米胜男　林燕铭
胡　康　王天星　承　钰　周文娟　史　薇　许艺凡
马秋月　黄　尧　贾　旭　邢金栓　黄焕焕　王　丹
秦东亮　孙美平　李　谦　刘小莉　王　迪　杨忠平
王怡欣　杨晨璐　杨　玄　张慧峰　高　熙　谷一硕
肖艳慧　霍文华　樊　成　李春晓　申　倩　谢俊卿
张杜丹　王梦莹　吴士艳　张　欣　庄　昱　宋雨亭
和一恒　彭丹璐　杨　川　程之远　沈金平　刘　伟
杜　倩　乌　兰　姜颖颖　贾丽霞　彭华参　郑　茹
孙　颖　王　宇　姜金茹　于锦慧　刘欣然　刘　硕
李怡雪　宋卿卿　艾　萍　孙晓艳　张　乐　李乐玲
戴云鹤　张静茹　夏浩业　邢慧媛　柴艳玲　娜荷芽
张　莎　张　婷　谭雪庆　周晓天　田　荣　景日泽
张　众　张纯洁　苏彬彬　张　慧　闫旭　刘　艳

蔡 婷	马 俊	王汝佳	何丽月	张艺潇	孙晓玉
王菁菁					

护理学院

雷云宏	普 珍	崔航菁	杜佳敏	李钊杨	刘聪颖
李朝煜	刘珂珂	公冶慧娟	达 珍	冯晓琳	孙晓红
张 敏	王 轶	王 薇	王 娜	牛玉婷	沈丽琼
张丽洁					

医学人文研究院

陈珍晴	卢 鑫	杨迎迎	甘 伟	李志芳	陈 茜
王 明	张 琪				

第一临床医学院

王 瑜	王 晓	许 晗	刘 欣	张璐璐	牛曼曼
田小雨	张 婷	陈志慧	崔 云	刘林枝	王 昊
董朝彤	王潇潇	逄 璐	李丽萍	秦冉冉	郭 琪
赵子龙	杨尧政	逄丽丽	刘 军	苗原溢	陈凤惟
王振华	张真真	李 媛	牟 琳	娜日格乐	李 鹤
惠宇航	李妞妞	张 娜	童欣云	高 畅	周雪迎
孔玉侠	邢 晨	黎思娴	林慧婷	王丹清	纪光杰

曹 珮	关 豹	程 立	郑又文	胡 博	高文娜
申镐源	赵 靖	卜姗姗	何渊慧	刘向君	

第二临床医学院

李 桢	穆 青	王 珊	李 慧	苏 晴	陈泉谕
杨华威	程文瑾	刘炼华	郑 晨	刘佩浩	赵晓珍
鲁宇青	肖文静	王之龙	洪 艳	杨 璐	薛 婧
谭 江	薛 霖	任 欣	张康龙	李胜男	张艺民
蔡士铭	李以煊	陈 文	李娇娇	额日登娜希	
张红亮	曹宸喜	张维宇	洪 扬	韩 帅	郭辅政
李旭明	陈姵諄	郭仲砚	黄昱羲	李永柏	王伯阳
李 沼	李天琦	许 晖	刘艳琳	王慧霞	

第三临床医学院

白 茜	牛小豆	尼 华	张睿怡	淮 静	黄 宁
李维特	吕向鹏	温宁馨	米文君	葛李娜	张诗婷
安 然	郭思若	李焱冬	宋子皿	吴 萌	韩 悦
李 琪	张亚飞	高 山	官 剑	杨亚兵	李由昭
周启云	管志远	丘剑彬	刘智芳	薛灿灿	郝宏翔
林怡均	张晓圆	张旭阳	杨 霞		

毕业博士生名单

数学科学学院

邬龙挺	韦东奕	陈明娟	史际帆	李奎杰	向茂松
黄晨笛	凌松波	程家豪	李 伟	郦 言	陈敬珊
王亚平	王 楚	匡阳钰	孙张鹏	龚世华	郭 南
林志明	王志超	何 迪	马利敏	王祎炜	李 君
胡盛清	张 楠	李从辉	夏素缦	陈 里	魏 亮
蔡 政	陈亚萍	吴昌晶	孟 琪	王渝西	张 林
柏 升	潘 育	唐鑫星	刘双龙	韩京俊	胡 涵
余海江	王倩雯	郭旭峰	王 敏	吴 迪	孙鑫伟
陈继勇	谢杰华	赫 杰	黄卫杰	秦 雪	

物理学院

管 健	陈弘毅	刘德子	郭钞宇	王逸伦	蔡超逸
骆德锟	程宇清	任 霄	陈逸航	初奕琦	申 晨
戴攀曦	陈 运	高永凤	周小朋	王鹏捷	陆 星
刘力谱	谢柯盼	卞梦颖	李鹏程	摆 展	冯 俊
吴 强	常恒心	朱 磊	刘慧颖	陈建国	黄 静
李 冲	赵 辉	王凯杰	王泽骥	肖英东	容科秀
刘 强	徐新荣	庞景龙	庄德浩	朱晓文	秦伟伦
刘少帅	朴 琳	李晨光	廖 庆	许 铮	王 翌
倪 相	王 栗	吴嘉懿	李明婷	王 群	孙宁晨
孔凡航	杨伍昊	燕莹莹	张 琨	吴丽莉	吕 鹏
张 靖	王 睿	祖 帅	肖轲迪	冯玉龙	袁 伟
李峰云	白兰强	吴 疆	杨 倩	郭峥山	任娟娟

刘堂昊	潘廷瑞	赵伟博	陈兆营	王雨佳	李浩松
朱 怡	栗宇航	周 阳	盛经纬	王鹏飞	朱文杰
王广娟	丁以民	邵 云	杨肖易	燕保明	刘晓雪
邓 欣	王 帅	袁 颖	陈嗣栋	黄亦鹏	杨大能
章 亮	芦 宏	牛晨阳	张成龙	孟 果	傅 琪
汤富杰	赵园红	项 玉	胡荣豪	阳金珉	曾 凌
葛红星	方 鑫	赵怡程	上官晋沂	马 超	李彩珍
付 雷	陈丹丹	孙传奎	潘圆圆	侯瑞祥	冯清松
王 涛	陈晓菲	汤雨诗	许金艳	刘东皓	徐 静
胡 蕊	程玉田	汪知昌	殷雅彦	张银峰	周恩平
陈 科	张 滔	于赫夫	董 良	段文晔	王 春
曹汉森					

化学与分子工程学院

段洪超	王 熠	段 博	于雪荣	杜旷舟	汪 胜
李 璁	冯世强	荆慧泽	史刘嵘	陈珺娴	赵博涵
陈补鑫	周 胜	杜 鑫	祁丽亚	陈 均	张玉哲
杨晏泉	高智悦	魏 莹	葛 韵	王建武	李方园
相 雨	王文慧	王铭展	聂 哲	何逸仕	柳 杨
何智力	于秋红	李林楠	蔡良圆	娄 宁	谢 霞
高雪冬	陈 露	赵子丰	张永亮	杨玉飞	丁 莉
张 玲	侯平平	李梦竹	翟筠秋	杨驰远	赵秋辰
顾贤睿	谢梓骞	付嘉琦	魏连环	胡子琦	杨 薇
吴雨桓	胡世超	张淑冬	代林秀	梁和乐	袁浩森

许佳儒	王腾	叶森云	黎建	王天祎	袁晓涛	靳戈	周慎	李思闽			
于静雯	申森森	韩冬	陈思	戴亚中	王子乐	**中国语言文学系**					
赵微微	张丰	来旸	刘王莲	马汪洋	何佳媛	陈佳	赵博	罗桢婷	范雯	胡静静	王利娟
张笑	张云飞	郑晓慧	高鑫	过新炎	赵文慧	刘彬	孔凡娟	叶跃武	靳成诚	车致新	梁苍泱
辛娜	林若韵	张佩值	于聿律	王子宽	王宇豪	钟志辉	张培婧	孙尧天	王启玮	张鹏	傅松洁
祁晓月	李耕	赵秀兰	潘巍	陈小向	熊锦	艾则孜·阿不力米提		刘雪莹	胡洋	李静	俞昕雯
王晓曼	陈世铭	姜延龙	陆勇	王志杰	何建刚	班龙门	沈沫	袁琳	薛静	焦一和	许若文
王晓威	王浩博	张则尧	周策	王鑫	种丹丹	桂枭	聂卉	何旻	林少芳	边明江	余素勤
王康	吴小慧	卢彦冬	张先浩	赵甜梦	时朔	仲济强	葛旭东	张学谦	吴宝林	毛若苓	李林芳
顾克骅	张晓辉	王旭升	刘培	张梅	张婷婷	黄雅诗	吴芸莉	马千	丁彧藻	陈兰薰	任荷
生命科学学院						张一帆	张金光	张婷	李亚祺	高寒凝	李远达
郭元媛	郭羽	高妍	杨威	季银	薛瑞栋	**历史学系**					
杨佳怡	李文渊	李壮	侯林	任合	胡莉莉	李金仙	求芝蓉	苗润博	罗敏	姜涛	刘会文
丁阳	马翠艳	管哲	解婷婷	王嵛	陈赫	张蒙	刘祥	张慕智	章成	周君恺	朱义群
刘晓萌	梅龙	宋靖慧	李莉	尉晓林	李荣琴	蒋凌楠	彭福英	柴芃	赵宇	何芊	陈肖寒
方润	郭心怡	刘宁菁	汤赞	谢夏青	王朝阳	胡晓丹	王鸳嘉	张建斌	赵秀宁	周雯	曹金成
林薇	郝冬冬	刘玉祥	郭红	宫赟赟	贺敬	赵垫均	关荣匀	李慧	郭宁	尹航	李小波
孙田舒	张玉豪	黄培鑫	姜冬青	张靖若	杨传真	柳朴方	吴愁	高翔宇	田卫卫		
李圆君	杨本灿	林睿	张翼	胡博强	陈宋彬	**考古文博学院**					
杨晓旭	孙妍	朱明月	舒飞	于中秋	张婷婷	郭凤妍	高玉	王思渝	李晴	陈冲	于小莉
邵世鹏	魏梦萍	葛增祥	万俊男	廖杨洁	程斯进	李昱龙	范佳楠	何月馨	胡传耸	卢亚辉	王书林
吕国良	蔺亚男	徐毅曦	王帅	魏军	刘希明	艾婉乔	李云河	徐斐宏			
李冰峰	遇赫	李颖星	丁淼			**哲学系（宗教学系）**					
地球与空间科学学院						王淼	王哲然	方圆	高洋	李天赐	覃诗雅
冯梦	朱雪峰	程翔	胡瀚文	李世林	郑踊谦	李璐楠	陈建美	周丰堇	王荏	兰洋	李亮
刘建强	杨婷	王浩然	任杰	欧阳新艳	王为中	戚强飞	王钏	吴宝麟	种方	张涵静	王帅
张丹	施力	朱文	安圣培	陈伟	杨川	钟治民	顾超一	姚宇臣	文晗	李松	聂建松
康端	王梓媛	赵永安	谭翔	张鑫龙	余黄露	余建滨	李震	王凯歌	吕存凯	潘龙飞	朱雀
王潮	毛小红	杜书恒	王娜	段站站	周弋涛	夏蒸泽	沈抒寒	杨祖荣	周努鲁	林凯	李楷
陈彦	陈彦阳	张东海	赵多	康永建	宋世伟	白辉洪	吴畏	王坤	王生云	薄化君	刘璐
张成业	智宁	赵文智	赵亮亮	刘恺	秦霏	韩蒙	宗志杰	史少秦	孙德利	刘欢	
叶云涛	黄臣军	刘磊	陈威宇	张宇波	郭佳鹏	**国际关系学院**					
张迎迎	葛茂卉	高静	曾亮	胡方泱	辛宇佳	陈晓径	李侃	马勇田	邱晨曦	张建宏	王龙林
彭杨	朱建江	曹露青	周彤	岳俊	孙亮	曹德军	胡王云	杨超越	周冰鸿	马妍	张元
杨鹏	许强伟	熊鹰	刘仲兰	刘瑞麟	潘一凡	邱道隆	陈昌煦	王钏	周灿灿	陈永	
黄俊松	林文彬	陈希	侯俊雄	鲁昊	翟卫欣	**经济学院**					
耿丹阳	梁贺明	疏孙平	黄小龙	高中博		王永健	袁锐	王娜	徐斌	李炳堃	杨宾燕
心理学系						何明洋	张博	王镝	唐琦	段志明	杨扬
范小月	罗路	陆灵犀	尚思源	席思思	庄明科	刘雯	秦云	易天	原野	张晓云	宋煜
刘钰	韩晓春	孔改清	白麒钰	冯望舒	沈波	钱嫣虹	应征	杨威	祝歆	徐昊	范庆祝
薛欣	朱紫云	祝伟丽	康冠兰			韩佳伟	杨镇瑀	高雅	程元方	梅亚冲	张涛
软件与微电子学院						何西龙	邹佶叡	宋龑娜	任宛竹	马骥涛	张立元
张奇惠	蒋杰	张君福	罗杨	李平		廖媛					
新闻与传播学院						**光华管理学院**					
布玛丽亚木买买提		唐聖瀚	刘源	唐红	林超	贺凯彬	陈东杰	李沙浪	李文健	李行健	朱英伦
王素君	郭立	翟秀凤	张倩	石晨旭	薛松岩	郑玮	郑仪	成也	陈硕	江嘉骏	王百强

吕渭星	杨伊佳	刘 洋	刘海洋	王雪芳	吴 敏		艺术学院				
王俊喆	吴宇晨	刘 杰	刘丽文	姜海纳	陈 康	年 悦	王 欣	吴 键	张小群	王 汉	孙 博
詹 硕	续 继	高子涵	齐宝鑫	齐 谦	刘 畅	王欣涛	王 硕	刘文文	鞠高雅	任文惠	王 桓
何 捷	汪荣飞	钟覃琳	陈戴希	吴 琦	李晨煦				对外汉语教育		
唐 瑄	田文佳	杨文君	白 烨	宋志涓	朱 凯	刘 路	李爱萍				
郇 钰	张 林	周咏龙	金 苗	何 顶	赵振宇				深圳研究生院		
刘 岩	丛明舒	樊 帅	余 音	李江雁	胡琼晶	白 杨	马文静	陈 凯	王倩倩	耿 浩	邹旭东
殷子涵	王 江	王梓雄				陈永丽	彭晓红	李 洋	邵文斌	常媛媛	杨志敏
			法学院			刘德芳	陈家辉	林青松	肖 舒	蔡 羽	徐 鹏
尉承栋	孔康妮	陈彦廷	易 立	左 婧	田 磊	李靖旭	卢慧玲	郭晓敏	吴 谦	胡 钊	肖 雄
吾采灵	魏 姝	岳 鹰	张 强	吴奕锋	缪若冰	胡江涛	余 敏	张 健	彭思宇	司岩岩	邹北冰
孙 彦	张其鉴	董学智	叶 研	盛泽宇	宋海宁	冯 燕	王 珍	李 苗	王飒飒	方 程	闫冠蓉
韩其珍	卢 桂	袁 琳	孙新宽	吴雨豪	金 曼	陈柱文	曹 阳	黄智辉	史兵兵	张乐陶	顾月青
葛向孜	汤 岩	王首杰	胡诗雪	林敏浩	季 华	赖宝玲	蒋雪涵	蒋艳红	杨晓杨	王 婷	杨 超
余 峰	王若思	马强伟	王 越	廖秋子	赵理智	张 馨	蔡晓丹	廖林萍	林雄斌	龚志婷	郑文露
白 冰	贺亚宜	陈志平	姚 傑	李一笑	熊 孜	方丹青	张鹏鹏	马 立	鄢春华	袁 浩	朱倩琼
冀 放	黄晓稣	温学鹏	佘倩影	施 刚	袁阳阳				信息科学技术学院		
魏妩媚	孔令勇	唐夕雅	李大何	谢 芳	蔡元培	敬玉梅	高 峰	万志涛	巩啸风	倪良富	王 源
孙棋琳	闻 韬	张钰羚	蔡 仙	韩 磊	朱学磊	蒋卓轩	俞毓锋	肖 阳	袁鹏飞	蔡华谦	林再盛
时业伟	徐 俊					李田甜	王振宇	栾 添	毛 静	姜正申	孟凡琛
			信息管理系			黄威靖	范红杰	肖如吾	刘 璐	李 想	王方林
程煜华	迟玉琢	江信昱	祝振媛	俞敬松	关思思	周龙飞	林锦坤	赵钰迪	仲东来	沙 磊	陈维政
陈 慰	何 芳	王晓笛	韩娟娟	闫志开	刘 菡	王宏宇	黎桐辛	吴功涛	郭少锋	李友焕	张剑坤
梁宵萌	赵元斌	杨志维				杨文瀚	余乐乐	刘宇玺	皮宇丹	林佳宝	尹龙祥
			社会学系			王云鹤	周 辰	李马丁	刘航帆	陆光易	官 勇
郑观蕾	黄国英	孟宪红	申 超	张樹沁	田思钰	夏继业	张 涵	潘 多	王 昊	谢小龙	吴忠英
王超文	王伶鑫	林 叶	马 征	方洪鑫	张丽萍	郑 重	樊鸿飞	王积银	邱绍岩	杨保国	王明郎
崔思凝	张巍卓	金炜玲	涂 鹏	宋庆宇	张 韵	潘成伟	江佳伟	何春华	王 田	熊俊宇	陈燕辉
孙 超	王雅静	李家驹	白美妃	庞圣民	李 飖	张盛楠	黎文浩	李盛龙	肖梦梦	尹伊淳	沈 磊
			政府管理学院			张 洁	谭继伟	宋辛童	唐良晓	黄 平	赵 龙
李海强	赵亭亭	徐小庆	郭俊雅	孙瑜康	唐 宇	李 帅	向国庆	张灵倩	马靖寰	朱子骁	李 云
陈聖鏗	郭 科	汪泽波	景 晶	徐晓红	刘舒杨	丁圣利	张 雪	李骏之	顾高臣	张 衍	李旭楠
张志超	彭莹莹	雷明昊	唐秀锋	季程远	伍芷蕾	徐东昊	许 晨	张 宪	张 健	田 宇	周晓梁
田和壁	彭 云	吕立邦	王 哲	王彦博	董志霖	张金波	张海峰	徐晶晶	韩宇翔	顾小影	罗荣亚
冯 维	郭晟豪	张玉佩	郭 洁	邓 航	刘江远	胡 韬	李心白	胡夏蒙	王宗巍	谈仲纬	王紫东
黎娟娟	乔世政					张番栋	周 柱	洪 帆	崔积适	宋 璐	
			外国语学院						国家发展研究院		
刘吉平	吴 樘	王一力	李 冉	陈建华	王景云	李 欣	王 淼	李 想	陈鑫泉	李惠璇	傅虹桥
李淑静	吕国燕	姜 楠	龚兆华	潘潇寒	李亚兰				教育学院		
王 雯	姜 雪	张 哲	黄 蓉	孙晓雯	高佳艳	解启健	王 涛	王晓琳	颜晓华	吴永才	席宇梅
李 芳	鲍叶宁	张静灵	暴凤明	赵玉珍	岳文侠	张学众	原 帅	娄 雨	康 乐	张文玉	贾巍巍
宋 平	沈安妮	郭晓春				缪静敏	周丽萍	游 鑫	宋 哲	曾 妮	陈 丹
			马克思主义学院			孙宏玉	秦 博	马川茼	杨大伟	李枝秀	李玉萍
张 伟	许全林	王 晨	华 安	陈 丹	杨 华	徐祥运	王孝武	孙 贺	官 华	黄 琳	吕宏伟
金 梦	刘晓兰	黄春明	刘临达	黄 斐	汪 越				人口研究所		
谢超林	任 远	梁 爽	王春华	汪 潆		何 平	吴 飞	高嘉敏	江海霞	程昭雯	

前沿交叉学科研究院

来威锋	鲁慧囡	刘 琨	董 璐	李舒祺	郭 潇
陈莹莹	李婷婷	余亲林	孙宇婷	任华英	胡玉琼
李 明	刘莉娜	仁	王 军	苏 哲	王晨光
谈振军	江小青	张鸿敏	周益装	李 欢	叶永鑫
项 斌	亓 月	郭 俊	邵丽娃	周 旭	李 威
祝融峰	崔孟华	王奕蓉	李明亮	庄申甜	高 爽
高玉娟	江卓灵	李应龙	王 杰	孟令伟	雷琬莹
米丽拜尔·赛买提	田 莹	李茂东	贾 凡	张冰馨	
胡 玥	郑巧霞	叶 子	吕 骏	康义敏	朱文桢
井 淼	刘红博	刘 旸	张志博	王 茜	陈艳敏
常兴华	陈号天	马成川	陈 曦	何 康	束加沛
高总茂	梁 浩	李佳玉	牛晶晶	郭鹏茹	尹 岑
陈 露	周 莉	陈永灿	朱秦毓	于俊韬	田明洁
郑问枢	施逸豪	吴含嫣	王轶楠	李梓维	谢鑫宇
马庆伟					

工学院

王 萌	周光照	杨旭三	贾立超	于美娜	谢肇恒
蒋 峥	唐 肖	吴 鑫	赵云红	刘 丹	杨 成
郭亚光	刘俊义	王长显	赵振根	瞿 冲	代 冲
赵 宇	吕跃祖	严岑琪	吴金根	高延子	张 磐
宋文杰	夏仲弘	邹 呈	张 珅	黄心宇	李 刚
苏 妮	姚松柏	熊 思	国晋崧	徐文静	张兴玉
王林娟	陈安琪	隋修凯	王 琦	康文婷	张 诚
黄 苑	杨 艳	邓亚骏	刘 晗	陈旭东	周 洁
边 东	赵亚萍	孙东哲	金炜炜	周协波	骆丹媚
孙牧旸	赵天山	滕 瑶	左宇轩	陈 曦	吴旭东
刘 宽	周显东	周 豪			

城市与环境学院

刘 浩	刘年凯	张晶灿	李天娇	高 環	刘伟健
刘慧颖	肖 悦	赵繁荣	陶 玮	郎 朗	许重阳
刘松雪	卓少杰	金羽翔	李 欣	潘雪莲	钟奇瑞
杨 卉	张海韵	程 颖	李 桐	张 虹	郑国贸
王东宇	王 超	陈天鸣	丁新军	张 杰	刘蓓蓓
杨 晨	蔡传洋	郭伟超	葛世栋	朱 力	吴佳雨
柳 絮	汪 浩	李沛霖	许 婵		

环境科学与工程学院

蔡 靖	王明金	徐文杰	黄倩倩	杜卓菲	王易初
陈 岩	文 雯	刘士磊	王 琛	王海潮	张 舰
王玉珏	徐范范	党晨原	李 菁	李 欢	李梦仁
唐 溪	陈 曦	郑云昊	吴 桢	梁中耀	陆文涛
王梓元	刘树枫	吴 丹			

分子医学研究所

宋 纯	吴齐辉	李明立	柴祖映	肖 瑶	王 灿
曾凡新	张会远	彭继光	赵德尧	徐 浩	黄小帅
闫 瑛	吴一荻	顾凯丽	申 晴	王茜雯	宋欣韵

魏国琴

基础医学院

刘惠蛟	丁雨竹	周 瑞	杜从阔	赵桂珍	于震维
田纳西	李 婧	朱 枫	李国亮	张 洁	王亚军
洪杜北琦	徐灵驰	沈 晖	漆 豪	丁羚昱	李莹璐
赵 鹏	卢 颖	郭思思	刘诗颖	孙露露	许炜智
张云鹏	袁富文	曾 攀	林 欣	贺敏威	吴浩铭
李雪映	陈青芳	范晓岑	徐 煜	张晨冉	贾一挺
张兴中	沈从乐	俞 冰	阴凯麟	沈晓孟	谭玉琴
李治明	杨 银	魏苏宁	王军凯	陈 文	康雪敬
付静轩	李玉瑭	张 欣	郑 璨	宋佳桂	战 锐
马百荟	房 煊	何 瑞	董 昭	王 乐	刘 菲
赵 宁	周 禹	江 浩	孙 凯	吕思霖	王迎宝
徐文静	魏丽丽	丁 慧	张志远	麻 慧	邢金浩
翁 琳	刘 莹	周骏拓	安 宇	李 扬	王嫱怡
范 瑾	龚婉云	倪先强	李 芳	唐婧姝	王 渴
阿布都热依木江·艾力		孙 娟	李 冰	何 莉	
刘雪静	于瑞丽	朱素杰	严小娥	孙艳坤	贾英丽
师 乐	梁 洁	钟丹丹	江颖颖	刘青颖	李美婷
何 林	詹相文	李海波	郑 桐	张明智	高 健
宋 石	黄丹丹				

药学院

荆 宇	张浩然	王 轩	张建美	吴 勇	李 伟
姚 望	张 悦	郑小青	孙婧媛	钱 蕙	郑锡康
李 凯	钟 婷	刘建梅	宋 艳	杨志伟	杨先桃
王晓阳	李 磊	刘 扬	王颖璐	郭志刚	吴秀稳
韩清华	吴 琼	徐晶晶	卜琦鑫	张精亮	徐祥清
王 婕	董雅琼	吴一鸣	海沙尔江·吾守尔		郭 强
温 然	马晓丽	杜智勇	陈斌龙	孙阿宁	赖世荣
刘建忠					

公共卫生学院

阳益德	王小竹	廖春晓	王 烁	田 霖	王栋芳
赵 琳	孟若谷	林珊珊	程吟楚	隽 娟	项 骁
张鲁豫	孟庆贺	江 华	何晶晶	廖凯举	刘志科
余 恺	余 珉	秦晨曦	朱怡冰	李海龙	刘胜兰
金音子	苏春燕	赵文芝	李 迪	申 鑫	

护理学院

王亚亚

医学人文研究院

唐 健	李 俊	王 鑫	柳之啸

第一临床医学院

胡 健	赵 腾	姬超岳	李绪文	王安琪	樊 帆
王若珺	欧阳雨晴	成 欢	周 颖	窦若冲	谢 玥
贾 卓	唐世英	丁长民	彭 翔	刘晓妍	范则杨
白 赟	黄思铭	杨菁华	刘 庆	刘 冰	朱佳琳
魏 锋	郝清清	刘 佳	张文晴	秦岫波	孙凯律

龙云飞	刘 爽	何培欣	周 明	李 伟	姜雅楠
韩尚容	钟文龙	李蔚鸥	胡臻娴	苑 辰	赵朕龙
周 斌	饶小龙	高翠歌	何 姣	李沁芮	李白虹
夏昌宇	张 玥	韩 倩	王 飒	顾秋华	孟思君
周天瑜	王留均	陈素芳	易圣果	冯 程	鹿媛媛
杨 洋	陈善稳	李 军	陆 远	曾 琦	刘 明
张仲斌	张 达	冀浩然	傅晓娜	李红霞	张婉怡
陈 醒	李沐寒	陈建宏	闫琳琳	侯天芳	杨 耀
张鸿晨	苗圣超	贾 燕	王雅琴	陈 蕾	吴 婷
郭唯一	宋营改	邱 磊	盛今东	刘圣杰	李腾宇
王江宜	王子成	刘瑞星	杜剑彤	庞小溪	王承恩
李 媛	史宗明	顾晓斌	刘菊梅	向 倩	朱家叶
李淑品	白 薇	李亚祺	周 季	张 捷	张 晓
顾红波	冯宗昊	李 昕	张 展	黄文雯	杨亚姿
施秋萍	王世轩	陈 沛	白坤昊	王誉涵	赵亚雯
陈宇珂	林云飞	李佶松	罗 程	郭润碛	宋文静
佟正灝					

第二临床医学院

刘 晴	李志一	刘心怡	陈小曼	胡 洁	罗雪宜
梁之桥	刘心语	惠本刚	王依林	李 芳	杨 磊
高文君	卜一凡	胡梦雨	黄 鹤	李章来	谢琳峰
冒丹丹	姚雪妍	李 政	令狐丹丹	幸华杰	钱幼蕾
梁伟明	郭姝珉	刘敢伟	钟晓珠	冉姗姗	汤月恒
刘春雨	韩侨宇	李晓未	金铖钺	陈妮姗	袁梦荷
赵 恒	周之伟	史晨辰	成婧一	陈忠岩	张 琪
张雅薇	张 昭	郭 立	郭延秀	贾元元	张芮君
张 涌	李昌龙	梁会珠	宁 璞	徐 俊	裴旭颖
刘 龙	张加敏	徐丽玲	钟铠泽	邢 丹	郑炳鑫
刘奎生	刘辰君	盛正祚	翁 鉴	李 明	李延森
莱智勇	周 彪	高婷婷	夏会卡	赵 超	王 毓
王宇光	董阳阳	朱 晔	马晓冉	邵 苗	李 晓
邓利华	于文静	高学营	朱晓璐	王利娟	张 鹏
孙文强	段 硕	王 超	张龙辉	李伟浩	张一艸
蔡剑桥	仝其哲	刘逸群			

第三临床医学院

赵 晨	杜虎荣	岑羽捷	陈鹿嘉	张馨雨	王梦媛
徐晓楠	丁 瞳	袁翌斐	师丹娜	张稚琪	王首洋
张元鸣飞	冯 宁	余 翔	冀 拓	聂 丹	谢少华
李学敏	邱 媛	孟天宇	杨 斌	伍楚君	龚宏达
高 妍	李璐瑶	王 琪	何艺磊	段亚娟	刘 鑫
姜旭东	杨林承	张铁超	王晓晓	于 菲	李 娇
姚丽红	王 晓	丁玉静	史晓明	赵琰誉	杨 岑
刘小燮	卢 瑶	褚红玲	杨 宁	于若寒	张巍方
王富华	高 娟	江文俊	刘金哲	王艺萌	田丹阳
王纪莲	张 稳	张 腾	吴 寒	王 鹏	陶连元
滕 泽	史尉利	任 博	朱巍巍	李淑芳	张云聪

耿 姣	周思佳	闵丛丛	刘兴邦	廖艺璇	邓湘宁
王 冲	程 秦	崔 宁	闫慧敏	张 芊	李文迪
吴昌远	高哲辰	鲁 蒙	赵世录	马清伟	吴 超
李映昱	常红花	高丽香	葛喜凤	张家豪	

第四临床医学院

钱 驿	何琦非	张 腾	李屹钧	郭斯翊	薛 喆
王 颢	宋卿鹏	王晋超	万书杰	郑汉龙	张世红
王 玲					

口腔医学院

陶船思博	梁 奕	王文斯	彭丽颖	吴唯伊	谢严毅
柴金友	张玉玮	张 瑞	邢远航	石冰清	柳 英
刘政文	刘冠楠	王佳莎	吴宇佳	孙 源	沈惠丹
文 曦	朱筠轩	谢 静	尹 爽	王 倩	张添文
胡心怡	徐灵巧	杨一帆	何 筝	李 澍	朱 林
夏文棣	张皓羽	阮梦娇	朱 斌	张 敏	王 越
荀 喆	张亦欣	薛心彤	余婷婷	翟洁梅	颉慧菲
张 鹏	赵 璐	杨文文	李永亮	张雪明	马若晗
叶 欣	张理伟	王月君	夏丹丹	李文悦	董 凡
曾 丽	刘 阳	刘福良	刘文逸	姜玺军	肖 娜
韩 冰	袁 苑	任 真	周培茹	汤祎熳	易小松
朱晓鸣	郑小雯	刘 洋	王雅慧	宋文莉	刘国景
赵丽萍					

精神卫生研究所

张 晓	徐德峰	陈文浩	岳晶丽	董 敏	闫 婧
李月真	倪照军	刘静然			

临床肿瘤学院

董颐杉	陈宇帆	许燕峰	郑 晔	谭智超	张 静
姬 智	徐 婷	孟 玥	高娟娟	吴 思	冯君楠
孙瑞佳	范振华	李丽婷	邹建玲	石 琦	吴晓雯
蒋姗彤	李 莎	刘 菲	史存真	李 佼	刘镇涛
马 梦	汤 欢	樊 聪	米 兰	傅润甲	杨晓伟
石 晨	王雅坤	王正航	陈 雪	赵培悢	王 震

第五临床医学院

张泽宇	尹若昀	都明辉	李怡婧	李伟婧	李建坤
李 瑾	刘军川				

中日友好临床医学院

文鹏飞	贾雪宏	王圆方	王 琦	敖日格勒	石景丽
万伏银	赵有让	张保建			

第九临床医学院

苏海洋

北京大学/香港科技大学医学中心

蔡旖斐	马俊轩	刘圣林

北京地坛医院

周 利

（研究生院、医学部研究生院）

留学生研究生毕业生名单

毕业硕士生名单

物理学院
Kim Kum Song

生命科学学院
Jason Yh Chuang

心理学系
Jan, Catherine Lingxue
Choe, Ye Ra

软件与微电子学院
Gan, Thiam Hoe

新闻与传播学院
Kim, Yejin
Aglyamova, Gulnara

中国语言文学系
Keng Hwee Neo
Lim Sin Yee
Golez Luka
Chen Fan Jing
Choi, Wonjun
O'connor, Peter Thomas
Lee, Sangok
Joo Hyewon
Kulaev, Nikita
Kijima, Chiharu
Kim, Hana

历史学系
Choi Ariha
Zhang, Boyao

考古文博学院
Lau, Long Ling
Lee, Joonyup

哲学系（宗教学系）
Turner, Kevin James
Landry, Nelson Elliott

国际关系学院
Won, Kyoungha
Sultanova Assem
Daly, Aoife Lorraine
Won, So Hee
Seubha-Nich, Siripitcha
Lara-Fabienne, Ebert
Karakash, Daria
Viana David, Raphael
Lee, Jindong
Jiang, Marco
Chau, Yueh Shyang
Lee Ahnje
Fiddis, Tony Colin Adair
Fontaine, Sandrine
Spiers, Hannah
Kim Myongsun
Woo Hyun Kyung
Min Taeung
Gorsky, Annika Yu-Qing Simone
Federl, Patrick
Costachioiu, Andreea-Roxana
Bernard Stevenson, Runako Celina
Rajiv, Abhiramini Marie-Jan
Schaefer-Brand, Jakob
Luk, Hoi Yung
Tan, Yup Lim Ezekiel
Disson, Laure
Jung, Dawoon
Arion, Mara Claudia
Tsuru, Miyuki
Park, Sangjun
Surer, Malcolm Thomas Marie
Kim, Somi
Benedicte Kinkolo Buanda
Mendo'o, Joseph Olivier
Kang, Seong Jun
Forman, Ines Sophie Caroline

经济学院
Tan, Dickson Di Sern
Pak, Namsong
Umezu, Tsuyoshi

光华管理学院
Lee, Hyun Jee
Park, Sengyup
Jung, Jimoon
Jong, Chol Song
Soh, Peng Sern
Jannuzzi, Dario

Higuera, John
Kwon, Soon Bum
Jiang, Cheng Yang
Zhang Ying
Pak, Jusong
Zellinger, Fabian
Choi, Hyun
Jensen, Ulrik Tarp
Ko, Eunju
Kim, Bumho
Rim, Yuri
Ruangpanyaphot, Tanik
Nkatha, Asithandile
Choi, Junmo
Namhyuk Ghim
Hishammuddin, Faris Hussein
Kim, Taekyu
Park, Soojin
Song, Incheol
Momoh, Miatta Michella
Koh, Lee How Andy
Giraldo, Estefania
Ly, Jonathan
Choo, Sung Min
Lee, Dongwoo
Xiaohao, Xu
Das, Swagata
Moon, Duk Il

法学院

Wan, Shanahly Lock She
Maurice, Jean-Francois
Moonyoung Choi
Greiwe, Jan-Alexander
Ganbold, Chimegjargal
Julien De Zelicourt, Hugues Jean-Marie
Saparova, Suray
So, Dae Woong
Valdez, Lex Armando
Taiyoon Lee
Khuoy, Kosol
Zhuo, Fanny
Safronova, Mariia
Costa Leal, Hander
Hae Seung Lee
Kurbanova, Malika
Kim, Eun Hea

信息管理系

Cho Sang Wouk
Su Liu, Devi

社会学系

Fujita, Rise

政府管理学院

Armani, Filippo
Fay, Alexander Craig Benson
Babovic, Tara
Stefani, Francesco
Kamara, Mohamed Lamin
Malual, Anthony Makuac Majok
Ikiriinya, Caroline Kinya
Abdulai, Zaharawu
Khin, Mar Aye
Chilengi, Rutendo Rachael
Sankoh, Hassan
Monyika, Wada
Kadri, Somia
Kong, Sothearith
Singh, Vaishali
Holi, Michelle Nanjekho
Tsebetsebe, Queen
Kamara, Mohamed
Obonyo, Boniface Otieno
Jaber, Bashar Abdel Qader Taha
Aribam, Angellica
Khatri, Raunab Singh
Gosiame, Tshoganetso Tiny
Nduwimana, Sandrine
Bur, Simon Lam Reek
Mishra, Babita
Park, Heeyoung
Alahmad, Lubna
Motlhako, Lesego
Zhang, Jiayi
Lolleh, Alieu Mahmoud
Page-Jarrett, Imogen Kate
Hamraliev, Mahmudjon
Bah, Mohamed
Oysharja, Orpita

外国语学院

Yamada, Taira

艺术学院

Zeng, Eric Young
Oh, Yunha

Jeon Dayeon

Elise Cheng Xu

对外汉语教育

Rim, Hana

Kim, You Jin

Zhu, Jie Yun

Seo, Seungyon

Kim, Wonsoo

Myo Oo

Gwak, Minju

Lim, Eunju

Park Beomsu

Kim, Chaeyi

Thongcharoenpanich, Thitinut

Yurita

Biianova, Mariia-Aleksandra

Wongfu, Phichet

深圳研究生院

Mwamunyi, Ammi Julian

Smejkal, Jan

Martin, Regina

Freudenreich, Thomas

Jeon, Ga Hye

Tantrawenith, Methawee

Tsotskolauri, Sophiko

Olaleye, Sherif Olakunle

Ta, Tamara

Iiyambo, Ottilia Namutenya

Giladi Shtub, Tamar Ida

Villarreal Cabrera, Javier Antonio

Moreira Izurieta, Fazzia Lisseth

Khamrin, Tuaranin

Jagannathan, Gayathri

Meythaler Gonzalez, Eduardo Efrain

Oh, Hyekyung

Khin Lin Lin

Isham Syah Putra Bin Mohamed Naushad

Martinez Apecechea, Julen

Jia Jun Qin

Banchongsiri, Paweena

Muvunza, Taurai

Getachew, Hannah

Lynn Lynn Aung

Brandes, Thilo

Chin Wen Ly

Qiu, Anastasia

Wang, Dan Wei

信息科学技术学院

Tran, Quoc Hung

工学院

Neoh, Kuang Hong

环境科学与工程学院

Michael Yunshen You

新媒体研究院

Tan, Joy Xiao

燕京学堂

Shlimak, Miriam

Kleinaltenkamp, Moritz Jan

Holliday, Jacob

Van Deutekom, Joost

Stec, Grzegorz

Bergen, Olivia Nicole

Teo, Tze Ern

Cook, Jenna Margaret Hua Si

Kwon, Jung Jae

Jili , Bulelani

Terwitte, Jakob

Gurung, Shubhda

Conrad, Emily Catherine

Chang, Diana

Phraerungrueang, Aruth

Degtiarev, Pavel

Groden, Claire

Posada Martinez, Ivel

Gray, Alexandra

Murphy, Christopher Jamal

Vitvitska, Marta

Tee, Ren Ling Alicia

Dovi', Max Sebastian

Trnka, Benjamin

Mikkelsen Ryan Andrew

Liong, Jing Hao

Tanaka, Riaki

Bao, Jullian

Patil, Vaishnavi Sanjay

Houk, Veronica Te-Ping

Ersan, Yagmur

Chanda, Sudarshana

De Haan--Montes, Gabrielle

Wilson, Georgina Korkoi

Kedia, Mohnish

Feldshuh, Hannah

Stojanovic, Nikola
Cibralic, Beba
Grefenstette, John Edward
Hongler, David Jeremy
Van Luijk, Maithe Monica Marie
Gal Danit
Hallermeier, Johannes Magnus
Zhang, Zoe Marissa
Hopp, Ty
Kim, Brian J.
Ermakov, Nikita
Christensen, Thoger Kersting
Debutts, Matthew
Tos Sijake, Luyolo
De Sadeleer, Ewoud
Tchebotareva, Ekaterina
Bueno Sachs, Laís
R0mer, Maximilian
Azizbaeva, Diliaram
Hall, Samuel Leung Ao Rong
Alexandria S Williams
Khabir, Sam
Lewis, Alix Xianthe Mary
Niu, Jeffrey Honghao
Xu Céline, Si
Kim, Dongwoo
Moore, Thomas Charles
Grizia, Agustin
Grunberg, Laura Maria
San Martin, Lucila Danae
Kazmi, Syed Muhammad Nishat Ul Hassan
Simons, Rexroad
Werkmeister, Thomas
Tang, Belinda Huijuan
Pinagel Barcellos Bessimo, Thiago
Kelly, Kristen Theresa
Ferigolli, Sofia
Izquierdo Fernandez, Jose
Spring, Caitlin Jeanette
Kariuki, Harriet
Dementyeva, Yuliana
Tcybikova, Tcybzhid
Hunt Iii, Ralph Alexander
Chen, Wei
Levine, Rose
Kanduri, Veeresh Kumar

Badr, Mohammed-El-Fatah
Oduro-Mensah, Stephanie
Raud, Mikk
Muthoni, Santana Wangui
Teo, Zhi-Xiang
Tran, Quoc Anh
Prasad, Ravi
Boyce, Andrew Hongen
Koivistoinen, Tuulia Marjut Emilia
Reshovsky, Zachary
De Sauvage Nolting, Hylke

南南合作与发展学院

Bebe, Simon Tor
Mollel, Edwin Stephen
Kazule, Brenda Fiona
Lim, Chhunleang
Jere, Louis
Katepe, Justina Ndahafa
Buyogera, Hassan Yusufu
Thibbutumunuwa, Nipuna Malinda
Lebbie, Marian Bondu
Ahmad, Obada
Mucherwa, Oliver Ngoni
Kidane, Teklay Fikadu
Said, Said Makame
Gora, Omar Haji
Muiruri, Winnie Njeri
Ziqubu, Thandanani Phumlani
Sitchanova, Kamila
Ndiaye, Abdoulaye
Mwedziwachena, Ordeal
Zhang Zheng, Emily Sinkey
Hirpa, Bezu Wakbeka
Wina, Derrick Sibeso
Mukanhairi, Anesu Blessed

第三临床医学院

赵中和

口腔医学院

金智文

毕业博士生名单

数学科学学院

Lasker Ershad Ali

化学与分子工程学院

Manish Kumar Priydarshi

心理学系
Urielle Beyens

新闻与传播学院
Alice Giusto
Kwon Hyunjung

中国语言文学系
Dam Han
Win Yinyin
Park Minah
Lee Myungjung
Hamed Vafaei
Taiki Hayakawa

历史学系
Lee Dong Uk
Yalinkilic,Tuba

考古文博学院
Jihyun Kim

哲学系（宗教学系）
Hyunjung Park
Simha Sharon Yael Small
Sara Kar Bo Wong
Xiao Ping Zheng

国际关系学院
Zaitsev Iaroslav

Jang Youngduk
Umut Ergunsu

经济学院
Weon,Hye Ryun

法学院
Sl Lee

社会学系
Sl Lee

政府管理学院
Park,Seon Ok
Rikiya Kitagawa

艺术学院
Lee, Ruda

对外汉语教育
Mi Hong Kim

工学院
Faghih Abdollahi, Mahdi
Abbasali, Abouei Mehrizi

城市与环境学院
Shin Hyunsil

药学院
林向红

（研究生院、医学部研究生院）

附 录

2018年部分媒体报道索引

主题	副题	作者	作者单位	报刊名称	出版日期	版面
人北清师公布"双一流"建设方案	北大清华两校提出的改革措施中均包括人才培养体系改革及人事制度改革等内容			北京青年报	2018.1.1	04
俞敏洪：无用的书是土壤 有用的书是肥料				北京日报	2018.1.2	14
"专业类国标"再反思		卢晓东	北京大学教育学院研究员	中国科学报	2018.1.2	5
把握中国现代化的历史方位		钱乘旦	北京大学博雅讲席教授	人民日报	2018.1.5	7
公益是企业的一种竞争力		姚洋	北京大学国家发展研究院院长	北京日报	2018.1.8	14
北大清华将办高中生冬令营				北京青年报	2018.1.8	A5
2017年度国家自然科学奖项目名单	北京大学数人获奖			科技日报	2018.1.9	9
2017年度国家技术发明奖项目名单（通用项目）	北京大学数人获奖			科技日报	2018.1.9	10
社会政策在民生制度建设中的作用		熊跃根	北京大学社会学系教授	光明日报	2018.1.12	11
和林庚先生相处的日子		韩毓海	北京大学中国语言文学系教授	光明日报	2018.1.12	14
坚定中国文学自己的道路		林毅夫 刘培林	北京大学新结构经济学研究院院长 国务院发展研究中心研究员	人民日报	2018.1.12	24
以高质量发展迈向高收入国家		闵维方	中国教育发展战略学会会长、北京大学原党委书记	人民日报	2018.1.14	5
优先发展教育事业				中国教育报	2018.1.15	1、3
弘扬传统 凝练特色 推进"双一流"		关海庭	北京大学政府管理学院教授	中国教育报	2018.1.15	05
发掘借鉴治国理政的历史智慧——《老子政治哲学》简评				人民日报	2018.1.15	16
提升中国在国际学术组织中的影响力	访国际纯粹与应用化学联合会主席、中国科学院院士周其凤			人民日报	2018.1.18	17-19
提升中国法学的研究品格		朱苏力	北京大学法学院教授	人民日报	2018.1.22	16
在国家治理现代化中翻开行政法学新篇章		姜明安	中国法学会行政法学研究会副会长、北京大学法学院教授	人民日报	2018.1.22	16
以"公益"化"公害"，社会治理一法则		燕继荣	北京大学政府管理学院教授	北京日报	2018.1.29	15
拓展党内法规制度研究视野——评《扎紧制度的笼子》		庄德水	北京大学廉政建设研究中心副主任、北京大学中国改革理论与实践研究中心研究员	中国教育报	2018.1.25	05

(续表)

主题	副题	作者	作者单位	报刊名称	出版日期	版面
"要用上前线的激情来读书"	西南联合大学的学风与精神养成			光明日报	2018.1.29	16
留美北大生与父母决裂 谁造就了"瓯废的皇族"				中国青年报	2018.1.30	2
拿出高血压防治的中国处方		霍勇	北京大学第一医院教授、中华医学会心血管病学分会前任主委、全国政协委员	人民日报	2018.1.29	23
"校书犹扫落叶，随扫随有"——从《史记新本校勘》谈起		辛德勇	北京大学中国古代史研究中心教授	光明日报	2018.1.31	16
养老社会化新趋势		穆光宗	北京大学人口研究所教授	北京日报	2018.2.5	14
抓住区块链这个机遇		窦佳丽	北京大学光华管理学院金融科技实验室研究员	人民日报	2018.2.26	17-20
"地利"：地理中的道理		唐晓峰	北京大学城市与环境学院教授	北京日报	2018.2.12	16
建构中华智慧谱系	评张岱年主编《中华的智慧》			光明日报	2018.2.28	16
用新思想指引教育方向	全国教育系统深入学习贯彻习近平新时代中国特色社会主义思想纪实（上）			中国教育报	2018.3.3	1、3
《厉害了，我的国》：长剑凌风抒国志，本固邦宁系民情		宇文利	北京大学马克思主义学院教授、博士生导师，北京大学习近平新时代中国特色社会主义思想研究院研究员	央广网	2018.3.4	
北大帅瘤京西院落户门头沟	预计提供床位800张，2020年市属优质医疗资源将覆盖16区			北京青年报	2018.3.2	A6
写作是青春的撞合		陈晓明	北京大学中国语言文学系主任	中国青年报	2018.3.5	11
理性和德性的消费才被尊重		穆光宗	北京大学人口研究所教授	北京日报	2018.3.5	17
老家一定在县里		唐晓峰	北京大学城市与环境学院教授	北京日报	2018.3.5	19
回忆法学大师罗豪才教授		姜明安	北京大学宪法与行政法研究中心主任、教授	北京日报	2018.3.5	20
准确认识我国五种产业类型		林毅夫	北京大学国家发展研究院教授	北京日报	2018.3.5	18
直播带你360度看两会 大咖有话说	经济怎么看 大咖有话说	林毅夫	北京大学国家发展研究院教授	人民日报	2018.3.11	12
利用慕课技术促进京津冀教育协同发展		林建华	全国人大代表，北京大学校长	北京日报	2018.3.13	5
全面推进依法治国依宪执政		姜明安	北京大学宪法与行政法研究中心主任、教授	光明日报	2018.3.13	05

（续表）

主题	副题	作者	作者单位	报刊名称	出版日期	版面
推动宪法全面贯彻实施	法学法律界专家学者学习宣传贯彻宪法座谈会综述			光明日报	2018.3.14	08
新时代全面推进依法治国建设的根本遵循	认真实施宪法，全面推进依法治国	姜明安	北京大学宪法与行政法研究中心主任、教授	北京日报	2018.3.19	13
让宪法法律融入百姓生活	访北京大学法学院教授姜明安			人民日报	2018.3.21	17-19
迈向网络强国建设新时代		谢新洲	北京大学新媒体研究院院长	人民日报	2018.3.23	7
北京大学英国校区正式启动	中国大学首次在发达国家独立建设国外自主管理实体办学			光明日报	2018.3.27	12
中国高校"走出去"要水到渠成	访北京大学校长林建华教授			光明日报	2018.3.27	12
北京大学英国校区正式启动	中国高等教育"走出去"的一次勇敢尝试			中国青年报	2018.4.2	11
革新北大				北京日报	2018.3.27	16
痛悼恩师宿白	他当之无愧是对中国考古学教育贡献最大的人（上）			北京青年报	2018.4.2	B1、B2
痛悼恩师宿白	世上还没有人能对他的贡献做出整体评价（下）			北京青年报	2018.4.2	B1、B2
全面深化改革是全方位的社会革命	新时代为什么不能丧失革命精神	陈培永	北京大学马克思主义学院研究员	北京日报	2018.4.2	13
北大附中：戏剧节托出成长新舞台				中国教育报	2018.4.4	07
中国经济增长成功的三个具体原因		姚洋	北京大学国家发展研究院院长、教授	北京日报	2018.4.9	13
科学思想的伟力历久不衰	论马克思主义革命性与科学性的统一	赵家祥	北京大学哲学系教授	人民日报	2018.4.9	16
"拔尖计划"升级2.0版 高校如何培养"大师"				中国青年报	2018.4.9	9
"人室弟子"与师生交往的危险空间		卢晓东	北京大学教育学院研究员	中国科学报	2018.4.10	5
科学思想的力量		田刚	中国科学院院士、北京大学副校长	光明日报	2018.4.10	13
"北大排名四一九，我们非常惭愧"	胡适的两次讲演			北京青年报	2018.4.13	B10
留恋旧发展方式、面对的风险不比转向新发展方式小		厉以宁	北京大学光华管理学院名誉院长、教授	北京日报	2018.4.16	13
学术研究须植根于事实		钱乘旦	北京大学博雅讲席教授	光明日报	2018.4.16	14
传统饱含原创		楼宇烈	北京大学哲学系（宗教学系）教授	人民日报	2018.4.17	24
高君宇：中国青年革命之健将				光明日报	2018.4.18	04
中国大学这波操作不一般	世界多地开分校			北京日报	2018.4.18	15
王尽美：三首小诗写二十七年人生				人民日报	2018.4.22	4

(续表)

主题	副题	作者	作者单位	报刊名称	出版日期	版面
北大开课:"这课不是电竞培训"	电子游戏—一个有问题的好东西			中国青年报	2018.4.23	8
千年之约	王选夫妇			北京日报	2018.4.24	13
持续加大对基础研究的投入和支持		任羽中	北京大学党办校办研究员	人民日报	2018.4.27	12
为患者治病 更要为他们" 魔心	北京大学血液病研究所副主任医师杨申淼			光明日报	2018.4.26	04
高校思政理论课教学有了统一标准				光明日报	2018.4.27	08
琴韵书香悠远	纪念北京大学建校120周年	谢 冕	北京大学中国语言文学系教授	光明日报	2018.4.27	13
献给母校的生日礼物		张曼菱	作家, 制片人	光明日报	2018.4.27	13
你还记得王选吗				光明日报	2018.4.28	05
高校学位授权自主审核意味着什么				光明日报	2018.4.28	1
百廿星辰 巍巍北大	写在北京大学120周年校庆之际			光明日报	2018.5.1	1, 2
办中国特色世界一流大学先抓三件事	习近平在北京大学考察 与马克思主义专业毕业学生分享学习心得			北京青年报	2018.5.2	A3
坚持办学正确政治方向 建设中国特色世界一流大学	习近平总书记的考察在北大引起热烈反响			光明日报	2018.5.3	03
肩负起国家和民族的希望	习近平总书记在北京大学考察时的重要讲话在北大师生中引起热烈反响			人民日报	2018.5.3	2
追梦需要激情和理想, 圆梦需要奋斗和奉献	习近平在北京大学考察时强调	习近平		人民日报	2018.5.3	2
在北京大学师生座谈会上的讲话		习近平		人民日报	2018.5.3	2
抓住培养社会主义建设者和接班人根本任务 努力建设中国特色世界一流大学				中国教育报	2018.5.3	1
同新时代共同前进	各地高校师生畅谈习近平总书记在北大考察时的重要讲话			光明日报	2018.5.3	03
做坚定的马克思主义者研究者传播者			北京大学党委理论学习中心组	人民日报	2018.5.4	7
教育之本在于立德树人	深入学习贯彻习近平总书记在北京大学师生座谈会上的重要讲话精神	宇文利	北京大学马克思主义学院教授,博士生导师,北京大学习近平新时代中国特色社会主义思想研究院研究员	中国教育报	2018.5.10	5
无数铃声遥过碛		齐东方	北京大学考古文博学院教授, 博士生导师	人民日报	2018.5.2	22
在北京大学师生座谈会上的讲话		习近平		北京日报	2018.5.3	2

（续表）

主题	副题	作者	作者单位	报刊名称	出版日期	版面
扎根人民 奉献国家	习近平总书记的考察在北大大师生中引起热烈反响			北京日报	2018.5.3	2、3
北大校友分享传奇学术经历	蛰伏20多年研究"大问题"，年过半百叩开"大猜想"			北京日报	2018.5.4	5
我熟悉的北大建筑		马克垚	北京大学历史学系教授	文汇报	2018.5.4	12
北京大学邵逸夫教育基金设立	支持学校生命科学前沿研究			中国教育报	2018.5.4	03
99岁校友、78级校友返校再聚首				北京青年报	2018.5.5	01
北大77、78级校友返校再聚首				北京青年报	2018.5.4	A4
全面深刻把握习近平总书记教育思想	习近平总书记考察北京大学重要讲话在北京引起强烈反响			光明日报	2018.5.5	04
努力建设中国特色世界一流大学	人民日报评论员			光明日报	2018.5.5	04
先贤对北大的期许已成为现实	北大迎来120周岁生日 校长林建华宣言			北京青年报	2018.5.5	05
关注问题	马克思主义哲学的价值所在	丰子义 付锦睿	北京大学哲学系（宗教学系）教授 北京大学马克思主义学院硕士	中国青年报	2018.5.7	2
立德树人	人才培养的核心			中国青年报	2018.5.7	2
习近平《在北京大学师生座谈会上的讲话》单行本出版				光明日报	2018.5.8	1
第二届世界马克思主义大会在京举行				光明日报	2018.5.6	01
立鸿鹄志做奋斗者 勇担民族复兴大任	各地高校师生深入学习贯彻习近平总书记在北京大学师生座谈会上的重要讲话精神			中国教育报	2018.5.6	02
繁荣发展21世纪马克思主义美学	纪念马克思诞辰200周年	董学文	北京大学中国语言文学系教授	人民日报	2018.5.8	14
《红星照耀21世纪中国》魅力何在		温儒敏	北京大学语文教育研究所所长	人民日报	2018.5.8	23
伟大民族精神是我们自信的底气		叶自成	北京大学中国战略研究中心主任、教授	人民日报	2018.5.9	7
马克思为什么是最伟大的思想家		闫志民	北京市习近平新时代中国特色社会主义思想研究中心顾问，北京大学马克思主义学院教授	北京日报	2018.5.9	6
北大附小	一场与生命对话的课改			中国教育报	2018.5.9	08
深入落实立德树人根本任务 为中华民族伟大复兴中国梦砥砺前行	教育部党组印发《关于教育系统深入学习贯彻习近平总书记在北京大学师生座谈会上重要讲话精神的通知》			中国教育报	2018.5.4	1

(续表)

主题	副题	作者	作者单位	报刊名称	出版日期	版面
创演《根鸟》北大学生幻想未灭	献礼120周年校庆 曹文轩名作改编为话剧			北京青年报	2018.5.11	A15
全球大学面临共性问题	来自世界知名大学校长的讨论	林建华		光明日报	2018.5.15	13
《共产党宣言》是马克思主义诞生的标志			北京大学习近平新时代中国特色社会主义思想研究院	人民日报	2018.5.16	7
北京大学登山队成功登顶珠峰		贺 飞	北京大学学科建设办公室副主任	北京日报	2018.5.16	11
高校"双一流"建设的根本遵循		郝 平	北京大学党委书记	中国教育报	2018.5.16	07
给世界提供一个鲜活的"中国样本" 中外名家同台研讨马克思主义理论		厉以宁	北京大学资深教授、光华管理学院名誉院长	中国青年报	2018.5.16	4
马克思主义来到中国必须跟中国国情结合		王浦劬	教育部习近平新时代中国特色社会主义思想研究中心研究员、北京大学政府管理学院教授	中国青年报	2018.5.16	4
"人民性"思维	新时代政治发展的逻辑主线	于鸿君 宇文利	马克思主义学院院长 马克思主义学院副院长	光明日报	2018.5.18	11
面向人类美好未来的青年使命	青年专场分论坛一瞥			中国青年报	2018.5.16	4
黑色皮壳裹藏着和田玉	北大宝石鉴定中心首次检测黑皮玉器，在古玉史上有了惊人发现	孙 华		北京日报	2018.5.18	20
埃德加·斯诺与北大的不解之缘		潘 飞	中国埃德加·斯诺研究中心主任、北京大学元培学院党委书记	光明日报	2018.5.20	12
离京活藏证、离美水藏证	《晚中手艺》读后		北京大学传播学博士	光明日报	2018.5.20	12
北大今年首次按投档分数确定专业	昨天，北京大学、清华大学举行校园开放日			北京青年报	2018.5.20	05
美国保守主义兴起的"智库"因素		李 强	北京大学政府管理学院教授	北京日报	2018.5.21	6
北大清华等高校发布2018年招生政策				中国青年报	2018.5.21	4
中华文明有很强的自主性		袁行霈	北京大学中文系教授	人民日报	2018.5.22	24
扎根人民 奉献国家	北大毕业生就业党员示范引领班			光明日报	2018.5.22	05
中华民族是守望相助的大家庭		马 戎	北京大学社会学系教授	人民日报	2018.5.23	7
主动把权力关进制度笼子 彰显监察机关的自信担当		庄德水	北京大学廉政建设研究中心副主任	光明日报	2018.5.25	05
马克思主义的未来在中国		陈培永	北京大学马克思主义学院副教授	北京日报	2018.5.28	16

(续表)

主题	副题	作者	作者单位	报刊名称	出版日期	版面
扎根大地办大学 不负使命写青春	全国各地高校深入学习贯彻习近平总书记在北京大学考察时的重要讲话精神			光明日报	2018.5.29	03
北大赛克勒考古与艺术博物馆庆生	1993年5月27日正式开放 是我国高等院校中第一所考古专题博物馆			北京青年报	2018.5.28	A4
把坚定"四个自信"融入教书育人全过程		陈培永	北京大学马克思主义学院研究员	人民日报	2018.5.31	7
以人民文艺凝聚中国力量		韩毓海	北京大学中国语言文学系教授	人民日报	2018.5.29	24
在生活实践中传承文化		楼宇烈	北京大学哲学系（宗教学系）教授	人民日报	2018.5.30	22
北大计算机所技术和市场都要"顶天立地"				科技日报	2018.5.31	6
中华美学是丰富又开放的美学		彭锋	北京大学艺术学院教授	人民日报	2018.6.1	24
深化对人类社会发展规律的认识		赵家祥	北京大学哲学系（宗教学系）教授	光明日报	2018.6.4	15
乡村振兴以都市圈为主要依托		杨开忠	首都经济贸易大学副校长、原北京大学秘书长	北京日报	2018.6.4	13
"有特色""高水平"辨析		夏文斌	北京大学马克思主义学院教授、石河子大学党委书记	光明日报	2018.6.5	13
为孩子提供生命全周期呵护	北大医院成立儿童健康发展中心			中国青年报	2018.6.7	6
什么制约着文科学科人才培养		卢晓东	北京大学教育学院研究员	中国科学报	2018.6.5	5
网络强国战略思想的理论价值和时代贡献		谢新洲	北京大学新媒体研究院院长	人民日报	2018.6.5	7
永葆中国特色社会主义学底色		陈培永	北京大学马克思主义学院研究员、副教授	中国教育报	2018.6.6	04
清华北大自主招生开考	入选资格考生名单将于6月22日公示			北京青年报	2018.6.11	A6
清华、北大自主招生考试开考	1172人通过清华初审，降分优惠10-60分；1719人通过北大初审，降分优惠20-60分			新京报	2018.6.11	A07
发现急性心肌梗死留置胃肠道症状		田兆兴	北京大学第三医院急诊科医师	北京日报	2018.6.15	19
推进网络新闻舆论工作创新		谢新洲	北京大学新媒体研究院院长	人民日报	2018.6.15	7
当代中国马克思主义的哲学阐释	读《21世纪中国的马克思主义》	丰子义	北京大学哲学系（宗教学系）教授	光明日报	2018.6.15	11
"公共环境中的悲剧，要弄清原因和责任"	北大副教授李迪华《"与人为敌"的人居环境》演讲刷屏，直指"危险的城市建设"			新京报	2018.6.15	A13
君士坦丁皇帝的东方战略		李隆国	北京大学历史学系副教授	光明日报	2018.6.18	06
四个数字读懂央行货币政策委员会	委员会成员从15人减少到14人；金融专家全部换血；14名委员中多人有国内名校工作背景			新京报	2018.6.20	B07

(续表)

主题	副题	作者	作者单位	报刊名称	出版日期	版面
建一流本科教育还需要打通哪些堵点	6月21日，新时代全国高等学校本科教育工作会议在四川成都举行			光明日报	2018.6.22	08
教育部部长陈宝生：本科教育的8个"首先"				光明日报	2018.6.22	08
回归本科教育 答好时代之题				光明日报	2018.6.22	08
"不抓本科教育的高校不是合格高校"	新时代全国高等学校本科教育工作会议侧记			中国教育报	2018.6.22	1, 3
人类植入前胚胎多组学研究获新进展				人民日报	2018.6.22	19
糖尿病患者可无针注射胰岛素				人民日报	2018.6.22	19
解决好现代化经济体系建设的关键问题		姚 洋	北京大学国家发展研究院院长	人民日报	2018.6.24	5
对"逆全球化"应有更多观察		张颐武	北京大学中国语言文学系教授	北京日报	2018.6.25	16
《王寅日记》	清代西北丝绸之路实录	王晓秋	北京大学历史学系教授	北京日报	2018.6.25	16
不同的回信 共同的初心	北大等3所高校举办迎"七一"主题党日团日活动			中国教育报	2018.6.26	1
认识把握马克思主义的实践性		赵家祥	北京大学哲学系（宗教学系）教授	人民日报	2018.6.25	16
新时代坚持和发展马克思主义的旗帜	学习习近平同志在纪念马克思诞辰200周年大会上的重要讲话精神		北京大学党委理论学习中心组	人民日报	2018.6.27	7
北大红楼诞生北京第一个中共组织				北京日报	2018.6.28	13
交融化、弥散化 宗教发展的主要态势		丰子义	北京大学哲学系（宗教学系）教授	北京日报	2018.7.2	14
弄清"西方主流话语"的变化		张颐武	北京大学中国语言文学系教授	北京日报	2018.7.2	14
史学终究是史学		钱乘旦	北京大学历史学系教授	北京日报	2018.7.2	15
暑期参观北大需提前七天预约	每日上限3000人 入校要通过实名验证和人脸识别			北京青年报	2018.7.6	A10
北大女生索马里护照汤国威				北京青年报	2018.7.9	A3
不断实现自我完善和发展		闫志民	北京大学马克思主义学院教授	人民日报	2018.7.6	7
厉以宁：改革不可止步				光明日报	2018.7.8	12
世界哲学大会促进中国与世界互相理解		王 博	北京大学副校长、第二十四届世界哲学大会中国组委会执行主席	光明日报	2018.8.17	08
充分发挥独特制度优势 推进协商民主广泛多层制度化发展		宇文利	北京大学习近平新时代中国特色社会主义思想研究院研究员，马克思主义学院教授	人民日报	2018.8.24	7
听王选讲自主创新的往事				文摘报	2018.9.1	8
一位迎来汉字印刷新时代的科学家				文摘报	2018.9.1	8

(续表)

主题	副题	作者	作者单位	报刊名称	出版日期	版面
"改革开放到了一个新的重要关头"	一个非常重要的判断	陈培永	北京大学马克思主义学院研究员、博士生导师	北京日报	2018.9.3	16
创新是历史发展的主旋律		李伯重	北京大学历史系教授	人民日报	2018.9.3	22
在燕园,写下人文交流生动篇章	北京大学建设来华留学品牌			人民日报	2018.9.3	21
考上北大,然后呢				中国青年报	2018.9.5	12
投身时代萃取精华砥砺文章		陈晓明	北京大学中国语言文学系教授	人民日报	2018.9.7	24
理性的监管有哪些要素		姚洋	北京大学国家发展研究院院长	北京日报	2018.9.10	14
"西方":一个逐渐清晰的观念		欧阳哲生	北京大学历史系教授、博士生导师	北京日报	2018.9.10	15
究竟应该如何研究中国逻辑史	《符号学视野下的先秦名辩学研究》评介	陈波	北京大学哲学系(宗教学系)教授	光明日报	2018.9.10	15
以美育培养时代新人		叶朗	北京大学哲学系(宗教学系)教授	人民日报	2018.9.18	23
取消"清考"后还需改什么		卢晓东	北京大学教育学院研究员	中国科学报	2018.9.18	5
高校校训"德"字为先				北京日报	2018.9.19	19
深入研究中国如何从贫困走向共同富裕	《中国居民收入分配通论》简评	林毅夫	北京大学国家发展研究院教授	人民日报	2018.9.21	7
法治中国建设的历史性跨越		姜明安	北京大学宪法与行政法研究中心主任、中国法学会行政法学研究会副会长	人民日报	2018.9.26	7
新时代中国法治的重大发展进步		姜明安	北京大学法学院教授	北京日报	2018.10.8	13
为何出现了改革的旁观者		陈培永	北京大学马克思主义学院研究员、博士生导师	北京日报	2018.10.8	13
北大医学部育人课堂搬到军训场上	专业教师当指导员 与学生敞开心扉畅谈理想	张晓东	北京大学肿瘤医院消化道肿瘤内科专家	中国教育报	2018.10.8	03
冷静看待癌症发病率上升		姚洋	北京大学国家发展研究院院长	光明日报	2018.10.9	08
不要对货币莫名恐惧		李玫	北京大学国际外国语学院教授	北京日报	2018.10.15	18
国际赫梯学大会与赫梯学研究趋势		王博	北京大学副校长、教授	光明日报	2018.10.22	14
我们这个时代"有所见"的人		刘伟	中国人民大学副校长、教授	北京日报	2018.10.22	16
进一步释放消费力				北京日报	2018.10.22	13
经济全球化的中国方案深得人心		孙代尧	北京大学马克思主义学院副院长、教授	人民日报	2018.10.22	14

（续表）

主题	副题	作者	作者单位	报刊名称	出版日期	版面
中华文明独一无二的特质		马戎	北京大学社会学系教授	北京日报	2018.10.22	15
不落人"范式陷阱"，获诺奖的秘诀？		卢晓东	北京大学教育学院研究员	中国科学报	2018.10.23	5
经由美育抵达精神高地		韩毓海	北京大学习近平新时代中国特色社会主义思想研究院副院长	人民日报	2018.10.23	23
北京大学书记校长同日调整				光明日报	2018.10.24	08
多所部属高校近日换帅				中国青年报	2018.10.24	1、3
鲁迅先生的话，彭斯听了要好好听		王栋 孙冰岩	北京大学中美人文交流研究基地执行副主任 北京大学国际关系学院博士生	人民日报（海外版）	2018.10.16	01
萨米尔·阿明的北大情结		李健	北京大学马克思主义学院副教授	中国教育报	2018.10.25	05
中日关系需高瞻远瞩		初晓波	北京大学国际关系学院教授、亚非研究所所长	北京日报	2018.10.26	3
北京大学新闻学研究会成立一百周年	中国新闻学和新闻教育的摇篮	张慧瑜	北京大学新闻与传播学院研究员	光明日报	2018.10.26	13
美育重在熏陶与化育	谈美育的实施方法	彭锋	北京大学艺术学院教授	人民日报	2018.10.26	24
让民族精神融入政治文化	读《初心：重读革命精神》随感	程美东	北京大学马克思主义学院副院长、教授，北京市哲学社会科学中国化马克思主义发展研究基地首席专家	光明日报	2018.10.26	05
北京石墨烯研究院成立				北京日报	2018.10.27	3
陈平原：书有书的命运，该出手时就出手				北京青年报	2018.10.28	11
春雪的吟唱		朱良志	北京大学哲学系（宗教学系）教授，北京大学美育与研究中心主任，北京画院传统绘画研究中心主任	光明日报	2018.10.28	11
中国经济学要有更大的格局		林毅夫	北京大学国家发展研究院名誉院长，南南合作与发展学院院长，新结构经济学研究院院长	北京日报	2018.10.29	16
高校接受捐赠等情况透明度增强				北京青年报	2018.11.1	A5
公务员法拟推行职务与职级并行	公务员法修订草案昨起征求意见 新增"违反家庭美德"等禁止性纪律规定			北京青年报	2018.11.2	A8
公务员法修订草案"非领导职务"表述删除	施行了12年的公务员法拟作重要调整；习近平新时代中国特色社会主义思想写入总则；科学发展观、			新京报	2018.11.2	A09

(续表)

主题	副题	作者	作者单位	报刊名称	出版日期	版面
北京大学计算机科技体系早期发展历程	杨芙清学术成长资料采集工程管窥			中国科学报	2018.11.5	7
杨芙清的0与1				中国科学报	2018.11.5	7
不妨"经济搭台，文化唱戏"		陈平原	北京大学中国语言文学系教授	北京日报	2018.11.5	14
从国家视角探索经济发展道路	《大国发展道路：经验和理论》评介	黄桂田	山西大学原校长，原北京大学校办产业管理委员会办公室主任	光明日报	2018.11.6	16
金庸作品的魅力和文学养分		严家炎	北京大学中国语言文学系教授	人民日报	2018.11.6	23
民营经济发展迎来新的春天		林毅夫	北京大学新结构经济学研究院院长	光明日报	2018.11.7	13
首届21世纪马克思主义论坛举办				光明日报	2018.11.6	08
扎实抓好县级融媒体中心建设		谢新洲	北京大学新媒体研究院院长	人民日报	2018.11.8	7
远离癌症生活指南				解放日报	2018.11.8	7
北大民曲课直播送进百所乡村校	搭建传统文化教育平台 名师坐镇互联网直播课堂			北京青年报	2018.11.10	05
北京大学将在昌平规划建设新校区	位于马池口镇 将以人工智能为特色 发展应用型学科和新型工科			北京青年报	2018.11.11	04
北大将在昌平建新校区	以人工智能为特色，以面向未来的应用型学科和新型工科为主要发展方向			新京报	2018.11.12	A05
当今中国的"精气神"已焕然一新		刘伟	中国人民大学校长	北京日报	2018.11.12	20
服务国家战略 匡正常道常规则		王继华	北京大学原教育文化战略研究所所长，三智教育文化战略研究院院长	光明日报	2018.11.13	13
李大钊的文化观及其历史价值		陈晓明	北京大学中国语言文学系主任，教授	光明日报	2018.11.14	15
40年的辉煌和点点滴滴	评《中国时刻：40年400个难忘的瞬间》			光明日报	2018.11.14	09
怀柔科技城首个国际人才社区将开工	利用雁栖镇集体建设用地建设公租房项目，提供住房约1700套；怀柔科学城空间规划体系初步确立			新京报	2018.11.15	A07
文化记忆带来的情感震撼	文艺纪录片《西南联大》热播的启示	吴志攀	北京大学教授，原常务副校长	光明日报	2018.11.20	09
到底什么是"互联网思维"呢				北京日报	2018.11.19	17
泉州人才对接校园行将走进北京高校				中国青年报	2018.11.21	7
高校进人"严出"时代				中国青年报	2018.11.19	9

(续表)

主题	副题	作者	作者单位	报刊名称	出版日期	版面
于秋水长天处寻味	写在朱自清诞辰120周年之际	陈平原	北京大学博雅讲席教授、中央文史研究馆馆员	人民日报	2018.11.23	24
上古城市景观的衍变		唐晓峰	北京大学城市与环境学院教授	光明日报	2018.11.25	06
再谈"要致富先修路"	从国际范围基础设施投资模式比较看中国经验	林毅夫	北京大学新结构经济学研究院院长	北京日报	2018.11.26	13
在发展和治理中寻求平衡		燕继荣	北京大学政府管理学院教授	北京日报	2018.11.26	14
北大女生圆梦军营	新兵训练一个月瘦20斤 训练间隙开展心理咨询 参加护航部队远赴索马里			北京日报	2018.11.27	A4
大道薪火	《共产党宣言》中文首译本诞生记（上）			北京日报	2018.11.27	13、16
大道薪火	《共产党宣言》中文首译本诞生记（下）			北京日报	2018.11.27	13、16
考古传递理性 艺术激励创新		曹宏	北京大学赛克勒考古与艺术博物馆副馆长	北京日报	2018.11.29	19
副中心建设青睐清华北大人才				北京日报	2018.11.30	6
是药三分毒，安全用药应听专家怎么说		付东红 谢晓慧	北京大学医学部 北京大学药学院药事管理与临床药学系副教授	北京青年报	2018.12.1	11
告别以往关于中国经济史的错误观点		李伯重	北京大学人文讲席教授	北京日报	2018.12.3	16
研究型大学要培养引领未来的人		高松	华南理工大学校长、此前曾担任北京大学常务副校长	光明日报	2018.12.4	15
《儒藏》全本规模将超《四库全书》	中韩日越四国学者历经15载收集2000多年来儒家典籍文献，编纂即将进入实质性阶段			文汇报	2018.12.5	3
以深化改革化解民营企业融资困局		刘俏	北京大学光华管理学院院长	人民日报	2018.12.9	5
北京高校"双创"园孵化超300个团队				中国教育报	2018.12.6	02
有感于浙江高考事故		章启群	北京大学哲学系（宗教学系）教授	中国科学报	2018.12.10	1
北大学子与两栖"霸王花"	记"最美退役军人"、原海军陆战队某旅女子侦察队队员求莹			光明日报	2018.12.9	02
执政党的质量与前途		潘维	北京大学国际关系学院教授	光明日报	2018.12.10	14
智慧生活的个体让渡		邱泽奇	北京大学社会学系教授、长江学者特聘教授	北京日报	2018.12.10	14

(续表)

主题	副题	作者	作者单位	报刊名称	出版日期	版面
"人人争说夏文化"是不严肃的		孙庆伟	北京大学考古文博学院教授、院长	北京日报	2018.12.10	16
在总结经验的基础上不断深化改革		厉以宁	北京大学光华管理学院名誉院长、教授	光明日报	2018.12.11	15
协和医学院试点招收非医本科生	从北大清华和中科大等名校非医专业学生中选拔 首期班1/4从理工科转入医科			北京青年报	2018.12.12	A5
农村中学需要高校特别关注		卢晓东	北京大学教育学院研究员	中国科学报	2018.12.11	5
"两弹一星"人物肖像展走进北大				中国科学报	2018.12.14	5
高校不应做排名高墙内的"深宫怨妇"		陈平原	北京大学博雅讲席教授	中国科学报	2018.12.18	7
厉以宁：经邦济世不老心				中国教育报	2018.12.18	5
中国科协与北大共建科学文化研究院				中国科学报	2018.12.20	1
建设现代化区域发展体系		杨开忠	曾任北京大学秘书长	人民日报	2018.12.21	7
历史路标和时代意蕴	中国特色社会主义政治经济学形成和发展脉络	顾海良	北京大学马克思主义学院教授	光明日报	2018.12.21	11
王选：高科技应"顶天立地"				北京日报	2018.12.23	2
文化，要实现人的自觉自律		楼宇烈	北京大学哲学系（宗教学系）教授	北京日报	2018.12.24	15
2018中国高等教育十大关键词				中国教育报	2018.12.24	05、06
北大附中牵头办西二旗学校	海淀区年底整合多所学校 为金隅科技园、中关村科学城等提供教育保障			北京青年报	2018.12.29	05

校历

北京大学 2017—2018 学年校历

第一学期（2017.8.24—2018.1.16）

星期 月	一	二	三	四	五	六	日
八月	21/28	22/29	23/30	24/31	25	26	27
九月	4	5	6	7	1	2	3
	11	12	13	14	8	9	10
	18	19	20	21	15	16	17
	25	26	27	28	22	23	24
十月	2	3	4	5	29	30	1/8
	9	10	11	12	6	7	15
	16	17	18	19	13	14	22
	23/30	24/31	25	26	20	21	29
十一月	6	7	1	2	27	28	5
	13	14	8	9	3	4	12
	20	21	15	16	10	11	19
	27	28	22	23	17	18	26
十二月	4	5	29	30	24	25	3/10
	11	12	6	7	1/8	2/9	17
	18	19	13	14	15	16	24
2018年 一月	25	26	20	21	22	23	31
	8	9	3	4	29	30	7
	15	16	10	11	5	6	14
	22/29	23/30	17	18	12	13	21
		24/31	25	26	19	20	28

（周次按表格左侧列排序）

第一学期

一、新生报到
校本部、医学部：9月2日
深圳研究生院：9月1日至28日
留学生：9月1日至2日

二、新生体检和入学教育：9月3日至10日
本科新生训练营：9月3日至5日
深圳研究生新生入学指导：8月29日至9月3日

三、校本部本科生选课指导：9月7日
深圳研究生和研究生：9月4日

四、校本部开学典礼：9月8日

五、上课
校本部：9月11日
医学部：在校本科生8月28日
本科新生和研究生：9月11日
深圳研究生院：9月4日

六、在校学生注册
校本部：9月11日至15日
医学部：8月28日至9月1日
深圳研究生院：9月4日至5日

七、国庆日
9月30日、10月8日公休，课程照常进行

八、校学位评定委员会会议：11月15日

九、奖教金、奖学金颁奖典礼：12月1日

十、新生"爱乐传习"项目暨纪念"一二·九"运动师生歌会：12月9日

十一、元旦
12月30日至31日公休，课程、考试照常进行
2018年1月1日放假

十二、停课复习考试
校本部、医学部：1月2日至14日
深圳研究生院：1月15日至21日

十三、校学位评定委员会会议：1月5日

十四、教职工代表大会会议：1月10日

十五、学生寒假
校本部、医学部：1月15日至2月25日
深圳研究生院：1月22日至2月25日
（研究生寒假时间由导师安排）

十六、教职工轮休
校本部、医学部：1月17日至2月21日
（2月22日上班）
深圳研究生院：1月24日至2月21日
（2月22日上班）

北京大学 2017—2018 学年校历

第二学期（2018.2.22—2019.7.17）

星期 月	一	二	三	四	五	六	日
二月	12	13	14	15	16	17	18
	19/26	20/27	21/28	22	23	24	25
三月	5	6	7	1	2	3	4
	12	13	14	8	9	10	11
	19	20	21	15	16	17	18
	26	27	28	22	23	24	25
四月	2	3	4	29	30	31	1/8
	9	10	11	5	6	7	15
	16	17	18	12	13	14	22
	23/30	24/31	25	19	20	21	29
五月	7	1	2	26	27	28	6
	14	8	9	3	4	5	13
	21/28	22/29	23/30	10	11	12	20
			24/31	17	18	19	27
六月	4	5	6	7	1	2	3
	11	12	13	14	8	9	10
	18	19	20	21	15	16	17
	25	26	27	28	22	23	24
七月	2	3	4	5	29	30	1/8
	9	10	11	12	6	7	15
	16	17	18	19	13	14	22

第二学期

一、上课：2月26日

二、在校学生注册
校本部、医学部：2月26日至3月2日
深圳研究生院：2月26日至27日

三、校本部运动会：4月20日至22日，校本部20日停课

四、校庆：5月4日教职工上班、校本部停课，5月19日本科招生开放日：5月19日

五、停课复习考试
校本部：6月18日至7月1日
医学部：7月2日至8日
深圳研究生院：7月2日至8日
校学位评定委员会会议：7月6日

六、学生暑假
校本部：7月2日开始
医学部：7月16日开始
深圳研究生院：7月9日开始
（研究生暑假时间由导师安排）

七、毕业典礼：7月2日至13日

八、办理离校手续：7月9日至7月13日
深圳研究生院：7月9日至12日

九、毕业典礼：7月10日至11日
深圳研究生院毕业典礼：7月7日

十、校本部暑期学校：7月9日至8月8日

十一、教职工轮休
校本部、医学部：7月18日至8月19日
（8月23日上班）
深圳研究生院：7月18日至8月19日
（8月20日上班）

十二、2017级本科生军训：8月16日至29日

十三、清明节、劳动节、端午节放假安排待国务院办公厅公布2018年节假日安排后另行通知

校本部、医学部：
第一节 08:00—8:50　第二节 09:00—9:50　第三节 10:10—11:00
第四节 11:10—12:00　第五节 13:00—13:50　第六节 14:00—14:50
第七节 15:10—16:00　第八节 16:10—17:00　第九节 17:10—18:00
第十节 18:40—19:30　第十一节 19:40—20:30　第十二节 20:40—21:30

深圳研究生院上课时间
第一节 08:00—8:50　第二节 09:00—9:50　第三节 10:10—11:00
第四节 11:10—12:00　第五节 13:30—14:20　第六节 14:30—15:20
第七节 15:40—16:30　第八节 16:40—17:30　第九节 18:30—19:20
第十节 19:30—20:20　第十一节 20:30—21:20

北京大学 2018—2019 学年校历

第一学期（2018.8.27—2019.1.19）

周次	星期 月 日	一	二	三	四	五	六	日
	八月	20/27	21/28	22/29	23/30	24/31	25	26
1	九月	3	4	5	6	7	1	2
2		10	11	12	13	14	8	9
3		17	18	19	20	21	15	16
4		24	25	26	27	28	22	23
5	十月	1	2	3	4	5	6	7
6		8	9	10	11	12	13	14
7		15	16	17	18	19	20	21
8		22/29	23/30	24/31	25	26	27	28
9	十一月	5	6	7	1	2	3	4
10		12	13	14	8	9	10	11
11		19	20	21	15	16	17	18
12		26	27	28	22	29	24	25
13	十二月	3	4	5	6	7	1/8	2/9
14		10	11	12	13	14	15	16
15		17	18	19	20	21	22	23
16		24/31	25	26	27	28	29	30
17	2019年 一月	7	8	9	10	11	5	6
18		14	15	16	17	18	19	20
		21/28	22/29	23/30	24/31	25	26	27

第一学期

一、教职工上班：8月27日
二、新生报到
　　本科新生：8月30日
　　深圳研究生院：8月27日
三、本科新生体检：8月31日至9月1日
　　研究生、港澳台及留学生本科新生体检：9月10日
四、本科新生军训：9月2日至9月14日
五、2018级本科生开学典礼：9月15日
　　新生开学典礼：9月15日
　　深圳研究生新生开学典礼：8月30日至9月16日
六、上课
　　校本部：9月17日
　　医学部、在校本科生：9月3日
　　本科新生、研究生：9月17日
七、在校学生注册
　　校本部：9月10日至9月21日
　　医学部：8月27日至8月31日
　　研究生：8月27日至9月7日
　　深圳研究生院：9月3日至9月4日
八、中秋节
　　9月22日（星期六）、9月23日（星期日）公休、课程照常进行
　　9月24日（星期一）中秋节，放假，全校停课
九、国庆节
　　9月29日至9月30日放假，全校停课
　　10月1日至10月7日放假（医院教学由所在医院安排）
十、停课复习考试
　　校本部、医学部：1月7日至1月19日
　　深圳研究生院：1月14日至1月20日
十一、学生寒假
　　校本部、医学部：1月20日至2月17日
　　深圳研究生院：1月21日至2月17日
十二、教职工秋休
　　校本部、医学部：1月21日至2月13日
　　深圳研究生院：1月21日另行通知

元旦放假安排按待国务院办公厅公布2019年节假日安排后另行通知。学校相关专项工作时间由有关部门另行具体通知。

校本部、医学部上课时间
第一节 08:00—8:50　　第二节 09:00—9:50　　第三节 10:10—11:00
第四节 11:10—12:00　　第五节 13:00—13:50　　第六节 14:00—14:50
第七节 15:10—16:00　　第八节 16:10—17:00　　第九节 17:10—18:00
第十节 18:40—19:30　　第十一节 19:40—20:30　　第十二节 20:40—21:30

第二学期（2019.2.18—2019.7.7）

周次	星期 月 日	一	二	三	四	五	六	日
	二月	4	5	6	7	1/8	2/9	3/10
1		11	12	13	14	15	16	17
2		18/25	19/26	20/27	21/28	22	23	24
3	三月	4	5	6	7	1	2	3
4		11	12	13	14	8	9	10
5		18	19	20	21	15	16	17
6		25	26	27	28	29	23	24
7	四月	1	2	3	4	5	30	31
8		8	9	10	11	12	6	7
9		15	16	17	18	19	13	14
10		22/29	23/30	24	25	26	20	21
11	五月	6	7	1	2	3	27	28
12		13	14	8	9	10	4	5
13		20	21	15	16	17	11	12
14		27	28	22	23	24	18	19
15	六月	3	4	29	30	31	25	26
16		10	11	5	6	7	1/8	2/9
17		17	18	12	13	14	15	16
18		24	25	19	20	21	22	23
	七月	1	2	26	27	28	29	30
		8	9	3	4	5	6	7
				10	11	12	13	14

第二学期

一、上课、教职工上班：2月18日
二、在校学生注册
　　校本部、医学部：2月18日至2月22日
　　深圳研究生院：2月18日至2月19日
三、校本部运动会：4月19日至4月21日，19日停课
　　深圳研究生院运动会：5月11日
　　医学部运动会由所在医院安排
四、"五一"及校庆：
　　4月27日至5月3日，5月5日、公休，课程照常进行
　　4月29日至5月3日，放假调休，全校停课（医院教学由所在医院安排）
　　5月4日校庆停课，校本部、医学部停课
五、停课复习考试
　　校本部：6月10日至6月23日
　　医学部：6月24日至7月7日
　　深圳研究生院：6月24日至6月30日
六、学生暑假
　　校本部：6月24日起
　　医学部：7月8日起
七、办理离校手续
　　校本部、医学部：7月1日至7月5日
　　深圳研究生院：7月1日至7月4日
八、毕业典礼：7月2日至7月3日
　　医学部、深圳研究生院毕业典礼：6月29日
九、教职工秋休
　　校本部、医学部暑期学校：7月1日至8月4日
　　深圳研究生院：7月8日起
十、教职工秋休
　　校本部、医学部：7月8日起
　　深圳研究生院：7月8日起

清明节、劳动节、端午节 2019年节假日放假安排按待国务院办公厅公布2019年节假日安排后另行通知。学校相关专项工作时间由有关部门另行具体通知。

深圳研究生院上课时间
第一节 08:00—8:50　　第二节 09:00—9:50
第四节 11:10—12:00　　第五节 13:30—14:20　　第六节 14:30—15:20
第七节 15:40—16:30　　第八节 16:40—17:30　　第九节 18:30—19:20
第十节 19:30—20:20　　第十一节 20:30—21:20